CRIMINAL LAW

법률가의 맥

형법각론

이상원

박영사

책머리에

자유로운 영혼을 갈구하는 인간은 자유를 고양시켜 천부적 권리로 삼고자 한다. 그러면서 동시에 인간은 사회로부터 떠나서는 살 수 없는 존재이기도 하다. 이에 사회를 유지한다는 깃발 아래 자유에 개입하는 국가는 가장 강력한 권력의 하나로 형벌권을 행사한다.

자유와 질서의 갈등은 죄형법정주의라는 형법의 기본원칙을 탄생시켰다. 2011년의 한반도에 살고 있는 우리는 대한민국의 법이 정한 바에 따라 대한민국의 형벌권에 복속한다. 그러므로 대한민국의 법률가가 되고자 하는 사람은 대한민국 법률이 정한 범죄와 형벌의 내용을 알아야 한다.

이 책은 대한민국 법률이 정한 범죄와 형벌의 내용을 체계적으로 파악하는 데 도움을 주고자 하는 목적에서 만들었다. 범죄와 형벌의 내용을 정한 법률은 그 의미내용이 명확하여야 하겠지만, 이론의 여지없이 명확한 입법은 현실에 있어 거의 불가능하다. 우리 헌법은 법률의 의미를 해석하는 작업을 사법부의 권한으로 하였다. 사법부의 해석이 대한민국 법률의 의미를 구체화하는 유권해석이 되는 것이다. 판례가 의미 있는 존재로 다가서는 것은 이 때문이다.

이 책은 특히 대한민국의 법률가가 되고자 하는 사람과 이미 대한민국의 법률가로 활동하는 사람을 위하여 만들었다. 판례는 유권해석으로서 의미를 가질 뿐만 아니라 현실세계에서 법률이 문제되는 구체적인 상황을 알려주며 현실세계에서 살아 숨쉬는 법을 이해하는 데 좋은 자료가 된다. 이런 면에서 이 책은 판례를 통하여 대한민국의 유권적 법리를 발견할 수 있도록 방향을 제시하고자 하였다. 외국에서 수립된 이론을 통하여 이해된 형법의 체계는 우리 사회를 재단하는 법이 아니다. 대한민국의 법률가가 필수적으로 알아야 하는 법이란 우리의 법률과 그에 대한 유권해석을 통하여 확인된 우리의 실정법이다.

이 책은 그리하여 대한민국의 법률가를 위하여 대한민국 실정법의 맥을 찾을 수 있는 길잡이가 되려고 노력하였다. 또한 이를 통하여 이 책의 독자들이 대한민국 법률가의 맥을 이을 수 있는 보조자가 되고자 하였다. 이 책은 '법률가의 맥 형법각론'이다. 한편 실정법에 대한 끊임없는 비판적 고민은 완벽할 수만은 없는 실정법을 보다 합리적으로 개선하는 밑거름이 된다. 이 책은 곳곳에서 이러한 고민의 단초를 제공하고자 노력하였다. 이 책의 독자들이 현재를 뛰어넘는 법률가의 맥을 형성하기를 기대하면서 다시금 이 책은 '법률가의 맥 형법각론'이다.

이 책의 토양이 된 지성들, 저자의 실존을 가능하게 해준 많은 분들, 그리고 이 책이 현실적으로 빛을 보게 해주신 박영사의 안종만 회장님, 기획부 조성호 부장님과 안상준 팀장님, 편집부 김선민 부장님과 문선미 님께 마음 속 깊은 감사를 드린다.

2011년 10월
저자 씀

차 례

제1편 개 설

Ⅰ. 형법 각론의 범위 ······ 3
Ⅱ. 형법전의 구성 ······ 3
Ⅲ. 형법각론과 법률해석 ······ 4
Ⅳ. 구성요건의 여러 개념 ······ 4
Ⅴ. 객관적 구성요건요소, 주관적 구성요건요소 ······ 4

제2편 개인적 법익에 대한 죄

제1장 생명과 신체에 대한 죄

제1절 살인의 죄 ······ 7

Ⅰ. 서 ······ 8

Ⅱ. 살인죄 ······ 8
1. 구성요건_ 8　2. 위법성_ 30　3. 죄 수_ 40

Ⅲ. 존속살해죄 ······ 48
1. 의 의_ 48　2. 합헌성_ 48　3. 구성요건_ 51　4. 공 범_ 54
5. 부진정 결과적가중범과 존속살해_ 56

Ⅳ. 영아살해죄 ······ 58
1. 의 의_ 58　2. 객관적 구성요건_ 59　3. 주관적 구성요건_ 59
4. 특별한 책임표지_ 59　5. 공 범_ 59

Ⅴ. 촉탁·승낙살인죄(동의살인죄) ······ 60
1. 의 의_ 60　2. 객관적 구성요건_ 60　3. 주관적 구성요건_ 60

Ⅵ. 자살 교사·방조죄(자살관여죄) ········· 61
1. 의 의_ 61 2. 객관적 구성요건_ 61 3. 주관적 구성요건_ 62
4. 다른 죄와의 관계, 죄수_ 63 5. 합의동사(合意同死)_ 63
Ⅶ. 위계·위력에 의한 살인죄 ········· 63
1. 의 의_ 63 2. 죄 수_ 63 3. 공소장변경 요부_ 64
Ⅷ. 살인 예비·음모죄 ········· 64
Ⅸ. 기타 조항 ········· 66
제2절 상해와 폭행의 죄 ········· 67
Ⅰ. 서 ········· 68
Ⅱ. 상해죄 ········· 68
1. 의 의_ 68 2. 객관적 구성요건_ 68 3. 주관적 구성요건_ 82 4. 위법성_ 83
5. 죄 수_ 93 6. 판시의 정도_ 93 7. 폭력행위 등 처벌에 관한 법률_ 94
Ⅲ. 존속상해죄 ········· 96
Ⅳ. 중상해죄, 존속중상해죄 ········· 96
1. 의 의_ 96 2. 객관적 구성요건_ 96
Ⅴ. 상해치사죄, 존속상해치사죄 ········· 97
Ⅵ. 상해죄의 동시범 ········· 101
1. 의 의_ 102 2. 법적 성질_ 102 3. 적용요건_ 102
4. 효 과_ 103 5. 적용범위_ 103
Ⅶ. 폭행죄 ········· 106
1. 의 의_ 106 2. 객관적 구성요건_ 106 3. 반의사불벌죄_ 109
Ⅷ. 존속폭행죄 ········· 109
Ⅸ. 특수폭행죄 ········· 109
1. 의 의_ 110 2. 객관적 구성요건_ 110
Ⅹ. 폭행치사상죄 ········· 115
Ⅺ. 상습상해, 폭행죄 ········· 115
제3절 과실치사상의 죄 ········· 117
Ⅰ. 과실치상죄 ········· 117
Ⅱ. 과실치사죄 ········· 118
Ⅲ. 업무상과실치사상죄, 중과실치사상죄 ········· 118
Ⅳ. 교통사고 ········· 119

1. 구성요건_ 119　2. 죄 수_ 123　3. 위헌결정_ 128

제4절 낙태의 죄 ······ 131

Ⅰ. 총 설 ······ 131
1. 의 의_ 131　2. 보호법익·정도_ 133　3. 위법성조각사유_ 133

Ⅱ. 낙태죄 ······ 134

Ⅲ. 촉탁·승낙 낙태죄 ······ 134

Ⅳ. 업무상 촉탁·승낙 낙태죄 ······ 135

Ⅴ. 부동의낙태죄 ······ 135

Ⅵ. 낙태치사상죄 ······ 135

제5절 유기와 학대의 죄 ······ 136

Ⅰ. 총 설 ······ 136
1. 의 의_ 136　2. 보호법익·보호정도_ 136

Ⅱ. 유기죄 ······ 136
1. 의 의_ 136　2. 객관적 구성요건_ 137　3. 주관적 구성요건_ 142

Ⅲ. 존속유기죄 ······ 142

Ⅳ. 중유기죄·존속중유기죄 ······ 142

Ⅴ. 영아유기죄 ······ 143

Ⅵ. 학대죄, 존속학대죄 ······ 143

Ⅶ. 아동혹사죄 ······ 144

Ⅷ. 유기등 치사상죄 ······ 144

제2장 자유에 대한 죄

제1절 협박의 죄 ······ 145

Ⅰ. 총 설 ······ 145

Ⅱ. 협박죄 ······ 145
1. 의 의_ 145　2. 객관적 구성요건_ 146　3. 주관적 구성요건_ 159
4. 위법성_ 161

Ⅲ. 파생적 구성요건 등 ······ 164

제2절 강요의 죄 ········ 165

Ⅰ. 총 설 ········ 165

Ⅱ. 강요죄 ········ 165

1. 의 의_ 165 2. 객관적 구성요건_ 165 3. 위법성 _ 168

Ⅲ. 파생적 구성요건 등 ········ 170

제3절 체포와 감금의 죄 ········ 171

Ⅰ. 총 설 ········ 171

Ⅱ. 체포·감금죄 ········ 172

1. 의 의_ 172 2. 객관적 구성요건_ 172 3. 위법성, 책임_ 174

4. 죄수 및 다른 범죄와의 관계_ 175

Ⅲ. 파생적 구성요건 등 ········ 177

제4절 약취와 유인의 죄 ········ 179

1. 구성요건 체계_ 179 2. 보호법익_ 181 3. 약취, 유인의 의미_ 181

4. 목적범_ 183 5. 주 체_ 184 6. 다른 범죄와의 관계_ 184

제5절 강간과 추행의 죄 ········ 186

Ⅰ. 총 설 ········ 186

1. 보호법익_ 186 2. 구성요건 체계_ 186

Ⅱ. 강간죄 ········ 187

1. 강간죄의 객체_ 187 2. 행 위_ 212

Ⅲ. 강제추행죄 ········ 216

1. 추행의 의미_ 216 2. 폭행 · 협박의 정도_ 219

Ⅳ. 혼인빙자간음죄 ········ 220

Ⅴ. 성폭력범죄 ········ 220

1. 입법의 개요_ 220 2. 성폭력범죄의 구성요건과 형벌_ 220

3. 성폭력 범죄에 대한 조치_ 224 4. 아동 · 청소년의 성보호_ 228

5. 합동범의 죄수_ 232 6. 주거침입강간_ 232

제3장 명예와 신용에 대한 죄

제1절 명예에 관한 죄 ········· 234

Ⅰ. 총 설 ········· 234

1. 보호법익_ 234 2. 구성요건 체계_ 237

Ⅱ. 명예훼손죄 ········· 237

1. 행 위_ 237 2. 형법 제310조에 의한 위법성조각_ 243

제2절 신용·업무와 경매에 관한 죄 ········· 250

제4장 사생활의 평온에 대한 죄

제1절 비밀침해의 죄 ········· 251

제2절 주거침입의 죄 ········· 252

Ⅰ. 총 설 ········· 252

Ⅱ. 주거침입죄 ········· 253

1. 주 거_ 253 2. 침 입_ 254 3. 실행의 착수와 기수_ 262

제5장 재산에 대한 죄

제1절 기본개념 ········· 267

Ⅰ. 재산죄의 분류 ········· 267

Ⅱ. 재산죄의 객체 ········· 268

Ⅲ. 형법상의 점유 ········· 268

1. 형법상 점유의 기능_ 268 2. 의 의_ 268

Ⅳ. 친족상도례 ········· 274

1. 의 의_ 274 2. 법적 성질_ 279 3. 친족의 범위_ 279
4. 친족관계의 존재범위_ 281 5. 공범관계_ 284

제2절 절도의 죄 ········· 285

Ⅰ. 총 설 ········· 286

Ⅱ. 절도죄 ········· 287

1. 객 체_ 287　2. 행 위_ 296　3. 주관적 요건_ 299
4. 죄 수_ 311　5. 불가벌적 사후행위_ 312

Ⅲ. 야간주거침입절도죄 ····· 313

Ⅳ. 특수절도죄 ····· 315
1. 구성요건_ 315　2. 죄 수_ 318

Ⅴ. 상습절도죄 ····· 318

제3절 강도의 죄 ····· 320

Ⅰ. 총 설 ····· 320

Ⅱ. 강도죄 ····· 322
1. 객 체_ 322　2. 행 위_ 325　3. 권리행사와 강취_ 327

Ⅲ. 준강도죄 ····· 328

Ⅳ. 강도강간죄 ····· 332

제4절 사기의 죄 ····· 334

Ⅰ. 총 설 ····· 335

Ⅱ. 사기죄 ····· 335
1. 객 체_ 335　2. 기망행위_ 339　3. 착 오_ 349　4. 처분행위_ 351
5. 재산상의 손해_ 366　6. 재산상 이익의 취득_ 371　7. 주관적 구성요건_ 372
8. 위법성_ 373　9. 죄 수_ 374　10. 기 타_ 375　11. 다른 죄와의 관계_ 375

Ⅲ. 신용카드범죄 ····· 378
1. 신용카드의 절취와 그 사용_ 378　2. 갈취, 편취, 강취한 신용카드 사용_ 384
3. 부정 또는 정상 발급받은 자신의 신용카드 사용_ 386
4. 타인의 명의를 모용하여 발급받은 카드 사용_ 388

제5절 공갈의 죄 ····· 392

Ⅰ. 총 설 ····· 392

Ⅱ. 공갈죄 ····· 393

제6절 횡령의 죄 ····· 396

Ⅰ. 총 설 ····· 398
1. 의 의_ 398　2. 보호법익_ 398　3. 횡령죄의 본질_ 400

Ⅱ. 횡령죄 ····· 403
1. 의 의_ 403　2. 주 체_ 403　3. 객 체_ 427　4. 행 위_ 435

5. 불법영득의사_ 435 6. 공 범_ 447 7. 죄 수_ 447 8. 증 명_ 458

제7절 배임의 죄 461

Ⅰ. 개 설 462

Ⅱ. 배임죄 464

1. 주 체_ 464 2. 행 위_ 477 3. 재산상 이익의 취득_ 487 4. 재산상 손해_ 490
5. 이득액과 피해액_ 492 6. 주관적 요건_ 504 7. 공 범_ 514
8. 이중매매와 이중저당_ 516 9. 양도담보_ 539 10. 다른 죄와의 관계_ 549

제8절 장물의 죄 552

Ⅰ. 총 설 552

Ⅱ. 장물취득 · 양도 · 운반 · 보관죄, 장물알선죄 553

1. 주 체_ 554 2. 객체 ― 장물_ 554 3. 행 위_ 559 4. 고 의_ 560
5. 불가벌적 사후행위_ 561 6. 친족상도례_ 562

Ⅲ. 업무상과실장물취득죄 562

제9절 손괴의 죄 564

제10절 권리행사를 방해하는 죄 567

제3편 사회적 법익에 대한 죄

제1장 공공의 안전과 평온에 관한 죄

제1절 공안을 해하는 죄 576

제2절 폭발물에 관한 죄 576

제3절 방화와 실화의 죄 576

제4절 일수와 수리에 관한 죄 580

제5절 교통방해의 죄 580

제2장　공중의 건강에 관한 죄

제1절　음용수에 관한 죄 ······ 581

제2절　아편에 관한 죄 ······ 581

제3장　사회윤리에 관한 죄

제1절　성풍속에 관한 죄 ······ 582

제2절　도박과 복표에 관한 죄 ······ 583

제3절　신앙에 관한 죄 ······ 583

제4장　공공의 신용에 관한 죄

제1절　통화에 관한 죄 ······ 584

제2절　유가증권, 우표와 인지에 관한 죄 ······ 584

제3절　문서에 관한 죄 ······ 584

Ⅰ. 총 설 ······ 584

1. 기본개념_ 584　2. 문서의 개념_ 584　3. 구성요건 체계_ 597

Ⅱ. 중요 쟁점 ······ 597

1. 사문서위조 · 변조죄_ 597　2. 허위공문서작성죄의 간접정범_ 601
3. 공정증서원본불실기재죄_ 606

제4절　인장에 관한 죄 ······ 606

제4편 국가적 법익에 대한 죄

제1장 국가의 존립과 권위에 관한 죄

제1절 내란의 죄 ···· 609

제2절 외환의 죄 ···· 609

제3절 국기에 관한 죄 ···· 610

제4절 국교에 관한 죄 ···· 610

제2장 국가의 기능에 관한 죄

제1절 공무원의 직무에 관한 죄 ···· 611

제2절 공무방해에 관한 죄 ···· 613

제3절 도주와 범인은닉의 죄 ···· 619

제4절 위증과 증거인멸의 죄 ···· 619

제5절 무고의 죄 ···· 621

일러두기

1. 약 어

이 책에 사용된 약어의 내용은 아래와 같다.

약어례	의미	약어례	의미
G, G1	논거, 논거 1	ℌ	상상적 경합
K, K1	비판점, 비판점 1	+, ∞	실체적 경합
KK	비판점에 대한 비판점	↝	교사
vs	대(對)	↑	이상
cf	참고하라	↓	이하
vgl	대조하라		
eg	예		

2. 판례의 표시

가. 예컨대, 「대법원 2011. 1. 20. 선고 2008도10479 전원합의체 판결【배임】(공)」의 표시는 아래와 같은 의미를 가지고 있다.

표시	내용
대법원	재판기관. 헌법재판소 결정에는 '헌재'라 표시
2011. 1. 20.	재판일. 선고일 또는 결정일(헌재결정의 선고일, 법원결정의 결정일)
선고	선고임을 표시. 결정의 경우 '자'. 헌재결정은 헌법재판소 표시례에 따라 생략
2008도10479	사건번호
전원합의체 판결	재판의 내용을 표시. 전원합의체가 아닌 경우 '판결' 등으로 표시. 헌재결정의 경우 헌법재판소 표시례에 따라 생략
【배임】	사건명
(공)	법원도서관 발간 판례공보 수록 판결임을 표시. 판례의 중요도에 따라 수록 책자를 달리하고 있으므로 판례의 중요도를 가늠하는 척도가 됨 법원의 경우 : 집(대법원 판례집) – 공(판례공보) – 미(미간행)의 순. 각공은 각급법원(제1, 2심) 판결공보를 지칭함 헌법재판소의 경우 : 헌집(헌법재판소 판례집) – 헌공(헌법재판소 공보)의 순

나. 판례 관련 약자

약자	내용
…, ***	내용이 생략되었음을 의미함
피고인 1, 공소외 1	판결문 익명화에 따라 익명화된 것임. 원칙적으로 법원이 익명화한 바에 따름
A, B, C	등장인물을 저자가 익명화한 것임
X, Y, Z	피고인을 저자가 익명화한 것임
☞	판례 아래에 표시된 것은 판례에 대한 설명을 하는 부분임

3. 이 책의 사용방법

가. 책의 내용

이 책은 "친절한" 설명은 과감하게 생략하였다. 그 대신 현실적이고 중요한 쟁점에 곧바로 돌입함으로써 이를 통하여 친절한 설명이 추구하고자 하는 기초지식을 자연스럽게 익히도록 하였다. 불필요하게 난삽한 이론의 나열, 더구나 외래의 체계에 기초한 이론의 나열은 대한민국 법률가의 맥과는 다소 거리가 있다고 생각하였기 때문이다.

이 책은 형법각론의 모든 쟁점을 다루지는 않았다. 그러나 현실에서 자주 문제되고 중요한 쟁점들은 대부분 다루려고 하였다. 따라서 이 책만으로도 대한민국 형사법에서 문제되는 대부분의 쟁점을 이해할 수 있으리라고 기대한다.

보다 친절한 설명이나 보다 완결적인 내용을 원하는 독자의 열망은 다른 많은 책들이 보완하여 줄 것으로 생각된다.

나. 책의 보완

이 책은 진행형이다. 새로운 판례나 중요한 이론, 그리고 미흡한 책의 내용을 늘 보완하여, 그 내용을 박영사 홈페이지(http://pakyoungsa.co.kr)에 수시로 게시할 예정이다. 독자들은 이 책과 위 보완된 게시내용을 함께 봄으로써 언제나 최신의 내용을 알게 될 것으로 기대한다.

4. 소통의 책

이 책은 법률가의 맥을 잇는 독자 여러분과 함께 완성된 형태로 나아가고자 한다. 이 책이 부족한 부분과 이 책이 나아갈 방향에 관한 독자의 소리에 저자는 언제나 귀를 기울이려 한다. 이 책은 소통의 책이다.

제 1 편

개 설

제1편 개 설

I. 형법 각론의 범위
II. 형법전의 구성
• 형법 전반
• 개인적 법익에 대한 죄
III. 형법각론과 법률해석
IV. 구성요건의 여러 개념
V. 객관적 구성요건요소, 주관적 구성요건요소

I. 형법 각론의 범위

■ 대법원 1997. 4. 17. 선고 96도3376 전원합의체판결【반란수괴 등】(집)

형사법에 관한 소급금지의 원칙은 자유민주주의 헌법에서 가장 중요한 가치의 하나로 보장하고 있는 국민의 신체의 자유와 직결되는 것이다. 그러므로 위의 원칙은 형법과 형사특별법상의 모든 범죄의 성립과 형벌에 관한 내용을 담은 실체법적 규정에 있어서는 엄격히 적용되어 소급효는 절대적으로 금지된다.

분류	내용	비고
형법	형법 제2편 각칙	전부
형사특별법	도로교통법, 교통사고처리 특례법, 부정수표 단속법, 성폭력범죄의 처벌 등에 관한 특례법, 소년법, 여신전문금융업법, 특정경제범죄 가중처벌 등에 관한 법률, 특정범죄 가중처벌 등에 관한 법률, 폭력행위 등 처벌에 관한 법률, 부동산등기 특별조치법, 변호사법, 정보통신망 이용촉진 및 정보보호 등에 관한 법률, 통신비밀보호법, 아동·청소년의 성보호에 관한 법률 등	변호사시험 출제대상[1]

II. 형법전의 구성

형법 전반

제1편 총칙		제2편 각칙	
장	내용	장	내용
1	형법의 적용범위	1-4, 7-11	국가적 법익에 대한 죄

1 「법원조직법, 검찰청법, 경찰관직무집행법, 즉결심판에 관한 절차법, 국민의 형사재판 참여에 관한 법률, 소송촉진 등에 관한 특례법, 형사소송규칙」도 변호사시험 출제대상 부속법령인데, 이들은 소송법적 법규들이다.

2	죄	5–6, 12–23	사회적 법익에 대한 죄
3	형	24–42	개인적 법익에 대한 죄

개인적 법익에 대한 죄

장	범죄	보호법익
24–28	살인, 상해·폭행, 과실치사상, 낙태, 유기 · 학대	생명·신체
29–32, 37	체포·감금, 협박, 약취·유인, 강간·추행, 강요	자유
33–34	명예, 신용·업무·경매	명예·신용·업무
35–36	비밀침해, 추거침입	사생활의 평온
37, 38–42	권리행사방해, 절도·강도, 사기·공갈, 횡령·배임, 장물, 손괴	재산

III. 형법각론과 법률해석

- 문언해석
- 목적론적 해석(입법목적이나 입법취지)
- 역사적 해석(입법연혁)
- 체계적 해석(법규범의 체계적 구조)
- 불리한 유추해석 금지

IV. 구성요건의 여러 개념

	구성요건	위법성(조각사유)[2]	책임	객관적 처벌조건	참고
불법구성요건(협의)	○	×	×	×	선별기능, 지시기능, 징표기능
총체적 불법구성요건	○	○	×	×	소극적 구성요건표지이론
범죄구성요건(광의)	○	×	○ (책임표지)[3]	○	형법각칙에 규정된 가벌성의 전제조건
보장구성요건(최광의)	○	○	○	○	형법 총칙 및 각칙에 규정된 가벌성의 전제조건

V. 객관적 구성요건요소, 주관적 구성요건요소

- 객관적 구성요건요소: 행위주체, 행위객체, 실행행위, 행위상황, 행위수단, 결과발생, 인과관계
- 주관적 구성요건요소: 고의, 과실, 목적

2 허용구성요건.

3 책임구성요건(법률에 기술되어 있는 책임형성표지) eg 제251조 (영아살해) 직계존속이 치욕을 은폐하기 위하거나 양육할 수 없음을 예상하거나 특히 참작할 만한 동기로 인하여 분만중 또는 분만직후의 영아를 살해한 때에는 10년 이하의 징역에 처한다.

제 2 편

개인적 법익에 대한 죄

제1장 생명과 신체에 대한 죄

제2장 자유에 대한 죄

제3장 명예와 신용에 대한 죄

제4장 사생활의 평온에 대한 죄

제5장 재산에 대한 죄

제2편 개인적 법익에 대한 죄

제1장 생명과 신체에 대한 죄

제1절 살인의 죄

I. 서
○ 보호법익: 사람의 생명
○ 보호의 정도: 침해범

II. 살인죄
1. 구성요건
가. 객관적 구성요건
(1) 주 체
(2) 객 체
(가) 사람
(나) 사람의 始期
① 낙태죄와 구분점
② 학설
③ 제왕절개술에 의한 경우: 수술시(자궁절개시)(통설)
④ 토론판례
(다) 사람의 종기
① 사체손괴죄와 구분점
② 견해
③ 장기등 이식에 관한 법률
• 관련 규정
(3) 행 위
○ 살해
(가) 수단, 방법
① 제한 없음
② 부작위
③ 강요, 위계에 의한 자살교사
④ 무고, 위증, 재판을 통하여 사형을 당하게 한 경우
(나) 실행의 착수
○ 살의를 가지고 타인의 생명을 위태롭게 하는 행위를 직접 개시한 때
(4) 결 과
(5) 인과관계
나. 주관적 구성요건
(1) 고 의
(2) 타격의 착오
(3) 목 적
① 목적범 아님
② 목적에 따른 가중처벌
(4) 관련논점
○ AIDS 감염자의 성교
2. 위법성
가. 조각사유
○ 피해자의 승낙: 위법성을 조각하지는 못함
나. 안락사
(1) 의 의
(2) 종 류
(가) 안락사
(나) 자비사
(다) 존엄사
(3) 허용요건(다수설)
3. 죄 수
(가) 피해자 수에 따라 결정
(나) 동일 피해자
① 수차례의 살인기도
② 흡수
③ 확인사살
(다) 다른 범죄와의 관계
① 살인과 사체유기
② 자살교사와 살인
③ 내란죄와 살인(내란목적살인)
④ 위력자살결의 〉 자살교사
⑤ 강간치상과 살인

III. 존속살해
1. 의 의
① 가중처벌의 이유
② 부진정신분범
2. 합헌성
(가) 위헌설, 합헌설(헌재)
① 위헌론
② 합헌론(아래는 헌재 논리)
(나) 위헌은 아니지만 폐지함이 바람직하다는 견해
(다) 위헌 내지 폐지설이 다수
3. 구성요건
가. 객관적 구성요건
(1) 주 체
○ 직계비속, 직계비속의 배우자
(2) 객 체
○ 자기 또는 배우자의 직계존속
(가) 직계존속
① 법률상 개념
② 입양효력 있는 출생신고
③ 생모
④ 양자와 친생부모
(나) 배우자
① 법률상 개념
② 구체적 검토
나. 주관적 구성요건
(1) 고 의
(2) 착 오
① 존속임을 모르고 존속살해: 보통살인죄(15조 1항)
② 존속살해 의사로 보통살인
4. 공 범
○ 총론 논의
• 부진정신분범 성립과 과형
• 신분범의 죄책
• 33조와 31조 1항
○ D & E ↠ D의 父 살해
○ D → E 교사·방조 ↠ E의 父 살해
○ D → E 교사·방조 ↠ D의 父 살해
5. 부진정 결과적가중범과 존속살해
○ 대법원은 형의 경중 고려
• 현주건조물방화치사와 살인, 존속살해
• 현주건조물방화치사와 강도살인
• 특수공무집행방해치상과 폭처법위반

IV. 영아살해죄
1. 의 의
ㅇ 감경처벌의 이유
2. 객관적 구성요건
가. 행위주체
① 직계존속
② 산모에 한하는가
나. 행위객체
ㅇ 분만중 or 분만직후의 영아
3. 주관적 구성요건
4. 특별한 책임표지
① 동기
② 동기의 착오: 주관적 표상에 따라 판단
③ 작량감경사유로 고려할 수 있는가
5. 공 범
ㅇ D & E ↠ D의 영아 살해
ㅇ D → E 교사·방조 ↠ E의 영아 살해
ㅇ D → E 교사·방조 ↠ D의 영아 살해

V. 촉탁·승낙살인죄(동의살인죄)
1. 의 의
ㅇ 감경이유
2. 객관적 구성요건
가. 행위객체
ㅇ 자신에 대한 살해를 촉탁·승낙한 사람
나. 행위
(1) 촉탁·승낙
① 의미
② 촉탁·승낙의 요건
(2) 살 해
3. 주관적 구성요건
① 촉탁·승낙 없는데 있다고 오인
② 촉탁·승낙 있는데 없다고 오인

VI. 자살 교사·방조죄(자살관여죄)
1. 의 의
ㅇ 공범과 본죄
2. 객관적 구성요건
가. 행위주체
ㅇ 자살자 자신 외에는 제한 무
나. 행위객체
ㅇ 자살의 의미를 이해할 능력 있는 사람
다. 행 위
① 방법에 제한 없음
② 실행의 착수시기
3. 주관적 구성요건
ㅇ 자살방조의 범의
4. 다른 죄와의 관계, 죄수
① 촉탁·승낙살인죄와 구별
② 자살교사 후 촉탁 살해
③ 자살교사 후 자살방조
5. 합의동사(合意同死)
ㅇ 동반자살을 기도한 생존자를 처벌할 수 있는가

VII. 위계·위력에 의한 살인죄
1. 의 의
2. 죄 수
ㅇ 위계 & 위력 → 포괄일죄
ㅇ 위계·위력하에 자살교사 촉탁·승낙살해 → 위계·위력 살인죄
3. 공소장변경 요부
ㅇ 위력자살결의 → 자살교사 직권판단 가능

VIII. 살인 예비·음모죄
(가) 살인예비죄의 성립요건
(나) 살인대상의 특정
(다) 살인예비의 중지
(라) 살인예비의 공범
① 공동정범 인정(통설, 판례)
② 교사범
③ 종범

IX. 기타 조항

I. 서

ㅇ 보호법익: 사람의 생명

ㅇ 보호의 정도: 침해범

II. 살인죄

제250조 (살인, 존속살해)
① 사람을 살해한 자는 사형, 무기 또는 5년 이상의 징역에 처한다.

1. 구성요건

가. 객관적 구성요건

(1) 주 체

• 자연인(법인은 아님)

(2) 객 체

(가) 사람

• 타인 → 자살 ×

(나) 사람의 始期

① 낙태죄와 구분점

② 학설

1 진통설(분만개시설), 2 일부노출설, 3 전부노출설, 4 독립호흡설

1 진통설(통설, 판례)

G1 낙태죄만 처벌할 뿐 태아에 대한 상해, 낙태미수, 과실낙태를 처벌하지 않고 있으므로 분만중의 영아를 보호할 필요

G2 251조는 존속이 분만중의 영아를 살해한 경우를 감경처벌

■ 대법원 1982. 10. 12. 선고 81도2621 판결【업무상과실치사 · 업무상과실치상】(공)

1. 기록을 살피건대, 피고인은 조산원으로서 임산부인 공소외인의 해산을 조력함에 있어 동인의 골반이 태아에 비하여 협소할 뿐 아니라 분만진통의 통증이 극심하고 또 양수가 파수되고 대변이 나오는 등 난산으로 정상분만이 어려운 상태임에도 불구하고 정상분만할 수 있으리라고 경신하여 지도 내지 전문의사의 지시나 진찰을 받게 하지 아니하고 수십회에 걸쳐 산모의 배를 훑어 내리고 자궁수축제를 10여회 시주한 결과 분만 중인 태아를 질식사에 이르게 하고 위 산모에게 폐혈증에 감염되도록 하였다는 제1심 판결 적시의 범죄사실을 수긍할 수 있고 거기에 채증상의 위법이나 인과관계에 관한 법리오해가 있다고 할 수 없으니 이 점에 관한 소론은 채택할 수 없다.

2. 태아가 어느 시기에 사람이 되는가에 관하여는 그 출산 과정과 관련하여 여러 가지 설이 있는 바이나 사람의 생명과 신체의 안전을 보호법익으로 하고 있는 형법상의 해석으로는 규칙적인 진통을 동반하면서 태아가 태반으로부터 이탈되기 시작한 때 다시 말하여 분만이 개시된 때(소위 진통설 또는 분만개시설)가 사람의 시기라고 봄이 타당하다고 여겨지며 이는 형법 제251조(영아살해)에서 분만 중의 태아도 살인죄의 객체가 된다고 규정하고 있는 점을 미루어 보아서도 그 근거를 찾을 수 있다. 그러므로 원심판결이 같은 취지에서 분만 중의 태아를 질식사에 이르게 한 소위를 형법 제268조의 업무상과실치사죄로 다스린 제1심 판결을 지지하였음은 정당하여 거기에 소론과 같은 법리오해가 있다고 할 수 없다.

③ 제왕절개술에 의한 경우: 수술시(자궁절개시)(통설)

■ 하급심판결(서울중앙지방법원 2005. 5. 12. 선고 2004노1677 판결)

태아는 규칙적인 진통을 동반하면서 태반으로부터 이탈되기 시작한 때, 즉 분만이 개시된 때(다만, 양수가 터짐으로써 인위적으로 분만을 개시하여야 하는 경우 또는 제왕절개 수술의 방법으로 분만을 하는 경우 등과 같이 주기적 진통 여부와는 상관없이 분만하는 경우에는, 자연분만에 있어서의 분만개시에 준하는 분만 전 처치가 시작된 때)에 비로소 태아의 지위에서 벗어나 '사람'으로 된다.

④ 토론판례

■ 대법원 2007. 6. 29. 선고 2005도3832 판결【업무상과실치상】

공소, 1심, 2심: 제왕절개수술을 받는 상해를 입게 하였다. → 업무상과실치상죄

대법원 2003도6570: 1차 파기환송

G1 태아의 출산 등을 위하여 어차피 제왕절개수술을 받았을 것이므로 상당인과관계 없음

G2 수술행위는 정당행위
K1 가설적 인과관계 인정 안함
K2 간접정범 가능 → 과실에 의한 간접정범이어서 인정 어려움

서울중앙 2004노1677: 무죄

공소장변경: 업무상과실치상의 내용 변경(제왕절개 상해 → 태아사망으로 모체 상해)
업무상과실치사 택일적 추가(태아에 대한 업무상과실치사)
G1 모체 내에서 사망하였다는 사실 자체는 모체의 신체의 완전성을 훼손하는 상해 아님
G2 모체에 혈액응고 장애 등의 상해가 발생하였음을 인정할 증거 없음

대법원 2005도3832: 검사 상고기각

G1 태아치사 부분: 의학적으로 제왕절개수술이 가능했고 규범적으로 수술이 필요했던 시기를 분만의 시기가 된다고 볼 수 없음 ☜ 주관적 판단으로 불명확
G2 모체치상 부분: 태아를 모체의 일부로 보지 않음
태아양육, 출산기능 침해라는 측면에서 별도로 상해죄를 구성하는 것으로 보지 않음(∵낙태죄)

■ 대법원 2004. 3. 26. 선고 2003도6570 판결【업무상과실치상】(미)

【피 고 인】 피고인
【상 고 인】 피고인
【변 호 인】 법무법인 율촌 담당변호사 윤홍근
【원심판결】 서울지법 2003. 10. 15. 선고 2003노7379 판결
【주 문】
원심판결을 파기하고, 사건을 서울중앙지방법원 합의부에 환송한다.

【이 유】

1. 이 사건 공소사실의 요지 및 원심의 판단

이 사건 공소사실의 요지는, 피고인은 서울 동대문구 에서 조산원을 운영하는 조산사로서, 2001. 4. 13.경 임신 5개월째에 내원한 피해자(37세)로부터 질식분만에 의한 자연분만을 의뢰받으면서 피해자가 이미 제왕절개 방법으로 두 딸을 출산하였을 뿐 자연분만의 경험이 없는데다가 당뇨증상 및 양수과다증상이 있음을 알게 되었는바, 이러한 경우 산모의 당뇨증상으로 인하여 태아가 거대아가 되어 저산소성 태아곤란증으로 사산의 위험이 크고, 그렇지 않다 하더라도 난산이나 기형출산 등의 위험이 크므로, 피고인으로서는 피해자의 혈당치가 공복시 90mg/dℓ, 식후 2시간 후 120mg/dℓ이 유지되는지 여부를 지속적으로 측정·관찰하여 만약 위 수치를 초과하는 경우에는 피해자를 산부인과 전문병원으로 전원시켜 비정상적인 당대사의 정확한 발견, 평가 및 혈당조절, 태아감시와 성숙도에 대한 평가 등을 받게 하여 가장 적합한 분만방법을 결정하도록 조치하여야 하고, 더구나 위와 같은 임산부가 출산예정일을 2주나 도과한 때에는 당뇨증상으로 인하여 태아의 성장이 더욱 촉진되어 사산의 위험성이 매우 높으므로 즉시 자연분만을 포기하고 피해자를 산부인과 전문병원으로 전원시켜 전문의로 하여금 유도분만이나 제왕절개 등의 방법으로 태아를 안전하게 출산하도록 조치하여야 함에도 불구하고, 피해자의 혈당치가 같은 해 6. 27.경 공복시 116mg/dℓ, 식후 220mg/dℓ, 같은 해 7. 7.경 공복시 111mg/dℓ, 식후 230mg/dℓ로 각 측정되었으나, 피해자를 산부인과 전문병원으로 전원시키지 아니하고 또 피고인이라도 피해자의 혈당치를 예의주시 하여야 하는데도 이를 하지 아니하였을 뿐만 아니라, 나아가 출산예정일에서 약 2주가 지난 같은 해 8. 11. 00:30경 내원한 피해자에 대하여 초음파검사 등을 실시하였음에도 불구하고 태아가 이미 5.2kg의 거대아로

성장한 사실조차 확인하지 못하였고, 피해자가 계속 진통을 하고 있음에도 태아의 심박동수의 변화 등을 지속적으로 관찰하지도 아니한 채 자연분만을 위하여 피해자를 같은 날 06:20경까지 대기실에 방치한 과실로 그 무렵 태아가 피해자의 자궁 내에서 뇌지주막하출혈 및 뇌실질내출혈 등 분만 전 저산소성 손상으로 인하여 사망하게 함으로써 피해자로 하여금 같은 날 09:29경 인제대학교 상계백병원에서 사망한 태아를 반출하기 위한 응급 제왕절개수술을 받는 치료일수 미상의 상해를 입게 하였다는 것이다.

이에 대하여 원심은 그 채택 증거들에 의하여 대체로 공소사실과 같은 사실 및 피고인에게 업무상 과실이 있음을 인정한 다음, 피고인의 과실과 피해자가 사망한 태아를 반출하기 위한 제왕절개수술을 받은 상해 사이에는 상당인과관계가 있다고 판단하여 피고인을 유죄로 인정하였다.

2. 이 법원의 판단

가. 우선, 업무상 과실의 점에 대하여 보건대, 원심이 채택한 증거들을 기록에 비추어 살펴보면, 원심의 사실인정과 이를 토대로 피고인에게 판시와 같은 업무상 과실이 있다고 한 판단은 정당한 것으로 수긍이 가고, 거기에 채증법칙 위배, 법리오해 등의 위법이 있다고 할 수 없다.

나. 그러나 원심이 피고인의 업무상 과실로 피해자로 하여금 사망한 태아를 반출하기 위한 응급 제왕절개수술을 받는 상해를 입게 하였다고 판단하고 피고인을 업무상과실치상죄로 처벌한 조치는 다음과 같은 이유에서 수긍하기 어렵다.

이 사건 공소사실에 의하면, 이 사건 업무상과실치상죄에 있어서의 상해는 태아를 피해자의 자궁 내에서 사망하게 한 상해가 아니라, 어디까지나 피해자로 하여금 사망한 태아를 반출하기 위한 제왕절개수술을 받게 한 상해임이 분명하다.

그런데 원심이 적법히 인정한 사실관계 및 기록에 의하면, 피해자는 37세로서 임산부로서는 고령이고 제왕절개의 방법으로 두 딸을 출산하였을 뿐 자연분만의 경험이 없는데다가 당초부터 당뇨증상 및 양수과다증상이 있었으며, 이 사건 당시에도 이미 출산예정일을 2주나 경과한 데다가 태아가 이미 5.2㎏의 거대아로 성장하여 있었다는 것이므로, 피해자로서는 피고인의 과실 유무와 관계 없이 태아의 출산 등을 위하여는 어차피 제왕절개수술을 받을 수밖에 없었던 사정을 엿볼 수 있어 피고인의 과실과 제왕절개수술에 의한 상해 사이에 상당인과관계가 있다고 단정할 수 없을 뿐만 아니라,[4] 피해자의 자궁에서 사망한 태아를 반출하기 위한 제왕절개수술은 그 수술 자체가 피해자의 생리적 기능 또는 신체의 완전성을 해하는 것으로서 상해에 해당된다고 볼 수는 있지만, 그 수술은 피해자의 생명과 신체의 안전을 위하여 의사가 하는 치료행위로서 정당행위에 해당하는 것이므로,[5] 설사 피고인의 과실과 수술에 의한 상해 사이에 인과관계가 있고 또 피고인이 수술에 의한 상해의 발생을 예견할 수 있었다 하더라도, 수술에 의한 상해와 관련하여서는 피고인에게 업무상과실치상의 죄책을 물을 수 없다 할 것이다.

따라서 이 사건 공소사실을 유죄로 인정하여 피고인을 업무상과실치상죄로 처벌한 원심의 조치에는 업무상과실치상죄에 관한 법리를 오해한 나머지 판결에 영향을 미친 위법이 있다고 할 것이다.

3. 결 론

그러므로 원심판결을 파기하고, 사건을 다시 심리·판단하게 하기 위하여 원심법원에 환송하기

4 가설적 인과관계는 고려하지 않는다는 비판이 있을 수 있음(저자 주).

5 정당행위를 이용하는 것은 간접정범이라는 비판이 있을 수 있음(저자 주).

로 하여 관여 법관의 일치된 의견으로 주문과 같이 판결한다.

대법관 윤재식(재판장) 변재승 강신욱 고현철(주심)

■ 서울중앙지방법원 2005. 5. 12. 선고 2004노1677 판결【업무상과실치상】(미)

【피 고 인】 피고인
【항 소 인】 피고인
【검 사】 이남석
【변 호 인】 법무법인 율촌 담당변호사 윤홍근
【원심판결】 서울지방법원 북부지원 2003. 8. 14. 선고 2003고단1681 판결
【환송전당심판결】 서울지방법원 2003. 10. 15. 선고 2003노7379 판결
【환송판결】 대법원 2004. 3. 26. 선고 2003도6570 판결
【주 문】
원심판결을 파기한다.
피고인은 무죄.

【이 유】

1. 항소이유의 요지

① 피고인은 조산사로서 지켜야 할 주의의무를 다하여 공소외 1을 보살폈을 뿐 공소사실과 같이 피해자를 방치한 사실이 없으므로, 피고인은 이 사건 태아의 사망에 관하여 업무상 과실이 없고, ② 가사 피고인에게 업무상 과실이 인정된다 하더라도 피고인의 행위로 인하여 태아가 사망하였다고 인정할 증거도 없으며, 따라서 피고인의 잘못으로 인하여 피해자가 사망한 태아를 반출하기 위한 응급 제왕절개 수술을 받는 상해를 입었다고 할 수 없음에도 불구하고, 원심은 이 사건 공소사실을 유죄로 인정함으로써 사실을 오인하거나 업무상과실치상에 관한 법리를 오해하여 판결에 영향을 미친 위법을 범하였다.

2. 판 단

가. 피고인에게 업무상 과실이 없다는 주장에 대한 판단

(1) 사실관계

원심이 적법하게 조사하여 채택한 증거들, 특히 공소외 1의 원심 법정에서의 진술, 국립과학수사연구소장 작성의 수사협조요청에 대한 회보, 대한의사협회장 작성의 자문의뢰에 대한 회신, 피고인 작성의 산전진찰기록부, 분만진행기록부의 각 기재에다가, 당심에서 조사하여 채택한 당뇨병학 사본 및 대한의사협회장 작성의 사실조회 회신의 각 기재를 종합하여 보면,

① 피고인은 서울 동대문구(상세번지 생략)에서 '(상호 생략)조산원'을 운영하는 조산사로서 조산, 임산부 및 신생아에 대한 보건 등의 업무에 종사한 사실,

② 피고인은 2001. 4. 13.경 임신 5개월인 상태로 위 조산원에 내원한 공소외 1로부터 '질식분만'에 의한 자연분만을 의뢰받았고, 검진 및 상담 결과 위 피해자가 37세로서 고령의 임산부이고, 이전에 2회에 걸쳐 제왕절개 수술의 방법으로 출산한 경험이 있을 뿐 자연분만의 방법으로는 출산한 경험이 없으며, 위 피해자에게 당뇨증상이 있음을 알게 된 사실,

③ 피해자는 2001. 6. 12.경 성남시 소재 인하대학교 병원에서 당뇨증상과 양수과다증상이 있으니 병원에서 입원치료를 받으라는 진단을 받고 피고인에게 그 사실을 알렸으나, 피고인은 피해자와 태아에게 별 문제가 없으므로 자연분만을 할 수 있다고 말한 사실,

④ 피해자의 혈당수치가 2001. 6. 27.경에는 공복시 116mg/dℓ,식후 220mg/dℓ, 2001. 7. 7.경에는 공복시 111mg/dℓ, 식후 230mg/dℓ로 측정되었으나, 피고인은 피해자를 산부인과 전문병원으로 전원시키지 아니하였을 뿐만 아니라, 피고인이 특별히 피해자의 혈당수치를 예의주시하지 아니한 채 피해자로 하여금 스스로 혈당을 측정하게 하면서 식이요법이나 운동으로 그 혈당수치를 관리하도록 한 사실,

⑤ 피고인은, 피해자가 출산예정일인 2001. 7. 28.을 도과하였음에도, 태아의 이상 성장 유무, 자연분만 가능성 여부를 확인하기 위하여 피해자를 즉시 종합진료시설을 갖춘 산부인과 전문병원으로 전원시키지 아니한 채 피해자에게 그 후로 약 2주간 더 기다려 보자고 하면서 피해자를 방치함으로써, 2001. 8. 11.경에는 태아가 피해자의 자궁 내에서 약 5.2kg의 거대아로 성장한 사실,

⑥ 2001. 8. 11. 00:30경 임신 42주째가 되어 내원한 피해자에 대하여, 같은 날 03:00경 초음파검사 등을 실시하였음에도 태아가 거대아로 성장한 사실을 확인하지 못하였고, 전자태아감시장치, 도플러 등 기기를 사용하여 태아의 심박동수의 변화 및 태아심음을 지속적으로 관찰하거나 측정하지 아니한 채, 자연분만을 실시한다는 명목으로 피해자를 같은 날 03:00경부터 06:20경까지 입원실에 방치한 사실,

⑦ 그 무렵 태아가 피해자의 자궁 내에서 저산소성 손상(자궁 내 태아곤란증)으로 인한 심폐정지로 사망한 사실,

⑧ 피해자는 2001. 8. 11. 09:29경 서울 노원구 상계동에 있는 인제대학교 상계백병원에서 위와 같이 사망한 태아를 반출하기 위한 응급 제왕절개 수술을 받은 사실을 각 인정할 수 있다.

(2) 당뇨 증상 또는 당뇨병이 있는 임신부에 대한 조산사의 업무상 주의의무

위 증거들에 의하면, 자연분만의 경험이 없는 고령의 임신부인 경우 사산, 난산 및 신생아 사망의 위험성이 높은 사실, 특히 당뇨 증상이 있는 임신부의 경우에는 정상 임신부에 비하여 선천성기형, 자연 유산의 발생률과 저산소성 손상(자궁 내 태아곤란증)으로 인한 주산기 사망의 위험성, 호흡곤란증 등으로 인한 신생아 사망의 위험성이 높고, 당뇨병 임신부의 태아는 비대칭적 성장으로 가슴이 머리보다 더 큰 경우가 많아 난산의 위험성도 높은 사실, 또한 당뇨 증상이 있는 임신부의 경우 임신 중기 및 말기에 그 당뇨 증상으로 인하여 태아의 성장이 촉진되어 거대아가 되기 쉬운데, 그렇게 되면 태아가 자궁 내 태아곤란증으로 인하여 사산될 위험성이 매우 높기 때문에, 임신 중기 및 말기에 모세혈관 혈당이 공복시에는 60~90mg/dℓ을 유지하고, 식후 2시간 후에는 120 mg/dℓ 이하를 유지하도록 하여야 하는 사실을 각 인정할 수 있는바, 위 인정사실들에 의하면, 조산과 임산부 및 신생아에 대한 보건 등의 업무에 종사하는 피고인으로서는 당뇨 증상이 있는 임산부에 대하여 임신 중기 및 말기에 위와 같은 혈당수치가 유지되는지 여부를 지속적으로 측정·관찰하고, 그 수치가 초과된 경우에는 그 임산부를 종합진료시설을 갖춘 산부인과 전문병원으로 전원시켜 산부인과 전문의로 하여금 비정상적인 당대사의 정확한 발견 및 평가, 모체 고혈당 조절, 이에 따른 태아의 예후 판정, 태아감시와 성숙도에 대한 평가를 실시하게 하여 출산가능여부와 출산가능할 경우 임산부의 과거력, 임산부 및 태아의 검진결과에 따른 가장 적합한 분만방법을 결정하도록 하여 그 태아를 안전하게 분만토록 함으로써 임산부 및 태아에 대한 건강상의 위험을 미리 막아야 하고, 나아가 위와 같은 당뇨 증상이 있는 고령·고위험의 임산부가 출산예정일을 약 2주 도과하였을 경우에는 태아의 크기 등을 고려하여 자연분만을 포기하고 즉시 임산부를 산부인과 전문병원으로 전원시켜 산부인과 전문의로 하여금 유도분만이나 제왕절개의 방법으로 태아를 안전하

게 출산하도록 조치하는 등 임산부 및 그 태아에 대한 건강을 확보하기 위하여 필요한 최선의 노력을 기울여야 할 업무상 주의의무가 있다고 봄이 상당하다.

(3) 판 단

그렇다면 위에서 인정한 바와 같이, 피해자는 2회에 걸쳐 제왕절개 수술의 방법으로만 출산한 경험이 있을 뿐 자연분만의 방법으로 출산한 경험이 없는 37세 고령의 임산부로서 당뇨 증상이 있을 뿐만 아니라, 출산예정일인 2001. 7. 28.로부터 약 6주전인 2001. 6. 12. 인하대학교 병원에서 당뇨 증상과 양수과다 증상이 있으니 입원치료를 받으라는 진단을 받았고, 2001. 6. 27.과 2001. 7. 7.에도 피해자의 혈당수치가 정상수치를 넘고 있었는바, 조산사인 피고인으로서는 위와 같은 사실을 알게 되었을 때, 즉 늦어도 2001. 7. 7.경에는 피해자를 종합진료시설을 갖춘 산부인과 전문병원으로 전원시켜 산부인과 전문의로 하여금 출산 가능 여부와 출산 가능할 경우 가장 적합한 분만방법을 결정하도록 하여 그 태아를 안전하게 분만토록 함으로써 임산부 및 태아에 대한 건강상의 위험을 미리 막았어야 함에도 불구하고, 피해자로 하여금 스스로 혈당을 측정하게 하면서 식이요법이나 운동으로 그 혈당수치를 관리하도록 방치하였고, 나아가 출산예정일을 약 2주나 지나도록 피해자를 방치하여 태아가 5.2㎏의 거대아로 성장하도록 하였으므로, 즉시 피해자를 산부인과 전문병원으로 전원시켜 산부인과 전문의로 하여금 유도분만이나 제왕절개 수술의 방법 등으로 태아를 안전하게 출산하도록 조치하지 아니하면 태아가 저산소성 태아곤란증으로 인하여 사산될 위험성이 매우 높은 상황에 있었음에도 불구하고, 피고인은 2001. 8. 11. 00:30경 임신 42주째가 되어 내원한 피해자에 대하여 같은 날 03:00경까지 초음파 검사 등을 실시하였음에도 태아가 거대아로 성장한 사실조차 확인하지 못하고, 전자태아감시장치, 도플러 등 기기를 사용하여 태아의 심박동수의 변화 및 태아심음을 지속적으로 관찰하거나 측정하지 아니한 채 자연분만을 실시하기 위하여 피해자를 같은 날 03:00경부터 06:20경까지 대기실에 방치하였는바, 위 인정사실에 비추어 보면, 이러한 제반의 조치를 태만히 한 피고인에게 업무상 과실이 있다고 봄이 상당하다 할 것이다.

따라서, 피고인에게 업무상 과실이 없다는 위 주장은 이유 없다.

나. 직권판단(공소장 변경)

피고인의 업무상 과실과 피해자의 상해 사이에 인과관계가 없다는 피고인의 주장에 대하여 판단하기에 앞서 직권으로 살피건대, 검사는 당심에 이르러 이 사건 공소사실에 관하여 공소사실 제3쪽 제15행 이하 '그 무렵 태아가 피해자의 자궁 내에서 뇌지주막하출혈 및 뇌실질내출혈 등 분만전 저산소성 손상으로 인한 심폐정지로 사망하게 함으로써 피해자로 하여금 같은 날 09:29경 인제대학교 상계백병원에서 사망한 태아를 반출하기 위한 응급 제왕절개수술을 받는 치료일수 미상의 상해를 입게 한 것이다'를 '그 무렵 태아가 피해자의 자궁 내에서 뇌지주막하출혈 및 뇌실질내출혈 등 분만전 저산소성 손상으로 인한 심폐정지로 사망하게 하여 피해자로 하여금 치료일수 미상의 상해를 입게 한 것이다'로 변경하고, 뒤에서 보는 바와 같이 태아에 대한 업무상과실치사의 공소사실을 택일적으로 추가하는 내용의 공소장변경신청을 하여 당원이 이를 모두 허가하였는바, 당초의 공소제기를 전제로 하는 원심판결은 더 이상 유지될 수 없게 되었다.

3. 결 론

따라서 원심판결에는 직권파기 사유가 있으므로, 피고인의 업무상 과실과 피해자의 상해 사이에 인과관계가 없다는 주장에 관하여는 나아가 판단할 필요 없이 형사소송법 제364조 제2항, 제6항에 따라 원심판결을 파기하고, 변론을 거쳐 다음과 같이 판결한다.

1. 공소사실의 요지

가. 공소사실의 요지

피고인은 서울 동대문구 (상세번지 생략)에서 '(상호 생략)조산원'을 운영하는 조산사로서,

2001. 4. 13.경 임신 5개월째에 내원한 공소외 1로부터 질식분만에 의한 자연분만을 의뢰받으면서 피해자가 이미 제왕절개 방법으로 두 딸을 출산하였을 뿐 자연분만의 경험이 없는데다가 당뇨증상 및 양수과다증상이 있음을 알게 되었는바, 이러한 경우 산모의 당뇨증상으로 인하여 태아가 거대아가 되어 저산소성 태아곤란증으로 사산의 위험이 크고, 그렇지 않다 하더라도 난산이나 기형출산 등의 위험이 크므로, 피고인으로서는 피해자의 혈당치가 공복시 90mg/dℓ, 식후 2시간 후 120mg/dℓ이 유지되는지 여부를 지속적으로 측정·관찰하여 만약 위 수치를 초과하는 경우에는 피해자를 산부인과 전문병원으로 전원시켜 비정상적인 당대사의 정확한 발견, 평가 및 혈당조절, 태아감시와 성숙도에 대한 평가 등을 받게 하여 가장 적합한 분만방법을 결정하도록 조치하여야 하고, 더구나 위와 같은 임산부가 출산예정일을 2주나 도과한 때에는 당뇨증상으로 인하여 태아의 성장이 더욱 촉진되어 사산의 위험성이 매우 높으므로 즉시 자연분만을 포기하고 피해자를 산부인과 전문병원으로 전원시켜 전문의로 하여금 유도분만이나 제왕절개 등의 방법으로 태아를 안전하게 출산하도록 조치하여야 함에도 불구하고, 피해자의 혈당치가 같은 해 6. 27.경 공복시 116mg/dℓ, 식후 220mg/dℓ, 같은 해 7. 7.경 공복시 111mg/dℓ, 식후 230mg/dℓ로 각 측정되었으나, 피해자를 산부인과 전문병원으로 전원시키지 아니하고 또 피고인이라도 피해자의 혈당치를 예의주시 하여야 하는데도 이를 하지 아니하였을 뿐만 아니라, 나아가 출산예정일에서 약 2주가 지난 같은 해 8. 11. 00:30경 내원한 피해자에 대하여 초음파검사 등을 실시하고서도 태아가 이미 5.2kg의 거대아로 성장한 사실조차 확인하지 못하였고, 피해자가 계속 진통을 하고 있음에도 태아의 심박동수의 변화 등을 지속적으로 관찰하지 아니한 채 자연분만을 위하여 피해자를 같은 날 06:20경까지 대기실에 방치한 과실로 그 무렵 태아가 피해자의 자궁 내에서 뇌지주막하출혈 및 뇌실질내출혈 등 분만전 저산소성 손상으로 인한 심폐정지로 사망하게 하여 피해자로 하여금 치료일수 미상의 상해를 입게 하였다.

나. 택일적 공소사실의 요지

피고인은 서울 동대문구 (상세번지 생략)에서 '(상호 생략)조산원'을 운영하는 조산사로서,

2001. 4. 13.경 임신 5개월째에 내원한 공소외 1로부터 질식분만에 의한 자연분만을 의뢰받으면서 피해자가 이미 제왕절개 방법으로 두 딸을 출산하였을 뿐 자연분만의 경험이 없는데다가 당뇨증상 및 양수과다증상이 있음을 알게 되었는바, 이러한 경우 조산사로서는 위 가.항 공소사실 기재와 같은 주의의무가 있음에도 불구하고, 피해자의 혈당치가 같은 해 6. 27.경 공복시 116mg/dℓ, 식후 220mg/dℓ, 같은 해 7. 7.경 공복시 111mg/dℓ, 식후 230mg/dℓ로 각 측정되었으나, 피해자를 산부인과 전문병원으로 전원시키지 아니하고 또 피고인이라도 피해자의 혈당치를 예의주시 하여야 하는데도 이를 하지 아니하였을 뿐만 아니라, 나아가 출산예정일에서 약 2주가 지난 같은 해 8. 11. 00:30경 내원한 피해자에 대하여 초음파검사 등을 실시하고서도 태아가 이미 5.2kg의 거대아로 성장한 사실조차 확인하지 못하고, 피해자가 계속 진통을 하면서 자궁경부가 약 3cm 가량 열려 분만이 개시되고 있었음에도 태아의 심박동수의 변화 등을 지속적으로 관찰하지도 아니한 채 자연분만을 위하여 피해자를 같은 날 06:20경까지 대기실에 방치한 과실로 그 무렵 피해자의 당뇨증상으로 위와 같이 거대아로 성장한 피해자 신생아가 피해자의 자궁 내에서 뇌지주막하출혈 및 부분적인

뇌실질내출혈 등 분만전 저산소성 손상으로 인한 심폐정지로 사망하게 하였다.

2. 판 단

가. 사실관계

이 사건의 사실관계는 위 제2의 가. (1)항에 설시한 바와 같다.

나. 피고인의 업무상 과실에 관한 판단

위 제2의 가. (2), (3)항에서 살펴본 바와 같이, 피고인은 조산과 임산부 및 신생아에 대한 보건 등의 업무에 종사하는 조산사로서, 고령의 당뇨 증상이 있는 임신부에 대하여 임신에서부터 분만에 이르기까지의 과정에서 행하여야 하는 제반의 조치를 소홀히 한 업무상 과실이 있다.

다. 공소사실에 대한 판단

태아가 피해자의 자궁 내에서 사망함으로써 공소외 1이 상해를 입었다고 볼 수 있는지 여부에 관하여, 위에서 인정한 바와 같이, 피해자가 임신한 태아가 2001. 8. 11. 03:00경부터 06:20경까지 사이에 피해자의 자궁 내에서 저산소성 손상(자궁 내 태아곤란증)으로 인한 심폐정지로 사망하자, 피해자는 같은 날 09:29경 서울 노원구 상계동에 있는 인제대학교 상계백병원에서 응급 제왕절개 수술을 받아 위와 같이 사망한 태아를 반출하였는바, 태아가 피해자의 모체 내에서 사망하였다는 사실 자체를 피해자의 신체의 완전성을 훼손하는 상해로는 볼 수 없고, 달리 피해자에게 이 사건 태아의 사망으로 인하여 혈액 응고 장애 등의 상해가 발생하였음을 인정할 만한 아무런 증거가 없다(대한의사협회장 작성의 사실조회회신의 기재에 의하면, 모체 내에서 태아가 사망함으로써 산모에게 나타나는 특별한 생리적 기능 장애는 없고, 다만 대개는 태아 사망 후 2주 이내에 산모의 자발적 진통이 시작되어 사망한 태아에 대한 분만이 이루어지는데, 1개월 이상이 지나도록 위 분만이 이루어지지 않을 경우에는 산모에게 혈액응고 장애가 발생할 수 있다는 것인바, 피해자는 태아 사망 직후 태아를 적출한 관계로 혈액응고 장애 등도 발생하지 아니하였다).

라. 택일적 공소사실에 대한 판단

이 사건 태아가 '사람'인지 여부에 관하여, 태아는 규칙적인 진통을 동반하면서 태반으로부터 이탈되기 시작한 때, 즉 분만이 개시된 때(다만, 양수가 터짐으로써 인위적으로 분만을 개시하여야 하는 경우 또는 제왕절개 수술의 방법으로 분만을 하는 경우 등과 같이 주기적 진통 여부와는 상관없이 분만하는 경우에는, 자연분만에 있어서의 분만개시에 준하는 분만 전 처치가 시작된 때)에 비로소 태아의 지위에서 벗어나 '사람'으로 된다고 봄이 상당하고, 단순히 출산을 위하여 입원을 하였다는 사정만으로는 태아가 '사람'이 된다고 볼 수 없다 할 것이다.

그런데 피고인의 원심 법정과 이 법정에서의 각 진술, 증인 공소외 1, 2의 각 원심 법정에서의 각 진술, 피고인 작성의 산전진찰기록부, 분만진행기록부의 각 기재에 의하면, 피해자의 출산예정일은 2001. 7. 28.이었는데, 위 출산예정일이 지나도록 진통이 오지 않자 피해자가 걱정이 되어 피고인을 찾아간 사실, 이에 피고인은 "2001. 8. 10.까지 기다려봐서 그 때까지 진통이 없으면 조산원에 입원하여 분만을 하자"고 피해자에게 제의한 사실, 2001. 8. 10.이 되어도 피해자에게 진통이 없어 피해자가 2001. 8. 10. 11:00경 분만하기 위하여 피고인을 찾아가자, 피고인이 그 날 17:00경에 입원 준비를 하여 다시 오라고 하면서 되돌려 보냈고, 17:00경에 피해자가 다시 찾아가자 운동을 조금 더 한 후 그 날 23:00경에 오라고 하여 또다시 되돌려 보낸 사실, 피해자가 2001. 8. 11. 00:00경 진통이 온다며 입원 및 출산 준비를 하고 조산원에 왔는데, 같은 날 03:00경 피고인이 검진할 때에는 피해자의 자궁문이 3 손가락 넓이(약 3㎝) 정도밖에 열려 있지 않았고, 피해자에게 출산 전의 주기적인 진통이 시작되지 아니하였으며, 태아가 사망할 때까지도 그러한 상태가 계속되었던 사실을 각 인정할 수 있는바, 위 인정사실들을 종합하면, 2001. 8. 11. 03:00경에 피해자의 자궁문이 다소 열려 있었다 하더라도, 아직 피해자에게 분만의 개시라고 할 수 있는 진통은 시작되지도 아니하였다 할 것이므로, 피해자의 자궁 내에 있던 태아는 아직 '사람'이 되었다고 볼 수 없다.

3. 결 론

그렇다면, 태아 사망으로 인하여 피해자가 상해를 입었음을 전제로 한 업무상과실치상의 공소사실과 태아 사망 당시 이미 태아가 '사람'으로 되었음을 전제로 한 업무상과실치사의 공소사실은 모두 범죄사실의 증명이 없는 때에 해당하여 각 형사소송법 제325조 후단에 의하여 무죄를 선고한다.

판사 허근녕(재판장) 장윤선 이상덕

■ 대법원 2007. 6. 29. 선고 2005도3832 판결【업무상과실치상】(공)

【피 고 인】 피고인
【상 고 인】 검사
【변 호 인】 법무법인 율촌 담당변호사 윤홍근
【환송판결】 대법원 2004. 3. 26. 선고 2003도6570 판결
【원심판결】 서울중앙지법 2005. 5. 12. 선고 2004노1677 판결
【주 문】
상고를 기각한다.

【이 유】

1. 업무상과실치사의 점에 대하여

사람의 생명과 신체의 안전을 보호법익으로 하고 있는 형법의 해석으로는 규칙적인 진통을 동반하면서 분만이 개시된 때(소위 진통설 또는 분만개시설)가 사람의 시기라고 봄이 타당하다고 함은 종래 대법원이 취하여 온 견해이다(대법원 1982. 10. 12. 선고 81도2621 판결, 대법원 1998. 10. 9. 선고 98도949 판결 등 참조).

위 법리에 비추어 기록을 살펴보면, 원심이 공소외인에게 분만의 개시라고 할 수 있는 규칙적인 진통이 시작된 바 없었으므로 이 사건 태아는 아직 업무상과실치사죄의 객체인 '사람'이 되었다고 볼 수 없다는 이유 등으로 이 부분 공소사실에 관하여 무죄를 선고한 것은 정당하고, 거기에 상고이유 주장과 같은 채증법칙 위배 또는 업무상과실치사죄의 객체에 관한 법리 오해 등의 위법이 없다.

한편 검사는, 제왕절개 수술의 경우 임산부의 상태변화, 의료진의 처치경과 등 제반 사정을 토대로 '의학적으로 제왕절개 수술이 가능하였고 규범적으로 수술이 필요하였던 시기'를 사후적으로 판단하여 이를 분만의 시기로 볼 수 있고, 2001. 8. 11. 00:30경 출산을 위해 피고인의 조산원에 입원할 당시 공소외인은 임신성 당뇨증상 및 이미 두 번의 제왕절개 출산 경험이 있는 37세의 고령의 임산부이었고, 분만예정일을 14일이나 넘겨 이 사건 태아가 5.2㎏까지 성장한 상태이어서 의학적으로 자연분만이 부적절하여 제왕절개 수술이 유일한 출산방법이었으므로 공소외인의 위 입원시점을 분만의 시기로 볼 수 있다고도 주장하나, '의학적으로 제왕절개 수술이 가능하였고 규범적으로 수술이 필요하였던 시기'는 판단하는 사람 및 상황에 따라 다를 수 있어, 분만개시 시점 즉, 사람의 시기도 불명확하게 된다는 점에서 채용하기 어렵다. 검사의 이 부분 상고이유에 관한 주장은 받아들일 수 없다.

2. 업무상과실치상의 점에 대하여

현행 형법이 사람에 대한 상해 및 과실치사상의 죄에 관한 규정과는 별도로 태아를 독립된 행위객체로 하는 낙태죄, 부동의 낙태죄, 낙태치상 및 낙태치사의 죄 등에 관한 규정을 두어 포태한 부녀의 자기낙태행위 및 제3자의 부동의 낙태행위, 낙태로 인하여 위 부녀에게 상해 또는 사망에 이르게 한 행위 등에 대하여 처벌하도록 한 점, 과실낙태행위 및 낙태미수행위에 대하여 따로 처벌규정을 두지 아니한 점 등에 비추어보면, 우리 형법은 태아를 임산부 신체의 일부로 보거나, 낙태행위가 임산부의 태아양육, 출산 기능의 침해라는 측면에서 낙태죄와는 별개로 임산부에 대한 상해죄를 구성하는 것으로 보지는 않는다고 해석된다. 따라서 태아를 사망에 이르게 하는 행위가 임산부 신체의 일부를 훼손하는 것이라거나 태아의 사망으로 인하여 그 태아를 양육, 출산하는 임산부의 생리적 기능이 침해되어 임산부에 대한 상해가 된다고 볼 수는 없다.

원심이 같은 취지에서 그 판시와 같은 이유로 이 부분 공소사실에 관하여 무죄로 판단한 것은 정당하고 거기에 상고이유 주장과 같은 채증법칙 위배 및 태아와 모체와의 관계 또는 상해의 개념 등에 관한 법리오해 등의 위법이 없다. 검사의 이 부분 상고이유에 관한 주장은 받아들이지 아니한다.

3. 결 론

그러므로 검사의 상고를 기각하기로 하여 관여 대법관의 일치된 의견으로 주문과 같이 판결한다.

대법관 김능환(재판장) 김용담 박시환(주심) 박일환

■ 대법원 2009. 7. 9. 선고 2009도1025 판결 ☜ 2005도3832 판결과 같은 취지

이 사건 공소사실의 요지는, '피고인들은 충북대학교병원 소속 의사로서, 2006. 5. 11. 23:20경 복부의 지속적인 심한 통증을 호소하며 위 병원 응급실을 거쳐 산부인과로 내원한 임신 32주인 피해자 박수선을 진료함에 있어, 위에서 인정한 바와 같은 과실로, 피해자로 하여금 그 다음 날 06:40경 피해자의 질에서 하혈이 있으면서 그 이전 불상의 시각에 피해자의 뱃속에 있던 32주 상태의 태아가 태반조기박리로 사망하게 하는 상해를 입게 하였다'는 것으로서, 이에 의하면, 검사는 태아를 사망에 이르게 한 피고인들의 행위가 산모인 피해자에 대한 상해에 해당한다고 보아 피고인들에 대하여 업무상과실치상죄로 공소를 제기하였음이 분명하다.

그런데 현행 형법이 사람에 대한 상해 및 과실치사상의 죄에 관한 규정과는 별도로 태아를 독립된 행위객체로 하는 낙태죄, 부동의 낙태죄, 낙태치상 및 낙태치사의 죄 등에 관한 규정을 두어 포태한 부녀의 자기낙태행위 및 제3자의 부동의 낙태행위, 낙태로 인하여 위 부녀에게 상해 또는 사망에 이르게 한 행위 등에 대하여 처벌하도록 한 점, 과실낙태행위 및 낙태미수행위에 대하여 따로 처벌규정을 두지 아니한 점 등에 비추어보면, 우리 형법은 태아를 임산부 신체의 일부로 보거나, 낙태행위가 임산부의 태아양육, 출산 기능의 침해라는 측면에서 낙태죄와는 별개로 임산부에 대한 상해죄를 구성하는 것으로 보지는 않는다고 해석되고, 따라서 태아를 사망에 이르게 하는 행위가 임산부 신체의 일부를 훼손하는 것이라거나 태아의 사망으로 인하여 그 태아를 양육, 출산하는 임산부의 생리적 기능이 침해되어 임산부에 대한 상해가 된다고 볼 수는 없다(대법원 2007. 6. 29. 선고 2005도3832 판결 참조).

이러한 법리에 비추어 보면, 이 사건에서 비록 피고인들의 과실로 인하여 태아가 사망에 이르렀다고 하더라도, 그러한 사정만으로는 산모인 피해자에 대한 상해가 된다고 할 수 없다.

그럼에도 불구하고 태아의 사망이 산모인 피해자에 대한 상해가 된다고 보아 이 사건 공소사실을 유죄로 인정한 원심판결에는 태아와 모체의 관계 또는 상해의 개념 등에 관한 법리를 오해한 위법이 있고, 이는 판결에 영향을 미쳤음이 분명하다.

(다) 사람의 종기

① 사체손괴죄와 구분점

② 견해

[1] 호흡종지설, [2] 심장사설(맥박종지설), [3] 종합설(호흡 & 맥박), [4] 뇌사설(뇌간사설, 대뇌사설, 全뇌사설), [5] 이원설(호흡, 심장의 정지와 뇌사 중 나중 것)

4 점차 세를 얻어가고 있음

G1 장기이식수술을 위한 논리

G2 생명의 핵심은 뇌활동

G3 호흡, 맥박은 정지후 회복, 인공장치에 의한 유지 가능인데, 뇌기능은 불가역

K1 공리주의적으로 생명을 수단화

K3 호흡, 맥박도 영구적 종지를 기준으로 함

③ 장기등 이식에 관한 법률

- 뇌사자의 장기이식을 일정한 요건하에 법적으로 허용
- 견해
  - [1] 뇌사설을 입법화한 것(박상기, 배종대, 김성천)
  - [2] 위법성 조각사유(20조 법령에 의한 행위)를 규정할 것일 뿐 (임웅, 김일수, 손동권, 오영근)

관련 규정

제4조 (정의)

5. "살아있는 사람"이란 사람 중에서 뇌사자를 제외한 사람을 말하고, "뇌사자"란 이 법에 따른 뇌사판정기준 및 뇌사판정절차에 따라 뇌 전체의 기능이 되살아날 수 없는 상태로 정지되었다고 판정된 사람을 말한다.

   ☞ 사람 = 살아 있는 사람 + 뇌사자이므로 뇌사자도 사람 ⇒ 뇌사설을 부정한 것인가

6. "가족" 또는 "유족"이란 살아있는 사람 · 뇌사자 또는 사망한 자의 다음 각 목의 어느 하나에 해당하는 사람을 말한다. 다만, 14세 미만인 사람은 제외한다.

   ☞ 뇌사자와 사망한 자를 구별하고 있으므로 뇌사설을 부정한 것인가

제21조 (뇌사자의 사망원인 및 사망시각)

① 뇌사자가 이 법에 따른 장기 등의 적출로 사망한 경우에는 뇌사의 원인이 된 질병 또는 행위로 인하여 사망한 것으로 본다.

☞ 장기적출로 사망하므로 그 전에는 사망이 아니고 따라서 뇌사설을 부인한 것인가

② 뇌사자의 사망시각은 뇌사판정위원회가 제18조 제2항에 따라 뇌사판정을 한 시각으로 한다.

☞ 뇌사판정시를 사망시각으로 보므로 뇌사설을 채택한 것인가

(3) 행 위

○ 살해

(가) 수단, 방법

① 제한 없음

- 유형, 무형(정신적 고통); 작위, 부작위; 직접, 간접

• 저주 등; 인과관계 부정

② 부작위

■ 대법원 1992. 2. 11. 선고 91도2951 판결【살인】(집)

형법 제18조에 의하면 위험의 발생을 방지할 의무가 있거나 자기의 행위로 인하여 위험발생의 원인을 야기한 자가 그 위험발생을 방지하지 아니한 때에는 그 발생된 결과에 의하여 처벌하도록 규정되어 있는바, 형법이 금지하고 있는 법익침해의 결과발생을 방지할 법적인 작위의무를 지고 있는 자가, 그 의무를 이행함으로써 결과발생을 쉽게 방지할 수 있었음에도 불구하고 그 결과의 발생을 용인하고 이를 방관한 채 그 의무를 이행하지 아니한 경우에, 그 부작위가 작위에 의한 법익침해와 동등한 형법적 가치가 있는 것이어서 그 범죄의 실행행위로 평가될 만한 것이라면, 작위에 의한 실행행위와 동일하게 부작위범으로 처벌할 수 있다고 할 것이다.

이 사건의 사실관계가 원심이 인용한 제1심판결이 확정한 바와 같이, 피고인이 조카인 피해자 1(10세)과 2(8세)를 살해할 것을 마음먹고, 피해자들을 불러내어 미리 물색하여 둔 저수지로 데리고 가서 인적이 드물고 경사가 급하여 미끄러지기 쉬운 제방쪽으로 유인하여 함께 걷다가, 피해자 1로 하여금 위와 같이 가파른 물가에서 미끄러져 수심이 약 2미터나 되는 저수지 물속으로 빠지게 하고, 그를 구호하지 아니한 채 앞에 걸어가고 있던 피해자 2의 소매를 잡아당겨 저수지에 빠뜨림으로써 그 자리에서 피해자들을 익사하게 한 것이라면, 소론과 같이 피해자 1이 스스로 미끄러져서 물에 빠진 것이고, 그 당시는 피고인이 살인죄의 예비단계에 있었을 뿐 아직 실행의 착수에는 이르지 아니하였다고 하더라도, 피고인은 피해자들의 숙부로서 위와 같은 익사의 위험에 대처할 보호능력이 없는 나이 어린 피해자들을 급한 경사로 인하여 미끄러지기 쉬워 위와 같은 익사의 위험이 있는 저수지로 데리고 갔던 것이므로, 피고인으로서는 피해자들이 물에 빠져 익사할 위험을 방지하고 피해자들이 물에 빠지는 경우 그들을 구호하여 주어야 할 법적인 작위의무가 있다고 보아야 할 것이고, 이와 같은 상황에서 피해자 1이 물에 빠진 후에 피고인이 살해의 범의를 가지고 그를 구호하지 아니한 채 그가 익사하는 것을 용인하고 방관한 행위(부작위)는 피고인이 그를 직접 물에 빠뜨려 익사시키는 행위와 다름없다고 형법상 평가될 만한 살인의 실행행위라고 보는 것이 상당하다.

■ 대법원 1982. 11. 23. 선고 82도2024 판결【특정범죄가중처벌등에관한법률위반, 사체유기, 자살교사미수, 도박】(집)

피고인이 원판시 미성년자를 유인하여 포박감금한 후 단지 그 상태를 유지하였을 뿐인데도 피감금자가 사망에 이르게 된 것이라면 피고인의 죄책은 소론과 같이 감금치사죄에만 해당한다 하겠으나, 나아가서 그 감금상태가 계속된 어느 시점에서 피고인에게 살해의 범의가 생겨 위험발생을 방지함이 없이 포박 감금상태에 있던 피감금자를 그대로 방치함으로써 사망케 하였다면 피고인의 부작위는 살인죄의 구성요건적 행위를 충족하는 것이라고 평가하기에 충분하므로 피고인의 소위는 부작위에 의한 살인죄를 구성한다고 보아야 할 것이다.

■ 대법원 2004. 6. 24. 선고 2002도995 판결【살인(인정된 죄명: 살인방조)·살인】(공)(보라매병원 사건)

【피 고 인】 피고인 1 외 2인
【상 고 인】 피고인 1, 2 및 검사(피고인들에 대하여)

【변 호 인】 법무법인 세종 담당변호사 이건웅 외 8인
【원심판결】 서울고법 2002. 2. 7. 선고 98노1310 판결
【주 문】
피고인 1, 피고인 2와 검사의 각 상고를 기각한다.

【이 유】

1. 이 사건 공소사실의 요지와 원심이 인정한 사실관계

가. 이 사건 공소사실의 요지는, 피고인들이 원심공동피고인과 공모하여 다음과 같이 피해자를 살해하였다는 것이다.

(1) 피해자는 1997. 12. 4. 14:30 술에 취한 채 화장실을 가다가 중심을 잃어 기둥에 머리를 부딪치고 시멘트 바닥에 넘어지면서 다시 머리를 바닥에 찧어 경막 외 출혈상을 입고 (이름생략)병원으로 응급후송되었다.

(2) 피해자는 피고인들을 포함한 의료진에 의하여 수술을 받고 중환자실로 옮겨져 의식이 회복되고 있었으나 뇌수술에 따른 뇌 부종으로 자가호흡을 할 수 없는 상태에 있었으므로 호흡보조장치를 부착한 채 계속 치료를 받고 있었다.

(3) 피해자의 처 원심공동피고인은 여러 차례 피고인 1 등에게 집으로 퇴원시키겠다는 의사를 밝혔으나 위와 같은 피해자의 상태에 비추어 인공호흡장치가 없는 집으로 퇴원하게 되면 호흡을 제대로 하지 못하여 사망하게 될 것이라는 설명을 들었으므로 피해자를 집으로 퇴원시키면 호흡정지로 사망하게 된다는 사실을 명백히 알게 되었음에도, 피해자가 차라리 사망하는 것이 낫겠다고 생각한 나머지 피해자를 퇴원시키는 방법으로 살해할 것을 결의하고, 1997. 12. 6. 14:20경과 18:00경 주치의인 피고인 2에게 도저히 더 이상의 치료비를 추가 부담할 능력이 없다는 이유로 퇴원을 요구하였다.

(4) 피고인들은 피해자를 집으로 퇴원시킬 경우 호흡이 어렵게 되어 사망하게 된다는 사실을 충분히 알고 있었는바, 피고인 2는 원심공동피고인이 여러 차례의 설명과 만류에도 불구하고 치료비 등이 없다는 이유로 계속 퇴원을 고집하자 상사인 피고인 1에게 직접 퇴원 승낙을 받도록 하라고 하였고, 피고인 1은 1997. 12. 6. 10:00경 피고인 2로부터 위와 같은 원심공동피고인의 요구사항을 보고 받은 후, 자신을 찾아온 원심공동피고인에게 피해자가 퇴원하면 사망한다고 설명하면서 퇴원을 만류하였으나 원심공동피고인이 계속 퇴원을 요구하자 이를 받아들여 피고인 2에게 피해자의 퇴원을 지시하였다.

(5) 원심공동피고인이 퇴원수속을 마치자 피고인 2는 피고인 3에게 피해자를 집까지 호송하도록 지시하였고, 그에 따라 같은 날 14:20경 피고인 3과 원심공동피고인 등이 피해자를 중환자실에서 구급차로 옮겨 싣고 피해자의 집까지 데리고 간 다음, 피고인 3이 원심공동피고인의 동의를 받아 피해자에게 부착하여 수동 작동 중이던 인공호흡보조장치와 기관에 삽입된 관을 제거하여 감으로써 그 무렵 피해자로 하여금 호흡정지로 사망에 이르게 하였다.

나. 한편, 원심은 그 설시 증거들에 의하여, 다음과 같은 사실들을 인정하였다.

(1) 피고인 1은 (이름생략)병원 신경외과 전담의사, 피고인 2는 같은 과 3년차 수련의, 피고인 3은 1년차 수련의로 각 근무하던 자이다.

(2) 피해자는 1997. 12. 4. 14:30경 자신의 주거지에서 경막 외 출혈상을 입고 (이름생략)병원으로 응급 후송되어 같은 날 18:05경부터 피고인 1의 집도와 피고인 2 등의 보조로 경막 외 혈종 제

거 수술을 하였고, 다음날 02:30경 수술을 마친 후 중환자실로 옮겨졌으나 자발호흡이 불완전하여 인공호흡기를 부착한 상태로 계속 합병증 및 후유증에 대한 치료를 받게 되었다.

(3) 수술 후 아무런 반응을 보이지 않던 피해자는 1997. 12. 5. 04:00경 대광반사(light reflex)가 돌아왔고, 그 후 눈 뜨는 반응에서는 '부르면 눈을 뜨고 있는 상태'(글라스고우 혼수척도 Glasgow coma scale E3)로, 운동 반응에 있어서는 '통증을 가하면 통증을 가하는 위치로 손, 발을 이동하거나 제지하는 등의 반응'(글라스고우 혼수척도 M5)으로 호전되어 갔고, 그에 따라 피고인 2는 뇌부종에 따른 별다른 문제가 없는 것으로 판단하여 수술 후 매 15분마다 측정하던 의식 수준, 동공 크기, 대광반사 여부를 1시간마다 측정하도록 하였다.

(4) 또한, 호흡에 있어서는 피해자의 상태에 따라 인공호흡기의 호흡 방법, 호흡 횟수, 산소 농도, 공기 공급량 등이 조절되었는데 퇴원 당시 인공호흡기에 의한 호흡 횟수는 수술 후 16회에서 12회로, 산소농도는 100%에서 40%(일반적인 공기의 산소농도는 20%)로 호전된 상태였으나 1997. 12. 6. 01:40경 호흡음이 거칠고 양측 폐의 아래쪽에서 호흡음이 감소되었고, 같은 날 09:20경 폐 우상엽 쪽에서 거친 소리가 들리고 환기능력이 감소한 것으로 보이는 등 퇴원 당시 인공호흡기를 제거할 경우 자발호흡이 정상적으로 이루어지기 힘들었고, 수술 후 수술 부위에서 피가 자꾸 배어 나와서 1997. 12. 5. 21:00경 수술 부위를 다시 봉합하였으나 그 후에도 수술 부위에서 피가 계속 배어 나와 수술상처 배액기구로 피를 배액(drainage)하고 있는 상태였다.

(5) 한편, 피해자의 처 원심공동피고인은 수술 후 피고인 2로부터 피해자의 혈종이 완전히 제거되었고 호전될 것으로 예상된다는 말을 들었으나 그 때까지 260만 원 상당의 치료비가 나온 것을 알고 향후 치료비도 부담하기 어려울 뿐 아니라 금은방을 운영하다가 실패한 후 17년 동안 무위도식하면서 술만 마시고 가족들에 대한 구타를 일삼아 온 피해자가 살아 남아 가족들에게 계속 짐이 되기보다는 차라리 사망하는 것이 낫겠다고 생각하여 경제적 부담을 빌미로 피해자의 퇴원의 허용을 계속 요구하였다.

(6) 이에 피고인 1, 피고인 2는 수 차례에 걸쳐 피해자의 상태에 비추어 지금 퇴원하면 죽게 된다는 이유로 퇴원을 극구 만류하고 치료비를 부담할 능력이 없으면 차라리 1주일 정도 기다렸다가 피해자의 상태가 안정된 후 도망가라고까지 이야기하였으나 원심공동피고인은 피해자의 퇴원을 고집하였고, 1997. 12. 6. 14:00경 피고인 1, 피고인 2로부터 퇴원시 사망가능성에 대한 설명을 듣고, 퇴원 후 피해자의 사망에 대해 법적인 이의를 제기하지 않겠다는 귀가서약서에 서명하였다.

(7) 피고인 1, 피고인 2는 환자의 보호자가 그 퇴원을 강력히 요구하고 있는 상태에서 퇴원 요구를 거부한 후 발생될 치료 결과에 대한 책임이나 향후치료비의 부담이라고 하는 현실적인 문제가 제기되자 보호자의 환자에 대한 퇴원 요구를 거부하면서 의사가 치료행위를 계속할 수 있는 근거 등에 대하여 더 이상 생각해 보지 않은 채 피해자의 퇴원을 위한 조치를 취하게 되었다.

(8) 피고인 2는 피고인 1의 지시에 따라 피고인 3에게 피해자의 퇴원을 위한 조치를 취하도록 지시하였고, 피고인 3은 1997. 12. 6. 14:00경 피해자에게 부착된 인공호흡기를 제거한 후 원심공동피고인과 함께 위 병원 구급차로 피해자를 후송하면서 인공호흡보조장치를 사용하여 수동으로 호흡을 보조하다가 피해자의 주거지에 도착한 후 원심공동피고인에게 인공호흡보조장치를 제거하게 될 경우 사망하게 된다는 사실을 고지한 후 인공호흡보조장치를 제거하였다.

(9) 피해자는 피고인 3이 떠난 후 5분도 안되어 목 부위에서 꺽꺽거리는 등의 소리를 내며 불완전하게 숨을 쉬다가 뇌간 압박에 의한 호흡곤란으로 사망하였다.

2. 피고인 3에 대한 원심 판단의 당부

원심은, 피고인 3은 1년차 수련의로서 전문의인 담당의사의 지시에 따라 그의 의료행위를 보조하는 역할을 담당하고 있을 뿐, 피해자의 퇴원결정에 관여한 바 없고, 담당의사인 피고인 1 등의 지시에 따라 피해자의 퇴원절차를 밟기 위한 과정을 도와 인공호흡기 또는 인공호흡보조장치를 제거하였더라도 인공호흡기 등의 제거는 퇴원조치에 따르는 일부 과정에 지나지 않아, 그가 회생가능성이 있는 피해자를 살해하려는 원심공동피고인의 의도까지 인식하였다고 보기는 어려우므로, 결국 살인죄의 정범으로서의 고의뿐만 아니라 방조범으로서의 고의도 인정할 수 없다고 하여 피고인 3에 대하여 무죄를 선고한 제1심판결을 그대로 유지하였는바, 기록에 비추어 보면 이러한 원심의 조치는 수긍할 수 있고, 거기에 검사가 상고이유로서 내세운 바와 같이 살인죄의 정범 및 방조범의 범의에 관한 법리오해 등으로 판결 결과에 영향을 미친 위법이 없다.

3. 피고인 1, 피고인 2에 대한 원심 판단의 당부

가. 원심의 판단

원심은, 피고인 1, 피고인 2(이하 '피고인들'이라 할 때는 이 두 피고인을 가리킨다)가 피해자의 퇴원을 위하여 취한 조치와 그로 인한 치료행위의 중단은 한 개의 사실관계의 양면으로 서로 결합되어 있는 것으로서, 의사의 관점에서 볼 때 피고인들에 대한 비난은 피고인들이 소극적으로 치료행위를 중단한 점에 있다기보다는 원심공동피고인의 퇴원 요청을 받아들여 적극적으로 퇴원에 필요한 조치를 취한 점에 집중되어야 할 것이고, 피고인들은 피해자를 퇴원시킬 당시 원심공동피고인이 피해자에 대한 보호의무를 저버려서 그를 사망에 이르게 하리라는 사정을 인식하고 있었을 뿐 나아가 그러한 결과의 발생을 용인하는 내심의 의사까지는 없었다 할 것이어서 정범의 고의를 인정할 수 없으므로, 피고인들의 행위는 부작위에 의한 살해행위가 아니라 원심공동피고인의 부작위에 의한 살인행위 실행을 용이하게 한, 작위의 방조행위로 봄이 상당하다는 이유로, 피고인들을 부작위에 의한 살인죄의 정범으로 처단한 제1심판결을 파기하고, 피고인들을 작위에 의한 살인방조죄로 처단하였다.

나. 검사의 상고이유 주장에 대한 판단

(1) 살인죄에 있어서의 고의는 반드시 살해의 목적이나 계획적인 살해의 의도가 있어야 하는 것은 아니고 자기의 행위로 인하여 타인의 사망의 결과를 발생시킬 만한 가능 또는 위험이 있음을 인식하거나 예견하면 족한 것이고 그 인식 또는 예견은 확정적인 것은 물론 불확정적인 것이더라도 소위 미필적 고의로서 살인의 범의가 인정되는 것인바(대법원 2003. 4. 25. 선고 2003도949 판결 등 참조), 기록에 의하면, 피해자는 경막하 출혈상을 입고 9시간 동안 두개골 절제술 및 혈종 제거수술을 받은 후 중환자실로 옮겨져 인공호흡기를 부착한 상태로 계속 합병증 및 후유증에 대한 치료를 받고 있었는데 그로부터 불과 하루 남짓이 경과한 상태에서 피해자에게서 인공호흡기를 제거하는 등 치료를 중단하는 경우 종국에는 사망할 가능성 내지 위험성이 있음이 예견되었고, 피고인들 또한, 담당 전문의와 주치의로서 이러한 사실을 인식하고 있었는바, 이러한 점에 비추어 보면 피고인들이 비록 원심공동피고인의 요청에 의하여 마지 못해 치료를 중단하였다고 하더라도 그 당시 피해자의 사망이라는 결과 발생에 대한 미필적 인식 내지 예견마저 없었다고 보기는 어려우므로, 피고인들에게 정범의 고의가 없다고 본 원심의 판단은 잘못된 것이다.

(2) 그러나 다른 한편, 형법 제30조의 공동정범이 성립하기 위하여는 주관적 요건인 공동가공의 의사와 객관적 요건으로서 그 공동의사에 기한 기능적 행위지배를 통하여 범죄를 실행하였을 것이

필요하고, 여기서 공동가공의 의사란 타인의 범행을 인식하면서도 이를 제지함이 없이 용인하는 것만으로는 부족하고 공동의 의사로 특정한 범죄행위를 하기 위하여 일체가 되어 서로 다른 사람의 행위를 이용하여 자기의 의사를 실행에 옮기는 것을 내용으로 하는 것이어야 하는바(대법원 2003. 3. 28. 선고 2002도7477 판결 등 참조), 기록에 의하여 드러난 사정들, 즉, 피고인들이 원심공동피고인의 퇴원 조치 요구를 극구 거절하고, 나아가 꼭 퇴원을 하고 싶으면 차라리 피해자를 데리고 몰래 도망치라고까지 말하였던 점, 퇴원 당시 피해자는 인공호흡 조절수보다 자가호흡수가 많았으므로 일단 자발호흡이 가능하였던 것으로 보이고, 수축기 혈압도 150/80으로 당장의 생명유지에 지장은 없었던 것으로 보이는 점, 피해자의 동맥혈 가스 분석 등에 기초한 폐의 환기기능을 고려할 때 인공호흡기의 제거나 산소 공급의 중단이 즉각적인 호흡기능의 정지를 유발할 가능성이 적었을 것으로 보이는 점 등에 비추어 보면, 피고인들은 피해자의 처 원심공동피고인의 강청에 못 이겨 피해자의 퇴원에 필요한 조치를 취하기는 하였으나, 당시 인공호흡장치의 제거만으로 즉시 사망의 결과가 발생할 것으로 생각하지는 아니하였던 것으로 보이고(피해자가 실제로 인공호흡장치를 제거한지 5분 정도 후에 사망하였다는 것만으로 그러한 결과가 사전에 당연히 예견되는 것이었다고 단정하기는 어렵다.), 결국 피고인들의 이 사건 범행은, 피해자의 담당 의사로서 피해자의 퇴원을 허용하는 행위를 통하여 피해자의 생사를, 민법상 부양의무자요 제1차적 보증인의 지위에 있는 원심공동피고인의 추후 의무 이행 여부에 맡긴 데 불과한 것이라 하겠고, 그 후 피해자의 사망이라는 결과나 그에 이르는 사태의 핵심적 경과를 피고인들이 계획적으로 조종하거나 저지·촉진하는 등으로 지배하고 있었다고 보기는 어렵다. 따라서 피고인들에게는 앞에서 본 공동정범의 객관적 요건인 이른바 기능적 행위지배가 흠결되어 있다고 보는 것이 옳다.

(3) 따라서 피고인들이 원심공동피고인의 부작위에 의한 살인행위를 용이하게 함으로써 이를 방조하였을 뿐이라고 본 원심의 판단은 결론에 있어 정당하고, 거기에 판결 결과에 영향을 미친 위법이 있다고 할 수 없다. 검사의 이 부분 상고이유 주장은 이유 없다.

다. 피고인 1, 피고인 2의 상고이유에 대한 판단

(1) 어떠한 범죄가 적극적 작위에 의하여 이루어질 수 있음은 물론 결과의 발생을 방지하지 아니하는 소극적 부작위에 의하여도 실현될 수 있는 경우에, 행위자가 자신의 신체적 활동이나 물리적·화학적 작용을 통하여 적극적으로 타인의 법익 상황을 악화시킴으로써 결국 그 타인의 법익을 침해하기에 이르렀다면, 이는 작위에 의한 범죄로 봄이 원칙이고, 작위에 의하여 악화된 법익 상황을 다시 되돌이키지 아니한 점에 주목하여 이를 부작위범으로 볼 것은 아니며, 나아가 악화되기 이전의 법익 상황이, 그 행위자가 과거에 행한 또 다른 작위의 결과에 의하여 유지되고 있었다 하여 이와 달리 볼 이유가 없다.

이 사건의 경우 피고인들은 피고인 3에게 피해자를 집으로 후송하고 호흡보조장치를 제거할 것을 지시하는 등의 적극적 행위를 통하여 원심공동피고인의 부작위에 의한 살인행위를 도운 것이므로, 이를 작위에 의한 방조범으로 본 원심의 판단은 정당한 것으로 수긍할 수 있고, 거기에 피고인들이 상고이유로 주장하는 바처럼 형법상 작위와 부작위의 구별 및 방조행위의 성립에 관한 법리오해 등의 위법이 없다.

나아가 피고인들의 행위를 작위에 의한 방조범으로 보는 이상 치료위임계약의 해지에 관한 법리오해 및 수임인의 긴급처리의무·의사의 교체(이른바 전의)의무 등 피고인들의 작위의무와 관련된 각종 법리오해 등은 어느 것이나 판결 결과에 영향을 미칠 수 없다(원심 역시 위와 같은 이유로 피고인들이 한 같은 취지의 원심 주장을 배척한 바 있다).

(2) 원심은 피고인들이 피고인 3으로 하여금 원심공동피고인과 함께 피해자를 집까지 데리고 간 다음 인공호흡보조장치와 기관에 삽입된 관을 제거하도록 지시한 사실을 인정한 이상, 위와 같은 원심의 조치에 피고인들이 상고이유로 주장하는 바처럼 범죄사실을 특정하지 아니한 위법이 있다고도 볼 수 없다.

(3) 원심은, 피고인 2가 신경외과 전문의가 되기 위한 수련과정을 밟고 있는 전공의로서 퇴원이나 치료 중단을 결정할 권한이 없고, 또 실제로 퇴원을 지시한 사실이 없다 하여도, 피고인 2는 피해자가 처음 응급실로 왔을 때부터 퇴원에 이르기까지 피해자의 치료를 담당하여 피해자의 상태를 누구보다도 잘 알고 있었고, 나아가 피해자가 퇴원하면 원심공동피고인이 피해자에게 적절한 치료를 베풀지 아니하여 사망에 이르게 할 가능성이 크다는 사정까지 알면서도 원심공동피고인의 범행을 방조한 이상, 위와 같은 사정은 살인방조죄의 성립을 좌우할 수 없다는 취지로 판시하였다. 기록에 의하면 이와 같은 원심의 사실인정과 판단은 모두 옳고, 거기에 채증법칙 위배로 인한 사실오인 등으로 판결 결과에 영향을 미친 위법을 찾아볼 수 없다. 피고인 2의 이 부분 상고이유 주장 역시 이유 없다.

(4) 원심이 피고인들에게 정범의 고의가 없다고 본 것은 앞서 본 바와 같이 잘못이나, 방조의 고의를 인정한 조치에는 법리오해의 위법이 있다 할 수 없고, 따라서 피고인들의 이 사건 범행은 방조범의 성립에 요구되는 정범의 고의와 방조의 고의를 모두 갖추고 있는 것이어서, 위와 같은 원심의 잘못은 판결 결과에 영향이 없다 할 것이다. 결국, 원심의 판단에는 방조범의 고의에 관한 법리 및 의학적 권고에 반하는 환자의 퇴원(discharge against medical advice)에 있어 의사의 고의에 관한 법리를 오해하는 등의 위법이 없으므로, 이 부분의 상고이유 주장은 받아들일 수 없다.

(5) 치료를 요하는 피부양자를 방치하여 사망에 이르게 한 원심공동피고인의 행위가 경제적 곤궁으로 인한 것이라거나, 피고인들이 피해자에 대한 치료를 지속시키기 위하여 원심공동피고인을 설득하는 등 최선을 다하였으나, 원심공동피고인이 마음을 바꾸지 아니하여 불가피하게 이 사건 범행에 이르게 되었다는 것은 모두 형의 양정에 참작할 사정에 불과하므로, 피고인들의 상고이유 주장과는 달리 원심공동피고인을 살인죄의 정범으로, 피고인들을 방조범으로 각 처단한 원심의 조치에 채증법칙 위배로 인한 사실오인이나 정당행위 및 정범의 실행행위에 관한 법리오해 등으로 판결 결과에 영향을 미친 위법이 없다.

(6) 종범은 정범의 실행행위 중에 이를 방조하는 경우뿐만 아니라, 실행 착수 전에 장래의 실행행위를 예상하고 이를 용이하게 하는 행위를 하여 방조한 경우에도 성립하므로(대법원 1996. 9. 6. 선고 95도2551 판결 등 참조), 원심이 피고인들의 행위가 원심공동피고인의 부작위에 의한 살인행위를 방조한 것으로 본 데에 인과관계에 관한 법리오해 또는 채증법칙 위배로 인한 사실오인으로 판결 결과에 영향을 미친 위법이 없으며, 가사 피해자가 매우 위독한 상태에 있었다 하여도 회복할 가능성이 전혀 없었던 것이 아닌 이상 피고인들의 이 사건 범행과 피해자의 사망 사이에 합법칙적 연관 내지 상당인과관계를 인정할 수 없다고는 보기 어렵다. 피고인들의 이 부분 상고이유 주장은 받아들일 수 없다.

(7) 법원은 공소사실의 동일성이 인정되는 범위 내에서 공소가 제기된 범죄사실보다 가벼운 범죄사실이 인정되는 경우에 있어서, 그 심리의 경과 등에 비추어 볼 때 피고인의 방어에 실질적인 불이익을 주는 것이 아니라면 공소장 변경 없이 직권으로 가벼운 범죄사실을 인정할 수

있다고 할 것이므로 공동정범으로 기소된 범죄사실을 방조사실로 인정할 수 있다(대법원 1995. 9. 29. 선고 95도456 판결 참조).

원심이 공소장 변경 없이 살인죄의 공동정범으로 기소된 피고인들을 살인방조죄로 처단한 조치는 위 법리에 비추어 정당하고, 거기에 상고이유로 주장하는 바처럼 공소장 변경에 관한 법리오해 등의 위법이 없다.

4. 결 론

따라서 피고인 1, 피고인 2와 검사의 각 상고를 기각하기로 하여 주문과 같이 판결한다.

대법관 이용우(재판장) 조무제 이규홍 박재윤(주심)

■ 서울고등법원 2002. 2. 7. 선고 98노1310 판결【살인(피고인 1, 2에 대해 인정된 죄명: 살인방조죄)】(미) (보라매병원 사건 원심)

【범죄사실】

피고인 1은 보라매병원 신경외과 전담의사, 피고인 2는 위 병원 같은 과 레지던트로 각 근무하고 있는 자인바, 1997. 12. 4. 14:30경 피해자 A가 자신의 주거지에서 술에 취한 채 화장실을 가다가 중심을 잃어 기둥에 머리를 부딪치고 시멘트바닥에 넘어지면서 머리를 충격하여 경막외출혈상을 입어 위 보라매병원으로 응급후송된 다음 같은 날 18:05경부터 다음 날 03:00경까지 피고인 1의 집도와 피고인 2 등의 보조로 경막외출혈로 인한 혈종제거수술을 받고 중환자실로 옮겨져 계속 치료를 받았는데 위 혈종제거수술이 성공적으로 이루어졌고, 시간이 경과함에 따라 피해자의 대광반사와 충격에 대한 반응 속도가 점점 빨라지고 이름을 부르면 스스로 눈까지 뜨려고 하는 등 그 상태가 호전되어 계속적으로 치료를 받을 경우 회복될 가능성이 있었으나 뇌수술에 따른 뇌부종으로 자가호흡을 하기 어려운 상태에서 인공호흡을 위한 산소호흡기를 부착한 채 수술부위에서 배어나오는 피를 배액하는 등 합병증 및 후유증에 대한 치료를 계속 받던 중, 피해자의 처인 상피고인 4가 당시까지 치료비 260만원 상당뿐 아니라 추가치료비의 지출이 자신의 재산능력에 비추어 상당한 부담이 되고, 17년 동안 무위도식하면서 술만 마시고 가족들에게 구타를 일삼아 온 피해자가 차라리 사망하는 것이 낫겠다고 생각한 나머지, 피고인 1, 2로부터 위와 같은 피해자의 상태와 인공호흡장치가 없는 집으로 퇴원하게 되면 호흡을 제대로 하지 못하여 피해자가 사망하게 된다는 사실에 대한 설명을 들어 알고 있었음에도 피해자에 대한 치료를 중단하고 퇴원시키는 방법으로 피해자를 살해할 것을 마음먹고, 같은 달 5. 14:20경 및 18:00경 주치의인 피고인 2에게 '도저히 더 이상의 추가치료비를 부담할 능력이 없다'는 이유로 퇴원을 요구하고, 같은 달 10:00경 전담의인 피고인 1에게도 같은 이유로 퇴원을 요구하는 등 피고인 1, 2의 퇴원만류에도 불구하고 계속하여 퇴원을 요구하자 피고인 2는 상피고인 4의 퇴원요구를 받아 상사인 피고인 1에게 직접 퇴원승낙을 받도록 하고, 피고인 1은 상피고인 4의 퇴원요구를 받아들여 피고인 2에게 피해자의 퇴원을 지시하고, 피고인 2는 이에 따라 피해자의 퇴원을 지시하여 피고인 1, 2의 지시를 받은 상피고인 3으로 하여금 상피고인 4와 함께 피해자를 집까지 데리고 간 다음 인공호흡보조장치인 엠브와 기관에 삽입된 관을 제거하여 그 무렵 피해자로 하여금 뇌간압박에 의한 호흡곤란으로 사망에 이르게 하여 피고인 4의 범행을 용이하게 하여 이를 방조하였다.

【증거의 요지】

이 법원이 인정하는 증거의 요지는, '1. 증인 B의 당심진술'을 추가하는 외에는 원심판결 각 해당란의 기재와 같으므로, 형사소송법 제369조에 의하여 이를 그대로 인용한다.

【법령의 적용】

1. 범죄사실에 대한 해당법조

각 형법 제250조 제1항, 제18조, 제32조 제1항(각 유기징역형 선택)

1. 법률상 감경

각 형법 제32조 제2항, 형법 제55조 제1항 제3호(종범 감경)

1. 작량감경

각 형법 제53조, 제55조 제1항 제3호(각 전과가 없고, 상피고인 4의 퇴원 요구에 대해 여러 차례 설득을 하였으며, 피해자의 사망을 의욕 또는 용인하지는 않았던 점, 그 범행경위 및 동기 등 참작)

1. 미결구금일수 산입

각 형법 제57조

1. 집행유예

각 형법 제62조 제1항(위 작량감경사유 및 종래 의료관행에 비추어 비난가능성이 높지는 않은 점 등 참작)

【양형의 이유】

오늘날 의료현실의 변화에 따라 의료행위에 있어서 의사가 환자의 생명과 건강을 위한 주재자의 위치에서 환자에게 자기결정을 위한 정보를 제공하고 동의를 받아 적절한 치료를 해야 하는 계약관계적 측면이 강조되어 가고 있고, 우리나라의 경우 환자가 개인이 아닌 가족의 일원으로서 의료현장에서 의료행위를 결정함에 있어서 때때로 보호자가 환자의 의사를 대신하는 것을 자연스럽게 받아들여 왔으며, 또한 종합병원에 있어서도 윤리위원회의 구성이나 가동이 정상적으로 이루어지지 못하고, 한계상황에서 치료방법의 선택이나 치료행위의 계속 여부를 결정해야 하는 의료인 개인의 판단의 적정성을 검증하거나 양심적 결단에 따른 합리적인 판단을 할 수 있도록 뒷받침하는 제도적 장치가 미비하고, 의료비용의 문제에 있어서도 경제적인 이유로 퇴원을 원하는 환자나 가족들을 위한 의료보험 및 공적 부조 등의 제도적 정비가 충분하지 못하고, 응급환자의 미지급치료비의 대불을 청구할 수 있는 응급의료기금이 현실화되어 있지 않는 등 의료인 개인에게 무한정한 책임만을 강조할 수 없는 측면이 있는 것은 부정할 수 없다.

하지만 인간의 생명은 법익 중 최고의 가치를 가진 법익이고, 개인의 생활감정이나 생활상의 이해와 관계없이 또한 국가나 사회가 개인의 생명을 어떻게 평가하는가에 관계없이 보호되어야 하는 것이고, 국가는 그 생명을 보호해야 할 책무가 있는 것이고, 또한 인간의 생명은 개인이 임의로 처분할 수 없는 것으로 인간의 생명과 결부된 의료행위에 있어서도 이러한 원칙 자체는 포기될 수 없는 것이며, 우리 법이 자살관여죄나 승낙에 의한 살인죄를 처벌하고, 응급의료에관한법률에서 국가가 의료인에게 응급환자에 대한 응급의료라는 공법상의 의무를 부과하고 이를 정당한 이유 없이 거부하거나 중단하지 못하도록 한 이유도 여기에 있다.

따라서 소위 죽음에 직면한 환자에 대한 치료를 중지하거나 생명유지장치를 제거함으로써 환자가 자연적인 경과를 거쳐 죽게 내버려두는 소극적 안락사에 있어서 뿐 아니라 인간의 생명과 직결되는 치료행위의 중지는, 환자가 불치의 병에 걸려 있고, 죽음을 피할 수 없는 말기상태에서 단지 생명을 연장하는 의미밖에 없는 치료행위를 환자의 자기결정권에 기한 진지한 치료중지 요구에 응하여 의사의 양심적 결단에 따라 이루어질 경우에만 제한적으로 허용될 수 있을 뿐이고, 이러한 치료행위의 중지의 허용여부 및 그 범위, 절차와 방법에 대해서 사회적으로 진지한 논의와 합의가 있어야 할 것이다.

이 사건의 경우 생존가능성이 있는 피해자에 대하여 경막외혈종 수술을 받은 후 치료비 부담을 이유로 36시간만에 퇴원시켜 인공호흡장치를 제거함으로써 치료행위의 중단을 초래하여 사망에 이르게 한 것으로 피해자의 보호자인 피고인 4의 경우 부작위에 의한 살인죄의 형법적 책임을 묻지 않을 수 없고, 담당의사들인 피고인 1, 2의 경우 소극적 안락사의 법적 개념에 해당하지 아니하고, 치료행위 중지의 허용요건을 충족하지도 못하며, 만약 담당의사들이 피해자의 생존가능성 및 더 이상의 치료행위가 의미 있는지 여부를 판단할 수 있는 시점까지 피해자에 대한 치료를 다하고, 동료 및 선후배의사와 의논하거나 병원윤리위원회에 회부하는 등 여러 가지 검증절차를 통하여 더 이상의 치료가 무의미하다고 판단하여 한계상황에서의 환자 자신의 이익과 의사를 고려한 양심적 결단에 의해 퇴원시킨 것이었다면 법원으로서도 그러한 의료인의 결정을 존중할 여지가 있다고 할 것이나, 이 사건은 피해자의 추정적 의사에 반하는 보호자의 경제적 부담을 이유로 한 퇴원요구에 응하여 경솔하게 생존가능성이 있는 환자를 퇴원시켜 그 생명을 포기케 하는 결과를 초래한 행위로서 환자의 상태와 환자 자신의 의사를 신중하게 고려한 담당의사들의 한계상황에서의 양심적 결단이 있다고 볼 수 없음이 명백하고, 따라서 위 피고인들이 보호자의 경제적 고려에 의한 퇴원 요구에 응하여 생존가능성이 있는 피해자의 치료행위의 중지를 초래케 한 행위에 대해서도 단순한 윤리적 책임뿐 아니라 현행법에 의한 책임을 묻지 않을 수 없다.

다만, 피고인 1, 2는 피해자에 대해 자신들이 할 수 있는 최선의 의료조치를 취하였었고, 그 후 피고인 4의 퇴원요구에 대해 수 차례 만류하였던 사정이 있으며, 피해자의 사망이라는 결과를 의욕 또는 용인할 의사가 있었다고 보이지는 않아 살인죄가 아닌 살인방조죄로 처단하는 점에 비추어 그 형을 주문과 같이 정한다.

③ 강요, 위계에 의한 자살교사

1. 이론상 살인의 간접정범이나 형법 253조(위계, 위력에 의한 살인; 250조의 예에 따라 처벌)에 구성요건화
2. 자살자가 자살의 의미를 알 경우에는 위계, 위력에 의한 살인죄
   자살의 의미를 모를 경우에는 살인 간접정범

④ 무고, 위증, 재판을 통하여 사형을 당하게 한 경우

1. 법원의 직권에 의한 실체발견의무가 있어 고발인, 증인에 의한 재판지배는 인정할 수 없으므로 살인간접정범 불성립(김일수, 배종대, 이재상, 손동권)
2. 법관을 기망하거나 위협하여 재판을 지배하는 것이 가능하고 소송사기가 가능한 것과 같이 살인죄 간접정범 성립(이정원, 임웅, 김성천)

㈏ 실행의 착수

○ 살의를 가지고 타인의 생명을 위태롭게 하는 행위를 직접 개시한 때

■ 대법원 1986. 2. 25. 선고 85도2773 판결【존속살인, 살인미수】(공)

피고인은 격분하여 피해자 1을 살해할 것을 마음먹고 밖으로 나가 웃방 마루밑 못그릇에 놓여있던 낫을 들고 들어오려고 하였으나 피해자 2 등이 이를 제지하자 그 틈을 타서 피해자 1이 뒷문으로 도망을 하여 살인의 목적을 이루지 못하여 미수에 그쳤다는 것이므로 피고인이 낫을 들고 피해

자 1에게 접근함으로써 살인의 실행행위에 착수하였으나 피해자 2 등의 제지로 장애미수에 그쳤다고 본 원심의 조치는 정당하며 거기에 소론과 같은 미수범에 관한 법리오해의 위법이 있다 할 수 없으므로 논지 이유없다.

(4) 결 과

■ 대법원 1984. 2. 14. 선고 83도2967 판결【살인미수】(집) [요지]

피고인이 피해자를 독살하려 하였으나 동인이 토함으로써 그 목적을 이루지 못한 경우에는 피고인이 사용한 독의 양이 치사량 미달이어서 결과발생이 불가능한 경우도 있을 것이고, 한편 형법은 장애미수와 불능미수를 구별하여 처벌하고 있으므로 원심으로서는 이 사건 독약의 치사량을 좀더 심리하여 피고인의 소위가 위 미수 중 어느 경우에 해당하는지 가렸어야 할 것이다.

(5) 인과관계

나. 주관적 구성요건

(1) 고 의

■ 대법원 2002. 2. 8. 선고 2001도6425 판결【성폭력범죄의처벌및피해자보호등에관한법률위반(특수강도강간등)등】(공)

강도살인죄에 있어서의 살인의 범의는 반드시 살해의 목적이나 계획적인 살해의 의도가 있어야 인정되는 것은 아니고, 자기의 행위로 인하여 타인의 사망의 결과를 발생시킬 만한 가능 또는 위험이 있음을 인식하거나 예견하면 족한 것이고 그 인식이나 예견은 확정적인 것은 물론 불확정적인 것이라도 이른바 미필적 고의로 인정되는 것인바, 피고인이 범행 당시 살인의 범의는 없었고 단지 상해 또는 폭행의 범의만 있었을 뿐이라고 다투는 경우에 피고인에게 범행 당시 살인의 범의가 있었는지 여부는 피고인이 범행에 이르게 된 경위, 범행의 동기, 준비된 흉기의 유무·종류·용법, 공격의 부위와 반복성, 사망의 결과발생가능성 정도 등 범행 전후의 객관적인 사정을 종합하여 판단할 수밖에 없다고 할 것이다(대법원 2001. 3. 9. 선고 2000도5590 판결 참조).

원심판결 이유에 의하면 원심은, 원심이 인용한 제1심판결의 채용 증거들과 피고인의 원심법정에서의 진술을 종합하여, 피고인이 도망을 가려는 피해자 1의 어깨를 잡아 방으로 끌고 와 침대에 엎드리게 하고 이불을 뒤집어 씌운 후 침대에 있던 베개로 피해자 1의 머리부분을 약 3분간 힘껏 누른 사실, 이에 피해자 1이 손발을 휘저으며 발버둥치다가 움직임을 멈추고 사지가 늘어졌음에도 계속하여 약 10초간 누르고 있었던 사실, 이어서 피고인이 피해자 1의 맥박과 숨소리가 끊겨 사망한 것을 확인하고 피해자 1을 잠자는 것처럼 위장해 놓은 뒤 방안에 있던 강취물들을 가방에 넣고 사건 장소를 빠져나온 사실을 각 인정한 다음, 이러한 범행과정과 범행 후의 정황들에 미루어 보면, 이 사건 범행 당시 피고인이 단순히 위협할 목적으로 피해자 1의 몸을 누르고 있었다고 볼 수는 없고, 살해의 고의가 있었다고 판단하여 이 사건 강도살인의 공소사실을 유죄로 인정하였는바, 앞서 본 법리와 기록에 비추어 살펴보면, 원심의 위와 같은 사실인정과 판단은 정당하다고 수긍이 되고, 거기에 상고이유로 지적하는 바와 같이 채증법칙 위배로 인한 사실오인이나, 강도살인죄의 범의에 관한 법리오해 등의 위법이 있다고 할 수 없다.

(2) 타격의 착오

■ 대법원 1984. 1. 24. 선고 83도2813 판결【살인】(집)

피해자 1인 피고인의 형수의 등에 업혀 있던 피고인의 조카 피해자 2(남 1세)에 대하여는 살인의 고의가 없었으니 과실치사죄가 성립할지언정 살인죄가 성립될 수 없다는 주장을 살피건대, 피고인이 먼저 피해자 1을 향하여 살의를 갖고 소나무 몽둥이(증 제1호, 길이 85센티미터 직경 9센티미터)를 양손에 집어들고 힘껏 후려친 가격으로 피를 흘리며 마당에 고꾸라진 동녀와 동녀의 등에 업힌 피해자 2의 머리부분을 위 몽둥이로 내리쳐 피해자 2를 현장에서 두개골절 및 뇌좌상으로 사망케 한 소위를 살인죄로 의율한 원심조처는 정당하게 긍인되며 소위 타격의 착오가 있는 경우라 할지라도 행위자의 살인의 범의성립에 방해가 되지 아니하니 어느 모로 보나 원심판결에 채증법칙 위배로 인한 사실오인의 위법이 나 살인죄에 관한 법리오해의 위법이 없어 논지는 이유 없다.

☞ 원심: 서울고등법원 1983. 10. 7. 선고 83노2213 판결.
제1심: 춘천지방법원 원주지원 1983. 7. 14. 선고 83고합70 판결.

(3) 목 적

① **목적범 아님**

② **목적에 따른 가중처벌**

제88조 (내란목적의 살인)

국토를 참절하거나 국헌을 문란할 목적으로 사람을 살해한 자는 사형, 무기징역 또는 무기금고에 처한다.

특정범죄 가중처벌 등에 관한 법률

제5조의 9 (보복범죄의 가중처벌 등)

① 형법 제250조 제1항의 죄를 범한 자가 자기 또는 타인의 형사사건의 수사 또는 재판과 관련하여 고소·고발등 수사단서의 제공, 진술, 증언 또는 자료제출에 대한 보복의 목적인 때에는 사형·무기 또는 10년 이상의 징역에 처한다. 고소·고발등 수사단서의 제공, 진술, 증언 또는 자료제출을 하지 못하게 하거나 고소·고발을 취소하게 하거나 허위의 진술·증언·자료제출을 하게 할 목적인 때에도 또한 같다.

(4) 관련논점

○ **AIDS 감염자의 성교**

1 사망의 결과에 대한 용인이 있으므로 살인의 고의 인정

2 불치병에 이르게 한 경우는 중상해이므로(258) 이에 해당(다수설)

2. 위법성

가. 조각사유

○ **피해자의 승낙: 위법성을 조각하지는 못함**

제252조 (촉탁, 승낙에 의한 살인등)

① 사람의 촉탁 또는 승낙을 받어 그를 살해한 자는 1년 이상 10년 이하의 징역에 처한다.

나. 안락사

(1) 의 의

- 죽음의 고통에 시달리는 불치 또는 빈사상태의 환자에게 고통을 제거하거나 덜어주는 방법으로 생명을 단축시키는 조치.

(2) 종 류

(가) 안락사

- 진정 안락사: 생명단축 없음, 살인 구성요건 ×
  환자 의사에 반하는 경우: 강요
- 부진정 안락사: 생명의 단축, 업무로 인한 정당행위
  - (a) • 소극적 안락사: 부작위에 의한 안락사(논자에 따라 존엄사)
    1 구성요건 불해당(이형국, 정웅석)
    2 정당행위(환자의 의사에 반하는 경우는 가벌)
    - 적극적 안락사:
      1 위법성 조각 부정(강구진, 김일수/서보학, 박상기, 배종대, 손동권, 이재상, 이정원, 전지연, 이형국, 정웅석, 허일태)
      2 일정한 조건하에 위법성 조각(김종원, 박정일, 서일교, 유기천, 이영란, 임웅, 정영석)
  - (b) • 간접적 안락사(몰핀, 생명단축): 1 사회상규 불위배 위법성 조각(김일수, 이재상)
    2 허용된 위험의 법리(이정원, 이형국, 최우찬, 정웅석)
    3 미필적 고의에 의한 살인 or 업무상 과실치사(정영일)
    - 직접적 안락사: 약물투여 살해(적극), 치료중단(소극)

(나) 자비사

- 생명유지장치에 의하여 연명하는 소생가망 없는 혼수상태나 뇌사상태의 환자
- 안락사와 구별: (i) 환자의 고통이 문제되지 않음, (ii) 환자자신이 결정권 행사 불능

(다) 존엄사

임박한 죽음의 고통에 시달리는 불치나 난치의 환자가 생명을 위한 고통스런 싸움을 포기하고 차라리 품위 있게 죽기를 바랄 경우 치명적 의약품을 제공함으로써 환자 스스로 고통 없는 방법으로 사망에 이르게 하는 자살원조행위

(3) 허용요건(다수설)

- 불치의 질병으로 사기가 임박
- 고통이 극심
- 고통을 제거 또는 완화하기 위한 것
- 환자의 진지한 촉탁 또는 승낙
- 의사에 의해 시행, 방법의 상당성

■ 대법원 2009. 5. 21. 선고 2009다17417 전원합의체 판결【무의미한연명치료장치제거등】(공)(김할머니 사건)

[다수의견]
【일반론】
의료계약 - 진료방법에 관한 의사의 재량
- 단, 신체침해 진료행위(eg 수술)는 설명 & 동의 필요(∵자기결정권)
환자는 의료계약 해지, 변경요구할 수 있음(∵자기결정권)
- 단, 생명과 직결되는 진료행위의 중단은 제한적으로 신중하게
【논 리】
회복불가능한 사망단계 = 다음이 명백할 것(법원, 위원회)
(i) 의식회복가능성 ×
(ii) 생명과 관련된 중요한 생체기능 회복 ×
(iii) 짧은 시간 내에 사망에 이를 것
연명치료 = 회복불가능한 사망의 단계에서 이루어지는 진료행위
☞ 질병의 호전을 사실상 포기한 상태에서 오로지 현 상태를 유지하기 위하여 이루어지는 치

료에 불과. 자연적으로는 이미 죽음의 과정이 시작되었다고 볼 수 있는 회복불가능한 사망의 단계에 이른 후에는 연명치료를 환자에게 강요하는 것이 오히려 인간의 존엄과 가치를 침해

【결 론】 다음의 경우 연명치료 중단 허용

(1) 원칙

회복불가능한 사망의 단계에 이른 후에 환자가 인간으로서의 존엄과 가치 및 행복추구권에 기초하여 자기결정권을 행사하는 것으로 인정되는 경우

(2) 사전의료지시

A. 진정한 자기결정권의 행사

(i) 충분한 의학적 정보

(ii) 자신의 고유한 가치관에 따라 진지하게 구체적인 진료행위에 관한 의사를 결정

B. 진료중단시점에서 명확한 입증

(i) 직접 의료인을 상대방으로 작성한 서면

(ii) 의료인이 환자를 진료하는 과정에서 기재한 진료기록

(3) 환자의사의 추정

객관적 추정

[반대의견: 안대희, 양창수]

(1) 회복불가능한 사망의 단계라 할 수 없음

(i) 의식회복가능성 5%,

(ii) 기대여명 4개월 이상

(2) 추정적 의사가 있다고 할 수 없음.

(i) 가정적 의사를 들어 자기결정이라 할 수 없음

(ii) 정황을 제시하는 가족들의 의사임

(3) 명시적·묵시적 의사가 없는 경우에도 엄격한 요건 아래서 연명치료 중단 허용

(i) 위임의 본지(연명치료를 강요하는 것이 인간의 존엄과 가치를 해하게 되는 경우)
(가정적 의사)

(ii) 인간의 존엄과 가치

[반대의견: 이홍훈, 김능환]

(1) 환자의 자기결정권은 소극적 진료거부의 경우는 허용되지만,
기존치료의 적극적 중단의 경우는 불허(∵자살)
다만, 몇 시간 내지 며칠 내 사망이 예측되는 경우는 적극적도 허용

(2) 사망 근접을 인공호흡기 부착 상태에서 판단

[보충의견: 김지형, 차한성]

[이홍훈, 김능환에 대하여]

(1) 사망근접 전에도 응급상태와 다르다.

(2) 생명단축기간의 장단에 따라 살인·자살 여부가 달라지지 않는다.

(3) 사망근접만으로 무의미한 진료 여부를 판단할 수 없다.

(4) 생명현상 유지에 필수적인 기능의 상실
호흡 – 혈액순환 – 뇌간　호흡을 영구적으로 상실한 경우는 회복불가능한 사망단계

(5) 거부와 중단은 동일하게 평가

[별개의견: 김지형, 박일환]

금치산자의 후견인 규정(민 947조 2항)을 준용하여 가사비송사건
소송도 허용

【판결요지】

[1] 환자가 의사 또는 의료기관(이하 '의료인'이라 한다)에게 진료를 의뢰하고 의료인이 그 요청에 응하여 치료행위를 개시하는 경우에 의료인과 환자 사이에는 의료계약이 성립된다. 의료계약에

따라 의료인은 질병의 치료 등을 위하여 모든 의료지식과 의료기술을 동원하여 환자를 진찰하고 치료할 의무를 부담하며 이에 대하여 환자 측은 보수를 지급할 의무를 부담한다. 질병의 진행과 환자 상태의 변화에 대응하여 이루어지는 가변적인 의료의 성질로 인하여, 계약 당시에는 진료의 내용 및 범위가 개괄적이고 추상적이지만, 이후 질병의 확인, 환자의 상태와 자연적 변화, 진료행위에 의한 생체반응 등에 따라 제공되는 진료의 내용이 구체화되므로, 의료인은 환자의 건강상태 등과 당시의 의료수준 그리고 자기의 지식경험에 따라 적절하다고 판단되는 진료방법을 선택할 수 있는 상당한 범위의 재량을 가진다. 그렇지만 환자의 수술과 같이 신체를 침해하는 진료행위를 하는 경우에는 질병의 증상, 치료방법의 내용 및 필요성, 발생이 예상되는 위험 등에 관하여 당시의 의료수준에 비추어 상당하다고 생각되는 사항을 설명하여, 당해 환자가 그 필요성이나 위험성을 충분히 비교해 보고 그 진료행위를 받을 것인지의 여부를 선택하도록 함으로써 그 진료행위에 대한 동의를 받아야 한다. 환자의 동의는 헌법 제10조에서 규정한 개인의 인격권과 행복추구권에 의하여 보호되는 자기결정권을 보장하기 위한 것으로서, 환자가 생명과 신체의 기능을 어떻게 유지할 것인지에 대하여 스스로 결정하고 진료행위를 선택하게 되므로, 의료계약에 의하여 제공되는 진료의 내용은 의료인의 설명과 환자의 동의에 의하여 구체화된다.

[2] [다수의견] ㈎ 의학적으로 환자가 의식의 회복가능성이 없고 생명과 관련된 중요한 생체기능의 상실을 회복할 수 없으며 환자의 신체상태에 비추어 짧은 시간 내에 사망에 이를 수 있음이 명백한 경우(이하 '회복불가능한 사망의 단계'라 한다)에 이루어지는 진료행위(이하 '연명치료'라 한다)는, 원인이 되는 질병의 호전을 목적으로 하는 것이 아니라 질병의 호전을 사실상 포기한 상태에서 오로지 현 상태를 유지하기 위하여 이루어지는 치료에 불과하므로, 그에 이르지 아니한 경우와는 다른 기준으로 진료중단 허용 가능성을 판단하여야 한다. 이미 의식의 회복가능성을 상실하여 더 이상 인격체로서의 활동을 기대할 수 없고 자연적으로는 이미 죽음의 과정이 시작되었다고 볼 수 있는 회복불가능한 사망의 단계에 이른 후에는, 의학적으로 무의미한 신체 침해 행위에 해당하는 연명치료를 환자에게 강요하는 것이 오히려 인간의 존엄과 가치를 해하게 되므로, 이와 같은 예외적인 상황에서 죽음을 맞이하려는 환자의 의사결정을 존중하여 환자의 인간으로서의 존엄과 가치 및 행복추구권을 보호하는 것이 사회상규에 부합되고 헌법정신에도 어긋나지 아니한다. 그러므로 회복불가능한 사망의 단계에 이른 후에 환자가 인간으로서의 존엄과 가치 및 행복추구권에 기초하여 자기결정권을 행사하는 것으로 인정되는 경우에는 특별한 사정이 없는 한 연명치료의 중단이 허용될 수 있다. 한편, 환자가 회복불가능한 사망의 단계에 이르렀는지 여부는 주치의의 소견뿐 아니라 사실조회, 진료기록 감정 등에 나타난 다른 전문의사의 의학적 소견을 종합하여 신중하게 판단하여야 한다.

㈏ 환자가 회복불가능한 사망의 단계에 이르렀을 경우에 대비하여 미리 의료인에게 자신의 연명치료 거부 내지 중단에 관한 의사를 밝힌 경우(이하 '사전의료지시'라 한다)에는, 비록 진료 중단 시점에서 자기결정권을 행사한 것은 아니지만 사전의료지시를 한 후 환자의 의사가 바뀌었다고 볼 만한 특별한 사정이 없는 한 사전의료지시에 의하여 자기결정권을 행사한 것으로 인정할 수 있다. 다만, 이러한 사전의료지시는 진정한 자기결정권 행사로 볼 수 있을 정도의 요건을 갖추어야 하므로 의사결정능력이 있는 환자가 의료인으로부터 직접 충분한 의학적 정보를 제공받은 후 그 의학적 정보를 바탕으로 자신의 고유한 가치관에 따라 진지하게 구체적인 진료행위에 관한 의사를 결정하여야 하며, 이와 같은 의사결정 과정이 환자 자신이 직접 의료인을 상대방으로 하여 작성한 서면이나 의료인이 환자를 진료하는 과정에서 위와 같은 의사결정 내용을 기재한 진료기록 등에 의

하여 진료 중단 시점에서 명확하게 입증될 수 있어야 비로소 사전의료지시로서의 효력을 인정할 수 있다.

(다) 한편, 환자의 사전의료지시가 없는 상태에서 회복불가능한 사망의 단계에 진입한 경우에는 환자에게 의식의 회복가능성이 없으므로 더 이상 환자 자신이 자기결정권을 행사하여 진료행위의 내용 변경이나 중단을 요구하는 의사를 표시할 것을 기대할 수 없다. 그러나 환자의 평소 가치관이나 신념 등에 비추어 연명치료를 중단하는 것이 객관적으로 환자의 최선의 이익에 부합한다고 인정되어 환자에게 자기결정권을 행사할 수 있는 기회가 주어지더라도 연명치료의 중단을 선택하였을 것이라고 볼 수 있는 경우에는, 그 연명치료 중단에 관한 환자의 의사를 추정할 수 있다고 인정하는 것이 합리적이고 사회상규에 부합된다. 이러한 환자의 의사 추정은 객관적으로 이루어져야 한다. 따라서 환자의 의사를 확인할 수 있는 객관적인 자료가 있는 경우에는 반드시 이를 참고하여야 하고, 환자가 평소 일상생활을 통하여 가족, 친구 등에 대하여 한 의사표현, 타인에 대한 치료를 보고 환자가 보인 반응, 환자의 종교, 평소의 생활 태도 등을 환자의 나이, 치료의 부작용, 환자가 고통을 겪을 가능성, 회복불가능한 사망의 단계에 이르기까지의 치료 과정, 질병의 정도, 현재의 환자 상태 등 객관적인 사정과 종합하여, 환자가 현재의 신체상태에서 의학적으로 충분한 정보를 제공받는 경우 연명치료 중단을 선택하였을 것이라고 인정되는 경우라야 그 의사를 추정할 수 있다.

(라) 환자 측이 직접 법원에 소를 제기한 경우가 아니라면, 환자가 회복불가능한 사망의 단계에 이르렀는지 여부에 관하여는 전문의사 등으로 구성된 위원회 등의 판단을 거치는 것이 바람직하다.

[대법관 이홍훈, 김능환의 반대의견] 생명에 직결되는 진료에서 환자의 자기결정권은 소극적으로 그 진료 내지 치료를 거부하는 방법으로는 행사될 수 있어도 이미 환자의 신체에 삽입, 장착되어 있는 인공호흡기 등의 생명유지장치를 제거하는 방법으로 치료를 중단하는 것과 같이 적극적인 방법으로 행사되는 것은 허용되지 아니한다. 환자가 인위적으로 생명을 유지, 연장하기 위한 생명유지장치의 삽입 또는 장착을 거부하는 경우, 특별한 사정이 없는 한, 비록 환자의 결정이 일반인의 관점에서는 비합리적인 것으로 보이더라도 의료인은 환자의 결정에 따라야 하고 일반적인 가치평가를 이유로 환자의 자기결정에 따른 명시적인 선택에 후견적으로 간섭하거나 개입하여서는 아니 된다. 그러나 이와는 달리, 이미 생명유지장치가 삽입 또는 장착되어 있는 환자로부터 생명유지장치를 제거하고 그 장치에 의한 치료를 중단하는 것은 환자의 현재 상태에 인위적인 변경을 가하여 사망을 초래하거나 사망시간을 앞당기는 것이므로, 이미 삽입 또는 장착되어 있는 생명유지장치를 제거하거나 그 장치에 의한 치료를 중단하라는 환자의 요구는 특별한 사정이 없는 한 자살로 평가되어야 하고, 이와 같은 환자의 요구에 응하여 생명유지장치를 제거하고 치료를 중단하는 것은 자살에 관여하는 것으로서 원칙적으로 허용되지 않는다. 다만, 생명유지장치가 삽입, 장착되어 있는 상태에서도 환자가 몇 시간 또는 며칠 내와 같이 비교적 아주 짧은 기간 내에 사망할 것으로 예측, 판단되는 경우에는, 환자가 이미 돌이킬 수 없는 사망의 과정에 진입하였고 생명유지장치에 의한 치료는 더 이상 의학적으로 의미가 없으며 생명의 유지, 보전에 아무런 도움도 주지 못하는 것이므로, 이 때에는 생명유지장치를 제거하고 치료를 중단하는 것이 허용된다.

[대법관 김지형, 박일환의 별개의견] 환자의 사전의료지시가 없는 상태에서 회복불가능한 사망의 단계에 진입한 경우, 이러한 상태에 있는 환자는 법적으로 심신상실의 상태에 있는 자로 보아야 한다. 민법상 심신상실의 상태에 있는 자에 대하여는 금치산을 선고할 수 있으며 금치산이 선고된 경우에는 후견인을 두게 되는데, 그 후견인은 금치산자의 법정대리인이 되며 금치산자의 재산관리에

관한 사무를 처리하는 외에 금치산자의 요양, 감호에 관하여 일상의 주의를 기울여야 하는 의무를 부담한다. 따라서 후견인은 금치산자의 요양을 위하여 금치산자를 대리하여 의사와 의료계약을 체결할 수 있음은 당연하며, 그 의료계약 과정에서 이루어지는 수술 등 신체를 침해하는 행위에 관하여는 의사로부터 설명을 듣고 금치산자를 위한 동의 여부에 관한 의사를 표시할 수 있고, 마찬가지로 진료행위가 개시된 후라도 금치산자의 최선의 이익을 위하여 필요하다고 인정되는 범위 내에서는 그 진료행위의 중단 등 의료계약 내용의 변경을 요구하는 행위를 할 수 있다. 다만, 진료행위가 금치산자 본인의 생명과 직결되는 경우에는 그 중단에 관한 환자 본인의 자기결정권이 제한되는 것과 마찬가지로 후견인의 행위는 제한되어야 하고, 환자의 자기결정권에 의한 연명치료 중단이 허용될 수 있는 경우라고 하더라도 후견인이 금치산자의 생명에 관한 자기결정권 자체를 대리할 수는 없으므로 후견인의 의사만으로 그 연명치료의 중단이 허용된다고 할 수 없다. 그렇다면 회복불가능한 사망의 단계에 이른 경우에 이루어지는 연명치료의 계속이 금치산자인 환자 본인에게 무익하고 오히려 인간으로서의 존엄과 가치를 해칠 염려가 있어 이를 중단하는 것이 환자 본인의 이익을 보호하는 것이라고 하더라도, 이는 항상 금치산자인 환자 본인의 생명 보호에 관한 법익 제한의 문제를 낳을 우려가 있으므로, 민법 제947조 제2항을 유추적용하여 후견인은 의료인에게 연명치료의 중단을 요구하는 것이 금치산자의 자기결정권을 실질적으로 보장할 수 있는 최선의 판단인지 여부에 관하여 법원의 허가를 받아야 하고, 이에 관하여는 가사소송법, 가사소송규칙, 비송사건절차법 등의 규정에 따라 가사비송절차에 의하여 심리·판단을 받을 수 있다. 한편, 이와 같이 비송절차에 의하여 연명치료 중단에 관한 법원의 허가를 받는 것이 가능하다고 하더라도, 환자 측이 반드시 비송절차에 따른 허가를 받아야 하는 것은 아니고 소송절차에 의하여 기판력 있는 판결을 구하는 것도 가능하다.

[3] [다수의견] 담당 주치의, 진료기록 감정의, 신체 감정의 등의 견해에 따르면 환자는 현재 지속적 식물인간상태로서 자발호흡이 없어 인공호흡기에 의하여 생명이 유지되는 상태로서 회복불가능한 사망의 단계에 진입하였고, 환자의 일상생활에서의 대화 및 현 상태 등에 비추어 볼 때 환자가 현재의 상황에 관한 정보를 충분히 제공받았을 경우 현재 시행되고 있는 연명치료를 중단하고자 하는 의사를 추정할 수 있다.

[대법관 안대희, 양창수의 반대의견] 환자가 회복불가능한 사망의 단계에 이르렀는지를 판단할 때 환자를 계속적으로 진료하여 옴으로써 환자의 상태를 직접적으로 얻은 자료에 의하여 가장 잘 알고 있을 담당 주치의의 의견은 단지 의료기록만을 통하여 환자의 상태에 접근한 다른 전문가의 견해에 비교하여 그에 일정한 무게를 두지 않을 수 없는바, 담당 주치의의 의견에 의하면 환자가 회복불가능한 사망의 단계에 진입했다고 단정할 수 없고, 연명치료의 중단을 환자의 자기결정권에 의하여 정당화하는 한, 그 '추정적 의사'란 환자가 현실적으로 가지는 의사가 객관적인 정황으로부터 추단될 수 있는 경우에만 긍정될 수 있으며 다수의견이 말하는 바와 같은 '가정적 의사' 그 자체만으로 이를 인정할 수 없는바, 연명치료 중단에 관한 환자의 추정적 의사를 인정할 근거가 부족하다.

[대법관 이홍훈, 김능환의 반대의견] 환자가 생명유지장치인 인공호흡기가 이미 삽입, 장착되어 있는 상태에서 그 장치의 제거를 구하는 것이 정당하려면 생명유지장치가 삽입, 장착되어 있는 상태에서도 환자가 비교적 아주 짧은 기간 내에 사망할 것으로 예측, 판단되는 돌이킬 수 없는 사망의 과정에 진입하였다는 점이 전제되어야 하는데, 환자가 아직 뇌사 상태에는 이르지 아니한 지속적 식물인간 상태이고 기대여명이 적어도 4개월 이상이므로, 이러한 경우 환자가 돌이킬 수 없는 사

망의 과정에 진입하였다고 할 수는 없다.

【전 문】
【원고, 피상고인】 원고(소송대리인 변호사 신현호외 1인)
【피고, 상고인】 학교법인 연세대학교(소송대리인 변호사 이동필외 1인)
【원심판결】 서울고법 2009. 2. 10. 선고 2008나116869 판결
【주 문】
상고를 기각한다. 상고비용은 피고가 부담한다.

【이 유】

상고이유를 판단한다.

1. 연명치료 중단의 허용기준에 관한 상고이유에 대하여

가. 의료계약에 따른 진료의무의 내용

환자가 의사 또는 의료기관(이하 '의료인'이라 한다)에게 진료를 의뢰하고, 의료인이 그 요청에 응하여 치료행위를 개시하는 경우에 의료인과 환자 사이에는 의료계약이 성립된다. 의료계약에 따라 의료인은 질병의 치료 등을 위하여 모든 의료지식과 의료기술을 동원하여 환자를 진찰하고 치료할 의무를 부담하며 이에 대하여 환자 측은 보수를 지급할 의무를 부담한다.

질병의 진행과 환자 상태의 변화에 대응하여 이루어지는 가변적인 의료의 성질로 인하여, 계약 당시에는 진료의 내용 및 범위가 개괄적이고 추상적이지만, 이후 질병의 확인, 환자의 상태와 자연적 변화, 진료행위에 의한 생체반응 등(이하 '환자의 건강상태 등'이라 한다)에 따라 제공되는 진료의 내용이 구체화되므로, 의료인은 환자의 건강상태 등과 당시의 의료수준 그리고 자기의 지식경험에 따라 적절하다고 판단되는 진료방법을 선택할 수 있는 상당한 범위의 재량을 가진다(대법원 1992. 5. 12. 선고 91다23707 판결, 대법원 2007. 5. 31. 선고 2005다5867 판결 등 참조).

그렇지만 환자의 수술과 같이 신체를 침해하는 진료행위를 하는 경우에는 질병의 증상, 치료방법의 내용 및 필요성, 발생이 예상되는 위험 등에 관하여 당시의 의료수준에 비추어 상당하다고 생각되는 사항을 설명하여 당해 환자가 그 필요성이나 위험성을 충분히 비교해 보고 그 진료행위를 받을 것인지의 여부를 선택하도록 함으로써 그 진료행위에 대한 동의를 받아야 한다(대법원 1994. 4. 15. 선고 92다25885 판결, 대법원 2002. 10. 25. 선고 2002다48443 판결 등 참조). 환자의 동의는 헌법 제10조에서 규정한 개인의 인격권과 행복추구권에 의하여 보호되는 자기결정권을 보장하기 위한 것으로서, 환자가 생명과 신체의 기능을 어떻게 유지할 것인지에 대하여 스스로 결정하고 진료행위를 선택하게 되므로, 의료계약에 의하여 제공되는 진료의 내용은 의료인의 설명과 환자의 동의에 의하여 구체화된다고 할 수 있다.

나. 생명과 관련된 진료의 거부 또는 중단

자기결정권 및 신뢰관계를 기초로 하는 의료계약의 본질에 비추어 강제진료를 받아야 하는 등의 특별한 사정이 없는 한 환자는 자유로이 의료계약을 해지할 수 있다 할 것이며(민법 제689조 제1항), 의료계약을 유지하는 경우에도 환자의 자기결정권이 보장되는 범위 내에서는 제공되는 진료행위의 내용 변경을 요구할 수 있을 것이다.

따라서 환자의 신체 침해를 수반하는 구체적인 진료행위가 환자의 동의를 받아 제공될 수 있는 것과 마찬가지로, 그 진료행위를 계속할 것인지 여부에 관한 환자의 결정권 역시 존중되어야 하며,

환자가 그 진료행위의 중단을 요구할 경우에 원칙적으로 의료인은 이를 받아들이고 다른 적절한 진료방법이 있는지를 강구하여야 할 것이다.

그러나 인간의 생명은 고귀하고 생명권은 헌법에 규정된 모든 기본권의 전제로서 기능하는 기본권 중의 기본권이라 할 것이므로, 환자의 생명과 직결되는 진료행위를 중단할 것인지 여부는 극히 제한적으로 신중하게 판단하여야 한다.

다. 회복불가능한 사망 단계에 진입한 환자에 대한 진료중단의 허용 요건

(1) 의학적으로 환자가 의식의 회복가능성이 없고 생명과 관련된 중요한 생체기능의 상실을 회복할 수 없으며 환자의 신체상태에 비추어 짧은 시간 내에 사망에 이를 수 있음이 명백한 경우(이하 '회복불가능한 사망의 단계'라 한다)에 이루어지는 진료행위(이하 '연명치료'라 한다)는 원인이 되는 질병의 호전을 목적으로 하는 것이 아니라 질병의 호전을 사실상 포기한 상태에서 오로지 현 상태를 유지하기 위하여 이루어지는 치료에 불과하므로, 그에 이르지 아니한 경우와는 다른 기준으로 진료중단 허용 가능성을 판단하여야 한다.

환자가 회복불가능한 사망의 단계에 진입한 경우, 환자는 전적으로 기계적인 장치에 의존하여 연명하게 되고, 전혀 회복가능성이 없는 상태에서 결국 신체의 다른 기능까지 상실되어 기계적인 장치에 의하여서도 연명할 수 없는 상태에 이르기를 기다리고 있을 뿐이므로, 의학적인 의미에서는 치료의 목적을 상실한 신체 침해 행위가 계속적으로 이루어지는 것이라 할 수 있으며, 이는 죽음의 과정이 시작되는 것을 막는 것이 아니라 자연적으로는 이미 시작된 죽음의 과정에서의 종기를 인위적으로 연장시키는 것으로 볼 수 있다.

생명권이 가장 중요한 기본권이라고 하더라도 인간의 생명 역시 인간으로서의 존엄성이라는 인간 존재의 근원적인 가치에 부합하는 방식으로 보호되어야 할 것이다. 따라서 이미 의식의 회복가능성을 상실하여 더 이상 인격체로서의 활동을 기대할 수 없고 자연적으로는 이미 죽음의 과정이 시작되었다고 볼 수 있는 회복불가능한 사망의 단계에 이른 후에는, 의학적으로 무의미한 신체 침해 행위에 해당하는 연명치료를 환자에게 강요하는 것이 오히려 인간의 존엄과 가치를 해하게 되므로, 이와 같은 예외적인 상황에서 죽음을 맞이하려는 환자의 의사결정을 존중하여 환자의 인간으로서의 존엄과 가치 및 행복추구권을 보호하는 것이 사회상규에 부합되고 헌법정신에도 어긋나지 아니한다고 할 것이다.

그러므로 회복불가능한 사망의 단계에 이른 후에 환자가 인간으로서의 존엄과 가치 및 행복추구권에 기초하여 자기결정권을 행사하는 것으로 인정되는 경우에는 특별한 사정이 없는 한 연명치료의 중단이 허용될 수 있다.

(2) 환자가 회복불가능한 사망의 단계에 이르렀을 경우에 대비하여 미리 의료인에게 자신의 연명치료 거부 내지 중단에 관한 의사를 밝힌 경우(이하 '사전의료지시'라 한다)에는 비록 진료 중단 시점에서 자기결정권을 행사한 것은 아니지만 사전의료지시를 한 후 환자의 의사가 바뀌었다고 볼 만한 특별한 사정이 없는 한 사전의료지시에 의하여 자기결정권을 행사한 것으로 인정할 수 있다.

다만, 이러한 사전의료지시는 진정한 자기결정권 행사로 볼 수 있을 정도의 요건을 갖추어야 한다. 따라서 의사결정능력이 있는 환자가 의료인으로부터 직접 충분한 의학적 정보를 제공받은 후 그 의학적 정보를 바탕으로 자신의 고유한 가치관에 따라 진지하게 구체적인 진료행위에 관한 의사를 결정하여야 하며, 이와 같은 의사결정 과정이 환자 자신이 직접 의료인을 상대방으로 하여 작성한 서면이나 의료인이 환자를 진료하는 과정에서 위와 같은 의사결정 내용을 기재한 진료기록

등에 의하여 진료 중단 시점에서 명확하게 입증될 수 있어야 비로소 사전의료지시로서의 효력을 인정할 수 있다.

환자 본인의 의사에 따라 작성된 문서라는 점이 인정된다고 하더라도, 의료인을 직접 상대방으로 하여 작성하거나 의료인이 참여한 가운데 작성된 것이 아니라면, 환자의 의사결정능력, 충분한 의학적 정보의 제공, 진지한 의사에 따른 의사표시 등의 요건을 갖추어 작성된 서면이라는 점이 문서 자체에 의하여 객관적으로 확인되지 않으므로 위 사전의료지시와 같은 구속력을 인정할 수 없고, 아래에서 보는 바와 같이 환자의 의사를 추정할 수 있는 객관적인 자료의 하나로 취급할 수 있을 뿐이다.

(3) 한편, 환자의 사전의료지시가 없는 상태에서 회복불가능한 사망의 단계에 진입한 경우에는 환자에게 의식의 회복가능성이 없으므로 더 이상 환자 자신이 자기결정권을 행사하여 진료행위의 내용 변경이나 중단을 요구하는 의사를 표시할 것을 기대할 수 없다. 그러나 환자의 평소 가치관이나 신념 등에 비추어 연명치료를 중단하는 것이 객관적으로 환자의 최선의 이익에 부합한다고 인정되어 환자에게 자기결정권을 행사할 수 있는 기회가 주어지더라도 연명치료의 중단을 선택하였을 것이라고 볼 수 있는 경우에는 그 연명치료 중단에 관한 환자의 의사를 추정할 수 있다고 인정하는 것이 합리적이고 사회상규에 부합된다.

이러한 환자의 의사 추정은 객관적으로 이루어져야 한다. 따라서 환자의 의사를 확인할 수 있는 객관적인 자료가 있는 경우에는 반드시 이를 참고하여야 하고, 환자가 평소 일상생활을 통하여 가족, 친구 등에 대하여 한 의사표현, 타인에 대한 치료를 보고 환자가 보인 반응, 환자의 종교, 평소의 생활 태도 등을 환자의 나이, 치료의 부작용, 환자가 고통을 겪을 가능성, 회복불가능한 사망의 단계에 이르기까지의 치료 과정, 질병의 정도, 현재의 환자 상태 등 객관적인 사정과 종합하여 환자가 현재의 신체상태에서 의학적으로 충분한 정보를 제공받는 경우 연명치료 중단을 선택하였을 것이라고 인정되는 경우라야 그 의사를 추정할 수 있을 것이다.

(4) 환자 측이 직접 법원에 소를 제기한 경우가 아니라면, 환자가 회복불가능한 사망의 단계에 이르렀는지 여부에 관하여는 전문의사 등으로 구성된 위원회 등의 판단을 거치는 것이 바람직하다.

라. 이 사건에 대한 판단

원심판결 이유에 의하면, 원심은 환자가 회생가능성이 없는 회복불가능한 사망과정에 진입한 경우에 환자의 진지하고 합리적인 치료중단 의사가 추정될 수 있다면 사망과정의 연장에 불과한 진료행위를 중단할 수 있다는 취지로 판단하였는바, 원심이 연명치료 중단의 기준으로 삼은 위와 같은 사유는 위에서 살펴 본 회복불가능한 사망의 단계에 이른 경우의 연명치료 중단에 관한 법리와 같은 취지이므로 정당하고, 거기에 연명치료 중단의 허용기준에 관한 법리를 오해한 위법이 없다.

2. 원고가 회복불가능한 사망의 단계에 진입하지 않았다는 상고이유에 대하여

앞서 본 바와 같이 환자의 추정적 의사에 의하여 연명치료의 중단이 허용될 수 있는 회복불가능한 사망의 단계는 의식의 회복가능성이 없고 생명과 관련된 중요한 생체기능의 상실을 회복할 수 없으며 환자의 신체상태에 비추어 짧은 시간 내에 사망에 이를 수 있음이 명백한 경우를 의미하는바, 그 단계에 이르렀는지 여부는 주치의의 소견뿐 아니라 사실조회, 진료기록 감정 등에 나타난 다른 전문의사의 의학적 소견을 종합하여 신중하게 판단하여야 한다.

원심은 거시 증거를 종합하여 원고에 대한 뇌 자기공명영상(MRI) 검사에서 뇌가 전반적으로 심한 위축을 보이고 대뇌피질의 요철이 단지 가느다란 띠 형상으로 보일 정도로 심하게 파괴되어 있

으며 기저핵 시상의 구조가 보이지 아니하고 뇌간 및 소뇌도 심한 손상으로 위축되어 있는 사실, 원고의 담당 주치의는 원고에게 자발호흡은 없지만 뇌사상태는 아니며 지속적 식물인간상태로서 의식을 회복할 가능성은 매우 낮아 5% 미만이라는 견해를 피력하였으나, 진료기록 감정의는 원고가 자발호흡이 없어 일반적인 식물인간상태보다 더 심각하여 뇌사상태에 가깝고 회복가능성은 거의 없다고 하고 있으며, 신체감정의들도 모두 원고가 지속적 식물인간상태로서 회생가능성이 희박하다는 취지의 견해를 밝히고 있는 사실, 자발호흡이 없어 인공호흡기에 의하여 생명이 유지되는 상태인 사실을 각 인정한 후, 원고가 회복불가능한 사망의 단계에 진입하였다고 판단하였다.

이러한 원심의 판단은 위의 법리에 따른 것으로서 수긍할 수 있고, 거기에 상고이유에서 주장하는 바와 같은 의료행위의 재량성에 대한 법리오해 등의 위법이 없다.

3. 원고의 진료중단을 구하는 의사가 추정되지 않는다는 상고이유에 대하여

원심은 거시 증거를 종합하여 원고가 독실한 기독교 신자로서 15년 전 교통사고로 팔에 상처가 남게 된 후부터는 이를 남에게 보이기 싫어하여 여름에도 긴 팔 옷과 치마를 입고 다닐 정도로 항상 정갈한 모습을 유지하고자 하였던 사실, 텔레비전을 통해 병석에 누워 간호를 받으며 살아가는 사람의 모습을 보고 "나는 저렇게까지 남에게 누를 끼치며 살고 싶지 않고 깨끗이 이생을 떠나고 싶다"라고 말하였던 사실, 3년 전 남편의 임종 당시 며칠 더 생명을 연장할 수 있는 기관절개술을 거부하고 그대로 임종을 맞게 하면서 "내가 병원에서 안 좋은 일이 생겨 소생하기 힘들 때 호흡기는 끼우지 말라. 기계에 의하여 연명하는 것은 바라지 않는다"고 말한 사실 등 일상생활에서의 대화 및 원고의 현 상태 등 여러 사정을 종합하여, 원고가 현재의 상황에 관한 정보를 충분히 제공받았을 경우 원고에게 현재 시행되고 있는 연명치료를 중단하고자 하는 의사가 있었을 것으로 추정하였다.

원심의 이와 같은 조치는 위에서 본 회복불가능한 사망의 단계에 이르렀을 경우의 환자의 자기결정권 및 환자 의사 추정에 관한 법리에 부합되는 것으로서 수긍할 수 있고, 거기에 상고이유에서 주장하는 바와 같은 헌법 위반이나 법리오해 등의 위법이 없다.

4. 결 론

그러므로 상고를 기각하고, 상고비용은 패소자가 부담하기로 하여 주문과 같이 판결한다. 이 판결에는 원고가 회복불가능한 사망의 단계에 들어섰고 연명치료 중단의 의사가 추정되는지 여부에 대한 대법관 안대희, 대법관 양창수의 반대의견과 연명치료 중단의 허용기준에 대한 대법관 이홍훈, 대법관 김능환의 반대의견이 있는 외에는 관여 법관들의 의견이 일치하였고, 다수의견에 대한 대법관 김지형, 대법관 차한성의 보충의견 및 연명치료 중단의 절차에 대한 대법관 김지형, 대법관 박일환의 별개의견이 있다.

5. 원고가 회복불가능한 사망의 단계에 들어섰고 연명치료 중단의 의사가 추정되는지 여부에 대한 대법관 안대희, 대법관 양창수의 반대의견

…

6. 연명치료 중단의 허용기준에 대한 대법관 이홍훈, 대법관 김능환의 반대의견

…

7. 연명치료 중단의 허용기준에 대한 대법관 김지형, 대법관 차한성의 보충의견

…

8. 연명치료 중단에 관한 법적 판단절차에 대한 대법관 김지형, 대법관 박일환의 별개의견

…

대법원장 이용훈(재판장)

대 법 관 김영란 양승태 박시환 김지형 이홍훈 박일환 김능환(주심) 전수안 안대희 차한성 양창수 신영철

3. 죄 수

(가) 피해자 수에 따라 결정

■ 대법원 1991. 8. 27. 선고 91도1637 판결【살인, 살인미수】(공)

단일한 범의로 동일한 장소에서 동일한 방법으로 시간적으로 접착된 상황에서 처와 자식들을 살해하였다고 하더라도, 원심이 적법하게 사실을 확정한 바와 같이 피고인이 휴대하고 있던 권총에 실탄 6발을 장전하여 처와 자식들의 머리에 각기 1발씩 순차로 발사하여 살해하였다면, 피해자들의 수에 따라 수개의 살인죄를 구성하는 것 … .

■ 대법원 1969. 12. 30. 선고 69도2062 판결【살인】(집)

피고인은 1966. 4. 16. 02:00경 피고인 자택에서 생활고에 못이겨 가족을 모두 죽이고 자신도 자살할 생각으로 쇠망치로 잠자고 있는 피고인의 처 공소외 1(30세), 장녀 공소외 2(5세), 장남 공소외 3(11세)의 차례로 동인들의 머리를 서너 차례씩 강타하여 각 그들로 하여금 두개골파열 및 뇌수일탈 등으로 즉사케 하여 살인한 것이라는 것이므로 이와 같은 경우에는 피해법익이 다르고, 각 피해자를 살해하려는 의사가 각각 성립한 것이어서 단일한 범의하의 행위라고는 할 수 없으니, 동일한 장소에서 동일한 방법에 의하여 시간적으로 접착된 행위라고 하더라도 이를 포괄적인 1죄라고는 할 수 없으며, 위 사실에 관하여 경합범으로 처단한 위 제1심 판결조처에 위법이 있다고 할 수 없다.

(나) 동일 피해자

① 수차례의 살인기도

■ 대법원 1965. 9. 28. 선고 65도695 판결【살인미수, 살인】(집)

살해의 목적으로 동일인에게 일시 장소를 달리하여 수차에 걸쳐 단순한 예비행위를 하거나 또는 공격을 가하였으나 미수에 그치다가 드디어 그 목적을 달성한 경우에 그 예비행위 내지 공격행위가 동일한 의사 발동에서 나왔고 그 사이에 범의의 갱신이 없는 한 각 행위가 같은 일시 장소에서 행하여졌거나 또는 다른 장소에서 행하여졌거나를 막론하고 또 그 방법이 동일하거나 여부를 가릴 것 없이 그 살해의 목적을 달성할 때까지의 행위는 모두 실행행위의 일부로서 이를 포괄적으로 보고 단순한 한 개의 살인기수죄로 처단할 것이지 살인예비 내지 미수죄와 동 기수죄의 경합죄로 처단할 수는 없는 것이다.

그런데 원판결이 유지한 제1심 판결이 인정한 범죄사실에 의하면 피고인은 공범인 공소외 1과 공모하여 동인의 실형 공소외 2를 살해할 목적으로 1964. 8. 29. 및 같은해 9. 30. 두 차례에 걸쳐 그 예비행위를 하고 드디어 같은 해 10. 2. 동인을 살해한 것이며 그간에 범의의 갱신이 있었다고

는 할 수 없으므로 피고인에 대하여 단순한 1개의 살인기수죄로서 처단하여야 할 것임에도 불구하고 두 개의 살인미수죄와 한 개의 살인 기수죄로 인정하여 경합죄로 처단하였음은 잘못이라 하지 않을 수 없다.

그러나 제1심 판결은 피고인에 대하여 중한 살인죄의 소정형 중 사형을 선택하여 형법 제38조 제1항 제1호에 의하여 처단하였으므로 위 법령 위반은 판결에 영향을 미쳤다고는 할 수 없을 것이다.

■ 대법원 1983. 1. 18. 선고 82도2761 판결【특정범죄가중처벌등에관한법률위반 · 약취유인 · 사체유기】(공)

미성년자 유인 장애미수, 중지미수 후 유인살해한 사안에서 경합범으로 본 사례.

② 흡수

■ 대법원 1984. 12. 26. 선고 84도1573 전원합의체 판결【방실침입】(공)

【다수의견】

예컨대 살인을 하면서 피해자의 신체에 상해를 가한 경우를 생각해 볼 때 상해행위는 살인죄에 흡수되어 별개의 죄를 구성하지 않는 것이나 만일 상해행위만이 상해죄로 기소되어 확정판결을 받은 경우에 그 판결의 기판력이 살인죄에까지 미친다고 본다면 불합리하게 여겨지는 것은 이 사건의 경우와 다를 바 없을 것이다.

③ 확인사살

■ 대법원 1980. 5. 20. 선고 80도306 판결【내란목적살인 등】(전집)

【요 지】

무릇 살인죄의 객체는 생명이 있는 이상, 생존기능의 유무는 불문한다 할 것이고, 독립행위가 사망의 결과에 원인이 된 것이 분명한 경우에는 각 행위를 모두 기수범으로 처벌한다고 하여 어떤 모순이 있을 수 없으므로 이미 총격을 받은 피해자에 대한 확인사살도 살인죄를 구성한다(다수의견).

(소수의견): 피해자가 처음 총격을 받은 시간으로부터 25분 내지 30분이 지난 후에도 죽지 않고 그대로 신음하고 있는 것이라고 단정하기 어렵다고 할 것인데, 전문가로 하여금 그 사망시간을 감정시키는 등의 조치를 취한 바도 없이 피고인이 피해자를 확인사살할 당시 피해자가 무슨 소리를 하는 것 같이 느꼈다는 피고인의 진술 한 마디로써 내란목적살인죄를 유죄로 인정한다는 것은 납득할 수 없다.

【원 문】

4. 「살해」

상고이유 중 일건기록에 비추어 망 차지철은 우측건관절전면에서 좌하방으로 진행된 피고인 김재규의 총격에 의한 총창이 치명상이고, 피고인 김태원은 위 차지철이 이미 사망한 후에 두 발을 발사한 것이 불과하고, 또 망 김용섭은 우측흉벽전면의 총창과 우측견갑부의 총창이 치명상으로서 심장손상을 일으켜 심장탐폰으로 사망한 것이고, 그후 피고인 김태원이 1발을 발사하여 우측둔부의 맹관창을 입혔는바, 이는 위 김용섭의 치명상과는 관계없음에도 불구하고 원심판결이 피고인 김태원에 대하여 판시 내란목적살인죄로 인정 처단하였음은 채증법칙을 위배하여 증거없이 살해사실을 인정하였거나 살인죄의 법리를 오해한 위법을 저지른 것이라는 주장에 대하여 판단한다.

살피건대 원심판결이유에 의하면 원심은 피고인 김태원에 대하여 이 사건 사망자 6인 중 차지철, 김용섭 2인에 대한 살해책임을 인정한 취지인바, 수사기록중 차지철, 김용섭에 대한 각 사체검안서 및 현장검증조서의 기재에 의하면 망 차지철은 ㉮ 우측견관절전면 맹관창, ㉯ 좌측복부 맹관창, ㉰ 좌측서해부 맹관창, ㉱ 우측팔목관통창의 총창 중 우측견관절 정중앙에 형성되어 있는 총창이 치명상으로 이는 소형구경권총의 총격에 의한 것이고, 망 김용섭은 ㉮ 우측흉벽전면부의 맹관창, ㉯ 좌측흉벽측면의 맹관창, ㉰ 좌측흉벽하단의 맹관창, ㉱ 우측견갑부의 맹관창, ㉲ 우측둔부의 맹관창, ㉳ 우측장골 능선부의 관통창 중 우측흉벽전면의 총창과 우측견갑부의 총창이 치명상이며, 그로 인하여 쓰러진 것으로 각 추정된다(다만 그 치명상은 어느 총격에 의한 것인지는 밝히지 못하였다)라고 되어 있는등 논지에 부합하는 부분이 있으나, 한편 원심이 적법하게 채택한 여러 증거들 중

(1) 피고인 김계원의 진술

(가) 「문: 그러면 확인사살을 하게 된 경위에 대하여 진술하시요

답: 이기주를 뒤따라 들어가면서 경호관대기실 입구에 쓰러져 있는 사람에게 1발을 쏘았고, 다시 대기실 반대편 쪽에 엎어져 있는 사람에게 2발을 쏘았으니, 그때는 이기주가 연회장 쪽에서 "음"하는 신음소리가 들리며 얼굴이 하늘을 향해 누워있는 뚱뚱한 사람(김용섭 경호관)을 향해 다시 1발을 쏘고 보니, 김용남, 김일선, 이종오등이 엎어져 있기에…」(검찰 224면, 그러나 375면, 1450면에서는 위 신음소리를 듣지 못했고, 왼손이 움직이는 것을 보지 못했다고 한다)

(나) 「문: 차지철경호실장에 대해서는 동인이 완전히 살아 있다는 것을 알면서 사살한 것이 아닌가요

답: 예 그렇습니다」(검찰 225면)

(2) 피고인 김계원의 진술

「문: 김재규가 차지철과 대통령을 시해한 경위를 상술하시요

답: …… 그 직후 궁금하여 연회장인 방으로 들어가는데 누군가가 방안을 들여다보며 권총을 들고서서 "차지철이 아직 안 죽었읍니다"라는 소리를 듣고…」(검찰 49면, 공판 258면)

(3) 피고인 이기주의 진술

(가) 「문: 대통령경호관 등을 사살한 후 대통령각하를 병원으로 이송케 하기까지의 경위에 대해 진술하시오

답: …… 명회실안을 들여다보니 다리가 2개 보이기에 놀라서 꼼작마라 라고 소리치며 안을 들여다 보니 차치철경호실장이 눈을 뜨고 넘어져 있었는데 아직 손이 움직이는 것 같았는데…」(검찰 180, 181면, 공판 356면)

(나) 「문: 각하 부상당하여 병원에 갔다는 이야기하고 박선호와 무슨 이야기했나요

답: 후송되었다고 하니까 안에서 "어떠냐" 해서 차실장이야기인지 알고 "부상인지 죽었는지 확실히 모르겠다" 하니 혼자 말씀하시는 것같이 김태원에 시켜 깨끗이 하라고 했읍니다」(공판 504면)

(4) 제1심증인 신재순의 진술

(가) 「문: 차지철경호실장이 그곳에 있던가요

답: 그곳을 빠져나가려고 하는데 경호실장이 문있는데 있어서 일으키려고 세우니 못 일어날 것 같다고 해서 그냥 나갔는데 남효주가 안내하여 사이방에 가 있었는데 어디선가 신음소리가 계속 나고 있었는데…」(공판 577면)

(나) 「문: 차실장의 몸을 만지거나 유심히 본일 있나요

답: 얼굴을 보고 손만 만졌습니다. 문 앞에서 손을 흔드는 것 같아서 손을 만지고 일어나려고 했더니 "못일어날 것 같애" 했습니다」(공판 586면)

(5) 제1심증인 남효주의 진술

「문: 그 당시 차실장이 쓰러져 있는 것을 봤나요.

답: 봤습니다. 각하를 업혀서 나간 뒤에 보니 왼편에 누워 있었습니다.

문: 그때 차지철경호실장이 뭐라고 하던가요

답: 저를 보았는지 모르나 남군, 남군하고 찾았습니다.

문: 그래서 어떻게 했나요.

답: 그때 저옆에 있던 여자손님과 같이 나오다가 일으켜 드리려 했으나…」(공판 663면)

(6) 제1심증인 김용남의 진술

(가) 「문: 그리고 나서 김용섭과 이정오의 신음소리가 들렸나요

답: …… 아이구, 아이구 하는 소리가 들려보니 김용섭 경호관이었습니다」(공판 666, 667면)

(나) 「문: 그당시 주방에 쓰러져 있던 위치로 보아 거실에서 오다보면 제일 먼저 눈에 뜨일 사람이 누구였나요

답: 김용섭경호관입니다」(공판 667면)

(다) 제1심증인 김일선의 진술

「문: 그때 뚱뚱한 경호원이 뭐라고 하던가요

답: "나 살려줘" 했습니다.

문: 김태원이가 총 쏘기 전까지 신음하고 있었나요

답: 예 쏘기 전입니다」(공판 691면)

등을 찾아 볼 수 있는바, 여기에 원판결이 거시한 다른 적법한 증거들을 종합하면 피고인 김태원의 충격이 있기 직전까지도 위 차지철, 김용섭은 생명이 보존되어 있던 중 그 충격으로 말미암아 완전히 절명되었음이 기록상 능히 인정되어지고, 무릇 살인죄의 객체는 생명이 있는 이상, 생존 능력의 유무는 불문한다 할 것이고, 독립행위가 사망의 결과에 원인이 된 것이 분명한 경우에는 각 행위를 모두 기수범으로 처벌한다고 하여 어떤 모순이 있을 수 없다 할 것이므로 원심의 위 사실인정과 그 판단과정에 있어 소론과 같은 위법들이 있다고 할 수 없다. 따라서 논지는 이유없다.

그러나 이 점에 관하여는 대법원판사 민문기, 임항준, 정태원, 서윤홍의 별항(제11)과 같은 소수 의견이 있다.

[제11. 소수의견]

1. 대법원판사 민문기의 의견

… 끝으로 예비적으로 대법원판사 양병호, 임항준, 김윤행의 각 의견에 찬동하여 원용하는 뜻을 밝힌다.

3. 대법원판사 임항준의 의견

… 또 피고인 김태원이 소위 확인사살한 것은 사태발생 후 상당시간이 경과된 후이고 기록에 나타난 증거자료에 의하더라도 피고인 김태원이 이미 사망한 시체에 대하여 총격하였는지 사망하기 전의 피해자에게 총격하였는지에 대하여도 명백한 심리가 되어 있다고도 볼 수 없다.…

5. 대법원판사 정태원의 의견

다음에 나오는 대법원판사 서윤홍의 의견 중 ⑵항의 피고인 이기주, 유성옥에 관한 부분 및 ⑶항의 피고인 김태원에 관한 부분과 같다.

6. 대법원판사 서윤홍의 의견

⑶ 피고인 김태원에 대하여,

같은 피고인은 이 사건에서 문제의 총격이 있은 지 30분 후에 이른바 확인사살을 함으로써 당시까지 생존하고 있던 차지철경호실장과 경비원 김용섭의 생명을 완전히 끊음으로써 내란미수죄와 내란목적살인죄를 범한 것이라는 것이 원심의 인정인바 이 부분 또한 도저히 그대로 보아넘길 수 없는 점이 있다.

같은 피고인이 위에 말한 확인사살행위를 한 시간은 당일 20:05임은 원심이 확정한 바이고 당일 김재규에 의하여 차지철실장에 대한 총격이 있은 것은 19:40분으로 되어 있다. 그렇다면 차지철이 처음 총격을 받은 시간으로부터 25분 내지는 30분이 지난 후에도 죽지 않고 그대로 신음하고 있은 것이라 단정하기는 여러 자료에서 보아 어렵다 할 것이다. 당일 김재규가 차지철에 대하여 총격을 하고 이어 대통령에 대하여 총격을 가한 후 다시 곧 이어 화장실에 피신하였다 일어서는 차지철에 대한 복부관통의 마지막 총격과 대통령에 대한 재차 총격을 가한 것임은 기록이나 원심이 그대로 인정하고 있다. 그렇다면 차지철실장의 사망시간은 적어도 대통령의 사망시간 이전이거나 아니면 같은 시간이라 보여진다 할 것인데 대통령의 사망시간은 기록상 육군병원에 시체가 운송된 시간인 당일 19:57분 이전 5분이라고 병원당국에서 밝히고 있다. 결국 대통령의 사망시간은 김재규에 의한 총경이 처음 있은 지 10분 내지 12분으로 추산된다고 볼 때 차지철의 사망시간도 같은 시간이라면 19:50분이나 19:52분이라는 계산이 나오는 것이다. 그렇다면 피고인 김태원이 확인사살을 한 20:05분 당시에 피해자인 차지철은 이미 사망한 후라고 봄이 상당하다 할 것이고 불연이면 같은 피해자에 대한 사체검안서와 사체를 촬영한 사진까지도 기록에 편철되어 있고 총상을 입은 부위까지도 똑똑히 나타나 있으므로 전문가로 하여금 그 사망시간을 감정시키는 등 심리를 하였어야 할 것이다.

그럼에도 불구하고 그러한 조치를 취한 바도 없이 확인사살당시 피해자인 차지철이 무슨 소리를 하는 것 같이 느꼈다는 피고인의 진술 한마디로서 내란목적살인죄를 유죄로 인정하여 사형까지 선고한다는 것은 도저히 납득할 수 없는 것이다. 따라서 피고인 김태원에 대하여 이 점을 심리하여 살인죄가 되는가 아니면 단순한 시체에 대한 총격으로 볼 것인가를 밝히지 않은 것은 심리미진이나 이유불비에 해당하는 것이라 하지 않을 수 없다. 더욱이나 같은 피고인이 위의 확인사살을 하기 전에는 어디서 무엇을 하였는지 기록상 알 수 없는데 그 사살행위가 내란목적으로 이루어진 것이라 하여 내란죄로 유죄인정을 한다는 것은 증거없이 사실인정을 한 것이라는 비난을 면할 수도 없을 것이다.

(다) 다른 범죄와의 관계

① 살인과 사체유기

■ 대법원 1997. 7. 25. 선고 97도1142 판결【해상강도살인, 사체유기, 폭력행위등처벌에관한법률위반】(공)

사람을 살해한 자가 그 사체를 다른 장소로 옮겨 유기하였을 때에는 별도로 사체유기죄가 성립하고, 이와 같은 사체유기를 불가벌적 사후행위로 볼 수는 없다(대법원 1984. 11. 27. 선고 84도2263 판결 참조).

② 자살교사와 살인

■ 대법원 1987. 1. 20. 선고 86도2395 판결【살인】(집)

피고인이 7세, 3세 남짓된 어린자식들에 대하여 함께 죽자고 권유하여 물속에 따라 들어오게 하여 결국 익사하게 하였다면 비록 피해자들을 물속에 직접 밀어서 빠뜨리지는 않았다고 하더라도 자살의 의미를 이해할 능력이 없고 피고인의 말이라면 무엇이나 복종하는 어린자식들을 권유하여 익사하게 한 이상 살인죄의 범의는 있었음이 분명하고 살인죄의 법리를 오해한 위법이 없다.

③ 내란죄와 살인(내란목적살인)

1. 내란죄에 흡수
2. 상상적 경합

■ 대법원 1980. 5. 20. 선고 80도306 판결【내란목적살인등】(전집)

【요 지】

내란목적살인과 내란미수를 상상적 경합으로 의율한 원심의 조치는 정당하다(김재규 등이 박정희 대통령 및 경호원들을 살해하고 내란을 기도하였다가 미수에 그친 사안에 관한 것임)(다수의견).

(소수의견 1): 피고인들의 행위가 형법 제87조 소정의 폭동을 하기에 족한 다수인이라고 가정하더라도 피고인들이 살인을 한 이상 형법 제88조의 내란목적살인의 1죄만 구성될 뿐 제87조의 내란미수죄에는 해당한다고 볼 수 없다.

(소수의견 2): 내란목적에서 사람을 살해한 경우라고 하더라도 이것이 폭동과정에서 이루어졌다면 내란죄에 흡수되어 형법 제87조의 내란죄만이 성립되는 것이고, 폭동에 의하지 않고 사람을 살해한 경우라면 내란목적살인죄의 단순일죄로서 제88조만이 적용된다고 보아야 한다.

【원 문】

또한 직권으로 살필 때 원심이 피고인 김재규, 박선호, 이기주, 유성옥, 김태원의 각 소위를 내란목적살인과 내란미수의 상상적 경합범으로 의율한 점은 정당하다고 인정하는 바이지만 이에 대하여는 대법원판사 민문기, 임항준, 김윤행의 각 다른의견이 있다(제11항 참조). …

3. 대법원판사 임항준의 의견

… (1) 이 사건에 있어서 피고인등은 형법 제87조의 촉동을 하기에 족한 다수인 결합이라고 볼 수 없어 형법 제87조의 내란죄의 주체가 될 수 없다 할 것이고 가사 원심판시와 같이 피고인등의 행위가 폭동을 하기에 족한 다수인의 결합으로 본다고 하더라도 형법 제88조의 내란목적살인죄의 1죄에 해당할 뿐 그 외에 형법 제87조에도 해당한다 하여 상상적 경합범으로 처단할 수는 없다 할 것이다. …

또 가령 다수의견대로 피고인등의 행위가 형법 제87조 소정의 폭동을 하기에 족한 다수인이라고 가정하더라도 피고인들이 살인을 한 이상 형법 제88조의 내란목적살인의 1죄만 구성될 뿐 제87조의 내란미수죄에는 해당한다고 볼 수 없을 것인데 원심은 그 외에 제87조의 내란미수죄에도 해당한다 하여 그 양죄간에 상상적 경합관계가 있다고 판단한 조처는 위법하다고 아니할 수 없다. 원심의 이론대로라면 상해치사한 자에게도 상해죄와 상해치사죄의 상상적 경합관계가 있어야 할 것이고, 강도살인한 자도 강도죄와 강도살인죄의 상상적 경합범으로 처벌하여야 한다는 이론에 도달하게 될 것이다. …

4. 대법원판사 김윤행의 의견

… 그리고 설사 위 피고인들에게 원심이 인정한 내란(미수)죄가 적용될 수 있다고 가정하더라도 원심이 피고인 김계원을 제외한 나머지 피고인들에게 대하여 이들의 소위가 동시에 제88조의 내란목적살인죄에도 해당한다는 상상적 경합관계를 인정하였음에 관하여는 아래와 같은 견해에서 그 법률적용이 잘못된 것이라고 지적한다.

그 이유로서 내란죄에 있어서는 내란목적으로 폭동을 하는 것을 구성요건으로 삼고 있고, 여기에서 폭동이라고 하는 것은 내란죄에 관한 형법 제87조 제2호에서 "살상의 행위를 실행한 자"도 모의에 참여하거나, 지휘하거나, 기타 중요한 임무에 종사한 자와 똑같이 처벌한다고 규정하고 있어 "살상" 행위까지를 당연히 예상하고 있음에 비추어, 단순한 폭행, 협박에서부터 살인, 상해, 방화등의 행위까지도 넓게 포함하는 개념이라고 할 것이므로, 내란목적으로 폭동을 함에 있어서 그 폭동과정에서 사람이 살해되었다고 해도 이는 내란죄의 단순일죄로서 그 집합체를 구성한 지위와 역할에 따라서 수괴, 모의참여자, 지휘자, 기타 중요임무종사자, 또는 부화수행자, 단순관여자 등으로 구별되어 제87조 제1호 내지 제3호에 의하여 처벌되는 것이라고 할 것이며, 반면 내란목적살인죄를 규정한 형법 제88조에는 내란목적으로 사람을 살해한 자라고만 규정하고 있어 이는 폭동에 의하지 않고 사람을 살해한 경우를 의미하는 것임이 분명하므로, 같은 내란목적에서 사람을 살해한 경우라 하더라도 이것이 폭동과정에서 이루어졌다면 내란죄에 흡수되어 형법 제87조의 내란죄만이 되는 것이고, 폭동에 의하지 않고 사람을 살해한 경우라면 내란목적살인죄의 단순일죄로서 제88조만이 적용되는 것이라고 봐야 할 것이다.

만일 원심이 견해대로 이와 같은 경우 항상 상상적 경합관계가 되는 것이라고 한다면, 내란죄의 수괴에 있어서는 그 형이 사형, 무기징역 또는 무기금고이고, 내란목적살인죄도 사형, 무기징역 또는 무기금고로 되어 있어 그 법정형이 같기 때문에 혹은 수괴의 경우에는 사실상 크게 영향이 없다고 하는 견해가 나올 수도 있다고 하겠지만, 내란죄의 폭동과정에서 "살상의 행위를 실행한 자"의 경우를 놓고 보면, 그는 위에서 본 바와 같이 수괴의 다음차원에서 모의참여자, 지휘자나 기타 중요한 임무에 종사한 자들과 같은 형으로서 처벌받게 되고, 그 형은 사형, 무기 또는 5년 이상의 징역이나 금고로 되어 있어, 경우에 따라서는 5년 이상의 유기징역이나 금고로서 처벌받을 수도 있게 되는 데 반하여, 상상적 경합범에 있어서는 형법 제40조에 의하여 가장 중한 죄에 정한 형으로 처벌하도록 되어 있는 관계로, 언제나 내란목적살인죄에서 정하고 있는 사형 또는 무기징역이나 무기금고의 형으로 처벌받게 되어, 5년 이상의 유기징역이나 금고형을 규정한 형법 제87조 제2호와 균형이 맞지 않는 결과가 되고만다(형법 제88조의 내란목적살인죄의 형이 내란죄에 있어서의 폭동과정에서 "살상의 행위를 실행한 자"에 대한 제87조 제2호의 형보다 위와 같이 무겁게 규정하고 있는 것은 상호간에 균형이 맞지 않아 납득하기 어려운 점이 없지 않으나, 내란죄에 있어서는 군집범으로서의 폭동이라는 군중심리가 작용되어 깊이 사료함이 없이 경솔하게 행동하는 경우가 많다는 점에서 그 기대가능성이 적다고 보아, 그렇지 아니한 내란목적살인죄와의 사이에 이러한 법정형상의 차이를 둔 것으로 이해하고자 한다) 위와 같이 볼 때, 이 사건에 있어서 원심이 피고인 박선호, 이기주, 유성옥, 김태원에 대하여는 그 소위를 내란죄의 폭동에 있어서 중요한 임무에 종사한 자라고 보면서도 이들에게까지 내란목적살인죄와 상상적 경합범으로 의율하여 무거운 내란목적살인죄의 형으로서 처단하였음은 결국 법률적용을 잘못하여 판결에 영향을 미친 경우에 해당한다고 할 것이므로 이와 같은 원심판결을 유지하는 다수의견에 찬동할 수가 없고, 원심판결은 이 점에서도 마땅히 파기되어야 한다고 할 것이다.

■ 대법원 1997. 4. 17. 선고 96도3376 전원합의체 판결【반란수괴 · 반란모의참여 · 반란중요임무종사 · 불법진퇴 · 지휘관계엄지역수소이탈 · 상관살해 · 상관살해미수 · 초병살해 · 내란수괴 · 내란모의참여 · 내란중요임무종사 · 내란목적살인 · 특정범죄가중처벌등에관한법률위반(뇌물)】(집)

(2) 내란목적살인죄가 내란죄에 흡수된다는 피고인 황영시, 주영복의 변호인들의 주장에 대하여

형법 제88조의 내란목적살인죄는 국헌을 문란할 목적을 가지고 직접적인 수단으로 사람을 살해함으로써 성립하는 범죄라 할 것이므로, 국헌문란의 목적을 달성함에 있어 내란죄가 '폭동'을 그 수단으로 함에 비하여 내란목적살인죄는 '살인'을 그 수단으로 하는 점에서 두 죄는 엄격히 구별된다 할 것이다. 그러므로 내란의 실행과정에서 폭동행위에 수반하여 개별적으로 발생한 살인행위는 내란행위의 한 구성요소를 이루는 것이므로 내란행위에 흡수되어 내란목적살인의 별죄를 구성하지 아니하나, 특정인 또는 일정한 범위 내의 한정된 집단에 대한 살해가 내란의 와중에 폭동에 수반하여 일어난 것이 아니라 그것 자체가 의도적으로 실행된 경우에는 이러한 살인행위는 내란에 흡수될 수 없고 내란목적살인의 별죄를 구성한다고 할 것이다.

같은 취지에서 이 사건 광주재진입작전 수행으로 인하여 피해자들을 사망하게 한 부분에 대하여 내란죄와는 별도로 내란목적살인죄로 다스린 원심의 조처는 정당하고, 거기에 상고이유로 지적하는 바와 같이 내란목적살인죄와 내란죄의 관계에 관한 법리를 오해한 위법이 있다고 할 수 없다.

④ 위력자살결의 〉 자살교사

■ 대법원 2005. 9. 28. 선고 2005도5775 판결【위력자살결의(인정된 죄명: 자살교사)】(미)

원심이, 피고인에 대하여 공소제기된 위력자살결의의 범죄사실 중에는 판시 자살교사의 범죄사실이 포함되어 있고, 피고인이 피해자로 하여금 자살을 하도록 한 경위 등에 대한 충분한 심리가 이루어졌으므로 피고인을 위 공소사실에 포함된 자살교사죄로 처벌하더라도 피고인에게 불의의 처벌을 가하거나 그 방어권 행사에 실질적인 불이익을 초래할 염려가 있다고 볼 수 없다는 이유로 공소장변경절차를 거치지 아니하고 직권으로 피고인에 대하여 공소제기된 위력자살결의죄와 일죄 관

계에 있는 자살교사죄를 유죄로 인정한 조치는 수긍할 수 있고, 거기에 상고이유의 주장과 같은 공소장변경에 관한 법리를 오해한 위법이 없다.

⑤ 강간치상과 살인

■ 대법원 1987. 1. 20. 선고 86도2360 판결【살인, 강간치상】(집)

피고인은 피해자를 2회 강간하여 2주간 치료를 요하는 질입구파열창을 입힌 다음 피해자에게 용서를 구하였으나 피해자가 이에 불응하면서 위 강간사실을 부모에게 알리겠다고 하자 피해자를 살해하여 위 범행을 은폐시키기로 마음먹고 원심판시의 철사줄과 양손으로 피해자의 목을 졸라 질식사망케 한 사실을 충분히 인정할 수 있고, 피고인의 위와 같은 소위는 강간치상죄와 살인죄의 경합범이 된다.

III. 존속살해죄

제250조 (살인, 존속살해)

② 자기 또는 배우자의 직계존속을 살해한 자는 사형, 무기 또는 7년 이상의 징역에 처한다. 〈개정 1995. 12. 29〉

1. 의 의

① 가중처벌의 이유

[1] 책임가중(다수설)

G1 행위자의 패륜적 심정반가치

[2] 불법가중(김일수)

G1 존속살해죄의 구성요건표지 중 이에 관한 표지가 없음

G2 많은 경우 존속살해는 행위자의 패륜 아닌 존속의 비행이 원인

② 부진정신분범

2. 합헌성

(가) 위헌설, 합헌설(헌재)

① 위헌론

G1 봉건적 가족제도의 유산

G2 사회적 신분으로 인한 차별대우

G3 존속에도 문제 있는 경우 많음

② 합헌론(아래는 헌재 논리)

G1 평등원칙 위반 ×(패륜성에 대한 사회적 비난, 자연적·보편적 윤리)

G2 형벌체계상의 균형 상실 ×

G3 과잉금지 원칙 위배 ×

G4 사생활의 자유 침해 ×

G5 혼인에서의 가족 구성원 평등 위배 ×

G5 사생활 자유 침해 ×

■ 헌법재판소 2002. 3. 28. 선고 2000헌바53 결정 (공)

가. 이 사건 법률조항의 입법취지 및 입법례 등

이 사건 법률조항 … 그 입법취지는 모두 동일하다고 할 수 있는바, 범죄의 객체가 자기 또는 배우자의 직계존속이라는 특수한 신분관계에 해당하는 경우 가해자인 비속의 패륜성에 대한 고도의 사회적 비난가능성을 이유로 형을 가중하고자 하는 것이다.

비교법적으로, 존속관련범죄의 가중처벌에 대하여는 처벌상 차별적 취급이라는 측면에서 헌법상 평등의 원칙 위반 여부와 관련하여 학설은 물론 입법례도 대립되고 있는바, 영국, 미국 등 커먼로(Commom Law)를 중심으로 발달하여 온 영미법계의 국가들에서는 과거부터 존속상해치사죄는 물론 존속살해 등 존속관련범죄를 가중처벌하는 예가 없었고 중화인민공화국을 비롯한 대다수의 국가에서도 마찬가지이나, 다만 존속관련범죄의 대표적 규정인 존속살해죄에 있어서는, 아직 그 규정을 두고 있거나(프랑스, 대만 등), 존속뿐 아니라 비속이나 배우자를 살해한 경우에도 이를 가중처벌하는 경우(이탈리아, 아르헨티나 등), 존속살해에 관한 기존의 규정을 삭제한 경우(독일, 헝가리 등) 등 각국의 역사적 배경이나 사회문화적 차이에 따라 다양한 입법례가 있다.

한편, 우리와 법제가 유사한 일본에서는 형법상 존속관련범죄로서 존속상해치사 외에 존속살, 존속유기, 존속체포·감금 등의 죄가 있었고, 최고재판소 역시 위 각 규정은 일본 헌법 제14조 제1항의 평등원칙에 위반되지 않는 합헌의 규정이라고 판단하여 왔으나, 1973. 4. 4. 위 존속살 규정이 위헌이라는 최고재판소의 판결 이후 존속상해치사의 규정에 대하여도 합헌론과 위헌론이 계속 대립되어 오다가 1995. 5. 12. 다른 존속관련 가중처벌 규정들과 함께 모두 삭제되었다.

나. 평등의 원칙에 위배되는지 여부

(1) 합리적 근거에 기한 차별

… 혼인과 혈연에 의하여 형성되는 친족에 있어서는 존경과 사랑이 그 존재의 기반이라고 말할 수 있고, 이를 바탕으로 직계존속은 비속에 대하여 경제적 측면에서는 물론 정신적·육체적 면에서 올바른 사회구성원으로 성장할 수 있도록 양육하며 보호하고 그 비속의 행위에 대하여 법률상·도의상 책임까지 부담하는 한편, 비속은 직계존속에 대하여 가족으로서의 책임 분담과 존경과 보은의 기본적 의무를 부담하게 되는데, 이는 인류가 가족을 구성하고 사회를 형성하기 시작한 이래 확립되어진 친족 내지 가족에 있어서의 자연적·보편적 윤리로서, 이러한 윤리는 가정은 물론 사회를 유지·발전시키는 기본질서를 형성하게 된다는 점에서 형법상 보호되어야 할 가치이며, 이는 배우자의 직계존속에 대하여도 마찬가지이다.

따라서, 존속상해치사의 범행은 위와 같은 보편적 사회질서나 도덕원리, 나아가 인륜에도 반하는 행위로 인식되어 그 패륜성에 대하여는 통상의 상해치사죄에 비하여 고도의 사회적 비난을 받아야 할 이유가 충분하므로, 이를 엄벌하여 반인륜·패륜행위를 억제하는 것이 꼭 불합리하다고 만은 할 수 없으며, 우리의 윤리관에 비추어 볼 때 아직은 합리적이라 할 것이다.

그리고, 범죄의 처벌에 관한 문제, 즉 법정형의 종류와 범위의 선택은 그 범죄의 죄질과 보호법익에 대한 고려 뿐만 아니라 우리의 역사와 문화, 입법 당시의 시대적 상황, 국민 일반의 가치관 내지 법감정 그리고 범죄예방을 위한 형사정책적 측면 등 여러 가지 요소를 종합적으로 고려하여 입법자가 결정할 사항으로서 광범위한 입법재량 내지 형성의 자유가 인정되어야 할 분야이므로, 어느 범죄에 대한 법정형이 그 범죄의 죄질 및 이에 따른 행위자의 책임에 비하여 지나치게 가혹한 것이어서 현저히 형벌체계상의 균형을 잃고 있다거나 그 범죄에 대한 형벌 본래의 목적과 기능을 달성함에 있어 필요한 정도를 일탈하였다는 등 헌법상의 평등의 원칙 및 비례의 원칙 등에 명백히 위배되는 경우가 아닌 한 쉽사리 헌법에 위반된다고 단정하여서는 아니 되는바(헌재 1992. 4. 28. 90헌바24, 판례집 4, 225, 229; 헌재 2001. 11. 29. 2001헌바4, 공보 63, 1162 등 참조), 이 사건에 있어서 보통의 상해치사죄의 법정형이 3년 이상의 유기징역인 데 비하여 이 사건 법률조항의 법정형은 무기 또는 5년 이상의 징역으로서 형벌 본래의 목적이나 역할, 기능 등 보통 상해치사죄와의 차이를 고려하면 이를 특히 과중한 형벌이라고 볼 수 없고, 더욱이 위 법정형에 대하여는 1회의 법률상 감경 또는 작량감경에 의하더라도 집행유예의 선고가 가능한 점 등에 비추어 볼 때, 이 사건 법률조항에 의한 가중처벌의 정도는 지나치게 가혹하여 형벌체계상의 균형을 상실한 것도 아니고 형벌 본래의 목적과 기능을 달성함에 있어 필요한 정도를 일탈한 것도 아니라 할 것이므로 이를 불합리하다거나 과잉금지원칙에 위반된 것이라고 말할 수도 없다.

(2) 합헌론에 대한 비판

이 사건 법률조항에 대하여는 위 규정이 도덕원리를 법에 반영시켜 이를 강제한다는 비판이 있으나, 비록 법과 도덕이 준별된다 하더라도 책임판단에 있어서 윤리적 요소를 완전히 제거할 수는 없는 것이고, 이 사건 법률조항은 법에 의한 도덕의 강제가 아니라 패륜으로 인한 책임의 가중을 근거로 형을 가중하는 데 지나지 않는 것이며, 법에 의하여 도덕이 강제될 수 없다 하더라도 사회도덕의 유지를 위한 형법의 역할을 전적으로 부정할 수는 없을 뿐만 아니라, 구체적 사건의 양형에 있어서 직계존속이 피해자라는 점이 범정의 하나로 중시되는 것이 허용되는 이상 이를 법규의 형식으로 유형화하여 형의 가중요건으로 삼는다 하더라도 그러한 차별적 취급이 곧 합리적 근거를 결하는 것이라고 말할 수도 없다.

또한, 이 사건 법률조항에 의하여 존속인 피해자가 통상인인 피해자보다 두텁게 보호받는 차별적 결과가 된다는 비판이 있으나, 이 사건 법률조항은 법률로써 비속의 직계존속에 대한 도덕적 의무를 특히 중요시한 것으로, 그 입법목적은 가해자인 비속의 패륜성 내지 반윤리성을 엄벌하여 그와 같은 죄의 발생을 특히 억제하고자 함에 있는 것이지 피해자인 존속을 더 보호하고자 함에 있는 것은 아닐 뿐만 아니라, 결과적으로 존속이 강한 보호를 받게 된다 하더라도 이는 반사적 이익에 불과하고 개개인의 일생을 통하여 보면 결국에는 각자 동등한 보호를 받게 된다는 점에서, 이 사건 법률조항이 처벌의 정도를 달리 함에 대하여 그 합리적 근거를 부인할 수는 없다.

(3) 소결론

비속의 직계존속에 대한 존경과 사랑은 봉건적 가족제도의 유산이라기보다는 우리 사회윤리의 본질적 구성부분을 이루고 있는 가치질서이고, 특히 유교적 사상을 기반으로 전통적 문화를 계승·발전시켜 온 우리나라의 경우는 더욱 그러한 것이 현실인 이상, 이 사건 법률조항의 입법목적의 정당성과 이를 달성하기 위한 수단의 적정성, 즉 가중처벌의 이유와 그 정도의 타당성 등에 비추어 그 차별적 취급에는 합리적 근거가 있으므로 헌법 제11조 제1항의 평등원칙에 반한다고 할 수 없다.

다. 기타 다른 기본권의 침해 여부

청구인은, 봉건적 의미의 가부장제를 전제로 한 이 사건 법률조항이 비속에 대하여 존속에 대한 도덕적 의무, 즉 효를 강요하고 개인의 윤리문제에 직접 개입함으로써 헌법 제17조의 사생활의 자유를 침해하고 헌법 제36조의 가족 구성원의 평등 원칙에 반한다는 취지로 주장한다.

그러나, "사생활의 자유"는 사회공동체의 일반적인 생활규범의 범위 내에서 사생활을 자유롭게 형성해 나가고 그 설계 및 내용에 대해서 외부로부터 간섭을 받지 아니할 권리라고 할 수 있는데, 우선 존속상해치사죄와 같은 범죄행위가 헌법상 보호되는 사생활의 영역에 속한다고 볼 수 없을 뿐만 아니라, 이 사건 법률조항의 입법목적이 정당하고 그 형의 가중에 합리적 이유가 있으며 직계존속이 아닌 통상인에 대한 상해치사죄도 형사상 처벌되고 있는 이상, 직계존속에 대한 상해치사죄를 가중처벌한다 하여 가족관계상 비속의 사생활이 왜곡된다거나 존속에 대한 태도 및 행동 등에 있어서 효의 강요나 개인 윤리문제에의 개입 등 외부로부터 부당한 간섭이 있는 것이라고는 말할 수 없다.

또한, "혼인과 가족생활은 개인의 존엄과 양성의 평등을 기초로 성립되고 유지되어야 하며, 국가는 이를 보장한다."고 규정하고 있는 헌법 제36조 제1항은, 인간의 존엄과 양성의 평등이 가족생활에 있어서도 보장되어야 한다는 요청에서 인간다운 생활을 보장하는 기본권 보장의 성격을 갖는 동시에 그 제도적 보장의 성격도 갖고 있는 것으로 파악되는바(헌재 1990. 9. 10. 89헌마82, 판례집 2, 306, 312; 헌재 1997. 3. 27. 95헌가14등, 판례집 9-1, 193, 205; 헌재 1997. 7. 16. 95헌가6등, 판례집 9-2, 1, 17; 헌재 2000. 8. 31. 97헌가12, 판례집 12-2, 167, 182 등 참조), 이 사건 법률조항에 의한 가중처벌에 의하여 가족 개개인의 존엄성 및 양성의 평등이 훼손되거나 인간다운 생활을 보장받지 못하게 되리라는 사정은 찾아볼 수 없고, 오히려 패륜적·반도덕적 행위의 가중처벌을 통하여 친족 내지 가족에 있어서의 자연적·보편적 윤리를 형법상 보호함으로써 개인의 존엄과 가치를 더욱 보장하고 이를 통하여 올바른 사회질서가 형성될 수 있다고 보아야 할 것이다.

따라서, 이 사건 법률조항은 사생활의 자유를 침해하지 아니하고 혼인제도와 가족제도에 관한 헌법 제36조 제1항에 위배되거나 인간으로서의 존엄과 가치 또는 행복추구권도 침해하지 아니한다.

(나) 위헌은 아니지만 폐지함이 바람직하다는 견해

(다) 위헌 내지 폐지설이 다수

3. 구성요건

가. 객관적 구성요건

(1) 주 체

○ 직계비속, 직계비속의 배우자

(2) 객 체

○ 자기 또는 배우자의 직계존속

(가) 직계존속

① 법률상 개념

- 민법에 의해 정해짐
- 加捧子 繼父, 繼母子, 嫡母庶子 모두 ×(후 2자는 1991. 1. 1. 이후)
- 양친 및 그 직계존속 vs 양자 및 그 직계비속 ○
- 사망으로 자연혈족관계는 소멸하지만 사자를 통하여 연결된 생존자의 혈족관계는 유지

■ 대법원 1981. 10. 13. 선고 81도2466 판결【존속살인】(공)

형법 제250조 2항의 직계존속이란 법률상의 개념으로서 사실상 혈족관계가 있는 부모관계일지라도 법적으로 인지절차를 완료하지 아니한 한 직계존속이라 볼 수 없고, 아무 특별한 관계가 없는 타인 사이라도 일단 합법한 절차에 의하여 입양관계가 성립한 뒤에는 직계존속이라 할 것이다. 그

런데 위 공소외 1의 남편인 공소외 2는 경찰과 검찰에서 피고인은 자기들 부부 사이에 출생한 자식이 아니고 자기의 문전에 버려진 생후 몇 시간밖에 되지 아니한 영아를 주어다 길러 호적에는 친자식으로 입적하였다고 진술하고 있으니 피고인이 위 공소외 1의 친생자가 아님이 분명하다. 그리고 당사자 간에 양친자관계를 창설하려는 명백한 의사가 있고 나아가 기타 입양의 성립요건이 모두 구비된 경우에 입양신고 대신 친생자 출생신고가 있다면 형식에 다소 잘못이 있더라도 입양의 효력이 있다고 해석함이 가할 것이나(당원 1977. 7. 26. 선고 77다492 판결 참조), 이 사건에 있어서는 이 점에 관하여는 아무런 심리와 판단이 없다. 그렇다면 위 원순례가 피고인의 직계존속임을 전제로 하여 피고인의 이 사건 소위에 대하여 존속살인으로 의율 처단하였음은 위법이다 할 것이고, 이는 판결에 영향을 미쳤음이 분명하다 할 것이므로 원심판결은 파기를 면할 수 없다.

② 입양효력 있는 출생신고

■ 대법원 2007. 11. 29. 선고 2007도8333, 2007감도22 판결【존속살해등】(미)

민법(1977. 12. 31. 법률 제3051호로 개정되기 전의 것) 제874조 제1항에 의하면 처가 있는 자는 공동으로 함이 아니면 양자를 할 수 없다. 그리고 당사자가 입양의 의사로 친생자 출생신고를 하고 거기에 입양의 실질적 요건이 구비되어 있다면 그 형식에 다소 잘못이 있더라도 입양의 효력이 발생하고, 이 경우의 허위의 친생자 출생신고는 법률상의 친자관계인 양친자관계를 공시하는 입양신고의 기능을 하게 되는 것이다(대법원 2000. 6. 9. 선고 99므1633,1640 판결, 대법원 2004. 11. 11. 선고 2004므1484 판결 등 참조).

기록에 의하면, 피해자는 그의 남편인 공소외인과 공동으로 피고인 겸 피치료감호청구인(이하 '피고인'이라 한다)을 입양할 의사로 1978. 3. 16. 피고인을 친생자로 출생신고를 하고 피고인을 양육하여 오다가 위 공소외인이 1984년경 사망한 후에도 계속하여 피고인을 양육하여 온 사실을 알 수 있는바, 그렇다면 위 법률규정과 법리에 비추어 피고인을 친생자로 한 출생신고는 피해자와 피고인 사이에서도 입양신고로서 효력이 있으므로 피고인은 피해자의 양자라고 할 것이고, 피고인이 피해자를 살해한 경우 존속살해죄가 성립한다.

③ 생모

■ 대법원 1980. 9. 9. 선고 80도1731 판결【존속살인등】(집)

혼인 외의 출생자와 생모간에는 그 생모의 인지나 출생신고를 기다리지 않고 자의 출생으로 당연히 법률상의 친족관계가 생기는 것….

☞ 혼외자의 생부는 인지해야

④ 양자와 친생부모

- 대법원 1967. 1. 31. 선고 66도1483 판결

㈏ 배우자

① 법률상 개념

② 구체적 검토

- 사실혼의 배우자, 첩 ×

- 이혼 후 ×
- 이혼협의 & 가정법원확인 & 별거 but 신고 전 ○[6]
- 혼인무효 ×
- 혼인취소: 취소 전까지는 ○[7]
- 배우자 사망 후
  1. 생존배우자만을 의미하므로 × (다수설)
  2. 재혼 전에는 ○[8] (김일수)
- 배우자 살해 후 계속하여 존속살해 ○ (통설)
  G 신분이 실행착수시에 존재하면 족하기 때문 ☜ K 존속살해 착수시에 이미 부존재

나. 주관적 구성요건

(1) 고 의

■ 대법원 1977. 1. 11. 선고 76도3871 판결【존속살인등】(집)

피고인이 피해자 1에게 위 고자질한 일을 따지러 가서 식도를 꺼내들고 죽인다고 협박을 할 때 피해자 1이 무서워서 그 자리를 피해 버리자 제분에 이기지 못하여 식도를 휘두르는 피고인을 말리거나 그 식도를 뺏으려고 한 그 밖의 피해자들을 닥치는 대로 찌르는 무차별 횡포를 부리던 중에 그의 부까지 찌르게 된 결과를 빚은 것으로 엿보일 뿐 피고인이 칼에 찔려 쓰러진 피해자 2를 부축해 데리고 나가지 못하도록 한 일이 있다는 1심 채택 증거 중의 일부 진술정도로써 피고인이 그의 부 피해자 2를 살해할 의사로 식도로 찔러 살해하였다는 사실을 인정하기는 어렵다고 봄이 상당하다 할 것이다.

(2) 착 오

① 존속임을 모르고 존속살해: 보통살인죄(15조 1항)

② 존속살해 의사로 보통살인

1. 구체적 부합설
   - a 존속살해 미수 ∩ 과실치사
   - b 존속살해 불능미수 ∩ 보통살인기수(15조 1항 반전)(박상기)
   - c 객체의 착오는 존속살해 불능미수 ∩ 보통살인 기수(15조 1항 반전)
     방법의 착오는 존속살해 장애미수 ∩ 과실치사
     (김일수/서보학, 손동권, 배종대)

   K 보통살인 기수를 인정함은 고의의 이중평가
2. 법정적 부합설
   - a 구성요건부합설
     - 가 존속살해 미수 ∩ 과실치사(김종원)
     - 나 존속살해 불능미수 ∩ 과실치사
   - b 죄질부합설
     보통살인죄 기수(이재상, 정영일, 정성근)

---

6 민법 제836조 (이혼의 성립과 신고방식)
① 협의상 이혼은 가정법원의 확인을 받아 「가족관계의 등록 등에 관한 법률」의 정한 바에 의하여 신고함으로써 그 효력이 생긴다.

7 민법 제824조 (혼인취소의 효력)
혼인의 취소의 효력은 기왕에 소급하지 아니한다.

8 민법 제775조 (인척관계등의 소멸)
① 인척관계는 혼인의 취소 또는 이혼으로 인하여 종료한다.
② 부부의 일방이 사망한 경우 생존배우자가 재혼한 때에도 제1항과 같다.

4. 공 범

제33조 (공범과 신분)

신분관계로 인하여 성립될 범죄에 가공한 행위는 신분관계가 없는 자에게도 전3조의 규정을 적용한다. 단 신분관계로 인하여 형의 경중이 있는 경우에는 중한 형으로 벌하지 아니한다.

○ 총론 논의

1. 본문은 진정신분범의 성립과 과형, 단서는 부진정신분범의 성립과 과형(다수설)
2. 본문은 진정·부진정 신분범의 성립, 단서는 부진정신분범의 과형(판례, 신동운)
3. 본문은 위법신분의 연대작용, 단서는 책임신분의 개별작용(정성근)

- 어느 설에 의하든 결과는 같음 K 부진정신분범 신 → 비 는 다름

부진정신분범 성립과 과형

■ **대법원 1997. 12. 26. 선고 97도2609 판결【상호신용금고법위반(일부 인정된 죄명: 배임)등】(집)**

상호신용금고법 제39조 제1항 제2호 위반죄는 상호신용금고의 발기인·임원·관리인·청산인·지배인 기타 상호신용금고의 영업에 관한 어느 종류 또는 특정한 사항의 위임을 받은 사용인이 그 업무에 위배하여 배임행위를 한 때에 성립하는 것으로서, 이는 위와 같은 지위에 있는 자의 배임행위에 대한 형법상의 배임 내지 업무상배임죄의 가중규정이고(대법원 1990. 11. 13. 선고 90도1885 판결 참조), 따라서 형법 제355조 제2항의 배임죄와의 관계에서는 신분관계로 인하여 형의 경중이 있는 경우라고 할 것이다. 같은 취지의 원심의 판단은 옳고, 거기에 소론과 같은 상호신용금고법 제39조 제1항 제2호와 형법 제33조에 관한 법리오해의 위법이 있다고 할 수 없다.

그리고 위와 같은 신분관계가 없는 자가 그러한 신분관계에 있는 자와 공모하여 위 상호신용금고법위반죄를 저질렀다면, 그러한 신분관계가 없는 자에 대하여는 형법 제33조 단서에 의하여 형법 제355조 제2항에 따라 처단하여야 할 것인바, 그러한 경우에는 신분관계가 없는 자에게도 일단 업무상배임으로 인한 상호신용금고법 제39조 제1항 제2호 위반죄가 성립한 다음 형법 제33조 단서에 의하여 중한 형이 아닌 형법 제355조 제2항에 정한 형으로 처벌되는 것으로 보아야 할 것이다(대법원 1986. 10. 28. 선고 86도1517 판결 참조). 이 점에서 원심이 위와 같은 신분관계가 없는 피고인 정태수의 그 판시 행위에 대하여 이를 곧바로 형법 제355조 제2항의 배임죄에 해당한다고 판시한 것은 법률적용을 그르친 잘못이 있는 것이라고 할 것이나, 위 피고인으로서는 어차피 같은 죄의 형으로 처벌되는 셈이므로 위와 같은 원심의 잘못은 판결 결과에 영향이 없다.

신분범의 죄책

■ **대법원 1984. 4. 24. 선고 84도195 판결【상습도박】(집)**

상습도박의 죄나 상습도박방조의 죄에 있어서의 상습성은 행위의 속성이 아니라 행위자의 속성으로서 도박을 반복해서 거듭하는 습벽을 말하는 것인바, 도박의 습벽이 있는 자가 타인의 도박을 방조하면 상습도박방조의 죄에 해당하는 것이며, 도박의 습벽이 있는 자가 도박을 하고 또 도박방조를 하였을 경우 상습도박방조의 죄는 무거운 상습도박의 죄에 포괄시켜 1죄로서 처단하여야 할 것이다. 원심이 위와 같은 법리에 따라 이 사건 1982. 7. 30.과 7. 31.의 양일간에 걸친 상습도박의 공소사실에 대하여 피고인이 같은 해 12. 27. 광주지방법원에서 같은 해 8. 12.부터 8. 18.까지의 상습도박방조 범행으로 유죄의 재판을 받아 그 재판이 확정되었음을 이유로 면소의 선고를 한 조처는 정당하고, 거기에 포괄 1죄의 법리를 오해한 위법이 없다.

33조와 31조 1항

■ 대법원 1994. 12. 23. 선고 93도1002 판결【모해위증교사】(집)

형법 제33조 소정의 이른바 신분관계라 함은 남녀의 성별, 내·외국인의 구별, 친족관계, 공무원인 자격과 같은 관계뿐만 아니라 널리 일정한 범죄행위에 관련된 범인의 인적관계인 특수한 지위 또는 상태를 지칭하는 것인바, 형법 제152조 제1항은 '법률에 의하여 선서한 증인이 허위의 공술을 한 때에는 5년 이하의 징역 또는 2만 5천원 이하의 벌금에 처한다'고 규정하고, 같은 법조 제2항은 '형사사건 또는 징계사건에 관하여 피고인, 피의자 또는 징계혐의자를 모해할 목적으로 전항의 죄를 범한 때에는 10년 이하의 징역에 처한다'고 규정함으로써 위증을 한 범인이 형사사건의 피고인 등을 '모해할 목적'을 가지고 있었는가 아니면 그러한 목적이 없었는가 하는 범인의 특수한 상태의 차이에 따라 범인에게 과할 형의 경중을 구별하고 있으므로, 이는 바로 형법 제33조 단서 소정의 "신분관계로 인하여 형의 경중이 있는 경우"에 해당한다고 봄이 상당하다.

따라서 피고인이 위 이낙섭을 모해할 목적으로 공소외인에게 위증을 교사한 이상, 가사 정범인 공소외인에게 모해의 목적이 없었다고 하더라도, 형법 제33조 단서의 규정에 의하여 피고인을 모해위증교사죄로 처단할 수 있다고 할 것이므로 이와 같은 취지로 보여지는 원심의 판단은 정당하고, 거기에 소론과 같이 교사범 및 공범과 신분에 관한 법리를 오해한 위법이 있다고 할 수 없다.

원심판결 이유 중 법률적용란을 보면 원심은 피고인에 대한 적용법조를 열거함에 있어서 형법 제33조 단서를 누락하고 있음은 소론이 지적하는 바와 같으나, 구체적인 범죄사실에 적용하여야 할 실체법규 이외의 법규에 관하여는 판결문상 그 규정을 적용한 취지가 인정되면 되고 특히 그 법규를 법률적용란에서 표시하지 아니하였다 하여 위법이라고 할 수 없다 할 것인바(당원 1991. 3. 12. 선고 90도2869 판결, 1992. 10. 27. 선고 92도2196 판결 등 참조), 원심판결 이유에 의하면 원심이 모해의 목적으로 그 목적이 없는 자를 교사하여 위증죄를 범한 경우 그 목적을 가진 자는 모해위증교사죄로, 그 목적이 없는 자는 위증죄로 처벌할 수 있다고 설시한 다음 피고인을 모해위증교사죄로 처단함으로써 사실상 형법 제33조 단서를 적용한 취의로 해석되는 이상, 법률적용에서 위 단서 조항을 빠뜨려 명시하지 않았다고 하더라도 이로써 판결에 영향을 미친 위법이 있다고 할 수 없는 것이다.

그리고 '타인을 교사하여 죄를 범하게 한 자는 죄를 실행한 자와 동일한 형으로 처벌한다'고 규정한 형법 제31조 제1항은 협의의 공범의 일종인 교사범이 그 성립과 처벌에 있어서 정범에 종속한다는 일반적인 원칙을 선언한 것에 불과하고, 따라서 이 사건과 같이 신분관계로 인하여 형의 경중이 있는 경우에 신분이 있는 자가 신분이 없는 자를 교사하여 죄를 범하게 한 때에는 형법 제33조 단서가 위 제31조 제1항에 우선하여 적용됨으로써 신분이 있는 교사범이 신분이 없는 정범보다 중하게 처벌된다고 할 것이므로, 이와 달리 정범이 단순 위증죄로 처벌된 이상 위 형법 제31조 제1항에 따라 피고인도 단순 위증죄의 동일한 형으로 처벌할 수밖에 없다는 소론은 위에서 설시한 법리와 상치되는 독자적 견해에 불과하여 받아들일 수 없다. 논지는 모두 이유 없다.

○ D & E → D의 父 살해

1 D 존속살해, E 보통살인 공동정범(김일수)

2 D, E 존속살해 공동정범, E 보통살인으로 처단(판례이론에 따를 경우)

○ D → E 교사·방조 ↠ E의 父 살해

1 D 보통살인 교사·방조, E 존속살해 정범(김일수)

2 D 존속살해 교사·방조죄 보통살인으로 처단, E 존속살해 정범(판례이론에 따를 경우)

○ D → E 교사·방조 ↠ D의 父 살해

1 D 존속살해 교사·방조, E 존속살해 정범, 보통살인 처단(33단)(판례이론 관철할 경우)

2 D 존속살해 교사·방조, E 보통살인 정범(33단)(김일수)(93도1002 판결)

3 D 보통살인 교사·방조, E 보통살인 정범(33단 ×, 공범종속성 원칙에 따라, 오영근)

5. 부진정 결과적가중범과 존속살해

○ 대법원은 형의 경중 고려

- 결과적가중범 ≧ 결과에 대한 별도 고의범 ⇒ 결과적가중범 1죄
- 결과적가중범 < 결과에 대한 별도 고의범 ⇒ 상상적 경합범

현주건조물방화치사와 살인, 존속살해

■ 대법원 1996. 4. 26. 선고 96도485 판결【존속살인등】(공)

형법 제164조 후단이 규정하는 현주건조물방화치사상죄는 그 전단이 규정하는 죄에 대한 일종의 가중처벌 규정으로서 과실이 있는 경우뿐만 아니라, 고의가 있는 경우에도 포함된다고 볼 것이므로 사람을 살해할 목적으로 현주건조물에 방화하여 사망에 이르게 한 경우에는 현주건조물방화치사죄로 의율하여야 하고 이와 더불어 살인죄와의 상상적경합범으로 의율할 것은 아니라고 할 것이고(대법원 1983. 1. 18. 선고 82도2341 판결 참조), 다만 존속살인죄와 현주건조물방화치사죄는 상상적경합범 관계에 있으므로, 법정형이 중한 존속살인죄로 의율함이 타당하다고 할 것이다.

☞ [당시법률] = 1995. 12. 29. 법률 제5057호(1996. 7. 1. 시행)로 개정되기 전의 것

(i) 현주건조물방화치사: 사,무,5↑, (ii) 살인: 사,무,5↑, (iii) 존속살해: 사,무(10↓자 임의병과)

☞ [현행법률] = 위 개정법률

(i) 현주건조물방화치사: 사,무,7↑, (ii) 살인: 사,무,5↑, (iii) 존속살해: 사,무,7↑(10↓자 임의병과)

제164조 (현주건조물등에의 방화) ☜ 1995. 12. 29. 법률 제5057호 1996. 7. 1. 시행

① 불을 놓아 사람이 주거로 사용하거나 사람이 현존하는 건조물, 기차, 전차, 자동차, 선박, 항공기 또는 광갱을 소훼한 자는 무기 또는 3년 이상의 징역에 처한다.

② 제1항의 죄를 범하여 사람을 상해에 이르게 한 때에는 무기 또는 5년 이상의 징역에 처한다. 사망에 이르게 한 때에는 사형, 무기 또는 7년 이상의 징역에 처한다.

제164조 (현주건조물등에의 방화) ☜ 위 개정 전

불을 놓아 사람의 주거에 사용하거나 사람의 현존하는 건조물, 기차, 전차, 자동차, 선박, 항공기 또는 광갱을 소훼한 자는 무기 또는 5년 이상의 징역에 처한다. 이로 인하여 사람을 사상에 이르게 한 자는 사형, 무기 또는 5년 이상의 징역에 처한다.

현주건조물방화치사와 강도살인

■ 대법원 1998. 12. 8. 선고 98도3416 판결【강도살인등】(공)

피고인들이 피해자들의 재물을 강취한 후 그들을 살해할 목적으로 현주건조물에 방화하여 사망에 이르게 한 경우 피고인들의 위 행위는 강도살인죄와 현주건조물방화치사죄에 모두 해당하고 그 두

죄는 상상적 경합범관계에 있다고 할 것이므로(대법원 1996. 4. 26. 선고 96도485 판결 참조), ….

☞ (i) 현주건조물방화치사: 사,무,7↑, (ii) 강도살인: 사,무

특수공무집행방해치상과 폭처법위반

■ 대법원 1995. 1. 20. 선고 94도2842 판결【성폭력범죄의처벌및피해자보호등에관한법률위반등】(공)

특수공무집행방해치상죄는 원래 결과적가중범이기는 하지만, 이는 중한 결과에 대하여 예견가능성이 있었음에 불구하고 예견하지 못한 경우에 벌하는 진정결과적가중범이 아니라 그 결과에 대한 예견가능성이 있었음에도 불구하고 예견하지 못한 경우뿐만 아니라 고의가 있는 경우까지도 포함하는 부진정결과적가중범이다(대법원 1990. 6. 26. 선고 90도765 판결 참조). 그러나 결과적가중범에 이와 같이 고의로 중한 결과를 발생케 하는 경우가 포함된다고 하여서 고의범에 대하여 더 무겁게 처벌하는 규정이 있는 경우까지 고의범에 정한 형으로 처벌할 수 없다고 볼 것은 아니다. 결과적가중범은 행위자가 중한 결과를 예견하지 못한 경우에도 그 형이 가중되는 범죄인데, 고의로 중한 결과를 발생케 한 경우까지 이를 결과적가중범이라 하여 무겁게 벌하는 고의범에 정한 형으로 처벌할 수 없다고 하면, 결과적가중범으로 의율한 나머지 더 가볍게 처벌되는 결과를 가져오기 때문이다. 따라서 고의로 중한 결과를 발생케 한 경우에 무겁게 벌하는 구성요건이 따로 마련되어 있는 경우에는 당연히 무겁게 벌하는 구성요건에서 정하는 형으로 처벌하여야 할 것이고, 결과적가중범의 형이 더 무거운 경우에는 결과적가중범에 정한 형으로 처벌할 수 있도록 하여야 할 것이다. 그러므로 기본범죄를 통하여 고의로 중한 결과를 발생케 한 부진정결과적가중범의 경우에 그 중한 결과가 별도의 구성요건에 해당한다면 이는 결과적가중범과 중한 결과에 대한 고의범의 상상적 경합관계에 있다고 보아야 할 것이다(대법원 1990. 5. 8. 선고 90도670 판결 참조).

이와 같은 법리에 비추어 볼 때 피고인 1의 제1심판시 "제2의 나"항 범죄사실을 특수공무집행방해치상죄와 폭력행위등처벌에관한법률 제3조 제2항 제1항, 형법 제257조 제1항(상해)위반죄의 상상적 경합범으로 처단한 제1심판결을 그대로 유지한 원심의 조치는 정당하고, 거기에 결과적가중범 및 상상적경합범에 관한 법리를 오해한 잘못이 없다. 상고이유 중 이 점을 지적하는 부분은 이유 없다.

☞ [당시법] 특수공무집행방해치상죄: 무 or 3↑, 폭처: 5↑(야간) ⇒ 상경: 무, 5↑
[현행법] 특수공무집행방해치상죄: 3↑, 폭처: 3↑ ⇒ 결가범 일죄: 3↑

제144조 (특수공무방해) (현행)

① 단체 또는 다중의 위력을 보이거나 위험한 물건을 휴대하여 제136조, 제138조와 제140조 내지 전조의 죄를 범한 때에는 각소에 정한 형의 2분의 1까지 가중한다.

② 제1항의 죄를 범하여 공무원을 상해에 이르게 한 때에는 3년 이상의 유기징역에 처한다. 사망에 이르게 한 때에는 무기 또는 5년 이상의 징역에 처한다. 〈개정 1995. 12. 29〉

제144조(특수공무방해) (1995년 개정 전)

① 단체 또는 다중의 위력을 보이거나 위험한 물건을 휴대하여 제136조, 제138조와 제140조 내지 전조의 죄를 범한 때에는 각조에 정한 형의 2분의 1까지 가중한다.

② 전항의 죄를 범하여 공무원을 사상에 이르게 한 자는 무기 또는 3년 이상의 징역에 처한다.

■ 대법원 2008. 11. 27. 선고 2008도7311 판결【특수공무집행방해치상 · 폭력행위등처벌에관한법률위반(집단 · 흉기등상해) · 도로교통법위반(무면허운전)】(공)

기본범죄를 통하여 고의로 중한 결과를 발생하게 한 경우에 가중 처벌하는 부진정결과적가중범에 있어서, 고의로 중한 결과를 발생하게 한 행위가 별도의 구성요건에 해당하고 그 고의범에 대하여 결과적가중범에 정한 형보다 더 무겁게 처벌하는 규정이 있는 경우에는 그 고의범과 결과적가중범이 상상적 경합관계에 있다고 보아야 할 것이지만(대법원 1995. 1. 20. 선고 94도2842 판결, 대법원 1996. 4. 26. 선고 96도485 판결 등 참조), 위와 같이 고의범에 대하여 더 무겁게 처벌하는 규정이 없는 경우에는 결과적가중범이 고의범에 대하여 특별관계에 있다고 해석되므로 결과적가중범만 성립하고 이와 법조경합의 관계에 있는 고의범에 대하여는 별도로 죄를 구성한다고 볼 수 없다. 따라서 직무를 집행하는 공무원에 대하여 위험한 물건을 휴대하여 고의로 상해를 가한 경우에는 특수공무집행방해치상죄만 성립할 뿐, 이와는 별도로 폭력행위 등 처벌에 관한 법률 위반(집단·흉기 등 상해)죄를 구성한다고 볼 수 없다.

기록에 의하면, 피고인이 승용차를 운전하던 중 음주단속을 피하기 위하여 위험한 물건인 승용차로 단속 경찰관을 들이받아 위 경찰관의 공무집행을 방해하고 위 경찰관에게 상해를 입게 하였다는 이 사건 공소사실에 대하여, 검사는 피고인의 행위가 폭력행위 등 처벌에 관한 법률 위반(집단·흉기 등 상해)죄와 특수공무집행방해치상죄를 구성하고 두 죄는 상상적 경합관계에 해당하는 것으로 보아 공소를 제기하였음을 알 수 있다.

이에 대하여 원심은, 피고인의 행위는 특수공무집행방해치상죄를 구성할 뿐, 폭력행위 등 처벌에 관한 법률 위반(집단·흉기 등 상해)죄는 특수공무집행방해치상죄에 흡수되어 별도로 죄를 구성하지 않는다고 보아 폭력행위 등 처벌에 관한 법률 위반(집단·흉기 등 상해)죄에 관하여 무죄로 판단하였는바, 앞서 본 법리와 기록에 비추어 살펴보면 원심의 위와 같은 판단은 정당하고, 거기에 상고이유로 주장하는 바와 같은 죄수에 관한 법리오해 등의 위법이 없다.

☞ 특수공무집행방해치상죄: 3↑, 폭처: 3↑ ⇒ 결가범 일죄: 3↑

Ⅳ. 영아살해죄

제251조 (영아살해)

직계존속이 치욕을 은폐하기 위하거나 양육할 수 없음을 예상하거나 특히 참작할 만한 동기로 인하여 분만 중 또는 분만직후의 영아를 살해한 때에는 10년 이하의 징역에 처한다.

1. 의 의

○ 감경처벌의 이유

- 책임감경: ① 친족의 명에 고려, ② 산모의 비정상적 정신상태 고려, ③ 위 양자 모두 고려

2. 객관적 구성요건

가. 행위주체

① 직계존속

1 사실상의 직계존속 포함(통설)

2 법률상 직계존속만(판례)

대법원 1970. 3. 10 선고 69도2285 판결: 사실혼 父가 영아살해 → 보통살인

② 산모에 한하는가

1 모든 직계존속(위 감경처벌 이유 1, 다수설)

2 산모 한정(위 감경처벌 이유 2, 이재상)

나. 행위객체

○ 분만중 or 분만직후의 영아

- 분만개시 후 직계존속의 비정상적 동기상황이 지속되는 시점까지

3. 주관적 구성요건

4. 특별한 책임표지

① 동기

- 치욕을 은폐하기 위하거나 양육할 수 없음을 예상하거나 특히 참작할 만한 동기
- 분만중 or 분만직후의 상황

② 동기의 착오: 주관적 표상에 따라 판단

- 감경사유 없음에도 있다고 착오(적출을 사생아로 오해하고 살해): 영아살해
- 감경사유 있음에도 없다고 착오(사생아를 적출로 오해하고 살해): 보통살인

③ 작량감경사유로 고려할 수 있는가

1 긍정설: 성질과 내용이 다르므로

2 부정설: 본조는 53조의 특별규정, 이중평가금지

5. 공 범

○ D & E ↠ D의 영아 살해

1 D 영아살해, E 보통살인 공동정범(김일수)

2 D, E 영아살해 공동정범(∵중한 형으로 벌하지 아니한다)

○ D → E 교사·방조 ↠ E의 영아 살해

1 D 보통살인 교사·방조, E 영아살해 정범(김일수)

2 D 영아살해 교사·방조, E 영아살해 정범

○ D → E 교사·방조 ↠ D의 영아 살해

1 D 영아살해 교사·방조, E 보통살인 정범(김일수)

2 D 영아살해 교사·방조, E 영아살해 정범

V. 촉탁 · 승낙살인죄(동의살인죄)

> 제252조 (촉탁, 승낙에 의한 살인등)
> ① 사람의 촉탁 또는 승낙을 받어 그를 살해한 자는 1년 이상 10년 이하의 징역에 처한다.

1. 의 의

○ 감경이유

[1] 책임감경설
[2] 불법감경설(다수설)
[3] 불법 · 책임감경설

2. 객관적 구성요건

가. 행위객체

○ 자신에 대한 살해를 촉탁 · 승낙한 사람

- 죽음의 의미를 이해할 수 있는 사람이어야 함 → 연소자, 정신병자 등 제외

나. 행위

(1) 촉탁 · 승낙

① 의미

- 이미 살해 결의하고 있는 때에는 촉탁이 아닌 승낙의 문제

② 촉탁 · 승낙의 요건

- 직접: 대리촉탁, 승낙 불허
- 자유로운 의사결정: vgl 위력 살인
- 진의: vgl 위계 살인
- 방법: [1] 명시적이어야(다수설), [2] 촉탁은 명시적, 승낙은 묵시적도 OK
- 살해행위시까지 행위자에게 표시(살인미수 후 승낙은 아님)
- 상대방 특정 불요

(2) 살 해

3. 주관적 구성요건

① 촉탁 · 승낙 없는데 있다고 오인

- 촉탁 · 승낙살인죄(15조 1항 적용, 학설)

② 촉탁 · 승낙 있는데 없다고 오인

[1] 촉탁 · 승낙살인죄(강구진, 백형구)
[2] 보통살인죄(다수설)
[3] 보통살인죄 불능미수(오영근)
[4] 보통살인미수 Ω 촉탁승낙살인 기수{이정원, 이형국, 김일수(15조 1항 반전)}
K 왜 과실기수 아닌가(위 존속살해 참조)

VI. 자살 교사·방조죄(자살관여죄)

제252조 (촉탁, 승낙에 의한 살인 등)
② 사람을 교사 또는 방조하여 자살하게 한 자도 전항의 형과 같다.

1. 의 의

○ 공범과 본죄

1 공범독립성설: 위 설의 실정법적 근거
2 공범종속성설: 공범 아닌 독립범죄로 특별히 규정
3 공범과는 무관한 독자적 범죄, 공범에 관한 총칙규정 적용 없음(김일수)

2. 객관적 구성요건

가. 행위주체

○ 자살자 자신 외에는 제한 무

나. 행위객체

○ 자살의 의미를 이해할 능력 있는 사람

■ 대법원 1987. 1. 20. 선고 86도2395 판결【살인】(집)

피고인이 7세, 3세 남짓된 어린자식들에 대하여 함께 죽자고 권유하여 물속에 따라 들어오게 하여 결국 익사하게 하였다면 비록 피해자들을 물속에 직접 밀어서 빠뜨리지는 않았다고 하더라도 자살의 의미를 이해할 능력이 없고 피고인의 말이라면 무엇이나 복종하는 어린자식들을 권유하여 익사하게 한 이상 살인죄의 범의는 있었음이 분명하고 살인죄의 법리를 오해한 위법이 없다.

다. 행 위

① 방법에 제한 없음

■ 대법원 1992. 7. 24. 선고 92도1148 판결【자살방조, 국가보안법위반】(집)

가. 형법 제252조 제2항의 자살방조죄는 자살하려는 사람의 자살행위를 도와주어 용이하게 실행하도록 함으로써 성립되는 것으로서, 그 방법에는 자살도구인 총, 칼 등을 빌려주거나 독약을 만들어 주거나, 조언 또는 격려를 한다거나 기타 적극적, 소극적, 물질적, 정신적 방법이 모두 포함된다.

나. 공소사실은, 피고인은 망인이 공소장에 기재된 상황에서 분신자살을 하겠다는 생각을 갖고 있음을 알고 그 실행을 용이하게 도와주겠다는 의도로 1991. 4. 27.경부터 같은 해 5. 8.까지의 어느 날에 서울 어느 곳에서 리포트 용지에 검은 색 사인펜으로 유서 2장을 작성하여 줌으로써 유서 내용에 의하여 위 망인에게 그의 분신자살이 조국과 민족을 위한 행위로 미화될 것이며 사후의 장례의식을 포함한 모든 문제도 전국민족민주운동연합에서 책임진다는 것을 암시하는 방법으로 분신자살의 실행을 용이하게 도와주어 망인의 자살을 방조하였다는 내용이므로, 이는 결국 적극적, 정신적 방법으로 자살하려는 사람에게 자살의 동인과 명분을 주어 자살을 용이하게 실행하도록 하였다는 것으로서 자살방조죄에 해당되는 공소임이 명백하여 공소장에 자살방조죄가 될 만한 사실이 포함되지 아니하였다고는 볼 수 없다고 한 사례.

다. 공소사실에 일시와 장소로서 "1991. 4. 27.경부터 같은 해 5. 8.까지의 어느 날 서울 어느 곳에서"로 되어 있고, 유서 작성의 방법에 관하여 구체적인 기재가 없다 하더라도, 유서 대필 여부가 문제로 되는 한 이는 자살자와 유서대필자 사이에 일어난 일이어서, 결국 그 유서가 대필되었는지 여부가 그 범죄성립의 핵심을 이루는바, 이처럼 자살이 이미 실행되어 버렸고 그 유서가 압수되어 특정되어 있는 경우, 그 일시와 장소는 범죄의 동일성 인정과 이중기소 방지, 시효저촉 여부, 토지관할을 가름할 수 있는 범위에서 그 유서대필사실을 뒷받침할 수 있는 정도로만 기재되어 있으면 충분하므로, 위 공소사실은 특정되어 있다고 봄이 상당하고, 따라서 위와 같은 정도의 기재만으로는 현장부재 등의 증명 또는 방어권 행사에 장애를 초래한다고 단정할 수 없다고 한 사례.

라. 망인의 분신자살경위, 증거물인 수첩, 업무일지, 메모지 등이 피고인에 의하여 사후에 조작되었다는 점, 망인의 분신자살 전후에 나타난 피고인의 행적 및 진술 등에 비추어 피고인은 망인이 자살하려는 정을 알고 그 유서를 대필해 주었으며 그 후 그 사실을 은폐하려 한 것이라고 보아 자살방조의 범죄사실을 인정한 사례.

② 실행의 착수시기

1 교사·방조시설(다수설, 김일수) K 살인의 기도된 교사보다 중하게 처벌
KK 형이 같음

2 자살행위시설

3 자살교사는 교사시, 자살방조는 자살착수시(손동권)

3. 주관적 구성요건

○ 자살방조의 범의

■ 대법원 2005. 6. 10. 선고 2005도1373 판결【자살방조등】(공)

형법 제252조 제2항의 자살방조죄는 자살하려는 사람의 자살행위를 도와주어 용이하게 실행하도록 함으로써 성립되는 것으로서, 그 방법에는 자살도구인 총, 칼 등을 빌려주거나 독약을 만들어 주거나 조언 또는 격려를 한다거나 기타 적극적, 소극적, 물질적, 정신적 방법이 모두 포함된다 할 것이나(대법원 1992. 7. 24. 선고 92도1148 판결 참조), 이러한 자살방조죄가 성립하기 위해서는 그 방조 상대방의 구체적인 자살의 실행을 원조하여 이를 용이하게 하는 행위의 존재 및 그 점에 대한 행위자의 인식이 요구된다고 보아야 할 것이다.

원심이 채택한 증거에 의하면, 이 사건 변사자들은 2004. 3. 9.경 동반 자살하기에 앞서 '자살에 관하여' 등 그 판시 인터넷 사이트 내 자살 관련 카페(동호회) 등지에서 자살에 사용할 청산염 등 유독물의 구입처와 동반 자살자를 물색하여 오던 중 2004. 2. 18.경부터 같은 해 2. 25.경까지 위 카페 게시판에 청산염 등 자살용 유독물의 일반적 효능 소개를 곁들인 판매 광고용 글을 올린 피고인 1과 사이에 위 청산염 구입을 위한 상담용 이메일을 주고받고 통화까지 하였으나, 피고인들은 실제로는 위 청산염을 소지한 바도 없이 단지 금원 편취의 의도로 위 판매광고 등을 한 것으로 보이고, 변사자 1 또한 2004. 2. 25.경 이를 알아채고서 그 후 피고인들과의 접촉을 중단하고 다른 불상의 경로를 통해 청산염을 입수한 다음 변사자 2, 변사자 3 등 나머지 변사자들을 그의 소재지로 불러모아 동반 자살하기에 이른 사실이 인정되는바, 위 인정 사실에서 알 수 있는 바와 같이 피고인들의 이 사건 판매광고 등의 행위는 단지 금원 편취 목적의 사기행각의 일환으로 이루어진 것일 뿐 그 후 다른 경로로 입수한 청산염을 이용한 위 변사자들의 자살행위에 어떠한 물질적 혹은 유형

적 기여도 하지 못한 점, 위 변사자들이 위 자살 관련 카페에서의 상호 교감을 통해 이미 자살을 결의하고 구체적 실행방법만을 물색하고 있던 상황인 데다가 피고인들의 위 판매광고가 사기행각임이 발각되기까지 하였음에 비추어 피고인들이 위 변사자들의 자살의 실행에 정신적 혹은 무형적으로 기여하였다고 보기도 어려운 점, 기록에 의하면 위 변사자들의 자살에 사용된 청산염의 효능에 대하여는 이미 위 자살 관련 카페의 회원들 사이에서는 주지의 사실이었던 것으로 보이는 점 등의 사정에 비추어 피고인들의 위 행위가 위 변사자들이 실행한 자살행위를 원조하여 이를 용이하게 한 방조행위에 해당한다고 보기 어렵다 할 것이고, 나아가 위와 같은 사정하에서라면 단지 가짜 청산염 판매광고의 수법으로 금원을 편취하고자 한 피고인들에게 위 변사자들의 구체적 자살행위에 관한 방조의 범의가 있다고 보기도 어렵다 할 것이니, 같은 취지에서 이 부분 공소사실에 대하여 무죄를 선고한 원심판결은 정당하다 할 것이고, 거기에 상고이유에서 주장하는 것처럼 사실오인 및 법리오해 등의 위법이 있다고 할 수 없다.

4. 다른 죄와의 관계, 죄수

① **촉탁·승낙살인죄와 구별**

1 주도적 역할 기준설(김일수)
2 행위지배 기준설

② **자살교사 후 촉탁 살해**

1 촉탁살인죄만 성립(보충관계의 법조경합, 다수설)
2 자살교사미수 & 촉탁살인(김일수)

③ **자살교사 후 자살방조**

- 자살교사 포괄일죄

5. 합의동사(合意同死)

○ **동반자살을 기도한 생존자를 처벌할 수 있는가**

1 생존자가 자살교사 방조한 바 있으면 본죄 성립(통설)
2 자살의 공동정범에 불과하므로 불가벌

VII. 위계·위력에 의한 살인죄

제253조 (위계 등에 의한 촉탁살인 등)
전조의 경우에 위계 또는 위력으로써 촉탁 또는 승낙하게 하거나 자살을 결의하게 한 때에는 제250조의 예에 의한다.

1. 의 의

- 이론상 살인죄의 간접정범을 구성요건화

2. 죄 수

○ **위계 & 위력 → 포괄일죄**
○ **위계·위력하에 자살교사 촉탁·승낙살해 → 위계·위력 살인죄**

3. 공소장변경 요부

○ 위력자살결의 → 자살교사 직권판단 가능

■ 대법원 2005. 9. 28. 선고 2005도5775 판결【위력자살결의(인정된 죄명: 자살교사)】(미)

기록에 비추어 살펴보면, 원심이, 피고인에 대하여 공소제기 된 위력자살결의의 범죄사실 중에는 판시 자살교사의 범죄사실이 포함되어 있고, 피고인이 피해자로 하여금 자살을 하도록 한 경위 등에 대한 충분한 심리가 이루어졌으므로 피고인을 위 공소사실에 포함된 자살교사죄로 처벌하더라도 피고인에게 불의의 처벌을 가하거나 그 방어권 행사에 실질적인 불이익을 초래할 염려가 있다고 볼 수 없다는 이유로 공소장변경절차를 거치지 아니하고 직권으로 피고인에 대하여 공소제기 된 위력자살결의죄와 일죄 관계에 있는 자살교사죄를 유죄로 인정한 조치는 수긍할 수 있고, 거기에 상고이유의 주장과 같은 공소장변경에 관한 법리를 오해한 위법이 없다.

VIII. 살인 예비·음모죄

제255조 (예비, 음모)

제250조와 제253조의 죄를 범할 목적으로 예비 또는 음모한 자는 10년 이하의 징역에 처한다.

㈎ 살인예비죄의 성립요건

■ 대법원 2009. 10. 29. 선고 2009도7150 판결【… 살인예비 …】(공)

2. 피고인 2 변호인의 상고이유에 대하여

형법 제255조, 제250조의 살인예비죄가 성립하기 위하여는 형법 제255조에서 명문으로 요구하는 살인죄를 범할 목적 외에도 살인의 준비에 관한 고의가 있어야 하며, 나아가 실행의 착수까지에는 이르지 아니하는 살인죄의 실현을 위한 준비행위가 있어야 한다. 여기서의 준비행위는 물적인 것에 한정되지 아니하며 특별한 정형이 있는 것도 아니지만, 단순히 범행의 의사 또는 계획만으로는 그것이 있다고 할 수 없고 객관적으로 보아서 살인죄의 실현에 실질적으로 기여할 수 있는 외적 행위를 필요로 한다.

원심은 그 판시와 같은 사정들에 비추어 이 사건 살인예비에 관한 피고인 1의 진술이 신빙성이 있다고 판단하였다. 나아가 위 피고인 1의 진술 및 그 채택증거들을 종합하여 인정되는 판시와 같은 사실들에 비추어 보면 피고인 2는 피해자 5를 살해하기 위하여 피고인 1과 위 공소외인을 고용하였고 그들에게 살인의 대가를 지급하기로 약정하였으므로, 피고인 2에게는 살인죄를 범할 목적 및 살인의 준비에 관한 고의가 인정될 뿐 아니라 그가 살인죄의 실현을 위한 준비행위를 하였음을 인정할 수 있고, 따라서 피고인 2에 대하여 살인예비죄가 성립한다고 판단하였다.

원심판결의 이유를 기록에 비추어 살펴보면, 원심의 사실인정과 판단은 정당한 것으로 수긍할 수 있다. 원심판결에 상고이유에서 주장하는 바와 같은 채증법칙 위반, 살인예비죄에 있어서의 고의 또는 살인죄 실현을 위한 준비행위에 관한 법리 오해 등의 위법이 없다.

㈏ 살인대상의 특정

■ 대법원 1959. 7. 31. 선고 4292형상308 판결【국가보안법위반, 간첩미수, 살인예비】(집)

피고인은 「간첩에 당하여 불특정 다수인인 경찰관으로 부터 체포 기타 방해를 받을 경우에는 이를 배제하기 위하여 원판시 무기를 휴대한」 것임이 명백한바 이 경우에 있어서의 무기 소지는 법령 제5호 위반으로 문책함은 별론이라 할 것이나 살인 대상이 특정되지 아니한 살인예비죄의 성립은 이를 인정할 수 없다고 해석함이 타당하다 할 것….

㈐ 살인예비의 중지

1 긍정설 (다수설) G 실행착수 후 중지미수 혜택받는데 예비에서는 부정하면 형의 불균형

2 부정설 G 예비의 미수를 인정하는 형용모순

(판례: 대법원 1966. 7. 12. 선고 66도617 판결, 대법원 1966. 4. 21. 선고 66도152 판결)

㈑ 살인예비의 공범

① 공동정범 인정(통설, 판례)

② 교사범

1 31조 2항의 처벌규정 있음

K 이는 본죄 교사 승낙했는데 실행착수 안한 것으로서 예비음모만 교사한 경우와 다름(cf 실행고의설이 아닌 예비고의설이 다수설)

③ 종범

1 예비죄 독립한 구성요건으로 파악 → 예비행위의 실행행위성 인정 → 예비죄 공범 인정

2 부정(판례)

■ 대법원 1979. 5. 22. 선고 79도552 판결【밀항단속법위반】(집)

정범이 실행의 착수에 이르지 아니한 예비의 단계에 그친 경우에는 이에 가공한다 하더라도 예비의 공동정범이 되는 때를 제외하고는 종범으로 처벌할 수 없다는 것이 당원의 판례인 바(대법원 1976. 5. 25. 선고 75도1549 판결 참조) 원심이 위 취지에 따라서 이 사건 피고인들의 범행이 원심 상피고인 1, 2의 밀항단속법 위반의 예비단계에 가공한 것뿐으로서는 방조범으로서 처벌할 수 없다고 하였음은 상당하고 또한 밀항단속법 제4조 제1항의 교사, 방조는 같은 법 제3조 제1항의 밀항, 이선, 이기등 기수범의 방조에 관한 규정이고 결코 같은 법 제3조 제3항의 예비까지를 방조한 경우에 관한 것이라고는 할 수 없음이 같은 법조문의 규정 자체에 비추어 명백하다 할 것이다.

■ 대법원 1976. 5. 25. 선고 75도1549 판결【강도예비방조】(집)

형법 제32조 제1항의 타인의 범죄를 방조한 자는 종범으로 처벌한다는 규정의 타인의 범죄란 정범이 범죄를 실현하기 위하여 착수한 경우를 말하는 것이라고 할 것이므로 종범이 처벌되기 위하여는 정범의 실행의 착수가 있는 경우에만 가능하고 정범이 실행의 착수에 이르지 아니한 예비의 단계에 그친 경우에는 이에 가공하는 행위가 예비의 공동정범이 되는 경우를 제외하고는 이를 종범으로 처벌할 수 없다고 할 것이다.

왜냐하면 범죄의 구성요건 개념상 예비죄의 실행행위는 무정형·무한정한 행위이고 종범의 행위도 무정형·무한정한 것이고 형법 제28조에 의하면 범죄의 음모 또는 예비행위가 실행의 착수에 이

르지 아니한 때에는 법률에 특별한 규정이 없는 한 벌하지 아니한다고 규정하여 예비죄의 처벌이 가져올 범죄의 구성요건을 부당하게 유추 내지 확장해석하는 것을 금지하고 있기 때문에 형법각칙의 예비죄를 처단하는 규정을 바로 독립된 구성요건 개념에 포함시킬 수는 없다고 하는 것이 죄형법정주의의 원칙에도 합당하는 해석이라 할 것이기 때문이다. 따라서 형법전체의 정신에 비추어 예비의 단계에 있어서는 그 종범의 성립을 부정하고 있다고 보는 것이 타당한 해석이라고 할 것이다.

본건 강도예비죄가 형법상 독립된 구성요건에 해당하는 범죄라는 상고논지는 전술한 바와 같이 수긍할 수 없는 독자적인 견해라 할 것이고 원심의 판단취의는 이와 다소 다르다고 하더라도 예비죄의 종범의 성립을 부정한 결론에 있어서 정당하고 이를 논란하는 상고논지는 그 이유없다고 할 것이다.

IX. 기타 조항

제254조 (미수범)

전4조의 미수범은 처벌한다.

제256조 (자격정지의 병과)

제250조, 제252조 또는 제253조의 경우에 유기징역에 처할 때에는 10년 이하의 자격정지를 병과할 수 있다.

제2절 상해와 폭행의 죄

I. 서

○ 상해죄와 폭행죄

II. 상해죄

1. 의 의

2. 객관적 구성요건

가. 행위객체

○ 행위객체: 사람의 신체

○ 타인

• 자상(自傷)이 처벌되는 경우

○ 태아: eg. 임산부에게 약물을 복용 기형아 출산

나. 행 위

○ 행위: 상해

(1) 상해의 개념

(가) 학설

(나) 판례

① 완전성설

• 완전성을 해하는 행위를 언급하였으나 완전성설이라 단정할 수는 없음

• 완전성 or 생리적 기능장애

• 완전성 or 생리적 기능장애(완전성 훼손의 상해 인정)

② 생리적 기능장애설

• 완전성을 해하여도 상해를 인정하지 않은 예

• 상해를 생리적 기능장애로 정의하고 이를 상해의 요건으로 보아 경미한 상처는 상해에 해당하지 않는다고 한 예

• 완전성 & 생리적 기능장애를 언급하였으나 생리적 기능장애설이라 단정할 수 없음(경미한 통증)

• 생리적 기능을 언급하였으나 완전성설을 배제한다고 단정할 수 없음

(다) 상해를 포함하는 다른 범죄에서의 상해

① 도주차량죄의 상해

• 상해죄의 상해에는 이르러야

ⓐ 상해죄의 상해에 이르지 못한 사례

ⓑ 상해죄의 상해에 이르지 못한 사례(완전성&생리적 기능장애)

ⓒ 상해죄의 상해에 이른 사례

• 구호가 필요한 상해여야

② 강간치상

• 통상의 성교로 발생할 수 있는 상해만 제외(완전성 & 기능)

• 멍 ×(기능)

• 전치 7일의 동전 크기 멍 ×(완전성 & 기능)

• 정신적 기능 ○(완전성 or 기능)

③ 강제추행치상

• 음모 ×(기능)

• 좌상, 압통, 종창 3일 투약 ○(기능)

④ 강도상해

• 이 흔들리고 피 ○(기능)

• 멍 ×(기능)

• 피하출혈, 부종, 찰과상, 동통 ○(기능)

(2) 상해의 수단 · 방법

○ 제한 없음

• 협박에 의한 상해

3. 주관적 구성요건

○ 원인에 대한 인식 vs 상해를 가할 의사

• K 위 판례는 폭행치상과 상해의 구분이 애매하다는 문제점이 있음

4. 위법성

가. 일반론

○ 사회상규에 반하지 않는 피해자 승낙은 위법성 조각

나. 싸 움

○ 정당방위 ×

○ 과잉방위도 ×

○ 싸움 과정의 행위라는 이유만으로 정당방위가 배척되지는 않음

○ 싸움 종료후의 체포는 부적법

다. 치료행위

(1) 의사의 치료행위

① 학설

② 판례

• 주의의무를 다한 의료행위는 업무로 인한 정당행위로서 위법성 조각

• 유효한 피해자의 승낙 — 위법성 조각

(2) 의사 아닌 사람의 치료행위

① 학설

② 무면허 의료행위 — 사회상규에 반하지 아니할 경우 위법성 조각

라. 치료유사행위

○ 수혈, 성형수술, 장기제공자에 대한 적출수술, 불임수술, 거세수술

마. 징계행위

① 법률상 징계권이 부여된 경우

② 교사의 체벌

• 체벌

바. 운동경기와 상해

○ 학설

5. 죄 수

① 피해자별

② 공무집행방해와 상해

6. 판시의 정도

7. 폭력행위 등 처벌에 관한 법률

• 구 폭력행위 등 처벌에 관한 법률(2006. 3. 24. 법률 제7891호로 개정되기 전의 것)

○ 헌법재판소 결정

III. 존속상해죄

IV. 중상해죄, 존속중상해죄

1. 의 의

○ 불법가중

○ 성격

2. 객관적 구성요건

○ 불구

V. 상해치사죄, 존속상해치사죄

① 결과적 가중범

• 요건

② 인과관계

③ 개괄적 과실

• 위 사안은 사망결과에 대한 과실행위가 고의의 제1행위의 결과적 가중범이 되는가의 문제 ⇒ 기본범죄 이후 행위자의 과실이 개입되어 중한 결과가 발생한 경우 '개괄적 과실'을 인정할 것인가

• 위 사안에서 제1행위시 살해의 고의가 있었을 경우: 개괄적 고의

• 익사시키려고 다리에서 밀었는데 교각에 부딪혀 사망한 경우: 인과관계의 착오

④ 공범

⑤ 공소장 변경 없이 직권으로 인정할 범위(상해치사 → 폭행) (상해치사 → 상해)

VI. 상해죄의 동시범

1. 의 의

○ 입법취지

2. 법적 성질

○ 학설

3. 적용요건

① 독립행위의 경합

② 상해의 결과발생

③ 원인된 행위가 판명되지 않을 것

4. 효 과

○ 「공동정범의 예에 의한다.」

5. 적용범위
가. 상해죄 · 폭행치상죄
나. 상해치사죄 · 폭행치사죄
① 학설
② 판례
• 상해치사 O
• 폭행치사 O
다. 강간치상죄
O 강간치상 ×(판례, 학설)
O 강도치상 ×(학설)
라. 과실치사상
마. 살인죄

VII. 폭행죄
1. 의 의
2. 객관적 구성요건
가. 주체, 객체
나. 행 위
(1) 형법상 폭행의 개념
① 광의
② 협의
(2) 폭행죄의 '폭행'의 개념
O 사람의 신체에 대한 유형력의 행사
3. 반의사불벌죄

VIII. 존속폭행죄

IX. 특수폭행죄
1. 의 의
2. 객관적 구성요건
가. 단체 또는 다중의 위력을 보임
O 다중
나. 위험한 물건 휴대
(1) 위험한 물건
① 판단기준
② 흉기와 구별 여부
③ 자동차 O
(2) 휴 대
① 학설
② 소지, 이용
③ 단순보관 ×
④ 우연한 소지 ×
⑤ 현장소지로 족함
(3) 피해자의 인식
O 피해자의 인식 불요

X. 폭행치사상죄

XI. 상습상해, 폭행죄
O 상습성

I. 서

O 상해죄와 폭행죄

구분	상해죄	폭행죄
보호법익	신체의 건강	신체의 건재(健在)
성질	결과범, 침해범	거동범, 형식범
행위	유형적 방법 무형적 방법(eg 협박 · 모욕) 부작위	유형력의 행사
미수	처벌	불처벌
결과적 가중	상해치사	폭행치사상
소추조건	없음	반의사불벌
법정형	보다 중한 형	보다 경한 형

II. 상해죄

제257조 (상해, 존속상해)
① 사람의 신체를 상해한 자는 7년 이하의 징역, 10년 이하의 자격정지 또는 1천만 원 이하의 벌금에 처한다. 〈개정 1995. 12. 29〉

1. 의 의

2. 객관적 구성요건

가. 행위객체

O 행위객체: 사람의 신체

○ 타인

자상(自傷)이 처벌되는 경우

병역법

제86조 (도망 · 신체손상 등)

병역의무를 기피하거나 감면받을 목적으로 도망하거나 행방을 감춘 때 또는 신체손상이나 사위행위를 한 사람은 1년 이상 5년 이하의 징역에 처한다. 〈개정 2005. 5. 31〉

군형법

제41조 (근무기피목적의 사술)

① 근무를 기피할 목적으로 신체를 상해한 자는 다음의 구별에 의하여 처벌한다.

1. 적전인 경우에는 사형·무기 또는 5년 이상의 징역에 처한다.
2. 기타의 경우에는 3년 이하의 징역에 처한다.

○ 태아: eg. 임산부에게 약물을 복용 기형아 출산

[1] 긍정설: 태아에 대한 상해죄(독일 법원의 Contergan 사건 판결)

[2] 부정설(독일 다수설, 우리 통설)

[3] 모체에 대한 상해죄(강구진) ☞ K 이에 의할 때 7↓인데 낙태죄는 3↓

• 대법원 2007. 6. 29. 선고 2005도3832 판결 【업무상과실치상】 9: [2]로 평가할 수 있음

나. 행 위

○ 행위: 상해

(1) 상해의 개념

(가) 학설

구분	신체의 완전성 침해설	생리적 기능장애설	절충설
개념	신체의 완전성 침해	생리적 기능의 장애	생리적 기능의 훼손과 신체외모에 대한 중대한 변화
상해의 예	소량의 모발, 수염, 손톱, 발톱의 절단 일시적 인사불성	상처, 신체일부 이탈, 질병감염, 기능장애, 성폭행 후 보행불능 · 수면장애 · 식욕 감퇴 등의 기능장애 발생 중독증상으로 인한 현기증, 구토증 피로권태, 실신상태	여성 머리털 전부 절단
상해가 아닌 예		모발, 손톱절단, 부녀의 임신	
상해와 폭행의 구별	모두 신체의 완전성을 보호법익으로 하는데, 폭행은 행위 자체를, 상해는 내용의 침해를 의미	상해는 내부의 생리적 기능의 훼손 폭행은 외부적 완전성 침해	
학설분포		다수설	

(나) 판례

① 완전성설

완전성을 해하는 행위를 언급하였으나 완전성설이라 단정할 수는 없음

■ 대법원 1982. 12. 28. 선고 82도2588 판결【상해】(집)

상해죄의 성립에는 상해의 고의와 신체의 완전성을 해하는 행위 및 이로 인하여 발생하는 인과관계 있는 상해의 결과가 있어야 할 것이므로 상해죄에 있어서는 신체의 완전성을 해하는 행위와

9 앞서 살인죄에서 살펴본 판례.

그로 인한 상해의 부위와 정도가 증거에 의하여 명백하게 확정되어야 할 것임에도 불구하고 원심이 인용한 제1심판결에는 앞서 기재한 바와 같이 약 14일간의 치료를 요하는 상해를 가하였다고만 판시 기재되었을 뿐이고 또 판시 상해의 부위와 정도에 부합하는 증거라고 거시한 의사 김종호 작성의 상해진단서 기재를 보면 "경부전측 및 흉부상측 중앙부위에 발적종장 및 파상이 있고 경부압착에 의한 연하통이 있으며 흉통을 호소함, 좌측대퇴부하 3분의 1 부위 배측에 찰과상이 있고 피하출혈로 인한 자적색흔이 있음"이라고 되어 있어 도시 위 판시에는 상해의 부위에 관하여 아무런 판시가 없어 피고인의 어떠한 행위로 인하여 피해자의 신체의 어느 부위에 어떤 상해가 발생한 것인지 알 길이 없다.

완전성 or 생리적 기능장애

■ 대법원 2007. 6. 28. 선고 2007도2590 판결【폭력행위등처벌에관한법률위반(공동상해) 등】(공)

폭력행위 등 처벌에 관한 법률 제2조 제2항의 '2인 이상이 공동하여 제1항 각 호에 열거된 죄를 범한 때'라고 함은 그 수인 간에 소위 공범관계가 존재하는 것을 요건으로 하고, 수인이 동일 장소에서 동일 기회에 상호 다른 자의 범행을 인식하고 이를 이용하여 범행을 한 경우임을 요하는 것이며(대법원 2000. 2. 25. 선고 99도4305 판결 등 참조), 또한 여러 사람이 폭력행위 등 처벌에 관한 법률 제2조 제1항에 열거된 죄를 범하기로 공모한 다음 그 중 2인 이상이 범행장소에서 범죄를 실행한 경우에는 범행장소에 가지 아니한 자도 같은 법 제2조 제2항에 규정된 죄의 공모공동정범으로 처벌할 수 있다(대법원 1996. 12. 10. 선고 96도2529 판결 등 참조). 한편, 상해죄에서의 상해는 피해자의 신체의 완전성을 훼손하거나 생리적 기능에 장애를 초래하는 것을 의미한다(위 대법원 2000. 2. 25. 선고 99도4305 판결 등 참조).

이러한 법리와 기록에 비추어 살펴보면, 원심이 그 설시의 증거를 종합하여 피고인의 피해자 공소외 1, 2, 3, 4, 5, 6에 대한 각 공동상해의 점 및 피해자 공소외 7에 대한 공동폭행의 점을 모두 유죄로 인정한 제1심판결을 그대로 유지한 조치는 정당한 것으로 수긍이 되고, 거기에 상고이유의 주장과 같은 채증법칙 위반 또는 공동정범이나 상해의 개념에 관한 법리오해 등의 위법이 없다.

완전성 or 생리적 기능장애(완전성 훼손의 상해 인정)

■ 대법원 2000. 2. 25. 선고 99도4305 판결【살인미수교사 등】(공)

상해죄에서의 상해는 피해자의 신체의 완전성을 훼손하거나 생리적 기능에 장애를 초래하는 것을 의미한다(대법원 1999. 1. 26. 선고 98도3732 판결 참조). …

기록에 의하니 피고인 3이 피해자 1에게 채무변제를 추궁하자 피해자 1이 자신은 잘못한 것이 없다고 나이가 더 많은 피고인 3에게 대들어 이에 화가 난 피고인 3이 피해자 1을 폭행하고, 피고인 1이 이에 가세하여 폭행하여 피해자 1에게 우안면부찰과상 등을 입혀 피가 흐르게 하는 등 상해를 가한 것임을 알 수 있으므로 이는 동일기회에 동일장소에서 상호 다른 자의 범행을 인식하고 이를 이용하여 범행하여 피해자 1에게 신체의 완전성을 훼손하는 상해를 입힌 경우에 해당한다고 봄이 상당하며, 범행의 동기, 범행수단과 방법, 상해의 정도 등 위에서 말하는 제반 사정에 비추어 사회상규에 어긋나지 않는다고 볼 수는 없다.

같은 취지의 원심의 인정과 판단은 정당하고, 거기에 상고이유의 주장과 같은 채증법칙 위배로 인한 사실오인, 폭력행위등처벌에관한법률 소정의 '공동하여'의 의미, 상해의 개념, 위법성과 정당행위에 관한 법리오해 등의 위법이 없다.

② 생리적 기능장애설

완전성을 해하여도 상해를 인정하지 않은 예

■ 대법원 2000. 3. 23. 선고 99도3099 판결【강제추행치상】(공)

강제추행치상죄에 있어서의 상해는 피해자의 신체의 건강상태가 불량하게 변경되고 생활기능에 장애가 초래되는 것을 말하는 것으로서(대법원 1996. 11. 22. 선고 96도1395 판결, 1997. 9. 5. 선고 97도1725 판결 참조), 신체의 외모에 변화가 생겼다고 하더라도 신체의 생리적 기능에 장애를 초래하지 아니하는 이상 상해에 해당한다고 할 수 없다.

그런데 음모는 성적 성숙함을 나타내거나 치부를 가려주는 등의 시각적·감각적인 기능 이외에 특별한 생리적 기능이 없는 것이므로, 원심이 확정한 바와 같이 피해자의 음모의 모근(毛根) 부분을 남기고 모간(毛幹) 부분만을 일부 잘라냄으로써 음모의 전체적인 외관에 변형만이 생겼다면, 이로 인하여 피해자에게 수치심을 야기하기는 하겠지만, 병리적으로 보아 피해자의 신체의 건강상태가 불량하게 변경되거나 생활기능에 장애가 초래되었다고 할 수는 없을 것이므로, 그것이 폭행에 해당할 수 있음은 별론으로 하고 강제추행치상죄의 상해에 해당한다고 할 수는 없다.

상해를 생리적 기능장애로 정의하고 이를 상해의 요건으로 보아 경미한 상처는 상해에 해당하지 않는다고 한 예

■ 대법원 2004. 10. 28. 선고 2004도4437 판결【강도상해 등】(미)

강도상해죄에 있어서의 상해는 피해자의 신체의 건강상태가 불량하게 변경되고 생활기능에 장애가 초래되는 것을 말하는 것으로서, 피해자가 입은 상처가 극히 경미하여 굳이 치료할 필요가 없고 치료를 받지 않더라도 일상생활을 하는 데 아무런 지장이 없으며 시일이 경과함에 따라 자연적으로 치유될 수 있는 정도라면, 그로 인하여 피해자의 신체의 건강상태가 불량하게 변경되었다거나 생활기능에 장애가 초래된 것으로 보기 어려워 강도상해죄에 있어서의 상해에 해당한다고 할 수 없다고 함은 상고이유의 주장과 같다(대법원 2003. 7. 11. 선고 2003도2313 판결 등 참조).

■ 대법원 2003. 7. 11. 선고 2003도2313 판결【강도상해】(공)

강도상해죄에 있어서의 상해는 피해자의 신체의 건강상태가 불량하게 변경되고 생활기능에 장애가 초래되는 것을 말하는 것으로서(대법원 2000. 3. 23. 선고 99도3099 판결, 2002. 1. 11. 선고 2001도5925 판결 등 참조), 피해자가 입은 상처가 극히 경미하여 굳이 치료할 필요가 없고 치료를 받지 않더라도 일상생활을 하는 데 아무런 지장이 없으며 시일이 경과함에 따라 자연적으로 치유될 수 있는 정도라면, 그로 인하여 피해자의 신체의 건강상태가 불량하게 변경되었다거나 생활기능에 장애가 초래된 것으로 보기 어려워 강도상해죄에 있어서의 상해에 해당한다고 할 수 없다(대법원 1994. 11. 4. 선고 94도1311 판결, 1996. 12. 23. 선고 96도2673 판결 등 참조).

■ 대법원 2004. 3. 11. 선고 2004도483 판결【강간치상】(미)

강간치상죄에 있어서의 상해는 피해자의 신체의 건강상태가 불량하게 변경되고 생활기능에 장애가 초래되는 것을 말하는 것으로서, 피해자가 입은 상처가 극히 경미하여 굳이 치료할 필요가 없고 치료를 받지 않더라도 일상생활을 하는 데 아무런 지장이 없으며 시일이 경과함에 따라 자연적으로 치유될 수 있는 정도라면, 그로 인하여 피해자의 신체의 건강상태가 불량하게 변경되었다거나 생활기능에 장애가 초래된 것으로 보기 어려워 강간치상죄에 있어서의 상해에 해당한다고 할 수 없다(대법원 1994. 11. 4. 선고 94도1311 판결, 2003. 7. 11. 선고 2003도2313 판결 등 참조).

완전성 & 생리적 기능장애를 언급하였으나 생리적 기능장애설이라 단정할 수 없음(경미한 통증)

■ 대법원 2000. 2. 25. 선고 99도3910 판결【특정범죄가중처벌등에관한법률위반(도주차량), 도로교통법위반】(공)

이 사건 사고로 인하여 피해자가 입었다는 요추부 통증은 굳이 치료를 받지 않더라도 일상생활을 하는데 아무런 지장이 없고 시일이 경과함에 따라 자연적으로 치유될 수 있는 정도라고 보여질 뿐만 아니라 실제로도 피해자는 아무런 치료를 받은 일이 없으므로, 그와 같은 단순한 통증으로 인하여 신체의 완전성이 손상되고 생활기능에 장애가 왔다거나 건강상태가 불량하게 변경되었다고 보기 어려워서 이를 형법상 '상해'에 해당한다고 할 수 없음이 분명하고, 그 밖에 기록을 살펴보아도 피해자가 위 사고로 인하여 어떠한 상해를 입었다는 사실을 인정할 자료를 찾아볼 수 없다.

생리적 기능을 언급하였으나 완전성설을 배제한다고 단정할 수 없음

■ 대법원 1996. 12. 10. 선고 96도2529 판결【폭력행위등처벌에관한법률위반】(공)

원심이 채용한 증거들을 기록과 대조하여 검토하여 보면, 피고인과 그의 공범들이 피해자를 피고인 경영의 초밥집에 불러내어 22:00경부터 그 다음날 02:30경까지 사이에 회칼로 죽여버리겠다거나 소주병을 깨어 찌를 듯한 태도를 보이면서 계속하여 협박하다가 손바닥으로 피해자의 얼굴과 목덜미를 수회 때리자, 피해자가 극도의 공포감을 이기지 못하고 기절하였다가 피고인 등이 불러온 119 구급차 안에서야 겨우 정신을 차리고 인근 병원에까지 이송된 사실이 명백히 인정되는바, 이와 같이 오랜 시간 동안의 협박과 폭행을 이기지 못하고 실신하여 범인들이 불러온 구급차 안에서야 정신을 차리게 되었다면, 외부적으로 어떤 상처가 발생하지 않았다고 하더라도 생리적 기능에 훼손을 입어 신체에 대한 상해가 있었다고 봄이 상당하므로, 원심판결에 논하는 바와 같은 채증법칙 위반이나 상해죄에 관한 법리오해의 위법이 있다고 할 수 없고, 또 위와 같은 상해사실이 피해자와 피고인의 공범들의 진술 및 소방서장의 구급활동사항통보서의 기재에 의하여 충분히 인정되는 이상, 원심이 의사의 진단서에 의하지 아니하고 상해사실을 인정하였다거나 또는 범죄사실에 치료일수가 명시되지 않았다고 하여 위법이라고 할 수도 없다.

(다) 상해를 포함하는 다른 범죄에서의 상해

① 도주차량죄의 상해

상해죄의 상해에는 이르러야

ⓐ 상해죄의 상해에 이르지 못한 사례

■ 대법원 2007. 4. 13. 선고 2007도1405 판결【특정범죄가중처벌등에관한법률위반(도주차량), 도로교통법위반】(미)

특정범죄 가중처벌 등에 관한 법률 제5조의3 제1항이 정하는 '피해자를 구호하는 등 도로교통법 제50조 제1항에 의한 조치를 취하지 아니하고 도주한 때'라고 함은 사고운전자가 사고로 인하여 피해자가 사상을 당한 사실을 인식하였음에도 불구하고, 피해자를 구호하는 등 도로교통법 제50조 제1항에 규정된 의무를 이행하기 이전에 사고현장을 이탈하여 사고를 낸 자가 누구인지 확정할 수 없는 상태를 초래하는 경우를 말하는 것이므로, 위 도주운전죄가 성립하려면 피해자에게 사상의 결과가 발생하여야 하고, 생명·신체에 대한 단순한 위험에 그치거나 형법 제257조 제1항에 규정된 '상해'로 평가될 수 없을 정도의 극히 하찮은 상처로서 굳이 치료할 필요가 없는 것이어서 그로 인하여 건강상태를 침해하였다고 보기 어려운 경우에는 위 죄가 성립하지 않는다고 할 것이다(대법원 1997. 12. 12. 선고 97도2396 판결 등 참조).

또한, 구 도로교통법(2005. 5. 31. 법률 제7545호로 전문 개정되기 전의 것, 이하 같다) 제50조 제1항을 위반하였을 때에 성립하는 같은 법 제106조 소정의 죄도 그 행위의 주체가 차의 교통으로 인하여 사람을 사상하거나 물건을 손괴한 운전자 및 그 밖의 승무원으로서 위 특정범죄 가중처벌 등에 관한 법률 위반죄와 마찬가지로 사람을 사상하거나 물건을 손괴한 사실을 인식할 것을 필요로 하는 고의범에 해당하는바(대법원 1991. 6. 14. 선고 91도253 판결, 1993. 5. 11. 선고 93도49 판결 등 참조), 구 도로교통법 제50조 제1항의 취지는 도로에서 일어나는 교통상의 위험과 장해를 방지·제거하여 안전하고 원활한 교통을 확보함을 그 목적으로 하는 것이지 피해자의 물적 피해를 회복시켜 주기 위한 규정은 아니며, 이 경우 운전자가 현장에서 취하여야 할 조치는 사고의 내용, 피해의 태양과 정도 등 사고현장의 상황에 따라 적절히 강구되어야 할 것이고, 그 정도는 건전한 양식에 비추어 통상 요구되는 정도의 조치를 말한다고 할 것이다(대법원 1993. 11. 26. 선고 93도2346 판결, 1995. 1. 24. 선고 94도2691 판결, 1998. 3. 24. 선고 98도34 판결 등 참조).

이러한 법리와 기록에 의하여 살펴보면, 원심이 그 판시와 같은 사실들을 인정한 다음, 이 사건 사고로 피해자 공소외인 등이 상해죄에서의 '상해'로 평가될 수 없을 정도의 경미한 부상을 입은 데 지나지 아니하여 구호조치 등이 필요하였다고 보기 어려우며 사고 후의 여러 정황상 피고인이 교통상의 위험과 장해를 방지·제거하여 안전하고 원활한 교통을 확보하기 위한 조치를 취하여야 할 필요가 있었다고 보기도 어렵다고 판단하여 이 사건 공소사실에 대하여 피고인을 무죄로 판단한 것은 정당한 것으로 수긍이 가고, 거기에 상고이유의 주장과 같은 채증법칙 위반으로 인한 사실오인이나 심리미진 또는 법리오해 등의 위법이 있다고 할 수 없다.

ⓑ 상해죄의 상해에 이르지 못한 사례(완전성 & 생리적 기능장애)

■ 대법원 2000. 2. 25. 선고 99도3910 판결【특정범죄가중처벌등에관한법률위반(도주차량), 도로교통법위반】(공)

특정범죄가중처벌등에관한법률 제5조의3 제1항이 정하는 '피해자를 구호하는 등 도로교통법 제50조 제1항에 의한 조치를 취하지 아니하고 도주한 때'라고 함은 사고운전자가 사고로 인하여 피해자가 사상을 당한 사실을 인식하였음에도 불구하고, 피해자를 구호하는 등 도로교통법 제50조 제1항에 규정된 의무를 이행하기 이전에 사고현장을 이탈하여 사고를 낸 자가 누구인지 확정할 수 없는 상태를 초래하는 경우를 말하는 것이므로, 위 도주운전죄가 성립하려면 피해자에게 사상의 결과가 발생하여야 하고, 생명·신체에 대한 단순한 위험에 그치거나 형법 제257조 제1항에 규정된 '상해'로 평가될 수 없을 정도의 극히 하찮은 상처로서 굳이 치료할 필요가 없는 것이어서 그로 인하여 건강상태를 침해하였다고 보기 어려운 경우에는 위 죄가 성립하지 않는다고 할 것이다(대법원 1997. 12. 12. 선고 97도2396 판결 참조).

그런데 기록에 의하면, 사고 결과 피해차량인 택시의 뒷범퍼가 미미하게 탈착된 데 그친 점에 비추어 볼 때 이 사건 교통사고는 매우 경미한 추돌사고라고 보여지고, 피해자는 사고 당시 신호대기를 위하여 택시를 정차하고 있다가 뒤에서 충격을 당하는 느낌을 받았는데, 사고 후 어디를 다쳤는지는 모르고 정신만이 몽롱한 상태였을 뿐이며, 파출소에서는 진단서를 제출하겠다고 하였다가 다시 경찰서에서는 아픈 데가 없어서 진단서를 제출하지 않겠다고 하였으나 담당경찰관이 그 제출을 종용하므로 병원에서 이를 발급받아서 제출하였다고 진술하고 있고, 진단서를 발급한 의사인 정찬은 피해자가 허리의 통증을 호소하여 다른 객관적인 자료 없이 진단서를 발급하였고, 통상적으로 통증을 이유로 진단서를 발급하는 경우 주사와 약물 및 물리치료를 하는데 피해자는 위 진단서를 발급받을 당시 주사 및 물리치료는 받지 않고 약만 받아간 이후 병원에서 아무런 치료도 받지 않았다는 취지로 진술하고 있음을 알 수 있다.

위와 같은 사정들에 비추어 보면, 이 사건 사고로 인하여 피해자가 입었다는 요추부 통증은 굳이 치료를 받지 않더라도 일상생활을 하는데 아무런 지장이 없고 시일이 경과함에 따라 자연적으로 치유될 수 있는 정도라고 보여질 뿐만 아니라 실제로도 피해자는 아무런 치료를 받은 일이 없으므로, 그와 같은 단순한 통증으로 인하여 신체의 완전성이 손상되고 생활기능에 장애가 왔다거나 건강상태가 불량하게 변경되었다고 보기 어려워서 이를 형법상 '상해'에 해당한다고 할 수 없음이 분명하고, 그 밖에 기록을 살펴보아도 피해자가 위 사고로 인하여 어떠한 상해를 입었다는 사실을 인정할 자료를 찾아볼 수 없다.

따라서 피고인이 비록 위 사고 후 피해자에 대한 구호조치를 취하지 않은 채 사고현장을 이탈하였다고 하더라도 그러한 행위는 위 도주운전죄에 해당하지 않는다고 할 것임에도 불구하고, 원심이 피고인의 위 행위를 위 도주운전죄에 해당한다고 판단한 것은 위 법률이 정하는 도주운전죄에 있어서의 상해의 개념에 관한 법리를 오해한 나머지 채증법칙에 위반하여 판결에 영향을 미치는 사실을 잘못 인정한 위법을 저지른 것이라고 할 것이므로, 이 점을 지적하는 변호인의 상고논지는 이유가 있다.

ⓒ 상해죄의 상해에 이른 사례

■ 대법원 2005. 9. 30. 선고 2005도2654 판결【특정범죄가중처벌등에관한법률위반(도주차량), 도로교통법위반】(미)

사고운전자가 사고로 인하여 피해자가 사상을 당한 사실을 인식하였음에도 불구하고, 곧 정차하여 피해자를 구호하는 등 필요한 조치를 이행하기 이전에 사고현장을 이탈하여 사고를 낸 자가 누구인지 확정될 수 없는 상태를 초래하는 경우, 이는 특정범죄 가중처벌 등에 관한 법률 제5조의3 제1항 소정의 '곧 정차하여 사상자를 구호하는 등 도로교통법 제50조 제1항의 규정에 의한 조치를 취하지 아니하고 도주한 때'에 해당한다고 할 것이고(대법원 2002. 2. 8. 선고 2001도4771 판결, 2003. 4. 25. 선고 2002도6903 판결, 2004. 3. 12. 선고 2004도250 판결, 2004. 3. 25. 선고 2003도

8125 판결, 2004. 6. 10. 선고 2003도5138 판결 등 참조), 이러한 경우 사고로 인하여 피해자가 사상을 당한 사실에 대한 인식의 정도는 반드시 확정적임을 요하지 아니하고 미필적으로라도 인식하면 족하다(대법원 1985. 9. 10. 선고 85도1462 판결, 2001. 1. 5. 선고 2000도2563 판결, 2005. 1. 14. 선고 2004도7746 판결 등 참조).

기록에 의하면, 피해자들이 이 사건 교통사고로 입은 상해부위에는 압통 등이 있어 일상생활에 지장을 줄 정도이고 사고 다음날인 2003. 4. 4.부터 같은 달 16일까지 병원에 입원하여 약물치료(근육주사, 근이완제, 진통제 등) 및 1일 2회씩의 물리치료를 한 사실이 인정되므로, 이러한 상해를 형법 제257조 제1항에 규정된 '상해'로 평가될 수 없을 정도의 극히 하찮은 상처로서 굳이 치료할 필요가 없는 것이라고 할 수는 없고, 기록에 나타난 사고의 경위와 피고인이 사고 직후 곧 정차하여 피해자의 상태를 살피지도 아니한 채 그대로 현장을 이탈한 사정을 미루어 보면, 피고인으로서는 최소한 미필적으로나마 피해자들이 위와 같은 상해를 입었을지도 모른다는 인식을 하면서도 그대로 현장을 이탈한 것이라 할 것이어서 피고인에게 도주의 의사가 있었다고 봄이 상당하다.

구호가 필요한 상해여야

■ 대법원 2007. 2. 9. 선고 2006도6737 판결【특정범죄가중처벌등에관한법률위반(도주차량)】(미)

특정범죄가중처벌 등에 관한 법률 제5조의3 제1항 소정의 '피해자를 구호하는 등 도로교통법 제50조 제1항의 규정에 의한 조치를 취하지 아니하고 도주한 때'라 함은 사고 운전자가 사고로 인하여 피해자가 사상을 당한 사실을 인식하였음에도 불구하고, 피해자를 구호하는 등 도로교통법 제50조 제1항에 규정된 의무를 이행하기 이전에 사고현장을 이탈하여 사고를 낸 자가 누구인지 확정될 수 없는 상태를 초래하는 경우를 말하는 것이나, 특정범죄가중처벌 등에 관한 법률 제5조의3 제1항의 입법 취지와 보호법익에 비추어 볼 때, 사고의 경위와 내용, 피해자의 상해의 부위와 정도, 사고 운전자의 과실 정도, 사고 운전자와 피해자의 나이와 성별, 사고 후의 정황 등을 종합적으로 고려하여 사고 운전자가 실제로 피해자를 구호하는 등 도로교통법 제50조 제1항에 의한 조치를 취할 필요가 있었다고 인정되지 아니하는 경우에는 사고 운전자가 피해자를 구호하는 등 도로교통법 제50조 제1항에 규정된 의무를 이행하기 이전에 사고현장을 이탈하였더라도 특정범죄가중처벌 등에 관한 법률 제5조의3 제1항 위반죄로는 처벌할 수 없다(대법원 2002. 6. 28. 선고 2002도2001 판결 등 참조).

이러한 법리에 따라 원심판결을 기록에 비추어 살펴보면, 원심이, 이 사건 사고 당시 피고인이 운전하던 승용차와 피해자들이 탑승한 화물차의 각 진행 속도와 방향, 충돌 부위와 각도 및 그로 인한 충격의 정도, 이 사건 사고로 인한 피해자들의 상해 부위와 정도, 특히 이 사건 사고로 인하여 외견상 쉽게 확인하기 어려운 좌상, 염좌 등의 상해만을 입은 피해자들이 교통사고 직후에 피고인과 정상적인 대화를 나누었고 사고 현장에 출동한 경찰관에게도 사고 상황에 관하여 구체적으로 설명한 점 등을 종합하여, 피해자들이 이 사건 사고로 인하여 피고인 등으로부터 구호를 받아야 할 정도의 상해를 입었다고 단정하기 어렵고, 나아가 피고인이 이미 목격자와 피해자들에게 자신의 신원을 구체적으로 알려 준 다음 경찰관들과 피고인의 아들 등이 사고를 수습하기 위하여 사고현장에 도착한 이후에 일시적으로 그 현장을 이탈한 것이기 때문에 교통사고를 낸 자가 누구인지 확정될 수 없는 상태를 초래하였다고 볼 수도 없다는 취지에서, 이 사건 공소사실 중 특정범죄가중처벌 등에 관한 법률 위반(도주차량)의 점에 관하여 판결이유에서 무죄로 판단한 것은 정당한 것으로 수긍할 수 있고, 거기에 상고이유로 주장하는 바와 같이 채증법칙 위반으로 인한 사실오인, 특정범죄가중처벌 등에 관한 법률 제5조의3에 정한 도주차량에 관한 법리를 오해한 위법 등이 있다고 할 수 없다.

■ 대법원 2005. 9. 30. 선고 2005도4383 판결【특정범죄가중처벌등에관한법률위반(도주차량){인정된 죄명: 교통사고처리특례법위반}, 도로교통법위반】(미)

특정범죄 가중처벌 등에 관한 법률 제5조의3 도주차량 운전자의 가중처벌에 관한 규정의 입법취지와 그 보호법익 등에 비추어 볼 때, 사고의 경위와 내용, 피해자의 나이와 그 상해의 부위 및 정도, 사고 뒤의 정황 등을 종합적으로 고려하여 사고 운전자가 실제로 피해자를 구호하는 등 도로교통법 제50조 제1항의 규정에 따른 조치를 취할 필요가 있었다고 인정되지 아니하는 때에는 사고 운전자가 피해자를 구호하는 등의 조치를 취하지 아니하고 사고장소를 떠났다고 하더라도 특정범죄 가중처벌 등에 관한 법률 제5조의3 제1항 위반죄가 되지 아니한다(대법원 2002. 10. 22. 선고 2002도4452 판결, 2004. 6. 11. 선고 2003도8092 판결 등 참조).

또한, 도로교통법 제50조 제1항의 취지는 도로에서 일어나는 교통상의 위험과 장해를 방지·제거하여 안전하고 원활한 교통을 확보함을 그 목적으로 하는 것이지 피해자의 물적 피해를 회복시켜 주기 위한 규정은 아니며, 이 경우 운전자가 현장에서 취하여야 할 조치는 사고의 내용, 피해의 태양과 정도 등 사고 현장의 상황에 따라 적절히 강구되어야 할 것이고, 그 정도는 건전한 양식에 비추어 통상 요구되는 정도의 조치를 말한다(대법원 2002. 6. 28. 선고 2002도2001 판결, 2003. 2. 28. 선고 2002도6957 판결 등 참조).

원심판결 이유에 의하면, 원심은 사고 당시 피해자의 차량은 좌회전을 위하여 편도 3차로 중 1차로의 맨 앞에 정차하고 있었고, 피고인의 차량은 피해자 차량의 뒤 약 2m 거리에 정차하였는데, 피고인이 안전벨트를 고쳐 매다가 브레이크에서 발이 떨어지게 되어 차량이 앞으로 진행하면서 피해자의 차량을 추돌하였고 피해자의 차량은 뒷 범퍼가 안으로 약간 밀려들어간 사실, 사고 직후 피고인이 먼저 차에서 내려 피해자에게 사과하였고, 피해자는 허리를 잡으며 차에서 내려 허리가 아프다고 말하기는 하였으나 "크게 아프지는 않고 범퍼만 고쳐 달라."라는 취지의 말을 하면서 피고인의 차량번호를 적었으며, 피고인은 아프거나 이상이 있으면 전화하라면서 평소 알고 지내던 공소외인의 전화번호를 적어준 사실, 그 후 좌회전 신호가 들어와 뒤의 차량들이 경적을 울리자 피고인과 피해자 모두 각자의 차를 운전하여 현장을 떠났는데, 피해자는 목적지인 백화점에서 정상적으로 쇼핑을 마치고 귀가한 사실, 그 후 피해자는 허리와 목에 통증을 느껴 병원에서 요치 2주의 경추부 등 염좌 진단을 받고 4일 정도 통원치료를 받았으며 뒷 범퍼를 교환한 사실, 한편 피해자는 사고 이전에 목을 다쳐 수술을 받은 바 있고 허리의 상태도 좋지 않았던 사실 등을 인정한 후, 비록 피고인이 피해자에게 자신의 전화번호가 아닌 타인의 전화번호를 적어주면서 별다른 설명을 하지 않았고, 차량 명의가 자기 앞으로 되어 있지 않다는 사정도 말해주지 않음으로써 추후 피고인의 신원확인을 어렵게 만든 사정이 있다고 하더라도, 위와 같은 피해자의 상해 부위 및 정도, 피해차량의 손괴 정도, 사고장소의 상황, 사고의 경위 및 사고 후 정황 등에 비추어 보면, 이 사건 사고로 피고인이 피해자를 구호하거나 교통상의 위험과 장해를 방지·제거하여 안전하고 원활한 교통을 확보하기 위한 조치를 취하여야 할 필요가 있었다고 보기 어렵다고 판단하였다.

앞에서 본 법리에 비추어 기록을 살펴보면, 원심의 사실인정 및 판단은 정당한 것으로 수긍이 가고 거기에 상고이유의 주장과 같이 채증법칙을 위반하여 사실을 오인하거나 구호조치의무에 관한 법리를 오해한 위법이 있다고 할 수 없다.

■ 대법원 2002. 1. 11. 선고 2001도2869 판결【특정범죄가중처벌등에관한법률위반(도주차량) 등】(집)

사고 운전자가 교통사고를 낸 후 피해자가 목을 주무르고 있는 것을 보고도 별다른 조치 없이 차량을 사고 현장에 두고 다른 사람에게 사고처리를 부탁하기 위하여 사고현장을 이탈하였으나 피해자가 2주간의 치료를 요하는 급성경추염좌의 상해를 입었을 뿐인 경우, 사고 운전자가 실제로 피해자를 구호하는 등의 조치를 취하여야 할 필요가 있었다고 보기 어렵다고 한 사례.

② 강간치상

통상의 성교로 발생할 수 있는 상해만 제외(완전성 & 기능)

■ 대법원 2005. 5. 26. 선고 2005도1039 판결【강간치상(인정된 죄명: 강간)】(공)

원심판결 이유에 의하면, 원심은 이 사건 진단서를 발부한 의사 작성의 확인서에 따르면 '상처 자체는 치유되는 데 있어 큰 문제가 되지 않을 것으로 사료된다.'고 기재되어 있는 점, 피해자의 아버지 진술서에 따르면 '무릎 상처는 크지 않고 조금 까진 정도이다. 병원에는 2004. 7. 17. 오후에 한 번 갔으며 그 이후로는 병원에 가지 않고 집에서 머큐롬을 바르는 정도이다. 생활에 전혀 지장은 없다.'고 기재되어 있고, 피해자의 확인서에도 '공군 중위 아저씨의 사무실에 가서야 무릎이 까진 것을 알았습니다.'라고 기재되어 있는 점, 제1심 증인 김종만이 '저희 병사가 무릎 상처 난 것을 보고 약을 발라주고 밴드를 붙여주는 것을 보았습니다.'라고 진술하는 점에 비추어 보면, 이 사건 피해자의 상해는 그 상처가 굳이 치료를 받지 않더라도 일상생활을 하는 데 아무런 지장이 없고 시일이 경과함에 따라 자연적으로 치유될 수 있는 정도로, 이로 인하여 신체의 완전성이 손상되고 생활 기능에 장해가 왔다거나 건강상태가 불량하게 변경되었다고 보기는 어려워 강간치상죄의 상해에 해당한다고 할 수 없어 피고인의 이 사건 행위는 강간죄에만 해당된다고 판단한 후, 피해자의 고소가 취소되었다는 이유로 이 사건 공소를 기각하였다.

강간행위에 수반하여 생긴 상해가 극히 경미한 것으로서 굳이 치료할 필요가 없어서 자연적으로 치유되며 일상생활을 하는 데 아무런 지장이 없는 경우에는 강간치상죄의 상해에 해당되지 아니한다고 할 수 있을 터이나, 그러한 논거는 피해자의 반항을 억압할 만한 폭행 또는 협박이 없어도 일상생활 중 발생할 수 있는 것이거나 합의에 따른 성교행위에서도 통상 발생할 수 있는 상해와 같은 정도임을 전제로 하는 것이므로 그러한 정도를 넘는 상해가 그 폭행 또는 협박에 의하여 생긴 경우라면 상해에 해당된다고 할 것이며, 피해자의 건강상태가 나쁘게 변경되고 생활기능에 장애가 초래된 것인지는 객관적, 일률적으로 판단될 것이 아니라 피해자의 연령, 성별, 체격 등 신체, 정신상의 구체적 상태를 기준으로 판단되어야 한다(대법원 2003. 9. 26. 선고 2003도4606 판결 참조).

기록에 의하면, 피해자는 이 사건 사고 당일 16:00경 병원을 방문하여 팔꿈치 부위에 대한 X-Ray 촬영과 무릎부분의 치료를 하였고, 위 병원에서 발부한 상해진단서에 의하면, 피해자의 상해부위는 '우측 슬관절 부위 찰과상 및 타박상, 우측 주관절 부위 찰과상'이고, 예상치료기간은 수상일로부터 2주이며, 입원 및 향후 치료(정신과적 치료를 포함)가 필요할 수도 있는 사실, 피해자는 만 14세의 중학교 3학년 여학생으로 154㎝의 신장에 40㎏의 체구인데, 이러한 피해자가 40대의 건장한 군인인 피고인과 소형승용차의 좁은 공간에서 밖으로 빠져나오려고 실랑이를 하고 위 차량을 벗어난 후에는 다시 타지 않으려고 격렬한 몸싸움을 하는 과정에서 적지 않은 물리적 충돌로 인하여 위와 같은 상해를 입게 된 사실을 알 수 있는바, 이러한 사실들을 위의 법리에 비추어 보면, 피해자가 입은 위 상해의 정도가 일상생활에 지장이 없고 단기간 내에 자연치유가 가능한 극히 경미한 상처라고 할 수 없고, 그러한 정도의 상처로 인하여 피해자의 신체의 건강상태가 불량하게 변경되고 생활기능에 장애가 초래된 것이 아니라고 단정하기도 어렵다고 할 것이다.

그런데도 피해자에게 발생한 상처가 강간치상죄에서 정한 상해에 해당하지 않는다고 본 원심은 필요한 심리를 다하지 아니하거나 강간치상죄에 있어서의 상해에 관한 법리를 오해함으로써 판결에 영향을 미친 위법이 있다고 할 것이고, 이 점을 지적하는 상고이유의 주장은 이유 있다.

그러므로 원심판결을 파기하고, 사건을 원심법원에 환송하기로 관여 대법관의 의견이 일치되어 주문과 같이 판결한다.

멍 ×(기능)

■ 대법원 2004. 3. 11. 선고 2004도483 판결【강간치상】(미)

강간치상죄에 있어서의 상해는 피해자의 신체의 건강상태가 불량하게 변경되고 생활기능에 장애가 초래되는 것을 말하는 것으로서, 피해자가 입은 상처가 극히 경미하여 굳이 치료할 필요가 없고 치료를 받지 않더라도 일상생활을 하는 데 아무런 지장이 없으며 시일이 경과함에 따라 자연적으로 치유될 수 있는 정도라면, 그로 인하여 피해자의 신체의 건강상태가 불량하게 변경되었다거나 생활기능에 장애가 초래된 것으로 보기 어려워 강간치상죄에 있어서의 상해에 해당한다고 할 수 없다(대법원 1994. 11. 4. 선고 94도1311 판결, 2003. 7. 11. 선고 2003도2313 판결 등 참조).

원심은, 이 사건 직후 촬영한 사진에 의하면 피해자의 다리에 푸르거나 붉은 약간의 멍이 든 상처가 나타난 사실을 인정하면서도, 그 판시와 같은 사정에 비추어 볼 때 피고인의 판시 강간행위 자체 내지 그 수반된 행위에서 위 상처가 생겼다고 인정하기 어렵고, 설사 위 상처가 피고인의 강간행위 자체 내지 그 수반된 행위로 인한 것이라고 하더라도, 그 상처가 허벅지 안쪽과 다리 부위에 멍이 들었다는 것뿐이어서 이러한 정도의 상처는 경미하여 따로 치료를 받지 않아도 자연적으로 치유될 수 있고, 일상생활을 하는 데 아무런 지장이 없는 경우에 해당하여 강간치상죄에 있어서의 상해에 해당하지 아니한다고 판단하였는바, 기록에 비추어 관계 증거들을 살펴보면, 원심의 위와 같은 사실인정과 판단은 모두 정당한 것으로 수긍되고, 거기에 채증법칙을 위배하여 사실을 잘못 인정하거나, 강간치상죄에 있어서의 상해에 관한 법리를 오해한 위법이 있다고 할 수 없다.

전치 7일의 동전 크기 멍 ×(완전성 & 기능)

■ 대법원 1994. 11. 4. 선고 94도1311 판결【강간치상】(공)

피고인이 피해자를 강간하려다가 미수에 그치고 그 과정에서 피해자에게 경부 및 전흉부 피하출혈, 통증으로 약 7일 간의 가료를 요하는 상처가 발생하였으나, 그 상처의 내용은 경부와 전흉부에 동전 크기의 멍이 들어 있는 정도로서 굳이 치료를 받지 않더라도 일상생활을 하는 데 아무런 지장이 없고 시일이 경과함에 따라 자연적으로 치유될 수 있는 정도인 사실 및 범행 당일 피해자는 경찰관에게 상처가 없고 피고인의 처벌을 원하지 않는다고 하였으나 경찰관의 권유에 따라 정확한 진단을 받기 위하여 경찰관과 함께 병원으로 갔으나 피해자가 한사코 진료를 거부하는 바람에 그

냥 파출소로 돌아왔는데 피해자는 그 다음날 피고인을 고소하기 위하여 위와 같은 내용의 상해진단서를 발부받기에 이른 사실을 인정한 후, 위와 같은 상처의 정도나 그 내용에 비추어볼 때 피해자가 위 상처로 인하여 신체의 완전성이 손상되고 생활기능에 장애가 왔다거나 건강상태가 불량하게 변경되었다고 보기는 어려워 강간치상죄의 상해에 해당된다고 볼 수 없다고 판단하고 있는바, 기록을 검토하여 보면 원심의 위와 같은 사실인정과 판단은 모두 정당한 것으로 수긍되고, 거기에 심리를 다하지 아니하고 채증법칙을 위배하여 사실을 오인하였다거나 강간치상죄에 있어서의 상해에 관한 법리를 오해한 위법이 없다.

정신적 기능 ○(완전성 or 기능)

■ 대법원 1999. 1. 26. 선고 98도3732 판결【성폭력범죄의처벌및피해자보호등에관한법률위반(강간등상해, 치상){예비적으로 변경된 죄명: 성폭력범죄의처벌및피해자보호등에관한법률위반(특수강간등)}, 폭력행위등처벌에관한법률위반, 도로교통법위반】(공)

성폭력범죄의처벌및피해자보호등에관한법률 제9조 제1항의 상해는 피해자의 신체의 완전성을 훼손하거나 생리적 기능에 장애를 초래하는 것으로, 반드시 외부적인 상처가 있어야만 하는 것이 아니고, 여기서의 생리적 기능에는 육체적 기능뿐만 아니라 정신적 기능도 포함된다고 전제한 후, 제1심이 조사·채택한 증거들에 장신경외과의원 원장 장여봉에 대한 사실조회에 대한 회신의 기재를 종합하여 피고인들의 강간행위로 인하여 피해자가 불안, 불면, 악몽, 자책감, 우울감정, 대인관계 회피, 일상생활에 대한 무관심, 흥미상실 등의 증상을 보였고, 이와 같은 증세는 의학적으로는 통상적인 상황에서는 겪을 수 없는 극심한 위협적 사건에서 심리적인 충격을 경험한 후 일으키는 특수한 정신과적 증상인 외상 후 스트레스 장애에 해당하고, 피해자는 그와 같은 증세로 인하여 2일간 치료약을 복용하였고, 6개월간의 치료를 요하는 사실을 인정하고, 피해자가 겪은 위와 같은 증상은 강간을 당한 모든 피해자가 필연적으로 겪는 증상이라고 할 수도 없으므로 결국 피해자는 피고인들의 강간행위로 말미암아 위 법률 제9조 제1항이 정하는 상해를 입은 것이라고 판단하였는바, 원심의 위와 같은 사실인정 및 판단은 모두 수긍할 수 있고, ….

③ 강제추행치상

음모 ×(기능)

■ 대법원 2000. 3. 23. 선고 99도3099 판결【강제추행치상】(공)

강제추행치상죄에 있어서의 상해는 피해자의 신체의 건강상태가 불량하게 변경되고 생활기능에 장애가 초래되는 것을 말하는 것으로서(대법원 1996. 11. 22. 선고 96도1395 판결, 1997. 9. 5. 선고 97도1725 판결 참조), 신체의 외모에 변화가 생겼다고 하더라도 신체의 생리적 기능에 장애를 초래하지 아니하는 이상 상해에 해당한다고 할 수 없다.

그런데 음모는 성적 성숙함을 나타내거나 치부를 가려주는 등의 시각적·감각적인 기능 이외에 특별한 생리적 기능이 없는 것이므로, 원심이 확정한 바와 같이 피해자의 음모의 모근부분을 남기고 모간부분만을 일부 잘라냄으로써 음모의 전체적인 외관에 변형만이 생겼다면, 이로 인하여 피해자에게 수치심을 야기하기는 하겠지만, 병리적으로 보아 피해자의 신체의 건강상태가 불량하게 변경되거나 생활기능에 장애가 초래되었다고 할 수는 없을 것이므로, 그것이 폭행에 해당할 수 있음은 별론으로 하고 강제추행치상죄의 상해에 해당한다고 할 수는 없다.

좌상, 압통, 종창 3일 투약 ○(기능)

■ 대법원 2000. 2. 11. 선고 99도4794 판결【강제추행상해】(공)

그리고 기록에 의하면 피해자는 이 사건 범행과정에서 피고인으로부터 왼쪽 젖가슴을 꽉 움켜잡힘으로 인하여 왼쪽 젖가슴에 약 10일간의 치료를 요하는 좌상을 입고, 심한 압통과 약간의 종창이 있어 그 치료를 위하여 병원에서 주사를 맞고 3일간 투약을 한 사실이 인정되므로, 피해자는 위와 같은 상처로 인하여 신체의 건강상태가 불량하게 변경되고 생활기능에 장애가 초래되었다 할 것이어서 이는 강제추행치상죄에 있어서의 상해의 개념에 해당한다 할 것이다.

같은 취지에서 피고인에게 강제추행치상죄를 인정한 원심의 판단은 정당하고, 거기에 강제추행치상죄에 있어서의 상해에 관한 법리오해의 위법이 있다고 할 수 없다.

④ 강도상해

이 흔들리고 피 ○(기능)

■ 대법원 2004. 10. 28. 선고 2004도4437 판결【강도상해 등】(미)

강도상해죄에 있어서의 상해는 피해자의 신체의 건강상태가 불량하게 변경되고 생활기능에 장애가 초래되는 것을 말하는 것으로서, 피해자가 입은 상처가 극히 경미하여 굳이 치료할 필요가 없고 치료를 받지 않더라도 일상생활을 하는 데 아무런 지장이 없으며 시일이 경과함에 따라 자연적으로 치유될 수 있는 정도라면, 그로 인하여 피해자의 신체의 건강상태가 불량하게 변경되었다거나 생활기능에 장애가 초래된 것으로 보기 어려워 강도상해죄에 있어서의 상해에 해당한다고 할 수 없다고 함은 상고이유의 주장과 같다(대법원 2003. 7. 11. 선고 2003도2313 판결 등 참조).

그런데 원심판결 이유에 의하면, 원심은 그 채택 증거를 종합하여, 공소외 1이 피고인들로부터 폭행당한 사실, '피고인들로부터 폭행당하여 이가 흔들리고, 피가 나는 등 상처를 입었다.'는 공소외 1의 진술 및 공소외 1이 피를 흘리며 병원에 가서 치료를 요청하였던 사실 등에 비추어 보면 공소외 1이 상처를 입었던 사실을 인정할 수 있고, 이는 강도상해죄의 상해에 해당한다고 판단하였는바, 기록에 비추어 살펴보면 원심의 위와 같은 사실인정과 판단은 정당한 것으로 수긍이 가고, 거기에 상고이유의 주장과 같은 채증법칙 위배나 법리오해 등의 위법이 없다.

멍 ×(기능)

■ 대법원 2003. 7. 11. 선고 2003도2313 판결【강도상해】(공)

강도상해죄에 있어서의 상해는 피해자의 신체의 건강상태가 불량하게 변경되고 생활기능에 장애가 초래되는 것을 말하는 것으로서(대법원 2000. 3. 23. 선고 99도3099 판결, 2002. 1. 11. 선고 2001도5925 판결 등 참조), 피해자가 입은 상처가 극히 경미하여 굳이 치료할 필요가 없고 치료를 받지 않더라도 일상생활을 하는 데 아무런 지장이 없으며 시일이 경과함에 따라 자연적으로 치유될 수 있는 정도라면, 그로 인하여 피해자의 신체의 건강상태가 불량하게 변경되었다거나 생활기능에 장애가 초래된 것으로 보기 어려워 강도상해죄에 있어서의 상해에 해당한다고 할 수 없다(대법원 1994. 11. 4. 선고 94도1311 판결, 1996. 12. 23. 선고 96도2673 판결 등 참조).

원심은 내세운 증거들에 의하여, 피고인들이 2002. 9. 15. 02:00경 피해자의 집에 들어가 피해자의 반항을 억압하고 강취한 신용카드의 비밀번호를 알아내는 과정에서 피해자를 수회 폭행하여 피해자의 얼굴과 팔다리 부분에 멍이 생긴 사실, 피해자는 간호사로서 이 사건 범행 다음날인 16. 직장이 휴무였으므로 출근하지 않았고 그 다음날인 같은 달 17.부터는 정상적으로 근무하였으며, 위 상처로 인하여 병원에서 치료를 받지도 않았고, 같은 달 18.에는 몸 상태가 호전되어 진단서도 발급받지 않았던 사실을 인정한 다음, 피해자가 입은 상처는 일상생활에 지장을 초래하지 않았고 나아가 그 회복을 위하여 치료행위가 특별히 필요하지 않은 정도로서 강도상해죄에 있어서의 상해에 해당된다고 할 수 없다고 판단하였는바, 앞에서 본 법리와 기록에 비추어 살펴보면, 원심의 판단은 정당한 것으로 수긍되고, 거기에 강도상해죄에 있어서의 상해에 관한 법리를 오해한 위법이 있다고 할 수 없다.

피하출혈, 부종, 찰과상, 동통 ○(기능)

■ 대법원 2002. 1. 11. 선고 2001도5925 판결【강도상해(인정된 죄명: 강도)】(공)

원심판결 이유에 의하면, 원심은 피고인이 이 사건 피해자로부터 돈을 강취하기 위하여 피해자의 반항을 억압하는 과정에서 피해자에게 상해를 입게 하였다는 공소사실에 대하여 수사기록에 첨부된 상해진단서 및 신체도의 각 기재에 의하면, 피해자는 이 사건 직후 우측 두부가 다소 부어 있었고, 경찰에서 조사를 받은 다음 약 14일간의 치료를 요하는 우측 두부, 두정부 및 우측 발목부분의 타박상을 입었다는 내용의 상해진단서를 발부받아 이를 경찰에 제출한 사실을 인정할 수 있으나, 한편, 피고인의 원심법정 및 수사기관에서의 각 진술, 피해자의 제1심법정에서의 진술 등을 종합하면, 피해자가 위와 같이 병원에 가게 된 경위는 피고인의 폭행으로 인한 상해를 치료할 목적으로 간 것이 아니고 경찰의 적극적인 권유에 의하여 피해자 친구 아버지인 내과의사 A에게서 상해진단서를 발급받기 위한 것이었는데, 위 A는 피해자로부터 이 사건 범행 내용을 듣고 수사기관에 제출될 것이라는 사정을 잘 알면서 이 사건 상해진단서를 작성해 준 사실, 피해자가 이 사건으로 머리와 발목에 입은 타박상의 정도는 경미한 것으로 병원에서 치료받은 내용이 없을 뿐 아니라 통상의 경우라면 피해자가 병원에 가지 않았을 정도였고, 이 사건 이후 약 1주일이 지나자 위 상처가 별다른 치료 없이 치유된 사실이 인정된다고 하고, 그 인정 사실에 비추어 보면, 이 사건 상해진단서의 내용은 피해자와 잘 알고 있던 의사에 의하여 작성되는 등으로 그 상해의 정도가 다소 과장되어 기재된 것으로 의심되고, 피해자가 실제로 입은 이 사건 상해의 정도는 신체의 완전성이 침해되거나 생리적 기능이 훼손되는 정도에 이르렀다고 볼 수 없으므로 강도상해죄의 상해에 해당된다고 할 수 없다고 판단하고, 피고인을 강도죄로 처단하였다.

그러나 의사 A가 작성한 상해진단서의 기재에 의하면, 피해자는 범행 당일 우측 두부 타박으로 인한 피하출혈, 부종 및 찰과상, 두정부와 우측 발목 타박으로 부종과 동통 소견이 있어 약 2주일간의 치료를 요한다는 위와 같은 내용의 상해진단서를 발급받았다는 것이며, 피해자는 경찰에서 피고인이 범행 당시 주먹으로 머리를 1회 때리고 피해자의 발을 걸어 넘어뜨린 후 발로 가슴을 1회 걷어 차 위와 같은 상처를 입었다는 취지로 진술하였음을 알 수 있는바, 피해자의 상처가 위와 같은 정도의 것이라면 이로 인하여 피해자의 신체의 건강상태가 불량하게 변경되고 생활기능에 장애가 초래된 것이 아니라고 볼 수 없으므로, 이는 강도상해죄를 구성하는 상해에 해당한다고 하여야 할 것이다.

그럼에도 원심이 위와 같은 사실인정 아래 피해자의 상처가 강도상해죄에 있어서의 상해에 해당하지 아니한다고 판단한 것은 채증법칙을 위반하여 사실을 잘못 인정하였거나 강도상해죄에 있어서의 상해에 관한 법리를 오해함으로써 판결에 영향을 미친 위법이 있다고 할 것이므로 이 점을 지적하는 논지는 이유 있다.

(2) 상해의 수단 · 방법

○ **제한 없음**

협박에 의한 상해

■ 대법원 1996. 12. 10. 선고 96도2529 판결【폭력행위등처벌에관한법률위반】(공)

원심이 채용한 증거들을 기록과 대조하여 검토하여 보면, 피고인과 그의 공범들이 피해자를 피고인 경영의 초밥집에 불러내어 22:00경부터 그 다음날 02:30경까지 사이에 회칼로 죽여버리겠다거나 소주병을 깨어 찌를 듯한 태도를 보이면서 계속하여 협박하다가 손바닥으로 피해자의 얼굴과 목덜미를 수회 때리자, 피해자가 극도의 공포감을 이기지 못하고 기절하였다가 피고인 등이 불러온 119 구급차 안에서야 겨우 정신을 차리고 인근 병원에까지 이송된 사실이 명백히 인정되는바, 이와 같이 오랜 시간 동안의 협박과 폭행을 이기지 못하고 실신하여 범인들이 불러온 구급차 안에서야 정신을 차리게 되었다면, 외부적으로 어떤 상처가 발생하지 않았다고 하더라도 생리적 기능에 훼손을 입어 신체에 대한 상해가 있었다고 봄이 상당하므로, 원심판결에 논하는 바와 같은 채증법칙 위반이나 상해죄에 관한 법리오해의 위법이 있다고 할 수 없고, 또 위와 같은 상해사실이 피해자와 피고인의 공범들의 진술 및 소방서장의 구급활동사항통보서의 기재에 의하여 충분히 인정되는 이상, 원심이 의사의 진단서에 의하지 아니하고 상해사실을 인정하였다거나 또는 범죄사실에 치료일수가 명시되지 않았다고 하여 위법이라고 할 수도 없다.

3. 주관적 구성요건

○ **원인에 대한 인식 vs 상해를 가할 의사**

■ 대법원 2000. 7. 4. 선고 99도4341 판결【폭력행위등처벌에관한법률위반】(공)

원심판결 이유에 의하면, 원심은 피고인이 공소외 1 등에게 상해를 가하였다는 부분에 관하여, 피고인은 자신을 파출소로 강제로 끌고 가려는 공소외 1 등의 불법한 강제수사로 신체의 자유가 자신의 의사에 반하여 부당하게 침해되는 긴급한 상황에 놓이게 되자, 이를 벗어날 목적으로 그들을 폭행한다고 생각할 겨를도 없이 단지 자신을 강제로 붙잡고 놓아주지 않는 그들의 손에서 벗어나기 위하여 발버둥치는 과정에서 팔꿈치로 그들의 가슴 부분을 밀어 넘어뜨리거나 손으로 밀어낸 것임을 알 수 있어, 피고인에게 폭력행위의 범의가 있다고 보기 어려울 뿐만 아니라, 피고인이 그와 같이 반항하게 된 경위와 반항의 정도, 방법 등에 비추어 볼 때, 피고인의 위와 같은 행위는 신체의 자유에 대한 현재의 부당한 침해를 방위하기 위한 행위로서 정당방위에 해당되어 위법성이 조각된다고 판단하였다.

상해죄의 성립에는 상해의 원인인 폭행에 대한 인식이 있으면 충분하고 상해를 가할 의사의 존재까지는 필요하지 아니한 것인바(대법원 1983. 3. 22. 선고 83도231 판결 등 참조), 기록에 의하면, 피고인이 비록 공소외 1 등의 손에서 벗어나기 위해서이기는 하나 그들과 몸싸움을 벌인 것은 분명하고, 피고인이 팔꿈치 또는 손으로 경찰관들을 밀어 넘어뜨렸다면 적어도 폭행에 대한 인식은 있었다고 봄이 상당하므로, 피고인에게 폭력에 대한 범의조차 없다고 본 원심의 판단 부분은 수긍하기 어렵다.

그러나 공소외 1 등의 행위는 앞서 본 바와 같이 이미 적법한 공무집행을 벗어나 피고인을 불법하게 체포한 것으로 볼 수밖에 없으므로, 피고인이 그 체포를 면하려고 반항하는 과정에서 그들에게 상해를 가한 것은 이러한 불법 체포로 인한 신체에 대한 현재의 부당한 침해에서 벗어나기 위한 행위로서 정당방위에 해당하여 위법성이 조각된다고 본 원심의 판단은 정당하고(대법원 1999. 12. 28. 선고 98도138 판결 등 참조), 결국 원심판결에 상고이유에서 주장하는 바와 같이 판결에 영향을 미친 채증법칙 위반으로 인한 사실오인 또는 법리오해 등의 위법이 있다고 할 수 없다.

■ 대법원 1983. 3. 22. 선고 83도231 판결【폭력행위등처벌에관한법률위반】(공)

상해죄는 결과범이므로 그 성립에는 상해의 원인인 폭행에 관한 인식이 있으면 충분하고, 상해를 가할 의사의 존재는 필요하지 않음은 소론과 같으나, 이 사건에서 원심이 적법하게 확정한 바에 의하면 피고인은 피해자 A가 경영하는 포장마차 식당에서 공소외 B와 술내기 팔씨름을 하여 피고인이 이겼는데도 위 B가 다시 한 번 하자고 덤벼들자 피고인은 식탁위에 있던 식칼을 집어들고 자신의 팔뚝을 1회 그어 자해하고, 이를 제지하려고 피해자가 양팔로 피고인을 뒤에서 붙잡자 그 제지를 벗어나려고 식칼을 잡은 채 이를 뿌리친 잘못으로 이 사건 상해를 입혔다는 것으로서 피고인에게는 폭행에 대한 인식마저 인정할 수 없다는 취지이므로 피고인이 폭행을 가한다는 인식 없는 행위의 결과로 피해자가 상해를 입었다 하여도 상해죄를 구성하지 않는다는 취지의 원심판단은 정당하고, 원심의 위 인정판단에 소론의 상해죄의 범의에 관한 법리오해의 위법이 있다고는 할 수 없다.

K 위 판례는 폭행치상과 상해의 구분이 애매하다는 문제점이 있음.

4. 위법성

가. 일반론

○ 사회상규에 반하지 않는 피해자 승낙은 위법성 조각

- eg 채무면제를 위한 상해는 조각 안 됨

나. 싸 움

○ 정당방위 ×

■ 대법원 2004. 6. 25. 선고 2003도4934 판결【명예훼손(일부 인정된 죄명: 모욕), 폭행】(미)

나. 폭행죄에 대하여

원심판결과 원심이 인용한 제1심판결의 채택 증거들을 기록에 의하여 살펴보면, 원심이 피고인에 대한 이 사건 공소사실 중 2000. 6. 21.자 피해자 공소외 2에 대한 폭행의 점을 유죄로 인정한 조치는 옳은 것으로 수긍이 가고, 거기에 채증법칙을 위배하여 사실을 오인한 위법이 있다고 할 수 없다.

가해자의 행위가 피해자의 부당한 공격을 방위하기 위한 것이라기보다는 서로 공격할 의사로 싸우다가 먼저 공격을 받고 이에 대항하여 가해하게 된 것이라고 봄이 상당한 경우, 그 가해행위는 방어행위인 동시에 공격행위의 성격을 가지므로 정당방위라고 볼 수 없다(대법원 2000. 3. 28. 선고 2000도228 판결 참조).

원심은, 공소외 2가 먼저 피고인에게 컵에 든 물을 끼얹고 피고인의 머리채를 잡아 흔들어 싸움을 유발하자 피고인이 공소외 2의 빰을 1대 때리고 어깨를 잡고 밀고 당기는 등 공소외 2의 폭행에 적극적으로 대항한 점, 당시 공소외 2가 임신중이었고, 피고인 또한, 그러한 사실을 알고 있었던 점 및 피고인과 공소외 2가 싸움에 이르게 된 동기 및 경위, 싸움 전후의 정황 등 이 사건 기록에 나타난 제반 사정에 비추어, 피고인의 행위는 공소외 2의 부당한 공격에 대한 소극적인 방어의 한도를 넘어 적극적인 반격으로서 공격행위의 성격을 가진다고 봄이 상당하므로 정당방위에 해당하지 않는다고 판단하였는바, 위의 법리에 비추어 기록을 살펴보면, 이와 같은 원심의 판단은 옳은 것으로 수긍이 가고, 거기에 폭행죄에서의 정당방위에 관한 법리를 오해한 위법이 있다고 할 수 없다.

다. 처벌불원 의사의 존재에 대하여

반의사불벌죄에 있어서 피해자가 처벌을 희망하지 아니하는 의사표시를 하였다거나 처벌을 희망하는 의사표시의 철회를 하였다고 인정하기 위해서는 피해자의 진실한 의사가 명백하고 믿을 수 있는 방법으로 표현되어야 한다(대법원 2001. 6. 15. 선고 2001도1809 판결 참조).

원심은, 피고인과 피해자 공소외 1, 공소외 2는 2000. 6. 21. 공소외 1이 피고인에게 8,386,000원을 지급하면서 앞으로 상호 비방하지 않기로 합의한 사실을 인정할 수 있으나, 공소외 1이 피고인으로부터 여러 명목으로 편취한 금원에 대하여 8,386,000원을 지급하는 것으로 정리하는 데에 합의한 것으로 보일 뿐 합의 이전에 행하여진 원심 판시 범죄사실 제1의 가.항 기재 명예훼손의 점이나 제2항 기재 폭행의 점에 대하여도 처벌을 원하지 않기로 합의하였다고는 보기 어렵고, 오히려 공소외 2는 폭행의 점에 관하여 제1심 법정에서 피고인에 대한 처벌의 의사가 있음을 분명히 밝혔으므로, 위 명예훼손 및 폭행의 점에 대하여 피해자들의 처벌불원의 의사표시가 있었다고 할 수 없다고 판단하였는바, 위의 법리에 비추어 기록을 살펴보면, 이와 같은 원심의 사실인정과 판단은 옳은 것으로 수긍이 가고, 거기에 채증법칙을 위배하여 사실을 오인하거나 반의사불벌죄의 처벌불원 의사표시에 관한 법리를 오해한 위법이 있다고 할 수 없다.

■ 대법원 1996. 9. 6. 선고 95도2945 판결【폭력행위등처벌에관한법률위반, 상해, 협박, 폭행】(공)

싸움과 같은 일련의 상호투쟁 중에 이루어진 구타행위는 서로 상대방의 폭력행위를 유발한 것이므로 정당방위가 성립되지 않는다고 할 것인데(대법원 1986. 12. 23. 선고 86도1491 판결, 1993. 8. 24. 선고 92도1329 판결 등 참조), 원심이 적법하게 확정한 사실에 의하면, 피고인은 피해자 1이 동생의 혼인길을 막는다면서 피고인에게 시비를 걸고 머리채를 잡아 흔들자 이에 대항하여 위 피해자의 오른손을 비틀면서 넘어뜨린 다음 발로 전신을 수회 찼다는 것인바, 위와 같은 이 사건 싸움의 경위와 그 수단 등에 비추어 볼 때 피고인의 가해행위는 일련의 상호투쟁 중에 이루어진 행위라 할 것이고, 그것이 피해자의 부당한 공격에서 벗어나거나 이를 방어하려고 한 행위였다고 볼 수는 없다. 논지가 내세우고 있는 대법원 판결들은 모두 이 사건과 사안이 다른 것이다.

■ 대법원 1984. 5. 22. 선고 83도3020 판결【폭력행위등처벌에관한법률위반】(공)

이 사건에 있어서와 같이 피고인과 그 피해자 사이에 상호시비가 벌어져 2에는 그 투쟁행위는 상대방에 대하여 방어행위인 동시에 공격행위를 구성하며 그 상대방의 행위를 부당한 침해라고 하고 피고인의 행위만을 방어행위라고는 해할 수 없으므로 원심이 피고인의 그 판시 범죄사실에 대하여 폭력행위등처벌에 관한 법률 위반죄를 적용하였음은 정당하고 ….

○ 과잉방위도 ×

■ 대법원 2000. 3. 28. 선고 2000도228 판결【폭력행위등처벌에관한법률위반】(공)

2은, 피고인이 1996. 8. 19. 10:00경 서울 강서구 공항동 664의 13 소재 피고인의 처남인 피해자의 집에서 피해자의 왼쪽 허벅지를 길이 21㎝ 가량의 과도로 1회 찔러 피해자에게 약 14일간의 치료를 요하는 좌측대퇴외측부 심부자상 등을 가하였지만, 피해자가 술에 만취하여 누나인 공소외인과 말다툼을 하다가 공소외인의 머리채를 잡고 때렸으며, 당시 공소외인의 남편이었던 피고인이 이를 목격하고 화가 나서 피해자와 싸우게 되었는데, 그 과정에서 몸무게가 85㎏ 이상이나 되는 피해자가 62㎏의 피고인을 침대 위에 넘어뜨리고 피고인의 가슴 위에 올라타 목부분을 누르자 호흡이 곤란하게 된 피고인이 안간힘을 쓰면서 허둥대다가 그 곳 침대 위에 놓여있던 과도로 피해자에게 상해를 가한 사실을 인정한 다음, 위와 같은 이 사건의 발생경위와 그 진행과정을 고려하여 피고인의 행위는 피고인의 신체에 대한 현재의 부당한 침해를 방위하기 위한 행위가 그 정도를 초과한 경우인 과잉방위행위에 해당한다고 판단하였다.

그러나 사실관계가 위와 같다 하더라도, 피고인의 행위는 피해자의 부당한 공격을 방위하기 위한 것이라기보다는 서로 공격할 의사로 싸우다가 먼저 공격을 받고 이에 대항하여 가해하게 된 것이라고 봄이 상당하고, 이와 같은 싸움의 경우 가해행위는 방어행위인 동시에 공격행위의 성격을 가지므로 정당방위 또는 과잉방위행위라고 볼 수 없다(대법원 1971. 4. 30. 선고 71도527 판결, 1993. 8. 24. 선고 92도1329 판결 등 참조).

그런데도 원심이 피고인의 행위가 과잉방위행위에 해당한다고 판단한 것은 과잉방위에 관한 법리를 오해하여 판결에 영향을 미친 위법을 저지른 것이다.

○ 싸움 과정의 행위라는 이유만으로 정당방위가 배척되지는 않음

■ 대법원 1996. 12. 23. 선고 96도2745 판결【폭력행위등처벌에관한법률위반】(공)

원심은 제1심이 들고 있는 증거들에 의하면 피고인은 제1심 공동피고인과 서로 욕설을 하며 싸우던 중 손으로 위 제1심 공동피고인의 손과 멱살 등을 잡고 밀쳐서 약 10일간의 치료를 요하는 우측슬부좌상 등을 가한 사실을 넉넉히 인정할 수 있고, 위 제1심 공동피고인이 피고인 등이 가입하여 있는 친목회의 회장을 흉보는 것 때문에 피고인이 위 제1심 공동피고인과 서로 욕설을 하며 시비하다가 위와 같이 싸운 사실을 인정할 수 있으므로, 피고인의 행위는 정당방위에 해당한다고 볼 수 없다고 판시하였다.

그러나 원심이 유지한 제1심이 들고 있는 증거들을 살펴보면 피고인은 식당에서 위 제1심 공동피고인과 함께 술을 마시던 중 위 제1심 공동피고인은 피고인이 자신에게 욕설을 하였다는 이유로 주먹으로 피고인의 얼굴을 수회 때리고, 발로 피고인의 가슴을 걷어 찬 후 피고인이 식당 밖으로

피신하자 따라나가 플라스틱 의자로 피고인의 팔부위를 수회 내리치는 바람에 피고인이 약 4주간의 치료를 요하는 좌제6늑골골절상을 입었고, 그 과정에서 위와 같이 폭행을 가하는 위 제1심 공동피고인의 손과 멱살 등을 잡고 밀친 사실을 인정할 수 있는바, 그렇다면 이는 상대방의 부당한 공격에서 벗어나거나 이를 방어하려고 한 행위였다고 봄이 상당하고, 그 행위에 이르게 된 경위와 목적 및 수단, 행위자의 의사 등 제반 사정에 비추어 위법성이 결여된 행위라고 할 것이다.

더구나 위 증거들에 의하면 위 제1심 공동피고인이 입은 상해는 '우측슬부, 좌측제1족지부, 좌수배부의 좌상, 찰과상'인바, 이는 그 상해부위로 보아 손과 멱살 등을 잡고 밀친 피고인의 행위로 생긴 것이라고 선뜻 단정하기 어렵고, 피해자 제1심 공동피고인의 수사기관 및 원심 법정에서의 진술에 의하더라도 피고인으로부터 직접 맞은 일은 없다고 진술하고 있는바, 그렇다면 위 상처는 오히려 위 제1심 공동피고인이 피고인을 위와 같이 폭행하는 과정에서 발생하였을 가능성도 배제할 수 없다.

따라서 피고인과 위 제1심 공동피고인이 서로 욕설을 하던 중에 싸움이 일어났다는 이유만을 들어 피고인의 행위가 정당방위에 해당된다는 주장을 배척하였을 뿐 아니라, 싸우는 과정에서 발생한 상해라 하여 그 구체적인 발생원인에 관하여는 살펴보지도 아니한 채 별다른 증거 없이 상대방의 행위로 인한 것이라고 단정한 원심판결에는 정당방위에 관한 법리를 오해하고 또 채증법칙을 위배한 위법이 있다고 할 것이다. 논지는 이유 있다.

그러므로 원심판결을 파기하고, 사건을 다시 심리·판단하게 하기 위하여 원심법원에 환송하기로 관여 법관의 의견이 일치되어 주문과 같이 판결한다.

■ 대법원 2010. 2. 11. 선고 2009도12958 판결【상해】(공)

맞붙어 싸움을 하는 사람 사이에서는 공격행위와 방어행위가 연달아 행하여지고 방어행위가 동시에 공격행위인 양면적 성격을 띠어서 어느 한쪽 당사자의 행위만을 가려내어 방어를 위한 정당행위라거나 정당방위에 해당한다고 보기 어려운 것이 보통이다. 그러나 겉으로는 서로 싸움을 하는 것처럼 보이더라도 실제로는 한쪽 당사자가 일방적으로 위법한 공격을 가하고 상대방은 이러한 공격으로부터 자신을 보호하고 이를 벗어나기 위한 저항수단으로서 유형력을 행사한 경우에는, 그 행위가 새로운 적극적 공격이라고 평가되지 아니하는 한, 이는 사회관념상 허용될 수 있는 상당성이 있는 것으로서 위법성이 조각된다(대법원 1984. 9. 11. 선고 84도1440 판결, 대법원 1999. 10. 12. 선고 99도3377 판결 등 참조). …

피해자들이 피해자 공소외 1의 남편과 피고인이 불륜을 저지른 것으로 생각하고 이를 따지기 위하여 피고인의 집을 찾아가 피고인을 폭행하기에 이른 것이라는 것만으로 피해자들의 위와 같은 공격행위가 적법하다고 할 수 없고, 피고인은 그러한 피해자들의 위법한 공격으로부터 자신을 보호하고 이를 벗어나기 위한 사회관념상 상당성 있는 방어행위로서 이 사건 유형력의 행사에 이르렀다고 할 것이다. 따라서 원심의 위와 같은 조치에 위법성조각사유 등에 관한 법리 오해 등의 위법이 없다.

○ 싸움 종료후의 체포는 부적법

■ 대법원 1989. 12. 12. 선고 89도1934 판결【폭력행위등처벌에관한법률위반, 공무집행방해, 재물손괴】(공)

원심은 그 판시와 경찰관 A가 주민의 신고를 받고 현장에 도착했을 때는 이미 싸움은 끝난 상태였던 사실을 인정한 다음 이와 같은 상황에서 위 A가 임의동행에 불응하는 피고인을 체포하려는 행위는 적법한 공무집행이 아니라고 판단하고 있는바 원심의 이와 같은 판단에는 피고인이 형사소송법 제211조의 현행범 내지는 준현행범이 아니고 또 같은 법 제206조의 긴급구속사유에도 해당하지 아니함을 전제로 한 것이라고 보여지는데 기록에 비추어 보더라도 원심의 판단은 옳게 수긍이 가고 ….

다. 치료행위

(1) 의사의 치료행위

① 학설

1 업무로 인한 정당행위 or 사회상규에 반하지 않는 정당행위로 위법성조각
2 피해자의 승낙 or 추정적 승낙으로 위법성조각
3 상해의 고의가 없어 구성요건해당성 결여(독일 다수설)
(김일수) 경미한 신체훼손을 가져오는 통상적 치료행위: 행위반가치 결여로 구성요건해당성 없음
최선을 다했으나 실패한 치료행위: 과실도 성립되지 않아 구성요건해당성 배제
중한 신체훼손을 야기할 수 있는 비통상적인 치료행위: 피해자 승낙으로 구성요건 배제 or 추정적 승낙으로 위법성 조각

② 판례

주의의무를 다한 의료행위는 업무로 인한 정당행위로서 위법성 조각

■ 대법원 1978. 11. 14. 선고 78도2388 판결【업무상과실치상】(집)

원판결이유에 의하면 피고인은 개업의사로서 임부 소외인을 진찰하고 동녀로 하여금 태아를 분만케 하려 하였으나 동녀는 골반간격이 좁아 자연분만을 할 수 없게 되자 부득이 인공분만기인 '샤숀'을 3회 반복사용하여 동녀에게 전치 1주간의 회음부 및 질내염상을, 동 태아에게 전치 9일간의 두혈종상을 각 입혔는바 이는 피고인이 의사로서의 정상의 주의의무를 해태한 나머지 '샤숀'을 거칠고 험하게 사용한 탓으로 산부 및 태아에 위 상해를 입혔음이 인정되는 바이므로 피고인의 판시 소위가 비록 의료행위를 시행함에 인한 소위라 하더라도 정당업무의 범위를 넘은 위법행위라고 판시하고 있다.

원심의 판결요지는 본건에서 피고인의 인공분만기 '샤숀'사용은 의사로서 정상적인 의료행위의 시행에 속함을 인정하면서도 다만 '샤숀'을 거칠고 험하게 사용한 것이 의사로서의 정상의 주의의무를 해태한 것이 되고 그 결과 위각 상해를 입힌 것이고 이는 의사의 정당업무의 범위를 넘는 위법행위라는 취지임을 알 수 있다.

그러나 원심이 인정한 '샤숀' 사용에 있어서 피고인이 거칠고 험하게 사용하였다는 점에 관하여 살펴보건대 일건기록을 정사하여 보아도 그를 인정할만한 증거 있음을 찾아 볼 수 없고 다만 산부와 태아에게 판시 상해가 있기는 하나 서울대학교 의과대학 부속병원장의 사실조회의뢰 회신기재 및 증인 A, 동 B의 각 진술기재에 의하면 위 '샤숀'을 사용하면 통상 판시 상해정도가 있을 수 있다는 것임을 규지할 수 있으므로 그 상해가 있다 하여 피고인이 '샤숀'을 거칠고 험하게 사용한 결과라고는 보기 어렵다 할 것인데도 불구하고 원심은 아무런 증거없이 사실을 인정한 채증법칙 위반의 위법이 아니면 형법 제20조의 정당행위의 법리를 오해한 위법이 있다 할 것이고 이점을 논란하는 논지는 이유 있어 원판결은 파기를 면치 못할 것이다.

■ 대법원 1976. 6. 8. 선고 76도144 판결【업무상과실치상】(공)

원판결이, 이 사건 주된 공소사실에 관하여 피해자의 자궁천공상이 피고인의 행위로 인한 것이라고 단정하기에 넉넉한 증거 없다고 판시한 조치에 소론과 같은 채증상의 위법사유 없으며 또 원판결은 예비적 공소사실에 관하여 피고인이 소론 태반의 일부를 때어낸 행위는 그 의도, 수단, 절단부위 및 그 정도 등에 비추어 볼 때 의사로서의 정상적인 진찰행위의 일환이라고 못 볼 바 아니여서 형법 제20조 소정의 정당행위에 해당한다고 판시하고 있는바, 원판결이 들고 있는 여러 증거를 살펴보니 원심의 이와 같은 사실인정에 잘못이 있다거나 또는 그 판단에 소론과 같은 법리오해의 잘못이 있다고 할 수 없다.

유효한 피해자의 승낙 — 위법성 조각

■ 대법원 1993. 7. 27. 선고 92도2345 판결【업무상과실치상】(공)

피고인은 자신의 시진, 촉진결과 등을 과신한 나머지 초음파검사 등 피해자의 병증이 자궁외 임신인지, 자궁근종인지를 판별하기 위한 정밀한 진단방법을 실시하지 아니한 채 위 피해자의 병명을 자궁근종으로 오진하고 이에 근거하여 의학에 대한 전문지식이 없는 위 피해자에게 자궁적출술의 불가피성만을 강조하였을 뿐 위와 같은 진단상의 과오가 없었다면 당연히 설명받았을 자궁외 임신에 관한 내용을 설명받지 못한 피해자로부터 수술승낙을 받은 사실을 인정할 수 있으므로 위 승낙은 피고인의 부정확 또는 불충분한 설명을 근거로 이루어진 것으로서 이 사건 수술의 위법성을 조각할 유효한 승낙이라고 볼 수 없다 할 것이다.

또 소론은 위 피해자가 난소의 제거로 이미 임신불능 상태에 있어 자궁을 적출했다 하더라도 이는 업무상 과실치상죄 소정의 상해에 해당하지 않는다는 것이나, 그와 같은 사유만으로 자궁을 제거한 것이 신체의 완전성을 해한 것이 아니라거나 생활기능에 아무런 장애를 주는 것이 아니라거나 건강상태를 불량하게 변경한 것이 아니라고 할 수 없고 이는 업무상 과실치상죄에 있어서의 상해에 해당한다.

(2) 의사 아닌 사람의 치료행위

① 학설

- 경미한 통상적 치료행위는 상해의 고의, 과실, 행위반가치를 인정할 수 없어서 구성요건해당성 없음(김일수)

② 무면허 의료행위 — 사회상규에 반하지 아니할 경우 위법성 조각

■ 대법원 2007. 6. 28. 선고 2005도8317 판결【의료법위반】(공)

의료행위에 해당하는 어떠한 시술행위가 무면허로 행하여졌을 때, 그 시술행위의 위험성의 정도, 일반인들의 시각, 시술자의 시술의 동기, 목적, 방법, 횟수, 시술에 대한 지식수준, 시술경력, 피시술자의 나이, 체질, 건강상태, 시술행위로 인한 부작용 내지 위험발생 가능성 등을 종합적으로 고려하여 법질서 전체의 정신이나 그 배후에 놓여 있는 사회윤리 내지 사회통념에 비추어 용인될 수 있는 행위에 해당한다고 인정되는 경우에만 사회상규에 위배되지 아니하는 행위로서 위법성이 조각된다(대법원 2002. 12. 26. 선고 2002도5077 판결, 2004. 10. 28. 선고 2004도3405 판결, 2006. 3. 23. 선고 2006도1297 판결 등 참조).

위와 같은 법리 및 기록에 비추어 보건대, 간호조무사에 불과한 위 제1심 공동피고인 1이 모발이식시술에 관하여 어느 정도 지식을 가지고 있다고 하여도 의료 전반에 관한 체계적인 지식과 의사 자격을 가지고 있지는 못한 사실, 피고인 5는 모발이식시술을 하면서 식모기를 환자의 머리부위 진피층까지 찔러 넣는 방법으로 수여부에 모발을 삽입하는 행위 자체 중 일정 부분에 대해서는 위 제1심 공동피고인 1에게만 맡겨둔 채 별반 관여를 하지 아니한 사실 등을 인정한 다음, 이러한 위 피고인의 행위는 의료법을 포함한 법질서 전체의 정신이나 사회통념에 비추어 용인될 수 있는 행위에 해당한다고 볼 수 없어 위법성이 조각되지 아니한다고 하여, 위 피고인의 정당행위 주장을 배척한, 원심의 조치는 옳고 정당행위에 관한 법리오해의 위법이 없다.

☞ 원심인 서울중앙지방법원 2005. 10. 13. 선고 2005노1994 판결이 적용한 법조는 의료법 제66조 제3호, 제25조 제1항, 형법 제30조(각 벌금형 선택)임. 이는 의사(D5)를 간호사의 무면허의료행위의 공동정범으로 규율한 것). 대법원도 이에 대하여는 인정한 것으로 보임.

■ 대법원 2003. 9. 5. 선고 2003도2903 판결【보건범죄단속에관한특별조치법위반(부정의료업자)】(공)

형법 제20조 소정의 '사회상규에 위배되지 아니하는 행위'라 함은 법질서 전체의 정신이나 그 배후에 놓여 있는 사회윤리 내지 사회통념에 비추어 용인될 수 있는 행위를 말하고, 어떠한 행위가 사회상규에 위배되지 아니하는 정당한 행위로서 위법성이 조각되는 것인지는 구체적인 사정 아래서 합목적적, 합리적으로 고찰하여 개별적으로 판단되어야 할 것인바, 이와 같은 정당행위를 인정하려면 첫째 그 행위의 동기나 목적의 정당성, 둘째 행위의 수단이나 방법의 상당성, 셋째 보호이익과 침해이익과의 법익권형성, 넷째 긴급성, 다섯째 그 행위 외에 다른 수단이나 방법이 없다는 보충성 등의 요건을 갖추어야 한다(대법원 2000. 4. 25. 선고 98도2389 판결 참조).

그 법리에 비추어 기록을 살펴보니, 소위 피부관리사가 피부미용에 관하여는 상당한 지식을 가지고 있다고 하여도 의료 전반에 관한 체계적인 지식을 가지고 있지는 못한 사실, 피고인을 포함한 피고인 의원의 의사들은 크리스탈 필링 박피술의 시술과정 자체는 피부관리사에게만 맡겨둔 채 별반 관여를 하지 아니한 사실 등을 알 수 있는바, 이러한 피고인의 행위는 의료법을 포함한 법질서 전체의 정신이나 사회통념에 비추어 용인될 수 있는 행위에 해당한다고 볼 수는 없다 할 것이어서 위법성이 조각되지 아니한다 할 것이다.

■ 대법원 2002. 12. 26. 선고 2002도5077 판결【보건범죄단속에관한특별조치법위반(부정의료업자)(인정된 죄명: 의료법위반)】(공)

형법 제20조 소정의 '사회상규에 위배되지 아니하는 행위'라 함은 법질서 전체의 정신이나 그 배후에 놓여 있는 사회윤리 내지 사회통념에 비추어 용인될 수 있는 행위를 말하고, 어떠한 행위가 사회상규에 위배되지 아니하는 정당한 행위로서 위법성이 조각되는 것인지는 구체적인 사정 아래서 합목적적, 합리적으로 고찰하여 개별적으로 판단되어야 하므로, 이와 같은 정당행위를 인정하려면 첫째 그 행위의 동기나 목적의 정당성, 둘째 행위의 수단이나 방법의 상당성, 셋째 보호이익과 침해이익과의 법익권형성, 넷째 긴급성, 다섯째 그 행위 외에 다른 수단이나 방법이 없다는 보충성 등의 요건을 갖추어야 할 것이고(대법원 1999. 1. 26. 선고 98도3029 판결 등 참조), 일반적으로 면허 또는 자격 없이 침술행위를 하는 것은 의료법 제25조의 무면허 의료행위(한방의료행위)에 해당되어 같은 법 제66조에 의하여 처벌되어야 하는 것이며, 그 침술행위가 광범위하고 보편화된 민간요법이고 그 시술로 인한 위험성이 적다는 사정만으로 그것이 바로 사회상규에 위배되지 아니하는 행위에 해당한다고 보기는 어렵다 할 것이고, 다만 개별적인 경우에 그 침술행위의 위험성의 정도, 일반인들의 시각, 시술자의 시술의 동기, 목적, 방법, 횟수, 시술에 대한 지식수준, 시술경력, 피시술자의 나이, 체질, 건강상태, 시술행위로 인한 부작용 내지 위험발생 가능성 등을 종합적으로 고려하여 법질서 전체의 정신이나 그 배후에 놓여 있는 사회윤리 내지 사회통념에 비추어 용인될 수 있는 행위에 해당한다고 인정되는 경우에만 사회상규에 위배되지 아니하는 행위로서 위법성이 조각된다고 할 것이다(대법원 2000. 4. 25. 선고 98도2389 판결 참조).

라. 치료유사행위

○ 수혈, 성형수술, 장기제공자에 대한 적출수술, 불임수술, 거세수술

1 피해자 승낙으로 위법성 조각(다수설)

2 피해자 승낙으로 구성요건 배제(김일수)

마. 징계행위

① 법률상 징계권이 부여된 경우

- 부모(민법 915), 학교장(교육법 760), 소년원장(소년원법 15)
- 법령에 의한 정당행위로 위법성 조각

② 교사의 체벌

■ 대법원 2004. 6. 10. 선고 2001도5380 판결【폭행, 모욕】(공)

형법 제20조가 법령에 의한 행위 또는 업무로 인한 행위 기타 사회상규에 위반되지 아니하는 행위는 벌하지 아니한다고 규정하여 법령에 의한 학생에 대한 징계나 학생에 대한 교육적 지도행위의 경우에는 그 행위의 위법성이 조각되는 것임은 상고이유로 주장된 바와 같다.

그런데 사회상규에 위반되지 아니하는 행위라 함은 법질서 전체의 정신이나 그의 배후에 놓여 있는 사회윤리·도의적 감정 내지 사회통념에 비추어 용인될 수 있는 행위를 말하는 것이어서 어떠한 행위가 사회상규에 위배되지 아니하는가는 구체적 사정 아래에서 합목적적, 합리적으로 고찰하여 개별적으로 판단되어야 할 것이다(대법원 2000. 4. 25. 선고 98도2389 판결 참조).

한편, 교육에 관한 중심 법규이던 구 교육법에 갈음하여 교육기본법(법률 제5437호)이 1998. 3. 1.부터 시행되고 그 법 제9조에 의거하여 초·중등교육법(법률 제5438호)이 제정 시행됨과 아울러 그 동안의 교사와 학생의 인식, 인적·물적 교육환경에 변화가 있었고 그에 따라서 학생의 징계, 지도에 관한 규정내용도 달라졌으므로, 이후 초·중등학교에서의 학생의 징계, 지도에 관한 법적 규율에도 그러한 사정이 반영될 수밖에 없다.

초·중등교육법 제18조 제1항은 "학교의 장은 교육상 필요한 때에는 법령 및 학칙이 정하는 바에 의하여 학생을 징계하거나 기타의 방법으로 지도할 수 있다."고 규정하고 제20조 제3항은 "교사는 법령이 정하는 바에 따라 학생을 교육한다."고 규정하며, 그 법 시행령 제31조 제1항은 "법 제18조 제1항 본문의 규정에 의하여 학교의 장이 교육상 필요하다고 인정할 때에는 학생에 대하여 다음 각 호의 1.의 징계를 할 수 있다. 1. 학교내의 봉사, 2. 사회봉사, 3. 특별교육, 4. 퇴학처분"이라고 규정하고 그 제31조 제7항은 "학교의 장은 법 제18조 제1항 본문의 규정에 의한 지도를 하는 때에는 교육상 불가피한 경우를 제외하고는 학생에게 신체적 고통을 가하지 아니하는 훈육, 훈계 등의 방법으로 행하여야 한다."고 규정한다.

그 규정들에 따르건대, 교사는 학교장의 위임을 받아 교육상 필요하다고 인정할 때에는 징계를 할 수 있고 징계를 하지 않는 경우에는 그 밖의 방법으로 지도를 할 수 있는데 그 지도에 있어서는 교육상 불가피한 경우에만 신체적 고통을 가하는 방법인 이른바 체벌로 할 수 있고 그 외의 경우에는 훈육, 훈계의 방법만이 허용되어 있는 것이다.

그러하니 교사가 학생을 징계 아닌 방법으로 지도하는 경우에도 징계하는 경우와 마찬가지로 교육상의 필요가 있어야 될 뿐만 아니라 특히 학생에게 신체적, 정신적 고통을 가하는 체벌, 비하하는 말 등의 언행은 교육상 불가피한 때에만 허용되는 것이어서, 학생에 대한 폭행, 욕설에 해당되는 지도행위는 학생의 잘못된 언행을 교정하려는 목적에서 나온 것이었으며 다른 교육적 수단으로는 교정이 불가능하였던 경우로서 그 방법과 정도에서 사회통념상 용인될 수 있을 만한 객관적 타당성을 갖추었던 경우에만 법령에 의한 정당행위로 볼 수 있을 것이다.

따라서 교정의 목적에서 나온 지도행위가 아니어서 학생에게 체벌, 훈계 등의 교육적 의미를 알리지도 않은 채 지도교사의 성격 또는 감정에서 비롯된 지도행위라든가, 다른 사람이 없는 곳에서 개별적으로 훈계, 훈육의 방법으로 지도·교정될 수 있는 상황이었음에도 낯모르는 사람들이 있는 데서 공개적으로 학생에게 체벌·모욕을 가하는 지도행위라든가, 학생의 신체나 정신건강에 위험한 물건 또는 지도교사의 신체를 이용하여 학생의 신체 중 부상의 위험성이 있는 부위를 때리거나 학생의 성별, 연령, 개인적 사정에서 견디기 어려운 모욕감을 주어 방법·정도가 지나치게 된 지도행위 등은 특별한 사정이 없는 한 사회통념상 객관적 타당성을 갖추었다고 보기 어려운 것이다.

이 사건 사실관계에 위의 법리를 적용하여 본즉, 피고인이 피해자들의 각 언행을 교정하기 위하여는 위에서 본 학생지도시의 준수요건을 지켜 개별적 지도로서 훈계하는 등의 방법을 사용할 수 있었던 상황이었으며 달리 특별한 사정은 인정될 수 없었음에도 스스로의 감정을 자제하지 못한 나머지 많은 낯모르는 학생들이 있는 교실 밖에서 피해자 학생들의 행동을 본 즉시 피고인 자신의 손이나 주먹으로 피해자 공소외 1의 머리 부분을 때렸고 피고인이 신고 있던 슬리퍼로 피해자 공소외 의 양손을 때렸으며 감수성이 예민한 여학생인 피해자들에게 모욕감을 느낄 지나친 욕설을 하였던 것은 사회관념상 객관적 타당성을 잃은 지도행위이어서 정당행위로 볼 수 없을 터인바, 같은 전제에서 나온 원심의 판단은 올바른 것으로 수긍할 수 있다.

체벌

교사의 체벌은 동서양을 막론하고 효과적인 교육수단으로 여겨져 왔다. 교사로서 교육하는 것을 교편(敎鞭: 회초리)을 잡는다고 하였다. 김홍도의 서당도를 보고 회초리를 든 훈장님이 폭행범이라고 생각하는 이는 아무도 없었다. 그러나 근대에 이르러 체벌은 교육사상가들로부터 비난을 받기 시작하면서 점차 완화되어 현재는 체벌금지의 원칙이 세계적 대세로 되었다.

우리나라 현행법도 체벌을 원칙적으로 금지하고 있다. 다만, 교육상 필요한 때에는 학생을 징계하거나 지도할 수 있고(초·중등교육법 제18조 제1항) 위 지도를 함에 있어 교육상 불가피한 경우에는 학생에게 신체적 고통을 가하는 방법을 사용할 수 있어(위 법 시행령 제31조 제7항 참조), 체벌이 예외적으로 허용되고 있다. 이에 따라 각 학교에서는 학생생활규정(학생체벌규정)을 두어 체벌의 기준, 절차, 방법 등에 관하여 구체적으로 규정하고 있다.

체벌은 형사적으로 폭행죄, 상해죄, 모욕죄, 강요죄, 폭력행위 등 처벌에 관한 법률 위반죄 등의 구성요건에 해당될 수 있고, 민사적으로 손해배상책임의 원인이 될 수 있다. 그러나 모든 체벌이 형사처벌이나 손해배상책임의 원인이 되는 것이 아니고 그렇다고 해서 모든 체벌이 정당한 것은 더더욱 아니다. 우리 법은 체벌의 근거가 되는 지도는 법령 및 학칙이 정하는 바에 의하도록 규정하고 있으므로 이에 따르지 아니한 체벌은 부당하다.

우리 형법은 "법령에 의한 행위 또는 업무로 인한 행위 기타 사회상규에 위배되지 아니하는 행위"는 정당행위로서 벌하지 아니한다고 규정하고 있고 민법상 위법행위가 아니면 손해배상책임도 지지 아니한다. 어떠한 행위가 이에 해당하는가는 구체적 사정 아래에서 합목적적, 합리적으로 고찰하여 개별적으로 판단되어지는데, 대법원과 헌법재판소는 이에 관한 일응의 일반적 기준을 제시하고 있다.

헌법재판소는 학교체벌이 사회적 상당성을 충족할 객관적 기준으로서, 체벌의 불기피성(교육상 체벌이 불가피하다는 사정), 체벌의 절차준수(예: 체벌목적을 알리고 신체의 이상 유무를 확인한 후 시행), 체벌방법의 적정성(예: 적정한 체벌도구), 체벌정도의 비례성(학생이 수인할 수 있는 정도) 등을 제시한 바 있다(헌재 2006. 7. 27. 2005헌마1189). 대법원은 체벌은 교육상 불가피한 때에만 허용되는 것이어서 학생의 잘못된 언행을 교정하려는 목적에서 나온 것이고 다른 교육적 수단으로는 교정이 불가능한 경우로서 그 방법과 정도에서 사회통념상 용인될 수 있을 만한 객관적 타당성을 갖춘 경우에만 정당행위로 볼 수 있다고 하였다(대법원 2004. 6. 10. 선고 2001도5380 판결 등).

이러한 기준에서 대법원은 학생에게 체벌, 훈계 등의 교육적 의미를 알리지도 않은 채 지도교사의 성격 또는 감정에서 비롯된 지도행위, 다른 사람이 없는 곳에서 개별적으로 훈계, 훈육의 방법으로 지도·교정될 수 있는 상황이었음에도 낯모르는 사람들이 있는 데서 공개적으로 학생에게 체벌·모욕을 가하는 지도행위, 학생의 신체나 정신건강에 위험한 물건 또는 지도교사의 신체를 이용하여 학생의 신체 중 부상의 위험성이 있는 부위를 때리거나 학생의 성별, 연령, 개인적 사정에서 견디기 어려운 모욕감을 주어 방법·정도가 지나치게 된 지도행위 등은 특별한 사정이 없는 한 사회통념상 객관적 타당성을 갖추었다고 보기 어렵다고 한다. 그동안 대법원은, ① 교칙위반학생을 훈계하면서 뺨을 몇 차례 때린 사안, 수업태도가 불량한 학생에게 뺨을 두 번 가볍게 때리고 지휘봉으로 등을 3, 4회 때린 사안, 수업태도가 불량하고 지시사항을 이행하지 않아 뺨을 3차례 때리고 주먹으로 머리를 2회 때린 사안, 흡연한 여학생의 머리를 가볍게 1회 때리고 거짓말한 여학생의 머리를 손바닥으로 때리고 다리를 발로 걷어찬 사안 등에서 정당성을 인정하였고, ② 대나무 막대기로 나이어린 학생의 전신을 구타하여 상해를 입힌 사안, 학생이 욕설한 것으로 오인하고 격분하여 주먹으로 얼굴을 구타하여 실신시킨 사안, 체벌을 피하려고 움츠리는 학생에게 대걸레 자루를 휘둘러 상해를 입힌 사안, 피해학생이 다른 학생들과 단체로 체벌을 받던 중 갑자기 웃어버리자 머리를 막대기로 때리고 구둣발로 여러 번 차 6주 상해를 입힌 사안, 과제를 이행하지 않아 종아리를 때리는 데 대하여 욕설을 하자 수업시간 내내 꿇어앉히고 뺨과 머리를 때려 실명에 이르게 한 사안, 몽둥이와 당구큐대로 둔부를 때려 3주의 상해를 입힌 사안 등에서 정당성을 부정하였다. 위 판례들은 당해 사안에 나타난 여러 가지 요소를 종합적으로 검토한 결과이지만 대체로 1970년대에는 체벌에 대하여 관대한 태도를 취하다가 1980년대 이후 점점 엄격한 기준을 요구하고 있는 경향으로 보이고, 위법하다고 판단된 사안에서는 대체로 상해의 결과가 있었다.

바. 운동경기와 상해

○ 학설

1 허용된 위험의 법리에 따라 구성요건해당성 배제
2 피해자 승낙으로 위법성 조각
3 업무로 인한 행위로 위법성 조각

4 사회상규에 위배되지 않는 정당행위로 위법성 조각

5. 죄 수

① 피해자별

■ 대법원 1983. 4. 26. 선고 83도524 판결【특수절도, 특수절도미수, 폭력행위등처벌에관한법률위반】(집)

피고인이 원심 공동피고인, 공소외 1, 2 등과 공동하여 피고인 2의 체포를 면하게 하기위해 그를 검거하려고 쫓아오는 피해자 1의 얼굴을 수도파이프로 때리고 이발용 면도칼을 휘둘러 상해를 입힌 행위와 피해자 2의 등을 이발용 면도칼로 그어 상해를 입힌 행위는 비록 같은 일시, 장소에서 같은 목적으로 저지른 소행이라 하더라도 피해자를 달리하고 있어 피해자별로 각각 별개의 죄(폭력행위등처벌에 관한 법률위반 제3조 제2항, 형법 제257조 제1항 위반)를 구성한다고 보아야 할 것이고, 소론과 같이 1개의 행위가 수개의 죄에 해당하는 경우라고는 볼 수 없으므로 원심이 유지한 제1심 판결이 피고인의 소위를 수개의 죄에 해당한다고 보아 경합범가중을 하여 처단한 조치에도 위법사유가 있다 할 수 없다.

■ 대법원 1995. 3. 24. 선고 95도22 판결【폭력행위등처벌에관한법률위반】(공)

폭행으로 인한 폭력행위등처벌에관한법률 제2조 제2항 위반죄는 피해자별로 1개의 죄가 성립되는 것으로 각 피해자별로 사실을 특정할 수 있도록 공소사실을 기재하여야 할 것인바, 이 사건 공소사실 중 '피고인들이 공동하여, 성명불상 범종추측 승려 100여 명의 전신을 손으로 때리고 떠밀며 발로 차서 위 성명불상 피해자들에게 폭행을 각 가한 것이다'는 부분은 피해자의 숫자조차 특정되어 있지 않아 도대체 몇 개의 폭행으로 인한 폭력행위등처벌에관한법률위반죄를 공소제기한 것인지조차 알 수가 없으므로, 위 각 폭행으로 인한 폭력행위등처벌에관한법률위반의 점은 공소장에 구체적인 범죄사실의 기재가 없어 그 공소제기의 절차가 법률의 규정에 위반하여 무효인 경우에 해당한다.

② 공무집행방해와 상해

- 폭행죄는 공무집행방해죄에 흡수
- 상해죄는 공무집행방해죄와 상경
- 특수공무방해치상 일죄

6. 판시의 정도

■ 대법원 2002. 11. 8. 선고 2002도5016 판결【폭력행위등처벌에관한법률위반】(공)

피해자 A에 대한 상해사실의 인정에 있어 상해의 부위와 정도가 증거에 의하여 명백히 확정되어야 하고 상해부위의 판시 없는 상해죄의 인정은 위법하다는 점은 상고이유의 주장과 같으나(대법원 1982. 12. 28. 선고 82도2588 판결, 1993. 5. 11. 선고 93도711 판결, 1996. 12. 10. 선고 96도2529 판결 등 참조) 위 피해자가 피고인으로부터 구타당하여 얼굴에 입은 상해의 부위를 촬영한 사진을 제시하면서 상해의 부위, 종류 및 정도에 관하여 진술하고 있고, 피고인 또한 법정에서 위 피해자를 때려 그와 같은 상해를 입힌 사실을 시인하고 있으며, 원심이 위 사진과 진술들을 증거로 채용하여 그 범죄사실을 인정한 이상, 원심이 상해부위 등에 관하여 판시하지 아니하였다고 할 수 없으므로 원심에 상해죄의 법리를 오해한 나머지 이유불비의 위법을 범한 잘못이 있다고 할 수 없다.

7. 폭력행위 등 처벌에 관한 법률

제2조 (폭행등)

① 상습적으로 다음 각 호의 죄를 범한 자는 다음의 구분에 따라 처벌한다. 〈개정 2006. 3. 24〉

1. 「형법」 제260조 제1항(폭행), 제283조 제1항(협박), 제319조(주거침입, 퇴거불응) 또는 제366조(재물손괴등)의 죄를 범한 자는 1년 이상의 유기징역
2. 「형법」 제260조 제2항(존속폭행), 제276조 제1항(체포, 감금), 제283조 제2항(존속협박) 또는 제324조(강요)의 죄를 범한 자는 2년 이상의 유기징역
3. 「형법」 제257조 제1항(상해)·제2항(존속상해), 제276조 제2항(존속체포, 존속감금) 또는 제350조(공갈)의 죄를 범한 자는 3년 이상의 유기징역

② 2인 이상이 공동하여 제1항 각 호에 열거된 죄를 범한 때에는 각 형법 본조에 정한 형의 2분의 1까지 가중한다. 〈신설 1962. 7. 14, 1990. 12. 31, 2006. 3. 24〉

③ 이 법 위반(「형법」 각 본조를 포함한다)으로 2회 이상 징역형을 받은 자로서 다시 제1항에 열거된 죄를 범하여 누범으로 처벌할 경우에도 제1항과 같다. 〈신설 1990. 12. 31, 2006. 3. 24〉

④ 제2항 및 제3항의 경우에는 「형법」 제260조 제3항 및 제283조 제3항을 적용하지 아니한다. 〈신설 1962. 7. 14, 1990. 12. 31, 2001. 12. 19, 2006. 3. 24〉

제3조 (집단적 폭행등)

① 단체나 다중의 위력으로써 또는 단체나 집단을 가장하여 위력을 보임으로써 제2조 제1항에 열거된 죄를 범한 자 또는 흉기 기타 위험한 물건을 휴대하여 그 죄를 범한 자는 제2조 제1항 각 호의 예에 따라 처벌한다. 〈개정 1962. 7. 14, 1990. 12. 31, 2006. 3. 24〉

② 삭제 〈2006. 3. 24〉

③ 상습적으로 제1항의 죄를 범한 자는 다음 각 호의 구분에 따라 처벌한다. 〈개정 2006. 3. 24〉

1. 제2조 제1항 제1호에 열거된 죄를 범한 자는 2년 이상의 유기징역
2. 제2조 제1항 제2호에 열거된 죄를 범한 자는 3년 이상의 유기징역
3. 제2조 제1항 제3호에 열거된 죄를 범한 자는 5년 이상의 유기징역

④ 이 법 위반(「형법」 각 본조를 포함한다)으로 2회 이상 징역형을 받은 자로서 다시 제1항의 죄를 범하여 누범으로 처벌할 경우도 제3항과 같다. 〈신설 1980. 12. 18, 1990. 12. 31, 2006. 3. 24〉

구 폭력행위 등 처벌에 관한 법률(2006. 3. 24. 법률 제7891호로 개정되기 전의 것)

제2조 (폭행등)

① 상습적으로 형법 제257조 제1항(상해), 제260조 제1항(폭행), 제276조 제1항(체포, 감금), 제283조 제1항(협박), 제319조(주거침입, 퇴거불응), 제324조(폭력에 의한 권리행사방해), 제350조(공갈) 또는 제366조(손괴)의 죄를 범한 자는 3년 이상의 유기징역에 처한다. 〈개정 1962. 7. 14, 1990. 12. 31〉

② 야간 또는 2인 이상이 공동하여 제1항에 열거된 죄를 범한 때에는 각 형법 본조에 정한 형의 2분의 1까지 가중한다. 〈신설 1962. 7. 14, 1990. 12. 31〉

③ 이 법 위반(형법 각 본조를 포함한다)으로 2회 이상 징역형을 받은 자로서 다시 제1항에 열거된 죄를 범하여 누범으로 처벌할 경우에도 제1항과 같다. 〈신설 1990. 12. 31〉

④ 제2항(2인 이상이 공동하여 죄를 범한 경우에 한한다) 및 제3항의 경우에는 형법 제260조 제3항 및 제

283조 제3항을 적용하지 아니한다. 〈신설 1962. 7. 14, 1990. 12. 31, 2001. 12. 19〉

제3조 (집단적 폭행 등)

① 단체나 다중의 위력으로써 또는 단체나 집단을 가장하여 위력을 보임으로써 제2조 제1항에 열거된 죄를 범한 자 또는 흉기 기타 위험한 물건을 휴대하여 그 죄를 범한 자는 3년 이상의 유기징역에 처한다. 〈개정 1962. 7. 14, 1990. 12. 31〉

② 야간에 제1항의 죄를 범한 자는 5년 이상의 유기징역에 처한다. 〈개정 1980. 12. 18, 1990. 12. 31〉

③ 상습적으로 제1항의 죄를 범한 자는 무기 또는 7년 이상의 징역에 처한다. 〈신설 1980. 12. 18, 1990. 12. 31〉

④ 이 법 위반(형법 각 본조를 포함한다)으로 2회 이상 징역형을 받은 자로서 다시 제1항의 죄를 범하여 누범으로 처벌할 경우도 제3항과 같다. 〈신설 1980. 12. 18, 1990. 12. 31〉

○ 헌법재판소 결정

■ 헌법재판소 2004. 12. 16. 선고 2003헌가12 결정

폭력행위등처벌에관한법률(1990. 12. 31. 법률 제4294호로 개정된 것) 제3조 제2항 중 "야간에 흉기 기타 위험한 물건을 휴대하여 형법 제283조 제1항(협박)의 죄를 범한 자" 부분은 헌법에 위반된다.

■ 헌재 2006. 4. 27.의 결정

폭처법	형법	구성요건	헌재 사건번호	선고결과
2 ①	283 ①	상습 협박	2005헌바5	각하
3 ①	257 ①	위험한 물건 상해	2005헌가2 2005헌바14	**합헌**
	276 ①	다중위력 감금	2006헌바15	각하
	366	위험한 물건 손괴	2005헌가15 2005헌바14	각하
		다중위력 손괴	2006헌바15	각하
	319 ①	다중위력 주거침입	2005헌가3	각하
	319 ②	다중위력 퇴거불응	2005헌가8	각하
	283 ①	위험한 물건 협박	2005헌가2	각하
3 ②	257 ①	야간 위험한 물건 상해	2005헌바36 2005헌바38	**합헌**
	366	야간 위험한 물건 손괴	2005헌가15	각하
	319 ①	야간 다중위력 주거침입	2005헌가3	각하
		야간 위험한 물건 주거침입	2005헌가23	각하
	260 ①	야간 다중위력 폭행	2005헌가3	각하
		야간 위험한 물건 폭행	2005헌가18 2005헌가19	각하

III. 존속상해죄

> 제257조 (상해, 존속상해)
>
> ① 자기 또는 배우자의 직계존속에 대하여 제1항의 죄를 범한 때에는 10년 이하의 징역 또는 1천500만원 이하의 벌금에 처한다. 〈개정 1995. 12. 29〉

IV. 중상해죄, 존속중상해죄

> 제258조 (중상해, 존속중상해)
>
> ① 사람의 신체를 상해하여 생명에 대한 위험을 발생하게 한 자는 1년 이상 10년 이하의 징역에 처한다.
>
> ② 신체의 상해로 인하여 불구 또는 불치나 난치의 질병에 이르게 한 자도 전항의 형과 같다.
>
> ③ 자기 또는 배우자의 직계존속에 대하여 전2항의 죄를 범한 때에는 2년 이상의 유기징역에 처한다.

1. 의 의

- 불법가중
- 성격
  - [1] 고의범
  - [2] 결과적 가중범(상해의 고의로 중상해결과 난 경우 처벌하므로)

2. 객관적 구성요건

- 불구

■ 대법원 2005. 12. 9. 선고 2005도7527 판결【중상해교사】(공)

형법 제258조 제1항, 제2항에서 정하는 중상해는 사람의 신체를 상해하여 생명에 대한 위험을 발생하게 하거나, 신체의 상해로 인하여 불구 또는 불치나 난치의 질병에 이르게 한 경우에 성립한다.

그런데 공소사실의 기재에 의하더라도 피고인은 공소외 1에게 "피해자의 다리를 부러뜨려 1~2개월간 입원케 하라."고 말하여 교사하고, 또한 공소외 1로부터 순차 지시를 받은 공소외 2, 공소외 3으로 하여금 칼로 피해자의 우측가슴을 찔러 피해자에게 약 3주간의 치료를 요하는 우측흉부자상 등을 가하였다는 것인데, 1~2개월간 입원할 정도로 다리가 부러지는 상해 또는 3주간의 치료를 요하는 우측흉부자상은 그로 인하여 생명에 대한 위험을 발생하게 한 경우라거나 불구 또는 불치나 난치의 질병에 이르게 한 경우에 해당한다고 보기 어렵고, 달리 피고인이 교사한 상해가 중상해에 해당한다거나 피해자가 입은 상해가 중상해에 해당한다고 단정할 자료도 없어 보인다.

그럼에도 원심은 피고인이 중상해를 교사하고, 피해자가 중상해를 입었음을 전제로 피고인의 행위를 중상해교사죄로 의율하고 말았으니, 이러한 원심판결에는 중상해에 관한 법리를 오해하였거나 피고인이 한 교사의 내용과 피해자가 입은 상해의 내용에 대한 심리를 다하지 아니한 위법이 있다고 할 것이다.

V. 상해치사죄, 존속상해치사죄

제259조 (상해치사)

① 사람의 신체를 상해하여 사망에 이르게 한 자는 3년 이상의 유기징역에 처한다. 〈개정 1995. 12. 29〉

② 자기 또는 배우자의 직계존속에 대하여 전항의 죄를 범한 때에는 무기 또는 5년 이상의 징역에 처한다.

① 결과적 가중범

제15조 (사실의 착오)

② 결과로 인하여 형이 중할 죄에 있어서 그 결과의 발생을 예견할 수 없었을 때에는 중한 죄로 벌하지 아니한다.

요건

(i) 고의의 기본범죄

(ii) 중한 결과의 발생

(iii) 인과관계

- 상당인과관계설(판례)과 객관적 귀속이론(합법칙적 조건설)
- 직접적 인과관계를 요하는가
  1. 긍정: 최근 다수설 ('직접적'이란 기본범죄가 야기하는 전형적인 위험이 현실화된다는 뜻)
  2. 판례: 상당인과관계로 해결

(iv) 예견가능성

② 인과관계

■ 대법원 1996. 5. 10. 선고 96도529 판결【강간치상(인정된 죄명 상해치사)】(공)

원심은, 피고인이 이 사건 범행일시경 계속 교제하기를 원하는 자신의 제의를 피해자가 거절한다는 이유로 얼굴을 주먹으로 수회 때리자 피해자는 이에 대항하여 피고인의 손가락을 깨물고 목을 할퀴게 되었고, 이에 격분한 피고인이 다시 피해자의 얼굴을 수회 때리고 발로 배를 수회 차는 등 폭행을 하므로 피해자는 이를 모면하기 위하여 도로 건너편의 추어탕 집으로 도망가 도움을 요청하였으나, 피고인은 이를 뒤따라 도로를 건너간 다음 피해자의 머리카락을 잡아 흔들고 얼굴 등을 주먹으로 때리는 등 폭행을 가하였고, 이에 견디지 못한 피해자가 다시 도로를 건너 도망하자 피고인은 계속하여 쫓아가 주먹으로 피해자의 얼굴 등을 구타하는 등 폭행을 가하여 전치 10일간의 흉부피하출혈상 등을 가하였고, 피해자가 위와 같이 계속되는 피고인의 폭행을 피하려고 다시 도로를 건너 도주하다가 차량에 치여 사망한 사실을 인정한 다음, 위와 같은 사정에 비추어 보면 피고인의 위 상해행위와 피해자의 사망 사이에 상당인과관계가 있다고 하여 피고인을 상해치사죄로 처단한 제1심의 판단을 유지하고 있는바, 기록에 의하여 살펴보면, 원심의 사실인정과 피고인의 위 상해행위와 피해자의 사망 사이에 상당인과관계가 있다고 본 원심의 판단은 모두 정당한 것으로 수긍이 되고, 거기에 소론과 같이 필요한 심리를 다하지 아니하여 사실을 오인한 위법이나 상해치사죄의 법리를 오해한 위법이 있다고 할 수 없다.

■ 대법원 1972. 3. 28. 선고 72도296 판결【상해치사】(집)

피고인은 1971. 5. 18. 17:30경 피해자와 언쟁하던 중 위 피해자가 욕설을 하면서 피고인의 오른쪽 잠바자락을 잡아당기는 것을 오른쪽 팔굼치로 피해자의 복부를 1회 쳐서 피해자를 그 장소에 넘어뜨려서 피해자로 하여금 같은달 22. 17:30경 (이름 생략)산부인과의원에서 임신 7개월의 태아를 낙태하게 하고 이로 인하여 위 같은 달 23. 06:20경 위 낙태로 유발된 심근경색증으로 죽음에 이르게 한 것이라는 것으로서 필경 원심은 피고인의 강타로 인하여 임신 7개월의 피해자가 그 지상에 전도되고 또 낙태까지 하게 된 사실, 이 사건 사인이 된 심근경색증은 위 낙태로부터 유발되었다는 사실을 인정한 취지이며, 위의 사실을 전제로 한다면 피고인의 구타행위와 피해자의 사망 간에는 인과 관계가 있다고 함이 상당할 것이니 같은 취지에서 피고인에게 유죄 판결을 선고한 제1심판결을 유지한 원심조처에 인과 관계를 오해한 위법이 있다고 할 수 없다.

③ 개괄적 과실

■ 대법원 1994. 11. 4. 선고 94도2361 판결【살인, 폭력행위등처벌에관한법률위반(인정된 죄명: 상해치사), 업무방해】(집) ☆

원심이 확정한 바와 같이 피고인이 1993. 10. 3. 01:50경 피해자와 함께 낙산비치호텔 325호실에 투숙한 다음 손으로 피해자의 뺨을 수회 때리고 머리를 벽쪽으로 밀어 붙이며 붙잡고 방바닥을 뒹구는 등 하다가 피해자의 어깨를 잡아 밀치고 손으로 우측 가슴부위를 수회 때리고 멱살을 잡아 피해자의 머리를 벽에 수회 부딪치게 하고 바닥에 넘어진 피해자의 우측 가슴부위를 수회 때리고 밟아서 피해자에게 우측 흉골골절 및 우측 제2, 3, 4, 5, 6번 늑골골절상과 이로 인한 우측심장벽좌상과 심낭내출혈 등의 상해를 가함으로써, 피해자가 바닥에 쓰러진 채 정신을 잃고 빈사상태에 빠지자, 피해자가 사망한 것으로 오인하고 피고인의 위와 같은 행위를 은폐하고 피해자가 자살한 것처럼 가장하기 위하여, 같은 날 03:10경 피해자를 베란다로 옮긴 후 베란다 밑 약 13미터 아래의 바닥으로 떨어뜨려 피해자로 하여금 현장에서 좌측 측두부 분쇄함몰골절에 의한 뇌손상 및 뇌출혈 등으로 사망에 이르게 하였다면, 피고인의 판시 소위는 포괄하여 단일의 상해치사죄에 해당한다고 할 것이므로 이와 같은 취지의 원심판단은 정당하고, 원심판결에 소론과 같은 결과적 가중범, 인과관계 및 포괄일죄 등에 관한 법리를 오해한 위법이 있다고 볼 수 없다. 논지는 모두 이유가 없다.

위 사안은 사망결과에 대한 과실행위가 고의의 제1행위의 결과적 가중범이 되는가의 문제 ⇒ 기본범죄 이후 행위자의 과실이 개입되어 중한 결과가 발생한 경우 '개괄적 과실'을 인정할 것인가

1 부정설

G1 제2행위(과실행위)에 의한 인과의 진행(=중한 결과)은 기본범죄에 내포된 전형적인 위험의 실현이 아님 ⇒ 제1행위와 중한 결과 사이에 '직접성'의 요건이 충족되지 않음
(직접성의 원칙: 중한 결과는 기본범죄에 내포된 전형적인 위험의 실현이어야 하므로 중간원인을 거치지 않고 기본범죄로부터 직접 야기된 것이어야 한다는 원칙)

2 긍정설

제2행위는 제1행위에 따른 착오에 직접적으로 기인하였으므로 전체적으로 직접성을 인정할 수 있음

위 사안에서 제1행위시 살해의 고의가 있었을 경우: 개괄적 고의

1 개괄적 고의
2 미수와 과실의 경합
3 객관적 귀속
4 계획실현
5 단일행위
6 인과관계착오

익사시키려고 다리에서 밀었는데 교각에 부딪혀 사망한 경우: 인과관계의 착오

1 구성요건 착오의 문제로서 본질적인 착오의 경우 발생결과에 대해 고의기수 부정(다수설)

2 인과관계는 고의 대상 아니므로 객관적 귀속의 문제만 있음

④ 공범

■ 대법원 2002. 10. 25. 선고 2002도4089 판결【살인, 상해치사 등】(공)

교사자가 피교사자에 대하여 상해 또는 중상해를 교사하였는데 피교사자가 이를 넘어 살인을 실행한 경우에, 일반적으로 교사자는 상해죄 또는 중상해죄의 죄책을 지게 되는 것이지만 이 경우에 교사자에게 피해자의 사망이라는 결과에 대하여 과실 내지 예견가능성이 있는 때에는 상해치사죄의 죄책을 지울 수 있는 것이다(대법원 1993. 10. 8. 선고 93도1873 판결 등 참조).

원심이 제1심판결 적시의 각 증거를 인용하여, 피고인 1이 상피고인 3, 4, 5 및 원심 공동피고인 7에게 피고인과 사업관계로 다툼이 있었던 피해자를 혼내 주되, 평생 후회하면서 살도록 허리 아래 부분을 찌르고, 특히 허벅지나 종아리를 찔러 병신을 만들라는 취지로 이야기 하면서 차량과 칼 구입비 명목으로 경비 90만 원 정도를 주어 범행에 이르게 한 사실, 피고인 2는 위와 같이 1이 상피고인들에게 범행을 지시할 때 그들에게 연락하여 모이도록 하였으며, "피고인 1을 좀 도와주어라" 등의 말을 하였고, 그 결과 상피고인들이 공소사실 기재와 같이 피해자의 종아리 부위 등을 20여 회나 칼로 찔러 살해한 사실을 인정한 다음, 그 당시 상황으로 보아 피고인 2 역시 공모관계에 있고, 피고인 1과 2는 피해자가 죽을 수도 있다는 점을 예견할 가능성이 있었다고 판단하여, 상해치사죄로 의율한 조치는 위 법리에 따른 것으로 정당하고, 거기에 상고이유에서 주장하는 바와 같은 상해치사죄 또는 공동정범에 관한 법리오해의 위법이 있다고 할 수 없다.

■ 대법원 2000. 5. 12. 선고 2000도745 판결【살인(인정된 죄명: 상해치사)】(공)

원심에서 적법하게 변경된 이 사건 공소사실의 요지는, 피고인은 1999. 4. 18. 01:55경 상근예비역으로 근무하는 친구인 공소외인으로부터 공소외인의 여동생을 강간한 피해자를 혼내주러 가자는 연락을 받고 공소외인과 함께 피해자를 만나 성산초등학교 앞에서 공소외인과 피고인은 주먹으로 피해자를 때리면서 공소외인은 소지하고 있던 부엌칼(증 제1호)로 피해자를 위협하였으며, 그 후 피해자를 소룡초등학교로 끌고 가면서 피고인이 주변에 있던 각목으로 피해자의 머리 부분을 4회 때리고 공소외인이 위 부엌칼을 피해자의 목에 들이대면서 주먹과 발로 무수히 때려 이를 견디지 못한 피해자가 은적사 입구 방면으로 도망가자, 피고인은 공소외인의 뒤를 따라 피해자를 추격하던 중 공소외인이 떨어뜨린 위 부엌칼을 소지하게 된 다음 격분한 나머지 같은 날 02:21경 소룡초등학교 옆 골목길에서 공소외인에 의하여 붙잡힌 피해자의 좌측 흉부를 위 부엌칼로 1회 찔러 좌측흉부 자창상 등을 가하고, 이로 인하여 같은 날 04:00경 피해자로 하여금 실혈로 사망에 이르게 하였다는 것이고, 원심이 인정한 사실은, 피고인은 위 공소사실과 같은 과정을 거쳐 소룡초등학교 옆 골목길에서 공소외인에 의하여 붙잡힌 피해자를 공소외인과 함께 폭행하면서 둘 중 누군가가 불상의 방법으로 위 부엌칼로 피해자의 좌측 흉부를 1회 찔러 좌측흉부 자창상 등을 입히고, 이로 인하여 피해자를 사망에 이르게 하였다는 것이다.

결과적 가중범인 상해치사죄의 공동정범은 폭행 기타의 신체침해 행위를 공동으로 할 의사가 있으면 성립되고 결과를 공동으로 할 의사는 필요 없으며(대법원 1978. 1. 17. 선고 77도2193 판결, 1993. 3. 24. 선고 93도1674 판결 등 참조), 여러 사람이 상해의 범의로 범행 중 한 사람이 중한 상

해를 가하여 피해자가 사망에 이르게 된 경우 나머지 사람들은 사망의 결과를 예견할 수 없는 때가 아닌 한 상해치사의 죄책을 면할 수 없다고 할 것이다(대법원 1996. 12. 6. 선고 96도2570 판결 등 참조).

원심판결 이유에 의하면 원심은, 제1심판결 명시의 증거들을 인용하여 앞서 본 바와 같은 사실 등을 인정한 다음, 결국 피고인과 공소외인의 공동가공행위로 피해자에게 상해를 가하고 이로 인하여 피해자가 사망하게 된 것이 분명하다는 이유로 피고인을 상해치사죄로 의율하였는바, 이를 기록 및 앞서 본 법리에 비추어 살펴보면 옳다고 여겨지고, 공소외인과 피고인이 위험한 물건인 부엌칼과 각목을 휴대하고 피해자에 대하여 폭력을 행사한 이 사건에 있어서 피고인으로서는 능히 피해자가 부엌칼 등으로 상해를 입고 사망에 이를 수도 있다는 사정을 예견할 수 있었다고 할 것이므로, 원심판결에는 상고이유의 주장과 같은 채증법칙 위배로 인한 사실오인이나 심리미진 또는 상해치사죄에 관한 법리오해 등의 위법이 있다고 할 수 없다.

■ 대법원 1993. 8. 24. 선고 93도1674 판결【살인, 폭력행위등처벌에관한법률위반, 상해치사】(공)

결과적 가중범인 상해치사의 공동정범은 폭행 기타의 신체침해행위를 공동으로 할 의사가 있으면 성립되고, 결과를 공동으로 할 의사는 필요 없다 할 것인바(당원 1978. 1. 17. 선고 77도2193 판결 참조), 사실이 원심이 확정한 바와 같아서 피고인 A가 피고인 B, 원심공동피고인 C와 공동하여 피해자의 신체를 상해하거나 피해자의 신체에 대하여 폭행을 가하는 기회에 피고인 B가 피해자를 살해한 것이라면 피고인 A가 살인의 공모를 하지 아니하였다 하여도 상해나 폭행행위에 관하여는 인식이 있었다고 할 것이므로 그 살인행위나 치사의 결과를 예견할 수 없었다고 할 수 없는 이상 상해치사의 죄책을 면할 수 없다고 보아야 할 것이다.

■ 대법원 1991. 10. 11. 선고 91도1755 판결【살인, 폭력행위등처벌에관한법률위반, 상해치사】(공)

공동정범의 주관적 요건인 공모는 공범자 상호간에 범죄의 공동실행에 관한 의사의 결합만 있으면 족하고, 이와 같은 공모가 이루어진 이상 실행행위에 관여하지 않더라도 다른 공범자의 행위에 대하여 형사책임을 지는 것인바(당원 1990. 9. 28. 선고 90도602 판결, 1990. 6. 22. 선고 90도767 판결 등 참조), 원심판결과 원심이 유지한 제1심판결 적시의 증거에 의하면 피고인 2는 피고인 1 등 여러 명과 피해자 1을 상해하기로 공모하고, 피고인 2 등은 피고인 1의 사무실에서 대기하고, 실행행위를 분담한 공모자 일부가 사건현장에 가서 위 피해자를 상해하여 사망케 하였음이 인정되므로 피고인 2를 상해치사범죄의 공동정범으로 인정한 원심의 조치는 정당하다….

⑤ 공소장 변경 없이 직권으로 인정할 범위(상해치사 → 폭행) (상해치사 → 상해)

■ 대법원 1990. 10. 26. 선고 90도1229 판결【상해치사】(집)

법원은 공소사실의 동일성이 인정되는 범위 내에서 공소가 제기된 범죄사실에 포함된 보다 가벼운 범죄사실이 인정되는 경우에, 심리의 경과에 비추어 피고인의 방어권행사에 실질적인 불이익을 초래할 염려가 없다고 인정되는 때에는, 공소장이 변경되지 않았더라도 직권으로 공소장에 기재된 공소사실과 다른 범죄사실을 인정할 수 있는 것이기는 하지만, 이와 같은 경우라고 하더라도 공소가 제기된 범죄사실과 대비하여 볼 때 실제로 인정되는 범죄사실의 사안이 중대하여 공소장이 변경되지 않았다는 이유로 이를 처벌하지 않는다면, 적정절차에 의한 신속한 실체적 진실의 발견이라는 형사소송의 목적에 비추어 현저히 정의와 형평에 반하는 것으로 인정되는 경우가 아닌 한, 법원이 직권으로 그 범죄사실을 인정하지 아니하였다고 하여 위법한 것이라고까지는 볼 수는 없는 것이다(당원 1959. 11. 30. 선고 4292형상429 판결, 1962. 5. 24. 선고 4293비상2 판결, 1966. 7. 26. 선고 66도627 판결, 1968. 9. 19. 선고 68도995 전원합의체판결, 1968. 9. 24. 선고 67도649 판결, 1971. 1. 12. 선고 70도2216 판결, 1972. 2. 26. 선고 73도34 판결, 1973. 7. 10. 선고 73도975 판결, 1976. 9. 7. 선고 76도1765 판결, 1981. 7. 28. 선고 81도1489 판결, 1983. 11. 8. 선고 82도2119 판결, 1984. 11. 27. 선고 84도2089 판결 등 참조).

이 사건의 경우 공소사실의 요지는 "피고인이 피해자와 함께 술을 마신 후 피해자의 도발로 서로 멱살을 잡고 시비하던 중 피해자가 피고인의 얼굴을 주먹으로 때리자 이에 격분한 피고인이 피해자의 얼굴을 주먹으로 2회 때리고 계속 달려드는 피해자의 전신을 주먹 등으로 수회 때려 땅바닥에 넘어뜨려서 피해자로 하여금 심장파열 및 다발성늑골골절상으로 사망하게 하였다"는 것으로서, 원심은 피고인이 피해자와 싸우던 중 주먹으로 얼굴을 2회 때리는 등으로 피해자를 땅에 넘어뜨리고 그로 인하여 피해자에게 상당한 충격을 가한 사실은 인정되지만, 피고인의 그와 같은 폭행으로 인하여 피해자가 심장파열상 또는 다발성늑골골절상을 입게 되었음을 인정할 만한 증거가 없다고 할 것인바, 피고인이 범한 위와 같은 폭행 범죄사실은 공소장이 변경되지 아니하였기 때문에 법원의 심판대상이 되지 않는 것이라고 판단하였다. 이 사건에서 공소가 제기된 상해치사의 범죄사실과 대비하여 볼 때, 피고인이 위와 같이 주먹으로 얼굴을 2회 때리는 등의 정도를 피해자의 신체에 대하여 폭행을 가한 범죄사실에 관하여, 원심이 공소장이 변경되지 않았다는 이유로 유죄로 인정하지 아니한 것이 현저히 정의와 형평에 반하는 것이라고는 인정되지 않는다(당원 1959. 11. 30. 선고 4292형상429 판결, 1971. 1. 12. 선고 70도2216 판결, 1984. 11. 27. 선고 84도2089 판결 등 참조).

소론이 지적하는 피해자의 좌측안와부 외측의 표피박탈상은, 공소장에 피고인이 범한 상해 범죄사실로 기재되어 있지도 않았을 뿐만 아니라, 이 사건 상해치사 공소사실에 대한 심리과정에서도 단 한번 언급되지도 아니하였음이 기록상 분명하므로, 법원이 공소장의 변경도 없이 그대로 그 범죄사실을 유죄로 인정한다면 피고인의 방어권행사에 실질적으로 불이익을 초래하게 되기 때문에, 원심이 그 범죄사실을 유죄로 인정하지 아니한 것은 정당한 것으로 수긍이 된다.

Ⅵ. 상해죄의 동시범

제263조 (동시범)

독립행위가 경합하여 상해의 결과를 발생하게 한 경우에 있어서 원인된 행위가 판명되지 아니한 때에는 공동정범의 예에 의한다.

제19조 (독립행위의 경합)

동시 또는 이시의 독립행위가 경합한 경우에 그 결과발생의 원인된 행위가 판명되지 아니한 때에는 각 행위를 미수범으로 처벌한다.

1. 의 의

○ **입법취지**

- 2인 이상의 집단적 상해
- 위헌설(배종대, 백형구, 이정원, 이형국): (i) 책임원칙에 반함
  (ii) 인과관계의 의제로 in dubio pro reo 원칙을 폐기

2. 법적 성질

○ **학설**

1. 법률상 책임추정설: 입증의 곤란을 구제하기 위해 각 행위가 결과발생의 원인인 것으로 추정
2. 거증책임전환설(다수설): 입증의 곤란을 구제하기 위한 예외규정으로서 거증책임을 전환
3. 제한적 거증책임전환설(과실부분에 한하여 제한적으로 인정)(김일수)
4. 이원설: 절차법상으로는 거증책임의 전환규정인 동시 실체법상으로는 공동정범의 범위를 확장시킨 일종의 의제
5. 기수범추정설: 각 행위자를 전부 기수범으로 추정

3. 적용요건

① 독립행위의 경합

■ 대법원 2000. 7. 28. 선고 2000도2466 판결【폭행치사】(공)

시간적 차이가 있는 독립된 상해행위나 폭행행위가 경합하여 사망의 결과가 일어나고 그 사망의 원인된 행위가 판명되지 않은 경우에는 공동정범의 예에 의하여 처벌할 것이므로(대법원 1985. 5. 14. 선고 84도2118 판결 참조), 2시간 남짓한 시간적 간격을 두고 피고인이 두번째의 가해행위인 이 사건 범행을 한 후, 피해자가 사망하였고 그 사망의 원인을 알 수 없다고 보아 피고인을 폭행치사죄의 동시범으로 처벌한 원심판단은 옳고 거기에 동시범의 법리나 상당인과 관계에 관한 법리를 오해한 위법도 없다.

■ 대법원 1981. 3. 10. 선고 80도3321 판결【상해치사】(공)

원심이 확정한 사실에 의하면 원심 공동피고인은 술에 취해있던 피해자의 어깨를 주먹으로 1회 때리고 쇠스랑 자루로 머리를 2회 강타하고 가슴을 1회 밀어 땅에 넘어뜨렸고, 그후 3시간 가량 지나서 피고인이 위 피해자의 멱살을 잡아 평상에 앉혀놓고 피해자의 얼굴을 2회 때리고 손으로 2, 3회 피해자의 가슴을 밀어 땅에 넘어뜨린 다음, 나일론 슬리퍼로 피해자의 얼굴을 수회 때렸는데 위와 같은 두 사람의 이시적인 상해행위로 인하여 피해자가 그로부터 6일 후에 뇌출혈을 일으켜 사망하기에 이르렀다는 것인바, 원판결의 문언과 원심이 피고인의 소위에 대하여 형법 제263조를 적용한 취지에서 보면 원심은 위 피해자의 사인이 원심 공동피고인의 행위와 피고인의 행위 중 누구의 행위에 기인한 것인지를 판별할 수 없는 경우에 해당한다고 하여 형법 제263조의 규정에 의한 공동정범의 예에 따라 피고인에게 책임을 지우고 있는 것이라고 할 것이다. 그런데 형법 제19조와 같은 법 제263조의 규정취지를 새겨 보면 본건의 경우와 같은 이시의 상해의 독립행위가 경합하여 사망의 결과가 일어난 경우에도 그 원인된 행위가 판명되지 아니한 때에는 공동정범의 예에 의하여야 한다고 해석하여야 할 것이니 이와 같은 견해에서 피고인의 소위에 대하여 형법 제263조의 동시범으로 의율처단한 원심의 조치는 정당하고 원판결에 형법 제19조와 동 제263조의 법리를

오해한 위법이나 소론 의율착오의 위법이 없으며 사람의 안면은 사람의 가장 중요한 곳이고 이에 대한 강한 타격은 생리적으로 두부에 중대한 영향을 주어 정신적 흥분과 혈압의 항진 등으로 인하여 뇌출혈을 일으켜 사망에 이르게 할 수도 있다는 것은 통상인이라면 누구나 예견할 수 있는 것이라고 할 것이고, 원심의 위의 사실인정이 적법한 이상 원판결에 소론 형법 제15조 제2항의 결과적 가중범에 대한 법리오해의 위법이 없고 피고인이 피해자의 도발에 맞서 원판시와 같은 상해행위를 하였다고 하여도 원심인정 사실에 비추어 볼 때 그것만으로서는 피고인의 소위가 소론과 같이 정당방위 내지는 과잉방위에 해당하는 것이라고 할 수 없으니 원판결에 정당방위 내지는 과잉방위의 법리를 오해한 위법도 없다. 논지는 모두 이유없다.

② 상해의 결과발생

③ 원인된 행위가 판명되지 않을 것

4. 효 과

○ 「공동정범의 예에 의한다.」

1 공동정범으로 처벌한다(정성근)

2 동시범으로 처벌한다. 각 정범으로 처벌한다(김일수)

- 고의＋고의: 263조 적용 ×, 19조 적용 각 상해미수
- 고의＋과실: 상해미수 ＋ 과실치상(19조 적용)
- 과실＋과실: 각 과실치상 정범(19조 적용)

■ 대법원 1984. 5. 15. 선고 84도488 판결【폭력행위등처벌에관한법률위반】(집)

상해죄에 있어서의 동시범은 두 사람 이상이 가해행위를 하여 상해의 결과를 가져온 경우에 그 상해가 어느 사람의 가해행위로 말미암은 것인지 분명치 않다면 가해자 모두를 공동정범으로 보자는 것이므로 가해행위를 한 것 자체가 분명하지 않은 사람에 대하여 동시범으로 다스릴 수 없음은 더 말할 것도 없다.

피고인들이 주먹이나 이마로 피해자를 구타한 것이 피해자 주장과 같이 인정된다면 이 점에 대한 죄책을 면할 수 없겠지만, 만일 흉기로 피해자의 얼굴을 찍은 것이 피고인들 중 어느 한 사람의 소행일 가능성이 없는 상황이라면 피고인들 및 제3자 상호간에 의사의 연락이 있었다고 볼 수 없는 이 사건에 있어서 피고인들에 대하여 흉기에 의한 상해행위 부분까지 그 죄책을 물을 수는 없을 것이다.

5. 적용범위

가. 상해죄 · 폭행치상죄

- 적용됨이 명백

나. 상해치사죄 · 폭행치사죄

① 학설

1 긍정설(판례)

2 부정설(다수설)

3 상해치사는 긍정, 폭행치사는 부정

② 판례

상해치사 ○

■ 대법원 1985. 5. 14. 선고 84도2118 판결【상해치사, 상해, 폭력행위등처벌에관한법률위반】(공) ☆

원심판결 이유에 의하면, 원심은 피고인의 범죄사실로서, 이 사건 범행당시 피고인은 피고인 2, 원심상피고인, 공소외 인 등과 뱃놀이를 하면서 술을 마셔 만취된 상태에서 술을 더 마시자고 의논이 되어 사건현장 술집에 가게 되었는데 피고인과 피고인 2가 앞서 가다가 피고인이 마루에 걸터앉아 있던 피해자 박양래 앞을 지나면서 그의 발을 걸은 것이 발단이 되어 시비가 일어나자, (1) 화가 난 피고인이 손으로 피해자의 멱살을 잡아 흔들다 뒤로 밀어버려 피해자로 하여금 그곳 토방 시멘트바닥에 넘어져 나무기둥에 뒷머리를 부딪치게 하였고, (2) 이때 뒤따라 들어오던 원심상피고인이 그 장면을 보고 들고 있던 쪽대(고기망태기)를 마당에 집어던지고 욕설을 하면서 피해자에게 달려들어 양손으로 멱살을 잡고 수회 흔들다가 밀어서 피해자를 뒤로 넘어뜨려 피해자로 하여금 뒷머리를 토방 시멘트바닥에 또다시 부딪치게 하였으며, (3) 원심상피고인은 이에 이어서 그곳 부엌근처에 있던 삽을 손에 들고 피해자의 얼굴 우측부위를 1회 때려 동인으로 하여금 넘어지면서 뒷머리를 장독대 모서리에 부딪치게 하여, 그 결과 피해자로 하여금 뇌저부경화동맥파열상을 입게 하여 사망에 이르게 하였다는 사실을 인정하고, 위 인정 범죄사실에 대하여 피고인과 원심상피고인을 상해치사죄의 공동정범으로 처단하고 있다.

그러나, 공동정범은 행위자 상호간에 범죄행위를 공동으로 한다는 공동가공의 의사를 가지고 범죄를 공동실행하는 경우에 성립하는 것으로서, 여기에서의 공동가공의 의사는 공동행위자 상호간에 있어야 하며 행위자 일방의 가공의사만으로는 공동정범 관계가 성립할 수 없다 할 것인바, 원심이 인정한 싸움의 경위와 내용에 의하면 피고인과 원심상피고인의 각 범행은 우연한 사실에 기하여 우발적으로 발생한 독립적인 것으로 보일 뿐 양인간에 범행에 관한 사전모의가 있었던 것으로는 보여지지 않고, 또 원심상피고인이 피고인의 범행을 목격하고 이에 가세한 것으로는 인정되나 피고인이 원심상피고인의 가세사실을 미리 인식하였거나 의욕하였던 것으로 보기 어려우며, 범행내용에 있어서도 피고인의 위 (1) 범행에는 원심상피고인이 가담한 사실이 없고, 원심상피고인의 위 (2), (3) 범행에는 피고인이 이에 가담한 사실이 없을 뿐만 아니라(기록에 의하면 피고인은 원심상피고인의 폭행 내지 상해행위를 말린 사실이 인정될 뿐 함께 폭행 내지 상해에 가담한 사실은 인정되지 아니한다) 그 과정에서 피고인과 원심상피고인 사이에 암묵적으로라도 공동실행의 의사가 형성된 것으로 보기도 어려우니, 그 판시내용과 같은 범죄사실을 인정하여 피고인을 상해치사죄의 공동정범으로 본 원심판단에는 공동정범의 법리를 오해하여 법률적용을 잘못한 위법이 있다고 할 것이다.

이와 같이 피고인과 원심상피고인의 각 범행을 공동정범으로 보기 어려운 이상 원심으로서는 과연 피고인의 범행과 피해자의 사망 사이에 인과관계가 존재하며 가해자가 범행당시 피해자의 사망을 예견할 수 있었던 것인지의 여부를 심리하여 인과관계의 존재와 결과의 예견가능성이 인정되는 경우에 한하여 피고인에게 치사에 대한 책임을 물을 수 있는 것이며, 다만 동시범의 특례를 규정한 형법 제263조가 상해치사죄에도 적용되는 관계상(당원 1981. 3. 10. 선고 80도3321 판결 참조) 위 피해자의 사망이 피고인의 범행에 인한 것인지, 원심상피고인의 범행에 인한 것인지가 판명되지 아니하는 때에 예외적으로 공동정범의 예에 의할 수 있을 것임에도 불구하고, 원심은 피고인과 원심상피고인을 공동정범으로 봄으로써 이러한 점에 대하여는 살펴보지도 아니한 채 피고인에 대하여 치사의 결과에 대한 책임을 물었으니, 앞서 본 바와 같은 법리의 오해는 판결에 영향을 미쳤다 할 것이고 따라서 이 점을 지적하고 있는 상고논지는 이유 있다.

폭행치사 ○

■ 대법원 2000. 7. 28. 선고 2000도2466 판결【폭행치사】(공)

원심이 인용한 제1심판결이 채용한 증거들과 대조하여 살펴본즉, 원심이, 피고인이 의자에 누워 있는 피해자를 밀어 땅바닥에 떨어지게 함으로써 이미 부상하여 있던 그 피해자로 하여금 사망에 이르게 하였다는 이 사건 범죄사실을 유죄로 본 제1심판결을 유지하여 피고인의 항소를 기각한 것은 정당하다.

원심판결에는 심리를 제대로 하지 아니한 채 채증법칙을 위반하여 사실을 잘못 인정한 위법이 없다.

시간적 차이가 있는 독립된 상해행위나 폭행행위가 경합하여 사망의 결과가 일어나고 그 사망의 원인된 행위가 판명되지 않은 경우에는 공동정범의 예에 의하여 처벌할 것이므로(대법원 1985. 5. 14. 선고 84도2118 판결 참조), 2시간 남짓한 시간적 간격을 두고 피고인이 두 번째의 가해행위인 이 사건 범행을 한 후, 피해자가 사망하였고 그 사망의 원인을 알 수 없다고 보아 피고인을 폭행치사죄의 동시범으로 처벌한 원심판단은 옳고 거기에 동시범의 법리나 상당인과 관계에 관한 법리를 오해한 위법도 없다.

다. 강간치상죄

○ 강간치상 × (판례, 학설)

■ 대법원 1984. 4. 24. 선고 84도372 판결【강간치상(예비적: 강간)】(공)

형법 제263조의 동시범은 상해와 폭행죄에 관한 특별규정으로서 동규정은 그 보호법익을 달리하는 강간치상죄에는 적용할 수 없다.

○ 강도치상 × (학설)

라. 과실치사상

① 긍정설(정성근, 김일수) ② 부정설(백형구, 진계호)[10]

마. 살인죄

■ 대법원 1980. 5. 20. 선고 80도306 판결【내란목적살인 등】(전집)

살피건대 원심판결이유에 의하면 원심은 피고인 김태원에 대하여 이 사건 사망자 6인 중 차지철, 김용섭 2인에 대한 살해책임을 인정한 취지인바, 수사기록 중 차지철, 김용섭에 대한 각 사체검안서 및 현장검증조서의 기재에 의하면 망 차지철은 ㉮ 우측견관절전면 맹관창, ㉯ 좌측복부맹관창, ㉰ 좌측서해부 맹관창, ㉱ 우측팔목관통창의 총창 중 우측견관절 정중앙에 형성되어 있는 총창이 치명상으로 이는 소형구경권총의 총격에 의한 것이고, 망 김용섭은 ㉮ 우측흉벽전면부의 맹관창, ㉯ 좌측흉벽측면의 맹관창, ㉰ 좌측흉벽하단의 맹관창, ㉱ 우측견갑부의 맹관창, ㉲ 우측둔부의 맹관창, ㉳ 우측장골 능선부의 관통창 중 우측흉벽전면의 총창과 우측견갑부의 총창이 치

10 백형구, "동시범 — 상해죄의 동시범을 중심으로", 변호사 35집(2005), 284쪽.

명상이며, 그로 인하여 쓰러진 것으로 각 추정된다(다만 그 치명상은 어느 충격에 의한 것인지는 밝히지 못하였다)라고 되어 있는 등 논지에 부합하는 부분이 있으나, 한편 원심이 적법하게 채택한 여러 증거들 중 …등을 찾아 볼 수 있는바, 여기에 원판결이 거시한 다른 적법한 증거들을 종합하면 피고인 김태원의 충격이 있기 직전까지도 위 차지철, 김용섭은 생명이 보존되어 있던 중 그 총격으로 말미암아 완전히 절명되었음이 기록상 능히 인정되어지고, 무릇 살인죄의 객체는 생명이 있는 이상, 생존 능력의 유무는 불문한다 할 것이고, 독립행위가 사망의 결과에 원인이 된 것이 분명한 경우에는 각 행위를 모두 기수범으로 처벌한다고 하여 어떤 모순이 있을 수 없다 할 것이므로 원심의 위 사실인정과 그 판단과정에 있어 소론과 같은 위법들이 있다고 할 수 없다. 따라서 논지는 이유없다.

(소수의견): 피해자가 처음 총격을 받은 시간으로부터 25분 내지 30분이 지난 후에도 죽지 않고 그대로 신음하고 있는 것이라고 단정하기 어렵다고 할 것인데, 전문가로 하여금 그 사망시간을 감정시키는 등의 조치를 취한 바도 없이 피고인이 피해자를 확인사살할 당시 피해자가 무슨 소리를 하는 것 같이 느꼈다는 피고인의 진술 한 마디로써 내란목적살인죄를 유죄로 인정한다는 것은 납득할 수 없다. (요지)

☜ 이는 이중적(택일적) 인과관계를 인정한 것으로 보이고, 원인된 행위가 판명되지 않은 경우의 형법 제263조의 동시범의 특례를 적용한 것은 아니라고 보는 것이 적절.

VII. 폭행죄

제260조 (폭행, 존속폭행)

① 사람의 신체에 대하여 폭행을 가한 자는 2년 이하의 징역, 500만원 이하의 벌금, 구류 또는 과료에 처한다. 〈개정 1995. 12. 29〉

③ 제1항 및 제2항의 죄는 피해자의 명시한 의사에 반하여 공소를 제기할 수 없다. 〈개정 1995. 12. 29〉

1. 의 의

2. 객관적 구성요건

가. 주체, 객체

나. 행 위

(1) 형법상 폭행의 개념

개념	정의	종류
최광의	폭행의 대상이 사람이든 물건이든 불문하고 모든 종류의 유형력의 행사	내란(87), 소요(115), 다중불해산(116)
광의	사람에 대한 직접 · 간접적인 유형력의 행사 (반드시 사람의 신체에 대한 것에 한하지 않으며, 물건에 대한 것이라도 간접적으로 사람에 대한 것이라고 볼 수 있으면 족함)	공무집행방해(136), 특수도주(146), 강요(324), 외국사절에 대한 폭행(108)
협의	사람의 신체에 대한 유형력의 행사	폭행(260), 공무원의 폭행(125)
최협의	상대방의 반항을 현저히 곤란하게 하거나 억압할 정도의 유형력의 행사	강간(297), 강도(333), 준강도(335)

① 광의

■ 대법원 1981. 3. 24. 선고 81도326 판결【공무집행방해】(공)

형법 제136조에 규정된 공무집행방해죄에 있어서의 폭행은 공무를 집행하는 공무원에 대하여 유형력을 행사하는 행위를 말하는 것으로 그 폭행은 공무원에 직접적으로나 간접적으로 하는 것을 포함한다고 해석되며(당원 1970. 5. 12. 선고 70도561 판결 참조) 또 동조에 규정된 협박이라 함은 사람을 공포케 할 수 있는 해악을 고지함을 말하는 것이나 그 방법도 언어, 문서, 직접, 간접 또는 명시, 암시를 가리지 아니한다고 해석되는바, 본건에 있어서 피고인이 순경 공소외인이 공무를 집행하고 있는 경찰관 파출소 사무실 바닥에 인분이 들어 있는 물통을 던지고 또 책상 위에 있던 재떨이에 인분을 퍼 담아 동 사무실 바닥에 던지는 행위는 동 순경 공소외인에 대한 폭행이라 할 것이며 또 동 순경에 대하여 "씹할 놈들 너희가 나를 잡아넣어, 소장 데리고 와라"고 폭언을 농한 것은 이에 불응하면 신체에 위해를 가할 것을 암시하는 협박에 해당한다고 할 것이니 이런 취지에서 피고인의 소위를 공무집행죄로 단정하였음은 정당한 조치라 할 것이니 견해를 달리 하는 소론은 채택할 수 없고 소론 적시의 당원 판례는 사안을 달리 하여 본건에 적합한 것이 못된다.

② 협의

- 대법원 1977. 2. 8. 선고 75도2673 판결 【공무집행방해】 (공)

(2) 폭행죄의 '폭행'의 개념

○ 사람의 신체에 대한 유형력의 행사

■ 대법원 2003. 1. 10. 선고 2000도5716 판결【폭력행위등처벌에관한법률위반, 명예훼손(추가로 인정된 죄명: 폭행, 협박)】(공)

가. 이 부분 공소사실의 요지는 피고인이, (1) 1996. 4. 일자불상경 피해자의 집으로 전화를 하여 피해자에게 "트롯트 가요앨범진행을 가로챘다, 일본노래를 표절했다, 사회에 매장시키겠다."라고 수회에 걸쳐 폭언을 하고 그 무렵부터 1997. 12.경까지 위와 같은 방법으로 일주일에 4 내지 5일 정도, 하루에 수십 회 반복하여 그 피해자에게 "강도 같은 년, 표절가수다."라는 등의 폭언을 하면서 욕설을 하여 그 피해자를 폭행하고, (2) 1998. 3. 일자불상경 피해자의 바뀐 전화번호를 알아낸 후 그 피해자의 집으로 전화하여 그 피해자에게 "전화번호 다시 바꾸면 가만 두지 않겠다."라는 등으로 폭언을 하여 그 피해자를 폭행하고, (3) 1998. 8. 일자불상경 같은 장소로 전화하여 그 피해자에게 "미친년, 강도 같은 년, 매장될 줄 알아라."라는 등으로 폭언을 하면서 심한 욕설을 하여 그 피해자를 폭행하고, (4) 1999. 9. 1. 00:40경 그 피해자의 집 자동응답전화기에 "제가 가수 피고인이라는 사람인데 공소외 1이라는 분이 서울음반에 전화를 해 가지고 말도 안 되는 소리를 했던 사람인가, 피해자가 살인청부교사범 맞아, 남의 작품을 빼앗아 간 여자, 피해자 도둑년하고 살면서, 미친년 정신 똑바로 차려."라는 욕설과 폭언을 수회에 걸쳐 녹음하여 그 피해자를 폭행하고, (5) 1999. 9. 2. 일시불상경 전항과 같은 방법으로 "또라이년, 병신 같은 년, 뒷구녁으로 다니면서 거짓말을 퍼뜨리고 있어, 사기꾼 같은 년, 강도년, 피해자 이 또라이년"이라고 녹음하여 그 피해자를 폭행하였다는 것이다.

나. 형법 제260조에 규정된 폭행죄는 사람의 신체에 대한 유형력의 행사를 가리키며(대법원 1991. 1. 29. 선고 90도2153 판결 참조), 그 유형력의 행사는 신체적 고통을 주는 물리력의 작용을 의미하므로 신체의 청각기관을 직접적으로 자극하는 음향도 경우에 따라서는 유형력에 포함될 수

있다 하겠다.

그런데 피해자의 신체에 공간적으로 근접하여 고성으로 폭언이나 욕설을 하거나 동시에 손발이나 물건을 휘두르거나 던지는 행위는 직접 피해자의 신체에 접촉하지 아니하였다 하더라도 피해자에 대한 불법한 유형력의 행사로서 폭행에 해당될 수 있는 것이지만(대법원 1956. 12. 12. 선고 4289형상297 판결, 1990. 2. 13. 선고 89도1406 판결 등 참조), 거리상 멀리 떨어져 있는 사람에게 전화기를 이용하여 전화하면서 고성을 내거나 그 전화 대화를 녹음 후 듣게 하는 경우에는 특수한 방법으로 수화자의 청각기관을 자극하여 그 수화자로 하여금 고통스럽게 느끼게 할 정도의 음향을 이용하였다는 등의 특별한 사정이 없는 한 신체에 대한 유형력의 행사를 한 것으로 보기 어렵다 할 것이다.

이 사건에서 원심은 피고인이 피해자에게 전화를 하여 "강도 같은 년, 표절가수다."라는 등의 폭언을 하면서 욕설을 한 행위 또는 그 전화녹음을 듣게 한 행위에 대하여 폭행죄의 성립을 인정하여 이를 유죄로 인정하였다.

그러나 위에서 본 법리에 따를 때, 사실심이 그 전화 대화를 폭행으로 단정하기 위하여는 사람의 청각기관이 통상적으로 고통을 느끼게 되는 정도의 고음이나 성량에 의한 전화 대화였다는 특별한 사정을 밝혀내는 등의 심리가 선행될 필요가 있다 할 것이다.

다. 그럼에도 원심이 이 사건 전화 대화에 의한 음향의 정도나 사람의 청각기관이 고통을 느끼게 되는 음향의 정도에 대한 심리를 거치지 않은 단계에서 전화에 의한 대화 또는 그 대화의 녹음 재생에 의한 청취의 결과가 위에서 본 폭행에 해당한다고 단정한 데에는 필요한 심리를 다하지 아니하였거나 폭행행위에 관한 법리를 오해한 위법이 있다 하겠으며 그 점을 다투는 상고이유 중의 주장은 정당하기에 이 법원은 그 주장을 받아들인다.

■ 대법원 1994. 8. 23. 선고 94도1484 판결【폭행치사】(공)

1. 피고인 1에 대한 피고인 및 국선변호인의 상고이유를 함께 판단한다.

제1점에 대하여

이 사건 피고인은 독실한 교회 담임목사로서 피해자 가족들의 부탁으로 피해자의 정신질환을 치료하기 위해서 피해자의 머리에 손을 얹고 안수기도를 하였을 뿐 폭행을 한 사실이 없으며, 피해자는 소외 A로부터 구타당하였을 뿐 아니라 극도로 쇠약한 사람으로서 피해자가 기거하던 3층 창문에서 뛰어 내렸던 점이 인정되므로 동인의 사망은 그로 인한 것들로 보아야 하는 것이 경험법칙에 부합되는 것임에도 불구하고 전후 일관성 없는 제1심 증인 B 등의 증언 등을 믿고 피고인이 안수기도 중 가슴과 배를 반복하여 누르거나 때려서 피해자를 폭행하고 그로 인하여 사망하게 된 것이라는 원심의 사실인정은 채증법칙에 위배된다는 주장이므로, 원심이 사실인정에 사용한 증거의 취사선택을 기록에 의해서 살펴보니 원심의 사실인정은 수긍이 가고, 거기에 소론과 같은 채증법칙을 위배한 점을 발견할 수 없으므로 논지는 이유 없다.

제2점에 대하여

피고인의 안수기도는 신앙심에 근거해서 질병등을 치료하는 일종의 종교적 행위일 뿐 사람을 가해하는 유형력의 행사에는 속하지 아니하며 고의가 없으므로 과실치사죄로 의율함은 별론으로 하고 폭행치사죄로 의율하는 것은 폭행에 대한 법리를 오해한 위법이 있다는 것이다.

살피건대 안수기도는 환자의 환부나 머리에 손을 얹고 또는 약간 누르면서 환자를 위해 병을 낫게 하여 달라고 하나님께 간절히 기도함으로써 병의 치유함을 받는다는 일종의 종교적 행위이고, 그 목적 또한 정당함은 소론과 같다 하겠으나 기도행위에 수반하는 신체적 행위가 단순히 손을 얹거나 약간 누르는 정도가 아니고, 그것이 지나쳐서 원심이 적법하게 판시한 것과 같은 정도의 것이라면 이는 사람의 신체에 대한 유형력의 행사로서 폭행의 개념에 속하는 행위라고 할 것이고, 비록 그것이 안수기도의 방법으로 행하여졌다고 하더라도 그것이 신체에 대하여 유형력을 행사한다는 인식과 의사가 있으면 폭행에 대한 인식과 의사 즉 고의가 있는 것이고, 비록 그것을 적법한 행위라고 오인했다고 하더라도 행위가 원심판시와 같은 한 그 오인에 정당성을 발견할 수 없으므로, 이를 폭행이 아니라는 상고 논지는 이유 없다.

또 상고 논지 중 치료행위라는 취지는 치료를 위해서 피해자측의 승낙이 있었다거나 사회상규상 용인되는 행위라는 취지도 포함된 것 같으나, 행위가 이 사건에서와 같이 피해자의 가슴과 배를 주먹과 손바닥으로 세게 내리치는 등의 행위는 신체에 대한 강력한 가해행위로서 그것이 필요불가결한 치료행위의 일종이라고 인정될만한 자료도 전혀 발견되지 않는 이 사건에서 이를 치료행위라고 취급하여 피해자측의 승낙이 있었다거나 사회상규상 용인되는 정당행위라고 취급할 수는 없다고 할 것이다.

3. 반의사불벌죄

- 폭력행위 등 처벌에 관한 법률 위반죄에 해당할 경우에는 반의사불벌죄가 아님(위 법 제2조 제4항)

VIII. 존속폭행죄

제260조 (폭행, 존속폭행)

② 자기 또는 배우자의 직계존속에 대하여 제1항의 죄를 범한 때에는 5년 이하의 징역 또는 700만 원 이하의 벌금에 처한다. 〈개정 1995. 12. 29〉

③ 제1항 및 제2항의 죄는 피해자의 명시한 의사에 반하여 공소를 제기할 수 없다. 〈개정 1995. 12. 29〉

IX. 특수폭행죄

제261조 (특수폭행)

단체 또는 다중의 위력을 보이거나 위험한 물건을 휴대하여 제260조제1항 또는 제2항의 죄를 범한 때에는 5년 이하의 징역 또는 1천만 원 이하의 벌금에 처한다. 〈개정 1995. 12. 29〉

폭력행위 등 처벌에 관한 법률 제3조 (집단적 폭행등)

① 단체나 다중의 위력으로써 또는 단체나 집단을 가장하여 위력을 보임으로써 제2조 제1항에 열거된 죄를 범한 자 또는 흉기 기타 위험한 물건을 휴대하여 그 죄를 범한 자는 제2조 제1항 각 호의 예에 따라 처벌한다. 〈개정 1962. 7. 14, 1990. 12. 31, 2006. 3. 24〉

1. 의 의

2. 객관적 구성요건

가. 단체 또는 다중의 위력을 보임

○ 다중

■ 대법원 2006. 2. 10. 선고 2005도174 판결【폭력행위등처벌에관한법률위반, 특수공무집행방해, 공무집행방해, 지방공무원법위반, 집회및시위에관한법률위반】(공)

폭력행위 등 처벌에 관한 법률 제3조 제1항 소정의 '다중'이라 함은 단체를 이루지 못한 다수인의 집합을 말하는 것으로, 이는 결국 집단적 위력을 보일 정도의 다수 혹은 그에 의해 압력을 느끼게 해 불안을 줄 정도의 다수를 의미한다 할 것이고, 다중의 '위력'이라 함은 다중의 형태로 집결한 다수 인원으로 사람의 의사를 제압하기에 족한 세력을 지칭하는 것으로서 그 인원수가 다수에 해당하는가는 행위 당시의 여러 사정을 참작하여 결정하여야 할 것이며, 이 경우 상대방의 의사가 현실적으로 제압될 것을 요하지는 않는다고 할 것이지만 상대방의 의사를 제압할 만한 세력을 인식시킬 정도는 되어야 한다.

나. 위험한 물건 휴대

(1) 위험한 물건

① 판단기준

■ 대법원 2008. 1. 17. 선고 2007도9624 판결【폭력행위등처벌에관한법률위반{집단, 흉기등상해(인정된 죄명: 상해)}】(미)

어떤 물건이 폭력행위 등 처벌에 관한 법률 제3조 제1항의 '위험한 물건'에 해당하는지 여부는 구체적인 사안에서 사회통념에 비추어 그 물건을 사용하면 상대방이나 제3자가 생명 또는 신체에 위험을 느낄 수 있는지 여부에 따라 판단하여야 하는 것이다(대법원 2003. 1. 24. 선고 2002도5783 판결 등 참조).

원심판결의 이유에 의하면, 원심은 피고인이 2006. 12. 21. 02:00경 당구장에서 피해자가 시끄럽게 떠든다는 이유로, 주먹으로 피해자의 얼굴 부위를 1회 때리고 그곳 당구대 위에 놓여있던 당구공으로 피해자의 머리 부위를 수회 때려, 피해자에게 치료일수 불상의 입술 부위가 터지고 머리 부위가 부어오르는 상해를 가하였다는 이 사건 공소사실에 대하여, 피고인이 피해자의 얼굴을 주먹으로 가격하여 생긴 상처가 주된 상처로 보이고, 당구공으로는 피해자의 머리를 툭툭 건드린 정도에 불과한 것으로 보이는 사실을 인정한 다음, 위와 같은 사정 아래에서는 피고인이 당구공으로 피해자의 머리를 때린 행위로 인하여 사회통념상 피해자나 제3자에게 생명 또는 신체에 위험을 느끼게 하였으리라고 보여지지 아니하므로 위 당구공은 폭력행위 등 처벌에 관한 법률 제3조 제1항의 '위험한 물건'에는 해당하지 아니한다고 판단한 제1심판결을 그대로 유지하였다.

앞서 본 법리에 비추어 보면, 위와 같은 원심의 판단은 정당하고, 거기에 상고이유로 주장하는 바와 같이 폭력행위 등 처벌에 관한 법률 제3조 제1항의 '위험한 물건을 휴대하여'의 해석에 관한 법리오해 등의 위법이 없다.

② 흉기와 구별 여부

1 구별설

2 비구별설

■ 대법원 2002. 9. 6. 선고 2002도2812 판결【폭력행위등처벌에관한법률위반, 공갈, 협박】(공)

폭력행위등처벌에관한법률 제3조 제1항에 있어서 '위험한 물건'이라 함은 흉기는 아니라고 하더라도 널리 사람의 생명, 신체에 해를 가하는 데 사용할 수 있는 일체의 물건을 포함한다고 풀이할 것이므로, 본래 살상용·파괴용으로 만들어진 것뿐만 아니라 다른 목적으로 만들어진 칼, 가위, 유리병, 각종 공구, 자동차 등은 물론 화학약품 또는 사주된 동물 등도 그것이 사람의 생명·신체에 해를 가하는 데 사용되었다면 본조의 '위험한 물건'이라 할 것이며, ….

③ 자동차 O

■ 대법원 2008. 2. 28. 선고 2008도3 판결【특수공무집행방해치사, 도로교통법위반(음주운전), 도로교통법위반(무면허운전)】(미)

원심은, 폭력행위 등 처벌에 관한 법률 제3조 제1항에 있어서 '위험한 물건'이라 함은 흉기는 아니라고 하더라도 널리 사람의 생명, 신체에 해를 가하는 데 사용할 수 있는 일체의 물건을 포함하는 것으로서, 어떤 물건이 '위험한 물건'에 해당하는지 여부는 구체적인 사안에서 사회통념에 비추어 그 물건을 사용하면 상대방이나 제3자가 생명 또는 신체에 위험을 느낄 수 있는지 여부에 따라 판단하여야 하고, 자동차는 원래 살상용이나 파괴용으로 만들어진 것이 아니지만 그것이 사람의 생명 또는 신체에 위해를 가하거나 다른 사람의 재물을 손괴하는 데 사용되었다면 폭력행위 등 처벌에 관한 법률 제3조 제1항의 '위험한 물건'에 해당한다고 할 것이며, 한편 이러한 물건을 '휴대하여'라는 말은 소지뿐만 아니라 널리 이용한다는 뜻도 포함하고 있다(대법원 1997. 5. 30. 선고 97도597 판결, 대법원 2003. 1. 24. 선고 2002도5783 판결 참조)는 판례 법리를 전제로 하여, 제1심이 적법하게 채택하여 조사한 증거들에 의하면, 피고인이 신호위반에 따른 정지 지시를 무시하고 도주한 자신을 추격해 온 경찰관 2명이 피고인의 차 앞뒤로 오토바이를 세워놓고 피고인에게 하차하라고 요구하였음에도 이에 불응한 채 차를 후진하여 차 뒤에 있는 오토바이를 들이받은 후, 앞에 있는 오토바이와의 사이에 생긴 공간을 이용하여 핸들을 좌측으로 꺾으면서 급발진함으로써 운전석 쪽의 펜더 옆에 서 있던 경찰관 공소외인의 다리를 차 앞범퍼로 들이받았고, 이에 공소외인이 차 본넷 위에 앞으로 넘어지면서 본넷을 붙잡고 있는데도 차를 그대로 몰고 진행하던 중 우측 인도에 심어져 있던 가로수를 들이받아 차 범퍼와 가로수 사이에 공소외인의 다리가 끼어 절단되게 하여 공소외인으로 하여금 저혈량성 쇼크 등으로 사망에 이르게 한 사실을 인정할 수 있고, 피고인의 이러한 행위는 '위험한 물건'인 자동차를 이용하여 경찰관인 공소외인의 교통단속에 관한 정당한 직무집행을 방해하고 그로 인해 공소외인을 사망에 이르게 한 특수공무집행방해치사죄에 해당한다고 판단하였다.

원심판결의 이유를 원심이 원용한 판례 법리와 기록에 비추어 살펴보면, 원심의 이러한 사실인정과 판단은 정당한 것으로 수긍할 수 있다.

■ 대법원 2003. 1. 24. 선고 2002도5783 판결【폭력행위등처벌에관한법률위반】(집)

1. 원심의 판단

원심은, 이 사건 공소사실 중 피고인이 위험한 물건인 자동차를 이용하여 다른 사람의 자동차 2대를 손괴하였다는 부분에 대하여, 폭력행위등처벌에관한법률 제3조 제1항의 위험한 물건을 휴대하여 한 손괴죄는 위험한 물건을 사용하여 한 손괴행위로 인하여 물건의 소유자나 제3자가 자신의 생명이나 신체에 대하여 구체적인 위험성을 느낄 수 있는 경우에만 성립하는데, 이 사건 피해자 중 김동조가 피고인의 범행을 보고 자동차에 타지 못한 사정 등이 인정되지만, 당시 손괴된 자동차에 타고 있던 사람이 없었고 이 사건 손괴 범행으로 실제로 위해를 입거나 위해를 입을 만한 위치에 있는 사람이 있었다고 볼 자료가 없는 이상, 김동조가 옆에서 이 사건 손괴 범행을 지켜보고 있었다는 사정만으로는 피고인의 이 사건 손괴 범행으로 김동조나 제3자가 자신들의 생명이나 신체에 대하여 구체적인 위험성을 느낄 수 있었다고 인정할 수 없으므로, 위 공소사실에 대하여는 범죄사실의 증명이 없어 폭력행위등처벌에관한법률 제3조 제1항을 적용할 수는 없고 형법 제366조의 재물손괴죄가 성립할 뿐이라고 판단하였다.

2. 이 법원의 판단

어떤 물건이 폭력행위등처벌에관한법률 제3조 제1항의 '위험한 물건'에 해당하는지 여부는 구체적인 사안에서 사회통념에 비추어 그 물건을 사용하면 상대방이나 제3자가 생명 또는 신체에 위험을 느낄 수 있는지 여부에 따라 판단하여야 하고(대법원 1999. 11. 9. 선고 99도4146 판결 참조), 자동차는 원래 살상용이나 파괴용으로 만들어진 것이 아니지만 사람의 생명 또는 신체에 위해를 가하거나 다른 사람의 재물을 손괴하는 데 사용되었다면 폭력행위등처벌에관한법률 제3조 제1항의 '위험한 물건'에 해당한다(대법원 1997. 5. 30. 선고 97도597 판결 참조). 한편, 위험한 물건을 휴대하고 다른 사람의 재물을 손괴하면 상대방이 그 위험한 물건의 존재를 인식하지 못하였거나 그 위험한 물건의 사용으로 생명 또는 신체에 위해를 입지 아니하였다고 하더라도 폭력행위등처벌에관한법률 제3조 제1항 위반죄가 성립한다.

따라서 피고인이 위험한 물건인 자동차를 이용하여 다른 사람의 자동차 2대를 손괴한 이상, 그 자동차의 소유자 등이 실제로 해를 입거나 해를 입을 만한 위치에 있지 아니하였다고 하더라도 폭력행위등처벌에관한법률 제3조 제1항 위반죄가 성립한다. 그럼에도 불구하고, 원심이 이와 달리 판단한 것은 폭력행위등처벌에관한법률 제3조 제1항의 해석을 잘못하여 판결에 영향을 미친 법령위반의 잘못을 저지른 것이다.

(2) 휴 대

① 학설

1 협의설: 범행 현장에서 몸에 지니거나 몸에 지니고 이용하는 것으로서 소지보다 좁은 개념
2 중간설: 반드시 몸에 부착할 필요는 없으며 몸 가까이 두고 쉽게 사용할 수 있는 위치에 두면 족하지만 이용행위 또는 사용행위와는 구별
3 광의설: 위험한 물건을 위험한 방법으로 사용하는 것

② 소지, 이용

■ 대법원 2002. 9. 6. 선고 2002도2812 판결【폭력행위등처벌에관한법률위반, 공갈, 협박】(공)

폭력행위등처벌에관한법률 제3조 제1항에 있어서 '위험한 물건'이라 함은 흉기는 아니라고 하더

라도 널리 사람의 생명, 신체에 해를 가하는 데 사용할 수 있는 일체의 물건을 포함한다고 풀이할 것이므로, 본래 살상용·파괴용으로 만들어진 것뿐만 아니라 다른 목적으로 만들어진 칼, 가위, 유리병, 각종 공구, 자동차 등은 물론 화학약품 또는 사주된 동물 등도 그것이 사람의 생명·신체에 해를 가하는 데 사용되었다면 본조의 '위험한 물건'이라 할 것이며, 한편 이러한 물건을 '휴대하여'라는 말은 소지뿐만 아니라 널리 이용한다는 뜻도 포함하고 있다 할 것이다(대법원 1984. 10. 23. 선고 84도2001, 84감도319 판결, 1997. 5. 30. 선고 97도597 판결 등 참조).

그런데 원심이 적법하게 확정한 사실관계에 의하면 피고인은 피해자가 전화를 끊어버렸다는 이유로 피해자에게 "똑바로 살아라, 다른 남자와 잠자리를 했는지 몸 검사를 해야겠다"라고 소리치면서 강제로 피해자의 옷을 벗겨 알몸을 만든 다음 맥주잔에 바스타액제(농약, 제초제)를 부어 들고서 위 피해자에게 "피해자 때문에 너무 괴로워 죽고 싶다", "죽으려면 네가 먼저 죽어야 한다"라면서 왼손으로 위 피해자의 어깨를 잡고 오른손으로 위 맥주잔을 위 피해자의 입에 들이대면서 먹이려다가 위 피해자가 완강히 반항하자 그 곳에 있던 당구큐대(약 70cm)로 위 피해자의 무릎과 엉덩이를 수회 때려 위 피해자에게 약 2주간의 치료를 요하는 골반둔부타박상 등을 가하였다는 것이므로, 원심이 위 법리에 비추어 위 바스타액제와 당구큐대를 위 법률 소정의 위험한 물건으로 보았음은 정당하고, 거기에 위험한 물건에 관한 법리오해 또는 법률적용을 잘못한 위법이 없다.

③ 단순보관 ×

■ 대법원 1992. 5. 12. 선고 92도381 판결【폭력행위등처벌에관한법률위반, 공갈, 총포·도검·화약류단속법위반】(공)

검사작성의 압수조서에 의하면 피고인 3이 기거하는 갑사의 적묵당 방안에서 소론의 물건들이 압수된 것은 사실이나, 원심은 이것은 피고인 2가 휴대 또는 소지한 것이고 피고인 3은 이삿짐을 옮겨주기 위하여 피고인 2를 따라 내려왔다가 잠시 함께 기거한 것이라는 이유로 피고인 2와 공모하여 휴대하거나 소지하였다고 할 수 없다고 판단하고, 또 위와 같은 압수조서의 기재만으로는 피고인 3이 이를 소지하였다거나 피고인 2와 공모하였다고 인정할 수 없다고 판단하였는바, 이와 같은 원심의 조처도 정당한 것으로 수긍이 된다. 따라서 논지는 이유가 없다.

피고인 2에 대한 국선변호인의 상고이유에 대하여 원심판결이유에 의하면 원심은, 피고인 2에 대한 공소사실 중 같은 피고인이 피고인 3, 공소외 1, 2 등과 공모하여 1991. 2. 초순경부터 3. 11. 경까지의 사이에 피고인 1을 협박하여 갑사 소유의 여관부지 800여 평을 양도할 것을 요구하였으나 거절당하여 미수에 그쳤다는 부분은 그 범죄의 증명이 없는 때에 해당한다고 판단하여 무죄를 선고하고, 1991. 3. 7. 경부터 3. 11.경까지 사이에 위 갑사의 적묵당 방안에서 위험한 물건인 곡괭이자루 1개, 몽둥이 1개, 조각도 3개를 보관하여 폭력행위등의 범죄에 공용될 우려가 있는 위험한 물건을 휴대하였다는 부분은 이를 인정하여 폭력행위등처벌에관한법률 제7조를 적용하여 처단하였다.

그러나 위 법률 제7조에서 말하는 위험한 물건의 "휴대"라 함은 범죄현장에서 사용할 의도 아래 위험한 물건을 몸 또는 몸가까이에 소지하는 것을 말하는 것이고, 자기가 기거하는 장소에 보관하였다는 것만으로는 위 법조에서 말하는 위험한 물건의 휴대라고 할 수 없는 것이므로(당원 1990. 11. 13. 선고 90도2170 판결 참조), 피고인 2의 공갈미수 사실이 인정되지 아니하는 이 사건의 경우에 있어 사실심으로서는 이 부분 공소사실을 유죄로 인정하려면, 그러면 같은 피고인이 위와 같은 물건들을 보관한 이유와 경위는 무엇이고, 어떠한 방법으로 소지한 것인지를 심리하여 같은 피고인이 어떠한 범행현장에서 이를 사용할 의도가 있었는지를 밝혀야 할 것인데, 원심이 여기에 이르지 아니한 것은 위 법률 제7조의 법리를 오해하여 심리를 미진한 것 아니면 이유불비의 위법이 있다고 아니할 수 없다. 따라서 논지는 이유 있다.

④ 우연한 소지 ×

■ 대법원 1990. 4. 24. 선고 90도401 판결【폭력행위등처벌에관한법률위반】(집)

폭력행위등처벌에관한법률의 목적과 그 제3조 제1항의 규정취지에 비추어보면, 같은 법 제3조 제1항 소정의 흉기 기타 위험한 물건(이하 흉기라고 한다)을 휴대하여 그 죄를 범한 자란 범행현장에서 그 범행에 사용하려는 의도 아래 흉기를 소지하거나 몸에 지니는 경우를 가리키는 것이지(당원 1982. 2. 23. 선고 81도3074 판결, 1985. 9. 24. 선고 85도1591 판결 각 참조) 그 범행과는 전혀 무관하게 우연히 이를 소지하게 된 경우까지를 포함하는 것은 아니라고 할 것이다.

원심이 인정한 사실에 의하면, 피고인은 1989. 8. 23.의 판시 범행일에 버섯을 채취하러 산에 가면서 칼을 휴대한 것일 뿐 판시 주거침입에 사용할 의도 아래 이를 소지한 것이 아니고 판시 주거침입시에 이를 사용한 것도 아니라는 것인바 기록에 비추어 보면 원심의 이와 같은 사실인정은 수긍이 되고 거기에 소론과 같은 채증법칙에 위배된 바 있다고 할 수 없고, 사실이 그러하다면 피고인은 같은 법 제3조 제1항 소정의 흉기를 휴대하여 주거침입의 죄를 범한자라고 할 수는 없으므로 이와 같은 취지의 원심판단은 정당하다. 따라서 논지는 이유없다.

⑤ 현장소지로 족함

■ 대법원 1984. 1. 31. 선고 83도2959 판결【폭력행위등처벌에관한법률위반】(공)

폭력행위등처벌에관한 법률 제3조 제1항에 규정한 "전조의 죄"라 함은 동법 제2조 제1항 계기의 "각 형법 본조의 죄"를 가리키는 것으로 위 각 형법 본조의 죄의 상습범, 야간범이나 2인 이상 공동범을 말하는 것이 아니라고 해석되며(당원 1972. 4. 28. 선고 72도305 및 1973. 10. 10. 선고 73도2104 판결 참조) 위 제3조 제1항의 흉기를 휴대라 함은 소지와 같은 뜻으로 새겨지니 범행 이전부터 흉기를 몸에 지니고 있어야 할 필요는 없다고 할 것이다.

■ 대법원 1982. 2. 23. 선고 81도3074 판결【폭력행위등처벌에관한법률위반】(집)

폭력행위등 처벌에 관한 법률 제3조 제1항에서 말하는 위험한 물건의 휴대라고 함은 소론과 같이 손에 드는 등 몸에 지닌 것을 말하나 이 휴대라 함은 반드시 몸에 지니고 다니는 것을 뜻한다고는 할 수 없으니 범행 현장에서 범행에서 사용할 의도 아래 이를 소지하거나 몸에 지니는 경우도 휴대라고 볼 것이므로 본건에서 피고인이 깨어진 유리조각을 들고 피해자의 얼굴에 던졌다면 이는 위험한 물건을 휴대하였다고 볼 것이다.

(3) 피해자의 인식

○ **피해자의 인식 불요**

■ 대법원 2007. 3. 30. 선고 2007도914 판결【폭력행위등처벌에관한법률위반(집단 · 흉기등상해), 명예훼손】(미)

폭력행위 등 처벌에 관한 법률의 목적과 그 제3조 제1항의 규정 취지에 비추어 보면, 같은 법 제3조 제1항 소정의 '흉기 기타 위험한 물건을 휴대하여 그 죄를 범한 자'란 범행현장에서 '사용하려는 의도' 아래 흉기 기타 위험한 물건을 소지하거나 몸에 지니는 경우를 가리키는 것이고(대법원 1990. 4. 24. 선고 90도401 판결 참조), 그 범행과는 전혀 무관하게 우연히 이를 소지하게 된 경우까지를 포함하는 것은 아니라 할 것이나, 범행 현장에서 범행에 사용하려는 의도 아래 흉기 등 위험한 물건을 소지하거나 몸에 지닌 이상 그 사실을 피해자가 인식하거나 실제로 범행에 사용하였을 것까지 요구되는 것은 아니라 할 것이다(대법원 1984. 4. 10. 선고 84도353 판결, 대법원 1990. 4. 24. 선고 90도401 판결, 대법원 2002. 6. 14. 선고 2002도1341 판결 등 참조).

위 법리와 기록에 의하여 살펴보면, 원심이 그 채택 증거에 의하여 그 판시와 같은 사실을 인정한 다음, 피고인이 처음부터 이 사건 화훼용 가위를 피해자에게 상해를 가하기 위하여 소지하고 있었던 것은 아니라 하더라도 피해자와 시비하는 과정에서 의도적으로 이를 휘둘러 피해자에게 상해를 가한 이상, 이는 폭력행위 등 처벌에 관한 법률 제3조 제1항 소정의 위험한 물건을 휴대한 경우에 해당한다고 판단한 것은 정당한 것으로 수긍이 가고, 거기에 상고이유의 주장과 같은 채증법칙 위반으로 인한 사실오인이나 법리오해 또는 판례위반 등의 위법이 있다고 할 수 없다.

X. 폭행치사상죄

제262조 (폭행치사상)

전2조의 죄를 범하여 사람을 사상에 이르게 한 때에는 제257조 내지 제259조의 예에 의한다.

XI. 상습상해, 폭행죄

제264조 (상습범)

상습으로 제257조, 제258조, 제260조 또는 제261조의 죄를 범한 때에는 그 죄에 정한 형의 2분의 1까지 가중한다.

폭력행위 등 처벌에 관한 법률

제2조 (폭행등)

① 상습적으로 다음 각 호의 죄를 범한 자는 다음의 구분에 따라 처벌한다. 〈개정 2006. 3. 24〉

1. 「형법」 제260조 제1항(폭행), …의 죄를 범한 자는 1년 이상의 유기징역
2. 「형법」 제260조 제2항(존속폭행), …의 죄를 범한 자는 2년 이상의 유기징역
3. 「형법」 제257조 제1항(상해) · 제2항(존속상해), …의 죄를 범한 자는 3년 이상의 유기징역

제3조 (집단적 폭행등)

③ 상습적으로 제1항의 죄를 범한 자는 다음 각 호의 구분에 따라 처벌한다. 〈개정 2006. 3. 24〉

1. 제2조 제1항 제1호에 열거된 죄를 범한 자는 2년 이상의 유기징역
2. 제2조 제1항 제2호에 열거된 죄를 범한 자는 3년 이상의 유기징역
3. 제2조 제1항 제3호에 열거된 죄를 범한 자는 5년 이상의 유기징역

○ **상습성**

■ **대법원 2008. 8. 21. 선고 2008도3657 판결【폭력행위등처벌에관한법률위반(공동공갈)】(공)**

폭력행위 등 처벌에 관한 법률 제2조 제1항에서 말하는 상습이란 같은 항 각 호에 열거된 각 범죄행위 상호간의 상습성만을 의미하는 것이 아니라 같은 항 각 호에 열거된 모든 범죄행위를 포괄한 폭력행위의 습벽을 의미하는 것이라고 해석함이 상당하므로, 위와 같은 습벽을 가진 자가 폭력행위 등 처벌에 관한 법률 제2조 제1항 각 호에 열거된 형법 각 조 소정의 다른 수종의 죄를 범하였다면 그 각 행위는 그 각 호 중 가장 중한 법정형의 상습폭력범죄의 포괄일죄에 해당한다고 할 것이다(대법원 1976. 11. 23. 선고 76도3286 판결, 대법원 1990. 4. 24. 선고 90도653 판결 등 참조). 그리고 이 경우 폭력의 습벽이 인정된다면 단독으로 위 각개 폭력행위를 하였는지 아니면 다른 사람과 공동하여 하였는지 여부는 상습범의 포괄일죄로 처단하는 데에 있어 문제가 되지 않는다고 할 것이다(대법원 1998. 7. 14. 선고 98도1359 판결 참조).

원심은 그 채택 증거들에 의하여 피고인이 서울북부지방법원에서 2007. 8. 2. 판결을 선고받아 확정된 폭력행위 등 처벌에 관한 법률 위반(상습상해)죄와 이 사건 폭력행위 등 처벌에 관한 법률 위반(공동공갈)죄는 모두 피고인의 폭력행위 습벽이 발현되어 저질러진 것으로 인정한 다음, 이 사건 폭력행위 등 처벌에 관한 법률 위반(공동공갈)죄와 위 확정된 폭력행위 등 처벌에 관한 법률 위반(상습상해)죄는 포괄일죄의 관계에 있고 따라서 위 확정판결의 효력은 피고인이 위 확정판결을 받기 전에 범한 이 사건 폭력행위 등 처벌에 관한 법률 위반(공동공갈)죄에 대하여도 미친다고 하여 면소를 선고한 제1심판결을 유지하였는바, 원심의 조치는 위 법리에 따른 것으로 정당하여 수긍이 가고, 거기에 상고이유로 주장하는 바와 같은 폭력행위 등 처벌에 관한 법률 제2조 제1항의 상습성 및 포괄일죄에 관한 법리오해 등의 위법이 있다고 할 수 없다.

■ **대법원 2001. 11. 30. 선고 2001도5657 판결【폭력행위등처벌에관한법률위반 · 상해 · 폭행】(공)**

상습적으로 흉기 또는 위험한 물건을 휴대하여 폭력행위등처벌에관한법률 제2조 제1항에 열거된 죄를 범한 자에 대하여는 같은 법 제3조 제3항에서 무기 또는 7년 이상의 징역에 처하도록 별도로 규정하고 있으므로, 흉기를 휴대하여 저지른 원심 판시 폭력행위의 각 범행이 흉기 등을 휴대하지 않은 범행들로서 원심에서 면소가 선고된 원심 판시 각 공소사실과 사이에 같은 법 제2조 제1항 소정의 상습폭력죄의 포괄일죄의 관계에 있는 것으로 볼 수는 없다 할 것이고(대법원 1998. 7. 14. 선고 98도1579 판결 참조), 기록에 의하면 피고인에게 위험한 물건을 휴대하여 폭력행위를 자행하는 습벽이 있다고까지는 인정되지는 아니하므로, 야간에 흉기를 휴대하여 저지른 위 각 범행을 같은 법 제3조 제2항의 경합범으로 처벌한 원심의 조치는 정당하고, 거기에 상고이유의 주장과 같은 상습범이나 포괄일죄에 관한 법리오해의 위법이 있다고 할 수 없다.

제3절 과실치사상의 죄

I. 과실치상죄
○ 과실

II. 과실치사죄

III. 업무상과실치사상죄, 중과실치사상죄
① 업무
② 중과실

IV. 교통사고
1. 구성요건
가. 교통사고
○ 교통사고처리특례법: 교통사고처리특례법위반죄
○ 도로교통법: 도로교통법위반죄
○ 특정범죄 가중처벌 등에 관한 법률: 특정범죄가중처벌등에관한법률위반(위험운전치사상)죄
나. 도주
○ 특정범죄 가중처벌 등에 관한 법률: 특정범죄가중처벌등에관한법률(도주차량)죄
다. 도로교통법상 기타 범죄
○ 도로교통법위반(사고후미조치)죄
○ 도로교통법위반(무면허운전)죄
○ 도로교통법위반(음주운전)죄, 도로교통법위반(음주측정거부)죄
2. 죄 수
가. 교통사고처리특례법위반
① 피해자별
② 도로교통법 제151조의 죄와의 관계
③ 도로교통법 제148조의 죄(사고 후 미조치죄)와의 관계
④ 교특법위반죄와 기타 도로교통법위반죄와의 관계
나. 특가법위반(도주차량)죄
① 피해자별
② 도로교통법 제151조, 제148조의 죄(사고 후 미조치 죄)와의 관계
③ 도로교통법 제54조의 죄(미신고죄)와의 관계
④ 무면허, 음주운전죄와의 관계
다. 도로교통법위반죄 상호간
① 무면허운전
② 음주운전
③ 무면허운전과 음주운전
④ 무면허운전과 제한속도위반, 신호위반
⑤ 음주운전과 음주측정불응죄
⑥ 도교법 제54조 제1항 위반죄(미조치)와 제2항 위반죄(미신고)
• 위 음주운전과 음주측정불응죄에 관한 판례
라. 위험운전치사상
① 수개의 단서조항 해당해도 1죄, 교특법은 위험운전치사상죄에 흡수
② 음주, 무면허, 위험운전치상, 손괴
3. 위헌결정
○ 교특법 제4조 제1항 일부

I. 과실치상죄

제266조 (과실치상)

① 과실로 인하여 사람의 신체를 상해에 이르게 한 자는 500만 원 이하의 벌금, 구류 또는 과료에 처한다. 〈개정 1995. 12. 29〉

② 제1항의 죄는 피해자의 명시한 의사에 반하여 공소를 제기할 수 없다. 〈개정 1995. 12. 29〉

○ 과실

■ 대법원 2008. 10. 23. 선고 2008도6940 판결【과실치상】(공)

1. 골프와 같은 개인 운동경기에 참가하는 자는 자신의 행동으로 인해 다른 사람이 다칠 수도 있으므로, 경기 규칙을 준수하고 주위를 살펴 상해의 결과가 발생하는 것을 미연에 방지해야 할 주의의무가 있고, 이러한 주의의무는 경기보조원에 대하여도 마찬가지이다. 다만, 운동경기에 참가하는 자가 경기규칙을 준수하는 중에 또는 그 경기의 성격상 당연히 예상되는 정도의 경미한 규칙위반 속에 상해의 결과를 발생시킨 것으로서 사회적 상당성의 범위를 벗어나지 아니하는 행위라면 과실치상죄가 성립하지 않는다고 할 것이지만, 골프경기를 하던 중 골프공을 쳐서 아무도 예상하지 못한 자신의 등 뒤편으로 보내어 등 뒤에 있던 경기보조원(캐디)에게 상해를 입힌 경우에는 주의의무를 현저히 위반한 사회적 상당성의 범위를 벗어난 행위로서 과실치상죄가 성립한다.

같은 취지에서 원심이 채용 증거를 종합하여 피고인이 골프장에서 골프경기를 하던 중 피고인의

등 뒤 8m 정도 떨어져 있던 경기보조원을 골프공으로 맞혀 상해를 입힌 사실을 인정하여 과실치상죄를 인정하고, 피해자가 경기보조원으로서 통상 공이 날아가는 방향이 아닌 피고인 뒤쪽에서 경기를 보조하는 등 경기보조원으로서의 기본적인 주의의무를 마친 상태였고, 자신이 골프경기 도중 상해를 입으리라고 쉽게 예견하였을 것으로 보이지 않으므로, 피해자의 명시적 혹은 묵시적 승낙이 있었다고 보기 어렵다는 이유로 위법성이 조각된다는 피고인의 주장을 배척한 것은 사실심 법관의 합리적인 자유심증에 따른 것으로서 정당하고 거기에 상고이유로 주장하는 바와 같은 채증법칙 위반, 법리오해 등의 위법이 없다.

II. 과실치사죄

제267조 (과실치사)

과실로 인하여 사람을 사망에 이르게 한 자는 2년 이하의 금고 또는 700만 원 이하의 벌금에 처한다. 〈개정 1995. 12. 29〉

III. 업무상과실치사상죄, 중과실치사상죄

제268조 (업무상과실 · 중과실 치사상)

업무상 과실 또는 중대한 과실로 인하여 사람을 사상에 이르게 한 자는 5년 이하의 금고 또는 2천만 원 이하의 벌금에 처한다. 〈개정 1995. 12. 29〉

① 업무

■ 대법원 2007. 5. 31. 선고 2006도3493 판결【업무상과실치사】(공)

업무상과실치사상죄에 있어서의 업무란 사람의 사회생활면에 있어서의 하나의 지위로서 계속적으로 종사하는 사무를 말하고, 여기에는 수행하는 직무 자체가 위험성을 갖기 때문에 안전배려를 의무의 내용으로 하는 경우는 물론 사람의 생명·신체의 위험을 방지하는 것을 의무내용으로 하는 업무도 포함된다 할 것이다(대법원 1988. 10. 11. 선고 88도1273 판결, 2002. 5. 31. 선고 2002도1342 판결 등 참조).

원심판결 이유에 의하면, 원심은 행형법 및 교도관직무규칙의 규정과 구치소라는 수용시설의 특성에 비추어 보면, 공휴일 또는 야간에는 소장을 대리하는 당직간부에게는 구치소에 수용된 수용자들의 생명·신체에 대한 위험을 방지할 법령상 내지 조리상의 의무가 있다고 할 것이고, 이와 같은 의무를 직무로서 수행하는 교도관들의 업무는 업무상과실치사죄에서 말하는 업무에 해당한다고 판단하고, 나아가 사동 2관구 관구감독자로 근무한 피고인 2도 당직간부임을 전제로 하여 위와 같은 의무가 있다고 판단하였는바, 기록과 대조하여 살펴보면 이러한 원심의 사실인정과 판단은 정당하다. …

원심은 제1심의 사실인정을 인용한 다음, 피해자는 울산구치소에 수용된 이후 헛소리를 하고 구토를 하며, 하루 종일 식은땀을 흘리고 온몸을 떨면서 입에서 거품을 내는 등 전신발작을 일으키고 일회용 컵 반 분량의 피와 이물질을 토하며 바지에 대변을 보고 피오줌을 누며 수회에 걸쳐 화장실을 들락거리면서 넘어지고 혼자 중얼거리는 등 심각한 이상 징후가 계속 관찰되는 상태에 있었으므로, 이러한 상태에 대한 보고를 받은 피고인들로서는 피해자의 상태에 대하여 상급자 또는 의무과장에게 보고하여 적절한 지시를 받아 필요한 조치를 취하고, 그것이 불가능할 경우에는 피해자를 신속히 외부 병원으로 후송하여 전문가인 의사의 진료를 받게 하는 등 적절한 조치를 취할 의무가 있음에도 불구하고, 근무자에게 피해자가 휴식을 취할 수 있도록 하고 혈압 등을 수시로 체크하도록 지시하는 조치만을 취한 채 피해자를 장기간 방치함으로써 수용자들의 생명·신체에 대한 위험을 방지하기 위해 최선의 조치를 취해야 할 주의의무를 위반한 과실이 있고, 나아가 그 채용증거에 의하여 그 판시와 같은 사실을 인정한 다음, 피고인들이 피해자의 상태에 대하여 상급자 또는 의무과장에게 보고하여 적절한 지시를 받아 필요한 조치를 취하고, 그것이 불가능할 경우에는 피해자를 신속히 외부 병원으로 후송하여 전문가인 의사의 진료를 받게 하는 등 적절한 조치를 취하였다면 피해자가 사망하였을 것이라고는 볼 수 없어 피고인들이 피해자를 장기간 방치한 과실과 피해자의 사망이라는 결과 사이에 상당인과관계도 인정된다고 판단하였는바, 기록과 대조하여 살펴보면 이러한 원심의 사실인정과 판단은 정당하다.

② 중과실

■ 대법원 1997. 4. 22. 선고 97도538 판결【중과실치사】(공)

원심이 적법히 유지한 제1심판결 판시의 범죄사실에 의하면 피고인은 84세 여자 노인과 11세의 여자 아이를 상대로 안수기도를 함에 있어서 피해자를 바닥에 반드시 눕혀 놓고 기도를 한 후 "마귀야 물러가라", "왜 안 나가느냐"는 등 큰 소리를 치면서 한 손 또는 두 손으로 피해자의 배와 가슴 부분을 세게 때리고 누르는 등의 행위를, 여자 노인에게는 약 20분간, 여자아이에게는 약 30분간 반복했다는 것이니 사실이 그러하다면 판시와 같은 고령의 여자 노인이나 나이 어린 연약한 여자아이들은 약간의 물리력을 가하더라도 골절이나 타박상을 당하기 쉽고, 더욱이 배나 가슴 등에 그와 같은 상처가 생기면 치명적 결과가 올 수 있다는 것은 피고인 정도의 연령이나 경험 지식을 가진 사람으로서는 약간의 주의만 하더라도 쉽게 예견할 수 있을 것임에도 불구하고, 그와 같은 예견될 수 있는 결과에 대해서 주의를 다하지 않아 사람을 죽음으로까지 가게 한 행위는 중대한 과실이라고 하지 않을 수 없고, 따라서 피고인의 소위를 중과실치사죄로 처단한 원심의 조치에 법리상 잘못이 있다고 할 수 없고, 이를 비난하는 상고 논지는 이유 없다.

Ⅳ. 교통사고

1. 구성요건

가. 교통사고

○ 교통사고처리특례법: 교통사고처리특례법위반죄

제3조 (처벌의 특례)

① 차의 운전자가 교통사고로 인하여 「형법」 제268조의 죄를 범한 경우에는 5년 이하의 금고 또는 2천만 원 이하의 벌금에 처한다.

② 차의 교통으로 제1항의 죄 중 업무상과실치상죄 또는 중과실치상죄와 「도로교통법」 제151조의 죄를 범한 운전자에 대하여는 피해자의 명시적인 의사에 반하여 공소를 제기할 수 없다. 다만, 차의 운전자가

제1항의 죄 중 업무상과실치상죄 또는 중과실치상죄를 범하고도 피해자를 구호하는 등 「도로교통법」 제54조 제1항에 따른 조치를 하지 아니하고 도주하거나 피해자를 사고 장소로부터 옮겨 유기하고 도주한 경우, 같은 죄를 범하고 「도로교통법」 제44조 제2항을 위반하여 음주측정 요구에 따르지 아니한 경우(운전자가 채혈 측정을 요청하거나 동의한 경우는 제외한다)와 다음 각 호의 어느 하나에 해당하는 행위로 인하여 같은 죄를 범한 경우에는 그러하지 아니하다.

1. 「도로교통법」 제5조에 따른 신호기가 표시하는 신호 또는 교통정리를 하는 경찰공무원등의 신호를 위반하거나 통행금지 또는 일시정지를 내용으로 하는 안전표지가 표시하는 지시를 위반하여 운전한 경우
2. 「도로교통법」 제13조 제3항을 위반하여 중앙선을 침범하거나 같은 법 제62조를 위반하여 횡단, 유턴 또는 후진한 경우
3. 「도로교통법」 제17조 제1항 또는 제2항에 따른 제한속도를 시속 20킬로미터 초과하여 운전한 경우
4. 「도로교통법」 제21조 제1항, 제22조, 제23조에 따른 앞지르기의 방법 · 금지시기 · 금지장소 또는 끼어들기의 금지를 위반하거나 같은 법 제60조 제2항에 따른 고속도로에서의 앞지르기 방법을 위반하여 운전한 경우
5. 「도로교통법」 제24조에 따른 철길건널목 통과방법을 위반하여 운전한 경우
6. 「도로교통법」 제27조 제1항에 따른 횡단보도에서의 보행자 보호의무를 위반하여 운전한 경우
7. 「도로교통법」 제43조, 「건설기계관리법」 제26조 또는 「도로교통법」 제96조를 위반하여 운전면허 또는 건설기계조종사면허를 받지 아니하거나 국제운전면허증을 소지하지 아니하고 운전한 경우. 이 경우 운전면허 또는 건설기계조종사면허의 효력이 정지 중이거나 운전의 금지 중인 때에는 운전면허 또는 건설기계조종사면허를 받지 아니하거나 국제운전면허증을 소지하지 아니한 것으로 본다.
8. 「도로교통법」 제44조 제1항을 위반하여 술에 취한 상태에서 운전을 하거나 같은 법 제45조를 위반하여 약물의 영향으로 정상적으로 운전하지 못할 우려가 있는 상태에서 운전한 경우
9. 「도로교통법」 제13조 제1항을 위반하여 보도가 설치된 도로의 보도를 침범하거나 같은 법 제13조 제2항에 따른 보도 횡단방법을 위반하여 운전한 경우
10. 「도로교통법」 제39조 제2항에 따른 승객의 추락 방지의무를 위반하여 운전한 경우
11. 「도로교통법」 제12조 제3항에 따른 어린이 보호구역에서 같은 조 제1항에 따른 조치를 준수하고 어린이의 안전에 유의하면서 운전하여야 할 의무를 위반하여 어린이의 신체를 상해에 이르게 한 경우

제4조 (보험 등에 가입된 경우의 특례)

① 교통사고를 일으킨 차가 「보험업법」 제4조, 제126조, 제127조 및 제128조, 「여객자동차 운수사업법」 제60조, 제61조 또는 「화물자동차 운수사업법」 제51조에 따른 보험 또는 공제에 가입된 경우에는 제3조 제2항 본문에 규정된 죄를 범한 차의 운전자에 대하여 공소를 제기할 수 없다. 다만, 다음 각 호의 어느 하나에 해당하는 경우에는 그러하지 아니하다.

1. 제3조 제2항 단서에 해당하는 경우
2. 피해자가 신체의 상해로 인하여 생명에 대한 위험이 발생하거나 불구가 되거나 불치 또는 난치의 질병이 생긴 경우
3. 보험계약 또는 공제계약이 무효로 되거나 해지되거나 계약상의 면책 규정 등으로 인하여 보험회사, 공제조합 또는 공제사업자의 보험금 또는 공제금 지급의무가 없어진 경우

② 제1항에서 "보험 또는 공제"란 교통사고의 경우 「보험업법」에 따른 보험회사나 「여객자동차 운수사업법」 또는 「화물자동차 운수사업법」에 따른 공제조합 또는 공제사업자가 인가된 보험약관 또는 승인된 공제약관에 따라 피보험자와 피해자 간 또는 공제조합원과 피해자 간의 손해배상에 관한 합의 여부와 상관없이 피보험자나 공제조합원을 갈음하여 피해자의 치료비에 관하여는 통상비용의 전액을, 그 밖의 손해에 관하여는 보험약관이나 공제약관으로 정한 지급기준금액을 대통령령으로 정하는 바에 따라 우선 지

급하되, 종국적으로는 확정판결이나 그 밖에 이에 준하는 집행권원상 피보험자 또는 공제조합원의 교통사고로 인한 손해배상금 전액을 보상하는 보험 또는 공제를 말한다.

③ 제1항의 보험 또는 공제에 가입된 사실은 보험회사, 공제조합 또는 공제사업자가 제2항의 취지를 적은 서면에 의하여 증명되어야 한다.

○ **도로교통법: 도로교통법위반죄**

제151조 (벌칙)

차의 운전자가 업무상 필요한 주의를 게을리하거나 중대한 과실로 다른 사람의 건조물이나 그 밖의 재물을 손괴한 때에는 2년 이하의 금고나 500만 원 이하의 벌금에 처한다.

○ **특정범죄 가중처벌 등에 관한 법률: 특정범죄가중처벌등에관한법률위반(위험운전치사상)죄**

제5조의11 (위험운전 치사상)

음주 또는 약물의 영향으로 정상적인 운전이 곤란한 상태에서 자동차(원동기장치자전거를 포함한다)를 운전하여 사람을 상해에 이르게 한 사람은 10년 이하의 징역 또는 500만원 이상 3천만원 이하의 벌금에 처하고, 사망에 이르게 한 사람은 1년 이상의 유기징역에 처한다. 〈2010. 3. 31. 개정〉

나. 도주

○ **특정범죄 가중처벌 등에 관한 법률: 특정범죄가중처벌등에관한법률(도주차량)죄**

제5조의3 (도주차량운전자의 가중처벌)

①「도로교통법」 제2조에 규정된 자동차 · 원동기장치자전거의 교통으로 인하여 「형법」 제268조의 죄를 범한 해당 차량의 운전자(이하 "사고운전자"라 한다)가 피해자를 구호하는 등 「도로교통법」 제54조 제1항에 따른 조치를 하지 아니하고 도주한 경우에는 다음 각 호의 구분에 따라 가중처벌한다.

1. 피해자를 사망에 이르게 하고 도주하거나, 도주 후에 피해자가 사망한 경우에는 무기 또는 5년 이상의 징역에 처한다.
2. 피해자를 상해에 이르게 한 경우에는 1년 이상의 유기징역 또는 500만 원 이상 3천만 원 이하의 벌금에 처한다.

② 사고운전자가 피해자를 사고 장소로부터 옮겨 유기하고 도주한 경우에는 다음 각 호의 구분에 따라 가중처벌한다.

1. 피해자를 사망에 이르게 하고 도주하거나, 도주 후에 피해자가 사망한 경우에는 사형, 무기 또는 5년 이상의 징역에 처한다.
2. 피해자를 상해에 이르게 한 경우에는 3년 이상의 유기징역에 처한다.

다. 도로교통법상 기타 범죄

○ **도로교통법위반(사고후미조치)죄**

제148조 (벌칙)

제54조 제1항의 규정에 의한 교통사고 발생시의 조치를 하지 아니한 사람은 5년 이하의 징역이나 1천 500만 원 이하의 벌금에 처한다.

제54조 (사고발생시의 조치)

① 차의 교통으로 인하여 사람을 사상하거나 물건을 손괴(이하 "교통사고"라 한다)한 때에는 그 차의 운전자나 그 밖의 승무원(이하 "운전자등"이라 한다)은 즉시 정차하여 사상자를 구호하는 등 필요한 조치를 하여야 한다.

② (경찰공무원에 신고)

○ **도로교통법위반(무면허운전)죄**

제152조(벌칙)

다음 각 호의 어느 하나에 해당하는 사람은 1년 이하의 징역이나 300만 원 이하의 벌금에 처한다.

1. 제43조를 위반하여 제80조에 따른 운전면허(원동기장치자전거면허는 제외한다. 이하 이 조에서 같다)를 받지 아니하거나(운전면허의 효력이 정지된 경우를 포함한다) 또는 제96조에 따른 국제운전면허증을 받지 아니하고(운전이 금지된 경우와 유효기간이 지난 경우를 포함한다) 자동차를 운전한 사람

제43조(무면허운전 등의 금지)

누구든지 제80조에 따라 지방경찰청장으로부터 운전면허를 받지 아니하거나 운전면허의 효력이 정지된 경우에는 자동차등을 운전하여서는 아니 된다.

○ **도로교통법위반(음주운전)죄, 도로교통법위반(음주측정거부)죄**

제148조의2(벌칙)

① 다음 각 호의 어느 하나에 해당하는 사람은 1년 이상 3년 이하의 징역이나 500만 원 이상 1천만 원 이하의 벌금에 처한다.

1. 제44조 제1항을 2회 이상 위반한 사람으로서 다시 같은 조 제1항을 위반하여 술에 취한 상태에서 자동차등을 운전한 사람
2. 술에 취한 상태에 있다고 인정할 만한 상당한 이유가 있는 사람으로서 제44조 제2항에 따른 경찰공무원의 측정에 응하지 아니한 사람

② 제44조 제1항을 위반하여 술에 취한 상태에서 자동차등을 운전한 사람은 다음 각 호의 구분에 따라 처벌한다.

1. 혈중알콜농도가 0.2퍼센트 이상인 사람은 1년 이상 3년 이하의 징역이나 500만 원 이상 1천만 원 이하의 벌금
2. 혈중알콜농도가 0.1퍼센트 이상 0.2퍼센트 미만인 사람은 6개월 이상 1년 이하의 징역이나 300만 원 이상 500만 원 이하의 벌금
3. 혈중알콜농도가 0.05퍼센트 이상 0.1퍼센트 미만인 사람은 6개월 이하의 징역이나 300만 원 이하의 벌금

③ 제45조를 위반하여 약물로 인하여 정상적으로 운전하지 못할 우려가 있는 상태에서 자동차등을 운전한 사람은 3년 이하의 징역이나 1천만 원 이하의 벌금에 처한다.

제44조(술에 취한 상태에서의 운전 금지)

① 누구든지 술에 취한 상태에서 자동차등(「건설기계관리법」 제26조 제1항 단서에 따른 건설기계 외의 건설기계를 포함한다. 이하 이 조, 제45조, 제47조, 제93조 제1항 제1호부터 제4호까지 및 제148조의2에서 같다)을 운전하여서는 아니 된다.

② 경찰공무원(자치경찰공무원은 제외한다. 이하 이 항에서 같다)은 교통의 안전과 위험방지를 위하여 필요하다고 인정하거나 제1항을 위반하여 술에 취한 상태에서 자동차등을 운전하였다고 인정할 만한 상당한 이유가 있는 경우에는 운전자가 술에 취하였는지를 호흡조사로 측정할 수 있다. 이 경우 운전자는 경찰공무원의 측정에 응하여야 한다.

③ 제2항에 따른 측정 결과에 불복하는 운전자에 대하여는 그 운전자의 동의를 받아 혈액 채취 등의 방법으로 다시 측정할 수 있다.

④ 제1항에 따라 운전이 금지되는 술에 취한 상태의 기준은 운전자의 혈중알코올농도가 0.05퍼센트 이상인 경우로 한다.

제45조(과로한 때 등의 운전 금지)

자동차등의 운전자는 제44조에 따른 술에 취한 상태 외에 과로, 질병 또는 약물(마약, 대마 및 향정신성의 약품과 그 밖에 행정안전부령으로 정하는 것을 말한다. 이하 같다)의 영향과 그 밖의 사유로 정상적으로 운전하지 못할 우려가 있는 상태에서 자동차등을 운전하여서는 아니 된다.

2. 죄 수

가. 교통사고처리특례법위반

① 피해자별

- 1개의 교통사고로 수인이 치사상: 수개의 교특법위반죄 상상적 경합

② 도로교통법 제151조의 죄와의 관계

- 1개의 교통사고로 인명피해 & 손괴: 교특법위반죄 ☊ 도교법 151조의 죄
- 1개의 사고로 수인의 재물을 손괴(eg 연쇄충돌사고로 자동차 여러 대 손괴): 도교법 151조 죄 상경
- 1개의 사고로 A, B 다치고 A, B의 자동차 손괴한 경우: 2개의 교특법위반 ☊ 2개의 도교법 151조 죄

③ 도로교통법 제148조의 죄(사고 후 미조치 죄)와의 관계

- 위 죄와 교특법위반죄, 위 죄와 도교법 151조의 죄: 실체적 경합

④ 교특법위반죄와 기타 도로교통법위반죄와의 관계

- 무면허운전(도교법 152 i, 154 ii, 43), 음주운전(도교법 150 i, 44①), 과로운전(도교법 154 iii, 45), 안전운전의무위반(도교법 156 i, 48): 실체적 경합
- 안전의무위반으로 범칙금통고처분을 받아 범칙금을 납부한 사람을 교특법위반죄나 특가법위반죄로 처벌하는 것은 이중처벌이 아님[11]

---

11 대법원 2002. 11. 22. 선고 2001도849 판결(교특법위반죄) (「도로교통법 제119조 제3항은 그 법 제118조에 의하여 범칙금 납부통고서를 받은 사람이 그 범칙금을 납부한 경우 그 범칙행위에 대하여 다시 벌받지 아니한다고 규정하고 있는바, 이는 범칙금의 납부에 확정재판의 효력에 준하는 효력을 인정하는 취지로 해석할 것이다(대법원 1986. 2. 25. 선고 85도2664 판결 참조). … 범칙금의 통고 및 납부 등에 관한 그 규정들의 내용과 취지에 비추어 볼 때, 교통범칙금제도는 도로교통법에 위반된 행위에 대하여 벌칙을 정하면서 특정된 비교적 경미한 위반행위에 대하여는 형사절차에 앞서 행정적 처분에 의하여 일정액의 범칙금을 납부하는 기회를 부여하여 그 범칙금을 납부한 자에 대하여는 기소를 하지 아니하고 사건을 신속, 간이하게 처리하는 절차로서 법원이 공판절차를 통하여 기소된 범죄사실의 유무를 심리, 판단하는 재판절차와는 제도적 취지 및 법적 성질면에서 크나큰 차이가 있다고 할 것이다. 또한, 원래 확정판결의 기판력이 확정판결에서 인정된 범죄사실과 공소사실의 동일성이 인정되는 범죄사실에까지 미치게 된다고 보는 것은 공소가 제기된 범죄사실과 공소사실의 동일성이 인정되는 범죄사실은 언제든지 공소장 변경을 통하여 법원의 심판의 대상이 되어 유죄판결을 받을 위험성이 있다는 점을 근거로 한 것인데, 범칙자가 범칙행위로 인하여 범칙금의 통고를 받아 이를 납부하는 경우에는 법원의 공판절차가 개시되는 바가 없으므로 범칙금의 납부로 인하여 다시 벌받지 아니하게 되는 범죄의 범위를 확정판결에서 기판력이 미치는 범위와 동일하게 보아야 할 근거가 없게 된다. 위와 같은 사정에다 도로교통법 제119조 제3항이 범칙행위로 인하여 범칙금의 통고를 받고 범칙금을 납부한 경우에는 그 범칙행위에 대하여 다시 벌받지 아니한다고 명시적으로 규정하여 이중의 처벌이 금지되는 대상을 당해 범칙행위로 한정하고 있는 점을 감안하여 볼 때, 범칙자가 경찰서장으로부터 범칙행위를 하였음을 이유로 범칙금의 통고를 받고 납부기간 내에 그 범칙금을 납부한 경우 범칙금의 납부에 확정판결에 준하는 효력이 인정됨에 따라 다시 벌받지 아니하게 되는 행위사실은 범칙금 통고의 이유에 기재된 당해 범칙행위자체 및 그 범칙행위와 동일성이 인정되는 범칙행위에 한정된다고 해석함이 상당하다고 할 것이므로 범칙행위와 같은 때, 곳에서 이루어진 행위라 하더라도 범칙행위의 동일성을 벗어난 형사범죄행위에 대하여는 범칙금의 납부에 따라 확정판결의 효력에 준하는 효력이 미치지 아니한다고 할 것이다. 그런데 피고인이 범칙금의 통고처분을 받게 된 범칙행위는 피고인이 공소사실 기재의 일시, 장소에서 승용차를 운전하여 진행함에 있어 단지 안전운전의 의무를 불이행하였다는 것임에 반하여, 피고인에 대한 이 사건 교통사고처리특례법위반죄의 범죄행위사실은 피고인이 공소사실 기재의 일시, 장소에서 승용차를 운전하다 중앙선을 침범한 과실로 사고를 일으켜 피해자에게 부상을 입게 하였다는 것인바, 위의 범칙행위와 공소가 제기된 이 사건 범죄행위사실은 시간, 장소에 있어서는 근접하여 있는 것으로 볼 수 있으나 범죄의 내용이나 행위의 태양, 피해법익 및 죄질에 있어 현격한 차이가 있어 동일성이 인정되지 아니하고 별개의 행위라고 할 것이어서 피고인이 안전운전의 의무를 불이행하였음을 이유로 통고처분에 따른 범칙금을 납부하였다고 하더라도 피고인을 교통사고처리특례법 제3조 위반죄로 처벌한다고 하여 도로교통법 제119조 제3항에서 말하는 이중처벌에 해당한다고 볼 수 없다(대법원 1983. 7. 12. 선고 83도1296 판결 참조). 이와 견해를 달리하여 범칙금의 납부에 인정되는 확정판결의 효력에 준하는 효력이 통고처분의 이유가 된 당해 범칙행위와 기초되는 사실관계가 기본적인 점에서 동일한 모든 범죄행위에도 미친다고 전제하여 이 사건 범칙행위와 형사범죄행위가 동일성이 있는 것이라고 본 원심판결에는 범칙금의 납부에 따른 일사부재리의 효력과 범칙행위의 동일성의 범위에 관한 법리를 오해하여 판결의 결과에 영향을 끼친 위법이 있으므로 이를 지적하는 검사의 상고이유의 주장은 정당하기에 이 법원은 그 주장을 받아들인다.」고 판시); 대법원 2005. 1. 14. 선고 2004도7746 판결(특가법위반죄).

나. 특가법위반(도주차량)죄

① 피해자별

- 수인을 치사상하고 도주한 경우 수개의 특가법위반죄 상경

② 도로교통법 제151조, 제148조의 죄(사고 후 미조치 죄)와의 관계

- 도교법 제148조의 죄는 특가법위반죄에 흡수되어 특가법위반죄반 성립
- 1개의 교통사고로 인피, 물피 입히고 도주한 경우:
  특가법위반죄 ∩ 도교법 148조 죄(손괴의 미조치의 점)
  특가법위반죄 + 도교법 151조 죄(대법원 1996. 4. 12. 선고 95도2312)[12]

③ 도로교통법 제54조의 죄(미신고죄)와의 관계

- 특가법위반죄와 실체적 경합

④ 무면허, 음주운전죄와의 관계

- 실체적 경합

다. 도로교통법위반죄 상호간

① 무면허운전

- 시간적 간격(9. 1. 00:10경과 9. 2. 11:35경)을 두고 2일간 무면허운전: 실체적 경합
- 운전을 시작하여 다음 날까지 동일한 기회에 일련의 과정에서 계속 운전: 포괄1죄

② 음주운전

- 음주상태로 동일한 차량을 일정기간 계속 운전하다가 1회 음주측정: 포괄일죄

③ 무면허운전과 음주운전

- 상상적 경합

④ 무면허운전과 제한속도위반, 신호위반

- 실체적 경합

⑤ 음주운전과 음주측정불응죄

- 실체적 경합

⑥ 도교법 제54조 제1항 위반죄(미조치)와 제2항 위반죄(미신고)

- 실체적 경합

위 음주운전과 음주측정불응죄에 관한 판례

■ 대법원 2004. 11. 12. 선고 2004도5257 판결【도로교통법위반(음주운전)】(공)

1. 원심은 그 설시 증거들을 종합하여 피고인이 2003. 7. 3. 21:15경 대구 61마 5126호 스타렉스 승합차를 운전하여 대구 달성군 유가면 상리 352의 7 소재 대덕공업사 앞길에서 같은 군 구지면 고봉리 소재 고봉네거리 앞길까지 2㎞가량 진행하다가, 그 곳에서 음주단속 중이던 대구 달성경찰서 구지파출소 소속 순경 장성해에 의하여 음주감지기로 음주사실이 감지되었고, 당시 피고인은 혈색이 붉고 입에서 술 냄새가 나고 있었던 사실, 피고인은 같은 날 21:27경 구지파출소에서 장성해로부터 음주측정 고지를 받았으나, 21:35경, 21:47경 및 21:57경 총 3차에 걸쳐 음주측정을 거부한 사실, 피고인은 음주측정거부로 입건된 후, 혹시 채혈을 하여 음주수치가 나오지 않을지도 모른다는 생각에 채혈을 요구하여, 같은 날 23:02경 대구 달성군 현풍면 소재 현풍하나병원 응급실에서 채혈하였고, 국립과학연구소 남부 분소의 감정인 유재훈의 채혈감정결과 위 혈액의 혈중알코올농도는 0.130%로 판명된 사실 등 판시 사실들을 인정한 다음, 음주측정거부죄의 입법 취지가 음

12 상상적 경합이라는 반대설 있음.

주운전임을 입증하기 위하여 운전자의 자발적인 협조가 필요한 음주측정호흡기에 의한 측정을 실시하고 있으나 이를 거부하게 되면 운전자의 음주상태를 도저히 입증하기가 어렵게 되므로, 음주측정을 거부한 자에 대하여 음주측정요구에 불응하는 행위 자체를 주취운전과 동일한 법정형으로 처벌하도록 함으로써 음주측정을 간접적으로 강제하여 교통의 안전을 도모함과 아울러 음주운전에 대한 입증과 처벌을 용이하게 하려는 데에 있는 점, 동일한 음주운전에 대하여 음주측정거부와 주취운전의 각 도로교통법위반죄가 실체적 경합관계에 있다고 인정한다면 동일한 법익침해가 있을 뿐인 일련의 행위에 대해서 이중 처벌하는 결과가 될 뿐만 아니라, 음주측정거부 후에 음주수치가 확인되는 경우가 끝까지 음주측정을 거부하는 경우보다 비난가능성이 높다고 할 수 없음에도 불구하고 그 처단형이 경합범 가중으로 인하여 더 높아지게 되는 불합리성이 있는 점 등에 비추어 보면, 운전자가 호흡측정기에 의한 음주측정을 거부하여 음주측정거부죄가 기수에 도달한 경우에는 그 후 채혈 등을 통하여 음주수치가 밝혀졌다 하더라도 음주측정거부죄로만 처벌하여야 하고, 음주측정거부 외에 주취운전을 추가로 처벌할 수는 없다고 판단하여, 이 사건 공소사실 중 음주측정거부의 점만을 유죄로 처단하고 주취운전의 점에 대하여는 무죄를 선고하였다.

2. 그러나 위와 같은 원심의 판단은 다음에서 보는 바에 비추어 수긍하기 어렵다.

가. 도로교통법 제107조의2 제2호의 음주측정불응죄는 술에 취한 상태에 있다고 인정할 만한 상당한 이유가 있는 사람이 같은 법 제41조 제2항의 규정에 의한 경찰공무원의 측정에 응하지 아니한 경우에 성립하는 것으로서, 당초 도로교통법 제41조 제2항은 "경찰공무원은 교통안전과 위험방지를 위하여 필요하다고 인정하는 때에는 운전자가 술에 취하였는지의 여부를 측정할 수 있으며, 운전자는 이러한 경찰공무원의 측정에 응하여야 한다"고 규정되어 있다가 1995. 1. 5.자 개정에 따라 같은 조 제1항의 규정에 위반하여 술에 취한 상태에서 자동차 등을 운전하였다고 인정할 만한 상당한 이유가 있는 때까지 포함하도록 개정되었는바, 위 조항의 규정 취지 및 입법 연혁 등을 종합하여 보면, ① 주취운전은 이미 이루어진 도로교통안전침해만을 문제삼는 것인 반면 음주측정거부는 기왕의 도로교통안전침해는 물론 향후의 도로교통안전 확보와 위험 예방을 함께 문제삼는 것이고, ② 나아가, 주취운전은 도로교통법시행령이 정한 기준 이상으로 술에 '취한'자가 행위의 주체인 반면, 음주측정거부는 술에 취한 상태에서 자동차 등을 운전하였다고 인정할 만한 상당한 이유가 있는 자가 행위의 주체인 것이어서, 결국 양자가 반드시 동일한 법익을 침해하는 것이라거나 주취운전의 불법과 책임내용이 일반적으로 음주측정거부의 그것에 포섭되는 것이라고는 단정할 수 없다.

나. 원심은 음주측정거부 후에 음주수치가 확인되는 경우가 끝까지 음주측정을 거부하는 경우보다 비난가능성이 높다고 할 수 없음에도 불구하고 그 처단형이 경합범 가중으로 인하여 더 높아지게 되어 불합리하다는 점을 그 논거의 하나로 내세우고 있다. 그러나 ① 우리 형사소송법에 의하더라도 음주측정을 거부한 사람에 대하여 법원의 감정처분허가장 등을 발부받아 강제로 혈액을 채취한 다음 그 혈액을 의사로 하여금 감정하게 하는 방법으로 혈중알코올농도를 측정하지 못할 이유는 없으며, 교통경찰관들이 음주측정을 거부하는 운전자들에 대하여 강제채혈을 하지 않고 음주측정거부로만 의율하는 것은 어디까지나 우리 형사소송법이 강제채혈에 관련된 명시적 규정을 따로 두지 아니하고 있는 데서 오는, 절차적인 불명확함이나 번거로움, 시·공간적 제약 등에서 비롯되는 실무 관행일 뿐이므로, 원심이 지적하는 처단형의 불균형이란 결국 위와 같은 실무 여건으로 말미암아 생길 수 있는 극히 예외적인 현상으로서 이를 이유로 내세워 도로교통법위반(주취운전)죄의 성립 자체를 부인함은 사리에 맞지 않고, ② 오히려 음주측정거부의 주체는 술에 취한 상태에 있다고 인정할 만한 상당한 이유가 있는 사람일 뿐, 반드시 술에 취한 상태에 있는 사람이 아니므로, 예

를 들어 술에 취한 상태에서 운전을 하였다고 인정할 만한 상당한 이유가 있는 두 사람의 운전자들이 각각 음주측정거부를 하였다가, 사후에 혈액을 채취하여 감정한 결과, 한 사람은 적발 당시의 혈중알코올농도가 기준(0.05%)에 미달하는 것으로 드러나고 다른 사람은 이를 초과하는 것으로 드러나더라도, 원심의 논리를 따르자면 두 사람 모두 음주측정거부로만 처벌할 수밖에 없어 오히려 비난가능성과 처단형이 균형을 이루지 못하게 되며, ③ 특히 이 사건의 경우 피고인은 일단 음주측정을 거부한 후 혹시 채혈 감정한 결과 혈중알코올농도가 0.05%에 미달하면 처벌이 감면될지도 모른다고 착각한 나머지 채혈검사를 요구하였는바, 이는 음주측정거부행위를 뉘우친 것이 아니어서 비난가능성의 경중에 관한 원심의 논리는 이 사건의 실제 내용과는 무관한 일반론에 근거한 것이고 구체적 타당성이 결여되어 있다. 결국, 위와 같은 원심의 견해는 범죄의 성립요건으로서의 책임과 양형의 기초로서의 책임을 혼동한 것이어서 받아들이기 어렵고, 원심이 지적한 문제점은 선고형량을 정하는 과정에서 충분히 해소될 수 있는 것이다.

다. 결국, 주취운전과 음주측정거부의 각 도로교통법위반죄는 실체적 경합관계에 있는 것으로 보아야 함에도 불구하고 원심은 위 두 죄의 죄수관계에 관한 법리를 오해하여 이와 다른 판단을 함으로써 판결에 영향을 미쳤으므로, 검사가 이 점을 지적하여 상고이유로 내세운 주장은 이유 있다.

라. 위험운전치사상

① 수개의 단서조항 해당해도 1죄, 교특법은 위험운전치사상죄에 흡수

■ 대법원 2008. 12. 11. 선고 2008도9182 판결【특정범죄가중처벌등에관한법률위반(위험운전치사상) · 교통사고처리특례법위반 · 도로교통법위반(음주운전) · 도로교통법위반(무면허운전)】(공)

원심은, "피고인이 음주의 영향으로 정상적인 운전이 곤란한 상태에서 운전면허도 없이 운전하다 사람을 치상하였다"는 이 사건 공소사실에 대해 판단함에 있어, 업무상과실치상으로 인한 교통사고처리특례법 위반죄는 특정범죄가중처벌 등에 관한 법률 위반(위험운전치사상)죄에 흡수되어 특정범죄가중처벌 등에 관한 법률 위반(위험운전치사상)죄만이 성립하고, 위 교통사고처리특례법 위반죄는 성립하지 않는다고 판단하였다.

검사의 상고이유의 요지는, 검사가 위 교통사고처리특례법 위반의 점에 대해 교통사고처리특례법 제3조 제1항, 제2항 단서 제7호로 의율하여 기소하였으나, 원심이 검사가 기소하지도 아니한 같은 단서 제8호 위반죄에 대해서는 위와 같이 직권으로 특정범죄가중처벌 등에 관한 법률 위반(위험운전치사상)죄에 흡수된다고 판단하면서도 위 단서 제7호 위반죄에 대해서는 별도로 판단하지 않는 등, 원심판결에는 불고불리원칙위배, 판단유탈, 법리오해의 잘못이 있다는 것이다.

살피건대, 교통사고로 인하여 업무상과실치상죄 또는 중과실치상죄를 범한 운전자에 대하여 피해자의 명시한 의사에 반하여 공소를 제기할 수 있는 교통사고처리특례법 제3조 제2항 단서 각 호의 사유는 같은 법 제3조 제1항 위반죄의 구성요건 요소가 아니라 그 공소제기의 조건에 관한 사유라고 보아야 할 것이므로(대법원 2007. 4. 12. 선고 2006도4322 판결 참조), 위 단서 각 호의 사유가 경합한다 하더라도 하나의 교통사고처리특례법 위반죄가 성립할 뿐 검사의 주장과 같이 그 각 호마다 별개의 죄가 성립하는 것은 아니라 할 것이다.

또한, 음주로 인한 특정범죄가중처벌 등에 관한 법률 위반(위험운전치사상)죄는 그 입법 취지와 문언에 비추어 볼 때, 주취상태에서의 자동차 운전으로 인한 교통사고가 빈발하고 그로 인한 피해자의 생명 · 신체에 대한 피해가 중대할 뿐만 아니라 사고발생 전 상태로의 회복이 불가능하거나

쉽지 않은 점 등의 사정을 고려하여, 형법 제268조에서 규정하고 있는 업무상과실치사상죄의 특례를 규정하여 가중처벌함으로써 피해자의 생명·신체의 안전이라는 개인적 법익을 보호하기 위한 것이므로(대법원 2008. 11. 13. 선고 2008도7143 판결 참조), 그 죄가 성립되는 때에는 차의 운전자가 형법 제268조의 죄를 범한 것을 내용으로 하는 위 교통사고처리특례법 위반죄는 그 죄에 흡수되어 별죄를 구성하지 아니한다고 볼 것이다. 같은 취지의 원심 판단은 정당하고, 검사의 상고논지는 이유 없다.

특정범죄 가중처벌 등에 관한 법률

제5조의11 (위험운전치사상)

음주 또는 약물의 영향으로 정상적인 운전이 곤란한 상태에서 자동차(원동기장치자전거를 포함한다)를 운전하여 사람을 상해에 이르게 한 자는 10년 이하의 징역 또는 500만원 이상 3천만원 이하의 벌금에 처하고, 사망에 이르게 한 자는 1년 이상의 유기징역에 처한다. [본조신설 2007. 12. 21]

② 음주, 무면허, 위험운전치상, 손괴

■ 대법원 2010. 1. 14. 선고 2009도10845 판결【특정범죄가중처벌등에관한법률위반(위험운전치사상)·도로교통법위반(음주운전)·도로교통법위반·도로교통법위반(무면허운전)】(공)

1. 음주 또는 약물의 영향으로 정상적인 운전이 곤란한 상태에서 자동차를 운전하여 사람을 상해에 이르게 함과 동시에 다른 사람의 재물을 손괴한 때에는 특정범죄가중처벌 등에 관한 법률 위반(위험운전치사상)죄 외에 업무상과실 재물손괴로 인한 도로교통법 위반죄가 성립하고, 위 두 죄는 1개의 운전행위로 인한 것으로서 상상적 경합관계에 있다.

2. 이 사건 공소사실의 요지는, 피고인이 자동차 운전면허 없이 혈중알콜농도 0.201%의 술에 취하여 정상적인 운전이 곤란한 상태에서 (차량 번호 생략) 무쏘 차량을 운전하던 중, 전방에 신호대기로 정차하고 있던 포터 화물차량의 뒷부분을 들이받아 위 포터 화물차량이 밀리면서 그 앞에 정차하고 있던 포터Ⅱ 화물차량을 들이받도록 함으로써, 피해자로 하여금 상해를 입게 함과 동시에 위 각 화물차량을 손괴하였다는 것이고, 원심은 이를 특정범죄가중처벌 등에 관한 법률 위반(위험운전치사상)죄, 도로교통법 위반(음주운전)죄, 도로교통법 위반(무면허운전)죄, 각 업무상과실 재물손괴로 인한 도로교통법 위반죄의 유죄로 인정하였는바, 앞서 본 법리에 따르면 특정범죄가중처벌 등에 관한 법률 위반(위험운전치사상)죄와 각 업무상과실 재물손괴로 인한 도로교통법 위반죄는 상상적 경합관계에 있다 할 것이다.

이와 달리 원심은, 도로교통법 위반(음주운전)죄와 도로교통법 위반(무면허운전)죄 상호간만 상상적 경합관계에 있고 특정범죄가중처벌 등에 관한 법률 위반(위험운전치사상)죄와 각 업무상과실 재물손괴로 인한 도로교통법 위반죄는 실체적 경합관계에 있는 것으로 보아, 특정범죄가중처벌 등에 관한 법률 위반(위험운전치사상)죄와 각 업무상과실 재물손괴로 인한 도로교통법 위반죄 및 도로교통법 위반(음주운전)죄에 정한 형의 장기를 합산한 형기범위 내에서 하나의 형을 선고하였는바, 이러한 원심의 조치에는 죄수관계에 관한 법리를 오해한 위법이 있고, 이는 판결 결과에 영향을 미쳤음이 분명하다. 상고이유 중 이 점을 지적하는 부분은 이유 있다.

3. 위헌결정

○ 교특법 제4조 제1항 일부

■ 헌법재판소 2009. 2. 26. 선고 2005헌마764 등 결정

【주 문】

교통사고처리특례법(2003. 5. 29. 법률 제6891호로 개정된 것) 제4조 제1항 본문 중 업무상 과실 또는 중대한 과실로 인한 교통사고로 말미암아 피해자로 하여금 중상해에 이르게 한 경우에 공소를 제기할 수 없도록 규정한 부분은 헌법에 위반된다.

【결정요지】

가. (1) 교통사고 피해자가 업무상 과실 또는 중대한 과실로 인하여 '중상해'를 입은 경우

교통사고처리특례법 제4조 제1항 본문 중 업무상과실 또는 중대한 과실로 인한 교통사고로 말미암아 피해자로 하여금 상해에 이르게 한 경우 공소를 제기할 수 없도록 한 부분(이하, '이 사건 법률조항'이라 한다)은 자동차 수의 증가와 자가운전 확대에 즈음하여 운전자들의 종합보험 가입을 유도하여 교통사고 피해자의 손해를 신속하고 적절하게 구제하고, 교통사고로 인한 전과자 양산을 방지하기 위한 것으로 그 목적의 정당성이 인정되며, 그 수단의 적절성도 인정된다.

그러나 교통사고 피해자가 신체의 상해로 인하여 생명에 대한 위험이 발생하거나 불구 또는 불치나 난치의 질병에 이르게 된 경우, 즉 중상해를 입은 경우(형법 제258조 제1항 및 제2항 참조), 사고발생 경위, 피해자의 특이성(노약자 등)과 사고발생에 관련된 피해자의 과실 유무 및 정도 등을 살펴 가해자에 대하여 정식기소 이외에도 약식기소 또는 기소유예 등 다양한 처분이 가능하고 정식기소된 경우에는 피해자의 재판절차진술권을 행사할 수 있게 하여야 함에도, 이 사건 법률조항에서 가해차량이 종합보험 등에 가입하였다는 이유로 교통사고처리특례법 제3조 제2항 단서조항(이하, '단서조항'이라고 한다)에 해당하지 않는 한 무조건 면책되도록 한 것은 기본권침해의 최소성에 위반된다.

한편 우리나라 교통사고율이 OECD 회원국에 비하여 매우 높고, 교통사고를 야기한 차량이 종합보험 등에 가입되어 있다는 이유만으로 그 차량의 운전자에 대하여 공소제기를 하지 못하도록 한 입법례는 선진 각국의 사례에서 찾아보기 힘들며, 가해자는 자칫 사소한 교통법규위반을 대수롭지 않게 생각하여 운전자로서 요구되는 안전운전에 대한 주의의무를 해태하기 쉽고, 교통사고를 내고 피해자가 중상해를 입은 경우에도 보험금 지급 등 사고처리는 보험사에 맡기고 피해자의 실질적 피해회복에 성실히 임하지 않는 풍조가 있는 점 등에 비추어 보면 이 사건 법률조항에 의하여 중상해를 입은 피해자의 재판절차진술권의 행사가 근본적으로 봉쇄된 것은 교통사고의 신속한 처리 또는 전과자의 양산 방지라는 공익을 위하여 위 피해자의 사익이 현저히 경시된 것이므로 법익의 균형성을 위반하고 있다.

따라서 이 사건 법률조항은 과잉금지원칙에 위반하여 업무상 과실 또는 중대한 과실에 의한 교통사고로 중상해를 입은 피해자의 재판절차진술권을 침해한 것이라 할 것이다.

(2) 교통사고 피해자가 업무상 과실 또는 중대한 과실로 인하여 '중상해가 아닌 상해'를 입은 경우

이 사건 법률조항이 교통사고로 인한 피해자에게 중상해가 아닌 상해의 결과만을 야기한 경우 가해 운전자에 대하여 가해차량이 종합보험 등에 가입되어 있음을 이유로 공소를 제기하지 못하도록 규정한 한도 내에서는, 그 제정목적인 교통사고로 인한 피해의 신속한 회복을 촉진하고 국민생

활의 편익을 도모하려는 공익과 동 법률조항으로 인하여 침해되는 피해자의 재판절차에서의 진술권과 비교할 때 상당한 정도 균형을 유지하고 있으며, 단서조항에 해당하지 않는 교통사고의 경우에는 대부분 가해 운전자의 주의의무태만에 대한 비난가능성이 높지 아니하고, 경미한 교통사고 피의자에 대하여는 비형벌화하려는 세계적인 추세 등에 비추어도 위와 같은 목적의 정당성, 방법의 적절성, 피해의 최소성, 이익의 균형성을 갖추었으므로 과잉금지의 원칙에 반하지 않는다.

나. (1) 교통사고 피해자가 업무상 과실 또는 중대한 과실로 인하여 '중상해'를 입은 경우

단서조항에 해당하지 않는 교통사고로 중상해를 입은 피해자와 단서조항에 해당하는 교통사고의 중상해 피해자 및 사망사고의 피해자 사이의 차별문제는 교통사고 운전자의 기소 여부에 따라 피해자의 헌법상 보장된 재판절차진술권이 행사될 수 있는지 여부가 결정되어 이는 기본권 행사에 있어서 중대한 제한을 구성하기 때문에 엄격한 심사기준에 의하여 판단한다.

교통사고처리특례법 제3조 제2항 단서조항에 해당하지 않는 교통사고로 인하여 중상해를 입은 피해자는, 자신에게 발생한 교통사고의 유형이 단서조항에 해당하지 않는다는 우연한 사정에 의하여 형사재판에서의 진술권을 전혀 행사하지 못하게 되는바, 이는 역시 우연하게도 단서조항에 해당하는 교통사고를 당한 중상해 피해자가 재판절차진술권을 행사하게 되는 것과 비교할 때 합리적인 이유 없이 차별취급을 당하는 것이다.

또한 교통사고로 인하여 중상해를 입은 결과, 식물인간이 되거나 평생 심각한 불구 또는 난치의 질병을 안고 살아가야 하는 피해자의 경우, 그 결과의 불법성이 사망사고보다 결코 작다고 단정할 수 없으므로, 교통사고로 인하여 피해자가 사망한 경우와 달리 중상해를 입은 경우 가해 운전자를 기소하지 않음으로써 그 피해자의 재판절차진술권을 제한하는 것 또한 합리적인 이유가 없는 차별취급이라고 할 것이다.

따라서 이 사건 법률조항으로 인하여 단서조항에 해당하지 아니하는 교통사고로 중상해를 입은 피해자를 단서조항에 해당하는 교통사고의 중상해 피해자 및 사망사고의 피해자와 재판절차진술권의 행사에 있어서 달리 취급한 것은, 단서조항에 해당하지 아니하는 교통사고로 중상해를 입은 피해자들의 평등권을 침해하는 것이라 할 것이다.

(2) 교통사고 피해자가 업무상 과실 또는 중대한 과실로 인하여 '중상해가 아닌 상해'를 입은 경우

업무상 과실 또는 중대한 과실로 인한 교통사고로 피해자에게 중상해가 아닌 상해의 결과만을 야기한 경우에는, 앞서 본 바와 같이 재판절차진술권의 행사에 있어 중상해 피해자와 비교하여 달리 취급할 만한 정당한 사유가 있다 할 것이므로 피해자 보호 및 가해운전자의 처벌에 있어서 평등의 원칙에 반하지 아니한다.

다. 국가의 신체와 생명에 대한 보호의무는 교통과실범의 경우 발생한 침해에 대한 사후처벌뿐 아니라, 무엇보다도 우선적으로 운전면허취득에 관한 법규 등 전반적인 교통관련법규의 정비, 운전자와 일반국민에 대한 지속적인 계몽과 교육, 교통안전에 관한 시설의 유지 및 확충, 교통사고 피해자에 대한 보상제도 등 여러 가지 사전적·사후적 조치를 함께 취함으로써 이행된다 할 것이므로, 형벌은 국가가 취할 수 있는 유효적절한 수많은 수단 중의 하나일 뿐이지, 결코 형벌까지 동원해야만 보호법익을 유효적절하게 보호할 수 있다는 의미의 최종적인 유일한 수단이 될 수는 없다 할 것이다. 따라서 이 사건 법률조항은 국가의 기본권보호의무의 위반 여부에 관한 심사기준인 과소보호금지의 원칙에 위반한 것이라고 볼 수 없다.

라. 종전에 헌법재판소가 이 결정과 견해를 달리하여 구 교통사고처리특례법(1984. 8. 4. 법률

제3744호로 개정되고, 1997. 8. 30. 법률 제5480호로 개정되기 전의 것) 제4조 제1항이 헌법에 위반되지 아니한다고 판시한 1997. 1. 16. 90헌마110 등 결정은 이 결정과 저촉되는 범위 내에서 이를 변경한다.

[재판관 민형기, 재판관 조대현의 반대의견]

가. 헌법재판소는 1997. 1. 16. 이 사건의 선례인 90헌가110·136(병합) 사건에서 구 교통사고처리특례법 제4조 제1항이 헌법에 위반하지 아니한다고 결정하였는바, 그 결론은 정당하고 이를 변경하여야 할 사정이나 필요성이 있다고 보이지 아니한다.

나. 이 사건 법률조항은 자동차 운전자로 하여금 종합보험 등의 가입을 유도함으로써 교통사고로 인한 피해의 신속한 회복을 촉진하고 국민생활의 편익을 증진하려는 목적으로 제정된 것이고, 교통사고를 일으킨 운전자가 중대한 과실을 범하지 않은 경우 형사처벌의 위험에서 벗어날 수 있도록 하려는 중요한 의도도 포함하고 있는바, 이 사건 법률조항이 가해 운전자가 단서조항에 해당하는 정도의 중대한 주의의무를 위반하지 아니하는 한 종합보험 등에 가입한 경우에는 공소를 제기할 수 없도록 한 것은 위와 같은 입법목적을 달성하기 위하여 적절한 수단이라고 아니할 수 없다.

다수의견과 같이 교통사고 가해운전자에 대하여 공소를 제기하여 처벌할 수 있는 범위를 확대한다면 종합보험 등에 가입하여 객관적인 손해의 담보가 예정되어 있는데도 피해자가 처벌을 빌미로 좀 더 많은 배상을 받기 위하여 가해 운전자를 압박하는 등 또 다른 크고 작은 폐해가 초래될 가능성을 배제할 수 없고, 단서조항에 해당하지 않은 교통사고로 중상해를 입은 피해자에 대하여 재판절차에서 진술할 권리를 보장한다 하더라도, 피해자의 신원(伸寃)을 이루어주는 것 이외에는 현실적으로 피해회복을 담보하기에 쉽지 않을 것이며, 교통사고로 인한 피해의 신속한 회복은 가해 운전자에 대한 형사처벌을 통하여서가 아니라 민사적인 수단과 방법으로, 특히 종합보험 등에 의하여 손해를 담보함으로써 해결되도록 함이 바람직한데, 다수의견과 같이 교통사고 가해자에 대한 형사처벌의 범위를 확대하려는 것은 형사책임과 민사책임을 분리하여 후자를 강조하는 시대적인 조류에 거스르는 조치가 아닌지 의문이 든다.

다. 다수의견과 같이 단서조항에 해당하지 않는데도 피해자에게 중상해를 입혔다 하여 공소를 제기할 수 있도록 한다면, 중상해인지 여부를 명백히 판단하기 어렵고, 교통사고로 인한 상해 정도는 운전자의 과실 정도에 비례하는 것이 아니라 피해자의 나이, 성별, 부상부위, 신체적 특이성 등 우연한 사정에 의하여 달라질 수 있는 것이므로, 법 적용의 예측 가능성과 통일성을 확보하기 어렵게 될 것이다.

라. 피해자의 재판절차진술권은 피의자가 이미 공소제기된 것을 전제로 하는 것으로서, 종합보험 등 가입을 이유로 검사의 공소권 없음의 불기소처분이 내려진 교통사고 사건의 피해자는 재판절차진술권을 가지고 있다고 볼 수 없다 할 것이므로, 종합보험 등에 가입한 경우 공소제기할 수 없도록 하여 소추조건을 제한하였다 하더라도 이것이 곧바로 피해자의 재판절차진술권이 침해되는 것이라고 보기는 어렵다.

제4절 낙태의 죄

I. 총 설
1. 의 의
○ 낙태의 개념
• 태아의 사망은 낙태죄 성립요건 아님
2. 보호법익·정도
① 보호법익
② 보호정도
3. 위법성조각사유
○ 모자보건법
○ 모자보건법 시행령

II. 낙태죄
① 자기낙태죄
② 진정신분범

III. 촉탁·승낙 낙태죄
○ 동의낙태죄

IV. 업무상 촉탁·승낙 낙태죄
○ 공범관계

V. 부동의낙태죄
○ 다른 죄와의 관계

VI. 낙태치사상죄
○ 낙태가 기수여야 하는가

I. 총 설

1. 의 의

○ 낙태의 개념

1 태아를 자연적인 분만기에 앞서 인위적으로 모체 밖으로 배출하거나 태아를 모체 안에서 살해하는 것을 내용으로 하는 범죄(통설)(판례)

2 임신중절에 의하여 태아를 살해하는 것을 내용으로 하는 범죄(이재상)

태아의 사망은 낙태죄 성립요건 아님

■ 대법원 2005. 4. 15. 선고 2003도2780 판결【살인, 업무상촉탁낙태, 의료법위반】(공)

1. 피고인의 상고에 대한 판단

가. 원심은, 그 채용 증거들을 종합하여 산부인과 의사인 피고인이 임신 28주 상태인 공소외 1에 대하여 약물에 의한 유도분만의 방법으로 낙태시술을 하였으나, 태아가 살아서 미숙아 상태로 출생하자 그 미숙아에게 염화칼륨을 주입하여 사망하게 한 사실을 인정한 후, 낙태죄는 태아를 자연분만기에 앞서서 인위적으로 모체 밖으로 배출하거나 모체 안에서 살해함으로써 성립하고, 그 결과 태아가 사망하였는지 여부는 낙태죄의 성립에 영향이 없는 것이므로, 피고인이 살아서 출생한 미숙아에게 염화칼륨을 주입한 것을 낙태를 완성하기 위한 행위에 불과한 것으로 볼 수 없고, 살아서 출생한 미숙아가 정상적으로 생존할 확률이 적다고 하더라도 그 상태에 대한 확인이나 최소한의 의료행위도 없이 적극적으로 염화칼륨을 주입하여 미숙아를 사망에 이르게 한 피고인에게는 미숙아를 살해하려는 범의도 있었던 것으로 보아야 한다고 판단하였다.

기록에 비추어 살펴보면, 원심의 위와 같은 증거의 취사선택과 사실인정 및 판단은 정당한 것으로 수긍할 수 있고, 거기에 상고이유로 주장하는 바와 같은 채증법칙 위반으로 인한 사실오인이나 살인의 범의에 관한 법리를 오해한 위법이 없다.

나. 인공임신중절수술이 허용되는 경우의 하나인 모자보건법 제14조 제1항 제5호 소정의 '임신의 지속이 보건의학적 이유로 모체의 건강을 심히 해하고 있거나 해할 우려가 있는 경우'라 함은 임신의 지속이 모체의 생명과 건강에 심각한 위험을 초래하게 되어 모체의 생명과 건강만이라도 구하기 위하여 인공임신중절수술이 부득이하다고 인정되는 경우를 말하는 것이다(대법원 1985. 6.

11. 선고 84도1958 판결 참조).

위와 같은 법리에 비추어 볼 때, 원심이 공소외 2에 대한 진료기록부에 태아에 관하여 'Anomaly'라고, 공소외 3에 대한 진료기록부에 태아에 관하여 'bowel'이라고, 공소외 4에 대한 진료기록부에 태아에 관하여 'C.H.D.'라고 각 기재가 되어 있고, 그 의미가 피고인의 주장과 같이 태아의 내장, 심장 등에 이상이 있는 경우를 의미한다고 하더라도, 그와 같은 사유만으로는 모자보건법 제14조 제1항 제5호 소정의 사유가 있는 것으로 보기 어렵다고 판단한 것은 정당한 것으로 수긍할 수 있고, 거기에 상고이유로 주장하는 바와 같은 모자보건법 제14조 제1항 제5호에 관한 해석적용을 잘못한 위법이 없다.

또한, 원심의 위와 같은 판단이 모자보건법 제14조 제1항 제5호 소정의 위법성조각 사유에 관하여 실질적 입증책임이 피고인에게 있음을 전제로 한 것이라고 볼 수도 없으므로, 이 점에 관한 상고이유의 주장도 이유 없다.

한편, 공소외 2, 공소외 3, 공소외 4에 대한 낙태시술행위는 사회상규에 위배되지 아니하는 정당한 행위라는 주장은 상고심에서의 새로운 주장으로서 적법한 상고이유가 될 수 없을 뿐만 아니라, 기록에 의하여 살펴보면, 피고인의 공소외 2 등에 대한 낙태시술행위를 사회상규에 위배되지 아니하는 정당한 행위로 보기도 어렵다.

2. 검사의 상고에 대한 판단

가. 원심은, 피고인이 인터넷 홈페이지를 통하여 그에 접속한 사람들에게 의료상담을 하여 주면서 그 화면에 피고인의 경력과 병원의 명칭·위치·전화번호를 나타나게 하고, 낙태수술을 할 수 있다는 취지로 답변한 사실은 인정되나, 이는 의료상담을 하면서 그에 따른 낙태수술에 관한 답변을 한 것뿐이어서 피고인이 영리를 목적으로 환자를 유인한 것으로 보기에 부족하다고 하여, 이 부분 공소사실에 대하여 무죄를 선고하였다.

나. 그러나 구 의료법(2002. 3. 30. 법 제6686호로 개정되기 전의 것, 이하 같다) 제25조 제3항 소정의 '유인'이라 함은 기망 또는 유혹을 수단으로 환자로 하여금 특정 의료기관 또는 의료인과 치료위임계약을 체결하도록 유도하는 행위를 말하는 것으로서, 의료인 또는 의료기관 개설자의 환자 유인행위도 환자 또는 행위자에게 금품이 제공되거나 의료시장의 질서를 근본적으로 해하는 등의 특별한 사정이 있는 경우에는 같은 법 제25조 제3항의 유인행위에 해당한다고 할 것이고(대법원 2004. 10. 27. 선고 2004도5724 판결 참조), "의료의 적정을 기하여 국민의 건강을 보호증진한다."는 의료법의 제정 목적(같은 법 제1조)에 비추어 보면, 합법적인 의료행위를 하면서 환자를 유인할 목적으로 금품을 제공하는 경우는 물론, 법이 금지하고 있어 의료인으로서는 마땅히 거부하여야 할 의료행위를 해 주겠다고 제의하거나 약속함으로써 환자를 유혹하여 치료위임계약을 체결하도록 유도하는 경우도 같은 법 제25조 제3항의 유인행위에 해당한다고 보아야 할 것이다.

기록에 비추어 살피건대, 피고인은 자신이 개설한 (명칭 생략)과 인터넷 홈페이지의 상담게시판을 이용하여 낙태상담을 하거나 낙태수술 후의 후유증 등에 관하여 상담하면서 모자보건법상 임신중절수술이 허용되는 경우가 아님에도 낙태시술을 해 줄 수 있으니 빨리 피고인의 병원을 방문하도록 권유하고, 그 화면으로 피고인의 경력과 병원의 위치, 명칭, 전화번호 등을 알려준 사실을 인정할 수 있는바, 피고인이 법률상 낙태가 허용되는 경우에 해당하는지 여부와 수술의 위험성과 후유증 등에 관하여는 설명하거나 알리지 아니한 채 합법적인 인공임신중절수술이 허용되는 경우가 아님에도 낙태시술을 해 줄 수 있다고 약속하면서 빨리 피고인의 병원을 방문하도록 권유하고 안내한 행위는 의료정보의 제공과 그 상담을 위한 것이라기보다는 위와 같은 약속과 권유 및 안내를 통하여 낙태수술 등을 위한 의료계약 체결을 유인한 것이라고 보아야 할 것이다.

그렇다면 원심은 피고인의 인터넷 홈페이지 게시판의 구체적인 질문과 답변의 내용을 좀더 자세히 심리하여 위법한 의료행위의 시술을 확언함으로써 환자를 유인한 부분이 있는지 가려내었어야 할 것임에도, 이를 구체적으로 심리·판단하지 않은 채, 막연히 의료상담을 한 것에 불과하다거나 단순한 허위 또는 과장광고에 해당한다고 단정하고서 이 부분 공소사실에 대하여 무죄를 선고한 원심판결에는 의료법 제25조 제3항에 관하여 법리를 오해한 나머지 심리를 다하지 아니하여 판결에 영향을 미친 위법이 있다 할 것이다.

3. 결 론

그러므로 원심 판시 중 의료법위반 부분에 대한 검사의 상고는 이유 있고, 살인과 업무상촉탁낙태죄 부분에 대한 피고인의 상고는 이유 없다 할 것인바, 판시 각 부분은 모두 형법 제37조 전단의 경합범 관계에 있으므로, 원심판결을 전부 파기하여 원심법원에 환송하고, 피고인의 상고는 기각하기로 하여 관여 대법관의 일치된 의견으로 주문과 같이 판결한다.

2. 보호법익·정도

① 보호법익

1 태아보호설, 2 모체보호설, 3 태아·모체보호설(다수설)

② 보호정도

1 침해범설

2 위험범설 a 추상적 위험범설(다수설) b 구체적 위험범설

3. 위법성조각사유

○ 모자보건법

제14조 (인공임신중절수술의 허용한계)

① 의사는 다음 각호의 1에 해당되는 경우에 한하여 본인과 배우자(사실상의 혼인관계에 있는 자를 포함한다. 이하 같다)의 동의를 얻어 인공임신중절수술을 할 수 있다.

1. 본인 또는 배우자가 대통령령이 정하는 우생학적 또는 유전학적 정신장애나 신체질환이 있는 경우
2. 본인 또는 배우자가 대통령령이 정하는 전염성 질환이 있는 경우
3. 강간 또는 준강간에 의하여 임신된 경우
4. 법률상 혼인할 수 없는 혈족 또는 인척간에 임신된 경우
5. 임신의 지속이 보건의학적 이유로 모체의 건강을 심히 해하고 있거나 해할 우려가 있는 경우

② 제1항의 경우에 배우자의 사망·실종·행방불명 기타 부득이한 사유로 인하여 동의를 얻을 수 없는 경우에는 본인의 동의만으로 그 수술을 행할 수 있다.

③ 제1항의 경우에 본인 또는 배우자가 심신장애로 의사표시를 할 수 없는 때에는 그 친권자 또는 후견인의 동의로, 친권자 또는 후견인이 없는 때에는 부양의무자의 동의로 각각 그 동의에 갈음할 수 있다.

○ 모자보건법 시행령

제15조 (인공임신중절수술의 허용한계)

① 법 제14조에 따른 인공임신중절수술은 임신 24주일 이내인 사람만 할 수 있다.

② 법 제14조 제1항 제1호에 따라 인공임신중절수술을 할 수 있는 우생학적 또는 유전학적 정신장애나 신

체질환은 연골무형성증, 낭성섬유증 및 그 밖의 유전성 질환으로서 그 질환이 태아에 미치는 위험성이 높은 질환으로 한다.

③ 법 제14조 제1항 제2호에 따라 인공임신중절수술을 할 수 있는 전염성 질환은 풍진, 톡소플라즈마증 및 그 밖에 의학적으로 태아에 미치는 위험성이 높은 전염성 질환으로 한다.

[전문개정 2009. 7. 7]

구 제15조 (인공임신중절수술의 허용한계)

① 법 제14조의 규정에 의한 인공임신중절수술은 임신한 날로부터 28주일 이내에 있는 자에 한하여 할 수 있다.

② 법 제14조 제1항 제1호의 규정에 의하여 인공임신중절수술을 할 수 있는 우생학적 또는 유전학적 정신장애나 신체질환은 다음 각호와 같다.

1. 유전성 정신분열증
2. 유전성 조울증
3. 유전성 간질증
4. 유전성 정신박약
5. 유전성 운동신경원 질환
6. 혈우병
7. 현저한 범죄경향이 있는 유전성 정신장애
8. 기타 유전성 질환으로서 그 질환이 태아에 미치는 위험성이 현저한 질환

③ 법 제14조 제1항 제2호의 규정에 의하여 인공임신중절수술을 할 수 있는 전염성질환은 태아에 미치는 위험성이 높은 풍진·수두·간염·후천성면역결핍증 및 「전염병예방법」 제2조 제1항의 전염병을 말한다. 〈개정 2006. 6. 7〉

II. 낙태죄

제269조 (낙태)

① 부녀가 약물 기타 방법으로 낙태한 때에는 1년 이하의 징역 또는 200만 원 이하의 벌금에 처한다. 〈개정 1995. 12. 29〉

① 자기낙태죄

- 강학상 자기낙태죄, 실무상 낙태죄

② 진정신분범

III. 촉탁·승낙 낙태죄

제269조 (낙태)

② 부녀의 촉탁 또는 승낙을 받아 낙태하게 한 자도 제1항의 형과 같다. 〈개정 1995. 12. 29〉

○ 동의낙태죄

- 강학상 동의낙태죄, 실무상 촉탁낙태죄 or 승낙낙태죄

IV. 업무상 촉탁·승낙 낙태죄

제270조 (의사등의 낙태, 부동의낙태)

① 의사, 한의사, 조산사, 약제사 또는 약종상이 부녀의 촉탁 또는 승낙을 받어 낙태하게 한 때에는 2년 이하의 징역에 처한다. 〈개정 1995. 12. 29〉

○ **공범관계**

① 임부 + 타인: 임부는 낙태죄, 타인은 동의낙태죄

② 타인 ↝ 임부: 임부는 자기낙태죄, 타인은 자기낙태죄 교사범

③ 타인 ↝ 임부 & 의사: 임부는 자기낙태죄, 의사는 업무상 동의낙태죄

- 타인은
  - 1 양자가 같은 비중이면 자기낙태교사 ∞ 동의낙태교사, 아니면 동의낙태교사 1죄
  - 2 포괄적으로 동의낙태교사

V. 부동의낙태죄

제270조 (의사등의 낙태, 부동의낙태)

② 부녀의 촉탁 또는 승낙없이 낙태하게 한 자는 3년 이하의 징역에 처한다.

○ **다른 죄와의 관계**

- 낙태에 당연히 수반되는 임부의 신체손상: 낙태죄에 흡수
- 낙태하기 위해 살해: 살인죄와 상경

VI. 낙태치사상죄

제269조 (낙태)

③ 제2항의 죄를 범하여 부녀를 상해에 이르게 한 때에는 3년 이하의 징역에 처한다. 사망에 이르게 한 때에는 7년 이하의 징역에 처한다. 〈개정 1995. 12. 29〉

제270조 (의사 등의 낙태, 부동의낙태)

③ 제1항 또는 제2항의 죄를 범하여 부녀를 상해에 이르게 한 때에는 5년 이하의 징역에 처한다. 사망에 이르게 한 때에는 10년 이하의 징역에 처한다. 〈개정 1995. 12. 29〉

④ 전3항의 경우에는 7년 이하의 자격정지를 병과한다.

○ **낙태가 기수여야 하는가**

1 낙태의 기수, 미수를 불문한다(김일수)

2 낙태가 미수이면 (업무상)과실치상죄만 성립 ∵ 낙태미수 불가벌

제5절 유기와 학대의 죄

I. 총 설
1. 의 의
2. 보호법익·보호정도
① 유기의 죄
② 학대의 죄

II. 유기죄
1. 의 의
2. 객관적 구성요건
가. 주 체
① 보호할 법률상 또는 계약상 의무 있는 자
② 법률상 보호의무
• 경찰관직무집행법
• 사실혼
• 형법 제18조?
③ 계약상 보호의무
④ 사회상규 ×
• 관습·사무관리·조리에 의한 보호의무 인정 여부
나. 객 체
다. 행 위
○ 적극적 유기(移置), 소극적 유기(置去): 요부조자의 장소적 이전 여부
3. 주관적 구성요건

III. 존속유기죄

IV. 중유기죄·존속중유기죄
○ 구체적 위험범

V. 영아유기죄

VI. 학대죄, 존속학대죄
① 학대의 개념
• 학설
② 학대와 가혹행위
• 학설

VII. 아동혹사죄

VIII. 유기등 치사상죄

I. 총 설

1. 의 의

2. 보호법익·보호정도

① 유기의 죄

- 피유기자의 생명·신체의 안전
- (i) 단순유기, 존속유기: 추상적 위험범, (ii) 중유기, 존속중유기: 구체적 위험범(통설)

② 학대의 죄

- 피학대자의 생명과 신체의 안전 및 인격권
- 1 거동범, 2 추상적 위험범

II. 유기죄

> 제271조 (유기, 존속유기)
> ① 노유, 질병 기타 사정으로 인하여 부조를 요하는 자를 보호할 법률상 또는 계약상 의무 있는 자가 유기한 때에는 3년 이하의 징역 또는 500만 원 이하의 벌금에 처한다. 〈개정 1995. 12. 29〉

1. 의 의

- 진정신분범

2. 객관적 구성요건

가. 주 체

① 보호할 법률상 또는 계약상 의무 있는 자

② 법률상 보호의무

- 공법: (i) 경찰관직무집행법상 경찰관의 보호조치의무, (ii) 도로교통법상 사고운전자의 구호의무
- 사법: (ii) 민법상 부양의무, (ii) 민법상 친권자의 자녀보호의무, (iii) 후견인의 금치산자 요양 감호의무
- 경범죄처벌법상의 신고의무 ×

경찰관직무집행법

■ 대법원 1972. 6. 27. 선고 72도863 판결【독직폭행치사, 직무유기, 유기】(집)

유기의 점에 관하여 원판결 이유에 의하면 피해자를 향토예비군 4명이 떠메어 와서 쌍백지서 안 의자에 눕혀둔 사실은 피고인의 원심법정에서의 진술에 의하여 이를 인정할 수 있으나 피고인은 검찰 이래 원심법정에 이르기까지 일관하여 당시 피해자가 술에 만취되어 있어서 술이 깰 때까지 피해자를 지서에 보호할 정도라고 생각했지 달리 피해자가 질병 기타 사정으로 인하여 병원으로 옮겨서 진료를 하게 할 정도라고 생각하지 아니하였다고 변소하여 그 범의를 부인하고 있을 뿐 아니라 피고인이 공소외 1로부터 피해자가 술에 취하였으니 쌀물이라도 갈아 먹여야 할 것 아닌가라는 말을 들었고 피해자의 입술에 피가 맺힌 것을 보고 이를 묵살했다 한들 그 직무를 소홀히 다른 책임은 면할 수 없다 하더라도 이로서는 그 범의를 인정하기에 부족하고 달리 그 범의를 인정할 증거가 없다 하여 원심의 유죄인정을 파기하고 무죄를 선고하였다. 그러나 제1심증인 공소외 2, 3, 4, 5, 6의 각 증언을 종합하면 피해자가 상피고인 1로부터 좌측 머리부분을 구두발로 채여 좌측뇌에 상처를 입은 후 쌍백지서로 운반되어 나무의자 위에서 신음타가 3시간 미만에 뇌 지루막 출혈로 사망한 사실, 위 문대호가 위 지서에 운반되어 왔을 때에는 이미 치명적인 중태가 진행되고 있었던 사실, 제1심증인 공소외 2, 7, 8, 9의 각 일부 증언에 의하면 피해자가 위 지서 나무의 자에 옮기기 전부터 자신의 수족과 의사를 자제할 수 없이 숨도 가쁘게 쿨쿨 내뿜고 있었으며 위 지서에 향토예비군 4명이 떠메어 운반하여 나무의자에 눕혀 놓은 후에도 그런 중환의 상태를 나타내고 있었던 사실 등을 인정할 수 있고, 원심판결이 적법한 증거에 의하여 인정한 사실에 의하더라도 피고인이 공소외 1이라는 사람으로부터 피해자가 술에 취하였으니 쌀물이라도 갈아 먹여야 할 것이 아닌가라는 말을 들었다는 점, 피해자의 입술에 피가 맺힌 것을 피고인이 보았다는 점 등을 종합하면, 피고인은 적어도 술에 만취된 피해자가 향토예비군 4명에게 떠메어 운반되어 위 지서 나무의자에 눕혀 놓았을 때 숨이 가쁘게 쿨쿨 내뿜고 자신의 수족과 의사도 자제할 수 없을 상태로서 부조를 요하는 자이었다는 것을 충분히 인식하였음을 인정할 수 있으므로, 국민의 생명, 신체의 안전을 보호하기 위한 응급의 조치를 강구하여야 할 직무를 가진(경찰관 직무집행법 제1조, 제3조) 경찰관인 피고인으로서는 위 피해자의 숨소리 용색 신체를 살펴보아 찬물을 먹이는 등 간단한 응급조치를 취한다던지 가족에게 통지를 한다던지, 나아가 위험한 상태에 있을 때에는 병원으로 옮겨 진료를 받도록 하는 등의 구호를 하여야 함에도 불구하고 기록에 의하면 피고인은 피해자를 그 사망 임박까지 근 3시간 동안을 전혀 아무런 응급 보호 조치를 취하지 않았음이 명백한 본건에 있어서 원심이 위에서 본 바와 같이 유기에 대한 범의를 인정할 만한 자료가 없다 하여 무죄를 선고한 원 판결에는 채증법칙을 위배하여 판결 결과에 영향을 미친 위법이 있다 할 것이다.

사실혼

■ 대법원 2008. 2. 14. 선고 2007도3952 판결【유기치사】(공)

단순유기죄를 범하여 사람을 사망에 이르게 하는 유기치사죄가 성립하기 위하여는 먼저 단순유기죄가 성립하여야 하므로, 행위자가 단순유기죄에 관한 형법 제271조 제1항이 정한 바에 따라 "노유, 질병 기타 사정으로 인하여 부조를 요하는 자를 보호할 법률상 또는 계약상 의무 있는 자"에 해당하여야 할 뿐만 아니라, 요부조자에 대한 보호책임의 발생원인이 된 사실이 존재한다는 것을 인식하고 이에 기한 부조의무를 해태한다는 의식이 있음을 요한다(대법원 1988. 8. 9. 선고 86도225 판결 참조).

그리고 위 조항에서 말하는 법률상 보호의무 가운데는 민법 제826조 제1항에 근거한 부부간의 부양의무도 포함되며, 나아가 법률상 부부는 아니지만 사실혼 관계에 있는 경우에도 위 민법 규정의 취지 및 유기죄의 보호법익에 비추어 위와 같은 법률상 보호의무의 존재를 긍정하여야 하지만, 이러한 사실혼에 해당되어 법률혼에 준하는 보호를 받기 위하여는 단순한 동거 또는 간헐적인 정교관계를 맺고 있다는 사정만으로는 부족하고, 그 당사자 사이에 주관적으로 혼인의 의사가 있고 객관적으로도 사회관념상 가족질서적인 면에서 부부공동생활을 인정할 만한 혼인생활의 실체가 존재하여야 한다(대법원 2001. 1. 30. 선고 2000도4942 판결, 대법원 2001. 4. 13. 선고 2000다52943 판결 참조).

원심은, 판시와 같이 인정되는 피고인과 망 공소외인이 4년여 동안 동거하기도 하면서 내연관계를 맺어왔다는 사정만으로는 두 사람의 관계를 사실혼 관계라고 보거나 두 사람의 사이에 부부간의 상호 부양의무에 준하는 보호의무를 인정할 수 없을 뿐만 아니라, 판시 사실들과 기록에 따라 인정되는 판시와 같은 사정들에 비추어 피고인이 공소외인이 치사량의 필로폰을 복용하여 부조를 요하는 상태에 있다고 인식하였다는 점에 관하여 합리적인 의심이 생기지 않을 정도로 확신하기에는 부족하다고 판단되므로, 이 사건 유기치사의 공소사실은 범죄의 증명이 없는 경우에 해당한다는 이유로 위 공소사실에 대하여 무죄를 선고하였는바, 원심판결의 이유를 위 법리 및 기록에 비추어 살펴보면 원심의 인정 및 판단은 옳고, 상고이유에서 주장하는 바와 같은 유기치사죄의 주체 및 부조를 요하는 상태의 인식에 관한 법리오해 또는 채증법칙 위반의 위법이 없다.

☞ [이 사건 공소사실 중 유기치사의 점의 요지]

피고인은, 피해자 공소외 1(여, 47세)과는 4년여 동안 동거하면서 내연관계를 맺어오던 중, 2006. 8. 1. 01:00경 서울 서초구 서초동 1593-17 피아노모텔 601호실에서, 그 무렵 함께 투숙해 있던 피해자에게 내연관계를 청산하고 헤어지자고 하였으나 피해자가 이를 거부하며 자신의 손목을 칼로 그어 자살을 기도하는 등 극도로 예민한 상태로 괴로움을 호소하면서 당시 피고인이 소지하고 있던 필로폰 약 1.6g을 모두 먹어 버리겠다며 전부 달라고 하였는데, 필로폰을 상습적으로 취급해 온 피고인으로서는 필로폰 약 1.6g 정도면 이를 한꺼번에 투약할 경우 사람이 사망에 이를 수 있다는 사실을 익히 알고 있었음에도 피해자가 피고인의 바지 주머니에서 위 필로폰 1.6g을 가져가도록 방치함으로써 피해자가 이를 물에 타서 전부 복용한 후 약물 과다 복용으로 밤새 잠을 못 이룬 채 자신의 가슴을 두드리며 고통을 호소하고, 같은 날 09:30경에는 방바닥에 앉은 상태에서도 목을 가누지 못할 정도의 상황에 이르렀는바, 이러한 경우 피고인으로서는 자신에게서 치사량의 필로폰을 가져간 피해자가 이를 과다 복용하였을 가능성을 충분히 인식할 수 있었고, 따라서 피해자가 고통으로 신음할 때 지체 없이 피해자의 상태를 확인하고 의료기관에 후송하여 치료를 받게 하여야 할 부조의무가 있음에도 아무런 조치를 취하지 아니한 채 만연히 피해자를 그대로 방치하여 유기하고 이로 인하여 피해자로 하여금 같은 날 11:30경 같은 장소에서 급성약물중독으로 사망에 이르게 하였다.

형법 제18조?

1 18조 포함설(임웅, 이정원)

유기죄의 주체의 범위 = 부진정부작위범의 작위의무자의 범위

2 유기죄의 보호의무 < 부진정부작위범의 보증인적 지위(김일수/서보학, 배종대)

■ 대법원 1980. 6. 24. 선고 80도726 판결【강간치상 · 중유기】(공)

살피건대, 강간치상의 범행을 저지른 자가 그 범행으로 인하여 실신형태에 있는 피해자를 구호하지 아니하고 방치하였다 하더라도 그 행위는 포괄적으로 단일의 강간치상죄만을 구성한다고 봄이 상당하다 할 것인바, 그렇다면 원심이 같은 취지 아래 피고인의 원심판시 강간미수행위로 인하여 동 판시 상해를 입고 의식불명이 된 피해자 공소외인을 그곳에 그대로 방치한 피고인의 소위에 대하여 강간치상죄만이 성립하고 별도로 유기죄는 성립하지 아니한다고 판단한 조치는 정당하며, 다만 원심이 주문에 별도로 유기죄에 대하여 무죄를 선고한 조처는 잘못이라 할 것이지만 위 잘못은 이 사건 판결결과에 어떠한 영향을 미친다고는 할 수 없으니 결국 위와 같은 원판결에 소론과 같이 유기죄에 관한 법리를 오해한 위법이 있다 할 수 없으므로 논지는 이유없다.

■ 대법원 2008. 2. 29. 선고 2007도10120 판결【준강간치사(인정된 죄명: 강간치사), 성폭력범죄의처벌및피해자보호등에관한법률위반(특수강간등), 성폭력범죄의처벌및피해자보호등에관한법률위반(특수강제추행등)(인정된 죄명: 강간치사), 폭력행위등처벌에관한법률위반(공동상해), 폭력행위등처벌에관한법률위반(공동공갈), 공갈】(미)

1. 강간 등에 의한 치사상죄에 있어서 사상의 결과는 간음행위 그 자체로부터 발생한 경우나 강간의 수단으로 사용한 폭행으로부터 발생한 경우는 물론 강간에 수반하는 행위에서 발생한 경우도 포함한다(대법원 1995. 1. 12. 선고 94도2781 판결 등 참조).

위와 같은 법리 및 기록에 비추어 살펴보면, 원심이, 그 채용 증거들에 의하여 피고인들 및 제1심 공동피고인 1, 2가 피해자 공소외인을 강간하기로 공모하여 2007. 2. 27. 18:00경 남양주시 진접읍 내각리 풍양초등학교 부근 야산에서 의도적으로 게임을 통하여 13세에 불과한 피해자로 하여금 술을 마셔 취하도록 유도한 다음, 피고인 3, 2, 1의 순서로 만취한 피해자를 강간한 사실, 위와 같은 강간 과정에서 피고인 3과 제1심 공동피고인 2가 먼저, 피고인 4와 제1심 공동피고인 1이 다음으로 각 범행현장을 떠났는데, 강간을 마친 피고인 1, 2는 의식을 잃은 피해자를 인적이 드문 비닐창고(한쪽 면이 개방되어 있다)에 옮겨 놓은 사실, 피고인 1, 2는 21:20경 그곳에서 피씨방에 있는 피고인 4와 제1심 공동피고인 1을 데리러 가 위 비닐창고로 오던 도중에 피고인 2는 먼저 귀가하고 피고인 1, 4 및 제1심 공동피고인 1이 22:00경 위 비닐창고로 왔는데, 피고인 1, 4는 피해자의 가슴을 만지는 등 강제추행을 하고 귀가한 사실, 피고인 1은 귀가 도중 다시 위 비닐창고로 가 23:00경 의식을 잃은 피해자를 재차 강간하고는 하의를 벗겨둔 채 귀가한 사실, 피해자는 다음날인 2007. 2. 28. 02:00경부터 04:00경 사이에 저체온증으로 사망한 사실 등을 인정한 다음, 피고인들이 의도적으로 피해자를 술에 취하도록 유도하고 피고인들로부터 수차례 강간당하였기 때문에 피해자가 의식불명 상태에 빠진 것으로서, 피해자가 의식을 찾지 못하여 저체온증으로 사망한 것이 피고인들의 강간 및 그 수반행위와 인과관계가 없다고 할 수 없고, 피해자의 사망에 대한 피고인 1, 2, 4의 예견가능성 또한 넉넉히 인정되며, 또한 당시의 기온 등을 감안하여 보면 이미 피고인들의 강간 및 그에 수반한 행위로 인하여 피해자가 의식불명 상태에 빠진 이상, 비록 피고인 1이 비

닐창고에서 피해자를 재차 강간하고 하의를 벗겨 놓은 채 그대로 귀가하였다고 하더라도 피고인 2, 4가 저체온증으로 인한 피해자의 사망에 대한 책임을 면한다고 볼 수 없다고 하여 피고인 1, 2, 4에 대한 판시 강간치사죄를 유죄로 인정한 제1심판결을 그대로 유지한 조치는 정당하고, 거기에 상고이유로 주장하는 바와 같은 채증법칙 위반 또는 심리미진으로 인한 사실오인이나 강간치사죄에 있어서의 인과관계에 관한 법리오해 등의 위법이 있다고 할 수 없다.

③ **계약상 보호의무**

- 명시 · 묵시의 계약
- 병원 의사 · 간호사, 유치원 보모
- 고용계약은 당연히 피용자에 대한 질병치료의무까지 포함하는 것은 아님

④ **사회상규 ×**

관습 · 사무관리 · 조리에 의한 보호의무 인정 여부

1 긍정설(구 통설): 법문상의 법률, 계약은 예시

2 부정설(다수설): 유추적용금지, 관습형법배제

■ **대법원 1977. 1. 11. 선고 76도3419 판결【상해치사 · 유기치사】(공)**

원판결에 따르면 원심은 피고인은 1976. 1. 26. 16:00경 피해자 A(41세)와 함께 마차4리를 향하여 가던중 술에 취하였던 탓으로 도로 위에서 실족하여 2미터 아래 개울로 미끄러 떨어져 약 5시간 가량 잠을 자다가 술과 잠에서 깨어난 피고인과 피해자는 도로 위로 올라가려 하였으나 야간이므로 도로로 올라가는 길을 발견치 못하여 개울 아래위로 헤매든 중 피해자는 후두부 타박상을 입어서 정상적으로 움직이기가 어렵게 되었고 피고인은 도로로 나오는 길을 발견 혼자 도로 위로 올라왔으며 당시는 영하 15도의 추운 날씨이고 40미터 떨어진 곳에 민가가 있었으니 이러한 경우 피고인으로서는 인접한 민가에 가서 피해자의 구조를 요청하던가 또는 스스로 피해자를 데리고 올라와서 병원으로 데려가 의사로 하여금 치료케 하는 등 긴급히 구조조치를 취하여야 할 사회상규상의 의무가 있음에도 불구하고 그대로 방치 유치하므로서 약 4, 5시간 후 심장마비로 사망케 한 것이다라고 하여 피고인을 설시형으로 처벌하였다.

현행형법은 유기죄에 있어서 구법과는 달리 보호법익의 범위를 넓힌 반면에 보호책임없는 자의 유기죄는 없애고 법률상 또는 계약상의 의무있는 자만을 유기죄의 주체로 규정하고 있으니 명문상 사회상규상의 보호책임을 관념할 수 없다고 하겠으며 유기죄의 죄책을 인정하려면 보호책임이 있게 된 경위, 사정 관계 등을 설시하여 구성요건이 요구하는 법률상 또는 계약상 보호의무를 밝혀야 될 것이다. 본건에 있어서 원판결이 설시한 대로 피고인과 피해자가 특정지점에서 특정지점까지 가기 위하여 길을 같이 걸어간 관계가 있다는 사실만으로서는 피고인에게 설혹 동행자가 구조를 요하게 되었다 하여도 보호할 법률상 계약상의 의무가 있다고 할 수 없으니 밑도 끝도 없이 일정 거리를 동행한 사실만으로 유기죄의 주체로 인정한 원판결은 본죄의 보호책임의 법리를 오해한 위법이 있다고 하겠다. 그리고 또 피고인은 원심의 공판정에서 피고인이 유기하였다는 시각에는 술에 취하여 아무것도 알 수 없었으니 남을 구조할 여유가 없다는 취지로 변소하고 있음이 기록상 인정될 수 있고 사실이 인정된다면 본죄의 성립을 조각할 이유가 된다고 하리니 이 점을 심고도 한바 없이 그 진술에 대한 판단도 아니 밝힌 원판결은 또 하나의 위법을 더하였다고 하겠다.

논지는 결국 이유있음에 돌아가고 원판결은 파기를 못 면한다.

원심으로 하여금 더 심리하여 다시 판단케 하기 위하여 환송하기로 하여 주문과 같이 판결한다.

☞ [구형법 제217조]

노유, 불구 또는 질병 때문에 부조를 요할 자를 유기한 자는 1년 이하의 징역에 처한다.

나. 객 체

다. 행 위

○ 적극적 유기(移置), 소극적 유기(置去): 요부조자의 장소적 이전 여부

■ 대법원 1980. 9. 24. 선고 79도1387 판결【유기치사, 의료법위반(예비적: 업무방해)】(공)

원심판결에 의하면 원심은 피고인 1이 전격성간염에 걸려 장내출혈의 증세까지 생긴 만11세 남짓한 그 딸을 원판시와 같이 병원으로 데리고 다니면서 치료를 받게 함에 있어 의사들이 당시의 의료기술상 최선의 치료방법이라고 하면서 권유하는 수혈을 자신이 믿는 종교인 여호와의 증인의 교리에 어긋난다는 이유로 시종일관 완강히 거부하는 원판시와 같은 언동을 하여 그 딸로 하여금 의학상의 적정한 치료를 받지 못하도록 하여 동인을 유기하고 그로 인해 동인으로 하여금 장내출혈 때문에 실혈사하게 한 것이라는 취지의 범죄사실을 인정하여 유기치사죄로 처단하고 있는바, 동 피고인이 질병으로 인하여 이와 같이 보호를 요하는 딸을 병원에 입원시켜 놓고 의사가 그 당시 국내의 의료기술상 최선의 치료방법이라는 수혈을 하려 하여도 이를 완강하게 거부하고 방해하였다면 이는 결과적으로 요부조자를 위험한 장소에 두고 떠난 것이나 다름이 없다고 할 것이어서 그 행위의 성질로 보면 논지가 지적하는 치거에 해당된다고 할 것이고 비록 그 환자의 증세로 보아 회복의 가망성이 희박한 상태(그렇다고 하여 처음부터 회복의 전망이 전혀 없다고 단정하기에 족한 증거자료도 없다)이어서 의사가 권하는 최선의 치료방법인 수혈이라도 하지 않으면 그 환자가 사망할 것이라는 위험이 예견가능한 경우에 아무리 생모라고 할지라도 자신의 종교적 신념이나 후유증 발생의 염려만을 이유로 환자에 대하여 의사가 하고자 하는 위의 수혈을 거부하여 결과적으로 그 환자로 하여금 의학상 필요한 치료도 제대로 받지 못한 채 사망에 이르게 할 수 있는 정당한 권리가 있다고는 할 수 없는 것이며 그때에 사리를 변식할 지능이 없다고 보아야 마땅할 11세 남짓의 환자 본인이 가사 그 생모와 마찬가지로 위의 수혈을 거부한 일이 있다고 하여도 이것이 피고인의 위와 같은 수혈거부 행위가 위법한 것이라고 판단하는데 어떠한 영향을 미칠만한 사유가 된다고 볼 수는 없으므로 같은 취지에서 피고인의 판시 소위가 유기치사죄에 해당한다고 판단한 원심의 조치에 논지가 지적한 바와 같은 심리 미진, 판단유탈 및 유기치사죄에 대한 법리오해, 치료방법을 선택할 수 있는 자유권의 행사인 정당행위에 관한 법리오해와 종교의 자유를 보장한 헌법위반 등의 위법사유가 있다고 할 수 없으므로 논지는 모두 이유없음에 돌아간다고 할 것이다. …

의료법 제66조 2호의 "… 진료를 방해할 목적으로 의료기관을 점거한 자"란 동법 제3조의 규정 내용과 처벌규정을 둔 입법취지에 비추어 볼 때 통상 진료실이나 병실을 사실상 지배하여 의료인의 진료를 방해할 수 있는 정도의 물리적 지배를 하는 자를 의미한다고 할 것이나 반드시 논지가 지적한 것처럼 의료기관을 완전히 점거한 자만을 지칭하는 것은 아니고 진료를 방해할 목적으로 진료실이나 병실에서 유형, 무형의 실력행사와 그 외의 방법으로 진료행위를 하려고 하는 의료인의 의료행위를 방해했다면 그와 같은 경우도 위 조항의 "… 의료기관을 점거한 자"에 해당된다고 해석해야 할 것이다.

이러한 관점에서 볼 때 원심이 그 거시의 증거를 종합하여 병실에서 환자에게 수혈을 하려고 하는 의사 A의 앞을 가로막고 고함을 지르면서 소란을 피우고 항의하여 결국 위 의사가 수혈을 못하게 한 피고인 2의 소위를 의료법 제66조 2호에 해당된다고 하여 유죄로 처단하였음은 정당하고 거기에 채증법칙을 위배하여 사실을 오인한 흠이 있거나 의료법의 위 법조항을 잘못 해석한 위법이 없으며 그 외 논지가 지적한 바와 같은 위법사유도 없다.

또한 피고인에 대한 법령적용에 있어서 형의 선택을 하지 아니한 잘못이 있으나 이는 앞서 설시한 것처럼 피고인 1과 피고인 2의 형의 선택을 착각한 명백한 오기라고 보여지고 이러한 잘못이 원판결에 영향을 미치는 것이 아니라고 인정하므로 논지는 이유 없다고 할 것이다.

☞ 11세 환자의 생모에게 보호의무를 인정한 예로도 의미 있음.

3. 주관적 구성요건

■ 대법원 1988. 8. 9. 선고 86도225 판결【중유기, 폭력행위등처벌에관한법률위반】(공)

유기죄에 있어서는 행위자가 요부조자에 대한 보호책임의 발생원인이 된 사실이 존재한다는 것을 인식하고 이에 기한 부조의무를 해태한다는 의식이 있음을 요하는 것이다.

이 사건 공소사실의 요지는 피고인이 성류파크호텔 7층 1713호실에서 피해자에게 성관계를 요구하다가 같은 피해자가 그 순간을 모면하기 위하여 7층 창문으로 뛰어내린 것을 알았다면 즉시 적절한 구호조치를 하여 피해자를 보호해야 할 법률상 의무가 있음에도 불구하고 그 사실을 숨기고 그대로 방치하여 유기함으로써 그녀의 생명에 대한 위험을 발생케 한 것이라고 함에 있는바, 우선 위 피해자가 위 1713호실에서 뛰어내린 여부를 피고인이 전혀 알지 못하였다면 피고인의 범의를 인정할 수 없음은 더 말할 필요도 없을 것이다. 그런데 기록에 의하여 원심이 취사한 증거내용을 살펴보면 위 피해자가 뛰어내린 여부를 피고인이 알았다고 인정할 만한 아무런 증거가 없으므로(위 피해자 자신도 1심에서 피고인은 위 피해자가 뛰어내린 사실을 알지 못했을 것이라고 증언하고 있다), 같은 취지로 판단하여 피고인에게 무죄를 선고한 원심판결은 정당하고, 그 증거취사과정에 논지가 주장하는 것과 같은 채증법칙위반의 위법이 없으므로 논지는 이유 없다.

III. 존속유기죄

제271조 (유기, 존속유기)

② 자기 또는 배우자의 직계존속에 대하여 제1항의 죄를 범한 때에는 10년 이하의 징역 또는 1천500만 원 이하의 벌금에 처한다. 〈개정 1995. 12. 29〉

IV. 중유기죄 · 존속중유기죄

제271조 (유기, 존속유기)

③ 제1항의 죄를 범하여 사람의 생명에 대한 위험을 발생하게 한 때에는 7년 이하의 징역에 처한다.

④ 제2항의 죄를 범하여 사람의 생명에 대하여 위험을 발생한 때에는 2년 이상의 유기징역에 처한다.

○ 구체적 위험범

V. 영아유기죄

제272조 (영아유기)

직계존속이 치욕을 은폐하기 위하거나 양육할 수 없음을 예상하거나 특히 참작할 만한 동기로 인하여 영아를 유기한 때에는 2년 이하의 징역 또는 300만원 이하의 벌금에 처한다. 〈개정 1995. 12. 29〉

VI. 학대죄, 존속학대죄

제273조 (학대, 존속학대)

① 자기의 보호 또는 감독을 받는 사람을 학대한 자는 2년 이하의 징역 또는 500만 원 이하의 벌금에 처한다. 〈개정 1995. 12. 29〉

② 자기 또는 배우자의 직계존속에 대하여 전항의 죄를 범한 때에는 5년 이하의 징역 또는 700만 원 이하의 벌금에 처한다. 〈개정 1995. 12. 29〉

① 학대의 개념

■ 대법원 2000. 4. 25. 선고 2000도223 판결【미성년자의제강간치상, 아동복지법위반, 학대】(공)

2. 학대의 점에 대하여

형법 제273조 제1항에서 말하는 '학대'라 함은 육체적으로 고통을 주거나 정신적으로 차별대우를 하는 행위를 가리키고(대법원 1986. 7. 8. 선고 84도2922 판결 참조), 이러한 학대행위는 형법의 규정체제상 학대와 유기의 죄가 같은 장에 위치하고 있는 점 등에 비추어 단순히 상대방의 인격에 대한 반인륜적 침해만으로는 부족하고 적어도 유기에 준할 정도에 이르러야 한다고 풀이함이 상당한바, 피고인과 피해자가 성 관계를 맺게 된 전후의 경위 등이 원심이 적법하게 확정한 바와 같다면 피고인이 피해자와 성 관계를 가진 행위를 가리켜 위와 같은 의미의 학대행위에 해당한다고 보기는 어렵다 하겠으므로, 원심이 같은 취지에서 이 부분 공소사실에 대하여 결국 범죄의 증명이 없는 경우라고 판단하여 무죄를 선고한 조치도 정당하고, 거기에 학대죄에 관한 법리오해의 위법이 있다고 볼 수 없으며, 이 부분 공소사실과 같은 피고인과 피해자간의 비정상적 관계가 단순 일과성에 그친 것이 아니라 장장 8년간에 걸쳐 지속되어 왔다는 등 상고이유에서 들고 있는 사정들이 이 부분 공소사실에 관한 위 판단을 좌우할 만한 결정적인 것은 되지 못한다.

학설

1 육체적·정신적 고통 포함(지배설, 판례)

2 육체적 고통 한정(이재상)

② 학대와 가혹행위

제125조 (폭행, 가혹행위)

재판, 검찰, 경찰 기타 인신구속에 관한 직무를 행하는 자 또는 이를 보조하는 자가 그 직무를 행함에 당하여 형사피의자 또는 기타 사람에 대하여 폭행 또는 가혹한 행위를 가한 때에는 5년 이하의 징역과 10년 이하의 자격정지에 처한다.

제277조 (중체포, 중감금, 존속중체포, 존속중감금)

① 사람을 체포 또는 감금하여 가혹한 행위를 가한 자는 7년 이하의 징역에 처한다.

학설

[1] 학대적 정신적 침해이고 가혹한 행위는 육체적 침해

[2] 학대와 가혹행위는 모두 정신적·육체적 고통을 가하는 행위라는 점에서는 같으나, 학대는 가혹행위보다 좁은 개념(다수설)

VII. 아동혹사죄

제274조 (아동혹사)

자기의 보호 또는 감독을 받는 16세 미만의 자를 그 생명 또는 신체에 위험한 업무에 사용할 영업자 또는 그 종업자에게 인도한 자는 5년 이하의 징역에 처한다. 그 인도를 받은 자도 같다.

VIII. 유기등 치사상죄

제275조 (유기등 치사상)

① 제271조 내지 제273조의 죄를 범하여 사람을 상해에 이르게 한 때에는 7년 이하의 징역에 처한다. 사망에 이르게 한 때에는 3년 이상의 유기징역에 처한다.

② 자기 또는 배우자의 직계존속에 대하여 제271조 또는 제273조의 죄를 범하여 상해에 이르게 한 때에는 3년 이상의 유기징역에 처한다. 사망에 이르게 한 때에는 무기 또는 5년 이상의 징역에 처한다.

[전문개정 1995. 12. 29]

제2장 자유에 대한 죄

제1절 협박의 죄

I. 총 설
① 보호법익
② 보호의 정도

II. 협박죄
1. 의 의
○ 다수설: 침해범, 즉시범, 결과범
판례: 위험범
○ 반의사 불벌죄
2. 객관적 구성요건
가. 객 체
○ 사람
나. 행 위
(1) 형법상 협박의 개념
① 광의
② 협의
③ 최협의
④ 강요된 행위의 협박
(2) 협박죄의 협박행위
① 해악의 내용: 제한 없음
② 제3자에 의한 해악
③ 해악고지의 방법: 제한 없음
• 제3자에 의한 해악고지 포함
다. 결 과
① 현실적으로 공포심을 느껴야 하는가 (위험범인가, 침해범인가) ⇒ 위험범
② 미수와 기수
③ 전합판결의 확인
3. 주관적 구성요건
① 고의
② 고의를 인정한 예
③ 고의를 부정한 예
4. 위법성
① 사회상규
② 권리행사의 수단
③ 쟁의행위

III. 파생적 구성요건 등
① 불법가중
② 책임가중

I. 총 설

① 보호법익

1 개인의 법적 안전의 의식

2 개인의 의사결정의 자유(통설)

② 보호의 정도

1 위험범

2 침해범(다수설)

II. 협박죄

제283조 (협박, 존속협박)
① 사람을 협박한 자는 3년 이하의 징역, 500만원 이하의 벌금, 구류 또는 과료에 처한다. 〈개정 1995. 12. 29〉

1. 의 의

○ 다수설: 침해범, 즉시범, 결과범
판례: 위험범

○ 반의사 불벌죄

2. 객관적 구성요건

가. 객 체

○ 사람

- 해악고지에 공포심을 일으킬 정신적 능력을 가진 사람

나. 행 위

(1) 형법상 협박의 개념

구분	개념	예
광의	일반적으로 타인에게 공포심을 느끼게 할 만한 해악의 고지	내란, 다중불해산, 소요, 특수도주, 직무강요, 공무집행방해
협의	• 사람으로 하여금 공포심을 일으킬 수 있을 정도의 해악을 고지하는 것(판례) • 피해자가 현실로 공포심을 느낄 수 있을 정도의 해악고지(김일수/서보학)	협박, 강요, 공갈
최협의	상대방의 반항을 억압하거나 현저히 곤란하게 할 정도의 해악고지	강도, 준강도, 강간, 강간추행

① 광의

■ 대법원 2007. 6. 1. 선고 2006도4449 판결【폭력행위등처벌에관한법률위반(야간공동상해)(인정된 죄명: 상해), 공무집행방해, 음반·비디오물및게임물에관한법률위반】(미)

공무집행방해죄에 있어서의 폭행·협박은 성질상 공무원의 직무집행을 방해할 만한 정도의 것이어야 하므로, 경미하여 공무원이 개의치 않을 정도의 것이라면 여기의 폭행·협박에는 해당하지 아니한다고 할 것이다(대법원 1972. 9. 26. 선고 72도1783 판결 등 참조).

위 법리와 기록에 의하여 살펴보면, 원심이, 피고인 2가 피고인 1과 이 사건 공무집행방해행위 또는 상해행위를 공모하거나 공동으로 저질렀다고 인정할 증거가 없다고 판단하는 한편, 피고인 2가 위 오락실 밖에서 기판이 든 박스를 옮기고 있던 의경 공소외 3을 뒤쫓아 가 '이 박스는 압수된 것이 아니다'라고 말하며 공소외 3의 손에 있던 박스를 들고 간 것은 당시 공소외 3이 즉각적으로 대응하거나 저항하지 아니한 점에 비추어 공소외 3의 공무집행을 방해할 만한 폭행 또는 협박에 해당하지 아니한다고 판단한 것은 정당한 것으로 수긍이 가고, 거기에 상고이유의 주장과 같은 채증법칙 위반으로 인한 사실오인이나 법리오해 등의 위법이 있다고 할 수 없다.

■ 대법원 2005. 3. 25. 선고 2004도8984 판결【공직선거및선거부정방지법위반】(공)

구 공직선거및선거부정방지법(2004. 3. 12. 법률 제7189호로 개정되기 전의 것, 이하 '구 공선법'이라 한다) 제244조에서 규정하고 있는 선거사무관리관계자에 대한 협박죄에 있어서의 협박이라 함은, 상대방에게 공포심을 일으킬 목적으로 해악을 고지하는 일체의 행위를 의미하는 것으로서, 고지하는 해악의 내용이 그 경위, 행위 당시의 주위 상황, 행위자의 성향, 행위자와 상대방과의 친숙의 정도, 지위 등의 상호관계 등 여러 사정을 종합하여 객관적으로 상대방으로 하여금 공포심을 느끼게 하기에 족하면 되고, 상대방이 현실로 공포심을 일으킬 것까지 요구되는 것은 아니며, 다만 고지하는 해악의 내용이 경미하여 상대방이 전혀 개의치 않을 정도인 경우에는 협박에 해당하지 않는다고 할 것이다.

위에서 본 법리와 기록에 비추어 살펴보면, 원심이, 피고인은 경남개발공사 사장을 수년간 역임한 김해 출신의 유지로 지역사회에 상당한 영향력을 행사해 오고 있었을 뿐만 아니라, 이 사건 당

시에는 여당의 국회의원 입후보예정자로서의 신분을 가지고 있어 김해시 선거관리위원회 6급 직원인 공소외인으로서는 충분히 위협을 느낄 수 있는 지위에 있었던 점, 이 사건 당시 5분 이상 지속된 피고인의 전화통화 내용도 공소외인의 단속으로 선거에 영향을 받게 될 경우 피고인의 지위에서 동원할 수 있는 다양한 수단을 이용하여 공소외인의 신체나 사회적 지위 등에 위해를 가하겠다는 것으로 공소외인이 공포심을 느낄 수 있는 해악의 고지로 보여지고, 실제로 이 사건 통화 이후 공소외인이 심리적인 부담을 느껴 피고인의 출판기념회에 대한 감시활동 등 단속업무에 소극적으로 임하게 된 점 등에 비추어, 피고인의 제1심 판시 제2행위는 공소외인으로 하여금 공포심을 가지게 할 목적으로 해악을 고지한 행위로 구 공선법 제244조 소정의 협박에 해당된다고 봄이 상당하고, 또한 위 범행 당시 피고인에게 협박의 고의도 있었다고 보아 피고인이 제1심 판시와 같이 김해시 선거관리위원회 직원인 공소외인에게 전화를 걸어 그의 신체 또는 신분 등에 해악을 가할 것을 고지함으로써 동인을 협박하였다는 요지의 범죄사실을 유죄로 인정한 제1심판결을 유지한 것은 정당한 것으로 수긍이 가고, 거기에 주장과 같은 협박의 고의에 관한 채증법칙 위배나 구 공선법 제244조 소정의 협박의 개념에 관한 법리오해 등의 위법이 없다.

② 협의

■ 대법원 2007. 6. 1. 선고 2006도1125 판결【장물취득, 위증, 협박】(미)

협박죄에 있어서의 협박이라 함은 사람으로 하여금 공포심을 일으킬 수 있을 정도의 해악을 고지하는 것을 의미하고(대법원 2006. 8. 25. 선고 2006도546 판결 등 참조), 행위자가 직접 해악을 가하겠다고 고지하는 것은 물론 제3자로 하여금 해악을 가하도록 하겠다는 방식으로도 해악의 고지는 가능한바, 고지자가 제3자의 행위를 사실상 지배하거나 제3자에게 영향을 미칠 수 있는 지위에 있는 것으로 믿게 하는 명시적·묵시적 언동을 하였거나 제3자의 행위가 고지자의 의사에 의하여 좌우될 수 있는 것으로 상대방이 인식한 경우에는 고지자가 직접 해악을 가하겠다고 고지한 것과 마찬가지의 행위로 평가할 수 있다(대법원 2006. 12. 8. 선고 2006도6155 판결 참조).

원심판결 이유에 의하면, 원심은 그 채택 증거들에 의하여 피고인이 2001. 10. 6.경 피해자의 장모가 있는 자리에서 서류를 보이면서 "피고인의 요구를 들어주지 않으면 서류를 세무서로 보내 세무조사를 받게 하여 피해자를 망하게 하겠다."라고 말하여 피해자의 장모로 하여금 피해자에게 위와 같은 사실을 전하게 하고, 그 다음날 피해자의 처에게 전화를 하여 "며칠 있으면 국세청에서 조사가 나올 것이니 그렇게 아시오."라고 말한 사실을 인정한 다음, 피고인의 위 각 행위는 협박죄에 있어서의 해악의 고지에 해당한다고 판단하였는바, 위와 같은 법리와 기록에 비추어 보면 원심의 위 사실인정과 판단은 정당한 것으로 수긍이 가고, 거기에 상고이유에서 주장하는 바와 같은 협박죄에 있어서 협박에 관한 법리를 오해하거나 채증법칙에 위배한 위법이 있다고 할 수 없다.

③ 최협의

■ 대법원 2008. 3. 13. 선고 2007도10050 판결【강제추행, 강제추행방조(인정된 죄명: 강제추행)】(미)

강제추행죄는 상대방에 대하여 항거를 곤란하게 할 정도의 폭행 또는 협박을 가하여 추행행위를 하는 경우에 성립하고, 이 경우의 '추행'은 객관적으로 일반인에게 성적 수치심이나 혐오감을 일으키게 하고 선량한 성적 도덕관념에 반하는 행위로서 피해자의 성적 자유를 침해하는 것이라고 할 것인데, 이에 해당하는지 여부는 피해자의 의사, 성별, 연령, 행위자와 피해자의 이전부터의 관계, 그 행위에 이르게 된 경위, 구체적 행위태양, 주위의 객관적 상황과 그 시대의 성적 도덕관념 등을 종합적으로 고려하여 결정되어야 한다(대법원 2007. 1. 25. 선고 2006도5979 판결 및 2002. 4. 26. 선고 2001도2417 판결 등 참조).

원심이 그 설시 증거를 종합하여, 피고인이 이 사건 당일 (상호 생략) 컨트리클럽 회장 공소외인 등과 골프를 친 후 위 컨트리클럽 내 식당에서 식사를 하면서 그곳에서 근무 중인 여종업원인 피해자들에게 함께 술을 마실 것을 요구하였다가 피해자들로부터 거절당하였음에도 불구하고, 위 컨트리클럽의 회장인 위 공소외인과의 친분관계를 내세워 피해자들에게 어떠한 신분상의 불이익을 가할 것처럼 협박하여 피해자들로 하여금 목 뒤로 팔을 감아 돌림으로써 얼굴이나 상체가 밀착되어 서로 포옹하는 것과 같은 신체접촉이 있게 되는 이른바 러브샷의 방법으로 술을 마시게 한 사실을 인정한 다음, 피고인과 피해자들의 관계, 성별, 연령 및 위 러브샷에 이르게 된 경위나 그 과정에서 나타난 피해자들의 의사 등에 비추어 볼 때 강제추행죄의 구성요건인 '강제추행'에 해당하고, 이 때 피해자들의 유효한 승낙이 있었다고 볼 수 없다고 판단하였다.

■ 대법원 2007. 1. 25. 선고 2006도5979 판결【성폭력범죄의처벌및피해자보호등에관한법률위반(주거침입강간등)(인정된 죄명: 주거침입), 강간, 공갈】(공)

강간죄가 성립하려면 가해자의 폭행·협박은 피해자의 항거를 불가능하게 하거나 현저히 곤란하게 할 정도의 것이어야 하고, 그 폭행·협박이 피해자의 항거를 불가능하게 하거나 현저히 곤란하게 할 정도의 것이었는지 여부는 그 폭행·협박의 내용과 정도는 물론, 유형력을 행사하게 된 경위, 피해자와의 관계, 성교 당시와 그 후의 정황 등 모든 사정을 종합하여 판단하여야 한다(대법원 1992. 4. 14. 선고 92도259 판결, 2004. 6. 25. 선고 2004도2611 판결 등 참조).

또한, 상대방에 대하여 폭행 또는 협박을 가하여 추행행위를 하는 경우에 강제추행죄가 성립하려면 그 폭행 또는 협박이 항거를 곤란하게 할 정도일 것을 요하고(대법원 1983. 6. 28. 선고 83도399 판결, 2006. 2. 23. 선고 2005도9422 판결 등 참조), 그 폭행·협박이 피해자의 항거를 곤란하게 할 정도의 것이었는지 여부 역시 그 폭행·협박의 내용과 정도는 물론, 유형력을 행사하게 된 경위, 피해자와의 관계, 추행 당시와 그 후의 정황 등 모든 사정을 종합하여 판단하여야 한다.

따라서 가해자가 폭행을 수반함이 없이 오직 협박만을 수단으로 피해자를 간음 또는 추행한 경우에도 그 협박의 정도가 위와 같은 정도의 것이었다면 강간죄 또는 강제추행죄가 성립하는 것이고, 협박과 간음 또는 추행 사이에 시간적 간격이 있더라도 협박에 의하여 간음 또는 추행이 이루어진 것으로 인정될 수 있다면 달리 볼 것은 아니며, 한편 유부녀인 피해자에 대하여 혼인 외 성관계 사실을 폭로하겠다는 등의 내용으로 협박을 행사하여 피해자를 간음 또는 추행한 경우에 있어서 그 협박이 위와 같은 정도의 것이었는지 여부에 관하여는, 일반적으로 혼인한 여성에 대하여 정조의 가치를 특히 중시하는 우리 사회의 현실이나 형법상 간통죄로 처벌하는 조항이 있는 사정 등을 감안할 때 혼인 외 성관계 사실의 폭로 자체가 여성의 명예손상, 가족관계의 파탄, 경제적 생활기반의 상실 등 생활상의 이익에 막대한 영향을 미칠 수 있고 경우에 따라서는 간통죄로 처벌받는 신체상의 불이익이 초래될 수도 있으며, 나아가 폭로의 상대방이나 범위 및 방법(예를 들면 인터넷 공개, 가족들에 대한 공개, 자녀들의 학교에 대한 공개 등)에 따라서는 그 심리적 압박의 정도가 심각할 수 있으므로, 단순히 협박의 내용만으로 그 정도를 단정할 수는 없고, 그 밖에도 협박의 경위,

가해자 및 피해자의 신분이나 사회적 지위, 피해자와의 관계, 간음 또는 추행 당시와 그 후의 정황, 그 협박이 피해자에게 미칠 수 있는 심리적 압박의 내용과 정도 등 모든 사정을 종합하여 신중하게 판단하여야 한다.

나. 원심은 이 사건 강간 및 강제추행 부분의 각 공소사실에 대하여, 피해자의 진술에 의하더라도, 피해자는 옛 애인으로 행세한 피고인과 그 얼굴을 정확히 보지 못한 상태에서 1회 성관계를 가진 후 여전히 옛 애인으로 행세하는 피고인으로부터 전화로 '피고인을 만나기 위하여 애를 업고 모텔로 들어가는 피해자의 모습과 피고인과 만났던 모텔 방호수를 사진으로 찍은 사람이 피해자와의 성관계를 요구한다'는 말을 듣는 등 마치 사진 찍은 자의 성관계 요구에 불응하면 사진이 피해자의 집으로 보내지고 옛 애인과 성관계를 가진 사실이 남편과 가족들에게 알려질 듯한 태도에 협박받아 '사진 찍은 자'로도 행세하는 피고인으로부터 간음 및 추행을 당하게 되었고, 그 외에는 피고인으로부터 별다른 폭행이나 협박을 받은 적이 없을 뿐만 아니라 위 각 간음 및 추행 현장에서도 피고인으로부터 어떠한 폭행이나 협박을 당하지도 않았다는 것이므로, 위와 같은 협박은 피해자의 의사에 반하는 정도라고 볼 수는 있을지언정 피해자의 항거를 불가능하게 하거나 현저히 곤란하게 할 정도의 것(강간죄)이라거나 또는 피해자의 항거를 곤란하게 할 정도의 것(강제추행죄)이라고 보기 어렵다는 이유로 무죄를 선고하였다.

다. 그러나 기록에 의하면, ① 피해자는 1971. 10. 15.생으로 과거 공소외인이라는 남자와 교제하면서 임신하기도 하였으나 공소외인이 연락을 끊어 헤어진 후 1994. 2.경 남편과 혼인하여 이 사건 당시 남편과 사이에 11세, 9세, 3세의 아들 셋을 두고 있는 평범한 가정주부인 사실, ② 이 사건 직전 피해자는 옛 애인 공소외인으로 행세하는 피고인에게 속아 어두운 모텔방에서 우연히 1회 성관계를 맺기는 하였으나, 그 후 옛 애인으로 행세하는 피고인으로부터 '제3자가 피고인을 만나기 위하여 애를 업고 모텔로 들어가는 피해자의 모습과 모텔 방호수를 사진으로 찍었다고 하면서 돈은 필요 없고 성관계를 요구한다'라는 말을 듣는 등 마치 '사진 찍은 자'의 성관계 요구에 불응하면 사진이 피해자의 집으로 보내지고 옛 애인과 성관계를 가진 사실이 남편과 가족들에게 알려질 듯이 협박받아, 아무런 저항도 하지 못한 채, '사진 찍은 자'로도 행세하는 피고인으로부터 이 사건 간음 및 추행을 당한 사실, ③ 옛 애인으로 행세하는 피고인은 피해자에게 '사진 찍은 자'의 성관계 요구를 전달한다고 하면서 '그 부하가 10명쯤 되는데 그 사람들에게 다 당하는 것보다 1명에게 당하는 것이 낫지 않느냐'(수사기록 31면의 뒷장, 138면, 215면 피해자 진술 참조), '그 사람 성질을 건드리지 마라'(공판기록 92면, 97면 피해자 진술 참조)라고 말하는 한편, '나는 어차피 이민가면 그만이지만 여기에 남아 있는 너는 계속 그 사진 찍은 자에게 괴롭힘을 당할 것이다'(수사기록 196면, 214면 피해자 진술, 공판기록 45면 피고인 진술 각 참조)라고 말하기도 하였으며, '사진 찍은 자'로 행세하면서 피해자를 간음한 후에는 남편이 출근하고 자녀들이 등교하여 3살짜리 아들만을 데리고 있는 피해자에게 전화하여 '사진 찍은 자'의 거듭된 성관계 요구를 전달한다고 하면서 이에 불응하는 피해자에 대하여 '사진 찍은 자를 집으로 보내겠다'고 말하기도 하여(수사기록 217면, 공판기록 98면 피해자 진술 참조), 결국 09:30경 내지 10:30경 아침시간대에 수회에 걸쳐 피해자의 주거를 침입하면서까지 피해자를 간음한 사실, ④ 피고인은 실제로 피해자의 집으로 전화하여 피해자의 아들에게 피해자 남편의 휴대전화번호를 물어보기도 하고, '사진 찍은 자'로 행세하면서 새벽에 피해자의 집에 전화하기까지 한 사실(수사기록 218면, 공판기록 94면 피해자 진술), ⑤ 피해자는 피고인의 위와 같은 협박에 의하여 옛 애인과의 혼전 성관계까지 모두 폭로될지도 모른다는 등의 압박감을 갖게 됨에 따라 생면부지의 '사진 찍은 자'로 행세하는 피고인과 성관계를 갖게 되었고 그 후에도 사진의 존재는 물론 기왕의 성관계까지 모두 폭로되어 남편과 시댁에 알려지거나 가정이 파탄될 것이 두려워 계속되는 성관계 요구를 더욱 거절할 수가 없었다고 진술하고 있는 사실, ⑥ 피해자는 피고인과의 성관계 사실이 시어머니와 남편에게 알려지자 2005. 11. 12.경에는 수면제를 먹고 자살을 기도하기도 한 사실 등을 알 수 있다.

이러한 사실관계를 앞서 본 법리에 비추어 살펴보면, 피고인의 협박 내용이 혼인 외 성관계 사실을 폭로하겠다는 취지의 것 이외에도 마치 '사진 찍은 자'가 수명의 부하를 거느리고 있다거나 그 성질을 건드리지 마라는 등 여러 내용을 포함하고 있는 점, 피고인은 실제로 피해자의 가족이 출근이나 등교한 직후 아침시간대에 피해자와 3살짜리 아들만 있는 피해자의 집까지 찾아가 수회에 걸쳐 피해자를 간음하였으며 때로는 피해자의 아들에게 피해자 남편의 휴대전화번호를 물어보거나 새벽에 피해자의 집에 전화하기까지 한 점, 피고인은 수회에 걸쳐 피해자와 통화하거나 피해자를 간음하는 과정에서 피고인의 1인 2역 행동에 쉽게 속아 넘어가 심한 압박감에 시달리고 있는 피해자의 심리상태를 교묘하게 간파하여, 상황과 필요에 따라 "때로는 '사진 찍은 자'로, 때로는 옛애인으로" 행세하면서, 피해자가 성관계에 불응할 경우 성관계 사실을 폭로하거나 '사진 찍은 자'가 마치 자신의 폭력조직 부하들을 동원하여 피해자의 신체 등에 위해를 가할 수도 있다는 것을 암시하는 등의 방법으로 피해자를 협박하고 '사진 찍은 자'로 행세하면서 수회에 걸쳐 피해자를 간음 또는 추행하기에 이른 점, 한편 피해자로서는, 자신을 협박하고 있는 '사진 찍은 자'가 폭력조직을 거느리고 있는 것으로 오인하고 있는 데다가 그 정확한 신원을 전혀 모르고 있는 관계에 있어 '사진 찍은 자'는 성관계를 폭로하더라도 아무런 피해를 입지 않은 채 피해자만이 심각한 불이익을 당하게 될 상황에 처해 있고, 따라서 '사진 찍은 자'의 계속되는 협박에 피해자가 불응할 경우 언제든지 협박의 내용과 같은 성관계 폭로가 현실화될 수 있을 것이라는 위협을 더욱 크게 느꼈을 것으로 예상되는 점 등, 이 사건 협박의 내용과 정도, 협박의 경위, 이 사건 '사진 찍은 자'와 피해자의 신분이나 사회적 지위, 피해자와의 관계, 피해자의 가족상황, 간음 또는 추행 당시와 그 후의 정황, 이 사건 협박이 피해자에게 미칠 수 있는 심리적 압박의 내용과 정도를 비롯하여 기록에 나타난 모든 사정을 종합하여 볼 때, 피고인의 위와 같은 협박은 피해자를 단순히 외포시킨 정도를 넘어 적어도 <u>피해자의 항거를 현저히 곤란하게 할 정도의 것이었다고 보기에 충분하다고 할 것</u>이므로, 강간죄 및 강제추행죄가 성립된다고 봄이 상당하다.

라. 그럼에도 불구하고, 원심은 피고인의 이 사건 협박이 피해자의 항거를 불가능하게 하거나 현저히 곤란하게 할 정도의 것(강간죄)이거나 또는 피해자의 항거를 곤란하게 할 정도의 것(강제추행죄)이라고 보기 어렵다는 이유로 이 부분 각 공소사실에 대하여 무죄를 선고하였으니, 원심판결에는 강간죄와 강제추행죄에 있어서의 협박의 정도에 관한 법리를 오해한 위법이 있고(원심이 원용하고 있는 대법원 1998. 7. 28. 선고 98도1379 판결 및 대법원 2002. 3. 12. 선고 2001도6960 판결의 사안들은, 그 협박의 표면적인 일부 내용을 제외하고는 협박의 전체적인 내용 및 정도, 협박의 경위, 가해자와 피해자의 신분이나 사회적 지위, 피해자와의 관계, 간음 당시와 그 후의 정황, 성관계 폭로 위협에 따른 압박감의 내용과 정도 등에 있어서 이 사건 사안과는 다르다고 할 것이므로, 위 대법원판결들은 이 사건에 원용하기에 적절하지 아니하다), 이러한 위법은 판결에 영향을 미쳤음이 분명하다.

④ 강요된 행위의 협박

■ 대법원 2007. 6. 29. 선고 2007도3306 판결【도로법위반】(미)

형법 제12조에서 말하는 강요된 행위는 저항할 수 없는 폭력이나 생명, 신체에 위해를 가하겠다는 협박 등 다른 사람의 강요에 의하여 이루어진 행위를 의미하는데, 여기서 저항할 수 없는 폭력은 심리적 의미에 있어서 육체적으로 어떤 행위를 절대적으로 하지 아니할 수 없게 하는 경우와 윤리적 의미에 있어서 강압된 경우를 말하고, 협박이란 자기 또는 친족의 생명, 신체에 대한 위해를 달리 막을 방법이 없는 협박을 말하며, 강요라 함은 피강요자의 자유스런 의사결정을 하지 못하게 하면서 특정한 행위를 하게 하는 것을 말하는 것이다(대법원 1997. 7. 10. 선고 98도1309 판결, 2004. 12. 10. 선고 2003도5124 판결 등 참조).

(2) 협박죄의 협박행위

① 해악의 내용: 제한 없음

- 해악의 내용 불문하나 행위자가 결과를 지배하거나 영향력이 있다고 믿게 하는 행위 필요(영향력 없는 사항에 대한 경고는 협박 아님)

■ 대법원 2002. 2. 8. 선고 2000도3245 판결【사기, 공갈】(공)

1. 사기죄에 관한 상고이유에 대하여

피고인이 그의 처인 공소외 1과 공모하여 피해자 1, 2, 3 등에게 조상천도제를 올리면 피해자들의 집안에 좋은 일이 있으며 또 피해자측에서 하는 일들이 잘 되고 병이 낫거나 시험에 합격될 수 있는 것처럼 4회에 걸쳐 위 피해자들을 기망하여 조상천도제 비용 명목의 각 금원을 편취하고, 피해자 4에게 이문선이 고깔을 쓰고 있어 모든 일이 잘 안되고 이를 벗겨야 모든 일이 잘 된다고 기망하여 고깔 벗기는 비용 명목의 금원을 편취하였다는 이 사건 각 사기의 공소사실에 대하여, 제1심은 그 내세운 증거들에 의하여 피고인이 위 각 피해자들로부터 위 각 비용 명목의 금원을 교부받은 사실과 함께 피고인과 공소외 1에게 신이 내리고 피고인이 승려가 된 경위, 이 사건 조상천도제 등을 지내게 된 경위와 과정, 피고인이 피해자들로부터 지급받은 금원의 수액과 그 지출항목, 피고인과 피해자들의 지식, 성격, 경험, 직업 등에 관한 그 판시와 같은 사실들을 각 인정한 다음, 그 인정 사실에 비추어 보면, 비록 미신이기는 하나 피고인이 조상천도제를 올리더라도 피해자들 집안에 좋은 일이 생길 수 없다는 점을 알고서도 피해자들로부터 금원을 편취할 의사로 공소사실과 같이 조상천도제를 지낸다는 명목으로 금원을 교부받았다고 볼 수 없거나 피고인의 위와 같은 행위가 기망행위에 해당한다고 볼 수 없고, 달리 이를 인정할 만한 증거도 없다고 하여(고깔 벗기는 비용 명목으로 받은 금원에 대하여도 같은 취지로 판단한 것으로 볼 것이다), 범죄의 증명이 없음을 이유로 이 부분 공소사실에 대하여 무죄를 선고하였고, 원심은 위와 같은 제1심의 사실인정과 판단이 정당하다고 하여 제1심판결을 그대로 유지하였다.

기록에 의하여 관련 증거들을 살펴보면, 원심의 사실인정과 판단은 모두 정당한 것으로 수긍되고, 거기에 상고이유의 주장과 같은 사실오인이나 사기죄의 법리에 관한 법리오해 등의 위법을 찾아볼 수 없다.

2. 공갈죄에 관한 상고이유에 대하여

공갈죄의 수단으로써의 협박은 객관적으로 사람의 의사결정의 자유를 제한하거나 의사실행의 자유를 방해할 정도로 겁을 먹게 할 만한 해악을 고지하는 것을 말하고, 그 해악에는 인위적인 것뿐만 아니라 천재지변 또는 신력이나 길흉화복에 관한 것도 포함될 수 있으나, 다만 천재지변 또는 신력이나 길흉화복을 해악으로 고지하는 경우에는 상대방으로 하여금 행위자 자신이 그 천재지변 또는 신력이나 길흉화복을 사실상 지배하거나 그에 영향을 미칠 수 있는 것으로 믿게 하는 명시적 또는 묵시적 행위가 있어야 공갈죄가 성립한다 할 것이다.

원심은, 피고인이 그의 처인 공소외 1과 공모하여 1997. 11. 15.경 피고인의 집에서 공소외 1은 전화로 피해자 5에게 "작은 아들이 자동차를 운전하면 교통사고가 나 크게 다치거나 죽거나 하게 된다. 조상천도를 하면 교통사고를 막을 수 있고 보살(피해자 5 지칭)도 아픈 곳이 낫고 사업도 잘 되고 모든 것이 잘 풀려 나간다. 조상천도비용으로 795,000원을 내라."고 말하여 만일 피해자 5가 조상천도를 하지 아니하면 피해자 5와 그의 가족의 생명과 신체에 어떤 위해가 발생할 것처럼 겁을 주어 이에 외포된 피해자 5로부터 같은 달 16일 같은 장소에서 795,500원을 건네받아 이를 갈취하고, 1997년 12월 중순경 같은 장소에서 공소외 1은 피해자 6에게 전화로 "묘소에 있는 시아버지 목뼈가 왼쪽으로 돌아가 아들이 형편없이 빗나가 학교에도 다니지 못하게 되고 부부가 이별하게 되고 하는 사업이 망하고 집도 다른 사람에게 넘어가게 된다. 조상천도를 하면 모든 것이 다 잘 된다. 조상천도를 하지 않으면 큰일난다."고 말하여 만일 조상천도를 하지 아니하면 피해자 6과 그의 가족의 생명과 신체 등에 어떤 위해가 발생할 것처럼 겁을 주고 이에 외포된 피해자 6으로부터 1998. 1. 5. 피고인의 예금계좌로 835,000원을 송금받아 이를 갈취하였다는 이 사건 각 공갈의 공소사실에 대하여, 위 공소사실과 같은 해악의 고지는 길흉화복이나 천재지변의 예고로서 피고인에 의하여 직접, 간접적으로 좌우될 수 없는 것이고 가해자가 현실적으로 특정되어 있지도 않으며 해악의 발생가능성이 합리적으로 예견될 수 있는 것이 아니므로 이는 협박으로 평가될 수 없다 할 것이고, 달리 피고인 부부가 피해자 가족들을 폭행이나 협박하였다는 점을 인정할 아무런 증거가 없다는 이유로, 이 부분 공소사실에 대하여 무죄를 선고한 제1심의 사실인정과 판단이 정당하다고 하여 제1심판결을 그대로 유지하였다.

기록과 위 법리에 비추어 보면, 원심의 위와 같은 판단은 정당한 것으로 수긍되고, ….

② 제3자에 의한 해악

■ 대법원 2007. 6. 1. 선고 2006도1125 판결【장물취득, 위증, 협박】(미)

협박죄에 있어서의 협박이라 함은 사람으로 하여금 공포심을 일으킬 수 있을 정도의 해악을 고지하는 것을 의미하고(대법원 2006. 8. 25. 선고 2006도546 판결 등 참조), 행위자가 직접 해악을 가하겠다고 고지하는 것은 물론 제3자로 하여금 해악을 가하도록 하겠다는 방식으로도 해악의 고지는 가능한바, 고지자가 제3자의 행위를 사실상 지배하거나 제3자에게 영향을 미칠 수 있는 지위에 있는 것으로 믿게 하는 명시적·묵시적 언동을 하였거나 제3자의 행위가 고지자의 의사에 의하여 좌우될 수 있는 것으로 상대방이 인식한 경우에는 고지자가 직접 해악을 가하겠다고 고지한 것과 마찬가지의 행위로 평가할 수 있다(대법원 2006. 12. 8. 선고 2006도6155 판결 참조).

원심판결 이유에 의하면, 원심은 그 채택 증거들에 의하여 피고인이 2001. 10. 6.경 피해자의 장모가 있는 자리에서 서류를 보이면서 "피고인의 요구를 들어주지 않으면 서류를 세무서로 보내 세무조사를 받게 하여 피해자를 망하게 하겠다."라고 말하여 피해자의 장모로 하여금 피해자에게 위와 같은 사실을 전하게 하고, 그 다음날 피해자의 처에게 전화를 하여 "며칠 있으면 국세청에서 조사가 나올 것이니 그렇게 아시오."라고 말한 사실을 인정한 다음, 피고인의 위 각 행위는 협박죄에 있어서의 해악의 고지에 해당한다고 판단하였는바, 위와 같은 법리와 기록에 비추어 보면 원심의 위 사실인정과 판단은 정당한 것으로 수긍이 가고, 거기에 상고이유에서 주장하는 바와 같은 협박죄에 있어서 협박에 관한 법리를 오해하거나 채증법칙에 위배한 위법이 있다고 할 수 없다. 피고인의 이 부분 상고이유 역시 받아들일 수 없다.

■ 대법원 2006. 12. 8. 선고 2006도6155 판결【협박】(공)

협박의 경우 행위자가 직접 해악을 가하겠다고 고지하는 것은 물론, 제3자로 하여금 해악을 가하도록 하겠다는 방식으로도 해악의 고지는 얼마든지 가능하다 할 것이지만, 이 경우 고지자가 제3자의 행위를 사실상 지배하거나 제3자에게 영향을 미칠 수 있는 지위에 있는 것으로 믿게 하는 명시적·묵시적 언동이 있었거나 제3자의 행위가 고지자의 의사에 의하여 좌우될 수 있는 것으로 상대방이 인식한 경우에 한하여 비로소 고지자가 직접 해악을 가하겠다고 고지한 것과 마찬가지의 행위로 평가할 수 있다 할 것이고, 만약 고지자가 위와 같은 명시적·묵시적 언동을 하거나 상대방이 위와 같이 인식을 한 적이 없다면, 비록 상대방이 현실적으로 외포심을 느꼈다고 하더라도 이러한 고지자의 행위가 협박죄를 구성한다고 볼 수는 없다 할 것이다.

③ 해악고지의 방법: 제한 없음

제3자에 의한 해악고지 포함

■ 대법원 2002. 12. 10. 선고 2002도4940 판결【절도, 횡령, 폭력행위등처벌에관한법률위반】(공)

원심은, 피고인이 2001. 8. 27. 23:30경 피해자 A의 지시에 따라 평창군 임야의 반환을 요구하려고 찾아온 공소외 B, C에게, 소지하고 있던 주방용 칼을 꺼내 보이며 "A가 왔으면 무슨 일이 일어났을 것이다. 내가 이런 일이 있을 줄 알고 3년 전부터 준비해 왔는데, 아산양행 서류 3개 캐비닛 분량을 가지고 있다."라는 취지로 말하여 피해자 A의 생명·신체·재산에 어떤 위해를 가할 듯한 태도를 보이고, 같은 달 30. 10:00경 아산양행 사무실에서 그와 같은 언동이 피해자 A에게 전달되게 함으로써 협박한 것이라는 공소사실을 인정한 다음, 피해자에 대한 협박이 기수에 이른 시기는 주간이지만 실행의 착수가 야간에 이루어진 이상 폭력행위등처벌에관한법률 제2조 제2항, 제1항, 형법 제283조 제1항이 적용된다고 판단하였다.

2. 폭력행위등처벌에관한법률 제2조 제2항, 제1항은 야간에 형법 제283조 제1항의 협박죄를 범한 때에는 그 형의 2분의 1까지 가중한다고 규정하고 있는바, 폭력행위등처벌에관한법률이 제1조에서 집단적, 상습적 또는 야간에 폭력행위 등을 자행하는 자 등을 처벌함을 목적으로 한다고 규정하면서, 제6조에서 위와 같은 야간 협박죄의 미수범을 처벌하는 규정을 따로 두고 있으며, 형법 제283조 제1항의 협박죄의 미수범 처벌규정도 형법 제286조에 별도로 규정되어 있는 점에 비추어 보면, 폭력행위등처벌에관한법률 제2조 제2항, 제1항, 형법 제283조 제1항이 규정하는 범죄는 협박죄의 기수범이 야간이라는 시간적 제한 아래 이루어진 것을 말하므로, 위 죄가 성립하기 위해서는 해악의 고지가 피해자에게 도달하여 협박이 기수에 이른 시기가 야간에 해당하여야 하고, 이 사건과 같이 실행의 착수가 야간에 이루어졌더라도 기수에 이른 시기가 주간인 경우에는 형법 제283조 제1항이 적용될 뿐 폭력행위등처벌에관한법률 제2조 제2항은 적용되지 않는다고 보아야 한다.

다. 결 과

① 현실적으로 공포심을 느껴야 하는가(위험범인가, 침해범인가) ⇒ 위험범

■ 대법원 2007. 9. 28. 선고 2007도606 전원합의체 판결【형의실효등에관한법률위반, 협박】(공)

1. 협박죄에 관한 상고이유에 대하여

가. 채증법칙 위반 주장에 대하여

원심판결 이유와 원심이 인용한 제1심법원의 채택 증거에 비추어 보면, 피해자 공소외 1이 대학설립 추진을 빙자하여 대학부지 내 택지 및 상가지역 분양 명목으로 공소외 2로부터 받은 돈을 변제하지 못하여 독촉을 받고 있는 상황에서, (이름 생략) 경찰서 정보보안과 소속 경찰공무원인 피고인이 2003. 5. 30. 12:30경 피해자에게 전화를 걸어 "나는 (이름 생략) 경찰서 정보과에 근무하는 (이름 생략) 형사다. 공소외 2가 집안 동생인데 돈을 언제까지 해 줄 것이냐. 빨리 안 해주면 상부에 보고하여 문제를 삼겠다."라고 말함으로써 해악을 고지하였다고 인정한 원심의 판단은 정당하고, 거기에 상고이유에서 주장하는 바와 같은 채증법칙을 위배한 위법이 있다고 할 수 없다.

나. 협박죄의 성립요건에 관한 주장에 대하여

협박죄에서 협박이라 함은 일반적으로 보아 사람으로 하여금 공포심을 일으킬 수 있는 정도의 해악을 고지하는 것을 의미하고, 그 주관적 구성요건으로서의 고의는 행위자가 그러한 정도의 해악을 고지한다는 것을 인식·인용하는 것을 그 내용으로 하는바(대법원 1991. 5. 10. 선고 90도2102 판결, 대법원 2006. 6. 15. 선고 2006도2311 판결 등 참조), 협박죄가 성립되려면 고지된 해악의 내용이 행위자와 상대방의 성향, 고지 당시의 주변 상황, 행위자와 상대방 사이의 친숙의 정도 및 지위 등의 상호관계, 제3자에 의한 해악을 고지한 경우에는 그에 포함되거나 암시된 제3자와 행위자 사이의 관계 등 행위 전후의 여러 사정을 종합하여 볼 때에 일반적으로 사람으로 하여금 공포심을 일으키게 하기에 충분한 것이어야 할 것이지만, 상대방이 그에 의하여 현실적으로 공포심을 일으킬 것까지 요구되는 것은 아니며, 그와 같은 정도의 해악을 고지함으로써 상대방이 그 의미를 인식한 이상, 상대방이 현실적으로 공포심을 일으켰는지 여부와 관계없이 그로써 구성요건은 충족되어 협박죄의 기수에 이르는 것으로 해석하여야 할 것이다.

우리 형법은 제286조에서 협박죄의 미수범을 처벌하는 조항을 두고 있으나 미수범 처벌조항이 있다 하여 반드시 침해범으로 해석할 것은 아니며, 지극히 주관적이고 복합적이며 종종 무의식의 영역에까지 걸쳐 있는 상대방의 정서적 반응을 객관적으로 심리·판단하는 것이 현실적으로 불가능에 가깝고, 상대방이 과거 자신의 정서적 반응이나 감정상태를 회고하여 표현한다 하여도 공포심을 일으켰는지 여부의 의미나 판단 기준이 사람마다 다르며 그 정도를 측정할 객관적 척도도 존재하지 아니하는 점 등에 비추어 보면, 상대방이 현실적으로 공포심을 일으켰는지 여부에 따라 기수 여부가 결정되는 것으로 해석하는 것은 적절치 아니하기 때문이다.

결국, 협박죄는 사람의 의사결정의 자유를 보호법익으로 하는 위험범이라 봄이 상당하고, 위 미수범 처벌조항은 해악의 고지가 현실적으로 상대방에게 도달하지 아니한 경우나, 도달은 하였으나 전혀 지각하지 못한 경우, 혹은 고지된 해악의 의미를 상대방이 인식하지 못한 경우 등에 적용될 뿐이라 할 것이다.

위 법리에 비추어 볼 때, 앞서 본 당시 상황에서 피고인이 정보과 소속 경찰관의 지위에 있음을 내세우면서 빨리 변제하지 않으면 상부에 보고하여 문제를 삼겠다고 이야기한 것은, 객관적으로

보아 사람으로 하여금 공포심을 일으키게 하기에 충분한 정도의 해악의 고지에 해당한다고 볼 것이므로, 피해자가 그 취지를 인식하였음이 명백한 이상 현실적으로 피해자가 공포심을 일으켰는지 여부와 무관하게 협박죄의 기수에 이르렀다고 보아야 할 것이다.

같은 취지의 원심 판단은 정당하고, 거기에 협박죄의 성립요건에 관한 법리오해의 위법이 있다고 할 수 없다.

다. 정당행위에 해당한다는 주장에 대하여

권리행사나 직무집행의 일환으로 상대방에게 일정한 해악의 고지를 한 경우, 그 해악의 고지가 정당한 권리행사나 직무집행으로서 사회상규에 반하지 아니하는 때에는 협박죄가 성립하지 아니하나, 외관상 권리행사나 직무집행으로 보이는 경우에도 그것이 실질적으로 권리나 직무권한의 남용이 되어 사회상규에 반하는 때에는 협박죄가 성립한다고 보아야 할 것인바, 구체적으로는 그 해악의 고지가 정당한 목적을 위한 상당한 수단이라고 볼 수 있는 경우라면 위법성이 조각된다고 할 것이지만, 위와 같은 관련성이 인정되지 아니하는 경우에는 그 위법성이 조각되지 아니한다.

원심판결 이유에 의하면, 피해자로부터 돈을 돌려받지 못해 걱정하고 있는 공소외 2를 친구의 부탁으로 상담차 만난 피고인은 공소외 2로부터 그가 처한 상황에 관한 설명을 듣고 그 자리에서 피해자에게 전화를 걸어 자신이 정보과 형사라고 신분을 밝힌 다음 공소외 2가 집안 동생이라고 거짓말을 하면서 공소외 2의 돈을 빨리 안 해 주면 상부에 보고하여 문제를 삼겠다고 말한 사실, 당시 피고인은 피해자와 공소외 2 사이의 금전거래로 인한 사건을 정식으로 수사하거나 내사하는 상황이 아니었을 뿐만 아니라 범죄 혐의에 대한 뚜렷한 의심도 갖기 이전이었던 사실을 알 수 있다.

이에 의하면, 우선 피고인이 피해자에게 고지한 해악의 내용은 피고인이 경우에 따라 소속기관에 보고하여 문제삼을 수도 있다는 취지여서 외관상으로는 직무집행의 의사가 있음을 피력한 것에 지나지 아니하며, 그 목적 역시 피해자의 공소외 2에 대한 채무의 조속한 변제 혹은 피해 변상에 있었던 것으로 보여 그 자체로 위법하다거나 부당한 것이라고는 볼 수 없다 하더라도, 경찰공무원 복무규정 제10조(민사분쟁에의 부당개입금지)에서 "경찰공무원은 직위 또는 직권을 이용하여 부당하게 타인의 민사분쟁에 개입하여서는 아니된다."고 규정하고 있는 점과 피해자의 범죄혐의가 드러나기 이전이라는 당시의 상황에 비추어 보면, 피해자의 공소외 2에 대한 채무의 변제나 피해 변상 여부에 따라 직무집행 여부를 결정할 의사를 갖고 있다는 취지의 해악의 고지는, 정당한 직무집행의 일환으로 평가할 수 없을 뿐 아니라, 그 목적 달성을 위한 상당한 수단으로 인정할 수도 없다 할 것이다.

따라서 위와 같은 해악의 고지가 경찰관으로서의 정당한 업무상의 행위라거나 사회상규에 반하지 아니하는 행위라고 볼 수는 없으므로, 같은 취지의 원심 판단은 정당하고, 거기에 정당행위에 관한 법리를 오해한 위법이 있다고 할 수 없다.

2. 형의 실효 등에 관한 법률 위반죄에 관한 상고이유에 대하여

…

3. 결 론

그러므로 상고를 기각하기로 하여 주문과 같이 판결한다. 이 판결에는 협박죄의 성립요건에 관한 판단에 대하여 대법관 김영란, 대법관 박일환의 반대의견이 있는 외에는 관여 법관들의 의견이 일치되었다.

4. 대법관 김영란, 대법관 박일환의 반대의견은 다음과 같다.

가. 다수의견은, 협박죄는 사람의 의사결정의 자유를 보호법익으로 하는 위험범으로서, 일반적으로 보아 사람으로 하여금 공포심을 일으킬 수 있는 정도의 해악의 고지가 상대방에게 도달하여 상대방이 그 의미를 인식한 이상 상대방이 현실적으로 공포심을 일으켰는지 여부와 관계없이 그로써 구성요건은 충족되며 기수에 이르는 것으로 보아야 한다고 판단하고 있다.

나. 그러나 위와 같은 다수의견에는 다음과 같은 이유로 찬성할 수 없다.

(1) 협박죄의 미수범을 처벌하는 규정을 두고 있지 않은 구 형법(1953. 9. 18. 우리 형법 제정 이전의 의용형법), 독일 형법, 일본 형법 등에 있어서는, 비록 협박행위로 인하여 피해자가 현실적으로 공포심을 일으키지는 않았다고 하더라도 이에 대한 처벌의 필요성은 있는 점 등을 고려하여, 협박죄의 기수시기에 관하여 다수의견과 같은 입장을 취할 여지도 있다고 할 것이다.

그러나 현행 형법은 협박죄의 미수범을 처벌하는 규정을 두고 있는바, 그 입법 취지는 협박죄를 침해범으로 보고, 해악의 고지가 상대방에게 도달하여 상대방이 그 의미를 인식하였으나 현실적으로 공포심을 일으키지는 아니한 경우에는 이를 미수범으로 처벌하도록 함으로써 피해자의 피해 정도 등을 고려한 적정한 양형을 도출하고자 하는 의도라고 보는 것이 자연스럽다고 할 것이다.

어떤 범죄를 위험범으로 볼 것인지 침해범으로 볼 것인지 여부는 범죄의 형태상 당연한 경우를 제외하고는 실정법의 해석 문제라고 할 수 있다.

협박죄는 상대방에게 공포심을 일으킬 수 있는 해악을 고지하는 행위를 구성요건으로 하는 범죄로 범죄의 형태상 당연히 침해범 또는 위험범이라고 확정할 수는 없지만 일반적인 사회적 인식에 비추어 볼 때 상대방에게 공포심을 일으키지 못하였다면 이를 미수범으로 이해하는 것이 자연스럽다고 할 것이다. 왜냐하면 미수범은 통상 구성요건적 행위를 미처 마치지 못한 착수미수와 구성요건적 행위를 마쳤으나 결과가 발생하지 못한 실행미수의 두 가지 모습으로 나타나는바, 본건과 같이 상대방에게 공포심을 일으키지 못한 경우는 실행미수의 전형적인 모습이기 때문이다.

다만, 구 형법 시절에는 미수범의 처벌규정이 없었기 때문에 일반적인 처벌의 필요성을 고려하여 위험범으로 해석할 여지도 있었지만, 현행 형법 아래에서는 그와 같이 해석할 필요성도 없다. 학설을 보더라도 <u>현행 형법 아래에서는 협박죄를 침해범으로 해석하여야 한다는 견해가 압도적인 다수설의 지위</u>를 차지하고 있는 것도 이러한 미수범의 일반적인 모습을 고려할 때 자연스러운 것이라고 할 것이다.

(2) 다수의견은, 사람이 공포심을 일으켰는지 여부의 의미나 판단 기준이 사람마다 다르며 그 정도를 측정할 객관적 척도도 존재하지 아니하는 점 등에 비추어 볼 때 상대방이 현실적으로 공포심을 일으켰는지 여부에 의하여 협박죄의 기수 여부가 좌우되는 것으로 해석하는 것은 부적절하다고 보고 있다.

그러나 협박죄에 있어서 해악의 고지는 '일반적으로 보아 사람으로 하여금 공포심을 일으킬 수 있는 정도'의 해악을 고지하는 것을 의미하는바, 협박죄의 구성요건을 갖추었는지 여부를 판단함에 있어서는 위와 같은 정도의 해악의 고지가 있었는지 여부를 살펴봄으로써 족하다고 할 것이나, 나아가 협박죄가 기수에 이르렀는지 여부를 판단함에 있어서는 상대방이 현실적으로 공포심을 일으켰는지 여부, 즉 협박죄의 보호법익인 상대방의 의사결정의 자유가 현실적으로 침해되었는지 여부를 고려할 필요가 있다고 할 것이다.

그리고 현실적으로 사람이 공포심을 일으켰는지 여부나 그 정도는 사람마다 다를 수 있다고 하더라도, 그러한 사정만으로 현실적으로 사람이 공포심을 일으켰는지 여부나 그 정도를 판단할 수 없다거나 이를 판단할 만한 객관적인 척도나 기준이 존재하지 않는다고 단정할 것은 아니며, 사람이 현실적으로 공포심을 일으켰는지 여부를 판단할 만한 객관적인 기준 및 개별 사건에서의 검사 또는 피고인의 입증과 그에 의하여 인정되는 구체적인 사정 등을 모두 종합하여, 당해 협박행위로 인하여 상대방이 현실적으로 공포심을 일으켰다는 점이 증명된다면 협박죄의 기수에 이르렀다고 인정하고, 이에 대한 증명이 부족하거나 오히려 상대방이 현실적으로 공포심을 일으키지 않았다는 점이 증명된다면 협박죄의 미수에 그친 것으로 인정하면 될 것이고, 이러한 결과가 결코 부적절하다고 볼 것은 아니다.

"의심스러울 때는 피고인의 이익으로"라는 법원칙은 이와 같은 경우에도 적용되어야 하고, 기수에 이르렀는지 의문이 있다면 미수범으로 처벌하면 되지 그와 같은 의문을 해결하기 어렵다고 하여 모든 경우에 기수범으로 처벌하는 것은 이러한 형사법의 일반원칙과도 부합되지 아니하며 형벌과잉의 우려를 낳게 될 뿐이다.

(3) 그렇다면 현행 형법에서의 협박죄는 침해범으로서, 일반적으로 보아 사람으로 하여금 공포심을 일으킬 수 있는 정도의 해악의 고지가 상대방에게 도달하여 상대방이 그 의미를 인식하고 나아가 현실적으로 공포심을 일으켰을 때에 비로소 기수에 이르는 것으로 봄이 타당하고, 기존의 대법원판결들도 협박죄의 기수시기에 관한 이러한 견해에 명백히 저촉되는 것으로 보이지는 아니한다.

(4) 위와 같은 법리 및 기록에 비추어 살펴보면, 이 사건 협박행위와 관련하여 피해자가 수사기관에서 공포심을 일으켰다고 진술한 바 없고 오히려 원심법정에서는 전혀 두렵지 않았다고 증언하였으며, 달리 피고인의 협박행위로 인하여 피해자가 현실적으로 공포심을 일으켰다고 볼 만한 증거가 없으므로, 이 사건 협박죄는 미수에 그친 것으로 봄이 타당하고, 이와 달리 이 사건 협박죄가 기수에 이른 것으로 판단한 원심판결에는 협박죄의 기수에 관한 법리오해로 인하여 판결 결과에 영향을 미친 위법이 있다.

다. 따라서 원심판결은 이러한 위법 때문에 파기되어야 할 것인데, 다수의견은 이와 결론을 달리하므로 반대의견으로 위와 같이 견해를 밝힌다.

대법원장 이용훈(재판장) 고현철 김영란 양승태(주심) 김황식 박시환 김지형 이홍훈 박일환 김능환 전수안 안대희

② 미수와 기수

구분	경우	기수·미수	
		다수의견	소수의견
1	해악의 고지가 현실적으로 상대방에게 도달하지 않은 경우	미수	미수
2	도달은 하였으나 전혀 지각하지 못한 경우	미수	미수
3	고지된 해악의 의미를 상대방이 인식하지 못한 경우	미수	미수
4	인식하였으나 현실적으로 상대방이 공포심을 일으키지 않은 경우	기수	미수
5	현실적으로 공포심을 일으킨 경우	기수	기수

③ 전합판결의 확인

■ 대법원 2008. 5. 29. 선고 2006도6347 판결【상관협박, 무고】(공)

2. 상관협박의 점에 대하여

가. 원심은, 피고인이 상관인 피해자 공소외 3으로부터 2005. 9. 15. 10:00경에 폭언을 들었다며 위 피해자를 고소한 사건(이하 '피해자에 대한 고소사건'이라고 한다)으로 공군 제1전투비행단 법무실에서 조사받은 후인 2005. 10. 14. 11:15경 피해자에게 파렴치목록이라는 문건을 보이면서 "지난번에 욕설한 사실을 인정하라, 욕설한 것만 일단 인정해 주면 징계위 등에서 징계수위를 낮추거나 징계를 유예하거나 그런 것은 나중에 개인적으로 해줄 수 있다. 그러나 계속 욕설한 사실을 부인하면 파렴치목록을 제출하여 낼 수밖에 없다"는 취지의 말을 하고, 피해자가 먼저 직감실에서 나와 사무실로 가자 위 파렴치목록을 피해자의 책상 위에 놓고 가는 등 피해자에게 어떠한 위해를 가할 듯한 태도를 보여 상관인 피해자를 협박하였다는 공소사실에 대하여, 상관협박죄에 있어서 협박이란 상대방에게 공포심을 느끼게 할 만한 해악을 고지하고, 그로 인하여 상대방이 공포심을 느낀 경우만을 의미한다고 전제한 다음, 그 판시와 같은 사정을 이유로 피고인의 공소사실 기재와 같은 행위는 피고인이 피해자에 대한 고소사건에서 수사를 받는 과정에서 피해자에게 진실규명을 촉구하며 항의하다가 감정이 격앙되어 결례를 저지른 것에 불과할 뿐이고 상대방이 공포심을 느낄 만한 해악을 고지한 것이라고 할 수는 없어 협박에 해당한다고 볼 수 없으며, 설령 협박에 해당한다고 하더라고 사회통념상 용인할 수 없는 정도의 것이라고 볼 수 없다고 판단하고 있다.

나. 그러나 원심의 위와 같은 판단 또한 다음과 같은 이유로 그대로 수긍하기 어렵다.

(1) 먼저, 협박죄에서 협박이라 함은 일반적으로 보아 사람으로 하여금 공포심을 일으킬 수 있는 정도의 해악을 고지하는 것을 의미하고, 그 주관적 구성요건으로서의 고의는 행위자가 그러한 정도의 해악을 고지한다는 것을 인식·인용하는 것을 그 내용으로 하는바, 협박죄가 성립되려면 고지된 해악의 내용이 행위자와 상대방의 성향, 고지 당시의 주변 상황, 행위자와 상대방 사이의 친숙의 정도 및 지위 등의 상호관계, 제3자에 의한 해악을 고지한 경우에는 그에 포함되거나 암시된 제3자와 행위자 사이의 관계 등 행위 전후의 여러 사정을 종합하여 볼 때에 일반적으로 사람으로 하여금 공포심을 일으키게 하기에 충분한 것이어야 할 것이지만, 상대방이 그에 의하여 현실적으로 공포심을 일으킬 것까지 요구되는 것은 아니며, 그와 같은 정도의 해악을 고지함으로써 상대방이 그 의미를 인식한 이상, 상대방이 현실적으로 공포심을 일으켰는지 여부와 관계없이 그로써 구성요건은 충족되어 협박죄의 기수에 이르는 것으로 해석하여야 할 것이고(대법원 2007. 9. 28. 선고 2007도606 전원합의체 판결 참조), 이러한 법리는 상관협박죄에도 마찬가지로 적용된다고 할 것인바, 이와 달리 상관협박죄에 있어서 협박이란 상대방에게 공포심을 느끼게 할 만한 해악을 고지하고, 그로 인하여 상대방이 공포심을 느낀 경우만을 의미한다고 본 원심의 앞서 본 판단에는 상관협박죄에 있어 협박의 의미에 관한 법리를 오해한 잘못이 있다고 할 것이다.

(2) 원심은 또, 피고인의 위 행위가 협박에 해당하지 아니한다는 이유로 위 파렴치목록이 피해자의 욕설을 시정할 의도로 작성된 비망록 수준 정도에 불과하고, 그것은 수사기관에 제출되더라도 피해자에 대한 고소사건에 대한 증빙자료로서만 기능할 것이었으며, 피해자는 피고인의 상관으로서 이미 그 내용을 알고 있었고, 피고인의 행동은 피해자에 대한 고소사건에 대한 진실을 규명하는 과정에서 일어난 것이라는 점을 들고 있다.

하지만 원심이 적법하게 채택하여 조사한 증거에 의하면, 위 파렴치목록은 피고인이 2002. 12. 3.경 피해자로부터 욕설을 듣고 피해자를 고발할 목적으로 작성한 것이고, 그 기재 내용 또한 피해자가 군대 내 미술작품전시회에 출품하고자 하는 군인들에게 미술작품을 구해주는 브로커 역할을 하였으며, 공금을 횡령하였고, 장병들에게 욕설과 폭언을 일삼았다는 등의 내용으로서 비망록 수준의 것이 아닐 뿐 아니라, 이 사건 피해자에 대한 고소사건과는 무관한 것임이 명백한바, 위 파렴치목록을 비망록 수준에 불과하다거나 피해자에 대한 고소사건의 증빙자료에 불과하다고 본 원심의 판단은 잘못이라고 할 것이다.

또한, 원심이 적법하게 채택하여 조사한 증거에 의하면, 위 파렴치목록의 내용은 상당부분 사실이었음을 알 수 있는바, 이러한 상황에서 위 파렴치목록이 수사기관 등에 제출될 경우 군 간부이던 피해자로서는 형사처벌 또는 징계를 받거나 적어도 군 간부로서의 명예에 상당한 타격을 입을 우려가 있었다고 보지 않을 수 없으므로, 피고인이 피해자에 대한 고소사건으로 대립하고 있던 피해자에게 욕설 사실을 시인하지 아니하면 위 파렴치목록을 수사관서 등에 신고하겠다는 취지로 말한 것은, 원심이 판시한 나머지 사정들을 고려하여 보더라도, 상대방으로 하여금 공포심을 일으키게 하기에 충분한 것으로서 협박에 해당한다고 보지 않을 수 없다.

(3) 한편, 해악의 고지가 있다 하더라도 그것이 사회의 관습이나 윤리관념 등에 비추어 볼 때 사회통념상 용인할 수 있을 정도의 것이라면 상관협박죄는 성립하지 아니한다고 할 것이나(대법원 2005. 3. 25. 선고 2005도329 판결 참조), 어떠한 행위가 사회상규에 위배되지 아니하는 정당한 행위로서 위법성이 조각되는 것인지는 구체적인 사정 아래서 합목적적, 합리적으로 고찰하여 개별적으로 판단하여야 할 것이고, 이와 같은 정당행위를 인정하려면, 첫째 그 행위의 동기나 목적의 정당성, 둘째 행위의 수단이나 방법의 상당성, 셋째 보호이익과 침해이익과의 법익균형성, 넷째 긴급성, 다섯째 그 행위 외에 다른 수단이나 방법이 없다는 보충성 등의 요건을 갖추어야 하는 것인데(대법원 2006. 6. 27. 선고 2006도1187 판결 참조), 원심판결 이유 및 앞서 본 사정들과 같이 피고인이 피해자를 폭언 혐의로 고소하였다가 피해자의 부인으로 도리어 자신이 무고로 처벌받을 처지에 놓이게 되자 과거 피해자를 고발하고자 만들어둔 피해자의 비리목록을 제시하며 만약, 피해자가 폭언 사실을 시인하지 아니하면 위 문건으로 피해자를 처벌받도록 하겠다는 취지의 해악을 고지한 것은 피해자의 과거 비리정보를 소지하고 있음을 기화로 피해자로 하여금 수사과정에서의 진술번복을 강요하는 것이어서 사회상규에 위배되지 아니하는 정당한 행위라고 할 수도 없다.

3. 주관적 구성요건

① 고의

- 진실로 실현할 의사 불요
- 종합적 판단

② 고의를 인정한 예

■ 대법원 1991. 5. 10. 선고 90도2102 판결【폭력행위등처벌에관한법률위반】(집)

1. 원심판결 이유에 의하면, 원심은 피고인에 대한 이 사건 공소사실 중 폭력행위등처벌에관한법률위반의 점에 대하여 그 거시의 증거들을 종합하면 피고인이 1989. 12. 25. 18:00경 경기 고양군 일산읍 소재 피고인의 매형인 공소외 1의 집에서 접착제의 일종으로서 연소성이 높은 고무놀을 온 몸에 바르고 흉기인 가위, 송곳 등을 잡고 휘두르면서 피고인의 누이인 피해자 1, 동생인 피해

자 2에게 가족 전부를 죽여 버리겠다. 방에 불을 지르겠다고 고함치고 이어서 라이타 불을 켜는 등의 행위를 한 사실은 인정되나 이와 같은 피고인의 행위가 협박을 내용으로 하는 폭력행위등처벌에관한법률위반죄로 성립되기 위하여는 위와 같은 객관적 행위 이외에 그 행위를 함에 있어, 피고인에게 그에 대한 인식 즉 고의 내지 협박의 의사가 있어야 하는데 위 죄에 있어서의 협박이 상대방으로 하여금 현실로 공포심을 느끼게 할 정도의 해악의 고지를 의미하는 점에 비추어 그 협박의 의사에는 행위자의 해악의 고지에 대한 인식은 물론 상대방도 그와 같은 해악이 실현될 가능성이 있다는 것을 인식하고 있다는 점에 대한 행위자의 인식도 필요하다 할 것이라고 전제한 다음 피고인은 동거하다가 가출한 공소외 2를 찾지 못하여 실의에 빠져있던 상태에서 부모 대신 피고인을 돌봐주던 누이인 피해자 1(공소외 1의 처)로부터 냉대를 받게 되자 피해자 1의 집에서 술을 마시고 자포자기의 상태에서 스스로 목숨을 끊기 위해 위와 같은 행위에 이르게 되었으나 피해자 1이 피고인의 행동을 만류한 사실 등이 인정되는 사정에 비추어 피고인에게는 협박죄의 성립에 필요한 인식 내지 협박의 의사가 있었다고 볼 수 없어 결국 이 부분 공소사실은 범죄의 증명이 없는 경우에 해당된다는 이유로 무죄를 선고하였다.

2. 협박죄에 있어서의 협박이라 함은 일반적으로 보아 사람으로 하여금 공포심을 일으킬 수 있는 정도의 해악을 고지하는 것을 의미하므로 그 주관적 구성요건으로서의 고의는 행위자가 그러한 정도의 해악을 고지한다는 것을 인식, 인용하는 것을 그 내용으로 하고 고지한 해악을 실제로 실현할 의도나 욕구는 필요로 하지 아니한다고 할 것이고, 다만 행위자의 언동이 단순한 감정적인 욕설 내지 일시적 분노의 표시에 불과하여 주위사정에 비추어 가해의 의사가 없음이 객관적으로 명백한 때에는 협박행위 내지 협박의 의사를 인정할 수 없다 할 것이나 위와 같은 의미의 협박행위 내지 협박의사가 있었는지의 여부는 행위의 외형뿐만 아니라 그러한 행위에 이르게 된 경위, 피해자와의 관계 등 주위상황을 종합적으로 고려하여 판단해야 할 것이다.

기록에 의하면 피고인은 부모를 모두 잃어버린 후 출가한 누이인 피해자 1의 도움을 받으면서 지내오던 중 위 피해자에게 수시로 돈을 요구하였다가 거절당하는 경우에는 술을 마시고 행패를 부려왔을 뿐만 아니라 폭행치사죄로 유죄의 확정판결까지 받은 전력이 있는 자인데, 피고인과 동거하던 공소외 2가 가출하게 되자 위 피해자의 남편인 공소외 1의 집에서 1989. 12. 11. 공소외 1 소유의 현금 200,000원을 절취한 다음 그녀를 찾아 다니다가 찾지 못하고 돌아왔으나 공소외 1의 보증아래 구입한 가전제품을 위 피해자 등이 가져가 버린 사실을 알고 이 사건 범행 일시경 위 피해자의 집으로 가서 술을 마시다가 갑자기 그 집안에 있는 구두수선작업장으로 들어가 온 몸에 연소성이 높은 고무놀을 바르고 라이타 불을 켜는 동작을 하면서 이를 말리려는 위 피해자 등에게 가위, 송곳을 휘두르면서 "방에 불을 지르겠다" "가족 전부를 죽여 버리겠다"고 소리친 사실이 인정되는 점과 피해자 1이 "피고인의 행위를 약 1시간 가량 말렸는데 도저히 두고 볼 수 없어 동생(피고인)이 무섭고 두려워서 … 신고를 한 것입니다(수사기록 19면)"라고 진술하고 있는 점 등에 비추어 피고인의 위와 같은 행위는 피해자 1 등에게 공포심을 일으키기에 충분할 정도의 해악을 고지한 것으로 보여지고, 나아가 피고인에게 실제로 위 피해자 1 등의 신체에 위해를 가할 의사나 불을 놓을 의사가 없었다고 할지라도 위와 같은 해악을 고지한다는 점에 대한 인식, 인용은 있었다고 봄이 상당하고, 피해자 1이 피고인을 만류하여 피고인으로 하여금 그 이상의 행동에 이르지 못하도록 막은 사실이 인정된다 하여 피고인의 행위가 단순한 감정적 언동에 불과하거나 가해의 의사가 없음이 객관적으로 명백한 경우에 해당한다고는 볼 수 없다.

그리고 기록에 의하면 피고인이 위와 같은 행위를 함에 있어, 진실로 자살을 감행할 의사가 있었다고 볼 수도 없는바, 피고인이 피해자 1의 집안에 있는 구두수선 작업장에서 온 몸에 연소성이 높은 고무놀을 바르고 방에 불을 지르겠다고 고함치면서 라이타 불을 켜기까지 하는 등 판시와 같은 행위를 한 이 사건에 있어서는 피고인으로서는 이에 의하여 피해자 등이 공포심을 갖게 되리라는 것을 인식하고 이를 용인하였다 할 것이어서 협박의 고의가 있었다고 볼 것이고 위와 같은 피고인의 언동에 의하여 그 해악이 피해자 등에게 고지된 것으로 보아야 할 것이다.

그럼에도 불구하고 원심이 피고인에게 협박의 고의를 인정할 수 없다고 판단한 것은 채증법칙을 위반하였거나 협박죄의 법리를 오해하여 판결에 영향을 미치게 하였다 할 것이므로 이 점을 지적하는 논지는 이유있다.

그러므로 원심판결 중 무죄부분을 파기하여 이 부분 사건을 원심법원에 환송하기로 관여법관의 의견이 일치되어 주문과 같이 판결한다.

③ 고의를 부정한 예

■ 대법원 2006. 8. 25. 선고 2006도546 판결【폭력행위등처벌에관한법률위반(야간, 공동협박)】(미)

협박죄에 있어서의 협박이라 함은, 일반적으로 보아 사람으로 하여금 공포심을 일으킬 수 있는 정도의 해악을 고지하는 것을 의미하므로 그 주관적 구성요건으로서의 고의는 행위자가 그러한 정도의 해악을 고지한다는 것을 인식, 인용하는 것을 그 내용으로 하고 고지한 해악을 실제로 실현할 의도나 욕구는 필요로 하지 아니한다고 할 것이고, 다만 행위자의 언동이 단순한 감정적인 욕설 내지 일시적 분노의 표시에 불과하여 주위사정에 비추어 가해의 의사가 없음이 객관적으로 명백한 때에는 협박행위 내지 협박의 의사를 인정할 수 없다 할 것이나 위와 같은 의미의 협박행위 내지 협박의사가 있었는지의 여부는 행위의 외형뿐만 아니라 그러한 행위에 이르게 된 경위, 피해자와의 관계 등 주위상황을 종합적으로 고려하여 판단해야 할 것이다(대법원 1986. 7. 22. 선고 86도1140 판결, 1991. 5. 10. 선고 90도2102 판결, 2005. 3. 25. 선고 2005도329 판결 등 참조).

기록에 비추어 살펴보면, 원심이 판시와 같은 이유로 피고인이 공소사실 기재 일시, 장소에서 자신의 동거남과 성관계를 가진 바 있던 피해자에게 "사람을 사서 쥐도 새도 모르게 파묻어버리겠다. 너까지 것 쉽게 죽일 수 있다."라고 한 말에 관하여 이는 언성을 높이면서 말다툼으로 흥분한 나머지 단순히 감정적인 욕설 내지 일시적 분노의 표시를 한 것에 불과하고 해악을 고지한다는 인식을 갖고 한 것이라고 보기 어렵다고 판단한 것은 수긍이 가고, 거기에 채증법칙을 위반하여 사실을 오인하거나 협박죄에 관한 법리를 오해하여 판결에 영향을 미친 위법이 있다고 할 수 없다.

4. 위법성

① 사회상규

■ 대법원 1995. 9. 29. 선고 94도2187 판결【폭력행위등처벌에관한법률위반】(공)

무릇 협박죄에 있어서 협박이라 함은 일반적으로 보아 사람으로 하여금 공포심을 일으킬 수 있을 정도의 해악을 고지하는 것을 의미하므로(당원 1991. 5. 10. 선고 90도2102 판결 등 참조), 그러한 해악의 고지는 구체적이어서 해악의 발생이 일응 가능한 것으로 생각될 수 있을 정도일 것을 필요로 한다고 보아야 할 것이다.

그런데 위와 같이 피고인이 "앞으로 수박이 없어지면 네 책임으로 한다"고 말하였다고 하더라도 그것만으로는 피고인이 구체적으로 어떠한 법익에 어떠한 해악을 가하겠다는 것인지를 알 수 없어 이를 해악의 고지라고 보기 어렵고, 이 사건 기록에 나타난 위 A의 나이 등 제반 사정을 고려하더라도 피고인이 위와 같이 말한 것으로 인하여 위 A가 어떠한 공포심을 느꼈다고 볼 만한 자료는 보이지 아니한다(다만 앞서 본 바와 같이 위 A는 피고인이 학교에 알릴까봐 지레 걱정을 하였던 것으로 보일 뿐이다).

나아가 가사 피고인이 위 A에게 위와 같이 말한 것이 다소간의 해악의 고지에 해당한다고 가정하더라도, 기록에 의하면 피고인은 전에도 여러 차례 수박을 절취당하여 그 범인을 붙잡기 위해 수박밭을 지키고 있던 중 마침 같은 마을에 거주하며 피고인과 먼 친척간이기도 한 위 A가 피고인의 수박밭에 들어와 두리번거리는 것을 발견하자 위 A가 수박을 훔치려던 것으로 믿은 나머지 위 A를 훈계하려고 위와 같이 말하였으며, 그 과정에서 폭행을 가하거나 달리 유형력을 행사한 바는 없었던 사실을 알 수 있는바, 그렇다면 가사 피고인이 위와 같이 말한 것으로 인하여 위 A가 어떤 공포심을 느꼈다고 하더라도 피고인이 위와 같은 말을 하게 된 경위, 피고인과 위 A의 나이 및 신분관계 등에 비추어 볼 때 이는 정당한 훈계의 범위를 벗어나는 것이 아니어서 사회상규에 위배되지 아니하므로 위법성이 없다고 봄이 상당하고, 그 후 위 A가 스스로 음독 자살하기에 이르렀다 하더라도 이는 위 A가 자신의 결백을 밝히려는 데 그 동기가 있었던 것으로 보일 뿐 그것이 피고인의 협박으로 인한 결과라고 보기도 어려우므로 그와 같은 결과의 발생만을 들어 이를 달리 볼 것은 아니라고 할 것이다.

② 권리행사의 수단

■ 대법원 2007. 9. 28. 선고 2007도606 전원합의체 판결【형의실효등에관한법률위반, 협박】(공)

다. 정당행위에 해당한다는 주장에 대하여

권리행사나 직무집행의 일환으로 상대방에게 일정한 해악의 고지를 한 경우, 그 해악의 고지가 정당한 권리행사나 직무집행으로서 사회상규에 반하지 아니하는 때에는 협박죄가 성립하지 아니하나, 외관상 권리행사나 직무집행으로 보이는 경우에도 그것이 실질적으로 권리나 직무권한의 남용이 되어 사회상규에 반하는 때에는 협박죄가 성립한다고 보아야 할 것인바, 구체적으로는 그 해악의 고지가 정당한 목적을 위한 상당한 수단이라고 볼 수 있는 경우라면 위법성이 조각된다고 할 것이지만, 위와 같은 관련성이 인정되지 아니하는 경우에는 그 위법성이 조각되지 아니한다.

원심판결 이유에 의하면, 피해자로부터 돈을 돌려받지 못해 걱정하고 있는 공소외 2를 친구의 부탁으로 상담차 만난 피고인은 공소외 2로부터 그가 처한 상황에 관한 설명을 듣고 그 자리에서 피해자에게 전화를 걸어 자신이 정보과 형사라고 신분을 밝힌 다음 공소외 2가 집안 동생이라고 거짓말을 하면서 공소외 2의 돈을 빨리 안 해 주면 상부에 보고하여 문제를 삼겠다고 말한 사실, 당시 피고인은 피해자와 공소외 2 사이의 금전거래로 인한 사건을 정식으로 수사하거나 내사하는 상황이 아니었을 뿐만 아니라 범죄 혐의에 대한 뚜렷한 의심도 갖기 이전이었던 사실을 알 수 있다.

이에 의하면, 우선 피고인이 피해자에게 고지한 해악의 내용은 피고인이 경우에 따라 소속기관에 보고하여 문제삼을 수도 있다는 취지여서 외관상으로는 직무집행의 의사가 있음을 피력한 것에 지나지 아니하며, 그 목적 역시 피해자의 공소외 2에 대한 채무의 조속한 변제 혹은 피해 변상에 있었던 것으로 보여 그 자체로 위법하다거나 부당한 것이라고는 볼 수 없다 하더라도, 경찰공무원복무규정 제10조(민사분쟁에의 부당개입금지)에서 "경찰공무원은 직위 또는 직권을 이용하여 부당하게 타인의 민사분쟁에 개입하여서는 아니된다."고 규정하고 있는 점과 피해자의 범죄혐의가 드러나기 이전이라는 당시의 상황에 비추어 보면, 피해자의 공소외 2에 대한 채무의 변제나 피해 변상 여부에 따라 직무집행 여부를 결정할 의사를 갖고 있다는 취지의 해악의 고지는, 정당한 직무집행의 일환으로 평가할 수 없을 뿐 아니라, 그 목적 달성을 위한 상당한 수단으로 인정할 수도 없다 할 것이다.

따라서 위와 같은 해악의 고지가 경찰관으로서의 정당한 업무상의 행위라거나 사회상규에 반하지 아니하는 행위라고 볼 수는 없으므로, 같은 취지의 원심 판단은 정당하고, 거기에 정당행위에 관한 법리를 오해한 위법이 있다고 할 수 없다.

■ 대법원 2008. 5. 29. 선고 2006도6347 판결【상관협박, 무고】(공)

파렴치목록을 수사기관에 제공(앞에서 봄).

■ 대법원 2007. 6. 1. 선고 2006도1125 판결【장물취득, 위증, 협박】(미)

"피고인의 요구를 들어주지 않으면 서류를 세무서로 보내 세무조사를 받게 하여 피해자를 망하게 하겠다."(앞에서 봄).

■ 대법원 2002. 2. 8. 선고 2001도6468 판결【협박】(공)

친권자는 자를 보호하고 교양할 권리의무가 있고(민법 제913조) 그 자를 보호 또는 교양하기 위하여 필요한 징계를 할 수 있기는 하지만(민법 제915조) 인격의 건전한 육성을 위하여 필요한 범위 안에서 상당한 방법으로 행사되어야만 할 것인데, 원심이 확정한 사실관계에 의하면 스스로의 감정을 이기지 못하고 야구방망이로 때릴 듯이 피해자에게 "죽여 버린다."고 말하여 협박하는 것은 그 자체로 피해자의 인격 성장에 장해를 가져올 우려가 커서 이를 교양권의 행사라고 보기도 어렵다 할 것이다.

③ 쟁의행위

■ 대법원 2003. 12. 26. 선고 2001도1863 판결【업무방해, 노동조합및노동관계조정법위반】(공)

형법 제314조 소정의 업무방해죄에서 말하는 위력이란 폭행이나 협박은 물론 사람의 의사의 자유를 제압, 혼란케 할 세력을 가리키는 것으로서, 노동쟁의행위는 근로자들이 단결하여 사용자에게 압박을 가하는 것이므로 본질적으로 위력에 의한 업무방해의 요소를 포함하고 있는 것이고, 따라서 근로자들이 근무시간에 집단적으로 근무에 임하지 아니한 것은 다른 위법의 요소가 없는 한 근로제공의무의 불이행에 지나지 않는다고 할 것이지만, 단순한 노무제공의 거부라고 하더라도 그것이 정당한 쟁의행위가 아니면서 위력으로 업무의 정상적인 운영을 방해할 정도에 이르면 형법상 업무방해죄가 성립될 수 있는 것이다(대법원 2001. 9. 28. 선고 2001도4335 판결 등 참조).

이러한 법리와 기록에 비추어 살펴보면, 원심이, 법 제91조 제1호, 제63조에 의하여 노동쟁의가 중재에 회부된 때에는 그 날부터 15일간 쟁의행위를 할 수 없음에도 위 기간 동안에 노조원들로 하여금 집단적으로 노무의 제공을 거부하도록 하였다면, 이는 위력에 의한 업무방해죄에 해당한다고 판단한 것은 옳은 것으로 수긍이 가고, 거기에 상고이유에서 주장하는 바와 같은 위력에 의한 업무방해죄에 관한 법리오해의 위법이 있다고 할 수 없다.

또한, 집단적 노무제공의 거부가 본질적으로 위력성을 가져 외형상 업무방해죄의 구성요건에 해당한다 하더라도 그것이 헌법과 법률이 보장하고 있는 범위 내의 행사로서 정당성이 인정되는 경우에는 위법성이 조각되어 처벌할 수 없는 것인바, 이는 헌법이 보장하는 근로3권의 내재적 한계를 넘어선 행위(헌법의 보호영역 밖에 있는 행위)를 규제하는 것일 뿐 정당한 권리행사까지 처벌하는 것은 아니므로, 본인의 의사에 반하여 강제노역을 강요하는 것이라고 할 수도 없고(헌법재판소 1998. 7. 16. 선고 97헌바23 결정 참조), 따라서 이 점에 관한 상고이유의 주장도 받아들일 수 없다.

III. 파생적 구성요건 등

① 불법가중

- 존속협박, 특수협박

② 책임가중

- 상습협박

제2절 강요의 죄

I. 총 설 ○ 보호법익·보호정도 II. 강요죄 1. 의 의 2. 객관적 구성요건 ① 강요의 수단: 폭행·협박 • 협박 ② 강요의 내용 ⓐ 권리행사의 방해	• 권리행사의 방해가 아니라고 한 예 ⓑ 의무 없는 일을 하게 함 ③ 기수 3. 위법성, 책임 ○ 얼차려는 사회상규 위반 III. 파생적 구성요건 등 ① 중권리행사방해(326) • 죄명 • 부진정 결과적가중범	② 인질강요(324-2): 불법가중 ③ 인질상해·치상(324-3): 불법·결과적 가중 ④ 인질살해·치사(324-4): 불법·결과적 가중 ⑤ 미수범 처벌(324-5) • 인질치상·치사의 미수범 ⑥ 석방시 감경(324-6)

I. 총 설

○ 보호법익·보호정도

- 의사결정의 자유 & 의사활동의 자유(의사실행의 자유)
- 침해범(학설)

■ 대법원 1993. 7. 27. 선고 93도901 판결【협박에의한권리행사방해】(공)

형법 제324조 소정의 폭력에 의한 권리행사방해죄는 폭행 또는 협박에 의하여 권리행사가 현실적으로 방해되어야 할 것(아래에서 봄).

II. 강요죄

제324조 (강요)

폭행 또는 협박으로 사람의 권리행사를 방해하거나 의무없는 일을 하게 한 자는 5년 이하의 징역에 처한다. 〈개정 1995. 12. 29〉

1. 의 의

2. 객관적 구성요건

① 강요의 수단: 폭행·협박

협박

■ 대법원 2003. 9. 26. 선고 2003도763 판결【특정경제범죄가중처벌등에관한법률위반(배임)[예비적 죄명: 배임], 강요미수, 상습도박, 도박개장】(공)

강요죄라 함은 폭행 또는 협박으로 사람의 권리행사를 방해하거나 의무 없는 일을 하게 하는 것을 말하고, 여기에서의 협박은 객관적으로 사람의 의사결정의 자유를 제한하거나 의사실행의 자유를 방해할 정도로 겁을 먹게 할 만한 해악을 고지하는 것을 말한다(대법원 2002. 11. 22. 선고

2002도3501 판결 참조).

원심은, 주식회사 관악이 관악컨트리클럽을 인수하여 리베라컨트리클럽으로 명칭을 변경하여 운영함으로써 체육시설의설치·이용에관한법률에 따라 관악컨트리클럽의 회원들은 리베라컨트리클럽의 회원으로서의 지위를 가지게 되었고, 회원지위 승계등록절차는 골프장 회원관리에 필요한 행정절차에 불과함에도 불구하고, 주식회사 관악의 최대주주인 피고인이 대표이사인 공소외 1과 공모하여, "기존회원들을 대상으로 금 1억 3,000만 원의 수익증권을 매입하는 600명에게 토요일 2회 포함 월 4회 주말예약보장, 그린피면제 등의 특전을 부여하는 특별회원을 모집하겠다."는 내용의 안내문과 함께 특별회원 등을 모집하는 내용이 기재된 새로운 회칙을 첨부하여 "본인은 귀 Club 회칙의 취지를 찬동하고 회원자격 승계약정을 승낙하며 회원의 등록을 신청합니다."라는 문구가 기재된 '일반회원등록신청서' 양식을 송부하면서 위 양식에 따라 등록신청을 하라고 요구하고, 위와 같은 내용의 회칙에 동의하지 않는 회원들이 변경된 회칙에 동의한다는 문구를 삭제하여 발송한 회원등록신청을 유효한 회원등록신청으로 인정하지 아니한 채 주식회사 관악에서 작성하여 보낸 양식에 따라 회원등록을 하라는 취지로 이를 반송한 사실, 피고인은 회원등록신청서를 반송하면서 "구 관악골프장 회원께서는 당사가 정한 회원등록서류에 의거 등록을 마쳐야만 리베라CC의 회원으로 인정한다. 대농이 발행한 회원증으로는 (주)관악의 회원으로 인정할 수 없다."는 취지의 안내문을 동봉함으로써 변경된 회칙에 동의하지 않는 회원들의 승계등록신청을 거부할 의사를 밝힌 사실, 피고인은 그 후 승계등록절차를 밟지 않은 회원들의 예약을 사실상 거부하거나, 예약이 된 경우에도 이를 취소하는 한편 라운딩을 하더라도 비회원요금을 징수하고, 클럽하우스 현관 출입문에 승계등록을 거부하는 회원들에 대하여 회원대우를 해 줄 수 없다는 취지의 공고문을 부착하는 등 회원으로서의 권리를 제한한 사실을 인정한 다음, 행정적 절차에 불과한 회원의 승계등록절차를 빌미로 회사측에서 요구하는 대로 승계등록절차를 이행하지 않는 한 회원의 자격을 인정하지 않고 예약제한, 비회원요금 징수와 같은 재산상 불이익을 가하겠다는 의사를 명시한 이상, 이는 재산상 불이익이라는 해악을 고지하는 방법으로 회원들을 협박하여 회원권이라는 재산적 권리의 행사를 제한하고 변경된 회칙을 승낙하도록 강요한 경우에 해당한다고 판단하였다.

원심의 위와 같은 판단은 위 법리에 따른 것으로서 정당하고, 거기에 강요죄의 성립에 관한 법리오해의 위법이 없으며, 위 해악의 고지가 사회의 관습이나 윤리관념 등에 비추어 볼 때 사회통념상 용인할 수 있을 정도의 것이라고 볼 수도 없다.

② 강요의 내용

ⓐ 권리행사의 방해

■ 대법원 1993. 7. 27. 선고 93도901 판결【협박에의한권리행사방해】(공)

형법 제324조 소정의 폭력에 의한 권리행사방해죄는 폭행 또는 협박에 의하여 권리행사가 현실적으로 방해되어야 할 것임은 소론과 같다고 할 것이나, 원심이 확정한 사실에 의하면 피고인은 피해자의 해외도피를 방지하기 위하여 판시와 같은 방법으로 피해자를 협박하고 이에 피해자가 겁을 먹고 있는 상태를 이용하여 동인 소유의 여권을 교부하게 하여 위 피해자의 해외여행의 권리행사를 방해하였다는 것인바, 위 피해자가 그의 여권을 피고인에게 강제 회수당하였다면 위 피해자가 해외여행을 할 권리는 사실상 침해되었다고 볼 것이므로 원심이 피고인의 판시 소위를 권리행사방해죄의 기수로 본 조처도 옳고, 피고인이 위 여권을 보관하고 있던 기간이 소론과 같이 짧았는지 여부는 이 사건 결과에 영향이 없다. 논지도 이유 없다.

권리행사의 방해가 아니라고 한 예

■ 대법원 1961. 11. 9. 선고 4294형상357 판결【폭행에의한권리행사방해】(집)

본건 답에 대한 소유권자 명의는 망 공소외 2이고 동인의 사망으로 소유권의 귀속에 분쟁이 있었으나 공소외 1이 6.25 사변이후 경작하여 왔던 것을 그 공소외 1과 피고인의 백모 공소외 3과의 간에 분쟁이 유하여 4290년도에는 공소외 3이 본건 답에 대한 점유권을 침탈하고 미리 본건 답에 묘판을 조성하였던 것을 전시 공소외 1이 이를 파헤치고 퇴비를 파헤칠때 피고인이 공소외 1에게 폭행을 가하였다는 것이다. 대범 점유를 침탈당한 자는 스스로 민법 제204조의 규정에 의한 점유의 회수방법에 의하여 점유의 반환을 받을 수 있도록 되어 있어 실력으로써 이의 회수를 금하였고 필요한 경우에는 입입금지 가처분 등으로 시급한 구제를 받을 수 있는 것인바 일건 기록에 나타난 제반사정에 의하면 전시 공소외 1의 소위는 형법 제32조 제1항의 자구 행위라고도 인정할 수 없는 터이니 전시 공소외 1의 공소외 3이 조성한 묘판을 파헤치는 행위를 권리행사라고 할 수 없다 할 것이다. 그러므로 피고인의 전시 공소외 1에 대한 본건 폭행은 단순한 폭행등 죄에 해당한다 할지언정 동인의 권리행사를 방해하였다고는 논할 수 없다 할 것인바 원심 판결이 인용한 제1심 판결 이유에 의하면 원심은 피고인이 4290년 4월 26일 공소외 3과 같이 공소외 1이 본건 답에서 묘판작업을 하려하자 이에 경작을 중지하라고 요구하고 폭행을 가하여 동인의 경작을 방해불능케 하였다고 인정한 뜻이 분명하니 원심 인정은 허무한 증거에 의하여 범죄사실을 인정한 비위가 없지 아니하면 법령의 적용에 착오가 있어 판결에 영향을 미치는 경우라 할 것이다.

ⓑ 의무 없는 일을 하게 함

■ 대법원 2008. 5. 15. 선고 2008도1097 판결【부정처사후수뢰(일부 인정된 죄명:뇌물수수), 뇌물수수, 뇌물공여, 강요미수】(공)

나. 피고인 2의 강요미수의 점에 대하여

강요죄는 폭행 또는 협박으로 사람의 권리행사를 방해하거나 의무 없는 일을 하게 하는 것을 말하고, 여기에서 '의무 없는 일'이라 함은 법령, 계약 등에 기하여 발생하는 법률상 의무 없는 일을 말하므로, 폭행 또는 협박으로 법률상 의무 있는 일을 하게 한 경우에는 폭행 또는 협박죄만 성립할 뿐 강요죄는 성립하지 아니한다.

원심은, 그 판시와 같은 사실을 인정한 다음, 그 인정 사실에 나타난 다음과 같은 사정, 즉 피고인 2는 신앙간증을 위해 일본에 갔다가 알고 있던 나까지마 데츠오로부터, 팬미팅 공연에 대한 답례로 공소외 3 일행에게 1억 원이 넘는 고급시계를 주었음에도 약속을 이행하지 않는다는 말을 듣고 이를 확인하기 위해 공소외 4, 5 등을 만나 나까지마 데츠오의 말이 어느 정도 사실임을 확인하였고, 더욱이 공소외 4가 위 피고인에게, 공소외 3의 일본 팬미팅 공연에 관하여 공소외 4 측에 독점권이 있고 구체적인 행사내용은 공소외 3의 소속회사인 여리인터내셔널과 공소외 4가 대표이사인 이언엔터플랜이 합법적인 절차에 의하여 서명·날인 작성한 계약서에 명시되어 있다는 2006. 3. 10.자 확인서까지 보여 주었기 때문에, 위 피고인으로서는 공소외 3이 팬미팅 공연을 할 의무가 있다고 믿었을 가능성이 농후하여, 공소외 3이 팬미팅 공연을 할 의무가 없거나 의무 없음에 대한 미필적 인식 즉, 강요죄의 고의가 위 피고인에게 있었다고 단정하기 어렵다는 이유로, 이 부분 공소사실을 유죄로 인정한 제1심판결을 파기하고 무죄를 선고하였다.

앞서 본 법리와 기록에 비추어 살펴보면, 위와 같은 원심의 사실인정과 판단은 옳은 것으로 수긍이 가고, 거기에 상고이유의 주장과 같은 채증법칙 위배나 강요죄에 관한 법리오해의 위법이 있다고 할 수 없다.

또한, 기록에 의하면, 피고인 2는 공소외 3이 팬미팅 공연을 할 의무가 있다고 믿고 있는 상황에서 팬미팅 공연을 할 것을 강요하면서 공소외 3에게 만날 것을 요구한 사실, 공소외 3이 이를 거부하자 전화로 재차 만날 것을 요구하면서 팬미팅 공연이 이행되지 않으면 안 좋은 일을 당할 것이라는 협박을 한 사실을 알 수 있는바, 이와 같이 위 피고인이 공소외 3에게 만나자고 한 것은 팬미팅 공연 약속의 이행을 강요하는 과정에서 나온 협박의 한 태양에 불과하다고 할 것이고, 따라서 위 피고인이 만나서 이야기하자고 한 행위를 가리켜 팬미팅 공연의 약속 이행을 강요한 행위와는 별도의 강요행위라고 볼 수는 없으므로, 원심이 이 부분 공소사실 중 '피해자로 하여금 피고인을 만나…게 하는 등 의무 없는 일을 하게 하려고 한' 부분에 대하여 아무런 판단을 하지 아니하였다고 하더라도 그것이 판결에 영향을 미친 위법이라고 볼 수 없다. 이 점에 관한 상고이유의 주장 역시 받아들일 수 없다.

③ 기수

■ 대법원 1993. 7. 27. 선고 93도901 판결【협박에의한권리행사방해】(공)

형법 제324조 소정의 폭력에 의한 권리행사방해죄는 폭행 또는 협박에 의하여 권리행사가 현실적으로 방해되어야 할 것(앞에서 봄).

3. 위법성

○ 얼차려는 사회상규 위반

■ 대법원 2006. 4. 27. 선고 2003도4151 판결【폭력행위등처벌에관한법률위반(일부 변경된 죄명: 폭행)(일부 인정된 죄명: 상해, 강요)】(공)

1. 피고인의 상고이유에 대하여

원심판결 이유를 기록에 비추어 살펴보면, 원심이 그 판결에서 들고 있는 증거를 종합하여, 상사계급의 피고인이 병사들에 대해 수시로 폭력을 행사해와 신체에 위해를 느끼고 겁을 먹은 상태에 있던 병사들에게 청소 불량 등을 이유로 40분 내지 50분간 머리박아(속칭 '원산폭격')를 시키거나 양손을 깍지 낀 상태에서 약 2시간 동안 팔굽혀펴기를 50-60회 정도 하게 한 사실을 인정한 다음, 이러한 피고인의 행위가 형법 제324조에서 정한 강요죄에 해당한다고 판단한 것은 정당하고, 거기에 상고이유에서 주장하는 바와 같은 심리미진으로 인한 사실오인이나 강요죄에 관한 법리오해 등의 위법이 없다. …

2. 검찰관의 상고이유에 대하여

가. 제1심 판시 2, 3, 6, 9.의 각 점에 관하여

(1) 원심은, 이 사건 공소사실 중 피고인이 폭행 또는 협박으로 ① 2001. 11. 30. 02:00경 소속대 연병장에서 별다른 이유 없이 취침 중이던 피해자 공소외 1을 비롯한 전 부대원을 집합시킨 후 속

옷 차림으로 약 2시간 가량 서 있도록 하고, ② 2001. 12. 일자불상 10:00경 소속대 내무실 및 연병장에서 피해자 공소외 2가 청소상태도 불량하고 업무협조도 못한다는 이유로 물기가 있는 약 30m 거리의 내무실 바닥을 포복으로 10여 회 왕복하게 한 후, 이어 50m 거리의 연병장을 오리걸음으로 15여 회 왕복하게 하고, ③ 2002. 3. 10. 17:00경 소속대 행정반에서 위 공소외 2가 서류작성상태가 불량하고 자신의 업무를 해주지 않았다는 이유로 양손을 모아 깍지를 낀 상태에서 팔굽혀펴기를 30여회 하게 하고, ④ 2002. 4. 30. 15:00경 소속대 취사장에서 피해자 공소외 3의 청소상태가 불량하다는 이유로 양손을 모아 깍지를 낀 상태에서 약 5분간 엎드려뻗쳐를 하도록 하여 피해자들로 하여금 의무 없는 일을 하게 하였다는 이 사건 공소사실에 대하여, 그 채택 증거들을 종합하여, 위 ①의 점에 관하여는, 피고인이 일직사관의 임무를 수행하던 중에 발생한 것으로 경계병들이 졸고 있는데다가 총기 현황 파악도 제대로 되어 있지 않았기 때문이었고, 그 시간도 약 10분 내지 15분 정도였으며, 이후 반성문을 쓰게 하느라 2시간 정도가 걸린 것으로 밤잠을 설친 것에 대하여 다음날 기상 시간을 1시간 늦게 일어나도록 배려하였으며, 다음날 아침간부회의에서 포대장에게 이를 보고한 사실을, 위 ②의 점에 관하여는, 당시 준비태세 훈련기간 중이었음에도 피해자가 업무를 태만히 한 것이 본 건의 동기이고, 훈련기간 동안에는 내무실 바닥이 늘 더러워져 있어서 피고인이 위 피해자에 대해서만 특별히 가혹하게 조치한 것으로 볼 수 없으며, 연병장을 돌린 것은 훈련 강평 다음날 포대장 임석하에 실시한 것이라는 사실을, 위 ③의 점에 관하여는 근무자 명령서에 기재하는 후번 근무자 명령서가 반복하여 누락되어 있는 것을 발견하고 얼차려를 준 것으로 전 간부들이 보는 앞에서 양손을 깍지 낀 상태에서 팔굽혀 펴기를 10여 회씩 3회로 나누어 하도록 한 사실을, 그리고 위 ④의 점에 관하여는 도마에서 지렁이가 발견되는 등 취사장의 청소상태가 불량하여 실시된 것으로 피해자도 부당한 지시라고 생각한 적이 없다고 증언하였음을 각 인정한 다음, 위 인정 사실에서 나타난 피고인과 피해자들의 지위, 피고인이 위와 같은 행위를 하게 된 동기, 그 수단 및 결과 등을 종합하여 보면, 피고인의 위와 같은 행위는 형법 제20조에서 정한 사회상규에 위배되지 아니하는 행위에 해당하여 범죄가 되지 않는다고 판단하였다.

(2) 그러나 원심의 위와 같은 판단은 수긍하기 어렵다.

형법 제20조 소정의 '사회상규에 위배되지 아니하는 행위'라 함은 법질서 전체의 정신이나 그 배후에 놓여 있는 사회윤리 내지 사회통념에 비추어 용인될 수 있는 행위를 말하고, 어떠한 행위가 사회상규에 위배되지 아니하는 정당한 행위로서 위법성이 조각되는 것인지는 구체적인 사정 아래서 합목적적, 합리적으로 고찰하여 개별적으로 판단되어야 하므로, 이와 같은 정당행위를 인정하려면, 첫째 그 행위의 동기나 목적의 정당성, 둘째 행위의 수단이나 방법의 상당성, 셋째 보호이익과 침해이익과의 법익권형성, 넷째 긴급성, 다섯째 그 행위 외에 다른 수단이나 방법이 없다는 보충성 등의 요건을 갖추어야 한다(대법원 2002. 12. 26. 선고 2002도5077 판결, 2003. 9. 26. 선고 2003도3000 판결 등 참조).

그런데 군인사법 제47조의2에 의하면, 군인의 복무에 관하여는 이 법에 규정한 것을 제외하고는 따로 대통령령이 정하는 바에 의한다고 하고, 그에 따라 제정된 군인복무규율에서는 "군인은 어떠한 경우에도 구타·폭언 및 가혹행위 등 사적 제재를 행하여서는 아니된다."(제15조 제1항 전단)고 규정하고 있으며, 구타 및 가혹행위 근절지침(국방부훈령 제487호)에 따르면, '가혹행위'라 함은 불법적인 방법으로 타인에게 육체적·정신적인 고통과 인격적인 모독을 주는 일체의 행위를 말한다(제3조 제1호)고 규정하고 있다.

한편, 기록에 의하면, 피고인이 소속된 부대의 얼차려 지침에서는, 교육훈련간에는 제대별 지휘관 또는 지휘관으로부터 위임을 받은 중사급 이상의 지휘자(관)가, 일과중에는 제대별 지휘관이, 일과후에는 제대별 지휘관 혹은 일직사령만이 각각 얼차려의 결정권자가 되며, 얼차려의 종류도 교육훈련간에는 반성(참선)/반성문 작성, 구령조정/군가제창, 제식훈련/총검술, 보행/구보, 유격체조 등 교육훈련에 필요한 동작만을, 그 외의 경우에는 반성(참선)/반성문 작성, 구령조정/군가제창, 보행/구보, 유격체조 등만을 각 실시할 수 있고, 결정권자나 집행자는 피얼차려자의 육체적, 정신적 능력을 고려하여 무리한 반복동작의 실시나 폭언, 폭설 등 인격모독행위를 금지한다고 규정하고 있다.

위와 같은 법규정 및 인정 사실에 원심이 확정한 사실관계를 종합하여 보면, 위 ①의 점의 경우를 제외하고는 피고인은 각 얼차려 당시 얼차려의 결정권자도 아니었고 그 얼차려들이 얼차려 지침상 허용되는 얼차려도 아니어서 위와 같은 얼차려들은 모두 군인복무규율에서 금지하고 있는 사적 제재에 해당됨을 인정할 수 있고, 위 ①의 점의 경우에도 당시 피고인이 일직사관으로서 얼차려를 결정할 수 있는 지위에 있었기는 하나, 피고인이 지시한 얼차려는 얼차려 지침이 허용하는 얼차려도 아닐 뿐만 아니라 근무를 태만히 한 경계병만이 아니라 취침 중인 전 부대원을 깨워 그들 모두로 하여금 동절기에 속옷 차림으로 연병장에 서 있게 한 것으로서, 원심이 내세운 사정을 감안하더라도 피해자들의 법익침해를 정당화할 만한 사유가 있었다고 볼 수 없으며, 위와 같은 얼차려들로 인하여 당시 피해자들이 받았을 육체적·정신적 고통을 고려하여 보면, 위 얼차려들이 훈계의 차원에서 이루어진 것이었다 하더라도 그 정도를 넘어선 것으로서 수단과 방법에 상당성이 인정된다고 보기 어렵고, 나아가 당시 그와 같은 얼차려가 긴급하고도 불가피한 수단이었다고 볼 수도 없다.

그렇다면 피고인의 위와 같은 행위는 형법 제20조의 정당행위로 볼 수 없다고 할 것인데, 원심이 이와 견해를 달리하여 사회상규에 위배되지 않는 행위로서 정당행위에 해당한다고 보고 이에 대하여 무죄를 선고하였으니, 이러한 원심판결에는 형법 제20조의 정당행위에 관한 법리를 오해한 위법이 있다고 할 것이고, 이는 판결에 영향을 미친 것이 명백하다 할 것이다.

III. 파생적 구성요건 등

① 중권리행사방해(326)

죄명

- 324(강요죄) → 중강요죄, 325(점유강취죄, 준점유강취죄) → 중권리행사방해죄로 구분하는 견해 있음
- 실무는 구별 없이 중권리행사방해죄

부진정 결과적가중범

② 인질강요(324-2): 불법가중

③ 인질상해·치상(324-3): 불법·결과적 가중

④ 인질살해·치사(324-4): 불법·결과적 가중

⑤ 미수범 처벌(324-5)

인질치상·치사의 미수범

1. 긍정설: 강요행위가 미수에 그쳤을 경우
2. 부정설: 인질상해·살해의 미수에만 해당하는 것으로 해석(다수설)

⑥ 석방시 감경(324-6)

제3절 체포와 감금의 죄

I. 총 설
○ 보호법익: 신체활동의 자유
○ 보호정도: 침해범
○ 구성요건 체계
• 형법
• 폭력행위 등 처벌에 관한 법률
• 특정범죄 가중처벌 등에 관한 법률

II. 체포·감금죄
1. 의 의
2. 객관적 구성요건
가. 주 체
○ 인신구속 직무수행자와 구별
나. 객 체
다. 행 위
① 체포: 직접적·현실적 구속
감금: 장소적 제한
② 시간적 계속성
③ 피해자의 자유박탈에 대한 인식 요부
④ 판례
• 전면적 자유박탈 요부
3. 위법성, 책임
4. 죄수 및 다른 범죄와의 관계
① 강간이나 강도의 수단인 감금
② 강도상해 후의 감금

III. 파생적 구성요건 등
① 감금치상
② 감금치사

I. 총 설

○ 보호법익: 신체활동의 자유

○ 보호정도: 침해범

○ 구성요건 체계

형법

구분	죄명	조문	법정형
기본적 구성요건	체포, 감금	276 ①	5↓, 700만↓
불법가중	중체포, 중감금	277 ①	7↓
	존속체포, 존속감금	276 ②	10↓, 1500만↓
	존속중체포, 존속중감금	277 ②	2↑
	특수(276, 277 각 죄명)	278	각 1/2 가중
책임가중	상습(276, 277 각 죄명)	279	각 1/2 가중
미수범	(276, 277 각 죄명)미수	280	(276-280)
결과적 가중	(위 각 죄명)치상, 치사	281 ①②	1↑(치상), 3↑(치사) 2↑(존속치상), 5↑(존속치사)
		282	각 10↓자정 병과 가능

폭력행위 등 처벌에 관한 법률

조문	구성요건	법정형	형법의 해당 구성요건
2 ①ii	상습 276 ①	2↑	279
2 ①iii	상습 276 ②	3↑	279
2 ②	공동 276 ①②	1/2 가중	276 ①②
3 ①	단체, 위험물건 276 ①②	同 2 ①	278
3 ③ii	상습 단체, 위험물건 276 ①	3↑	279
3 ③iii	상습 단체, 위험물건 276 ②	5↑	279

특정범죄 가중처벌 등에 관한 법률

5-9 ②: 보복목적, 형사사건 영향 목적 가중처벌[13]

5-9 ③: 치사

제5조의9 (보복범죄의 가중처벌 등)

① 자기 또는 타인의 형사사건의 수사 또는 재판과 관련하여 고소·고발 등 수사단서의 제공, 진술, 증언 또는 자료제출에 대한 보복의 목적으로 「형법」 제250조 제1항의 죄를 범한 사람은 사형, 무기 또는 10년 이상의 징역에 처한다. 고소·고발 등 수사단서의 제공, 진술, 증언 또는 자료제출을 하지 못하게 하거나 고소·고발을 취소하게 하거나 거짓으로 진술·증언·자료제출을 하게 할 목적인 경우에도 또한 같다.

② 제1항과 같은 목적으로 「형법」 제257조 제1항·제260조 제1항·제276조 제1항 또는 제283조 제1항의 죄를 범한 사람은 1년 이상의 유기징역에 처한다.

③ 제2항의 죄 중 「형법」 제257조 제1항·제260조 제1항 또는 제276조 제1항의 죄를 범하여 사람을 사망에 이르게 한 경우에는 무기 또는 3년 이상의 징역에 처한다.

④ 자기 또는 타인의 형사사건의 수사 또는 재판과 관련하여 필요한 사실을 알고 있는 사람 또는 그 친족에게 정당한 사유 없이 면담을 강요하거나 위력을 행사한 사람은 3년 이하의 징역 또는 300만 원 이하의 벌금에 처한다.

[전문개정 2010. 3. 31]

II. 체포·감금죄

> 제276조 (체포, 감금, 존속체포, 존속감금)
>
> **① 사람을 체포 또는 감금한 자는 5년 이하의 징역 또는 700만원 이하의 벌금에 처한다.**

1. 의 의

2. 객관적 구성요건

가. 주 체

○ 인신구속 직무수행자와 구별

제124조 (불법체포, 불법감금)

① 재판, 검찰, 경찰 기타 인신구속에 관한 직무를 행하는 자 또는 이를 보조하는 자가 그 직권을 남용하여 사람을 체포 또는 감금한 때에는 7년 이하의 징역과 10년 이하의 자격정지에 처한다.

---

13 2010 개정 전 구 특정범죄 가중처벌 등에 관한 법률 제5조의9(보복범죄의 가중처벌 등)

① 형법 제250조 제1항의 죄를 범한 자가 자기 또는 타인의 형사사건의 수사 또는 재판과 관련하여 고소 · 고발 등 수사단서의 제공, 진술, 증언 또는 자료제출에 대한 보복의 목적인 때에는 사형 · 무기 또는 10년 이상의 징역에 처한다. 고소 · 고발 등 수사단서의 제공, 진술, 증언 또는 자료제출을 하지 못하게 하거나 고소 · 고발을 취소하게 하거나 허위의 진술 · 증언 · 자료제출을 하게 할 목적인 때에도 또한 같다.

② 형법 제257조 제1항 · 제260조 제1항 · 제276조 제1항 또는 제283조 제1항의 죄를 범한 자가 제1항의 목적인 때에는 1년 이상의 유기징역에 처한다.

③ 제2항의 죄 중 형법 제257조 제1항 · 제260조 제1항 또는 제276조 제1항의 죄를 범하여 사람을 치사한 때에는 무기 또는 3년 이상의 징역에 처한다.

나. 객 체

행위객체	구체적인 예	학설
모든 자연인	불구자, 정신병자, 만취자, 숙면자, 갓난아이(출산직후 영아)	최광의설
잠재적인 신체활동의 자유를 가진 사람	불구자, 정신병자, 만취자, 숙면자	광의설(다수설)
최소한의 활동이 가능한 잠재적인 신체활동의 자유를 가진 사람	불구자, 정신병자	수정된 광의설(김일수)
현실적인 신체활동의 자유를 가진 사람		협의설

■ 대법원 2002. 10. 11. 선고 2002도4315 판결【감금치사】(공)

4일 가량 물조차 제대로 마시지 못하고 잠도 자지 아니하여 거의 탈진 상태에 이른 피해자의 손과 발을 17시간 이상 묶어 두고 좁은 차량 속에서 움직이지 못하게 감금한 행위와 묶인 부위의 혈액 순환에 장애가 발생하여 혈전이 형성되고 그 혈전이 폐동맥을 막아 사망에 이르게 된 결과 사이에는 상당인과관계가 있다 할 것이고, 그 경우 피고인에게 사망의 결과에 대한 예견가능성이 없었다고 할 수도 없을 것이며, 정신병자라고 해서 감금죄의 객체가 될 수 없다고 볼 수도 없는 법리이므로, 원심판결에 채증법칙 위배로 인한 사실오인이나, 정당행위나 긴급피난, 감금죄의 객체, 결과적 가중범에 관한 법리오해 등 상고이유에서 주장하는 바와 같은 위법이 있다고 할 수 없다.

다. 행 위

① 체포: 직접적·현실적 구속

감금: 장소적 제한

② 시간적 계속성

- 일시적인 체포·감금은 폭행죄 or 체포·감금 미수(고의에 따라)

③ 피해자의 자유박탈에 대한 인식 요부

1 필요설

2 불요설(다수설) G 잠재적 자유

④ 판례

전면적 자유박탈 요부

■ 대법원 2000. 3. 24. 선고 2000도102 판결【폭력행위등처벌에관한법률위반 등】(공)

감금죄는 사람의 행동의 자유를 그 보호법익으로 하여 사람이 특정한 구역에서 나가는 것을 불가능하게 하거나 또는 심히 곤란하게 하는 죄로서 이와 같이 사람이 특정한 구역에서 나가는 것을 불가능하게 하거나 심히 곤란하게 하는 그 장해는 물리적, 유형적 장해뿐만 아니라 심리적, 무형적 장해에 의하여서도 가능하고 또 감금의 본질은 사람의 행동의 자유를 구속하는 것으로 행동의 자유를 구속하는 그 수단과 방법에는 아무런 제한이 없으므로 그 수단과 방법에는 유형적인 것이거나 무형적인 것이거나를 가리지 아니하며 감금에 있어서의 사람의 행동의 자유의 박탈은 반드시 전면적이어야 할 필요가 없으므로 감금된 특정구역 내부에서 일정한 생활의 자유가 허용되어 있었다고 하더라도 감금죄의 성립에는 아무 소장이 없다(대법원 1984. 5. 15. 선고 84도655 판결, 1998. 5. 26. 선고 98도1036 판결 등 참조).

기록에 의하면, 피해자 1이 감금되었다는 기간 중에 동성로파 사람들과 술집에서 술을 마시고, 아는 사람들이나 검찰청에 전화를 걸고, 새벽에 한증막에 갔다가 잠을 자고 돌아오기도 하였지만, 피해자 1은 위 피고인들이나 그 하수인들과 같은 장소에 있거나 감시되어 행동의 자유가 구속된 상태였음을 인정할 수 있으므로, 원심의 사실인정과 판단에 사실오인이나 감금죄에 관한 법리오해의 위법이 없다.

3. 위법성, 책임

■ 대법원 1997. 6. 13. 선고 97도877 판결【특정범죄가중처벌등에관한법률위반(감금)】(공)

1. 피고인의 상고이유(제출기간 경과 후에 제출된 상고이유보충서는 상고이유를 보충하는 범위 내에서) 제2 내지 5점과 국선변호인의 상고이유 제1, 2점(제2점 중 사실오인 부분)을 함께 판단한다.

감금죄에 있어서의 감금행위는 사람으로 하여금 일정한 장소 밖으로 나가지 못하도록 하여 신체의 자유를 제한하는 행위를 가리키는 것이고, 그 방법은 반드시 물리적, 유형적 장애를 사용하는 경우뿐만 아니라 심리적, 무형적 장애에 의하는 경우도 포함되는 것이므로(대법원 1991. 12. 30.자 91모5 결정 참조), 설사 그 장소가 경찰서 내 대기실로서 일반인과 면회인 및 경찰관이 수시로 출입하는 곳이고 여닫이 문만 열면 나갈 수 있도록 된 구조라 하여도 경찰서 밖으로 나가지 못하도록 그 신체의 자유를 제한하는 유형, 무형의 억압이 있었다면 이는 감금에 해당한다.

원심 및 제1심판결 이유에 의하면 원심은, 피고인이 피해자의 정당한 귀가요청을 거절한 채 경찰서 보호실 직원에게 피해자의 신병을 인도하고 다음날 즉결심판법정이 열릴 때까지 피해자를 경찰서 보호실에 강제유치시키려고 함으로써 피해자를 즉결피의자 대기실에 10-20분 동안 있게 하고, 이로 인하여 피해자를 위 보호실에 밀어넣으려 하는 과정에서 피해자로 하여금 치료일수를 알 수 없는 우견갑부좌상 등을 입게 한 점에 대하여 범죄의 증명이 있다고 하여 피고인을 특정범죄가중처벌에관한법률 제4조의2 제1항, 형법 제124조 제1항을 적용하여 처단하였는바, 원심이 인용한 제1심판결의 명시 증거들을 기록에 비추어 검토하여 보면 원심의 이러한 인정과 판단은 옳다고 여겨지고, 거기에 상고이유 주장과 같은 채증법칙 위배로 인한 사실오인의 위법이 있거나 형법 제124조 제1항과 특정범죄가중처벌에관한법률 제4조의2에 관한 법리오해 및 종범을 정범으로 잘못 적용한 위법, 검사의 공소권행사가 형사소송법 제327조 제2호에 위반하였고 재량권을 남용하였다는 위법이 있다고 할 수 없다.

그리고 검사가 어떤 범죄에 대하여 일단 기소유예의 처분을 한 것을 그 후 재기하여 기소하였다 하여도 기소의 효력에는 아무런 영향이 없는 것이다(대법원 1983. 12. 27. 선고 83도2686, 83감도456 판결 참조).

2. 피고인의 상고이유 제1점과 국선변호인의 상고이유 제2점(정당행위에 관한 주장)을 함께 판단한다.

원심이, 피고인의 정당행위 주장에 대하여 형사소송법이나 경찰관직무집행법 등의 법률에 정하여진 구금 또는 보호유치 요건에 의하지 아니하고는 즉결심판 피의자라는 사유만으로 피의자를 구금, 유치할 수 있는 아무런 법률상 근거가 없고, 경찰 업무상 그러한 관행이나 지침이 있었다 하더라도 이로써 원칙적으로 금지되어 있는 인신구속을 행할 수 있는 근거로 할 수 없다는 이유로 위 주장을 배척하였는바, 기록에 비추어 살펴보면 원심의 이러한 판단은 옳다고 여겨지고, 거기에 상고이유의 주장과 같은 형법 제20조 소정의 정당행위에 관한 법리오해의 위법이 있다고 할 수 없다.

3. 피고인의 상고이유 제6점과 국선변호인의 상고이유 제2점(법률의 착오 내지 기대가능성에 관한 주장)을 함께 판단한다.

형법 제16조에 자기가 행한 행위가 법령에 의하여 죄가 되지 아니한 것으로 오인한 행위는 그 오인에 정당한 이유가 있는 때에 한하여 벌하지 아니한다고 규정하고 있는 것은 단순한 법률의 부지를 말하는 것이 아니고 일반적으로 범죄가 되는 경우이지만 자기의 특수한 경우에는 법령에 의하여 허용된 행위로서 죄가 되지 아니한다고 그릇 인식하고 그와 같이 그릇 인식함에 정당한 이유가 있는 경우에는 벌하지 아니한다는 취지이다(대법원 1995. 12. 22. 선고 94도2148 판결 참조).

원심이 피고인의 법률의 착오 내지 기대가능성이 없다는 주장에 대하여 이 사건 범행의 경위 및 피고인의 경찰관 복무 경력 등에 비추어 보면 피고인의 판시와 같은 감금, 유치행위가 법령에 의하여 죄가 되지 아니하는 것으로 오인하였다고 볼 수 없을 뿐만 아니라 피고인이 경찰서 보호실 근무자로부터 보호유치 지시를 받았다 하여 그러한 위법한 명령에 따라야 할 의무가 없는 이상 위와 같은 오인을 하게 된 데에 대하여 정당한 이유가 있다거나 피고인이 피해자의 보호실유치를 회피할 가능성이 없었다고 인정하기 어렵다는 이유로 위 주장을 모두 배척하였는바, 기록과 앞서 본 법리에 비추어 보면 원심의 이러한 판단은 옳다고 여겨지고, 거기에 상고이유의 주장과 같은 형법 제16조 소정의 법률의 착오나 기대가능성에 관한 법리오해의 위법이 있다고 할 수 없다.

4. 죄수 및 다른 범죄와의 관계

① 강간이나 강도의 수단인 감금

■ 대법원 1983. 4. 26. 선고 83도323 판결【폭력행위등처벌에관한법률위반】(집)

검사의 상고이유를 판단한다.

(1) 원심판결 이유에 의하면, 원심은 피고인은 1980. 7. 10. 10:22경 화물차동차에 조개를 싣고 충남 홍성군 금마면으로 운행도중에 피해자(17세)가 예산읍 신래원리까지 태워달라고 부탁하여 피해자를 운전석 옆에 태우고 가다가 피해자를 강간할 마음이 생겨 목적지로 데려다 주지 아니하고 하차 요구를 거절한 채 계속 운행하면서 같은 달 11. 00:50경 강제로 추행을 하고, 01:00경에는 강간을 하려다 뜻을 이루지 못한 채 강간할 의사를 버리지 않고 계속하여 피해자를 강제로 그 차에 태워 공주군 산성동 소재 동진장여관 앞길까지 운행하여 동 여관 방실에서 강간하려 하였으나 피해자가 화장실에 들어가 문을 잠그고 소리질러 그 목적을 이루지 못하고 미수에 그친 사실을 인정한 다음 위 감금의 소위는 강간의 수단에 지나지 아니하므로 강간미수죄에 대한 고소가 취소된 이상, 그 수단에 지나지 않는 감금은 별개의 범죄를 구성하지 아니한다 하여 무죄를 선고하였다.

(2) 원심의 위 인정 판시는 모호한 점이 있으나, 그 판시 취지가 이 사건 감금행위는 강간미수죄에 흡수되어 범죄를 구성하지 않는다는 취지라고 한다면, 강간죄의 성립에 언제나 직접적으로 또 필요한 수단으로서 감금행위를 수반하는 것은 아니므로 이 사건에서 감금행위가 강간미수죄의 수단이 되었다 하여 감금행위는 강간미수죄에 흡수되어 범죄를 구성하지 않는다고 할 수는 없는 것이고, 원심인정의 위 사실관계에서 보면, 피고인이 피해자가 자동차에서 내릴 수 없는 상태를 이용하여 강간하려고 결의하고, 주행중인 자동차에서 탈출불가능하게 하여 외포케 하고 50킬로미터를 운행하여, 여관앞까지 강제로 연행하여 강간하려다 미수에 그친 경우 위 협박은 감금죄의 실행의 착수임과 동시에 강간미수죄의 실행의 착수라고 할 것이고, 감금과 강간미수의 두 행위가 시간적,

장소적으로 중복될 뿐 아니라 감금행위 그 자체가 강간의 수단인 협박행위를 이루고 있는 경우로서 이 사건 감금과 강간미수죄는 일개의 행위에 의하여 실현된 경우로서 형법 제40조의 상상적 경합이라고 해석함이 상당할 것이므로 위 감금행위가 강간미수죄에 흡수되어 범죄를 구성하지 않는다는 원심판단에는 의율착오의 위법이 있다 할 것이고, 또 달리 원심의 위 판시 취지가 강간미수죄와 감금죄를 상상적 경합관계로 인정한 것으로 보아도 형법 제40조의 소위 상상적 경합은 1개의 행위가 수개의 죄에 해당하는 경우에는 과형상 1죄로서 처벌한다는 것이고, 또 가장 중한 죄에 정한 형으로 처벌한다는 것은 가벼운 죄는 중한 죄에 정한 형으로 처단된다는 것이지, 가벼운 죄는 그 처벌을 면한다는 것은 아니므로 이 사건에서 중한 강간미수죄가 친고죄로서 고소가 취소되었다 하더라도 가벼운 감금죄(폭력행위등처벌에 관한 법률위반)에 대하여는 아무런 영향을 미치지 않으므로 원심은 당연히 공소제기된 감금죄에 관하여 심리판단하여야 할 것인데도 위 강간미수죄에 관한 고소의 취소가 있었다는 이유로 감금죄에 대하여 무죄를 선고한 원심판결에는 형법 제40조의 해석을 잘못한 위법이 있고 이는 판결의 결과에 영향을 미쳤음이 뚜렷하므로 원심판결은 파기를 면할 수 없다. 논지는 결국 이유있다.

■ 대법원 1984. 8. 21. 선고 84도1550 판결【감금】(공)

1. 소론은 이 사건 감금행위는 강간미수죄에 흡수되어 강간죄의 고소가 취소된 이상 감금죄도 처벌의 대상에서 제외함이 마땅하다는 취지인바 강간죄의 성립에는 언제나 필요한 수단으로 감금행위를 수반하는 것은 아니므로 이 사건에서 감금행위가 강간미수죄의 목적을 달하려고 일정한 장소에 인치하기 위한 수단이 되었다 하여 그 감금행위가 강간미수죄에 흡수되어 범죄를 구성하지 않는다고 할 수 없는 것이고, 원심이 확정한 바와 같이 피고인이 피해자를 자동차에 강제로 태워 내릴 수 없게 하고 탈출할 수 없는 상태로 자동차를 운행하게 하여 판시 장소로 연행하여가 강간미수에 이르렀다면 위 감금행위는 독립된 별개의 죄가 된다 할 것이므로 피해자가 위 강간미수죄가 친고죄로서 고소가 취소되었다 하더라도 위 감금죄에 대하여는 아무런 영향을 미치지 아니하므로 같은 견해에서 감금죄를 인정한 원심조치는 정당하고 반대의 견해에선 논지는 이유없다.

2. 원심이 인정한 바와 같이 피해자가 피고인에 의하여 강제로 자동차에 태워지고 피해자의 하차요청을 묵살한 채 하차할 수 없는 상태로 운행을 강행한 것이라면 그 운행자가 피고인이 아닌 피고인의 친구이었다 하더라도 그 감금행위에는 두 사람이 암묵적으로 의사연락하여 범행에 공동가공한 것으로 못볼바 아니므로 자동차의 운전을 피고인의 친구가 했다 하여 범죄의 성립에는 아무런 영향이 없다. 논지 역시 이유없다.

■ 대법원 1997. 1. 21. 선고 96도2715 판결【성폭력범죄의처벌및피해자보호등에관한법률위반, 특수강도, 폭력행위등처벌에관한법률위반, 특정범죄가중처벌등에관한법률위반(절도), 사기, 강도상해, 신용카드업법위반】(공)

감금행위가 강간죄나 강도죄의 수단이 된 경우에도 감금죄는 강간죄나 강도죄에 흡수되지 아니하고 별죄를 구성한다 할 것이다(당원 1983. 4. 26. 선고 83도323 판결, 1984. 8. 21. 선고 84도1550 판결 등 참조). 그러므로 원심이 피고인의 피해자 1, 2에 대한 감금행위가 그를 수단으로 한 위 피해자들에 대한 특수강도죄와 별도의 죄를 구성하는 것으로 판단한 것은 적법하고, 여기에 감금죄의 법리를 오해한 위법이 있다고 할 수 없다.

② 강도상해 후의 감금

■ 대법원 2003. 1. 10. 선고 2002도4380 판결【강도상해】(공)

1. 공소사실의 요지

피고인은 공소외 1, 2, 3과 공모하여 2000. 1. 24. 15:00경 고양시 덕양구 행신동 722 소재 단란주점 앞길에서 그 주점 종업원인 피해자를 승용차에 태우고 가다가 공소외 1이 주먹으로 피해자를 때려 반항을 억압한 다음 그로부터 현금 35만 원 등이 들어 있는 가방을 빼앗아 강취하고, 피해자에게 약 2주간의 치료를 요하는 안면부타박상 등의 상해를 가하였다.

2. 원심의 판단

원심은, 피고인이 공소외 1 등과 피해자로부터 돈을 빼앗기로 공모하고 공소사실과 같이 그를 승용차에 태우고 가던 중 강도상해의 범행을 저지른 뒤 계속하여 위 단란주점에서 약 15㎞ 떨어진 서울 마포구 상암동 소재 월드컵주경기장 부근까지 운행하여 간 사실과 피고인이 이와 같이 공소외 1 등과 공모하여 피해자를 위 단란주점 앞길에서 월드컵주경기장 부근까지 승용차에 태우고 간 부분에 대하여는 2000. 11. 23. 서울고등법원에서 공동감금에 의한 폭력행위등처벌에관한법률위반죄로 다른 범죄사실과 함께 징역 2년 6월을 선고받고 그 판결이 확정된 사실을 인정하고, 이미 유죄가 확정된 위 감금에 관한 폭력행위등처벌에관한법률위반죄의 범죄사실과 이 사건 공소사실은 시간적·장소적으로 그 행위가 중복될 뿐만 아니라 감금행위가 강도의 수단이 되었던 것이므로, 양 죄는 1개의 행위가 수개의 죄에 해당하여 형법 제40조의 상상적 경합관계에 있고, 따라서 이 사건 공소사실은 확정판결이 있은 때에 해당한다고 판단하여 피고인에 대하여 면소를 선고한 제1심판결을 유지하였다.

3. 이 법원의 판단

그러나 감금행위가 단순히 강도상해 범행의 수단이 되는 데 그치지 아니하고 강도상해의 범행이 끝난 뒤에도 계속된 경우에는 1개의 행위가 감금죄와 강도상해죄에 해당하는 경우라고 볼 수 없고, 이 경우 감금죄와 강도상해죄는 형법 제37조의 경합범 관계에 있다고 보아야 한다.

이 사건에서 보면, 피고인은 공소외 1 등과 피해자로부터 돈을 빼앗자고 공모한 다음 그를 강제로 승용차에 태우고 가면서 공소사실과 같이 돈을 빼앗고 상해를 가한 뒤에도 계속하여 상당한 거리를 진행하여 가다가 교통사고를 일으켜 감금행위가 중단되었는데, 이와 같이 감금행위가 단순히 강도상해 범행의 수단이 되는 데 그치지 아니하고 그 범행이 끝난 뒤에도 계속되었으므로, 피고인이 저지른 감금죄와 강도상해죄는 형법 제37조의 경합범 관계에 있다고 보아야 하고, 따라서 위 감금의 범행에 관한 확정판결의 효력은 이 사건 강도상해의 공소사실에까지 미치지 아니한다.

그럼에도 불구하고, 원심이 위 감금과 강도상해의 범행이 상상적 경합관계에 있다고 보고 피고인에 대하여 면소를 선고한 것은 판결에 영향을 미친 법령위반의 잘못을 저지른 것이다.

III. 파생적 구성요건 등

① 감금치상

■ 대법원 2000. 5. 26. 선고 2000도440 판결【감금치상, 감금, 풍속영업의규제에관한법률위반, 청소년보호법위반, 변호사법위반, 사기】(공)

원심판결 및 원심이 인용한 제1심판결이 채택한 증거들을 기록에 비추어 살펴보면, 피고인이

1997. 4. 5. 피해자를 승용차에 강제로 태운 뒤 대전에서 서울까지 운전하여 간 사실과 같은 해 8월 15일 피해자를 역시 강제로 승용차에 태운 뒤 운전하여 가자 겁에 질린 피해자가 차에서 뛰어내리다가 상해를 입은 사실은 충분히 인정할 수 있으므로, 이를 감금 및 감금치상죄로 인정한 원심의 판단은 정당하고, 거기에 피해자의 의사에 대하여 심리를 미진하거나, 채증법칙을 위반하여 사실을 오인한 위법 또는 감금 및 감금치상에 관한 법리를 오해한 위법이 있다고 볼 수 없다. 이 점을 다투는 상고이유는 받아들일 수 없다.

② 감금치사

■ 대법원 2000. 2. 11. 선고 99도5286 판결【감금치사, 도로교통법위반】(공)

감금죄는 사람의 행동의 자유를 그 보호법익으로 하여 사람이 특정한 구역에서 나가는 것을 불가능하게 하거나 또는 심히 곤란하게 하는 죄로서 이와 같이 사람이 특정한 구역에서 나가는 것을 불가능하게 하거나 심히 곤란하게 하는 그 장해는 물리적, 유형적 장해뿐만 아니라 심리적, 무형적 장해에 의하여서도 가능하고, 또 감금의 본질은 사람의 행동의 자유를 구속하는 것으로 행동의 자유를 구속하는 그 수단과 방법에는 아무런 제한이 없어서 유형적인 것이거나 무형적인 것이거나를 가리지 아니하며, 감금에 있어서의 사람의 행동의 자유의 박탈은 반드시 전면적이어야 할 필요도 없다고 할 것이다(대법원 1985. 10. 8. 선고 84도2424 판결, 1984. 5. 15. 선고 84도655 판결 등 참조).

이 사건에서 원심이 적법한 증거조사를 거쳐서 채택한 증거들에 의하여 인정한 바와 같이, 피고인이 당초 그의 승용차로 피해자를 가로막음으로써 피해자로 하여금 할 수 없이 위 차량에 승차하게 한 후 피해자가 내려달라고 요청하였음에도 불구하고 당초 목적지라고 알려준 장소가 아닌 다른 장소를 향하여 시속 약 60㎞ 내지 70㎞의 속도로 진행하여서 피해자를 위 차량에서 내리지 못하도록 하였다면 그와 같은 피고인의 행위는 감금죄에 해당함이 분명하고, 나아가 피해자가 위와 같은 감금상태를 벗어날 목적으로 위 차량의 뒷좌석 창문을 통하여 밖으로 빠져 나오려다가 길바닥에 떨어져 상해를 입고 그 결과 사망에 이르렀다면 피고인의 위 감금행위와 피해자의 사망 사이에는 상당인과관계가 있다고 할 것이므로 피고인으로서는 감금치사죄의 죄책을 면할 수 없다고 할 것이어서, 같은 취지에서 피고인에 대한 이 사건 감금치사 공소사실을 유죄로 인정한 원심판결은 정당하고, 거기에 논지가 주장하는 바와 같이 채증법칙에 위반하여 판결에 영향을 미친 사실을 잘못 인정하였거나 감금치사죄에 관한 법리를 오해한 위법이 있다고 볼 수 없다.

제4절 약취와 유인의 죄

1. 구성요건 체계
① 약취, 유인, 매매, 이송
② 수수, 은닉(독립적 구성요건)
③ 미수 등
④ 특정범죄 가중처벌 등에 관한 법률에 의한 가중처벌
⑤ 특정강력범죄의 처벌에 관한 특례법에 의한 처벌의 특례
2. 보호법익
① 개인의 자유
② 미성년자 약취·유인죄의 보호법익
3. 약취, 유인의 의미
① 약취
• 폭행·협박을 수단으로 한 사실상 지배의 이전
② 유인
• 기망 또는 유혹을 수단으로 한 사실상 지배의 이전
4. 목적범
5. 주 체
6. 다른 범죄와의 관계
○ 미성년자유인과 감금

1. 구성요건 체계

① 약취, 유인, 매매, 이송

구분	죄명	조문	법정형
기본적 구성요건	미성년자(약취,유인)	287	10↓
불법가중	(추행, 간음, 영리)(약취, 유인)	288 ①	1↑
	부녀매매	288 ②	1↑
책임가중	상습(①② 각 죄명)	288 ③	2↑
불법가중	국외이송(약취, 유인, 부녀매매)	289 ①	3↑
	(피약취자, 피유인자, 피매매자)국외이송	289 ②	3↑
책임가중	상습(①② 각 죄명)	289 ③	5↑
불법감경	결혼(약취, 유인)	291	5↓

② 수수, 은닉(독립적 구성요건)

구분	죄명	조문	법정형
독립적 구성요건	(피약취자, 피유인자, 피매매자, 피국외이송자)(수수, 은닉) [= 288, 289 피해자 대상]	292 ①	7↓
	(피약취, 피유인)미성년자(수수, 은닉), 피결혼(약취자, 유인자)(수수, 은닉) [= 287, 291 피해자 대상]	292 ②	5↓
책임가중	상습(292 각 죄명)	293 ①	2-10
불법가중	(추행, 간음, 영리)(292 각 죄명)	293 ②	2-10

③ 미수 등

구분	죄명	조문	법정형
예비, 음모	(289 각 죄명)(예비, 음모)	290	3↓
미수	(287-289, 291-293 각 죄명)미수	294	
임의적 병과	288, 289, 292, 293, 각 미수	295	10↓자정, 2천만↓
형의 감경		295-2	

④ 특정범죄 가중처벌 등에 관한 법률에 의한 가중처벌

특정범죄 가중처벌 등에 관한 법률

제5조의2 (약취·유인죄의 가중처벌)

①「형법」 제287조의 죄를 범한 사람은 그 약취 또는 유인의 목적에 따라 다음 각 호와 같이 가중처벌한다.

1. 약취 또는 유인한 미성년자의 부모나 그 밖에 그 미성년자의 안전을 염려하는 사람의 우려를 이용하여 재물이나 재산상의 이익을 취득할 목적인 경우에는 무기 또는 5년 이상의 징역에 처한다.
2. 약취 또는 유인한 미성년자를 살해할 목적인 경우에는 사형, 무기 또는 7년 이상의 징역에 처한다.

②「형법」 제287조의 죄를 범한 사람이 다음 각 호의 어느 하나에 해당하는 행위를 한 경우에는 다음 각 호와 같이 가중처벌한다.

1. 약취 또는 유인한 미성년자의 부모나 그 밖에 그 미성년자의 안전을 염려하는 사람의 우려를 이용하여 재물이나 재산상의 이익을 취득하거나 이를 요구한 경우에는 무기 또는 10년 이상의 징역에 처한다.
2. 약취 또는 유인한 미성년자를 살해한 경우에는 사형 또는 무기징역에 처한다.
3. 약취 또는 유인한 미성년자를 폭행·상해·감금 또는 유기하거나 그 미성년자에게 가혹한 행위를 한 경우에는 무기 또는 5년 이상의 징역에 처한다.
4. 제3호의 죄를 범하여 미성년자를 사망에 이르게 한 경우에는 사형, 무기 또는 7년 이상의 징역에 처한다.

③ 제1항 또는 제2항의 죄를 범한 사람을 방조하여 약취 또는 유인된 미성년자를 은닉하거나 그 밖의 방법으로 귀가하지 못하게 한 사람은 5년 이상의 유기징역에 처한다.

④「형법」 제288조·제289조 또는 제292조 제1항의 죄를 범한 사람은 무기 또는 5년 이상의 징역에 처한다.

⑤ 상습적으로 제4항의 죄를 범한 사람은 그 죄에 대하여 정한 형의 2분의 1까지 가중한다.

⑥ 제1항·제2항(제2항 제4호는 제외한다) 및 제4항에 규정된 죄의 미수범은 처벌한다.

⑦ 제1항부터 제6항까지의 죄를 범한 사람을 은닉하거나 도피하게 한 사람은 3년 이상의 유기징역에 처한다.

⑧ 제1항, 제2항 제1호·제2호 또는 제4항의 죄를 범할 목적으로 예비하거나 음모한 사람은 1년 이상의 유기징역에 처한다.

[전문개정 2010. 3. 31]

⑤ 특정강력범죄의 처벌에 관한 특례법에 의한 처벌의 특례

특정강력범죄의 처벌에 관한 특례법

제2조 (적용범위)

① 이 법에서 "특정강력범죄"란 다음 각 호의 어느 하나에 해당하는 죄를 말한다. 〈개정 2010. 4. 15, 2011. 3. 7〉

1. 「형법」 제2편 제24장 살인의 죄 중 제250조[살인·존속살해], 제253조[위계등에 의한 촉탁살인등] 및 제254조(미수범. 다만, 제251조 및 제252조의 미수범은 제외한다)의 죄
2. 「형법」 제2편 제31장 약취와 유인의 죄 중 제287조(미성년자의 약취·유인), 제288조(영리등을 위한 약취·유인·매매등), 제289조(국외이송을 위한 약취·유인·매매), 제293조(상습범) 및 제294조(미수범. 다만, 제291조 및 제292조의 미수범은 제외한다)의 죄
3. 「형법」 제2편 제32장 강간과 추행의 죄 중 제301조(강간등 상해·치상), 제301조의2(강간등 살인·치사)의 죄 및 흉기나 그 밖의 위험한 물건을 휴대하거나 2명 이상이 합동하여 범한 제297조(강간), 제298조(강제추행), 제299조(준강간·준강제추행), 제300조(미수범) 및 제305조(미성년자에 대한 간음, 추행)의 죄
4. 「형법」 제2편 제32장 강간과 추행의 죄, 「성폭력범죄의 처벌 등에 관한 특례법」 제3조부터 제10조까지 및 제14조(제13조의 미수범은 제외한다)의 죄 또는 「아동·청소년의 성보호에 관한 법률」 제10조

의 죄로 두 번 이상 실형을 선고받은 사람이 범한「형법」제297조, 제298조, 제299조, 제300조, 제305조 및「아동 · 청소년의 성보호에 관한 법률」제10조의 죄

5. 「형법」제2편 제38장 절도와 강도의 죄 중 제333조(강도), 제334조(특수강도), 제335조(준강도), 제336조(인질강도), 제337조(강도상해 · 치상), 제338조(강도살인 · 치사), 제339조(강도강간), 제340조(해상강도), 제341조(상습범) 및 제342조(미수범. 다만, 제329조부터 제331조까지, 제331조의2 및 제332조의 미수범은 제외한다)의 죄
6. 「폭력행위 등 처벌에 관한 법률」제4조(단체등의 구성 · 활동) 및「특정범죄 가중처벌 등에 관한 법률」제5조의8(단체등의 조직)의 죄

② 제1항 각 호의 범죄로서 다른 법률에 따라 가중처벌하는 죄는 특정강력범죄로 본다.

2. 보호법익

① 개인의 자유

② 미성년자 약취·유인죄의 보호법익

1 피인취자 본인의 자유권만
2 보호자의 감독권
3 피인취자 및 보호자의 감독권(통설, 판례)

■ 대법원 2003. 2. 11. 선고 2002도7115 판결【특수강도, 특정범죄가중처벌등에관한법률위반(절도), 폭력행위등처벌에관한법률위반, 미성년자약취】(공)

형법 제287조에 규정된 미성년자약취죄의 입법 취지는 심신의 발육이 불충분하고 지려와 경험이 풍부하지 못한 미성년자를 특별히 보호하기 위하여 그를 약취하는 행위를 처벌하려는 데 그 입법의 취지가 있으며, 미성년자의 자유 외에 보호감독자의 감호권도 그 보호법익으로 하고 있다는 점을 고려하면, 피고인과 공범들이 피해자(여, 14세)를 보호 · 감독하고 있던 그 아버지 공소외인의 감호권을 침해하여 그녀를 자신들의 사실상 지배하로 옮긴 이상 미성년자약취죄가 성립한다 할 것이고, 위 약취행위에 피해자의 동의가 있었다 하더라도 본죄의 성립에는 변함이 없다 할 것이다.

☞ 피해자의 동의(승낙)가 구성요건해당성을 배제한다는 견해와 위법성을 조각시킨다는 견해가 있음.
위 경우는 완전한 피해자 동의(승낙)라고 할 수 없어서 유죄가 된다고 이해함이 타당.

3. 약취, 유인의 의미

① 약취

폭행·협박을 수단으로 한 사실상 지배의 이전

■ 대법원 2004. 10. 28. 선고 2004도4437 판결【강도상해 · 특정범죄가중처벌등에관한법률위반(영리약취 · 유인등) 등】(공보불게재)

나. 영리 목적 약취의 점에 대하여

형법 제288조에 규정된 약취행위는 피해자를 그 의사에 반하여 자유로운 생활관계 또는 보호관계로부터 범인이나 제3자의 사실적 지배하에 옮기는 행위를 말하는 것으로서, 여기서 사실적 지배라 함은 사람에 대한 물리적 · 실력적 지배관계를 의미한다 할 것이므로, 영리 목적 약취죄의 인정 여부는 다른 사람을 폭행 또는 협박하여 위와 같은 사실적 지배 아래 두었는가에 달려 있다 할 것이다(대법원 1991. 8. 13. 선고 91도1184 판결, 2004. 5. 14. 선고 2003도8019 판결 등 참조).

원심판결 이유에 의하면, 원심은 공소외 1 등이 수사기관에서 '공소외 1측 일행이 봉고차로 중국인들을 파라곤 호텔 앞으로 데려와 피고인들에게 인계하였다.'고 진술하고 있는 점, 피고인 3도 제1심법정에서 중국인들을 인수인계받았다고 진술하고 있는 점, 인계받은 중국인들로부터 4,000만원을 교부받았던 점 등에 비추어 보면, 피고인들이 중국인들을 사실상 지배함으로써 이들을 약취하였음을 인정할 수 있다고 판단하였다.

위에서 본 법리와 기록에 비추어 살펴보면, 원심의 위와 같은 사실인정과 판단은 정당한 것으로 수긍이 가고, 거기에 상고이유의 주장과 같은 법리오해나 사실오인 등의 위법이 없다.

■ 대법원 1991. 8. 13. 선고 91도1184 판결【특정범죄가중처벌등에관한법률위반】(공)

원심은 피고인이 공소외 1, 2, 3과 공모하여 피해자를 영리목적으로 약취하였다는 요지의 이 사건 공소사실을 유죄로 인정한 제1심 판결을 그대로 유지하고 있다. 즉 피고인은 여성의류판매업체의 외판원으로 근무하면서 주점 여종업원 및 속칭 완월동 사창가의 윤락녀 등을 상대로 의류월부대금 수금을 해 왔고, 공소외 1, 2는 부부로서 주점 여종업원들을 상대로 일수고리대금업을 해 왔으며 공소외 3은 완월동 소재 윤락업소인 여관에서 관리인으로 일하는 자로서, 피해자가 서면일대 유흥업소 종업원으로 일하던 1989. 5.경부터 같은 해 12.경까지 사이에 공소외 1, 2에게 일수거래를 하며 진 빚 680여 만원을 변제하지 못하고 자취를 감추자 공소외 1이 피해자를 찾아다니던 중 1990. 3. 7. 동인을 우연히 발견하여 자신의 집에 데려간 후 피해자를 위협하여 완월동 사창가에 팔아 넘기기로 하고 피고인이 완월동 사창가의 윤락녀를 상대로 의류월부대금 수금을 하여 완월동의 사정을 잘 알므로 그에게 피해자를 680만원에 넘길만한 윤락업소를 물색해 달라고 부탁하고, 피고인은 위 부탁에 따라 공소외 3에게 공소외 1, 2를 소개해 주고 공소외 3은 피해자를 인수받아 윤락행위를 시켜 화대 중에서 방세 등의 명목으로 돈을 받아내어 재산상 이익을 취할 것을 결의하는 등 피고인과 공소외 1, 2, 3은 순차 공모하여, 1990. 3. 8. 18:00경 공소외 1, 2의 집에서 공소외 2는 피해자가 위 빚을 갚지 않고 도망다닌다는 이유로 플라스틱 완구류 등으로 피해자를 폭행하고 공소외 1, 2는 피해자에게 지금 당장 680만원을 내놓지 않으면 동두천에 있는 미군상대 주점에 넘겨서 빠져 나오지도 못하게 하겠다고 위협하여 피고인에게 연락하여 680만원에 피해자를 인수할 완월동 윤락업소를 알아보라고 하고, 피고인은 공소외 3에게 피해자를 680만원에 인수하도록 알선하여, 공소외 3이 그 다음날 위 여관에서 피해자를 인수받고 그 자리에서 300만원을 공소외 1에게 지급하고 잔금은 2개월 후에 지급하기로 약정하여 그날부터 피해자에게 윤락행위를 시켜 화대 중 일부를 받아 내기로 하는 등으로 부녀자를 약취하였다는 것이다.

요컨대 피고인이 위 공소외인들과 공모하여 공소외인들의 판시 약취행위에 피고인도 판시와 같이 가공하였다는 취지이다.

형법 제288조에 규정된 약취행위는 피해자를 그 의사에 반하여 자유로운 생활관계 또는 보호관계로부터 범인이나 제3자의 사실상 지배하에 옮기는 행위를 말하는 것으로서 폭행 또는 협박을 수단으로 사용하는 경우에 그 폭행 또는 협박의 정도는 상대방을 실력적 지배하에 둘 수 있을 정도이면 족하고 반드시 상대방의 반항을 억압할 정도의 것임을 요하지는 아니하는 것이다(당원 1990. 2. 13. 선고 89도2558 판결 참조).

기록에 의하면 위 공소외인들이 피해자를 판시와 같이 윤락업소에 인계하여 약취한 사실은 공인되고 위 공소외인들이 모두 그 사실로 유죄의 확정판결을 받았음이 인정된다.

② 유인

기망 또는 유혹을 수단으로 한 사실상 지배의 이전

■ 대법원 1998. 5. 15. 선고 98도690 판결【특정범죄가중처벌등에관한법률위반(약취유인), 강간치상(인정된 죄명: 미성년자간음), 미성년자유인】(공)

(1) 형법 제287조의 미성년자유인죄란 기망 또는 유혹을 수단으로 하여 미성년자를 꾀어 그 하자 있는 의사에 따라 미성년자를 자유로운 생활관계 또는 보호관계로부터 이탈하게 하여 자기 또는 제3자의 사실적 지배하에 옮기는 행위를 말하고(대법원 1976. 9. 14. 선고 76도2072 판결, 1996. 2. 27. 선고 95도2980 판결 참조), 여기서 사실적 지배라고 함은 미성년자에 대한 물리적·실력적인 지배관계를 의미한다고 할 것이며, 특정범죄가중처벌등에관한법률 제5조의2 제2항 제3호 후단은 위 미성년자유인죄를 범한 자에 대한 가중처벌을 규정한 것이므로, 위의 어느 죄든 그것이 성립하기 위하여는 피고인이 미성년자를 자기 또는 제3자의 물리적·실력적인 지배하로 옮길 범의를 가지고 미성년자를 기망 또는 유혹하여 미성년자를 위와 같은 지배하에 두었음이 증거에 의하여 입증되어야 할 것이다.

위 공소사실에 대하여 피고인은, 위 박○현은 모델이나 영화배우가 될 생각으로 스스로의 판단하에 가출하여 귀가하지 않았던 것이고, 피고인은 오히려 박○현에게 여러 차례 귀가를 권유하다가 결국에는 박○현의 가족에게 연락하여 집으로 돌아가게 하였을 뿐이며, 박○현을 간음한 사실도 없다고 일관되게 주장하고 있는바, 이 사건에서 유죄의 증거로 채용된 박○현의 진술내용을 비롯한 판시 증거들이 과연 신빙성이 있는 것이며 피고인이 박○현을 사실적 지배하에 둔 것인지를 피고인의 진술내용 및 기록에 드러난 사정과 대비하여 차례로 살펴보기로 한다.…

(8) 형사재판에 있어서 유죄의 인정은 법관으로 하여금 합리적인 의심을 할 여지가 없을 정도로 공소사실이 진실한 것이라는 확신을 가지게 할 수 있는 증명력을 가진 증거에 의하여야 할 것이고, 이와 같은 증거가 없다면 설령 피고인에게 유죄의 의심이 간다고 하더라도 피고인의 이익으로 판단할 수밖에 없다고 할 것인바, 위와 같이 그 신빙성에 의심스러운 점이 있는 박○현의 진술은 이를 유죄의 증거로 삼을 수 없는 것이고, 그 밖의 채용 증거들은 공소사실을 인정하기에 족한 증거가 될 수 없을 뿐 아니라, 박○현이 가출하여 피고인과 같이 지낸 바가 있다는 사실만으로는 피고인이 박○현을 기망 또는 유혹하여 자기의 사실적 지배하로 옮긴 것이라고 단정할 수 없음은 물론이라 할 것임에도 불구하고, 원심은 위의 증거들에 의하여 피고인을 유죄로 인정하였으니, 거기에는 채증법칙을 위반하여 사실을 잘못 인정하고 미성년자유인죄에 관한 법리를 오해한 위법이 있다고 할 것이고, 이와 같은 위법은 판결에 영향을 미쳤음이 분명하므로, 이 점을 지적하는 상고이유의 주장은 이유 있다.

4. 목적범

- 초과된 내적 경향을 가진 범죄
- 특수한 주관적 불법요소 vgl 고의: 일반적 주관적 불법요소
- 단축된 이행위범 vgl 단절된 결과범(eg 내란죄)
- 부진정 목적범 vgl 진정 목적범(eg 사문서위조죄)

5. 주 체

■ 대법원 2008. 1. 31. 선고 2007도8011 판결【특정범죄가중처벌등에관한법률위반(영리약취, 유인등)(인정된 죄명: 미성년자약취, 유인)】(공)

미성년자를 보호감독하는 자라 하더라도 다른 보호감독자의 감호권을 침해하거나 자신의 감호권을 남용하여 미성년자 본인의 이익을 침해하는 경우에는 미성년자 약취·유인죄의 주체가 될 수 있다.

원심판결 이유에 의하면, 원심은 피해자의 아버지인 피고인 2가 피해자의 어머니이자 피고인의 처인 공소외 1이 교통사고로 사망하자 피해자의 외조부인 공소외 2에게 피해자의 양육을 맡겨 왔으나, 교통사고 배상금 등을 둘러싸고 공소외 2 등과 사이에 분쟁이 발생하자 자신이 직접 피해자를 양육하기로 마음먹고, 피고인 1과 공모하여 학교에서 귀가하는 피해자를 본인의 의사에 반하여 강제로 차에 태우고 할아버지에게 간다는 등의 거짓말로 속인 후 고아원에 데려가 피해자의 수용문제를 상담하고, 개사육장에서 잠을 재운 후 다른 아동복지상담소에 데리고 가는 등으로 사실상 지배함으로써 미성년자인 피해자를 약취하였다고 인정하였는바, 이러한 원심의 사실인정 및 법리판단은 앞서 본 법리 및 기록에 비추어 정당하여 수긍할 수 있고, 거기에 채증법칙을 위반하거나 미성년자 약취·유인죄에 관한 법리를 오해한 위법이 없다.

상고이유는 피고인 2에게 선고된 한정치산선고가 잘못되었다는 점을 지적하면서 피고인들의 행위가 정당하다는 취지로 주장하나, 설사 피고인 2에 대한 한정치산선고에 부당한 점이 있거나 이 사건 범행 당시 한정치산선고가 확정되지 아니하여 피고인 2가 친권을 유지하고 있었다 하더라도 앞서 본 바와 같은 법리 및 사실관계에 비추어 이 사건 범죄가 성립됨에 영향이 없다고 할 것이다.

6. 다른 범죄와의 관계

○ 미성년자유인과 감금

■ 대법원 1998. 5. 26. 선고 98도1036 판결【미성년자의제강간치상, 폭력행위등처벌에관한법률위반】(공)

1. 미성년자의제강간치상죄에 대한 피고인의 상고이유에 대하여

원심이 유지한 제1심판결이 채택한 증거들을 기록과 대조하여 검토하여 보면 피고인이 공소사실 기재와 같이 13세 미만의 부녀인 피해자를 간음하여 그로 인하여 그녀에게 치료 기간 미상의 처녀막 파열상을 입게 하였음을 인정하기에 넉넉하므로 위 공소사실을 유죄로 인정한 원심의 조치는 정당하고, 여기에 논하는 바와 같은 채증법칙 위반의 위법이 있다고 할 수 없다. 상고이유는 피고인이 A를 간음함에 있어서 폭행을 가한 일이 없다는 취지로도 보이지만 형법 제305조가 정하는 미성년자에 대한 간음죄는 반드시 폭행을 그 수단으로 할 것을 필요로 하지 아니하는 것이므로 논지는 어느 모로 보더라도 이유가 없다.

2. 폭력행위등처벌에관한법률위반죄에 대한 피고인과 국선변호인의 상고이유에 대하여

감금죄는 사람의 행동의 자유를 그 보호법익으로 하여 사람이 특정한 구역에서 벗어나는 것을 불가능하게 하거나 또는 매우 곤란하게 하는 죄로서 그 본질은 사람의 행동의 자유를 구속하는 데에 있다. 이와 같이 행동의 자유를 구속하는 수단과 방법에는 아무런 제한이 없고, 사람이 특정한 구역에서 벗어나는 것을 불가능하게 하거나 매우 곤란하게 하는 장애는 물리적·유형적 장애뿐만 아니라 심리적·무형적 장애에 의하여서도 가능하므로 감금죄의 수단과 방법은 유형적인 것이거나

무형적인 것이거나를 가리지 아니한다. 또한 감금죄가 성립하기 위하여 반드시 사람의 행동의 자유를 전면적으로 박탈할 필요는 없고, 감금된 특정한 구역 범위 안에서 일정한 생활의 자유가 허용되어 있었다고 하더라도 유형적이거나 무형적인 수단과 방법에 의하여 사람이 특정한 구역에서 벗어나는 것을 불가능하게 하거나 매우 곤란하게 한 이상 감금죄의 성립에는 아무런 지장이 없다(당원 1994. 3. 16.자 94모2 결정, 1991. 12. 30.자 91모5 결정, 1984. 5. 15. 선고 84도655 판결 등 참조).

그리고 미성년자를 유인한 자가 계속하여 미성년자를 불법하게 감금하였을 때에는 미성년자유인죄 이외에 감금죄가 별도로 성립한다(당원 1961. 9. 21. 선고 61도455 판결 참조).

원심이 인정한 이 사건 폭력행위등처벌에관한법률위반죄(야간감금)의 공소사실은 피고인은 1996. 12. 10.경 피해자 A(당시 만 10세)의 집에서 피해자로 하여금 부모에게 말하지 말고 인천 계양구 효성동에 있는 동아아파트 앞으로 나오도록 유인한 다음 피고인이 운전하는 화물차에 태우고 데리고 다니면서 피해자에게 "네가 집에 돌아가면 경찰이 붙잡아 소년원에 보낸다."라고 위협하여 피해자를 집에 가지 못하도록 하는 등 그 무렵부터 1997. 6. 8. 08:00경까지 서울 은평구 진관외동 392 소재 피고인의 셋방 등지에서 피해자를 감금하였다는 것인바, 원심이 그대로 유지한 제1심판결이 채택한 증거들을 종합하여 보면, 피고인이 피해자를 유인한 후 혼자서는 생활할 능력이 없는 어린이인 피해자에게 위와 같은 말을 함으로써 피해자가 겁을 먹은 나머지 부모에게 돌아갈 생각을 하지 못하고 어쩔 수 없이 위 기간 동안 전국특송화물차 운전기사인 피고인이 화물차를 운전하여 강원도, 대구, 부산 등지로 운행할 때에는 피고인을 따라 화물차에 타고 다니고, 피고인이 판시 피고인의 셋방에 돌아와 있을 때에는 피고인과 함께 그 곳에 기거하였음을 알 수 있으며, 또한 위 증거에 의하면 피고인은 피해자를 감시하기도 하였다는 것인바(수사기록 22쪽의 사법경찰관 사무취급이 작성한 피고인에 대한 피의자신문조서 참조), 사실관계가 이러하다면 피고인은 판시 기간 동안 피해자를 위 화물차와 피고인의 셋방에 감금한 것이라고 할 수 있고, 원심의 위와 같은 판시는 다소 미흡한 느낌은 있으나 1996. 12. 10.경부터 1997. 6. 8.까지 피해자를 위 화물차와 피고인의 셋방에 감금하였다고 인정한 것이라 할 수 있고, 그와 같은 조치에 논하는 바와 같은 감금죄에 대한 법리오해와 그로 인한 심리미진 혹은 채증법칙 위반 등의 위법이 있다고 할 수 없다. 논지는 모두 이유가 없다.

☞ 특정범죄 가중처벌 등에 관한 법률 제5조의2 제2항 제3호에 해당할 수 있음.

제5절 강간과 추행의 죄

I. 총 설
1. 보호법익
① 보호법익
② 보호정도: 침해범
2. 구성요건 체계
① 강간, 강제추행
② 비폭력 간음·추행
③ 친고죄

II. 강간죄
1. 강간죄의 객체
① 성전환자와 강간죄의 객체
② 성전환자의 호적정정
③ 여성으로 성전환된 사람: 강간죄 객체
④ 부부 사이의 강간
• 부정한 사례
• 긍정한 하급심
⑤ 파탄된 부부 사이: O
2. 행 위
① 폭행·협박의 정도
• 긍정례
• 부정례
② 실행의 착수
③ 죄수
ⓐ 피해자가 다르면 수죄의 실체적 경합
ⓑ 동일 피해자
• 수죄로 인정한 사례
• 일죄로 인정한 사례
④ 강간치상

III. 강제추행죄
1. 추행의 의미
① 학설
② 판례
2. 폭행 · 협박의 정도
① 학설
② 판례

IV. 혼인빙자간음죄
O 형법 제304조 일부 위헌

V. 성폭력범죄
1. 입법의 개요
가. 성폭력범죄 입법
① 성폭력범죄의 처벌 및 피해자보호 등에 관한 법률
② 성폭력범죄의 처벌 등에 관한 특례법
③ 성폭력범죄의 피해자보호 등에 관한 법률
나. 관련입법
2. 성폭력범죄의 구성요건과 형벌
3. 성폭력 범죄에 대한 조치
가. 약물치료명령
O 성폭력범죄자의 성충동 약물치료에 관한 법률(2010. 7. 23. 법률 제10371호 제정, 2011. 8. 14. 법률 11005호 개정)
나. 위치추적 전자장치 부착명령
O 특정 범죄자에 대한 위치추적 전자장치 부착 등에 관한 법률
4. 아동·청소년의 성보호
O 아동·청소년의 성보호에 관한 법률
5. 합동범의 죄수
6. 주거침입강간

I. 총 설

1. 보호법익

① 보호법익

- 성적 자기결정의 자유
- 신체의 건재(폭행이 개입되는 경우)

② 보호정도: 침해범

2. 구성요건 체계

① 강간, 강제추행

구분	죄명	조문	법정형
기본적 구성요건	강간	297	3↑
	강제추행	298	10↓, 1500만↓
	준강간, 준강제추행	299	3↑
결과적 가중	(297-299 각 죄명)(상해, 치상) ☜미수(300) 포함	301	무기, 5↑
	(297-299 각 죄명)(살인, 치상) ☜미수(300) 포함	301-2	살인: 사, 무 치사: 무, 10↑

	미성년자의제(강간, 강제추행, …)	305	同 297~301-2
미수	(297-299 각 죄명)미수	300	

② 비폭력 간음·추행

구분	죄명	조문	법정형
독립된 구성요건 (불법감경)	(미성년자, 심신미약자)(간음, 추행)	302	5↓
	(피보호자, 피감독자)간음	303 ①	5↓, 1500만↓
	피감호자간음	303 ②	7↓
	위계간음	304	2↓, 500만↓

③ 친고죄

- 결과적 가중범(301, 301-2)을 제외하고 모두 친고죄

II. 강간죄

1. 강간죄의 객체

① 성전환자와 강간죄의 객체

■ 대법원 1996. 6. 11. 선고 96도791 판결【강간치상(인정된 죄명: 성폭력범죄의처벌및피해자보호등에관한법률위반), 폭력행위등처벌에관한법률위반】(집)

1. 원심은 이 사건 주위적 공소사실, 즉 "피고인들이 공소외인과 합동하여, 1995. 4. 24. 00:30경 서울 용산구 한남동 산 10의 136 하이얏트호텔 부근에서 호객행위를 하던 피해자 A(36세)를 승용차에 납치하여 서울 중구 장충동 2가 산 5에 있는 한국자유총연맹 건물 부근의 골목길로 끌고 간 후 폭행과 협박을 가하여 피해자의 반항을 억압한 다음 차 안에서 피고인 1, 위 공소외인, 피고인 2 순서로 성기를 위 피해자의 음부에 삽입하여 여성으로 성전환 수술을 받은 위 피해자를 각 강간하고 이로 인하여 위 피해자로 하여금 전치 1주를 요하는 안면부타박상 등을 입게 하였다"는 성폭력범죄의처벌및피해자보호등에관한법률 제9조, 제6조 제1항, 형법 제297조 위반의 점에 대하여 위 피해자 A는 형법 제297조의 객체가 되는 부녀라고 할 수 없다는 이유에서 이를 무죄라고 판단한 제1심판결을 그대로 유지하였다.

2. 형법 제297조는 '폭행 또는 협박으로 부녀를 강간한 자'라고 하여 객체를 부녀에 한정하고 있다. 위 규정에서 부녀라 함은 성년이든 미성년이든, 기혼이든 미혼이든 불문하며 곧 여자를 가리키는 것이라 할 것이다.

무릇 사람에 있어서 남자, 여자라는 성(性)의 분화는 정자와 난자가 수정된 후 태아의 형성 초기에 성염색체의 구성(정상적인 경우 남성은 xy, 여성은 xx)에 의하여 이루어지고, 발생과정이 진행됨에 따라 각 성염색체의 구성에 맞추어 내부생식기인 고환 또는 난소 등의 해당 성선(性腺)이 형성되고, 이어서 호르몬의 분비와 함께 음경 또는 질, 음순 등의 외부성기가 발달하며, 출생 후에는 타고난 성선과 외부성기 및 교육 등에 의하여 심리적, 정신적인 성이 형성되는 것이다. 그러므로 형법 제297조에서 말하는 부녀, 즉 여자에 해당하는지의 여부도 위 발생학적인 성인 성염색체의 구성을 기본적인 요소로 하여 성선, 외부성기를 비롯한 신체의 외관은 물론이고 심리적, 정신적인 성,

그리고 사회생활에서 수행하는 주관적, 개인적인 성역할(성전환의 경우에는 그 전후를 포함하여) 및 이에 대한 일반인의 평가나 태도 등 모든 요소를 종합적으로 고려하여 사회통념에 따라 결정하여야 할 것이다.

그런데, 원심판결 이유와 기록에 의하면, 위 피해자은 1958. 8. 3.생이고 남성으로서의 성기구조를 갖춘 남자로 태어나 남자 중학교까지 졸업하였으나 어릴 때부터 여자옷을 즐겨 입거나 고무줄놀이와 같이 여자가 주로 하는 놀이를 즐겨하는 등 여성으로서의 생활을 동경하고 여성으로서의 성에 귀속감을 느낀 나머지 1989년경부터 수년간 여장남자로서의 행세를 하여 오다가 1991년과 1992년 일본에 있는 병원에서 자신의 음경과 고환을 제거하고 그 곳에 질을 만들어 넣는 방법으로 여성으로의 성전환 수술을 받음으로써 여성으로서의 질 구조를 갖추고 있고 유방이 발달하는 등 외관상으로는 여성적인 신체구조를 갖추게 되어 보통의 여자와 같이 남자와 성생활을 할 수 있으며 성적쾌감까지 느끼고 있으나 여성의 내부성기인 난소와 자궁이 없기 때문에 임신 및 출산은 불가능한 상태라는 것이다. 그리고 위 피해자는 본래 남성으로서, 달리 여성의 성염색체 구조를 갖추고 있다거나, 성염색체는 남자이면서 생식선의 분화가 비정상적으로 되어 고환과 난소를 겸비한 진성반음양, 또는 고환이나 난소의 발육이 불완전한 가성반음양이라고는 인정되지 아니한다.

그렇다면 위 피해자가 비록 어릴 때부터 정신적으로 여성에의 성귀속감을 느껴 왔고 위의 성전환 수술로 인하여 남성으로서의 내·외부성기의 특징을 더 이상 보이지 않게 되었으며 남성으로서의 성격도 대부분 상실하여 외견상 여성으로서의 체형을 갖추고 성격도 여성화되어 개인적으로 여성으로서의 생활을 영위해 가고 있다 할지라도, 기본적인 요소인 성염색체의 구성이나 본래의 내·외부성기의 구조, 정상적인 남자로서 생활한 기간, 성전환 수술을 한 경위, 시기 및 수술 후에도 여성으로서의 생식능력은 없는 점, 그리고 이에 대한 사회 일반인의 평가와 태도 등 여러 요소를 종합적으로 고려하여 보면 위 피해자를 사회통념상 여자로 볼 수는 없다 할 것이다.

원심판결은 그 이유 설시에서 강간죄의 보호법익 등에 관하여 선뜻 납득할 수 없는 근거들을 내세우는 등 흠이 없지 아니하나, 위와 같은 취지에서 판단한 결론은 정당한 것으로 수긍이 가고 거기에 상고이유로 내세운 바와 같은 부녀의 개념이나 강간죄의 법리를 오해한 위법이 있다 할 수 없다.

3. 그러므로 검사의 피고인들에 대한 상고는 모두 이유 없으므로 이를 모두 기각하기로 하여 관여 법관의 일치된 의견으로 주문과 같이 판결한다.

② 성전환자의 호적정정

■ 대법원 2006. 6. 22.자 2004스42 전원합의체 결정【개명·호적정정】(공)

1. 성의 결정과 성전환자의 성

가. 호적법을 포함하여 현행법체계는 모든 사람이 남성 또는 여성 중의 하나에 포함되는 것을 전제로 하면서도 남성과 여성의 구분, 즉 성의 결정 기준에 관하여 별도의 규정을 두지 않고 있다.

일반적으로 모체에서 정자와 난자가 수정되어 태아는 남성과 여성별로 각기 다른 성염색체를 갖고, 각 성염색체의 구성에 맞추어 내부 생식기와 이어서 외부 성기가 형성·발달하여 출생하며 출생 후 성장 과정에서 심리적·정신적인 성이 출생시 확인될 수 있는 성염색체 및 내부 생식기·외부 성기와 일치하여 남성 또는 여성 중의 하나를 나타내므로, 이 경우 개인의 성염색체를 기준으로 성을 결정하더라도 아무런 문제가 발생하지 않고 실제로도 종래에는 사람의 성을 성염색체와 이에 따른 생식기·성기 등 생물학적인 요소에 따라 결정하여 왔다. 그러나 근래에 와서는 생물학적인 요소뿐 아니라 개인이 스스로 인식하는 남성 또는 여성으로의 귀속감 및 개인이 남성 또는 여성으로서 적합하다고 사회적으로 승인된 행동·태도·성격적 특징 등의 성 역할을 수행하는 측면, 즉 정신적·사회적 요소들 역시 사람의 성을 결정하는 요소 중의 하나로 인정받게 되었다.

대법원은 이미 '사람의 성은 성염색체의 구성을 기본적인 요소로 하여 내부 생식기와 외부 성기를 비롯한 신체의 외관은 물론이고 심리적·정신적인 성과 이에 대한 일반인의 평가나 태도 등 모든 요소를 종합적으로 고려하여 사회통념에 따라 결정하여야 한다.'고 판시함으로써(대법원 1996. 6. 11. 선고 96도791 판결 참조) 성의 결정에 있어 생물학적 요소와 정신적·사회적 요소를 종합적으로 고려하여야 한다는 점을 명백히 하였다.

나. 위와 같이 사람의 성을 결정하는 데에 여러 가지 요소가 존재한다는 것은 위 각 요소들이 일치하지 않는 경우가 발생할 수 있다는 의미이고, 특히 생물학적 측면의 성은 출생시 곧바로 확인될 수 있지만 정신적·사회적 측면에서의 성이 생물학적 측면의 성과 일치하는지 여부는 출생 당시에는 쉽사리 알 수 없다가 출생 후 성장하면서 비로소 개인이 인식하는 성귀속감과 수행하는 성역할이 생물학적인 성과는 전혀 다른 것으로 확인되기도 한다.

성전환증(Transsexualism)은 1950년대 이후 비로소 의학계에서 학문적인 관심을 받게 되어 국제보건기구(WHO)는 제10차 국제질환분류(ICD-10, 1994년)에서 성전환증을 성정체성(성적 동일성) 장애(Gender Identity Disorder)의 하나로 분류하여 자신의 해부학적 성에 대한 불편함이나 부적절감을 가지고 있으면서, 자신과 반대되는 성으로 살고 인정받고 싶은 욕망, 그리고 자신의 신체를 선호하는 성의 신체에 가능한 일치되도록 호르몬 치료와 수술을 받고자 하는 욕구라고 정의하면서 성전환증으로 진단되려면 전환된 성으로서의 정체성이 최소한 2년 이상 지속되어야 하고, 다른 정신장애증상 또는 성염색체 이상이 존재하지 아니하여야 한다고 하였다. 한편, 미국 정신과 학회가 마련한 정신장애의 진단 및 통계 편람 제3판(DSM-Ⅲ, 1980년)에서는 성전환증을 사춘기 이상의 환자가 자신의 선천적 성에 대하여 지속적으로 불편함과 부적절함을 느끼며 일차 및 이차적 성징을 제거하고 반대 성징을 획득하려는 집착에 2년 이상 사로잡혀 있는 상태라고 정의하였고 위 편람 제4판(DSM-Ⅳ, 1994년)에서는 성전환증이라는 용어를 별도로 사용하지 아니하고 성정체성 장애에 포함시켜 분류하였으나, 현재 많은 임상가들은 성전환증이라는 진단용어를 사용하고 있다.

성전환증의 원인이 유전적인 영향 등 선천적인 것인지, 아니면 사회적인 학습 등 후천적인 것인지 아직 규명되지 아니하였으나, 의학계에서는 대체로 성전환증의 진단을 받고 치료를 계속하여도 위 증세가 치유되지 않는 사람은 궁극적으로 성전환 수술로서 자신이 귀속되고자 원하는 성에 일치하는 외부 성기와 외관을 형성시켜 줄 수밖에 없되, 성기 수술은 복원이 불가능하므로 정신과 진단 및 호르몬 치료를 받고 반대의 성으로 정신적·사회적 적응이 이루어진 사람에 한하여 엄격한 진단 아래 최후의 방법으로 시술하여야 한다는 연구·임상결과가 집적되어 있다.

다. 성전환증을 가진 사람의 경우에도, 남성 또는 여성 중 어느 한쪽의 성염색체를 보유하고 있고 그 염색체와 일치하는 생식기와 성기가 형성·발달되어 출생하지만 출생 당시에는 아직 그 사람의 정신적·사회적인 의미에서의 성을 인지할 수 없으므로, 사회통념상 그 출생 당시에는 생물학적인 신체적 성징에 따라 법률적인 성이 평가될 것이다. 그러나 출생 후의 성장에 따라 일관되게 출생 당시의 생물학적인 성에 대한 불일치감 및 위화감·혐오감을 갖고 반대의 성에 귀속감을 느끼면서 반대의 성으로서의 역할을 수행하며 성기를 포함한 신체 외관 역시 반대의 성으로서 형성하기를 강력히 원하여, 정신과적으로 성전환증의 진단을 받고 상당기간 정신과적 치료나 호르몬 치료 등을 실시하여도 여전히 위 증세가 치유되지 않고 반대의 성에 대한 정신적·사회적 적응이 이루어짐에 따라 일반적인 의학적 기준에 의하여 성전환수술을 받고 반대 성으로서의 외부 성기를 비롯한 신체를 갖추고, 나아가 전환된 신체에 따른 성을 가진 사람으로서 만족감을 느끼고 공고한 성정체성의 인식 아래 그 성에 맞춘 의복, 두발 등의 외관을 하고 성관계 등 개인적인 영역 및 직업 등 사회적인 영역에서 모두 전환된 성으로서의 역할을 수행함으로써 주위 사람들로부터도 그 성으로서 인식되고 있으며, 전환된 성을 그 사람의 성이라고 보더라도 다른 사람들과의 신분관계에 중대한 변동을 초래하거나 사회에 부정적인 영향을 주지 아니하여 사회적으로 허용된다고 볼 수 있다면, 이러한 여러 사정을 종합적으로 고려하여 앞서 본 사람의 성에 대한 평가 기준에 비추어 사회통념상 신체적으로 전환된 성을 갖추고 있다고 인정될 수 있는 경우가 있다 할 것이며, 이와 같은 성전환자(아래에서 말하는 성전환자는 이러한 성전환자를 뜻한다)는 출생시와는 달리 전환된 성이 법률적으로도 그 성전환자의 성이라고 평가받을 수 있을 것이다.

2. 성전환자에 대한 호적상 성별 기재의 정정

가. 호적제도는 우리나라 국민 개인의 신분관계를 법이 정한 절차에 따라 호적에 등록하여 이를 공시하는 제도이다. 호적이 그 사명을 제대로 수행하기 위해서는 국민의 신분관계가 빠짐없이 호적에 기재되어야 하고, 그 기재된 사항이 진정한 신분관계에 부합하여야 한다. 따라서 어떠한 신분관계가 호적에 기재되어 있다고 하더라도, 그 기재 사항이 진실에 부합하지 않는다고 인정할 만한 명백한 증거가 있는 경우에는, 그 기재 사항을 진정한 신분관계에 맞추어 수정함으로써, 호적이 진정한 신분관계를 공시하도록 하여야 한다.

이러한 필요에 따라 호적법은 호적 기재사항의 수정을 위하여 호적 정정과 경정 절차를 규정하고 있다. 호적법 제22조는 호적의 기재가 법률상 무효인 것이거나 그 기재에 착오나 유루(流淚) 있음을 안 때에 시·읍·면의 장이 일정한 절차에 따라 호적을 직권으로 정정할 수 있도록 하는 한편, 이에 대응하여 호적법 제120조는 호적의 기재가 법률상 허용될 수 없는 것 또는 그 기재에 착오나 유루가 있다고 인정한 때에는 이해관계인이 법원의 허가를 얻어 호적의 정정을 신청할 수 있도록 하고 있다. 한편, 호적법 제23조는 호적기재 후 행정구역이나 토지의 명칭, 지번이 변경된 경우에 호적기재를 경정하도록 규정하고 있으나, 호적법상으로 본적 이외의 호적기재 경정이 허용되는 범위에 관한 규정이나 당사자가 그 변경에 따른 경정을 신청할 수 있는 절차 규정을 두고 있지 않다.

나. 호적법 제15조 제4호는 호적에 기재할 사항으로 성별을 규정하고, 제49조 제2항 제1호는 출생신고서에 자의 성별을 기재하여야 한다고 규정하고 있어, 출생시의 개인의 성별이 호적에 기재되도록 하고 있다. 성전환자의 경우에는 출생시의 성과 현재 법률적으로 평가되는 성이 달라, 성에 관한 호적의 기재가 현재의 진정한 신분관계를 공시하지 못하게 되므로, 현재 법률적으로 평가되는 성이 호적에 반영되어야 한다.

현행 호적법에는 출생시 호적에 기재된 성별란의 기재를 위와 같이 전환된 성에 따라 수정하기 위한 절차 규정이 따로 마련되어 있지 않다. 그러나 진정한 신분관계가 호적에 기재되어야 한다는 호적의 기본원칙과 아울러 아래에서 보는 여러 사정을 종합하여 보면, 위와 같이 성전환자에 해당함이 명백한 사람에 대하여는 호적정정에 관한 호적법 제120조의 절차에 따라 호적의 성별란 기재의 성을 전환된 성에 부합하도록 수정할 수 있도록 허용함이 상당하다.

(1) 성전환자도 인간으로서의 존엄과 가치를 향유하며 행복을 추구할 권리와 인간다운 생활을 할 권리가 있고 이러한 권리들은 질서유지나 공공복리에 반하지 아니하는 한 마땅히 보호받아야 한다(헌법 제10조, 제34조 제1항, 제37조 제2항). 지속적인 성적 귀속감의 형성, 의학적 치료와 나아가 수술을 통하여 전환된 성에 부합하는 성기와 신체 및 외관을 갖추고 사회적인 역할도 그와 동일하게 수행하고 있어 사회통념상 전환된 성을 가진 자로 인식되어 법률적으로 전환된 성으로 평가될 수 있는 성전환자임이 명백함에도 불구하고, 막상 호적의 성별란 기재는 물론 이에 따라 부여된 주민등록번호가 여전히 종전의 성을 따라야 한다면 사회적으로 비정상적인 사람으로 취급되고 취업이 제한됨으로써 결국, 이들의 헌법상 기본권이 침해될 우려가 있다고 할 것이다. 한편, 성전환자의 호적이 정정됨으로써 그 개인이 주변의 멸시 및 신분상의 불이익에서 벗어나서 정상적인 사회구성원으로 받아들여지고 전환된 성에 따라 법률적인 지위를 인정받고 사회적인 활동을 할 수 있는 등 장래에 향유하게 될 이익은 사회적 혼란의 방지 등 호적정정을 불허함으로써 얻어지는 공공의 이익에 비하여 현저히 크다고 할 것이다. 그런데도 법령상 절차규정의 미비를 이유로 성전환자임이 명백한 사람에 대한 호적의 정정을 허용하지 않는다면 위 헌법정신을 온전히 구현할 수 없게 된다고 할 것이다.

(2) 호적법은 1960. 1. 1. 법률 제535호로 제정된 후 실체법규나 관장기관의 변동에 수반한 절차규정의 개정 외에는 근본적인 변화 없이 현재에 이르렀으며, 특히 성별의 기재와 호적정정 사유에 관한 기본적 내용은 전혀 변경되지 아니하였음에 비하여 그동안 성의 결정 기준이나 성전환증에 관한 의학적 연구 성과의 집적으로 성염색체를 출발점으로 하는 성의 이분법과 불가변성의 기본전제가 수정의 필요성을 맞게 되었다는 점에 비추어 볼 때, 호적법이 성전환자의 호적상 성별란 기재를 수정하는 절차규정을 두지 않은 이유는 입법자가 이를 허용하지 않기 때문이 아니라 입법 당시에는 미처 그 가능성과 필요성을 상정하지 못하였기 때문이라고 할 것이다.

(3) 호적법 제120조에 의한 호적정정사유 중 호적의 기재가 법률상 허용될 수 없는 경우는 호적의 기재사항이 아닌 내용에 관한 기재 및 호적기재 자체로 보아 당연 무효의 기재 등을 말하고(대법원 1978. 3. 7.자 77스12 결정 등 참조), 호적기재의 착오·유루 역시 신고나 기재의 착오 또는 누락으로 호적에 기재된 내용이 진실과 다르게 된 경우를 말한다고 하여, 일반적으로 호적법 제120조에 의한 호적정정 절차는 경정 절차와는 달리 호적 기재 당시부터 존재하는 잘못을 시정하기 위한 절차로 이해되고 있다. 그렇지만 위 호적정정사유 중 호적의 기재가 법률상 허용될 수 없는 경우를 해석함에 있어서 호적 기재 후의 법령의 변경 등 사정의 변경에 의하여 법률상 허용될 수 없음이 명백하게 된 경우를 반드시 배제하여야 할 필요가 있다고 보기 어려울 뿐 아니라, 호적법 제120조에 의한 호적정정 절차를 둔 근본적인 취지가 호적의 기재가 부적법하거나 진실에 반하는 것이 명백한 경우에 그 기재 내용을 판결에 의하지 아니하고 간이한 절차에 의하여 사실에 부합하도록 수정할 수 있도록 함에 있다는 점을 함께 참작하여 보면, 구체적인 사안을 심리한 결과 성전환자에 해당함이 명백하다고 증명되는 경우에는 호적법 제120조의 절차에 따라 그 전환된 성과 호적의 성별란 기재를 일치시킴으로써 호적기재가 진정한 신분관계를 반영할 수 있도록 하는 것이 호적법 제120조의 입법 취지에 합치되는 합리적인 해석이라 할 것이다.

다. 성전환자에 해당함이 명백한 사람에 대하여 호적법 제120조에서 정한 절차에 따라 성별을 정정하는 호적정정이 허가되고 그에 따라 전환된 성이 호적에 기재되는 경우에, 위 호적정정 허가는 성전환에 따라 법률적으로 새로이 평가받게 된 현재의 진정한 성별을 확인하는 취지의 결정이므로 호적정정허가 결정이나 이에 기초한 호적상 성별란 정정의 효과는 기존의 신분관계 및 권리의무에 영향을 미치지 않는다고 해석함이 상당하다.

한편, 사회통념상 이름이 성별 구분의 기초가 되는 경우가 많으므로, 이 사건 성전환자가 호적정정과 더불어 개명 허가 신청을 하여 법원이 호적정정을 허가하는 경우에는 그의 이름이 정정된 성에 부합하도록 하는 개명 역시 허가할 수 있다.

3. 이 사건의 검토

원심결정 이유와 기록에 의하면, 신청인은 1951. (월일 생략) 출생하여 호적상 여성으로 등재되어 있는데, 신청인은 성장기부터 남성적 기질과 외관을 뚜렷이 보이고 남자 옷을 입어야 마음이 편해지는 등 일상생활에서 여성에 대한 불일치감과 남성으로의 귀속감으로 혼란을 겪어 왔으며 20대에 이르러 타지로 나가 공사인부 등 주로 육체노동에 종사하는 등 남성으로서 생활하면서 계속적으로 성전환수술을 받기를 원하였으나 경제사정이 여의치 못하여 실현하지 못하다가 41세 때인 1992년 7월 (대학교명 생략)대학교 (병원명 생략)병원에서 성전환증의 진단 하에 유방·자궁 및 질제거술과 이어서 음낭성형 및 인공고환 삽입술을 받아 남성 성기 및 음낭을 갖게 되었고 그 후 계속 남성호르몬을 투여받음으로써 남성의 신체와 외관을 갖추게 되었을 뿐 아니라 정신과적 검사결과 남성으로서의 성적 정체감이 확고한 사실, 신청인은 법률상 혼인한 경력이 없고 여성으로서 자녀를 출산한 경험도 없으며 성전환수술 후 비로소 그의 처지를 이해하는 여성을 만나 현재까지 동거하고 있지만 남성으로서의 생식기능은 존재하지 않고, 나아가 신청인은 도로교통법 위반죄로 벌금형을 1회 선고받은 외에는 전과가 없고 신용불량전력도 없어 신청인이 성별란의 정정 및 개명으로 범죄 또는 탈법행위를 할 개연성 또한 엿보이지 아니하는 사실을 알 수 있다.

위와 같은 사정을 종합하여 보면, 신청인은 미혼으로 자녀가 없으며 성장기부터 여성에 대한 불일치감과 남성으로의 귀속감을 나타내면서 성인이 된 후에는 오랜 기간 동안 남성으로서 살다가 의사의 진단 아래 성전환수술을 받아 남성의 외부 성기와 신체 외관을 갖추었고, 현재 남성으로서의 성정체성이 확고하여 여성으로 재전환할 가능성이 현저히 낮고 개인생활이나 사회생활에서도 남성으로서 인식되어, 결국 사회통념상 남성으로 평가될 수 있는 성전환자에 해당함이 명백하다고 볼 수 있으므로 신청인에 대한 이 사건 호적정정 및 개명을 허가할 여지가 충분히 있다. 그런데도 원심은 성전환자에 대한 호적정정을 허용할 근거가 없다는 등의 이유로 이 사건 신청을 배척하였는바, 이러한 원심결정에는 헌법과 호적법의 관계규정을 위반하여 재판에 영향을 미친 위법이 있다고 할 것이다.

4. 결 론

그러므로 원심결정을 파기하고, 사건을 다시 심리·판단하도록 하게 하기 위하여 원심법원에 환송하기로 하여 주문과 같이 결정한다. 이 결정에 대하여는 호적정정 부분에 관하여 대법관 손지열, 대법관 박재윤의 반대의견이 있는 외에는 관여 법관들의 의견이 일치되었다.

5. 대법관 손지열, 대법관 박재윤의 반대의견은 다음과 같다.

가. 다수의견이 정의하고 있는 이른바 성전환자가 헌법상 보장된 인간으로서의 존엄과 가치를 가지고 행복을 추구할 권리와 인간다운 생활을 할 권리를 향유할 수 있도록 하기 위하여, 전환된 성으로 활동할 수 있는 법적·제도적 장치를 보완하는 등의 배려가 필요하다는 점에 관하여는 다수의견과 견해를 같이 한다.

그러나 성의 변경에 관한 입법적 조치가 이루어지지 아니하더라도 호적정정에 관한 호적법 제120조에 따라서 성전환자에 대하여 변경된 성으로의 호적 정정을 허가함으로써 실질적으로 새로운 성으로의 변경을 허용한다는 취지의 다수의견의 결론에는 찬성할 수 없다.

나. 대법원은 그동안 발생학적인 성인 성염색체의 구성을 기본적인 요소로 하여 성선, 외부성기를 비롯한 신체의 외관은 물론이고 심리적, 정신적인 성, 그리고 사회생활에서 수행하는 주관적, 개인적인 성역할(성전환의 경우에는 그 전후를 포함하여) 및 이에 대한 일반인의 평가나 태도 등 모든 요소를 종합적으로 고려하여 사회통념에 따라 결정하여야 한다고 판단하여 왔는데(대법원 1996. 6. 11. 선고 96도791 판결 참조), 그 취지에 따를 때, 출생신고에 의하여 남자 또는 여자로 호적에 기재되었다고 하더라도, 출생 후 성장하는 과정에서 그와 반대되는 성의 특징이 드러났고 위와 같은 판단 기준에 근거하여 사회통념에 따라 판단한 결과 그 반대의 성이었음이 확인된다면, 출생신고 당시에 성을 잘못 신고한 것이고 따라서 그 호적 기재는 진실에 반하는 것으로서 그 최초의 기재 당시부터 진실에 부합하지 아니한 경우이므로 호적법 제120조에 의한 호적정정의 대상이 될 수 있을 것이다(예컨대, 진성반음양자, 가성반음양자 등에 관한 사례).

다. 그러나 이 사건에서 문제로 되는 것은 성염색체와 내부 생식기·외부 성기가 일치하여 생물학적으로나 전통적인 사회통념에 의하면 출생신고 당시 완전한 남자 또는 여자였으나, 그 성장과정에서 선천적인 성에 위화감과 불일치감을 느끼고 오히려 반대의 성에 귀속감을 느낌으로써 반대의 성으로서 삶을 영위하고 또 타인에게 인식되기를 원하며 나아가 자신의 신체 역시 이에 부합하게 형성하기를 원하는 증세, 즉 '성전환증'에 관한 것이다.

다수의견은 호적법이 성전환자의 호적상 성별란 기재 변경에 관한 절차규정을 두지 않은 이유는 입법자가 이를 허용하지 않기 때문이 아니라 입법 당시에는 미처 그 가능성과 필요성을 상정하지 못하였기 때문임을 전제로, 비록 호적법 제120조에 따른 호적정정제도가 일반적으로는 호적 기재 당시부터 존재하는 잘못을 시정하기 위한 절차이기는 하지만, 그 근본취지는 호적의 기재가 부적법하거나 진실에 반하는 것이 명백한 경우에 그 기재 내용을 판결에 의하지 아니하고 간이한 절차에 의하여 사실에 부합하도록 수정할 수 있도록 하는 것이므로, 구체적인 사안을 심리한 결과 성전환자에 해당함이 명백하다고 증명되는 경우에는 호적법 제120조의 절차에 따라 성전환자에 대한 호적의 정정을 허용하여야 한다고 설명하고 있다.

그런데 성전환자의 경우는 선천적으로 불완전한 성적 특징을 가진 자에 대하여 착오나 출생신고 당시 오인으로 인하여 호적에 잘못된 성별로 기재한 경우와 달리, ① 출생신고 당시 성별의 판정이 잘못된 것이 아니고 따라서 최초의 호적 기재도 착오라고 할 수 없고, ② 성의 판별이 생물학적으로 명백하게 결정되는 것이 아니고 다수 의사의 진단과 상당한 기간 동안(다수의견에서 인용한 국제보건기구의 견해 등에 의하면 최소한 2년 이상)의 선행 치료과정이 있어야 하며, 그 밖에도 신분관계 및 사회생활에 중대한 변동이나 부정적 영향을 야기하지 아니하는 등의 일정한 요건에 대한 복잡하고 정교한 판단절차를 필요로 하며, ③ 성의 변경이 허용되더라도 종전까지의 법률적 성결정 나아가 호적기재가 정당한 것으로 인정되고 오로지 장래를 향하여 그 변경의 효력이 발생하게 되는(이 점은 다수의견도 인정하고 있다) 등의 점에서, 처음부터 잘못 기재된 호적을 출생시에 소급하여 정정하기 위한 호적법 제120조가 그대로 적용될 수 없는 사안인 것이다.

라. 호적법 제120조는 "호적의 기재가 법률상 허용될 수 없는 것 또는 그 기재에 착오나 유루가 있다고 인정한 때에는 이해관계인은 그 호적이 있는 지(地)를 관할하는 가정법원의 허가를 얻어

호적의 정정을 신청할 수 있다."라고 규정하고 있고, 다수의견도 인정하고 있는 것처럼 위 법조에 의한 호적정정은 신고 그 자체가 진실에 반하거나 또는 신고는 정당하지만 호적 기재 과정에서 잘못이 있어 호적에 기재된 내용이 그 최초 기재 당시부터 진실에 부합하지 아니한 경우를 전제로 하여 이를 시정하는 것으로 이해되어 왔다. 호적법 제120조에 규정된 '착오', '호적의 정정'이라는 문구 등은 그 객관적 의미와 내용이 명확하여 해석상 의문의 여지가 없고, 호적법을 제정할 당시의 입법 취지도 그 내용이 처음 호적에 기재된 시점부터 존재하는 착오나 유루를 정정하고자 하는 것으로서 만일 호적기재가 기재 당시의 진정한 신분관계에 부합되게 적법하게 이루어졌다면 정정의 대상이 될 수 없는 것이었음이 명백하므로, 이러한 해석이 확고하게 정착된 것은 법리적으로 당연한 것이다.

마. 다수의견은 호적 기재 당시를 기준으로 하면 그 기재 내용이 진실에 부합하더라도 사후에 다른 사정에 의하여 기재사항이 변경되었다면 그 변경된 내용에 따라 호적기재를 정정하여야 한다면서, 성전환자의 경우에 호적법 제120조의 직접 적용에 의하여 호적정정이 가능한 것으로 설명하고 있으나, 우리의 견해로는 이러한 경우에 호적법 제120조가 직접 적용될 수 없음이 명백하다고 보므로, 다수의견은 결국 성전환자의 경우에 호적법 제120조를 유추해석하여 호적에 기재된 사항의 '변경'을 허용하자는 취지로 이해할 수밖에 없다. 그런데 이러한 다수의견의 견해는 호적법 제120조에 대한 문리해석이나 입법 취지 등과는 관계없이, 객관적으로 명백한 호적법 제120조의 규정내용에 일부 내용을 추가·제거 또는 변경하는 것과 동일한 효과를 가져 오는 것으로서 정당한 유추해석의 한계를 벗어나는 것이므로, 이러한 다수의견의 해석에 찬성할 수 없는 것이다.

(1) 법률 규정의 해석에 있어서는 법률에 정하여진 문구의 문리적 의미가 해석의 출발점이며 법문의 가능한 의미를 벗어나 그 의미를 창출하는 것은 유추해석으로서 원칙적으로 허용되지 않는다. 형벌법규나 조세법규에서는 유추해석이 금지되고 있고, 그 밖의 사법적 영역에 속하는 법규의 해석에 있어서 실정법 조항의 문리해석 또는 논리해석만으로는 사회적 정의관념에 현저히 반하게 되는 결과가 초래되는 경우에 실정법의 입법정신을 살려 유추해석이나 확장해석을 할 여지가 있지만 이는 입법 취지의 범위 내에서 예외적으로 이루어져야 한다.

사법적극주의의 입장에서 입법목적에 충실한 결과를 이룰 수 있도록 목적론적인 해석을 하여야 할 경우도 있지만, 유추해석 등에는 입법에 의하여 설정된 한계를 넘어설 수 없다는 기본적인 한계가 있으며, 만약 이와 같은 한계를 넘는다면 이는 법해석이 아니라 새로운 법률의 형성으로서 헌법상의 입법권 침해 문제를 야기하게 된다. 뿐만 아니라, 일정한 법적인 문제를 해결하기 위하여 목적론적인 해석이 필요한 경우에도 그 해석이 문제의 해결을 위하여 유효적절하고 법체계상 아무런 문제점이 없어서 만일 입법자가 그와 같은 문제를 인식하였다면 그와 같은 해석과 궤를 같이 하는 입법을 하였으리라고 상정할 수 있는 경우에 한하여 유추해석 등을 하게 되는 것이고, 그 해석이 문제해결에 유효적절한 수단이 되지 못하고 오히려 다른 문제점을 낳을 우려마저 있다면, 위와 같은 유추해석 등은 허용되지 아니한다.

(2) 헌법 제36조는 "혼인과 가족생활은 개인의 존엄과 양성의 평등을 기초로 성립되고 유지되어야 하며, 국가는 이를 보장한다(제1항). 국가는 모성의 보호를 위하여 노력하여야 한다(제2항)."라고 규정하고 있는바, 이는 양성의 구별을 전제로 구분되는 양성 간의 평등을 기초로 하는 혼인과 가족제도가 인간사회의 가장 기본적인 단위로서 모든 영역에서 공동생활의 근간이 됨을 보여주는 것이고, 헌법은 그 밖에도 남자와 여자를 나누어 여자에 대하여 일정한 범위 내에서 특별히 보호하

도록 하는 규정을 두고 있으며(헌법 제32조 제4항, 제34조 제3항), 민법을 비롯한 각종 법률에 있어서도 남자·여자라는 성에 따라 헌법에서 정한 양성평등이 보장되는 범위 내에서 법률적인 지위를 달리 정하고 있는 경우가 많은 등, 남자·여자의 구분은 사회생활에 있어서 뿐만 아니라 각종 법률관계에 있어서도 핵심적인 기초가 되고 있다. 그리고 우리 헌법이나 관련 법률의 규정들이 전통적인 생물학 지식과 사회통념에 따라 출생에 의하여 남녀의 성이 결정되는 것을 전제로 하고 있음은 구태여 논증할 필요조차 없을 것이다.

그런데 다수의견에서 정의한 '성전환자'에 대한 성의 인정 및 이에 따른 법률상 성의 변경은, 우리 헌법이나 관련 법률에서 전제로 하고 있던 남녀의 성 결정과는 전혀 다른 기준과 방법을 따르는 것으로서 실질적으로는 남자로부터 여자, 여자로부터 남자로의 성 변경을 의미하는 것이다.

이와 같은 성전환자에 대한 성 변경의 문제는 우리 헌법이나 관련 법률의 제정 당시에 전혀 예상하거나 고려하지 아니한 새로운 문제로서 우리 법체계가 이에 대하여 아무런 제도적 장치를 마련하지 않은 것은 어쩌면 당연하다고 할 수 있다. 따라서 호적법 제120조의 호적정정제도가 이러한 문제 또는 이와 유사한 문제에 대처하기 위하여 마련된 것이 아님은 분명하다. 성전환자와 같이 의학과 생물학의 발전 및 이를 토대로 한 사회학적 연구 등을 배경으로 하여 비로소 발생한 새로운 문제에 대해서는 이를 적절하게 규율하고자 하는 입법목적을 가지고 제정된 새로운 입법을 통하여 새로운 방식에 따라서 대처해야 할 것이다. 더욱이 남녀 간 성의 결정은 개인적 삶의 기본요소가 될 뿐만 아니라, 정치·경제·사회·문화의 모든 영역에서의 공동생활의 근간이 되는 핵심적 요소이며, 윤리적, 철학적, 종교적 사고와도 밀접한 관련을 가지는 것이기 때문에, 이러한 본질적인 문제를 어떻게 해결할 것인가는 일반 국민의 의견수렴, 신중한 토론과 심사숙고의 과정을 거쳐 국민의 대의기관인 국회가 입법적 결단을 통하여 결정해야 한다. 이는 애당초 명백한 호적기재의 오류를 정정하기 위하여 마련된 제도인 호적정정절차에 대한 새로운 해석 내지 유추해석을 통하여 해결할 수 있는 단순한 문제가 아닌 것이다.

(3) 우리 법제상 신분관계의 창설·변경은 호적법이 아닌 민법 등 다른 법률에 의하여 이루어지며, 호적법에 의한 호적은 그와 같이 창설·변경된 신분관계를 공시하는 제도에 불과하다. 다수의견과 같이 남녀 간의 성 변경을 호적정정 절차에 의하여 허용하는 것은 호적의 단순공시적, 기술적 성격에 걸맞지 않는 것이다.

위에서 본 바와 같이 남자·여자로서의 성의 구분은 개인적·가족적·사회적·국가적인 측면에서 중요한 의미를 가지는바, 사람이 출생 신고 당시에 어떠한 성을 가지고 있었는지 여부를 확인하는 호적정정과는 달리, 출생 신고 이후의 사정변경을 이유로 하여 다른 성으로의 실질적 변경을 허용하는 문제는 새로운 신분관계의 창설 내지 변경과 이에 따른 법률관계의 변동을 수반한다. 따라서 성의 변경이 허용되는지 여부 및 그 요건과 절차는 호적법이 아닌 다른 법률에서 합목적적인 고려에 따라 상세하게 정하여야 하고, 그 요건과 절차 등에 따라 성 변경의 효력이 발생된 경우에 비로소 이를 대외적으로 확인하고 공시하는 취지에서 신고절차를 거쳐 호적에 기재되어야 한다. 이와 달리, 성의 변경의 요건이나 절차 등에 관한 근거 법률이 전혀 없는 상태에서 단순히 호적정정절차를 통하여 성의 변경을 허용한다는 것은 신분관계를 공시하는 기능만이 부여된 호적제도 본래의 목적과 기능을 크게 벗어나는 것이다.

(4) 호적법은 제120조에서 가정법원의 허가에 의한 호적기재의 정정신청에 관하여 규정하는 한편, 제123조에서는 확정판결에 의한 호적정정의 신청에 관하여 규정하고 있는바, 법원의 허가에 의

한 호적기재의 정정은 그 절차의 간이성에 비추어 정정할 사항이 경미한 경우에 한하여 허용되는 것이고, 친족법상 또는 상속법상 중대한 영향을 미칠 수 있는 사항에 대하여는 호적법 제123조에 따라 확정판결에 의하여만 호적정정의 신청을 할 수 있다(대법원 1981. 10. 10.자 81스15 전원합의체 결정 등 참조). 그리고 친족법상 또는 상속법상 중대한 영향을 미칠 수 있는 사항인지 여부는, 정정하려고 하는 호적기재사항과 관련된 신분관계의 존부에 관하여 직접적인 쟁송방법이 가사소송법 제2조에 규정되어 있는지의 여부를 기준으로 하여 결정되며, 위 법조에서 가사소송사건으로 판결을 받게 되어 있는 사항은 친족법상 또는 상속법상 중대한 영향을 미치는 것으로 보아 호적법 제123조에 따라 확정판결에 의하여서만 호적정정의 신청을 할 수 있고, 가사소송법 제2조에 의하여 판결을 받을 수 없는 사항에 관한 호적기재의 정정은 호적법 제120조에 따라 법원의 허가를 얻어 정정을 신청할 수 있다(대법원 1993. 5. 22.자 93스14, 15, 16 전원합의체 결정 참조).

위에서 본 바와 같이 어느 사람이 남자인가 여자인가를 결정하거나 남자·여자의 성을 실질적으로 변경하는 문제는 단순히 개인적인 문제가 아니라 가족·친족관계 등에 직접적 영향을 미치는 것이고, 나아가 사회적·국가적으로 상당한 영향을 미칠 수 있는 본질적 문제이다. 따라서 성의 변경문제는 가사소송법 제2조에 규정된 재판 대상 사항과 비교하여 볼 때에 그 중요성이 결코 뒤떨어진다고 할 수 없다. 한편, 호적법 제120조에 근거하여 신청인이 그 호적기재 정정을 위하여 법원의 허가를 얻는 절차는 상대방이 존재하지 않는 비송사건으로서 법원은 신청인을 비롯한 사건관계인을 심문하지 아니하고 허가결정을 할 수 있고, 실제로 실무상 신청인이 제출한 각종 서면자료만을 토대로 하여 허부결정을 하는 경우가 대부분이다. 호적법 제120조가 속한 호적비송절차의 특성으로 인하여, 설령 그 호적정정에 관하여 신청인 이외에 다른 이해관계인이 존재한다고 하더라도 그 이해관계인에게 해당 절차에 참여할 수 있는 기회는 사실상 제공되지 아니하고, 나아가 일단 법원이 호적정정을 허가하는 경우 호적법상 불복절차가 없기 때문에 바로 확정되며, 이해관계인들이나 공익의 대표자인 검사로서도 이에 대하여 불복할 수 있는 방법이 없는 등 호적법 제123조의 경우와 비교하여 상대적으로 그 절차적 신중성 등이 취약하다.

위에서 언급한 대법원 전원합의체 결정들은 호적법 제120조 소정 호적기재 정정절차의 상대적 간이성 등에 비추어 그 법조에 의한 호적정정은 친족법상 또는 상속법상 중대한 영향을 미칠 수 있는 사항이 아닌 경미한 경우에 한하여 허용된다고 판시한 것인데, 다수의견은 호적법 제123조도 아닌 호적법 제120조의 매우 간이한 절차를 통하여 성전환자에 대하여 실질적으로 남녀 간의 성 변경을 허용한다는 것으로서, 성의 변경이 가지는 국가적·사회적인 중요성과 가족·친족관계에 미치는 직접적 영향 등을 고려할 때 이와 같은 간이한 절차에 의하여 남녀 간의 성 변경을 허용한다는 견해에는 도저히 찬동할 수 없다.

(5) 따라서 호적상 성별란의 단순한 기재 착오를 시정하기 위한 호적정정제도를 성전환자에 대한 실질적인 성변경의 경우에 확대 적용하는 방법은 법문의 가능한 의미에서 현저히 벗어나고 그 입법 취지에도 반하는 유추해석으로서 허용될 수 없음이 명백하다.

바. 한편, 다수의견과 같이 해석을 하는 것이 과연 새로운 사회현상으로 대두된 성전환증에 관한 문제의 해결이나 그와 같은 문제로 고통받는 당사자들의 구제를 위하여 적절한 것이고 또한 효과적인 것인가? 아니라고 본다.

(1) 위에서 본 바와 같이 남자·여자로서의 성의 구분은 개인적·가족적·사회적·국가적으로 중요한 의미를 가지며, 출생 당시와는 다른 성으로의 변경을 허용하는 것은 실질적으로 새로운 신분

관계로의 변경을 의미하므로, 성의 변경을 허용할 것인지 여부에 대하여 신중한 접근을 요하는 것이지만, 성의 변경을 허용하는 경우에도 그 요건과 절차 및 효과 등이 명확하게 규정되어야 한다. 특히, 위와 같은 성변경을 구하는 호적정정신청을 하기 위해서는 당사자가 먼저 외과적인 성전환수술을 받아야 한다는 점을 고려한다면, 그 요건과 절차 등이 불명확한 경우에 당사자에게 발생할 수 있는 문제나 사회적 부작용은 대단히 심각한 것이 될 수 있다.

(2) 다수의견은 이 사건에서 실질적인 성변경이 허용되는 성전환자의 기준 내지 요건 등에 관하여 나름대로 설시하고 있다. 그러나 위와 같은 설시가 실질적인 성의 변경에 관한 기준 내지 요건을 충분하게 제시하고 있는지 의문이고, 나아가 이러한 기준 등이 실무적으로 제대로 반영될 수 있을지도 의문이다.

먼저, 사실상 성전환수술을 받은 사람에 대한 성변경의 허용요건 등은 당사자 본인의 행복추구권과 인간으로서의 존엄성뿐 아니라 우리의 전통적 혼인과 가족관계 및 이에 대한 국민들의 의식 등 사회전반적인 문제를 종합적으로 고려하여 입법자의 정책적 판단에 따라서 설정되어야 한다는 점은 위에서 살펴본 바와 같다. 그리고 국회가 그와 같은 법률을 제정함에 있어서는 구체적 요건으로서 출생 당시와 다른 성의 역할을 수행한 최소 기간, 성의 재전환 가능성 여부에 관한 검증 및 정신과 의사의 진단이나 신분법상 영향을 받게 되는 가족들의 의사 확인 등에 관하여 상세하게 규정하여야 할 것이고, 아울러 성전환자가 가족 등을 포함한 타인의 의사가 아니라 바로 자기 자신의 자발적 의사에 의하여 성전환수술의 실시 내지는 성의 변경을 결정하는 것을 보장하기 위한 제도적 장치(예컨대 당사자에게 이를 결정할 수 있는 충분한 의사능력과 책임능력을 요구하거나, 같은 맥락에서 신청인의 연령을 일정한 연령 이상으로 제한하는 방법 등)가 반드시 규정되어야 할 것인데, 다수의견의 경우 이러한 중요 요소 등에 관하여 충분한 설시를 하였다고 보기는 어렵고, 실제로 법원의 재판에 의한 해석으로써 이와 같은 요건과 기준을 충분하고도 명확하게 정한다는 것은 사실상 불가능한 일이다.

또한, 다수의견에서는 '성전환자'를 정의함에 있어서 성전환이 다른 사람들의 신분관계에 중대한 변동을 초래하거나 사회에 부정적인 영향을 미치는 등의 경우에는 성변경이 허용되는 '성전환자'의 개념에 애당초 포함되지 않는 것으로 설시하고 있다. 이러한 다수의견의 견해는 상당한 합리성을 가진 것으로서 수긍할 수 있지만, 문제는 다수의견을 자세히 살펴보아도 어떠한 경우가 성의 변경이 애당초 허용되지 않는 '신분관계에 중대한 변동' 내지 '사회에 부정적 영향'에 해당하는지에 관한 기준이 명확하지 않다는 것이다. 예컨대, 혼인을 하였거나 자녀를 출생한 당사자나 성전환을 악용할 우려가 있는 당사자가 호적정정신청을 하는 경우, 법원은 '신분관계에 중대한 변동' 내지 '사회에 부정적 영향'을 초래한다는 이유로 그 신청을 기각하여야 할 것으로 보이는데, 그 요건의 불명확성으로 인하여 당사자가 이러한 결과를 예견하지 못한 채 성전환수술을 먼저 받은 경우라면 그 당사자로서는 신체적·정신적으로 엄청난 타격을 감수할 수밖에 없다는 점은 굳이 상세하게 설명할 필요가 없을 것이다(이 점은 적극적 요건에 관련해서도 마찬가지이며, 이러한 측면에서 입법론으로는 성전환수술을 실시하기 전에 법원에서 일정한 절차에 따라서 예비심사를 하는 방안 등도 적극적으로 검토할 필요가 있다).

위와 같이 성전환수술을 받은 사람들에 대한 성의 변경을 결정함에 있어서 구비해야 하는 적극적, 소극적 요건 및 기준 등에 관한 구체적 입법조치가 없는 상태에서 법원이 호적법 제120조에 근거하여 개별사건에서 그 성 변경 여부를 결정하는 것은 관련 당사자들과 일선 법원에 대하여 객관적·일률적인 기준을 제시할 수 없고, 오히려 법적·사회적 혼란을 초래하게 될 뿐이라는 점을 지적하지 않을 수 없는 것이다.

(3) 한편, 성전환자에 대한 성변경이 가지는 법적 의미의 중대성에 비추어 호적법 제120조의 호적정정절차는 성변경 허가절차로서 미흡하기 이를 데 없다. 위에서 본 바와 같이 호적법 제120조는 호적정정절차 중에서도 비교적 경미한 사항의 정정에 관한 것으로서, 가정법원의 허가를 받는다는 것 이외에는 그 증명의 방법과 절차, 이해관계인들의 참가, 의견청취 및 불복방법, 관계기관에 대한 사실조회 등에 관하여 아무런 규정이 없고, 실무적으로 대부분의 호적정정사건의 경우 신청인이 제출한 신청서 및 증거서류 등을 검토하고 심문절차 없이 허부 결정을 하고 있는 실정이다. 그런데 다수의견도 그 판시와 같은 적극적·소극적 요건(비록 불명확하기는 하지만)의 충족 여부를 심사하기 위하여 엄정한 사실조사 이외에도 정신과 및 외과 의사들, 가족이나 친족 등을 비롯한 가까운 주위 사람들의 의견 내지 의사를 청취하고, 관계기관에 필요한 사항을 조회하는 절차 등이 반드시 필요함을 시사하고 있다. 그리고 사안의 중요성에 비추어 이해관계인의 절차참가와 불복방법 등도 보장되어야 하며, 이러한 절차는 통일적이고 강제성을 가져야 할 것이다. 그런데 개별사건의 재판을 통한 법률해석만으로 이러한 구체적인 절차를 일일이 규정할 수 없음은 자명하다. 따라서 다수의견을 따르는 경우, 우선 법원에서 어떠한 절차에 따라서 성전환자의 요건을 심리하고 판정하여야 할 것인지 혼란스러울 뿐만 아니라, 법원마다 각기 다른 절차에 따라서 심리가 진행되는 경우 당사자들에게 상당한 곤란을 야기함은 물론이고 더 나아가서 법원 내지 재판의 신뢰와 권위를 실추시키는 결과까지 초래하게 될 것이다.

(4) 뿐만 아니라, 성전환자에 대한 성 변경을 허용하는 경우, 그 효력이 발생하는 시기 및 효과, 공시방법 등에 관하여도 법률에 명확히 규정하여야 한다. 다수의견에 의하더라도 성전환자에 대한 호적정정의 효과가 기존의 신분관계에는 영향을 미치지 않는다고 하는데, 이는 본래 호적정정절차가 예정하는 법적 효과의 범위를 벗어나는 것이어서 이와 같은 장래적 효력을 호적에 공시할 방법이 없다. 따라서 호적의 기재만으로는 호적법 제120조에 근거한 성별 기재의 정정이 그 출생신고 시점까지 소급적 효력을 가지는 통상적인 호적정정인지 이 사건과 같이 장래적 효력만을 가지는 호적정정인지를 확인할 방법이 없다. 이렇게 되어서는 호적상 기재를 신뢰하는 제3자에게 상당한 오해를 일으키는 것은 물론이고, 당사자 본인도 어느 시점부터 남자(혹은 여자)였는지를 제3자에게 증명하기 위해서 호적등본을 제시하는 외에 재판의 내용과 그 확정사실까지 함께 제시해야 하는 불편을 감수해야 한다.

(5) 한편, 성전환자에 대하여 호적상 성별의 기재를 고쳐주고 주민등록번호를 고쳐주는 것만으로 성변경에 따른 법적 배려가 충분하다고 할 수 없다. 다수의견의 취지가 분명하지는 않지만, 호적상의 성별기재의 정정만으로 성별에 따른 법률상의 지위 내지 권리의무가 한꺼번에 변경되는 것을 전제로 하는 것으로 이해되는데, 호적정정에 그와 같은 일반효를 부여하는 법적인 근거 자체가 불분명하다. 그리고 성변경의 효력이 소급하지 않는다고 보는 경우, 과거의 가족관계를 비롯한 기존 법률관계의 정리에 관한 특별한 법률규정 없이 이에 대하여 어떻게 적절하게 법적 규율을 할 수 있을지도 의문이다. 나아가 성의 변경에 따라 국가기관 등을 비롯한 공공기관들이 관리하고 있는 각종 공부나 서류 등의 경정의무 및 그 절차, 새로운 성으로 시작하는 사회생활에 대한 국가적, 사회적 배려의무 등에 관하여도 일정한 법적 조치가 반드시 필요하다고 생각한다.

(6) 이와 같이 성 변경에 관한 사회적 의견수렴과정을 거치지도 아니하고 의학적·법률적 요건이

나 절차 및 효과 등을 구체적으로 규정하는 입법조치도 선행되지 아니한 상태에서 법원이 개별사건에서 호적법 제120조를 적용하여 성전환수술을 받은 사람의 호적정정허가신청을 선별적으로 인용한다면, 성변경 허가재판의 적법성, 타당성에 관한 보장이 미흡하고 법원마다 재판결과가 구구해질 가능성이 있을 뿐만 아니라, 신청인에게 충분하고 적절한 배려가 되는 것인지 여부도 의문이며, 당사자 본인이나 이해관계인들의 법률관계에 미치는 영향도 불분명하여 법적 안정성을 크게 해치게 된다. 또한, 개별사건에 관한 법원의 재판만으로 객관적이고 일률적인 요건과 절차를 제시할 수 없는 결과, 이 사건 신청인과 유사한 처지에 있는 다른 성전환자들이 구체적으로 성변경 허가를 받을 수 있을 것인지, 성변경 허가를 받으려면 어떠한 절차를 밟아야 하는지에 관하여 예측가능성이 없어서 법적 지위의 불안을 겪게 된다.

다른 한편으로 성전환자의 성 변경 문제와 같은 중요하고 민감한 문제를 근본적이고 합리적인 대처방법인 입법이 아니라 미봉책에 불과한 호적법 제120조의 적용 내지 유추적용 방식을 활용하는 경우, 자칫하면 추가적인 입법조치의 필요성에 대한 사회적 관심을 약화시킴으로써 오히려 유사한 처지에 있는 당사자들의 문제를 근본적으로 해결할 수 없도록 하는 부작용을 야기할 수도 있다. 따라서 현 단계에서 법원으로서는 이 사건과 같은 사안에서 당사자의 성을 적절한 기준에 따라서 변경할 수 있는 법적·제도적인 보완이 절실하다는 점을 충분히 지적하면서, 현행 호적법 제120조의 호적정정의 방법으로는 이 문제를 해결할 수 없다는 점을 선언하고, 국민의 대의기관인 국회가 사회적 여론을 수렴하여 구체적인 요건과 절차, 효과 등을 담은 입법조치를 하기를 강력히 촉구함으로써 당사자들에게 근본적이고 효과적인 구제가 가능한 여건을 조성하는 데에 일조하는 것이 더욱 중요하다(이러한 입법과정에서는 성전환자의 성변경에 관한 부정적 견해까지도 함께 논의됨으로써 진정한 의미에서 사회적 통합을 모색할 수 있으리라고 생각한다).

이러한 방법을 따르는 경우 이 사건 신청인이나 다른 성전환자의 입장에서 바로 호적상의 성에 관한 기재를 바꾸지 못한다는 점이 아쉽게 느껴질 수도 있을 것이다. 그러나 신속할 수는 있으나 당사자에게 법적·제도적으로 매우 미흡한 구제방법만 제공하면서 법적 안정성을 크게 해치는 미봉책을 취하는 것보다는, 다소 시간이 걸리더라도 이와 같이 중요하고 본질적인 문제를 우리 헌정질서에 부합하는 방식에 따라서 근본적으로 해결하는 것이 타당하고, 이러한 근본적인 해결만이 이 사건 신청인을 비롯한 성전환자들을 진심으로 배려하는 결과를 가져올 수 있다고 생각한다.

사. 결론적으로 성전환자에 대하여 호적법 제120조의 호적정정절차에 따라 호적상 성별란을 정정하는 것은 허용될 수 없고, 같은 취지에서 이 사건 신청을 기각한 제1심결정을 유지한 원심의 결론은 정당하여 신청인의 재항고를 기각하여야 할 것인바, 이와 다른 다수의견의 견해에는 찬성할 수 없어 위와 같이 반대의견을 표시한다.

6. 대법관 김지형의 다수의견에 대한 보충의견은 다음과 같다.

가. 구체적 사건의 재판에서 법령을 해석·적용하는 것은 법원에 주어진 권한이자 사명에 속하므로, 법원이 재판규범으로서 그 법률규정을 해석·적용함에 있어서는 마땅히 헌법합치적인 해석에 따라야 한다.

이러한 헌법합치적 법률해석은 국가의 최고규범인 헌법을 법률해석의 기준으로 삼아 법질서의 통일을 기하여야 한다는 법원리에 그 기초를 두고 있는 것으로서, 어느 법률규정에 대하여 합헌적 법률해석이라는 이름 아래 그 법률규정의 문언이 갖는 일반적인 의미를 뛰어 넘어서거나 그 법률규정의 입법목적에 비추어 입법자가 금지하고 있는 방향으로까지 무리하게 해석하거나 헌법의 의미를 지나치게 확대함으로써 입법자의 입법형성권의 범주에 속하는 사항 등에 이르기까지 함부로 간섭해서는 아니되겠지만, 이러한 한계를 벗어나지 않는 이상, 합헌적 법률해석은 민주적 정당성을 가진 입법자가 제정한 법률을 헌법에 합치되도록 해석함으로써 법률의 효력을 유지하려는 것이므로 입법권을 최대한 존중하는 것이고 국민주권의 원리에도 부합한다. 따라서 만약 어떤 법률규정에 대해 합헌적 법률해석의 가능성이 열려 있음에도 불구하고, 법원이 그러한 해석을 단념하여 버린다면 합헌적 법률이 제정될 때까지는 위헌적인 법률공백 상태가 계속되는 것을 그대로 방치하는 셈이 되고, 이는 법원에게 주어진 사법권 행사의 권한과 사명을 동시에 저버리는 결과를 낳게 된다.

그러므로 합헌적 법률해석을 무조건 유추해석 또는 확장해석이라는 이름으로 경계할 것은 아니고 법규의 문언적 의미가 갖는 내포와 외연을 모두 고려하여 헌법질서의 테두리 안에서 이루어질 수 있는 합리적인 해석방법이라면 이를 받아들이는 것이 온당하다.

나. 호적법 제120조의 '정정'의 의미와 범위에 관하여 반대의견과 같이 해석할 여지도 없지 아니하나, 앞서 본 합헌적 법률해석이라는 법리에 비추어 볼 때 성전환자에게 출생 당시 확인되어 신고된 성이 출생 후 그 개인의 성적 귀속감의 발현에 따른 일련의 과정을 거쳐 최종적으로 사회통념상 확인된 성과 부합하지 않는다고 인정할 수 있다면 그와 같이 확인된 성에 맞추어 성별을 바꾸는 것은 호적법 제120조가 말하는 '정정'의 개념에 포함된다고 풀이하는 것이 옳다고 본다.

이러한 해석방법이 호적 기재가 진정한 신분관계를 반영할 수 있도록 하기 위하여 마련된 호적정정제도의 취지와 어긋난다고 볼 아무런 이유가 없을 뿐더러 앞서 다수의견에서 자세히 지적한 것처럼 호적법 제120조의 입법목적에 비추어 보더라도 입법자가 이러한 해석을 처음부터 금지하였던 것은 아니라고 보이고, 나아가 호적법 제120조가 규정하는 '정정'이라는 문언의 의미에 성전환자의 성별 전환을 포함시키지 않는 해석을 한다면 성전환자에게 헌법상 보장되는 기본권의 침해상태가 초래되는 위헌의 소지를 남기게 된다는 점까지 고려할 때 성전환자의 성별 전환을 호적정정의 개념에 포함시키는 것이 입법자의 입법형성권의 범주에 속하는 사항에 함부로 개입하는 경우에도 해당하지 않는 것임을 여기서 다시 한 번 강조하고 싶다.

다. 반대의견은 성전환자에 대한 성별 정정을 특정한 성에서 반대 성으로의 '변경'이라고 단정짓고 다수의견이 이러한 의미의 성변경을 허용하고 있다는 전제 아래 논의를 시작함으로써 혼란을 야기하고 있다. 즉, 반대의견의 주요 논거는 성전환자는 종전의 성에서 반대의 성으로 성을 변경한 자이고 따라서 성전환자의 호적상 성별은 기재 당시를 기준으로 하면 진실에 부합하였으나 사후에 다른 사정에 의하여 변경되었으니 이는 호적기재의 변경에 해당하여 호적정정의 범위를 벗어난다는 것으로 이해된다.

그러나 대법원 1996. 6. 11. 선고 96도791 판결은 이미 성 결정에 있어서 생물학적인 요소와 정신적·사회적 요소를 모두 고려하여 최종적으로는 사회통념에 따라야 한다고 판시하였는데, 성전환자는 그 개념상 출생 당시에는 위의 두 가지 요소 중 생물학적인 요소만이 확인되었다가 그 개인의 성장과정을 거치면서 성적 귀속감이나 성 역할의 수행 등 정신적·사회적 요소가 생물학적인 요소와 달리 발현되어 일정 시점에 이르러서는 출생신고된 성과 반대의 성을 가지는 것으로 사회통념상 인정되는 사람이다. 따라서 성전환자에 대하여 출생 당시에는 달리 정신적·사회적 성 결정요소를 확인할 수 없어 생물학적 요소 만에 의하여 출생시 신고된 성이 그의 성인 것으로 알고 있었으나, 성장한 후 일정 시점에서 사회통념상 인정되는 성은 출생시 신고된 성과 반대의 성인 것으로 사후에 비로소 확인될 수밖에 없다는 점에 성전환자에게 특유한 문제가 존재하고 이를 해결하기 위하여 호적정정의 필요성이 제기되는 것이다. 성전환자의 성 결정에 관한 위의 역동적 과정을 사상한 채 단지 성전환자가 성기수술을 통하여 성을 변경한 사람이라고 해석하는 방법은 문제의 핵심을 지나치게 단순화한 데에서 나온 것으로 옳지 않다.

라. 성의 구분은 사회생활과 법률관계의 기초로서 어느 사람이 남자인가 여자인가를 결정하는 문제는 가족·친족관계와 나아가 사회적·국가적으로 상당한 영향을 미칠 수 있다는 반대의견의 지적에는 전적으로 동의하나, 성별 기재가 중요한 사항이므로 호적법 제120조에 의한 호적정정절차에 따라 호적을 정정할 수 없다는 부분에는 동의할 수 없다.

대법원이 '친족법상 또는 상속법상 중대한 영향을 미칠 수 있는 사항에 대하여는 호적법 제123조에 따라 확정판결에 의하여만 호적정정의 신청을 할 수 있다.'는 원칙을 거듭 판시하였지만 그 구체적인 사안에 들어가 살펴볼 때 반대의견이 적시한 대법원 1993. 5. 22.자 93스14, 15, 16 전원합의체 결정은 '사망일시에 관하여 직접적인 쟁송방법이 가사소송법은 물론 다른 법률이나 대법원규칙에도 정하여진 바가 없으므로 이에 관한 호적기재의 정정은 호적법 제120조에 따라서 처리되어야 한다.'고 판시하였고, 대법원 1981. 10. 10.자 81스15 전원합의체 결정은 '이중호적을 단일화하기 위한 호적정정은 신분관계에 어떠한 영향을 미치지 않는 한 가능하다.'고 판시함으로써 모두 호적법 제120조에 의한 호적정정을 허용하였다.

이 사건으로 돌아와 보면, 성전환자의 성을 결정하는 재판이 가사소송법 제2조에서 열거한 가사소송사건 중에 포함되어 있지 않을 뿐만 아니라 앞서 다수의견에서 밝힌 바와 같이 소급효가 배제되어 기존의 법률관계에 영향을 미치지 않으므로 호적법 제120조에 의한 호적정정의 대상으로 삼는 데에 호적정정의 범위에 관한 기존의 대법원판례와 모순될 여지가 없다.

마. 나아가 호적정정허가의 재판이 호적비송사건으로 처리되므로 성전환자의 성별란 기재 변경을 호적정정의 형태로 허용할 수 없다는 반대의견의 지적에도 동의하기 어렵다.

성전환자에 대한 호적상 성별란의 기재를 고치는 것은 그 성질상 대립당사자에 의한 대심구조를 취하는 소송절차보다는 비대심구조를 취하는 비송절차에 적합하다. 뒤에서 보는 바와 같이 성전환자에 대한 성별 변경에 관한 입법을 두고 있는 나라 중의 하나인 일본의 경우 '성 동일성 장해자의 성별 취급의 특례에 관한 법률' 제5조는 성전환자에 대한 성별 변경의 재판을 일본 가사심판법상 갑류 사건으로 취급하는바, 이에 상응하는 우리 가사소송법 제2조의 분류는 라류 가사비송사건으로서 위 유형의 사건에 대하여는 원칙적으로 비송사건절차법이 준용되고 이해관계인의 참가와 심문에 관한 특칙을 두고 있을 뿐이다(가사소송법 제34조, 제37조, 제38조). 한편, 호적정정사건에 준용되는 비송사건절차법은 직권탐지주의를 채택하여 법원은 직권으로 사실의 탐지와 필요하다고 인정되는 증거조사를 하여야 할 뿐 아니라 민사소송법에 따른 증인신문·감정을 실시할 수도 있다(호적법 시행규칙 제97조 제1항 제3호, 비송사건절차법 제10조, 제11조). 반대의견이 지적하는 것처럼 그동안 법원이 호적정정사건에서 신청인이 제출한 자료만을 토대로 허부결정을 하였다면 오히려 이러한 실무 관행을 개선하여야 하지 이를 이유로 호적정정에 의한 구제를 막을 수는 없는 것이다.

바. 반대의견은, 성전환자에 대한 성별 정정을 허용할 수 있는 기준과 요건 등을 명확하게 규정한 입법적 조치가 없는 현상태에서 법원이 호적법 제120조에 근거하여 개별사건에서 성별 정정 여부를 결정하는 것은 관련 당사자 등에게 객관적·일률적 기준을 제시할 수 없고 오히려 법적·사회적 혼란을 초래하게 될 뿐이라고 하면서, 그 한 가지 사례로 종전의 성에 따른 혼인을 하였거나 자녀를 두었던 성전환자에 대하여는 다수의견에 의하더라도 그 성별 정정이 허용되지 않아야 할 것

인데도 그 요건이 불명확하여 당사자가 그러한 결과를 예측하지 못한 채 성전환수술을 먼저 받은 경우라면 그 당사자로서는 신체적·정신적으로 엄청난 타격을 받을 수밖에 없는 부작용 등이 예상되고, 따라서 현재로서는 성전환자에 대해서는 어떠한 경우에도 성별에 관한 호적정정을 허가해서는 안 된다는 견해를 제시하고 있으나, 이 역시 선뜻 납득하기 어렵다.

우선, 반대의견이 들고 있는 구체적 사례만을 놓고 본다면, 종전의 성에 따른 혼인 여부나 자녀 유무는 그 성전환자가 사회통념상 전환된 성을 가진 자로서 인식될 수 있는지 여부를 결정하는 여러 가지 요소들의 일부로 포섭하여 법원은 다른 사정들까지 모두 고려한 후 호적정정의 허가 여부를 결정하여야 할 것으로 본다. 뒤에서 보는 것처럼 성전환자의 성별 정정에 관하여 입법적 해결을 꾀하고 있는 나라의 입법례를 보더라도, 예컨대 독일의 '성전환법' 제8조 제1항 제2호는 성별변경 신청 당시 신청자가 혼인하지 않은 상태일 것을 요구할 뿐 신청자가 종전의 성에 따른 자녀를 갖고 있는지 여부를 문제삼지 않는 데에 비하여, 일본의 '성 동일성 장해자의 성별 취급의 특례에 관한 법률' 제3조 제1항은 신청 당시 혼인관계 및 자녀가 존재하지 않을 것을 요구하고 있음을 알 수 있어 혼인 여부나 자녀 유무에 따라 성전환자의 성별 정정을 허용할 것인지 여부는 입법재량의 범위 안에 있는 것이다.

따라서 이에 관한 명확한 입법이 없는 현재로서는 혼인을 하였다거나 자녀를 두었다는 사정이 반대의견이 지적하는 것처럼 성전환자의 호적정정을 허용할 수 없는 사유가 된다고 일률적으로 단정할 수는 없고, 그러한 경우에도 다른 여러 사정들과 종합하여 볼 때 진정한 의미의 성전환자라고 볼 수 있는 경우에는 호적정정이 허가될 수도 있고 반대로 그렇지 않은 경우에는 호적정정이 허가되지 않을 수도 있다(혹시 반대의견의 위와 같은 견해가, 다수의견이 '성전환자가 사회통념상 이미 성전환수술을 받은 후의 성으로 인식되고 있을 뿐만 아니라 전환된 성을 그 사람의 성으로 보더라도 다른 사람들과의 신분관계에 변동을 초래하거나 사회에 부정적인 영향을 주지 않는다고 볼 수 있다면 그 전환된 성으로의 성별 정정을 허용할 수 있다.'고 판시한 부분을 성전환자에 대한 호적정정을 허가함에 있어서는 '그 성전환자가 다른 사람들과의 신분관계에 변동을 초래하거나 사회에 부정적인 영향을 미치지 않을 것'을 소극적 요건으로 설정한 것으로 이해한 데에서 나온 것이라면, 그 취지가 잘못 전달된 것이다. 다수의견의 견해는 이를 소극적 요건으로 설정하려는 것이 아니라 진정한 의미에서의 성전환자로 확인되고 더 나아가 그에 따라 호적정정을 하더라도 그 효력이 소급하여 기존의 신분관계 등에 중대한 영향을 주지 않아 제한적인 범위 안에서만 그 효력이 미친다고 볼 수 있다면 호적정정을 허용할 수 있다는 의미로 이해되어야 할 것이다).

나아가 누구나 성전환수술을 받기만 하면 아무런 제한 없이 호적정정을 허용하여야 한다는 것은 더더구나 아니므로, 중요한 것은 성전환수술을 받은 사람이 진정한 의미에서 성전환자라고 볼 수 있는지 여부일 것이고, 따라서 만약 어떠한 사람이 자신이 성전환증을 갖고 있지 않음에도 갖고 있는 것으로 잘못 판단하여 성전환수술까지 받았으나 법원에 의하여 진정한 의미에서의 성전환자가 아니라고 판단되어 호적정정을 허가받지 못하는 경우가 생긴다면, 이것은 오히려 법원이 내린 정당한 법적 판단의 결과라고 볼 것이지 그러한 결과가 성전환수술을 받은 자에게 타격이 될 수 있다는 이유로 진정한 의미의 성전환자로 판단되는 사람에 대한 호적정정조차 아예 거부하여야 할 합리적인 사유가 된다고는 생각하지 않는다.

사. 일반적으로 성전환자의 호적상 성별 기재를 정정하려면 성전환증이 지속된 기간이나 성전환수술의 적정성, 향후 종전의 성으로 재전환할 개연성 유무 등 의학적 기준과 함께 종전의 성에 의

한 법률상 혼인관계 및 자녀가 존재하는지 여부, 신청가능 나이 등 법률적 기준을 명확히 정하여 적용할 필요가 있고, 따라서 성전환자의 성별 정정의 의학적·법률적 요건, 절차·효과 등에 관한 모든 사항은 궁극적으로는 법률의 제·개정을 통하여 입법적으로 해결하는 것이 가장 바람직하며, 이러한 입법적인 조치가 없는 상태에서 법원이 개별 사건을 통하여 성전환자에 대한 성별 정정의 허부를 결정하는 것이 성전환자에 대한 보호를 위해 충분하지 않다는 점 자체에 있어서는 다수의 견도 반대의견과 그 뜻을 달리하지 않음은 물론이다.

외국의 사례를 보더라도, 유럽의 경우 초기에는 성전환자의 성 변경을 인정하지 않았으나 현재 유럽의 거의 모든 국가에서는 입법이나 판례를 통하여 이를 허용하고 있고, 특히 독일은 1978년에 선고된 연방헌법재판소의 판례가 나온 후 1981년에 성전환자의 성 변경을 인정하는 입법이 마련되었으며, 유럽인권재판소가 2002년 만장일치로 성별 변경을 인정하는 판례를 남긴 것은 특히 주목할 일이다. 미국의 경우에도 상당수의 주에서 이를 허용하는 입법을 두고 있으며, 일본의 경우에도 종래 하급심에서 서로 엇갈리는 판결을 하다가 현재는 입법(2003년 제정되어 2004. 7. 16.부터 시행 중인 '성 동일성 장해자의 성별 취급의 특례에 관한 법률')을 통하여 허용하고 있는 실정이다.

결국, 성전환자의 법률적 성을 출생시와 다르게 고치는 것을 허용하는 것이 세계적인 대세이고 법리적으로도 설득력을 얻고 있음을 충분히 확인할 수 있다.

이제 우리의 경우에도 성적 소수자인 성전환자에 대한 권리구제가 법적 안정성의 틀 안에서 이루어질 수 있도록 하루속히 입법적인 조치가 이어졌으면 하는 것은 비단 이 결정에 덧붙이는 우리 법원만의 기대와 바람은 아니라고 확신한다.

그러나 그렇다고 하여 반대의견이 지적하는 것처럼 지금과 같이 호적상 성별란의 정정을 위한 절차규정이 없는 상태에서 성전환자에 대한 호적정정을 허용하는 결정을 하는 것이 성전환자의 구제에 적절하지 아니하고 오히려 부작용을 야기할 우려가 있으므로 법원은 호적의 기재로 인하여 고통받는 성전환자를 보호하기 위하여 어떠한 구제수단도 모색하지 말고 입법적인 조치가 있을 때까지 기다려야만 할 것이라는 취지의 견해에는 커다란 의문을 제기하지 않을 수 없다.

성전환자의 성별 정정에 관한 절차적 규정을 입법적으로 신설하는 것이 이상적임은 두말할 필요도 없지만, 아직까지 어떠한 형태로든 그에 관한 가시적인 입법조치를 예상하기 힘든 현재의 시점에서 본다면 완전한 입법 공백에 따른 위헌적인 상황이 계속되는 것보다는 법원이 구체적·개별적 사안의 심리를 거쳐 성전환자로 확인된 사람에 대해서는 호적법상 정정의 의미에 대한 헌법합치적 법률해석을 통하여 성별 정정을 허용하는 사법적 구제수단의 길을 터놓는 것이 미흡하나마 성전환자의 고통을 덜어 줄 수 있는 최선의 선택일 것이라고 믿어 의심치 않기 때문이다.

아. 결론적으로 성전환자로서 사회통념상 남성이라고 보아야 할 신청인의 이 사건 호적정정신청은 허가되어야 할 것이므로, 이상과 같이 다수의견에 대한 보충의견을 밝힌다.

대법원장 이용훈(재판장) 강신욱 이강국 손지열 박재윤 고현철 김영란 양승태 박시환 김지형(주심)

③ 여성으로 성전환된 사람: 강간죄 객체

■ 대법원 2009. 9. 10. 선고 2009도3580 판결【특수강도(인정된 죄명: 절도), 성폭력범죄의처벌및피해자보호등에관한법률위반(주거침입강간등), 폭력행위등처벌에관한법률위반】

1. 성전환자가 강간죄의 객체가 될 수 있는지 여부

강간죄의 객체는 부녀로서 여자를 가리키는 것이므로(대법원 1996. 6. 11. 선고 96도791 판결 참조), 강간죄의 성립을 인정하기 위하여는 피해자를 법률상 여자로 인정할 수 있어야 한다.

종래에는 사람의 성을 성염색체와 이에 따른 생식기·성기 등 생물학적인 요소에 따라 결정하여 왔으나 근래에 와서는 생물학적인 요소뿐 아니라 개인이 스스로 인식하는 남성 또는 여성으로의 귀속감 및 개인이 남성 또는 여성으로서 적합하다고 사회적으로 승인된 행동·태도·성격적 특징 등의 성역할을 수행하는 측면, 즉 정신적·사회적 요소들 역시 사람의 성을 결정하는 요소 중의 하나로 인정받게 되었으므로, 성의 결정에 있어 생물학적 요소와 정신적·사회적 요소를 종합적으로 고려하여야 한다(대법원 2006. 6. 22.자 2004스42 전원합의체 결정, 1996. 6. 11. 선고 96도791 판결 참조).

위와 같이 사람의 성을 결정하는 데에 여러 가지 요소가 존재한다는 것은 위 각 요소들이 일치하지 않는 경우가 발생할 수 있다는 의미이고, 특히 생물학적 측면의 성은 출생시 곧바로 확인될 수 있지만 정신적·사회적 측면에서의 성이 생물학적 측면의 성과 일치하는지 여부는 출생 당시에는 쉽사리 알 수 없다가 출생 후 성장하면서 비로소 개인이 인식하는 성귀속감과 수행하는 성역할이 생물학적인 성과는 전혀 다른 것으로 확인되기도 한다. 성전환증을 가진 사람의 경우에도, 남성 또는 여성 중 어느 한쪽의 성염색체를 보유하고 있고 그 염색체와 일치하는 생식기와 성기가 형성·발달되어 출생하지만 출생 당시에는 아직 그 사람의 정신적·사회적인 의미에서의 성을 인지할 수 없으므로, 사회통념상 그 출생 당시에는 생물학적인 신체적 성징에 따라 법률적인 성이 평가될 것이다. 그러나 출생 후의 성장에 따라 일관되게 출생 당시의 생물학적인 성에 대한 불일치감 및 위화감·혐오감을 갖고 반대의 성에 귀속감을 느끼면서 반대의 성으로서의 역할을 수행하며 성기를 포함한 신체 외관 역시 반대의 성으로서 형성하기를 강력히 원하여, 정신과적으로 성전환증의 진단을 받고 상당기간 정신과적 치료나 호르몬치료 등을 실시하여도 여전히 위 증세가 치유되지 않고 반대의 성에 대한 정신적·사회적 적응이 이루어짐에 따라 일반적인 의학적 기준에 의하여 성전환수술을 받고 반대 성으로서의 외부 성기를 비롯한 신체를 갖추고, 나아가 전환된 신체에 따른 성을 가진 사람으로서 만족감을 느끼며 공고한 성정체성의 인식 아래 그 성에 맞춘 의복, 두발 등의 외관을 하고 성관계 등 개인적인 영역 및 직업 등 사회적인 영역에서 모두 전환된 성으로서의 역할을 수행함으로써 주위 사람들로부터도 그 성으로서 인식되고 있으며, 전환된 성을 그 사람의 성이라고 보더라도 다른 사람들과의 신분관계에 중대한 변동을 초래하거나 사회에 부정적인 영향을 주지 아니하여 사회적으로 허용된다고 볼 수 있다면, 이러한 여러 사정을 종합적으로 고려하여 사람의 성에 대한 평가 기준에 비추어 사회통념상 신체적으로 전환된 성을 갖추고 있다고 인정될 수 있는 경우가 있다 할 것이며, 이와 같은 성전환자는 출생시와는 달리 전환된 성이 법률적으로도 그 성전환자의 성이라고 평가받을 수 있을 것이다(대법원 2006. 6. 22.자 2004스42 전원합의체 결정 참조).

원심이 유지한 제1심판결의 이유에 의하면, 남성으로 태어난 피해자는 성장기부터 남성에 대한 불일치감과 여성으로서의 귀속감을 나타내면서 따돌림을 당하였고, 사춘기에 이르러 여성으로서의 분명한 성정체성이 형성되기 시작하면서 이를 감당하지 못하여 집을 떠나게 된 사실, 피해자는 24세이던 1974년경 성전환수술을 결심하고 정신과 병원에서 정밀진단과 심리치료, 관찰을 거쳐 성전환증이라는 확진을 받은 다음, 성형외과에서 남성의 성기와 음낭을 제거하고 여성의 질 등 외부성기를 형성하는 수술을 받고 이후 상당기간 호르몬 요법의 시술을 받았으며, 2차로 일본 오사카현 이마사토에 있는 한 성형외과병원에서 가슴형성수술을 받은 바 있고, 3차로는 1998. 2. 부산에 있는 정용휘 성형외과에서, 2000년경에 이르러 태국의 한 병원에서 각 가슴보강수술과 질확장술을 받은 사실, 피해자는 남성 또는 여성으로서 자녀를 출산한 경험이 없고 생식기능 또한 존재하지 아니하나, 성전환수술 후 여성으로서의 성생활에 전혀 지장이 없으며, 특히 피해자의 사정을 이해하는 남성과 과거 10여 년간 동거하며 지속적으로 성관계를 영위함에 아무런 문제가 없었고, 성적 만족도 또한 이상이 없는 사실, 피해자는 여성으로서의 신체와 외관을 갖추고 있을 뿐만 아니라 여성으로서의 성적 정체성도 확고하고 자신이 여성임에 만족하고 있으며, 피해자의 가족들과도 가출 후 10년이 지나면서부터 소식을 주고받으며 관계가 유지되어 왔고, 현재 살아 있는 가족들이 피해자의 처지와 사정을 잘 이해하여 관계가 개선된 사실, 피해자는 성전환수술 후 30여 년간 여성 무용수로서 국내와 국외를 오가며 활동하여 왔는데, 피해자가 국내에 거주할 때는 주로 부산시 소재 일정 지역에 30년 가까이 주거를 정하여 살면서 주민들과는 여성으로서 오랜 세월 동안 친분을 유지하여 온 사실을 각 알 수 있는바, 위와 같은 사정을 종합하여 보면, 피해자는 성장기부터 남성에 대한 불일치감과 여성으로의 귀속감을 나타내었고, 성인이 된 후 의사의 진단 아래 성전환수술을 받아 여성의 외부 성기와 신체 외관을 갖추었고, 수술 이후 30여 년간 여성으로 살아오면서 현재도 여성으로서의 성정체성이 확고하여 남성으로 재전환할 가능성이 현저히 낮고, 개인생활이나 사회생활에서도 여성으로 인식되어, 결국 사회통념상 여성으로 평가되는 성전환자에 해당한다고 봄이 상당하고, 이 사건 피고인도 피해자를 여성으로 인식하여 강간범행을 저질렀다.

따라서, 위와 같은 제반사정을 고려하여 성전환자인 이 사건 피해자를 법률상 여성으로 보고 강간죄의 객체가 된다고 한 제1심판결을 유지한 원심의 판단은 적법하고, 거기에 강간죄의 객체인 부녀의 해석에 관한 법리오해의 위법이 없다.

④ 부부 사이의 강간

부정한 사례

■ 대법원 1970. 3. 10. 선고, 70도29 판결【폭력행위등처벌에관한법률위반】(집)

원심이 지지한 1심판결이유에 의하면, 피고인이 간음한 여자는 그 아내인 공소외 1로서 간음 당시 법률상 부부의 신분관계는 해소되지 않았어도 동녀가 이미 이혼소송을 제기하였고, 또 피고인은 공소외 2란 다른 여자와 동거중이라 실질적으로는 피고인과 공소외 1은 서로 상대방에 대한 성교승낙의 철회 내지 정조권 포기의 의사표시를 철회한 상태에 있었으므로 이러한 상태하에 있는 동녀를 간음하기 위하여 폭력으로 그 반항을 억압하고 강제로 그를 간음한 이상 강간죄에 해당한다고 판시하고 있다.

그러나 기록에 의하면, 공소외 1은 피고인을 간통죄로 고소함과 동시에 이혼소송을 제기하였다 하여도 그는 1심법정에서 본건 간음사건이 일어나기 이틀 전에 피고인으로 하여금 공소외 2를 보내고 서로 새출발을 하기로 협의를 한 후 고소를 취하하였다고 진술하고 있음이 뚜렷하므로 이런 정으로 보면, 피고인과 공소외 1과의 사이에 실질적으로 부부관계도 없고 따라서 서로 정교승낙이나 정교권 포기의 의사표시를 철회한 상태에 있었다고 단정하기는 어려울 것임에도 불구하고 만연 피고인에게 정교청구권이 없다는 것을 전제로 하여 피고인의 본건 간음행위로 강간으로 다스린 것은 필경 증거를 그릇 판단한 것이 아니면 강간의 법리를 오해한 위법이 있고 이는 판결에 영향이 있다 할 것이다.

긍정한 하급심

■ 부산지법 2009. 1. 16. 선고 2008고합808 판결【성폭력범죄의처벌및피해자보호등에관한법률위반(특수강간)】확정 〈부부 강간죄 인정 최초 사건〉 (각공)

【판결요지】

필리핀 국적의 처가 생리중임을 이유로 성관계를 거부하자, 남편이 가스분사기와 과도로 협박하여 처의 반항을 억압한 후 1회 간음한 사안에서, 강간죄의 보호법익을 성적 성실을 의미하는 여성의 '정조'가 아닌 인격권에 해당하는 '성적 자기결정권'으로 보아 법률상 처를 강간죄의 객체로 인정한 사례.

【판결이유】

[범죄사실]

피고인은 2008. 7. 26. 11:00경 부산 남구 우암2동 (주소 생략)에 있는 피고인의 집에서, 처인 피해자 A(필리핀 국적의 외국인)가 생리기간 중이어서 성관계를 거부하자 위험한 물건인 가스분사기와 과도(칼날길이 12㎝)를 피해자의 머리와 가슴에 겨누고 죽여 버리겠다고 협박하면서 피해자의 유두와 음부를 자르는 시늉을 하여 피해자의 반항을 억압한 후 피해자의 옷을 모두 벗게 하고 1회 간음하여 피해자를 강간하였다.

[증거의 요지]

1. 피고인의 법정진술

1. A에 대한 검찰 및 경찰 각 진술조서

1. 피고인에 대한 경찰 및 검찰 각 피의자신문조서 중 각 A의 진술기재 부분

1. A 작성의 고소장

1. 액체형 레이져 가스분사기 사진, 피의자가 찢어서 버린 피해자의 의류사진

1. 수사첩보보고서, 수사보고(과도 및 상황재연 등 사진촬영)

[법령의 적용]

1. 범죄사실에 대한 해당법조 및 형의 선택

성폭력범죄의처벌및피해자보호등에관한법률 제6조 제1항, 형법 제297조(유기징역형 선택)

1. 작량감경

형법 제53조, 제55조 제1항 제3호

1. 집행유예

형법 제62조 제1항

[법률상 처를 강간죄의 객체로 인정한 이유]

1. 피고인이 판시 범죄사실과 같이 그 처를 강간한 점에 대하여 검사는 형법상 강간죄의 성립을 전제로 특별법상의 특수강간죄로 기소하였다.
2. 이에 대하여 피고인은 범행을 모두 자백하고 변호인 또한 법리 등에 관하여 특별한 의견을 제시하지 아니하였다.
3. 그러나 부부 사이의 강제적 성관계를 형법상 강간죄로 인정할 것인지의 여부에 관하여는 의견이 나뉘므로, 당원은 이 사건 사안에 대한 법률적용에 임하여, 논점에 관한 그간의 자료를 검토 및 숙고한 다음 별지와 같이 부부강간에 관한 견해를 제시하고자 한다.

[양형의 이유]

1. 피고인은 결혼정보회사를 통하여 2006. 8. 30. 필리핀 국적의 피해자와 혼인한 다음 그로부터 4개월간 동거하였다. 그러나 피고인이 생활비를 주지 아니하는 데다가 주취상태에서 폭행 등 학대를 계속하므로 피해자는 더 견디지 못하고 가출을 한 후 김해에 있는 플라스틱공장에서 노동에 종사하면서 생활하여 왔다. 그러다가 출입국관리사무소 직원에게 불법체류자로 붙들려 2008. 7. 15. 다시 피고인에게 인계되었다. 그때부터 5일 정도는 합의에 의하여 성관계를 하는 등으로 두 사람 사이에 이렇다 할 문제가 없었으나 7. 21.부터 피해자의 생리가 시작되면서 이를 이유로 피해자가 성관계를 거부하자 피고인은 자신의 성적 욕구를 참지 못하고, 거기다가 컴퓨터에 몰입하는 등 게으름을 피운다는 사정을 들어 그녀를 제압하려는 복합적인 의도에서, 판시와 같은 폭력적인 수단을 동원하여 강간을 한 것이 이 사건 범행이다.

2. 고국과 가족을 떠나 오로지 피고인만 믿고 당도한 먼 타국에서, 언어도 통하지 않고, 친지도 없어, 말할 수 없이 힘들고 외로운 처지에 놓인 피해자를 처로 맞았으면 피고인으로서는 마땅히 사랑과 정성으로 따뜻이 보살펴야 함에도, 필리핀에서 혼인식을 거행하고 혼인신고를 한 후 국내에 피해자를 데려다 놓고는 제대로 부양은커녕 피해자로 하여금 갖은 고초를 겪게 함으로써 급기야 그나마 정을 붙일 수 있는 피고인 곁을 떠나 가출할 수밖에 없게 함은 물론 열악한 상태에서 근로자로 일하도록 계속 방치하는가 하면, 모처럼 당국의 협력으로 피해자를 다시 만났으면 위로와 휴식으로 정상적인 혼인생활을 유지할 수 있도록 노력하여야 함에도 불구하고, 자신의 부당한 욕구 충족만을 위하여 처의 정당한 성적 자기결정권의 행사를 무시하고 가스총과 과도로 위협을 하면서 유두를 자르겠다든가, 죽이겠다든가 하는 차마 사람으로서 생각할 수도 없는 행동을 서슴치않고 자행한 피고인의 그와 같은 행동은 이를 도무지 이해할 수도 용인할 수도 없는 것이다. 이는 처인 피해자에 대하여도 부끄러운 일일뿐만 아니라 외국인인 처에 대하여는 그가 한국인이라는 점에서 부끄럽고 참담하기 이를 데 없는 소위라고 아니할 수 없다. 피고인은 죄질 불량한 이 같은 범행에 대하여 엄한 벌을 받아 마땅하다.

3. 다만, 피고인이 이 사건 범행을 모두 시인하고 비록 뒤늦은 후회이긴 하나, 다시 태어나면 '동물'이 되겠다는 등의 통렬한 자기 반성으로 자신의 잘못을 깊이 뉘우치고 있는 점, 피해자가 한동안 가출하였다가 돌아온 데다가 피해자 역시 남편인 피고인과 그간의 사정에 대한 대화와 적절한 의사소통을 위한 노력을 게을리 한 것으로 보이고, 피고인에게 과거 아무런 범죄전력이 없는 점, 이후 피해자가 피고인에 대한 고소를 취소하여 피고인에 대한 선처를 바라고 있는 점 등의 정상을 특별히 참작하기로 한다.

4. 그 밖에 피고인의 연령, 성행, 가정환경, 직업, 범행의 동기, 그 수단 및 결과, 범행 후의 정황 등 공판에 현출된 모든 양형조건을 종합하여 법률이 정한 그 형기의 범위 내에서 피고인의 이 사

건 범행에 대한 형을 주문과 같이 정하여 선고한다.

【별지】 법률상 처를 강간죄의 객체로 인정한 이유

[논점의 소재]

1. 형법 제297조는 폭행 또는 협박으로 부녀를 강간한 자는 3년 이상의 유기징역에 처한다고 규정하고 있다. 이 경우에 흉기 또는 위험한 물건을 휴대하거나 2인 이상이 합동하여 죄를 범하면 특별법에 의하여 형이 가중된다. 여기서 문제되는 논점은 ① 범행의 객체로 규정된 '부녀'에 '혼인 중의 부녀'가 포함되느냐, ② 이혼소송 중이거나 혼인관계가 파탄되어 별거 중인 부부 사이는 물론 혼인관계가 정상적으로 유지되고 있는 부부 사이에도 마찬가지로 적용된다고 할 것이냐, ③ 강간의 수단으로서의 폭행과 협박의 정도는 어떠해야 하며, 이를 일반 강간죄와 같이 볼 것이냐, 하는 등의 이른바 부부강간의 인정여부와 그 요건에 관한 것이다.

[부부강간의 입법례와 외국 사법제도상의 처우]

2. 영국과 미국은 오랜 기간, 부부단일체의 이론, 혼인의 프라이버시 이론 등을 내세워 부부강간 면책을 인정하여 왔다. 그러다가 미국은 1984년에 이르러, 뉴욕주 항소법원의 한 판결(People v. Liberta Case)로 "혼인증명서가 면책특권을 갖고 아내를 강간하는 자격증일 수 없다. 기혼여성도 미혼여성과 마찬가지로 자신의 신체를 통제할 권리를 지닌다"고 판시함으로써 부부강간을 인정하는 한편, 부부 일방이 성관계를 거부할 때 상대방이 취할 수 있는 태도는 강간이 아니라 이혼법정으로 가는 것이라는 취지를 분명히 하였다. 영국도 1991년에 종전의 면책 법리를 드디어 폐기하였다. 독일은 1997년, 과거 부부강간죄 부정의 근거가 되었던 구 형법 제177조의 '혼인외의 성교' 부분이 삭제됨과 동시에 '부녀(eine Frau)'를 '타인(eine andere Person)'이라는 용어로 대체함으로써 부부강간을 강간죄로 소추하여 처벌함에 아무런 제한이 없게 되었을 뿐만 아니라 남자도 강간죄의 객체가 되었다. 프랑스는 1981년 한 판결을 시작으로 부부 사이의 강간죄를 인정하고 있다. 그 나라의 형법은 강간을 '폭력, 강요, 협박, 충격적인 방법 등을 이용하여 타인에게 가하는 모든 형태의 성적 삽입 행위'로 규정함으로써 부부 사이라도 강간죄가 성립 가능하다. 일본의 경우는 계속적인 성관계를 전제로 하는 부부간에는 혼인관계의 실질적인 파탄이 없는 한 강간죄가 성립되지 않는다는 것이 학계의 지배적인 견해이며, 판례의 태도이다. 그러나 정상적인 부부 사이에도 성적 자기결정권은 유지된다는 논거를 제시하며 강간죄가 성립할 수 있다는 유력한 견해가 제시되고 있다. 국제연합(UN)은 1993. 12. 12. 제48차 총회에서 아내 강간을 여성에 대한 폭력의 일례로 제시하였으며, 나아가 유엔인권위원회(UN Human Rights Committee)는 1999년 우리나라 정부의 자유권조약 제2차보고서에 대한 심사결과를 발표하면서 우리나라가 아내 강간을 범죄로 인정하지 않음에 대하여 깊은 우려를 표시한 바 있다.

[우리 형법상 강간죄의 보호법익]

3. 우선 강간죄의 보호법익이 무엇이냐, 하는 것이 문제가 된다. 과거에는 이를 성적 순결 또는 정조로 보아왔다. 그러나 이제는 이를 인격권의 하나인 여성의 성적 자기결정권으로 보는 것에 이론(異論)이 없다. 우리 형법은 1995. 12. 29.의 개정을 통하여 종래 '정조의 장'에 포함되어 있던 강간죄를 분리하여 '강간 및 추행의 장'으로 독립·편재하는 한편 그곳에 동종의 범죄를 아울러 규정하였다. 이는 강간죄의 보호법익을 성적 자기결정권으로 선언한 이상과 같은 문명국가의 거스를 수 없는 대세를 반영한 반성적 고려에 기인한 것이다.

[부부 사이의 성과 그 향유 방법]

4. 부부 사이의 성(性)은 남녀가 만나 가정을 이룸과 동시에 신으로부터 부여받는 성스럽고도 신비로운 선물이다. 부부는 자유롭고 계속적인 성생활을 통하여 자녀출산과 양육, 삶의 기쁨과 행복은 물론 유한한 인생에 있어서의 피할 수 없는 슬픔과 이에 대한 위로를 공유한다. 그러므로 부부는 상호간의 이해와 협력, 사랑과 존중을 토대로 원만하고 편안한 성생활을 유지하여야 할 필요가 있다. 이 경우에 부부의 성은 축복이 된다. 그러나 부(夫, 이하 편의상 남편이라고 한다)가 구체적인 경우에 처의 사정과 의사를 무시하고, 자기의 주장을 심기 위한 수단으로, 또는 힘으로 상대를 제압하거나 굴복시키기 위하여, 성행위 이후에는 갈등이 자신의 뜻대로 해결된다는 망상에 빠지는 등의 여러 가지 불순한 의도와 잘못된 판단으로 폭력의 방법으로 처를 강간하는 것은 더 이상 상대를 인격체로 대우하는 것이 아니라 자신의 부당한 욕구충족과 의사관철의 도구로 전락시키는 것이며 자신에게 가장 가까이 있는 사람을 말하자면 사물화하는 것이다. 이 경우에 부부의 성은 저주가 된다. 성적 결합이 부부 사이를 유지하는 중요한 요인인 것은 사실이지만, 그것이 전부는 아니다. 그보다는 정신과 영혼의 긴밀한 결합이 두 사람의 삶을 받쳐주어야 하며, 그것은 두 인격체의 깊은 사랑과 신뢰에 그 뿌리를 두어야 한다.

5. 부부는 혼인과 동시에 동거의무를 부담하는 관계상, 특별한 사정이 없는 한 처는 남편의 성적 요구에 응할 의무가 있다. 그러나 이 경우에 처가 자신의 성적 자기결정권을 포기하거나 이론상으로도 같은 권리가 상실된 것으로 볼 것은 아니다. 왜냐하면, 성적 자기결정권은 그 권리의 성격상 특정인에 대하여 이를 포괄적으로 행사하는 것이 아니라 구체적인 경우에 매번 이를 개별적으로 행사하는 것이기 때문이다. 처는 혼인으로 인하여 남편에게 성적 자기결정권의 행사를 일단 유보하거나 완화한 것에 불과하다. 이는 상대가 자신의 의사와 인격을 존중하리라는 기대와 신뢰가 그 바탕에 자리하고 있기 때문이다.

6. 그러므로 남편의 성적 교섭의 요구는 처의 소극적인 성적 자기결정권의 행사가 시작되는 지점에서 멈추어야 한다. 이때 남편으로서는, 현안으로 대두된 갈등양상의 해소를 위하여 대화와 설득 등을 통한 해법을 모색하여야 하고, 그래도 여의치 아니하는 경우에는 동거의무의 불이행을 전제로 한 이혼청구의 방법으로 사태해결을 시도하여야 한다. 국가가 명백하게 불법으로 규정한 폭력적인 방법 등을 동원하여 상대를 굴복시키려고 하는 시도는 그것이 부부 사이라고 하여 이를 용인할 것은 아니다. 이를 방치하면, 처는 자신이 부부의 일방 당사자로서 존중받는 사람이 아니라 성의 도구나 노예로 전락하였다는 인식에서, 참을 수 없는 수치심, 모멸감, 자괴감 등을 느끼게 되고, 이러한 감정은 급기야 남편에 대한 분노와 적개심, 복수심 등의 부정적인 생각에 사로잡혀 부부관계는 끝내 파국으로 치닫게 되며, 개인에 따라서는 급성스트레스장애, 사회 및 대인 적응장애, 정도가 심한 우울증, 불면증 등의 심각한 후유증을 겪을 수 있으며, 그 피해는 결국 그들의 자녀에까지 연장, 확산될 수 있다는 것이 전문가들의 견해이다. 더욱이 수동적이고 방어적인 신체구조의 특성상 폭력적인 성관계로 인한 피해는 여성의 가장 섬세하고 예민한 부위에 그 상흔이 오래도록 고스란히 잔존하면서 단순한 육체적인 것을 넘어 마음과 정신 그리고 영혼에 깊숙이 새겨진다는 점이 문제라고 아니할 수 없다.

[부부문제는 치외법권의 영역에 있는가]

7. 헌법 제36조 제1항은 혼인과 가족생활은 개인의 존엄과 양성의 평등을 기초로 성립되고 유지되어야 하며, 국가는 이를 보장한다고 규정하고, 제2항은 국가는 모성의 보호를 위하여 노력하여야

한다고 규정하고 있다. 한편, 제10조는 모든 국민은 인간으로서의 존엄과 기치를 가치며 행복을 추구할 권리를 가진다. 국가는 개인이 가지는 불가침의 기본적 인권을 확인하고 이를 보장할 의무를 진다고 규정하고 있다. 따라서 모든 국민이 사생활의 비밀과 자유를 침해받지 아니함은 헌법 또한 언명하고 있는 바이지만(제17조), 부부생활이 국가의 치외법권 지역이 아닌 것 역시 위 조항들의 취지에 비추어 당연하다. 그런 관점에서 아동학대와 가족 사이의 폭력 및 근친 사이에 야기되는 여러 가지 심각한 문제에 대하여 국가가 개입하는 것이다. 부부강간에 국가가 개입하여 혼인관계가 파탄되는 것이 아니라 부부강간 자체로 혼인관계가 이미 파탄된 것이며, 국가는 사회의 구성단위인 가정을 이루는 부부 사이에서 발생한 성적 폭력사태를 위와 같은 헌법원리와 정의관념에 입각하여 사후수습하는 것이다.

8. 요컨대, 남편은 처를 성적으로 함부로 대하여도 된다든가 부부강간은 면책이라는 과거의 그릇된 생각은 만인의 권리의식이 보편화된 이 문명시대에 더 이상 통용될 수 없는 역사의 잔재이며 따라서 우리는 이와 같은 구시대의 관념을 의식 속에서 걷어낼 필요가 있다. 우리 사회 또한 이제는 부부 사이의 성윤리에 관한 이 같은 새로운 관점을 능히 수용할 수 있을 만큼 성숙한 단계에 이르렀다고 믿는다.

[부부강간의 인정 여부와 폭행, 협박의 정도]

9. 위와 같은 논의를 종합하여 이제 결론을 말하자면, ① 우리 형법상의 '부녀'에 '혼인 중의 부녀'가 제외된다고 볼 아무런 근거가 없다. 현행 법률로 부부강간은 처벌 가능하다. 따라서 이를 벌하기 위하여 특별법의 입법에 나아갈 것까지 없다. ② 강간죄의 보호법익을 성적 성실을 의미하는 여성의 '정조'가 아니라 인격권에 해당하는 '성적 자기결정권'으로 보는 이상 처 또한 같은 권리가 있다고 보아야 함이 이론상으로나 연혁적으로나 의문의 여지가 없다. ③ 국가가 개입하여 처에 대한 폭행과 협박 등 강간죄의 수단에 해당하는 행위를 처벌하면서 그보다 훨씬 죄질이 중한 죄를 처벌 못함은 사안에 대한 적절하고도 균형있는 사법상의 조처라고 볼 수 없다. 이를 강요죄 등으로 의율이 가능하다는 주장이 있으나 이는 우회적인 것일 뿐 아니라 특히 의무의 유무에 관하여는 그 자체에 논리모순을 포함하고 있다. ④ 부부 사이에 발생하는 심각한 성적 폭력행위로 여성인 처의 자유로운 인격의 실현과 존엄성을 해하는 사태를 국가가 방치하는 것은 인간다운 생활과 행복추구권을 보장한 헌법원리와 정의관념에 현저히 반한다. 가정 내에서 은밀하게 진행되는 부부 사이의 성적 폭력행위를 법률이 적시에, 적정한 방법으로 규제하지 아니하면 계속적, 반복적인 것이 되기 쉽고, 처의 지위가 힘이나 형편에서 상대적으로 열악한 경우에는 더 심각한 사태가 발생할 수 있다. ⑤ 부부강간의 인정이 처에 의해 오용되거나 남용될 가능성이 있거나 입증곤란의 사정을 들어 그 같은 해석에 반대한다는 취지의 견해가 있으나, 이는 수사와 재판 등 형사사법절차에서의 사실인정 문제로서, 이를 내세워 폭력을 수단으로 한 부부강간을 부정하는 구실로 삼는 것은 본말이 전도된 것이다. 결국, ① 혼인관계가 파탄되어 부부라고 볼만한 실질이 존재하지 아니한다면, 이를 굳이 여타 관계와 법률상 처우를 달리 할 뚜렷한 이유가 없다. 외관만 존재하는 혼인관계만을 보고, 강간을 인정하지 아니할 것은 아니다. 이는 통상의 강간과 조금도 다를 바 없는 것이다. ② 혼인관계가 정상적으로 유지 중인 경우에도 이상과 같은 근거와 이유에서 법률에서 정한 그 요건이 충족될 때, 강간을 인정함이 타당하다. 이른바 부부 사이의 강간은 인정되고 처벌되어야 한다. ③ 처가 성적 자기결정권의 행사를 분명히 하였음에도 남편이 성관계를 감행한 경우에 이를 강간으로 인정하기 위하여는 그 수단으로서의 폭행과 협박이 있어야 하고, 이 경우의 폭행과 협박은 '처의 거부의사에 명백히 반하는 것으로서, 그 의사를 강력하게 억압하는 등의 방법으로 저항을 사실상

곤란하게 하는 것'이면 족하다. 저항이 불가능하거나 현저히 곤란하게 할 정도의 것을 요하는 것은 아니라고 판단된다. 이는 강간죄의 보호법익을 성적 자기결정권으로 보는 당연한 결과이다. 일반 강간의 경우보다 더욱 강력한 정도의 폭행, 협박을 요구하는 것은 처인 피해자에게 지나치게 가혹한 처사라고 아니할 수 없다. 이때 '저항을 사실상 곤란하게 할 정도의 폭행과 협박'이 있었다고 인정하기 위하여는 범행 당시 남편의 의도와 처의 태도, 남편이 자신의 뜻을 관철하기 위하여 처에 대하여 사용한 폭행과 협박의 태양과 수단 및 정도, 쌍방의 연령과 정신상태, 남편과 처의 평소 성행, 가족 구성과 현장의 실태 등 모든 구체적인 사정 등을 종합적으로 고려하여 합리적으로 판단하여야 할 것이다. 이 경우, 처가 힘에 밀리는 경우도 있을 것이고 심리적으로 밀리는 경우도 있을 것이다. 그 밖의 여건상 객관적으로는 저항이 가능한 사정이 있음에도, 주관적으로는 이를 달리 해석할 경우도 없지 않을 것으로 본다.

[이 사건의 경우]

10. 피고인(42세)은 2년 전에 혼인한 필리핀 국적의 외국인 처(24세)가 생리기간 중이라는 신체적인 사정을 들어 성관계를 거부하자 위험한 물건인 가스분사기와 칼날 길이 12㎝의 과도를 처의 머리와 가슴에 겨누고 죽여버리겠다고 협박하면서, 처의 유두와 음부를 자르는 시늉을 하여 피해자의 반항을 억압한 후, 처의 옷을 모두 벗게 하여 처를 강간하였다는 것이다. 피고인은 위와 같이 피해자의 정당한 성적 자기결정권의 행사를 무시하고 의심의 여지가 없는 폭력의 방법으로 강간을 자행한 것이므로, 현재 피해자와 그 혼인관계의 실질이 유지되고 있는지의 여부를 떠나서 이를 「성폭력범죄의 처벌 및 피해자보호에 관한 법률」에 정한 특수강간죄(흉기 기타 위험한 물건을 휴대하고 죄를 범한 사실로 처벌이 가중됨)로 의율함에 무슨 문제가 있을 수 없다. 상대가 외국인 국적을 보유하고 있는 이 사건 사안을 통하여 알 수 있듯이, 널리 국제적으로 광범위하게 혼인 등 인적 교류가 행하여지는 이 시대에 있어서는 더욱 세계적으로 통용되는 보편적인 법원리에 입각한 정의의 실현이 요청된다. 바로 이것이 당원이 종래의 법해석을 따르지 아니하고 새로운 태도를 취한 하나의 이유이기도 하다.

■ 부산고법 2009. 3. 4.자 2009노51 결정【성폭력범죄의처벌및피해자보호등에관한법률위반(특수강간)】(위 부산지법 2008고합808 사건의 항소심)

이 사건 공소사실은 별지 기재와 같은데, 검사가 제출한 주민조회서의 기재에 의하면, 피고인은 이 사건 항소제기 후인 2009. 1. 20. 사망한 사실이 인정된다.

따라서 형사소송법 제363조 제1항, 제328조 제1항 제2호에 의하여 이 사건 공소를 기각하기로 하여, 주문과 같이 결정한다.

⑤ 파탄된 부부 사이 ○

■ 대법원 2009. 2. 12. 선고 2008도8601 판결【성폭력범죄의처벌및피해자보호등에관한법률위반(특수강간), 성폭력범죄의처벌및피해자보호등에관한법률위반(카메라등이용촬영)】(공)

2. 강간죄의 객체 주장에 대하여

혼인관계가 존속하는 상태에서 남편이 처의 의사에 반하여 폭행 또는 협박으로 성교행위를 한 경우 강간죄가 성립하는지 여부는 별론으로 하더라도, 적어도 당사자 사이에 혼인관계가 파탄되었을 뿐만 아니라 더 이상 혼인관계를 지속할 의사가 없고 이혼의사의 합치가 있어 실질적인 부부관계가 인정될 수 없는 상태에 이르렀다면, 법률상의 배우자인 처도 강간죄의 객체가 된다(대법원 1970. 3. 10. 선고 70도29 판결 참조).

원심은 그 채용 증거들을 종합하여, 피고인과 피해자는 서로 별거를 하다가 이 사건 발생 전날 의정부지방법원 고양지원에 협의이혼신청서를 제출한 사실 등을 인정한 다음, 피고인과 피해자가 아직 법률상 혼인관계에 있기는 하나 실질적으로는 혼인관계가 파탄에 이르렀다는 이유로, 그와 같은 상황에서 피고인이 피해자의 의사에 반하여 강제로 성관계를 가졌으므로 강간죄가 성립한다고 판단하였는바, 앞서 본 법리 및 기록에 비추어 살펴보면, 원심의 위와 같은 판단은 정당하고 거기에 상고이유의 주장과 같은 강간죄의 객체에 관한 법리오해 등의 위법이 없다.

2. 행 위

① 폭행·협박의 정도

긍정례

■ 대법원 2007. 1. 25. 선고 2006도5979 판결【성폭력범죄의처벌및피해자보호등에관한법률위반(주거침입강간등)(인정된 죄명: 주거침입), 강간, 공갈】(공)

강간죄가 성립하려면 가해자의 폭행·협박은 피해자의 항거를 불가능하게 하거나 현저히 곤란하게 할 정도의 것이어야 하고, 그 폭행·협박이 피해자의 항거를 불가능하게 하거나 현저히 곤란하게 할 정도의 것이었는지 여부는 그 폭행·협박의 내용과 정도는 물론, 유형력을 행사하게 된 경위, 피해자와의 관계, 성교 당시와 그 후의 정황 등 모든 사정을 종합하여 판단하여야 한다(대법원 1992. 4. 14. 선고 92도259 판결, 2004. 6. 25. 선고 2004도2611 판결 등 참조).

또한, 상대방에 대하여 폭행 또는 협박을 가하여 추행행위를 하는 경우에 강제추행죄가 성립하려면 그 폭행 또는 협박이 항거를 곤란하게 할 정도일 것을 요하고(대법원 1983. 6. 28. 선고 83도399 판결, 2006. 2. 23. 선고 2005도9422 판결 등 참조), 그 폭행·협박이 피해자의 항거를 곤란하게 할 정도의 것이었는지 여부 역시 그 폭행·협박의 내용과 정도는 물론, 유형력을 행사하게 된 경위, 피해자와의 관계, 추행 당시와 그 후의 정황 등 모든 사정을 종합하여 판단하여야 한다.

따라서 가해자가 폭행을 수반함이 없이 오직 협박만을 수단으로 피해자를 간음 또는 추행한 경우에도 그 협박의 정도가 위와 같은 정도의 것이었다면 강간죄 또는 강제추행죄가 성립하는 것이고, 협박과 간음 또는 추행 사이에 시간적 간격이 있더라도 협박에 의하여 간음 또는 추행이 이루어진 것으로 인정될 수 있다면 달리 볼 것은 아니며, 한편 유부녀인 피해자에 대하여 혼인 외 성관계 사실을 폭로하겠다는 등의 내용으로 협박을 행사하여 피해자를 간음 또는 추행한 경우에 있어서 그 협박이 위와 같은 정도의 것이었는지 여부에 관하여는, 일반적으로 혼인한 여성에 대하여 정조의 가치를 특히 중시하는 우리 사회의 현실이나 형법상 간통죄로 처벌하는 조항이 있는 사정 등을 감안할 때 혼인 외 성관계 사실의 폭로 자체가 여성의 명예손상, 가족관계의 파탄, 경제적 생활기반의 상실 등 생활상의 이익에 막대한 영향을 미칠 수 있고 경우에 따라서는 간통죄로 처벌받는 신체상의 불이익이 초래될 수도 있으며, 나아가 폭로의 상대방이나 범위 및 방법(예를 들면 인터넷 공개, 가족들에 대한 공개, 자녀들의 학교에 대한 공개 등)에 따라서는 그 심리적 압박의 정도가 심각할 수 있으므로, 단순히 협박의 내용만으로 그 정도를 단정할 수는 없고, 그 밖에도 협박의 경위, 가해자 및 피해자의 신분이나 사회적 지위, 피해자와의 관계, 간음 또는 추행 당시와 그 후의 정황, 그 협박이 피해자에게 미칠 수 있는 심리적 압박의 내용과 정도 등 모든 사정을 종합하여 신중하게 판단하여야 한다.

■ 대법원 2005. 7. 28. 선고 2005도3071 판결【강간치상】(공)

강간죄가 성립하기 위한 가해자의 폭행·협박이 있었는지 여부는 그 폭행·협박의 내용과 정도는 물론 유형력을 행사하게 된 경위, 피해자와의 관계, 성교 당시와 그 후의 정황 등 모든 사정을 종합하여 피해자가 성교 당시 처하였던 구체적인 상황을 기준으로 판단하여야 하며, 사후적으로 보아 피해자가 성교 이전에 범행 현장을 벗어날 수 있었다거나 피해자가 사력을 다하여 반항하지 않았다는 사정만으로 가해자의 폭행·협박이 피해자의 항거를 현저히 곤란하게 할 정도에 이르지 않았다고 섣불리 단정하여서는 안 된다.

기록에 의하면, 피해자는 이른바 노래방 도우미로서, "피고인 운영의 노래방에 와서 피고인 및 그 일행들의 유흥을 돋우는 일을 하다가 피고인의 일행들이 먼저 귀가한 후 1시간 더 연장하자는 피고인의 요청에 따라 피고인과 단둘이 노래방에 있던 중, 피해자가 울면서 하지 말라고 하고 '사람 살려'라고 소리를 지르는 등 반항하였음에도, 피고인이 피해자를 소파에 밀어붙이고 양쪽 어깨를 눌러 일어나지 못하게 하는 등으로 피해자의 반항을 억압하고는 피고인의 성기를 피해자의 음부에 삽입하였다."고 일관되게 진술하고 있는바, 위와 같은 피해자의 진술은 피고인이 강간범의를 확정적으로 드러내기 이전에 피해자가 노래방에서 벗어날 기회가 있었다거나 옷이 벗겨진 구체적인 경위를 기억하지 못한다는 것만으로 쉽사리 배척할 수 있는 내용이 아닐 뿐만 아니라, 공소외 1, 공소외 2, 공소외 3은 "이 사건 후 노래방에 갔더니 피해자가 울면서 옷을 입고 있었고, 그 후 피고인은 '술 한 잔 먹고 실수를 하였다, 미안하다'고 하면서 피해자에게 그녀가 요구하는 금원의 일부를 지급할 의사를 표시하기도 하였다."고 진술하여 피해자 진술의 신빙성을 뒷받침하고 있다.

그렇다면 이 사건 공소사실에 부합하는 피해자의 진술은 신빙성이 있고, 그에 의하여 인정되는 사실을 위의 법리에 비추어 살펴보면 피해자가 당시 피고인과 단둘이 노래방 안에 있었던 점을 고려할 때 피고인의 폭행으로 인하여 피해자는 항거하기 현저히 곤란한 상태에 이르렀던 것으로 봄이 상당하다.

부정례

■ 대법원 1991. 5. 28. 선고 91도546 판결【강간, 강간치상】(공)

원심이 인용한 제1심판결이 채용한 증거들과 피고인 및 피해자의 원심공판기일에서의 각 진술을 기록과 대조하여 검토하여 보면, 피고인과 피해자의 경찰 이래 원심공판정에 이르기까지의 각 진술만이 공소사실을 유죄로 인정할 수 있는 직접증거일 뿐, 나머지 증거들은 모두 정황증거에 지나지 않는 것임을 알 수 있는바, 피해자는 대체로 공소사실에 부합되는 진술을 하고 있고 피고인은 이와 반대로 피해자와의 합의에 의하여 성교를 하였거나 하려고 한 것이라고 공소사실을 부인하고 있어서, 전체적으로는 피고인과 피해자의 진술이 상반되지만, 적어도 다음과 같은 사실들에 관하여는 피고인과 피해자의 진술이 서로 일치하고 있음이 명백하다.

즉, 피고인과 피해자가 전화를 통하여 사귀어 오면서 서로 반말을 하는 사이가 되었고 마지막에는 음담패설을 주고 받을 정도까지 된 사실(수사기록 105면 내지 107면, 공판기록 40면, 47면, 323면), 피고인이 당초 1990. 3. 21. 11:40경 피해자의 집으로 가서, 현관에서 가장 가까운 곳에 있던 방으로 피해자를 데리고 들어가 치마를 벗기려고 하면서, 간음을 시도하였는데, 그 방에는 피해자의 죽은 시어머니를 위한 제청이 설치되어 있어서 피해자가 "여기는 제청방이니 이런 곳에서 이런 짓 하면 벌 받는다"고 말하여 장소를 안방으로 옮기게 된 사실(수사기록 90면, 공판기록 115면, 116면, 271면, 327면), 피고인과 피해자가 제청방을 나온 후 피해자의 시아버지로부터 걸려온 전화를 피해자가 받았으나 적극적으로 구원을 요청하지 아니한 사실(수사기록 109면, 공판기록 117면, 118면, 328면, 329면, 다만 전화를 받은 시각에 관하여, 피해자는 제청방에서 나와 1차 성관계를 하기 전이라고 진술하고, 피고인은 1차 성관계를 한 후라고 진술하고 있으나, 피고인이 피해자의 치마를 벗기려고 하는 등 간음할 의도를 드러낸 후임에는 차이가 없다), 같은 일시에 행하여진 1, 2차 성관계 전에 발기되지 않고 있는 피고인의 성기를 피해자의 손으로 만져 발기시킨 사실(수사기록 90면, 111면, 공판기록 328면, 다만 피고인은 피해자가 자발적으로 이와 같은 행동을 하였다고 진술함에 대하여, 피해자는 피고인이 피해자를 협박하여 강제로 피고인의 성기를 만지게 하였다고 진술하고 있다.), 피해자가 1차 성관계 후 자신의 나신을 찍은 피고인의 사진기를 어항속에 빠뜨린 사실(수사기록 112면, 공판기록 62면, 103면, 119면, 330면) 등이다.

나. 강간죄에 있어서의 폭행 또는 협박은 피해자의 반항을 현저히 곤란하게 할 정도의 것이어야 하는 바, 위에서 본 바와 같이 피고인과 피해자의 진술이 서로 일치하는 사실들에 나타난 상황으로 미루어 본다면, 피고인이 위 (i)항공소사실과 같이 1990. 3. 21. 11:40경 피해자에 대하여 폭행 또는 협박을 가하였다고 하더라도, 그 폭행 또는 협박이 피해자의 반항을 현저히 곤란하게 할 정도에까지 이른 것이라고 보기는 어렵다.

② 실행의 착수

■ 대법원 2000. 6. 9. 선고 2000도1253 판결【강간미수, 공갈】

다. 강간죄에 있어서 폭행 또는 협박은 피해자의 항거를 불능하게 하거나 현저히 곤란하게 할 정도의 것이어야 하고, 그 폭행 또는 협박이 피해자의 항거를 불능하게 하거나 현저히 곤란하게 할 정도의 것이었는지 여부는 유형력을 행사한 당해 폭행 및 협박의 내용과 정도는 물론이고 유형력을 행사하게 된 경위, 피해자와의 관계, 범행 당시의 정황 등 제반 사정을 종합하여 판단하여야 한다(대법원 1999. 4. 9. 선고 99도519 판결, 1999. 5. 28. 선고 99도1118 판결, 1999. 9. 21. 선고 99도2608 판결 등 참조). 그리고 강간죄는 부녀를 간음하기 위하여 피해자의 항거를 불능하게 하거나 현저히 곤란하게 할 정도의 폭행 또는 협박을 개시한 때에 그 실행의 착수가 있다고 보아야 할 것이고, 실제로 그와 같은 폭행 또는 협박에 의하여 피해자의 항거가 불능하게 되거나 현저히 곤란하게 되어야만 실행의 착수가 있다고 볼 것은 아니다(대법원 1991. 4. 9. 선고 91도288 판결 참조).

라. 그런데 원심이 인정한 사실관계에 의하더라도, 피고인은 침대에서 일어나 나가려는 피해자의 팔을 낚아채어 일어나지 못하게 하고, 갑자기 입술을 빨고 계속하여 저항하는 피해자의 유방과 엉덩이를 만지면서 피해자의 팬티를 벗기려고 하였다는 것인바, 위와 같은 사실관계라면 피고인은 피해자의 의사에 반하여 피해자의 반항을 억압하거나 현저하게 곤란하게 할 정도의 유형력의 행사를 개시하였다고 보아야 할 것이고, 당시 피고인이 술에 많이 취하여 있어 피해자가 마음대로 할 수 있었다고 생각하였다거나 피해자가 피고인을 뿌리치고 동생 방으로 건너갔다고 하더라도 이러한 사정은 피고인이 술에 취하여 실제로 피해자의 항거를 불능하게 하거나 현저히 곤란하게 하지 못하여 강간죄의 실행행위를 종료하지 못한 것에 불과한 것이지, 피고인이 강간죄의 실행에 착수

하였다고 판단하는 데 장애가 되는 것은 아니다.

마. 그럼에도 불구하고, 원심이 피고인이 술에 만취되어 피해자의 항거를 불능하게 하거나 현저히 곤란하게 할 정도의 유형력을 행사하였다고 볼 수 없다고 하여 강간미수의 공소사실이 범죄의 증명이 없는 경우에 해당한다고 판단한 것은 강간죄의 실행의 착수에 관한 법리를 오해함으로써 판결에 영향을 미친 위법을 저지른 것이라고 하지 않을 수 없다. 상고이유 중 이 점을 지적하는 부분은 이유 있다.

③ **죄수**

ⓐ **피해자가 다르면 수죄의 실체적 경합**

ⓑ **동일 피해자**

수죄로 인정한 사례

■ 대법원 1996. 9. 6. 선고 96도1763 판결 [요지]

차량 안에서 강간을 시도하다가 지나가는 사람에 발각되어 미수에 그친 후 1시간 30분 가량 자동차를 운전하여 이동한 후 이미 겁을 먹고 항거불능 상태에 있는 피해자를 간음한 경우 강간미수죄와 강간죄의 실체적 경합.

■ 대법원 1987. 5. 12. 선고 87도694 판결【강간치상, 강간】(공)

원심판결 이유와 원심이 유지한 제1심판결이 든 증거들을 기록에 비추어 살펴보면, 피고인이 이 사건 피해자(여, 20세)를 강간할 목적으로 도망가는 피해자를 추격하여 머리채를 잡아 끌면서 블럭조각으로 피해자의 머리를 수회 때리고 손으로 목을 조르면서 항거불능케 한 후 그녀를 1회 간음하여 강간하고 이로 인하여 그녀로 하여금 요치 28일간의 전두부 타박상을 입게 한 후 약 1시간 후에 그녀를 피고인 집 작은방으로 끌고가 앞서 범행으로 상처를 입고 항거불능 상태인 그녀를 다시 1회 간음하여 강간한 사실을 각 인정하기에 넉넉하고, 거기에 소론과 같은 채증법칙에 위배하여 사실인정을 잘못한 허물을 찾아 볼 수 없다. 또한 원심이 위에 설시한바 피고인의 두 번에 걸친 피해자에 대한 강간행위를 그 범행시간과 장소를 각 달리하고 있을 뿐만 아니라 각 별개의 범의에서 이루어진 행위로 보아 형법 제37조 전단의 실체적 경합범으로 처단한 조치는 옳고, 거기에 소론과 같이 법령적용에 잘못이 있다는 주장은 받아들일 수 없다.

☞ 시간적·장소적으로 접착되어 범의의 단일성과 계속성을 인정할 수 있는 때에는 포괄일죄(eg 여관에 감금하여 하룻밤 동안 수회 간음).

■ 대법원 1982. 12. 14. 선고 82도2442 판결【미성년자의제강간치상 · 미성년자의제강간(택일적 추가 죄명: 미성년자의제강제추행)】(공)

미성년자의제강간죄 또는 미성년자의제강제추행죄는 행위시마다 1개의 범죄가 성립하므로 각 강간 또는 강제추행시마다 일시를 특정하여 공소사실을 기재하여야 한다는 전제하에, 원심이 이 사건 공소사실 중 "피고인이 1980. 12. 일자불상경부터 1981. 9. 5.전일경까지 사이에 피해자를 협박하여 약 20여회 강간 또는 강제추행(택일적 공소사실)하였다"는 부분은 그 범행일시가 명시되지 아니하여 공소사실을 특정할 수 없어 위 공소사실부분에 대한 공소를 기각하는 판결을 선고한 원심의 조처는 정당하고(대법원 1975. 6. 24. 선고 75도346 판결 참조) ….

일죄로 인정한 사례

> ■ 대법원 1970. 9. 29. 선고 70도1516 판결
>
> 항거불능하게 한 후 1회 간음하고 200m쯤 오다가 다시 1회 간음한 사안에서 일죄 인정.

④ 강간치상

> ■ 부산지법 동부지원 2004. 11. 5. 선고 2004고합187 판결: 항소【강간치상】(각공)
>
> 이 사건 공소사실 중 강간치상의 점의 요지는, "피고인 2가 위 범죄사실 기재와 같이 피해자 1을 강간하고, 그로 인하여 피해자 1로 하여금 치료일수 불상의 처녀막 타박상을 입게 하였다."라고 함에 있다.
>
> 살피건대, 기록에 의하면 피해자 1이 위 강간행위로 입은 상처인 처녀막 타박상은 처녀막이 파열된 것이 아니라 단지 처녀막 일부(3시와 7시 방향)에 피멍(피하출혈)이 있는 것에 불과하고, 이에 대하여 치료를 받았다는 사정 또한 엿보이지 아니하므로, 위 처녀막 타박상은 그 정도가 경미하여 굳이 따로 치료를 받지 않아도 자연적으로 치유될 수 있으며, 일상생활을 하는 데 아무런 지장이 없는 경우에 해당한다고 봄이 상당하므로, 이를 강간치상죄에 있어서 상해로 볼 수 없다 할 것이다.
>
> 그렇다면 위 강간치상의 공소사실은 범죄의 증명이 없는 경우에 해당하므로 형사소송법 제325조 후단에 의하여 이에 대하여 무죄를 선고할 것이나, 위 강간치상죄에 포함된 것으로 단일죄의 관계에 있는 판시 강간죄를 위에서 유죄로 인정한 이상 따로 주문에서 무죄를 선고하지 아니한다.

III. 강제추행죄

1. 추행의 의미

① 학설

1. 성욕의 흥분 · 자극 · 만족을 목적으로 하는 행위로서 일반인에게 성적 수치심이나 혐오감을 일으키는 행위
2. 객관적으로 일반인에게 성적 수치심이나 혐오감을 일으키는 행위(다수설, 판례)

② 판례

> ■ 대법원 2008. 3. 13. 선고 2007도10050 판결【강제추행, 강제추행방조(인정된 죄명: 강제추행)】(미)
>
> 강제추행죄는 상대방에 대하여 항거를 곤란하게 할 정도의 폭행 또는 협박을 가하여 추행행위를 하는 경우에 성립하고, 이 경우의 '추행'은 객관적으로 일반인에게 성적 수치심이나 혐오감을 일으키게 하고 선량한 성적 도덕관념에 반하는 행위로서 피해자의 성적 자유를 침해하는 것이라고 할 것인데, 이에 해당하는지 여부는 피해자의 의사, 성별, 연령, 행위자와 피해자의 이전부터의 관계, 그 행위에 이르게 된 경위, 구체적 행위태양, 주위의 객관적 상황과 그 시대의 성적 도덕관념 등을 종합적으로 고려하여 결정되어야 한다(대법원 2007. 1. 25. 선고 2006도5979 판결 및 2002. 4. 26. 선고 2001도2417 판결 등 참조).
>
> 원심이 그 설시 증거를 종합하여, 피고인이 이 사건 당일 (상호 생략) 컨트리클럽 회장 공소외인 등과 골프를 친 후 위 컨트리클럽 내 식당에서 식사를 하면서 그곳에서 근무 중인 여종업원인 피

해자들에게 함께 술을 마실 것을 요구하였다가 피해자들로부터 거절당하였음에도 불구하고, 위 컨트리클럽의 회장인 위 공소외인과의 친분관계를 내세워 피해자들에게 어떠한 신분상의 불이익을 가할 것처럼 협박하여 피해자들로 하여금 목 뒤로 팔을 감아 돌림으로써 얼굴이나 상체가 밀착되어 서로 포옹하는 것과 같은 신체접촉이 있게 되는 이른바 러브샷의 방법으로 술을 마시게 한 사실을 인정한 다음, 피고인과 피해자들의 관계, 성별, 연령 및 위 러브샷에 이르게 된 경위나 그 과정에서 나타난 피해자들의 의사 등에 비추어 볼 때 강제추행죄의 구성요건인 '강제추행'에 해당하고, 이 때 피해자들의 유효한 승낙이 있었다고 볼 수 없다고 판단하였다.

원심의 그와 같은 사실인정 및 판단은 위에 본 법리와 사실심 법관의 합리적인 자유심증에 따른 것으로서 기록에 비추어 정당하고, 거기에 상고이유의 주장과 같은 채증법칙 위배, 심리미진 또는 강제추행에 관한 법리오해 등의 위법이 없다.

■ 대법원 2010. 2. 25. 선고 2009도13716 판결【특수강도 · 특수강도미수 · 강제추행 · 성폭력범죄의처벌및피해자보호등에관한법률위반(특수강제추행) · 성폭력범죄의처벌및피해자보호등에관한법률위반(특수강제추행등)미수 · 성폭력범죄의처벌및피해자보호등에관한법률위반(특수강도강간등) · 성폭력범죄의처벌및피해자보호등에관한법률위반(특수강간) · 강간상해】(미)

추행은 객관적으로 일반인에게 성적 수치심이나 혐오감을 일으키게 하고 선량한 성적 도덕관념에 반하는 행위로서 피해자의 성적 자유를 침해하는 것을 말하는바, 이에 해당하는지 여부는 피해자의 의사, 성별, 연령, 행위자와 피해자의 관계, 그 행위에 이르게 된 경위, 구체적 행위태양, 주위의 객관적 상황과 그 시대의 성적 도덕관념 등을 종합적으로 고려하여 신중히 결정하여야 한다(대법원 2002. 4. 26. 선고 2001도2417 판결 등 참조).

이러한 법리에 따라 이 사건에 관하여 보건대, 원심이, 이 사건 공소사실 중 강제추행과 관련된 부분에 대하여, 판시 증거에 의하여 인정되는 다음과 같은 사정, 즉 피고인이 엘리베이터라는 폐쇄된 공간에서 피해자들을 칼로 위협하는 등으로 꼼짝하지 못하도록 자신의 실력적인 지배하에 둔 다음 피해자들에게 성적 수치심과 혐오감을 일으키는 자신의 자위행위 모습을 보여 주고 피해자들로 하여금 이를 외면하거나 피할 수 없게 한 행위는 강제추행죄의 추행에 해당한다고 판단한 제1심판결을 유지한 것은 정당하고, 달리 거기에 강제추행죄의 추행의 개념에 관한 법리오해 등의 잘못이 없다.

■ 대법원 2006. 1. 13. 선고 2005도6791 판결【미성년자의제강제추행】(공)

형법 제305조의 미성년자의제강제추행죄는 '13세 미만의 아동이 외부로부터의 부적절한 성적 자극이나 물리력의 행사가 없는 상태에서 심리적 장애 없이 성적 정체성 및 가치관을 형성할 권익'을 보호법익으로 하는 것으로서, 그 성립에 필요한 주관적 구성요건요소는 고의만으로 충분하고, 그 외에 성욕을 자극·흥분·만족시키려는 주관적 동기나 목적까지 있어야 하는 것은 아니다.

원심은 그 설시 증거들을 종합하여 초등학교 4학년 담임교사(남자)인 피고인이 교실에서 자신이 담당하는 반의 남학생인 피해자의 성기를 4회에 걸쳐 만진 사실을 인정한 다음, 그와 같은 피고인의 각 행위는 비록 교육적인 의도에서 비롯된 것이라 하여도 교육방법으로서는 적정성을 갖추고 있다고 볼 수 없고, 그로 인하여 정신적·육체적으로 미숙한 피해자의 심리적 성장 및 성적 정체성의 형성에 부정적 영향을 미쳤으며, 현재의 사회환경과 성적 가치기준·도덕관념에 부합되지 아니하므로, 형법 제305조에서 말하는 '추행'에 해당한다고 판단하였는바, 이러한 원심의 사실인정과 판단은 위의 법리나 이 사건 기록에 비추어 정당한 것으로 수긍되고, 거기에 피고인이 상고이유로 내세운 것처럼 채증법칙 위배로 사실을 오인하거나 미성년자의제강제추행죄의 성립요건에 관한 법리를 오해하는 등으로 판결 결과에 영향을 미친 위법이 없다.

■ 대법원 2009. 9. 24. 선고 2009도2576 판결【성폭력범죄의처벌및피해자보호등에관한법률위반(13세미만미성년자강간등)】(공)

성폭력범죄의 처벌 및 피해자보호 등에 관한 법률 제8조의2 제5항에서 규정한 13세 미만의 미성년자에 대한 추행죄는 '13세 미만의 아동이 외부로부터의 부적절한 성적 자극이나 물리력의 행사가 없는 상태에서 심리적 장애 없이 성적 정체성 및 가치관을 형성할 권익'을 보호법익으로 하는 것으로서, 그 성립에 필요한 주관적 구성요건으로 성욕을 자극·흥분·만족시키려는 주관적 동기나 목적이 있어야 하는 것은 아니다(대법원 2006. 1. 13. 선고 2005도6791 판결 참조). 그리고 위 죄에 있어서 '추행'이라 함은 객관적으로 상대방과 같은 처지에 있는 일반적이고도 평균적인 사람으로 하여금 성적 수치심이나 혐오감을 일으키게 하고 선량한 성적 도덕관념에 반하는 행위로서 피해자의 성적 자유를 침해하는 것이라고 할 것인데, 이에 해당하는지 여부는 피해자의 의사, 성별, 연령, 행위자와 피해자의 이전부터의 관계, 그 행위에 이르게 된 경위, 구체적 행위태양, 주위의 객관적 상황과 그 시대의 성적 도덕관념 등을 종합적으로 고려하여 신중히 결정되어야 할 것이다(대법원 2002. 4. 26. 선고 2001도2417 판결 참조).

원심판결 및 원심이 적법하게 조사한 증거 등에 의하면, 피고인은 자신이 기간제 교사로 근무하는 초등학교 연구실에서 건강검진을 받겠다며 찾아온 피해자 공소외 1 등에게 손목의 맥을 짚어본 다음 책상 위에 눕게 하여 상의 속으로 손을 넣어 주로 가슴 부위를 누르거나 문지른 사실, 피해자 공소외 1은 제1심에서 "몸을 만지면서 건강검진 하는 것이 싫다고는 이야기하지 않았는데, 제가 그 느낌이 싫어서 간지러운 척하면서 안하였다. 가슴을 만질 때 싫은 내색도 보였고, 셋째 날에 싫다고 얘기도 하였다"고 증언한 사실, 피해자 공소외 1과 함께 건강검진을 받은 같은 또래의 공소외 2는 원심에서 "처음에는 기도를 드리고 맥박을 짚으면서 건강상태를 알아본다며 누우라고 하더니 갑자기 옷 속에 손을 넣어서 배를 짚어보면서 유방과 유두를 만졌다. 너무 황당해서 '왜 만지세요'라고 물으면서 몸을 움직였더니 '가만 있으라'고 했다. 손가락으로 만지지 않고 손바닥으로 약간 쥐는 듯한 모양으로 만졌고 손바닥이 유두에 닿았다"고 증언하였고, 마찬가지로 함께 건강검진을 받은 공소외 3은 원심에서 "3층 빈방에서 받을 때는, 어렸을 때 유두 부분을 짜면 안된다고 하면서 유두를 만졌고, 다른 장소에서는 유두를 만지지 않고 유두 옆 부분을 만졌다"고 증언한 사실, 피고인도 원심 법정에서 처음에는 유두를 만지지 않고 통통치는 방법으로 했고 두 번째에 만졌다고 진술한 사실, 피고인이 종전 수업시간에 몸이 아프다고 호소하는 학생들을 진맥하여 건강상태를 알려 주기도 하였으나 직접 상의 속으로 손을 넣어 건강 상태를 진단한 적은 없었던 사실, 위 공소외 2는 진맥으로 건강상태를 알 수 있다고 해서 호기심에서 피고인을 찾아갔으나 갑자기 상의 속으로 손을 넣어 가슴과 유두를 만지자 황당해 하며 적극적으로 싫다는 표현을 하였고 화장실을 가는 척하면서 도망을 가려고 하였으며, 위 공소외 3은 심지어 성폭력을 당했다는 느낌이 들었고 자기만 당하는 게 싫어서 다른 친구들을 데려갔다고 진술하기도 한 사실을 알 수 있다.

사정이 이와 같다면, 피고인의 행위는, 비록 피해자 공소외 1이 호기심에서 피고인을 먼저 찾아

갔고 함께 간 학생들이 지켜보는 가운데서 한 행위여서 성욕을 자극·흥분·만족시키려는 주관적 동기나 목적이 없었다고 하더라도, 객관적으로 피해자 공소외 1과 같은 처지에 있는 일반적이고도 평균적인 사람으로 하여금 성적 수치심이나 혐오감을 일으키게 하고 선량한 성적 도덕관념에 반하는 행위에 해당하고, 그로 인하여 정신적·육체적으로 미숙한 피해자 공소외 1의 심리적 성장 및 성적 정체성의 형성에 부정적 영향을 미쳤다고 할 것이므로, 위 법률 조항에서 말하는 '추행'에 해당한다고 평가할 수 있다. 나아가 추행행위의 행태와 당시의 정황 등에 비추어 볼 때 피고인의 범의도 인정할 수 있다.

그렇다면 원심이 판시와 같은 사유를 들어 피고인의 행위가 추행에 이르렀다고 보기 어렵고 또한 당시 피고인에게 피해자 공소외 1을 추행한다는 의사가 있었다고 보기 어렵다는 이유로 이 부분 공소사실에 대하여 무죄라고 판단한 것은 앞서 본 '추행'에 관한 법리를 오해하여 판결에 영향을 미친 위법이 있다고 할 것이다.

2. 폭행 · 협박의 정도

① 학설

1 강간죄와 폭행 · 협박죄의 중간 정도

2 강간죄의 그것과 같은 정도(다수설)

② 판례

■ 대법원 2007. 1. 25. 선고 2006도5979 판결【성폭력범죄의처벌및피해자보호등에관한법률위반(주거침입강간등)(인정된 죄명: 주거침입), 강간, 공갈】(공)

강간죄가 성립하려면 가해자의 폭행 · 협박은 피해자의 항거를 불가능하게 하거나 현저히 곤란하게 할 정도의 것이어야 하고, 그 폭행 · 협박이 피해자의 항거를 불가능하게 하거나 현저히 곤란하게 할 정도의 것이었는지 여부는 그 폭행 · 협박의 내용과 정도는 물론, 유형력을 행사하게 된 경위, 피해자와의 관계, 성교 당시와 그 후의 정황 등 모든 사정을 종합하여 판단하여야 한다(대법원 1992. 4. 14. 선고 92도259 판결, 2004. 6. 25. 선고 2004도2611 판결 등 참조).

또한, 상대방에 대하여 폭행 또는 협박을 가하여 추행행위를 하는 경우에 강제추행죄가 성립하려면 그 폭행 또는 협박이 항거를 곤란하게 할 정도일 것을 요하고(대법원 1983. 6. 28. 선고 83도399 판결, 2006. 2. 23. 선고 2005도9422 판결 등 참조), 그 폭행 · 협박이 피해자의 항거를 곤란하게 할 정도의 것이었는지 여부 역시 그 폭행 · 협박의 내용과 정도는 물론, 유형력을 행사하게 된 경위, 피해자와의 관계, 추행 당시와 그 후의 정황 등 모든 사정을 종합하여 판단하여야 한다.

따라서 가해자가 폭행을 수반함이 없이 오직 협박만을 수단으로 피해자를 간음 또는 추행한 경우에도 그 협박의 정도가 위와 같은 정도의 것이었다면 강간죄 또는 강제추행죄가 성립하는 것이고, 협박과 간음 또는 추행 사이에 시간적 간격이 있더라도 협박에 의하여 간음 또는 추행이 이루어진 것으로 인정될 수 있다면 달리 볼 것은 아니며, 한편 유부녀인 피해자에 대하여 혼인 외 성관계 사실을 폭로하겠다는 등의 내용으로 협박을 행사하여 피해자를 간음 또는 추행한 경우에 있어서 그 협박이 위와 같은 정도의 것이었는지 여부에 관하여는, ….

Ⅳ. 혼인빙자간음죄

○ 형법 제304조 일부 위헌

■ 헌법재판소 2009. 11. 26. 선고 2008헌바58, 2009헌바191 결정 (병합) [요지]

형법 제304조 중 "혼인을 빙자하여 음행의 상습없는 부녀를 기망하여 간음한 자" 부분이 헌법 제37조 제2항의 과잉금지원칙을 위반하여 남성의 성적 자기결정권 및 사생활의 비밀과 자유를 침해한다.

Ⅴ. 성폭력범죄

1. 입법의 개요

가. 성폭력범죄 입법

① **성폭력범죄의 처벌 및 피해자보호 등에 관한 법률**

- 1994. 1. 5. 법률 제4702호로 제정(1994. 4. 1. 시행)

② **성폭력범죄의 처벌 등에 관한 특례법**

- 2010. 4. 15. 법률 제10258호 제정(2010. 4. 15. 시행)

③ **성폭력범죄의 피해자보호 등에 관한 법률**

- 위 성폭력범죄의 처벌 및 피해자보호 등에 관한 법률 중 위 성폭범처벌법 제정에 따른 중복규정 삭제하는 개정 2010. 4. 15. 법률 제10258호(2010. 4. 15. 시행)
- 성폭력방지 및 피해자보호 등에 관한 법률(2010. 4. 15. 법률 제10261호) 부칙 제2조로 폐지(2011. 1. 1. 시행)

나. 관련입법

- 성매매알선 등 행위의 처벌에 관한 법률

2. 성폭력범죄의 구성요건과 형벌

성폭력범죄의 처벌 등에 관한 특례법

제2조 (정의)

① 이 법에서 "성폭력범죄"란 다음 각 호의 어느 하나에 해당하는 죄를 말한다.

1. 「형법」 제2편 제22장 성풍속에 관한 죄 중 제242조(음행매개), 제243조(음화반포등), 제244조(음화제조등) 및 제245조(공연음란)의 죄
2. 「형법」 제2편 제31장 약취와 유인의 죄 중 추행 또는 간음을 목적으로 하거나 추업에 사용할 목적으로 범한 제288조(영리등을 위한 약취, 유인, 매매등), 제292조(약취, 유인, 매매된 자의 수수 또는 은닉. 다만, 제288조의 약취, 유인이나 매매된 사람을 수수 또는 은닉한 죄로 한정한다), 제293조(상습범. 다만, 제288조의 약취, 유인이나 매매된 사람 또는 제289조의 이송된 사람을 수수 또는 은닉한 죄의 상습범으로 한정한다) 및 제294조(미수범. 다만, 제288조의 미수범 및 제292조의 미수범 중 제288조의 약취, 유인이나 매매된 사람을 수수 또는 은닉한 죄의 미수범과 제293조의 상습범의 미수범 중 제288조의 약취, 유인이나 매매된 사람을 수수 또는 은닉한 죄의 상습범의 미수범으로 한정한다)의 죄
3. 「형법」 제2편 제32장 강간과 추행의 죄 중 제297조(강간), 제298조(강제추행), 제299조(준강간, 준강제추행), 제300조(미수범), 제301조(강간등 상해·치상), 제301조의2(강간등 살인·치사), 제302조(미성년자등에 대한 간음), 제303조(업무상위력등에 의한 간음) 및 제305조(미성년자에 대한 간음, 추행)

의 죄

4. 「형법」 제339조(강도강간)의 죄

5. 이 법 제3조(특수강도강간 등)부터 제14조(미수범)까지의 죄

② 제1항 각 호의 범죄로서 다른 법률에 따라 가중처벌되는 죄는 성폭력범죄로 본다.

제2장 성폭력범죄의 처벌 및 절차에 관한 특례

제3조 (특수강도강간 등)

① 「형법」 제319조 제1항(주거침입), 제330조(야간주거침입절도), 제331조(특수절도) 또는 제342조(미수범. 다만, 제330조 및 제331조의 미수범으로 한정한다)의 죄를 범한 사람이 같은 법 제297조(강간)부터 제299조(준강간, 준강제추행)까지의 죄를 범한 경우에는 무기징역 또는 5년 이상의 징역에 처한다.

② 「형법」 제334조(특수강도) 또는 제342조(미수범. 다만, 제334조의 미수범으로 한정한다)의 죄를 범한 사람이 같은 법 제297조(강간)부터 제299조(준강간, 준강제추행)까지의 죄를 범한 경우에는 사형, 무기징역 또는 10년 이상의 징역에 처한다.

제4조 (특수강간 등)

① 흉기나 그 밖의 위험한 물건을 지닌 채 또는 2명 이상이 합동하여 「형법」 제297조(강간)의 죄를 범한 사람은 무기징역 또는 5년 이상의 징역에 처한다.

② 제1항의 방법으로 「형법」 제298조(강제추행)의 죄를 범한 사람은 3년 이상의 유기징역에 처한다.

③ 제1항의 방법으로 「형법」 제299조(준강간, 준강제추행)의 죄를 범한 사람은 제1항 또는 제2항의 예에 따라 처벌한다.

제5조 (친족관계에 의한 강간 등)

① 친족관계인 사람이 「형법」 제297조(강간)의 죄를 범한 경우에는 7년 이상의 유기징역에 처한다.

② 친족관계인 사람이 「형법」 제298조(강제추행)의 죄를 범한 경우에는 5년 이상의 유기징역에 처한다.

③ 친족관계인 사람이 「형법」 제299조(준강간, 준강제추행)의 죄를 범한 경우에는 제1항 또는 제2항의 예에 따라 처벌한다.

④ 제1항부터 제3항까지의 친족의 범위는 4촌 이내의 혈족 및 인척으로 한다.

⑤ 제1항부터 제3항까지의 친족은 사실상의 관계에 의한 친족을 포함한다.

제6조 (장애인에 대한 간음 등)

신체적인 또는 정신적인 장애로 항거불능인 상태에 있음을 이용하여 여자를 간음하거나 사람에 대하여 추행을 한 사람은 「형법」 제297조(강간) 또는 제298조(강제추행)에서 정한 형으로 처벌한다.

제7조 (13세 미만의 미성년자에 대한 강간, 강제추행 등)

① 13세 미만의 여자에 대하여 「형법」 제297조(강간)의 죄를 범한 사람은 10년 이상의 유기징역에 처한다.

② 13세 미만의 사람에 대하여 폭행이나 협박으로 다음 각 호의 어느 하나에 해당하는 행위를 한 사람은 7년 이상의 유기징역에 처한다.

1. 구강, 항문 등 신체(성기는 제외한다)의 내부에 성기를 넣는 행위
2. 성기, 항문에 손가락 등 신체(성기는 제외한다)의 일부나 도구를 넣는 행위

③ 13세 미만의 사람에 대하여 「형법」 제298조(강제추행)의 죄를 범한 사람은 5년 이상의 유기징역 또는 3천만원 이상 5천만원 이하의 벌금에 처한다.

④ 13세 미만의 사람에 대하여 「형법」 제299조(준강간, 준강제추행)의 죄를 범한 사람은 제1항부터 제3항까지의 예에 따라 처벌한다.

⑤ 위계 또는 위력으로써 13세 미만의 여자를 간음하거나 13세 미만의 사람에 대하여 추행한 사람은 제1항부터 제3항까지의 예에 따라 처벌한다.

제8조 (강간 등 상해·치상)

① 제3조 제1항, 제4조, 제7조 또는 제14조(제3조 제1항, 제4조 또는 제7조의 미수범으로 한정한다)의 죄를

범한 사람이 다른 사람을 상해하거나 상해에 이르게 한 때에는 무기징역 또는 10년 이상의 징역에 처한다.

② 제5조, 제6조 또는 제14조(제5조 또는 제6조의 미수범으로 한정한다)의 죄를 범한 사람이 다른 사람을 상해하거나 상해에 이르게 한 때에는 무기 또는 7년 이상의 징역에 처한다.

제9조 (강간 등 살인 · 치사)

① 제3조부터 제7조까지, 제14조(제3조부터 제7조까지의 미수범으로 한정한다)의 죄 또는 「형법」 제297조(강간)부터 제300조(미수범)까지의 죄를 범한 사람이 다른 사람을 살해한 때에는 사형 또는 무기징역에 처한다.

② 제4조부터 제6조까지 또는 제14조(제4조부터 제6조까지의 미수범으로 한정한다)의 죄를 범한 사람이 다른 사람을 사망에 이르게 한 때에는 무기징역 또는 10년 이상의 징역에 처한다.

③ 제7조 또는 제14조(제7조의 미수범으로 한정한다)의 죄를 범한 사람이 다른 사람을 사망에 이르게 한 때에는 사형, 무기징역 또는 10년 이상의 징역에 처한다.

제10조 (업무상 위력 등에 의한 추행)

① 업무, 고용이나 그 밖의 관계로 인하여 자기의 보호, 감독을 받는 사람에 대하여 위계 또는 위력으로 추행한 사람은 2년 이하의 징역 또는 500만원 이하의 벌금에 처한다.

② 법률에 따라 구금된 사람을 감호하는 사람이 그 사람을 추행한 때에는 3년 이하의 징역 또는 1천500만원 이하의 벌금에 처한다.

③ 장애인의 보호, 교육 등을 목적으로 하는 시설의 장 또는 종사자가 보호, 감독의 대상인 장애인에 대하여 위계 또는 위력으로 간음한 때에는 7년 이하의 징역에 처하고, 추행한 때에는 5년 이하의 징역 또는 3천만원 이하의 벌금에 처한다.

제11조 (공중 밀집 장소에서의 추행)

대중교통수단, 공연·집회 장소, 그 밖에 공중이 밀집하는 장소에서 사람을 추행한 사람은 1년 이하의 징역 또는 300만원 이하의 벌금에 처한다.

제12조 (통신매체를 이용한 음란행위)

자기 또는 다른 사람의 성적 욕망을 유발하거나 만족시킬 목적으로 전화, 우편, 컴퓨터, 그 밖의 통신매체를 통하여 성적 수치심이나 혐오감을 일으키는 말, 음향, 글, 그림, 영상 또는 물건을 상대방에게 도달하게 한 사람은 2년 이하의 징역 또는 500만원 이하의 벌금에 처한다.

제13조 (카메라 등을 이용한 촬영)

① 카메라나 그 밖에 이와 유사한 기능을 갖춘 기계장치를 이용하여 성적 욕망 또는 수치심을 유발할 수 있는 다른 사람의 신체를 그 의사에 반하여 촬영하거나 그 촬영물을 반포·판매·임대 또는 공공연하게 전시·상영한 자는 5년 이하의 징역 또는 1천만원 이하의 벌금에 처한다.

② 영리를 목적으로 제1항의 촬영물을 「정보통신망 이용촉진 및 정보보호 등에 관한 법률」 제2조 제1항 제1호의 정보통신망(이하 "정보통신망"이라 한다)을 이용하여 유포한 자는 7년 이하의 징역 또는 3천만원 이하의 벌금에 처한다.

제14조 (미수범)

제3조부터 제9조까지 및 제13조의 미수범은 처벌한다.

제15조 (고소)

제10조 제1항, 제11조 및 제12조의 죄는 고소가 있어야 공소를 제기할 수 있다.

제16조(형벌과 수강명령 등의 병과)

① 법원이 성폭력범죄를 범한 사람에 대하여 형의 선고를 유예하는 경우에는 1년 동안 보호관찰을 받을 것을 명할 수 있다. 다만, 성폭력범죄를 범한 사람이 소년인 경우에는 반드시 보호관찰을 명하여야 한다.

② 법원이 성폭력범죄를 범한 사람에 대하여 유죄판결(선고유예는 제외한다)을 선고하는 경우에는 300시

간의 범위에서 재범예방에 필요한 수강명령 또는 성폭력 치료프로그램의 이수명령(이하 "이수명령"이라 한다)을 병과할 수 있다. 다만, 「형법」 제10조의 심신장애자 등 수강명령 또는 이수명령을 부과할 수 없는 특별한 사정이 있는 경우에는 그러하지 아니하다. 〈개정 2011. 4. 7〉

③ 법원이 성폭력범죄를 범한 사람에 대하여 형의 집행을 유예하는 경우에는 제2항에 따른 수강명령 외에 그 집행유예기간 내에서 보호관찰 또는 사회봉사 중 하나 이상의 처분을 병과할 수 있다. 〈신설 2011. 4. 7〉

④ 제2항에 따른 이수명령은 형의 집행을 유예할 경우에는 그 집행유예기간 내에, 벌금형을 선고할 경우에는 형 확정일부터 6개월 이내에, 징역형 이상의 실형을 선고할 경우에는 형기 내에 각각 집행한다. 다만, 이수명령은 성폭력범죄를 범한 사람이 「아동·청소년의 성보호에 관한 법률」 제13조에 따른 수강명령 또는 이수명령을 부과받은 경우에는 병과하지 아니한다. 〈신설 2011. 4. 7〉

⑤ 제2항에 따른 이수명령이 벌금형 또는 형의 집행유예와 병과된 경우에는 보호관찰소의 장이 집행하고, 징역형 이상의 실형과 병과된 경우에는 교정시설의 장이 집행한다. 다만, 징역형 이상의 실형과 병과된 이수명령을 모두 이행하기 전에 석방 또는 가석방되거나 미결구금일수 산입 등의 사유로 형을 집행할 수 없게 된 경우에는 보호관찰소의 장이 남은 이수명령을 집행한다. 〈신설 2011. 4. 7〉

⑥ 제2항에 따른 수강명령 또는 이수명령은 다음 각 호의 내용으로 한다. 〈신설 2011. 4. 7〉

1. 일탈적 이상행동의 진단·상담
2. 성에 대한 건전한 이해를 위한 교육
3. 그 밖에 성폭력범죄를 범한 사람의 재범예방을 위하여 필요한 사항

⑦ 성폭력범죄를 범한 사람으로서 형의 집행 중에 가석방된 사람은 가석방기간 동안 보호관찰을 받는다. 다만, 가석방을 허가한 행정관청이 보호관찰을 할 필요가 없다고 인정한 경우에는 그러하지 아니하다. 〈개정 2011. 4. 7〉

⑧ 보호관찰, 사회봉사 및 수강에 관하여 이 법에서 규정한 사항 외의 사항에 대하여는 「보호관찰 등에 관한 법률」을 준용한다. 〈개정 2011. 4. 7〉

제17조 (고소 제한에 대한 예외)

성폭력범죄에 대하여는 「형사소송법」 제224조(고소의 제한)에도 불구하고 자기 또는 배우자의 직계존속을 고소할 수 있다.

제18조 (고소기간)

① 성폭력범죄 중 친고죄에 대하여는 「형사소송법」 제230조(고소기간) 제1항에도 불구하고 범인을 알게 된 날부터 1년이 지나면 고소하지 못한다. 다만, 고소할 수 없는 불가항력의 사유가 있는 경우에는 그 사유가 없어진 날부터 기산한다.

② 제1항의 경우에는 「형사소송법」 제230조(고소기간) 제2항을 준용한다.

제19조 (「형법」상 감경규정에 관한 특례)

음주 또는 약물로 인한 심신장애 상태에서 제3조부터 제11조까지의 죄를 범한 때에는 「형법」 제10조 제1항·제2항 및 제11조를 적용하지 아니할 수 있다.

제20조 (공소시효 기산에 관한 특례)

① 미성년자에 대한 성폭력범죄의 공소시효는 「형사소송법」 제252조 제1항에도 불구하고 해당 성폭력범죄로 피해를 당한 미성년자가 성년에 달한 날부터 진행한다.

② 제2조 제3호 및 제4호의 죄와 제3조부터 제9조까지의 죄는 디엔에이(DNA)증거 등 그 죄를 증명할 수 있는 과학적인 증거가 있는 때에는 공소시효가 10년 연장된다.

3. 성폭력 범죄에 대한 조치

가. 약물치료명령

○ **성폭력범죄자의 성충동 약물치료에 관한 법률(2010. 7. 23. 법률 제10371호 제정, 2011. 8. 14. 법률 11005호 개정)**

성폭력범죄자의 성충동 약물치료에 관한 법률

제1조 (목적)

이 법은 16세 미만의 사람에 대하여 성폭력범죄를 저지른 성도착증 환자로서 성폭력범죄를 다시 범할 위험성이 있다고 인정되는 사람에 대하여 성충동 약물치료를 실시하여 성폭력범죄의 재범을 방지하고 사회복귀를 촉진하는 것을 목적으로 한다.

제2조 (정의)

이 법에서 사용하는 용어의 뜻은 다음과 같다. 〈개정 2011. 8. 4〉

1. "성도착증 환자"란 「치료감호법」 제2조 제1항 제3호에 해당하는 사람 및 정신건강의학과 전문의의 감정에 의하여 성적 이상 습벽으로 인하여 자신의 행위를 스스로 통제할 수 없다고 판명된 사람을 말한다.
2. "성폭력범죄"란 다음 각 목의 범죄를 말한다.
   가. 「아동·청소년의 성보호에 관한 법률」 제7조(아동·청소년에 대한 강간·강제추행 등)의 죄
   나. 「성폭력범죄의 처벌 등에 관한 특례법」 제3조(특수강도강간 등)부터 제12조(통신매체를 이용한 음란행위)까지의 죄 및 제14조(미수범)의 죄(제3조부터 제9조까지의 미수범만을 말한다)
   다. 「형법」 제297조(강간)·제298조(강제추행)·제299조(준강간, 준강제추행)·제300조(미수범)·제301조(강간등 상해·치상)·제301조의2(강간등 살인·치사)·제302조(미성년자등에 대한 간음)·제303조(업무상위력등에 의한 간음)·제305조(미성년자에 대한 간음, 추행)·제339조(강도강간) 및 제340조(해상강도)제3항(부녀를 강간한 죄만을 말한다)의 죄
   라. 가목부터 다목까지의 죄로서 다른 법률에 따라 가중 처벌되는 죄
3. "성충동 약물치료"(이하 "약물치료"라 한다)란 비정상적인 성적 충동이나 욕구를 억제하기 위한 조치로서 성도착증 환자에게 약물 투여 및 심리치료 등의 방법으로 도착적인 성기능을 일정기간 동안 약화 또는 정상화하는 치료를 말한다.

제3조 (약물치료의 요건)

약물치료는 다음 각 호의 요건을 모두 갖추어야 한다.

1. 비정상적 성적 충동이나 욕구를 억제하거나 완화하기 위한 것으로서 의학적으로 알려진 것일 것
2. 과도한 신체적 부작용을 초래하지 아니할 것
3. 의학적으로 알려진 방법대로 시행될 것

제4조 (치료명령의 청구)

① 검사는 16세 미만의 사람에 대하여 성폭력범죄를 저지른 성도착증 환자로서 성폭력범죄를 다시 범할 위험성이 있다고 인정되는 19세 이상의 사람에 대하여 약물치료명령(이하 "치료명령"이라고 한다)을 법원에 청구할 수 있다.

② 검사는 치료명령 청구대상자(이하 "치료명령 피청구자"라 한다)에 대하여 정신과 전문의의 진단이나 감정을 받은 후 치료명령을 청구하여야 한다.

③ 제1항에 따른 치료명령의 청구는 공소가 제기되거나 치료감호가 독립청구된 성폭력범죄사건(이하 "피고사건"이라 한다)의 항소심 변론종결 시까지 하여야 한다.

④ 법원은 피고사건의 심리결과 치료명령을 할 필요가 있다고 인정하는 때에는 검사에게 치료명령의 청구를 요구할 수 있다.

⑤ 피고사건에 대하여 판결의 확정 없이 공소가 제기되거나 치료감호가 독립청구된 때부터 15년이 지나면 치료명령을 청구할 수 없다.

⑥ 제2항에 따른 정신과 전문의의 진단이나 감정에 필요한 사항은 대통령령으로 정한다.

나. 위치추적 전자장치 부착명령

○ 특정 범죄자에 대한 위치추적 전자장치 부착 등에 관한 법률

- 2007. 4. 27. 법률 제8394호로 제정(2008. 9. 1. 시행)
- 2010. 4. 15. 법률 제10275호로 개정(2010. 7. 16. 시행)

특정 범죄자에 대한 위치추적 전자장치 부착 등에 관한 법률

제2조 (정의)

이 법에서 사용하는 용어의 정의는 다음과 같다. 〈개정 2007. 8. 3, 2009. 5. 8, 2009. 6. 9, 2010. 4. 15〉

1. "특정범죄"란 성폭력범죄, 미성년자 대상 유괴범죄와 살인범죄를 말한다.

2. "성폭력범죄"란 다음 각 목의 범죄를 말한다.

가. 「형법」 제2편 제32장 강간과 추행의 죄 중 제297조(강간) · 제298조(강제추행) · 제299조(준강간, 준강제추행) · 제300조(미수범) · 제301조(강간등 상해 · 치상) · 제301조의2(강간등 살인 · 치사) · 제302조(미성년자등에 대한 간음) · 제303조(업무상위력등에 의한 간음) · 제305조(미성년자에 대한 간음, 추행), 제2편제38장 절도와 강도의 죄 중 제339조(강도강간) 및 제340조(해상강도) 제3항(부녀를 강간한 죄만을 말한다)의 죄 〈시행일 2010. 4. 15〉

나. 「성폭력범죄의 처벌 등에 관한 특례법」 제3조(특수강도강간 등)부터 제10조(업무상 위력 등에 의한 추행)까지의 죄 및 제14조(미수범)의 죄(제3조부터 제9조까지의 미수범만을 말한다)

다. 「아동 · 청소년의 성보호에 관한 법률」 제7조(아동 · 청소년에 대한 강간, 강제추행등)의 죄

라. 가목부터 다목까지의 죄로서 다른 법률에 따라 가중 처벌되는 죄

3. "미성년자 대상 유괴범죄"란 다음 각 목의 범죄를 말한다.

가. 미성년자에 대한 「형법」 제287조(미성년자의 약취, 유인) · 제288조(영리등을 위한 약취, 유인, 매매등) · 제289조(국외이송을 위한 약취, 유인, 매매) · 제290조(예비, 음모) · 제291조(결혼을 위한 약취, 유인) · 제292조(약취, 유인, 매매된 자의 수수 또는 은닉) · 제293조(상습범) · 제294조(미수범) · 제324조의2(인질강요) 및 제336조(인질강도)의 죄

나. 미성년자에 대한 「특정범죄 가중처벌 등에 관한 법률」 제5조의2(약취 · 유인죄의 가중처벌)의 죄

다. 가목과 나목의 죄로서 다른 법률에 따라 가중 처벌되는 죄

3의2. "살인범죄"란 다음 각 목의 범죄를 말한다.

가. 「형법」 제2편 제1장 내란의 죄 중 제88조(내란목적의 살인), 제2편 제24장 살인의 죄 중 제250조(살인, 존속살해) · 제251조(영아살해) · 제252조(촉탁, 승낙에 의한 살인등) · 제253조(위계등에 의한 촉탁살인등) · 제254조(미수범) · 제255조(예비, 음모), 제2편 제32장 강간과 추행의 죄 중 제301조의2(강간등 살인 · 치사) 전단, 제2편 제37장 권리행사를 방해하는 죄 중 제324조의4(인질살해 · 치사) 전단, 제2편 제38장 절도와 강도의 죄 중 제338조(강도살인 · 치사) 전단 및 제340조(해상강도) 제3항(사람을 살해한 죄만을 말한다)의 죄

나. 「성폭력범죄의 처벌 등에 관한 특례법」 제9조(강간 등 살인 · 치사) 제1항의 죄 및 제14조(미수범)의 죄(제9조 제1항의 미수범만을 말한다)

다. 「특정범죄 가중처벌 등에 관한 법률」 제5조의2(약취 · 유인죄의 가중처벌) 제2항 제2호의 죄 및 같은 조 제6항의 죄(같은 조 제2항 제2호의 미수범만을 말한다)

라. 가목부터 다목까지의 죄로서 다른 법률에 따라 가중처벌되는 죄

4. "위치추적 전자장치(이하 "전자장치"라 한다)"란 전자파를 발신하고 추적하는 원리를 이용하여 위치를 확인하거나 이동경로를 탐지하는 일련의 기계적 설비로서 대통령령으로 정하는 것을 말한다.

제3조 (국가의 책무)

국가는 이 법의 집행과정에서 국민의 인권이 부당하게 침해되지 아니하도록 주의하여야 한다.

제4조 (적용 범위)

만 19세 미만의 자에 대하여 부착명령을 선고한 때에는 19세에 이르기까지 이 법에 따른 전자장치를 부착할 수 없다. 〈개정 2009. 5. 8〉

제2장 징역형 종료 이후의 전자장치 부착

제5조 (전자장치 부착명령의 청구)

① 검사는 다음 각 호의 어느 하나에 해당하고, 성폭력범죄를 다시 범할 위험성이 있다고 인정되는 사람에 대하여 전자장치를 부착하도록 하는 명령(이하 "부착명령"이라 한다)을 법원에 청구할 수 있다. 〈개정 2008. 6. 13, 2010. 4. 15〉

1. 성폭력범죄로 징역형의 실형을 선고받은 사람이 그 집행을 종료한 후 또는 집행이 면제된 후 10년 이내에 성폭력범죄를 저지른 때
2. 성폭력범죄로 이 법에 따른 전자장치를 부착받은 전력이 있는 사람이 다시 성폭력범죄를 저지른 때
3. 성폭력범죄를 2회 이상 범하여(유죄의 확정판결을 받은 경우를 포함한다) 그 습벽이 인정된 때
4. 16세 미만의 사람에 대하여 성폭력범죄를 저지른 때

② 검사는 미성년자 대상 유괴범죄를 저지른 사람으로서 미성년자 대상 유괴범죄를 다시 범할 위험성이 있다고 인정되는 사람에 대하여 부착명령을 법원에 청구할 수 있다. 다만, 유괴범죄로 징역형의 실형 이상의 형을 선고받아 그 집행이 종료 또는 면제된 후 다시 유괴범죄를 저지른 경우에는 부착명령을 청구하여야 한다. 〈신설 2009. 5. 8, 2010. 4. 15〉

③ 검사는 살인범죄를 저지른 사람으로서 살인범죄를 다시 범할 위험성이 있다고 인정되는 사람에 대하여 부착명령을 법원에 청구할 수 있다. 다만, 살인범죄로 징역형의 실형 이상의 형을 선고받아 그 집행이 종료 또는 면제된 후 다시 살인범죄를 저지른 경우에는 부착명령을 청구하여야 한다. 〈신설 2010. 4. 15〉〈종전 제3항은 제4항으로 이동 2010. 4. 15〉

④ 제1항부터 제3항까지의 규정에 따른 부착명령의 청구는 공소가 제기된 특정범죄사건의 항소심 변론종결 시까지 하여야 한다. 〈개정 2009. 5. 8, 2010. 4. 15〉〈제3항에서 이동, 종전 제4항은 제5항으로 이동 2010. 4. 15〉〈시행일 2010. 4. 15〉

⑤ 법원은 공소가 제기된 특정범죄사건을 심리한 결과 부착명령을 선고할 필요가 있다고 인정하는 때에는 검사에게 부착명령의 청구를 요구할 수 있다. 〈개정 2009. 5. 8〉〈제4항에서 이동, 종전 제5항은 제6항으로 이동 2010. 4. 15〉

⑥ 제1항부터 제3항까지의 규정에 따른 특정범죄사건에 대하여 판결의 확정 없이 공소가 제기된 때부터 15년이 경과한 경우에는 부착명령을 청구할 수 없다. 〈개정 2009. 5. 8, 2010. 4. 15〉〈제5항에서 이동 2010. 4. 15〉

제9조 (부착명령의 판결 등)

① 법원은 부착명령 청구가 이유 있다고 인정하는 때에는 다음 각 호에 따른 기간의 범위 내에서 부착기간을 정하여 판결로 부착명령을 선고하여야 한다. 다만, 13세 미만의 사람에 대하여 특정범죄를 저지른 경우에는 부착기간 하한을 다음 각 호에 따른 부착기간 하한의 2배로 한다. 〈개정 2008. 6. 13, 2010. 4. 15〉〈시행일 2010. 4. 15〉

1. 법정형의 상한이 사형 또는 무기징역인 특정범죄: 10년 이상 30년 이하
2. 법정형 중 징역형의 하한이 3년 이상의 유기징역인 특정범죄(제1호에 해당하는 특정범죄는 제외한다): 3년 이상 20년 이하
3. 법정형 중 징역형의 하한이 3년 미만의 유기징역인 특정범죄(제1호 또는 제2호에 해당하는 특정범죄는 제외한다): 1년 이상 10년 이하

② 여러 개의 특정범죄에 대하여 동시에 부착명령을 선고할 때에는 법정형이 가장 중한 죄의 부착기간 상한의 2분의 1까지 가중하되, 각 죄의 부착기간의 상한을 합산한 기간을 초과할 수 없다. 다만, 하나의 행위가 여러 특정범죄에 해당하는 경우에는 가장 중한 죄의 부착기간을 부착기간으로 한다. 〈신설 2010. 4. 15〉〈종전 제2항은 제4항으로 이동 2010. 4. 15〉〈시행일 2010. 4. 15〉

③ 부착명령을 선고받은 사람은 부착기간 동안 「보호관찰 등에 관한 법률」에 따른 보호관찰을 받는다. 〈신설 2010. 4. 15〉〈종전 제3항은 제5항으로 이동 2010. 4. 15〉

④ 법원은 다음 각 호의 어느 하나에 해당하는 때에는 판결로 부착명령 청구를 기각하여야 한다. 〈개정 2008. 6. 13, 2009. 5. 8〉〈제2항에서 이동, 종전 제4항은 제6항으로 이동 2010. 4. 15〉

1. 부착명령 청구가 이유 없다고 인정하는 때
2. 특정범죄사건에 대하여 무죄(심신상실을 이유로 치료감호가 선고된 경우는 제외한다)·면소·공소기각의 판결 또는 결정을 선고하는 때
3. 특정범죄사건에 대하여 벌금형을 선고하는 때
4. 특정범죄사건에 대하여 선고유예 또는 집행유예를 선고하는 때(제28조 제1항에 따라 전자장치 부착을 명하는 때를 제외한다)

⑤ 부착명령 청구사건의 판결은 특정범죄사건의 판결과 동시에 선고하여야 한다. 〈개정 2009. 5. 8〉〈제3항에서 이동, 종전 제5항은 제7항으로 이동 2010. 4. 15〉

⑥ 부착명령 선고의 판결이유에는 요건으로 되는 사실, 증거의 요지 및 적용 법조를 명시하여야 한다. 〈제4항에서 이동, 종전 제6항은 제8항으로 이동 2010. 4. 15〉

⑦ 부착명령의 선고는 특정범죄사건의 양형에 유리하게 참작되어서는 아니 된다. 〈개정 2009. 5. 8〉〈제5항에서 이동, 종전 제7항은 제9항으로 이동 2010. 4. 15〉

⑧ 특정범죄사건의 판결에 대하여 상소 및 상소의 포기·취하가 있는 때에는 부착명령 청구사건의 판결에 대하여도 상소 및 상소의 포기·취하가 있는 것으로 본다. 상소권회복 또는 재심의 청구나 비상상고가 있는 때에도 또한 같다. 〈개정 2009. 5. 8〉〈제6항에서 이동 2010. 4. 15〉

⑨ 제8항에도 불구하고 검사 또는 피부착명령청구자 및 「형사소송법」 제340조·제341조에 규정된 자는 부착명령에 대하여 독립하여 상소 및 상소의 포기·취하를 할 수 있다. 상소권회복 또는 재심의 청구나 비상상고의 경우에도 또한 같다. 〈개정 2010. 4. 15〉〈제7항에서 이동 2010. 4. 15〉

제3장 가석방 및 가종료 등과 전자장치 부착

제22조 (가석방과 전자장치 부착)

① 제9조에 따른 부착명령 판결을 선고받지 아니한 특정 범죄자로서 형의 집행 중 가석방되어 보호관찰을 받게 되는 자는 준수사항 이행 여부 확인 등을 위하여 가석방기간 동안 전자장치를 부착하여야 한다. 〈개정 2009. 5. 8〉

② 심사위원회는 제1항에 따라 전자장치를 부착하게 되는 자의 주거지를 관할하는 보호관찰소의 장에게 가석방자의 인적사항 등 전자장치 부착에 필요한 사항을 즉시 통보하여야 한다.

③ 교도소장등은 가석방 예정자가 석방되기 5일 전까지 그의 주거지를 관할하는 보호관찰소의 장에게 그 사실을 통보하여야 한다.

제23조 (가종료 등과 전자장치 부착)

① 「치료감호법」 제37조에 따른 치료감호심의위원회(이하 "치료감호심의위원회"라 한다)는 제9조에 따른 부착명령 판결을 선고받지 아니한 특정 범죄자로서 치료감호의 집행 중 가종료 또는 치료위탁되는 피치료감호자나 보호감호의 집행 중 가출소되는 피보호감호자(이하 "가종료자등"이라 한다)에 대하여 「치료감호법」 또는 「사회보호법」(법률 제7656호로 폐지되기 전의 법률을 말한다)에 따른 준수사항 이행 여부 확인 등을 위하여 보호관찰기간의 범위에서 기간을 정하여 전자장치를 부착하게 할 수 있다. 〈개정 2008. 6. 13, 2009. 5. 8, 2010. 4. 15〉〈시행일 2010. 4. 15〉

② 치료감호심의위원회는 제1항에 따라 전자장치 부착을 결정한 경우에는 즉시 피부착결정자의 주거지를 관할하는 보호관찰소의 장에게 통보하여야 한다.

③ 치료감호시설의 장·보호감호시설의 장 또는 교도소의 장은 가종료자등이 가종료 또는 치료위탁되거나 가출소되기 5일 전까지 가종료자등의 주거지를 관할하는 보호관찰소의 장에게 그 사실을 통보하여야 한다. 〈개정 2010. 4. 15〉〈시행일 2010. 4. 15〉

제4장 형의 집행유예와 부착명령

제28조 (형의 집행유예와 부착명령)

① 법원은 특정범죄를 범한 자에 대하여 형의 집행을 유예하면서 보호관찰을 받을 것을 명할 때에는 보호관찰기간의 범위 내에서 기간을 정하여 준수사항의 이행 여부 확인 등을 위하여 전자장치를 부착할 것을 명할 수 있다. 〈개정 2009. 5. 8〉

② 법원은 제1항에 따른 부착명령기간 중 소재지 인근 의료기관에서의 치료, 지정 상담시설에서의 상담치료 등 대상자의 재범방지를 위하여 필요한 조치들을 과할 수 있다.

③ 법원은 제1항에 따른 전자장치 부착을 명하기 위하여 필요하다고 인정하는 때에는 피고인의 주거지 또는 그 법원의 소재지를 관할하는 보호관찰소의 장에게 범죄의 동기, 피해자와의 관계, 심리상태, 재범의 위험성 등 피고인에 관하여 필요한 사항의 조사를 요청할 수 있다.

4. 아동·청소년의 성보호

○ 아동·청소년의 성보호에 관한 법률

아동·청소년의 성보호에 관한 법률

제2조 (정의)

이 법에서 사용하는 용어의 뜻은 다음과 같다. 〈개정 2010. 4. 15, 2011 .8. 4, 2011. 9. 15〉

1. "아동·청소년"은 19세 미만의 자를 말한다. 다만, 19세에 도달하는 해의 1월 1일을 맞이한 자는 제외한다.
2. "아동·청소년대상 성범죄"는 다음 각 목의 어느 하나에 해당하는 죄를 말한다.
   가. 제7조부터 제12조까지의 죄(제8조 제5항의 죄는 제외한다)
   나. 아동·청소년에 대한 「성폭력범죄의 처벌 등에 관한 특례법」 제3조부터 제10조까지 및 제14조의 죄
   다. 아동·청소년에 대한 「형법」 제297조부터 제301조까지, 제301조의2, 제302조, 제303조, 제305조 및 제339조의 죄
   라. 아동·청소년에 대한 「아동복지법」 제17조 제2호 및 제4호의 죄
3. "아동·청소년대상 성폭력범죄"는 아동·청소년대상 성범죄에서 제8조부터 제12조까지의 죄를 제외한 죄를 말한다.
4. "아동·청소년의 성을 사는 행위"는 아동·청소년, 아동·청소년의 성(성)을 사는 행위를 알선한 자 또는 아동·청소년을 실질적으로 보호·감독하는 자 등에게 금품이나 그 밖의 재산상 이익, 직무·편의제공 등 대가를 제공하거나 약속하고 다음 각 목의 어느 하나에 해당하는 행위를 아동·청소년을 대상으로 하거나 아동·청소년으로 하여금 하게 하는 것을 말한다.
   가. 성교 행위
   나. 구강·항문 등 신체의 일부나 도구를 이용한 유사 성교 행위
   다. 신체의 전부 또는 일부를 접촉·노출하는 행위로서 일반인의 성적 수치심이나 혐오감을 일으키는 행위
   라. 자위 행위
5. "아동·청소년이용음란물"은 아동·청소년 또는 아동·청소년으로 인식될 수 있는 사람이나 표현물이 등장하여 제4호의 어느 하나에 해당하는 행위를 하거나 그 밖의 성적 행위를 하는 내용을 표현하는 것으로서 필름·비디오물·게임물 또는 컴퓨터나 그 밖의 통신매체를 통한 화상·영상 등의 형태

로 된 것을 말한다.

6. "피해아동 · 청소년"은 제2호 나목 · 다목의 죄 및 제7조부터 제9조까지의 죄의 피해자가 된 아동 · 청소년을 말한다.
7. "대상아동 · 청소년"은 제10조의 죄의 상대방이 된 아동 · 청소년을 말한다.
8. "온라인서비스제공자"란 다른 사람들이 정보통신망(「정보통신망 이용촉진 및 정보보호 등에 관한 법률」 제2조 제1항 제1호의 정보통신망을 말한다. 이하 같다)을 통하여 온라인 자료를 이용할 수 있도록 서비스를 제공하는 자로서 대통령령으로 정하는 자를 말한다.

제2장 아동 · 청소년대상 성범죄의 처벌과 절차에 관한 특례

제7조(아동 · 청소년에 대한 강간 · 강제추행 등)

① 폭행 또는 협박으로 아동 · 청소년을 강간한 사람은 5년 이상의 유기징역에 처한다. 〈개정 2011. 9. 15〉

② 아동 · 청소년에 대하여 폭행이나 협박으로 다음 각 호의 어느 하나에 해당하는 행위를 한 자는 3년 이상의 유기징역에 처한다.

1. 구강 · 항문 등 신체(성기는 제외한다)의 내부에 성기를 넣는 행위
2. 성기 · 항문에 손가락 등 신체(성기는 제외한다)의 일부나 도구를 넣는 행위

③ 아동 · 청소년에 대하여 「형법」 제298조의 죄를 범한 자는 1년 이상의 유기징역 또는 500만원 이상 2천만원 이하의 벌금에 처한다.

④ 아동 · 청소년에 대하여 「형법」 제299조의 죄를 범한 자는 제1항부터 제3항까지의 예에 따른다.

⑤ 위계 또는 위력으로써 아동 · 청소년을 간음하거나 아동 · 청소년을 추행한 자는 제1항부터 제3항까지의 예에 따른다. 〈개정 2011. 9. 15〉

⑥ 제1항부터 제5항까지의 미수범은 처벌한다.

제7조의2 (「형법」상 감경규정에 관한 특례)

음주 또는 약물로 인한 심신장애 상태에서 아동 · 청소년에 대하여 「성폭력범죄의 처벌 등에 관한 특례법」 제3조부터 제11조까지의 죄를 범한 때에는 「형법」 제10조 제1항 · 제2항 및 제11조를 적용하지 아니할 수 있다.

제7조의3 (공소시효 기산에 관한 특례)

① 아동 · 청소년대상 성범죄의 공소시효는 「형사소송법」 제252조 제1항에도 불구하고 해당 성범죄로 피해를 당한 아동 · 청소년이 성년에 달한 날부터 진행한다.

② 제7조의 죄는 디엔에이(DNA)증거 등 그 죄를 증명할 수 있는 과학적인 증거가 있는 때에는 공소시효가 10년 연장된다.

제8조 (아동 · 청소년이용음란물의 제작 · 배포 등)

① 아동 · 청소년이용음란물을 제작 · 수입 또는 수출한 자는 5년 이상의 유기징역에 처한다.

② 영리를 목적으로 아동 · 청소년이용음란물을 판매 · 대여 · 배포하거나 이를 목적으로 소지 · 운반하거나 공연히 전시 또는 상영한 자는 7년 이하의 징역에 처한다.

③ 자신이 관리하는 정보통신망에서 아동 · 청소년이용음란물을 발견하기 위하여 대통령령으로 정하는 조치를 취하지 아니하거나 발견된 아동 · 청소년이용음란물을 즉시 삭제하고, 전송을 방지 또는 중단하는 기술적인 조치를 취하지 아니한 온라인서비스제공자는 3년 이하의 징역 또는 2천만원 이하의 벌금에 처한다. 다만, 온라인서비스제공자가 정보통신망에서 아동 · 청소년이용음란물을 발견하기 위하여 상당한 주의를 게을리하지 아니하였거나 발견된 아동 · 청소년이용음란물의 전송을 방지하거나 중단시키고자 하였으나 기술적으로 현저히 곤란한 경우에는 그러하지 아니하다. 〈신설 2011. 9. 15〉

④ 아동 · 청소년이용음란물을 배포하거나 공연히 전시 또는 상영한 자는 3년 이하의 징역 또는 2천만원 이하의 벌금에 처한다. 〈개정 2011. 9. 15〉

⑤ 아동 · 청소년이용음란물을 소지한 자는 2천만원 이하의 벌금에 처한다. 〈개정 2011. 9. 15〉

⑥ 아동 · 청소년이용음란물을 제작할 것이라는 정황을 알면서 아동 · 청소년을 아동 · 청소년이용음란물의 제작자에게 알선한 자는 1년 이상 10년 이하의 징역에 처한다. 〈개정 2011. 9. 15〉

⑦ 제1항의 미수범은 처벌한다. 〈개정 2011. 9. 15〉

제9조 (아동 · 청소년 매매행위)

① 아동 · 청소년의 성을 사는 행위 또는 아동 · 청소년이용음란물을 제작하는 행위의 대상이 될 것을 알면서 아동 · 청소년을 매매 또는 국외에 이송하거나 국외에 거주하는 아동 · 청소년을 국내에 이송한 자는 무기 또는 5년 이상의 징역에 처한다.

② 제1항의 미수범은 처벌한다.

제10조 (아동 · 청소년의 성을 사는 행위 등)

① 아동 · 청소년의 성을 사는 행위를 한 자는 5년 이하의 징역 또는 3천만원 이하의 벌금에 처한다. 〈개정 2010. 4. 15〉

② 아동 · 청소년의 성을 사기 위하여 아동 · 청소년을 유인하거나 성을 팔도록 권유한 자는 1년 이하의 징역 또는 1천만원 이하의 벌금에 처한다.

제11조 (아동 · 청소년에 대한 강요행위 등)

① 다음 각 호의 어느 하나에 해당하는 자는 5년 이상의 유기징역에 처한다. 〈개정 2010. 4. 15〉

1. 폭행이나 협박으로 아동 · 청소년으로 하여금 아동 · 청소년의 성을 사는 행위의 상대방이 되게 한 자
2. 위계나 선불금, 그 밖의 채무를 이용하는 등의 방법으로 아동 · 청소년을 곤경에 빠뜨려 아동 · 청소년으로 하여금 아동 · 청소년의 성을 사는 행위의 상대방이 되게 한 자
3. 업무 · 고용이나 그 밖의 관계로 자신의 보호 또는 감독을 받는 것을 이용하여 아동 · 청소년으로 하여금 아동 · 청소년의 성을 사는 행위의 상대방이 되게 한 자
4. 영업으로 아동 · 청소년을 아동 · 청소년의 성을 사는 행위의 상대방이 되도록 유인 · 권유한 자

② 제1항 제1호부터 제3호까지의 죄를 범한 자가 그 대가의 전부 또는 일부를 받거나 이를 요구 또는 약속한 때에는 7년 이상의 유기징역에 처한다. 〈개정 2010. 4. 15〉

③ 아동 · 청소년의 성을 사는 행위의 상대방이 되도록 유인 · 권유한 자는 7년 이하의 징역 또는 5천만원 이하의 벌금에 처한다. 〈개정 2010. 4. 15〉

④ 제1항과 제2항의 미수범은 처벌한다.

제11조의2 (장애인인 아동 · 청소년에 대한 간음 등)

① 19세 이상의 사람이 장애 아동 · 청소년(「장애인복지법」 제2조 제1항에 따른 장애인으로서 신체적인 또는 정신적인 장애로 사물을 변별하거나 의사를 결정할 능력이 미약한 13세 이상의 아동 · 청소년을 말한다. 이하 이 조에서 같다)을 간음하거나 장애 아동 · 청소년으로 하여금 다른 사람을 간음하게 하는 경우에는 3년 이상의 유기징역에 처한다.

② 19세 이상의 사람이 장애 아동 · 청소년을 추행한 경우 또는 장애 아동 · 청소년으로 하여금 다른 사람을 추행하게 하는 경우에는 10년 이하의 징역 또는 1천500만원 이하의 벌금에 처한다.

제12조 (알선영업행위 등)

① 다음 각 호의 어느 하나에 해당하는 자는 7년 이상의 유기징역에 처한다. 〈개정 2010. 4. 15〉

1. 아동 · 청소년의 성을 사는 행위의 장소를 제공하는 행위를 업으로 하는 자
2. 아동 · 청소년의 성을 사는 행위를 알선하는 행위를 업으로 하는 자
3. 제1호 또는 제2호의 범죄에 사용되는 사실을 알면서 자금 · 토지 또는 건물을 제공한 자
4. 영업으로 아동 · 청소년의 성을 사는 행위의 장소를 제공 · 알선하는 업소에 아동 · 청소년을 고용하도록 한 자

② 다음 각 호의 어느 하나에 해당하는 자는 7년 이하의 징역 또는 5천만원 이하의 벌금에 처한다. 〈개정 2010. 4. 15〉

1. 영업으로 아동 · 청소년의 성을 사는 행위를 하도록 유인 · 권유 또는 강요한 자
2. 아동 · 청소년의 성을 사는 행위의 장소를 제공한 자
3. 아동 · 청소년의 성을 사는 행위를 알선한 자
4. 영업으로 제2호 또는 제3호의 행위를 약속한 자

③ 아동 · 청소년의 성을 사는 행위를 하도록 유인 · 권유 또는 강요한 자는 5년 이하의 징역 또는 3천만원 이하의 벌금에 처한다. 〈개정 2010. 4. 15〉

제12조의2 (신고의무자의 성범죄에 대한 가중처벌)

제22조 제2항 각 호의 기관 · 시설 또는 단체의 장과 그 종사자가 자기의 보호 · 감독 또는 진료를 받는 아동 · 청소년을 대상으로 성범죄를 범한 경우에는 그 죄에 정한 형의 2분의 1까지 가중처벌한다.

제13조 (형벌과 수강명령 등의 병과)

① 법원은 아동 · 청소년대상 성범죄를 범한 자에 대하여 유죄판결을 선고하면서 300시간의 범위에서 재범예방에 필요한 수강명령 또는 성폭력 치료프로그램의 이수명령(이하 "이수명령"이라 한다)을 병과하여야 한다. 다만, 「형법」 제10조의 심신장애자 등 수강명령 또는 이수명령을 부과할 수 없는 특별한 사정이 있는 경우에는 그러하지 아니하다.

② 아동 · 청소년대상 성범죄를 범한 자에 대하여 제1항의 수강명령은 형의 집행을 유예할 경우에 그 집행유예기간 내에서 병과하고, 이수명령은 벌금 이상의 형을 선고할 경우에 병과한다. 다만, 이수명령은 아동 · 청소년대상 성범죄자가 「특정 범죄자에 대한 위치추적 전자장치 부착 등에 관한 법률」 제9조의2 제1항 제4호에 따른 성폭력 치료 프로그램의 이수명령을 부과 받은 경우에는 병과하지 아니한다.

③ 제1항에 따른 수강명령 또는 이수명령은 일탈적 이상행동의 진단 · 상담, 성에 대한 건전한 이해를 위한 교육, 그 밖에 성범죄자의 재범예방을 위하여 필요한 내용으로 구성되어야 한다.

④ 보호관찰소의 장 또는 교정시설의 장은 제1항에 따른 수강명령 또는 이수명령 집행의 전부 또는 일부를 여성가족부장관에게 위탁할 수 있다.

⑤ 제1항에 따른 수강명령 또는 이수명령의 집행에 관하여는 「보호관찰 등에 관한 법률」을 준용한다.

제14조 (친권상실청구 등)

① 아동 · 청소년대상 성범죄 사건을 수사하는 검사는 그 사건의 가해자가 피해아동 · 청소년의 친권자나 후견인인 경우에 법원에 「민법」 제924조의 친권상실선고 또는 같은 법 제940조의 후견인 변경 결정을 청구하여야 한다. 다만, 친권상실선고 또는 후견인 변경 결정을 하여서는 아니될 특별한 사정이 있는 경우에는 그러하지 아니하다. 〈개정 2010. 4. 15〉

② 다음 각 호의 기관 · 시설 또는 단체의 장은 검사에게 제1항의 청구를 하도록 요청할 수 있다. 이 경우 청구를 요청받은 검사는 요청받은 날부터 30일 내에 해당 기관 · 시설 또는 단체의 장에게 그 처리 결과를 통보하여야 한다. 〈개정 2010. 4. 15, 2011. 8. 4〉

1. 「아동복지법」 제45조에 따른 아동보호전문기관
2. 「성폭력방지 및 피해자보호 등에 관한 법률」 제10조의 성폭력피해상담소 및 같은 법 제12조의 성폭력피해자보호시설
3. 「청소년기본법」 제46조의 청소년상담 및 긴급구조 등의 기관 및 같은 법 제46조의2의 청소년지원 등의 기관
4. 「청소년복지지원법」 제14조의 청소년쉼터

③ 제2항 후단에 따라 처리결과를 통보받은 기관 · 시설 또는 단체의 장은 그 처리결과에 대하여 이의가 있을 경우 통보받은 날부터 30일 내에 직접 법원에 제1항의 청구를 할 수 있다.

제15조 (피해아동 · 청소년의 보호조치 결정)

법원은 아동 · 청소년대상 성범죄 사건의 가해자에게 「민법」 제924조에 따라 친권상실선고를 하는 경우에는 피해아동 · 청소년을 다른 친권자 또는 친족에게 인도하거나 제30조 또는 제31조의 기관 · 시설 또는 단

체에 인도하는 등의 보호조치를 결정할 수 있다. 이 경우 그 아동·청소년의 의견을 존중하여야 한다.

제16조 (피해자의 의사)

「형법」 제306조에도 불구하고 아동·청소년을 대상으로 한 다음 각 호의 죄에 대하여는 피해자의 고소가 없어도 공소를 제기할 수 있다. 다만, 아동·청소년을 대상으로 한 「성폭력범죄의 처벌 등에 관한 특례법」 제10조 제1항, 제11조 및 제12조의 죄는 피해자의 명시한 의사에 반하여 공소를 제기할 수 없다. 〈개정 2010. 4. 15〉

1. 제7조의 죄
2. 「형법」 제297조부터 제300조까지, 제302조, 제303조 및 제305조의 죄
3. 삭제 〈2010. 4. 15〉

제20조 (양벌규정)

법인의 대표자나 법인 또는 개인의 대리인, 사용인, 그 밖의 종업원이 그 법인 또는 개인의 업무에 관하여 제8조 제4항·제5항, 제11조 제3항, 제12조 제2항·제3항의 어느 하나에 해당하는 위반행위를 하면 그 행위자를 벌하는 외에 그 법인 또는 개인에게도 해당 조문의 벌금형을 과하고, 제8조 제1항·제2항·제6항·제7항, 제9조, 제11조 제1항·제2항·제4항 또는 제12조 제1항의 어느 하나에 해당하는 위반행위를 하면 그 행위자를 벌하는 외에 그 법인 또는 개인을 5천만원 이하의 벌금에 처한다. 다만, 법인 또는 개인이 그 위반행위를 방지하기 위하여 해당 업무에 관하여 상당한 주의와 감독을 게을리하지 아니한 경우에는 그러하지 아니하다. 〈개정 2011. 9. 15〉

5. 합동범의 죄수

- A, B가 합동하여 V를 강간. (i) A만 간음, (ii) A, B가 순차로 간음 ⇒ 모두 1죄
- A, B가 합동하여 A는 V 강간, B는 W 강간미수 ⇒ A, B 모두 V에 대한 합동강간 기수, W에 대한 합동강간 미수의 실체적 경합
- 위에서 A가 즉시 W를 간음 ⇒ A, B 모두 V, W에 대한 각 합동강간 기수의 실체적 경합범, B의 W에 대한 강간미수는 A의 W에 대한 강간 기수에 흡수

6. 주거침입강간

■ 대법원 2009. 9. 10. 선고 2009도4335 판결【성폭력범죄의처벌및피해자보호등에관한법률위반(강간등상해){인정된 죄명:강간상해}】(공)

주거침입죄에 있어서 주거라 함은 단순히 가옥 자체만을 말하는 것이 아니라 그 정원 등 위요지를 포함하는 것인바(대법원 1983. 3. 8. 선고 82도1363 판결, 대법원 2001. 4. 24. 선고 2001도1092 판결 등 참조), 다가구용 단독주택이나 다세대주택·연립주택·아파트 등 공동주택 안에서 공용으로 사용하는 엘리베이터, 계단과 복도는 주거로 사용하는 각 가구 또는 세대의 전용 부분에 필수적으로 부속하는 부분으로서 그 거주자들에 의하여 일상생활에서 감시·관리가 예정되어 있고 사실상의 주거의 평온을 보호할 필요성이 있는 부분이므로, 다가구용 단독주택이나 다세대주택·연립주택·아파트 등 공동주택의 내부에 있는 엘리베이터, 공용 계단과 복도는 특별한 사정이 없는 한 주거침입죄의 객체인 '사람의 주거'에 해당하고, 위 장소에 거주자의 명시적, 묵시적 의사에 반하여 침입하는 행위는 주거침입죄를 구성한다.

위 법리에 비추어 보면, 피고인이 피해자를 강간할 목적으로 피해자를 따라 피해자가 거주하는 아파트 내부의 공용부분에 들어온 행위는 주거침입행위이므로, 피고인이 성폭력범죄의 처벌 및 피해자보호 등에 관한 법률 제5조 제1항 소정의 주거침입범의 신분을 가지게 되었음은 분명하다.

따라서 피고인의 위와 같은 행위를 주거침입으로 보지 않은 원심판결에는 성폭력범죄의 처벌 및 피해자보호 등에 관한 법률 제5조 제1항 소정의 주거침입에 관한 법리를 오해하여 판결에 영향을 미친 위법이 있다.

제3장 명예와 신용에 대한 죄

제1절 명예에 관한 죄

I. 총 설
1. 보호법익
① 명예의 개념
② 보호법익
③ 명예의 내용
• 인격적 가치
• 眞價 불요
• 긍정적 가치
④ 명예의 주체
• 자연인, 법인, 비법인단체(통일된 의사를 형성할 수 있는 단체)
• 집합명칭에 의한 명예훼손
⑤ 보호의 정도: 추상적 위험범
2. 구성요건 체계
① 명예훼손
② 모욕
③ 기타규정
④ 정보통신망 이용촉진 및 정보보호 등에 관한 법률

II. 명예훼손죄
1. 행 위
가. 공연성
① 공연성이란 불특정 or 다수인이 인식할 수 있는 상태(통설, 판례)
② 인식할 수 있는 상태
• 긍정례
• 부정례
나. 사 실
① 사실의 의미
② 공지의 사실 포함
③ 허위의 사실
다. 명예훼손
2. 형법 제310조에 의한 위법성조각
① 요건
② 실체법적 효과: 처벌하지 아니한다
③ 증명책임
④ 진실성에 관한 착오
• 학설
• 판례
⑤ 적용범위
• 허위사실 적시 명예훼손
• 모욕
⑥ 언론의 손해배상책임과 형법 제310조

제2절 신용·업무와 경매에 관한 죄
○ 컴퓨터등손괴, 전자기록등손괴, 컴퓨터등장애 업무방해

제1절 명예에 관한 죄

I. 총 설

1. 보호법익

① 명예의 개념

내적 명예	– 객관적으로 가지고 있는 사람의 내면적인 인격가치 ⇒ 사회적 평가와 무관한 절대적 가치 – 타인에 의하여 훼손되지 않음 ⇒ 형법적 보호의 대상 아님(다수설)
외적 명예	– 사람의 인격적 가치에 대한 사회적 평가 – 타인에 의하여 침해될 가능성 ⇒ 형법적 보호
주관적 명예	– 개인의 주관적인 명예감정 – 가벌성이 피해자의 주관적 감정에 좌우될 위험 ⇒ 보호법익으로 삼기 곤란

② 보호법익

[1] 외적 명예(다수설, 판례)
[2] 외적 명예 + 내적 명예

■ 대법원 1987. 5. 12. 선고 87도739 판결【명예훼손, 상해】(공)

원심판결과 원심이 유지한 제1심판결의 각 이유에 의하면, 원심은 피고인이 그 판시와 같이 공연하게 피해자에 대하여 "늙은 화냥년의 간나, 너가 화냥질을 했잖아"라고 말하여 피해자의 명예를 훼손하였다고 인정하고 피고인을 형법 제307조 제2항의 명예훼손죄를 적용 처단하고 있다.

명예훼손죄와 모욕죄의 보호법익은 다같이 사람의 가치에 대한 사회적 평가인 이른바 외부적 명예인 점에서는 차이가 없으나 다만 명예훼손은 사람의 사회적 평가를 저하시킬 만한 구체적 사실의 적시를 하여 명예를 침해함을 요하는 것으로서 구체적 사실이 아닌 단순한 추상적 판단이나 경멸적 감정의 표현으로서 사회적 평가를 저하시키는 모욕죄에 비하여 그 형을 무겁게 하고 있다.

기록에 비추어 보면, 피고인이 피해자에 대하여 말하였다는 판시와 같은 발언내용은 그 자체가 위 피해자의 사회적 평가를 저하시킬 만한 구체적 사실의 적시라기보다는 피고인이 피해자의 도덕성에 관하여 경멸적인 감정표현을 과장되게 강조한 욕설에 불과한 것이 아닌가 의문이 간다.

따라서 피고인의 위와 같은 발언행위를 막바로 명예훼손죄로 의율한 원심은 결국 심리를 다하지 아니하거나 명예훼손죄의 법리를 오해하여 그 판결결과에 영향을 미친 위법을 저질렀다 할 것이다.

③ 명예의 내용

- 인격적 가치
  - 경제적 능력 등에 대한 평가(신용)는 신용훼손죄의 보호법익
- 眞價 불요
  - 가정적 명예 포함
- 긍정적 가치
  - 악평(eg 범죄자로서 얻는 악명) 제외

④ 명예의 주체

- 자연인, 법인, 비법인단체(통일된 의사를 형성할 수 있는 단체)
- 집합명칭에 의한 명예훼손

■ 대법원 2000. 10. 10. 선고 99도5407 판결【명예훼손】

명예훼손죄는 어떤 특정한 사람 또는 인격을 보유하는 단체에 대하여 그 명예를 훼손함으로써 성립하는 것이므로 그 피해자는 특정한 것임을 요하고, 다만 서울시민 또는 경기도민이라 함과 같은 막연한 표시에 의해서는 명예훼손죄를 구성하지 아니한다 할 것이지만, 집합적 명사를 쓴 경우에도 그것에 의하여 그 범위에 속하는 특정인을 가리키는 것이 명백하면, 이를 각자의 명예를 훼손하는 행위라고 볼 수 있다고 할 것이다.

원심은 그 채용증거에 의하여, 피고인이 작성하여 배포한 보도자료에는 피해자의 이름을 직접적으로 적시하고 있지는 않으나, 3.19 동지회 소속 교사들이 학생들을 선동하여 무단하교를 하게 하였다고 적시하고 있는 사실, 이 사건 고등학교의 교사는 총 66명으로서 그 중 약 37명이 3.19 동지회 소속 교사들인 사실, 위 학교의 학생이나 학부모, 교육청 관계자들은 3.19 동지회 소속 교사들이 누구인지 알고 있는 사실을 인정한 다음, 그렇다면 3.19 동지회는 그 집단의 규모가 비교적 작고 그 구성원이 특정되어 있으므로 피고인이 3.19 동지회 소속 교사들에 대한 허위의 사실을 적시함으로써 3.19 동지회 소속 교사들 모두에 대한 명예가 훼손되었다고 할 것이고, 따라서 3.19 동지회 소속 교사인 피해자의 명예 역시 훼손되었다고 보아야 할 것이라고 판단하였는바, 이를 기록 및 앞서 본 법리에 비추어 살펴보면 수긍이 가고, 거기에 명예훼손죄에 있어서 피해자의 특정성에 관한 법리를 오해한 위법이 있다고 할 수 없다.

■ 대법원 2003. 2. 20. 선고 2001도6138 전원합의체 판결【공직선거및선거부정방지법위반】(공)

이 부분 공소사실의 요지는, ㈎ 피고인은, 자유민주연합의 공천을 받아 같은 선거구에 입후보한 공소외 1을 당선되지 못하게 할 목적으로, 같은 선거구에 입후보한 사람들 중에서 충남 제1군에 제2국가공단을 조성할 당시 민주정의당 소속 국회의원이었던 사람은 공소외 1뿐인 상황에서, 후보자 초청공개토론회에서, "제2[국가]공단을 [만들 때] 수 십억 [원대의] 정치 [자금을 만들어] 당시 [민주정의당] 국회의원들이 그것을 나누어 썼다는[,] 그런 제보가 있었는데, 그것을 제가 [제13대 국회의원 선거 당시] 공적으로 유세하면서 얘기했던 사실도 있습니다."라고 말하고, 또 다른 후보자초청공개토론회에서도, "제2공단은 […] 경제논리로 [만들었]던 것이 아닙니다. [제5공화국] 시절에 공소외 1 후보가 계시던 [민주정의당]에서 정치자금을 마련하기 위해서 [… 85,000,000,000]원이라는[,] 그때 당시[로서는] 엄청난 돈으로 […] 대산건설을 시켜서 [만들었]습니다. 거기서 엄청난 돈이 빠져나가서 전두환 대통령한테 그것을 심판도 받고 그랬는데[…]"라고 말함으로써, 후보자 공소외 1에게 불리하도록 그의 과거행위에 관하여 허위의 사실을 공표하고, ㈏ 피고인은, 자유민주연합의 공천을 받아 같은 선거구에 입후보한 공소외 1을 당선되지 못하게 할 목적으로, 공소외 1의 아들인 공소외 2는 체중초과로 제2국민역에 편입되는 병역처분을 받고 제16대 국회의원선거 직전에 서울지방검찰청과 국방부 검찰부가 이른바 병역비리합동수사반을 구성하여 정치인 자제들에 대한 병역면제처분의 비리를 조사한 결과 무혐의 처분을 받고, 그 내용이 2000. 4. 1.경 대다수의 중앙일간지에 아버지인 공소외 1의 이름과 소속 정당, 직위 등과 함께 보도되었음에도 불구하고, 같은 달 9. 14:00경 후보자합동연설회에서, "여기 계신 모 후보, 의심의 여지가 많은 방법으로 군복무를 완수하지 못하고 '의가사 제대'했다고 했고, 그 자식도 […] 고의로 체중을 불려 군대에 가지 않았다는 소문이 많이 있는데, 만일 [그]것이 사실이라면, 그런 사람이, 어떻게 국가를 위하여 몸을 던져 일하겠다고 나설 수 있는 것인지 묻지 않을 수 없습니다."라고 말함으로써 후보자 공소외 1에게 불리하도록 그의 직계비속에 관하여 허위의 사실을 공표하였다는 것인바, 원심은 그 채택증거를 종합하여 위 공소사실을 모두 유죄로 인정하였다. …

피고인은 피고인의 발언이 공소외 1 후보가 민주정의당 소속이었다는 객관적 사실만 언급하였을 뿐 공소외 1 후보가 제2공단건으로 정치자금을 제공받아 사용하였다고 언급한 것은 아니므로 그 발언이 허위가 아니라고 주장하고 있지만, 당해 표현이 집합적 명사를 쓴 경우에도 선거인이 그 표현을 접하는 통상의 방법을 전제로 그 표현의 전체적인 취지와의 연관하에서 표현의 객관적 내용, 사용된 어휘의 통상적인 의미, 문구의 연결방법 등을 종합적으로 고려하여 그 표현이 선거인에게 주는 전체적인 인상을 기준으로 판단할 때 당해 표현이 특정인을 가리키는 것이 명백하면 당해 표현은 그 특정인에 대한 허위사실의 공표에 해당한다고 할 것인바(대법원 2000. 10. 10. 선고 99도5407 판결, 2002. 5. 10. 선고 2000다50213 판결 참조), 피고인의 발언 내용을 위와 같은 기준에 따라 종합적으로 살펴보면 피고인의 발언은 선거인들로 하여금 공소외 1 후보에게 제2공단과 관련한 비리가 있다는 의혹을 갖게 하는 것임이 명백하다.

⑤ 보호의 정도: 추상적 위험범

2. 구성요건 체계

① 명예훼손

구분	죄명	조문	법정형
기본적 구성요건	명예훼손	307 ①	2↓징금, 500만↓
불법가중	명예훼손	307 ②	5↓, 10↓자, 1000만↓
〃	(출판물, 라디오)에 의한 명예훼손	309 ①	3↓징금, 700만↓
〃	(출판물, 라디오)에 의한 명예훼손	309 ②	7↓, 10↓자, 1500만↓
307② 불법감경	사자명예훼손	308	2↓징금, 500만↓

② 모욕

구분	죄명	조문	법정형
독립적 구성요건	모욕	311	2↓징금, 500만↓

③ 기타규정

- 310 위법성 조각
- 312 친고죄(위 음영칸), 반의사불법죄(위 흰 칸)

④ 정보통신망 이용촉진 및 정보보호 등에 관한 법률

제70조 (벌칙)

① 사람을 비방할 목적으로 정보통신망을 통하여 공공연하게 사실을 드러내어 다른 사람의 명예를 훼손한 자는 3년 이하의 징역이나 금고 또는 2천만 원 이하의 벌금에 처한다.

② 사람을 비방할 목적으로 정보통신망을 통하여 공공연하게 거짓의 사실을 드러내어 다른 사람의 명예를 훼손한 자는 7년 이하의 징역, 10년 이하의 자격정지 또는 5천만 원 이하의 벌금에 처한다.

③ 제1항과 제2항의 죄는 피해자가 구체적으로 밝힌 의사에 반하여 공소를 제기할 수 없다.

II. 명예훼손죄

1. 행 위

가. 공연성

① 공연성이란 불특정 or 다수인이 인식할 수 있는 상태(통설, 판례)

② 인식할 수 있는 상태

[1] 전파성이론(판례)

[2] 직접인식상태요구설(다수설)

긍정례

■ 대법원 2004. 4. 9. 선고 2004도340 판결【출판물에의한명예훼손(일부 인정된 죄명: 명예훼손), 명예훼손】(공)

명예훼손죄의 구성요건인 공연성은 불특정 또는 다수인이 인식할 수 있는 상태를 말하고, 비록 개별적으로 한 사람에 대하여 사실을 적시하더라도 그로부터 불특정 또는 다수인에게 전파될 가능성이 있다면 공연성의 요건을 충족하며(대법원 2000. 5. 16. 선고 99도5622 판결 참조), 이와 같이 전파가능성을 이유로 명예훼손죄의 공연성을 인정하는 경우에는 적어도 범죄구성요건의 주관적 요소로서 미필적 고의가 필요하므로 전파가능성에 대한 인식이 있음은 물론 나아가 그 위험을 용인하는 내심의 의사가 있어야 하고, 그 행위자가 전파가능성을 용인하고 있었는지의 여부는 외부에 나타난 행위의 형태와 행위의 상황 등 구체적인 사정을 기초로 하여 일반인이라면 그 전파가능성을 어떻게 평가할 것인가를 고려하면서 행위자의 입장에서 그 심리상태를 추인하여야 할 것이다.

같은 취지에서 원심은, 그 채용 증거들에 의하여, 피고인이 공소외 1 주식회사와 사이에 발생한 분쟁을 해결하려고 1996. 3.경 당시의 대표이사 공소외 2를 사기혐의로 고소하였으나 1996. 7. 30. 검찰에서 혐의없음 처분이 내려지자, 공소외 2와 사이의 분쟁을 야당 국회의원들을 통하여 해결하고자 1996. 9.경 당시 국민회의 소속 서울시 정무부시장 공소외 3에게 그 판시와 같은 허위 사실들을 적시하면서 그 분쟁 경위와 검찰의 사건처리과정 등을 설명하고 국회차원에서 공소외 1 주식회사의 비리를 조사해 줄 것을 부탁하며 관련 자료를 넘겨주었고, 이에 공소외 3은 그 무렵 국회의원 공소외 4에게 그 자료를 넘겨주었으며, 공소외 4는 그와 같은 자료를 바탕으로 1996. 10. 22. 국회에서 공소외 1 주식회사에 관하여 발표함으로써 피고인이 적시한 허위 사실들이 언론에 보도된 사실을 인정한 다음, 그와 같은 사실관계에 기초하여, 피고인이 비록 공소외 3에 대하여 허위 사실을 적시하였다고 하더라도 피고인의 행위 형태와 당시의 행위 상황 등에 비추어 보면, 피고인으로서는 공소외 3이 피고인으로부터 전해 들은 허위 사실들을 야당 국회의원 등을 통하여 공론화함으로써 불특정 또는 다수인에게 전파될 가능성이 있었음을 인식하면서 이를 용인하고 있었음이 인정된다는 이유로 명예훼손의 범죄사실을 유죄로 판단하였는바, 기록에 비추어 살펴보면, 원심의 위와 같은 사실인정과 판단은 정당하여 수긍할 수 있고, 거기에 채증법칙위배로 인한 사실오인이나 형법 제307조 제2항에 정하여진 공연성의 해석적용에 관한 법령위반의 위법이 없다.

■ 대법원 2006. 5. 25. 선고 2005도2049 판결【공직선거및선거부정방지법위반, 명예훼손】(공)

가. 명예훼손죄에 있어서의 공연성은 불특정 또는 다수인이 인식할 수 있는 상태를 의미하므로, 비록 개별적으로 한 사람에 대하여 사실을 유포하더라도 이로부터 불특정 또는 다수인에게 전파될 가능성이 있다면 공연성의 요건을 충족한다 할 것이다(대법원 1994. 9. 30. 선고 94도1880 판결, 1996. 7. 12. 선고 96도1007 판결 등 참조).

원심은, 그 채용 증거들을 종합하여 판시와 같은 사실을 인정한 다음, 피고인 1이 선거범죄 사건의 제보자가 공소외 1이라는 사실을 알리게 된 경위나 그 상대방인 공소외 2나 공소외 3의 지위 등에 비추어 보면, 비록 피고인 1이 공소외 2나 공소외 3에게 개별적으로 위와 같은 사실을 알렸다고 하더라도 불특정 또는 다수인에게 전파될 가능성이 있어 공연성이 인정된다고 판단하였다.

앞서 본 법리와 기록에 비추어 살펴보면, 위와 같은 원심의 사실인정과 판단은 옳은 것으로 수긍이 가고, 거기에 심리미진으로 인한 사실오인이나 명예훼손죄에 있어서의 공연성에 관한 법리오해 등의 위법이 있다고 할 수 없다.

나. 형법 제310조에서 '오로지 공공의 이익에 관한 때'라 함은 적시된 사실이 객관적으로 볼 때, 공공의 이익에 관한 것으로서 행위자도 주관적으로 공공의 이익을 위하여 그 사실을 적시한 것이어야 하는 것인데, 여기의 공공의 이익에 관한 것에는 널리 국가·사회 기타 일반 다수인의 이익에 관한 것뿐만 아니라 특정한 사회집단이나 그 구성원 전체의 관심과 이익에 관한 것도 포함하는 것이고, 적시된 사실이 공공의 이익에 관한 것인지 여부는 당해 적시사실의 내용과 성질, 당해 사실의 공표가 이루어진 상대방의 범위, 그 표현의 방법 등 그 표현 자체에 관한 제반 사정을 감안함과 동시에 그 표현에 의하여 훼손되거나 훼손될 수 있는 명예의 침해 정도 등을 비교·고려하여 결정하여야

한다(대법원 1998. 10. 9. 선고 97도158 판결, 2004. 10. 15. 선고 2004도3912 판결 등 참조).

원심은, 피고인 1이 자신과 관련된 선거범죄 사건의 제보자를 전파가능성이 있는 같은 당 당원들에게 알리는 행위는 공소외 1의 제보로 인하여 수사를 받거나 처벌을 받게 될 피고인들 및 그들과 이해를 같이하는 자들의 개인적인 이해관계에 부합하는 행위일 뿐 선거범죄의 처벌을 통하여 공명정대한 선거문화를 정착하려는 공공의 이익에 반하는 행위라고 판단하였는바, 앞서 본 법리와 기록에 비추어 살펴보면, 이러한 원심의 판단도 옳고, 거기에 명예훼손죄에 있어서의 공공의 이익에 관한 법리를 오해한 위법이 있다고 할 수 없다.

부정례

■ 대법원 2005. 12. 9. 선고 2004도2880 판결【폭력행위등처벌에관한법률위반, 명예훼손, 무고】(공)

명예훼손죄의 구성요건인 공연성은 불특정 또는 다수인이 인식할 수 있는 상태를 말하는 것으로서, 비록 개별적으로 한 사람에 대하여 사실을 적시하더라도 그로부터 불특정 또는 다수인에게 전파될 가능성이 있다면 공연성의 요건을 충족하는 것이나, 어느 사람에게 귀엣말 등 그 사람만 들을 수 있는 방법으로 그 사람 본인의 사회적 가치 내지 평가를 떨어뜨릴 만한 사실을 이야기하였다면, 위와 같은 이야기가 불특정 또는 다수인에게 전파될 가능성이 있다고 볼 수 없어 명예훼손의 구성요건인 공연성을 충족하지 못하는 것이며, 그 사람이 들은 말을 스스로 다른 사람들에게 전파하였더라도 위와 같은 결론에는 영향이 없다.

원심이 피고인 2가 피해자 공소외 1만 들을 수 있도록 귀엣말로 위 피해자가 공소외 2와 부적절한 성적 관계를 맺었다는 취지의 이야기를 한 사실을 인정하고, 그것만으로는 명예훼손의 구성요건 요소인 공연성을 인정할 수 없음을 이유로 이 사건 공소사실 중 명예훼손의 점을 무죄로 판단한 조치는 위에서 본 법리나 이 사건 기록에 비추어 옳고, 거기에 검사가 상고이유로 주장한 것처럼 채증법칙 위배로 사실을 오인하거나 명예훼손죄의 공연성에 관한 법리를 오해하는 등으로 판결 결과에 영향을 미친 위법이 없다.

■ 대법원 2000. 5. 16. 선고 99도5622 판결【사기미수, 명예훼손, 사자명예훼손】(공)

명예훼손죄의 구성요건인 공연성은 불특정 또는 다수인이 인식할 수 있는 상태를 의미하고(대법원 1991. 6. 25. 선고 91도347 판결 등 참조), 비록 개별적으로 한사람에 대하여 사실을 유포하였다고 하더라도 그로부터 불특정 또는 다수인에게 전파될 가능성이 있다면 공연성의 요건을 충족하지만 이와 달리 전파될 가능성이 없다면 특정한 한 사람에 대한 사실의 유포는 공연성을 결한다고 할 것이다(대법원 1992. 5. 26. 선고 92도445 판결, 1996. 7. 12. 선고 96도1007 판결 등 참조).

한편, 통상 기자가 아닌 보통 사람에게 사실을 적시할 경우에는 그 자체로서 적시된 사실이 외부에 공표되는 것이므로 그 때부터 곧 전파가능성을 따져 공연성 여부를 판단하여야 할 것이지만, 그와는 달리 기자를 통해 사실을 적시하는 경우에는 기사화되어 보도되어야만 적시된 사실이 외부에 공표된다고 보아야 할 것이므로 기자가 취재를 한 상태에서 아직 기사화하여 보도하지 아니한 경우에는 전파가능성이 없다고 할 것이어서 공연성이 없다고 봄이 상당하다.

기록에 의하면, 피고인이 주간신문 충청리뷰의 기자 공소외 권혁상과의 전화인터뷰에서 공소외 4 및 망 공소외 1에 관하여 이 사건 명예훼손 및 사자명예훼손의 점에 관한 공소사실 기재와 같은 취지의 이야기를 하였지만, 권혁상이 이러한 피고인의 진술을 기사화하여 보도하지는 아니한 사실을 인정할 수 있으므로, 같은 취지에서 이 사건 명예훼손 및 사자명예훼손의 점에 관한 공소사실에 대하여는 공연성이 없다고 판단하여 무죄를 선고한 제1심판결을 유지한 원심의 판단은 수긍할 수 있고 거기에 명예훼손죄에 있어서의 공연성에 관한 법리오해의 위법이 있다고 할 수 없다. 검사의 상고도 받아들일 수 없다.

☞ 이 판례에 대하여는 기자인 경우에는 일반적으로 오히려 전파가능성이 높다고 보아야 한다는 비판이 강함.

나. 사 실

① 사실의 의미

■ 대법원 2003. 5. 13. 선고 2002도7420 판결【무고, 명예훼손】(공)

명예훼손죄가 성립하기 위하여는 사실의 적시가 있어야 하는데, 여기에서 적시의 대상이 되는 사실이란 현실적으로 발생하고 증명할 수 있는 과거 또는 현재의 사실을 말하며, 장래의 일을 적시하더라도 그것이 과거 또는 현재의 사실을 기초로 하거나 이에 대한 주장을 포함하는 경우에는 명예훼손죄가 성립한다고 할 것이고, 장래의 일을 적시하는 것이 과거 또는 현재의 사실을 기초로 하거나 이에 대한 주장을 포함하는지 여부는 그 적시된 표현 자체는 물론 전체적인 취지나 내용, 적시에 이르게 된 경위 및 전후 상황, 기타 제반 사정을 종합적으로 참작하여 판단하여야 할 것이다.

이 사건의 경우 기록에 의하면, 피고인은 수년 전부터 공소외 1 등과 땅문제로 분쟁이 시작된 이후 상호 고발과 진정이 거듭되는 과정에서 경찰서, 도청, 시청 등지에 수시로 찾아가 민원을 제기하기도 하고 사건을 담당하는 공무원 등을 상대로 고발, 진정하기도 했던 사실, 이 사건 명예훼손 무렵 피고인은 자신에 대한 형사사건을 담당했던 경찰관인 피해자 1을 상대로 진정을 제기하여 경찰이 그 진정사건을 내사한 결과 혐의가 없는 것으로 판단하여 2001. 8. 14. 검찰에 입건 여부에 대한 지휘를 품신한 상태였던 사실, 피고인은 종전부터 이 사건 명예훼손 범행 장소인 경북도청에 수차례 찾아가 민원을 제기하기도 하고 자신의 사정을 하소연하기도 하던 차에 위 공소사실과 같이 "사건을 조사한 경산경찰서 경찰관인 피해자 1, 피해자 2가 내일부로 대구지방검찰청에서 구속영장이 떨어진다."고 말하였고 그 며칠 후에 다시 찾아가 "피해자 1, 피해자 2가 구속되었다."고 말하기도 한 사실, 그러나 피고인이 피해자 1을 상대로 진정한 사건은 2001. 8. 20. 검사의 지휘에 따라 내사종결되었고 피해자 1, 피해자 2에 대하여 구속영장이 청구된 적은 없던 사실을 알 수 있는바, 이와 같이 피고인이 위 공소사실과 같은 말을 한 전체적인 취지나 내용, 이에 이르게 된 경위나 전후 상황, 기타 기록에 나타나는 제반 사정에 비추어 보면, 피고인이 위 공소사실과 같은 말을 한 것은 단순히 피고인의 희망이나 의견을 진술한 것이라거나 또는 피고인의 가치판단을 나타낸 것에 불과하다고 볼 수 없고 피해자 1, 피해자 2에 대한 사건이 수사중이라거나 검사가 구속영장을 청구하였다는 현재의 사실을 기초로 하거나 이에 대한 주장을 포함하고 있다고 할 것이므로 이는 명예훼손죄에 있어서의 사실의 적시에 해당한다고 할 것이다.

그럼에도 원심은 피고인이 한 말에는 현재의 사실에 대한 주장이 포함되어 있다고 보기 어렵다는 이유로 위 공소사실은 그 자체로 범죄가 되지 아니한다고 판단하여 무죄로 단정하고 말았으니, 이에는 명예훼손죄에 있어서 사실의 적시에 관한 법리를 오해하여 판결 결과에 영향을 미친 위법이 있다고 할 것이다. 이 점을 지적하는 검사의 상고이유의 주장은 이유 있다.

② 공지의 사실 포함

■ 대법원 1994. 4. 12. 선고 93도3535 판결【출판물에의한명예훼손】(공)

소론은 또한 이 사건 기사내용은 이미 민사소송을 통하여 주장되어 이에 대한 판결까지 선고된 상태에 있었고, 다른 일간신문에도 소개되어 세인의 관심의 대상이 된 것이므로, 뒤늦게 그와 같은 기사를 정리하여 다시 일간신문에 소개하였다고 하여 이로써 새삼스럽게 피해자의 명예가 훼손되었다고 볼 수는 없다는 것이나, 명예훼손죄가 성립하기 위하여는 반드시 숨겨진 사실을 적발하는 행위만에 한하지 아니하고, 이미 사회의 일부에 잘 알려진 사실이라고 하더라도 이를 적시하여 사람의 사회적 평가를 저하시킬 만한 행위를 한 때에는 명예훼손죄를 구성하는 것으로 봄이 상당하므로, 반대의 견해에서 원심판결을 비난하는 소론 주장도 받아들일 수 없다. 논지는 모두 이유 없다.

③ 허위의 사실

■ 대법원 2000. 2. 25. 선고 99도4757 판결【출판물에의한명예훼손(인정된 죄명: 명예훼손)】(공)

형법 제307조 제2항이 정하는 허위사실 적시에 의한 명예훼손죄가 성립하기 위하여는 범인이 공연히 사실의 적시를 하여야 하고, 그 적시한 사실이 사람의 사회적 평가를 저하시키는 것으로서 허위이어야 하며, 범인이 그와 같은 사실이 허위라고 인식하였어야 한다(대법원 1999. 10. 22. 선고 99도3213 판결, 1994. 10. 28. 선고 94도2186 판결, 1988. 9. 27. 선고 88도1008 판결 등 참조). 그리고 형법 제307조 제2항을 적용하기 위하여 적시된 사실이 허위의 사실인지 여부를 판단함에 있어서는 적시된 사실의 내용 전체의 취지를 살펴볼 때 중요한 부분이 객관적 사실과 합치되는 경우에는 세부에 있어서 진실과 약간 차이가 나거나 다소 과장된 표현이 있다 하더라도 이를 허위의 사실이라고 볼 수는 없다(대법원 1999. 10. 22. 선고 99도3213 판결, 1998. 10. 9. 선고 97도158 판결 등 참조).

■ 대법원 2007. 7. 13. 선고 2006도6322 판결【출판물에의한명예훼손】(미)

어떠한 표현행위가 명예훼손과 관련하여 문제가 되는 경우 그 표현이 사실을 적시하는 것인가, 아니면 단순히 의견 또는 논평을 표명하는 것인가, 또는 의견 또는 논평을 표명하는 것이라면 그와 동시에 묵시적으로라도 그 전제가 되는 사실을 적시하고 있는 것인가 그렇지 아니한가의 구별은, 당해 표현의 객관적인 내용과 아울러 일반의 독자가 보통의 주의로 표현을 접하는 방법을 전제로 표현에 사용된 어휘의 통상적인 의미, 표현의 전체적인 흐름, 문구의 연결 방법 등을 기준으로 판단하여야 하고, 여기에다가 당해 표현이 게재된 보다 넓은 문맥이나 배경이 되는 사회적 흐름 등도 함께 고려하여야 한다(대법원 2000. 2. 25. 선고 98도2188 판결, 대법원 2003. 6. 24. 선고 2003도1868 판결, 대법원 2006. 8. 25. 선고 2006도648 판결 등 참조).

한편, 형법 제307조 제2항 소정의 '허위사실 적시에 의한 명예훼손죄'가 성립하기 위해서는, 범인이 공연히 사실의 적시를 하여야 하고, 그 적시한 사실이 사람의 사회적 평가를 저하시키는 것으로서 허위이어야 하며, 범인이 그와 같은 사실이 허위라고 인식하였어야 하는바(대법원 2000. 2. 25. 선고 99도4757 판결 등 참조), 여기서 중요한 부분이 객관적 사실과 합치되는 경우에는 세부에 있어서 진실과 약간 차이가 나거나 다소 과장된 표현이 있다 하더라도 이를 허위의 사실이라고 볼 수는 없으나, 허위의 사실인지 여부를 판단함에 있어서는 그 적시된 사실의 내용 전체의 취지를 살며 객관적 사실과 합치하지 않는 부분이 중요한 부분인지 여부를 결정하여야 하고(대법원 2005. 4. 29. 선고 2003도2137 판결 등 참조), 형법 제309조 제2항 소정의 '사람을 비방할 목적'이란 가해의 의사 내지 목적을 요하는 것으로서, 사람을 비방할 목적이 있는지 여부는 당해 적시 사실의 내용과 성질, 당해 사실의 공표가 이루어진 상대방의 범위, 그 표현의 방법 등 그 표현 자체에 관한 제반 사정을 감안함과 동시에 그 표현에 의하여 훼손되거나 훼손될 수 있는 명예의 침해 정도 등을 비교, 고려하여 결정하여야 하는데(대법원 2003. 12. 26. 선고 2003도6036 판결, 대법원 2006. 8. 25. 선고 2006도648 판결 등 참조), 피고인이 주관적 구성요건 등을 다투는 경우 피고인이 표현행위를 할 당시에 구체적으로 인식하고 있었던 사실관계, 그 지위 및 업무 등과 같은 개별적인 사정을 종합적으로 고려하여 그 범죄의 성립 여부를 판단하여야 한다.

위 법리와 기록에 비추어 살펴보면, 원심이 그 채택 증거를 종합하여, 피고인이 (이름 생략) 대학교 정상화추진위원회 공동대표 겸 위 대학교 전직 총장의 자격으로 2004. 10. 5.자 일간신문에 그 판시와 기재와 같은 신문광고를 게재한 사실, 위 신문광고 중에는 관계 법령에서 학교 기본재산의 매각을 금지하고 있고 더욱이 위 대학교의 기본재산은 설립자가 각고의 노력으로 마련하여 유지해 온 것임에도 불구하고, 학교법인 (이름 생략) 대학교 이사장인 피해자가 위 대학교의 기본재산을 탈법적으로 매각하고 지방자치단체에 기부한 사실을 숨기면서 오히려 주상복합아파트(스타시티)의 건설을 통하여 개발을 하고 있다고 홍보함으로써 해교행위를 하고 있다는 등 객관적으로 피해자의 사회적 평가를 저하시키는 기재 내용이 포함되어 있는 사실 등을 인정한 다음, 이러한 신문광고의 기재 내용은 단순한 의견의 표명이 아니라 구체적으로 사실을 적시한 것에 해당하며, 그 적시된 사실은 객관적 사실에 배치되는 것으로서 허위이고, 피고인에게는 피해자를 비방할 목적이 있었다고 판단하여 이 사건 범죄사실에 대하여 피고인을 유죄로 인정한 조치는 정당한 것으로 수긍이 가고, 거기에 상고이유의 주장과 같이 재판에 영향을 미친 채증법칙 위반으로 인한 사실오인, 출판물에 의한 명예훼손죄의 성립에 관한 법리오해 등의 위법이 있다고 할 수 없다.

다. 명예훼손

■ 대법원 2008. 11. 27. 선고 2008도6728 판결【업무방해, 명예훼손】(미)

명예훼손죄가 성립하기 위하여는 특정인의 사회적 가치 내지 평가가 침해될 가능성이 있는 구체적인 사실을 적시하여야 하는바, 어떤 표현이 명예훼손적인지 여부는 그 표현에 대한 사회통념에 따른 객관적 평가에 의하여 판단하여야 하고, 가치중립적인 표현을 사용하였다 하여도 사회통념상 그로 인하여 특정인의 사회적 평가가 저하되었다고 판단된다면 명예훼손죄가 성립할 수 있으나(대법원 2007. 10. 25. 선고 2007도5077 판결 참조), 원심이 피고인의 판시 발언 중 사실을 적시한 부분인 '(주)진로가 일본 아사히 맥주에 지분이 50% 넘어가 일본 기업이 됐다'는 부분은 가치중립적인 표현으로서, 우리나라와 일본의 특수한 역사적 배경과 소주라는 상품의 특수성 때문에 '참이슬' 소주를 생산하는 공소사실 기재 피해자 회사의 대주주 내지 지배주주가 일본 회사라고 적시하는 경우 일부 소비자들이 '참이슬' 소주의 구매에 소극적이 될 여지가 있다 하더라도 이를 사회통념상 공소사실 기재 피해자 회사의 사회적 가치 내지 평가가 침해될 가능성이 있는 명예훼손적 표현이라고 볼 수 없을 뿐만 아니라, 한편 판시 증거들만으로는 피고인의 판시 발언이 공연히 이루어졌다거나, 피고인이 판시 발언이 허위라고 인식하였다고 인정하기에 부족하고 달리 이를 인정할 증거가 없다는 등의 이유로, 이 부분 공소사실을 무죄로 인정한 제1심판결을 그대로 유지하였는바, 위 법리 및 기록에 의하여 살펴보면, 원심의 조치는 정당하고, 상고이유의 주장과 같이 채증법칙을 위반하거나, 명예훼손죄에 관한 법리를 오해한 위법 등이 없다.

2. 형법 제310조에 의한 위법성조각

① 요건

■ 대법원 2004. 10. 15. 선고 2004도3912 판결【명예훼손, 집회및시위에관한법률위반】(공)

형법 제310조에서 '오로지 공공의 이익에 관한 때'라 함은 적시된 사실이 객관적으로 볼 때, 공공의 이익에 관한 것으로서 행위자도 주관적으로 공공의 이익을 위하여 그 사실을 적시한 것이어야 하는 것인데, 여기의 공공의 이익에 관한 것에는 널리 국가·사회 기타 일반 다수인의 이익에 관한 것뿐만 아니라 특정한 사회집단이나 그 구성원 전체의 관심과 이익에 관한 것도 포함하는 것이고, 적시된 사실이 공공의 이익에 관한 것인지 여부는 당해 적시사실의 내용과 성질, 당해 사실의 공표가 이루어진 상대방의 범위, 그 표현의 방법 등 그 표현 자체에 관한 제반 사정을 감안함과 동시에 그 표현에 의하여 훼손되거나 훼손될 수 있는 명예의 침해 정도 등을 비교·고려하여 결정하여야 한다(대법원 1998. 10. 9. 선고 97도158 판결 참조).

원심이 유지한 제1심판결이 채용한 증거들을 기록에 비추어 살펴보면, 피고인은 공소외 주식회사의 대표이사인 피해자에게 압력을 가하여 단체협상에서 양보를 얻어내기 위한 방법의 하나로 위 회사의 다른 직원들과 함께 "공소외 주식회사 사장 피해자는 체불임금 지급하고 단체교섭에 성실히 임하라.", "노동임금 갈취하는 악덕업주 피해자 사장은 각성하라."는 등의 내용이 기재된 현수막과 피켓을 들고 확성기를 사용하여 위와 같은 내용을 반복해서 불특정다수의 행인을 상대로 소리치면서 위 회사의 정문을 출발하여 부산광역시청을 경유, 부산지방경찰청 앞 인도까지 거리행진을 함으로써 피해자의 명예를 훼손한 사실이 인정되는바, 이와 같은 피고인의 이 사건 행위의 동기 및 목적, 당해 사실의 공표가 이루어진 상대방의 범위 등에 비추어 볼 때, 피고인의 판시 행위가 공공의 이익을 위하여 사실을 적시한 것으로 볼 수는 없다 할 것이다.

원심이 같은 취지에서 피고인에 대한 명예훼손의 공소사실을 유죄로 인정한 것은 수긍이 되고, 원심판결에 상고이유에서 주장하는 바와 같이 심리를 제대로 하지 아니한 채 채증법칙을 위반하여 사실을 잘못 인정하거나 명예훼손죄의 위법성조각사유에 관한 법리를 오해한 위법이 있다고 할 수 없다.

■ 대법원 2007. 12. 14. 선고 2006도2074 판결【명예훼손】(미)

1. 명예훼손죄가 성립하기 위하여는 사실의 적시가 있어야 하는데, '사실의 적시'란 가치판단이나 평가를 내용으로 하는 의견표현에 대치되는 개념으로서 시간과 공간적으로 구체적인 과거 또는 현재의 사실관계에 관한 보고 내지 진술을 의미하는 것이며 그 표현내용이 증거에 의한 입증이 가능한 것을 말하고, 판단할 진술이 사실인가 또는 의견인가를 구별함에 있어서는, 언어의 통상적 의미와 용법, 입증가능성, 문제된 말이 사용된 문맥, 그 표현이 행하여진 사회적 정황 등 전체적 정황을 고려하여 판단하여야 할 것이다(대법원 1997. 4. 25. 선고 96도2910 판결, 대법원 2000. 2. 25. 선고 98도2188 판결, 대법원 2007. 9. 21. 선고 2007도2824 판결 등 참조).

한편, 공연히 사실을 적시하여 사람의 명예를 훼손하는 행위가 진실한 사실로서 오로지 공공의 이익에 관한 때에는 형법 제310조에 따라 처벌할 수 없는데, 여기서 '진실한 사실'이란 그 내용 전체의 취지를 살펴볼 때 중요한 부분이 객관적 사실과 합치되는 사실이라는 의미로서 세부에 있어 진실과 약간 차이가 나거나 다소 과장된 표현이 있더라도 무방하고, '오로지 공공의 이익에 관한 때'라 함은 적시된 사실이 객관적으로 볼 때 공공의 이익에 관한 것으로서 행위자도 주관적으로 공공의 이익을 위하여 그 사실을 적시한 것이어야 하는 것인데, 여기의 공공의 이익에 관한 것에는 널리 국가·사회 기타 일반 다수인의 이익에 관한 것뿐만 아니라 특정한 사회집단이나 그 구성원 전체의 관심과 이익에 관한 것도 포함하는 것이고, 적시된 사실이 공공의 이익에 관한 것인지 여부는 당해 적시 사실의 내용과 성질, 당해 사실의 공표가 이루어진 상대방의 범위, 그 표현의 방법 등 그 표현 자체에 관한 제반 사정을 감안함과 동시에 그 표현에 의하여 훼손되거나 훼손될 수 있는 명예의 침해 정도 등을 비교·고려하여 결정하여야 하며, 행위자의 주요한 동기 내지 목적이 공공의 이익을 위한 것이라면 부수적으로 다른 사익적 목적이나 동기가 내포되어 있더라도 형법 제310조의 적용을 배제할 수 없다(대법원 1997. 4. 11. 선고 97도88 판결, 대법원 1998. 10. 9. 선고 97도158 판결, 대법원 2001. 10. 9. 선고 2001도3594 판결 등 참조). 그리고 형법 제310조의 규정은 인격권으로서의 개인의 명예의 보호와 헌법 제21조에 의한 정당한 표현의 자유의 보장이라는 상충되는 두 법익의 조화를 꾀한 것이라고 보아야 할 것이므로, 두 법익간의 조화와 균형을 고려한다면 적시된 사실이 진실한 것이라는 증명이 없더라도 행위자가 진실한 것으로 믿었고 또 그렇게 믿을 만한 상당한 이유가 있는 경우에는 위법성이 없다고 보아야 할 것이다(대법원 1993. 6. 22. 선고 92도3160 판결 등 참조).

2. 원심은 그 채택 증거를 종합하여, 피고인은 부산광역시 개인택시운송조합(이하 '조합'이라 한다)의 이사장으로 근무하던 자로서, 2000년경부터 개인택시 정보화사업을 추진하여 개인택시에 단말기를 장착하는 등 그 사업을 계속하였으나 2002. 7.경 조합 이사장으로 새로 취임한 고소인 공소외인이 위 정보화사업을 중단시켰다는 이유로, 2004. 6. 1.부터 2005. 2. 16.까지 6회에 걸쳐서 조합원들에게 "고소인이 자격도 없는 개인연구원에게 부탁하여 공인받을 수 없는 감정서를 만들어 조합원들에게 공인감정서인 것처럼 홍보하고 감정비 명목으로 지출한 2,200만 원은 중간에서 착복하였고, 위 정보화사업에 컨소시움 참여업체인 KTF가 26억 원의 지원금을 내는 조건으로 참여하고는 5억 원만 지원하고 잔액 21억 원이 있었는데 고소인이 잔액 21억 원을 안 받기로 탕감해 주었다."라는 발언을 하거나 같은 취지의 유인물을 배포함으로써 공연히 사실을 적시하여 고소인의 명예를 훼손하였다는 이 사건 범죄사실을 유죄로 인정하였다.

3. 그런데 기록에 의하면, 피고인과 고소인은 2002. 5. 27. 실시된 제11대 조합 이사장 선거에서 출마하여 경합하다가, 선거관리위원회가 고소인의 불법선거운동을 지적하면서 그 후보등록을 취소한 상태에서 이루어진 선거에서 고소인이 최다득표를 하였고, 이에 선거관리위원회가 차점자인 피고인을 당선자로 결정하자, 고소인이 법원으로부터 당선자확정통보 효력정지가처분을 받는 등 분쟁이 있었던 사실, 고소인은 2002. 7.경 조합의 이사장으로서 업무를 개시한 다음, 유니콘전자통신 주식회사(이하 '유니콘전자'라고 한다)로부터 공급받은 단말기의 가격이 비싸고 성능에도 문제가 있다고 주장하면서 합리적 근거를 제시하지 아니한 채 그 대금지급을 미루는 등 기존 정보화사업을 중단하려는 조짐을 보였고, 이에 유니콘전자가 2002년 하반기에 조합을 상대로 수십억 원의 물품대금을 청구하는 소를 제기하자 이를 빌미로 위 사업을 사실상 중단시킨 사실, 한편 조합의 이사회는 2003. 4. 14.경 정보화사업의 참여업체인 KTF와 사이에 체결하였던 모든 계약을 파기하면서 종전에 KTF가 조합에 지원하기로 약정하였던 시스템개발비 26억 원 중 이미 지급된 5억 원을 제

외한 잔액 21억 원의 지급의무를 면제하되, 그 잔액을 CDMA 단말기 교체비용으로 사용하기로 의결한 사실, 이와 같이 조합의 정보화사업 시스템개발 자체가 중단되자 그 사업에 참여하였던 다른 참여업체들이 순차적으로 조합을 상대로 이미 지급하였던 지원금에 관한 반환청구의 소 등을 제기하게 되었고, 이러한 각종 소송의 결과 등으로 조합이 수십억 원의 경제적 부담을 떠안게 된 사실, 한편 조합과 유니콘전자와 사이의 물품대금청구소송에 관련하여 조합 측의 의뢰를 받은 대우정밀연구소 소속 연구원이 유니콘전자의 단말기에 하자가 있다는 취지로 작성한 시험보고서는 위 연구소에서 공식적으로 작성한 것이 아니라 담당 연구원이 개인적인 차원에서 작성한 것으로서 그 내용의 신빙성도 인정하기 어렵고, 법원이 실시한 감정절차에서는 위 단말기에서 중대한 하자가 발견되지 아니한 사실, 그럼에도 불구하고 고소인은 조합원들에게 마치 위 시험보고서가 기존 단말기의 치명적인 결함을 입증하는 공식적인 감정서인 것처럼 홍보한 사실, 한편 고소인을 비롯한 조합간부들은 처음에 위 시험보고서의 작성에 관련하여 조합의 공금으로 2003년 초반부에 담당 연구원에게 2,000만 원의 감정료를, 이를 소개한 중개인에게 200만 원의 업무추진비를 각각 지급하였다고 주장하였다가, 피고인이 위와 같은 업무처리의 문제점을 지적하자 실제로 위 연구원에게 지급되었던 돈은 500만 원이고 나머지 1,500만 원은 중개인 등이 개인적으로 보관하고 있었다는 식으로 주장을 바꾼 다음, 2004. 3.경 2,000만 원을 조합에 환입토록 하는 조치를 취한 사실, 그런데 고소인은 2004. 2. 11.에 이르러서야 조합의 제3차 이사회를 개최하여 2003. 1.경 및 2003. 3.경 위 연구원에게 2,000만 원의 감정료를, 중개인에게 200만 원의 업무추진비를 각각 지급하였다는 안건을 뒤늦게 상정하고서 이를 사후에 추인하는 의결을 하였다가, 그로부터 1달도 경과하지 아니한 2004. 3. 6. 제4차 이사회를 개최하여 감정료 명목으로 지출된 2,000만 원이 조합에 환입되었다는 보고를 받으면서, 담당 연구원이 시험보고서의 작성대가로 수령한 500만 원을 그 수령시점으로부터 1년 정도 경과한 이후에 조합에 반환하게 된 경위, 중개인이 1,500만 원을 1년 정도 보관할 수 있는 정당한 권원이 있었는지 여부 등에 대하여 아무런 확인절차를 취하지 아니한 사실 등을 알 수 있다.

사정이 이와 같다면, 원심이 인정한 범죄사실에 적시된 바와 같은 피고인의 발언이나 피고인이 배포한 유인물의 기재는 대체로 진실에 부합하는 것이거나 피고인의 비판적인 의견을 표명한 것에 지나지 않는다고 할 것이고, 설령 진실인지 여부가 다소 명확하지 않은 부분이 있다고 하더라도 피고인으로서는 그것이 진실하다고 믿을 만한 상당한 이유가 있었다고 할 것이고, 그 적시된 사실 또는 의견은 모두 조합의 업무집행이 정당하게 이루어지지 아니하였음을 지적하는 취지로서 그 표현행위의 상대방인 조합원들에 대한 관계에서 객관적으로 공공의 이익에 관한 것이어서 위법성이 조각되는 경우에 해당한다고 봄이 상당하다.

② 실체법적 효과: 처벌하지 아니한다

1 처벌조각사유설
2 구성요건해당성조각설
3 위법성조각설(통설, 판례)

③ 증명책임

■ 대법원 1996. 10. 25. 선고 95도1473 판결【명예훼손】(집)

공연히 사실을 적시하여 사람의 명예를 훼손한 행위가 형법 제310조의 규정에 따라서 위법성이 조각되어 처벌대상이 되지 않기 위하여는 그것이 진실한 사실로서 오로지 공공의 이익에 관한 때에 해당된다는 점을 행위자가 증명하여야 하는 것이나(대법원 1988. 10. 11. 선고 85다카29 판결, 1993. 6. 22. 선고 92도3160 판결, 1996. 5. 28. 선고 94다33828 판결 등 참조), 그 증명은 유죄의 인정에 있어 요구되는 것과 같이 법관으로 하여금 의심할 여지가 없을 정도의 확신을 가지게 하는 증명력을 가진 엄격한 증거에 의하여야 하는 것은 아니라고 할 것이므로, 이 때에는 전문증거에 대한 증거능력의 제한을 규정한 형사소송법 제310조의2는 적용될 여지가 없다고 보아야 한다. 이와 같은 취지의 원심 판단은 정당하고, 거기에 소론과 같은 법리오해의 위법이 있다고 할 수 없다.

■ 대법원 2007. 5. 10. 선고 2006도8544 판결【명예훼손】(미)

방송 등 언론매체가 사실을 적시하여 타인의 명예를 훼손하는 행위를 한 경우 형법 제310조에 의하여 처벌되지 않기 위해서는 적시된 사실이 객관적으로 볼 때 공공의 이익에 관한 것으로서 행위자도 공공의 이익을 위하여 그 사실을 적시한 것이어야 될 뿐만 아니라, 그 적시된 사실이 진실한 것이거나 적어도 행위자가 그 사실을 진실한 것으로 믿었고, 또 그렇게 믿을 만한 상당한 이유가 있어야 할 것이며(대법원 2002. 9. 24. 선고 2002도3570 판결 등 참조), 한편 그것이 진실한 사실로서 오로지 공공의 이익에 관한 때에 해당된다는 점은 행위자가 증명하여야 한다(대법원 1996. 10. 25. 선고 95도1473 판결 등 참조).

■ 대법원 2004. 5. 28. 선고 2004도1497 판결【명예훼손】(미)

한편, 공연히 사실을 적시하여 사람의 명예를 훼손한 행위가 형법 제310조의 규정에 따라서 위법성이 조각되어 처벌 대상이 되지 않기 위하여는 그것이 진실한 사실로서 오로지 공공의 이익에 관한 때에 해당된다는 점을 행위자가 증명하여야 하는 것이고(대법원 1996. 10. 25. 선고 95도1473 판결 참조), 법원이 적법하게 증거를 채택하여 조사한 다음 형법 제310조 소정의 위법성조각사유의 요건이 입증되지 않는다면 그 불이익은 피고인이 부담하는 것이다.

④ 진실성에 관한 착오

학설

1 위법성조각사유의 전제사실에 관한 착오의 문제로 보는 견해(다수설)

- a 엄격책임설: 금지착오, 고의기수이나 회피불가능하면 책임조각(감경)
- b 제한책임설(구성요건착오유추적용설): 구성요건착오에 준함, 고의조각, 회피가능하면 과실범 ⇒ 과실규정 없어 불가벌
- c 법효과제한책임설: 구성요건적 고의는 있으나 심정반가치 없어 책임고의 조각 ⇒ 법효과에서 과실범 문제(과실책임)로 다룸 ⇒ 과실규정 없어 불가벌

2 허용된 위험의 사상에 기초하여 위법성조각의 문제로 보는 견해(김일수)

- 상당한 이유가 있거나 신중하게 조사한 경우 ⇒ 위법성 조각
- 상당한 이유가 없거나 경솔하게 오신한 경우 ⇒ 307조 1항 단순명예훼손죄 성립

3 제15조 1항을 적용하는 견해(손동권)

- 기본구성요건과 가중구성요건 사이의 착오로서 15조 1항에 의하여 307조 1항 단순명예훼손죄 성립
- 경우에 따라 면책사유나 금지착오를 주장할 수 있음
- 결론적으로 2와 유사

④ 성실한 검토의무를 주관적 정당화요소로 보는 견해(오영근, 정성근, 진계호)
- 성실한 검토의무를 '특별한 주관적 정당화요소'로 보아 이를 기준으로 하는 견해
- 결론적으로 위법성의 문제로 보는 것임

판례

■ 대법원 2007. 12. 14. 선고 2006도2074 판결【명예훼손】(미)

(앞에서 봄).

■ 대법원 1996. 8. 23. 선고 94도3191 판결【출판물에의한명예훼손(명예훼손)】(공)

원심은 피고인의 위 취재보도를 형법 제307조 제2항의 허위사실적시명예훼손죄로 의율한 예비적 공소사실에 대하여 피고인이 위 기사내용을 허위라고 인식하였음을 인정할 증거가 없으므로 피고인을 허위사실 적시로 인한 명예훼손죄로 처벌할 수는 없고 다만 형법 제307조 제1항의 죄로 처벌할 여지가 있을 뿐이라고 전제한 다음, 명예훼손죄에 있어서는 개인의 명예보호와 정당한 표현의 자유보장이라는 상충되는 두 법익의 조화를 꾀하기 위하여 형법 제310조를 규정하고 있으므로 적시된 사실이 공공의 이익에 관한 것이면 진실한 것이라는 증명이 없다 할지라도 행위자가 진실한 것으로 믿었고 또 그렇게 믿을 만한 상당한 이유가 있는 경우에는 위법성이 없다고 보아야 할 것인데, 위 기사는 당시 평양에서 벌어진 세계청년학생축전에 학생운동권 대표가 비밀리에 참가한 것을 계기로 정부수사기관과 학생운동권 간의 긴장이 고조되고 있던 시점에서 중앙대 안성캠퍼스 총학생회장인 A가 거문도의 외딴 해수욕장에서 의문의 변사체로 발견된 것과 관련하여 제기된 의혹들을 취재하여 보도하는 과정에서 작성된 것으로 그 주요 목적이 공공의 이익에 관한 것으로 볼 수 있고, 'A가 사망 직전에 마지막으로 동행한 사람은 B와 안기부 요원인 공소외 1이였다.'라는 취지의 이 사건 기사내용이 진실이라는 것을 입증할 증거가 없고 나아가 그것이 결국에는 사실과 다른 것으로 밝혀졌다 하더라도 안기부의 추적대상이었을 것으로 추정되는 A가 거문도에까지 와서 사망하게 된 경위와 그 사망 원인에 의혹이 제기되고 있던 터에 안기부 직원인 공소외 1이 여수에서 거문도까지 가는 배에 위 A와 동승하였던 것으로 밝혀지고 나아가 A와 공소외 1의 일행이 거문도에서 함께 동행하고 있는 것을 보았다는 목격자까지 나왔으나 그들이 석연치 않은 이유로 그 진술을 번복하였던 까닭에 피고인이 위 기사내용을 진실이라고 믿고 보도하게 되었던 것이므로 피고인이 그와 같이 믿은 데에는 객관적으로 그럴 만한 상당한 이유가 있었다 할 것이어서 피고인의 행위는 형법 제310조에 따라 처벌할 수 없다고 봄이 상당하다고 판시하였다.

원심판결 이유를 기록과 대조하여 검토하면, 원심의 이와 같은 인정 판단은 모두 정당하고, 거기에 소론과 같은 채증법칙 위반이나 법리오해의 잘못이 없다. 논지는 이유 없다.

■ 대법원 1993. 6. 22. 선고 92도3160 판결【명예훼손】(공)

형법 제310조는 "제307조 제1항의 행위가 진실한 사실로서 오로지 공공의 이익에 관한 때에는 처벌하지 아니한다"고 규정하고 있으므로, 공연히 사실을 적시하여 사람의 명예를 훼손하였다고 하더라도, 그 사실이 공공의 이익에 관한 것으로서 공공의 이익을 위할 목적으로 그 사실을 적시한 경우에는, 그 사실이 진실한 것임이 증명되면 위법성이 조각되어 그 행위를 처벌하지 아니하는 것

인바, 위와 같은 형법의 규정은 인격권으로서의 개인의 명예의 보호와 헌법 제21조에 의한 정당한 표현의 자유의 보장이라는 상충되는 두 법익의 조화를 꾀한 것이라고 보아야 할 것이므로, 이들 두 법익간의 조화와 균형을 고려한다면, 적시된 사실이 진실한 것이라는 증명이 없더라도 행위자가 그 사실을 진실한 것으로 믿었고 또 그렇게 믿을 만한 상당한 이유가 있는 경우에는 위법성이 없다고 보아야 할 것이다(당원 1962. 5. 17. 선고 4294형상12 판결, 1988. 10. 11. 선고 85다카29 판결 등 참조). 그리고 이 경우에 적시된 사실이 공공의 이익에 관한 것인지의 여부는 그 사실 자체의 내용과 성질에 비추어 객관적으로 판단하여야 할 것이고, 행위자의 주요한 목적이 공공의 이익을 위한 것이라면 부수적으로 다른 사익적인 동기가 내포되어 있었다고 하더라도 형법 제310조의 적용을 배제할 수는 없다고 할 것이다(당원 1989. 2. 14. 선고 88도899 판결 참조).

⑤ 적용범위

허위사실 적시 명예훼손

■ 대법원 1999. 10. 22. 선고 99도3213 판결【명예훼손】(공)

형법 제310조는 형법 제307조 제1항의 행위가 진실한 사실로서 오로지 공공의 이익에 관한 때에는 처벌하지 아니한다고 규정하고 있는바, 형법 제307조 제2항이 정하는 허위사실 적시에 의한 명예훼손죄가 성립하기 위하여는 적시한 사실이 허위이고, 범인이 그와 같은 사실이 허위라고 인식하였어야 하는 것이므로 형법 제307조 제2항에 해당하는 행위에 대하여는 위법성조각에 관한 형법 제310조를 적용할 여지가 없다(대법원 1993. 4. 13. 선고 92도234 판결 참조).

모욕

■ 대법원 2004. 6. 25. 선고 2003도4934 판결【명예훼손(일부 인정된 죄명: 모욕), 폭행】(미)

원심은, 피고인에 대한 이 사건 공소사실 중 모욕의 점은 형법 제310조에 의하여 위법성이 조각될 여지가 없고, 피고인이 글을 게시한 인터넷 게시판이 피해자 공소외 1의 직업과 관련이 있는 동요관련 사이트에 개설되어 있던 게시판인 점, 인터넷 게시판의 속성 자체가 익명성의 보장으로 인한 무책임성과 강력한 전파력을 갖고 있다는 점, 피고인이 인터넷 게시판에 동요인이라는 가명으로 글을 게시하였고, 게시한 글의 내용 자체로도 이를 읽는 다수의 사람에게 공소외 1의 비리를 밝혀 더 이상의 피해자가 나오지 않도록 하자는 공익적인 측면보다는 단순히 공소외 1을 비방하려는 목적이 더 강하다고 보이는 점 및 피고인과 공소외 1과의 관계, 인터넷 게시판에 공소사실 기재와 같은 글을 게시하게 된 동기 및 경위, 게시한 이후의 정황 등 제반 정황에 비추어, 형법 제20조의 정당행위에 해당하지도 않는다고 판단하였는바, 형법 제310조의 규정과 기록에 비추어 살펴보면, 이와 같은 원심의 판단은 옳은 것으로 수긍이 가고, 거기에 모욕죄에 있어서의 위법성 조각사유에 관한 법리를 오해한 위법이 있다고 할 수 없다.

한편, 모욕죄는 사람의 외부적 명예를 저하시킬 만한 추상적 판단을 공연히 표시하는 것으로 족하므로, 표시 당시에 제3자가 이를 인식할 수 있는 상태에 있으면 되고 반드시 제3자가 인식함을 요하지 않으며, 피해자가 그 장소에 있을 것을 요하지도 않고 피해자가 이를 인식하였음을 요하지도 않으므로, 행위자가 피해자를 대면할 때만 모욕죄가 성립한다는 상고이유 주장은 받아들일 수 없다.

☞ 학설 중에는 공익성을 가질 때에는 모욕죄에 대하여도 제310조를 적용할 수 있다는 견해가 있으나, 다수설은 부정설임.

⑥ 언론의 손해배상책임과 형법 제310조

■ 대법원 2006. 3. 23. 선고 2003다52142 판결【손해배상(기)등】(공)

방송 등 언론매체가 사실을 적시하여 타인의 명예를 훼손하는 행위를 한 경우에도 그것이 공공의 이해에 관한 사항으로서 그 목적이 오로지 공공의 이익을 위한 것일 때에는 적시된 사실이 진실이라는 증명이 있거나 그 증명이 없다 하더라도 행위자가 그것을 진실이라고 믿었고 또 그렇게 믿을 상당한 이유가 있으면 위법성이 없다고 보아야 할 것인바(대법원 1988. 10. 11. 선고 85다카29 판결 등 참조), 여기서 '그 목적이 오로지 공공의 이익을 위한 것일 때'라 함은 적시된 사실이 객관적으로 볼 때 공공의 이익에 관한 것으로서 행위자도 공공의 이익을 위하여 그 사실을 적시한 것을 의미하는데, 행위자의 주요한 목적이나 동기가 공공의 이익을 위한 것이라면 부수적으로 다른 사익적 목적이나 동기가 내포되어 있더라도 무방하고(대법원 1996. 10. 25. 선고 95도1473 판결 등 참조), 여기서 '진실한 사실'이라고 함은 그 내용 전체의 취지를 살펴볼 때 중요한 부분이 객관적 사실과 합치되는 사실이라는 의미로서 세부에 있어 진실과 약간 차이가 나거나 다소 과장된 표현이 있더라도 무방하다(대법원 1998. 10. 9. 선고 97도158 판결, 2002. 1. 22. 선고 2000다37524, 37531 판결 등 참조).

그리고 언론·출판의 자유와 명예보호 사이의 한계를 설정함에 있어서는 당해 표현으로 인하여 명예를 훼손당하게 되는 피해자가 공적인 존재인지 사적인 존재인지, 그 표현이 공적인 관심 사안에 관한 것인지 순수한 사적인 영역에 속하는 사안에 관한 것인지 등에 따라 그 심사기준에 차이를 두어 공공적·사회적인 의미를 가진 사안에 관한 표현의 경우에는 언론의 자유에 대한 제한이 완화되어야 하고(대법원 2003. 7. 8. 선고 2002다64384 판결, 2003. 7. 22. 선고 2002다62494 판결, 2003. 9. 2. 선고 2002다63558 판결, 2004. 2. 27. 선고 2001다53387 판결 등 참조), 특히 당해 표현이 언론사에 대한 것인 경우에는, 언론사가 타인에 대한 비판자로서 언론의 자유를 누리는 범위가 넓은 만큼 그에 대한 비판의 수인 범위 역시 넓어야 하고, 언론사는 스스로 반박할 수 있는 매체를 가지고 있어서 이를 통하여 잘못된 정보로 인한 왜곡된 여론의 형성을 막을 수 있으며, 일방 언론사의 인격권의 보장은 다른 한편 타방 언론사의 언론자유를 제약하는 결과가 된다는 점을 감안하면, 언론사에 대한 감시와 비판 기능은 그것이 악의적이거나 현저히 상당성을 잃은 공격이 아닌 한 쉽게 제한되어서는 아니 된다고 할 것이다.

제2절 신용·업무와 경매에 관한 죄

제313조 (신용훼손)

허위의 사실을 유포하거나 기타 위계로써 사람의 신용을 훼손한 자는 5년 이하의 징역 또는 1천 500만 원 이하의 벌금에 처한다. 〈개정 1995. 12. 29〉

제314조 (업무방해)

① 제313조의 방법 또는 위력으로써 사람의 업무를 방해한 자는 5년 이하의 징역 또는 1천 500만 원 이하의 벌금에 처한다. 〈개정 1995. 12. 29〉

② 컴퓨터 등 정보처리장치 또는 전자기록 등 특수매체기록을 손괴하거나 정보처리장치에 허위의 정보 또는 부정한 명령을 입력하거나 기타 방법으로 정보처리에 장애를 발생하게 하여 사람의 업무를 방해한 자도 제1항의 형과 같다. 〈신설 1995. 12. 29〉

제315조 (경매, 입찰의 방해)

위계 또는 위력 기타 방법으로 경매 또는 입찰의 공정을 해한 자는 2년 이하의 징역 또는 700만 원 이하의 벌금에 처한다. 〈개정 1995. 12. 29〉

○ **컴퓨터등손괴, 전자기록등손괴, 컴퓨터등장애 업무방해**

제4장 사생활의 평온에 대한 죄

제1절 비밀침해의 죄

제2절 주거침입의 죄

I. 총 설
○ 보호법익: 사실상 주거의 평온(vgl 주거권설)
• 소유권자의 침입
• 평소 출입이 허용된 사람의 침입
• 점유권원이 무효인 사람도 보호

II. 주거침입죄
1. 주 거
○ 주거의 개념
2. 침 입
가. 개 념
① 침입의 개념: 주거자나 관리자의 의사에 반하여 감행
② 범죄목적
• 범죄목적은 침입
• 적법히 들어간 주거 내에서 범죄
③ 구체적 출입제지 불요
나. 관리자의 의사
① 묵시적, 추정적 승낙
② 하자 있는 동의
• 기망 및 협박에 의한 동의
• 오인에 의한 동의
③ 일반적으로 출입이 허용된 장소
• 관리자의 제지
• 명시적, 추정적 의사
• 행위태양에 의한 승낙 부정
다. 동의권자
○ 공동주거
• 간통목적 출입
3. 실행의 착수와 기수
① 실행의 착수
② 기수시기

제1절 비밀침해의 죄

제316조 (비밀침해)

① 봉함 기타 비밀장치한 사람의 편지, 문서 또는 도화를 개봉한 자는 3년 이하의 징역이나 금고 또는 500만 원 이하의 벌금에 처한다. 〈개정 1995. 12. 29〉

② 봉함 기타 비밀장치한 사람의 편지, 문서, 도화 또는 전자기록 등 특수매체기록을 기술적 수단을 이용하여 그 내용을 알아낸 자도 제1항의 형과 같다. 〈신설 1995. 12. 29〉

제317조 (업무상비밀누설)

① 의사, 한의사, 치과의사, 약제사, 약종상, 조산사, 변호사, 변리사, 공인회계사, 공증인, 대서업자나 그 직무상 보조자 또는 차등의 직에 있던 자가 그 업무처리 중 지득한 타인의 비밀을 누설한 때에는 3년 이하의 징역이나 금고, 10년 이하의 자격정지 또는 700만 원 이하의 벌금에 처한다. 〈개정 1995. 12. 29, 1997. 12. 13〉

② 종교의 직에 있는 자 또는 있던 자가 그 직무상 지득한 사람의 비밀을 누설한 때에도 전항의 형과 같다.

제318조 (고소)

본장의 죄는 고소가 있어야 공소를 제기할 수 있다. 〈개정 1995. 12. 29〉

제2절 주거침입의 죄

제319조 (주거침입, 퇴거불응)

① 사람의 주거, 관리하는 건조물, 선박이나 항공기 또는 점유하는 방실에 침입한 자는 3년 이하의 징역 또는 500만 원 이하의 벌금에 처한다. 〈개정 1995. 12. 29〉

② 전항의 장소에서 퇴거요구를 받고 응하지 아니한 자도 전항의 형과 같다.

제320조 (특수주거침입)

단체 또는 다중의 위력을 보이거나 위험한 물건을 휴대하여 전조의 죄를 범한 때에는 5년 이하의 징역에 처한다.

제321조 (주거 · 신체 수색)

사람의 신체, 주거, 관리하는 건조물, 자동차, 선박이나 항공기 또는 점유하는 방실을 수색한 자는 3년 이하의 징역에 처한다. 〈개정 1995. 12. 29〉

제322조 (미수범)

본장의 미수범은 처벌한다.

I. 총 설

○ 보호법익: 사실상 주거의 평온(vgl 주거권설)

소유권자의 침입

■ 대법원 2007. 3. 15. 선고 2006도7044 판결【재물손괴, 주거침입】(미)

주거침입죄는 사실상의 주거의 평온을 보호법익으로 하는 것이므로 그 거주자 또는 간수자가 건조물 등에 거주 또는 간수할 권리를 가지고 있는가의 여부는 범죄의 성립을 좌우하는 것이 아니며, 점유할 권리 없는 자의 점유라고 하더라도 그 주거의 평온은 보호되어야 할 것이므로, 권리자가 그 권리실행으로서 자력구제의 수단으로 건조물에 침입한 경우에도 주거침입죄가 성립한다 할 것이다 (대법원 1985. 3. 26. 선고 85도122 판결 등 참조).

같은 취지에서 원심이, 설령 이 사건 비닐하우스의 소유권이 피고인에게 있다 하더라도, 피해자가 공소외인으로부터 이 사건 비닐하우스를 인도받아 점유하고 있는 이상 피고인이 함부로 이 사건 비닐하우스의 열쇠를 손괴하고 그 안에 들어간 행위는 재물손괴죄 및 주거침입죄에 해당한다고 하여 피고인을 유죄로 인정한 제1심판결을 유지한 조치는 정당하고, 거기에 상고이유로 주장하는 바와 같은 정당행위 내지 자력구제에 관한 법리를 오해하는 등으로 판결 결과에 영향을 미친 위법이 있다고 볼 수 없다.

평소 출입이 허용된 사람의 침입

■ 대법원 1995. 9. 15. 선고 94도3336 판결【폭력행위등처벌에관한법률위반, 주거침입, 협박, 폭행】(공)

주거침입죄는 사실상의 주거의 평온을 보호법익으로 하는 것이므로 그 거주자 또는 관리자가 건조물 등에 거주 또는 관리할 권한을 가지고 있는가 여부는 범죄의 성립을 좌우하는 것이 아니고(대법원 1969. 12. 23. 선고 69도2089 판결, 1985. 3. 26. 선고 85도122 판결, 1984. 4. 24. 선고 83도1429 판결), 그 거주자나 관리자와의 관계 등으로 평소 그 건조물에 출입이 허용된 사람이라 하더라도 주거에 들어간 행위가 거주자나 관리자의 명시적 또는 추정적 의사에 반함에도 불구하고 감행된 것이라면 주거침입죄는 성립하는 것이며(대법원 1955. 12. 23. 선고 4288형상25 판결 참조), 출입문을 통한 정상적인 출입이 아닌 경우 특별한 사정이 없는 한 그 침입방법 자체에 의하여 위와 같은 의사에 반하는 것으로 보아야 할 것이다(대법원 1990. 3. 13. 선고 90도173 판결 등 참조). 원심이 같은 취지에서 피고인의 이 사건 행위를 주거침입죄에 해당한다고 본 것은 정당하고, 원심판결에 주거침입죄에 관한 법리를 오해한 위법이 있다고 할 수 없다. 이 점에 관한 상고이유도 받아들일 수 없다.

점유권원이 무효인 사람도 보호

■ 대법원 1985. 3. 26. 선고 85도122 판결【저택침입】(공)

주거침입죄는 사실상의 주거의 평온을 보호법익으로 하는 것이므로 그 거주자 또는 간수자가 건조물 등에 거주 또는 간수할 권리를 가지고 있는가의 여부는 범죄의 성립을 좌우하는 것이 아니며, 점유할 권리없는 자의 점유라고 하더라도 그 주거의 평온은 보호되어야 할 것이므로, 권리자가 그 권리실행으로서 자력구제의 수단으로 건조물에 침입한 경우에도 주거침입죄가 성립한다 할 것이다. 원심이 이와 같은 견해에서 공소외 A의 피고인 소유의 부동산에 대한 임의 경매신청에 의하여, 그 근저당권이 설정되지 아니한 이 사건 건물에 대한 경락허가 결정이 무효라고 하더라도 이에 기한 인도명령에 의한 집행으로서 일단 이 사건 건물의 점유가 위 A에게 이전된 이상 함부로 다시 이 사건 건물에 들어간 피고인의 소위는 주거침입죄에 해당한다고 할 것이라 하여 피고인을 유죄로 인정한 원심의 조치는 정당하고 거기에 소론과 같은 위법이 있다고는 할 수 없다. 논지는 이유 없다.

II. 주거침입죄

1. 주 거

○ 주거의 개념

■ 대법원 2001. 4. 24. 선고 2001도1092 판결【성폭력범죄의처벌및피해자보호등에관한법률위반(절도강간등)(일부 인정된 죄명: 폭력행위등처벌에관한법률위반)】(공)

주거침입죄는 사실상의 주거의 평온을 보호법익으로 하는 것으로 거주자가 누리는 사실상의 주거의 평온을 해할 수 있는 정도에 이르렀다면 범죄구성요건을 충족하는 것이라고 보아야 하고(대법원 1995. 9. 15. 선고 94도2561 판결), 주거침입죄에 있어서 주거라 함은 단순히 가옥 자체만을 말하는 것이 아니라 그 위요지를 포함한다 할 것이므로(대법원 1983. 3. 8. 선고 82도1363 판결), 이미 수일 전에 2차례에 걸쳐 피해자를 강간하였던 피고인이 대문을 몰래 열고 들어와 담장과 피해자가 거주하던 방 사이의 좁은 통로에서 창문을 통하여 방안을 엿보던 상황이라면 피해자의 주거에 대한 사실상 평온상태가 침해된 것으로, 원심이 같은 취지에서 피고인의 위와 같은 행위를 주거침입죄에 해당한다고 본 것은 정당하고, 거기에 상고이유에서 주장하는 바와 같은 주거침입죄에 관한 법리를 오해한 위법이 있다고 할 수 없다.

2. 침 입

가. 개 념

① 침입의 개념: 주거자나 관리자의 의사에 반하여 감행

■ 대법원 1995. 9. 15. 선고 94도3336 판결【폭력행위등처벌에관한법률위반, 주거침입, 협박, 폭행】(공)

(앞에서 봄).

■ 대법원 2007. 8. 23. 선고 2007도2595 판결【폭력행위등처벌에관한법률위반(야간·공동주거침입))등】(공)

주거침입죄는 사실상의 주거의 평온을 보호법익으로 하는 것이므로 그 거주자 또는 관리자가 건조물 등에 거주 또는 관리할 권한을 가지고 있는가 여부는 범죄의 성립을 좌우하는 것이 아니고, 그 거주자나 관리자와의 관계 등으로 평소 그 건조물에 출입이 허용된 사람이라 하더라도 주거에 들어간 행위가 거주자나 관리자의 명시적 또는 추정적 의사에 반함에도 불구하고 감행된 것이라면 주거침입죄는 성립하며, 출입문을 통한 정상적인 출입이 아닌 경우 특별한 사정이 없는 한 그 침입 방법 자체에 의하여 위와 같은 의사에 반하는 것으로 보아야 한다(대법원 1995. 9. 15. 선고 94도3336 판결 등 참조).

원심은, 피고인은 회장으로서 피해 회사의 업무처리를 위해 이 사건 사무실을 사용하였던 것이고, 피해 회사와는 무관하게 개인적인 용도에 사용한 것은 아니므로, 피고인이 공소외 2와 결별하고 사실상 피해 회사를 퇴사한 이상 피고인은 더 이상 피해 회사의 승낙 없이는 위 사무실을 출입할 수 없게 되었다고 봄이 상당하고, 이후 위 사무실에 나타나지 않다가 약 20일이 지나서 피해 회사의 명시적인 의사에 반하여 비정상적인 방법으로 위 사무실에 들어간 행위는 방실침입죄에 해당한다고 판단하였는바, 위의 법리와 기록에 의하여 살펴보면, 이러한 원심의 사실인정과 판단은 옳은 것으로 수긍이 가고, 거기에 채증법칙 위배나 방실침입죄에 관한 법리오해 등의 위법이 있다고 할 수 없다.

② 범죄목적

범죄목적은 침입

■ 대법원 1983. 7. 12. 선고 83도1394 판결【주거침입, 절도】(공)

소론과 같이 피고인이 피해자와 이웃 사이어서 평소 그 주거에 무상출입하던 관계에 있었다 하더라도 범죄의 목적으로 피해자의 승낙없이 그 주거에 들어간 경우에는 주거침입죄가 성립되는 것이며 원심판결 이유와 기록에 의하면 피고인이 절도의 목적으로 아무도 없는 피해자의 집에 들어간 사실을 인정하기 충분하므로 이를 주거침입죄로 의율한 원심조치는 정당하고 소론과 같은 주거침입죄의 법리를 오해하였거나 채증법칙을 어긴 위법은 없으며, 소론 양형부당의 사유나 이에 귀착되는 사유는 이 사건에 있어서는 적법한 상고이유로 삼을 수 없으므로 논지는 모두 이유없다.

적법히 들어간 주거 내에서 범죄

■ 대법원 1984. 2. 14. 선고 83도2897 판결【주거침입】(공)

1. 피고인에 대한 공소사실 중 제8항 공소사실에 의하면 "동월 26. 14:00경 위와 같은 군 인지면 야당리 1구 소재 피해자 A(26세) 집에 이르러 대문을 통하여 안방으로 들어가 벽에 걸려있던 신사 복주머니에 있는 피해자 소유의 현금 1,050,000원을 꺼내 가지고 나오고"라고 설시함으로써 피고인에 대하여 주거침입과 절도죄로 의율기소하고 있음이 공소사실 자체에 의하여 명백한 바, 그 공소사실 중 주거침입으로 표현된 부분이 피고인이 절도하게 된 경위를 설시한 것에 불과하다고 인정할만한 아무런 자료가 없는 이 건에 있어서 검사가 기소하지 아니한 주거침입죄에 대하여 무죄를 선고하였음은 불고불리의 원칙에 위배된다는 논지는 이유 없음에 귀착된다 할 것이다.

2. 원심판결 이유에 의하면, 원심은 피고인에 대한 주거침입죄를 인정할만한 증거가 없고 오히려 피해자 이완구는 피고인의 고모의 아들로서 인근 동리에 사는 관계로 피고인이 동 피해자 집에 잠시 들어가 있는 동안에 동 피해자에게 돈을 갚기 위하여 찾아온 동 피해자의 이질인 B의 돈을 절취한 사실을 인정할 수 있어서 피고인이 당초부터 불법목적을 가지고 위 A 집에 들어갔다거나 A의 의사에 반하여 그의 집에 들어간 것이 아니어서 이 부분 공소사실은 범죄의 증명이 없는 때에 해당한다는 이유로 무죄를 선고하였는바, 기록에 의하여 살피건대 원심의 그와 같은 조치에 수긍이 가고 거기에 소론과 같은 채증법칙 위배로 인한 사실오인이나 주거침입죄에 관한 법리오해의 위법이 없으므로 논지 이유없다.

③ 구체적 출입제지 불요

■ 대법원 2003. 5. 13. 선고 2003도604 판결【국가보안법위반(찬양 · 고무등), 폭력행위등처벌에관한법률위반, 특수공무집행방해, 공직선거및선거부정방지법위반, 집회및시위에관한법률위반】(공)

'제9기 정기대의원대회'가 열린 홍익대학교, '제9기 출범식'이 열린 한양대학교, '제10기 출범식'이 열린 서울산업대학교가 위 각 행사에 앞서 학내에서의 행사개최를 불허하고 외부인의 출입을 금지하는 한편 경찰에 시설물 보호를 위한 경비지원을 요청하였음에도 피고인이 다른 많은 학생들과 함께 위 각 행사에 참여하거나 주최하기 위하여 위 각 대학교에 들어간 것이라면, 들어갈 당시 경찰공무원 또는 위 각 대학교의 교직원들로부터 구체적으로 출입을 제지당하지 아니하였다고 하더라도 위 각 대학교 관리자의 의사에 반하여 다중의 위력으로써 건조물인 대학교에 침입한 것이라 할 것이므로(대법원 2002. 5. 17. 선고 2001도3307 판결 참조), 원심이 이 사건 건조물침입에 관한 폭력행위등처벌에관한법률위반의 공소사실을 유죄로 인정한 조치를 수긍할 수 있고, 거기에 상고이유의 주장과 같이 심리를 제대로 아니하였거나 채증법칙을 위반하여 사실을 잘못 인정하는 등의 위법이 있다고 볼 수 없다. 상고이유는 받아들일 수 없다.

■ 대법원 2004. 8. 30. 선고 2004도3212 판결【국가보안법위반(찬양 · 고무등), 폭력행위등처벌에관한법률위반(야간 · 공동주거침입), 폭력행위등처벌에관한법률위반(집단 · 흉기등주거침입) 등】(공)

대학교가 교내에서의 집회를 허용하지 아니하고 집회와 관련된 외부인의 출입을 금지하였는데도 집회를 위하여 그 대학교에 들어간 것이라면 비록 대학교에 들어갈 때 구체적으로 제지를 받지 아니하였다고 하더라도 대학교 관리자의 의사에 반하여 건조물에 들어간 것으로서 건조물침입죄가 성립한다(위 2003도604 판결, 2001도4328 판결 등 참조).

나. 관리자의 의사

① 묵시적, 추정적 승낙

■ 대법원 1985. 2. 8. 선고 84도2917 판결【폭력행위등처벌에관한법률위반】(집)

원심이 피고인에 대한 주거침입의 공소사실에 대하여 판시증거를 종합하여 피고인은 판시건물에 불이 켜져 있는 것을 발견하고 열려 있는 1층 출입문을 통하여 계단으로 2층 복도와 3층 옥상을 둘러 보았으나 2층 독서실만이 불이 켜 있고 다방과 당구장은 이미 영업을 마치고 불이 꺼져 있어 일행을 찾지 못하고 1층 출입문으로 내려오다 절도용의자로 검거된 사실을 확정하고, 위 건물은 전체에 영업소가 들어서 있어 공용으로 사용되는 계단과 복도는 주야간을 막론하고 관리자의 명시적 승낙이 없어도 누구나 자유롭게 통행할 수 있는 것이고 관리자가 1층 출입문을 특별히 시정하지 않는 한 범죄의 목적으로 위 건물에 들어가는 경우 이외에는 그 출입에 관하여 관리자나 소유자의 묵시적, 추상적 승낙이 있다고 봄이 상당하다 하여 피고인이 위 건물에 들어간 소위도 위 추상적, 묵시적 승낙하에 이루어진 위법성이 조각된 행위이고 달리 건물의 지배, 관리의 평온을 해쳤다고 볼 증거없다 하여 무죄를 선고하고 있는바, 기록에 의하여 위 증거들을 검토하여 보아도 원심의 위와 같은 사실인정과 판단은 옳게 시인된다. 그리고 위 판시와 같이 건물의 출입문이 개방되어 있고 2층에 있는 독서실이 점등되어 영업중이었다면 그 옆에 있는 다방이나 당구장이 소등되어 있는 여부는 건물 밖에서 일견하여 알 수 있었다고 단정할 수도 없으며 그러한 사실만으로 관리자가 그 건물에의 출입을 금하는 의사표시가 있었다고 보여지지 않고 또한 피고인이 소등된 당구장이나 다방에는 들어가지 않고 친구를 찾아 복도를 다녔다는 것이니 위 복도의 통행을 금한 관리인의 조치가 있었다고 볼 수도 없다. 설사 관리인에게 출입금지의 의사가 있었다 하더라도 같은 층, 같은 복도에 연하여 점등되어 영업중인 독서실이 있었으니 그 의사를 추지함에 족한 조치가 있었음을 인정할 자료가 없는 이 사건에 있어서 원판결에는 소론과 같은 법리오해의 위법이 있다고는 인정되지 않는다. 논지는 이유없다.

■ 대법원 1993. 3. 23. 선고 92도455 판결【무고, 횡령, 폭력행위등처벌에관한법률위반, 명예훼손】

그런데, 위 ㈎의 주거침입의 점에 대하여 보건대, 원심은 그 거시증거에 의하여 이 부분 공소사실도 유죄로 인정하였으나 이에는 다음과 같은 문제점이 있다.

우선, 피해자인 공소외 1, 2의 검찰에서의 진술에 의하면, 당시 위 아파트는 동인들의 딸이 학교에서 돌아올 시간이어서 문이 잠겨져 있지 아니하였는데 피고인 등이 함부로 들어와 소란을 피우면서 급기야 위 ㈏와 같이 재물손괴까지 하였다는 것이고, 한편 이에 대하여 피고인 등은, 당시 아파트의 문이 잠겨 있는 상태에서 초인종을 눌러 자신들이 왔음을 알렸더니 공소외 1이 문을 열어주어 들어가게 되었고, 당시 공소외 1은 차를 마시겠느냐고 피고인 등에게 제의까지 한 바 있었다는 등 피고인 등이 주거에 들어간 것이 공소외 1 부부의 승낙에 기한 것이라며 그 경위에 대하여 상반된 진술을 하고 있음을 기록상 엿볼 수 있다.

그런데, 타인의 주거에 거주자의 의사에 반하여 들어가는 경우에는 주거침입죄가 성립하며, 이때 거주자의 의사라 함은 명시적인 경우뿐만 아니라 묵시적인 경우도 포함되고, 나아가 주변사정에 따라서는 거주자의 반대의사가 추정될 수도 있는 것이기는 하나, 이 사건에서 피고인 등과 피해자 등이 위 아파트의 매매계약 당사자로서 법률관계를 맺어 온 점을 고려한다면, 가령 피해자와의 매매계약의 해제 문제를 해결하기 위하여 피고인 등이 위 주거에 들어간 이후 문제 해결이 여의치 아니하여 소란을 피우는 등의 사태가 발생하였다 하더라도, 피고인 등이 당초부터 피해자 등의 반대를 무릅쓰고 주거에 들어갔다거나 또는 주거에 들어갈 당초부터 내심으로 그와 같이 재물을 손괴하는 등 소란을 피울 목적이 있었다는 등 피고인 등이 위 주거에 들어가는 행위가 피해자 등의 명시적, 묵시적 의사에 반함을 객관적으로 인정할 만한 사정이 인정되지 아니한다면 이를 주거침입죄로 의율할 수는 없다 할 것인바, 이 사건에서 공소외 1, 2의 진술만으로는 그와 같은 사정을 인정하기는 어렵다 할 것이고, 그 밖에 A, B 등의 검찰에서의 진술 또한 피고인 등이 위 주거에 들어간 이후의 정황에 대한 것이어서 이들의 진술을 보태어 보더라도 마찬가지로 보인다(이 사건에서 만일 피고인 등이 주거에 들어온 후 공소외 1 등이 퇴거할 것을 강력히 요구하였음에도 피고인 등이 이에 불응하였다면 퇴거불응죄가 성립할 수 있음은 별론이라 할 것이다).

② 하자 있는 동의

기망 및 협박에 의한 동의

■ 대법원 2007. 1. 25. 선고 2006도5979 판결【성폭력범죄의처벌및피해자보호등에관한법률위반(주거침입강간등)(인정된 죄명: 주거침입), 강간, 공갈】(공)

가. 원심은, 그 채용증거들에 의하여 그 판시와 같은 사실을 인정한 다음, 피고인이 피해자의 옛 애인 및 '사진 찍은 자'로 1인 2역을 수행하면서 설령 그 정을 알지 못하는 피해자로부터 승낙을 얻고 피해자의 주거에 들어갔다고 하더라도, 그 승낙의 의사표시는 기망 및 협박에 의한 것으로서 무효라는 등 그 판시와 같은 이유로 판시 각 주거침입의 범죄사실과 3회에 걸쳐 합계 88만 원을 갈취하였다는 판시 각 공갈의 범죄사실을 모두 유죄로 인정하였다.

원심판결이 인용한 제1심판결의 채용증거들을 기록에 비추어 살펴보면, 원심의 이와 같은 사실인정과 판단은 정당하고, 원심판결에는 상고이유의 주장과 같이 채증법칙을 위반하거나 주거침입죄의 성립에 관한 법리를 오해하는 등의 위법이 없다.

오인에 의한 동의

■ 대법원 2003. 5. 30. 선고 2003도1256 판결【성폭력범죄의처벌및피해자보호등에관한법률위반(강간등치상), 폭력행위등처벌에관한법률위반】(공)

1. 이 사건 공소사실 중 성폭력범죄의처벌및피해자보호등에관한법률위반(강간등치상)의 점에 관한 공소사실

피고인은 2002. 8. 18. 01:55경 안양시 만안구 안양7동 144 소재 애향공원에서 그 곳 여자화장실에 들어간 피해자(여, 44세)를 발견하고 순간적으로 욕정을 일으켜 그녀를 강간하기로 마음먹고 피해자가 있던 여자화장실 내 용변칸으로 침입하여 피해자에게 "조용히 해, 가만히 있어."라고 말하며 한손으로 피해자의 입을 막고, 다른 손으로는 그녀의 몸통 부분을 붙잡아 그녀의 반항을 억압한 후 그녀를 간음하려 하였으나, 그 곳 남자화장실에 있던 피해자의 남편 공소외인이 달려오자 뜻을 이루지 못하고 미수에 그친 채, 피해자에게 약 2주간의 치료를 요하는 좌족관절부좌상 등을 입게 한 것이다.

2. 위 공소사실에 대한 원심의 판단

가. 원심은 그 채용 증거들을 종합하여, 피고인은 당시 여자친구와 만나서 자신의 주량을 넘는 많은 양의 음주를 하였으며, 이후 만취상태에서 여자친구를 바래다 준 후 용변을 보기 위하여 길가에 있던 이 사건 여성용화장실에 잘못 들어간 사실, 화장실 안에 들어간 피고인은 피해자가 들어 있던 용변칸 앞으로 다가가 노크를 하였고, 이를 자신의 남편으로 오인한 피해자가 용변칸의 문을 열어주게 된 사실, 당시 용변칸 안에는 피해자가 용변을 보기 위하여 하의를 내린 채 좌변기에 앉아 있었는데, 피고인은 무심코 몸이 쏠리며 자연스럽게 용변칸 안으로 들어가게 된 사실, 이 때 피고인을 발견한 피해자가 놀라 고함을 지르자 피고인은 순간적으로 용변칸의 문을 잠근 다음 피해자에게 "조용히 해, 가만히 있어."라고 말하며, 피해자를 벽쪽으로 밀친 사실, 피고인이 피해자를 구석에 몰아 넣자, 이에 대하여 피해자가 고함을 치며 저항하여 실랑이가 벌어지게 되었고, 이후 피해자의 비명소리를 듣고 피해자의 남편이 현장에 도착하여 피고인과 몸싸움을 벌이게 된 사실, 이 과정에서 피해자는 상해를 입었으며, 안양신경외과의원 의사 A로부터 안면부좌상, 측두하악관절 진탕증, 경추부염좌, 우견관절부좌상, 좌족관절부좌상, 신경학적 관찰 등의 6가지 병명에 대하여 모두 2주의 요치기간이 필요하다는 취지의 기재가 적힌 상해진단서를 발부받은 사실, 피해자는 위 상해에 대하여 집에서 물파스를 바르는 등의 외에는 별다른 치료는 받지 아니한 사실 등을 각 인정하였다.

나. 나아가 원심은, 위 공소사실 중 주거침입 부분에 대하여는 피고인이 애초부터 피해자의 반대를 무릅쓰고 주거에 들어갔다거나 또는 주거에 들어갈 당초부터 내심으로 피고인을 강간하려는 등의 목적이 있었다는 등, 피고인이 위 주거에 들어가는 행위가 피해자의 묵시적, 명시적 의사에 반함을 객관적으로 인정할 만한 사정이 엿보이지 아니하고, 오히려 피해자가 용변칸의 문을 열어주어 만취된 상태에서 자신도 모르게 용변칸 안으로 몸이 쏠리며 그 안으로 들어가게 된 것으로 이러한 경우에는 피고인은 비록 피해자의 착오에 기인한 것이긴 하나 피해자의 승낙하에 주거에 들어갔다고 봄이 상당하여 퇴거불응죄는 별론으로 하고, 주거침입죄로 의율할 수는 없고, 다음으로 강간치상 부분에 대하여, 피해자가 입은 여러 상해는 모두 피고인과의 일련의 몸싸움 과정의 짧은 시간 동안에 발생한 것으로서 이를 인위적으로 시간적 순서로 구분한다는 것은 쉽지 아니하고 따라서 이 중에서 유독 좌족관절부좌상만을 다른 상해들과 구분하여 피고인이 강간을 의욕한 이후 그 범의를 포기한 때까지의 사이에 이루어진 것이라고 단정하기는 매우 어렵다고 아니할 수 없으며, 가사 위 상해가 그와 같은 시점에서 이루어진 것으로 인정된다고 하더라도, 위 상해는 서로 신발을 신은 채 몸싸움의 과정에서 무의식적으로 피고인이 피해자의 발을 밟아 발생한 상처로서, 위 진단서상으로도 모두 6가지의 상해를 합하여 2주간의 치료를 요한다고 할 정도로 가볍다고 할 수 있고, 피해자 역시 일상생활에 어떠한 지장을 받지도 않았거니와 나아가 이에 대하여 특별한 치료도 받은 사실이 없다고 진술하고 있는 점 등에 비추어 볼 때 이러한 정도의 상해만으로는 강간치상죄에서 말하는 이로 인하여 신체의 완전성이 손상되고, 생활기능에 장애가 초래되는 정도에 이르는 것이라고는 할 수 없으므로, 결국 위 공소사실 중 주거침입 및 강간치상의 점은 각 범죄의 증명이 없는 경우에 해당하고, 따라서 피고인에 대하여는 강간미수죄의 성립만을 인정할 수밖에 없는데, 피해자가 고소를 취소하였으므로 피고인에 대한 공소를 기각한다고 판결하였다.

3. 이 법원의 판단

가. 주거침입의 점에 대하여

(1) 원심이 위 공소사실 중 주거침입 부분에 대하여 판시와 같은 이유로 범죄사실의 증명이 없다

고 판단한 것은 다음과 같은 점에서 수긍하기 어렵다.

(2) 기록에 의하면, 피해자는 이 사건 공중화장실의 용변칸에서 하의를 내리고 좌변기에 앉아 있던 중, 노크소리가 나서 남편인 줄 알고 "아빠야"라고 하면서 밖이 보일 정도로 용변칸 문을 열었는데, 피고인이 문을 열고 들어와 문을 잠그면서 앞을 가로막았고, 이에 피해자가 놀라서 소리치면서 하의를 입고 밖으로 나가려고 일어서려고 하자 피고인은 얼굴색 하나 변하지 않고, 손으로 피해자의 입을 막고 피해자가 반항하지 못하도록 피해자의 손이나 몸을 붙잡고, 이어서 피해자를 벽에 밀어붙여 움직이지 못하게 한 후 손으로 피해자의 가슴을 만졌으며, 피고인이 용변칸으로 들어올 때 비틀거리지도 않았고 겉으로 보기에는 멀쩡하였다고 진술하고 있고, 또한 당시 이 사건 화장실은 조명시설로 인하여 환하였고, 용변칸 문은 오른쪽이 고정되어 있고 밖으로 열리며, 문을 열면 바로 앞에 좌변기가 옆으로 놓여 있어 좌변기에 사람이 앉아 있는 경우 바로 사람을 볼 수 있는 구조로 되어 있음을 알 수 있는바, 사정이 이러하다면, 피고인은 용변칸 문이 열리는 순간 무심코 몸이 쏠리며 자신도 모르게 용변칸 안으로 들어가게 된 것이 아니라, 용변칸 문이 열려 피해자가 하의를 벗고 좌변기에 앉아 있는 것을 발견하고서도 용변칸 안으로 들어간 것이라고 보는 것이 사리에 부합한다 할 것이다.

(3) 한편, 타인의 주거에 거주자의 의사에 반하여 들어가는 경우는 주거침입죄가 성립하며 이 때 거주자의 의사라 함은 명시적인 경우뿐만 아니라 묵시적인 경우도 포함되고 주변사정에 따라서는 거주자의 반대의사가 추정될 수도 있는 것인데(대법원 1993. 3. 23. 선고 92도455 판결 참조), 앞서 본 바에 의하면, 피해자는 피고인의 노크 소리를 듣고 피해자의 남편으로 오인하고 용변칸 문을 연 것이고, 피고인은 피해자를 강간할 의도로 용변칸에 들어간 것으로 봄이 상당한바, 그렇다면 피고인이 용변칸으로 들어오는 것을 피해자가 명시적 또는 묵시적으로 승낙하였다고는 볼 수 없다 할 것이다.

(4) 그러함에도 원심이 판시와 같은 이유로 피고인이 피해자가 사용하고 있던 용변칸에 들어간 행위가 주거침입죄에 해당하지 않는다고 판단한 것은 채증법칙을 위반하여 사실을 오인하고, 주거침입죄의 침입에 관한 법리를 오해함으로써 판결 결과에 영향을 미친 위법을 저지른 것이라고 할 것이다.

③ 일반적으로 출입이 허용된 장소

1 주거침입죄 불성립, 2 관리자의 의사에 반하면 성립(판례)

관리자의 제지

■ 대법원 1996. 5. 10. 선고 96도419 판결【폭력행위등처벌에관한법률위반, 업무방해】(공)

건조물침입죄는 사실상의 주거의 평온을 그 보호법익으로 하는 것이므로 건조물 관리자의 의사에 반하여 건조물에 침입함으로써 성립하는 것이고, 일반적으로 개방되어 있는 장소라 하더라도 관리자가 필요에 따라 그 출입을 제한할 수 있는 것이므로 관리자의 출입제지에도 불구하고 다중이 고함이나 소란을 피우면서 건조물에 출입하는 것은 사실상의 주거의 평온을 해하는 것으로서 건조물침입죄를 구성한다 할 것이다.

따라서 원심이 지지한 제1심판결이 인정한 바와 같이 피고인을 비롯한 수십여 명의 조합원들이 1994. 7. 27. 및 같은 달 28.에 정보통신부 직원들의 제지 및 퇴거요구에도 불구하고 정보통신부가 입주하여 있는 한국전기통신공사 청사건물의 12층 내지 14층의 각 층에서 점거농성하면서 집단적으로 장관퇴진 등의 구호를 외치고, 1995. 4. 13.에도 정보통신부 장관비서실에서 비서실 비서관 등의 제지 및 퇴거요구에도 불구하고 고함을 치고 소란을 피웠다면 건조물침입죄는 성립한다 할 것이고 설사 정보통신부 건물에의 출입목적이 정보통신부의 정책에 대한 항의를 위한 것이라 하더라도 그 죄의 성립에 영향을 주는 것은 아니라 할 것이고, 한국통신 외국인 접견실에서 개최한 이사회의 의결이 소론 주장과 같은 범죄행위에 해당한다고 할 수도 없을 뿐 아니라 원심이 지지한 제1심판결이 채택한 증거에 의하면 피고인을 비롯한 수십여 명의 조합원들은 위 접견실의 출입문을 발로차고 주먹으로 치면서 부수려고 하다가 마침내는 이사회가 개최되고 있던 회의장에 난입하여 회의를 진행 중이던 이사 11명을 둘러싸고 고함을 지르며 회의장 내 기물을 부수었던 사실을 인정할 수 있는바 그와 같은 행위가 소론과 같이 정당방위나 정당한 조합활동에 해당한다고는 볼 수 없으며, 전남대학교 강당에서의 한국전기통신공사 노동조합 전국대의원대회가 비록 노동조합활동의 일환으로 행하여진 것이고 정책에 항의하기 위한 것이라 하더라도 학교측의 장소사용불허 통보를 받고서 수위들의 출입제지에도 불구하고 강당의 출입문을 무단히 열고 들어간 것이라면 건조물침입죄가 성립한다 할 것이고 그것이 정당행위에 해당한다고 할 수 없다.

명시적, 추정적 의사

■ 대법원 1997. 3. 28. 선고 95도2674 판결【폭력행위등처벌에관한법률위반】(공)

일반인의 출입이 허용된 음식점이라 하더라도, 영업주의 명시적 또는 추정적 의사에 반하여 들어간 것이라면 주거침입죄가 성립된다 할 것이다.

그런데, 원심이 인용한 제1심판결이 채용한 증거들에 의하면, 이 사건 음식점에는 1992. 12. 11. 08:00경 평소 이 음식점을 종종 이용하여 오던 부산시장 등 기관장들의 조찬모임이 예약되어 있었던 사실, 피고인들은 같은 달 10. 12:00경 그 조찬모임에서의 대화내용을 도청하기 위한 도청용 송신기를 설치할 목적으로 손님을 가장하여 이 음식점에 들어간 사실을 알 수 있는바, 사정이 이와 같다면 영업자인 피해자가 출입을 허용하지 않았을 것으로 보는 것이 경험칙에 부합한다 할 것이므로, 피고인들은 모두 주거침입죄의 죄책을 면할 수 없다(대법원 1978. 10. 10. 선고 75도2665 판결 참조).

같은 취지의 원심판결은 정당하고, 논지는 이유 없다.

나. 상고이유 제2점에 대하여

원심판결 이유에 의하면, 원심은 정당행위로 인정되기 위하여는 행위의 동기나 목적의 정당성뿐만 아니라 행위의 수단이나 방법의 상당성, 보호법익과 침해이익과의 법익균형성, 긴급성, 보충성 등의 요건을 갖추어야 할 것이라고 한 다음, 피고인들의 이 사건 범행이 비록 불법선거운동을 적발하려는 목적으로 이루어진 것이라고 하더라도, 이 사건에서와 같이 타인의 주거에 도청장치를 설치하는 행위는 그 수단과 방법의 상당성을 결하는 것으로서 정당행위에 해당하지 않는다고 판단하였는바, 기록과 대조하여 검토하여 보면, 원심의 판단은 정당하고 소론과 같은 위법이 있다고 볼 수 없다. 논지도 이유 없다.

■ 대법원 2007. 3. 15. 선고 2006도7079 판결【공용물건손상, 폭력행위등처벌에관한법률위반(야간·공동주거침입)】(미)

일반인의 출입이 허용된 건조물이라고 하더라도 관리자의 명시적 또는 추정적 의사에 반하여 그

곳에 들어간 것이라면 건조물침입죄가 성립하는 것이므로(대법원 1997. 3. 28. 선고 95도2674 판결 참조), 일반인의 출입이 허용된 건조물에 그 시설을 손괴하는 등 범죄의 목적으로 들어간 경우에는 건조물침입죄가 성립된다.

위와 같은 법리에 비추어 살펴보면, 원심이 피고인들이 촉석루 내 의기사에 보관 중이던 공용물건인 논개영정을 적법한 권한 없이 강제로 철거할 목적으로 위 의기사에 들어간 사실을 건조물침입죄로 인정한 것은 정당하고, 거기에 건조물침입죄에 관한 법리오해 등의 위법이 없다.

행위태양에 의한 승낙 부정

■ 대법원 1990. 3. 13. 선고 90도173 판결【야간주거침입절도미수(인정된 죄명: 주거침입)】(공)

피고인이 침입했다는 인천의 주식회사 연안여객터미널 건물이 일반적으로 출입이 허가된 것이라 하여도 출입이 금지된 시간에 원심설시와 같이 그 건물담벽에 있던 드럼통을 딛고 담벽을 넘어 들어간 후 그곳 터미널 마당에 있던 아이스박스통과 삽을 같은 건물 화장실 유리창문 아래에 놓고 올라가 위 유리창문을 연후 이를 통해 들어간 것과 같은 경우에는 그 침입방법 자체가 일반적인 허가에 해당되지 않는 것이 분명하게 나타난 것이라 할 것이므로 이와 같은 경우에는 건조물침입죄가 성립되는 것이고 따라서 원심판단에 아무런 잘못도 없다.

■ 대법원 1995. 9. 15. 선고 94도3336 판결【폭력행위등처벌에관한법률위반, 주거침입, 협박, 폭행】(공)

주거침입죄는 사실상의 주거의 평온을 보호법익으로 하는 것이므로 그 거주자 또는 관리자가 건조물 등에 거주 또는 관리할 권한을 가지고 있는가 여부는 범죄의 성립을 좌우하는 것이 아니고(대법원 1969. 12. 23. 선고 69도2089 판결, 1985. 3. 26. 선고 85도122 판결, 1984. 4. 24. 선고 83도1429 판결), 그 거주자나 관리자와의 관계 등으로 평소 그 건조물에 출입이 허용된 사람이라 하더라도 주거에 들어간 행위가 거주자나 관리자의 명시적 또는 추정적 의사에 반함에도 불구하고 감행된 것이라면 주거침입죄는 성립하는 것이며(대법원 1955. 12. 23. 선고 4288형상25 판결 참조), 출입문을 통한 정상적인 출입이 아닌 경우 특별한 사정이 없는 한 그 침입방법 자체에 의하여 위와 같은 의사에 반하는 것으로 보아야 할 것이다(대법원 1990. 3. 13.선고 90도173 판결 등 참조). 원심이 같은 취지에서 피고인의 이 사건 행위를 주거침입죄에 해당한다고 본 것은 정당하고, 원심판결에 주거침입죄에 관한 법리를 오해한 위법이 있다고 할 수 없다. 이 점에 관한 상고이유도 받아들일 수 없다.

다. 동의권자

○ 공동주거

간통목적 출입

1 소극설(다수설), 2 적극설(판례, 소수설)

■ 대법원 1984. 6. 26. 선고 83도685 판결【폭력행위등처벌에관한법률위반】(공)

형법상 주거침입죄의 보호법익은 주거권이라는 법적 개념이 아니고 사적 생활관계에 있어서의 사실상 주거의 자유와 평온으로서 그 주거에서 공동생활을 하고 있는 전원이 평온을 누릴 권리가 있다 함은 원판시 해석과 같으나 복수의 주거권자가 있는 경우 한 사람의 승낙이 다른 거주자의 의사에 직접, 간접으로 반하는 경우에는 그에 의한 주거에의 출입은 그 의사에 반한 사람의 주거의 평온 즉 주거의 지배, 관리의 평온을 해치는 결과가 되므로 주거침입죄가 성립한다 할 것이며, 동거자중의 1인이 부재중인 경우라도 주거의 지배 관리관계가 외관상 존재하는 상태로 인정되는 한 위 법리에는 영향이 없다고 볼 것이다. 따라서 남편이 일시 부재중 간통의 목적하에 그 처의 승낙을 얻어 주거에 들어간 경우라도 남편의 주거에 대한 지배 관리관계는 여전히 존속한다고 봄이 옳고 사회통념상 간통의 목적으로 주거에 들어오는 것은 남편의 의사에 반한다고 보여지므로 처의 승낙이 있었다 하더라도 남편의 주거의 사실상의 평온은 깨어졌다 할 것이므로 이러한 경우에는 주거침입죄가 성립한다고 하여야 할 것이다.

그런데 원심은 피고인이 간통의 목적으로 피해자가 아직 집에 돌아오기 전에 간통의 목적으로 동인의 처인 공소외인의 의사에 반함이 없이 동인의 주거에 들어간 사실을 확정하면서도 당원과 다른 견해에서 그 처의 승낙을 얻어 들어간 이상 주거의 평온을 해치는 것이 아니므로 주거침입죄가 성립되지 않는다고 판단하고 있는바, 이는 복수주거자의 주거의 평온의 침해에 관한 법리를 오해하여 당원과 다른 견해를 취함으로써 판결의 결과에 영향을 미쳤다 할 것이므로 결과적으로 논지는 이유있다.

3. 실행의 착수와 기수

① 실행의 착수

■ 대법원 2008. 3. 27. 선고 2008도917 판결【특정범죄가중처벌등에관한법률위반(절도)】(미)

1. 주거침입죄의 실행의 착수는 주거자, 관리자, 점유자 등의 의사에 반하여 주거나 관리하는 건조물 등에 들어가는 행위 즉 구성요건의 일부를 실현하는 행위까지 요구하는 것은 아니지만, 주거침입의 범의로 예컨대, 주거로 들어가는 문의 시정장치를 부수거나 문을 여는 등 침입을 위한 구체적 행위를 시작함으로써 범죄구성요건의 실현에 이르는 현실적 위험성을 포함하는 행위를 개시할 것을 요한다(대법원 2003. 10. 24. 선고 2003도4417 판결 등 참조).

2. 원심은, 그 채용증거들에 의하여, 피고인이 이 사건 다세대주택 2층의 불이 꺼져있는 것을 보고 물건을 절취하기 위하여 가스배관을 타고 올라가다가, 발은 1층 방범창을 딛고 두 손은 1층과 2층 사이에 있는 가스배관을 잡고 있던 상태에서 순찰 중이던 경찰관에게 발각되자 그대로 뛰어내린 사실을 인정한 후, 이러한 피고인의 행위만으로는 주거의 사실상의 평온을 침해할 현실적 위험성이 있는 행위를 개시한 때에 해당한다고 보기 어렵다는 이유로 이 부분 공소사실을 무죄로 판단하였다.

앞서 본 법리에 비추어 기록을 살펴보면 원심의 위와 같은 사실인정 및 판단은 정당한 것으로 수긍이 가고, 거기에 상고이유로 주장하는 바와 같은 야간주거침입절도죄의 실행의 착수시기에 관한 법리오해의 위법이 없다.

■ 대법원 2006. 9. 14. 선고 2006도2824 판결【야간주거침입절도미수】(공)

야간에 타인의 재물을 절취할 목적으로 사람의 주거에 침입한 경우에는 주거에 침입한 단계에서 이미 형법 제330조에서 규정한 야간주거침입절도죄라는 범죄행위의 실행에 착수한 것이라고 보아야 한다(대법원 2003. 10. 24. 선고 2003도4417 판결 참조).

원심판결 이유에 의하면 원심은, 피고인은 출입문이 열려 있는 집에 들어가 재물을 절취하기로 마음먹고 피해자들이 주거하는 이 사건 다세대주택에 들어가 그 건물 101호의 출입문을 손으로 당겨보았는데 문이 잠겨 있자 그 옆의 102호, 2층의 201호, 202호, 3층의 301호, 302호, 옆 건물의 주택 1층에 이르러 똑같이 출입문을 당겨보았는데 모두 잠겨있어 범행에 실패하였고, 그 후 위 주택 2층의 문이 열려 있어 피고인이 제1심 판시 유죄 부분과 같은 절취범행을 한 사실을 인정한 다음, 이 부분에서와 같이 피고인이 잠긴 출입문을 부수거나 도구를 이용하여 강제로 열려는 의사가 전혀 없이, 즉 출입문이 잠겨 있다면 침입할 의사가 전혀 없이 손으로 출입문을 당겨보아 출입문이 잠겨있는지 여부를 확인한 것이라면 이는 범행의 대상을 물색한 것에 불과하여 피고인의 이 부분 행위는 야간주거침입절도죄의 예비단계에 불과하고 그 실행의 착수에 나아가지 않은 것이라고 판단하였다.

그러나 주거침입죄의 실행의 착수는 주거자, 관리자, 점유자 등의 의사에 반하여 주거나 관리하는 건조물 등에 들어가는 행위, 즉 구성요건의 일부를 실현하는 행위까지 요구하는 것은 아니고 범죄구성요건의 실현에 이르는 현실적 위험성을 포함하는 행위를 개시하는 것으로 족하다고 할 것이므로(대법원 2003. 10. 24. 선고 2003도4417 판결 참조), 원심 판시와 같이 출입문이 열려 있으면 안으로 들어가겠다는 의사 아래 출입문을 당겨보는 행위는 바로 주거의 사실상의 평온을 침해할 객관적인 위험성을 포함하는 행위를 한 것으로 볼 수 있어 그것으로 주거침입의 실행에 착수가 있었고, 단지 그 출입문이 잠겨 있었다는 외부적 장애요소로 인하여 뜻을 이루지 못한 데 불과하다 할 것이다.

이와 달리 판시한 원심판결에는 야간주거침입절도죄에 관한 법리를 오해한 위법이 있다고 할 것이고 이는 판결의 결과에 영향을 미쳤다 할 것이며, 이 점을 지적하는 검사의 상고논지는 이유 있다.

■ 대법원 2003. 10. 24. 선고 2003도4417 판결【준강도】(공)

1. 원심의 판단

피고인에 대한 공소사실 중 준강도의 점에 관한 부분은 "피고인은 2003. 3. 2. 19:45경 부천시 원미구 상동 445 소재 꿈동산 신안아파트 1909동 뒤편에 이르러 금품을 절취할 목적으로 난간을 잡고 1909동 202호 뒤쪽 베란다로 올라가 미리 준비한 소형손전등을 창문에 비추면서 내부를 살피던 중, 때마침 위 아파트에 근무하는 경비원인 피해자 김규정(58세)에게 발각되어 그 곳 베란다에서 뛰어내려 도주하다가 체포를 면탈할 목적으로 미리 소지하고 있던 드라이버를 위 피해자의 얼굴에 들이대면서 "너 잡지마, 잡으면 죽여"라고 말하여 이에 불응하면 위 피해자의 신체 등에 어떠한 위해를 가할 것 같은 태도를 보여 피해자를 협박한 것이다."라고 함에 있고, 이에 대하여 원심은 피고인이 위 신안아파트 1909동의 1층 베란다 난간을 이용하여 2층 202호 베란다 난간을 잡고 미리 준비한 소형손전등을 202호 창문에 비추면서 창문이 잠겨져 있는지를 살피던 중 위 신안아파트 경비원 김규정에게 발각되었을 뿐(피고인이 손으로 난간을 잡고 202호 뒤쪽 베란다로 이미 올라갔다는 공소사실 부분은 이를 인정할 증거가 부족하다)이므로, 이러한 피고인의 행위만으로는 야간주거침입절도죄의 예비단계에 불과할 뿐, 나아가 피고인이 위 202호 주거에 침입하기 위한 구체적인 행위를 시작하여 야간주거침입절도죄의 실행에 착수하였다고 단정할 수는 없다고 판단하여 위 공소사실에 대하여 무죄를 선고한 제1심의 결론을 그대로 유지하였다.

2. 이 법원의 판단

그러나 원심이, 피고인이 위 아파트 202호 뒤쪽 베란다로 이미 올라갔다고 인정할 수 없고, 또 그 당시 야간주거침입절도죄의 실행에 착수하였다고 단정할 수 없다고 판단한 부분은 이를 수긍할 수 없다.

준강도의 주체는 절도 즉 절도범인으로, 절도의 실행에 착수한 이상 미수이거나 기수이거나 불문하고(대법원 1973. 11. 13. 선고 73도1553 전원합의체 판결, 대법원 1990. 2. 27. 선고 89도2532 판결 등 참조), 야간에 타인의 재물을 절취할 목적으로 사람의 주거에 침입한 경우에는 주거에 침입한 단계에서 이미 형법 제330조에서 규정한 야간주거침입절도죄라는 범죄행위의 실행에 착수한 것이라고 보아야 하며(대법원 1999. 4. 13. 선고 99도689 판결 등 참조), 주거침입죄의 경우 주거침입의 범의로써 예컨대, 주거로 들어가는 문의 시정장치를 부수거나 문을 여는 등 침입을 위한 구체적 행위를 시작하였다면 주거침입죄의 실행의 착수는 있었다고 보아야 한다(대법원 1995. 9. 15. 선고 94도2561 판결 참조).

기록에 의하면, 피고인은 수사기관에서 "아파트를 둘러보니 2층 집에 불이 꺼져 있어 사람이 없는 것으로 알고 그 아파트 뒤로 돌아가 1층 베란다 난간을 통해 2층 난간을 잡고 2층 집 베란다 창문이 잠겨 있는지 들고 있던 손전등으로 비춰보고 있는데 경비원이 와서 도둑이야 라고 소리쳐 그 곳에서 바로 뛰어 내린 것입니다."(수사기록 27면, 49면)라고 진술하다가 법정에서는 "불이 꺼져 있는 1층 집을 골라 물건을 훔치고 길 건너편에 있는 아파트로 가 둘러보니 불이 꺼져 있는 2층 집이 있어 1층 베란다 난간 위에 올라서서 2층 난간을 잡고 베란다창문이 잠겨 있는지 손전등으로 비춰보고 있는데 도둑이야 하는 소리를 들었다."(공판기록 35면), "1층 중간까지 가서 2층 베란다 문이 잠긴 것을 손전등으로 확인하고 내려오는 중에 들켰습니다."(공판기록 143면), "손으로 2층 난간을 잡고 비춰보았습니다."(공판기록 144면)라고 진술하여 그때 그때 진술을 번복하고 있는 사실, 피고인은 2003. 3. 2. 19:30경 부천시 원미구 상동 417 소재 사랑마을 청구아파트 1618동 102호에서 미리 준비한 드라이버를 창문 틈 사이에 넣어 문고리를 젖혀 문을 열고 위 아파트에 침입하여 물건을 훔쳤고, 곧 이어서 같은 날 19:45경 인근에 있는 같은 동 445 소재 꿈동산 신안아파트 1909동 202호의 불이 꺼져 있는 것을 발견하고, 위 아파트에 침입하여 물건을 훔치려고 한 사실, 위 202호 아파트의 구조(공판기록 123면)에 의하면 아파트 뒤쪽 베란다 외부에 알루미늄 샷시 유리창이 설치되어 있고, 그 외부에 높이 약 1~1.5m 정도의 철제난간이 설치되어 있었으며, 2003. 3. 2.의 일몰시각은 18:26경으로 피고인의 이 사건 범행 무렵 이미 해가 져서 주위가 어두운 상태였던 사실, 위 아파트관리인으로서 피고인을 처음 발견하였던 제1심 증인 김규정은 같은 날 19:45경 위 아파트 1909동 2라인에서 적외선 감지기센서가 작동하여 현장에 달려가 보니 피고인이 베란다 난간을 잡고 있는 것을 보고 도둑이야라고 소리를 쳤고(공판기록 59면), 그 때 피고인이 그 소리에 놀라 2층 베란다 난간에서 밑으로 뛰어내려 도망하였다(수사기록 20면)고 진술하고 있는 사실을 알 수 있다.

사정이 그와 같다면, 피고인이 위 아파트 202호의 유리창문이 잠겨 있는 경우에도 그 유리창문을 열고 위 아파트 안으로 침입하여 물건을 훔칠 의도를 가지고 있었으므로 1층 아파트 철제난간을 밟은 채 문이 잠겼는지 여부를 확인할 이유는 없었을 것으로 보이는 점, 피고인의 주장과 같이 1층 아파트의 철제난간을 밟고 2층 아파트의 철제난간을 잡은 상태에서는 위 아파트의 구조상 위 202호 아파트의 유리창문이 잠겼는지 여부를 알기 위하여 손전등으로 비춰보는 것이 불가능할 것으로 보이는 점, 위 김규정이 피고인이 2층 베란다 난간에서 밑으로 뛰어내리는 것을 보았다고 진술하고 있는 점 등에 비추어 보면 피고인이 위 202호 아파트의 철제난간부분까지 올라가 그 철제난간을 잡고 유리창을 열려고 시도하다가 아파트경비원에게 발각되었을 개연성이 더 많다고 할 것이다.

또, 주거침입죄의 실행의 착수는 주거자, 관리자, 점유자 등의 의사에 반하여 주거나 관리하는 건조물 등에 들어가는 행위 즉 구성요건의 일부를 실현하는 행위까지 요구하는 것은 아니고, 범죄구성요건의 실현에 이르는 현실적 위험성을 포함하는 행위를 개시하는 것으로 족하다고 할 것이므로 피고인이 위 202호 아파트에 침입하여 물건을 훔칠 의도하에 위 202호 아파트의 베란다 철제난간까지 올라가 유리창문을 열려고 시도하였다면 주거의 사실상의 평온을 침해할 객관적 위험성을 포함하는 구체적인 행위를 한 것으로 볼 수 있다고 할 것이다.

그럼에도 불구하고, 원심이 위 아파트의 적외선 감지기가 어떤 경우에 작동하는지, 김규정이 적외선 감지기가 작동하는 것을 확인하고 피고인을 발견할 때까지 걸린 시간, 김규정이 피고인을 발견하였을 당시 피고인의 행위태양 등에 관하여 더 나아가 심리하지 아니한 채 피고인이 야간주거침입죄의 실행에 착수하였다고 볼 수 없다고 판단한 것은 상고이유의 주장과 같은 채증법칙에 위배하여 사실을 오인하였거나 야간주거침입죄의 실행의 착수시기에 관한 법리를 오해한 잘못을 범하였다고 할 것이다. 이 점을 지적하는 상고이유의 주장은 이유 있다.

② 기수시기

■ 대법원 1995. 9. 15. 선고 94도2561 판결【주거침입, 폭력행위등처벌에관한법률위반】(집)

1. 원심판결 이유에 의하면 원심은, 주거침입미수죄가 성립하기 위하여서는 신체의 전부가 목적물에 들어간다는 인식 아래 그러한 행위의 실행의 착수가 있어야 한다고 전제한 다음, 피고인에게 피해자의 방 안을 들여다 본다는 인식이 있었을 뿐 그 안에 들어간다는 인식이나 의사를 가지고 있었다고는 보기 어려워, 피고인이 1993. 9. 22. 00:10경 대전 중구 소재 피해자의 집에서 그녀를 강간하기 위하여 그 집 담벽에 발을 딛고 창문을 열고 안으로 얼굴을 들이미는 등의 행위를 하였다는 공소장 기재의 행위를 들어 주거침입의 실행에 착수하였다고는 볼 수 없고 달리 이를 인정할 증거가 없다고 하여 폭력행위등처벌에관한법률위반의 점에 대하여 무죄를 선고한 제1심이 주거침입의 범의에 관한 해석 및 증거조사과정이나 그 취사선택과정에 아무런 위법이 없다는 이유로 검사의 항소를 기각하였다.

2. 그러나 주거침입죄는 사실상의 주거의 평온을 보호법익으로 하는 것이므로(대법원 1984. 4. 24. 선고 83도1429 판결, 1987. 5. 12. 선고 87도3 판결, 1987. 11. 10. 선고 87도1760 판결 등 참조), 반드시 행위자의 신체의 전부가 범행의 목적인 타인의 주거 안으로 들어가야만 성립하는 것이 아니라 신체의 일부만 타인의 주거 안으로 들어갔다고 하더라도 거주자가 누리는 사실상의 주거의 평온을 해할 수 있는 정도에 이르렀다면 범죄구성요건을 충족하는 것이라고 보아야 할 것이고, 따라서 주거침입죄의 범의는 반드시 신체의 전부가 타인의 주거 안으로 들어간다는 인식이 있어야만 하는 것이 아니라 신체의 일부라도 타인의 주거 안으로 들어 간다는 인식이 있으면 족하다고 할 것이고, 이러한 범의로써 예컨대 주거로 들어가는 문의 시정장치를 부수거나 문을 여는 등 침입을 위한 구체적 행위를 시작하였다면 주거침입죄의 실행의 착수는 있었다고 보아야 하고, 신체의 극히 일부분이 주거 안으로 들어갔지만 사실상 주거의 평온을 해하는 정도에 이르지 아니하였다면 주거침입죄의 미수에 그친다고 할 것이다.

그러므로 공소사실 기재와 같이 야간에 타인의 집의 창문을 열고 집 안으로 얼굴을 들이미는 등의 행위를 하였다면 피고인이 자신의 신체의 일부가 집 안으로 들어간다는 인식 하에 하였더라도 주거침입죄의 범의는 인정되고, 또한 비록 신체의 일부만이 집 안으로 들어 갔다고 하더라도 사실상 주거의 평온을 해하였다면 주거침입죄는 기수에 이르렀다고 할 것이다.

따라서, 이와는 달리 주거침입미수죄가 성립하기 위하여서는 신체의 전부가 목적물에 들어간다는 인식을 요한다고 하여 피고인에게 피해자의 방 안에 들어간다는 인식이나 의사가 없었으므로 주거침입죄의 실행의 착수가 없었다고 본 원심의 판단은 주거침입죄에 있어서의 범의 및 실행의 착수에 관한 법리오해의 위법을 저질렀다고 할 것이므로 이를 지적하는 상고이유의 주장은 이유 있다.

제5장 재산에 대한 죄

제1절 기본개념

I. 재산죄의 분류

II. 재산죄의 객체

III. 형법상의 점유

1. 형법상 점유의 기능
2. 의 의

가. 개 념

○ 지배의사(주관적 요소)에 의한 사실적 관리(객관적 요소)를 규범적으로 판단

나. 요 소

(1) 객관적 · 물리적 요소

① 관리범위 · 사실적 관리가능성(사실상의 지배)

- 재물에 대한 장소적 · 시간적 작용가능성
- 민법상 점유보조자도 형법상 점유자
- 사실상의 처분가능성: 적법한 권원에 의한 것일 필요 없음

② 관련문제

- 점유개정에 의한 소유권취득자의 취거행위
- 점유개정에 의한 양도와 재산상 손해

(2) 주관적 · 정신적 요소

① 재물에 대한 지배의사

② 자연적인 사실상의 지배의사(처분의사)

③ 잠재적 의사로 충분

- 숙면자, 무의식자, 의식상실자도 점유가능
- 死者의 점유

④ 일반적 의사이면 족함

- 특정한 재물에 대한 구체적 지배의 의사일 필요 없음
- 다음은 모두 점유 인정

(3) 사회규범적 요소

○ 형법상 점유는 사회규범적 관점에서 점유 · 사용 · 처분의 가능성이 있어야 함

○ 점유의 일시적 정지

○ 공동점유

IV. 친족상도례

1. 의 의

가. 친족상도례

① 권리행사방해죄

② 준용

③ 장물죄

○ 특별법위반죄

- 산림절도
- 폭처법(폭력행위 등 처벌에 관한 법률)
- 특정경제범죄가중처벌등에관한법률위반(사기)죄

나. 범인은닉죄 등에서의 친족간 특례

2. 법적 성질

① 친족상도례의 성질

② 처단

③ 착오 불고려

3. 친족의 범위

① 민법에 따름

② 민법 규정

③ 외사촌 동생

④ 사실혼: ×

⑤ 피해자의 직계존속의 4촌: ×

4. 친족관계의 존재범위

가. 인적 범위

① 절도죄: 소유자 & 점유자

- 견해
- 부부의 특유재산

② 횡령죄: 소유자 & 위탁자

③ 사기죄: 재산권자 ○, 피기망자 ×

④ 공갈죄: 피공갈자 & 재산권자(김일수, 백형구, 유기천, 진계호)

⑤ 당해 범죄의 피해자

나. 시적 범위

○ 친족관계의 존재시기

5. 공범관계

○ D & E ↠ E의 父 재물 절도

○ D → E 교사 · 방조 ↠ E의 父 재물 절도

○ D → E 교사 · 방조 ↠ D의 父 재물 절도

I. 재산죄의 분류

분류기준	분류	해당범죄
보호법익	소유권	절도, 횡령, 손괴
	소유권 이외의 재산권	권리행사방해, 자동차등불법사용, 점유강취, 강제집행면탈, 특별법상 파산범죄
	전체로서의 재산권	강도, 사기, 공갈, 배임, 부당이득, 장물취득, 특별법상의 경제범죄
객체	재물죄	절도, 횡령, 장물, 손괴
	이득죄	배임
	재물 및 이득죄	강도, 사기, 공갈
영득의사	영득죄	절도, 강도, 횡령, 장물취득
	이득죄	사기, 공갈, 배임, 장물(양도, 보관, 알선, 운반)
	비영득죄	손괴

침해방법	탈취죄	절도, 강도, 횡령,[14] 장물
	편취죄	사기, 공갈

II. 재산죄의 객체

III. 형법상의 점유

1. 형법상 점유의 기능

기능	예	비고
보호객체(보호법익)	권리행사방해	적법한 점유일 것
행위의 주체(신분요소)	횡령	① 점유가 피해자를 위한 위탁관계에 기초한 것 ② 사실상 지배에 엄격히 제한되지 않고 법률상 지배까지 포괄
행위의 대상	절도	

2. 의 의

가. 개 념

○ **지배의사(주관적 요소)에 의한 사실적 관리(객관적 요소)를 규범적으로 판단**

■ 대법원 2008. 7. 10. 선고 2008도3252 판결【업무방해 · 특수절도 · 일반교통방해 · 건축법위반】(공)

절취란 타인이 점유하고 있는 재물을 점유자의 의사에 반하여 그 점유를 배제하고 자기 또는 제3자의 점유로 옮기는 것을 말하고, 어떤 물건이 타인의 점유하에 있다고 할 것인지의 여부는, 객관적인 요소로서의 관리범위 내지 사실적 관리가능성 외에 주관적 요소로서의 지배의사를 참작하여 결정하되 궁극적으로는 당해 물건의 형상과 그 밖의 구체적인 사정에 따라 사회통념에 비추어 규범적 관점에서 판단하여야 한다(대법원 1999. 11. 12. 선고 99도3801 판결 참조).

원심판결 이유를 기록에 비추어 검토하여 보면, 피고인은 피해자로부터 임대계약 종료를 원인으로 한 명도요구를 받고 2006. 9. 3.경 이 사건 식당 건물에서 퇴거하기는 하였으나, 이 사건 식당 건물 외벽 쪽에 설치하여 사용하던 대형냉장고는 그 전원이 연결되어 있는 상태로 둔 사실, 피해자측은 피고인의 퇴거 직후 명도상황을 점검하면서 위 대형냉장고가 전원이 연결된 상태로 존치되어 있는 것을 확인하고 피고인에게 그 철거를 요구하였으며, 이에 따라 피고인이 2006. 10.경 위 대형냉장고를 철거하였는데, 그 기간 동안 전기사용료가 22,965원가량인 사실을 각 인정할 수 있다.

사실관계가 이와 같다면, 비록 피고인이 이 사건 식당 건물에서 퇴거하기는 하였으나, 위 대형냉장고의 전원을 연결한 채 그대로 둔 이상 그 부분에 대한 점유·관리는 그대로 보유하고 있었다고 보아야 하며, 피고인이 위 대형냉장고를 통하여 전기를 계속 사용하였다고 하더라도 이는 당초부터 자기의 점유·관리하에 있던 전기를 사용한 것에 불과하고, 타인의 점유·관리하에 있던 전기를 사용한 것이라고 할 수는 없고, 피고인에게 절도의 범의가 있었다고도 할 수 없으므로 피고인을 절도죄로 의율할 수는 없다고 할 것이다.

14 횡령·점유이탈물횡령을 횡령죄로서 탈취죄와 구분하여 분류하기도 함(김일수).

■ 대법원 1999. 11. 12. 선고 99도3801 판결【군용물특수절도(인정된 죄명: 야간주거침입군용물절도)·군용물절도(일부 인정된 죄명: 군용물절도미수) … 】(공)

나. 탄통(탄약) 절도의 점에 대하여

절취란 타인이 점유하고 있는 재물을 점유자의 의사에 반하여 그 점유를 배제하고 자기 또는 제3자의 점유로 옮기는 것을 말하고, 어떤 물건이 타인의 점유하에 있다고 할 것인지의 여부는, 객관적인 요소로서의 관리범위 내지 사실적 관리가능성 외에 주관적 요소로서의 지배의사를 참작하여 결정하되 궁극적으로는 당해 물건의 형상과 그 밖의 구체적인 사정에 따라 사회통념에 비추어 규범적 관점에서 판단할 수밖에 없다 할 것이다.

원심은, 피고인 1이 1998. 8. 5. 15:00경 소속 대대 위병소 앞 탄약고 출입문 서북방 20m 떨어진 언덕 위 소로에서 더덕을 찾기 위하여 나무막대로 땅을 파다가 땅속 20㎝ 깊이에서 탄통 8개를 발견하고 뚜껑을 열어 그 안에 군용물인 탄약이 들어 있음을 확인하고도 이를 지휘관에게 보고하는 등의 절차를 거치지 아니하고 전역일에 이를 가지고 나갈 목적으로 그 자리에 다시 파묻어 은닉함으로써 이를 절취하였다는 공소사실에 대하여 소속 중대 및 대대가 보유중인 탄약의 재고에 아무런 이상이 없다는 탄약 조사결과 등에 비추어 보면 위와 같은 행위만으로 피고인 1이 종전의 점유자의 의사를 배제하고 새로운 점유를 취득하였다고 보기에 부족하고, 달리 이에 대한 증거가 없다는 이유로 무죄를 선고하였다.

원심의 이유 설시에는 다소 미흡한 점이 없지 아니하나, 이는 결국 위 탄통이 땅속에 묻혀있게 된 원인과 경위, 종전의 점유관계 등을 밝히지 아니하고서는 그것이 위 부대를 관리하는 대대장의 점유하에 있다거나 피고인이 위 탄통에 대한 타인의 점유를 침탈하여 새로운 점유를 취득한 것이라고 보기 어렵다는 취지의 판단으로 보여지고, 위와 같은 원심의 판단은 절도죄에 있어서의 점유에 관한 법리에 비추어 결론에 있어서 옳다고 여겨지며, 거기에 상고이유로 주장하는 바와 같이 채증법칙에 위반하여 사실을 오인하거나 절도죄의 성립에 관한 법리를 오해한 위법 등이 있다고 할 수 없다.

나. 요 소

(1) 객관적·물리적 요소

① 관리범위·사실적 관리가능성(사실상의 지배)

재물에 대한 장소적·시간적 작용가능성

■ 대법원 1964. 6. 23. 64도209【절도】(집)

전주지방검찰청 검사장 대리 검사의 상고이유의 요지는 피해자인 공소외 1이 특별한 공작물을 시설하여 저수한 것에 대하여 소유권이 없다 하여도 타인이 지배하는 물건인 만큼 절도죄의 객체가 되며 토지개량조합 규칙에 위배되는 행위로써 저수하였다 하여도 사실상 지배하는 물이니 절도죄의 객체가 되는 것이고 피고인은 물을 쓰지 아니하고 밑으로 흘러 내려간 것이니 그 물의 사용을 포기한 것이며 피해자가 저수해 놓은 물을 밤중에 피해자 모르는 사이에 자기 논에 품어 넣는 행위는 적법한 수리권행사라고 볼 수 없다는 것이다.

그러나 원심의 확정한 사실에 의하면 조합원은 누구나 수로에 있는 물을 자기 논에 넣어 관개에 이용할 수 있고 어떤 조합원이라도 수로를 막아서 물을 사용할 수 없다는 것이므로 피해자가 자기 논에 물을 품어 넣기 위하여 특수한 공작물을 설치하여 저수하였다 하여도 그 물이 물을 막은 사람의 사실상이나 법률상 지배하는 것이 되지 못한다고 인정되므로 이 물은 절도죄의 객체가 되지 못한다 할 것이고 피고인의 행위가 적법한 수리권의 행사여부에 대하여서는 절도죄가 성립되지 아니하는 이 사건에서 문제가 되지 않는다 할 것이다.

따라서 피해자가 저수한 물이 절도죄의 객체가 된다는 것을 전제로 하는 논지는 채택될 수 없다.

민법상 점유보조자도 형법상 점유자

사실상의 처분가능성: 적법한 권원에 의한 것일 필요 없음

- A가 절취한 V의 물건을 B가 절취하는 경우 B는 A의 점유를 침해하여 절도 성립(대법원 1966. 12. 20. 선고 66도1437)

② 관련문제

점유개정에 의한 소유권취득자의 취거행위

■ 대법원 2008. 11. 27. 선고 2006도4263 판결【절도】(공)

금전채무를 담보하기 위하여 채무자가 그 소유의 동산을 채권자에게 양도하되 점유개정에 의하여 채무자가 이를 계속 점유하기로 한 경우, 특별한 사정이 없는 한 동산의 소유권은 신탁적으로 이전되고, 채권자와 채무자 사이의 대내적 관계에서 채무자는 의연히 소유권을 보유하나 대외적인 관계에 있어서 채무자는 동산의 소유권을 이미 채권자에게 양도한 무권리자가 된다고 할 것이고(대법원 2004. 6. 25. 선고 2004도1751 판결 참조), 따라서 동산에 관하여 양도담보계약이 이루어지고 채권자가 점유개정의 방법으로 인도를 받았다면, 그 정산절차를 마치기 전이라도 양도담보권자인 채권자는 제3자에 대한 관계에 있어서는 담보목적물의 소유자로서 그 권리를 행사할 수 있다고 할 것이다(대법원 1994. 8. 26. 선고 93다44739 판결 참조).

한편, 양도담보권자인 채권자가 제3자에게 담보목적물을 매각한 경우, 제3자는 채권자와 채무자 사이의 정산절차 종결 여부와 관계없이 양도담보 목적물을 인도받음으로써 소유권을 취득하게 되는 것이고, 양도담보의 설정자가 담보목적물을 점유하고 있는 경우 그 목적물의 인도는 채권자로부터 목적물반환청구권을 양도받는 방법으로도 가능한 것인바, 채권자가 양도담보 목적물을 위와 같은 방법으로 제3자에게 처분하여 그 목적물의 소유권을 취득하게 한 다음 그 제3자로 하여금 그 목적물을 취거하게 한 경우 그 제3자로서는 자기의 소유물을 취거한 것에 불과하므로, 사안에 따라 권리행사방해죄를 구성할 여지가 있음은 별론으로 하고, 절도죄를 구성할 여지는 없는 것이다.

원심판결의 이유에 의하면, 원심은 그 판시와 같이 사실을 인정한 다음 이 사건 통발어구(이하 '이 사건 어구'라고 한다)의 양도담보권자인 주식회사 세웅수산(이하 '세웅수산'이라고 한다)의 상무이사 및 총무부장인 피고인들이 양도담보의 목적물인 이 사건 어구를 제3자인 공소외 1에게 매각한 후 공소외 1로 하여금 이를 임의로 취거하게 하여, 양도담보 설정자로서 그 소유자인 공소외 2의 점유를 배제하였으므로 절도죄가 성립한다고 판단하였다. 그러나 위 법리에 비추어 보면, 동산 양도담보권자가 양도담보의 목적물을 제3자에게 매각한 경우 특별한 사정이 없는 한 그 제3자는 양도담보 설정자에 대한 관계에서도 유효하게 그 소유권을 취득한다고 할 것인바, 원심으로서는 양도담보의 목적물인 이 사건 어구가 제3자인 공소외 1에게 매각되었음에도 여전히 그 소유권이 그 설정자인 공소외 2에게 남아있게 되는 근거가 무엇인지를 살피고, 나아가 공소외 1이 먼바다 수심 깊은 곳에 투하되어 있는 이 사건 어구를 취거한 행위가 구체적으로 어떠한 방식으로 이 사건 어구에 대한 공소외 2의 점유를 배제하였는지 여부에 대한 심리에 나아갔어야 함에도, 만연히 그 소유자가 공소외 2라는 전제에서 절도죄가 성립한다고 인정함으로써 양도담보에 제공된 동산의 소유권 귀속에 관한 법리를 오해하거나 심리를 다하지 아니한 잘못을 저질렀다. 그로 인하여 원심판결에는 판결 결과에 영향을 미친 위법이 있고, 이 점을 지적하는 상고이유 주장은 이유 있다.

점유개정에 의한 양도와 재산상 손해

■ 대법원 2007. 2. 22. 선고 2006도6686 판결【배임】(미)

동산을 양도담보로 제공하고 점유개정의 방법으로 점유하고 있다가 이를 다시 제3자에게 역시 점유개정의 방법으로 양도하는 경우에는, 제3자가 그 동산을 선의취득할 수가 없으므로, 최초의 양도담보권자에게 어떠한 재산상 손해의 위험이 발생한다고 할 수 없고, 따라서 배임죄가 성립하지 않는다(대법원 1990. 2. 13. 선고 89도1931 판결 참조).

원심판결 이유에 의하면 원심은, 피고인이 2002. 11. 21. 이 사건 어선(20t 이하의 동력 어선이어서 선박등기법의 적용을 받지 않아 동산에 준하여 취급된다)을 피해자에게 점유개정에 의한 방식으로 양도담보로 제공한 후 2003. 8. 13. 이 사건 어선을 동생인 공소외인에게 매도하는 매도증서를 작성하고 공소외인을 어선원부상 소유자로 변경 등록하면서도 피고인이 계속 이 사건 어선을 점유하여 사용한 사실, 피고인과 공소외인은 담보대출기간의 연장 등을 이유로 위와 같이 공부상 명의만 변경하였을 뿐 아무런 실질적 권리이전은 없는 사실을 인정한 다음, 어선원부 등은 행정상 편의를 위하여 소유자를 등록, 변경하는 공부에 불과할 뿐 사법상 권리변동과는 무관하므로, 어선원부상의 소유자명의 변경만으로는 양도담보권자인 피해자에게 사실상 담보물의 발견을 어렵게 하여 어떠한 재산상 손해를 발생시킬 위험이 없다고 하여, 이 사건 배임의 공소사실에 대하여 무죄를 선고한 제1심판결을 유지하였다.

동산으로 취급되는 이 사건 어선에 있어서 어선원부 등은 행정상 편의를 위하여 소유자를 등록하는 공부에 불과하고 그로써 사법상 권리변동이 이루어지는 것이 아닌바, 앞서의 법리와 기록에 비추어 살펴보면, 원심의 위와 같은 판단은 정당한 것으로 수긍할 수 있고, 거기에 주장과 같이 심리미진 및 법리오해의 위법이 있다고 할 수 없다. 그러므로 상고를 기각하기로 하여 관여 대법관의 일치된 의견으로 주문과 같이 판결한다.

(2) 주관적 · 정신적 요소

① 재물에 대한 지배의사

② 자연적인 사실상의 지배의사(처분의사)

- 어린아이 · 정신병자도 지배의사 有
- 법인:
  1 법인점유 부정설 G 법인은 자연적인 점유의사를 가질 수 없다
  2 법인점유 긍정설 G 법인기관에 의한 점유의사 → 절도죄의 피해자

③ 잠재적 의사로 충분

숙면자, 무의식자, 의식상실자도 점유 가능

■ 대법원 1956. 8. 17. 4289형상170 【강도상해】(집)

광주고등검찰청 검사장 대리검사 김희주의 상고이유는 「원심은 본건 공소사실을 강도 상해로 인정하지 않고 상해 및 점유 이탈물 횡령으로 인정판시하였으나 일건 기록을 정사컨데 본건 범행일시장소에서 피해자 공소외 1이 피고인등으로부터 구타를 당하여 졸도, 인사불성에 빠져있는 것을 증인 공소외 2가 발견하고 등에 업고 신모집까지 가서 가료, 소생케 되었으며 그 때 비로소 팔목시계가 없어졌음을 발견하게 된 것인바 증인 공소외 2는 피고인등이 공소외 1을 구타할 때 그 일행인 공소외 3은 증인을 부근 나무벼눌옆에 데리고 가서 신분증명서를 조사하고 있었는데 피고인 2가 와서 하는 말이 공소외 1은 이미 귀가하였으니 빨리 가라고 하기에 자전거를 타고 빨리갔으나 공소외 1이 보이지 않기에 다시 전시장소로 돌아와 본 즉 공소외 4 일행은 피신하여 버렸고 공소외 1은 기절하고 있었으므로 부근 신씨집까지 배부하여다 놓고 지서에 연락하였는데 증인보고 빨리가라고 한 후 증인없는 틈을 타서 인사불성, 항거불능 상태를 이용하여 시계를 강취한 것으로 생각됩니다라는 요지의 진술을 하고 있음에도 불구하고 피고인은 탈취한 것이 아니고 피고인이 공소외 1을 구타한 후 동인이 지상에 전도되자 귀가하려는 피고인에게 후측에서 구경하고 섰던 성명불상의 학생이 피고인 보고 형님 괴비에서 돈빠지요 하기에 본즉 석유살 돈이 빠질려고 하기에 집어넣고 혹 지면에 빠지지나 않았나 하고 보니 팔목시계가 빠져있기에 피고인의 상시 심정으로서는 공소외 3의 것인줄 알고 주워담아 둔 것입니다 라고 변소하고 있으나 앞에 걸어가는 일행중의 공소외 3에게 시계가 네것이냐고 물어본 사실이 없을 뿐 아니라 자가 선반 위에 은닉한 점으로 미루어 보아 동 변소는 죄책을 모면하기 위한 궤변에 불과하다고 사료 아니할 수 없고 증인 공소외 5는 그 당시에 문고학생이 시계를 주워들고 공소외 4에게 이것이 누구 시계냐고 하니까 공소외 4의 말이 주인이 나오면 주겠다고 하면서 받아서 괴비에 담고 가버렸읍니다 라는 요지의 진술을 하고 있으며 동 진술은 피고인의 변명보다도 피고인에게 유리하게 되어있으나 피고인은 자기죄책을 모면하기 위해서 최대한의 방어권을 행사하는 것이 상례이므로 증인의 증언이 피고인의 변소보다 유리함은 상상할 수 없을 뿐만 아니라 동 증인은 피고인측의 요청에 의해서 자진출두한 증인이므로 동 증언은 조신할 가치가 없다고 사료한다. 따라서 원심은 사실을 인정함에 있어 오류를 범하였다고 아니할 수 없고 설사 피고인이 시계를 습득하였다는 전제하에서 논하더라도 적어도 점유이탈물이라면 유실물이거나 표류물이거나 점유자의 의사에 의하지 않고 점유를 떠난 물건이거나를 막론하고 소유자 또는 점유자가 관리할 수 없는 상태에 놓여있는 것이 요건이라고 사료하는 바 피해자 공소외 1이 구타로 인하여 혼수상태에 빠져 사물에 대한 인식이 전연 없었고 부근지상에 시계가 떨어져 있었다손치더라도 동 시계를 우 공소외 1의 유실물이나 점유이탈물로 보는 것은 타당치 않고 거리관계로 보아서 지배범위내에 있다고 보는 것이 적절한 것이므로 역시 계속해서 점유하고 있다고 보는 것이 타당할 것이다. 또 시계를 강취할 목적으로 상해를 가하였거나 상해를 가한 후 범의를 일으켜 혼수상태를 이용하여 시계를 탈취하였거나는 본죄 구성에 하등 영향이 없다고 사료하는 바이다 그렇다면 원심은 의율의 착오를 면치 못할 것이다. 서상의 이유로서 원판결을 시정하기 위해서 상고절차를 취하는 바이다」함에 있다.

심안하니 기록에 의하면 소론 시계는 피해자 공소외 1이 피고인으로부터 폭행을 당하고 졸도한 현장에 떨어져 있던 것임이 원판시에 의하여 명백한 바이므로 피해자의 지배내를 이탈한 것이라 할 수 없음에 불구하고 원판결이 차를 유실물로 인정하였음은 법률의 해석을 그릇한 위법이 있다 할 것이므로 이 점에 관한 상고논지는 이유 있다. 다시 기록을 정사하건대 피고인의 본건 폭행은 전기 공소외 1의 물건을 강취할 목적에서 나온 것이 아님을 인정할 수 있고 소론 공소외 2의 증언은 단순한 추측에 불과한 것이므로 원판결에는 소론과 같은 사실오인은 없고 단 타인에게 상해를 가한 후 우발적으로 혼수상태를 이용하여 타인의 물건을 절취한 경우에도 강도죄가 성립한다 함은 그 독자적 견해에 불과하므로 이 점에 관한 각 상고논지는 이유없다.

死者의 점유

- 사자는 잠재적 의사조차 가질 수 없음 ⇒ 점유 주체 ×
- 재물탈취 의사로 살해한 경우: 강도살인
  1 피해자의 사후에도 점유가 계속된다.
  2 피해자가 생전에 가지고 있던 점유가 침해된다. (대법원 1968. 6. 25. 선고 68도590 판결)
- 살해 후 비로소 절취한 경우
  1 살인 + 절도(G 시간적 · 장소적 근접성으로 사자의 점유가 계속된다)
  2 살인 + 점유이탈물횡령(G 사망으로 사자의 점유는 종료)

■ 대법원 1993. 9. 28. 선고 93도2143 판결【살인, 사기, 절도, 사문서위조, 동행사】(공)

또한 위 증거들에 의하면 피고인이 피해자를 살해한 방에서 사망한 피해자 곁에 4시간 30분쯤 있다가 그 곳 피해자의 자취방 벽에 걸려있던 피해자가 소지하는 원심판시 물건들을 영득의 의사로 가지고 나온 사실이 인정되는바, 이와 같은 경우에 피해자가 생전에 가진 점유는 사망 후에도 여전히 계속되는 것으로 보아 이를 보호함이 법의 목적에 맞는 것이라고 할 것이고(당원 1968. 6. 25. 선고 68도590 판결 참조), 따라서 피고인의 위 행위는 피해자의 점유를 침탈한 것으로서 절도죄에 해당하므로, 원심판결에 채증법칙을 위반하여 점유이탈물횡령의 범행을 절도로 오인한 잘못이나 절도죄의 고의에 관한 법리를 오해한 위법이 있다는 논지는 받아들일 수 없다.

- 행위자와 무관하게 사망한 사체에서 재물을 영득하는 경우
  1 절도죄(재물의 영득과 피해자의 사망이 시간적 · 장소적으로 근접하면) (G 피해자의 생전의 점유를 침해)
  2 점유이탈물횡령죄(재물이 가족 등의 점유에 속하지 않을 경우)(G 사자의 점유를 부인)

④ 일반적 의사이면 족함

특정한 재물에 대한 구체적 지배의 의사일 필요 없음

다음은 모두 점유 인정

- 우편함에 투입된 서신
- 자기 집에서 잃어버린 물건
- 개점 전에 점포 앞에 배달된 물건
- 집 문앞에 배달된 신문

(3) 사회규범적 요소

○ 형법상 점유는 사회규범적 관점에서 점유 · 사용 · 처분의 가능성이 있어야 함

○ 점유의 일시적 정지

○ 공동점유

Ⅳ. 친족상도례

1. 의 의

가. 친족상도례

① 권리행사방해죄

제328조 (친족 간의 범행과 고소)
① 직계혈족, 배우자, 동거친족, 동거가족 또는 그 배우자간의 제323조의 죄는 그 형을 면제한다. 〈개정 2005. 3. 31〉
② 제1항 이외의 친족 간에 제323조의 죄를 범한 때에는 고소가 있어야 공소를 제기할 수 있다. 〈개정 1995. 12. 29〉
③ 전2항의 신분관계가 없는 공범에 대하여는 전항을 적용하지 아니한다.

② 준용

절도	제344조 (친족간의 범행) 제328조의 규정은 제329조 내지 제332조의 죄 또는 미수범에 준용한다.
사기·공갈	제354조 (친족간의 범행, 동력) 제328조와 제346조의 규정은 본장의 죄에 준용한다.
횡령·배임	제361조 (친족 간의 범행, 동력) 제328조와 제346조의 규정은 본 장의 죄에 준용한다.
강도	준용 ×
손괴	준용 ×

③ 장물죄

제365조 (친족 간의 범행)
① 전3조의 죄를 범한 자와 피해자간에 제328조 제1항, 제2항의 신분관계가 있는 때에는 동조의 규정을 준용한다.
② 전3조의 죄를 범한 자와 본범 간에 제328조 제1항의 신분관계가 있는 때에는 그 형을 감경 또는 면제한다. 단, 신분관계가 없는 공범에 대하여는 예외로 한다.

○ 특별법위반죄

산림절도

■ 대법원 1959. 9. 18. 4292형상290 【삼림령】(집)

삼림령 제20조 소정의 절도죄는 그 목적물이 삼림에서의 산물에 한정되었을 뿐으로 그 죄질이 형법 제329조 소정의 절도죄와 동일하여 동 죄의 특별규정에 해당하는 것이므로 형법 제344조에 의하여 전기 형법 제329조의 죄에 적용되는 형법 제328조의 규정은 삼림령 제20조 소정의 죄에도 적용되는 것이라고 해석된다. 논지는 이유 없다.

폭처법(폭력행위 등 처벌에 관한 법률)

■ 대법원 1994. 5. 27. 선고 94도617 판결【폭력행위등처벌에관한법률위반, 공갈, 공갈미수】(공)

공갈죄가 야간에 범하여져 폭력행위등처벌에관한법률 제2조 제2항에 의해 가중처벌되는 경우에도 형법상 공갈죄의 성질은 그대로 유지되는 것이고, 특별법인 위 법률에 친족상도례에 관한 형법 제354조, 제328조의 적용을 배제한다는 명시적인 규정이 없으므로, 형법 제354조는 위 특별법 제2조 제2항 위반죄에도 그대로 적용된다고 보아야 할 것이며(당원 1989. 6. 13. 선고 89도582 판결 참조), 위 특별법 제2조 제4항에서 공갈죄의 수단이 되는 형법 제260조 제1항, 제2항 소정의 폭행 및 존속폭행죄와 형법 제283조 제1항, 제2항 소정의 협박 및 존속협박죄가 위 특별법 제2조 제2항, 제3항에 의하여 가중처벌되는 경우에 그 각 죄에 대하여 피해자의 명시한 의사에 반하여 논할 수 없다는 형법 제260조 제3항, 제283조 제3항을 적용하지 않는다고 규정하고 있다 하여 이를 달리 새길 것이 아니다.

같은 취지에서 원심이 피고인과 친족관계에 있는 피해자에 대한 각 공갈의 폭력행위등처벌에관한법률위반죄를 형법 제354조, 제328조에 의하여 피해자의 고소가 있어야 논할 수 있는 친고죄라고 보고, 제1심 판결 선고 전에 고소를 취소한 피고인과 친족관계에 있는 위 피해자에 대한 폭력행위등처벌에관한법률위반의 공소사실에 대하여 형사소송법 제327조 제5호에 의하여 공소기각의 판결을 선고하였음은 옳고, 그 밖에 폭력행위등처벌에관한법률위반죄에 있어서 친족상도례의 적용에 관한 법리오해의 위법이 있다는 취지로 소론이 들고 있는 사유들은 모두 독자적인 견지에서 원심 판단을 탓하는 것에 불과하다. 논지는 이유 없다.

특정경제범죄가중처벌등에관한법률위반(사기)죄

■ 대법원 2000. 10. 13. 선고 99오1 판결【특정경제범죄가중처벌등에관한법률위반(사기) · 사기미수 · 사문서위조 · 위조사문서행사】(공)

【피 고 인】 피고인
【비상상고인】 검찰총장
【원 판 결】 제주지법 1997. 2. 25. 선고 96고합134 판결
【주　　문】
원판결 중 유죄 부분을 파기한다. 피고인을 징역 2년에 처한다. 원판결선고 전의 구금일수 중 300일을 위 형에 산입한다. 다만, 원판결확정일로부터 3년간 위 형의 집행을 유예한다. 이 사건 공소사실 중 피해자 1, 2, 3, 4, 5에 대한 특정경제범죄가중처벌등에관한법률위반(사기) 및 사기미수의 각 점에 대하여는 형을 면제한다. 이 사건 공소사실 중 피해자 6에 대한 특정경제범죄가중처벌등에관한법률위반(사기) 및 사기미수의 각 점에 대한 공소를 기각한다.

【이 유】

상고이유를 본다.

1. 기록에 의하면, 원심은 1997. 2. 25. 피고인에 대한 이 사건 공소사실 중 특정경제범죄가중처벌등에관한법률위반(사기), 사기미수, 사문서위조, 위조사문서행사의 각 점을 모두 유죄로 인정하여 이를 형법 제37조 전단의 경합범으로 보아 피고인에 대하여 징역 3년(원판결선고 전의 구금일수 중 300일 산입)에 5년간 형 집행유예를 선고하고, 특정범죄가중처벌등에관한법률위반(조세)의 점에 대하여는 무죄를 선고하였는데, 이에 피고인은 항소를 제기하지 아니하고 검사만이 무죄 부분에 대하여 항소 및 상고를 제기하였으나 모두 기각됨으로써 원판결 중 유죄 부분에 대하여는 항

소기간이 경과함으로써 같은 해 3월 5일 확정되었음을 알 수 있다.

2. 그런데 형법 제354조, 제328조의 규정을 종합하면, 직계혈족, 배우자, 동거친족, 호주, 가족 또는 그 배우자 간의 사기 및 사기미수의 각 죄는 그 형을 면제하여야 하고, 그 외의 친족 간에는 고소가 있어야 공소를 제기할 수 있으며, 또한 형법상 사기죄의 성질은 특정경제범죄가중처벌등에 관한법률(이하 '특경법'이라 한다) 제3조 제1항에 의해 가중처벌되는 경우에도 그대로 유지되고, 특별법인 특경법에 친족상도례에 관한 형법 제354조, 제328조의 적용을 배제한다는 명시적인 규정이 없으므로, 형법 제354조는 특경법 제3조 제1항 위반죄에도 그대로 적용된다(대법원 1989. 6. 13. 선고 89도582 판결 참조).

한편 구 민법(1990. 1. 13. 법률 제4199호로 개정되기 전의 것) 제789조 제1항은, '가족은 혼인하면 당연히 분가된다.'고 규정하고 있었으므로, 호주의 직계비속 장남자 아닌 가족인 남자가 혼인하면 법률의 규정에 의하여 당연히 분가되어야 함에도 호적상 법정분가의 절차를 거치지 아니하여 호주의 호적부에 가족으로 남아 있다고 하더라도, 그러한 호적 기재와는 관계 없이 혼인신고를 한 이후에는 호주의 가족이라는 신분관계는 소멸되는 것이다.

기록에 의하면, 이 사건 공소사실 중 특경법위반(사기) 및 사기미수의 각 죄의 피해자들은 모두 호주인 피고인과 동일 호적 내에 있는 가족들로서 피해자 1은 피고인의 종조모이고, 피해자 2, 3, 4, 5는 피고인의 종고모들이며, 피해자 6, 7은 피고인의 종숙부들인데, 피해자 6은 1984. 4. 17. 일본에서 공소외 1과 혼인하고 1988. 11. 8. 호적정리신청을 하였고, 나머지 피해자 2, 3, 4, 5, 7은 아직 혼인하지 아니하였음을 알 수 있다(기록 제2권 52-60쪽에 편철된 호적등본, 제적등본, 호적초본의 각 기재).

사실관계가 이와 같다면, 피고인의 종숙부인 피해자 6이 현재 호주인 피고인과 동일한 호적에 가족으로 등재되어 있다고 하더라도, 민법상의 법정분가규정이 시행된 이후에 혼인한 이상 법률상 당연히 피고인의 가에서 분가되는 것이므로, 피해자 6은 피고인과 사이에 형법 제328조 제1항에 정한 호주와 가족인 관계에 있다고 볼 수 없고, 같은 조 제2항에 정한 친족에 해당할 뿐이며, 나머지 피해자들인 1, 2, 3, 4, 5, 7은 모두 호주인 피고인의 호적에 등재되어 있는 가족들이어서 같은 조 제1항에 정한 호주와 가족인 관계에 있음이 분명하다.

따라서 원판결 법원으로서는 이 사건 공소사실 중 피해자 6을 제외한 나머지 피해자들에 대한 특경법위반(사기) 및 사기미수의 각 점에 대하여는 형법 제354조, 제328조 제1항의 규정을 적용하여 형을 면제하여야 하고, 피해자 6에 대하여는 같은 조 제2항의 규정에 따라 피해자 6의 고소가 있어야 할 것인데, 그 고소가 있음을 기록상 인정할 자료가 없으니만큼 형사소송법 제327조 제2호에 의하여 공소를 기각하여야 함에도 불구하고, 이들의 점과 사문서위조 및 위조사문서행사의 각 점에 대하여 모두 유죄로 인정한 다음 형법 제37조 전단의 경합범으로 처리하여 하나의 형을 선고하였으므로, 원판결에는 형사소송법 제441조에 정한 법령위반의 사유가 있고, 이 점을 지적하는 비상상고는 이유 있다.

그리고 원판결 중 유죄 부분[특경법위반(사기), 사기미수, 사문서위조 및 위조사문서행사의 각 점]은 형사소송법 제446조 제1호 단서에서 규정하는 바와 같이 피고인에게 불이익한 때에 해당하므로, 원판결 중 유죄 부분 전부를 파기하고, 다시 판결하기로 한다.

3. 범죄사실

피고인은 1993. 4. 10.경 종조부인 재일교포 공소외 2가 사망함에 따라 공소외 2 소유의 별지 제

1, 2 목록 기재의 각 부동산에 대한 상속이 개시되자, 공소외 2의 가까운 친족이 국내에는 없고 상속재산을 관리할 상속인들인 피해자 6 등 7명이 모두 일본에 거주하고 있을 뿐만 아니라, 우리말과 글을 전혀 모르고 있는 데다가 국내 물정에 어두워 상속재산에 대한 상속세 처리나 재산관리가 어려울 것이라는 점을 이용하여 상속인들을 상대로 상속세 문제를 처리하여 주겠다는 것을 빌미로 별지 제1 목록 기재의 부동산을 편취하기 위한 소송에 증거로 제출하기 위하여, 행사할 목적으로, 공소외 3과 공모하여,

가. 1993년 7월 중순경 인천 소재 불상지에서 별지 제1 목록 기재의 부동산에 관하여 공소외 2로부터 피고인과 공소외 3이 공동으로 대금 11억 5,000만 원에 매수한다는 취지의 1987. 2. 4.자 계약서를 작성하고, 매도인 공소외 2의 이름 옆에 임의로 조각한 공소외 2의 도장을 찍어 공소외 2 명의의 약정서 1장을 위조하고,

나. 같은 무렵 같은 장소에서 전항 기재 매매계약의 계약금조로 4,000만 원을 수령하였다는 취지로 영수증을 작성한 후 공소외 2의 이름 옆에 임의로 조각한 도장을 찍어 영수증 1장을 위조한 것을 비롯하여 같은 방법으로 별지 범죄일람표 기재와 같이 공소외 2 명의의 영수증 11장을 각 위조하고,

다. 1993년 8월경 인천 소재 인천지방법원에서 가, 나항과 같이 위조된 계약서 및 각 영수증을 그 정을 모르는 성명불상의 법원직원에게 위와 같이 소유권이전등기청구소송을 제기하면서 소장에 첨부하여 제출함으로써 이를 각 행사하였다.

【증거의 요지】

판시 각 사실은,

1. 원판결 법원의 공판조서 중 이에 부합하는 피고인의 진술기재

1. 검사 작성의 피고인에 대한 각 피의자신문조서 중 이에 부합하는 각 진술기재

1. 검사 작성의 피고인, 피해자 6, 김용정에 대한 각 진술조서 중 이에 부합하는 각 진술기재

1. 검찰주사보 부용철 작성의 수사보고 중 이에 부합하는 기재

1. 호적등본, 등기부등본 사본, 제주지방법원 93가합3024호 판결문 사본, 제소전화해조서경정결정, 제소전화해조서, 송달증명원, 약정서, 각 영수증, 각 소송위임장, 각 인감증명서, 각 거주증명서, 각 위임장, 출입국사실조회서, 약식명령등본, 부동산매매계약서 중 이에 부합하는 각 기재

등을 종합하면 이를 인정할 수 있으므로, 모두 그 증명이 있다.

【법령의 적용】

1. 범죄사실에 대한 해당법조

형법 제231조(판시 각 사문서위조의 점), 형법 제234조, 제231조(판시 각 위조사문서행사의 점)

1. 상상적 경합

형법 제40조, 제50조(판시 각 위조사문서행사죄에 대하여 범정이 가장 무거운 판시 위조약정서를 행사한 죄에 정한 형으로 처벌)

1. 형의 종류의 선택

각 징역형 선택(판시 사문서위조죄 및 위조약정서행사죄에 대하여)

1. 경합범가중

형법 제37조 전단, 제38조 제1항 제2호, 제50조(죄질이 가장 무거운 판시 위조약정서행사죄에 정한 형에 가중)

1. 판결선고 전의 구금일수 산입

형법 제57조

1. 집행유예

형법 제62조 제1항(피고인이 그 잘못을 뉘우치고 있으며, 피해자들에게 상속재산이 이미 환원되었거나, 환원될 수 있는 조치가 확보되어 있는 점 등 정상 참작)

[형 면제 부분]

이 사건 공소사실 중 피해자 1, 2, 3, 4, 5, 7에 대한 별지 제1 목록 기재의 각 부동산에 대한 특경법위반(사기) 및 별지 제2 목록 기재의 각 부동산에 대한 사기미수의 점에 대하여 살피건대, 앞서 본 바와 같이 피고인과 같은 피해자들이 형법 제328조 제1항에 정하는 호주 및 가족 간의 관계가 있으므로, 형법 제354조, 제328조 제1항의 규정에 의하여 이 부분 공소사실의 점에 대한 형을 면제한다.

[공소기각 부분]

이 사건 공소사실 중 피해자 6에 대한 별지 제1 목록 기재의 각 부동산에 대한 특경법위반(사기) 및 별지 제2 목록 기재의 각 부동산에 대한 사기미수의 점에 대하여 살피건대, 앞서 본 바와 같이 피고인과 피해자 6은 형법 제328조 제2항에 정하는 친족 간이므로 고소가 있어야 공소를 제기할 수 있는바, 피해자 6이 피고인을 고소하였음을 인정할 자료가 없어 이 부분 공소는 형사소송법 제327조 제2호에 정한 공소제기의 절차가 법률의 규정에 위반하여 무효인 때에 해당하므로, 이 부분 공소를 기각한다.

4. 이리하여 관여 법관의 일치된 의견으로 주문과 같이 판결한다.

대법관 이규홍(재판장) 송진훈(주심) 윤재식 손지열

나. 범인은닉죄 등에서의 친족간 특례

제151조 (범인은닉과 친족간의 특례)

① 벌금 이상의 형에 해당하는 죄를 범한 자를 은닉 또는 도피하게 한 자는 3년 이하의 징역 또는 500만원 이하의 벌금에 처한다. 〈개정 1995. 12. 29〉

② 친족 또는 동거의 가족이 본인을 위하여 전항의 죄를 범한 때에는 처벌하지 아니한다. 〈개정 2005. 3. 31〉

제155조 (증거인멸등과 친족간의 특례)

① 타인의 형사사건 또는 징계사건에 관한 증거를 인멸, 은닉, 위조 또는 변조하거나 위조 또는 변조한 증거를 사용한 자는 5년 이하의 징역 또는 700만원 이하의 벌금에 처한다. 〈개정 1995. 12. 29〉

② 타인의 형사사건 또는 징계사건에 관한 증인을 은닉 또는 도피하게 한 자도 제1항의 형과 같다. 〈개정 1995. 12. 29〉

③ 피고인, 피의자 또는 징계혐의자를 모해할 목적으로 전2항의 죄를 범한 자는 10년 이하의 징역에 처한다.

④ 친족 또는 동거의 가족이 본인을 위하여 본조의 죄를 범한 때에는 처벌하지 아니한다. 〈개정 2005. 3. 31〉

2. 법적 성질

① 친족상도례의 성질

1 범죄불성립설(∵ 위법성 무 or 기대가능성 무)
2 인적 처벌조각사유, 소추요건설(통설)

- 범인은닉죄, 증거인멸죄의 특례: 책임조각사유
- 장물죄에서 본범과 장물범: 형벌감면적 면책사유(김일수) ☞ 면제의 경우 주문은 형면제

② 처단

- 328조 1항 친족: 형의 면제(형소 322) (「피고인에 대하여 형을 면제한다.」「피고인에 대한 형을 면제한다.」「이 사건 공소사실 중 절도의 점에 대한 형을 면제한다.」)
  (☞ 형소 328조 1항 4호 준용하여 공소기각 결정해야 한다는 견해(이재상)도 있음)
- 328조 2항 친족: 공소기각 판결(형소 327조 2, 5호)

③ 착오 불고려

■ 대법원 1966. 6. 28. 선고 66도104 판결

피고인의 위 물건이 피고인 본가의 소유물이라는 주장에는 피고인이 그것을 본가의 소유물로 오신하였다는 취지도 포함되어 있는 듯하나 설사 본건 범행이 그러한 오신에 의하여 이루어진 것이라고 할지라도 그 오신은 형의 면제사유에 관한 것으로서 이에 범죄의 구성요건사실에 관한 형법 제15조(사실의 착오) 제1항은 적용되지 않는 것이므로 그 오신은 본건 범죄의 성립이나 처벌에 아무런 영향도 미치지 않을 것이니 소론 중 이 범에 관한 논지도 이유 없다.

3. 친족의 범위

① 민법에 따름

■ 대법원 1980. 4. 22. 선고 80도485 판결【야간주거침입절도】(집)

원심이 유지한 1심 판결 거시의 증거에 의하면 그 판시사실이 적법히 인정되며 외할머니의 친동생이 민법 소정의 친족이라 할 수 없고 피고인이 소론과 같이 본건 피해자의 승락을 받았다고 볼 아무런 자료도 없으므로 논지는 모두 이유없다.

② 민법 규정

제767조 (친족의 정의)
배우자, 혈족 및 인척을 친족으로 한다.

제768조 (혈족의 정의)
자기의 직계존속과 직계비속을 직계혈족이라 하고 자기의 형제자매와 형제자매의 직계비속, 직계존속의 형제자매 및 그 형제자매의 직계비속을 방계혈족이라 한다. 〈개정 1990. 1. 13〉

제769조 (인척의 계원)
혈족의 배우자, 배우자의 혈족, 배우자의 혈족의 배우자를 인척으로 한다. 〈개정 1990. 1. 13〉

제777조 (친족의 범위)
친족관계로 인한 법률상 효력은 이 법 또는 다른 법률에 특별한 규정이 없는 한 다음 각호에 해당하는 자에 미친다.

1. 8촌 이내의 혈족
2. 4촌 이내의 인척
3. 배우자

[전문개정 1990. 1. 13]

제779조 (가족의 범위)

① 다음의 자는 가족으로 한다.

1. 배우자, 직계혈족 및 형제자매
2. 직계혈족의 배우자, 배우자의 직계혈족 및 배우자의 형제자매

② 제1항 제2호의 경우에는 생계를 같이 하는 경우에 한한다.

[전문개정 2005. 3. 31]

③ 외사촌 동생

■ 대법원 1991. 7. 12. 선고, 91도1077 판결【특수절도, 절도, 방실침입, 공문서변조, 공문서변조행사, 도로교통법위반】(집)

그런데 제1심이 유죄의 증거로 채택한 사법경찰관 사무취급 작성의 피해자에 대한 피해자 진술조서의 기재에 의하면, 피해자는 피고인이 그의 외사촌 동생으로서 처벌을 희망하지 않는다는 취지의 진술을 하고 있음을 알 수 있다.

만약 피고인이 피해자의 외사촌 동생이라면 형법 제344조, 제328조 제2항에 의하여 이 사건 절도죄는 피해자의 고소가 있어야 처벌할 수 있는 것이므로 원심으로서는 이 점에 대하여 심리를 하여 보았어야 할 것인바, 위와 같은 친족관계의 진술이 있음에도 불구하고 이에 대한 심리를 하여 보지도 않고 이 사건 절도죄를 유죄로 인정한 원심은 심리미진 아니면 형법 제328조의 법리를 오해한 위법을 범하였다고 하지 않을 수 없다. 이 점을 지적하는 논지는 이유있다.

④ 사실혼 ×

■ 대법원 2003. 12. 12. 선고 2003도4533 판결【증거인멸·범인도피】(공)

형법 제151조 제2항 및 제155조 제4항은 친족, 호주 또는 동거의 가족이 본인을 위하여 범인도피죄, 증거인멸죄 등을 범한 때에는 처벌하지 아니한다고 규정하고 있는바, 사실혼관계에 있는 자는 민법 소정의 친족이라 할 수 없어 위 조항에서 말하는 친족에 해당하지 않는다고 할 것이다(대법원 1980. 4. 22. 선고 80도485 판결, 2001. 6. 29. 선고 2001도2514 판결 등 참조).

⑤ 피해자의 직계존속의 4촌 ×

■ 대법원 1991. 8. 27. 선고 90도2857 판결【절도】(집)

원심판결 이유에 의하면, 원심은 피고인이 이 사건 절도 피해자의 아버지의 사촌누나의 손자인 사실을 인정한 다음 피고인은 피해자의 직계존속의 형제의 직계비속이므로 그들은 구 민법 제777조 제1호(1990. 1. 13. 법률 제4199호로 개정되기 전의 것, 이하 같다) 소정의 8촌 이내의 부계혈족의 친족 관계에 있다고 판시하고 형법 제344조, 제328조 제2항에 따라 피해자의 고소가 없다는 이유로 이 사건 공소를 기각하였다.

그러나 구 민법 제768조에 의하면 혈족은 자기의 직계존속과 비속, 자기의 형제자매와 형제의 직계비속, 자기의 직계존속의 형제자매 및 그 형제의 직계비속이라고 규정되어 있고, 이에 따르면 원심이 인정한 바와 같이 피고인이 피해자의 아버지의 사촌누나의 손자인 경우 피고인은 피해자와

구 민법 제777조 제1호 소정의 8촌 이내의 부계혈족의 친족관계에 있다고 할 수 없다.

그런데도 원심이 이와 다른 견해에서 피해자와 피고인이 8촌 이내의 부계혈족의 관계에 있다고 단정한 것은 혈족 내지 친족의 범위에 관한 법리를 오해하여 판결에 영향을 미쳤다 할 것이다. 주장은 이유있다.

4. 친족관계의 존재범위

가. 인적 범위

① 절도죄: 소유자 & 점유자

견해

1 소유자관계설, 2 점유자관계설, 3 소유자 · 점유자관계설(다수설, 판례)

■ 대법원 1980. 11. 11. 선고 80도131 판결【절도】(공)

원심은 피고인이 1978. 8. 8. 19:00경 서울 종로구 종로 4가 49소재 공소 외 1이 경영하는 금은세공공장에서 공소외 1이 공소외 A로부터 가공의뢰를 받아 보관중이던 위 A 소유의 다이아몬드 6개 도합 시가 금 138만원 상당을 절취한 사실을 인정한 다음, 공소외 1은 피고인의 생질(피고인의 누이인 공소외 2의 아들)로서 피고인과 공소외 1은 형법 제344조에 의하여 준용되는 같은 법 제328조 제2항 소정의 친족관계가 있는 것이고, 위 친족간의 범행에 관한 규정은 피해물건의 소유자와 범인과의 관계에 관하여 규정한 것이 아니라 절도죄의 직접의 피해자인 피해물건의 점유자와 범인과의 관계에 관하여 규정한 것이므로 결국 본건 절도죄는 친족간의 범행에 관한 규정의 적용이 있는 것으로 보아야 할 것인데 피해자인 공소외 1이 피고인을 고소한 바 없으니 본건 공소는 형법 제344조 및 제328조 제2항에서 요구하는 고소없이 제기된 공소에 해당된다는 이유로 본건 공소를 기각한 제1심판결을 유지하였다.

그러나 절도죄는 재물의 점유를 침탈함으로 인하여 성립하는 범죄이므로 재물의 점유자가 절도죄의 피해자가 되는 것이나 절도죄는 점유자의 점유를 침탈함으로 인하여 그 재물의 소유자를 해하게 되는 것이므로 재물의 소유자도 절도죄의 피해자로 보아야 할 것이다.

그러나 형법 제344조에 의하여 준용되는 형법 제328조 제2항 소정의 친족간의 범행에 관한 조문은 범인과 피해물건의 소유자 및 점유자 쌍방간에 같은 조문 소정의 친족관계가 있는 경우에만 적용되는 것이고, 단지 절도범인과 피해물건의 소유자간에만 친족관계가 있거나 절도범인과 피해물건의 점유자간에만 친족관계가 있는 경우에는 그 적용이 없는 것이라고 보는 것이 타당할 것이다.

그런데 이 사건에 있어서 피고인이 본건 피해물건의 점유자(소지자)인 공소외 1에 대한 관계에서만 위 법조 소정의 친족관계가 있을 뿐이고 본건 피해물건의 소유자인 공소외 A와의 사이에 위 법조 소정의 친족관계가 없는 것이라면 피고인에 대하여 형법 제344조에 의하여 준용되는 형법 제328조 제2항은 적용될 수 없는 것이라고 할 것이니 원심이 피고인에 대하여 위 친족간의 범행에 관한 규정을 적용하여 공소를 기각한 제1심판결을 유지한 것은 절도죄의 보호법익 및 친족간의 범행에 관한 법리를 오해하여 판결결과에 영향을 미친 위법을 범하였다고 아니할 수 없다.

부부의 특유재산

■ 대법원 1985. 3. 26. 선고 84도365 판결【절도교사】(공)

피고인이 그 아들인 공소외 2로 하여금 절취하도록 교사한 피해품인 이건 민화가 피고인의 오빠인 공소외 1이 매수한 동인의 특유재산이라면 이에 대한 점유, 관리권은 동인에게 있다 할 것이고 범행당시 동인이 집에 없었다 하더라도 그것이 동인소유의 집 벽에 걸려있었던 이상 동인의 지배력이 미치는 범위 안에 있는 것이라 할 것이므로 동인의 소지에 속한다 할 것인즉 이 사건 절도교사는 피고인과 친족관계에 있는 피해자 공소외 1의 고소가 있어야 논할 수 있다 할 것인바 원심이 피고인에 대한 공소외 1의 고소가 없다는 이유로 공소를 기각한 조치는 옳게 수긍이 되고 위 민화가 공소외 1 부부의 공유재산이고 따라서 위 양인의 공동점유하에 있다는 전제아래 원판결에 부부재산관계(점유)의 법리를 오해한 위법이 있다는 논지는 이유없다.

② 횡령죄: 소유자 & 위탁자

■ 대법원 2008. 7. 24. 선고 2008도3438 판결【횡령】(공)

횡령죄는 다른 사람의 재물에 관한 소유권 등 본권을 그 보호법익으로 하고, 위탁이라는 신임관계에 반하여 타인의 재물을 보관하는 자가 이를 횡령하거나 또는 반환을 거부함으로써 성립하는 것이므로, 범인이 위탁자가 소유자를 위해 보관하고 있는 물건을 위탁자로부터 보관받아 이를 횡령한 경우에 형법 제361조에 의하여 준용되는 제328조 제2항 소정의 친족간의 범행에 관한 조문은 범인과 피해물건의 소유자 및 위탁자 쌍방 사이에 같은 조문 소정의 친족관계가 있는 경우에만 적용되는 것이고, 단지 횡령범인과 피해물건의 소유자간에만 친족관계가 있거나 횡령범인과 피해물건의 위탁자간에만 친족관계가 있는 경우에는 그 적용이 없다고 보아야 한다.

그런데 원심은 "피고인이 공소외 1로부터 공소외 2에게 전달해 달라는 부탁과 함께 금 2,000,000원을 교부받은 공소외 3으로부터 공소외 2에게 전달해 주겠다며 위 금원을 받아 보관하던 중 위 금 2,000,000원을 임의 사용함으로써 이를 횡령하였다"라는 이 사건 공소사실에 대하여, 피고인이 피해자 공소외 1의 삼촌인 사실이 인정되고, 공소외 1이 피고인을 고소하였음을 인정할 아무런 자료가 없다는 이유로 피고인에 대하여 위 친족간의 범행에 관한 규정을 적용하여 공소를 기각하였는바, 피고인이 이 사건 피해금원의 소유자인 공소외 1에 대한 관계에서만 위 법조 소정의 친족관계가 있을 뿐이고 이 사건 피해금원의 위탁자인 공소외 3과 사이에는 위 법조 소정의 친족관계가 없는 것이라면 피고인에 대하여 형법 제361조에 의하여 준용되는 형법 제328조 제2항은 적용될 수 없는 것이라고 할 것임에도 이와 견해를 달리한 원심의 판단은 횡령죄의 보호법익 및 친족간의 범행에 관한 법리를 오해하여 판결 결과에 영향을 미친 위법을 범하였다고 하지 않을 수 없다. 이 점에 관한 상고이유의 주장은 이유 있다.

③ 사기죄: 재산권자 ○, 피기망자 ×

■ 대법원 1976. 4. 13. 선고 75도781 판결【위계에의한공무집행방해 · 사기】(집)

(2) 검사의 피고인 1에 대한 상고이유를 본다. 사기죄의 보호법익은 재산권이라고 할 것이므로 사기죄에 있어서는 재산상의 권리를 가지는 자가 아니면 피해자가 될 수 없는 것이다. 그러므로 법원을 기망하여 제3자로부터 재물을 편취한 경우에 피기망자인 법원은 피해자가 될 수 없고 재물을

편취당한 제3자가 피해자라고 할 것이므로 피해자인 제3자와 사기죄를 범한 자가 직계혈족의 관계에 있을 때에는 그 범인에 대하여는 사기죄에 준용되는 형법 제328조 제1항에 의하여 그 형을 면제하여야 할 것이다. 원심이 위와 같은 취지에서 피고인 1에 대한 공소사실중 사기의 점에 관하여 형면제의 선고를 한 제1심판결을 유지한 조처는 정당하고 그 조처에 소론 법리오해의 위법있다고 할 수 없다. 논지는 이유없다.

④ 공갈죄: 피공갈자 & 재산권자(김일수, 백형구, 유기천, 진계호)

⑤ 당해 범죄의 피해자

■ 대법원 2007. 3. 15. 선고 2006도2704 판결【컴퓨터등사용사기】(집)

1. 컴퓨터 등 정보처리장치를 통하여 이루어지는 금융기관 사이의 전자식 자금이체거래는 금융기관 사이의 환거래관계를 매개로 하여 금융기관 사이나 금융기관을 이용하는 고객 사이에서 현실적인 자금의 수수 없이 지급·수령을 실현하는 거래방식인바, 피고인이 권한 없이 컴퓨터 등 정보처리장치를 이용하여 예금계좌 명의인이 거래하는 금융기관의 계좌 예금 잔고 중 일부를 피고인이 거래하는 다른 금융기관에 개설된 그 명의 계좌로 이체한 경우, 예금계좌 명의인의 거래 금융기관에 대한 예금반환 채권은 이러한 행위로 인하여 영향을 받을 이유가 없는 것이므로, 거래 금융기관으로서는 예금계좌 명의인에 대한 예금반환 채무를 여전히 부담하면서도 환거래관계상 다른 금융기관에 대하여 자금이체로 인한 이체자금 상당액 결제채무를 추가 부담하게 됨으로써 이체된 예금 상당액의 채무를 이중으로 지급해야 할 위험에 처하게 된다.

따라서 친척 소유 예금통장을 절취한 피고인이 그 친척 거래 금융기관에 설치된 현금자동지급기에 예금통장을 넣고 조작하는 방법으로 친척 명의 계좌의 예금 잔고를 피고인이 거래하는 다른 금융기관에 개설된 피고인 명의 계좌로 이체한 경우, 그 범행으로 인한 피해자는 이체된 예금 상당액의 채무를 이중으로 지급해야 할 위험에 처하게 되는 그 친척 거래 금융기관이라 할 것이고, 거래약관의 면책 조항이나 채권의 준점유자에 대한 법리 적용 등에 의하여 위와 같은 범행으로 인한 피해가 최종적으로는 예금 명의인인 친척에게 전가될 수 있다고 하여, 자금이체 거래의 직접적인 당사자이자 이중지급 위험의 원칙적인 부담자인 거래 금융기관을 위와 같은 컴퓨터 등 사용사기 범행의 피해자에 해당하지 않는다고 볼 수는 없다. 따라서 위와 같은 경우에는 친족 사이의 범행을 전제로 하는 친족상도례를 적용할 수 없는 것이다.

검사가, 피고인이 절취한 친할아버지 공소외인 소유 고흥 농업협동조합 예금통장을 현금자동지급기에 넣고 조작하는 방법으로 공소외인 명의 위 농업협동조합 계좌의 예금 잔고 중 57만 원을 피고인 명의 국민은행 계좌로 이체한 이 사건 컴퓨터 등 사용사기 범행 부분의 피해자를 고흥 농업협동조합이라고 특정하여 공소 제기한 이 사건에서, 원심이 위 범행의 피해자는 피고인의 친할아버지 공소외인이라는 이유를 들어, 공소사실을 유죄로 인정한 제1심을 파기하고 친족상도례를 적용하여 피고인에게 형 면제를 선고한 조치는, 컴퓨터 등 사용사기죄에 있어서의 피해자 및 친족상도례의 적용범위에 관한 법리를 오해한 위법이 있고 이는 판결에 영향을 미친 것이 분명하므로 그대로 유지될 수 없다.

나. 시적 범위

○ 친족관계의 존재시기

■ 대법원 1997. 1. 24. 선고 96도1731 판결【절도】(집)

형법 제344조, 제328조 제1항 소정의 친족간의 범행에 관한 규정이 적용되기 위한 친족관계는 원칙적으로 범행 당시에 존재하여야 하는 것이지만, 부가 혼인 외의 출생자를 인지하는 경우에 있어서는 민법 제860조에 의하여 그 자의 출생시에 소급하여 인지의 효력이 생기는 것이며, 이와 같은 인지의 소급효는 친족상도례에 관한 위 규정의 적용에도 미친다고 보아야 할 것이므로, 인지가 범행 후에 이루어진 경우라고 하더라도 그 소급효에 따라 형성되는 친족관계를 기초로 하여 위 친족상도례의 규정이 적용되어야 한다고 할 것이다.

이와 같은 취지에서 범행 후 피고인이 재판상 인지의 확정판결을 받음으로써 피해자와의 사이에 형법 제328조 제1항의 친족관계가 소급하여 발생하였다고 하여 피고인에 대한 형을 면제한 제1심 판결을 유지한 원심의 조치는 정당하고, 거기에 소론과 같은 법리오해의 위법이 있다고 할 수 없으므로, 논지도 이유 없다.

5. 공범관계

○ D & E ↠ E의 父 재물 절도

- D 절도, E 형 면제

○ D → E 교사 · 방조 ↠ E의 父 재물 절도

- D 절도 교사·방조, E 형 면제

○ D → E 교사 · 방조 ↠ D의 父 재물 절도

- D 형 면제, E 절도

제2절 절도의 죄

Ⅰ. 총 설

① 보호법익
- 학설
- 판례

② 구성요건 체계
- 형법
- 특정범죄 가중처벌 등에 관한 법률

Ⅱ. 절도죄

1. 객 체

○ 타인이 점유하는 타인의 재물

가. 타인성

① 포기된 물건 ×
② 어업권과 점유권
③ 토지정착물 ○
④ 공유물 ○

나. 재물성

○ 형법
○ 민법

(1) 재물의 개념

① 유체성과 관리가능성
② 관리할 수 있는 동력의 예
③ 권리 ×
④ 정보 ×
⑤ 무형적 이익 ×

(2) 재물의 가치성

① 주관적, 소극적 가치도 OK
- 계약서 사본
- 주주명부 사본
- 회수하여 찢은 약속어음
- 자동차출고의뢰서 용지
- 심문기일소환장
- 예금통장

② 주관적 가치도 없는 경우

(3) 관련문제

(가) 부동산

① 절도
② 강도
③ 사기, 공갈, 횡령은 긍정에 이론 없음

(나) 금제품(禁制品)

① 의미
② 절도죄의 객체인 재물인가?

2. 행 위

① 절취: 타인 점유의 재물을 점유자의 의사에 반하여 점유를 배제하고 자기 또는 제3자의 점유로 옮기는 것
② 사취와 구별
- 기망자에의 처분권 이전 없음
- 점유이전행위 미료

③ 착수시기
④ 기수시기

3. 주관적 요건

가. 내 용

○ 고의, 불법영득의사

나. 불법영득의사

(1) 개 념

○ 불법영득의사(위법영득의사)

(2) 성 격

(3) 요 부

(4) 내 용

① 학설
② 판례
- 권리자 배제, 자기 소유물과 같이 이용·처분할 의사
- 경제적 용법에 따라 이용·처분할 의사
- 손괴의도 취득: 영득의사 없음

(가) 소극적 요소

○ 권리자를 배제(소유자를 계속적·종국적으로 배제)
○ 사용절도와 구별
- 개념
- 취급
- 사용절도가 절도죄가 아닌 요건
- 영득의사가 인정되는 경우
- 영득의사가 부정된 경우
- 자동차(선박, 항공기, 원동기장치자전거)불법사용죄(제331조의2)

(나) 적극적 요소

○ 재물 또는 재물의 가치를 소유권자와 유사한 지배를 행사하여 이용·처분
○ 손괴와 구별
- 손괴의도 취득: 영득의사 ×

(5) 불법영득의사의 대상

① 학설
② 판례
③ 영득의 대상이 되는 가치
- 개념: 재물의 일반적인 사용가치가 아니라 재물의 종류와 기능에 결부된 특수한 기능가치
- 절취한 주민등록증 사용 후 곧 반환
- 예금통장 ○
- 직불카드, 현금카드, 신용카드 ×
- 군대내 총기 ×

(6) 불법영득의사의 '불법'

① 견해
② 예
- 반환청구권이 있는 물건
- 약정에 기한 인도청구권
- 금전채권의 추심목적

(7) 제3자를 위한 영득의사

4. 죄 수

① 침해된 점유의 개수에 따라 결정(1개 점유면 수인의 소유라도 1죄)
② 동일점유자: 단일 또는 계속적 범의아래 동일 피해자에 대해 일정기간내에 동종의 행위를 반복하는 경우 일죄

5. 불가벌적 사후행위

① 상태범과 불가벌적 사후행위
② 긍정례
③ 부정례

Ⅲ. 야간주거침입절도죄

① 야간의 의미
② 야간의 적용범위
- 주거침입이 야간 ○
- 주간침입 야간절도 ×

Ⅳ. 특수절도죄

1. 구성요건

가. 손괴특수절도(손괴후 야간주거침입절도)

① '문호 또는 장벽 기타 건조물의 일부', '손괴'의 개념
② 실행의 착수

나. 흉기휴대절도

다. 합동절도

○ 성립요건
○ 실행의 착수

2. 죄 수

① 331조 1항의 특수절도에 주거침입죄와 손괴죄 흡수
② 주간에 손괴후 주거침입하여 331조 2항 절도한 경우
③ 야간에 손괴후 주거침입하여 331조 2항 절도한 경우

Ⅴ. 상습절도죄

○ 형법
○ 특정범죄 가중처벌 등에 관한 법률
○ 주거침입과 상습절도

I. 총 설

① 보호법익

학설

1. 소유권설
2. 점유설
3. 절충설: 주된 보호법익은 소유권이나 부차적으로 점유권

판례

■ 대법원 1980. 11. 11. 선고 80도131 판결【절도】

절도죄는 재물의 점유를 침탈함으로 인하여 성립하는 범죄이므로 재물의 점유자가 절도죄의 피해자가 되는 것이나 절도죄는 점유자의 점유를 침탈함으로 인하여 그 재물의 소유자를 해하게 되는 것이므로 재물의 소유자도 절도죄의 피해자로 보아야 할 것이다.

그러니 형법 제344조에 의하여 준용되는 형법 제328조 제2항 소정의 친족간의 범행에 관한 조문은 범인과 피해물건의 소유자 및 점유자 쌍방간에 같은 조문 소정의 친족관계가 있는 경우에만 적용되는 것이고, 단지 절도범인과 피해물건의 소유자간에만 친족관계가 있거나 절도범인과 피해물건의 점유자간에만 친족관계가 있는 경우에는 그 적용이 없는 것이라고 보는 것이 타당할 것이다.

그런데 이 사건에 있어서 피고인이 본건 피해물건의 점유자(소지자)인 공소외 1에 대한 관계에서만 위 법조 소정의 친족관계가 있을 뿐이고 본건 피해물건의 소유자인 공소외 A와의 사이에 위 법조 소정의 친족관계가 없는 것이라면 피고인에 대하여 형법 제344조에 의하여 준용되는 형법 제328조 제2항은 적용될 수 없는 것이라고 할 것이니 원심이 피고인에 대하여 위 친족간의 범행에 관한 규정을 적용하여 공소를 기각한 제1심판결을 유지한 것은 절도죄의 보호법익 및 친족간의 범행에 관한 법리를 오해하여 판결결과에 영향을 미친 위법을 범하였다고 아니할 수 없다.

② 구성요건 체계

형법

구분	죄명	조문	법정형	비고
기본적 구성요건	절도	329	6↓, 1000만↓	
독립된 구성요건	(자동차, 선박…)불법사용	331-2	3↓, 500만↓, 구, 과	
불법가중	야간(주거, 저택…)침입절도	330	10↓	
	특수절도	331	1-10	
책임가중	상습(위 각 죄명)	332	1/2 가중	특가 5-4①로 대체(단 331-2)
미수		342		332미수는 특가 5-4①로 대체
자격정지 병과		345	10↓ 임의적 병과	
친족상도례, 동력		344, 346		

특정범죄 가중처벌 등에 관한 법률

항	관련 형법본조	구성요건 내용	법정형
1	329-331	상습절도	3↑
2	329-331	5인 이상 공동 절도	5↑

3	333, 334, 336, 340①, 미수	상습강도	사, 무, 10↑
4	363	상습장물	무, 3↑
5	329-331, 333-336, 340, 362, 미수	3번 이상 징역형 받은 누범	위 1-4
6	1, 2항과 같음	1, 2항으로 2번 이상 실형 후 3년 내 1, 2항	단기 2배 가중

- 절도의 경우 죄명 : 특정범죄가중처벌등에관한법률위반(절도)
- 강도의 경우 죄명 : 특정범죄가중처벌등에관한법률위반(강도)
- 장물의 경우 죄명 : 특정범죄가중처벌등에관한법률위반(장물)

■ 대법원 2002. 10. 22. 선고 2002감도39 판결【보호감호】(공)

특정범죄가중처벌등에관한법률 제5조의4 제5항은, 형법 제329조 내지 제331조와 제333조 내지 제336조·제340조·제362조의 죄 또는 그 미수죄로 3회 이상 징역형을 받은 자로서 다시 이들 죄를 범하여 누범으로 처벌할 경우도 제1항 내지 제4항과 같다고 규정하고 있고, 한편 형의실효등에관한법률에 의하여 형이 실효된 경우에는 형의 선고에 의한 법적 효과가 장래에 향하여 소멸되므로 형이 실효된 후에는 그 전과를 특정범죄가중처벌등에관한법률 제5조의4 제5항 소정의 징역형의 선고를 받은 경우로 볼 수는 없다 할 것이다.

II. 절도죄

1. 객 체

○ **타인이 점유하는 타인의 재물**

가. 타인성

① **포기된 물건 ×**

■ 대법원 1994. 10. 11. 선고 94도1481 판결【위증, 절도, 건조물침입, 협박】(공)

원심은, 위 피고인이 1989.8. 중순경 충남 태안반도 서쪽 약 8킬로미터 해상에 위치한 내파수도에 있는 공소외 A의 창고 안에 들어가 그 소유의 자가발전용 발전기 1대, 경운기 엔진 1대 합계 금 1,000,000원 상당을 가지고 가 이를 절취하였다는 공소사실에 대하여, 거시증거들을 종합하여 다음과 같은 사실, 즉 광산업자인 공소외 망 B는 1980. 12. 8. 위 섬의 일정부분에 대하여 광종을 규석으로 한 광업권을 이전등록받고, 1982. 봄부터 숙박시설, 창고 등을 건립함과 동시에 위 물건들(경운기 엔진과 발전기)을 구입하여 자가발전시설을 갖추는 등 위 섬을 규석광산 및 관광지로 개발하려 하였으나, 피고인 1을 비롯한 섬주민들과 한국자연보호협회 등의 반대에 봉착하게 되면서 그 내용이 신문지상에 보도되게 되었고, 결국 1982. 6. 18. 동력자원부장관으로부터 위 광업권허가가 착오에 의한 것이었다는 이유로 허가취소처분을 받게 되자, 그 무렵 위 물건들을 스레이트와 베니어판으로 지은 창고 안에 그대로 놓아둔 채 섬에서 자진 철수한 뒤 다시는 위 섬에 나타나지 않다가 1988. 7. 6. 사망하였고, 위 섬은 1987. 8. 3. 충청남도지사에 의하여 충남문화재 제64호로 지정되기까지 하였는데, 그 후 위 섬의 땅값이 등귀하게 되자 위 B의 상속인들은 위 B가 1982.경 위 섬을 매수하였음을 이유로 하여 위 피고인 등 섬주민들을 상대로 소유권을 취득하기 위한 소송을 제기하기 위하여 위 B가 섬을 떠난 후 10년만인 1992. 8. 4.에야 처음으로 다시 위 섬에 찾아 왔으며, 그동안에 위 B나 그의 상속인들이 관리인을 두는 등의 방법으로 위 물건들을 관리하지는 않은 사실, 위 피고인은 위 B가 위 섬에서 철수한 지 7년이 경과한 후인 1989. 8.중순경 노후된 위 물건들을 위 피고인의 집 가까운 곳에 옮겨 놓은 사실 등을 인정한 후, 위와 같은 발전기와 엔진의 반입경위, 위 B가 섬을 떠나게 된 경위, 위 물건들을 옮긴 시점과 그간의 관리상황 등에 비추어 볼 때 위 피고인이 위 물건들을 옮겨 갈 당시 위 B의 상속인인 그의 처 A가 위 물건들을 사실상 점유하고 있었다고는 보기 어렵다고 판단하여, 피고인에 대한 위 공소사실은 범죄의 증명이 없다고 보아 무죄를 선고하였다.

사실관계가 원심이 적법하게 확정한 바와 같다면, 위 B는 육지로부터 멀리 떨어진 위 섬에서 광산을 개발하기 위하여 위 물건들을 위 섬으로 반입하였다가 광업권설정이 취소됨으로써 광산개발이 불가능하게 되자 육지로 위 물건들을 반출하는 것을 포기하고 위 물건들을 위 섬에 그대로 유기하여 둔 채 위 섬을 떠난 것이라고 볼 것이어서, 이와 같은 경우에도 위 B나 그의 상속인들이 위 물건들을 점유할 의사로 사실상 지배하고 있었다고는 볼 수 없을 것이므로, 위 물건을 절도죄의 객체인 타인이 점유하는 물건으로 볼 수 없다고 한 원심의 판단은 정당하고, 원심판결에 소론과 같이 절도죄의 구성요건 중의 하나인 점유에 관한 법리를 오해한 위법이 있다고 볼 수 없다.

② 어업권과 점유권

■ 대법원 1983. 2. 8. 선고 82도696 판결【특수절도, 절도, 폭력행위등처벌에관한법률위반】(집)

원심판결 및 그 유지하는 제1심 판결이유에 의하면, 원심은 피고인 등이 공소외 A가 수산업법에 의한 굴 양식면허를 받은 구역내에서 그곳에 서식하고 있던 반지락을 채취한 사실을 인정하고 굴 양식어업등, 어업면허를 받은 구역에는 그 면허를 받은 자의 승낙없이는 함부로 들어갈 수 없고 면허권자는 면허를 받아 양식한 양식물 뿐 아니라 그 곳에 있는 그외의 자연서식의 반지락 등도 동인이 사실상 관리 지배함으로써 그 소유권을 원시취득한것이라 하여 절도죄의 객체로 인정하고 유죄를 선고 하였다.

그러나 수산업법에 의한 소위 양식어업권은 행정관청의 면허를 받아 해상의 일정구역내에서 그 소유의 수산동·식물을 양식할 수 있는 권리를 가리키는 것으로서 그 면허를 받았다는 사실만으로서 곧 당해구역내에 자연적으로 번식하는 수산동·식물에 관하여 당연히 소유권이나 점유권을 취득한다고 할 수는 없고 따라서 피고인들이 위 구역내에서 자연서식의 반지락을 채취하였다 하더라도 수산업법 위반이 됨은 별론으로 하고 절도죄를 구성한다고는 할 수는 없을 것이다. 그런데도 원심은 별다른 사정에 관한 설시도 없이 이 사건 반지락을 위 A가 원시취득하였다고 인정하고 피고인들의 채취행위를 절도죄로 의율하였음은 절도죄의 객체에 관한 법리를 오해하여 판결에 영향을 미친 위법을 범하였다 할 것인즉 이 점을 지적하는 논지는 이유있다.

■ 대법원 2007. 2. 22. 선고 2006다75788 판결【손해배상(기)】(미)

원심은 그 채용 증거들을 종합하여, 원고는 2002. 11. 13. 소외인 등으로부터 충남 태안군 근흥면 정죽리 앞 바다 중 그 판시와 같은 구역에 대한 이 사건 양식어업면허(이하 '이 사건 어업권'이라고 한다)를 양수받은 사실, 그런데 1999년 5월경 이루어진 경계측량의 잘못으로 인하여 그 판시와 같은 물골(수계골)의 북쪽 수면은 이 사건 어업권의 구역이 아님에도 그 부분까지 양식을 위한 바지락 종패가 살포된 사실, 마금리 주민들로 구성된 피고 어촌계가 2004. 11. 17. 및 2004. 12. 1. 두 차례에 걸쳐 위 수계골을 경계로 한 북쪽 개펄에서 바지락을 채취한 사실, 이 사건 어업권이 설정된 바다는 간조(썰물)시에는 개펄이 되어 20여 년간 위 수계골을 경계로 하여 그 북쪽에서는 마금리 주민들이, 남쪽에서는 정죽리 주민들이 패류를 채취하는 관행이 있었던 사실 등을 적법하게 확정하였다.

위와 같은 사실관계에 비추어 볼 때, 원고가, 피고 어촌계가 바지락을 채취한 구역도 이 사건 어업권의 범위 내인 것으로 생각하고 그곳에 원고 소유의 바지락 종패를 살포하였다고 하더라도, ① 우선 위 구역에는 원고가 바지락 종패를 살포하기 전에도 이미 자연산 바지락이 생존하고 있었을 것인데, 원고가 그에 대한 소유권이나 점유권을 당연히 취득한다고 할 수는 없는 점(대법원 1983. 2. 8. 선고 82도696 판결 참조), ② 또한 원고가 살포한 바지락 종패는 이미 자연산 바지락과 함께 해저에 산재되어 있고 위 구역 내외에 유출·유입할 것으로 예상되어 그 구체적 위치를 특정할 수 없으므로, 그 바지락 종패 개개의 식별은 물론 그 수량조차 확정할 수 없는 점, ③ 더욱이 자연산 바지락과 원고가 살포한 바지락 종패와의 교배에 의하여 번식된 것도 있을 것으로 추정되는 점 등의 사정을 종합하여 보면, 원고가 양식을 위하여 살포한 바지락 종패에 관하여 배타적 지배권을 계속하여 갖고 있다고 보기 어려울 뿐만 아니라, 피고 어촌계가 채취한 바지락이 원고가 살포한 바지락 종패와 동일한 것이라고 단정하기도 어렵다.

원심이 같은 취지에서 피고 어촌계가 채취한 바지락이 원고의 소유임을 전제로 한 이 사건 손해배상청구를 받아들이지 아니한 것은 그 결론에 있어서 정당하다. 원심판결에는 상고이유로 주장하는 바와 같은 채증법칙 위배 내지 심리미진의 위법이 없다.

원심의 위와 같은 판단이 정당한 이상, 원고가 이 사건 어장에 살포한 바지락 종패의 총량이 원심이 인정한 27톤보다 많은 것인지 여부는 판결 결과에 영향을 미칠 수 없으므로, 이에 관한 상고이유의 주장은 더 나아가 살펴 볼 필요 없이 이유 없다.

한편, 어업권이 미치는 정당한 어장 내에서 무단으로 바지락을 채취하여 가는 제3자에 대하여는 어업권의 침해를 이유로 한 손해배상청구 등이 가능할 것이므로, 이 사건과 같은 경우에 개개의 바지락에 대한 배타적 지배권을 인정하지 않더라도 어업권자의 정당한 권리를 보호하지 못하게 되는 것으로 볼 수 없다.

③ 토지정착물 ○

■ 대법원 1998. 4. 24. 선고 97도3425 판결【절도】(공)

타인의 토지상에 권원 없이 식재한 수목의 소유권은 토지소유자에게 귀속하고 권원에 의하여 식재한 경우에는 그 소유권이 식재한 자에게 있다고 할 것이다(대법원 1980. 9. 30. 선고 80도1874 판결 참조).

원심이 같은 취지에서, 피고인이 권원 없이 식재한 판시 감나무의 소유권은 그 감나무가 식재된 토지의 소유자인 피해자에게 있다고 판단한 조치는 옳다고 여겨지고, 거기에 상고이유의 주장과 같은 위법이 있다고 할 수 없다.…

원심이 명시한 증거들을 기록에 비추어 검토하여 본즉, 피고인에게 절도의 범의가 있다고 인정한 원심판결에 상고이유로 주장하는 위법이 있다고 할 수 없다.

④ **공유물 ○**

■ 대법원 1994. 11. 25. 선고 94도2432 판결【절도】(공)

타인과 공동소유관계에 있는 물건도 절도죄의 객체가 되는 타인의 재물에 속한다고 할 것이므로, 이 사건 절도죄의 객체가 되는 물건이 피고인과 피해자의 공유이었으므로 절도죄가 성립되지 않는다는 상고이유는 나아가 판단할 필요도 없이 그 자체로서 이유 없다.

나. 재물성

○ 형법

제346조 (동력)
본장의 죄에 있어서 관리할 수 있는 동력은 재물로 간주한다.

○ 민법

제98조 (물건의 정의)
본법에서 물건이라 함은 유체물 및 전기 기타 관리할 수 있는 자연력을 말한다.

(1) 재물의 개념

① **유체성과 관리가능성**

1. 유체성설: 346조는 예외규정
2. 관리가능성설(다수설): 346조는 주의규정, 민법상 물건 = 형법상 재물

② **관리할 수 있는 동력의 예**

압축공기, 인공냉온기, 전력

③ **권리 ×**

■ 대법원 1994. 3. 8. 선고 93도2272 판결【횡령, 사문서위조, 사문서위조행사】(집)

원심이 유죄로 인정한 횡령의 범죄사실은, 피고인이 1990. 8.경 피해자 A와의 합의하에 그로부터 그 소유의 예당저수지 124광구의 사금채취광업권을 명의신탁받아 보관하던중, 1991.5. 중순경 위 피해자로부터 위 광업권을 반환하라는 요구를 받고도 1990. 9. 15. 위 피해자로부터 위 광업권을 금 50,000,000원에 매수한 것이라고 주장하면서 그 반환요구를 거부한 것을 비롯하여 수 차례에 걸친 반환요구를 같은 이유로 거부하여 위 광업권 시가 금 200,000,000원 상당을 횡령하였다는 것이다.

직권으로 광업권이 횡령죄의 객체가 되는 것인지 살펴본다.

가. 형법 제355조 제1항 소정의 횡령죄의 객체는 자기가 보관하는 "타인의 재물"이므로 재물이 아닌 재산상의 이익은 횡령죄의 객체가 될 수 없다.

횡령죄에 있어서의 재물은 동산, 부동산의 유체물에 한정되지 아니하고 관리할 수 있는 동력도 재물로 간주되지만(형법 제361조, 제346조), 여기에서 말하는 관리란 물리적 또는 물질적 관리를 가리킨다고 볼 것이고, 재물과 재산상이익을 구별하고 횡령과 배임을 별개의 죄로 규정한 현행 형법의 규정에 비추어 볼 때 사무적으로 관리가 가능한 채권이나 그 밖의 권리 등은 재물에 포함된다고 해석할 수 없다.

④ 정보 ×

■ 대법원 2002. 7. 12. 선고 2002도745 판결【절도】(공)

우선 절도죄의 객체는 관리가능한 동력을 포함한 '재물'에 한한다 할 것이고, 또 절도죄가 성립하기 위해서는 그 재물의 소유자 기타 점유자의 점유 내지 이용가능성을 배제하고 이를 자신의 점유하에 배타적으로 이전하는 행위가 있어야만 할 것인바, 컴퓨터에 저장되어 있는 '정보' 그 자체는 유체물이라고 볼 수도 없고, 물질성을 가진 동력도 아니므로 재물이 될 수 없다 할 것이며, 또 이를 복사하거나 출력하였다 할지라도 그 정보 자체가 감소하거나 피해자의 점유 및 이용가능성을 감소시키는 것이 아니므로 그 복사나 출력 행위를 가지고 절도죄를 구성한다고 볼 수도 없다 할 것인바, 위 법리에 비추어 이 사건을 살피건대, 만약 이 사건 공소사실이 위 컴퓨터에 저장되어 있는 위 시스템의 설계 자료를 절취하였다는 것이라면, 이는 절도죄의 객체가 될 수 없는 '정보'를 절취하였다는 것이 되어 절도죄를 구성하지 아니한다 할 것이다.

나. 다음으로 이 사건 공소사실이 위 컴퓨터에 저장되어 있는 위 시스템을 종이에 출력하여 생성된 '설계도면'을 절취한 것으로 본다면, 이 사건 공소사실 자체에 의하더라도 피고인 지태선이 위 시스템의 설계도면을 빼내가기 위하여 위 컴퓨터에 내장되어 있던 위 설계도면을 A2용지에 2장을 출력하여 가지고 나왔다는 것이어서, 이와 같이 피고인 1에 의하여 출력된 위 설계도면은 피해 회사의 업무를 위하여 생성되어 피해 회사에 의하여 보관되고 있던 문서가 아니라, 피고인 1이 가지고 갈 목적으로 피해 회사의 업무와 관계없이 새로이 생성시킨 문서라 할 것이므로, 이는 피해 회사 소유의 문서라고 볼 수는 없다 할 것이어서, 이를 가지고 간 행위를 들어 피해 회사 소유의 설계도면을 절취한 것으로 볼 수는 없다 할 것이다(검사의 이 사건 공소사실은 피고인 ○태선이 위 설계도면을 가지고 가 이를 절취한 사실을 문제삼는 것이 명백하다 할 것이고, 위 설계도면을 생성시키는 데 사용된 용지 자체를 절취하였다고 기소한 것으로는 보이지 않는다).

⑤ 무형적 이익 ×

■ 대법원 1998. 6. 23. 선고 98도700 판결【절도】(집)

타인의 전화기를 무단으로 사용하여 전화통화를 하는 행위는 전기통신사업자가 그가 갖추고 있는 통신선로, 전화교환기 등 전기통신설비를 이용하고 전기의 성질을 과학적으로 응용한 기술을 사용하여 전화가입자에게 음향의 송수신이 가능하도록 하여 줌으로써 상대방과의 통신을 매개하여 주는 역무, 즉 전기통신사업자에 의하여 가능하게 된 전화기의 음향송수신기능을 부당하게 이용하는 것으로, 이러한 내용의 역무는 무형적인 이익에 불과하고 물리적 관리의 대상이 될 수 없어 재물이 아니라고 할 것이므로 절도죄의 객체가 되지 아니한다.

(2) 재물의 가치성

① 주관적, 소극적 가치도 OK

계약서 사본

■ 대법원 2007. 8. 23. 선고 2007도2595 판결【특정경제범죄가중처벌등에관한법률위반(횡령), 절도 등】(공)

절도죄의 객체인 재물은 반드시 객관적인 금전적 교환가치를 가질 필요는 없고 소유자, 점유자가 주관적인 가치를 가지고 있음으로써 족하다고 할 것이고, 이 경우 주관적, 경제적 가치의 유무를 판별함에 있어서는 그것이 타인에 의하여 이용되지 않는다고 하는 소극적 관계에 있어서 그 가치가 성립하더라도 관계없다(대법원 2004. 10. 28. 선고 2004도5183 판결 등 참조).

원심은, 이 사건 부동산매매계약서 사본들을 절도죄의 객체인 재물에 해당한다고 판단하고, 나아가 피고인이 이 사건 부동산매매계약서를 사본이나 부본의 형태로 업무상 필요에 따라 사용할 수 있다 하여도 그 때문에 피해 회사의 점유가 상실된다거나 피고인이 피해 회사와는 무관하게 독자적으로 점유를 하고 있다고는 볼 수 없으므로, 피고인이 공소외 2와 결별하고 사실상 퇴사하면서 피해 회사의 승낙 없이 위 서류들을 가지고 간 이상 절도죄가 성립된다고 판단하였는바, 위의 법리와 기록에 의하여 살펴보면, 이러한 원심의 사실인정과 판단은 옳은 것으로 수긍이 가고, 거기에 채증법칙 위배나 절도죄의 객체인 재물에 관한 법리오해 등의 위법이 있다고 할 수 없다.

주주명부 사본

■ 대법원 2004. 10. 28. 선고 2004도5183 판결【사기, 사기미수, 절도 등】(미)

절도죄의 객체인 재물은 반드시 객관적인 금전적 교환가치를 가질 필요는 없고 소유자, 점유자가 주관적인 가치를 가지고 있음으로써 족하다고 할 것이고, 이 경우 주관적, 경제적 가치의 유무를 판별함에 있어서는 그것이 타인에 의하여 이용되지 않는다고 하는 소극적 관계에 있어서 그 가치가 성립하더라도 관계없다(대법원 1996. 5. 10. 선고 95도3057 판결 참조).

원심판결 이유에 의하면, 원심은 그 채택 증거를 종합하여, 피고인이 절취한 주주명부가 기재된 용지 70장은 피해자 회사에 비치되어 있던 그 소유의 복사용지를 이용하여 전산출력된 사실, 설령 피고인이 가지고 나왔다는 위 서류들이 비록 원주주명부를 복사하여 놓은 복사본이었다 하더라도, 위 서류들은 피해자 회사의 주주명단을 기재하여 놓은 문서들로서 주주명단을 정리할 당시 위 서류들에 기재된 인적사항 등이 외부에 유출되는 것을 방지하기 위하여 피해자 회사에서는 회의실 밖에 위치해 있던 분쇄기를 이용하여 명단을 폐기해 온 사실을 인정할 수 있는바, 그렇다면 위 서류들은 피해자 회사에 있어서는 소유권의 대상으로 할 수 있는 주관적 가치뿐만 아니라 그 경제적 가치도 있다 할 것이어서, 절도죄의 객체가 되는 재물에 해당한다고 판단하였다.

회수하여 찢은 약속어음

■ 대법원 1976. 1. 27. 선고 74도3442 판결【주거침입절도, 유가증권위조, 유가증권위조행사】(집)

재산죄의 객체인 재물은 반드시 객관적인 금전적 교환가치를 가질 필요는 없고 소유자, 점유자가 주관적인 가치를 가지고 있음으로서 족하다고 볼 것이므로 그것이 제3자에 대한 관계에 있어서 객관적 가치가 경미하여 교환 가격을 갖지 않는다 하더라도 당사자간에 있어서 경제적 가치가 상당한 것이라면 재물인 성질을 잃지 않는 것이고 주관적 경제적 가치의 유무를 판별함에 있어서는 그것이 타인에 의하여 이용되지 않는다고 하는 소극적 관계에 있어서 그 가치가 성립하는 경우가 있을 수 있는 것이니만치 본건에 있어서 발행자가 회수한 약속어음을 세조각으로 찢어버림으로서 폐지로 되어 쓸모없는 것처럼 보인다 하더라도 그것이 타인에 의하여 조합되어 하나의 새로운 어음으로 이용되지 않는 것에 대하여 소극적인 경제적 가치를 가지는 것이므로 피고인이 그 소지를 침해하여 이를 가져갔다면 절도죄가 성립한다고 해석함이 상당하다 할 것이다. 논지 이유없다.

상고이유 제2점에 대하여

찢어서 폐지로 된 타인발행명의의 약속어음 파지면을 이용하여 이를 조합하여 어음의 외형을 갖춘 경우에는 새로운 약속어음을 작성한 것으로서 그 행사의 목적이 있는 이상 유가증권위조죄가 성립하는 것이므로 조합된 것임을 용이하게 식별할 수 있다 하여도 동 죄의 성립에 아무런 소장이 있을 수 없다.

논지 역시 이유없다.

같은 상고이유 제3점에 대하여,

범죄의 목적으로 타인의 주거에 침입한 경우에는 주거침입죄가 성립한다고 함은 당원의 판례로 하는 바이고(1952. 5. 20. 선고 85형상80호, 1958. 5. 23. 선고 91형상117호 및 1967. 12. 26. 선고 67도1439호 각 판결 참조) 피고인이 당초에 피해자의 승락없이 그 주거에 들어가 재물을 절취한 이상 그 정을 모르는 피해자가 피고인과 잠깐 대면하거나 합석한 일이 있다손 치더라도 전체적으로 볼 때 피고인은 피해자의 주거의 평온을 해한 것이 되므로 주거침입죄의 성립에 아무런 소장이 있다 할 수 없으며 이러한 상황하에서 피해자가 피고인의 주거침입에 대한 묵시의 승락을 한 것이라고는 볼 수 없다.

논지는 채택될 수 없다.

자동차출고의뢰서 용지

■ 대법원 1996. 5. 10. 선고 95도3057 판결【절도】(공)

재산죄의 객체인 재물은 반드시 객관적인 금전적 교환가치를 가질 필요는 없고 소유자, 점유자가 주관적인 가치를 가지고 있음으로써 족하다고 할 것이고, 이 경우 주관적, 경제적 가치의 유무를 판별함에 있어서는 그것이 타인에 의하여 이용되지 않는다고 하는 소극적 관계에 있어서 그 가치가 성립하더라도 관계없다 할 것이므로(당원 1976. 1. 27. 선고 74도3442 판결 참조), 피고인이 절취한 백지의 자동차출고의뢰서 용지도 그것이 어떠한 권리도 표창하고 있지 않다 하더라도 경제적 가치가 없다고는 할 수 없어 이는 절도죄의 객체가 되는 재물에 해당한다고 할 것이고, 또한, 형법상 절도죄의 성립에 필요한 불법영득의 의사라 함은 권리자를 배제하고 타인의 물건을 자기의 소유물과 같이 그 경제적 용법에 따라서 이를 이용하고 또는 처분할 의사를 말하는 것이라고 할 것인바(당원 1961. 6. 28. 선고 61도179 판결 참조), 위 출고의뢰서만으로 자동차를 출고할 수 있는 것이 아니라고 하더라도 경우에 따라 부정한 용도로 사용될 수 있는(기록에 의하면, 피고인이 원심 공동피고인 조광래와 공모하여 위 출고의뢰서 용지를 사용하여 공소외 현대자동차써비스회사 본사 판매부장 명의의 출고의뢰서를 위조하는 등 실제로 부정한 용도로 사용되었다) 위 출고의뢰서를 유출한 행위에 불법영득의 의사가 없다고는 볼 수 없다고 할 것이다.

심문기일소환장

■ 대법원 2000. 2. 25. 선고 99도5775 판결【절도】(공)

원심이 적법한 증거조사를 거쳐서 채택한 증거들에 의하면, 피고인이 피해자인 구월동주공아파트입주자대표회의를 사건본인으로 하여 신청한 인천지방법원 97카합952 임시회장선임신청사건에서 피해자 앞으로 송달된 심문기일소환장을 자신이 영득할 의사로 가지고 간 사실을 충분히 인정할 수 있고, 위 심문기일소환장은 재산적 가치가 있는 물건으로서 형법상 재물에 해당함이 분명하므로, 같은 취지에서 피고인에 대한 이 사건 절도 공소사실을 유죄로 인정한 원심판결은 정당하고, 거기에 논지가 주장하는 바와 같이 채증법칙에 위반하여 판결에 영향을 미친 사실을 잘못 인정하였거나 형법상 재물의 개념에 관한 법리를 오해한 위법이 있다고 볼 수 없다. 논지는 모두 이유가 없다.

예금통장

■ 대법원 2010. 5. 27. 선고 2009도9008 판결【절도】(공)

1. 원심은, 이 사건 공소사실 중 '피고인이 2007. 12. 11. 피해자 공소외 주식회사(이하 '피해자'라 한다)의 사무실에서 피해자 명의의 농협 통장(이하 '이 사건 통장'이라 한다)을 몰래 가지고 나와 예금 1,000만 원을 인출한 후 다시 이 사건 통장을 제자리에 갖다 놓는 방법으로 이를 절취하였다'는 절도의 점에 대하여, 그 판시와 같이 피고인이 피해자의 현장소장으로 근무하던 중 월급 등을 제대로 지급받지 못할 것을 염려하여 위 공소사실과 같은 행위에 이른 사실을 인정한 다음, 피고인의 그러한 행위로 인하여 이 사건 통장 자체가 가지는 경제적 가치가 그 인출된 예금액만큼 소모되었다고 할 수 없고 피고인이 위와 같이 이 사건 통장을 사용하고 곧 반환한 이상 피고인에게 이 사건 통장에 대한 불법영득의 의사는 없었다고 보아야 한다는 이유로, 이 부분 공소사실을 무죄로 판단하였다.

2. 그러나 원심의 판단은 다음과 같은 이유로 수긍할 수 없다.

타인의 재물을 점유자의 승낙 없이 무단사용하는 경우에 있어서, 그 사용으로 인하여 재물 자체가 가지는 경제적 가치가 상당한 정도로 소모되거나 또는 그 사용 후 재물을 본래의 장소가 아닌 다른 곳에 버리거나 곧 반환하지 아니하고 장시간 점유하고 있었다면 그 소유권 또는 이에 준하는 본권을 침해할 의사가 있다고 보아 불법영득의 의사를 인정할 수 있다(대법원 1987. 12. 8. 선고 87도1959 판결, 대법원 1992. 4. 24. 선고 92도118 판결 등 참조).

한편, 예금통장은 예금채권을 표창하는 유가증권이 아니고 그 자체에 예금액 상당의 경제적 가치가 화체되어 있는 것도 아니지만, 이를 소지함으로써 예금채권의 행사자격을 증명할 수 있는 자격증권으로서 예금계약사실 뿐 아니라 예금액에 대한 증명기능이 있고 이러한 증명기능은 예금통장 자체가 가지는 경제적 가치라고 보아야 하므로, 예금통장을 사용하여 예금을 인출하게 되면 그 인출된 예금액에 대하여는 예금통장 자체의 예금액 증명기능이 상실되고 이에 따라 그 상실된 기능에 상응한 경제적 가치도 소모된다고 할 수 있다. 그렇다면 타인의 예금통장을 무단사용하여 예금을 인출한 후 바로 예금통장을 반환하였다 하더라도 그 사용으로 인한 위와 같은 경제적 가치의 소모가 무시할 수 있을 정도로 경미한 경우가 아닌 이상, 예금통장 자체가 가지는 예금액 증명기능의 경제적 가치에 대한 불법영득의 의사를 인정할 수 있으므로 절도죄가 성립한다.

이러한 법리에 비추어 보면, 이 사건 통장 자체가 가지는 예금액 증명기능의 경제적 가치는 피고인이 이 사건 통장을 무단사용하여 예금 1,000만 원을 인출함으로써 상당한 정도로 소모되었다고 할 수 있으므로, 피고인이 그 사용 후 바로 이 사건 통장을 제자리에 갖다 놓았다 하더라도 그 소모된 가치에 대한 불법영득의 의사가 인정된다. 그리고 피고인이 피해자로부터 자신의 월급 등을 제대로 받지 못할 것을 염려하여 이 사건 통장을 무단사용하게 되었다고 하여 달리 볼 수 없다.

그런데도 원심은 그 불법영득의 의사를 부정하여 이 부분 공소사실을 무죄로 판단하고 말았으니, 불법영득의 의사에 관한 법리를 오해하여 판결에 영향을 미친 위법이 있다. 이를 지적하는 상고이유의 주장은 이유 있다.

☞ 사문서위조·행사, 사기가 같이 기소된 경우 절도를 1000만원으로 하면 사기와 이중평가되는 문제. 판례는 1000만원을 피해액으로 본 것은 아니다. 단지 경제적 가치의 침해가 있다는 판시.

② 주관적 가치도 없는 경우

1 재물성 자체가 부인되어 구성요건해당성이 없다.(김일수/서보학, 배종대, 백형구)

2 재물성은 인정되지만, 피해자의 승낙이나 추정적 승낙으로 구성요건해당성 또는 위법성이 조각(이재상)

(3) 관련문제

(가) 부동산

① 절도

1 긍정설

G1 동산에 한한다는 명문규정 없음.

G2 재물에 대한 지배의 이전이 있으면 되고 반드시 장소적 이전을 요하는 것은 아님

2 부정설(다수설)

G1 역사적으로 로마법 이래 절도 객체는 동산에 한정

G2 부동산 절도의 상황은 권리절도, 경계침범, 불법점거여서 무죄거나 경계침범, 주거침입죄가 성립

② 강도

1 재물성 부정, 강도죄 성립 부정(박상기)

재물이 아님, 재산상 이익으로도 안됨

2 재산상 이익으로 강도죄 성립(김일수/서보학, 이재상)

재물은 아니나 재산상 이익으로서 강도죄 객체

③ 사기, 공갈, 횡령은 긍정에 이론 없음

(나) 금제품(禁制品)

① 의미

- 소지 또는 소유가 금지되어 있는 물건

② 절도죄의 객체인 재물인가?

1 부정설(서일교): G 경제적 이용이 불가능하거나 소유권의 객체가 되지 못함

2 긍정설(김일수/서보학, 김성천/김형준, 박상기, 오영근, 유기천, 이건호, 임웅, 정성근/박광민, 정영일)

G1 국가의 소유

G2 몰수되기 전까지는 사인의 점유를 보호해야 함.

3 절충설(김종원, 배종대, 백형구, 이재상, 이정원, 이형국, 정영석, 황산덕)

절대적 금제품(eg 위조통화, 아편흡식기)은 재물성 부정

상대적 금제품(eg 불법소지무기)은 재물성 인정

■ 대법원 1998. 11. 24. 선고 98도2967 판결【장물취득】(공)

형법상 유가증권이라 함은 증권상에 표시된 재산상의 권리의 행사와 처분에 그 증권의 점유를 필요로 하는 것을 총칭하는 것이므로(대법원 1998. 2. 27. 선고 97도2483 판결, 1995. 3. 14. 선고 95도20 판결 등 참조), 이 사건 회원용 리프트탑승권은 그와 같은 의미에서 유가증권의 일종이고,

제1심 공동피고인이 위와 같이 발매할 권한 없이 발매기를 임의 조작함으로써 리프트탑승권을 부정 발급한 행위가 유가증권인 리프트탑승권을 위조하는 행위에 해당함은 원심이 인정한 바와 같다.

그러나 유가증권도 그것이 정상적으로 발행된 것은 물론 비록 작성권한 없는 자에 의하여 위조된 것이라고 하더라도 절차에 따라 몰수되기까지는 그 소지자의 점유를 보호하여야 한다는 점에서 형법상 재물로서 절도죄의 객체가 된다고 할 것이므로, 이 사건에서 제1심 공동피고인의 행위가 원심이 인정한 것처럼 유가증권위조행위일 뿐 위조된 유가증권인 리프트탑승권의 절도죄에는 해당하지 아니한다고 단정하기 위하여는 과연 제1심 공동피고인이 구체적으로 어떠한 방법으로 이 사건 리프트탑승권 발매기를 조작하여 탑승권을 부정발급하였는지를 살펴보아야 할 것이다.

그런데 기록에 의하면, 제1심 공동피고인은 무주리조트 서편매표소에 있던 탑승권 발매기의 전원을 켠 후 날짜를 입력시켜서 탑승권발행화면이 나타나면 전산실의 테스트카드를 사용하여 한 장씩 찍혀나오는 탑승권을 빼내어 가지고 가는 방법으로 리프트탑승권을 발급·취득한 사실이 인정되고, 그와 같이 발매기에서 나오는 위조된 탑승권은 제1심 공동피고인이 이를 뜯어가기 전까지는 쌍방울개발의 소유 및 점유하에 있다고 보아야 할 것이므로, 위 제1심 공동피고인의 행위는 발매할 권한 없이 발매기를 임의 조작함으로써 유가증권인 리프트탑승권을 위조하는 행위와 발매기로부터 위조되어 나오는 리프트탑승권을 절취하는 행위가 결합된 것이고, 나아가 그와 같이 위조된 리프트탑승권을 판매하는 행위는 일면으로는 위조된 리프트탑승권을 행사하는 행위임과 동시에 절취한 장물인 위조 리프트탑승권의 처분행위에 해당한다 할 것이다.

따라서 이 사건에서 제1심 공동피고인이 위 위조된 리프트탑승권을 위와 같은 방법으로 취득하였다는 정을 피고인이 알면서 이를 제1심 공동피고인으로부터 매수하였다면 그러한 피고인의 행위는 위조된 유가증권인 리프트탑승권에 대한 장물취득죄를 구성한다고 할 것이므로, 이와 다른 견해에서 피고인에 대한 이 사건 장물취득 공소사실을 죄가 되지 아니한다는 이유로 무죄를 선고한 원심판결은 절도죄에 있어서의 절취행위나 재물의 개념에 관한 법리를 오해한 위법을 저지른 것임이 분명하고, 이를 지적하는 검사의 상고논지는 이유가 있다.

2. 행 위

① 절취: 타인 점유의 재물을 점유자의 의사에 반하여 점유를 배제하고 자기 또는 제3자의 점유로 옮기는 것

■ 대법원 2001. 10. 26. 선고 2001도4546 판결【절도】(공)

형법상 절취란 타인이 점유하고 있는 자기 이외의 자의 소유물을 점유자의 의사에 반하여 그 점유를 배제하고 자기 또는 제3자의 점유로 옮기는 것을 말하는 것으로, 비록 약정에 기한 인도 등의 청구권이 인정된다고 하더라도, 취거 당시에 점유 이전에 관한 점유자의 명시적·묵시적인 동의가 있었던 것으로 인정되지 않는 한, 점유자의 의사에 반하여 점유를 배제하는 행위를 함으로써 절도죄는 성립하는 것이고, 그러한 경우에 특별한 사정이 없는 한 불법영득의 의사가 없었다고 할 수는 없는 것이다.

그런데 기록에 의하여 살펴보더라도, 비록 A가 약정된 기일에 채무를 이행하지 아니하는 경우 이 사건 굴삭기를 회수하여 가도 좋다는 약속을 하고 각서와 매매계약서 및 양도증명서 등을 작성하여 교부하였다고 하더라도, 그 의사표시 중에 자신의 동의나 승낙 없이 현실적으로 자신의 점유를 배제하고 이 사건 굴삭기를 가져가도 좋다는 의사까지 포함되어 있었던 것으로 보기는 어렵고,

달리 피고인의 굴삭기 취거에 A의 동의가 있었음을 알아볼 자료는 없다(기록에 의하면, 피고인은 이 사건 굴삭기를 취거할 당시 미리 A에게 통지 등의 절차를 거쳐 동의를 구한 사실은 없고, 다만 굴삭기를 취거한 후 A와 통화연락을 한 것으로 보인다).

그렇다면 피고인이 이 사건 굴삭기를 취거한 행위는 일응 절도죄에 해당하고 그 불법영득의 의사도 부인하기 어렵다고 할 것….

② 사취와 구별

기망자에의 처분권 이전 없음

■ 대법원 1996. 10. 15. 선고 96도2227,96감도94 판결【특정범죄가중처벌등에관한법률위반(절도), 보호감호】(공)

피해자가 결혼예식장에서 신부측 축의금 접수인인 것처럼 행세하는 피고인에게 축의금을 내어놓자 이를 교부받아 간 원심 판시와 같은 사건에서 피해자의 교부행위의 취지는 신부측에 전달하는 것일 뿐 피고인에게 그 처분권을 주는 것이 아니므로, 이를 피고인에게 교부한 것이라고 볼 수 없고 단지 신부측 접수대에 교부하는 취지에 불과하므로 피고인이 위 돈을 가져간 것은 신부측 접수처의 점유를 침탈하여 범한 절취행위라고 보는 것이 정당하다.

점유이전행위 미료

■ 대법원 1994. 8. 12. 선고 94도1487 판결【특정범죄가중처벌등에관한법률위반(절도), 사기등】(공)

피고인이 피해자 경영의 금방에서 마치 귀금속을 구입할 것처럼 가장하여 피해자로부터 순금목걸이 등을 건네받은 다음 화장실에 갔다 오겠다는 핑계를 대고 도주한 것이라면 위 순금목걸이 등은 도주하기 전까지는 아직 피해자의 점유하에 있었다고 할 것이므로(당원 1983. 2. 22. 선고 82도3115 판결 참조), 이를 절도죄로 의율 처단한 원심의 조처는 정당하고, 거기에 소론과 같은 법리를 오해한 위법이 있다고 할 수 없다.

③ 착수시기

■ 대법원 1992. 9. 8. 선고 92도1650,92감도80 판결【특정범죄가중처벌등에관한법률위반(절도), 보호감호】(공)

절도죄의 실행의 착수시기는 재물에 대한 타인의 사실상의 지배를 침해하는 데에 밀접한 행위를 개시한 때라고 보아야 하므로, 야간이 아닌 주간에 절도의 목적으로 타인의 주거에 침입하였다고 하여도 아직 절취할 물건의 물색행위를 시작하기 전이라면 주거침입죄만 성립할 뿐 절도죄의 실행에 착수한 것으로 볼 수 없는 것이어서 절도미수죄는 성립하지 않는다.

이 사건에서 원심이 인정한 피고인의 범죄사실 및 감호청구원인사실 중 피고인의 범행내용은 피고인이 1991. 12. 18. 11:20경 금품을 절취할 의도로 피해자 A의 집에 침입하여 계단을 통해 그 집 3층으로 올라갔다가 마침 2층에서 3층 옥상에 빨래를 널기 위하여 올라가던 피해자를 만나자 사람을 찾는 것처럼 가장하여 피해자에게 B라는 사람이 사느냐고 물어 피해자가 없다고 대답하자 알았다며 계단으로 내려갔다가 피해자가 옥상에 올라가 빨래를 널고 있는 틈을 이용하여 그 집 2층 부엌을 통해 방으로 들어가 절취할 금품을 물색중 옥상에서 내려온 피해자에게 발각되어 그 뜻을 이루지 못하고 미수에 그쳤다는 것이다.

그러나 기록에 의하면 피고인은 방안에 들어간 사실조차 극구 부인하고 있는바, 원심이 증거로 채용한 피해자의 1심증언에 의하면 피해자가 옥상에 빨래를 널고 2층으로 내려와 방으로 통하는 부엌 앞에 이르렀을 때에 피고인이 신발을 신은 채 방안에서 뛰어 나오는 것을 보았다는 것이어서 피고인이 방안에 침입한 것은 인정되나, 방안에 들어가 절취할 물건의 물색행위에 까지 나간 것인지의 여부는 분명하지 않다. 피고인이 방안에 들어간 때로부터 피해자에게 발각될 때까지 물색행위를 할 만한 충분한 시간이 경과하였다면 절도목적으로 침입한 이상 물색행위를 하였을 것으로 보아도 무방하지만, 그럴만한 시간적 여유가 없었다면 피고인이 방안에서 뛰어 나온 것만 가지고 절취할 물건을 물색하다가 뛰어 나온 것으로 단정할 수는 없을 것이다.

원심이 이 점에 관하여 좀더 밝혀보지 않은 채 위 증인의 증언만으로 만연히 피고인이 절취할 금품을 물색중 발각되어 미수에 그친 것으로 인정한 것은 증거의 가치판단을 그르치고 심리를 다하지 아니하여 판결에 영향을 미친 위법을 저지른 것으로서 이 점에 관한 논지는 이유 있다.

■ 대법원 2003. 6. 24. 선고 2003도1985,2003감도26 판결【강도상해(인정된 죄명: 주거침입, 상해), 보호감호】(공)

원심은, 피고인 겸 피감호청구인(다음부터 '피고인'이라고 한다)은 1988. 7. 7. 수원지방법원에서 절도미수죄 등으로 징역 8월을, 1990. 2. 26. 인천지방법원에서 주거침입죄로 징역 8월을, 1994. 6. 17. 인천지방법원에서 절도죄로 징역 6월을, 1996. 2. 2. 인천지방법원 부천지원에서 특정범죄가중처벌등에관한법률위반(절도)죄로 징역 1년 6월을, 2000. 7. 25. 인천지방법원에서 같은 죄 등으로 징역 1년 6월을 선고받고 2001. 12. 17. 그 형의 집행을 마친 사람으로서, 2002. 8. 21. 18:30 무렵 구리시 수택동(이하 생략) 다세대주택 2층에 있는 피해자의 집에 재물을 훔치기 위하여 열려있는 현관문을 통하여 방 안에 들어가 뒤지던 중 집안으로 들어오던 피해자에게 발각되자 체포를 면탈할 목적으로 피해자를 밀어 1층 난간으로 떨어뜨리고, 다시 피해자가 일어나 피고인의 목덜미를 붙잡자 주먹으로 피해자의 얼굴을 1회 때려 피해자에게 6주간의 치료가 필요한 우측요골골두골절상 등을 가하였고 재범의 위험성이 있다는 요지의 이 사건 주위적 공소사실 및 감호청구원인사실에 대하여, 피고인을 징역 1년 9월 및 보호감호에 처한 제1심판결을 파기하고, 피고인이 피해자의 집에 들어가 재물을 물색하기 시작하였다고 인정하기에 부족하고 달리 절도범행의 실행에 착수하였다고 인정할 증거가 없으므로 범죄의 증명이 없는 경우에 해당한다고 하여 주위적 공소사실을 무죄로 판단하면서 보호감호청구도 기각하였다.

2. 그러나 피고인이 절도범행의 실행에 착수하지 아니하였다는 원심의 판단은 다음과 같은 이유로 받아들일 수 없다.

야간이 아닌 주간에 절도의 목적으로 다른 사람의 주거에 침입하여 절취할 재물의 물색행위를 시작하는 등 그에 대한 사실상의 지배를 침해하는 데에 밀접한 행위를 개시하면 절도죄의 실행에 착수한 것으로 보아야 한다.

이 사건에서 보면, 피고인은 범행 당일 피해자가 빨래를 걷으러 옥상으로 올라 간 사이에 피해자의 다세대주택에 절취할 재물을 찾으려고 신발을 신은 채 거실을 통하여 안방으로 들어가 여기저기를 둘러보고는 절취할 재물을 찾지 못하고 다시 거실로 나와서 두리번거리고 있다가 피해자가 현관문을 통하여 거실로 들어가다가 마주치게 된 사실을 인정할 수 있다. 이와 같이 피고인이 방안으로 들어가다가 곧바로 피해자에게 발각되어 물색행위 등을 할 만한 시간적 여유가 없었던 경우가 아니고 피고인이 방 안까지 들어갔다가 절취할 재물을 찾지 못하고 거실로 돌아 나온 경우라면 피고인이 절도의 목적으로 침입한 이상 물색행위를 하는 등 재물에 대한 피해자의 사실상의 지배를 침해하는 데 밀접한 행위를 하였던 것으로 보아야 한다.

④ 기수시기

1 접촉설
2 취득설(재물을 자기 또는 제3자의 지배하에 둔 때)(통설, 판례)
3 이전설(재물을 피해자의 지배범위로부터 장소적으로 이전한 때)
4 은닉설

■ 대법원 1994. 9. 9. 선고 94도1522 판결【절도(인정된 죄명: 절도미수), 도로교통법위반】(공)

원심이 적법하게 확정한 바에 의하면 피고인은 판시 일시, 장소에서 그 곳에 주차되어 있던 그레이스 승합차를 절취할 생각으로 위 차량의 조수석문을 열고 들어가 시동을 걸려고 시도하는 등 차안의 기기를 이것저것 만지다가 헨드브레이크를 풀게 되었는데 그 장소가 내리막길인 관계로 위 차량이 시동이 걸리지 않은 상태에서 약 10미터 전진하다가 가로수를 들이받는 바람에 멈추게 되었다는 것이다. 사실관계가 이와 같다면, 피고인의 판시 소위는 절도의 기수에 해당한다고 볼 수 없을 뿐만 아니라 도로교통법 제2조 제19호 소정의 자동차의 운전에 해당하지 아니한다.

3. 주관적 요건

가. 내 용

○ 고의, 불법영득의사

나. 불법영득의사

(1) 개 념

○ 불법영득의사(위법영득의사)

• 권리자를 배제하고 타인의 재물을 자기의 소유물과 같이 그 경제적 용법에 따라 이용 · 처분할 의사

(2) 성 격

1 고의에 포함
2 고의 외의 초과주관적 구성요건요소

(3) 요 부

1 필요설(판례), 2 불요설

■ 대법원 2002. 9. 6. 선고 2002도3465 판결【성폭력범죄의처벌및피해자보호등에관한법률위반(특수강도강간등), 강도상해, 절도】(공)

절도죄의 성립에 필요한 불법영득의 의사라 함은 권리자를 배제하고 타인의 물건을 자기의 소유물과 같이 이용, 처분할 의사를 말하고 영구적으로 그 물건의 경제적 이익을 보유할 의사임은 요치 않으며 일시사용의 목적으로 타인의 점유를 침탈한 경우에도 이를 반환할 의사 없이 상당한 장시간 점유하고 있거나 본래의 장소와 다른 곳에 유기하는 경우에는 이를 일시 사용하는 경우라고는 볼 수 없으므로 영득의 의사가 없다고 할 수 없다 할 것이다(대법원 1984. 12. 26. 선고 84감도392, 1988. 9. 13. 선고 88도917 판결 등 참조).

(4) 내 용

① **학설**

1 소유자의사설

2 경제적용법설

 - 손괴목적 절도는 절도 ×

3 향익설

 - 사용절도도 절도

② **판례**

권리자 배제, 자기 소유물과 같이 이용·처분할 의사

■ 대법원 2002. 9. 6. 선고 2002도3465 판결【성폭력범죄의처벌및피해자보호등에관한법률위반(특수강도강간등), 강도상해, 절도】(공)

형법 제331조의2에서 규정하고 있는 자동차등불법사용죄는 타인의 자동차 등의 교통수단을 불법영득의 의사 없이 일시 사용하는 경우에 적용되는 것으로서 불법영득의사가 인정되는 경우에는 절도죄로 처벌할 수 있을 뿐 본죄로 처벌할 수 없다 할 것이며, 절도죄의 성립에 필요한 불법영득의 의사라 함은 권리자를 배제하고 타인의 물건을 자기의 소유물과 같이 이용, 처분할 의사를 말하고 영구적으로 그 물건의 경제적 이익을 보유할 의사임은 요치 않으며 일시사용의 목적으로 타인의 점유를 침탈한 경우에도 이를 반환할 의사 없이 상당한 장시간 점유하고 있거나 본래의 장소와 다른 곳에 유기하는 경우에는 이를 일시 사용하는 경우라고는 볼 수 없으므로 영득의 의사가 없다고 할 수 없다 할 것이다(대법원 1984. 12. 26. 선고 84감도392, 1988. 9. 13. 선고 88도917 판결 등 참조).

기록과 원심판결이 인용한 제1심판결 이유에 의하면, 피고인이 강도상해 등의 범행을 저지르고 도주하기 위하여 피고인이 근무하던 인천 중구 항동7가 소재 연안아파트 상가 중국집 앞에 세워져 있는 오토바이를 소유자의 승낙 없이 타고가서 신흥동 소재 뉴스타호텔 부근에 버린 다음 버스를 타고 광주로 가버렸다는 것이므로 피고인에게 위 오토바이를 불법영득할 의사가 없었다고 할 수 없어, 원심이 이를 형법 제331조의2의 자동차등불법사용죄가 아닌 절도죄로 의율한 조치는 정당한 것으로 수긍이 가고, 거기에 상고이유로 주장하는 바와 같이 절도죄에 관한 법리를 오해한 위법이 있다고 할 수 없다.

경제적 용법에 따라 이용·처분할 의사

■ 대법원 1999. 4. 9. 선고 99도519 판결【강간치상, 절도】(공)

절도죄에 있어 영득의 의사라 함은 권리자를 배제하고 타인의 물건을 자기 소유물과 같이 그 경제적 용법에 따라 이용·처분할 의사를 말하는 것인바, 원심이 인용한 제1심판결 명시의 증거들과 피고인의 원심 법정에서의 진술을 기록에 비추어 검토하여 보면 피고인이 현금 등이 들어 있는 피해자의 지갑을 가져갈 당시에 피해자의 승낙을 받지 않은 사실을 알아볼 수 있으므로 가사 피고인이 후일 변제할 의사가 있었다고 하더라도 불법영득의사가 있었다고 할 것이므로, 피고인의 절도범죄사실에 대하여 범죄의 증명이 있다고 한 제1심판결을 그대로 유지한 원심판결에 상고이유로 주장하는 사실오인의 위법이 있다고 할 수 없다.

손괴의도 취득: 영득의사 없음

■ 대법원 2000. 10. 13. 선고 2000도3655 판결【절도】(공)

절도죄의 성립에 필요한 불법영득의 의사라 함은 권리자를 배제하고 타인의 물건을 자기의 소유물과 같이 그 경제적 용법에 따라 이용, 처분하려는 의사를 말한다(대법원 1992. 9. 8. 선고 91도3149 판결, 1996. 5. 10. 선고 95도3057 판결, 1999. 4. 9. 선고 99도519 판결 등 참조).

원심판결 이유에 의하면 원심은, 피고인이 살해도구로 이용한 골프채와 피고인의 옷 등 다른 증거품들과 함께 피고인의 차량 트렁크에 싣고 서울로 돌아오는 중 이 사건 지갑을 쓰레기 소각장에서 태워버린 사실이 인정되므로, 피고인이 살해된 피해자의 주머니에서 지갑을 꺼낸 것은 자신의 살인 범행의 증거를 인멸하기 위한 것이어서 결국 불법영득의 의사가 있었다고 보기 어렵다고 판단하여 이 사건 공소사실 중 절도 부분에 대하여는 무죄를 선고한 제1심판결을 유지하였는바, 위에서 본 법리 및 기록에 비추어 살펴보면, 원심의 위 사실인정 및 판단은 정당하고, 거기에 상고이유에서 주장하는 바와 같은 채증법칙 위반으로 인한 사실오인의 위법이나 절도죄에 있어서 불법영득의사에 관한 법리오해의 위법이 있다고 할 수 없다.

(가) **소극적 요소**

○ **권리자를 배제(소유자를 계속적 · 종국적으로 배제)**

○ **사용절도와 구별**

개념

- 타인의 재물을 일시적으로 사용한 후 소유자에게 반환하는 경우
- 일시사용의 목적으로 타인의 재물을 침탈하는 경우(판례)

취급

1 영득의사 불요설: 절도

2 영득의사 필요설: 절도 아님(다수설, 판례)

사용절도가 절도죄가 아닌 요건

- 목적물을 단지 일시 사용할 뿐, 그것을 계속 사용함으로써 소유권자를 배제하는 데까지는 이르지 않을 것(김일수)
- 일시사용의 경우라도 다음은 절도죄 성립(판례)
  - (i) 물건 자체가 가지는 경제적 가치가 상당한 정도로 소모
  - (ii) 본래의 장소와 다른 곳에 유기
  - (iii) 상당한 장시간 점유

영득의사가 인정되는 경우

■ 대법원 1961. 6. 28. 4294형상179【특수절도】(집)

피고인은 본건 전마선을 단기 4293년 10월 22일 인천시 송현동 1번지 해변에서 소유자 공소외 1의 승낙없이 조선하여 용무를 마치고 인천시 보수동 소재 대인부두에 방치한 것을 동월 24일에 공소외 1이 발견한 것이 분명한 바이므로 전단 설시한 바에 의하여 피고인에게도 불법영득의 의사가 있었다고 볼 것….

■ 대법원 2010. 5. 27. 선고 2009도9008 판결【절도】(공)

그렇다면 타인의 예금통장을 무단사용하여 예금을 인출한 후 바로 예금통장을 반환하였다 하더라도 그 사용으로 인한 위와 같은 경제적 가치의 소모가 무시할 수 있을 정도로 경미한 경우가 아닌 이상, 예금통장 자체가 가지는 예금액 증명기능의 경제적 가치에 대한 불법영득의 의사를 인정할 수 있으므로 절도죄가 성립한다. (앞에서 봄)

영득의사가 부정된 경우

■ 대법원 1981. 12. 8. 선고 81도1761 판결【특수절도】(공)

절도죄에 있어서의 불법영득의 의사라 함은 영구히 그 물건의 경제적 이익을 포기할 의사는 비록 필요하지 않다고는 하더라도 단순한 점유의 침해만으로서는 절도죄가 구성될 수 없고, 소유권이나 그에 준하는 본권을 침해하는 의사, 즉 목적물의 물질을 영득할 의사이거나, 또는 물질의 가치만을 영득할 의사이거나, 적어도 그 재물에 대한 영득의 의사가 있어야 되고, 이와 같은 의사의 유무는 구체적 경우에 따라 이를 따져 가려야 할 것인바, 원심이 확정한 사실에 의하면 피고인은 공소외 A가 경영하는 태백건재상사의 종업원으로 종사하여 왔는데 이 사건이 일어난 날 마침 같은 동료 종업원인 공소외 1이 폭행사건으로 위 건재사 인근에 있는 방이동 파출소에 연행되었다는 소식을 듣고 그를 만나러 가는데 같은 동료종업원인 공소외 2와 같이 위 건재사 마당에 세워둔 위 A 소유의 이 건 차량을 타고 갔다 올 생각으로 피고인이 이 차를 운전하고 위 방이동 파출소를 향해 가다가 교통사고를 일으키게 되었다는 것이니 이와 같은 경우 피고인의 소위는 타인의 물건을 자기의 소유물과 같이 그 경제적 용법에 따라 이를 이용 또는 처분하여 권리자를 배제할 의사를 가지고 한 것이라고는 볼 수 없으므로 영득의 의사가 있다고 할 수 없으니, 이와 같은 취지에서 절도죄의 범의를 부인한 원심판시는 정당하고, 이에 소론 절도죄의 법리를 오해한 위법이 있다고 할 수 없다.

■ 대법원 1984. 4. 24. 선고 84도311 판결【특수절도】(집)

(1) 원심은, 피고인들은 합동하여 1982. 7. 24. 02:50 피해자 A 소유의 충남 1가8016호 포니승용차 1대를 끌고가 이를 절취한 것이라는 주위적 공소사실에 대하여 그 판시증거를 종합하여 피고인 1, 2는 그 친구인 피고인 3의 근무처이며 숙식장소인 원판시 세차장에 들렸다가 그 곳에서 피고인 3이 우연히 승용차 열쇠 1개를 습득하여 위 승용차 문을 열고 시동을 걸었는데 그때 피고인 2가 그가 아는 여자를 만나러 대전역 부근까지 갔다 오자고 하여 피고인 1이 운전을 하고 피고인 2를 승차시켜 대전역까지 운행하여 갔다가 피고인 2가 위 여자를 만나지 못하여 다시 위 세차장으로 돌아오기 위하여 피고인 1이 위 승용차의 시동을 걸던 중 위 승용차가 운행정지처분을 당하여 앞 번호판이 없었던 관계로 그때 마침 순찰중이던 방범대원에게 검문을 당하여 입건되기에 이른 사실 및 피고인들이 위 세차장을 출발하여 위와 같이 검거된 장소까지 운행한 거리는 약 2킬로미터이고 그에 소요된 시간은 약 10분정도인 사실 등을 인정한 다음 이러한 사정이라면 피고인들은 위 승용차를 불법영득하려 한 것이 아니고 잠깐동안 사용할 의사로 위와 같이 무단운행한 것이라 인정되므로 피고인들에게 불법영득의 의사가 있다고 보기 어렵고 그 밖에 달리 피고인들에게 불법영득의 의사가 있었음을 인정할 증거가 없어 위 주위적 공소사실은 범죄의 증명이 없는 경우에 해당한다

하여 무죄의 선고를 하고 있는바, 원심이 위와 같은 조치를 취함에 있어 거친 증거의 취사과정을 기록에 비추어 살펴보아도 정당하고 거기에 소론과 같은 채증법칙 위반의 위법이나 불법영득의사에 대한 법리오해의 위법이 없다.

(2) 불법영득의 의사없이 타인의 자동차를 일시 사용하는 경우 휘발유가 소비되는 것은 필연적인 것이므로 자동차의 사용방법, 사용시간, 주행거리 그 밖의 구체적인 상황으로 보아 자동차 그 자체의 일시사용이 주목적이고 소비된 휘발유의 양이 매우 적은 것임이 명백한 경우에는 그 휘발유의 소비는 자동차의 일시사용 가운데 포함되는 것으로서 이에 대하여는 별도의 절도죄가 성립되지 아니하는 것이라고 할 것이다. 원심이 같은 취지에서 피고인들이 원판시 자동차를 일시 사용하는 과정에서 소모한 휘발유의 소비에 대하여 별도의 절도죄가 구성되지 아니한다고 한 것은 정당하고 거기에 소론과 같은 절도죄에 대한 법리오해의 위법이 없다.

■ 대법원 1985. 3. 26. 선고 84도1613 판결【절도 · 도로교통법위반】(공)

불법영득의 의사없이 타인의 자동차를 일시사용한 제1심 판시 피고인의 소위는 그 주 목적이 자동차의 일시사용에 있었던 것이고, 검사가 예비적 공소사실로 내세우려고 한 500원 상당의 유류소비행위는 위와 같은 자동차의 일시사용에 필연적으로 부수되어 생긴 결과로서 원심이 절도죄를 구성하지 않는다고 본 자동차의 일시사용행위에 포함된 것이라 할 것이므로 자동차 자체의 일시사용과 독립하여 별개의 절도죄를 구성하는 것이라고 볼 수 없다. 한편 이와 같이 예비적 공소사실이 주위적 공소사실과 독립하여 별개의 죄를 구성하지 않는 내용이라면 법원으로서는 더 이상의 심리를 할 것이 없어 공소장변경의 허가를 할 필요가 없는 경우라 할 것이므로 원심이 검사의 소론 공소장변경허가신청을 받아들이지 아니한 조치도 정당하고, 거기에 공소장변경에 관한 법리오해의 위법이 있다 할 수 없다.

■ 대법원 1992. 4. 24. 선고 92도118 판결【가.절도, 나.특수절도】(공)

타인의 재물을 점유자의 승낙 없이 무단사용하는 경우에 있어서 그 사용으로 물건 자체가 가지는 경제적 가치가 상당한 정도로 소모되거나 또는 사용 후 본래의 장소가 아닌 다른 곳에 버리거나 곧 반환하지 아니하고 장시간 점유하고 있는 것과 같은 때에는 그 소유권 또는 본권을 침해할 의사가 있다고 보아 불법영득의 의사를 인정할 수 있을 것이나 그렇지 아니하고 그 사용으로 인한 가치의 소모가 무시할 정도로 경미하고 또 사용 후 곧 반환한 것과 같은 때에는 그 소유권 또는 본권을 침해할 의사가 있다고 할 수 없어 불법영득의 의사를 인정할 수 없다고 봄이 상당하다 할 것이다(당원 1987. 12. 8. 선고 87도1959 판결 참조).

기록을 살펴본바, 원심이 피고인들은 자동차 소유자인 A와 같은 동네에 거주하는 선·후배 관계로 평소 잘 알고 지내는 사이였고, 1990.12.경에는 피고인 1이 공소외 B로부터 위 차량을 빌려 잠시 운행한 일이 있었는데 그때 반환하지 아니한 보조열쇠를 이용하여 판시와 같이 3차례에 걸쳐 위 차량을 2-3시간 정도 운행한 후 원래 주차된 곳에 갖다 놓아 반환하였다는 사실을 확정하고, 피고인들과 피해자간의 친분관계, 차량의 운행경위, 운행시간, 운행 후의 정황 등에 비추어 피고인들에게 불법영득의 의사가 있었다고 볼 수 없다고 판단한 것은 정당하고, 거기에 이른바 사용절도에 있어서의 불법영득의 의사에 관한 법리오해의 위법이 있다고 할 수 없다. 논지는 이유 없다.

■ 대법원 2000. 3. 28. 선고 2000도493 판결【폭력행위등처벌에관한법률위반 · 절도 · 사문서위조 · 위조사문서행사 · 공정증서원본불실기재 · 불실기재공정증서원본행사】(공)

타인의 재물을 점유자의 승낙 없이 무단 사용하는 경우 그 사용으로 인하여 재물 자체가 가지는 경제적 가치가 상당한 정도로 소모되거나 또는 사용 후 그 재물을 본래의 장소가 아닌 다른 곳에 버리거나 곧 반환하지 아니하고 장시간 점유하고 있는 것과 같은 때에는 그 소유권 또는 본권을 침해할 의사가 있다고 보아 불법영득의 의사를 인정할 수 있으나, 그렇지 아니하고 그 사용으로 인한 가치의 소모가 무시할 수 있을 정도로 경미하고 또 사용 후 곧 반환한 것과 같은 때에는 그 소유권 또는 본권을 침해할 의사가 있다고 할 수 없어 불법영득의 의사를 인정할 수 없다(대법원 1987. 12. 8. 선고 87도1959 판결, 1999. 7. 9. 선고 99도857 판결 등 참조).

따라서 원심이, 피고인이 피해자의 승낙 없이 혼인신고서를 작성하기 위하여 피해자의 도장을 피해자의 집 안방 화장대 서랍에서 몰래 꺼내어 사용한 후 곧바로 제자리에 갖다 놓은 사실을 인정한 다음, 피고인에게 위 도장에 대한 불법영득의 의사가 있었다고 인정할 수 없다고 판단한 것은 정당하고, 거기에 검사의 상고이유 주장과 같은 법리오해의 잘못이 없다. 따라서 검사의 상고도 받아들이지 아니한다.

■ 대법원 2006. 3. 9. 선고 2005도7819 판결【절도】(공)

타인의 재물을 점유자의 승낙 없이 무단 사용하는 경우에 있어서 그 사용으로 인하여 물건 자체가 가지는 경제적 가치가 상당한 정도로 소모되거나 또는 사용 후 그 재물을 본래 있었던 장소가 아닌 다른 장소에 버리거나 곧 반환하지 아니하고 장시간 점유하고 있는 것과 같은 때에는 그 소유권 또는 본권을 침해할 의사가 있다고 보아 불법영득의 의사를 인정할 수 있을 것이나, 그렇지 않고 그 사용으로 인한 가치의 소모가 무시할 수 있을 정도로 경미하고, 또한 사용 후 곧 반환한 것과 같은 때에는 그 소유권 또는 본권을 침해할 의사가 있다고 할 수 없어 불법영득의 의사가 있다고 인정할 수 없다(대법원 1987. 12. 8. 선고 87도1959 판결, 1992. 4. 24. 선고 92도118 판결, 1999. 7. 9. 선고 99도857 판결 등 참조).

그런데 은행이 발급한 직불카드를 사용하여 타인의 예금계좌에서 자기의 예금계좌로 돈을 이체시켰다 하더라도 직불카드 자체가 가지는 경제적 가치가 계좌이체된 금액만큼 소모되었다고 할 수는 없으므로 이를 일시 사용하고 곧 반환한 경우에는 그 직불카드에 대한 불법영득의 의사는 없다고 보아야 할 것인바(대법원 1998. 11. 10. 선고 98도2642 판결, 위 99도857 판결 등 참조), 이와 같은 취지에서 피고인이 2002. 4. 11. 오전 일자불상경 공소외 1이 자리를 비운 틈을 이용하여 공소외 1의 핸드백에서 공소외 2 소유의 중소기업은행 직불카드를 꺼내어 간 뒤 광주은행 광산지점에서 위 직불카드를 사용하여 공소외 2의 중소기업은행 예금계좌에서 피고인의 광주은행 계좌로 1,700만 원을 이체시킨 다음 공소외 1과 헤어진 뒤로부터 3시간 가량 지난 무렵에 공소외 1에게 전화로 위와 같은 사실을 말하고 공소외 1을 만나 즉시 위 직불카드를 반환한 이상, 피고인에게 직불카드에 대한 불법영득의 의사가 있었다고 볼 수 없다는 이유로 이 부분 절도의 공소사실에 대하여 무죄를 선고한 원심의 조치는 위 법리에 따른 것으로 정당하고, 거기에 상고이유에서 주장하는 바와 같은 절도죄에 관한 법리를 오해한 위법이 있다고 할 수 없다.

자동차(선박, 항공기, 원동기장치자전거)불법사용죄(제331조의2)

(나) **적극적 요소**

○ **재물 또는 재물의 가치를 소유권자와 유사한 지배를 행사하여 이용 · 처분**

○ **손괴와 구별**

- 즉시 파괴하기 위하여 타인의 물건을 취거: 적극적 향유의사가 없음
- 단, 파괴 자체가 경제적 가치를 얻기 위한 방법인 경우: 영득의사 인정 eg 석탄으로 불피움.

손괴의도 취득: 영득의사 ×

■ 대법원 2000. 10. 13. 선고 2000도3655 판결【절도】(공)

절도죄의 성립에 필요한 불법영득의 의사라 함은 권리자를 배제하고 타인의 물건을 자기의 소유물과 같이 그 경제적 용법에 따라 이용, 처분하려는 의사를 말한다(대법원 1992. 9. 8. 선고 91도3149 판결, 1996. 5. 10. 선고 95도3057 판결, 1999. 4. 9. 선고 99도519 판결 등 참조).

원심판결 이유에 의하면 원심은, 피고인이 살해도구로 이용한 골프채와 피고인의 옷 등 다른 증거품들과 함께 피고인의 차량 트렁크에 싣고 서울로 돌아오는 중 이 사건 지갑을 쓰레기 소각장에서 태워버린 사실이 인정되므로, 피고인이 살해된 피해자의 주머니에서 지갑을 꺼낸 것은 자신의 살인 범행의 증거를 인멸하기 위한 것이어서 결국 불법영득의 의사가 있었다고 보기 어렵다고 판단하여 이 사건 공소사실 중 절도 부분에 대하여는 무죄를 선고한 제1심판결을 유지하였는바, 위에서 본 법리 및 기록에 비추어 살펴보면, 원심의 위 사실인정 및 판단은 정당하고, 거기에 상고이유에서 주장하는 바와 같은 채증법칙 위반으로 인한 사실오인의 위법이나 절도죄에 있다고 할 수 없다. (앞에서 봄)

(5) 불법영득의사의 대상

① **학설**

1 물체설: K 가치만 취득한 경우 절도죄 불성립
2 가치설: K 경제적 가치 없는 물건은 절도죄 ×, 이득죄로 변질
3 종합설: 물체 or 가치(통설, 판례)

② **판례**

■ 대법원 1992. 9. 8. 선고 91도3149 판결【군용물절도】(공)

절도죄의 성립에 필요한 불법영득의 의사라 함은 권리자를 배제하고 타인의 물건을 자기의 소유물과 같이 그 경제적 용법에 따라 이용·처분할 의사를 말하는 것으로 영구적으로 그 물건의 경제적 이익을 보유할 의사가 필요한 것은 아니지만 단순한 점유의 침해만으로서는 절도죄를 구성할 수 없고 소유권 또는 이에 준하는 본권을 침해하는 의사 즉 목적물의 물질을 영득할 의사이거나 또는 그 물질의 가치만을 영득할 의사이든 적어도 그 재물에 대한 영득의 의사가 있어야 한다(당원 1961. 6. 28. 선고 4294형상179 판결, 1965. 2. 24. 선고 64도795 판결, 1973. 2. 26. 선고 73도51 판결, 1977. 6. 7. 선고 77도1038 판결, 1981. 10. 13. 선고 81도2394 판결, 1981. 12. 8. 선고 81도1761 판결, 1984. 12. 26. 선고 82감도392 판결, 1989. 11. 28. 선고 89도1679 판결 등 참조).

따라서 원심이 판시한 바와 같이, 피고인이 군무를 이탈할 때 총기를 휴대하고 있는지 조차 인식할 수 없는 정신상태에 있었고 총기는 어떤 경우라도 몸을 떠나서는 안된다는 교육을 지속적으로 받아왔다면 사격장에서 군무를 이탈하면서 총기를 휴대하였다는 것만 가지고는 피고인에게 불법영득의 의사가 있었다고 할 수 없다 할 것이므로 같은 취지에서 원심이 이 사건 군용물절도의

점에 대한 증명이 없다는 이유로 그 부분에 대하여 무죄의 선고를 한 것은 정당하고 거기에 지적하는 바와 같은 법리의 오해나 채증법칙을 어긴 위법이 없다. 주장은 이유 없다.

③ 영득의 대상이 되는 가치

개념: 재물의 일반적인 사용가치가 아니라 재물의 종류와 기능에 결부된 특수한 기능가치

절취한 주민등록증 사용 후 곧 반환

- 물체와 결합된 특수한 기능가치를 침해함으로써 적어도 재물의 경제적 가치를 감소시킨 경우가 아니므로 영득의사 없음(대법원 1971. 10. 19. 선고 70도1399 판결)

예금통장 ○

- 고유한 예금액이라는 기능가치(경제적 가치)가 화체되어 있어 영득의사 인정(김일수/서보학)
- 증명기능이라는 경제적 가치(판례)

■ 대법원 2010. 5. 27. 선고 2009도9008 판결【절도】(공)

타인의 재물을 점유자의 승낙 없이 무단사용하는 경우에 있어서, 그 사용으로 인하여 재물 자체가 가지는 경제적 가치가 상당한 정도로 소모되거나 또는 그 사용 후 재물을 본래의 장소가 아닌 다른 곳에 버리거나 곧 반환하지 아니하고 장시간 점유하고 있었다면 그 소유권 또는 이에 준하는 본권을 침해할 의사가 있다고 보아 불법영득의 의사를 인정할 수 있다(대법원 1987. 12. 8. 선고 87도1959 판결, 대법원 1992. 4. 24. 선고 92도118 판결 등 참조).

한편, 예금통장은 예금채권을 표창하는 유가증권이 아니고 그 자체에 예금액 상당의 경제적 가치가 화체되어 있는 것도 아니지만, 이를 소지함으로써 예금채권의 행사자격을 증명할 수 있는 자격증권으로서 예금계약사실 뿐 아니라 예금액에 대한 증명기능이 있고 이러한 증명기능은 예금통장 자체가 가지는 경제적 가치라고 보아야 하므로, 예금통장을 사용하여 예금을 인출하게 되면 그 인출된 예금액에 대하여는 예금통장 자체의 예금액 증명기능이 상실되고 이에 따라 그 상실된 기능에 상응한 경제적 가치도 소모된다고 할 수 있다. 그렇다면 타인의 예금통장을 무단사용하여 예금을 인출한 후 바로 예금통장을 반환하였다 하더라도 그 사용으로 인한 위와 같은 경제적 가치의 소모가 무시할 수 있을 정도로 경미한 경우가 아닌 이상, 예금통장 자체가 가지는 예금액 증명기능의 경제적 가치에 대한 불법영득의 의사를 인정할 수 있으므로 절도죄가 성립한다.

이러한 법리에 비추어 보면, 이 사건 통장 자체가 가지는 예금액 증명기능의 경제적 가치는 피고인이 이 사건 통장을 무단사용하여 예금 1,000만 원을 인출함으로써 상당한 정도로 소모되었다고 할 수 있으므로, 피고인이 그 사용 후 바로 이 사건 통장을 제자리에 갖다 놓았다 하더라도 그 소모된 가치에 대한 불법영득의 의사가 인정된다. 그리고 피고인이 피해자로부터 자신의 월급 등을 제대로 받지 못할 것을 염려하여 이 사건 통장을 무단사용하게 되었다고 하여 달리 볼 수 없다.

직불카드, 현금카드, 신용카드 ×

- 사용가치의 침해만 있고 기능가치(경제적 가치)의 침해는 없음
- 직불카드: 대법원 2006. 3. 9. 선고 2005도7819 판결
- 현금카드

■ 대법원 1998. 11. 10. 선고 98도2642 판결【사기 · 신용카드업법위반 · 절도 · 점유이탈물횡령】(공)

타인의 재물을 점유자의 승낙 없이 무단사용하는 경우에 있어서 그 사용으로 인하여 물건 자체

가 가지는 경제적 가치가 상당한 정도로 소모되거나 또는 사용 후 그 재물을 본래 있었던 장소가 아닌 다른 곳에 버리거나 곧 반환하지 아니하고 장시간 점유하고 있는 것과 같은 때에는 그 소유권 또는 본권을 침해할 의사가 있다고 보아 불법영득의 의사를 인정할 수 있을 것이나 그렇지 아니하고 그 사용으로 인한 가치의 소모가 무시할 수 있을 정도로 경미하고 또한 사용 후 곧 반환한 것과 같은 때에는 그 소유권 또는 본권을 침해할 의사가 있다고 할 수 없어 불법영득의 의사를 인정할 수 없다고 봄이 상당하다(대법원 1992. 4. 24. 선고 92도118 판결, 1987. 12. 8. 선고 87도1959 판결 등 참조).

그런데 은행이 발행한 현금카드를 사용하여 현금자동지급기에서 현금을 인출하였다 하더라도 그 현금카드 자체가 가지는 경제적 가치가 인출된 예금액만큼 소모되었다고 할 수는 없을 것인바, 이 사건에서 원심은 피고인이 피해자로부터 지갑을 잠시 건네받아 멋대로 지갑에서 피해자 소유의 외환은행 현금카드를 꺼내어 그 즉시 위 현금카드를 사용하여 현금자동지급기에서 금 700,000원의 현금을 인출한 후 위 현금카드를 곧바로 피해자에게 반환하였다고 하는 사실관계를 전제로 하여 피고인이 위 현금카드를 불법영득할 의사가 있었다고 볼 수 없다 하여 무죄를 선고한 제1심판결을 그대로 유지하였는바, 이와 같은 원심의 판단은 정당하고, 여기에 검사가 논하는 바와 같은 불법영득의사에 대한 법리오해의 위법이 있다고 할 수 없다. 논지는 이유가 없다.

• 신용카드

■ 대법원 1999. 7. 9. 선고 99도857 판결【여신전문금융업법위반 · 절도】(공)

타인의 재물을 점유자의 승낙 없이 무단사용하는 경우에 있어서 그 사용으로 인하여 물건 자체가 가지는 경제적 가치가 상당한 정도로 소모되거나 또는 사용 후 그 재물을 본래 있었던 장소가 아닌 다른 장소에 버리거나 곧 반환하지 아니하고 장시간 점유하고 있는 것과 같은 때에는 그 소유권 또는 본권을 침해할 의사가 있다고 보아 불법영득의 의사를 인정할 수 있을 것이나, 그렇지 않고 그 사용으로 인한 가치의 소모가 무시할 수 있을 정도로 경미하고, 또한 사용 후 곧 반환한 것과 같은 때에는 그 소유권 또는 본권을 침해할 의사가 있다고 할 수 없어 불법영득의 의사가 있다고 인정할 수 없다고 봄이 상당하다고 할 것이다(대법원 1987. 12. 8. 선고 87도1959 판결, 1992. 4. 24. 선고 92도118 판결 각 참조).

그리고 신용카드업자가 발행한 신용카드는 이를 소지함으로써 신용구매가 가능하고 금융의 편의를 받을 수 있다는 점에서 경제적 가치가 있다 하더라도, 그 자체에 경제적 가치가 화체되어 있거나 특정의 재산권을 표창하는 유가증권이라고 볼 수 없고, 단지 신용카드회원이 그 제시를 통하여 신용카드회원이라는 사실을 증명하거나 현금자동지급기 등에 주입하는 등의 방법으로 신용카드업자로부터 서비스를 받을 수 있는 증표로서의 가치를 갖는 것이어서(여신전문금융업법 제2조 제3호, 제13조 제1항 제1호 참조), 이를 사용하여 현금자동지급기에서 현금을 인출하였다 하더라도 신용카드 자체가 가지는 경제적 가치가 인출된 예금액만큼 소모되었다고 할 수 없으므로, 이를 일시 사용하고 곧 반환한 경우에는 불법영득의 의사가 없다고 보아야 할 것이다(대법원 1998. 11. 10. 선고 98도2642 판결 참조).

원심판결 이유에 의하면, 원심은 피고인이 1998. 3. 31. 15:00경 서울 종로구 명륜동2가 22의 2에 있는 피고인이 종업원으로 일하던 만화천국 가게에서, 위 가게의 주인인 피해자 정현주가 자리를 비운 틈을 타서 위 피해자가 계산대 뒤의 창문에 두고 간 핸드백에서 피해자 소유의 엘지 신용카드 1장을 꺼내어 그 곳에서 약 50m 떨어진 신한은행 종로5가 출장소에 설치된 현금자동지급기에서 위 신용카드를 이용하여 50만 원을 현금서비스 받고, 다시 위 가게로 돌아와서 피해자의 핸드백 안에 신용카드를 넣어 둔 사실을 인정한 다음, 신용카드를 이용하여 현금자동지급기에서 현금을 인출하였다 하더라도 그 카드 자체가 가지는 경제적 가치가 인출된 예금액만큼 소모되었다고 할 수 없을 뿐만 아니라 사용 후 바로 원래의 위치에 넣어 둔 점에 비추어 불법영득의 의사가 있다고 보기 어렵다 하여 이 부분 절도의 공소사실에 대하여 무죄를 선고하고 있다.

기록과 위에서 본 법리에 비추어 살펴보면, 원심의 위와 같은 조치는 수긍이 가고, 거기에 절도죄에 관한 법리를 오해한 위법이 없으며, 한편 원심이 피고인이 위 피해자의 신용카드를 사용하여 현금자동지급기에서 현금 50만 원을 인출하여 절취하였다는 부분의 절도의 공소사실을 유죄로 인정하여 처단하고 있는 이상(원심판결 범죄사실 제8항), 이 사건 신용카드 절도의 공소사실을 다시 편취 또는 형법 제348조의2 소정의 편의시설을 부정이용한 것으로 변경할 수도 없는 노릇이므로, 원심이 그와 같이 공소장을 변경할 것을 요구하지 아니하였다고 하여 심리미진의 위법이 있다고 할 수도 없다. 이 부분 상고이유는 받아들일 수 없다.

군대내 총기 ×

- 재물자체로부터 직접 취득할 수 있는 이익이 아니라 재물을 이용해서 얻는 이득은 영득의 대상이 아님.

■ 대법원 1965. 2. 24. 선고 64도795 판결【무단이탈등】(집)

육군 고등군법회의 검찰부 검찰관의 상고 이유에 대하여 절도죄의 성립에 있어 영구적으로 그 물건의 경제적 이익을 보지할 의사가 필요치는 아니하여도 단순한 점유의 침해만으로서는 절도죄가 구성될 수 없고 소유권 또는 이에 준하는 본권을 침해하는 의사 즉 목적물의 물질을 영득할 의사나 또 물질의 가치만을 영득할 의사이든 적어도 그 재물에 대한 영득의 의사가 있어야 할 것인바, 원판결이 인정한 사실에 의하면 피고인은 자신이 잃어버린 총을 보충하기 위하여 같은 소속대 3화기중대 공소외 인 소지 군용 칼빙 소총 1정을 무단 가지고 나온 데 불과하고 영득의 의사가 없었다는 것이며 이는 피고인의 소위가 자기의 물건과 동양으로 그 경제적 용법에 따라 이를 이용 또는 처분하여 권리자 (본건에 있어서는 국가)를 배제할 의사를 가지고 한 것이 아니므로 피고인에게 영득의 의사가 있었다고 볼 수 없다는 판단 취의로서 원판결의 이러한 판단이 소론판례에 위반된 것이라고 인정할 수 없다.

(6) 불법영득의사의 '불법'

① 견해

1. 영득의 불법(다수설)
   - 영득행위가 특별히 피해자의 소유권질서와 모순 · 충돌된다는 것을 의미
   - 항변의 여지 없는 반환청구권이 있는 사람의 취거는 절도죄가 아님
2. 절취의 불법(판례)
   - 절취가 적법하지 않으면 불법
   - 행위자에게 반환청구권이 있는 경우에도 절도

② 예

반환청구권이 있는 물건

■ 대법원 1973. 2. 28. 선고 72도2538 판결【절도】(집)

원판결은 그 이유 명시에서 피고인이 물품대금의 변제청구에 응하지 않는 채무자 A에게 대금을 갚지 않으니 물건을 도로 찾아 가겠다고 한 것은 바로 채무 불이행을 이유로 채무자인 A와의 외상 매매계약을 해제한 것이라 볼 수 있다고 한 후 피고인이 외상 매매계약을 해제한 이상 동 외상 매매물품들의 반환 청구권은 당연히 피고인에게 돌아오는 것이므로 피고인이 위 A의 승낙을 받지 않고 동 물품들을 가져갔다 하여도 이는 자기가 가져갈 수 있는 물건을 가져간 것이므로 그 행위가 경우에 따라 다른 죄(예컨대 권리행사 방해죄 등)를 구성한 여지가 있는 것을 별론으로 하고 절도죄를 구성할 여지는 없다고 판단하였다.

그러나 원판결 판단과 같이 외상 매매계약의 해제가 있고 동 외상 매매물품의 반환 청구권이 피고인에게 있다고 하여도 절도라 함은 타인이 점유하는 재물을 도취하는 행위 즉 점유자의 의사에 의하지 아니하고 그 점유를 취득하는 행위로서 절도행위의 객체는 점유라 할 것이므로 피고인이 위 A의 승낙을 받지 않고 위 물품들을 가져갔다면 그 물품에 대한 반환 청구권이 피고인에게 있었다 하여도 피고인의 그 행위는 절도행위에 해당되는 법리라 할 것임에도 불구하고 원판결이 위와 같이 반환 청구권이 있다는 이유만으로 절도죄를 구성할 여지없다고 판단한 것은 절도행위의 객체에 관한 법리를 오해한 것이라 할 것이므로 상고 논지는 결국 이유 있음에 귀착되어 원판결은 파기를 면치 못할 것이다.

■ 대법원 1983. 11. 22. 선고 83도2539 판결【특수절도, 절도】(공)

원심이 인용한 제1심판결이 들고 있는 증거들을 기록에 대조하여 검토하여 보면, 피고인들에 대한 판시 절도사실을 인정한 원심의 조치는 정당하고 거기에 소론의 채증법칙 위배로 인한 사실오인의 위법이 있다고는 할 수 없고 소론과 같이 비록 위 철재는 피고인들이 근무하는 공소외 신한국철강상사가 공소외 B에게 외상 판매한 것으로서 그 대금지급을 위하여 받은 약속어음이 부도되어 그 반환청구권이 있다하여도 피해자 이상구가 위 B로부터 위 철재를 매수하여 점유하고 있는 사실을 피고인들이 알고도 이를 운반하여간 이상 절도죄의 성립에는 영향이 없다 할 것이다. 논지는 이유없다.

약정에 기한 인도청구권

■ 대법원 2001. 10. 26. 선고 2001도4546 판결【절도】(공)

1. 원심은, "피고인은 현대자동차 대형영업소 과장으로 근무하던 자인바, 1995. 4. 6. 피해자 A가 이 현대자동차써비스 주식회사로부터 할부로 매입한 금 117,428,520원 상당의 이 사건 굴삭기 1대의 할부금을 연체하여 1998. 1. 5. 그 소유의 주택에 대하여 강제경매를 신청하였으나, 피해자가 일정한 기한까지 할부대금을 지급하여 주기로 하는 내용의 각서를 작성하여 주어 같은 해 7월 20일 위 부동산강제경매를 취하해 주었음에도 피해자가 위 각서의 내용대로 이행하지 않자, 같은 해 9월 20일 전북 진안군 부귀면 소재 공사현장에서 위 굴삭기를 추레라에 싣고 와 같은 해 10월 26일 B에게 매도함으로써 이를 절취한 것이다."라는 이 사건 공소사실에 대하여, 제1심과 원심에서 조사·채

택한 증거를 종합하여, A는 1995. 4. 6. 현대자동차써비스 주식회사(1999. 3. 1. 현대자동차 주식회사로 흡수·합병되었다) 지점의 영업담당인 C를 통하여 위 회사로부터 굴삭기 1대를 매수하였는데, 총판매가격은 금 117,428,520원(이 중 계약금과 인도금으로 금 1,500만 원을 지급함)이고 할부금으로 1995. 5. 20.부터 1998. 4. 20.까지 총 36회에 걸쳐 매월 금 2,548,700원씩 지급하기로 약정한 사실, 위 매매계약 체결 당시 A는 위 회사에 대하여 "약정할부금을 3회 이상 연체 또는 인도금을 지정 결제일에 미결시 귀사의 조치에 따라 위 굴삭기에 대한 권한을 포기할 것을 각서한다."는 취지의 포기각서를 제출한 사실, 그런데 A는 위 굴삭기 대금을 연체하여 위 회사에서 그 소유의 주택에 대하여 강제경매신청을 하자 1998. 7. 18. 위 회사 지점에 찾아와 금 1,000만 원을 지급하면서 위 회사와 사이에 추후 새로운 연체시에는 시간과 송무비 등의 경제적 손실을 고려하여 위 회사가 경매신청을 생략하고 위 굴삭기를 임의로 회수하여 처분할 수 있다는 약정을 하고, "나머지 연체대금은 같은 해 8월 20일에 금 1,000만 원을, 같은 해 9월부터 매월 20일에 500만 원씩을 지급하기로 하며 민·형사상의 모든 책임을 본인이 감수할 것을 각서한다."는 취지의 각서와 건설기계매매계약서(중고), 양도증명서 및 인감증명서를 제출하면서 위 각 서류에 인감도장을 날인한 사실, 이에 위 회사는 1998. 7. 20. 위 부동산에 대한 강제경매를 취하하였으나 A는 같은 해 8월 20일 변제하기로 약속한 금 1,000만 원을 지급하지 않는 등 피고인의 여러 차례에 걸친 변제독촉에 불응하며 계속하여 연체대금을 지급하지 않자, 피고인은 A와의 위 약정과 각 제출서류에 기하여 같은 해 9월 20일경 전북 진안군 부귀면 소재 저수지보수공사 근방에 있던 위 굴삭기를 추레라에 싣고 와 같은 해 10월 26일 B에게 매도한 사실을 인정하고 나서, 피고인이 위와 같은 약정하에 작성한 각서와 양도증명서 등에 기하여 타인에게 위 굴삭기를 매도할 당시에 피고인에게 권리자를 배제하고 타인의 물건을 자기의 소유물과 같이 그 경제적 용법에 따라 이용, 처분하려는 의사인 불법영득의 의사가 있었다고 볼 수 없으며, 그 밖에 달리 이를 인정할 증거가 없다고 하여 유죄를 선고한 제1심을 파기하고 무죄를 선고하였다.

2. 기록에 의하면, A가 원심 판시와 같은 경위로 그 판시와 같은 약정을 하고, 그 판시와 같은 각서와 매매계약서 및 양도증명서 등에 A의 인감을 날인하여 인감증명서와 함께 위 회사의 담당자인 피고인에게 교부한 사실은 이를 인정할 수 있다. 그러나 A가 위와 같은 약정을 하고 위와 같은 각서 등을 작성, 교부한 사실이 인정된다고 하여, 그러한 이유만으로 피고인이 이 사건 굴삭기를 취거할 당시에 불법영득의 의사가 없다고 하여 절도죄의 성립을 부정한 원심의 판단은 이를 수긍할 수 없다.

먼저 등록한 건설기계에 대한 소유권의 이전은 그 등록이 있음으로써 비로소 효력이 발생하는 것이므로, 위에서 본 바와 같은 약정 및 각서, 매매계약서, 양도증명서 등의 작성, 교부만으로 이 사건 굴삭기에 대한 소유권이 위 회사로 이전될 수는 없는 것이고, 따라서 피고인이 이 사건 굴삭기를 취거할 당시 그 소유권은 여전히 A에게 남아 있었다고 할 것이다.

나아가 형법상 절취란 타인이 점유하고 있는 자기 이외의 자의 소유물을 점유자의 의사에 반하여 그 점유를 배제하고 자기 또는 제3자의 점유로 옮기는 것을 말하는 것으로, 비록 약정에 기한 인도 등의 청구권이 인정된다고 하더라도, 취거 당시에 점유 이전에 관한 점유자의 명시적·묵시적인 동의가 있었던 것으로 인정되지 않는 한, 점유자의 의사에 반하여 점유를 배제하는 행위를 함으로써 절도죄는 성립하는 것이고, 그러한 경우에 특별한 사정이 없는 한 불법영득의 의사가 없었다고 할 수는 없는 것이다.

그런데 기록에 의하여 살펴보더라도, 비록 A가 약정된 기일에 채무를 이행하지 아니하는 경우 이 사건 굴삭기를 회수하여 가도 좋다는 약속을 하고 각서와 매매계약서 및 양도증명서 등을 작성하여 교부하였다고 하더라도, 그 의사표시 중에 자신의 동의나 승낙 없이 현실적으로 자신의 점유를 배제하고 이 사건 굴삭기를 가져가도 좋다는 의사까지 포함되어 있었던 것으로 보기는 어렵고, 달리 피고인의 굴삭기 취거에 A의 동의가 있었음을 알아볼 자료는 없다(기록에 의하면, 피고인은 이 사건 굴삭기를 취거할 당시 미리 A에게 통지 등의 절차를 거쳐 동의를 구한 사실은 없고, 다만 굴삭기를 취거한 후 A와 통화연락을 한 것으로 보인다).

그렇다면 피고인이 이 사건 굴삭기를 취거한 행위는 일응 절도죄에 해당하고 그 불법영득의 의사도 부인하기 어렵다고 할 것임에도 불구하고, 원심은 위와 같은 약정사실 및 각서 등의 작성, 교부가 있었다는 사실만을 들어 불법영득의 의사의 존재를 부정하고 절도죄에 대하여 무죄를 선고하였으니, 이는 절도죄와 불법영득의 의사에 대한 법리를 오해하고 심리를 다하지 아니하여 판결에 영향을 미친 위법이 있다고 하지 않을 수 없다. 이 점을 지적하는 상고는 그 이유가 있다.

■ 대법원 2010. 2. 25. 선고 2009도5064 판결【절도(일부 변경된 죄명: 권리행사방해)】(공)

형법상 절취란 타인이 점유하고 있는 자기 이외의 자의 소유물을 점유자의 의사에 반하여 그 점유를 배제하고 자기 또는 제3자의 점유로 옮기는 것을 말하는 것으로, 비록 약정에 기한 인도 등의 청구권이 인정된다고 하더라도, 취거 당시에 점유 이전에 관한 점유자의 명시적·묵시적인 동의가 있었던 것으로 인정되지 않는 한, 점유자의 의사에 반하여 점유를 배제하는 행위를 함으로써 절도죄는 성립하는 것이다(대법원 2001. 10. 26. 선고 2001도4546 판결 참조).

원심이, 피고인이 할부매매 덤프트럭을 가져가기 전에 공소외 1 주식회사에 "여신거래기본약관상의 기한이익 상실조항에 의거하여 리스료의 일시상환 청구를 하게 되었으며 또한 귀하의 재산에 대한 법적조치 및 연체자 정보제공 준비에 있습니다."라는 내용의 통보서를 보냈고, 공소외 3 주식회사와 공소외 1 주식회사 간에 "공소외 1 주식회사가 채무를 이행하지 아니하는 경우에 공소외 3 주식회사가 이를 관리하고 그 처분 혹은 임대수익으로써 채무의 변제에 충당할 수 있다."는 취지의 서면약정이 있었다고 하더라도, 피고인이 할부매매 덤프트럭을 가져간 행위는 공소외 1 주식회사의 의사에 반하는 절취행위에 해당한다고 본 것은 위와 같은 법리에 따른 것으로서 정당하다.

금전채권의 추심목적

■ 대법원 1983. 4. 12. 선고 83도297 판결【폭력행위등처벌에관한법률위반, 절도】(집)

피해자 책상에서 금전을 꺼내어 자신의 채권에 충당한 경우 영득의사 인정

(7) 제3자를 위한 영득의사

- 인정

4. 죄 수

① 침해된 점유의 개수에 따라 결정(1개 점유면 수인의 소유라도 1죄)

- 가정집에서 父옷 子옷, 세탁소에 보관중인 수인 소유 세탁물: 1죄

- 주인방과 셋방, 여관의 각 방실: 경합범

② **동일점유자: 단일 또는 계속적 범의아래 동일 피해자에 대해 일정기간내에 동종의 행위를 반복하는 경우 일죄**

- 동일 창고에서 곡물 훔치면서 운반의 편의상 며칠간 절취: 1죄

5. 불가벌적 사후행위

① **상태범과 불가벌적 사후행위**

② **긍정례**

■ 대법원 1987. 1. 20. 선고 86도1728 판결【사기】(공)

금융기관발행의 자기앞수표는 그 액면금을 즉시 지급받을 수 있어 현금에 대신하는 기능을 하고 있으므로 절취한 자기앞수표를 현금 대신으로 교부한 행위는 절도행위에 대한 가벌적 평가에 당연히 포함되는 것으로 봄이 상당하다 할 것이므로(당원 1982. 7. 27. 선고 82도822 판결, 1980. 1. 15. 선고79도2948 판결 참조) 원심이 같은 견해아래 절취한 자기앞수표를 음식대금으로 교부하고 거스름돈을 환불받은 피고인의 소위를 절도의 불가벌적 사후처분행위로서 사기죄가 되지 아니한다고 판단한 조처는 정당….

■ 대법원 1993. 11. 23. 선고 93도213 판결【사기】(공)

금융기관 발행의 자기앞수표는 그 액면금을 즉시 지급받을 수 있는 점에서 현금에 대신하는 기능을 가지고 있어서 장물인 자기앞수표를 취득한 후 이를 현금 대신 교부한 행위는 장물취득에 대한 가벌적 평가에 당연히 포함되는 불가벌적 사후행위로서 별도의 범죄를 구성하지 아니한다고 봄이 상당하다 할 것이므로(당원 1987. 1. 20. 선고 86도1728 판결) 원심이 같은 견해 아래 절도범인으로부터 그 정을 알면서 자기앞수표를 교부받아 이를 음식대금으로 지급하고 거스름돈을 환불받은 피고인의 소위를 사기죄가 되지 아니한다고 판단한 조처는 정당하고 거기에 논지가 지적하는 바와 같은 심리미진이나 불가벌적 사후행위 및 사기죄에 관한 법리오해의 위법이 없다. 논지는 이유 없다.

③ **부정례**

■ 대법원 2008. 9. 11. 선고 2008도5364 판결【절도, 부정경쟁방지및영업비밀보호에관한법률위반】(공)

부정한 이익을 얻거나 기업에 손해를 가할 목적으로 그 기업에 유용한 영업비밀이 담겨 있는 타인의 재물을 절취한 후 그 영업비밀을 사용하는 경우, 영업비밀의 부정사용행위는 새로운 법익의 침해로 보아야 하므로 위와 같은 부정사용행위가 절도범행의 불가벌적 사후행위가 되는 것은 아니다.

원심이 같은 취지에서, 삼원산업의 영업비밀이 담겨 있는 이 사건 단가리스트 CD를 절취한 후 그 CD에 담겨 있는 영업비밀을 부정사용한 피고인의 행위가 부정경쟁방지 및 영업비밀보호에 관한 법률 제18조 제2항 위반죄에 해당한다고 본 것은 정당하고, 거기에 불가벌적 사후행위에 관한 법리오해 등의 위법이 없다.

■ 대법원 2007. 9. 6. 선고 2007도4739 판결【특정범죄가중처벌등에관한법률위반(절도) · 여신전문금융업법위반 · 사기 · 자동차관리법위반 · 공기호부정사용 · 부정사용공기호행사 · 도로교통법위반(무면허운전) · 정보통신망이용촉진및정보보호등에관한법률위반 · 강도예비】(미)

원심은, 피고인들이 절취한 쏘나타 승용차의 번호판을 떼어낸 후 미리 절취하여 소지하고 있던 포텐샤 승용차의 번호판을 임의로 부착하여 운행한 행위에 대하여, 피고인들의 절취행위를 특정범죄 가중처벌 등에 관한 법률 제5조의4 제1항, 형법 제331조 제2항에, 자동차등록번호판을 떼어낸 행위를 자동차관리법 제81조 제1호, 제10조 제2항에, 포텐샤 승용차의 번호판을 쏘나타 승용차에 부착함으로써 부정사용한 행위를 형법 제238조 제1항에, 위와 같이 번호판을 부정사용한 자동차를 운행한 행위를 형법 제238조 제2항, 제1항에 각 의율한 다음 이를 실체적 경합범으로 처리하였는바, 자동차를 절취한 후 자동차등록번호판을 떼어내는 행위는 새로운 법익의 침해로 보아야 하므로 위와 같은 번호판을 떼어내는 행위가 절도범행의 불가벌적 사후행위가 되는 것은 아니어서, 이 점에 관한 상고이유의 주장 역시 받아들일 수 없다.

III. 야간주거침입절도죄

① 야간의 의미

1 천문학적 해석설(다수설, 판례)
2 심리학적 해석설

② 야간의 적용범위

1 절취행위시(김성천/김형준, 박상기, 백형구, 이정원)
2 주거침입 or 절취행위시(다수설)
3 주거침입 & 절취행위시(독자적 범죄로 보는 견해, 김일수, 정영일)
4 주거침입시(오영근, 이재상)

주거침입이 야간 ○

■ 대법원 1970. 4. 24. 선고, 70도507 판결【강도상해, 유가증권위조, 유가증권위조행사미수】(집)

야간에 타인의 재물을 절취할 목적으로 사람의 주거에 침입한 경우에는 주거에 침입한 행위의 단계에서 이미 형법 제330조 소정의 야간 주거침입 절도죄라는 범죄행위의 실행에 착수한 것이라고 봄이 상당하므로 이 사건에서 1969. 6. 4. 23:50경 공소외인 집에 절도의 목적으로 월담 침입하여 동 가 마루밑에 숨어 있다가 그 목적을 달성하지 못한 피고인의 소위를 야간주거침입 절도죄의 미수행위로 본 취지인 원판결 판단은 정당하고, 거기에 절도의 실행착수에 관한 법리를 오해한 위법이 없다.

■ 대법원 1983. 3. 8. 선고 83도145,83감도36 판결【특정범죄가중처벌등에관한법률위반, 보호감호】(공)

원심이 유지한 제1심판결 이유설시의 각 증거를 기록과 대조하여 살펴보면 원심이 제1심판시 피고인에 대한 절도사실을 인정한 조치는 정당하게 수긍이 되고 야간에 타인의 재물을 절취할 목적으로 사람의 주거에 침입한 경우에는 주거에 침입한 단계에서 이미 야간주거침입절도의 실행에 착수한 것이라 할 것이므로(당원 1970. 4. 28. 선고 70도507 판결 참조) 원심이 그 인정한 사실에 관하여 야간주거침입절도미수죄로 의율한 조치는 정당….

■ 대법원 2006. 9. 14. 선고 2006도2824 판결【야간주거침입절도미수】(공)

야간에 타인의 재물을 절취할 목적으로 사람의 주거에 침입한 경우에는 주거에 침입한 단계에서 이미 형법 제330조에서 규정한 야간주거침입절도죄라는 범죄행위의 실행에 착수한 것이라고 보아야 한다(대법원 2003. 10. 24. 선고 2003도4417 판결 참조).

원심판결 이유에 의하면 원심은, 피고인은 출입문이 열려있는 집에 들어가 재물을 절취하기로 마음먹고 피해자들이 주거하는 이 사건 다세대주택에 들어가 그 건물 101호의 출입문을 손으로 당겨보았는데 문이 잠겨있자 그 옆의 102호, 2층의 201호, 202호, 3층의 301호, 302호, 옆 건물의 주택 1층에 이르러 똑같이 출입문을 당겨보았는데 모두 잠겨있어 범행에 실패하였고, 그 후 위 주택 2층의 문이 열려있어 피고인이 제1심 판시 유죄 부분과 같은 절취범행을 한 사실을 인정한 다음, 이 부분에서와 같이 피고인이 잠긴 출입문을 부수거나 도구를 이용하여 강제로 열려는 의사가 전혀 없이, 즉 출입문이 잠겨있다면 침입할 의사가 전혀 없이 손으로 출입문을 당겨보아 출입문이 잠겨있는지 여부를 확인한 것이라면 이는 범행의 대상을 물색한 것에 불과하여 피고인의 이 부분 행위는 야간주거침입절도죄의 예비단계에 불과하고 그 실행의 착수에 나아가지 않은 것이라고 판단하였다.

그러나 주거침입죄의 실행의 착수는 주거자, 관리자, 점유자 등의 의사에 반하여 주거나 관리하는 건조물 등에 들어가는 행위, 즉 구성요건의 일부를 실현하는 행위까지 요구하는 것은 아니고 범죄구성요건의 실현에 이르는 현실적 위험성을 포함하는 행위를 개시하는 것으로 족하다고 할 것이므로(대법원 2003. 10. 24. 선고 2003도4417 판결 참조), 원심 판시와 같이 출입문이 열려 있으면 안으로 들어가겠다는 의사 아래 출입문을 당겨보는 행위는 바로 주거의 사실상의 평온을 침해할 객관적인 위험성을 포함하는 행위를 한 것으로 볼 수 있어 그것으로 주거침입의 실행에 착수가 있었고, 단지 그 출입문이 잠겨 있었다는 외부적 장애요소로 인하여 뜻을 이루지 못한 데 불과하다 할 것이다.

주간침입 야간절도 ×

■ 대법원 2011. 4. 14. 선고 2011도300, 2011감도5 판결【절도 · 건조물침입 · 유해화학물질관리법위반(환각물질흡입) · 야간방실침입절도(인정된 죄명: 방실침입 · 절도) · 치료감호】(공)

형법은 제329조에서 절도죄를 규정하고 곧바로 제330조에서 야간주거침입절도죄를 규정하고 있을 뿐, 야간절도죄에 관하여는 처벌규정을 별도로 두고 있지 아니하다. 이러한 형법 제330조의 규정형식과 그 구성요건의 문언에 비추어 보면, 형법은 야간에 이루어지는 주거침입행위의 위험성에 주목하여 그러한 행위를 수반한 절도를 야간주거침입절도죄로 중하게 처벌하고 있는 것으로 보아야 한다. 따라서 주거침입이 주간에 이루어진 경우에는 야간주거침입절도죄가 성립하지 않는다고 해석함이 상당하다.

이와 달리 만일 주거침입의 시점과는 무관하게 절취행위가 야간에 이루어지면 야간주거침입절도죄가 성립한다고 해석하거나, 주거침입 또는 절취 중 어느 것이라도 야간에 이루어지면 야간주거침입절도죄가 성립한다고 해석한다면, 이는 이 사건과 같이 주간에 주거에 침입하여 야간에 재물을 절취한 경우에도 야간주거침입절도죄의 성립을 인정하여 결국 야간절도를 주간절도보다 엄하게 처벌하는 결과가 되는바, 앞서 본 바와 같이 현행법상 야간절도라는 이유만으로 주간절도보다 가중하여 처벌하는 규정은 없을 뿐만 아니라, 재산범죄 일반에 관하여 야간에 범죄가 행하여졌다고 하여 가중처벌하는 규정이 존재하지 아니한다. 또한 절도행위가 야간에 이루어졌다고 하여 절도행위 자체만으로 주간절도에 비하여 피해자의 심리적 불안감이나 피해 증대 등의 위험성이 커진다고 보기도 어렵다. 나아가, 예컨대 일몰 전에 주거에 침입하였으나 시간을 지체하는 등의 이유로 절취행위가 일몰 후에 이루어진 경우 야간주거침입절도죄로 가중처벌하는 것은 주거침입이 일몰 후에 이루어진 경우와 그 행위의 위험성을 비교하여 볼 때 가혹하다 할 것이다.

한편 야간주거침입절도죄는 주거에 침입한 단계에서 이미 실행에 착수한 것으로 보아야 한다는 것이 대법원의 확립된 판례인바(대법원 2006. 9. 14. 선고 2006도2824 판결 등 참조), 만일 주간에 주거에 침입하여 야간에 재물을 절취한 경우에도 야간주거침입절도죄의 성립을 인정한다면, 원심이 적절히 지적하고 있는 바와 같이 행위자가 주간에 주거에 침입하여 절도의 실행에는 착수하지 않은 상태에서 발각된 경우 야간에 절취할 의사였다고 하면 야간주거침입절도의 미수죄가 되고 주간절도를 계획하였다고 하면 주거침입죄만 인정된다는 결론에 이르는데, 결국 행위자의 주장에 따라 범죄의 성립이 좌우되는 불합리한 결과를 초래하게 된다.

위와 같은 여러 점들을 종합하여 보면, 주간에 사람의 주거 등에 침입하여 야간에 타인의 재물을 절취한 행위는 형법 제330조의 야간주거침입절도죄를 구성하지 않는 것으로 봄이 상당하다.

따라서 원심이 이 사건 공소사실 중 야간방실침입절도의 점을 무죄로 인정한 제1심판결을 그대로 유지한 조치는 앞서 본 법리에 비추어 정당하고, 거기에 상고이유로 주장하는 바와 같은 야간방실침입절도죄의 성립에 관한 법리오해의 잘못이 없다.

☞ 위 사건에서 공소장 변경은 없었다.

Ⅳ. 특수절도죄

제331조 (특수절도)

① 야간에 문호 또는 장벽 기타 건조물의 일부를 손괴하고 전조의 장소에 침입하여 타인의 재물을 절취한 자는 1년 이상 10년 이하의 징역에 처한다.

② 흉기를 휴대하거나 2인 이상이 합동하여 타인의 재물을 절취한 자도 전항의 형과 같다.

1. 구성요건

가. 손괴특수절도(손괴후 야간주거침입절도)

① '문호 또는 장벽 기타 건조물의 일부', '손괴'의 개념

■ 대법원 2004. 10. 15. 선고 2004도4505 판결【특수절도(인정된 죄명: 절도)】(공)

형법 제331조 제1항은 야간에 문호 또는 장벽 기타 건조물의 일부를 손괴하고 형법 제330조의 장소에 침입하여 타인의 재물을 절취한 자는 1년 이상 10년 이하의 징역에 처한다고 규정하고 있는바, 형법 제331조 제1항에 정한 '문호 또는 장벽 기타 건조물의 일부'라 함은 주거 등에 대한 침입을 방지하기 위하여 설치된 일체의 위장시설(圍障施設)을 말하고(대법원 2003. 2. 28. 선고 2003도120 판결 참조), '손괴'라 함은 물리적으로 위와 같은 위장시설을 훼손하여 그 효용을 상실시키는 것을 말한다고 할 것이다.

원심이 인용한 제1심판결의 채택 증거들에 의하면, 이 사건 당시 피고인은 상점의 불이 꺼져 있어 사람이 없는 것으로 생각하고 상점의 출입문을 손으로 열어보려고 하였으나 출입문은 그 하단에 부착되어 있던 잠금 고리에 의하여 잠겨져 있어 열리지 않았는데, 피고인이 출입문을 발로 걷어차자 잠금 고리의 아래쪽 부착 부분이 출입문에서 떨어져 출입문과의 사이가 뜨게 되면서 출입문이 열리게 되었고, 이에 피고인이 상점 안으로 침입하여 판시와 같이 피해자의 재물을 절취하였음을 알 수 있는바, 이러한 피고인의 행위는 물리적으로 위장시설을 훼손하여 그 효용을 상실시키는 행위에 해당한다고 할 것이다.

■ 대법원 2003. 2. 28. 선고 2003도120 판결【특수절도】(공)

형법 제331조 제1항 소정의 '문호 또는 장벽 기타 건조물의 일부'라 함은 주거 등에 대한 침입을 방지하기 위하여 설치된 일체의 위장(圍障)시설을 말하므로, 이 사건에서 피고인이 야간에 창문에 설치된 방충망을 손으로 잡아뜯어 손괴한 후 사무실 안으로 침입하여 물건을 절취한 행위를 형법 제331조 제1항의 특수절도죄로 의율한 원심의 조치는 정당하다고 할 것이므로 방충망이 위 제1항 소정의 건조물의 일부에 해당되지 않음을 전제로 한 법리오해의 주장 또한 이유 없다.

■ 대법원 1979. 9. 11. 선고 79도1736 판결【특수절도】(공)

야간에 연탄집게와 식도로써 방문고리를 파괴하고 방에 침입하여 재물을 절취한 이 사건에 있어서 특수절도죄를 적용 처단하였음은 당연하다.

② 실행의 착수

■ 대법원 1986. 9. 9. 선고 86도1273 판결【강도살해 · 특수강도 · 특정범죄가중처벌등에관한법률위반(특수절도) · 특수절도 · 장물취득】(집)

야간에 절도의 목적으로 출입문에 장치된 자물통 고리를 절단하고 출입문 유리 1매를 손괴한 뒤 집안으로 침입하려다가 발각된 것이라면 이는 위 죄의 실행에 착수한 것.

■ 대법원 1977. 7. 26. 선고 77도1802 판결【특수절도미수】(공)

피고인은 절도의 목적으로 야간에 피해자 A의 집에 침입하여 잠겨진 방실의 문고리를 부시다가 발각되어 절도의 목적을 달성 못하였다는 것이니 현실적으로 절취목적물에 접근하지를 못하였더라도 타인의 주거에 침입하여 건조물의 일부인 방문고리를 손괴하였다면 형법 제331조의 특수절도죄에 착수하였다고 할 것이므로 동 판결이 이 소위를 특수절도미수라 하여 형법 제331조 제1항 제342조를 적용하였음은 정당하다 할 것….

☞ 대법원 2009. 12. 24. 선고 2009도9667 판결과 비교.

나. 흉기휴대절도

다. 합동절도

○ 성립요건

■ 대법원 1996. 3. 22. 선고 96도313 판결【특수절도】(공)

형법 제331조 제2항 후단의 2인 이상이 합동하여 타인의 재물을 절취한 경우의 특수절도죄가 성립하기 위하여는 주관적 요건으로서의 공모와 객관적 요건으로서의 실행행위의 분담이 있어야 하고 그 실행행위에 있어서는 시간적으로나 장소적으로 협동관계에 있음을 요한다 고 함은 원심이 판시한 바와 같다(대법원 1969. 7. 22. 선고 67도1117 판결, 1988. 9. 13. 선고 88도1197 판결, 1989. 3. 14. 선고 88도837 판결 각 참조).

그러나 이 사건에 있어서 적법하게 조사된 검사 작성의 원심 공동피고인에 대한 각 피의자 신문조서(수사기록 제1권 제64쪽 이하, 제97쪽 이하)의 진술기재에 의하면, 피고인은 위 원심 공동피고인으로부터 동생인 피해자가 백지 가계수표 19장을 집에 가지고 있으며 그가 신혼여행을 떠나 집에 없다는 말을 듣고 위 원심 공동피고인과 함께 피해자의 수표를 몰래 꺼내오기로 범행을 모의하고, 송탄시에서 함께 차량을 타고 위 범행장소에 도착하여 피해자의 집으로 같이 들어가 이 사건 범행을 저질렀다는 것인바, 이와 같이 피고인과 위 원심 공동피고인이 물품을 절취할 목적으로 피해자의 집에 같이 들어간 경우라면 설사 위 원심 공동피고인의 원심 진술과 같이 그가 절취행위를 하는 동안 피고인은 피해자의 집 안의 가까운 곳에 대기하고 있다가 절취품을 가지고 같이 집을 나온 것이라 하더라도, 피고인은 위 절취행위에 있어 시간적, 장소적으로 위 원심 공동피고인과 협동관계에 있었다고 보아야 할 것이고, 이와 같은 결과는 원심이 판시한 사정이 있다고 하여 달라지지 아니한다고 할 것이다.

그럼에도 불구하고 원심이 위의 증거들에 관하여 명백히 판단하지 아니한 채 그 판시와 같은 이유로 피고인에게 실행행위의 분담이 있었다고 볼 증거가 없다고 하여 특수절도죄 부분에 대하여 무죄를 선고한 조치는 합동범에 관한 법리를 오해하였거나 채증법칙을 위반함으로써 판결에 영향을 미친 위법을 범한 것이라 하겠으므로, 이 점을 지적하는 논지는 이유 있다.

■ 대법원 1992. 7. 28. 선고 92도917 판결【강도상해 등】(공)

합동범은 주관적 요건으로서 공모 외에 객관적 요건으로서 현장에서의 실행행위의 분담을 요하나 이 실행행위의 분담은 반드시 동시에 동일장소에서 실행행위를 특정하여 분담하는 것만을 뜻하는 것이 아니라 시간적으로나 장소적으로 서로 협동관계에 있다고 볼 수 있으면 충분하다.

원심판시 1의 가 (1)사실에 의하면 피고인들 중 피고인 X가 피해자의 집 담을 넘어 들어가 대문을 열어 피고인 Y, Z로 하여금 들어오게 한 다음 피고인 Z, X는 드라이버로 현관문을 열고 들어가 그 곳에 있던 식칼 두 개를 각자 들고 피고인들 모두가 안방에 들어가서 피해자들을 칼로 협박하고 손을 묶은 뒤 장농설합을 뒤져 귀금속과 현금 등을 강취하였다는 것이므로, 피고인 Y가 소론과 같이 직접 문을 열거나 식칼을 든 일이 없다고 하여도 위 원심판시와 같이 다른 피고인들과 함께 행동하면서 범행에 협동한 이상 현장에서 실행행위를 분담한 것이라고 볼 것이다.

○ 실행의 착수

■ 대법원 2009. 12. 24. 선고 2009도9667 판결【특수절도미수】(공)

형법 제331조 제2항의 특수절도에 있어서 주거침입은 그 구성요건이 아니므로, 절도범인이 그 범행수단으로 주거침입을 한 경우에 그 주거침입행위는 절도죄에 흡수되지 아니하고 별개로 주거침입죄를 구성하여 절도죄와는 실체적 경합의 관계에 있게 되고(대법원 2008. 11. 27. 선고 2008도7820 판결 참조), 2인 이상이 합동하여 야간이 아닌 주간에 절도의 목적으로 타인의 주거에 침입하였다 하여도 아직 절취할 물건의 물색행위를 시작하기 전이라면 특수절도죄의 실행에는 착수한 것으로 볼 수 없는 것이어서 그 미수죄가 성립하지 않는다(대법원 1992. 9. 8. 선고 92도1650, 92감도80 판결 참조).

위 법리에 비추어 보면, 원심이 주간에 피해자의 아파트 출입문 시정장치를 손괴하다가 마침 귀가하던 피해자에게 발각되어 도주한 피고인들에 대하여 형법 제331조 제2항에 정한 특수절도죄의 실행의 착수가 없었다는 이유로 무죄를 선고한 조치는 옳고, 주장과 같은 법리오해의 위법이 없다.

☞ 대법원 1977. 7. 26. 선고 77도1802 판결과 비교.

2. 죄 수

① 331조 1항의 특수절도에 주거침입죄와 손괴죄 흡수

② 주간에 손괴후 주거침입하여 331조 2항 절도한 경우

- 주거침입 및 손괴 별도 성립

③ 야간에 손괴후 주거침입하여 331조 2항 절도한 경우

- 331조 1항과 2항을 함께 충족
- 포괄하여 하나의 특수절도죄 ⇒ 주거침입과 손괴는 흡수

V. 상습절도죄

○ 형법

제332조 (상습범)

상습으로 제329조 내지 제331조의2의 죄를 범한 자는 그 죄에 정한 형의 2분의 1까지 가중한다. 〈개정 1995. 12. 29〉

○ 특정범죄 가중처벌 등에 관한 법률

제5조의4 (상습 강도 · 절도죄 등의 가중처벌)

① 상습적으로 「형법」 제329조부터 제331조까지의 죄 또는 그 미수죄를 범한 사람은 무기 또는 3년 이상의 징역에 처한다.

② 5명 이상이 공동하여 제1항의 죄를 범한 사람은 무기 또는 5년 이상의 징역에 처한다.

③ 상습적으로 「형법」 제333조 · 제334조 · 제336조 · 제340조 제1항의 죄 또는 그 미수죄를 범한 사람은 사형, 무기 또는 10년 이상의 징역에 처한다.

④ 「형법」 제363조의 죄를 범한 사람은 무기 또는 3년 이상의 징역에 처한다.

⑤ 「형법」 제329조부터 제331조까지, 제333조부터 제336조까지 및 제340조 · 제362조의 죄 또는 그 미수죄로 세 번 이상 징역형을 받은 사람이 다시 이들 죄를 범하여 누범으로 처벌하는 경우에도 제1항부터 제4항까지의 형과 같은 형에 처한다.

⑥ 제1항 또는 제2항의 죄로 두 번 이상 실형을 선고받고 그 집행이 끝나거나 면제된 후 3년 이내에 다시 제1항 또는 제2항의 죄를 범한 경우에는 그 죄에 대하여 정한 형의 단기의 2배까지 가중한다.

[전문개정 2010. 3. 31]

○ **주거침입과 상습절도**

■ 대법원 1984. 12. 26. 선고 84도1573 전원합의체 판결【방실침입】(공) [요지]

다수의견

특정범죄가중처벌등에관한법률 제5조의4 제1항에 규정된 상습절도등 죄를 범한 범인이 그 범행의 수단으로 주거침입을 한 경우에 주거침입행위는 상습절도등 죄에 흡수되어 위 법조에 규정된 상습절도등죄의 1죄만이 성립하고 별개로 주거침입죄를 구성하지 않으며, 또 위 상습절도등 죄를 범한 범인이 그 범행 외에 상습적인 절도의 목적으로 주거침입을 하였다가 절도에 이르지 아니하고 주거침입에 그친 경우에도 그것이 절도상습성의 발현이라고 보여지는 이상 주거침입행위는 다른 상습절도등 죄에 흡수되어 위 법조에 규정된 상습절도등의 1죄만을 구성하고 이 상습절도등 죄와 별개로 주거침입죄를 구성하지 않는다.

소수의견

법률에 특별히 규정된 경우를 제외하고는 주거침입죄는 그 목적여하에 불구하고 그 목적하는 죄와 별도로 성립하는 것이며 그 목적 때문에 주거침입죄의 성립 여부에 영향을 받을리 없다 할 것이므로, 원래 별개의 주거침입죄를 유독 그가 목적하는 상습절도의 경우에만 동 상습절도등 죄에 흡수 내지 포괄된다고 볼 수는 없다.

소수의견

위 법 제5조의4 제1항은 상습으로 절도죄를 범한 자를 가중처벌함으로써 사회질서를 유지하려는 형사정책적인 고려에서 나온 규정으로 동 조항을 구성하는 행위는 거기에 열기되어 있는 형법 제329조 내지 제331조의 죄 또는 그 미수죄에 한정하고 있으므로, 형법 제319조의 주거침입죄는 비록 상습성의 발현으로서의 절도목적의 주거침입이라 하여도 거기에 열리되어 있지 않은 이상 위 법조에 포함시켜 처벌할 수 없다.

☞ 본 판결로 대법원 1983. 4. 12. 선고 83도422 판결 폐기.

제3절 강도의 죄

I. 총 설
① 보호법익
② 구성요건 체계
• 형법
• 특정범죄 가중처벌 등에 관한 법률

II. 강도죄
1. 객 체
가. 내 용
○ 타인의 재물 또는 재산상의 이익
나. 재산상의 이익
① 재물 이외의 일체의 재산적 가치 있는 이익
② 사법상 보호되는 이익에 한하지 않음
③ 사법상 유효한 재산상 이득에 한하지 않음
2. 행 위
① 폭행 · 협박
• 날치기와 상해: 절도
• 날치기와 상해: 강도치상
② 재물강취
③ 재산상 이익의 취득
3. 권리행사와 강취
① 학설
② 판례

III. 준강도죄
① 절도와 폭행 · 협박의 근접성
• 200미터 떨어진 곳 ○
• 일단 벗어난 경우
• 체포가 종료되지 않은 상황
② 준강도미수
• 구 판례

IV. 강도강간죄

I. 총 설

① 보호법익

- 재산권
- 신체의 완전성과 개인의 자유

② 구성요건 체계

형법

구분	죄명	조문	법정형	비고
기본적 구성요건	강도	333	3↑	
	준강도	335	〃	
	인질강도	336	3↑	일부 특가 5-2 ②로 대체
가중적 구성요건	특수강도, 준특수강도	334, 335	무, 5↑	
	강도(상해, 치상)	337	무, 7↑	
	강도(살인, 치사)	338	사, 무 (살해) 무, 10↑(치사)	
	강도강간	339	무, 10↑	
	해상강도	340 ①	무, 7↑	
	해상강도(상해, 치상)	340 ②	무, 10↑	
	해상강도(살해, 치사, 강간)	340 ③	사, 무	
	상습(333, 334, 336, 340①)	341	무, 10↑	특가 5-4 ③으로 대체
미수	미수(329-341)	342		341미수는 특가 5-4 ③으로 대체
예비, 음모	강도(예비, 음모)	343	7↓	
친족상도례		344		
자격정지 병과		345		
동력		346		

특정범죄 가중처벌 등에 관한 법률

제5조의4 (상습 강도 · 절도죄 등의 가중처벌)

① 상습적으로 「형법」 제329조부터 제331조까지의 죄 또는 그 미수죄를 범한 사람은 무기 또는 3년 이상의 징역에 처한다.

② 5명 이상이 공동하여 제1항의 죄를 범한 사람은 무기 또는 5년 이상의 징역에 처한다.

③ 상습적으로 「형법」 제333조·제334조·제336조·제340조 제1항의 죄 또는 그 미수죄를 범한 사람은 사형, 무기 또는 10년 이상의 징역에 처한다.

④ 「형법」 제363조의 죄를 범한 사람은 무기 또는 3년 이상의 징역에 처한다.

⑤ 「형법」 제329조부터 제331조까지, 제333조부터 제336조까지 및 제340조·제362조의 죄 또는 그 미수죄로 세 번 이상 징역형을 받은 사람이 다시 이들 죄를 범하여 누범으로 처벌하는 경우에도 제1항부터 제4항까지의 형과 같은 형에 처한다.

⑥ 제1항 또는 제2항의 죄로 두 번 이상 실형을 선고받고 그 집행이 끝나거나 면제된 후 3년 이내에 다시 제1항 또는 제2항의 죄를 범한 경우에는 그 죄에 대하여 정한 형의 단기의 2배까지 가중한다.

[전문개정 2010. 3. 31]

제5조의5 (강도상해 등 재범자의 가중처벌)

「형법」 제337조·제339조의 죄 또는 그 미수죄로 형을 선고받고 그 집행이 끝나거나 면제된 후 3년 내에 다시 이들 죄를 범한 사람은 사형, 무기 또는 10년 이상의 징역에 처한다.

[전문개정 2010. 3. 31]

제5조의2 (약취 · 유인죄의 가중처벌)

① 「형법」 제287조의 죄를 범한 사람은 그 약취 또는 유인의 목적에 따라 다음 각 호와 같이 가중처벌한다.

1. 약취 또는 유인한 미성년자의 부모나 그 밖에 그 미성년자의 안전을 염려하는 사람의 우려를 이용하여 재물이나 재산상의 이익을 취득할 목적인 경우에는 무기 또는 5년 이상의 징역에 처한다.
2. 약취 또는 유인한 미성년자를 살해할 목적인 경우에는 사형, 무기 또는 7년 이상의 징역에 처한다.

② 「형법」 제287조의 죄를 범한 사람이 다음 각 호의 어느 하나에 해당하는 행위를 한 경우에는 다음 각 호와 같이 가중처벌한다.

1. 약취 또는 유인한 미성년자의 부모나 그 밖에 그 미성년자의 안전을 염려하는 사람의 우려를 이용하여 재물이나 재산상의 이익을 취득하거나 이를 요구한 경우에는 무기 또는 10년 이상의 징역에 처한다.
2. 약취 또는 유인한 미성년자를 살해한 경우에는 사형 또는 무기징역에 처한다.
3. 약취 또는 유인한 미성년자를 폭행·상해·감금 또는 유기하거나 그 미성년자에게 가혹한 행위를 한 경우에는 무기 또는 5년 이상의 징역에 처한다.
4. 제3호의 죄를 범하여 미성년자를 사망에 이르게 한 경우에는 사형, 무기 또는 7년 이상의 징역에 처한다.

③ 제1항 또는 제2항의 죄를 범한 사람을 방조하여 약취 또는 유인된 미성년자를 은닉하거나 그 밖의 방법으로 귀가하지 못하게 한 사람은 5년 이상의 유기징역에 처한다.

④ 「형법」 제288조·제289조 또는 제292조 제1항의 죄를 범한 사람은 무기 또는 5년 이상의 징역에 처한다.

⑤ 상습적으로 제4항의 죄를 범한 사람은 그 죄에 대하여 정한 형의 2분의 1까지 가중한다.

⑥ 제1항·제2항(제2항 제4호는 제외한다) 및 제4항에 규정된 죄의 미수범은 처벌한다.

⑦ 제1항부터 제6항까지의 죄를 범한 사람을 은닉하거나 도피하게 한 사람은 3년 이상의 유기징역에 처한다.

⑧ 제1항, 제2항 제1호·제2호 또는 제4항의 죄를 범할 목적으로 예비하거나 음모한 사람은 1년 이상의 유기징역에 처한다.

[전문개정 2010. 3. 31]

II. 강도죄

1. 객 체

가. 내 용

○ 타인의 재물 또는 재산상의 이익

나. 재산상의 이익

① 재물 이외의 일체의 재산적 가치 있는 이익

1 법률적 재산설
2 경제적 재산설(판례)
3 법률적 · 경제적 재산설

② 사법상 보호되는 이익에 한하지 않음

■ 대법원 2001. 10. 23. 선고 2001도2991 판결【사기】(집)

원심은, 이 사건 공소사실 중 피고인이 대가를 지급하기로 하고 술집 여종업원과 성관계를 가진 뒤 절취한 신용카드로 그 대금을 결제하는 방법으로 그 대가의 지급을 면하여 재산상의 이익을 취득하였다는 부분에 관하여, 정조는 재산권의 객체가 될 수 없을 뿐만 아니라 이른바, 화대란 정조 제공의 대가로 지급받는 금품으로서 이는 선량한 풍속에 반하여 법률상 보호받을 수 없는 경제적 이익이므로, 피고인이 기망의 방법으로 그 지급을 면하였다 하더라도 사기죄가 성립하지 아니한다고 판단하였다.

일반적으로 부녀와의 성행위 자체는 경제적으로 평가할 수 없고, 부녀가 상대방으로부터 금품이나 재산상 이익을 받을 것을 약속하고 성행위를 하는 약속 자체는 선량한 풍속 기타 사회질서에 위반한 사항을 내용으로 하는 법률행위로서 무효이다. 그러나 사기죄의 객체가 되는 재산상의 이익이 반드시 사법상 보호되는 경제적 이익만을 의미하지 아니하고, 부녀가 금품 등을 받을 것을 전제로 성행위를 하는 경우 그 행위의 대가는 사기죄의 객체인 경제적 이익에 해당하므로, 부녀를 기망하여 성행위 대가의 지급을 면하는 경우 사기죄가 성립한다.

③ 사법상 유효한 재산상 이득에 한하지 않음

■ 대법원 1994. 2. 22. 선고 93도428 판결【강도상해】(공)

1. 원심판결 이유에 의하면 원심은 …

다. 피해자가 쓴 지불각서는 피고인이 가지고 있던 종이를 피해자에게 내놓고 칼로 위협을 하면서 부르는 대로 쓰라고 하여 피해자는 그대로 기재만 한 사실이 인정되므로 위 각서의 재물로서의 소유권은 당초부터 피고인에게 있었다 할 것이고, 피해자가 그 종이 위에 채무부담에 관한 기재를 한 것만으로 그 각서의 소유권이 피해자에게 귀속한다거나 피고인이 피해자로 하여금 그와 같은 기재를 하게 한 행위가 곧 타인의 재물을 강취한데 해당한다고 볼 수 없고 ….

라. 피고인의 행위가 재산상 이득에 관한 강취행위에 해당한다고 볼 수 있는지의 점에 관하여는, 재산상 이득에 관한 강도죄가 성립하려면 예컨대 어음, 수표와 같은 유가증권에 강제로 서명날인하게 하여 이를 발행받는다거나 채무면제의 의사표시를 하게 하는 경우와 같이 폭행, 협박에 의한 피해자의 행위로 인하여 적어도 외형상으로나마 권리의무관계의 불법적인 변동이 있어야만 할 것이고, 설사 범인이 폭행, 협박에 의하여 피해자로 하여금 강제로 어떤 행위를 하게 하였으나 그로

말미암아 권리의무관계의 외형적인 변동조차도 일어나지 아니하는 경우라면, 형법 제324조의 권리행사방해죄가 성립될 수 있음은 별론으로 하고 강도죄가 성립할 수는 없다고 봄이 상당하다 할 것인데, 이 사건에서 피고인이 피해자를 강요하여 한 행위는, 피고인의 위 A에 대한 채무를 피해자가 대신 부담하여 지급할 것을 강요하면서 피고인이 부르는 대로 받아 쓰도록 하여 "돈 20,000,000원을 1992. 5. 24.까지 A에게 지불한다"는 내용의 증거서류를 만들어 내도록 한 데 지나지 아니하고, 피해자가 그와 같은 지불각서를 피고인이 부르는 대로 받아 쓴 것만으로는 피고인이나 위 A에 대하여 도대체 어떤 채무부담의 의사표시를 한 것이라고 인정할 수 없을 뿐 아니라, 위 A의 승낙이 없이는 채무인수행위로서의 효력도 생기지 아니하는 것이므로, 그로써 피고인 또는 위 A에게 곧바로 어떤 재산적 이득이 돌아간다고 할 수는 없는 것이어서, 위와 같은 피고인의 행위에 의하여서는 피해자등의 권리의무관계에 외형적, 형식적 변동조차 일어나지 않는다고 할 것이고, 그 밖에 피고인의 행위로 인하여 피고인 자신이나 위 A가 어떤 재산상 이득을 취득하였다고 인정할 증거없으므로, 위와 같은 피고인의 행위가 권리행사방해죄 내지 상해죄에 해당함은 별론으로 하고 강도상해죄에 해당하는 것이라고 할 수는 없다는 이유로 무죄를 선고하였다.

2. <u>형법 제333조 후단의 강도죄, 이른바 강제이득죄의 요건인 재산상의 이익이란 재물 이외의 재산상의 이익</u>을 말하는 것으로서 <u>적극적 이익</u>(적극적인 재산의 증가)이든 <u>소극적 이익</u>(소극적인 부채의 감소)이든 상관없는 것이고, 같은 법 제337조 소정의 강도상해, 치상죄의 성립에는 강도범행의 기수나 미수 여부도 불문하는 것이다(당원 1969. 9. 23. 선고 69도1333 판결, 1986. 9. 23. 선고 86도1526 판결, 1988. 2. 9. 선고 87도2492 판결 등 참조).

그러므로 피해자에게 반항을 억압할 정도의 폭행, 협박을 가하여 채무를 부담하게 하거나 채권의 포기나 채무면제의 의사표시를 하게 한 경우와 같이 <u>피해자의 자유의사가 결여된 상태하에서 처분행위의 외형을 지니는 행동에 의한 이득도 재산상의 이익에 포함되는 것</u>이고, 이 경우 피해자의 의사표시는 사법상 무효이거나 적어도 강박을 이유로 취소가 가능하겠지만 강제이득죄는 권리의무관계가 외형상으로라도 불법적으로 변동되는 것을 막고자 함에 있는 것으로서 항거불능이나 반항을 억압할 정도의 폭행 협박을 그 요건으로 하는 강도죄의 성질상 <u>그 권리의무관계의 외형상 변동의 사법상 효력의 유무는 그 범죄의 성립에 영향이 없고, 법률상 정당하게 그 이행을 청구할 수 있는 것이 아니라도 강도죄에 있어서의 재산상의 이익에 해당하는 것</u>이며, 따라서 이와 같은 재산상의 이익은 <u>반드시 사법상 유효한 재산상의 이득만을 의미하는 것이 아니고 외견상 재산상의 이득을 얻을 것이라고 인정할 수 있는 사실관계만 있으면 되는 것</u>이다(당원 1987. 2. 10. 선고 86도2472 판결 참조).

3. 만일 원심이 인정한 바와 같이 피고인이 피해자를 강요하여 판시와 같은 지불각서를 작성하게 하였다면 이는 특별한 사정이 없는 한 피해자로 하여금 거기에 쓰여진 내용의 의사표시를 하게 한 것이 되어 외형상은 그 서면에 따른 채무부담의 의사표시를 한 것이 되는 것이고, 이 서면이 동시에 그 의사표시에 관한 증거서류가 되는 것뿐이며, 의사표시나 채무부담행위의 존재를 전제로 하지 아니하는 증거서류만을 만들어 낸다는 것은 의미가 없는 것이다.

검사작성의 피고인에 대한 피의자신문조서에 의하면, 피고인은 위 A에게 위 지불각서를 주면서 피해자로부터 돈을 받으라고 하였다고 기재되어 있고, 검사작성의 피해자에 대한 진술조서에 의하면 피고인은 지불각서 작성후 피해자로 하여금 집(피해자의 처)으로 전화하여 사람을 보내면 돈을 주도록 하라고 하였다고 기재되어 있는 바, 이것이 사실이라면 이는 피해자의 채무부담의 의사표시의 존재를 전제로 한 것이라고 볼 여지가 있으므로 원심으로서는 이 부분의 사실관계도 살펴보아 피해자가 피고인에게 위 지불각서를 작성 교부한 것이 피고인의 A에 대한 채무를 인수한다는 의사표시를 한 것으로 볼 수 있는 것인지, 이에 의하여 권리의무관계의 외형적인 불법적 변동이나 피고인의 재산상의 이익의 취득이 있었다고 볼 수 있을 것인지 여부를 판단하여야 할 것이다.

■ 대법원 1997. 2. 25. 선고 96도3411 판결【특수강도 등】(공)

피고인들은 공모하여, 1996. 2. 7. 10:00경 피고인 을의 동거녀인 공소외 A가 경영하는 주점에서 피고인 을은 피고인 갑에게 그 곳 중간방에서 잠을 자고 있던 피해자 B를 데리고 오라고 말하고, 피고인 갑은 피고인 을의 말에 따라 피해자 B를 깨워 방안으로 데리고 가 무릎을 꿇게 한 다음 피고인 을이 있는 가운데 피해자 B에게 "내가 강릉 조직폭력배 대부다. 잠을 잤으면 방세를 주고 가야지."라고 말하고 맥주를 강제로 마시게 한 후, 빈 맥주병으로 피해자 B의 머리를 3~4회 때리며 "이 자식아, 술을 먹었으면 돈을 주어야지."라고 말하고, 주먹으로 얼굴을 1회 때리고, 피고인 을은 옆에서 피해자 1이 말을 듣지 않으면 위해를 가할 듯할 태도를 보이는 등 한 다음, 피해자 B가 소지하고 있던 삼성신용카드 1장과 강원은행 비자카드 1장을 받아서 그 곳에 있던 신용카드 매출전표발급기를 이용하여 삼성신용카드 매출전표 1장(금액 300,000원)과 강원은행 비자카드 매출전표 3장(각 금액 300,000원, 200,000원, 100,000원)을 만들어 피해자 B에게 들이대고, 피고인 갑은 맥주병을 들고 때릴 듯이 위협하며 "너 죽을래"라고 말하고, 다시 가위를 피해자 B의 귓가에 바짝들이대면서 "서명하지 않으면 귀를 잘라 버리겠다."고 말하여 피해자 B를 항거불능하게 한 다음 피해자 B로 하여금 위 각 매출전표에 서명하게 하였다는 것이다. …

형법 제333조 후단의 강도죄(이른바 강제이득죄)의 요건이 되는 재산상의 이익이란 재물 이외의 재산상의 이익을 말하는 것으로서, 그 재산상의 이익은 반드시 사법상 유효한 재산상의 이득만을 의미하는 것이 아니고 외견상 재산상의 이득을 얻을 것이라고 인정할 수 있는 사실관계만 있으면 여기에 해당된다 할 것이다(당원 1994. 2. 22. 선고 93도428 판결, 1987. 2. 10. 선고 86도2472 판결 등 참조).

원심이 인정한 사실에 의하면, 피고인들은 피해자 B로 하여금 위 각 매출전표에 서명을 하게 한 다음 이를 교부받아 소지함으로써 이미 외관상 각 매출전표를 제출하여 신용카드회사들로부터 그 금액을 지급받을 수 있는 상태가 되었다 할 것이다. 한편 피해자 B가 각 매출전표에 '조영호'라고 서명한 탓으로 피고인들이 신용카드회사들에게 각 매출전표를 제출하여도 신용카드회사들이 신용카드 가맹점 규약 또는 약관(공판기록 295쪽에 첨부된 비씨카드 가맹점 약관 참조)의 규정을 들어 그 금액의 지급을 거절할 가능성이 있기는 하나, 그로 인하여 피고인들이 각 매출전표 상의 금액을 지급받을 가능성이 완전히 없어져 버린 것이 아니고 외견상 여전히 그 금액을 지급받을 가능성이 있는 상태이므로 결국 피고인들이 '재산상 이익'을 취득하였다고 볼 수 있다 할 것이다. 또한 피고인들이 각 매출전표를 작성시켜 취득한 후에, 피고인들이 잠들어 있는 틈을 타서 피해자 B가 피고인들 몰래 매출전표들을 가지고 나온 탓으로 피고인들이 카드회사로부터 매출전표에 기재된 금원을 지급받지 못하게 되었다 하더라도 이미 기수에 달한 강제이득죄의 성부에 어떠한 영향을 줄 수 없다.

2. 행 위

① 폭행 · 협박

■ 대법원 1984. 12. 11. 선고 84도2324 판결【강도상해】(공)

원심이 인용한 제1심 판결 이유에 의하면, 거시증거에 의하여 피고인이 1982. 12. 2. 11:40경 대전역과 조치원역 사이를 운행하고 있는 부산발 서울행 제42우등열차 호수미상 객실에서 피해자(여 44세)와 동석하게 됨을 기화로 그녀의 재물을 강취할 것을 마음먹고 미리 소지한 중독성이 있는 약품명미상의 약을 오렌지쥬스에 혼입한 뒤 그녀에게 마시도록 권유하여 그녀가 이를 받아 마시고 깊은 잠에 빠져 항거불능상태에 이르자 그곳 선반위에 놓아 둔 그녀 소유의 가방속에서 현금 500,000원을 꺼내어 이를 강취하고 이로 인하여 그녀에게 치료기간 미상의 약물중독등 상해를 가한 사실을 인정하고 이를 강도상해죄로 의율 처단하였다. 그러나 기록을 살펴보아도 피해자에게 과연 약물중독등 상해가 있었는지(판시사실 중 깊은 잠에 빠져라고 표시한 부분은 상해를 뜻한 것이 아니고 항거불능상태를 말하는 것으로 풀이된다) 있었다면 그 상해와 위 A가 마셨다는 약품명 미상의 약과는 인과관계가 있는지에 관하여 아무런 심리를 한 바 없고 또 그 증거도 없다.

피해자가 제1심 법정과 검찰 또는 경찰에서 약물을 탄 오렌지를 먹자 마자 정신이 혼미해지고 그 후 기억을 잃었다는 진술부분이 있기는 하나 이것만으로는 약물중독상해를 인정할 자료가 되지 못한다 할 것이다.

그렇다면 피고인의 소위를 강도죄로 의율 처단함은 별론으로 하고 상해의 결과에 대하여는 이를 인정할 만한 증거도 없이 강도상해죄로 의율 처단한 원심의 조치는 채증법칙 위배로 인한 사실오인이 아니면 심리미진의 위법을 범하여 판결에 영향을 미쳤다할 것이므로 이점을 탓하는 논지는 이유있다.

날치기와 상해: 절도

■ 대법원 2003. 7. 25. 선고 2003도2316 판결【강도치상 · 특정범죄가중처벌등에관한법률위반(절도)】(공)

날치기와 같이 강력적으로 재물을 절취하는 행위는 때로는 피해자를 전도시키거나 부상케 하는 경우가 있고, 구체적인 상황에 따라서는 이를 강도로 인정하여야 할 때가 있다 할 것이나(대법원 1972. 1. 31. 선고 71도2114 판결 참조), 그와 같은 결과가 피해자의 반항억압을 목적으로 함이 없이 점유탈취의 과정에서 우연히 가해진 경우라면 이는 절도에 불과한 것으로 보아야 할 것이고, 준강도죄에 있어서의 '재물의 탈환을 항거할 목적'이라 함은 일단 절도가 재물을 자기의 배타적 지배하에 옮긴 뒤 탈취한 재물을 피해자측으로부터 탈환당하지 않기 위하여 대항하는 것을 말하는 것이라 할 것이다.

그러므로 피고인이 날치기 수법에 의한 절도를 넘어 탈취한 재물을 탈환당하지 않기 위하여 피해자를 폭행하는 등 강도치상의 범죄까지 범하였는지 여부에 관하여 보건대, 기록에 의하면 피고인과 원심 공동피고인 1은 제1심 법정에서 이 부분 범죄사실을 자백하였고, 의사 A 작성의 피해자에 대한 진단서 기재 등에 의하면 위 날치기 수법의 범행으로 인하여 피해자가 약 4주간의 치료를 요하는 좌수 제3지 중위지골 골절상을 입은 사실은 인정되나, 원심에서의 심리를 통하여 위 자백 당시 피고인 등이 위 범행에 가담하였다고 진술한 원심 공동피고인 2가 공범이 아니고 공소외 1이 그 가담자인 사실이 드러나고, 그 역할 분담에 관한 자백도 사실과 다른 것으로 밝혀졌으며, 위 자백은 피고인 등이 위 강도치상죄와 함께 기소된 다른 수죄에 대하여 일괄적으로 그 공소사실들을 모두 인정한다는 취지의 것인 점 등에 비추어 그 신빙성이 의심스럽고(당초 이 부분 공소사실은 피고인과 원심 공동피고인 1, 원심 공동피고인 2가 합동하여 범한 것으로 되어 있었고, 제1심 법정에서 원심 공동피고인 2는 그 공소사실을 부인하였다), 피해자는 경찰에서 이 사건 범인이 자신의 핸드백을 강제로 낚아챌 때 자신의 왼손 가운데 손가락이 상해를 입게 되었다고 진술하고 있을 뿐, 위 범죄사실 기재와 같이 위 손가방의 절취 후 피해자가 위 가방을 붙잡고 탈환하려고 하였는지 여부, 피고인 등이 그 탈환을 항거할 목적으로 피해자를 폭행하였는지 여부 및 탈환 항거 목적의 위 폭행 등으로 인하여 피해자가 위 상해를 입었는지 여부에 관하여는 아무런 진술을 하지 않았고, 수사단계에서 이 부분에 관한 조사가 별도로 이루어지지 않았으며, 원심의 채용 증거들 중 그와 같은 점들을 인정할 별다른 증거도 없는 것으로 판단되고, 오히려 피고인들의 범행 수법, 피해자의 위 진술 내용, 날치기 수법의 위 절도로 인하여 피해자가 다친 것을 알지 못하였다는 취지의 피고인, 원심 공동피고인 1의 검찰에서의 진술 등에 비추어 볼 때 피해자의 위 상해는 차량을 이용한 날치기 수법의 절도시 점유탈취의 과정에서 우연히 가해진 것에 불과하고, 그에 수반된 강제력 행사도 피해자의 반항을 억압하기 위한 목적 또는 정도의 것도 아니었던 것이 아닌가 하는 의문이 든다.

그렇다면 원심이 채용한 증거들만으로는 피고인에 대한 위 강도치상의 점을 인정하기에 부족하다고 할 것인데, 그럼에도 불구하고 원심은 판시 채용 증거들만으로 위 범죄사실을 유죄로 인정하고 말았으니, 거기에는 채증법칙을 위반하거나 심리를 다하지 아니하여 사실을 오인한 위법이 있거나 강도치상죄의 법리를 오해한 위법이 있다고 할 것이므로 이 부분 원심판결은 유지될 수 없다.

날치기와 상해: 강도치상

■ **대법원 2007. 12. 13. 선고 2007도7601 판결【강도치상(인정된 죄명: 절도 · 상해)】(공)**

이른바 '날치기'와 같이 강제력을 사용하여 재물을 절취하는 행위가 때로는 피해자를 넘어뜨리거나 부상케 하는 경우가 있고, 그러한 결과가 피해자의 반항 억압을 목적으로 함이 없이 점유탈취의 과정에서 우연히 가해진 경우라면 이는 강도가 아니라 절도에 불과하다고 보아야 할 것이지만(대법원 2003. 7. 25. 선고 2003도2316 판결 참조), 그 강제력의 행사가 사회통념상 객관적으로 상대방의 반항을 억압하거나 항거불능케 할 정도의 것이라면 이는 강도죄에서의 폭행에 해당하므로(대법원 2004. 10. 28. 선고 2004도4437 판결 등 참조), 날치기 수법의 점유탈취 과정에서 이를 알아채고 재물을 뺏기지 않으려는 피해자의 반항에 부딪혔음에도 계속하여 피해자를 끌고 가면서 억지로 재물을 빼앗은 행위는 피해자의 반항을 억압한 후 재물을 강취한 것으로서 강도의 죄로 의율함이 마땅하다.

원심이 적법하게 인정한 바에 따르면, 피고인들은 빌린 승용차를 함께 타고 돌아다니다가 범행대상 여자가 나타나면 피고인 1이 범행대상을 쫓아가 돈을 빼앗고 피고인 2는 승용차에서 대기하다가 범행을 끝낸 피고인 1을 차에 태워 도주하기로 공모한 다음, 2006. 12. 1. 11:00경 대구 수성구 황금동 소재 롯데캐슬아파트 부근으로 차량을 운전해 가 운전석 창문으로 농협 현금인출기가 잘 보이도록 차량을 주차해 놓고 1시간 동안 그곳에서 돈을 인출하는 사람을 지켜보고 있던 중, 피해자 공소외인(여, 55세)이 위 현금인출기에서 돈을 인출하여 가방에 넣고 나오는 것을 발견하고 피고인 1이 차에서 내려 피해자를 뒤따라간 사실, 피고인 1은 그 곳에서 400m 가량 떨어진 대구은행 황금동지점 입구까지 5~6m 정도의 거리를 두고 피해자를 따라가다가 피해자가 상가건물 안의 위 은행으로 들어가려고 하는 것을 보고 피해자의 뒤쪽 왼편으로 접근하여 피해자의 왼팔에 끼고 있던 손가방의 끈을 오른손으로 잡아당겼으나 피해자는 가방을 놓지 않으려고 버티다가 몸이 돌려지면서 등을 바닥 쪽으로 하여 넘어진 사실, 피고인 1이 가방 끈을 잡고 계속하여 당기자 피해자는 바닥에 넘어진 상태로 가방 끈을 놓지 않은 채 "내 가방, 사람 살려!!!"라고 소리치면서 약 5m 가량 끌려가다가 힘이 빠져 가방을 놓쳤고, 그 사이에 위 피고인은 피해자의 가방을 들고 도망가던 중 아파트경비업체 직원에게 붙잡힌 사실, 피고인 1의 위와 같은 행위로 인하여 피해자의 가방이 약간 찢어졌으며, 피해자는 바닥에 넘어져 끌려가는 과정에서 왼쪽 무릎이 조금 긁히고 왼쪽 어깨 부위에 견관절 염좌상을 입은 사실이 인정된다.

사실관계가 이러하다면, 피고인 1이 피해자로부터 가방을 탈취하면서 피해자에게 사용한 강제력이 단지 피해자로부터 순간적이고 강력적인 방법으로 가방을 절취하는 날치기 수법의 절도행위 과정에서 우연히 가해진 것에 불과하다고 볼 수는 없으며, 이는 가방을 뺏기지 않으려는 피해자의 반항을 억압하기 위한 목적에서 행해진 것이고 또 피해자의 반항을 억압하기에 족한 정도의 폭행에 해당한다 할 것이다.

그런데도 원심은 이와 반대로 판단하여 위와 같은 피고인들의 행위를 강도치상죄가 아닌 절도죄 및 상해죄의 경합범으로 의율하고 말았으니, 이러한 원심판결에는 절도 및 강도의 죄에 관한 법리를 오해하여 판결에 영향을 미친 위법이 있다. 이 점을 지적하는 검사의 상고논지는 이유가 있다.

② 재물강취

③ 재산상 이익의 취득

3. 권리행사와 강취

① 학설

1. 강도죄 성립
2. 폭행 · 협박죄만 성립

② 판례

■ 대법원 1995. 12. 12. 선고 95도2385 판결【강도상해, 폭력행위등처벌에관한법률위반】(공)

피고인이 공소외 1으로부터 피해자인 공소외 2에 대한 외상물품 대금채권의 회수를 의뢰받았다 하더라도, 피고인이 위 피해자의 반항을 억압할 정도의 폭행과 협박을 가하여 재물 및 재산상 이득을 취득한 이상 이는 정당한 권리행사라고 볼 수 없음이 명백하여 강도상해죄가 성립함에는 아무런 지장이 없다 할 것이므로(당원 1962. 2. 15. 선고 4294형상677 판결 참조), 같은 취지로 판단한 원심판결은 정당하고, 거기에 논하는 바와 같이 중대한 사실오인으로 인하여 강도상해죄의 법리를 오해한 위법이 있다고 볼 수 없다.

III. 준강도죄

① 절도와 폭행 · 협박의 근접성

200미터 떨어진 곳 ○

■ 대법원 1984. 9. 11. 선고 84도1398,84감도214 판결【강도상해 · 보호감호】(집)

1. 원심이 유지하고 있는 1심판결의 채용증거를 기록에 의하여 살펴보면, 피고인 겸 피감호청구인이 원심판시와 같이 야간에 절도의 목적으로 피해자의 집에 담을 넘어 들어갔다가 피해자의 처에 발각되어 다시 담을 넘어 도망치던중 추격해온 피해자에게 붙잡히게 되자 체포를 면탈할 목적으로 그 판시와 같이 폭행을 가하여 상처를 입힌 사실이 넉넉히 인정되고 그 증거취사과정을 살펴보아도 아무런 잘못이 없으니 원심의 사실인정과정에 채증법칙을 어긴 흠이 있다는 논지는 이유없다.

2. 준강도는 절도범인이 절도의 기회에 재물탈환, 항거등 목적으로 폭행 또는 협박을 가함으로써 성립되는 것이므로, 그 폭행 또는 협박은 절도의 실행에 착수하여 그 실행중이거나 그 실행 직후 또는 실행의 범의를 포기한 직후로서 사회통념상 범죄행위가 완료되지 아니하였다고 인정될만한 단계에서 행하여짐을 요하는 것인바, 원심판시와 같이 피고인 겸 피감호청구인이 야간에 절도의 목적으로 피해자의 집에 담을 넘어 들어간 이상 절취한 물건을 물색하기 전이라고 하여도 이미 야간주거침입절도의 실행에 착수한 것이라고 하겠고, 그후 피해자에게 발각되어 계속 추격당하거나 재물을 면탈하고자 피해자에게 폭행을 가하였다면 그 장소가 소론과 같이 범행현장으로부터 200미터 떨어진 곳이라고 하여도 절도의 기회 계속중에 폭행을 가한 것이라고 보아야 할 것이다.

피고인 겸 피감호청구인이 폭행을 한 시점이 절도의 실행에 착수하기 전이라거나 또는 이미 절도범인의 신분을 상실한 후이라는 이유로 준강도죄가 성립되지 않는다는 논지는 이유없다.

일단 벗어난 경우

■ 대법원 1999. 2. 26. 선고 98도3321 판결【강도상해(인정된 죄명: 절도, 상해), 주거침입】(공)

준강도는 절도범인이 절도의 기회에 재물탈환, 항거 등의 목적으로 폭행 또는 협박을 가함으로써 성립되는 것이므로, 그 폭행 또는 협박은 절도의 실행에 착수하여 그 실행중이거나 그 실행 직후 또는 실행의 범의를 포기한 직후로서 사회통념상 범죄행위가 완료되지 아니하였다고 인정될 만한 단계에서 행하여짐을 요한다 할 것이다(대법원 1984. 9. 11. 선고 84도1398, 84감도214 판결 참조).

원심이, 그 내세운 증거들에 의하여 판시와 같은 사실을 인정한 다음, 피고인이 피해자의 집에서 절도범행을 마친 지 10분 가량 지나 피해자의 집에서 200m 가량 떨어진 버스정류장이 있는 곳에서 피고인을 절도범인이라고 의심하고 뒤쫓아 온 피해자에게 붙잡혀 피해자의 집으로 돌아왔을 때 비로소 피해자를 폭행한 것은 사회통념상 절도범행이 이미 완료된 이후라 할 것이므로 준강도죄가 성립할 수 없다고 판단하였는바, 기록과 앞서 본 법리에 비추어 보면 원심의 이러한 조치는 옳다고 여겨지고, 거기에 상고이유의 주장과 같은 법리오해의 위법이 있다고 할 수 없다.

체포가 종료되지 않은 상황

■ 대법원 2001. 10. 23. 선고 2001도4142,2001감도100 판결【강도상해, 절도{인정된 죄명: 특정범죄가중처벌등에관한법률위반(절도)}, 보호감호】(공)

준강도는 절도범인이 절도의 기회에 재물탈환의 항거 등의 목적으로 폭행 또는 협박을 가함으로써 성립되는 것으로서, 여기서 절도의 기회라고 함은 절도범인과 피해자측이 절도의 현장에 있는 경우와 절도에 잇달아 또는 절도의 시간·장소에 접착하여 피해자측이 범인을 체포할 수 있는 상황, 범인이 죄적인멸에 나올 가능성이 높은 상황에 있는 경우를 말하고, 그러한 의미에서 피해자측이 추적태세에 있는 경우나 범인이 일단 체포되어 아직 신병확보가 확실하다고 할 수 없는 경우에는 절도의 기회에 해당한다고 할 것이다.

원심이 유지한 제1심이 들고 있는 관련증거들에 의하면, 피고인은 절도행위가 발각되어 도주하다가 곧바로 뒤쫓아 온 보안요원 이대철에게 붙잡혀 보안사무실로 인도되어 피해자로부터 그 경위를 확인받던 중 체포된 상태를 벗어나기 위해서 위 피해자에게 폭행을 가하여 상해를 가한 사실이 인정되고, 사실관계가 이러하다면 피고인은 일단 체포되었다고는 하지만 아직 신병확보가 확실하다고 할 수 없는 단계에서 체포된 상태를 면하기 위해서 피해자를 폭행하여 상해를 가한 것이므로 이러한 피고인의 행위는 절도의 기회에 체포를 면탈할 목적으로 폭행하여 상해를 가한 것으로서 강도상해죄에 해당한다고 할 것이고, 원심이 유지한 제1심이 그 범죄사실로서 적시하고 있는 "피해자에게 붙들리자, 그 체포를 면탈할 목적으로 위 피해자의 얼굴을 주먹으로 1회 때려 폭행을 가하고"라는 것은 위와 같은 취지를 간결하게 나타낸 것에 불과하고, 거기에 준강도죄의 성립에 있어서 절도행위와 폭행·협박의 관련성 및 강도상해죄에 관한 법리오해 등의 위법은 없다.

② 준강도미수

■ 대법원 2004. 11. 18. 선고 2004도5074 전원합의체 판결【준강도(인정된 죄명: 준강도미수)】(집)

1. 형법 제335조에서 절도가 재물의 탈환을 항거하거나 체포를 면탈하거나 죄적을 인멸할 목적으로 폭행 또는 협박을 가한 때에 준강도로서 강도죄의 예에 따라 처벌하는 취지는, 강도죄와 준강도죄의 구성요건인 재물탈취와 폭행·협박 사이에 시간적 순서상 전후의 차이가 있을 뿐 실질적으로 위법성이 같다고 보기 때문이다.

그러므로 피해자에 대한 폭행·협박을 수단으로 하여 재물을 탈취하고자 하였으나 그 목적을 이루지 못한 자가 강도미수죄로 처벌되는 것과 마찬가지로, 절도미수범인이 폭행·협박을 가한 경우에도 강도미수에 준하여 처벌하는 것이 합리적이라 할 것이다. 만일 강도죄에 있어서는 재물을 강취하여야 기수가 됨에도 불구하고 준강도의 경우에는 폭행·협박을 기준으로 기수와 미수를 결정하게 되면 재물을 절취하지 못한 채 폭행·협박만 가한 경우에도 준강도죄의 기수로 처벌받게 됨으로써 강도미수죄와의 불균형이 초래된다.

위와 같은 준강도죄의 입법 취지, 강도죄와의 균형 등을 종합적으로 고려해 보면, 준강도죄의 기수 여부는 절도행위의 기수 여부를 기준으로 하여 판단하여야 한다고 봄이 상당하다.

이와 달리 절도미수범이 체포를 면탈하기 위하여 폭행을 가한 경우에 준강도미수로 볼 수 없다고 한 대법원 1964. 11. 20. 선고 64도504 판결, 1969. 10. 23. 선고 69도1353 판결 등은 위의 법리에 저촉되는 범위에서 이를 변경하기로 한다.

2. 원심판결 이유에 의하면, 원심은 그 채택 증거를 종합하여, 피고인이 공소외인과 합동하여 양주를 절취할 목적으로 장소를 물색하던 중, 2003. 12. 9. 06:30경 부산 부산진구 부전2동 522-24 소재 5층 건물 중 2층 피해자 1이 운영하는 주점에 이르러, 공소외인은 1층과 2층 계단 사이에서 피고인과 무전기로 연락을 취하면서 망을 보고, 피고인은 위 주점의 잠금장치를 뜯고 침입하여 위 주점 내 진열장에 있던 양주 45병 시가 1,622,000원 상당을 미리 준비한 바구니 3개에 담고 있던 중, 계단에서 서성거리고 있던 공소외인을 수상히 여기고 위 주점 종업원 피해자 2, 이윤룡이 주점으로 돌아오려는 소리를 듣고서 양주를 그대로 둔 채 출입문을 열고 나오다가 피해자 2 등이 피고인을 붙잡자, 체포를 면탈할 목적으로 피고인의 목을 잡고 있던 피해자의 오른손을 깨무는 등 폭행한 사실을 인정한 다음, 피고인을 준강도미수죄로 의율·처단하였다.

위에서 본 법리에 비추어 보면 원심의 위와 같은 판단은 정당하고, 거기에 상고이유의 주장과 같은 법리오해의 위법이 없다.

그러므로 상고를 기각하기로 하여 주문과 같이 판결하는바, 이 판결에 대하여는 대법관 윤재식, 대법관 강신욱, 대법관 고현철의 별개의견과 대법관 유지담의 반대의견이 있는 외에는 관여 대법관의 의견이 일치되었다.

3. 대법관 윤재식, 대법관 강신욱, 대법관 고현철의 별개의견은 다음과 같다.

이 사건과 같이 절도미수범이 체포면탈 등을 목적으로 폭행 또는 협박을 가한 경우에 이를 준강도죄의 기수범으로 처벌할 수 없다고 보는 점에 있어서는 다수의견과 견해를 같이 한다. 그러나 절취행위의 기수 여부만을 기준으로 하여 준강도죄의 기수 여부를 판단하여야 한다는 다수의견의 견해에는 찬성할 수 없다.

형법 제335조에 정한 준강도죄는 절도가 재물의 탈환을 항거하거나 체포를 면탈하거나 죄적을 인멸할 목적으로 폭행 또는 협박을 가함으로써 성립하는 죄이므로, 준강도죄에 있어서 그 행위의 주체는 절도범인(미수범 포함)이라 할 것이지만, 그 구성요건적 행위는 폭행 또는 협박이라고 보아야 할 것이다.

그런데 준강도죄에 있어서의 폭행이나 협박은 일반강도죄와의 균형상 사람의 반항을 억압하는 수단으로서 일반적·객관적으로 가능하다고 인정되는 정도일 것이 요구되므로(대법원 1981. 3. 24. 선고 81도409 판결, 1990. 4. 24. 선고 90도193 판결 등 참조), 일반적·객관적으로 보아 사람의 반항을 억압할 정도의 폭행 또는 협박을 개시한 때에 준강도죄의 실행의 착수가 있다고 보아야 한다.

나아가 형법 제342조는 제335조의 미수범을 처벌한다고 규정하고 있는바, 형법 제25조 제1항은 범죄의 실행에 착수하여 행위를 종료하지 못하였거나 결과가 발생하지 아니한 때에는 미수범으로 처벌한다고 규정하고 있으므로, 준강도죄에 있어서도 원칙적으로 그 실행의 착수 이후의 상황에 의하여 기수 여부를 결정하여야 할 것이다. 따라서 절도범이 일반적·객관적으로 보아 사람의 반항을 억압할 정도의 폭행 또는 협박을 개시하기는 하였으나 그 행위를 종료하지 못하였거나 또는 그로 인한 결과가 발생하지 아니한 때에는 이를 준강도죄의 미수범으로 처벌한다는 것이 형법 제25조, 제335조 및 제342조가 규정하는 바라고 할 것이다.

원래 '사람의 신체에 대한 유형력의 행사 등 불법한 일체의 공격'을 의미하는 형법 제260조 제1항의 폭행에 있어서는 그러한 행위가 미수에 그친 경우를 상정하기 어렵고, 형법 역시 폭행죄의 미수범을 처벌하는 규정을 두고 있지 않지만, '사람으로 하여금 공포심을 일으킬 수 있을 정도의 해악의 고지'를 의미하는 형법 제283조 제1항의 협박에 있어서는 그러한 행위가 미수에 그친 경우를 상정할 수 있으며 형법도 제286조에서 협박죄의 미수범을 처벌한다고 규정하고 있을 뿐만 아니라, 더 나아가 준강도죄에 있어서의 폭행 또는 협박이란 앞서 본 바와 같이 형법 제260조 제1항 및 제283조 제1항에 정한 폭행이나 협박의 개념과는 달리 일반적·객관적으로 보아 사람의 반항을 억압할 정도일 것이 요구되는 것이어서, 그와 같은 정도의 폭행 또는 협박행위가 개시되기는 하였으나 상대방에게 도달하지 않았거나 도달하였다고 하더라도 상대방의 반항이 전혀 억압되지 않은 경우를 충분히 상정할 수 있으므로, 그러한 경우를 준강도죄의 미수범으로 처벌하는 것이 원칙일 것이다. 이는 객관적으로 보아 피해자의 반항을 억압할 정도의 폭행 또는 협박이 있었음에도 불구하고 피해자가 반항의사가 전혀 억압된 바 없이 단지 귀찮은 생각에서 또는 연민의 정에서 재물을 교부한 경우 이를 강도죄의 기수범이 아니라 미수범으로 처벌하여야 할 것인 점에 비추어 보더라도 더욱 그러하다.

다만, 형법 제335조는 절도범인이 절도의 기회에 재물탈환의 항거 등의 목적으로 폭행 또는 협박을 하는 행위가 그 태양에 있어서 재물탈취의 수단으로서 폭행 또는 협박을 가하는 강도죄와 같이 보여질 수 있는 실질적 위법성을 지니게 됨에 비추어 이를 강도의 예에 의하여 무겁게 처벌하기 위한 규정이라는 점(대법원 1973. 11. 13. 선고 73도1553 전원합의체 판결 참조)과 다수의견이 들고 있는 여러 논거들을 종합하여 볼 때, 폭행·협박행위를 기준으로 하여 준강도죄의 미수범을 인정하는 외에 절취행위가 미수에 그친 경우에도 이를 준강도죄의 미수범이라고 보아 강도죄의 미수범과 사이의 균형을 유지함이 상당하다고 할 것이다.

그러므로 폭행·협박행위 또는 절취행위 중 어느 하나라도 미수에 그쳤다면 이는 준강도죄의 미수범에 해당한다고 보아야 할 것인바, 다수의견은 절취행위의 기수 여부만을 기준으로 삼은 나머지 준강도죄의 미수범으로 처벌하여야 할 원칙적인 경우를 아예 제외하고 있는 점에서 찬성할 수 없어 이에 별개의견을 밝힌다.

4. 대법관 유지담의 반대의견은 다음과 같다.

가. 다수의견은, 준강도죄의 입법 취지, 강도죄와의 균형 등을 종합적으로 고려하여 보면, 준강도죄의 기수 여부는 절도행위의 기수 여부를 기준으로 판단하여야 한다고 봄이 상당하다고 하면서, 이러한 견해에 어긋나는 종전의 대법원판결들은 변경되어야 한다고 한다.

그러나 이러한 견해는 준강도죄의 본질 및 미수범에 관한 법리를 오해한 데서 비롯된 것으로 볼 수밖에 없어 찬성하기 어렵다.

나. 형법 제335조에서 절도가 재물의 탈환을 항거하거나 체포를 면탈하거나 죄적을 인멸할 목적으로 폭행 또는 협박을 가한 때에는 강도죄의 예에 따라 처벌하도록 한 취지는, 강도죄와 준강도죄의 구성요건인 재물탈취와 폭행·협박 사이에 시간적 순서상 전후의 차이가 있을 뿐 실질적으로 위법성이 같다고 보기 때문이라는 점을 다수의견은 그 주된 논거로 삼고 있다.

그러나 형법 제335조의 준강도죄는 그 행위의 위험성으로 인하여 형사정책상 강도죄와 같이 처벌하는 독립된 범죄로서, 강도죄와 불법내용의 동일성을 인정할 수 있는 재물탈환항거를 목적으로 하는 폭행·협박 외에 그 동일성을 인정할 수 없는 체포면탈이나 죄적인멸을 목적으로 하는 폭행·협박을 포함하는 것이므로 강도죄와 준강도죄는 그 취지와 본질을 달리한다고 보아야 한다.

그리고 다수의견은 강도죄에 있어서는 재물을 강취하여야 기수가 됨에도 절도 미수가 재물탈환을 항거할 목적으로 폭행·협박을 가한 경우 준강도의 기수로 강도의 기수와 동일하게 처벌받게 되는 점이 균형이 맞지 않는다고 하나, 절도 미수라고 하더라도 일정한 목적을 위하여 사람의 반항을 억압할 정도의 폭행 또는 협박을 하는 경우 그 실질적 위법성이 강도죄와 같다고 보아 이를 강도죄의 기수와 동일하게 처벌하는 것이 형사정책적으로 반드시 불합리하다거나 균형이 맞지 아니하다고 단정할 수 없고, 절도가 미수에 그쳤다는 점은 양형의 단계에서 유리한 사정으로 참작함으로써 다수의견이 우려하는 불균형은 대부분 해소될 수 있는 것이다. 이와 같은 점에서 다수의견이 내세우는 논거는 그 타당성이 의심스럽다.

나아가, 준강도죄에 있어 행위의 주체는 '절도'이고, 구성요건적 행위는 '재물의 탈환을 항거하거나 체포를 면탈하거나 죄적을 인멸할 목적으로 폭행 또는 협박을 가하는 것'이다. 한편, 형법 제25조 제1항이 "범죄의 실행에 착수하여 행위를 종료하지 못하였거나 결과가 발생하지 아니한 때에는 미수범으로 처벌한다."고 규정하고 있는 데서 알 수 있듯이 범죄의 기수·미수를 구별하는 기준은 범죄의 완성 여부 즉, 구성요건적 행위의 종료 여부이다. 그러므로 준강도죄의 주체는 절도이고 여기에는 기수는 물론 형법상 처벌규정이 있는 미수도 포함되는 것이지만, 준강도죄의 기수·미수의 구별은 구성요건적 행위인 폭행 또는 협박이 종료되었는가 하는 점에 따라 결정된다고 해석하는 것이 법규정의 문언 및 미수론의 법리에 부합하는 것이다.

결국, 다수의견이 내세우는 논거는 그 합리성이 없을 뿐만 아니라, 설사 그 주장과 같은 불균형이 인정되는 경우라도 이는 양형의 단계에서 해결할 성질의 것이고, 양형의 단계에서 해결할 수 없는 불균형이 있다면 이는 준강도의 법정형을 낮추거나, 절도미수를 준강도의 주체에서 제외함으로써 준강도의 주체를 절도 기수에 한정하는 등 입법적으로 해결하여야 할 문제라고 할 것인바, 이를 형법 제335조의 해석론으로 해결하려는 다수의견의 시도는 법규정의 문리해석상 허용되지 않는다고 보아야 할 뿐만 아니라, 준강도죄의 본질 및 미수범의 법리에 어긋나는 것이라고 하지 않을 수 없다.

다. 이상과 같은 이유로 다수의견에는 찬성할 수 없고, 다수의견이 변경하여야 한다는 대법원판결들은 그대로 유지하여야 한다.

구 판례

■ 대법원 1969. 10. 23. 선고 69도1353 판결【준강도상습야간주거침입절도】(집)

절도미수라 하여도 준강도로서 형법 제335조의 적용이 있을 경우에는 형법 제342조를 적용하지 아니함이 본원 종래의 판례(본원 1964. 11. 20.선고, 64도504 판결)이므로 원판결에 소론과 같이 형법 제342조를 적용하지 아니한 위법이 있다 할 수 없다.

IV. 강도강간죄

■ 대법원 2010. 4. 29. 선고 2010도1099 판결【특정범죄가중처벌등에관한법률위반(강도)·강도강간·강도상해】(미)

강도가 피해자에게 상해를 입혔으나 재물의 강취에는 이르지 못하고 그 자리에서 항거불능 상태에 빠진 피해자를 간음한 경우에는 강도상해죄와 강도강간죄만 성립하고(대법원 1988. 6. 28. 선고 88도820 판결), 그 실행행위의 일부인 강도미수 행위는 위 각 죄에 흡수되어 별개의 범죄를 구성하지 않는다. 또한, 특정범죄 가중처벌 등에 관한 법률은 제5조의4 제3항에서 강도, 특수강도, 인질강도, 해상강도의 각 죄에 관해서만 상습범 가중처벌을 규정하고 있는 이상 이에 해당하지 않는 강도상해죄와 강도강간죄가 유죄로 인정된다 하여 위 상습범으로 가중처벌할 수는 없고, 별개의 독립한 범죄로 처벌하는 위 각 죄의 일부로서 그에 흡수된 강도미수 행위만을 따로 떼어 강도 등의 상습범에 관한 위 가중처벌 규정을 적용할 수도 없다.

원심이 같은 취지에서 이 사건 강도미수 행위는 강도상해죄에 흡수되어 별개의 범죄를 구성하지 않는다는 이유로 이 사건 공소사실 중 구 특정범죄 가중처벌 등에 관한 법률 위반(강도)의 점에 대하여 무죄라고 판단한 조치는 정당한 것으로 수긍이 가고, 거기에 상습강도와 강도상해의 관계에 대한 법리를 오해하여 판결에 영향을 미친 위법이 없다.

제4절 사기의 죄

I. 총 설
① 보호법익
② 구성요건 체계
• 형법
• 특정경제범죄가중처벌 등에 관한 법률

II. 사기죄
1. 객 체
가. 재 물
① 동산, 부동산, 금전, 유가증권, 문서
② 신용보증서
③ 무효인 약속어음공정증서
④ 재산의 처분을 포함하고 있지 않은 문서
나. 재산상 이익
① 적극적 · 소극적 이익, 일시적 · 영속적 이익
② 이익의 취득이 사법상 유효할 것 불요
③ 법률적 지위
다. 재물과 재산상 이익
2. 기망행위
가. 작 위
① 명시적 기망행위
② 묵시적 기망행위
• 무전취식
나. 부작위
① 부작위에 의한 기망의 요건
② 고지의무
③ 초과수령
④ 자동차의 명의수탁자
⑤ 과장광고
• 긍정사례
• 부정사례
3. 착 오
① 동기의 착오 포함
• 용도사기
② 이미 착오
4. 처분행위
가. 의 의
① 재산적 처분행위
② 처분행위의 직접성
나. 처분의사
다. 처분행위자
○ 피기망자 = 처분행위자 = 피해자
○ 피기망자 = 처분행위자 ≠ 피해자(삼각사기)
라. 소송사기(삼각사기의 한 유형)
① 일반론: 판결확정시
• 승소판결확정시에 소송사기 기수
• 패소판결확정시에 미수행위 종료
② 말소소송
• 종래 판례: 실행착수 부정설
③ 법원의 재판이 처분행위에 갈음하는 내용과 효력이 있는 것이어야 함
• 원 · 피고의 공모 ×
• 사자 상대 소송 ×
• 무권한자에 대한 소송 ×
• 허무인 상대 소송 ×
④ 피고도 소송사기의 주체가 될 수 있음
⑤ 실행의 착수
• 소송의 제기
• 가압류신청 ×
• 피고의 경우
마. 인과관계
○ 기망 – 착오 – 처분의 인과관계 필요
5. 재산상의 손해
가. 재산의 개념(cf. 강도죄의 객체)
(1) 견 해
(2) 판 례
① 불법원인급여(반환청구할 수 없는 처분)
② 매음료(법률상 보호되지 않는 이익)
나. 재산상 손해발생의 요부
① 견해
② 사기대출 후 대출원리금 변제 ○
③ 대가의 지급
④ 이익사기의 경우에도 손해발생 불요
다. 재산상 위험
○ 재산상 위험을 손해로 볼 수 있는가
6. 재산상 이익의 취득
① 재물 또는 재산상 이익의 취득
② 소재(素材)의 동질성
7. 주관적 구성요건
○ 고의, 불법영득 · 이득의사
8. 위법성
○ 권리행사의 수단으로 기망한 경우
9. 죄 수
10. 기 타
○ 목적의 결여
• 구걸사기, 의연금사기 ○
11. 다른 죄와의 관계
① 뇌물죄: 상상적 경합
② 절도, 강도
• 예금통장
③ 특가(알선수재), 변호사법위반

III. 신용카드범죄
1. 신용카드의 절취와 그 사용
가. 본래용도로 사용하는 경우
① 절도죄
② 신용카드부정사용죄
• 죄수
• 기수시기
③ 사기죄
④ 사문서위조 및 위조사문서행사죄 ×
나. 현금카드로 사용하는 경우
① 절도죄
② 구법(신용카드업법)
• 현금서비스
• 예금인출
③ 신법(여신전문금융업법)
2. 갈취, 편취, 강취한 신용카드 사용
가. 갈취, 편취한 카드의 사용
① 신용카드의 점유 ×
② 갈취한 카드로 현금지급기에서 인출: 포괄하여 공갈(절도 아님)
③ 편취한 카드로 현금지급기 인출: 포괄하여 사기
④ 가맹점에서 물품구입
나. 강취한 카드의 사용
3. 부정 또는 정상 발급받은 자신의 신용카드 사용
① 카드를 부정발급받아 사용: 카드회사에 대한 사기 포괄일죄
② 정상발급받은 후 대금 지급의 의사와 능력이 없어진 상태에서 카드사용
4. 타인의 명의를 모용하여 발급받은 카드 사용
① 신용카드를 편취한 사기죄
② 현금서비스를 받은 경우
③ 컴퓨터등사용사기죄
• 구 형법(2001. 12. 29. 개정 전)
• 현행 형법

I. 총 설

제347조 (사기)

① 사람을 기망하여 재물의 교부를 받거나 재산상의 이익을 취득한 자는 10년 이하의 징역 또는 2천만 원 이하의 벌금에 처한다. 〈개정 1995. 12. 29〉

② 전항의 방법으로 제삼자로 하여금 재물의 교부를 받게 하거나 재산상의 이익을 취득하게 한 때에도 전항의 형과 같다.

① 보호법익

1 전체로서의 재산(김일수/서보학, 박상기, 백형구, 이재상, 이정원, 이형국, 정성근)
2 재산 및 거래의 진실성(김종원, 임웅, 진계호)
3 개별적 재산 및 의사결정의 자유(배종대, 오영근)

② 구성요건 체계

형법

구분	죄명	조문	법정형
기본적 구성요건	사기	347	10↓, 2000만↓
변형된 구성요건	컴퓨터등사용사기	347-2	〃
	준사기	348	〃
독립된 구성요건	편의시설 부정이용	348-2	3↓, 500만↓, 구류, 과료
	부당이득	349	3↓, 1000만↓
책임가중	상습(347-350 각 죄명)	351	1/2 가중
미수	(347, 348-2, 351)미수	352	(347-2는 규정 무)
자격정지 병과		353	10↓ 자정 임의병과
친족상도례, 동력		354	

특정경제범죄 가중처벌 등에 관한 법률

- 이득액이 5억 – 50억: 3↑
- 50억 이상: 5↑, 무기

II. 사기죄

1. 객 체

- 재물사기와 이득사기

가. 재 물

① **동산, 부동산, 금전, 유가증권, 문서**

② **신용보증서**

■ 대법원 2008. 2. 28. 선고 2007도10416 판결【특정경제범죄가중처벌등에관한법률위반(사기)】(공)

피해자 신용보증기금에 대한 사기의 점에 관하여

원심이 그 설시의 증거를 종합하여, 피고인이 공소외 2 주식회사의 당기 순이익이 흑자로 조작된 재무제표를 제시하는 등의 방법으로 신용보증기금 담당직원을 기망하여 신용보증서를 발급받았다고 인정한 것은 기록에 비추어 정당하고, 거기에 상고이유의 주장과 같은 채증법칙 위반이나 편취의 범의 및 인과관계에 관한 법리오해 등의 위법이 없다.

다만, 신용보증기금의 신용보증서 발급이 피고인의 기망행위에 의하여 이루어진 이상 그로써 곧 사기죄는 성립하고, 그로 인하여 피고인이 취득한 재산상 이익은 신용보증금액 상당액이라 할 것인바(대법원 1983. 4. 26. 선고 82도3088 판결, 대법원 2007. 4. 26. 선고 2007도1274 판결 등 참조), 원심은 이와 달리 "피고인이 신용보증기금을 기망하여 보증금액 10억 원의 신용보증서를 발급받은 후 이를 담보로 중소기업은행 창원지점으로부터 12억 5,000만 원 상당을 대출받고도 그 대출금을 변제하지 아니하여 신용보증기금으로 하여금 1,017,230,958원 상당을 대위변제하게 함으로써 동액 상당의 재산상 이익을 취득하였다."라고 인정하였으니, 이 부분 원심판결에는 신용보증서의 발급에 관한 사기죄의 기수시기 및 재산상 이익액의 산정에 관한 법리를 오해한 위법이 있고, 이러한 위법은 판결에 영향을 미쳤음이 명백하다. 이 점을 지적하는 상고이유의 주장도 이유가 있다.

③ 무효인 약속어음공정증서

■ 대법원 1995. 12. 22. 선고 94도3013 판결【업무상배임, 사기】(공)

공소외 학교법인의 이사인 피고인이 위 학교법인의 이사장인 원심 상피고인 1과 공모하여 위 학교법인의 전 이사장인 원심 상피고인 2 개인명의의 당좌수표를 회수하기 위하여 위 학교법인 명의로 이 사건 약속어음 6매를 발행하고 그 중 5매에 대하여 강제집행인락공증을 해 준 이상, 당시 위 어음을 발행함에 있어서 이사회의 적법한 결의를 거치지 아니하고 관할청의 허가를 받지 아니하여 법률상 당연 무효라고 하더라도 배임행위가 성립함에 아무런 지장이 없고, 위와 같은 행위로 인하여 위 학교법인이 민법 제35조 제1항에 의한 손해배상의 책임을 부담할 수 있으므로 위 배임행위로 인하여 위 학교법인에게 제1심 판시와 같은 그 어음금 상당의 손해를 가한 것에 해당한다고 보아야 할 것이므로 같은 취지의 원심의 판단은 정당하다 할 것이고, 거기에 배임죄의 주체나 재산상의 손해에 관한 법리오해의 위법이 있다고 할 수 없다. …

이 사건 각 약속어음공정증서에 앞서 본 바와 같이 증서를 무효로 하는 사유가 존재한다고 하더라도 그 증서 자체에 이를 무효로 하는 사유의 기재가 없고 외형상 권리의무를 증명함에 족한 체제를 구비하고 있는 한 그 증서는 형법상의 재물로서 사기죄의 객체가 됨에 아무런 지장이 없다 할 것인바, 이 사건 각 약속어음공정증서는 권리의무를 증명함에 족한 형식을 구비하고 있고 그 증서를 무효로 하는 사유의 기재가 없음이 원심이 유지한 제1심판결이 인정한 사실에 비추어 명백하므로 원심이 이를 편취한 행위를 사기죄로 인정한 제1심의 조치를 그대로 유지한 것은 정당….

④ 재산의 처분을 포함하고 있지 않은 문서

■ 대법원 1997. 3. 28. 선고 96도2625 판결【사기미수(예비적 죄명: 사기)】(공)

보험가입사실증명원은 피고인이 위 A가 교통사고처리특례법 제4조에서 정한 취지의 보험에 가입하였음을 증명하는 보험가입증명원을 제출하여 보험회사가 이를 증명하는 내용의 문서일 뿐이고 거기에 재물이나 재산상의 이익의 처분에 관한 사항을 포함하고 있는 것은 아닌바, 그렇다면 이러한 문서의 불법취득에 의해 침해된 또는 침해될 우려가 있는 법익은 보험가입사실증명원인 서면 그 자체가 아니고 그 문서가 교통사고처리특례법 제4조에 정한 보험에 가입한 사실의 진위에 관한 내용이라고 할 것이므로, 이러한 증명에 의하여 사기죄에서 말하는 재물이나 재산상의 이익이 침해된 것으로 볼 것은 아니어서 사기죄가 성립할 여지가 없다.

■ 인천지법 1996. 9. 19. 선고 96노202 판결: 상고기각【사기미수(예비적 죄명: 사기), 교통사고처리특례법위반】(하집) (※ 위 96도2625 판결의 원심판결)

[1] 미납된 분할보험료를 정상적으로 납부한 것처럼 전산 조작한 후 보험가입사실증명원을 발급받아 수사기관에 제출한 것만으로는 보험금 편취를 위한 사기죄의 실행에 착수하지 않았다고 본 사례.

[2] 교통사고처리특례법 제5조 제1항 소정의 보험회사 또는 공제조합의 사무라 함은 보험회사 또는 공제조합의 사무 중 보험가입사실증명원의 발급에 관한 사무에 한하므로, 단순한 보험모집인으로서 그 사무를 처리하지 아니하는 자가 그 증명원을 발급받았다고 하더라도 그를 그 사무를 처리하는 자와 공범으로 처벌할 수 있는 경우를 제외하고는 교통사고처리특례법 제5조 제1항에 의하여서 처벌할 수 없다.

[3] 분납 보험료가 소정의 시기에 납입되지 아니하였음을 이유로 상법 제650조 제2항 소정의 절차를 거치지 아니하고 곧바로 보험계약을 해지할 수 있다거나 보험계약이 실효됨을 규정한 약관은 상법 제663조 규정에 위배되어 무효이므로, 분납 보험료 미납을 이유로 한 보험계약의 실효 처리가 그러한 최고 없이 이루어졌다면, 보험계약은 유효하게 존속하는 것이어서 보험계약이 유효한 것으로 작성된 보험가입증명원은 교통사고처리특례법 제5조 제2항 소정의 허위로 작성된 문서에 해당되지 아니한다.

[4] 사기죄는 사람을 기망하여 재물의 교부를 받거나 재산상의 이익을 취득하거나 제3자로 하여금 이를 취득하게 함으로써 성립하는 범죄인바, 이러한 사기죄의 재산죄적 성격이나 사고발생으로부터 보험금 지급에 이르기까지의 제반 절차 등에 비추어 보면 교통사고처리특례법 제4조에서 정한 보험가입사실증명원은 형법상 사기죄의 객체가 될 수 있는 재물성을 가지고 있다고 보기 어렵다.

나. 재산상 이익

① 적극적 · 소극적 이익, 일시적 · 영속적 이익

② 이익의 취득이 사법상 유효할 것 불요

■ 대법원 2008. 2. 14. 선고 2007도10658 판결【사기】(미)

원심은, 그 채용 증거들에 의하여 피고인이 피해자들로부터 이 사건 토지를 매수한 경위, 공동주택건설사업의 추진을 위한 용도변경의 신청과 반려, 이 사건 토지에 관하여 공소외 1 명의로 근저당권이 설정된 과정 등에 관하여 그 판시와 같은 사실을 인정한 다음, 피고인이 피해자 공소외 2에게 대출금 및 매매대금의 정산을 미끼로 위 피해자로 하여금 이 사건 토지에 근저당권을 설정하게 하여 이를 담보로 차용한 돈을 피고인 개인의 사업자금으로 사용하였다고 보아 이 사건 공소사실은 유죄로 인정된다고 판단하였다.

관련 증거들을 기록에 의하여 살펴보면, 원심의 위와 같은 사실인정과 판단은 정당하고, 거기에 상고이유로 주장하는 바와 같은 채증법칙 위배 등의 위법이 있다고 할 수 없다.

그리고 사기죄는 타인을 기망하여 그로 인한 하자있는 의사에 기하여 재물을 교부받거나 재산상 이익을 취득함으로써 성립되는 범죄인만큼, 설사 피고인과 피해자들 사이의 매매계약이 토지거래 허가를 받지 아니하여 유동적 무효의 상태에 있었다 하더라도, 피고인이 대출금 및 매매대금을 정산해 줄 것처럼 피해자 공소외 2를 기망하여 그로 하여금 근저당권을 설정하게 함으로써 재산상의 이익을 취득한 이상 피고인으로서는 사기죄의 죄책을 면할 수 없다 할 것이므로, 원심판결에 상고이유의 주장과 같은 법리오해의 위법이 있다고 볼 수도 없다.

③ 법률적 지위

■ 대법원 2002. 11. 22. 선고 2000도4419 판결【사기】(공)

사기죄는 타인을 기망하여 착오에 빠뜨리게 하고 그 처분행위를 유발하여 재물이나 재산상의 이득을 얻음으로써 성립하는 것이므로 여기에 처분행위라고 하는 것은 재산적 처분행위를 의미하는 것이라고 할 것인바(대법원 1987. 10. 26. 선고 87도1042 판결, 대법원 1999. 7. 9. 선고 99도1326 판결 참조), 배당이의 소송의 제1심에서 패소판결을 받고 항소한 자가 그 항소를 취하하면 그 즉시 제1심판결이 확정되고 상대방이 배당금을 수령할 수 있는 이익을 얻게 되는 것이므로 위 항소를 취하하는 것 역시 사기죄에서 말하는 재산적 처분행위에 해당한다고 할 것이다.

그리고 법원은 공소사실의 동일성이 인정되는 범위 내에서 심리의 경과에 비추어 피고인의 방어권 행사에 실질적인 불이익을 초래할 염려가 없다고 인정되는 때에는, 공소장이 변경되지 않았더라도 직권으로 공소장에 기재된 공소사실과 다른 범죄사실을 인정할 수 있고, 이와 같은 경우 공소가 제기된 범죄사실과 대비하여 볼 때 실제로 인정되는 범죄사실의 사안이 중대하여 공소장이 변경되지 않았다는 이유로 이를 처벌하지 않는다면 적정절차에 의한 신속한 실체적 진실의 발견이라는 형사소송의 목적에 비추어 현저히 정의와 형평에 반하는 것으로 인정되는 경우라면 법원으로서는 직권으로 그 범죄사실을 인정하여야 할 것이다(대법원 1999. 11. 9. 선고 99도3674 판결 등 참조).

이 사건의 경우 공소사실의 요지는 피고인이 피해자 A를 기망하여 공소외 B를 상대로 한 배당이의 소송의 제1심 패소판결에 대한 항소를 취하하게 함으로써 피고인이 이익을 취득하였고 이는 형법 제347조 제1항에 해당한다는 것이나, 기록에 의하면 피고인은 위 B로부터 배당금의 수령을 위임받은 자에 지나지 아니하고 이러한 사실은 공소장 자체에도 나타나 있으므로 위 배당이의 소송의 제1심판결에 대한 항소의 취하로 인하여 이익을 취득하게 되는 자는 피고인이 아니라 위 B임을 알 수 있고, 따라서 피고인의 행위는 형법 제347조 제2항에 해당한다고 할 것인바, 위와 같이 공소제기된 사실과 증거에 의하여 인정되는 범죄사실 사이에는 피해자의 재산상의 처분행위로 인한 이익이 누구에게 귀속되는가 하는 법적 평가에 차이가 있을 뿐, 공소사실의 동일성이 인정되는 범위 내이고 피고인을 증거에 의하여 인정되는 범죄사실로 유죄로 인정하더라도 피고인의 방어권 행사에 실질적인 불이익을 초래할 염려가 있다고는 보여지지 아니하므로 단순히 피고인이 직접 이익을 취득한 것이 아니라는 이유만으로 피고인을 처벌하지 아니하는 것은 현저히 정의와 형평에 반한다고 할 것이다.

따라서 원심으로서는 이 사건 공소사실의 동일성이 인정되는 범위 내에서 피고인을 형법 제347조 제2항으로 의율, 처단하였어야 할 것임에도 불구하고 이에 이르지 아니한 채 만연히 피고인의 행위가 형법 제347조 제1항에 해당하는지의 여부만을 심리한 끝에 피고인에게 무죄를 선고하고 말았으니 이러한 원심판결에는 사기죄 및 공소장변경 없이 심판할 수 있는 범위에 관한 법리를 오해함으로써 판결에 영향을 미친 위법이 있다고 아니할 수 없다.

그러므로 원심판결 중 무죄부분을 파기하고, 이 부분 사건을 다시 심리·판단하게 하기 위하여 원심법원에 환송하기로 관여 대법관의 의견이 일치되어 주문과 같이 판결한다.

다. 재물과 재산상 이익

■ 대법원 2005. 11. 24. 선고 2005도7481 판결【사기】(미)

사기죄는 타인을 기망하여 착오에 빠뜨리고 그 처분행위를 유발하여 재물을 교부받거나 재산상 이익을 얻음으로써 성립하는 것으로서, 사기죄가 성립하기 위하여는 기망행위와 피기망자의 착오 및 재산적 처분행위가 있어야 하고 이들 사이에는 인과관계가 있어야 할 것이며(대법원 2000. 6. 27. 선고 2000도1155 판결 등 참조), 한편 일반적으로 물품거래 관계에 있어서 물품대금을 변제할 의사나 능력이 없음에도 피해자를 기망하여 물품을 공급받는 경우 피해자의 착오에 의한 재산적 처분행위는 물품의 교부로서 이로써 재물에 대한 사기죄가 성립하고, 그 이후에 물품대금채무를 변제하지 아니한 것은 채무불이행에 불과하여 별도로 재산상 이익을 편취한 것이라고는 볼 수 없으며, 다만 또 다른 기망 행위에 의하여 그 채무변제의 유예를 받거나 채무를 면제받은 경우 등 피해자의 별개의 처분행위가 있는 경우에 한하여 재산상 이익 편취에 의한 사기죄가 성립할 수 있을 것이다.

이 사건 공소사실은 편취의 대상이 재물인 스포츠용품인지 아니면 물품대금 미변제로 인한 동액 상당의 재산상 이득인지 그 자체로 명확하다고 할 수 없으나, 이를 물품대금 미변제로 인한 재산상 이득으로 본다고 하더라도, 피고인이 당초부터 대금을 변제할 의사나 능력이 없음에도 피해자들을 기망하여 물품을 교부받은 것이라면 물품을 교부받은 때에 그 물품 편취에 의한 사기죄가 성립하고 그 후에 대금을 변제하지 아니한 행위는 별도로 재산상 이득 편취에 의한 사기죄를 구성한다고는 볼 수 없으며, 그렇지 아니하고 물품을 교부받은 후에 비로소 편취의 범의가 생긴 것이라면, 그 대금 미변제와 관련하여 별도로 피고인의 기망행위와 피해자들의 착오로 인한 처분행위가 있다고 인정되지 아니하는 한 이 역시 채무불이행에 불과하여 재산상 이득 편취에 의한 사기죄가 성립한다고는 할 수 없는바, 그렇다면 원심으로서는 이 사건 공소사실이 재물인 스포츠용품을 교부받아 이를 편취하였다는 것인지, 아니면 변제하지 아니한 물품대금 상당의 재산상 이득을 취득하여 이를 편취하였다는 것인지를 명확히 하고, 나아가 피고인의 기망행위와 피해자들의 착오 및 재산상 처분행위가 있었는지 여부를 살폈어야 할 것임에도 불구하고, 이러한 조치를 취하지 아니한 채 이 사건 공소사실을 유죄로 인정하였으니, 원심판결에는 이 점에서도 심리를 다하지 아니하거나 사기죄에 관한 법리를 오해함으로써 판결에 영향을 미친 위법이 있다 할 것이다.

2. 기망행위

가. 작 위

① **명시적 기망행위**

② **묵시적 기망행위**

무전취식

■ 대법원 1978. 6. 13. 선고 78도721 판결【사기】(집)

원판결이유에 의하면 원심은 "… 직권으로 원심판결을 살피건대 … 가사 공소장에 적시된 대로 피고인의 속셈으로는 본건 부동산을 위 A에게 매도할 생각이 없이 본건 부동산을 위 A에게 매도하고 그 대금을 지급받았다 하더라도 상대방인 위 A가 표의자의 진의 아님을 알았거나 이를 알 수 있었을 것이라는 아무런 증거가 없는 이 사건에 있어서는 피고인과 위 A 사이에 본건 부동산에 관하여 체결된 위 인정의 매매계약은 민법 제107조에 의하여 유효하다고 아니할 수 없으므로 피고인은 여전히 위 A에게 본건 부동산에 관하여 위 인정의 매매로 인한 소유권이전등기절차이행의 의무가 있다 할 것이어서 이는 단순한 민사상의 채무불이행이지 피고인이 위 A를 기망하여 그 매매대금을 편취한 것이라고는 도저히 인정할 수 없으므로…"라고 설시하고 있다.

그러나 사기죄는 타인을 기망하여 재물을 교부 받았으면 성립되는 것이지 고소인(피해자)에게 민사상의 구제수단이 있는 경우는 사기죄는 성립하지 아니한다는 논리는 서지 아니한다. 왜냐하면 피고인의 본건 매매계약에 있어서의 매도하겠다는 청약의 의사표시는 민법 제107조의 진의 아닌 의사표시에 해당하는 동시에 형사적으로는 사기죄에 있어서의 기망행위에도 해당되기 때문이다. 예컨대 사기죄가 성립한다는 데 아무도 의심하지 아니하는 소위 무전취식의 경우에도 그 음식물을 사겠다는 범인의 매매청약의 의사표시는 민법 제107조의 진의 아닌 의사표시이고 음식점 주인은 범인의 진의 아님을 모르고 승낙의 의사표시를 한 것이 되기 때문에 그 음식물 매매(공급)계약은 위 법조에 의하여 유효하므로 범인은 그 음식물대금을 지급할 의무가 있고 그 이행을 지체할 때는 민사적으로는 채무불이행의 책임을 지는 동시에 형사적으로는 위 비진의의사표시는 기망행위가 되고 위 음식점주인은 착오에 빠져 승낙의 의사표시를 하게 되었고 또 그 착오로 말미암아 음식물을 교부하였으니 사기죄가 성립함은 당연한 이치이다.

이와 같이 민사상 채무불이행과 범죄의 성립과는 양립할 수 있는 것이므로 원심은 사기죄의 법리를 오해하여 판결에 영향을 미쳤다 할 것이고 이와 같은 취지의 상고논지는 이유있다.

나. 부작위

① 부작위에 의한 기망의 요건

■ 대법원 2006. 2. 23. 선고 2005도8645 판결【특정경제범죄가중처벌등에관한법률위반(사기)】(공)

(1) 부작위에 의한 기망의 성립 여부

사기죄의 요건으로서의 기망은 널리 재산상의 거래관계에 있어 서로 지켜야 할 신의와 성실의 의무를 저버리는 모든 적극적 또는 소극적 행위를 말하는 것이고, 그 중 소극적 행위로서의 부작위에 의한 기망은 법률상 고지의무 있는 자가 일정한 사실에 관하여 상대방이 착오에 빠져 있음을 알면서도 그 사실을 고지하지 아니함을 말하는 것으로서, 일반거래의 경험칙상 상대방이 그 사실을 알았더라면 당해 법률행위를 하지 않았을 것이 명백한 경우에는 신의칙에 비추어 그 사실을 고지할 법률상 의무가 인정된다 할 것이다(대법원 1998. 12. 8. 선고 98도3263 판결, 2004. 5. 27. 선고 2003도4531 판결 등 참조).

기록에 의하면, 위 피고인들이 공소외 1 주식회사 명의로 경락받은 서울 종로구 (상세 주소 생략) 등 3필지에 위치한 지하 5층 지상 13층의 (빌딩명 생략)빌딩 중 지하 1층부터 지상 6층까지의 상가 점포 1,455개 가운데 당시 분양 가능한 점포 1,318개를 2003. 5.경 분양함에 있어 분양계약서와는 별개의 문서로 수분양자들과 자산관리위탁계약서를 작성하는 방법에 의하여 분양대금 중 금융기관의 대출금으로 충당한 중도금을 제외한 계약금 및 잔대금의 지급을 전부 유예하고, 분양된 점포는 분양 회사의 책임으로 임대 운용하며, 금융기관에 대한 중도금 대출 이자와 수분양상가의 취득, 보유에 따른 제세공과금은 분양자인 공소외 1 주식회사가 전액 지원하되 임대수익이나 처분수익이 있는 경우에만 정산키로 함으로써 실질적으로 분양 회사가 전액 책임지기로 하고, 향후 수분양자가 요청하는 경우 수분양자가 실제로 지급한 금액으로 분양 회사인 공소외 1 주식회사가 다시 점포를 매입하는 내용의 이면약정을 한 다음 주식회사 공소외 2 저축은행과 주식회사 공소외 3 저축은행에 대해 위 이면약정의 내용을 감춘 채 수분양자들이 지급하여야 할 위 분양 중도금의 집단적 대출을 교섭하여 그 승낙을 받음으로써 공소외 2 저축은행으로부터 285회에 걸쳐 349억 5,600만 원, 공소외 3 저축은행으로부터 687회에 걸쳐 884억 8,800만 원 등 합계 1,234억 4,400만 원에 이르는 금액을 중도금 대출 명목으로 지급받았는바, ① 당초 위 피고인들은 2002. 11.경 공소외 3 저축은행으로부터 746억 원을 대출받아 (빌딩명 생략)빌딩을 경락받은 후 2003. 2.경 위 빌딩의 지하 1층부터 지상 6층까지의 상가 점포 1,455개를 일반분양하여 그 분양대금으로 빌딩 인수자금을 상환하려고 계획하였으나 당시에는 아직 위 빌딩에서의 상권 형성이 제대로 되지 않아 겨우 43개의 점포만이 분양되는 데 그쳐 결국 극심한 자금난에 봉착하고 있었던 점, ② 위 자산관리위탁계약에 의하면 위 빌딩 상가의 분양에 따르는 모든 경제적 부담과 위험부담은 오로지 분양자인 공소외 1 주식회사만이 지게 되어 결국 수분양자들은 한 푼의 돈도 들이지 아니하고 아무런 위험부담 없이 상가를 분양받는 형상이어서 일반적 경제관념이나 거래관념으로는 이해할 수 없는 분양계약인바, 위 피고인들이 이와 같은 형태의 분양을 하게 된 것은 극심한 자금난을 타개하기 위하여 상가분양계약을 매개로 금융기관으로부터 수분양자들에 대한 집단적인 분양대금 대출에 의한 중도금 납입의 형태로 자금을 조성할 것을 계획하고 이를 위해 어떠한 방법으로든지 상가 분양이 활성화되는 외관을 만들어야 할 필요가 있었기 때문으로서(즉 분양을 위해 대출을 받는 것이 아니라 대출을 위해 분양을 한 격이다.), 단시일 내에 상가 분양을 마치기 위해 공소외 1 주식회사나 관련 회사들의 임·직원, 그 가족과 지인들에게 수분양자가 되도록 권유하고, 또 수분양명의만을 빌린 것도 적지 않으며 심지어 일부에게는 명의를 빌리는 데 대한 대가를 약속하기도 한 점, ③ 따라서 이 사건 수분양자들 중 많은 수는 분양 회사의 상가운영능력, 상권 활성화 여부 등 상가의 직접적인 운영에는 관심이 없는 사람으로 보이고, 만일 가까운 시일 안에 상가가 활성화되지 못하거나 상가의 시세가 분양가보다 하락한 경우에는 수분양자들 대부분이 중도금 대출금을 상환하지 않고 분양 회사에게 재매입을 요구할 것이 예상되어 종국적으로 중도금 대출금채무 대부분이 분양 회사인 공소외 1 주식회사의 부담이 될 수밖에 없고, 그 경우 공소외 1 주식회사로서는 도저히 이를 감당하지 못하게 될 것이 명백하며, 위 피고인들은 위와 같이 이 사건 상가를 분양한 다음에도 다시 같은 상가를 일반 분양하기로 하여 대규모 분양광고를 내고, 아울러 수분양 상가 상당수에 대해서는 분양 후 수분양자와의 법률분쟁이 있을 것에 대비하여 분양된 상가에 관하여 미리 피고인 3이나 공소외 4 주식회사주식회사 앞으로 신탁등기까지 경료하는 등 그 스스로 위와 같은 문제점을 알고 이 사건 분양이 잠정적 또는 위장 분양이라는 전제 아래 후속 조치를 취한 것으로 보이는 점, ④ 분양 중도금의 집단 대출교섭을 받은 위 각 대출 저축은행들은 그 대출 실시 여부를 심사함에 있어 분양에 의한 상가의 활성화 가능 여부를 중요한 판단 요소로 보았고, 또 분양 상황을 알기 위해 수분양자들의 계약금 납입 여부를 확인하기까지 하였는데, 위 피고인들은 그 확인 요구를 받고 수분양자들과의 자산관리위탁계약에 의해 계약금이 전혀 납입된 바 없는데도 아래의 (2)에서 보는 바와 같이 다른 곳에서 차용한 돈을 계약금으로 납입한 것처럼 공소외 1 주식회사 명의 통장이나 공소외 2 저축은행 명의 통장에 입금하여 계약금의 납입을 가장한 점, ⑤ 특히 공소외 3 저축은행으로서는 공소외 1 주식회사에게 (빌딩명 생략)빌딩의 경락잔대금 지급 등에 필요한 자금 746억 원을 대출하였다가 동일인 대출한도 초과대출을 하였다는 이유로 당시 임원들이 상호저축은행법 위반 등의 혐의로 조사를 받고 있었으므로, 이 사건 분양계약관계에 있어 모든 위험부담이 공소외 1 주식회사에게 전가되어 있어 그 분양 중도금을 대출할 경우 종국적으로 그 상환의무가 공소외 1 주식회사에게 귀착될 가능성이 큰 것으로 판단되는 경우에는 실질적으로 다시 동일인 한도 초과대출 금지규정에 위반되는 결과가 될 것이어서 그러한 상황에서 위와 같은 대출을 실행하지는 않았을 것으로 보이는 점, ⑥ 뿐만 아니라 이 사건의 경우 각 대출금의 담보를 위해 각 상가 점포 마다 대출금액의 130%를 채권최고액으로 하는 근저당권이 설정되어 있으나, (빌딩명 생략)빌딩 중 지하 1층 내지 지하 6층을 담보로 한 이 사건 대출금은 공소외 3 저축은행이 884억 8,800만 원, 공소외 2 저축은행이 349억 5,600만 원 등 1,234억 4,400만 원에 이르는 반면, 지하 5층 지상 13층의 (빌딩명 생략)빌딩 전체에 대한 종전 낙찰가는 약 517억 원에 불과하고, 상권 형성이 안 된 상태에서 대부분의 대출이 일시에 연체 상태에 빠져 다시 경매절차가 진행된다면 그 경락가격 또한 시세에 비해 상당히 저감될 것으로 예상되므로, 제공한 담보로 대출금 전액을 회수하기는 사실상 곤란하다고 보이는 점 등에 비추어 보면, 피해 저축은행들로서는 공소외 1 주식회사와 수분양자들과의 사이에 위와 같이 대출금으로 충당되는 중도금 외 계약금과 잔금의 지급이 전액 유예되고, 대출금에 대한 이자와 제세공과금도 사실상 공소외 1 주식회사가 부담하며, 수분양자가 분양 회사에 대해 재매입을 구할 수 있는 내용의 비정상적 약정이 존재하고 그 약정에 따라 실제 계약금과 잔금의 지급이 유예된 사실을 알았더라면, 위탁기간 내 (빌딩명 생략)빌딩의 상권 형성이 제대로 이루어지지 않을 경우 대출금채무 대부분이 일시에 연체상태에 빠질 수밖에 없어 대출금채무의 회수가 곤란한 상황이 초래될 가능성이 매우 높다고 보아 이 사건 1,318개의 상가 점포에 관하여 대출계약을 체결하지 않았을 것임을 능히 추단할 수 있으므로(실제 이 사건 대출은 당초 우려되던 바와 같이 공소외 1 주식회사가 외부 투자금으로 일부 대출금을 상환한 것 외에는 수분양자들이 대출원리금을 상환한 경우는 거의 없어 현재 대부분의 대출이 연체상태에 있다.), 위 피고인들은 이 사건 대출시 피해 저축은행들에게 위와 같은 비정상적인 약정의 내용을 알릴 신의칙상 의무가 있다고 할 것이고, 따라서 위 피고인들이 대출 저축은행들에게 위 약정의 내용을 알리지 않은 것은 사기죄의 요건으로서의 부작위에 의한 기망에 해당한다고 할 것이다. …

다. 상고이유 제3점에 대하여

사기죄에 있어서 동일한 피해자에 대하여 수회에 걸쳐 기망행위를 하여 금원을 편취한 경우, 그 범의가 단일하고 범행 방법이 동일하다면 사기죄의 포괄일죄만이 성립한다(대법원 2002. 7. 12. 선고 2002도2029 판결, 2005. 1. 28. 선고 2004도5598 판결 등 참조).

기록에 의하면, 이 사건 각 범행은 위 피고인들이 자산관리위탁계약서상의 약정 및 계약금 지급의 유예 사실을 숨기는 한편 분양 계약금이 입금된 것처럼 가장하여 피해 저축은행들로부터 10여일의 짧은 기간 동안에 수백 회에 걸쳐 중도금 대출 명목으로 금원을 편취한 것으로, 단일한 범의하의 동일한 수법의 범행이므로 피해 저축은행 별로 사기죄의 포괄일죄가 성립된다고 할 것이다.

원심이 같은 취지에서 수분양자에 대한 대출마다 별개의 죄가 성립하지 않고 피해 저축은행별로 그 대출 전부에 대해 사기죄의 포괄일죄가 성립한다고 판단한 것은 정당하고, 거기에 상고이유에서 주장하는 죄수에 관한 법리오해의 위법이 없다.

② 고지의무

■ 대법원 2008. 5. 8. 선고 2008도1652 판결【특정경제범죄가중처벌등에관한법률위반(사기)·특정경제범죄가중처벌등에관한법률위반(배임)·부정수표단속법위반·업무상배임·사기·뇌물공여·특정경제범죄가중처벌등에관한법률위반(횡령)】(미)

부동산을 매매함에 있어서 매도인이 매수인에게 매매와 관련된 어떤 구체적인 사정을 고지하지 아니함으로써, 장차 매매의 효력이나 매매에 따르는 채무의 이행에 장애를 가져와 매수인이 매매목적물에 대한 권리를 확보하지 못할 위험이 생길 수 있음을 알면서도, 매수인에게 그와 같은 사정을 고지하지 아니한 채 매매계약을 체결하고 매매대금을 교부받는 한편, 매수인이 그와 같은 사정을 고지받았더라면 매매계약을 체결하지 아니하거나 매매대금을 지급하지 아니하였을 것임이 경험칙상 명백한 경우에는, 신의성실의 원칙상 매수인에게 미리 그와 같은 사정을 고지할 의무가 매도인에게 있다고 할 것이므로, 매도인이 매수인에게 그와 같은 사정을 고지하지 아니한 것은 사기죄의 구성요건인 기망에 해당한다고 할 것이지만, 매매로 인한 법률관계에 아무런 영향도 미칠 수 없는 것이어서 매수인의 권리실현에 장애가 되지 아니하는 사유까지 매도인이 매수인에게 고지할 의무가 있다고는 볼 수 없는 것인바, 부동산의 이중매매에 있어서 매도인이 제1의 매매계약을 일방적으로 해제할 수 없는 처지에 있었다는 사정만으로는, 바로 제2의 매매계약의 효력이나 그 매매계약에 따르는 채무의 이행에 장애를 가져오는 것이라고 할 수 없음은 물론, 제2의 매수인의 매매목적물에 대한 권리의 실현에 장애가 된다고 볼 수도 없는 것이므로 매도인이 제2의 매수인에게 그와 같은 사정을 고지하지 아니하였다고 하여 제2의 매수인을 기망한 것이라고 평가할 수는 없을 것이다(대법원 1991. 12. 24. 선고 91도2698 판결, 대법원 2005. 11. 25. 선고 2005도5021 판결 참조).

그런데 원심이 인정한 사실관계에 의하더라도, 이 사건 제2매매계약 당시 피고인이 공소외 4에 대하여 이 사건 부동산에 대한 소유권이전등기의무를 부담하고 있었다는 사정은, 이 사건 제2매매계약의 효력이나 그 매매계약에 따르는 채무의 이행에 장애를 가져오는 것이라고 볼 수 없음은 물론, 제2매수인의 매매목적물에 대한 권리의 실현에 장애가 된다고도 볼 수 없으므로, 피고인이 제2매수인에게 그와 같은 사정을 고지하지 아니하였다고 하여 제2매수인을 기망한 것이라고 평가할 수는 없다고 할 것이다. 그럼에도, 원심은 피고인이 제2매수인에게 이 사건 제1매매계약을 알리지 아니한 사실을 자백하였다는 이유만으로 피고인이 제2매수인을 기망하였다고 단정하고 말았으니, 이러한 원심의 조치에는 사기죄에 있어서 기망에 관한 법리를 오해하여 판결에 영향을 미친 위법이 있다고 할 것이다.

③ 초과수령

■ 대법원 2004. 5. 27. 선고 2003도4531 판결【사기】(공)

사기죄의 요건으로서의 기망은 널리 재산상의 거래관계에 있어 서로 지켜야 할 신의와 성실의 의무를 저버리는 모든 적극적 또는 소극적 행위를 말하는 것이고, 그 중 소극적 행위로서의 부작위에 의한 기망은 법률상 고지의무 있는 자가 일정한 사실에 관하여 상대방이 착오에 빠져 있음을 알면서도 그 사실을 고지하지 아니함을 말하는 것으로서, 일반거래의 경험칙상 상대방이 그 사실을 알았더라면 당해 법률행위를 하지 않았을 것이 명백한 경우에는 신의칙에 비추어 그 사실을 고지할 법률상 의무가 인정된다 할 것인바(대법원 2000. 1. 28. 선고 99도2884 판결 참조), 피해자가 피고인에게 매매잔금을 지급함에 있어 착오에 빠져 지급해야 할 금액을 초과하는 돈을 교부하는 경우, 피고인이 사실대로 고지하였다면 피해자가 그와 같이 초과하여 교부하지 아니하였을 것임은 경험칙상 명백하므로, 피고인이 매매잔금을 교부받기 전 또는 교부받던 중에 그 사실을 알게 되었을 경우에는 특별한 사정이 없는 한 피고인으로서는 피해자에게 사실대로 고지하여 피해자의 그 착오를 제거하여야 할 신의칙상 의무를 지므로 그 의무를 이행하지 아니하고 피해자가 건네주는 돈을 그대로 수령한 경우에는 사기죄에 해당될 것이지만, 그 사실을 미리 알지 못하고 매매잔금을 건네주고 받는 행위를 끝마친 후에야 비로소 알게 되었을 경우에는 주고 받는 행위는 이미 종료되어 버린 후이므로 피해자의 착오 상태를 제거하기 위하여 그 사실을 고지하여야 할 법률상 의무의 불이행은 더 이상 그 초과된 금액 편취의 수단으로서의 의미는 없으므로, 교부하는 돈을 그대로 받은 그 행위는 점유이탈물횡령죄가 될 수 있음은 별론으로 하고 사기죄를 구성할 수는 없다고 할 것이다.

2. 원심은, 그의 채용 증거들을 종합하여, 매도인 A를 대리한 피고인이 2001. 7. 17. 매수인 B를 대리한 피해자와 사이에 서울 관악구 봉천11동 (건물명생략) ****호에 관하여 매매대금 88,269,000원으로 정하여 매매계약을 체결하고, 계약금으로 1,000만 원을 지급받았으므로, 피해자가 피고인에게 지급하여야 할 잔금이 78,269,000원인 사실 및 피고인이 피해자로부터 그 잔금을 지급받음에 있어 5,000만 원권 자기앞수표 1장, 1,000만 원권 자기앞수표 3장(농협중앙회 발행, 수표번호 바가 49796125, 49796126, 49796127)을 받았고, 그 외에 피해자로부터 500만 원권 자기앞수표 1장(농협중앙회 발행, 수표번호 바가49796129)을 (건물명생략) ***호의 중개수수료 명목으로 별도로 받았다는 사실을 인정하였다.

원심은 나아가, ① 피해자가 피고인에게 위의 5,000만 원권 1장, 1,000만 원권 3장의 자기앞수표들 외에 이 사건 매매잔금 명목으로 피고인에게 교부하였다고 주장하고 있는 500만 원권 자기앞수표 1장(농협중앙회 발행, 수표번호 바가49796130)도 피해자가 위의 자기앞수표들과 마찬가지로 (건물명생략) ***호의 매매대금 명목으로 받은 것인데 그 뒷면에는 피고인의 배서가 되어 있으므로, 이는 피해자로부터 피고인에게 교부된 것으로 보이는바, 피고인은 그 자기앞수표를 받게 된 경위에 대하여 제대로 설명하지 못하고 있는 점에 비추어, 피해자의 주장이 구체적이고 신빙성이 있어 보이는 점, ② 피고인은 2001. 8. 11. 1,000만 원권 자기앞수표 3장 중 2장(수표번호 바가 49796125, 49796127) 및 500만 원권 자기앞수표 1장(수표번호 바가49796130)을 국민은행 반포지점에서 교환하면서 배서함에 있어 동일하게 각 그 뒷면에 피고인의 이름과 전화번호를 기재한 반면, 1,000만 원권 자기앞수표 나머지 1장(수표번호 바가49796126)은 한빛은행 도시개발공사지점에서 교환하면서 배서함에 있어 그 뒷면에 피고인의 주민등록번호만 기재하였는바, 이와 같이 피해자가 매매잔금 명목으로 함께 지급하였다고 주장하는 그 500만 원권 자기앞수표를 피고인도 매매잔금 명목으로 받았다고 인정하고 있는 1,000만 원권 자기앞수표 2장과 함께 사용한 반면, 당사자 사이에 추가지급 여부에 관하여 다툼이 있는 그 1,000만 원권 자기앞수표 1장은 위의 다른 수표들과 구분하여 다른 용도에 사용한 것으로 보이는 점, ③ 피고인은 경찰에서부터 원심 법정에 이르기까지 피해자가 피고인에게 주었다는 그 자기앞수표들에 대한 조회 결과 피고인의 배서가 있는 것으로 밝혀져 불리한 상황이 될 때마다 매번 새로운 진술을 하는 등 그 진술에 일관성이 없는 반면, 피해자는 경찰 이래 원심 법정에 이르기까지 대체로 구체적이고 일관된 진술을 하고 있는 점 등 그의 판시와 같은 사정을 들어 피해자가 이 사건 당일 피고인에게 매매잔금을 지급함에 있어 피해자의 착오로 1,000만 원권 자기앞수표 1장을 추가로 지급하게 되었던 사실 및 피고인은 이러한 사정을 알면서도 그 자기앞수표를 말없이 수령하고 돌려주지 아니하였다는 요지의 사실을 인정하여 피고인에 대한 사기죄의 공소사실을 유죄로 판단하였다.

3. 기록 중의 증거들과 대조하여 본즉, 피해자가 착오로 1,000만 원권 자기앞수표 1장을 피고인에게 덧붙여 교부하여 피고인이 이를 교부받았다는 원심의 사실인정 부분은 수긍할 수 있다.

그러나 원심이 거기서 더 나아가 피고인은 이 사건 잔금을 교부받을 당시 피해자가 1,000만 원권 자기앞수표 1장을 착오로 보태어 함께 교부한다는 사정을 알면서도 이를 말없이 받았다고 단정한 것은 수긍되지 않는다.

원심이 들고 있는 사정들이 피해자가 피고인에게 착오로 매매잔금 중에 1,000만 원권 자기앞수표 1장을 더 넣은 채 함께 교부하였다는 점을 인정할 수 있는 근거는 될 수 있어도 그 사정만으로 피고인이 피해자가 잔금으로 주는 것을 교부받기 전에 또는 교부받으면서 피해자가 1,000만 원권 자기앞수표 1장을 더 보탠 채 함께 교부한다는 사정을 알았거나 또는 알면서 받았다고 볼 수는 없다고 할 것이고, 또한, 기록상 이를 인정할 만한 다른 자료도 보이지 않는다.

그럼에도 원심이 피해자가 1,000만 원권 자기앞수표 1장을 더 보탠 채 교부한다는 사정을 피고인이 알면서 교부받았다고 단정한 데에는 필요한 심리를 다하지 아니하여 채증법칙을 위배하였거나 부작위에 의한 사기죄와 점유이탈물횡령죄에 관한 법리를 오해한 잘못이 있다 할 것이고 이는 판결 결과에 영향을 미쳤다 할 것인바, 같은 취지의 상고이유의 주장은 정당하기에 이 법원은 그 주장을 받아들인다.

4. 그러므로 나머지 상고이유에 대한 판단을 생략한 채 원심판결을 파기하고, 사건을 더욱 심리한 후 판단하게 하기 위하여 원심법원에 환송하기로 관여 대법관들의 의견이 일치되어 주문에 쓴 바와 같이 판결한다.

④ 자동차의 명의수탁자

■ 대법원 2007. 1. 11. 선고 2006도4498 판결【사기, 절도】(공)

1. 상고이유 제1점(절도죄의 성립 여부)에 관하여

가. 원심은 먼저 피고인은 경기 (차량번호 생략) 매그너스 승용차가 피해자 공소외 1이 구입한 것으로 위 피해자의 실질적인 소유이고, 다만 장애인에 대한 면세 혜택의 적용을 받기 위해 피고인의 어머니인 공소외 2의 명의를 빌려 등록한 것에 불과한 것임에도 불구하고, 2004. 6. 16. 16:00경 평택시 죽백동에 있는 중부세기 사무실 앞길에서, 열쇠공을 통해 위 피해자가 주차해 둔 위 승용차의 문을 연 후 그대로 위 승용차를 운전하여 가 위 피해자의 소유인 위 승용차 시가 930만 원 상당을 절취하였다는 이 사건 공소사실에 대하여 다음과 같이 판단하여 유죄를 인정한 제1심판결을 파기하고, 무죄로 판단하였다.

자동차관리법 제6조에 의하면, 자동차 소유권의 득실변경은 등록을 하여야 그 효력이 생기는 것이므로 그 등록이 없는 한 대외적 관계에서는 물론 당사자의 대내적 관계에 있어서도 그 소유권을 취득할 수 없다고 할 것인바(대법원 1970. 9. 29. 선고 70다1508 판결, 2005. 11. 10. 선고 2005도6604 판결 각 참조), 그 판시 증거에 의하면, 피고인이 이 사건 승용차를 운전하여 가져갈 당시인 2004. 6. 16.경 위 승용차는 피고인의 어머니인 공소외 2의 명의로 등록된 상태였던 사실을 인정할 수 있으므로 이 사건 승용차는 위 일시경 위 공소외 2의 소유였다고 할 것이고, 한편 그 증거나 피고인과 공소외 2의 관계 등을 종합하여 보면, 피고인은 이 사건 당시 공소외 2로부터 위 승용차를 가져가 매도할 것을 허락받고 그녀의 인감증명 등을 교부받은 사실을 인정할 수 있고, 더욱이 그 증거에 의하여 인정되는 이 사건 승용차의 구입 및 등록 경위에 비추어 보면 공소외 2는 이 사건 승용차를 등록할 당시부터 위 승용차에 대한 처분권한을 딸인 피고인에게 일임하였던 것으로 보이므로 피고인이 이 사건 승용차를 가져간 행위는 그 소유자의 승낙에 기한 것으로서 절도죄에 해당하지 않는다.

나. 자동차나 중기(또는 건설기계)의 소유권의 득실변경은 등록을 함으로써 그 효력이 생기고 그와 같은 등록이 없는 한 대외적 관계에서는 물론 당사자의 대내적 관계에 있어서도 그 소유권을 취득할 수 없는 것이 원칙이지만(대법원 1968. 11. 5. 선고 68다1658 판결, 1970. 9. 29. 선고 70다1508 판결 등 참조), 당사자 사이에 그 소유권을 그 등록 명의자 아닌 자가 보유하기로 약정하였다는 등의 특별한 사정이 있는 경우에는 그 내부관계에 있어서는 그 등록 명의자 아닌 자가 소유권을 보유하게 된다고 할 것이다(대법원 1989. 9. 12. 선고 88다카18641 판결, 2003. 5. 30. 선고 2000도5767 판결 등 참조).

그런데 만약 이 사건 공소사실과 같이 이 사건 승용차는 피해자 공소외 1이 구입한 것으로 위 피해자의 실질적인 소유이고, 다만 장애인에 대한 면세 혜택 등의 적용을 받기 위해 피고인의 어머니인 공소외 2의 명의를 빌려 등록한 것이고, 나아가 원심 판시와 같이 피고인이 이 사건 당시 공소외 2로부터 위 승용차를 가져가 매도할 것을 허락받고 그녀의 인감증명 등을 교부받은 뒤에 피고인이 이 사건 승용차를 위 피해자 몰래 가져갔다면, 피고인과 공소외 2의 공모·가공에 의한 절도죄의 공모공동정범이 성립된다고 보아야 한다.

따라서 원심으로서는 우선 이 사건 승용차가 피해자 공소외 1이 구입한 것으로 위 피해자의 실질적인 소유이고, 다만 장애인에 대한 면세 혜택 등의 적용을 받기 위해 피고인의 어머니인 공소외 2의 명의를 빌려 등록한 것으로서 양자가 명의신탁관계에 있을 뿐인지, 아니면 피고인의 주장과 같이 피고인이 위 피해자로부터 단독으로 증여를 받거나 또는 그 밖에 위 피해자의 아들로서 피고인의 사실상의 전 남편이던 공소외 3과 공동으로 증여를 받은 것인지 등부터 심리한 뒤 위와 같은 절도죄의 공모공동정범이 성립되는지를 판단하였어야 할 것이다.

그럼에도 불구하고, 원심은 이와 달리 그 판시와 같은 법리를 전제로 하여 이 점에 대하여는 심리·판단하지 아니한 채 피고인이 이 사건 승용차를 가져간 행위는 그 소유자인 공소외 2의 승낙에 기한 것으로서 절도죄에 해당하지 않는다고만 판단하였으니, 이 부분 원심의 판단에는 판결 결과에 영향을 미친 법리오해 등의 위법이 있다고 할 것이고, 따라서 이 점을 지적하는 상고이유의 주장은 이유 있다.

2. 상고이유 제2점(사기죄의 성립 여부)에 관하여

가. 원심은 또 피고인이 같은 해 6월 23일경 평택시 비전동 304-14에 있는 피해자 합자회사 제일자동차매매상사의 사무실에서 위와 같이 절취한 위 승용차를 마치 피고인이 적법하게 처분할 권한이 있는 것처럼 행세하여 이에 속은 위 회사의 직원에게 위 승용차를 매도하고 즉석에서 그 대금으로 700만 원을 교부받아 이를 편취하였다는 이 사건 공소사실에 대하여도 다음과 같이 판단하여, 유죄를 인정한 제1심판결을 파기하고, 무죄로 판단하였다.

피고인이 이 사건 승용차의 소유자로서 이를 적법하게 처분할 권한이 있는 공소외 2의 허락을 받아 위 승용차를 매도하게 되었음은 앞서 본 바와 같고, 그 판시 증거들을 종합하면, 피고인이 위 매도 당시 공소외 2의 인감증명 등 차량이전에 필요한 서류를 모두 구비하여 합자회사 제일자동차

매매상사의 직원에게 교부하였고, 그 후 위 합자회사 제일자동차매매상사는 위 서류를 이용하여 이 사건 승용차의 등록명의를 위 회사의 명의로 이전하여 유효하게 소유권을 취득한 사실을 인정할 수 있으므로 피고인이 이 사건 승용차를 매도할 당시 기망행위를 하였다고 볼 수 없고, 또 위 매매 당시 피고인이 위 승용차를 공소외 1 몰래 가져온 사실을 숨겼다고 할지라도 위 회사가 이 사건 승용차에 대한 권리를 취득하는 데에 아무런 법적인 장애가 없으므로 피고인에게 거래관계에서 요구되는 신의칙에 반하는 기망행위가 있었다고 할 수 없다.

나. 우선, 상고이유 제1점에 대한 판단에서 살펴본 바와 같이 원심 판단과 달리 피고인과 공소외 2 모두에게 절도죄의 공모공동정범이 성립될 여지가 있다. 그러나 예컨대 부동산의 명의수탁자가 부동산을 제3자에게 매도하고 매매를 원인으로 한 소유권이전등기까지 마쳐 준 경우, 명의신탁의 법리상 대외적으로 수탁자에게 그 부동산의 처분권한이 있는 것임이 분명하고, 제3자로서도 자기 명의의 소유권이전등기가 마쳐진 이상 무슨 실질적인 재산상의 손해가 있을 리 없으므로 그 명의신탁 사실과 관련하여 신의칙상 고지의무가 있다거나 기망행위가 있었다고 볼 수도 없어서 그 제3자에 대한 사기죄가 성립될 여지가 없고(대법원 1985. 12. 10. 선고 85도1222 판결, 1990. 11. 13. 선고 90도1961 판결 등 참조), 나아가 그 처분시 매도인(명의수탁자)의 소유라는 말을 하였다고 하더라도 역시 사기죄가 성립되지 않으며(대법원 1970. 9. 29. 선고 70도1668 판결 참조), 이는 자동차의 명의수탁자가 처분한 경우에도 마찬가지라고 할 것이다.

한편, 피고인이 설령 명의수탁자인 공소외 2와 공모하여 절취한 것이라고 하더라도 그 자체로 명의신탁관계가 종료되는 것은 아니고, 따로 명의신탁자의 명의신탁 해지의 의사표시가 있어야 종료될 것이며, 더욱이 명의신탁을 해지하더라도 그 등록이 말소, 이전되기 전까지는 명의수탁자의 처분행위가 유효한 것이다. 따라서 피고인이 설령 이 사건 공소사실 기재와 같은 경위로 이 사건 승용차를 가지고 왔고, 그것이 절도죄에 해당될 수 있으며, 나아가 피고인이 그와 같이 위 승용차를 처분하면서 위 승용차가 명의신탁된 것임을 고지하지 않고, 위 공소외 2의 소유라는 말을 하는 등으로 피고인이 대외적으로 적법하게 처분할 권한이 있는 것처럼 행세하여 매도하였다고 하더라도 그 매수인을 피해자로 하는 사기죄가 성립된다고 할 수 없다.

이 부분 원심의 판단은 위와 그 이유를 일부 달리 하고 있지만, 이 부분 공소사실에 대하여 무죄로 판단한 그 결론은 정당하고, 거기에 상고이유의 주장과 같이 판결 결과에 영향을 미친 법리오해 등의 위법이 있다고 할 수 없다.

3. 결 론

그러므로 원심판결 중 절도죄에 관한 부분을 파기하고, 이 부분 사건을 수원지방법원 본원 합의부에 환송하기로 하며, 나머지 상고를 기각하기로 하여 관여 대법관의 일치된 의견으로 주문과 같이 판결한다.

⑤ 과장광고

긍정사례

■ 대법원 2004. 1. 15. 선고 2001도1429 판결【특정경제범죄가중처벌등에관한법률위반(사기), 보건범죄단속에관한특별조치법위반(부정의약품제조등)】(공)

일반적으로 상품의 선전·광고에 있어 다소의 과장, 허위가 수반되는 것은 그것이 일반 상거래의 관행과 신의칙에 비추어 시인될 수 있는 한 기망성이 결여된다고 하겠으나 거래에 있어서 중요한 사항에 관하여 구체적 사실을 거래상의 신의성실의 의무에 비추어 비난받을 정도의 방법으로 허위로 고지한 경우에는 과장, 허위광고의 한계를 넘어 사기죄의 기망행위에 해당한다(대법원 1992. 9. 14. 선고 91도2994 판결, 1993. 8. 13. 선고 92다52665 판결, 2002. 2. 5. 선고 2001도5789 판결 등 참조).

피고인이 원심공동피고인 1, 원심공동피고인 2, 원심공동피고인 3 등과 공모하여, 관광여행사로 하여금 고령의 노인들을 무료로 온천관광을 시켜주겠다고 모집하여 피고인 경영의 삼원농산으로 유치해 오도록 하고, 위 원심공동피고인 1, 원심공동피고인 2가 삼원농산의 이른바 강의실에서 의약에 관한 전문지식이 없음에도 그 분야의 전문가나 의사인 양 행세하면서 삼원농산이 오리, 하명, 누에, 동충하초, 녹용 등 여러 가지 재료를 혼합하여 제조·가공한 '녹동달오리골드'라는 제품이 당뇨병, 관절염, 신경통 등의 성인병 치료에 특별한 효능이 있는 좋은 약이라는 허위의 강의식 선전·광고행위를 하여 이에 속은 위 노인들로 하여금 위 제품을 고가에 구입하도록 한 것은 그 사술의 정도가 사회적으로 용인될 수 있는 상술의 정도를 넘은 것이어서 사기죄의 기망행위를 구성한다고 하지 않을 수 없다.

부정사례

■ 대법원 1991. 6. 11. 선고 91도788 판결【사기, 특정경제범죄가중처벌등에관한법률위반】(공)

원심판결 이유에 의하면, 원심은 피고인이 이 사건 아파트를 분양함에있어 판시와 같은 과대광고를 한 사실은 인정되나 한편 그 거시증거에 의하여 인정되는 이 사건 아파트에 대한 분양가 결정방법 각 분양계약체결의 경위 및 그 최종대금의 절충과정 등 판시 제반사정에 비추어 볼 때 피고인이 일반에게 한 판시광고는 그 거래당사자 사이에서 매매대금을 산정하기 위한 기준이 되었다고 할 수 없고 단지 분양대상 아파트를 특정하고 나아가 위 아파트의 분양이 쉽게 이루어지도록 하려는 의도에서 한 것에 지나지 않는다고 할 것이므로 피고인이 위 아파트의 분양과정에서 그 평형의 수치를 다소 과장하였다 하더라도 그와 같은 과대광고 자체에 따른 책임을 지는 것은 별론으로 하고 이를 기망행위에 해당한다고는 할 수 없고 달리 피고인의 기망행위를 인정할 증거가 없다고 판시하여 무죄를 선고한 제1심판결을 그대로 유지하였다. … 원심의 위와 같은 사실인정을 함에 거친 증거의 취사선택관계는 정당한 것으로 수긍이 가고 또 원심이 인정한 사실관계를 전제로 하여 판시 과대광고 행위를 기망행위로 보지 아니한 원심의 판단도 정당하다.

■ 대법원 1995. 7. 28. 선고 95다19515,95다19522(반소) 판결【매매대금, 부당이득금】(공)

그러나 일반적으로 상품의 선전·광고에 있어 다소의 과장·허위가 수반되는 것은 그것이 일반 상거래의 관행과 신의칙에 비추어 시인될 수 있는 한 기망성이 결여된다고 할 것인바(당원 1993. 8. 13. 선고 92다52665 판결 참조), 원심이 인정한 사실관계와 기록에 의하면 원고는 분양안내서의 일부분과 분양계약서에 정확한 공급면적을 기재하였고, 피고도 이 사건 빌라의 매매계약을 체결함에 있어 그의 처인 소외 송순영과 수차례에 걸쳐 이 사건 빌라를 방문하여 매매목적물을 둘러보고 준공검사필증, 건축물관리대장, 등기부등본을 열람·확인하였으며, 이 사건 빌라의 분양가를 정함에 있어서도 평당가격을 기준으로 한 것이 아니라 이 사건 빌라의 전용면적 및 공용면적과 대지의 공유지분을 포함하여 이를 매매목적물로 하여 일괄적으로 정하였음을 알 수 있다.

그렇다면 원고가 이 사건 빌라를 분양함에 있어 평형의 수치를 다소 과장하여 광고를 한 사실은 인정되나 위에서 본 분양가의 결정방법, 분양계약 체결의 경위, 피고가 위 분양계약서나 건축물관리대장 등에 의하여 이 사건 빌라의 공급면적이 평으로 환산하여 27.39평임을 쉽게 확인할 수 있었던 점 등 제반 사정에 비추어 볼 때, 위 광고는 그 거래당사자 사이에서 매매대금을 산정하기 위한 기준이 되었다고 할 수 없고 단지 분양대상 주택의 규모를 표시하여 분양이 쉽게 이루어지도록 하려는 의도에서 한 것에 지나지 아니한다고 할 것이므로, 원고가 이 사건 빌라에 대하여 서비스면적을 포함하여 평수로 환산한 33평형이라고 광고한 행위가 거래에 있어 중요한 사항에 관하여 구체적 사실을 거래상의 신의성실의 의무에 비추어 비난받을 정도의 방법으로 허위로 고지함으로써 사회적으로 용인될 수 있는 상술의 정도를 넘어 기망행위에 해당한다고는 보여지지 아니한다.

■ 대법원 1995. 9. 29. 선고 95다7031 판결【계약금반환등】(공)

우선 일반적으로 상품의 선전·광고에 있어 다소의 과장·허위가 수반되는 것은 그것이 일반 상거래의 관행과 신의칙에 비추어 시인될 수 있는 한 기망성이 결여된다고 할 것인바(당원 1993. 8. 13. 선고 92다52665 판결 참조), 원심이 인용한 원고와 피고 사이의 이 사건 분양계약서에는 소외 A가 설명한 바와 같이 피고 회사는 이 사건 특수시설의 총소유지분 중 50%를 보유하면서 이를 책임 경영할 것이고, 개점 초부터 연 24% 정도의 이익배당이 확실시된다는 내용의 약정이 들어 있지 아니할 뿐만 아니라, 피고 회사의 분양광고에 의하더라도 특수시설은 피고 회사 보유분을 제외하고 분양하는 것으로 되어 있을 뿐 피고 회사 보유분의 하한선을 규정하지 않고 있으며, 또한 A가 원고에게 위와 같이 설명한 것은 피고 회사가 특수시설을 책임지고 경영하겠다는 취지를 강조하면서 피고 회사가 특수시설의 50% 이상의 지분을 보유할 예정이고, 특수시설의 영업이 예상대로 진행되었을 경우 연 24% 정도의 이익배당이 추정된다는 설명을 한 것으로 보이고, 특수시설에 투자할 것인지의 여부는 원고의 책임하에 결정될 성질의 것이라고 봄이 상당하다.

그렇다면, 피고 회사의 특수시설 분양담당 직원인 A가 원고에게 이 사건 특수시설의 1/2개 지분을 분양함에 있어 피고 회사의 지분보유율이나 원고의 이익배당률에 관하여 다소 과장된 설명을 한 사실은 인정되나, 위에서 본 분양광고와 분양계약서의 내용 등에 비추어 볼 때, 이는 단지 특수시설의 분양이 쉽게 이루어지도록 하려는 의도에서 그 수익성 등에 관하여 다소 과장된 표현을 한 것에 지나지 아니한다고 할 것이므로, A가 원고에게 위와 같은 설명을 한 것이 거래에 있어 중요한 사항에 관하여 구체적 사실을 거래상의 신의성실의 의무에 비추어 비난받을 정도의 방법으로 허위로 고지함으로써 사회적으로 용인될 수 있는 상술의 정도를 넘어 기망행위에 해당한다고는 보여지지 아니한다.

3. 착 오

① 동기의 착오 포함

용도사기

■ 대법원 1996. 2. 27. 선고 95도2828 판결【사기】(공)

사기죄의 실행행위로서의 기망은 반드시 법률행위의 중요 부분에 관한 허위표시임을 요하지 아니하고 상대방을 착오에 빠지게 하여 행위자가 희망하는 재산적 처분행위를 하도록 하기 위한 판단의 기초가 되는 사실에 관한 것이면 족한 것이므로, 용도를 속이고 돈을 빌린 경우에 있어서 만일 진정한 용도를 고지하였더라면 상대방이 돈을 빌려 주지 않았을 것이라는 관계에 있는 때에는 사기죄의 실행행위인 기망은 있는 것으로 보아야 할 것이다(당원 1995. 9. 15. 선고 95도707 판결 참조).

피고인이 개발제한구역 지정의 해제는 물론이고 그 해제로 인하여 얻게 될 재산상의 이익을 나누어줄 의사와 능력이 없으면서도, 마치 피해자로부터 돈을 차용하게 되면 이를 개발제한구역 지정을 해제하는데 필요한 비용으로 사용하고 개발제한구역 해제로 인하여 얻게 될 이익을 피해자에게 나누어 줄 것처럼 피해자를 속여 피해자로부터 금원을 차용하였다면, 피고인의 위와 같은 행위는 사기죄에 있어서의 기망행위에 해당하고 피해자는 피고인에게 기망당하여 착오를 일으켜 금원을 대여하게 되었다고 보아야 할 것이며, 피고인에게 타인의 금원을 편취할 의사 또한 있었다고 보아야 할 것이므로, 비록 피고인이 지방공무원으로서 신분을 가지고 있었고 자기 명의로 된 주택을 소유하고 있었다고 하더라도 그와 같은 사정은 피고인의 편취범의를 인정하는 데 있어 장애사유가 될 수 없다 할 것이다. 원심판결에 사기죄에 있어서의 기망행위와 편취의 범의에 관한 법리오해, 이유불비, 심리미진의 위법이 있다는 취지의 논지도 모두 이유가 없다.

■ 대법원 2005. 9. 15. 선고 2003도5382 판결【사기, 무고, 위증】(미)

사기죄의 구성요건인 편취의 범의는 피고인이 자백하지 않는 이상 범행 전후의 피고인의 재력, 환경, 범행의 내용, 거래의 이행과정 등과 같은 객관적인 사정 등을 종합하여 판단할 수밖에 없는 것이고(대법원 1995. 4. 25. 선고 95도424 판결 참조), 타인으로부터 금전을 차용함에 있어서 그 차용한 금전의 용도나 변제할 자금의 마련방법에 관하여 사실대로 고지하였더라면 상대방이 응하지 않았을 경우에 그 용도나 변제자금의 마련방법에 관하여 진실에 반하는 사실을 고지하여 금전을 교부받은 경우에는 사기죄가 성립하고, 이 경우 차용금채무에 대한 담보를 제공하였다는 사정만으로는 결론을 달리 할 것은 아니다.

② 이미 착오

■ 대법원 2000. 1. 28. 선고 99도2884 판결【특정경제범죄가중처벌등에관한법률위반(사기)(인정된 죄명: 상습사기)】(공)

사기죄의 요건으로서의 기망은 널리 재산상의 거래관계에 있어 서로 지켜야 할 신의와 성실의 의무를 저버리는 모든 적극적 또는 소극적 행위를 말하는 것이고, 이러한 소극적 행위로서의 부작위에 의한 기망은 법률상 고지의무 있는 자가 일정한 사실에 관하여 상대방이 착오에 빠져 있음을 알면서도 이를 고지하지 아니함을 말하는 것으로서, 일반거래의 경험칙상 상대방이 그 사실을 알았더라면 당해 법률행위를 하지 않았을 것이 명백한 경우에는 신의칙에 비추어 그 사실을 고지할 법률상 의무가 인정되는 것이다(대법원 1998. 4. 14. 선고 98도231 판결, 1998. 12. 8. 선고 98도3263 판결, 1999. 2. 12. 선고 98도3549 판결 등 참조).

원심판결 이유에서 확정된 사실관계에 의하면, 피고인은 피해자들에게 그 시술 등의 전체가 아들 낳기에 필요한 것처럼 사실과 달리 설명하거나 위 병원에 내원할 때에 이미 피고인으로부터 어떠한 시술을 받으면 아들을 낳을 수 있을 것이라는 착오에 빠져 있는 피해자들에게 사실대로 설명하지 아니한 채 마치 그 시술 등의 전체가 아들 낳기에 필요한 것처럼 시술 등을 행하고 피해자들로부터 의료수가 및 약값의 명목으로 금원을 수령하였다는 것이므로, 설사 피고인이 피해자들에게 아들을 갖기 위하여 부부관계를 할 시기와 그 전에 취하여야 할 조치 등에 관하여 피해자들에게 설명한 내용이 의학상 허위라고 단정할 수 없는 부분이 포함되어 있다 하더라도, 피고인이 직접 피해자들에게 그 시술 등의 전체가 아들 낳기에 필요한 것처럼 거짓말을 한 경우에 이러한 피고인의 행위가 피해자들로 하여금 그 시술 등의 효과와 원리에 관하여 착오에 빠뜨려 피고인으로부터 아들 낳기 시술을 받도록 하는 것으로서 기망행위에 해당함은 물론이고, 위 병원에 내원할 당시 이미 착오에 빠져 있는 피해자들의 경우에도 만일 피고인이 사실대로 고지하였다면 그들이 피고인으로부터 그와 같은 시술을 받지 아니하였을 것임은 경험칙상 명백하므로, 이와 같은 경우 피고인으로서는 그들에게 위 시술의 효과와 원리에 관하여 사실대로 고지하여야 할 법률상 의무가 있다고 할 것임에도 불구하고, 피해자들이 착오에 빠져있음을 알면서도 이를 고지하지 아니한 채 마치 위와 같은 시술행위 전체가 아들을 낳을 수 있도록 하는 시술인 것처럼 가장하여 같은 시술을 한 것은 고지할 사실을 묵비함으로써 피해자들을 기망한 행위에 해당한다고 보아야 할 것인바, 결국 피고인이 피해자들에게 행한 시술과 처방의 전체가 마치 아들 낳기 시술인 것처럼 가장하여 의료수가 및 약값 등의 명목으로 금원을 교부받은 이상 이는 사기죄에 해당한다고 할 것이고, 위와 같은 시술에 앞서 피해자들로부터 시술 결과 아들을 낳지 못하여도 하등 이의를 제기하지 않는다는 내용의 시술서약서를 받았다고 하더라도 이는 기망행위의 수단에 불과하여 사기죄의 성립에 아무런 영향이 없다고 할 것이다.

4. 처분행위

가. 의 의

① 재산적 처분행위

■ 대법원 2008. 1. 24. 선고 2007도9417 판결【사기】(미)

사기죄는 타인을 기망하여 착오에 빠뜨리고 그 처분행위를 유발하여 재물이나 재산상의 이득을 얻음으로써 성립하는 것으로서 여기에서 처분행위라 함은 재산적 처분행위를 의미한다고 할 것인바(대법원 2002. 11. 22. 선고 2000도4419 판결 등 참조), 부동산 위에 소유권이전청구권 보전의 가등기를 마친 자가 그 가등기를 말소하면 부동산 소유자는 가등기의 부담이 없는 부동산을 소유하게 되는 이익을 얻게 되는 것이므로, 가등기를 말소하는 것 역시 사기죄에서 말하는 재산적 처분행위에 해당하고, 설령 그 후 위 가등기에 의하여 보전하고자 하였던 소유권이전청구권이 존재하지 않아 위 가등기가 무효임이 밝혀졌다고 하더라도 가등기의 말소로 인한 재산상의 이익이 없었던 것으로 볼 수 없다. 한편, 피고인에게 피해자 명의의 가등기 말소를 구할 권리가 인정된다 하더라도 피고인이 기망행위를 사용하여 피해자로 하여금 위 가등기를 말소하게 한 경우 그 기망행위가 사회통념상 권리행사의 수단으로서 용인될 수 없는 것이라면 피고인의 위와 같은 행위는 사기죄를 구성한다.

원심은 그 채택증거에 의하여 피해자가 피고인에 대한 이 사건 농지에 관한 명의신탁약정에 기한 소유권이전등기청구권을 보전할 목적으로 2001. 10. 25.경 이 사건 농지에 자신의 아들인 공소외인 명의로 이 사건 가등기를 마친 사실, 피해자가 2003. 12. 27.경 피고인의 요청으로 이 사건 가등기를 말소해 준 사실, 피고인이 2004. 12.경 및 2005. 1. 20.경 피해자 몰래 이200 사건 농지를 제3자에게 매도하고 그 소유권이전등기를 마쳐준 사실을 인정한 다음 피고인이 피해자를 기망하여 이 사건 가등기를 말소하도록 한 이상, 설령 이 사건 가등기가 부동산 실권리자명의 등기에 관한

법률에 위반하여 무효라 하더라도 피고인으로서는 가등기의 부담이 없는 부동산을 소유하게 되는 재산상의 이익을 취득한 것이라고 판단하였는바, 원심의 위와 같은 판단은 위 법리에 따른 것으로서 정당하고, 거기에 상고이유에서 주장하는 바와 같은 법리오해 등의 위법이 없다.

다만, 원심이 이 사건 가등기의 말소로 피고인이 취득한 재산상의 이익액을 산정함에 있어 이 사건 가등기에 의하여 보전되는 권리와 무관한, 피해자가 피고인을 위해 대납한 농지관리기금 대출금의 분할상환금 등 합계액을 기준으로 삼은 것은 잘못이라 할 것이나, 원심이 이 사건 가등기의 말소 자체를 피고인이 취득한 재산상의 이익으로 본 것이 분명한 이상, 위와 같은 이익액의 산정 오류는 판결결과에 영향이 없다고 할 것이다. 이를 다투는 주장은 이유 없다.

② 처분행위의 직접성

■ 대법원 2001. 7. 13. 선고 2001도1289 판결【폭력행위등처벌에관한법률위반, 사기 등】(공)

원심판결 이유에 의하면, 원심은 피고인은 1995년 8월 말경 남양주시 수동면 소재 수동면사무소에서, 내연관계에 있던 공소외인이 피해자 A로부터 남양주시 수동면 수산리 217의 3 전 3,379㎡를 대금 9,500만 원에 매수하기로 계약을 체결한 후 계약금 및 중도금으로 4,500만 원을 지급하고 나머지 잔금을 지급하지 않은 상태에서 사실은 위 A로부터 부동산매도용인감증명서 및 등기의무자본인확인서면을 교부받더라도 이를 이용하여 위 부동산에 대한 형질변경 및 건축허가를 받는 데에 사용하지 아니하고 위 피해자의 의사에 반하여 위 부동산을 피고인 명의로 소유권이전등기를 하는 데에 사용할 생각임에도 불구하고, 위 피해자에게 형질변경 및 건축허가를 받는 데에 부동산매도용인감증명서 및 확인서면이 반드시 필요하니 이를 나에게 건네주면 위 용도로만 사용하겠다라고 거짓말하여, 이에 속은 위 피해자로부터 즉석에서 부동산매도용인감증명서 및 등기의무자본인확인서면을 교부받은 후 이를 이용하여 같은 해 9일경 위 부동산을 피고인 외 4인 명의로 소유권이전등기를 경료함으로써 위 부동산 시가 9,500만 원 상당을 편취하였다는 사실을 인정하여 이 부분 공소사실을 유죄로 판단하였다.

그러나 사기죄는 타인을 기망하여 착오에 빠뜨리고 그로 인한 처분행위로 재물의 교부를 받거나 재산상의 이익을 취득한 때에 성립하는 것이므로, 원심이 인정한 바와 같이 피고인이 피해자에게 부동산매도용인감증명 및 등기의무자본인확인서면의 진실한 용도를 속이고 그 서류들을 교부받아 피고인 등 명의로 위 부동산에 관한 소유권이전등기를 경료하였다 하여도 피해자의 위 부동산에 관한 처분행위가 있었다고 할 수 없을 것이고 따라서 이 부분 공소사실은 사기죄를 구성하지 않는 것이라 할 것이다. 따라서 원심이 이 부분 공소사실을 유죄로 인정한 것에는 사기죄에 대한 법리오해의 위법이 있다 할 것이다.

나. 처분의사

■ 대법원 1987. 10. 26. 선고 87도1042 판결【사기, 사문서위조, 사문서위조행사】(집)

이 사건 공소사실은 피고인은 삼양유지사료주식회사 제1영업소장으로 재직중인 자인바, 피고인은 기히 거래를 하던 서산에 이 대리점의 공소외 A가 동인이 제공한 담보물의 가액보다 과다한 외상대금이 있어서 고민을 하고 있던 중 공소외 1에게 A의 채무 중에서 3,000만원에 대하여 새로이 담보를 제공하면 대리점을 개설하여 주겠다고 제의하고, 공소외 1은 기히 공소외 B로부터 피해자

C 소유의 충남 서산읍 동문리 236의 1번지 대지와 건물에 대한 등기부등본 등과 그의 인감증명서 3통을 수령하여 소지하고 있던 중, 1984. 1. 24. 18:00경 충남 보령군 대천읍 대천리 소재 왕자관 식당에서 근저당권설정계약서상에 피해자의 자필서명과 무인을 받기 위해 피고인, 공소외 1 및 B 등이 피해자를 만났으나 그 자리에서 피해자가 위 부동산을 대한제분주식회사에 금 4,000만원의 담보로 제공하기로 하였으니 삼양유지사료주식회사에는 담보로 제공할 수 없다고 거절하였음에도 불구하고 피고인은 피해자에게 인감증명서만 없으면 근저당설정등기를 할 수 없으니 근저당설정계약서에 자필서명과 무인을 해놓았다가 위 대한제분에 위 부동산을 담보로 제공할 수 없을 경우 삼양유지사료주식회사에 대한 담보제공에 사용토록 하자고 하면서 위 같은 날 B가 가져온 피해자의 인감증명서 4통을 돌려주어 마치 근저당권설정을 하지 않을 것 같이 위 C를 속이고 이에 속은 동인으로부터 근저당권설정계약서를 비롯한 담보설정에 필요한 제반서류에 동인의 서명과 무인을 받은 후 같은 달 25. 12:30경 충남 천안시 성황동 12의 53 소재 삼양유지사료주식회사 사무실에서 공소외 1과 공모하여 기히 받아 놓은 피해자의 인감증명서 3통과 근저당설정에 필요한 제반서류를 공소외 1에게 넘겨주고 공소외 1은 피해자로부터 동인의 부동산을 위 회사에 담보제공하지 않는다는 정을 알면서도 피고인으로부터 위 서류를 받아 같은 날 18:00경 그 정을 모르는 위 대리점의 직원인 공소외 D에게 등기를 하도록 위임하여 같은 달 27 시간미상경 위 D가 사법서사인 공소외 E에게 위임하여 그 시경 위 E가 대전지방법원 서산등기소에 위 서류를 제출하여 위 부동산에 대하여 A를 채무자로 한 채권최고액 금 3,000만원의 근저당설정등기를 완료하여 위 삼양유지사료주식회사에 동액상당의 이익을 취득케 하고 위 C에게 동액상당의 손해를 가한 것이다 라고 하여 사기죄로 기소하였는바, 사기죄는 타인을 기망하여 착오에 빠뜨리게 하고 그 처분행위를 유발하여 재물, 재산상의 이득을 얻음으로써 성립하는 것이므로 여기서 처분행위라고 하는 것은 재산적 처분행위를 의미하고 그것은 주관적으로 피기망자가 처분의사 즉 처분결과를 인식하고 객관적으로는 이러한 의사에 지배된 행위가 있을 것을 요한다고 할 것이다. 그런데 이 사건 공소사실 자체에 의하더라도 피고인의 기망에 의하여 위 C가 했다는 조사록을 볼 때 그의 부동산을 대한제분주식회사에 담보로 제공할 수 없게 된 것이 분명하게 되어 다시 그의 인감증명서를 피고인에게 교부할 때까지는 근저당권 설정계약을 체결할 의사가 있었던 것이 아님이 명백하다.

그렇다면 여기에는 앞서 말한 재산적 처분행위가 있었다고 할 수 없는 것이고 따라서 피고인이 위 서류를 가지고 근저당권설정등기를 경료 해버린 후속적 행위가 다른 죄에 해당되는 것은 별론으로 하고 사기죄에는 해당되지 않으므로 이 사건 공소사실은 형사소송법 제325조 전단에 의하여 무죄라고 할 것이다.

그런데 원심이 이 사건 사기의 공소사실에 대한 범죄의 증명이 없다고 하여 형사소송법 제325조 후단에 의하여 무죄를 선고한 것은 법률적용에 착오가 있다고 하겠지만 결론에 있어 원판결에 영향을 끼친것은 아니라고 할 것이다.

다. 처분행위자

○ 피기망자 = 처분행위자 = 피해자

○ 피기망자 = 처분행위자 ≠ 피해자 (삼각사기)

1 계약관계가 있어야 한다. 2 법적 권한이 있어야 한다. 3 사실상 지위로 족하다.

■ 대법원 2002. 7. 26. 선고 2002도2620 판결【특정경제범죄가중처벌등에관한법률위반(사기), 특정경제범죄가중처벌등에관한법률위반(증재등)】(공)

사기죄는 타인을 기망하여 착오에 빠지게 하고 그 처분행위를 유발하여 재물, 재산상의 이익을 얻음으로써 성립하는 범죄로서, 여기서 처분행위라고 하는 것은 범인 등에게 재물을 교부하거나 또는 재산상의 이익을 부여하는 재산적 처분행위를 의미하고, 피기망자는 재물 또는 재산상의 이익에 대한 처분행위를 할 권한이 있는 자를 말한다 할 것이며(대법원 1999. 3. 26. 선고 98도4193 판결, 2001. 4. 27. 선고 99도484 판결 등 참조), 관계 법령 및 기록 등에 의하면 주택건설촉진법 제10조의3 제2항에 따라 건설교통부장관이 기금의 운용·관리에 관한 사무를 한국주택은행(현재는 주식회사 국민은행으로 합병되었음)에 위탁하였고, 기금의 운용 및 관리에 관하여 필요한 사항을 규정한 건설교통부훈령인 국민주택기금운용및관리규정(이하 '관리규정'이라고 한다)은 국민주택건설자금 융자신청을 하고자 하는 민간사업자는 한국주택은행의 본점 또는 지점에 서류를 제출하여야 하며, 한국주택은행장은 민간사업자로부터 자금융자신청을 받은 때에는 승인 여부를 결정하도록 규정하고 있는 사실, 관리규정은 한국주택은행장으로 하여금 관리규정의 범위 내에서 관리규정의 시행에 필요한 사항에 관한 세부시행규정을 정하도록 규정하고 있고, 이에 따라 한국주택은행장이 제정한 세부시행규정에 의하면 기금대출 신청 금액이 100억 원을 초과할 경우에는 은행장이 승인 여부를 결정하도록 되어 있는 사실을 인정할 수 있으므로, 이러한 사정 및 위에서 본 사기죄에 관한 법리와 기록에 비추어 살펴보면, 원심이 기금 대출사무를 위탁받은 은행의 일선 담당 직원이 대출금이 지정된 용도에 사용되지 않을 것이라는 점을 알고 있었다 하더라도(지점장이 이를 알고 있었다 하더라도 마찬가지라 할 것이다) 피고인이 대출시마다 지정된 임대주택 건설자금으로 사용할 의사가 없으면서도 용도를 속여 대출받은 이상 사기죄가 성립한다고 보아 원심 판시 범죄사실에 대하여 유죄를 선고한 조치는 정당한 것으로 수긍할 수 있고, 거기에 상고이유로 주장하는 바와 같이 채증법칙 위배 또는 심리미진으로 인한 사실오인이나 사기죄에 있어서 피기망자와 처분행위자 및 기망, 피기망자의 착오와 처분행위 사이의 인과관계 또는 피해자에 관한 법리오해의 위법이 있다고 할 수 없다.

그리고 원심이 피기망자가 누구인지에 관하여 분명한 설시를 하지 아니하였음은 상고이유로 지적하는 바와 같다 할 것이나, 원심이, 피고인이 국민주택 건설자금으로 사용할 의사가 없으면서도 국민주택 건설자금으로 사용할 것처럼 용도를 속여 대출받아 이를 편취하였다고 함으로써 결국 원심도 기금 대출 승인 여부에 관한 권한을 가진 자를 피기망자로 보고 있는 것으로 못볼 바 아니므로 위 사유만으로 원심판결에 상고이유로 주장하는 바와 같이 이유불비의 위법이 있다고 할 수 없다.

■ 대법원 1994. 10. 11. 선고 94도1575 판결【사기】(공)

사기죄가 성립되려면 피기망자가 착오에 빠져 어떠한 재산상의 처분행위를 하도록 유발하여 재산적 이득을 얻을 것을 요하고, 피기망자와 재산상의 피해자가 같은 사람이 아닌 경우에는 피기망자가 피해자를 위하여 그 재산을 처분할 수 있는 권능을 갖거나 그 지위에 있어야 하는 것이지만(당원 1991. 1. 11. 선고 90도2180 판결, 당원 1989. 7. 11. 선고 89도346 판결 등 참조), 여기에서 피해자를 위하여 재산을 처분할 수 있는 권능이나 지위라 함은 반드시 사법상의 위임이나 대리권의 범위와 일치하여야 하는 것은 아니고 피해자의 의사에 기하여 재산을 처분할 수 있는 서류 등이 교부된 경우에는 피기망자의 처분행위가 설사 피해자의 진정한 의도와 어긋나는 경우라고 할지라도 위와 같은 권능을 갖거나 그 지위에 있는 것으로 보아야 할 것이므로 사기죄의 성립에는 아무런 영향이 없다고 할 것이다.

원심판결 이유에 의하더라도, 피해자 A가 이 사건 토지를 매각하여 자신의 딸 B와 사위 C의 사업자금에 사용하도록 하기 위하여 그 인감도장을 이들에게 주었으며, 이들은 다시 공소외 D에게 그 매각을 위임하면서 위 인감도장을 교부하였다는 사실은 이를 배척하지 아니하고 있고, 기록에 의하면 피기망자인 위 E는 위 D로부터 교부받은 피해자의 인감도장을 사용하여 이 사건 근저당권 설정서류를 마련하였다는 것이므로, 피해자 등이 위 D에게 이 사건 토지에 관한 매도권한만을 위임한 바 있으나 동인 등 이 사건 관계인들을 거치는 사이에 위임의 취지가 변질되어 근저당권이 설정되기에 이르렀다고 하더라도, 이를 들어 피기망자인 위 E가 피해자를 위하여 이 사건 토지를 처분할 권능을 갖지 아니하거나 지위에 있지 아니하였다고 단정할 것이 아니다.

원심은 사기죄의 성립에 있어 피기망자와 피해자가 다른 경우 요구되는 피기망자가 재산을 처분할 수 있는 권능이나 지위에 관한 법리를 오해한 나머지, 이 사건 근저당권이 설정된 경위에 대하여 더 심리하여 피기망자가 사실상 근저당권을 설정할 지위에 있었는지의 여부를 가려 보지 아니한 채 앞에서 본 바와 같은 이유로 그 범죄의 성립을 부정한 위법이 있고, 이는 판결의 결과에 영향을 미쳤다고 할 것이므로, 이 점을 지적하는 취지의 논지는 이유가 있다.

라. 소송사기(삼각사기의 한 유형)

① 일반론: 판결확정시

승소판결확정시에 소송사기 기수

■ 대법원 1980. 4. 22. 선고 80도533 판결【사기】(공)

타인의 토지소유권을 편취할 목적으로 하는 사기소송은 목적 토지에 대한 소유권이전등기절차 이행에 관한 승소의 확정판결을 받으면 이때 불법한 이익을 취득한 사기죄가 성립한다.[15]

■ 대법원 1970. 12. 22. 선고 70도2313 판결【사기】(집)

피고인이 토지소유권 편취를 목적으로 하는 사기소송에 의하여 토지에 대한 소유권이전등기절차 이행에 관한 승소 확정판결을 받은 후(불법한 이익의 취득) 다시 판결에 기한 이전등기까지 경료(재산권의 취득)하였을 경우 위 승소판결 확정과 동시에 기수단계에 이르렀다고 볼 것이지만, 그 후에 있은 이전등기에 관한 행위는 이미 완료된 사기죄의 사후행위로 볼 것이 아니고, 그것 역시 재물편취를 위한 행위였다고 할 것이므로, 위 승소판결의 확정에 관한 행위와 그 판결에 기한 이전등기경료에 관한 행위는 다같이 사기행위로 인한 재물편취에 관한 행위로서 포괄적으로 관찰하여져야 할 성질의 행위이다.

■ 대법원 1983. 4. 26. 선고 83도188 판결【사문서위조, 사문서위조행사, 공정증서원본불실기재, 공정증서원본불실기재행사, 사기】(공)

원심판결에 의하면, 피고인에 대한 공정증서원본불실기재죄의 일시, 행위, 내용, 객체 등이 특정되어 있음이 명백하므로 거기에 소론과 같이 범죄의 구성 요건에 해당하는 행위내용이 확정되지

15 유사취지: 대법원 2004. 6. 24. 선고 2002도4151 판결(허위의 내용으로 신청한 지급명령이 그대로 확정된 경우에는 사기죄는 이미 기수에 이르렀다).

아니한 잘못이 있다 할 수 없고, 원판시와 같은 소송사기의 경우 그 기수시기는 원판시 소송의 판결이 확정된 때라 할 것이므로(당원 1980. 4. 22. 선고 80도533 판결 참조) 원심이 그 확정판결에 의하여 소유권이전등기를 경료한 행위에 대하여 공정증서원본불실기재죄를 구성한다고 보고 사기죄와 실체적 경합범으로 처단하였음은 정당하고….

■ 대법원 1997. 7. 11. 선고 95도1874 판결【특정경제범죄가중처벌등에관한법률위반(사기)(인정된 죄명: 사기)·사문서위조·동행사】(공)

소송사기의 경우 당해 소송의 판결이 확정된 때에 범행이 기수에 이른다 할 것인바, 피고인이 위 다세대주택 4동 전부에 대하여 승소판결을 선고받아 그 판결이 확정된 이상 승소확정판결을 받은 후 위 다세대주택 4동 중 3동에 관하여만 건축주 명의변경이 이루어졌다 하더라도 위 다세대주택 4동 전부에 대하여 건축허가에 따른 재산상 이익을 취득하였다….

패소판결확정시에 미수행위 종료

■ 대법원 2000. 2. 11. 선고 99도4459 판결【사기미수】(공)

공소시효는 범죄행위가 종료한 때로부터 진행하는 것으로서(형사소송법 제252조 제1항), 법원을 기망하여 유리한 판결을 얻어내고 이에 터잡아 상대방으로부터 재물이나 재산상 이익을 취득하려고 소송을 제기하였다가 법원으로부터 패소의 종국판결을 선고받고 그 판결이 확정되는 등 법원으로부터 유리한 판결을 받지 못하고 소송이 종료됨으로써 미수에 그친 경우에, 그러한 소송사기미수죄에 있어서 범죄행위의 종료시기는 위와 같이 소송이 종료된 때라고 할 것이므로, 원심이 같은 취지에서 이 사건 공소시효는 1996. 9. 10. 대법원에서 피고인의 상고를 기각하는 내용의 판결이 선고된 때로부터 진행하는 것이라고 판단한 조치는 정당하다….

② 말소소송

종래 판례: 실행착수 부정설

■ 대법원 1981. 12. 8. 선고 81도1451 판결【사문서위조, 위조사문서행사, 공갈미수, 사기미수】(공)

말소등기소송의 결과 원고인 X가 승소한다고 가정하더라도 등기명의인들의 등기가 말소될 뿐이고 이것만으로 피고인이 위 임야에 관한 어떠한 권리를 취득하거나 의무를 면하는 것은 아니므로 법원을 기망하여 재물이나 재산상 이익을 편취한 것이라고 보기 어려우니 위와 같은 말소등기소송의 소제기 행위를 가리켜 사기의 실행에 착수한 것이라고 할 수 없다.

■ 대법원 1983. 10. 25. 선고 83도1566 판결【사기, 공정증서원본불실기재, 공정증서원본불실기재행사, 사기미수】(집)

피고인이 그 자신이 아닌 타인명의로 등기명의인들을 상대로 그들 명의의 소유권보존등기 및 이전등기의 말소 소송을 제기한 경우, 가사 그 타인이 승소한다고 가정하더라도 등기명의인들의 등기가 말소될 뿐이고 이로써 그 타인이 위 부동산에 대하여 어떠한 권리를 회복 또는 취득하거나 의무를 면하는 것은 아니므로 법원을 기망하여 재물이나 재산상 이익을 편취한 것이라고 볼 수 없을 것이니, 위와 같은 말소등기청구소송의 제기만으로는 사기의 실행에 착수한 것이라고 할 수 없다.

■ 대법원 2003. 7. 22. 선고 2003도1951 판결【무고, 사기미수】(공)

부동산등기부상 소유자로 등기된 적이 있는 자가 자신 이후에 소유권이전등기를 경료한 등기명의인들을 상대로 허위의 사실을 주장하면서 그들 명의의 소유권이전등기의 말소를 구하는 소송을 제기한 경우, 그 소송에서 승소한다면 등기명의인들의 등기가 말소됨으로써 그 소송을 제기한 자의 등기명의가 회복되는 것이므로 이는 법원을 기망하여 재산상 이익을 편취한 것이다.

■ 2006. 4. 7. 선고 2005도9858 전원합의체 판결【특정경제범죄가중처벌등에관한법률위반(사기)·공문서위조·위조공문서행사·허위감정·배임수재】(집)

다수의견 (12인): 승소판결확정시 기수설

법원을 기망하여 자기에게 유리한 판결을 얻고 그 판결 확정에 의하여 타인의 협력 없이 자신의 의사만으로 재물이나 재산상 이익을 얻을 수 있는 지위를 취득하게 되면, 그 지위는 재산적 가치가 있는 구체적 이익으로서 사기죄의 객체인 재산상 이익에 해당하므로, 사기죄가 성립된다.

피고인 또는 그와 공모한 자가 자신이 토지의 소유자라고 허위의 주장을 하면서 소유권보존등기 명의자를 상대로 보존등기의 말소를 구하는 소송을 제기한 경우 그 소송에서 위 토지가 피고인 또는 그와 공모한 자의 소유임을 인정하여 보존등기 말소를 명하는 내용의 승소확정판결을 받는다면, 이에 터 잡아 언제든지 단독으로 상대방의 소유권보존등기를 말소시킨 후 위 판결을 부동산등기법 제130조 제2호 소정의 소유권을 증명하는 판결로 하여 자기 앞으로의 소유권보존등기를 신청하여 그 등기를 마칠 수 있게 되므로, 이는 법원을 기망하여 유리한 판결을 얻음으로써 '대상 토지의 소유권에 대한 방해를 제거하고 그 소유명의를 얻을 수 있는 지위'라는 재산상 이익을 취득한 것이고, 그 경우 기수시기는 위 판결이 확정된 때이다.

반대의견(대법관 김황식): 부동산취득시 기수설

나. 이른바 소송사기에는 ① 확정판결의 효력 그 자체에 의하여 재산상 이익을 취득하는 경우(채무부존재확인판결 등)가 있는가 하면, ② 확정판결 그 자체로는 재물을 취득하는 것은 아니지만, 그 판결에 기하여 피해자의 임의이행이 정당화되거나 임의이행과 동일시할 수 있는 집행을 할 수 있는 권원을 취득하고, 그에 기하여 임의이행 혹은 그에 갈음하는 집행을 하여야 비로소 재물을 취득하는 경우가 있을 수 있다.

후자의 경우에 승소 확정판결 자체에 의하여 취득하는 것은 판결의 기판력, 집행력 및 형성력 등 판결의 효력에 의하여 뒷받침되는 재물 혹은 재산상 이익 취득의 개연성이라고 볼 수밖에 없고, 이와 같은 개연성이 "재산상 이익"으로 평가되고 판결 자체가 피해자의 처분행위와 동일시될 수 있는 이유는 바로 재물 혹은 재산상 이익 취득의 개연성이 판결이 갖는 자체의 효력, 즉 기판력, 집행력 및 형성력 등에 의하여 뒷받침되기 때문인 것으로 보아야 할 것이다.

다. 이렇게 볼 때, 금전의 지급을 명하거나 소유권이전등기를 명하는 승소 확정판결은, 그 기판력 및 집행력이 미치는 주문의 내용에 비추어 볼 때 판결의 확정 자체에 의하여 앞서 본 재물 혹은 재산상 이익 취득의 개연성이 발생하며, 따라서 그 자체를 피해자의 처분행위와 동일시 할 여지는 있겠으나, 소유권보존등기의 말소를 명하는 확정판결은 그 자체의 효력에 의해서는 등기명의인의 보존등기가 말소될 뿐이고 이로써 피고인 또는 그 공모자가 부동산에 대하여 어떠한 권리를 취득하거나 의무를 면하는 것이 아니어서 그 자체만으로는 법원을 기망하여 재물이나 재산상 이익을 편취한 것이라고 볼 수 없다고 보아야 할 것이다.

즉, 소유권보존등기의 말소를 명한 승소확정판결문에 의하여 소유권보존등기를 말소한 뒤 별도의 등기신청절차를 통하여 그 판결문을 부동산등기법 제130조 제2호 소정의 서류로 삼아 소유권보존등기를 신청할 수 있으나, 이는 앞서 본 확정판결 자체의 효력이 미치는 범위와는 무관한 것이고, 그렇기에 보존등기가 말소되어 등기부가 폐쇄된 상태에 이르면 다른 사람도 부동산등기법 제130조 각 호 소정의 서류를 갖추어 그 판결과는 관계없이 얼마든지 소유권보존등기를 할 수 있는 것이다.

소유권보존등기 말소확정판결을 얻은 자의 지위가 위와 같을진대, 이러한 지위를 들어 사기죄의 객체인 재산상 이익을 취득한 것이라고는 볼 수는 없다.

라. 다수의견의 논지에 따르자면, 애초에는 자기 명의의 소유권보존등기를 경료함으로써 재물인 부동산을 편취할 범의가 있었으나, 상대방 소유권보존등기 말소를 명하는 승소확정판결을 얻은 후 범행이 발각되는 등의 사정으로 더 이상의 범행이 불가능해진 경우는 물론, 피고인 스스로 더 이상의 범행을 포기하고 결과의 발생을 방지한 경우에도 현실적으로 소유권보존등기를 경료한 것과 마찬가지로 미수가 아닌 기수로 의율할 수밖에 없게 되어 이는 부당하며, 더구나 재물 또는 재산상 이익의 가액에 따른 특정경제범죄 가중처벌 등에 관한 법률의 적용에 있어서는 부동산을 실제로 취득함이 없이도 기수로서 가중 처단할 수밖에 없게 되는바, 이 점 역시 가혹하다고 아니할 수 없다.

마. 다만, 부동산을 편취하기 위해 허위소송을 제기하여 소유권보존등기의 말소를 명하는 확정판결을 얻어낸 경우 그 자체만으로는 피해자의 처분행위에 갈음하는 내용이나 효력을 갖추어 사기죄의 객체인 재산상 이익을 취득하였다고 평가할 수는 없지만, 재물인 부동산을 편취하는 일련의 과정에서 하나의 장애물을 제거하는 것으로는 평가할 수 있어 그 확정판결에 의하여 비로소 피고인 명의의 소유권보존등기가 가능하게 된다고 볼 것인바, 그 확정판결이 선고되는 과정에 피고인의 기망행위가 존재하는 이상, 실행의 착수시점은 소송을 제기한 시점이라고 봄이 상당하다.

따라서 소유권보존등기 말소 소송을 제기한 경우에는 피고인의 범의가 재물인 부동산의 취득에 있는지 여부와 무관하게, 실행의 착수조차 없다고 본 판결(대법원 1983. 10. 25. 선고 83도1566 판결) 등의 견해는 이와 저촉되는 범위 내에서 이를 변경하여야 한다고 본다.

③ 법원의 재판이 처분행위에 갈음하는 내용과 효력이 있는 것이어야 함

원 · 피고의 공모 ×

■ 대법원 1997. 12. 23. 선고 97도2430 판결【특정경제범죄가중처벌등에관한법률위반{사기, 예비적으로 특정경제범죄가중처벌등에관한법률위반(배임)}, 특정경제범죄가중처벌등에관한법률위반(배임)】(공)

소송사기에 있어 피기망자인 법원의 재판은 피해자의 처분행위에 갈음하는 내용과 효력이 있는 것이어야 하므로, 피고인이 타인과 공모하여 그 공모자를 상대로 제소하여 의제자백의 판결을 받아 이에 기하여 부동산의 소유권이전등기를 하였다고 하더라도 이는 소송 상대방의 의사에 부합하는 것으로서 착오에 의한 재산적 처분행위가 있다고 할 수 없어 동인으로부터 부동산을 편취한 것이라고 볼 수 없고, 또 그 부동산의 진정한 소유자가 따로 있다고 하더라도 피고인이 의제자백 판결에 기하여 그 진정한 소유자로부터 소유권을 이전받은 것이 아니므로 그 소유자로부터 부동산을 편취한 것이라고 볼 여지도 없다(대법원 1996. 8. 23. 선고 96도1265 판결, 1983. 10. 25. 선고 83도1566 판결 참조).

원심은 이 사건 의제자백 판결이 그 소송 상대방인 공소외 1의 의사에 부합하는 것이고 또한 위 판결의 효력은 소송 당사자인 피고인과 공소외 1 사이에만 미칠 뿐 검사가 피해자라고 주장하고 있는 공소외 홍일건설 주식회사(이하 홍일건설이라 한다)에게는 미치지 아니한다고 보아, 피고인에게 대한 소송사기의 공소사실에 관하여 무죄를 선고한 제1심을 유지하였는바, 원심의 이러한 판단은 위 법리에 따른 것으로 정당하고 거기에 소론과 같은 채증법칙 위배로 인한 사실오인, 소송사기에 관한 법리오해 등의 위법이 있다고 할 수 없다. 논지는 이유 없다.

사자 상대 소송 ×

■ 대법원 2002. 1. 11. 선고 2000도1881 판결【사기】(공)

소송사기에 있어서 피기망자인 법원의 재판은 피해자의 처분행위에 갈음하는 내용과 효력이 있는 것이어야 하고, 그렇지 아니하는 경우에는 착오에 의한 재물의 교부행위가 있다고 할 수 없어서 사기죄는 성립되지 아니한다고 할 것이므로, 피고인의 제소가 사망한 자를 상대로 한 것이라면 이와 같은 사망한 자에 대한 판결은 그 내용에 따른 효력이 생기지 아니하여 상속인에게 그 효력이 미치지 아니하고 따라서 사기죄를 구성한다고는 할 수 없다(대법원 1986. 10. 28. 선고 84도2368 판결, 1987. 12. 22. 선고 87도852 판결 등 참조).

원심판결 이유에 의하면, 원심은, 피고인이 사실은 창원시 완암동 산 20-2 소재 임야 381,124㎡(이하 '이 사건 임야'라 한다)의 공유자인 공소외 망 A 등 25명으로부터 이 사건 임야를 매수한 사실이 없음에도 불구하고 위 A 등이 전원 사망하였고 피고인 앞으로 이 사건 임야에 대한 종합토지세가 부과되는 점을 기화로 소송을 통하여 승소판결을 받은 후 피고인 앞으로 소유권이전등기를 하는 방법으로 이 사건 임야를 편취할 것을 결의하고, 1994. 12. 29. 창원지방법원에 "1965. 2. 7. 원고(피고인)가 피고(위 A 등 25명)로부터 이 사건 임야를 275,000원에 매수하였으니 피고들은 원고에게 이 사건 임야에 대해 매매를 원인으로 한 소유권이전등기절차를 이행하라"는 취지의 소유권이전등기청구의 소를 제기하면서 피고들의 주소를 허위로 기재한 후 변론기일 소환장 및 선고기일 소환장 중 일부는 피고인이 본인을 사칭하여 수령하고 일부는 집배원에게 "대신 전해 주겠다"고 거짓말하고 수령하여 전달치 않는 방법으로 위 법원 담당재판부를 기망하고 이에 속은 담당재판부로부터 1995. 5. 4. 피고인(원고)의 승소 판결을 받아 같은 해 8. 17. 피고인 명의로 이 사건 임야에 관한 소유권이전등기를 경료함으로써 위 A 등의 상속인인 피해자 B 등 소유의 이 사건 임야 시가 2억 원 상당을 편취하였다는 공소사실에 대하여 그 판시 증거에 의하면 이 사건 임야의 공유자들이 피고인의 위 소 제기시인 1994. 12. 29. 이전에 이미 모두 사망한 사실을 알 수 있으므로, 피고인이 비록 위 민사소송에서 승소판결을 받았다 하더라도 그 판결의 효력은 이 사건 임야의 공유자들의 재산상속인들에게 미치지 아니한다 할 것이어서 사기죄를 구성한다고는 할 수 없다는 이유로, 위 공소사실을 유죄로 인정한 제1심판결을 파기하고 무죄를 선고하였다.

기록과 위 법리에 비추어 살펴보면, 원심의 사실인정과 판단은 정당하고, 나아가 이 사건에서의 피고인의 행위가 소송사기죄의 불능미수에 해당한다고 볼 수도 없으므로, 원심판결에는 주장과 같은 소송사기죄의 불능미수 및 법관의 자유재량에 관한 법리를 오해한 위법이 있다고 할 수 없다.

■ 대법원 1997. 7. 8. 선고 97도632 판결【사기미수, 사문서위조, 위조사문서행사】(공)

이 사건 제1차 소송사기미수의 점에 대한 공소사실의 요지는, 피고인은 1992. 10. 23.경 서울지방법원 서부지원에 원고 A, 피고 B로 하는 소유권이전등기청구소송을 제기하면서 사실은 서울 중구 신당동 202의 1 전 7평(이하 이 사건 부동산이라고 한다)을 매수하지 아니하였음을 알고 있었음에도 불구하고, "이 사건 부동산은 서울 중구 신당동 200의 8 대지와 공부상으로는 두 필지이지만 실제로는 한 필지로서 공소외 C의 부친인 본건외 D가 1942. 1. 20.경 망 B로부터 매수한 뒤 위 D의 사망으로 위 C가 상속하였으며, 피고인이 1990. 3. 16.경 위 C로부터 위 신당동 200의 8 대지와 함께 이 사건 부동산을 매수하였으니 위 매매를 원인으로 한 소유권이전등기를 구한다."는 허위내용의 소장을 제출하고, 다음에 보는 위조된 부동산매매계약서를 제출하여 이에 속은 담당재판부로부터 승소판결을 받아 이 사건 부동산을 편취하려 하였으나, 1993. 2. 23. 스스로 소를 취하함으로써 미수에 그쳤다는 것이고 제1심 및 원심은 이를 유죄로 판단하고 있다.

그러나, 이 사건 기록에 의하여 살펴보면, 피고인은 당초 공소외 망 B가 생존한 것을 전제로 위 B를 피고로 하여 소를 제기하였다가 재판 과정에서 위 B가 사망하였음을 알고, 공소외 망 E가 위 B를 단독상속하였음을 이유로 피고의 표시를 위 E로 정정하여 소송을 진행하다가 소를 취하한 것으로 나타나고, 한편 위 B는 1945. 1. 7.에 위 E는 1969. 10. 8.에 각 사망하였음을 알 수 있어 위 제소는 사망한 자를 상대로 제기된 것에 불과한바, 이처럼 피고인의 제소가 사망한 자를 상대로 한 것이라면 그 판결은 그 내용에 따른 효력이 생기지 아니하여 상속인에게 그 효력이 미치지 아니하고, 따라서 사기죄를 구성할 수 없음에도(당원 1986. 10. 28. 선고 84도2386 판결, 1987. 12. 22. 선고 87도852 판결 등 참조) 원심이 이와 다른 전제에서 위 제소가 사기죄에 해당한다고 판단한 것은 사기죄의 성립에 관한 법리를 오해한 위법이 있고, 이러한 위법은 판결의 결과에 영향을 미친 것으로서 파기를 면할 수 없다고 할 것이다.

무권한자에 대한 소송 ×

■ 대법원 1985. 10. 8. 선고 84도2642 판결【사기】(집)

사기죄는 사람을 기망하여 착오에 빠뜨리고 그로 인한 처분행위로 재물의 교부를 받거나 재산상 이익을 얻는 것으로서 기망행위가 있었다고 하여도 그로 인한 처분행위가 없을 때에는 사기죄가 성립하지 않는 것이고 이른바 소송사기에 있어서도 피기망자인 법원의 재판은 피해자의 처분행위에 갈음하는 내용과 효력이 있는 것이어야 하고 그렇지 아니한 경우에는 착오에 의한 재물의 교부행위가 있다고 할 수 없을 것인 바, 이 사건에서 원심이 적법히 확정한 바와 같이 피고인이 피고인의 소유가 아닌 원심판시 별지목록 1,2,3 기재 토지들에 관하여 서울지방법원 의정부지원에 위 토지를 점유사용하거나 그 소유권을 주장한 바도 전혀 없고 위 토지들에 아무런 권한이 없는 공소외 박인섭 및 홍기원을 상대로 그 판시와 같은 소유권확인등의 청구소송을 제기함으로써 법원을 기망하여 위 법원이 위 토지들이 피고인의 소유임을 확인한다는 취지의 원고 승소판결을 선고하고 그 판결이 확정함에 이르렀다 하여도 위 판결의 효력은 소송당사자들 사이에만 미치고 제3자인 이 사건 토지의 소유자에게는 미치지 아니하여 위 원고 승소판결로 인하여 이 사건 토지들에 대한 제3자의 소유권이 피고인에게 이전되는 것이 아니므로 피고인이 위와 같은 확인판결을 받고 또 그후 위 판결을 이용하여 위 토지들에 대한 피고인 명의의 소유권보존등기를 함에 이르렀다 하여도 그것이 사기죄를 구성한다고는 볼 수 없다 할 것이다. 같은 취지의 원심판결은 정당하고, 거기에 소론과 같은 법리오해의 위법이 있다고 할 수 없다. 논지는 위와 다른 견해에서 원심판결을 탓하는 것이니 받아들일 수 없다.

허무인 상대 소송 ×

■ 대법원 1992. 12. 11. 선고 92도743 판결【사기미수】(공)

이 사건 공소사실의 요지는 피고인이 공소외 삼덕산업 합자회사에는 상조회가 구성되어 있지 아니함에도 자동차사고 발생시 사고로 인한 손해를 보상하여 주기로 하는 상조회가 설치되어 있다 하여 위 공소외 회사와 그 회사 상조회에 대하여 연대하여 금 12,100,000원의 지급을 구하는 소장을 수원지방법원 여주지원에 제출하여 위 법원을 기망하여 승소판결을 선고받아 위 금액을 편취하려 하였으나 그 소를 취하함으로써 미수에 그쳤다는 것이고, 원심은 이에 대하여 피고인이 원심법정에 이르기까지 일관하여 공소외 회사에 상조회가 구성되어 있는 것으로 생각하고 위 상조회를 상대로 소를 제기하였으나 위 상조회가 존재하지 아니한다는 사실을 알고는 소를 취하하였다고 변소하고 있는바, 피고인의 범의를 인정할 증거가 없고, 또한 피고인이 위 상조회를 피고로 한 소송에서 법원을 기망하여 승소하더라도 그 상조회가 존재하지 아니한다면 그 명의의 재산도 없을 것이므로 이러한 승소판결로써 상조회로부터 금원을 편취할 가능성이나 위험성이 없고, 이러한 법리는 공소외 회사가 공동피고로 되어 있다 하더라도(공소사실 기재에 의하면 그 소송의 공동피고로 한 삼덕산업 합자회사로부터 채무명의를 사취하려 하였다는 사실은 공소사실에 포함되어 있지 아니한 것으로 보인다) 다를 바 없다고 판시하고, 피고인에 대하여 무죄를 선고한 제1심판결을 유지하였다.

원심의 위와 같은 사실인정 과정에 채증법칙 위배의 잘못이 없다. 소송사기에 있어서 피기망자인 법원의 재판은 피해자의 처분행위에 갈음하는 내용과 효력이 있는 것이어야 하는바(당원 1986. 10. 28. 선고 84도2386 판결 참조), 이 사건의 경우처럼 실재하고 있지 아니한 위 상조회에 대하여 판결이 선고되더라도 그 판결은 피해자의 처분행위에 갈음하는 내용과 효력을 인정할 수 없고, 따라서 착오에 의한 재물의 교부행위를 상정할 수 없는 것이므로 사기죄의 성립을 시인할 수 없는 것이다. 원심판결에 소송사기에 관한 법리오해의 위법이 있다고 할 수 없다. 논지는 이유 없다.

④ 피고도 소송사기의 주체가 될 수 있음

■ 대법원 1998. 2. 27. 선고 97도2786 판결【사기미수, 횡령】(공)

소송사기는 법원을 기망하여 자기에게 유리한 판결을 얻음으로써 상대방의 재물 또는 재산상 이익을 취득하는 것을 내용으로 하는 범죄로서, 이를 처벌하는 것은 필연적으로 누구든지 자기에게 유리한 주장을 하고 소송을 통하여 권리구제를 받을 수 있다는 민사재판제도의 위축을 가져올 수밖에 없으므로, 피고인이 그 범행을 인정한 경우 외에는 그 소송상의 주장이 사실과 다름이 객관적으로 명백하거나 피고인이 그 소송상의 주장이 명백히 허위인 것을 인식하였거나 증거를 조작하려고 한 흔적이 있는 등의 경우 외에는 이를 쉽사리 유죄로 인정하여서는 아니 되는 것이다(대법원 1992. 2. 25. 선고 91도2666 판결, 1997. 7. 22. 선고 96도2422 판결 참조).

그러나 적극적 소송당사자인 원고뿐만 아니라 방어적인 위치에 있는 피고라 하더라도 허위내용의 서류를 작성하여 이를 증거로 제출하거나 위증을 시키는 등의 적극적인 방법으로 법원을 기망하여 착오에 빠지게 한 결과 승소확정판결을 받음으로써 자기의 재산상의 의무이행을 면하게 된 경우에는 그 재산가액 상당에 대하여 사기죄가 성립한다고 할 것이고(대법원 1987. 9. 22. 선고 87도1090 판결 참조), 그와 같은 경우에는 적극적인 방법으로 법원을 기망할 의사를 가지고 허위내용의 서류를 증거로 제출하거나 그에 따른 주장을 담은 답변서나 준비서면을 제출한 경우에 사기죄의 실행의 착수가 있다고 볼 것이다.

■ 대법원 2004. 3. 12. 선고 2003도333 판결【위증교사, 사기】(공)

원심은, 피고인의 위증교사를 받은 공소외인이, 피해자 A가 원고가 되어 원우종합건설 주식회사(이하 '원우종합건설'이라 한다)를 상대로 한 판시 어음금청구사건(이하 '이 사건 어음금청구사건'이라 한다)의 항소심 법정에서 'B가 어음 2장의 뒷면에 배서가 되어 있지 않은 것을 보고 원고에게 배서를 요구하자 원고가 사무실 밖으로 나가더니 잠시 후 나무로 된 명판과 검정색 도장을 가져와 어음 2장의 이면에 명판과 인장을 날인하였는데, 그것이 원우종합건설의 명판과 인장이었다.'는 취지의 위증을 하여 법원을 기망하였고, 이에 속은 항소심 법원이 피해자 A가 승소한 제1심판결을 취소하여 그 청구를 기각하는 판결을 선고하고 그 판결이 대법원의 상고기각판결로 확정됨으로써 원우종합건설로 하여금 어음금채무의 이행을 면하게 하는 재산상 이익을 취하게 한 사실이 인정된다 하여 이 사건 사기의 공소사실을 유죄로 인정한 제1심을 유지하였다.

적극적 소송당사자인 원고뿐만 아니라 방어적인 위치에 있는 피고라 하더라도 허위내용의 서류를 작성하여 이를 증거로 제출하거나 위증을 시키는 등의 적극적인 방법으로 법원을 기망하여 착오에 빠지게 한 결과 승소확정판결을 받음으로써 자기의 재산상의 의무이행을 면하게 된 경우에는 그 재산가액 상당에 대하여 사기죄가 성립한다고 할 것이다(대법원 1998. 2. 27. 선고 97도2786 판결 참조).

그런데 소송사기는 법원을 기망하여 자기에게 유리한 판결을 얻음으로써 상대방의 재물 또는 재산상 이익을 취득하는 것을 내용으로 하는 범죄로서, 원고측에 의한 소송사기가 성립하기 위하여는 제소 당시에 그 주장과 같은 채권이 존재하지 아니하다는 것만으로는 부족하고 그 주장의 채권이 존재하지 아니한 사실을 잘 알고 있으면서도 허위의 주장과 입증으로써 법원을 기망한다는 인식을 하고 있어야만 하는 것이고(대법원 2003. 5. 16. 선고 2003도373 판결 참조), 이와 마찬가지로, 피고측에 의한 소송사기가 성립하기 위하여는 원고 주장과 같은 채무가 존재한다는 것만으로는 부족하고 그 주장의 채무가 존재한다는 사실을 잘 알고 있으면서도 허위의 주장과 입증으로써 법원을 기망한다는 인식을 하고 있어야만 하는 것이다.

이 사건 어음금청구사건의 항소심은, 원고인 A에게 입증책임이 있는 어음 배서란의 원우종합건설의 기명날인의 진정성립 여부 즉, 어음의 배서란에 찍힌 명판과 인장이 원우종합건설이 사용하는 것이고 원우종합건설의 대표이사 또는 그로부터 권한을 위임받은 자가 이를 날인하였는지의 점에 부합하는 듯한 그 판시 증거를 믿기 어렵다 하여 배척하였는데, 증인 공소외인의 허위진술은 판결에서 A의 주장사실에 부합하는 증거를 배척하는 근거로 삼지 아니하였을 뿐만 아니라, 기록에 의하면 공소외인의 허위 증언을 제외하여도 이 사건 어음금청구사건의 항소심 판결의 결론은 정당한 것으로 수긍할 수 있다.

그렇다면 이 사건 어음에 대한 원우종합건설의 배서를 인정할 수 없어 원고인 A가 주장하는 바와 같은 피고에 대한 어음금채권이나 연대보증채권은 존재하지 아니하거나 적어도 이를 인정할 증거가 부족한 것이므로, 피고인이 공소외인으로 하여금 위와 같이 위증을 교사하여 공소외인이 허위 진술을 하였다고 하더라도, 피고인이 A 주장의 채권에 대응하는 원우종합건설의 채무가 존재한다는 사실을 잘 알고 있으면서도 허위의 주장과 입증으로써 법원을 기망한다는 인식을 가지고 위증교사를 하였다고 단정하기에는 미흡하다고 할 것이다.

그러므로 피고인에 대하여 위증교사죄가 성립하는 점에 치우친 나머지, 소송사기죄의 기수를 가볍게 인정한 원심은 사실을 오인하였거나, 소송사기죄에 있어 고의 또는 기망행위에 관한 법리를 오해하여 판결에 영향을 미친 위법을 저지른 것이라 할 것이다.

⑤ 실행의 착수

소송의 제기

■ 대법원 2005. 3. 24. 선고 2003도2144 판결【사기미수, 사문서변조(인정된 죄명: 공문서변조), 변조사문서행사(인정된 죄명: 변조공문서행사)】(공)

소송사기는 법원을 속여 자기에게 유리한 판결을 얻음으로써 상대방의 재물 또는 재산상 이익을 취득하는 범죄로서, 이를 쉽사리 유죄로 인정하게 되면 누구든지 자기에게 유리한 주장을 하고 소송을 통하여 권리구제를 받을 수 있는 민사재판제도의 위축을 가져올 수밖에 없으므로, 피고인이 그 범행을 인정한 경우 외에는 그 소송상의 주장이 사실과 다름이 객관적으로 명백하고 피고인이 그 주장이 명백히 거짓인 것을 인식하였거나 증거를 조작하려고 하였음이 인정되는 때와 같이 범죄가 성립되는 것이 명백한 경우가 아니면 이를 유죄로 인정하여서는 아니 되고, 단순히 사실을 잘못 인식하였다거나 법률적 평가를 잘못하여 존재하지 않는 권리를 존재한다고 믿고 제소한 행위는 사기죄를 구성하지 아니한다(대법원 2004. 3. 25. 선고 2003도7700 판결, 2004. 6. 25. 선고 2003도7124 판결 등 참조)고 함은 상고이유에서 주장하는 바와 같다.

그러나 기록에 의하면, 피고인은 피해자와 사이에 온천의 시공에 필요한 비용을 포함한 일체의 비용을 자신이 부담하기로 약정하였음에도 피해자를 상대로 공사대금청구의 소를 제기하면서 시공외의 비용은 모두 피해자가 부담한다는 내용으로 변조된 인증합의서를 소장에 첨부 제출한 사실이 인정되는바, 피고인의 행위는 증거를 조작함으로써 법원을 기망하여 재산상 이익을 얻으려는 소송사기의 실행에 착수한 행위로 보기에 충분하다.

■ 대법원 2006.11.10. 선고 2006도5811 판결【특정경제범죄가중처벌등에관한법률위반(사기){인정된 죄명:특정경제범죄가중처벌등에관한법률위반(사기), 사기미수}, 공정증서원본불실기재, 불실기재공정증서원본행사】(공)

소송사기는 법원을 기망하여 자기에게 유리한 판결을 얻고 이에 터잡아 상대방으로부터 재물의 교부를 받거나 재산상 이익을 취득하는 것을 말하는 것으로서 소송에서 주장하는 권리가 존재하지 않는 사실을 알고 있으면서도 법원을 기망한다는 인식을 가지고 소를 제기하면 이로써 실행의 착수가 있었다고 할 것이고(대법원 1974. 3. 26. 선고 74도196 판결, 1993. 9. 14. 선고 93도915 판결 등 참조) 소장의 유효한 송달을 요하지 아니한다고 할 것인바, 이러한 법리는 제소자가 상대방의 주소를 허위로 기재함으로써 그 허위주소로 소송서류가 송달되어 그로 인하여 상대방 아닌 다른 사람이 그 서류를 받아 소송이 진행된 경우에도 마찬가지로 적용된다고 할 것이다.

가압류신청 ×

■ 대법원 1982. 10. 26. 선고 82도1529 판결【사문서변조, 사문서변조행사, 사기미수, 문서손괴】(집)

가압류는 강제집행의 보전방법에 불과하고 그 기초가 되는 허위의 채권에 의하여 실지로 청구의 의사표시를 한 것이라고 할 수 없으므로 소의 제기없이 가압류신청을 한 것만으로는 사기죄의 실행에 착수한 것이라고 할 수 없다고 할 것이다. 같은 취지에서 피고인들의 그 판시소위가 사기미수죄에 해당되지 아니한다고 본 원심판시는 정당하고 이와 다른 견해에서 원심판결에 소송사기의 실행의 착수시기에 관한 법리를 오해한 잘못이 있다는 논지는 받아들일 수 없다.

피고의 경우

■ 대법원 1998. 2. 27. 선고 97도2786 판결【사기미수, 횡령】(공)

적극적 소송당사자인 원고뿐만 아니라 방어적인 위치에 있는 피고라 하더라도 허위내용의 서류를 작성하여 이를 증거로 제출하거나 위증을 시키는 등의 적극적인 방법으로 법원을 기망하여 착오에 빠지게 한 결과 승소확정판결을 받음으로써 자기의 재산상의 의무이행을 면하게 된 경우에는 그 재산가액 상당에 대하여 사기죄가 성립한다고 할 것이고(대법원 1987. 9. 22. 선고 87도1090 판결 참조), 그와 같은 경우에는 적극적인 방법으로 법원을 기망할 의사를 가지고 허위내용의 서류를 증거로 제출하거나 그에 따른 주장을 담은 답변서나 준비서면을 제출한 경우에 사기죄의 실행의 착수가 있다고 볼 것이다.

마. 인과관계

○ 기망 – 착오 – 처분의 인과관계 필요

■ 대법원 2003. 10. 10. 선고 2003도3516 판결【특정경제범죄가중처벌등에관한법률위반(배임), 특정경제범죄가중처벌등에관한법률위반(사기), 사기 등】(미)

그리고 사기죄는 타인을 기망하여 착오에 빠뜨리고 그 처분행위를 유발하여 재물을 교부받거나 재산상 이익을 얻음으로써 성립하는 것으로서, 기망, 착오, 재산적 처분행위 사이에 인과관계가 있어야 한다 할 것이므로(대법원 2000. 6. 27. 선고 2000도1155 판결 등 참조), 가사 위 각 피고인들이 위 각 대출 당시 허위의 재무제표 등을 제출하여 영남종합금융을 기망하였다 하더라도 그로 인하여 사기죄가 성립하기 위하여는 위 각 피고인들의 위와 같은 기망행위와 위 각 대출 사이에 인과관계가 있어야 할 것인바, 이에 부합하는 듯한 위 A의 진술 부분은, A가 '영남종합금융은 1999. 3. 20. 800억 원 상당의 유상증자를 하지 못하면 정부가 요구한 BIS비율 8%를 맞추지 못하여 퇴출당할 위기에 놓여 있었다.', '영남종합금융은 당시 보성계열사 이외에 유상증자에 참여할 업체들을 물색하였으나 유상증자에 참여할 업체를 구하기가 어려운 상황이었다.', '피고인 2 가 300억 원을 대출해주지 않으면 우리는 유상증자에 참여하지 않겠다는 말이 오고 간 기억이 있는 것 같다.', '영남종합금융과 보성계열사 간에 유상증자 약정을 함에 있어서 쟁점이 된 것은 보성의 각 계열사의 재무제표에 의한 재무상태가 아니라 배수대출을 2배수로 할 것인지, 3배수로 할 것인지가 쟁점이었다.', '영남종합금융이 보성과 위 약정을 체결하면서 보성그룹에 300억 원을 대출해 주기로 한 것은 유상증자 참여액수의 3배수 대출을 해 주기로 한 것이기 때문에 약속을 이행한 것뿐이지, 보성의 각 계열사의 재무제표를 분석한 후 여신한도가 300억 원이었기 때문에 대출해 준 것은 아니다.'라는 취지의 진술을 하고 있는 점에 비추어, 위 B의 진술은 위 (가)항에서 본 바와 같은 이유로 모두 위 인과관계를 인정할 증거로 삼기 어렵고, 달리 이를 인정할 만한 자료를 기록상 발견하기 어려우며, 오히려 위 각 대출은 통상의 신용대출이 아니라 유상증자를 통하여 BIS비율을 맞추려는 영남종합금융이 같은 사정을 겪고 있는 나라종합금융 주식회사의 대주주인 보성그룹을 유상증자의 파트너로 선택하여 보성그룹의 계열사인 주식회사 에프아이씨, 성광피혁 주식회사, 주식회사 엘에이디가 영남종합금융에 100억 원을 유상증자하는 것을 조건으로 위 회사들 또는 주식회사 보성어페럴, 보성인터내셔날(실제로는 보성어패럴 대신 닉스가 대출을 받았다)에게 300억 원을 대출하기로 한 약정에 따라 대출된 점, 영남종합금융은 1999. 3. 20. 800억 원 상당의 유상증자를 하지 못하면 정부가 요구한 BIS비율 8%를 맞추지 못하여 퇴출당할 위기에 놓여 있었던 점, 영남종합금융은 당시 보성계열사 이외에 유상증자에 참여할 업체들을 물색하였으나 유상증자에 참여할 업체를 구하기가 어려운 상황이었던 점, 위 약정 당시나 그 후에 이루어진 위 각 대출 당시에도 보성인터내셔날의 1997 회계연도 재무제표나 닉스의 1998 회계연도의 재무제표 등이 제출되었다고 보기 어려운 점, 당시 영남종합금융은 대출하는 돈의 회수가능성보다는 일단 유상증자를 할 수 있는지 여부에 관심이 더 있었다고 보이는 점 등 기록에 의하여 알 수 있는 제반 사정에 비추어 보면, 영남종합금융으로서는 보성인터내셔날이나 닉스가 분식회계를 통하여 재무제표를 허위로 작성하였다는 것을 알았다고 하더라도 위 각 대출을 하였을 것으로 볼 여지가 충분히 있다 할 것이다.

그럼에도 불구하고, 원심이 위 각 피고인들이 위 각 대출 당시 재무제표 등을 제출하여 영남종합금융을 각 기망하였다거나 위 각 기망행위와 위 각 대출 사이에 인과관계가 있다고 인정하여 위 각 공소사실을 유죄로 인정한 것은 채증법칙을 위반하여 사실을 잘못 인정하였거나 사기죄에 있어서 기망행위 및 인과관계에 관한 법리를 오해하여 판결 결과에 영향을 미친 위법을 저지른 경우에 해당한다 할 것이므로, 이 점에 관한 위 각 피고인들의 상고이유의 주장은 모두 이유 있다.

■ 대법원 2000. 6. 27. 선고 2000도1155 판결【특정경제범죄가중처벌등에관한법률위반(배임, 수재등, 증재등, 사기, 사금융알선등, 알선수재), 강제집행면탈】(공)

사기죄는 타인을 기망하여 착오에 빠뜨리고 그 처분행위를 유발하여 재물을 교부받거나 재산상 이익을 얻음으로써 성립하는 것으로서, 기망, 착오, 재산적 처분행위 사이에 인과관계가 있어야 한다(대법원 1991. 1. 11. 선고 90도2180 판결, 1994. 5. 24. 선고 93도1839 판결, 1998. 6. 23. 선고 98도903 판결 등).

기록에 의하면, 피고인이 위 은행에 제출한 '1998. 1. 1.-1998. 12. 31. 중기회사 사업계획서'에 "사업계획: 1977. 3. 22. 설립한 중기임대업체로 96년 매출액 17억 4,700만 원을 시현하였음. 인천공항, 송도신도시, 인천지하철 공사 등으로 동 업종 현황 양호함. 주요기계시설: 크로라 크레인 14대(2-3년 12대, 15년 2대) 65억 원. 1997년 실적: 중기임대수입 3억 9,800만 원. 1998년 계획: 중기임대수입 9억 원."이라고 기재한 것은 사실이다. 그러나 이 사건 대출을 담당한 영업부 대리 공소외 3의 검찰 및 원심법정에서의 진술에 의하면, 이 사건 대출신청 당시 위 중기회사는 이미 부실징후가 큰 기업으로서 만약 위 은행이 피고인에게 대출을 하게 되면 부실채권으로 될 것임이 쉽게 예상되어 영업부에서는 절대로 신규 여신을 하여서는 아니 된다는 의견을 올렸음에도 불구하고, 은행장인 피고인 4등이 영업부장에게 빨리 여신승인신청서를 올리라는 지시를 하였다는 것이고, 이 사건 대출 심사를 담당하였던 심사역 최상용의 검찰에서의 진술에 의하면, 여신심사결과 위 중

기회사가 1997년도에는 거의 사업을 하지 않았다는 사실 및 피고인이 경인리스에서 리스한 중기들에 관한 소유 명의를 제3자 앞으로 이전한 사실이 밝혀져 위 중기회사의 운영자금이 필요하다는 대출신청 이유는 거짓임을 알게 되었으며, 또한 자신은 피고인에 대한 여신지원이 불합리하다고 판단하여 결재를 올렸으나 결재과정에서 '피고인에게 꼭 대출을 해주어야 하는데, 심사역 의견서가 대출을 해주어서는 아니 되는 업체로 기재되어 있으면 곤란하지 않느냐'는 지적이 있어, 결재권자들의 요구대로 마지못해 여신승인신청서상의 심사의견란에 이례적으로 간단히 "본건 신청대로 품의합니다."라고만 기재하였다는 것이며, 은행장인 공동 피고인 피고인 4의 제1심 및 원심 법정에서의 진술에 의하더라도 피고인이 이른바 IMF 외환위기 이후 사업운영상 사정이 어렵다고 하면서 20억 원 정도의 신용융자를 부탁하기에, 다른 업체와 비교하여 융자신청액이 적고 담보력도 상대적으로 괜찮은 편이며 피고인이 위 은행 주식을 16만주 이상 보유하고 있는데다가 그 동안의 거래관계 등으로 보아 15억 원 정도는 신용으로 대출해 주어도 고객관리 차원에서 괜찮겠다고 생각되어, 피고인에게 곧바로 대출서류를 구비하여 제출하라고 하였고 대출관련 부서에 피고인에 대한 대출편의를 봐 주도록 지시를 한 것이지, 피고인이 제출한 사업계획서 내용에 속아서 한 것은 아니며, 자신으로서는 사업계획서 자체는 본 바도 없다는 것이므로, 피고인 4 등이 위 사업계획서 내용에 속아서 이 사건 대출을 하였다고 보기 어렵고, 또한 일반 사인이나 회사가 금원을 대여한 경우와는 달리 전문적으로 대출을 취급하면서 차용인에 대한 체계적인 신용조사를 행하는 금융기관이 금원을 대출한 경우에는, 비록 대출 신청 당시 차용인에게 변제기 안에 대출금을 변제할 능력이 없었고, 금융기관으로서 자체 신용조사 결과에는 관계없이 '변제기 안에 대출금을 변제하겠다'는 취지의 차용인 말만을 그대로 믿고 대출하였다고 하더라도, 차용인의 이러한 기망행위와 금융기관의 대출행위 사이에 인과관계를 인정할 수는 없다 할 것이다.

그렇다면 이 사건 대출과 관련한 피고인의 기망행위와 위 은행의 대출금 15억 원 교부 사이에는 인과관계를 인정하기 어렵다 할 것이고, 한편 이 사건 대출 신청 당시 피고인에게 변제의 의사가 없었다고 볼 증거도 없다.

5. 재산상의 손해

가. 재산의 개념(cf. 강도죄의 객체)

(1) 견 해

① 법률적 재산설(19c Binding)
- 민사법상 개인이 가지는 권리 · 의무
- 도품, 무효인 청구권은 재산 ×

② 경제적 재산설(오영근, 이재상, 임웅, 정성근/박광민, 진계호)(판례)
- 경제적으로 가치 있는 재화
- 도품, 장물, 불법원인급여물도 재산

③ 법률적 · 경제적 재산설(강구진, 김성천/김형준, 김일수/서보학, 박상기, 배종대, 이정원, 이형국, BGHSt)
- 법질서에서 승인된 범위 내에서 경제적으로 가치 있는 재화
- 자연채무의 채권, 기대이익으로서의 경제적 이익

(2) 판 례

① **불법원인급여(반환청구할 수 없는 처분)**

■ 대법원 2006. 11. 23. 선고 2006도6795 판결【사기】(미)

민법 제746조의 불법원인급여에 해당하여 급여자가 수익자에 대한 반환청구권을 행사할 수 없다고 하더라도, 수익자가 기망을 통하여 급여자로 하여금 불법원인급여에 해당하는 재물을 제공하도록 하였다면 사기죄가 성립한다고 할 것인바(대법원 1995. 9. 15. 선고 95도707 판결 참조), 피고인이 피해자 공소외인으로부터 도박자금으로 사용하기 위하여 금원을 차용하였더라도 사기죄의 성립에는 영향이 없다고 한 원심의 판단은 옳은 것으로 수긍이 가고, 거기에 불법원인급여와 사기죄의 성립에 관한 법리오해의 위법이 있다고 할 수 없다.

그러므로 상고를 기각하기로 하여 관여 대법관의 일치된 의견으로 주문과 같이 판결한다.

② **매음료(법률상 보호되지 않는 이익)**

■ 대법원 2001. 10. 23. 선고 2001도2991 판결【사기】(집)

원심은, 이 사건 공소사실 중 피고인이 대가를 지급하기로 하고 술집 여종업원과 성관계를 가진 뒤 절취한 신용카드로 그 대금을 결제하는 방법으로 그 대가의 지급을 면하여 재산상의 이익을 취득하였다는 부분에 관하여, 정조는 재산권의 객체가 될 수 없을 뿐만 아니라 이른바, 화대란 정조제공의 대가로 지급받는 금품으로서 이는 선량한 풍속에 반하여 법률상 보호받을 수 없는 경제적 이익이므로, 피고인이 기망의 방법으로 그 지급을 면하였다 하더라도 사기죄가 성립하지 아니한다고 판단하였다.

일반적으로 부녀와의 성행위 자체는 경제적으로 평가할 수 없고, 부녀가 상대방으로부터 금품이나 재산상 이익을 받을 것을 약속하고 성행위를 하는 약속 자체는 선량한 풍속 기타 사회질서에 위반한 사항을 내용으로 하는 법률행위로서 무효이다. 그러나 사기죄의 객체가 되는 재산상의 이익이 반드시 사법상 보호되는 경제적 이익만을 의미하지 아니하고, 부녀가 금품 등을 받을 것을 전제로 성행위를 하는 경우 그 행위의 대가는 사기죄의 객체인 경제적 이익에 해당하므로, 부녀를 기망하여 성행위 대가의 지급을 면하는 경우 사기죄가 성립한다.

나. 재산상 손해발생의 요부

① **견해**

- 1 불요설, 2 필요설, 3 이원설(사기취재죄는 불요, 사기이득죄는 필요)
- 판례는 1

■ 대법원 2005. 4. 29. 선고 2002도7262 판결【특정경제범죄가중처벌등에관한법률위반(재산국외도피), 특정경제범죄가중처벌등에관한법률위반(사기), 외국환관리법위반, 외국환거래법위반, 주식회사의외부감사에관한법률위반】(공)

사기죄는 상대방을 기망하여 하자 있는 상대방의 의사에 의하여 재물을 교부받음으로써 성립하는 것이므로 분식회계에 의한 재무제표 등으로 금융기관을 기망하여 대출을 받았다면 사기죄는 성립하고, 변제의사와 변제능력의 유무 그리고 충분한 담보가 제공되었다거나 피해자의 전체 재산상에 손해가 없고, 사후에 대출금이 상환되었다고 하더라도 사기죄의 성립에는 영향이 없는 것이다.

② 사기대출 후 대출원리금 변제 ○

■ 대법원 2004. 4. 9. 선고 2003도7828 판결【사기】(공)

1. 원심법원의 판단

이 사건 공소사실의 요지는, "피고인은 씨엔지코리아 금융컨설팅이라는 상호로 사채업을 하는 자로서 공소외 1과 공모하여, 2002. 4. 19.경 신용대출 희망자인 공소외 2로부터 금 500만 원의 대출을 의뢰받고 사실은 위 공소외 2가 자동차의 실제 구입자가 아니어서 자동차할부금융의 대상이 되지 아니함에도 그가 실제로 대우 레조자동차를 할부로 구입하는 것처럼 그 명의의 대출신청서 등 관련 서류를 작성한 다음 그 사실을 아는 공소외 1에게 교부하고, 공소외 1은 이를 할부금융회사인 피해자 삼성캐피탈 주식회사 해운대지점에 제출하여 공소외 2가 실제로 자동차를 할부구입하는 것으로 믿은 위 회사로부터 자동차할부금융 대출금으로 1,000만 원을 교부받아 편취한 것을 비롯하여 같은 해 9. 6.까지 6회에 걸쳐 공소외 2 내지 5 명의로 피해자 삼성캐피탈 주식회사, 서울보증보험 주식회사, 현대캐피탈 주식회사로부터 할부대출금 명목으로 총 55,400,000원을 대출받아 이를 편취하였다."라고 함에 있고, 이에 대하여 원심은, 이 사건 대출금이 곧바로 자동차회사에 입금됨으로써 자동차들이 이 사건 대출자들 명의로 실제 출고되었고, 할부금융회사 등도 자체기준에 따른 심사 결과 하자가 없는 이 사건 대출자들을 채무자로 하여 신용대출을 해 주었으며, 현재 4명의 대출자들이 그들 명의의 예금통장에서 자동이체 방법으로 대출원리금을 전액 납부하였거나 비교적 장기간에 걸쳐 여러 차례 납부하였으므로, 피고인이 위 공소사실 기재와 같이 할부금융회사를 기망하여 대출금을 편취하였다고 보기 어렵고, 달리 이를 인정할 증거가 없다는 이유로 무죄를 선고하였다.

2. 이 법원의 판단

피고인이 할부금융회사를 기망하여 자동차할부대출금을 편취하였다고 볼 수 없다고 판단한 원심의 조치는 이를 수긍할 수 없다.

사기죄의 요건으로서의 기망은 널리 재산상의 거래관계에 있어서 서로 지켜야 할 신의와 성실의 의무를 저버리는 모든 적극적 또는 소극적 행위를 말하는 것으로서, 반드시 법률행위의 중요 부분에 관한 허위표시임을 요하지 아니하고, 상대방을 착오에 빠지게 하여 행위자가 희망하는 재산적 처분행위를 하도록 하기 위한 판단의 기초가 되는 사실에 관한 것이면 충분하므로, 거래의 상대방이 일정한 사정에 관한 고지를 받았더라면 당해 거래에 임하지 아니하였을 것이라는 관계가 인정되는 경우에는 그 거래로 인하여 재물을 수취하는 자에게는 신의성실의 원칙상 사전에 상대방에게 그와 같은 사정을 고지할 의무가 있다 할 것이고, 그럼에도 불구하고 이를 고지하지 아니한 것은 고지할 사실을 묵비함으로써 상대방을 기망한 것이 되어 사기죄를 구성한다(대법원 1996. 2. 27. 선고 95도2828 판결, 1996. 7. 30. 선고 96도1081 판결, 1999. 2. 12. 선고 98도3549 판결 등 참조).

기록에 의하면, 피고인은 대출광고를 보고 찾아온 공소외 2 내지 5(이하 '대출의뢰인들'이라고 한다)으로부터 대출 요청을 받고, 대출의뢰인들에게 자동차할부금융대출을 받아 금원을 융통하여 주겠다고 하면서 대출의뢰인들로부터 자동차할부금융에 필요한 서류를 받아 자동차판매회사의 영업사원을 통하여 할부금융회사에 제출하고, 할부금융회사로부터 대출의뢰인들 명의로 자동차할부금융대출을 받아 그 대출금으로 자동차 대금을 지급한 다음(자동차 대금은 할부금융회사가 할부금융대출금으로 자동차판매회사에게 직접 지급함) 자동차판매회사로부터 자동차를 인수하여 대출의뢰인들 명의로 등록한 후 즉시 처분하여 그 대금으로 대출의뢰인들에게 금원을 융통해 주거나 자신이 지출한 비용을 회수하는 방법으로 사채업을 영위해 온 사실을 인정할 수 있는데, 대출의뢰인들은 당초부터 금원을 융통하려는 의사만 있었을 뿐, 할부금융대출의 방법으로 자동차를 구입할 의사는 전혀 없었고(수사기록 15면 내지 25면, 43면 내지 48면, 83면 내지 88면, 111면 내지 115면), 피고인도 대출의뢰인들이 할부금융대출의 방법으로 자동차를 구입할 의사가 전혀 없음을 알면서도 대출의뢰인들 명의로 자동차할부금융대출을 신청하여 그 대출금으로 자동차 대금을 지급한 후 자동차를 인수하여 즉시 중고시장에 매각하여 자금을 마련함으로써, 외형상으로는 할부금융의 방법으로 자동차를 구입하는 형식을 취하기는 하였으나 실제로는 자동차할부금융대출을 단지 자금 융통을 위한 수단으로 이용한 것에 불과한 사실(수사기록 238면 내지 247면), 한편, 할부금융회사는 자동차할부금융 신청인이 할부금융대출의 방법으로 자동차를 구입할 의사 없이 단지 자금을 융통할 목적으로 할부금융대출신청을 하는 것을 안다면 할부금융대출을 실시하지 않으며(수사기록 6면 내지 12면), 피고인도 그러한 사정을 알고 있었던 사실(수사기록 238면 내지 247면)을 인정할 수 있다.

사정이 위와 같다면, 할부금융회사로서는 피고인이 할부금융의 방법으로 대출의뢰인들 명의로 자동차를 구입하여 보유할 의사 없이 단지 자동차할부금융대출의 형식을 빌려 자금을 융통하려는 의도로 할부금융대출을 신청하였다는 사정을 알았더라면 할부금융대출을 실시하지 않았을 것이므로, 피고인으로서는 신의성실의 원칙상 사전에 할부금융회사에게 자동차를 구입하여 보유할 의사 없이 자동차할부금융대출의 방법으로 자금을 융통하려는 사정을 고지할 의무가 있다 할 것이고, 그럼에도 불구하고 이를 고지하지 아니한 채 대출의뢰인들 명의로 자동차할부금융을 신청하여 그 대출금을 지급하도록 한 행위는 고지할 사실을 묵비함으로써 거래상대방인 할부금융회사를 기망한 것이 되어 사기죄를 구성한다고 볼 것이고, 이 사건 대출금이 곧바로 자동차판매회사에 입금됨으로써 자동차들이 이 사건 대출의뢰인들 명의로 실제 출고되었고, 할부금융회사가 자체 기준에 따른 심사 결과 하자가 없다고 판단하여 대출의뢰인들을 채무자로 하여 신용대출을 해 주었다는 점은 피고인의 기망행위에 대한 범의를 인정하는 데에 아무런 지장이 없다.

또한, 사기죄는 타인을 기망하여 그로 인한 하자 있는 의사에 기하여 재물의 교부를 받거나 재산상의 이득을 취득함으로써 성립되는 범죄로서 그 본질은 기망행위에 의한 재산이나 재산상 이익의 취득에 있는 것이고 상대방에게 현실적으로 재산상 손해가 발생함을 요건으로 하지 아니하므로(대법원 1985. 11. 26. 선고 85도490 판결, 1998. 11. 10. 선고 98도2526 판결 등 참조), 대출의뢰인들이 그들 명의의 예금통장에서 자동이체 방법으로 대출원리금을 전액 납부하였거나 비교적 장기간에 걸쳐 여러 차례 납부하였다는 점도 사기죄의 성립에 아무런 지장이 없다.

그럼에도 불구하고 원심이, 피고인이 할부금융회사를 기망하여 자동차할부대출금을 편취하였다는 점을 인정할 증거가 없다는 이유로 위 공소사실에 대하여 무죄를 선고한 것은 채증법칙을 위반하여 사실을 오인하였거나 사기죄의 편취 범의에 관한 법리를 오해한 위법을 범하였다고 할 것이다. 이 점을 지적하는 상고이유의 주장은 이유 있다.

③ 대가의 지급

■ 대법원 2000. 7. 7. 선고 2000도1899 판결【특정경제범죄가중처벌등에관한법률위반(사기) 등】(공)

재물편취를 내용으로 하는 사기죄에 있어서는 기망으로 인한 재물교부가 있으면 그 자체로써 피해자의 재산침해가 되어 이로써 곧 사기죄가 성립하는 것이고, 상당한 대가가 지급되었다거나 피해자의 전체 재산상에 손해가 없다 하여도 사기죄의 성립에는 그 영향이 없으므로 사기죄에 있어서 그 대가가 일부 지급된 경우에도 그 편취액은 피해자로부터 교부된 재물의 가치로부터 그 대가를 공제한 차액이 아니라 교부받은 재물 전부라 할 것이다(대법원 1999. 7. 9. 선고 99도1040 판결, 1995. 3. 24. 선고 95도203 판결 등 참조).

■ 대법원 2007. 10. 25. 선고 2007도6241 판결【사기, 유사수신행위의규제에관한법률위반, 방문판매등에관한법률위반】(미)

한편, 재물편취를 내용으로 하는 사기죄에 있어서는 기망으로 인한 재물교부가 있으면 그 자체로써 피해자의 재산침해가 되어 이로써 곧 사기죄가 성립하는 것이고 상당한 대가가 지급되었다 하더라도 사기죄의 성립에는 그 영향이 없으므로, 사기죄에 있어 그 대가가 일부 지급된 경우에도 그 편취액은 피해자로부터 교부된 재물의 가치로부터 그 대가를 공제한 차액이 아니라 교부받은 재물 전부라 할 것인바(대법원 2005. 10. 28. 선고 2005도5774 판결 등 참조), 따라서 '이 사건 편취금액으로 조성된 럭키스타의 공유자금이 먼저 판매원이 된 사람들에게 장려금으로 지급되어 소진되는 바람에 나중에 판매원이 된 사람들에게 지급되지 못한 것일 뿐 피고인이 이를 개인적으로 취득하여 소비한 것이 아니므로 이 사건은 사기죄가 성립할 수 없다'는 취지의 상고이유 주장은 받아들일 수 없다.

④ 이익사기의 경우에도 손해발생 불요

■ 대법원 2003. 12. 26. 선고 2003도4914 판결【사기】(공)

원심판결 이유에 의하면, 원심은, 피고인은 사실은 피해자에게 광주은행 첨단지점 발행의 수표번호 바가 08535591호, 액면 800만 원인 자기앞수표를 의장권등록무효소송과 관련한 합의금 명목으로 교부하였음에도 불구하고, 2001. 4. 25. 광주지방법원에서 피해자가 소지하고 있던 그 자기앞수표에 대하여 허위사실인 분실을 원인으로 한 공시최고신청을 하여 같은 해 8. 13. 같은 법원에서 2001카공395호로 제권판결을 선고받아 그 시경 확정됨으로써 수표 액면금인 800만 원 상당의 재산상 이익을 취득하였다는 이 사건 공소사실에 대하여, 그 판시와 같은 사실을 인정한 뒤, 다음과 같이 판단하여, 무죄를 선고한 제1심판결을 파기하고 유죄를 인정하였다.

가. 우선, 피고인이 이 사건 수표에 대하여 제권판결을 선고받음으로써 재산상 이득을 취득하였는지 여부에 관하여 보건대, 피고인은 2001. 8. 16. 그 제권판결을 제출하여 광주은행 월곡동지점으로부터 A의 예금통장으로 이 사건 수표의 액면금인 800만 원을 입금받아 그 금액 상당의 재산상 이득을 취득하였음이 인정된다.

나. 다음, 피해자에게 재산상 손해가 발생하였는지 여부에 관하여 보건대, 피해자가 이 사건 수표를 피고인으로부터 갈취하였다고 하더라도 피고인이 피해자에 대하여 이 사건 수표 발행행위에 대한 의사표시를 취소한 바 없어, 피해자는 유효하게 이 사건 수표에 대한 권리를 행사할 수 있었다고 보아야 하는데, 그 제권판결의 소극적 효과로서 소지하고 있던 수표가 무효가 되어 그 수표상의 권리를 행사할 수 없게 되고, 또 적법한 수표 소지인임을 전제로 한 이득상환청구권도 행사할 수 없게 되는 손해를 입게 되었다고 보아야 한다.

2. 가. 살피건대, 원심 판시와 같이 피고인이 그 자기앞수표에 대하여 공시최고신청을 하여 제권판결을 선고받아 확정되었다면, 그 제권판결의 적극적 효력에 의해 피고인은 그 수표상의 채무자인

광주은행에 대하여 수표를 소지하지 않고도 수표상의 권리를 행사할 수 있는 지위를 취득하였다고 할 것이므로, 이로써 사기죄에 있어서의 재산상 이익을 취득한 것으로 보기에 충분하다고 할 것이고, 이는 제권판결이 그 신청인에게 수표상의 권리를 행사할 수 있는 형식적 자격을 인정하는 데 그치고, 그를 실질적 권리자로 확정하는 것이 아니라는 점만으로 달리 볼 수 없다.

따라서 피고인이 제권판결을 선고받아 확정된 뒤 2001. 8. 16. 그 제권판결을 제출하여 광주은행 월곡동지점으로부터 A의 예금통장으로 이 사건 수표의 액면금인 800만 원을 입금받았는지 여부에 관계없이, 피고인은 그 제권판결을 선고받아 확정된 때에 재산상 이익을 취득하였다고 할 것이다.

나. 사기죄는 타인을 기망하여 그로 인한 하자있는 의사에 기하여 재물의 교부를 받거나 재산상의 이익을 취득함으로써 성립하고 사기죄의 본질은 기망에 의한 재물이나 재산상 이익의 취득에 있고 이로써 상대방의 재산이 침해되는 것이므로, 상대방에게 현실적으로 재산상 손해가 발생함을 요하지 아니한다(대법원 1998. 11. 10. 선고 98도2526 판결 등 참조). 또 기망행위를 수단으로 한 권리행사의 경우 그 권리행사에 속하는 행위와 그 수단에 속하는 기망행위를 전체적으로 관찰하여 그와 같은 기망행위가 사회통념상 권리행사의 수단으로서 용인할 수 없는 정도라면 그 권리행사에 속하는 행위는 사기죄를 구성한다(대법원 2003. 6. 13. 선고 2002도6410 판결 등 참조).

그런데 피고인은 이 사건 자기앞수표를 갈취한 피해자에 대하여 그 수표 교부의 원인이 된 합의서상의 의사표시를 취소한 뒤 그 수표의 반환을 청구할 수 있는 권리가 있고, 그 경우 그 수표상의 채무자, 즉 발행인인 광주은행은 피해자에 대하여 이른바 '무권리의 항변'으로 대항할 수 있었지만, 기록에 나타난 증거만으로는 그 제권판결 선고시까지 수표 교부의 원인이 된 합의서상의 의사표시가 적법하게 취소되었다고 단정할 수 없을 뿐만 아니라, 그 수표의 소지인인 피해자는 그 원인관계의 흠결이나 하자에 관계없이 수표상의 권리를 행사할 수 있는 자격이 있으므로(다만, 그 수표상의 채무자가 원인관계의 흠결 등을 들어 인적 항변을 할 수 있을 뿐이다.), 피고인이 그와 같이 위법하게 제권판결을 선고받아 그 수표(증권)를 무효로 하였다면, 이로써 피해자에게 현실적·경제적으로 재산상 손해가 생겼는지 여부에 관계없이, 피해자의 수표상의 권리를 침해하여 재산상 손해를 입혔다고 보아야 할 것이다.

다. 원심판결은 그 이유를 이와 달리 하고 있으나, 이 사건 공소사실을 유죄로 인정한 결론은 옳은 것으로 수긍할 수 있고, 거기에 사실을 오인하거나 법리를 오해한 위법이 있다고 할 수 없다.

다. 재산상 위험

○ 재산상 위험을 손해로 볼 수 있는가

1. 재산에 대한 구체적 위험만으로도 재산상 손해
2. 위험만으로는 손해 아님

6. 재산상 이익의 취득

① 재물 또는 재산상 이익의 취득

■ 대법원 1990. 12. 26. 선고 90도2037 판결【사기, 무고】(집)

원심이 유지한 제1심판결 이유에 의하면 제1심은 이 사건 범죄사실 중 사기의 점에 대하여 피고인이 피해자 A에게 백미 100가마의 채무가 남아있는데, 백미 100가마를 변제한다고 말하면서 도합 10가마의 백미 보관증을 도합 100가마의 보관증이라고 속여 교부하고, 한문판독 능력이 없는 위 A는 이를 100가마 보관증으로 믿고 교부 받음으로써 나머지 백미 90가마 시가 금 5,630,000원 상당의 재산상의 이익을 취득하였다고 인정하여 이익사기죄로 의율처단 하였다.

그러나 피고인이 피해자 A에게 교부한 보관증이 도합 10가마의 백미보관증이라고 한다면 피고인이 이를 100가마의 보관증이라고 거짓말을 하였고, 한문판독 능력이 없는 피해자 A가 이를 그대로 믿고 교부 받았다고 하여 이것만 가지고서 나머지 90가마의 채무가 소멸할리 없고, 이것만 가지고 피고인이 위 채무를 면탈하였다고 할 수 없어 이로 인하여 재산상의 이익을 취득하였다고 할 수 없을 것이며, 피해자가 나머지 백미의 채무를 면제하였다거나 이로 인하여 피고인의 나머지 채무가 소멸하거나, 피해자가 나머지 채권의 권리행사를 할 수 없는 등의 사정이 인정되지 아니하는 한 적어도 이익사기죄에 해당한다고 할 수 없고, 제1심이 적시한 사실만 가지고 이익사기죄의 구성요건이 충족되었다고 할 수도 없다.

또한 만일 피고인이 도합 10가마의 백미 보관증을 도합 100가마의 백미 보관증이라고 속여 피해자 A로부터 피고인이 전에 작성하여 준 차용증서를 교부 받았다면 이 차용증서를 편취한 것이라고 할 수는 있을 것이고, 경우에 따라 이익사기죄도 성립할 수는 있을 것이나 이 사건 공소사실에는 그와 같은 사실의 기재가 없으므로 법원이 공소장 변경없이 그와 같은 사실을 인정할 수도 없을 것이다.

② 소재(素材)의 동질성

- A는 B(전문가)로 하여금 V가 소지하고 있는 고호의 그림이 가짜라고 말하게 하여 V가 그 그림을 폐기. A는 B에게 수고비 지급
- 위 예에서 B의 이익과 V의 손해 사이에는 소재의 동질성이 없어 사기죄 성립 ×

7. 주관적 구성요건

○ 고의, 불법영득 · 이득의사

■ 대법원 2005. 11. 24. 선고 2005도7481 판결【사기】(미)

사기죄의 주관적 구성요건인 편취의 범의는 피고인이 자백하지 않는 이상 범행 전후의 피고인의 재력, 환경, 범행의 내용, 거래의 이행과정 등과 같은 객관적인 사정 등을 종합하여 판단할 수밖에 없고(대법원 1998. 1. 20. 선고 97도2630 판결, 2004. 12. 10. 선고 2004도3515 판결 등 참조), 물품거래 관계에 있어서 편취에 의한 사기죄의 성립 여부는 거래 당시를 기준으로 피고인에게 납품대금을 변제할 의사나 능력이 없음에도 피해자에게 납품대금을 변제할 것처럼 거짓말을 하여 피해자로부터 물품 등을 편취할 고의가 있었는지의 여부에 의하여 판단하여야 하므로, 납품 후 경제사정 등의 변화로 납품대금을 변제할 수 없게 되었다고 하여 사기죄에 해당한다고 볼 수 없다고 할 것이다(대법원 2003. 1. 24. 선고 2002도5265 판결 등 참조).

그런데 피고인의 수사기관에서의 진술 및 기록에 의하면, 피고인은 수사기관에서 이 사건 물품거래 당시 피고인에게는 주택 전세금 8,000만 원, 압구정매장의 임차보증금 2,000만 원, 안산 소재 곱창집의 임차보증금 4,000만 원, 동대문매장의 임차보증금 1억 원, 피고인 명의 통장 잔고 5,000만 원, 재고물품대금 1억 5,000만 원 합계 4억 4,000만 원의 재산이 있다는 취지로 진술하면서, 주택 및 압구정매장과 동대문매장 점포에 관한 각 임대차계약서를 제출하고 있는 반면, 이 사건 공소사실에서 언급하고 있는 거래업체에 대한 미지급채무는 대부분 이 사건 공소사실에서 나타난 피해

자들에 대한 물품대금채무이거나 이 사건 물품 거래 이후에 주식회사 에이치엠홀딩스 등 다른 업체와의 물품거래로 인하여 발생한 물품대금채무일 뿐이어서 피고인이 이 사건 거래 당시 물품대금을 변제할 능력이 없었던 것이라고 단정할 수는 없고, 한편 피고인이 물품을 납품받을 당시 변제할 의사가 없었는지에 관하여도, 기록에 의하면, 피고인과 피해자들 중 공소외 1이 대표이사로 있는 주식회사 산바다와 공소외 2가 대표이사로 있는 주식회사 플러스투와 사이에는 이 사건 거래 이전인 2002년 가을경에도 같은 종류의 물품을 같은 방식으로 거래하여 그 물품대금이 정상적으로 모두 결제된 바 있고, 또한 이 사건 물품거래에 있어서도 피고인은 주식회사 산바다에게는 물품대금 중 1,500만 원을 지급하고 63,827,150원 상당의 물품을 반품한 바 있고, 주식회사 플러스투에게는 물품대금 중 500만 원을 지급하고 430,650원 상당의 물품을 반품한 바 있으며, 공소외 3이 대표이사로 있는 주식회사 케이에스양행에게는 물품대금 중 5,000만 원을 지급하고 60,286,500원 상당의 물품을 반품한 바 있는 등 피고인에게 그 물품대금을 변제할 의사가 없었다고 단정하기 어려운 사정들이 있다(원심은 이 사건 피해자를 공소외 1, 공소외 2, 공소외 3 개인으로 보았으나, 기록에 의하면, 공소외 1은 주식회사 산바다, 공소외 2는 주식회사 플러스투의 각 대표이사이고, 공소외 3은 주식회사 케이에스양행이 피고인과 이 사건 물품거래를 한 후에 취임한 대표이사로서, 피고인은 위 각 회사들과 이 사건 물품거래를 한 것으로 보인다).

그렇다면 원심으로서는 피고인에게 편취의 범의를 인정할 객관적인 사정들에 관하여 좀더 세밀히 심리하여 본 다음 피고인에게 과연 위 물품 공급 당시에 편취의 범의가 있었는지 여부를 판단하였어야 할 것임에도 불구하고, 그 거시 증거만으로 피고인에게 편취의 범의가 있었다고 단정하여 피고인에 대한 이 사건 공소사실을 유죄로 인정하였으니, 원심판결에는 편취의 범의에 관하여 채증법칙을 위반하거나 심리를 다하지 아니함으로써 사실을 오인한 위법이 있고, 이는 판결에 영향을 미쳤음이 분명하다.

8. 위법성

○ 권리행사의 수단으로 기망한 경우

[1] 무죄: G 불법영득의사가 없음
[2] 사회통념에 따라 유죄(판례)

■ 대법원 2008. 1. 24. 선고 2007도9417 판결【사기】(미)

사기죄는 타인을 기망하여 착오에 빠뜨리고 그 처분행위를 유발하여 재물이나 재산상의 이득을 얻음으로써 성립하는 것으로서 여기에서 처분행위라 함은 재산적 처분행위를 의미한다고 할 것인바(대법원 2002. 11. 22. 선고 2000도4419 판결 등 참조), 부동산 위에 소유권이전청구권 보전의 가등기를 마친 자가 그 가등기를 말소하면 부동산 소유자는 가등기의 부담이 없는 부동산을 소유하게 되는 이익을 얻게 되는 것이므로, 가등기를 말소하는 것 역시 사기죄에서 말하는 재산적 처분행위에 해당하고, 설령 그 후 위 가등기에 의하여 보전하고자 하였던 소유권이전청구권이 존재하지 않아 위 가등기가 무효임이 밝혀졌다고 하더라도 가등기의 말소로 인한 재산상의 이익이 없었던 것으로 볼 수 없다. 한편, 피고인에게 피해자 명의의 가등기 말소를 구할 권리가 인정된다 하더라도 피고인이 기망행위를 사용하여 피해자로 하여금 위 가등기를 말소하게 한 경우 그 기망행위가 사회통념상 권리행사의 수단으로서 용인될 수 없는 것이라면 피고인의 위와 같은 행위는 사기죄를 구성한다.

■ 대법원 2007. 5. 10. 선고 2007도1780 판결【사기】(미)

기망행위를 수단으로 한 권리행사의 경우 그 권리행사에 속하는 행위와 그 수단에 속하는 기망행위를 전체적으로 관찰하여 그와 같은 기망행위가 사회통념상 권리행사의 수단으로서 용인할 수 없는 정도라면 그 권리행사에 속하는 행위는 사기죄를 구성한다(대법원 2003. 6. 13. 선고 2002도6410 판결 등 참조).

기록에 의하면, 피고인은 (이름 생략)연합회의 하계수련대회를 진행하던 중 술에 취한 상태에서 위 연합회의 다른 임원들과 말다툼을 하다가 홧김에 스스로 화장실 유리문을 발로 차는 바람에 깨진 유리조각에 오른쪽 발을 찔리는 상해를 입은 사실, 그럼에도 피고인은 "회사 하계수련대회 기간에 체력증진을 위한 훈련을 하던 중 모래사장을 맨발로 뛰다가 유리에 발을 찔려 상처를 입었다"라고 허위 내용의 산업재해보상보험 요양신청서를 작성한 후 피해자 근로복지공단에 제출하여 산업재해보상 보험급여를 지급받은 사실을 인정할 수 있는바, 피고인이 위와 같이 산업재해보상보험 요양신청서에 부상 발생경위를 허위로 기재하는 등의 부정한 방법으로 요양신청을 하여 산업재해보상 보험급여를 지급받았다면, 이는 다른 특별한 사정이 없는 한 그 자체로 이미 사회통념상 권리행사의 수단으로서 용인할 수 있는 범위를 벗어난 것으로서 사기죄에 있어서의 기망행위에 해당한다 할 것이다. 그리고 설령 피고인이 산업재해보상 보험급여를 지급받을 수 있는 지위에 있었다고 하더라도 위와 같은 판단에 영향이 생기는 것은 아니다.

9. 죄 수

■ 대법원 2004. 9. 16. 선고 2001도3206 전원합의체 판결【사기】(공) [요지]

[1] [다수의견] 상습성을 갖춘 자가 여러 개의 죄를 반복하여 저지른 경우에는 각 죄를 별죄로 보아 경합범으로 처단할 것이 아니라 그 모두를 포괄하여 상습범이라고 하는 하나의 죄로 처단하는 것이 상습범의 본질 또는 상습범 가중처벌규정의 입법취지에 부합한다.

[별개의견] 원래 '상습성'이란 '행위자의 속성'이라는 점에는 학설·판례상 이론이 없고 다수의견도 이를 받아들이고 있는바, 이는 곧 단 한번 저질러진 범행이라도 그것이 상습성의 발현에 의한 것이라면 상습범이 된다는 것이어서 상습범이 성립하기 위하여는 반드시 수개의 범행이 반복될 것을 그 구성요건요소로 하거나 예정하고 있는 것은 아니므로 상습성이 발현된 수개의 범행이 있는 경우에 각개의 범행 상호간에 보호법익이나 행위의 태양과 방법, 의사의 단일 또는 갱신 여부, 시간적·장소적 근접성 등 일반의 포괄일죄 인정의 기준이 되는 요소들을 전혀 고려함이 없이 오로지 '상습성'이라는 하나의 표지만으로 곧 모든 범행을 하나로 묶어 포괄하여 일죄라고 할 수는 없으므로 수개의 상습사기 범행은 원칙으로 수개의 죄로 보아야 한다.

[2] [다수의견] 상습범으로서 포괄적 일죄의 관계에 있는 여러 개의 범죄사실 중 일부에 대하여 유죄판결이 확정된 경우에, 그 확정판결의 사실심판결 선고 전에 저질러진 나머지 범죄에 대하여 새로이 공소가 제기되었다면 그 새로운 공소는 확정판결이 있었던 사건과 동일한 사건에 대하여 다시 제기된 데 해당하므로 이에 대하여는 판결로써 면소의 선고를 하여야 하는 것인바(형사소송법 제326조 제1호), 다만 이러한 법리가 적용되기 위해서는 전의 확정판결에서 당해 피고인이 상습범으로 기소되어 처단되었을 것을 필요로 하는 것이고, 상습범 아닌 기본 구성요건의 범죄로 처단되는 데 그친 경우에는, 가사 뒤에 기소된 사건에서 비로소 드러났거나 새로 저질러진 범죄사실과 전의 판결에서 이미 유죄로 확정된 범죄사실 등을 종합하여 비로소 그 모두가 상습범으로서의 포괄적 일죄

에 해당하는 것으로 판단된다 하더라도 뒤늦게 앞서의 확정판결을 상습범의 일부에 대한 확정판결이라고 보아 그 기판력이 그 사실심판결 선고 전의 나머지 범죄에 미친다고 보아서는 아니 된다.

[반대의견] 포괄일죄인 상습사기죄의 일부에 관하여 유죄의 확정판결이 있더라도 단순사기죄로 처벌된 것인가, 상습사기죄로 처벌된 것인가에 따라 기판력이 미치는 범위가 달라진다고 하는 다수의견에는 다음과 같은 이유로 찬성할 수 없는바, 첫째 다수의견은 공소불가분의 원칙을 규정하고 있는 형사소송법 제247조 제2항과 일사부재리의 원칙을 규정하고 있는 헌법 제13조 제1항 후단 및 형사소송법 제326조 제1호에 반하는 것으로 다수의견이 기존에 확립된 판례를 변경하는 것은 법령의 해석·적용에 관하여 선택할 수 있는 여러 견해 중 하나를 선택하는 차원의 범위를 넘어선 것이고, 둘째 후에 공소제기된 사건에 관하여 확정판결이 있었는지 여부는 그 사건의 공소사실의 전부 또는 일부에 대하여 이미 판결이 있었는지 여부의 문제이고, 이는 전의 확정판결의 죄명이나 판단내용에 의하여 좌우되는 것이 아니므로 이론상으로도 전의 확정판결에서 단순사기죄로 판단한 것의 구속력을 인정할 여지는 없고, 단순사기죄의 확정판결에 그와 같은 내용적 확정력을 인정할 법령상의 근거 역시 찾아볼 수 없으며, 세째 다수의견이 기판력이 미치는 범위를 기본적으로 공소장 기재 사실을 한도로 하는 것은 소인개념을 채택하고 있지 아니하는 현행법상으로는 무리한 해석이다.

10. 기 타

○ 목적의 결여

- 구걸사기, 의연금사기 ○

11. 다른 죄와의 관계

① 뇌물죄: 상상적 경합

■ 대법원 1985. 2. 8. 선고 84도2625 판결【특정범죄가중처벌등에관한법률위반 · 뇌물수수】(공)

원심이 인용한 제1심판결이 채택한 증거들에 의하면, 그 판시와 같이 피고인 1이 국고보관금 수표 1매 액면금 61,060,237원을 사취한 사기의 범죄사실과 피고인들이 서로 피고인 1의 직무에 관하여 도합 금 7,500만원의 뇌물을 수수 공여한 뇌물수수, 뇌물공여의 범죄사실들이 모두 적법히 인정되고, 그 거친 채증의 과정에 소론과 같은 채증법칙 위배로 인한 사실오인의 위법이 있다 할 수 없다.

그리고 피고인 1이 위 사취한 금원을 뒤에 반환할 의사가 있었다하여 불법영득의 의사가 없다고는 할 수 없으며, 또한 가사, 피고인 1이 그 뇌물을 수수함에 있어서 상피고인 2를 기망한 점이 있다하여도 피고인들에 대한 뇌물수수, 뇌물공여죄의 성립에는 아무런 소장이 없으므로(당원 1977.6.7. 선고 77도1069 판결 참조) 원심판결에는 소론과 같은 위법이 있다고도 할 수 없다. 논지는 모두 이유없다.

■ 대법원 1977. 6. 7. 선고 77도1069 판결【허위보고, 군용물절도, 뇌물공여, 증거인멸, 사기】(집)

원심이 그 판결 (원심이 인용한 1심판결 부분을 포함한다 이하같다)에서 피고인 2에 대하여 인정한 사실은 피고인 2는 소속대 병기과 전임하사직에 있는 자인데 1976. 1월경 동 중대 인사계인 상사 공소외 4로부터 부족된 총기문제 해결방법을 모색해 달라는 취지의 부탁을 받았으나 이를 거절하고 있던 중 위 총기부족은 행정착오로서 그 총기는 같은 1중대에 있다는 것을 알고 있음에도 불구하고 그 총기가 분실된 것으로만 알고 있는 피고인 A가 분실된 총기 문제를 해결해주면 돈을 얼마든지 주겠다고 제의하자 위 행정착오인 사실을 감추고 막연히 다른 곳에서 같은 총기1정을 구입 보충해서 해결해줄것 같은 태도를 취하여 동인으로 하여금 그 취지를 오신케하여서 2차례에 걸쳐 돈 6만원을 교부받아 편취하였다는 것이고 위 인정은 원심판결에서 인용한 증거관계에 비추어 능히 시인될 수 있으며 동 사실에 의하면 피고인 2는 공소외 4의 착오상태를 위법하게 이용하고 거짓태도를 취하여서 돈을 교부받은 것이니 그에 대하여 형법 347조 1항 30조를 적용처단한 원심의 의율은 정당하고 원래 1개의 행위가 뇌물죄와 사기죄의 각 구성요건에 해당될 수 있는 바이므로 이런 경우에는 형법 40조에 의하여 상상적 경합으로 처단하여야 할 것이나 이 경우에 있어서 본건에서와 같이 주위적으로 사기죄가 기소되고 뇌물수수는 예비적으로 기소한 경우에는 사기죄만으로 처단하는 것은 하등 위법이라고 할 수 없으며 이 경우에 뇌물을 공여한 자를 뇌물전달죄로 처단하는 것은 하등 뇌물죄의 필요적 공범의 원리에 배치되는 것이라고는 할 수 없으므로 논지는 받아들일 수 없다.

② 절도, 강도

예금통장

■ 대법원 1990. 7. 10. 선고 90도1176 판결【특수강도, 특수강도미수, 강도상해, 사문서위조, 사문서위조행사, 사기】(공)

그리고 영득죄에 의하여 취득한 장물을 처분하는 것은 재산죄에 수반하는 불가벌적 사후행위에 불과하므로 다른 죄를 구성하지 않는다 하겠으나 강취한 은행예금통장을 이용하여 은행직원을 기망하여 진실한 명의인이 예금의 환급을 청구하는 것으로 오신케 함으로써 예금의 환급 명목으로 금원을 편취하는 것은 다시 새로운 법익을 침해하는 행위이므로 여기에 또 다시 범죄의 성립을 인정해야 하고 이것으로써 장물의 단순한 사후처분과 같게 볼 수는 없는 것이다.

■ 대법원 1980. 10. 14. 선고 80도2155 판결【사기】(공)

1. 원심판결은 "피고인은 1979. 12. 21. 15:00 서울 영등포구 시흥1동 529 광명사 금은방에서 주인 A에게 (피고인이) 절취한 전당표를 보이면서 누님의 것인데 이를 찾아 팔겠으니 찾아 달라고 거짓말을 하여 이를 믿은 동인으로 하여금 그 즉시 같은 구 시흥 1동 539의 1 삼보사 전당포에서 위 전당표를 제시하여 동 전당포 종업원 B로부터 피해자 C 소유 5돈중 금목걸이 1개 시가 250,000원 상당을 교부받게 하여 이를 편취하였다"는 공소사실에 대하여 "피고인이 공소외 A에게 절취한 전당표를 교부한 행위나 위 A가 전당포에서 위 전당표와 상환으로 금목걸이를 교부받은 행위는 비록 기망행위가 있었더라도 따로 이 사기죄로 평가할 만한 새로운 법익침해가 있다고 할 실질을 가진 것으로 볼 수 없다"고 판시하여 이 사기공소사실에 대하여 무죄를 선고하였다.

2. 소위 장물을 처분하는 것은 재산죄에 수반되는 사실행위여서 별죄를 구성하는 것이 아니나 절취한 전당표를 전당포에 제시 기망하여 전당물을 되찾아 편취하는 것은 다시 새로운 법익을 침해하는 행위로서 사기죄를 구성한다고 봄이 상당하고 이를 절도의 사후 행위라고 본 것이 아니라 할 것인 바(당원 1974. 11. 26. 선고 74도2817 판결참조) 그러므로 본건에 있어 피고인이 절취한 전당표를 공소외 A에게 교부하고 자기 누님것이니 찾아 달라고 정당한 소지인인 것같이 거짓말을

하여 이를 믿은 동인이 전당포에 이르러 그 종업원에게 위 전당표를 제시 기망케 하고 전당물인 금목걸이를 교부받게 하여 편취한 행위는 마땅히 형법 제347조의 사기죄에 해당한다고 할 것임에도 불구하고 원심판결이 앞에서 본 바와 같이 불가벌적 사후 행위로 보아 무죄를 선고하였음은 불가벌적 사후 행위에 관한 법리를 오해한 위법을 범하였다고 할 것이니 이 점에서 논지 이유있다.

③ 특가(알선수재), 변호사법위반

특정범죄 가중처벌 등에 관한 법률

제3조 (알선수재)

공무원의 직무에 속한 사항의 알선에 관하여 금품이나 이익을 수수·요구 또는 약속한 사람은 5년 이하의 징역 또는 1천만원 이하의 벌금에 처한다.

[전문개정 2010. 3. 31]

변호사법

제111조 (벌칙)

① 공무원이 취급하는 사건 또는 사무에 관하여 청탁 또는 알선을 한다는 명목으로 금품·향응, 그 밖의 이익을 받거나 받을 것을 약속한 자 또는 제3자에게 이를 공여하게 하거나 공여하게 할 것을 약속한 자는 5년 이하의 징역 또는 1천만원 이하의 벌금에 처한다. 이 경우 벌금과 징역은 병과할 수 있다.

② 다른 법률에 따라 「형법」 제129조부터 제132조까지의 규정에 따른 벌칙을 적용할 때에 공무원으로 보는 자는 제1항의 공무원으로 본다.

■ 대법원 2008. 2. 28. 선고 2007도10004 판결【특정경제범죄가중처벌등에관한법률위반(공갈)·사기·특정범죄가중처벌등에관한법률위반(알선수재)·… 변호사법위반·뇌물공여】(공)

3. 변호사법 위반죄 내지 특정범죄 가중처벌 등에 관한 법률 위반(알선수재)죄와 사기죄 사이의 관계

공무원이 취급하는 사건에 관하여 청탁 또는 알선을 할 의사와 능력이 없음에도 청탁 또는 알선을 한다고 기망하고, 이에 속은 피해자로부터 청탁 또는 알선을 한다는 명목으로 금품을 받은 경우, 그 행위가 공무원이 취급하는 사건에 관하여 청탁 또는 알선을 한다는 명목으로 금품·향응 기타 이익을 받은 것으로서 구 변호사법(2007. 3. 29. 법률 제8321호로 개정되기 전의 것) 제111조 위반죄가 성립하거나 공무원의 직무에 속한 사항의 알선에 관하여 금품을 수수한 경우로서 특정범죄 가중처벌 등에 관한 법률 위반(알선수재)죄가 성립하는 것과 상관없이, 그 행위는 다른 사람을 속여 재물을 받은 행위로서 사기죄를 구성한다.

원심이 같은 취지에서 피고인 1이 검찰에 청탁하여 공소외 3을 석방케 해 줄 의사나 능력이 없음에도 피해자로부터 사건 해결 여부를 의뢰받자 피해자에게 "검사한테 말해서 풀어주겠으니 돈을 가지고 와라"고 말하여 이를 진실로 믿은 피해자로부터 돈을 받았다는 점을 사기죄로 인정한 조치는 옳고, 거기에 상고이유로 주장하는 것과 같은 사기죄와 구 변호사법 제111조 위반죄 내지 특정범죄 가중처벌 등에 관한 법률 위반(알선수재)죄 사이의 관계에 관한 법리를 오해한 잘못이 없다.

■ 대법원 2006. 1. 27. 선고 2005도8704 판결【변호사법위반·사기(예비적 죄명: 사기·제3자뇌물취득)】(공)

3. 변호사법 위반죄가 따로 성립하지 아니한다는 주장에 대하여

공무원이 취급하는 사건 또는 사무에 관하여 청탁 또는 알선을 한다는 명목으로 금품·향응 기타 이익을 받거나 받을 것을 약속하고 또 제3자에게 이를 공여하게 하거나 공여하게 할 것을 약속

한 때에는 위와 같은 금품을 받거나 받을 것을 약속하는 것으로써 구 변호사법(2005. 1. 27. 법률 제7357호로 개정되기 전의 것, 이하 같다) 제111조 위반죄가 성립된다고 할 것이고, 위 금품의 수교부자가 실제로 청탁할 생각이 없었다 하더라도 위 금품을 교부받은 것이 자기의 이득을 취하기 위한 것이라면 동 죄의 성립에는 영향이 없다(대법원 1968. 2. 6. 선고 67도1547 판결, 1986. 3. 25. 선고 86도436 판결 등 참조).

원심이 같은 취지에서, 공무원이 취급하는 사건에 관하여 청탁 또는 알선을 할 의사와 능력이 없음에도 청탁 또는 알선을 한다고 기망하고, 이에 속은 피해자로부터 이른바 로비자금 명목으로 금원을 송금 받은 피고인의 행위가 형법 제347조 제1항과 구 변호사법 제111조에 각 해당하고, 이러한 사기죄와 변호사법 위반죄는 상상적 경합의 관계에 있다고 판단한 것은 옳고, 거기에 상고이유의 주장과 같은 사기, 변호사법 위반죄의 죄수에 관한 법리를 오해한 위법이 없다.

■ 대법원 2007. 5. 10. 선고 2007도2372 판결【사기 · 변호사법위반】(미)

공무원이 취급하는 사건 또는 사무에 관하여 청탁 또는 알선을 한다는 명목으로 금품·향응 기타 이익을 받거나 받을 것을 약속하고 또 제3자에게 이를 공여하게 하거나 공여하게 할 것을 약속한 때에는 위와 같은 금품을 받거나 받을 것을 약속하는 것으로써 변호사법 제111조 위반죄가 성립되고, 위 금품을 교부받은 자가 실제로 청탁할 생각이 없었다 하더라도 금품을 받은 것이 자기의 이득을 취하기 위한 것이라면 동 죄의 성립에는 영향이 없으므로, 만약 피고인이 공무원이 취급하는 사건에 관하여 청탁 또는 알선을 할 의사와 능력이 없음에도 청탁 또는 알선을 한다고 기망하고 이에 속은 피해자로부터 이른바 청탁자금 명목으로 금품을 받았다면 이러한 피고인의 행위는 형법 제347조 제1항의 사기죄와 변호사법 제111조 위반죄에 각 해당하고 위 두 죄는 상상적 경합의 관계에 있는 것이지만(대법원 2006. 1. 27. 선고 2005도8704 판결 등 참조), 그렇다고 하여 그 중 어느 한 죄로만 공소가 제기된 경우에 법원이 공소장변경절차를 거치지 아니하고 다른 죄로 바꾸어 인정하거나 다른 죄를 추가로 인정하는 것은 불고불리의 원칙에 위배된다고 할 것이다.

원심은, 피고인이 공무원이 취급하는 사건에 관하여 청탁한다는 명목으로 돈을 받은 판시 제1의 각 행위에 대하여 공소가 제기된 변호사법 위반죄로 처벌하면서, 판시 제2의 사기죄와 경합범 관계에 있다고 보고 각 징역형을 선택한 후 형이 중한 사기죄에 정한 형에 경합범 가중을 하여 그 처단형의 범위 내에서 징역 6월을 선고하였는바, 앞서 본 법리와 기록에 비추어 살펴보면, 위와 같은 원심의 조치는 옳은 것으로 수긍이 가고, 거기에 상고이유의 주장과 같은 경합범의 가중에 관한 법리오해의 위법 등이 있다고 할 수 없다.

III. 신용카드범죄

1. 신용카드의 절취와 그 사용

가. 본래용도로 사용하는 경우

① **절도죄**

② **신용카드부정사용죄**

- 신용카드의 부정사용행위는 새로운 법익의 침해(이 법익이 절도범행보다 큰 것이 보통) ⇒ 불가벌적 사후행위가 되지 않음 ⇒ 여신전문금융업법 70조 1항 3호 신용카드부정사용죄

여신전문금융업법
제70조 (벌칙)

① 다음 각 호의 어느 하나에 해당하는 자는 7년 이하의 징역 또는 5천만원 이하의 벌금에 처한다.

1. 신용카드등을 위조하거나 변조한 자
2. 위조되거나 변조된 신용카드등을 판매하거나 사용한 자
3. 분실하거나 도난당한 신용카드나 직불카드를 판매하거나 사용한 자
4. 강취·횡령하거나, 사람을 기망하거나 공갈하여 취득한 신용카드나 직불카드를 판매하거나 사용한 자
5. 행사할 목적으로 위조되거나 변조된 신용카드등을 취득한 자
6. 거짓이나 그 밖의 부정한 방법으로 알아낸 타인의 신용카드 정보를 보유하거나 이를 이용하여 신용카드로 거래한 자
7. 제3조 제1항에 따른 허가를 받지 아니하거나 등록을 하지 아니하고 신용카드업을 한 자
8. 거짓이나 그 밖의 부정한 방법으로 제3조 제1항에 따른 허가를 받거나 등록을 한 자
9. 제50조 제1항을 위반하여 대주주에게 신용공여를 한 여신전문금융회사와 그로부터 신용공여를 받은 대주주 또는 대주주의 특수관계인
10. 제50조의2 제5항을 위반하여 같은 항 각 호의 어느 하나에 해당하는 행위를 한 대주주 또는 대주주의 특수관계인

죄수

■ 대법원 1996. 7. 12. 선고 96도1181 판결【신용카드업법위반, 절도】(공)

신용카드를 절취한 후 이를 사용한 경우 신용카드의 부정사용행위는 새로운 법익의 침해로 보아야 하고 그 법익침해가 절도범행보다 큰 것이 대부분이므로 위와 같은 부정사용행위가 절도범행의 불가벌적 사후행위가 되는 것은 아니고, 신용카드업법 제25조 제1항이 규정하는 "도난, 분실된 신용카드 또는 직불카드를 판매하거나 사용한 자"에 절취한 본범이 해당되지 않는다고 볼 수 없으므로, 원심이 위 신용카드를 절취한 후 이를 위 신용카드의 가맹점에서 물품을 구입하는데 사용한 피고인의 행위가 신용카드업법 제25조 제1항 위반죄에 해당한다고 본 것은 정당하고, 거기에 신용카드업법의 법리를 오해한 위법이 있다고 할 수 없다. 이 점에 관한 상고이유는 받아들일 수 없다. …

단일하고 계속된 범의하에 동종의 범행을 동일하거나 유사한 방법으로 일정 기간 반복하여 행하고 그 피해법익도 동일한 경우에는 각 범행을 통틀어 포괄일죄로 볼 것이다(대법원 1989. 6. 20. 선고 89도648 판결, 1990. 10. 10. 선고 90도1580 판결 참조).

그런데 기록에 의하면, 피고인은 이 사건 신용카드를 절취한 직후 약 2시간 20분 동안에 카드가맹점 7곳에서 합계 금 2,008,000원 상당의 물품을 구입하면서 마치 자신이 위 신용카드의 소유자인 것처럼 행세하여 위 물품의 각 구입대금을 신용카드로 결제하였으며, 피고인이 신용카드를 훔친 목적은 이를 사용하여 신용카드의 가맹점들에서 물품을 구입하는데 있었고, 같은 날 위 신용카드에 대한 도난·분실신고가 될 것을 염려하여 즉시 신속하게 위 카드가맹점들을 계속 돌아다니며 위 신용카드를 각 사용한 것인 사실 등을 인정할 수 있다.

위 인정사실에 의하면, 피고인은 절취한 카드로 가맹점들로부터 물품을 구입하겠다는 단일한 범의를 가지고 그 범의가 계속된 가운데 동종의 범행인 신용카드 부정사용행위를 동일한 방법으로 반복하여 행하였다고 할 것이고, 또 위 신용카드의 각 부정사용의 피해법익도 모두 위 신용카드를 사용한 거래의 안전 및 이에 대한 공중의 신뢰인 것으로 동일하다고 할 것이므로, 피고인이 동일한

신용카드를 위와 같이 부정사용한 행위는 포괄하여 일죄에 해당한다고 할 것이고, 신용카드를 부정사용한 결과가 사기죄의 구성요건에 해당하고 그 각 사기죄가 실체적 경합관계에 해당한다고 하여도 신용카드부정사용죄와 사기죄는 그 보호법익이나 행위의 태양이 전혀 달라 실체적 경합관계에 있다고 보아야 할 것이므로 신용카드 부정사용행위를 포괄일죄로 취급하는데 아무런 지장이 없다고 하겠다.

따라서 위 신용카드의 각 부정사용행위를 각각 별개의 범죄로 보고 경합범으로 처리한 제1심판결을 그대로 유지한 원심판결에는 죄수 및 경합범의 법리를 오해한 위법이 있다 할 것이다. 상고이유 중 이 점을 지적한 부분은 이유 있다.

기수시기

■ 대법원 2008. 2. 14. 선고 2007도8767 판결【여신전문금융업법위반】(미)

여신전문금융업법 제70조 제1항은 분실 또는 도난된 신용카드 또는 직불카드를 판매하거나 사용한 자는 7년 이하의 징역 또는 5천만 원 이하의 벌금에 처한다고 규정하고 있는바, 위 부정사용죄의 구성요건적 행위인 신용카드의 사용이라 함은 신용카드의 소지인이 신용카드의 본래 용도인 대금결제를 위하여 가맹점에 신용카드를 제시하고 매출전표에 서명하여 이를 교부하는 일련의 행위를 가리키므로(대법원 1992. 6. 9. 선고 92도77 판결, 1993. 11. 23. 선고 93도604 판결 등 참조), 단순히 신용카드를 제시하는 행위만으로는 신용카드부정사용죄의 실행에 착수한 것이라고 할 수는 있을지언정 그 사용행위를 완성한 것으로 볼 수 없고, 신용카드를 제시한 거래에 대하여 카드회사의 승인을 받았다고 하더라도 마찬가지라 할 것이다.

원심판결 이유에 의하면 원심은, 피고인이 절취한 신용카드로 대금을 결제하기 위하여 신용카드를 제시하고 카드회사의 승인까지 받았으나 나아가 매출전표에 서명을 한 사실을 인정할 증거는 없고, 카드가 없어진 사실을 알게 된 피해자에 의해 거래가 취소되어 최종적으로 매출취소로 거래가 종결된 사실이 인정된다고 한 다음, 피고인의 행위는 신용카드 부정사용의 미수행위에 불과하다 할 것인데 여신전문금융업법에서 위와 같은 미수행위를 처벌하는 규정을 두고 있지 아니한 이상 피고인을 위 법률위반죄로 처벌할 수 없다는 이유로 무죄를 선고한 1심판결을 유지하고 있는바, 원심의 이러한 법리 및 사실 판단은 정당하고 거기에 상고이유에서 주장하는 것과 같은 여신전문금융업법위반죄의 법리를 오해하거나 채증법칙을 위반한 위법이 없다.

■ 대법원 1993. 11. 23. 선고 93도604 판결【신용카드업법위반】(공)

신용카드업법 제25조 제1항은 신용카드를 위조, 변조하거나 도난, 분실 또는 위조, 변조된 신용카드를 사용한 자는 7년 이하의 징역 또는 5천만원 이하의 벌금에 처한다고 규정하고 있는 바, 위 부정사용죄의 구성요건적 행위인 신용카드의 사용이라 함은 신용카드의 소지인이 신용카드의 본래 용도인 대금결제를 위하여 가맹점에 신용카드를 제시하고 매출표에 서명하여 이를 교부하는 일련의 행위를 가리키므로(1992. 6. 9. 선고 92도77 판결 참조), 단순히 신용카드를 제시하는 행위만으로는 신용카드부정사용죄의 실행에 착수한 것이라고 할 수는 있을지언정 그 사용행위를 완성한 것으로 볼 수 없다 할 것이다.

원심판결 이유에 의하면 원심은, 피고인 자신이 절취한 신용카드로 대금을 결제하기 위하여 신용카드를 제시하였으나 카드확인과정에서 도난카드임이 밝혀져 매출표도 작성하지 못한 채 검거된 사실을 인정한 후, 피고인의 행위가 신용카드 부정사용의 미수행위에 불과하다 할 것이고, 신용카드업법에서 위와 같은 미수행위를 처벌하는 규정을 두고 있지 아니한 이상 피고인을 신용카드업법위반죄로 처벌할 수 없다는 이유로 무죄를 선고한 1심판결을 유지하고 있는바, 원심의 이러한 판단은 정당하고 거기에 소론과 같은 신용카드업법위반죄의 법리를 오해한 위법이 없다.

③ 사기죄

④ 사문서위조 및 위조사문서행사죄 ×

■ 대법원 1992. 6. 9. 선고 92도77 판결【절도, 사문서위조, 사문서위조행사, 사기, 신용카드업법위반】(집)

1. 기록에 의하면 검사는 이 사건 공소사실 중 '피고인이 1990. 12. 22. 22:30경 서울 동작구 사당동 708의 371 소재 공소외 A 경영의 주점 '세종회관'에서 주류와 안주 등 188,000원 상당을 취식한 다음 행사할 목적으로 절취한 공소외 B 명의의 은행신용카드 1매를 이용하여 그 카드번호 등을 현출시키고 위 술값 등을 기재하여 건네준 매출전표의 서명란에 피고인의 이름을 기재하는 등으로 권리의무에 관한 사문서인 위 B 명의의 매출전표 1매를 위조하고, 그 자리에서 위 A에게 위와 같이 위조한 매출전표 1매를 교부하여 이를 행사하였다'는 범죄사실에 대하여 사문서위조 및 동행사의 죄와 신용카드업법 제25조 제1항 소정의 신용카드부정사용죄로 공소를 제기하였는바, 이에 대하여 제1심은 그 거시증거에 의하면 위 신용카드의 소지자인 공소외 C는 그의 언니인 B의 명의로 위 신용카드를 발급받은 후 그 카드의 뒷면에 있는 서명란에 아무런 서명도 하지 아니한 채 이를 소지하고 있다가 피고인에게 도난당한 사실과 피고인은 위 공소사실기재 일시, 장소에서 위 신용카드를 이용하여 매출전표에 카드회원번호, 성명, 주민등록번호를 현출시키고 위 A가 동 전표에 가맹점명, 대표자명, 주소, 매출일자, 금액 등을 기재하자 그 서명란에 피고인의 이름 을 기재한 사실을 인정할 수 있으나, 피고인이 위 신용카드명의자인 위 B의 서명을 하지 아니하고 피고인의 이름을 위 매출전표에 기재한 것만으로는 일반인이 진정한 명의자의 사문서로 오신하기에 충분하다고 볼 수 없고 달리 이를 인정할 만한 증거가 없다는 이유로 사문서위조 및 동행사의 죄는 무죄라고 판단하고 신용카드부정행사죄만을 유죄로 판단하였으며, 원심도 이러한 제1심판결을 정당하다 하여 유지하고 있다.

2. 신용카드업법 제25조 제1항은 신용카드를 위조·변조하거나 도난·분실또는 위조·변조된 신용카드를 사용한 자는 7년 이하의 징역 또는 5천만원 이하의 벌금에 처한다고 규정하고 있는바, 위 부정사용죄의 구성요건적 행위인 신용카드의 사용이라 함은 신용카드의 소지인이 신용카드의 본래 용도인 대금결제를 위하여 가맹점에 신용카드를 제시하고 매출표에 서명하여 이를 교부하는 일련의 행위를 가리키고 단순히 신용카드를 제시하는 행위만을 가리키는 것은 아니라고 할 것이므로, 위 매출표의 서명 및 교부가 별도로 사문서위조 및 동행사의 죄의 구성요건을 충족한다고 하여도 이 사문서위조 및 동행사의죄는 위 신용카드부정사용죄에 흡수되어 신용카드부정사용죄의 1죄만이 성립하고 별도로 사문서위조 및 동행사의 죄는 성립하지 않는다고 보는 것이 타당하다.

원심이 사문서위조 및 동행사의 죄와 신용카드부정사용죄가 실체적 경합관계에 있는 것으로 보고 사문서위조 및 동행사의 죄에 대하여 따로히 무죄를 선고하였음은 법조경합관계에 있는 위 양죄의 죄수에 관한 법리를 오해한 위법을 저지른 것이 분명하나, 피고인을 사문서위조 및 그 행사의 죄로 의율처단하지 않은 조치는 결과적으로 정당하다.

나. 현금카드로 사용하는 경우

① **절도죄**

② **구법(신용카드업법)**

현금서비스

■ 대법원 1995. 7. 28. 선고 95도997 판결【주거침입, 절도, 신용카드업법위반】(집)

그러나 신용카드업법 제6조 제2항에 의하면 신용카드업자는 신용카드회원에 대한 물품 및 용역의 할부구매 또는 연불구매를 위한 자금의 융통(신용구매)을 위한 업무(같은 항 제2호)와 신용카드회원에 대한 자금의 융통(신용대출)을 위한 업무(같은 항 제1호)를 함께 영위할 수 있도록 규정하고 있고, 통상 신용카드업자는 신용카드회원에 대한 신용대출의 한 방법으로 현금자동인출기에 의한 현금서비스를 제공하고 있으므로, 신용카드회원이 대금결제를 위하여 가맹점에 신용카드를 제시하고 매출표에 서명하는 일련의 행위 뿐아니라 신용카드를 현금인출기에 주입하고 비밀번호를 조작하여 현금서비스를 제공받는 일련의 행위도 신용카드의 본래 용도에 따라 사용하는 것으로 보아야 한다.

한편 신용카드업법 제25조 제1항 소정의 부정사용이라 함은 도난 분실 또는 위조 변조된 신용카드를 진정한 카드로서 신용카드의 본래의 용법에 따라 사용하는 경우를 말하는 것인데, 절취한 신용카드를 현금인출기에 주입하고 비밀번호를 조작하여 현금서비스를 제공받으려는 일련의 행위도 앞서 설시한 바와 같이 신용카드의 본래 용도에 따라 사용하는 경우에 해당하므로 같은 법 조항 소정의 부정사용의 개념에 포함된다 할 것인데, 원심이 막연히 위 부정사용죄에 있어서 사용의 개념을 신용카드 소지인이 대금결제를 위하여 가맹점에 신용카드를 제시, 매출전표를 작성, 교부하는 것만으로 해석하여 위 공소사실에 대하여 무죄를 선고한 것은 필경 신용카드업법 제25조 제1항 소정의 부정사용의 법리를 오해한 위법을 저질렀다 할 것인바, 상상적경합관계에 있는 수죄 중 그 일부만이 유죄로 인정된 경우와 그 전부가 유죄로 인정된 경우와는 양형의 조건을 참작함에 있어서 차이가 생겨 선고형을 정함에 있어 차이가 있을 수 있어 위 위법은 판결결과에 영향을 미친 것이라 할 것이므로(대법원 1984. 3. 13. 선고 83도3006 판결 참조), 이와 함께 위 (1)의 주거침입 및 절도죄와 경합범으로 하여 하나의 형을 선고한 원심판결은 모두 파기를 면치 못한다 할 것이다. 이 점을 지적하는 상고이유의 주장은 이유 있다.

그리고 위 공소사실과 같이 피고인이 피해자 명의의 신용카드를 부정사용하여 현금자동인출기에서 현금을 인출하고 그 현금을 취득까지 한 행위는 앞서 본 바와 같이 신용카드업법 제25조 제1항의 부정사용죄에 해당할 뿐아니라 그 현금을 취득함으로써 현금자동인출기 관리자의 의사에 반하여 그의 지배를 배제하고 그 현금을 자기의 지배하에 옮겨 놓는 것이 되므로 별도로 절도죄를 구성한다 할 것이고, 위 양죄의 관계는 그 보호법익이나 행위태양이 전혀 달라 실체적경합 관계에 있는 것으로 보아야 할 것이다.

예금인출

■ 대법원 1998. 2. 27. 선고 97도2974 판결【신용카드업법위반】(공)

한편 법 제25조 제1항 소정의 부정사용이라 함은 위조·변조 또는 도난·분실된 신용카드를 진정한 카드로서 신용카드의 본래의 용법에 따라 사용하는 경우를 말하는 것이므로(대법원 1995. 7.

28. 선고 95도997 판결 참조) 결국 신용카드를 사용하여 예금을 인출할 수 있는 현금카드 기능은 법 제6조 제2항, 법시행령 제5조 제3호, 제6조의 규정 등에 따라 재정경제원장관이 신용카드업을 건전하게 보호·육성하여 신용사회의 기반을 조성하고 소비자의 금융편의를 도모함으로써 국민경제의 발전에 이바지한다는 신용카드업법의 목적(제1조)을 달성하기 위하여 허가한 부대업무로 볼 수 있다. 따라서 피고인이 강취한 신용카드를 온라인 현금자동지급기에 주입하고 비밀번호 등을 조작하여 피해자의 예금을 인출한 행위는 재정경제원장관의 인가를 받아 신용카드업자가 시행하고 있는 신용카드의 현금카드 기능을 사용한 것으로 이와 같은 일련의 행위도 신용카드 본래 용도에 따라 사용하는 것으로 보아야 할 것이므로 법 제25조 제1항 소정의 부정사용의 개념에 포함된다 할 것이다.

③ 신법(여신전문금융업법)

■ 대법원 2003. 11. 14. 선고 2003도3977 판결【여신전문금융업법위반】(공)

여신전문금융업법 제70조 제1항 소정의 부정사용이라 함은 위조·변조 또는 도난·분실된 신용카드나 직불카드를 진정한 카드로서 신용카드나 직불카드의 본래의 용법에 따라 사용하는 경우를 말하는 것이므로, 절취한 직불카드를 온라인 현금자동지급기에 넣고 비밀번호 등을 입력하여 피해자의 예금을 인출한 행위는 여신전문금융업법 제70조 제1항 소정의 부정사용의 개념에 포함될 수 없다.

원심판결 이유에 의하면 원심은, 여신전문금융업법 제2조 제6호는 '직불카드라 함은 직불카드회원과 신용카드가맹점 간에 전자 또는 자기적 방법에 의하여 금융거래계좌에 이체하는 등의 방법으로 물품 또는 용역의 제공과 그 대가의 지급을 동시에 이행할 수 있도록 신용카드업자가 발행한 증표를 말한다.'라고 규정하고, 제2호는 '신용카드업이라 함은 다음 각목의 업무 중 (나)목의 업무를 포함한 2 이상의 업무를 행하는 업을 말한다. 가. 신용카드의 발행 및 관리, 나. 신용카드이용과 관련된 대금의 결제, 다. 신용카드가맹점의 모집 및 관리'로 규정하는 한편 같은 법 제13조 제1항은 '신용카드업자는 대통령령이 정하는 기준에 따라 다음 각 호의 규정에 의한 부대업무를 영위할 수 있다. 1. 신용카드회원에 대한 자금의 융통, 2. 직불카드의 발행 및 대금의 결제, 3. 선불카드의 발행·판매 및 대금의 결제'라고 규정하고 있어, 구 신용카드업법과 달리 신용카드업의 업무범위 중 부대업무를 포괄적으로 규정하지 않고, 위 법 제13조 제1항 각 호의 업무로 제한하여 규정하고 있음을 알 수 있는바, 이러한 현행 여신전문금융업법상의 직불카드의 정의와 신용카드업의 업무범위 및 신용카드업자의 부대업무에 관한 규정의 취지·내용 등에 비추어 보면, 직불카드가 겸할 수 있는 현금카드의 기능은 법령에 규정된 신용카드의 기능에 포함되지 않는다 할 것이고, 또한 하나의 카드에 직불카드 내지 신용카드 기능과 현금카드 기능이 겸용되어 있더라도, 이는 은행의 예금업무에 관한 전자적 정보와 신용카드업자의 업무에 관한 전자적 정보가 회원(예금주)의 편의를 위해 신용카드업자 등에 의해 하나의 자기띠에 입력되어 있을 뿐이지, 양 기능은 전혀 별개의 기능이라 할 것이어서, 이와 같은 겸용 카드를 이용하여 현금지급기에서 예금을 인출하는 행위를 두고 직불카드 내지 신용카드를 그 본래의 용법에 따라 사용하는 것이라 보기도 어렵다고 판단한 후 피고인이 피해자의 직불카드를 절취한 후 그 직불카드를 이용하여 현금자동지급기로부터 피해자의 예금을 인출한 행위가 직불카드부정행사죄에 해당하지 않는다고 보아 무죄를 선고한 제1심의 결론을 그대로 유지하였다.

원심의 위와 같은 인정과 판단은 앞서본 법리에 따른 것으로 정당하고, 거기에 상고이유의 주장과 같은 직불카드부정사용죄에 관한 법리오해의 위법이 있다고 볼 수 없다. 상고이유의 주장을 받아들일 수 없다.

상고이유에서 들고 있는 대법원 1998. 2. 27. 선고 97도2974 판결은 구 신용카드업법상 신용카드부정사용죄의 해석에 관한 것으로 본건에 원용하기에 적절하지 아니하다.

2. 갈취, 편취, 강취한 신용카드 사용

가. 갈취, 편취한 카드의 사용

① 신용카드의 점유 ×

■ 대법원 2006. 7. 6. 선고 2006도654 판결【여신전문금융업법위반】(공)

여신전문금융업법 제70조 제1항 제4호에 의하면, "강취·횡령하거나 사람을 기망·공갈하여 취득한 신용카드 또는 직불카드를 판매하거나 사용한 자"에 대하여 "7년 이하의 징역 또는 5천만 원 이하의 벌금에 처한다."고 규정하고 있는바, 여기서 부정사용이라 함은 강취, 횡령, 기망 또는 공갈로 취득한 신용카드나 직불카드를 진정한 카드로서 본래의 용법에 따라 사용하는 경우를 말하는 것이고(대법원 2005. 7. 29. 선고 2005도4233 판결 참조), 강취, 횡령, 기망 또는 공갈로 취득한 신용카드라 함은 소유자 또는 점유자의 의사에 기하지 않고, 그의 점유를 이탈하거나 그의 의사에 반하여 점유가 배제된 신용카드를 가리킨다고 보아야 할 것이다(대법원 1999. 7. 9. 선고 99도857 판결 참조).

그런데 기록에 의하면, 피고인 1은 과다한 술값 청구에 항의하는 피해자들을 폭행 또는 협박하여 피해자들로부터 일정 금액을 지급받기로 합의한 다음 피해자들이 결제하라고 건네준 신용카드로, 합의한 대로 현금서비스를 받거나, 편의점에서 술과 담배를 구입하는 것으로 매출전표를 작성하고 피해자들의 서명을 거쳐 매출전표의 작성을 완료한 후 2-3일 지나 편의점에서 신용카드 결제금액 상당의 술과 담배를 인도받아 술값에 충당한 사실을 알 수 있는바, 이와 같이 합의에 따라 피해자들이 건네준 신용카드로 현금서비스를 받거나 물품을 구입하고 매출전표를 작성하였고, 매출전표에 피해자들 본인이 서명까지 한 경우에는 비록 피고인 1이 피해자들을 폭행 또는 협박하여 피해자들로 하여금 술값을 결제하도록 하기에 이르렀다고 하더라도 신용카드에 대한 피해자들의 점유가 피해자들의 의사에 기하지 않고 이탈하였다거나 배제되었다고 보기 어렵다.

따라서 같은 취지에서 피고인 1에 대한 위 공소사실에 관하여 무죄를 선고한 원심의 판단은 정당하고, 거기에 상고이유로 주장하는 바와 같이 채증법칙 위배로 인한 사실오인이나 여신전문금융업법에 관한 법리오해 등의 위법이 있다고 할 수 없다.

② 갈취한 카드로 현금지급기에서 인출: 포괄하여 공갈(절도 아님)

■ 대법원 2007. 5. 10. 선고 2007도1375 판결【강도상해, 특수강도, 특수절도, 여신전문금융업법위반, 절도, 도로교통법위반(무면허운전)】(공)

원심은, 이 사건 공소사실 중 "피고인들은 합동하여 2006. 3. 3. 14:59경 부산 동래구 소재 명장우체국에서, 피고인 1은 위 우체국 밖에서 망을 보고, 피고인 2는 그곳에 설치되어 있는 피해자 명장우체국이 관리하는 현금자동지급기에 같은 날 공소외 1로부터 강취한 국민은행 현금카드를 집어

넣고, 공소외 1을 협박하여 알아낸 비밀번호를 입력하여 6회에 걸쳐 현금 420만 원을 인출하여 절취하고, 피고인들은 공모하여 2006. 4. 19. 14:35경 구미시 소재 형곡새마을금고에서, 피고인 2가 그곳에 설치되어 있는 피해자 형곡새마을금고가 관리하는 현금자동지급기에 같은 날 공소외 2로부터 강취한 농협 현금카드를 집어넣고, 공소외 2를 협박하여 알아낸 비밀번호를 입력하여 3회에 걸쳐 현금 163만 원을 인출하여 절취하였다."는 부분에 대하여 무죄를 선고하였다. 원심의 무죄 이유의 요지는, 예금주인 현금카드 소유자를 협박하여 그 카드를 강취하였고, 하자 있는 의사표시이기는 하지만 피해자의 승낙에 의하여 현금카드를 사용할 권한을 부여받아 이를 이용하여 현금을 인출한 이상, 피해자가 그 승낙의 의사표시를 취소하기까지는 현금카드를 적법·유효하게 사용할 수 있고, 은행의 경우에도 피해자의 지급정지 신청이 없는 한 피해자의 의사에 따라 그의 계산으로 적법하게 예금을 지급할 수밖에 없는 것이므로, 피고인들이 피해자로부터 현금카드를 사용한 예금인출의 승낙을 받고 현금카드를 교부받은 행위와 이를 사용하여 현금자동지급기에서 예금을 인출한 행위는 모두 피해자의 예금을 강취하고자 하는 피고인의 단일하고 계속된 범의 아래에서 이루어진 일련의 행위로서 포괄하여 하나의 강도죄를 구성한다고 볼 것이지, 현금자동지급기에서 피해자의 예금을 취득한 행위를 현금자동지급기 관리자의 의사에 반하여 그가 점유하고 있는 현금을 절취한 것이라 하여 이를 현금카드 강취행위와 분리하여 따로 절도죄로 처단할 수는 없다는 것이다.

나. 예금주인 현금카드 소유자를 협박하여 그 카드를 갈취한 다음 피해자의 승낙에 의하여 현금카드를 사용할 권한을 부여받아 이를 이용하여 현금자동지급기에서 현금을 인출한 행위는 모두 피해자의 예금을 갈취하고자 하는 피고인의 단일하고 계속된 범의 아래에서 이루어진 일련의 행위로서 포괄하여 하나의 공갈죄를 구성한다고 볼 것이므로, 현금자동지급기에서 피해자의 예금을 인출한 행위를 현금카드 갈취행위와 분리하여 따로 절도죄로 처단할 수는 없는 것이다(대법원 1996. 9. 20. 선고 95도1728 판결 등 참조). 왜냐하면 위 예금 인출 행위는 하자 있는 의사표시이기는 하지만 피해자의 승낙에 기한 것이고, 피해자가 그 승낙의 의사표시를 취소하기까지는 현금카드를 적법, 유효하게 사용할 수 있으므로, 은행으로서도 피해자의 지급정지 신청이 없는 한 그의 의사에 따라 그의 계산으로 적법하게 예금을 지급할 수밖에 없는 것이기 때문이다.

그러나 강도죄는 공갈죄와는 달리 피해자의 반항을 억압할 정도로 강력한 정도의 폭행·협박을 수단으로 재물을 탈취하여야 성립하는 것이므로, 피해자로부터 현금카드를 강취하였다고 인정되는 경우에는 피해자로부터 현금카드의 사용에 관한 승낙의 의사표시가 있었다고 볼 여지가 없다. 따라서 강취한 현금카드를 사용하여 현금자동지급기에서 예금을 인출한 행위는 피해자의 승낙에 기한 것이라고 할 수 없으므로, 현금자동지급기 관리자의 의사에 반하여 그의 지배를 배제하고 그 현금을 자기의 지배하에 옮겨 놓는 것이 되어서 강도죄와는 별도로 절도죄를 구성한다고 할 것이다(대법원 2007. 4. 13. 선고 2007도1377 판결 참조).

다. 그럼에도 불구하고, 원심은 피고인들이 피해자들로부터 현금카드를 강취한 이상 피고인들이 현금카드를 이용하여 현금자동지급기에서 예금을 인출한 행위는 현금카드 강취행위와 분리하여 따로 절도죄가 되는 것이 아니라고 하여 위 부분 공소사실에 대하여 무죄로 판단하였으니, 원심은 강도죄 및 절도죄에 관한 법리를 오해하여 판결에 영향을 미친 위법이 있고, 이 점을 지적하는 상고이유의 주장은 이유 있다.

③ **편취한 카드로 현금지급기 인출: 포괄하여 사기**

■ 대법원 2005. 9. 30. 선고 2005도5869 판결【절도(예비적 죄명: 횡령)】(공)

예금주인 현금카드 소유자로부터 그 카드를 편취하여, 비록 하자 있는 의사표시이기는 하지만 현금카드 소유자의 승낙에 의하여 사용권한을 부여받은 이상, 그 소유자가 승낙의 의사표시를 취소하기까지는 현금카드를 적법, 유효하게 사용할 수 있으며, 은행 등 금융기관은 현금카드 소유자의 지급정지 신청이 없는 한 카드 소유자의 의사에 따라 그의 계산으로 적법하게 예금을 지급할 수밖에 없는 것이므로, 피고인이 현금카드의 소유자로부터 현금카드를 사용한 예금인출의 승낙을 받고 현금카드를 교부받은 행위와 이를 사용하여 현금자동지급기에서 예금을 여러 번 인출한 행위들은 모두 현금카드 소유자의 예금을 편취하고자 하는 피고인의 단일하고 계속된 범의 아래에서 이루어진 일련의 행위로서 포괄하여 하나의 사기죄를 구성한다고 볼 것이지, 현금자동지급기에서 카드 소유자의 예금을 인출, 취득한 행위를 현금자동지급기 관리자의 의사에 반하여 그가 점유하고 있는 현금을 절취한 것이라 하여 이를 현금카드 편취행위와 분리하여 따로 절도죄로 처단할 수는 없다 할 것이다(대법원 1996. 4. 9. 선고 95도2466 판결, 1996. 9. 20. 선고 95도1728 판결 등 참조).

④ **가맹점에서 물품구입**

- 가맹점에 대한 사기
- 가맹점별로 범의의 단일성 유무에 따라 죄수 결정

나. 강취한 카드의 사용

■ 대법원 2007. 4. 13. 선고 2007도1377 판결【특수강도, 절도】

범인이 피해자로부터 직불카드 등을 강취한 경우에는, 이를 갈취 또는 편취한 경우와는 달리, 피해자가 그 직불카드 등의 사용권한을 범인에게 부여하였다고 할 수 없고, 따라서 그와 같이 강취한 직불카드를 사용하여 현금자동인출기에서 현금을 인출하여 가진 경우에는 그 현금자동인출기 관리자의 의사에 반하여 그의 지배를 배제하고 그 현금을 자기의 지배하에 옮겨 놓는 것이 되므로 절도죄가 별도로 성립한다고 할 것이다(대법원 1995. 7. 28. 선고 95도997 판결 참조).

그럼에도 불구하고 원심은, 피고인이 피해자로부터 직불카드를 강취한 이 사건에서, 피해자가 그 직불카드의 사용권한을 피고인에게 부여한 것으로 보아 그 직불카드를 사용하여 현금자동인출기에서 현금을 인출한 행위는 그 직불카드 등을 강취한 행위와 포괄하여 하나의 강도죄가 성립할 뿐 따로 절도죄가 성립하는 것은 아니라고 판단하고 말았으니, 원심판결에는 직불카드를 강취한 후 이를 사용하여 현금을 인출한 경우에 있어서의 강도죄와 절도죄의 관계에 관한 법리를 오해하여 판결에 영향을 미친 위법이 있다고 할 것이다. 이 점에 관한 상고이유의 주장은 이유 있다.

3. 부정 또는 정상 발급받은 자신의 신용카드 사용

① **카드를 부정발급받아 사용: 카드회사에 대한 사기 포괄일죄**

■ 대법원 1996. 4. 9. 선고 95도2466 판결【사기(인정된 죄명 절도)】(공)

위 주위적 공소사실의 요지는 피해자인 상업은행은 무자력자인 피고인으로부터 기망당하여 신용카드를 발급해줌으로써 피고인이 그 신용카드를 이용하여 현금자동지급기에서 현금을 인출하는 방법으로 금원을 신용대출받는 것을 허용하였고, 피고인은 그에 따라 현금을 인출하였다는 취지이므로 이에 살피건대 무릇 신용카드의 거래는 신용카드회사로부터 카드를 발급받은 사람이 위 카드를 사용하여 카드가맹점으로부터 물품을 구입하면 그 카드를 소지하여 사용하는 사람이 카드회사로부터 카드를 발급받은 정당한 소지인인 한 카드회사가 그 대금을 가맹점에 결제하고, 카드회사는 카드사용자에 대하여 물품구입대금을 대출해 준 금전채권을 가지는 것이고, 또 카드사용자가 현금자동지급기를 통해서 현금서비스를 받아 가면 현금대출관계가 성립되게 되는 것인바, 이와 같은 카드사용으로 인한 카드회사의 금전채권을 발생케 하는 카드사용 행위는 카드회사로부터 일정한 한도 내에서 신용공여가 이루어지고, 그 신용공여의 범위 내에서는 정당한 소지인에 의한 카드사용에 의한 금전대출이 카드 발급시에 미리 포괄적으로 허용되어 있는 것인바, 현금자동지급기를 통한 현금대출도 결국 카드회사로부터 그 지급이 미리 허용된 것이고, 단순히 그 지급방법만이 사람이 아닌 기계에 의해서 이루어지는 것에 불과하다.

그렇다면 이 사건에서와 같이 피고인이 카드사용으로 인한 대금결제의 의사와 능력이 없으면서도 있는 것 같이 가장하여 카드회사를 기망하고, 카드회사는 이에 착오를 일으켜 일정 한도 내에서 카드사용을 허용해 줌으로써 피고인은 기망당한 카드회사의 신용공여라는 하자 있는 의사표시에 편승하여 자동지급기를 통한 현금대출도 받고, 가맹점을 통한 물품구입대금 대출도 받아 카드발급회사로 하여금 같은 액수 상당의 피해를 입게 함으로써, 카드사용으로 인한 일련의 편취행위가 포괄적으로 이루어지는 것이다.

따라서 이 사건에서 카드사용으로 인한 카드회사의 손해는 그것이 자동지급기에 의한 인출행위이든 가맹점을 통한 물품구입행위이든 불문하고 모두가 피해자인 카드회사의 기망당한 의사표시에 따른 카드발급에 터잡아 이루어지는 사기의 포괄일죄라 할 것이다.

그럼에도 불구하고 이와 다른 견해에서 이 사건 공소사실 중 현금자동지급기를 통한 현금대출을 받은 부분만을 골라내어 절도로 보고, 주청구 부분의 사기죄가 성립되지 않는다고 판시한 원심의 조치는 사기죄의 구성요건에 관한 법리오해의 위법이 있다 할 것이다.

② 정상발급받은 후 대금 지급의 의사와 능력이 없어진 상태에서 카드사용

■ 대법원 2005. 8. 19. 선고 2004도6859 판결【사기】(공)

신용카드의 거래는 신용카드업자로부터 카드를 발급받은 사람(이하 '카드회원'이라 한다)이 신용카드를 사용하여 가맹점으로부터 물품을 구입하면 신용카드업자는 그 카드를 소지하여 사용한 사람이 신용카드업자로부터 신용카드를 발급받은 정당한 카드회원인 한 그 물품구입대금을 가맹점에 결제하는 한편, 카드회원에 대하여 물품구입대금을 대출해 준 금전채권을 가지는 것이고, 또 카드회원이 현금자동지급기를 통해서 현금서비스를 받아 가면 현금대출관계가 성립되어 신용카드업자는 카드회원에게 대출금채권을 가지는 것이므로(대법원 1996. 4. 9. 선고 95도2466 판결 등 참조), 궁극적으로는 카드회원이 신용카드업자에게 신용카드 거래에서 발생한 대출금채무를 변제할 의무를 부담하게 된다. 그렇다면 이와 같이 신용카드사용으로 인한 신용카드업자의 금전채권을 발생케 하는 행위는 카드회원이 신용카드업자에 대하여 대금을 성실히 변제할 것을 전제로 하는 것이므로, 카드회원이 일시적인 자금궁색 등의 이유로 그 채무를 일시적으로 이행하지 못하게 되는 상황이 아니라 이미 과다한 부채의 누적 등으로 신용카드 사용으로 인한 대출금채무를 변제할 의사나 능력이 없는 상황에 처하였음에도 불구하고 신용카드를 사용하였다면 사기죄에 있어서 기망행위 내지 편취의 범의를 인정할 수 있다 할 것이다.

이 사건에 있어서도 피고인이 신용카드 사용으로 인한 대금을 신용카드업자에 결제할 의사나 능력이 없으면서도 신용카드를 사용하여 가맹점으로부터 물품을 구입하고 현금서비스를 받았다면 피고인은 신용카드업자가 가맹점을 통하여 송부된 카드회원 서명의 매출전표를 받은 후 카드회원인 피고인이 대금을 결제할 것으로 오신하여 가맹점에 물품구입대금을 결제하여 줌으로써 신용카드업자로부터 물품구입대금을 대출받고, 현금자동지급기를 통한 현금대출도 받아(현금자동지급기를 통한 현금대출은 단순히 그 지급방법만이 사람이 아닌 기계에 의해서 이루어지는 것에 불과하다) 신용카드업자로 하여금 같은 액수 상당의 피해를 입게 한 것이고, 이러한 카드사용으로 인한 일련의 편취행위는 그것이 가맹점을 통한 물품구입행위이든, 현금자동지급기에 의한 인출행위이든 불문하고 모두가 피해자인 신용카드업자의 기망당한 금전대출에 터잡아 포괄적으로 이루어지는 것이라 할 것이다.

4. 타인의 명의를 모용하여 발급받은 카드 사용

① 신용카드를 편취한 사기죄

② 현금서비스를 받은 경우

■ 대법원 2002. 7. 12. 선고 2002도2134 판결【특수절도, 사기, 여신전문금융업법위반, 절도, 사문서위조, 위조사문서행사, 점유이탈물횡령】(공)

피고인이 타인의 명의를 모용하여 신용카드를 발급받은 경우, 비록 카드회사가 피고인으로부터 기망을 당한 나머지 피고인에게 피모용자 명의로 발급된 신용카드를 교부하고, 사실상 피고인이 지정한 비밀번호를 입력하여 현금자동지급기에 의한 현금대출(현금서비스)을 받을 수 있도록 하였다 할지라도, 카드회사의 내심의 의사는 물론 표시된 의사도 어디까지나 카드명의인인 피모용자에게 이를 허용하는 데 있을 뿐, 피고인에게 이를 허용한 것은 아니라는 점에서 피고인이 타인의 명의를 모용하여 발급받은 신용카드를 사용하여 현금자동지급기에서 현금대출을 받는 행위는 카드회사에 의하여 미리 포괄적으로 허용된 행위가 아니라, 현금자동지급기의 관리자의 의사에 반하여 그의 지배를 배제한 채 그 현금을 자기의 지배하에 옮겨 놓는 행위로서 절도죄에 해당한다고 봄이 상당하다(대법원 1996. 4. 9. 선고 95도2466 판결 등 참조).

한편, 형법 제347조의2에서 규정하는 컴퓨터등사용사기죄의 객체는 재물이 아닌 재산상의 이익에 한정되어 있으므로, 타인의 명의를 모용하여 발급받은 신용카드로 현금자동지급기에서 현금을 인출하는 행위를 이 법조항을 적용하여 처벌할 수는 없다.

☞ 제347조의2 컴퓨터등사용사기죄의 객체에 재물을 추가하려는 법률안(2008. 8. 14. 의안번호 1800635).

③ 컴퓨터등사용사기죄

구 형법(2001. 12. 29. 개정 전)

제347조의2 (컴퓨터등 사용사기)

컴퓨터등 정보처리장치에 허위의 정보 또는 부정한 명령을 입력하여 정보처리를 하게 함으로써 재산상의 이익을 취득하거나 제3자로 하여금 취득하게 한 자는 10년 이하의 징역 또는 2천만원 이하의 벌금에 처한다.

현행 형법

제347조의2 (컴퓨터등 사용사기)

컴퓨터등 정보처리장치에 허위의 정보 또는 부정한 명령을 입력하거나 권한 없이 정보를 입력·변경하여 정보처리를 하게 함으로써 재산상의 이익을 취득하거나 제3자로 하여금 취득하게 한 자는 10년 이하의 징역 또는 2천만원 이하의 벌금에 처한다.
[전문개정 2001. 12. 29]

■ 대법원 2003. 1. 10. 선고 2002도2363 판결【사기(일부 변경된 죄명: 컴퓨터등사용사기)】(공)

1. 원심의 판단

원심판결 이유에 의하면, 원심은, 이 사건 변경된 공소사실 중 컴퓨터 등 사용 사기의 점, 즉 '피고인은 2001. 10. 6. 11:05경 서울 이하 불상지에서 컴퓨터 등 정보처리장치인 인터넷사이트 피해자 한국신용정보 주식회사에 A 명의로 접속하여 그의 신용정보 조회를 하면서 피고인이 마치 A인 것처럼 자신이 부정발급받은 A 명의의 삼성스카이패스카드의 카드번호와 비밀번호 등을 입력하고 그 사용료 2,000원을 지급하도록 부정한 명령을 입력하여 정보처리를 하게 함으로써 그 금액 상당의 재산상 이익을 취득하였다.'는 사실이 형사상 범죄를 구성하는지 여부에 대하여 다음과 같이 판단하여 무죄를 선고하였다.

검사가 그 공소사실에 적용한 형법 제347조의2는 컴퓨터 등 정보처리장치에 허위의 정보 또는 부정한 명령을 입력하여 정보처리를 하게 함으로써 재산상의 이익을 취득하거나 제3자로 하여금 취득하게 한 행위를 처벌하도록 규정하고 있는데, 여기에서 규정하고 있는 허위의 정보를 입력한다는 것은 객관적 진실에 반하는 내용의 정보를 입력하는 행위를, 부정한 명령을 입력한다는 것은 프로그램을 구성하는 개개의 명령을 부정하게 변경, 삭제, 추가하는 행위를 각 의미한다는 것에는 이론이 없으나, 나아가 권한이 없는 자가 프로그램에 진실한 정보 또는 프로그램이 허용하는 명령을 입력하는 경우까지를 허위의 정보 또는 부정한 명령의 입력으로 볼 수 있는지의 여부에 대하여는 견해가 일치하지 아니한다.

피고인은 이 사건에서 컴퓨터를 이용, 신용정보 조회 서비스사이트에 접속하여 신용정보를 조회하면서 그 서비스이용대금의 결제를 위하여 피고인이 타인의 인적 사항을 도용하여 타인 명의로 발급받은 신용카드의 번호와 그 비밀번호를 입력하는 행위를 하였는데, 비록 피고인이 타인의 인적 사항을 도용하여 발급받았다고는 하나, 일단 유효하게 발급받은 카드의 번호와 비밀번호가 객관적 진실에 반하는 정보라고 볼 수 없고, 진실한 번호를 입력하여 컴퓨터프로그램이 허용하는 방법으로 대금을 결제하는 것이 곧바로 부정한 명령에 해당된다고 볼 수도 없으므로, 피고인의 그 행위는 결국 권한 없는 자가 진실한 정보를 입력하거나 허용된 명령을 입력한 행위에 불과하다.

그런데 2001. 12. 29. 개정되어 2002. 6. 29. 시행을 앞두고 있는 형법 제347조의2의 개정조항에서는 이 사건과 같이 컴퓨터 등 정보처리장치에 권한 없이 정보를 입력, 변경하여 정보처리를 하게 하는 행위를 처벌하도록 하는 규정을 추가하였는바, 이는 국가가 형벌법규의 해석을 둘러싼 그 동안의 논란을 종식시키기 위하여 그 흠결을 인정하고 처벌의 대상을 확대한 것으로 봄이 상당하므로, 형벌법규의 명확성과 유추적용 금지의 원칙에 비추어 볼 때 피고인에 대한 이 부분 공소사실은 처벌법규가 없어 범죄로 되지 아니하는 경우에 해당된다고 보아야 할 것이다.

2. 이 법원의 판단

그러나 이러한 원심의 판단은 수긍하기 어렵다.

형벌법규는 문언에 따라 엄격하게 해석·적용하여야 하고 피고인에게 불리한 방향으로 지나치게 확장해석하거나 유추해석하여서는 아니 되지만, 형벌법규의 해석에서도 법률문언의 통상적인 의미를 벗어나지 않는 한 그 법률의 입법취지와 목적, 입법연혁 등을 고려한 목적론적 해석이 배제되는 것은 아니다(대법원 2002. 2. 21. 선고 2001도2819 전원합의체 판결 등 참조).

기록에 비추어 보면, 구 형법(2001. 12. 29. 법률 제6543호로 개정되기 전의 것, 이하 '구 형법'이라 한다.) 제347조의2 규정의 입법취지와 목적은 프로그램 자체는 변경(조작)함이 없이 명령을 입력(사용)할 권한 없는 자가 명령을 입력하는 것도 부정한 명령을 입력하는 행위에 포함한다고 보아, 진실한 자료의 권한 없는 사용에 의한 재산상 이익 취득행위도 처벌대상으로 삼으려는 것이었음을 알 수 있고, 오히려 그러한 범죄 유형이 프로그램을 구성하는 개개의 명령을 부정하게 변경, 삭제, 추가하는 방법에 의한 재산상 이익 취득의 범죄 유형보다 훨씬 손쉽게 또 더 자주 저질러질 것임도 충분히 예상되었던 점에 비추어 이러한 입법취지와 목적은 충분히 수긍할 수 있다.

나아가 그와 같은 권한 없는 자에 의한 명령 입력행위를 '명령을 부정하게 입력하는 행위' 또는 '부정한 명령을 입력하는 행위'에 포함된다고 해석하는 것이 그 문언의 통상적인 의미를 벗어나는 것이라고 할 수도 없다.

그렇다면 그 문언의 해석을 둘러싸고 학설상 일부 논란이 있었고, 이러한 논란을 종식시키기 위해 그와 같이 권한 없이 정보를 입력, 변경하여 정보처리를 하게 하는 행위를 따로 규정하는 내용의 개정을 하게 되었다고 하더라도, 구 형법상으로는 그와 같은 권한 없는 자가 명령을 입력하는 방법에 의한 재산상 이익 취득행위가 처벌대상에서 제외되어 있었다고 볼 수는 없는바, 이러한 해석이 죄형법정주의에 의하여 금지되는 유추적용에 해당한다고 할 수도 없다.

따라서 원심판결에는 구 형법 제347조의2의 해석을 그르치고, 죄형법정주의에 관한 법리를 오해한 위법이 있고, 이는 판결 결과에 영향을 미쳤음이 분명하다.

상고이유 중 이 점을 지적하는 부분은 이유 있다.

■ 대법원 2006. 7. 27. 선고 2006도3126 판결【사기(일부예비적죄명: 컴퓨터등사용사기, 절도) · 사문서위조 · 위조사문서행사】(공)

피고인이 타인의 명의를 모용하여 신용카드를 발급받은 경우, 비록 카드회사가 피고인으로부터 기망을 당한 나머지 피고인에게 피모용자 명의로 발급된 신용카드를 교부하고, 사실상 피고인이 지정한 비밀번호를 입력하여 현금자동지급기에 의한 현금대출(현금서비스)을 받을 수 있도록 하였다 할지라도, 카드회사의 내심의 의사는 물론 표시된 의사도 어디까지나 카드명의인인 피모용자에게 이를 허용하는 데 있을 뿐, 피고인에게 이를 허용한 것은 아니라는 점에서 피고인이 타인의 명의를 모용하여 발급받은 신용카드를 사용하여 현금자동지급기에서 현금대출을 받는 행위는 카드회사에 의하여 미리 포괄적으로 허용된 행위가 아니라, 현금자동지급기의 관리자의 의사에 반하여 그의 지배를 배제한 채 그 현금을 자기의 지배하에 옮겨 놓는 행위로서 절도죄에 해당한다 할 것이다(대법원 2002. 7. 12. 선고 2002도2134 판결 참조). 또한, 위와 같이 타인의 명의를 모용하여 발급받은 신용카드의 번호와 그 비밀번호를 이용하여 ARS 전화서비스나 인터넷 등을 통하여 신용대출을 받는 방법으로 재산상 이익을 취득하는 행위 역시 미리 포괄적으로 허용된 행위가 아닌 이상, 컴퓨터등 정보처리장치에 권한 없이 정보를 입력하여 정보처리를 하게 함으로써 재산상 이익을 취득하는 행위로서 컴퓨터등사용사기죄에 해당한다고 할 것이다. 따라서 타인의 명의를 모용하여 발급받은 신용카드를 이용하여 현금자동지급기에서 현금을 인출하거나 ARS 전화서비스나 인터넷 등으로 신용대출을 받는 행위를 기망당한 카드회사가 카드사용을 포괄적으로 허용한 것에 기초한 것으로 파악하여 포괄적으로 카드회사에 대한 사기죄가 된다고 볼 수는 없다.

그렇다면 이 사건에서 피고인이 공소외인의 명의를 모용하여 신용카드를 발급받았다고 하더라도 카드회사가 피고인에게 공소외인 명의의 신용카드를 사용할 권한을 주었다고 볼 수 없는 이상, 피고인이 각 신용카드를 사용하여 현금자동지급기에서 현금을 인출한 행위는 현금자동지급기의 관리자에 대한 절도죄가, ARS 전화서비스 등을 이용하여 신용대출을 받은 행위에 관하여는 대출금융기관에 대한 컴퓨터등사용사기죄가 각 성립할 뿐이며, 이를 카드회사에 대한 사기죄가 된다고 볼 수는 없다.

제5절 공갈의 죄

Ⅰ. 총 설
① 보호법익
② 구성요건 체계
• 형법
• 폭력행위 등 처벌에 관한 법률
• 특정경제범죄 가중처벌 등에 관한 법률

Ⅱ. 공갈죄
① 구조
② 공갈
③ 삼각공갈
④ 이득액의 산정시기
⑤ 권리행사와 공갈죄

Ⅰ. 총 설

제350조 (공갈)
① 사람을 공갈하여 재물의 교부를 받거나 재산상의 이익을 취득한 자는 10년 이하의 징역 또는 2천만원 이하의 벌금에 처한다. 〈개정 1995. 12. 29〉
② 전항의 방법으로 제3자로 하여금 재물의 교부를 받게 하거나 재산상의 이익을 취득하게 한 때에도 전항의 형과 같다.

① 보호법익

• 재산권＋자유권

② 구성요건 체계

형법

구분	죄명	조문	법정형
기본적 구성요건	공갈	347	10↓, 2000만↓
책임가중	상습공갈	351	1/2 가중
미수	(350, 351)미수	352	
자격정지 병과		353	10↓ 자정 임의병과
친족상도례, 동력		354	

폭력행위 등 처벌에 관한 법률

• 상습공갈 3↑
• 공동공갈 1/2 가중
• 2회＋누범공갈 3↑
• 집단 · 흉기공갈 3↑
• 상습 집단 · 흉기공갈 5↑
• 2회 ＋ 누범집단 · 흉기공갈 5↑

특정경제범죄 가중처벌 등에 관한 법률

• 이득액이 5억－50억: 3↑
  50억 이상: 5↑, 무기

II. 공갈죄

① 구조

- 공갈 – 외포 – 처분행위 – 재물의 교부 or 재산상 이익의 취득

② 공갈

- 위법이득의 의사로 타인에게 폭행 또는 협박을 가하여 외포심을 일으키게 함.

■ 대법원 2002. 2. 8. 선고 2000도3245 판결【사기, 공갈】(공)

공갈죄의 수단으로써의 협박은 객관적으로 사람의 의사결정의 자유를 제한하거나 의사실행의 자유를 방해할 정도로 겁을 먹게 할 만한 해악을 고지하는 것을 말하고, 그 해악에는 인위적인 것뿐만 아니라 천재지변 또는 신력이나 길흉화복에 관한 것도 포함될 수 있으나, 다만 천재지변 또는 신력이나 길흉화복을 해악으로 고지하는 경우에는 상대방으로 하여금 행위자 자신이 그 천재지변 또는 신력이나 길흉화복을 사실상 지배하거나 그에 영향을 미칠 수 있는 것으로 믿게 하는 명시적 또는 묵시적 행위가 있어야 공갈죄가 성립한다 할 것이다.

원심은, 피고인이 그의 처인 공소외 1과 공모하여 1997. 11. 15.경 피고인의 집에서 공소외 1은 전화로 피해자 5에게 "작은 아들이 자동차를 운전하면 교통사고가 나 크게 다치거나 죽거나 하게 된다. 조상천도를 하면 교통사고를 막을 수 있고 보살(피해자 5 지칭)도 아픈 곳이 낫고 사업도 잘 되고 모든 것이 잘 풀려 나간다. 조상천도비용으로 795,000원을 내라."고 말하여 만일 피해자 5가 조상천도를 하지 아니하면 피해자 5와 그의 가족의 생명과 신체에 어떤 위해가 발생할 것처럼 겁을 주어 이에 외포된 피해자 5로부터 같은 달 16일 같은 장소에서 795,500원을 건네받아 이를 갈취하고, 1997년 12월 중순경 같은 장소에서 공소외 1은 피해자 6에게 전화로 "묘소에 있는 시아버지 목뼈가 왼쪽으로 돌아가 아들이 형편없이 빗나가 학교에도 다니지 못하게 되고 부부가 이별하게 되고 하는 사업이 망하고 집도 다른 사람에게 넘어가게 된다. 조상천도를 하면 모든 것이 다 잘 된다. 조상천도를 하지 않으면 큰일난다."고 말하여 만일 조상천도를 하지 아니하면 피해자 6과 그의 가족의 생명과 신체 등에 어떤 위해가 발생할 것처럼 겁을 주고 이에 외포된 피해자 6으로부터 1998. 1. 5. 피고인의 예금계좌로 835,000원을 송금받아 이를 갈취하였다는 이 사건 각 공갈의 공소사실에 대하여, 위 공소사실과 같은 해악의 고지는 길흉화복이나 천재지변의 예고로서 피고인에 의하여 직접, 간접적으로 좌우될 수 없는 것이고 가해자가 현실적으로 특정되어 있지도 않으며 해악의 발생가능성이 합리적으로 예견될 수 있는 것이 아니므로 이는 협박으로 평가될 수 없다 할 것이고, 달리 피고인 부부가 피해자 가족들을 폭행이나 협박하였다는 점을 인정할 아무런 증거가 없다는 이유로, 이 부분 공소사실에 대하여 무죄를 선고한 제1심의 사실인정과 판단이 정당하다고 하여 제1심판결을 그대로 유지하였다.

기록과 위 법리에 비추어 보면, 원심의 위와 같은 판단은 정당한 것으로 수긍되고, 거기에 상고이유의 주장과 같은 공갈죄의 법리에 관한 법리오해의 위법을 찾아볼 수 없다.

■ 대법원 2005. 7. 15. 선고 2004도1565 판결【폭력행위등처벌에관한법률위반, 위계공무집행방해, 공문서부정행사】(공) [요지]

[1] 공갈죄의 수단으로서 협박은 사람의 의사결정의 자유를 제한하거나 의사실행의 자유를 방해할 정도로 겁을 먹게 할 만한 해악을 고지하는 것을 말하고, 해악의 고지는 반드시 명시의 방법에 의할 것을 요하지 아니하며 언어나 거동 등에 의하여 상대방으로 하여금 어떠한 해악을 입을 수 있

을 것이라는 인식을 갖게 하는 것이면 족하고, 또한 직접적이 아니더라도 피공갈자 이외의 제3자를 통해서 간접적으로 할 수도 있으며, 행위자가 그의 직업, 지위, 불량한 성행, 경력 등에 기하여 불법한 위세를 이용하여 재물의 교부나 재산상 이익을 요구하고 상대방으로 하여금 그 요구에 응하지 아니할 때에는 부당한 불이익을 초래할 위험이 있을 수 있다는 위구심을 야기하게 하는 경우에도 해악의 고지가 된다.

[2] 피해자들이 제작·투자한 영화의 소재로 삼은 폭력조직의 두목 또는 조직원이 피해자들에게 그 영화의 감독을 통해 조직폭력배의 불량한 성행, 경력 등을 이용하여 재물의 교부를 요구하고 피해자들로 하여금 그 요구에 응하지 아니할 때에는 부당한 불이익을 초래할 위험이 있을 수 있다는 위구심을 야기하게 하였고, 피해자들도 돈을 요구하는 상대방이 자신들이 영화의 소재로 삼았던 폭력조직의 두목 또는 조직원이므로 이에 응하지 않을 경우 자신들이 받을 불이익을 두려워하거나 또는 곤경에 빠진 위 영화감독을 위해서라도 돈을 지급하지 않을 수 없다고 판단하여 마지못해 돈을 준 경우, 공갈죄의 성립을 긍정한 사례.

③ 삼각공갈

■ 대법원 2005. 9. 29. 선고 2005도4738 판결【폭력행위등처벌에관한법률위반(야간·공동공갈) 등】(공)

공갈죄에 있어서 공갈의 상대방은 재산상의 피해자와 동일함을 요하지는 아니하나, 공갈의 목적이 된 재물 기타 재산상의 이익을 처분할 수 있는 사실상 또는 법률상의 권한을 갖거나 그러한 지위에 있음을 요한다고 할 것이다.

원심판결 이유에 의하면, 원심은, 그 채용 증거들에 의하여, 피고인 1, 3, 7 등이 공동하여, 판시 각 일시에 피해자 공소외 2가 종업원으로 일하고 있던 랑데부룸살롱(공소외 4가 건물주로부터 임차하여 공소외 3에게 운영을 위임하였다.)에서 위 피해자에게 은근히 조직폭력배임을 과시하면서 "이 새끼들아 술 내놔."라고 소리치고, 피고인 1 등은 험악한 인상을 쓰면서 "너희들은 공소외 3이 깡패도 아닌데 왜 따라 다니며 어울리냐."라고 말하는 등의 방법으로 신체에 위해를 가할 듯한 태도를 보여 이에 겁을 먹은 위 피해자로부터 판시와 같이 주류를 제공받아 이를 각 갈취하였다는 범죄사실을 유죄로 인정한 제1심을 그대로 유지하면서, 위 피고인들로부터 협박을 당한 공소외 2는 위 주류에 대한 사실상의 처분권자이므로 공소외 2를 공갈죄의 피해자라고 봄이 상당하다고 판단하였다.

앞서 본 법리와 관계 증거를 기록에 비추어 살펴보면, 원심의 위와 같은 사실인정과 판단은 정당한 것으로 수긍이 가고, 거기에 상고이유로 주장하는 바와 같이 채증법칙을 위반하여 사실을 잘못 인정하거나 공갈죄에 있어서의 피해자에 관한 법리오해, 공소시효 완성 및 범행방법에 관한 공소사실의 특정에 관한 법리오해 등의 위법이 있다고 할 수 없다.

④ 이득액의 산정시기

■ 대법원 1990. 10. 16. 선고 90도1815 판결【특정경제범죄가중처벌등에관한법률위반, 폭력행위등처벌에관한법률위반, 공갈】(집)

피고인의 위와 같은 공갈범행으로 인하여 취득한 이득액은 범죄의 기수시기를 기준으로 하여 산정하여야 할 것이고 그 후의 사정변경은 고려할 것이 아니라는 원심의 판단도 정당하다. 이와 같은 이득액은 피고인의 그 공갈범행으로 인하여 취득하기로 약정된 즉 불법영득의 대상이 된 재물이나 재산상의 이익의 가액이 기준이 되어야 할 것이며 이 사건에서 계약체결 당시 판시와 같은 면적의 공유수면매립면허가 아직 나온 것이 아니라고 하여도 37,000평에 대한 매립면허가 나오는 것을 전제로 하여 판시와 같은 약정을 한 이상 그 후에 실제매립면허시에 그 면적이 줄어들었다고 하여도 이 사건 결과에는 영향이 없다 할 것이고 그와 같은 사정변경의 가능성이 공갈행위시 예견 가능한 것이라고 하여도 마찬가지라 할 것이다.

3. 그리고 판시와 같은 약정 이전에 공소외 A나 B가 설사 어떠한 청구권이 있었다 하여도 피고인이나 원심상피고인들이 판시와 같은 위법한 방법을 사용한 이상 공갈죄의 성립에 영향이 없을 것이다.

⑤ 권리행사와 공갈죄

■ 대법원 1985. 6. 25. 선고 84도2083 판결【중감금, 폭력행위등처벌에관한법률위반】(집)

재물의 교부를 받거나 재산상 이익을 취득할 권리가 있는 자라고 할지라도 사회통념상 일반적으로 용인될 수 없는 정도의 폭행·협박의 방법을 사용하여 재물의 교부를 받거나 재산상 이익을 취득한 때에는 이는 정당한 권리행사라고 볼 수 없으므로 공갈죄를 구성한다고 보아야 할 것이다.

피고인이 가사 소론주장과 같이 피해자 공소외 4에게 채권을 가지고 있다고 하여도 원심판시와 같이 피해자에게 장시간 폭행·협박 등 가혹한 행위를 가하여 금원지급의 승낙을 받아낸 것이라면 공갈미수죄의 성립을 인정할 수 있을 것이므로 공갈미수죄를 인정한 원심판단에 채증법칙위반과 법리오해의 위법이 있다는 논지는 이유 없다.

제6절 횡령의 죄

○ 법률
• 형법 제40장 횡령과 배임의 죄
• 특정경제범죄 가중처벌 등에 관한 법률

I. 총 설

1. 의 의
① 횡령의 죄
② 횡령죄와 배임죄
2. 보호법익
① 보호법익: 소유권
② 보호정도
3. 횡령죄의 본질
○ 견해

II. 횡령죄

1. 의 의
○ 진정신분범
○ 상태범
2. 주 체
○ 타인의 재물을 보관하는 자
가. 보 관
(1) 개 념
① 사실상·법률상 지배
② 사실상·법률상 위탁관계에 의한 보관
(2) 부동산
① 점유가 아닌 처분지위
② 미등기부동산의 보관자
③ 원인무효 등기명의자 ×
④ 공유자 중 1인
(3) 동 산
① 점유자
② 동산담보권자
③ 금전수탁자
④ 수표발행권한을 위임받은 자
⑤ 부당보충한 자 ×
⑥ 동업관계 종료 후 경영자 ×
나. 위탁관계
(1) 위탁관계의 의미
① 위탁관계에 기한 보관 ⇒ 횡령죄와 점유이탈물횡령죄의 구분
② 위탁관계 없는 경우
(2) 위탁관계의 발생원인
① 계약
② 사무관리, 신의칙
③ 조리
④ 유사취지
⑤ 다음도 위탁관계 불요의 취지라 볼 것은 아님
(3) 불법원인급여와 횡령
① 견해
② 불법원인급여의 사법상 효과
③ 불법원인급여가 아닌 예
④ 이른바 '급여물', '위탁물' 불문
⑤ 불법성의 현저
• 참고
⑥ 불법원인급여와 사기
(4) 명의신탁
(가) 서 언
① 종래 명의신탁된 부동산을 수탁자가 제3자에 처분하는 것은 횡령죄(판례)
② 부동산 실권리자명의 등기에 관한 법률(1995. 3. 30. 제정, 1995. 7. 1. 시행)
③ 소유권을 중심으로 설명
(나) 명의신탁의 유형
① 양자간 등기명의신탁
② 3자간 등기명의신탁(중간생략등기형 명의신탁)
③ 계약명의신탁
(다) 명의신탁의 사법적 효력(판례의 입장 중심)
(a) 일반론
① 약정 무효(법 4조 1항)
② 물권변동 무효(법 4조 2항 본문)
③ 위 각 무효는 제3자에게 대항불가(법 4조 3항)
(b) 유형별 고찰
① 양자간 등기명의신탁
② 3자간 등기명의신탁
③ 계약명의신탁
• 매도인이 선의인 경우
• 매도인이 악의인 경우
(라) 수탁물권의 처분과 수탁자의 민사상 책임
(a) 양자간 등기명의신탁
(b) 3자간 등기명의신탁
(c) 계약명의신탁
① 매도인이 선의인 경우
② 매도인이 악의인 경우
(마) 수탁물권의 처분과 수탁자의 형사상 책임
(a) 양자간 등기명의신탁
(b) 3자간 등기명의신탁
(c) 계약명의신탁
• 매도인이 선의인 경우
• 매도인이 악의인 경우
3. 객 체
가. 타인의 재물
① 재물
• 재물: 관리가능한 유체물과 동력
• 주권
• 약속어음
② 타인의 소유
• 공유물 포함
• 낙찰명의자 소유
• 공유지분의 횡령
나. 쟁 점
(1) 대체물
(가) 특정물로서 위탁된 경우
(나) 용도목적을 정하여 위탁된 불특정물
① 학설
② 판례
(다) 용도 · 목적을 정하지 않고 위탁한 불특정물
(2) 위탁사무
(3) 채권양도
① 채권양도인이 양도통지 전에 채무자로부터 금전을 교부받아 소비한 경우
② 판례
4. 행 위
○ 횡령, 반환거부
5. 불법영득의사
가. 일반내용
① 사후 변상할 의사가 있어도
② 스스로 영득할 것 불요
③ 예산전용의 경우
나. 비자금
(1) 비자금과 업무상 횡령
(가) 비자금의 조성과 횡령
① 비자금 조성이 횡령죄가 되는 경우
② 단순한 분식회계: 횡령 ×
③ 장부상의 분식, 법인자금 조달수단: 불법영득의사 ×
④ 차명계좌에 보관
⑤ 법인 지사 감정평가사들이 접대비 용도로 법인 자금으로 비자금 조성 ○
(나) 비자금의 사용과 횡령
① 판단기준
② 비자금에 대한 횡령: 불법영득의사의 증명
(2) 비자금과 배임
(3) 비자금과 조세포탈

6. 공 범
○ 적극주선과 횡령공범
7. 죄 수
가. 일 죄
○ 강제집행면탈죄와 횡령: 횡령만 성립
나. 포괄일죄
① 포괄일죄의 요건
② 포괄일죄와 공소시효의 기산
다. 실체적 경합
① 사기수표할인과 금전 횡령: 실체적 경합
② 수용금 횡령과 미수용토지 횡령: 실체적 경합
라. 불가벌적 사후행위
(1) 불가벌적 사후행위 인정
① 횡령의 불가벌적 사후행위
② 소유권보존등기–근저당–근저당말소–근저당
③ 근저당–근저당
④ 근저당–매도
⑤ 근저당–근저당–매도
⑥ 매각–매각대금으로 타 토지 취득–담보제공
⑦ 반환거부–근저당
(2) 불가벌적 사후행위 부인
① 연대보증 후 회사자금으로 변제: 배임죄와 횡령죄 각 성립
② 일부의 토지보상금 횡령과 전체에 대한 영득의사의 발현 ×
8. 증 명

○ **법률**

형법 제40장 횡령과 배임의 죄

제355조 (횡령, 배임)
① 타인의 재물을 보관하는 자가 그 재물을 횡령하거나 그 반환을 거부한 때에는 5년 이하의 징역 또는 1천500만원 이하의 벌금에 처한다. 〈개정 1995. 12. 29〉
② 타인의 사무를 처리하는 자가 그 임무에 위배하는 행위로써 재산상의 이익을 취득하거나 제3자로 하여금 이를 취득하게 하여 본인에게 손해를 가한 때에도 전항의 형과 같다.

제356조 (업무상의 횡령과 배임)
업무상의 임무에 위배하여 제355조의 죄를 범한 자는 10년 이하의 징역 또는 3천만원 이하의 벌금에 처한다. 〈개정 1995. 12. 29〉

제357조 (배임수증죄)
① 타인의 사무를 처리하는 자가 그 임무에 관하여 부정한 청탁을 받고 재물 또는 재산상의 이익을 취득한 자는 5년 이하의 징역 또는 1천만원 이하의 벌금에 처한다. 〈개정 1995. 12. 29〉
② 제1항의 재물 또는 이익을 공여한 자는 2년 이하의 징역 또는 500만원 이하의 벌금에 처한다. 〈개정 1995. 12. 29〉
③ 범인이 취득한 제1항의 재물은 몰수한다. 그 재물을 몰수하기 불능하거나 재산상의 이익을 취득한 때에는 그 가액을 추징한다.

제358조 (자격정지의 병과)
전3조의 죄에는 10년 이하의 자격정지를 병과할 수 있다.

제359조 (미수범)
제355조 내지 제357조의 미수범은 처벌한다.

제360조 (점유이탈물횡령)
① 유실물, 표류물 또는 타인의 점유를 이탈한 재물을 횡령한 자는 1년 이하의 징역이나 300만원 이하의 벌금 또는 과료에 처한다. 〈개정 1995. 12. 29〉
② 매장물을 횡령한 자도 전항의 형과 같다.

제361조 (친족간의 범행, 동력)
제328조와 제346조의 규정은 본 장의 죄에 준용한다.

특정경제범죄 가중처벌 등에 관한 법률

제3조 (특정재산범죄의 가중처벌)
① 형법 제347조(사기)·제350조(공갈)·제351조(제347조 및 제350조의 상습범에 한한다)·제355조(횡령,

배임) 또는 제356조(업무상의 횡령과 배임)의 죄를 범한 자는 그 범죄행위로 인하여 취득하거나 제3자로 하여금 취득하게 한 재물 또는 재산상 이익의 가액(이하 이 조에서 "이득액"이라 한다)이 5억원 이상인 때에는 다음의 구분에 따라 가중처벌한다. 〈개정 1990. 12. 31〉

1. 이득액이 50억 원 이상인 때에는 무기 또는 5년 이상의 징역에 처한다.
2. 이득액이 5억 원 이상 50억 원 미만인 때에는 3년 이상의 유기징역에 처한다.
3. 삭제 〈1990. 12. 31〉

② 제1항의 경우 이득액 이하에 상당하는 벌금을 병과할 수 있다.

I. 총 설

1. 의 의

① 횡령의 죄

- 자기가 보관하는 타인의 재물이나 점유이탈물을 불법하게 영득하는 것
- 재물죄 vgl 배임죄는 이득죄

② 횡령죄와 배임죄

■ 대법원 2006. 5. 26. 선고 2003도8095 판결【업무상횡령】(미)

그러나 원심은 위와 같이 인정된 범죄사실에 대하여 피고인을 업무상횡령죄로 처벌하였으나 피고인이 피해자 법인으로부터 교부받아 소지하고 있던 판공비 지출용 법인신용카드를 업무와 무관하게 개인적 용도에 사용한 행위는 업무상배임죄를 구성한다고 봄이 상당하다.

원심이 피고인의 위 행위를 업무상배임죄가 아닌 업무상횡령죄로 의율하여 처단한 것은 잘못이라고 할 것이나, 업무상배임죄와 업무상횡령죄는 다 같이 신임관계를 기본으로 하고 있는 재산범죄로서 죄질이 동일하고, 그 형벌에 있어서도 같은 조문에 규정되어 있어 경중의 차이가 없으므로, 원심의 위와 같은 잘못은 판결 결과에 영향이 없는 것이다(대법원 1975. 4. 22. 선고 75도123 판결, 1990. 6. 8. 선고 89도1417 판결, 1990. 11. 27. 선고 90도1335 판결 등 참조).

■ 대법원 1990. 3. 27. 선고 89도1083 판결【배임】(공)

피고인 명의로 소유권이전등기가 마쳐진 이 사건 부동산 중 1/2지분을 피해자가 피고인 앞으로 명의신탁을 한 것으로 볼 수 있고 그와 같이 본다면 피고인이 위 부동산을 제3자에 대한 채무담보로 제공하여 근저당권을 설정한 행위는 배임죄가 아니라 횡령죄를 구성함은 소론지적과 같으나, 배임죄와 횡령죄는 동일 법조에 규정된 죄로서 그 죄질과 처벌이 동일하므로 횡령죄에 해당한 사실에 대하여 원심이 배임죄로 의율한 잘못이 있다고 하여도 판결에 영향이 없어 상고이유가 될 수 없다는 것이 당원의 견해이다(당원 1957. 6. 7. 선고 4290형상102 판결, 1975. 4. 22. 선고 75도123 판결 각 참조). 논지는 이유 없다.

2. 보호법익

① 보호법익: 소유권

② 보호정도

[1] 침해범, [2] 위험범(판례)

■ 대법원 2002. 11. 13. 선고 2002도2219 판결【횡령, 무고】(공)

1. 검사의 상고에 대한 판단

가. 횡령의 점에 관한 공소사실

피고인은 주식회사 외환은행으로부터 충남 예산군 대술면 소재 공장을 매수하여 인수하면서 그곳에 있던 김영복 소유의 이 사건 기계들도 함께 인도받아 그를 위하여 보관하던 중 주식회사 충청은행에게 위 공장에 속하는 토지와 건물 및 기계를 담보로 제공하면서 이 사건 기계들에 대하여도 근저당권을 설정하여 주어 이를 횡령하였다.

나. 원심의 판단

원심은 다음과 같은 이유로 횡령의 공소사실 전부에 대하여 무죄를 선고하였다.

(1) 이 사건 기계들 중 제1심판결 별지 범죄일람표 순위 3, 4의 기계는 김영복의 소유라고 볼 수 없다.

(2) 피고인이 위 공장에 속하는 토지와 건물 및 기계에 관하여 주식회사 충청은행에게 공장저당법에 따른 근저당권을 설정하여 주고 대출을 받으면서 이 사건 기계들 중 피고인이 보관하고 있던 김영복 소유의 위 일람표 순위 3, 4를 제외한 나머지 기계들까지 자신의 소유인 것처럼 근저당권 목적물 목록에 포함시켰으나, 공장저당법에 따라 근저당권의 목적이 되는 것으로 목록에 기재된 물건이라도 그것이 근저당권설정자의 소유가 아니고 다른 사람의 소유인 경우에는 그 물건에 대하여 근저당권의 효력이 미치지 아니하므로 피고인의 위 기계들에 대한 근저당권 설정행위는 횡령죄가 되지 아니한다.

다. 이 법원의 판단

횡령죄는 다른 사람의 재물에 관한 소유권 등 본권을 그 보호법익으로 하고 본권이 침해될 위험성이 있으면 그 침해의 결과가 발생되지 아니하더라도 성립하는 이른바 위태범이므로, 다른 사람의 재물을 보관하는 사람이 그 사람의 동의 없이 함부로 이를 담보로 제공하는 행위는 불법영득의 의사를 표현하는 횡령행위로서 사법상 그 담보제공행위가 무효이거나 그 재물에 대한 소유권이 침해되는 결과가 발생하는지 여부에 관계없이 횡령죄를 구성한다.

그렇다면 피고인이 보관하던 김영복 소유의 위 기계들을 담보로 제공한 것은 김영복의 권리에 대한 현실적인 침해가 없더라도 그 기계들에 대한 불법영득의 의사를 실현하는 행위로서 횡령죄를 구성하는 것으로 보아야 한다. 그럼에도 불구하고, 원심이 이 부분에 대하여 무죄를 선고한 것은 횡령죄의 법리를 오해하여 판결에 영향을 미친 잘못을 저지른 것이다. 따라서 이 점을 지적한 상고이유는 이유가 있다.

■ 대법원 1975. 4. 22. 선고 75도123 판결【사문서위조, 사문서위조행사, 업무상배임】(집)

피고인의 이건 행위는 다음에 설시하는 바와 같이 업무상 횡령에 해당한다 할 것인바, 횡령죄나 배임죄는 양자가 다 침해범이 아니고 위태범이므로 피고인의 이건 소위와 같이 업무상 보관중인 정기예금을 자기 개인의 채무에 대한 담보로 제공함으로써 횡령죄가 성립된다 할 것이니 논지는 이유 없다.

3. 횡령죄의 본질

○ 견 해

1 영득행위설(다수설, 판례): 불법영득의사 필요
2 월권행위설: 불법영득의사 불요
3 결합설: 신임관계를 위반하여 불법으로 영득하는 행위가 횡령(1과 크게 다르지 않음)

■ 대법원 2004. 12. 9. 선고 2004도5904 판결【특정경제범죄가중처벌등에관한법률위반(횡령)(예비적 죄명: 장물취득)】(공)

1. 이 사건 주위적 공소사실에 관하여

원심판결 이유에 의하면 원심은, "피고인이 공소외 1, 공소외 2와 공모하여, 2001. 5. 하순경 공소외 1, 공소외 2가 주식회사 동해를 위하여 업무상 보관하던 자금 중 5,000만 원을 임의로 피고인에게 교부하여 이를 횡령한 것을 비롯하여 그 때부터 2002. 12. 하순경까지 4회에 걸쳐 합계 5억 원을 횡령하였다."는 이 사건 주위적 공소사실인 특정경제범죄가중처벌등에관한법률위반(횡령)의 점에 대하여, 검사가 제출한 증거만으로는 피고인이 공소외 1, 공소외 2와 공모하여 위 회사의 자금을 횡령하였다거나 공소외 1, 공소외 2의 업무상 횡령행위에 공동으로 가공하였다고 인정하기에 부족하고 달리 이를 인정할 만한 증거가 없다는 이유로 무죄를 선고한 제1심을 유지하였는바, 기록에 비추어 살펴보면 원심의 인정과 판단은 정당하고, 거기에 상고이유에서 주장하는 바와 같이 사실오인 등의 위법이 있다고 할 수 없다.

2. 이 사건 예비적 공소사실에 관하여

가. 원심판결 이유에 의하면 원심은, "피고인은 2001. 5. 하순경 공소외 1, 공소외 2로부터 동인들이 횡령한 주식회사 동해 소유의 5,000만 원을 그것이 장물인 정을 알면서도 주식매각 대금조로 교부받아 장물을 취득한 것을 비롯하여 그 때부터 2002. 12. 하순경까지 4회에 걸쳐 합계 5억 원을 교부받아 장물을 취득하였다."는 이 사건 예비적 공소사실인 장물취득의 점에 대하여, 공소외 1, 공소외 2가 피고인에게 지급한 5억 원은 공소외 1, 공소외 2의 업무상 횡령행위에 제공된 물건 자체이지 횡령행위로 인하여 영득한 물건은 아니므로 이를 장물이라고 볼 수 없을 뿐만 아니라(대법원 1983. 11. 8. 선고 82도2119 판결 참조), 가사 장물에 해당한다고 하더라도 피고인이 그러한 사정을 알고서 취득하였다고 보기 어렵고 달리 이를 인정할 만한 증거가 없다는 이유로 무죄라고 판단하였다.

나. 그러나 이러한 원심의 인정과 판단은 수긍하기 어렵다.

횡령죄는 타인의 재물을 보관하는 자가 그 재물을 횡령하는 경우에 성립하는 범죄이고, 횡령죄의 구성요건으로서의 횡령행위란 불법영득의사를 실현하는 일체의 행위를 말하는 것으로서 불법영득의사가 외부에 인식될 수 있는 객관적 행위가 있을 때 횡령죄가 성립하는 것이고(대법원 1993. 3. 9. 선고 92도2999 판결, 1998. 2. 24. 선고 97도3282 판결 등 참조), 한편 장물이라 함은 재산죄인 범죄행위에 의하여 영득된 물건을 말하는 것으로서 절도, 강도, 사기, 공갈, 횡령 등 영득죄에 의하여 취득된 물건이어야 한다(대법원 1975. 9. 23. 선고 74도1804 판결 참조).

기록에 의하면, 검사는 피고인에 대한 이 사건 예비적 공소사실로 장물취득의 점을 기소함에 있어서 공소외 1, 공소외 2의 업무상 횡령행위, 즉 불법영득의사가 외부에 인식될 수 있는 객관적 행위가 이미 있었음을 전제로 그와 같은 횡령행위에 의하여 영득된 금원을 피고인이 교부받아 장물을 취득한 것으로 기소하였음이 분명하므로, 공소사실 자체로 볼 때 그 금원은 단순히 횡령행위에 제공된 물건이 아니라 횡령행위에 의하여 영득된 장물에 해당한다고 할 것이고, 나아가 설령 공소외 1, 공소외 2가 피고인에게 금원을 교부한 행위 자체가 횡령행위라고 하더라도 이러한 경우 공소외 1, 공소외 2의 업무상 횡령죄가 기수에 달하는 것과 동시에 그 금원은 장물이 되는 것이며, 한편 원심이 들고 있는 대법원 1983. 11. 8. 선고 82도2119 판결은 영득죄가 아니라 이득죄인 배임죄에 관한 것으로서 이 사건과는 사안을 달리 하여 이를 원용하기에 적절하지 않다고 할 것이다.

그럼에도 불구하고, 원심은 그 판시와 같은 이유로 공소외 1, 공소외 2가 피고인에게 교부한 금원이 장물이 아니라고 판단하여 이 사건 예비적 공소사실인 장물취득의 점에 대하여 무죄를 선고하고 말았으니, 여기에는 장물에 관한 법리를 오해하여 판결 결과에 영향을 미친 위법이 있다고 하지 않을 수 없고, 따라서 이를 지적하는 상고이유의 주장은 이유 있다.

다. 장물취득죄에 있어서 장물의 인식은 확정적 인식임을 요하지 않으며 장물일지도 모른다는 의심을 가지는 정도의 미필적 인식으로서도 충분하고, 또한 장물인 정을 알고 있었느냐의 여부는 장물 소지자의 신분, 재물의 성질, 거래의 대가 기타 상황을 참작하여 이를 인정할 수밖에 없다(대법원 1995. 1. 20. 선고 94도1968 판결, 2000. 9. 5. 선고 99도3590 판결 등 참조).

기록에 의하면, 피고인, 공소외 1 및 공소외 3은 2000. 1.경부터 동업형태로 주식회사 동해를 공동으로 인수하여 피고인과 공소외 1이 대표이사가 되어 위 회사를 경영하였는데, 피고인은 2000. 12.경 위 회사의 자금이 자신 모르게 빠져나간 것을 알고는 위 회사의 대표이사 및 이사직을 사임한 사실, 그 무렵 공소외 1은 공소외 3으로부터 지분을 양도받아 위 회사를 실질적으로 경영하면서 위 회사의 자금담당 상무이사인 공소외 2와 함께 2001. 3. 14.부터 대표이사의 가지급금 또는 일시가수금 등의 명목으로 위 회사의 자금을 인출하거나 허위로 과다계상된 매입세금계산서를 이용하여 차액 상당의 금원을 남기는 등의 방법으로 비자금을 조성하여 공소외 2 및 동인의 처남 등 개인명의의 예금통장에 입금해두고 이를 관리한 사실, 피고인은 공소외 3이 그 전에 위 회사의 자금을 횡령한 것과 관련하여 공소외 1과 사이에 다툼이 생기자, 2001. 5. 하순경 공소외 1에게 더 이상 동업을 하지 못하겠다고 하면서 동업청산으로서 자신의 주식 인수 및 그 동안의 공로에 대한 대가로 5억 원을 요구하였고, 공소외 1은 이에 응하면서 다만 회사의 자금사정이 좋아지는 대로 나누어 지급하겠다고 하면서 우선 5,000만 원을 피고인에게 지급한 사실, 피고인과 공소외 1은 2001. 8. 13. 피고인은 위 회사에서 재직하던 중 취득한 일체의 사항을 제3자에게 유포하지 아니하고, 취득한 영업비밀을 이용하여 영업을 하지 아니하며, 피고인의 주식 38%를 공소외 1이 액면가인 2억 2천만 원에 인수하되, 공소외 1은 피고인에게 위 사항에 대한 대가로 합계 5억 원(2001. 5. 하순경 이미 지급된 5,000만 원 포함)을 2002. 12. 하순경까지 4회에 걸쳐 분할하여 지급하기로 하는 내용의 합의서를 작성하고 공증한 사실, 그 후 피고인은 정해진 지급시기에 나머지 금원을 받아 결국 공소외 1로부터 4회에 걸쳐 합계 5억 원을 지급받았는데, 금원이 지급되는 과정에서 서로간에 어떻게 마련된 금원인지에 관하여 물어 보거나 이야기를 나눈 적은 없는 사실, 피고인은 이 사건으로 검찰에서 조사를 받으면서 "공소외 1이 무슨 개인적으로 돈이 많아 5억 원의 큰 돈을 주겠느냐. 처음에 5억 원을 전액 달라고 하였는데 회사의 자금사정이 좋아지는 대로 4차례에 나누어주겠다고 하여 합의한 것이고, 자신도 공소외 1로부터 받은 돈이 회사 돈이란 것을 알고 있다."라고 진술한 바 있고(수사기록 1307면, 1325면), 제1심 제1회 공판기일에서는 "회사 돈일지도 모른다고 생각하면서 5억 원을 받았다."고 진술한 사실(공판기록 42면) 등을 알 수 있는바, 사정이 이와 같다면 위 회사의 인수 및 운영실태, 비자금 조성 및 관리경위, 피고인과 공소외 1 사이의 합의 경위, 5억 원의 지급경과, 피고인의 진술내용 등 제반 사정에 비추어 볼 때, 피고인으로서는 적어도 자신이 공소외 1로부터 지급받은 금원이 위 회사의 자금을 횡령한 것으로서 장물일지도 모른다는 의심을 가지는 정도의 미필적인 인식은 있었다고 봄이 상당하다고 할 것이다.

그럼에도 불구하고, 원심은 그 판시와 같은 이유로 피고인이 장물이라는 사정을 알고서 취득하였다고 보기 어렵고 달리 이를 인정할 증거가 없다고 판단하고 말았으니, 여기에는 채증법칙을 위배하여 사실을 잘못 인정한 위법이 있다고 하지 않을 수 없고, 따라서 이를 지적하는 상고이유의 주장도 이유 있다.

3. 결 론

그러므로 원심판결 중 예비적 공소사실에 관한 부분은 파기를 면할 수 없고 이와 동일체의 관계에 있는 주위적 공소사실에 관한 부분 역시 파기될 수밖에 없으므로, 원심판결을 파기하고 사건을 다시 심리·판단하게 하기 위하여 원심법원에 환송하기로 하여 관여 대법관의 일치된 의견으로 주문과 같이 판결한다.

■ 대법원 1983. 11. 8. 선고 82도2119 판결【절도, 장물취득】(집)

원심판결 이유에 의하면, 약품 회사대표인 공소외인은 위 회사약품의 재고약품을 피해자 우제찬의 위 회사약품에 대한 채권확보책으로 위 우제찬에게 양도 담보로 제공한 후 위 재고약품 중 일부를 다시 피고인 1, 같은 2, 같은 3, 4에게 양도한 사실을 확정하고 공소외인의 위 피고인들에 대한 양도행위는 배임죄에 해당하는 것이며 공소외인이 다시 양도한 재고약품 중 일부를 그의 배임행위에 제공한 물건이지 배임행위로 인하여 영득한 물건자체는 아니므로 장물이라 볼 수 없다고 판시하고 있으며, 또 원심이 유지한 제1심판결 이유에 의하면 제1심은 거시증거에 의하여 피고인 5가 처분한 판시약품은 공소외인과 우제찬 간의 양도담보계약의 목적물에 포함되지 아니한 사실을 인정하여 피고인 5에 대한 이 사건 공소사실에 관하여 무죄를 선고하고 있는바, 기록에 의하여 살펴보면 원심 및 제1심의 위와 같은 사실인정과 판단은 정당하고 거기에 소론과 같은 채증법칙위배와 횡령 또는 배임의 법리를 오해한 위법이 있음을 발견할 수 없으며, 다음 법원의 심판의 대상은 공소사실과 공소장에 예비적 또는 택일적으로 기재되거나 소송의 발전에 따라 그 추가 또는 변경된 사실에 한한다고 할 것이므로(대법원 1968. 9. 24. 선고 67도649 판결 참조) 공소사실과 동일성이 인정되는 사실일지라도 소송진행에 의하여 현실로 심판의 대상이 되지 아니한 이상 이를 심판하지 아니하였다 하여 잘못이라 할 수 없는 것이니 논지는 모두 이유없다.

■ 대법원 1993. 6. 22. 선고 92도797 판결【폭력행위등처벌에관한법률위반, 횡령】(공)

횡령죄는 위탁이라는 신임관계에 반하여 타인의 재물을 보관하는 자가 이를 횡령하거나 또는 반환을 거부함으로써 성립하는 것이므로 이 사건에서 피고인이 이 사건 임야에 대한 판시 보상금을 횡령하였다고 하려면 우선 이 사건 임야의 실제 소유권자가 공소외 1을 공동선조로 하는 고양종친회로서 피고인과 그 종중과의 사이에 위탁이라는 신임관계가 있어야 할 것이다.

☞ 결합설로도 이해할 수 있음.

II. 횡령죄

1. 의 의

○ 진정신분범

○ 상태범

2. 주 체

○ 타인의 재물을 보관하는 자

가. 보 관

(1) 개 념

① 사실상·법률상 지배

■ 대법원 2000. 8. 18. 선고 2000도1856 판결【특정경제범죄가중처벌등에관한법률위반(횡령)】(공)

횡령죄에 있어서의 보관이라 함은 재물이 사실상 지배하에 있는 경우뿐만 아니라 법률상의 지배·처분이 가능한 상태를 모두 가리키는 것으로 타인의 금전을 위탁받아 보관하는 자는 보관방법으로 이를 은행 등의 금융기관에 예치한 경우에도 보관자의 지위를 갖는 것인바(대법원 1983. 9. 13. 선고 82도75 판결 참조), 이 사건에 있어서 피고인이 망 이기태로부터 금전의 보관을 위탁받아 피고인 명의의 신탁예금을 개설하여 거기에 보관을 위탁받은 금전을 입금함으로써 위 금전은 피고인이 법률상 지배·처분할 수 있는 예금의 형태로 보관하고 있는 것이어서 피고인은 횡령죄에서 가리키는 타인의 재물을 보관하는 지위에 있다고 할 것이다.

한편 금융실명거래및비밀보장에관한긴급재정경제명령(현재는 금융실명거래및비밀보장에관한법률로 대체됨)이 시행된 이후에는 금융기관으로서는 특별한 사정이 없는 한 실명확인을 한 예금명의자만을 예금주로 인정할 수밖에 없으므로(대법원 1998. 6. 12. 선고 97다18455 판결 참조), 피고인 명의의 이 사건 각 신탁예금에 입금된 금전은 피고인만이 법률상 지배·처분할 수 있을 뿐이고 위 망인의 상속인들로서는 위 예금의 예금주가 자신들이라고 주장할 수는 없으나, 그렇다고 하여 보관을 위탁받은 위 금전이 피고인 소유로 된다거나 위 망인의 상속인들이 위 금전의 반환을 구할 수 없는 것은 아니므로, 피고인이 이를 함부로 인출하여 소비하거나 또는 위 망인의 상속인들로부터 반환요구를 받았음에도 이를 영득할 의사로 반환을 거부하는 경우에는 횡령죄가 성립한다고 보아야 할 것이다.

같은 취지에서 위 이기태의 상속인들의 금전 반환요구를 거부한 피고인의 행위를 횡령죄로 의율하여 처벌한 원심의 판단은 정당하고, 거기에 횡령죄나 금융실명제에 관한 법리오해 등의 위법이 있다고 할 수 없다. 상고이유에서 내세우는 대법원 판결은 이 사건과는 사안을 달리하여 이 사건에서 원용하기에 적절하지 아니하다.

② 사실상·법률상 위탁관계에 의한 보관

■ 대법원 2005. 6. 24. 선고 2005도2413 판결【횡령】(공)

횡령죄에서 '재물의 보관'이라 함은 재물에 대한 사실상 또는 법률상 지배력이 있는 상태를 의미하며, 그 보관은 소유자 등과의 위탁관계에 기인하여 이루어져야 하는 것이지만, 그 위탁관계는 사실상의 관계이면 족하고 위탁자에게 유효한 처분을 할 권한이 있는지 또는 수탁자가 법률상 그 재물을 수탁할 권리가 있는지 여부를 불문하는 것이고, 한편, 부동산에 관한 횡령죄에 있어서 타인의 재물을 보관하는 자의 지위는 동산의 경우와는 달리 부동산에 대한 점유의 여부가 아니라 법률상 부동산을 제3자에게 처분할 수 있는 지위에 있는지 여부를 기준으로 판단하여야 할 것이다(대법원 1987. 2. 10. 선고 86도1607 판결, 1989. 2. 28. 선고 88도1368 판결, 2000. 4. 11. 선고 2000도565 판결, 2004. 5. 27. 선고 2003도6988 판결 등 참조).

(2) 부동산

① 점유가 아닌 처분지위

■ 대법원 2005. 6. 24. 선고 2005도2413 판결【횡령】(공)

이 사건 공소사실의 요지는, 피고인은 2003. 7. 16.경 피해자 종중회장인 공소외 1로부터 종중 소유의 양주시 장흥면 부곡리 산 67-1 소재 임야 28,660㎡(이하 '이 사건 임야'라고 한다)를 담보로 대출을 받아 달라는 부탁과 함께 이 사건 임야의 소유권을 이전받아 피해자 종중을 위해 보관하던 중,

(1) 2004. 3. 31.경 삼화상호저축은행으로부터 이 사건 임야를 담보로 6천만 원을 대출받아 보관 중 이를 개인적인 용도로 임의로 사용하여 횡령하고,

(2) 2004. 6. 16.경 하나은행으로부터 개인적인 용도로 1억 원을 대출받으면서 이 사건 임야에 채권최고액 1억 2천만 원의 근저당권을 임의로 설정하여 이를 횡령하였다는 것이다.…

가. 적법한 종중총회결의가 있었는지에 관하여

기록에 의하면, 공소외 4가 작성한 이 사건 결의서상 출석한 것으로 기재되어 있는 3인의 종원 중 공소외 2와 공소외 3은 실제 참석한 적이 없음을 공소외 4 스스로 자인하고 있고, 공소외 1 또한 이 사건 임야에 관한 모든 권한을 공소외 4에게 위임한 적이 있다고만 하고 있을 뿐 실제 총회에 참석하였는지 여부가 분명하지 않아, 과연 그 무렵 실제 종중총회가 개최되었다고 볼 수 있는지조차 의심스러울 뿐만 아니라, 공소외 6나 공소외 7이 평소 종중 일에 무관심했다거나 이 사건 임야의 처분에 대해 이의를 제기한 적이 없다고 하더라도, 그것만으로는 사전에 동의가 있었던 것과 마찬가지로 보거나 그들을 종중총회 절차에서 배제시키는 것을 정당화할 만한 사정이 될 수 없다 할 것이고, 나머지 출석 또는 동의를 했다고 주장하는 종원들만으로는 종중규약에서 정하고 있는 의결정족수에 미달함이 계산상 분명하며, 달리 적법한 종중총회의 결의가 있었다고 볼 만한 증거가 없다.

그럼에도 불구하고 원심이, 이 사건 임야의 이전에 관하여 적법한 종중총회의 결의가 있었다고 판단한 것은 필요한 심리를 다 하지 아니하여 사실을 오인하였거나 채증법칙을 위배한 잘못이 있다고 할 것이다.

나. 피고인이 보관자의 지위에 있는지에 관하여

횡령죄에서 '재물의 보관'이라 함은 재물에 대한 사실상 또는 법률상 지배력이 있는 상태를 의미하며, 그 보관은 소유자 등과의 위탁관계에 기인하여 이루어져야 하는 것이지만, 그 위탁관계는 사실상의 관계이면 족하고 위탁자에게 유효한 처분을 할 권한이 있는지 또는 수탁자가 법률상 그 재물을 수탁할 권리가 있는지 여부를 불문하는 것이고, 한편, 부동산에 관한 횡령죄에 있어서 타인의 재물을 보관하는 자의 지위는 동산의 경우와는 달리 부동산에 대한 점유의 여부가 아니라 법률상

부동산을 제3자에게 처분할 수 있는 지위에 있는지 여부를 기준으로 판단하여야 할 것이다(대법원 1987. 2. 10. 선고 86도1607 판결, 1989. 2. 28. 선고 88도1368 판결, 2000. 4. 11. 선고 2000도565 판결, 2004. 5. 27. 선고 2003도6988 판결 등 참조).

원심이 채용한 증거들에 의하면, 피고인은 공소외 4를 통하여 담보대출을 위한 목적으로 이 사건 임야를 이전받은 다음 공소사실 기재와 같이 금원을 대출받아 임의로 사용하고, 나아가 자신의 개인적인 대출금 담보를 위하여 근저당권을 설정한 사실을 인정할 수 있는바, 비록 피고인이 이 사건 임야를 이전받는 과정에서 적법한 종중총회의 결의가 없었다고 하더라도 피고인은 이 사건 임야나 위 대출금에 관하여 사실상 피해자 종중의 위탁에 따라 이를 보관하는 지위에 있다고 보아야 할 것이고, 따라서 피고인이 임의로 위 대출금을 사용하거나 이 사건 임야에 관한 등기명의를 보유하게 됨을 기화로 임의로 근저당권을 설정한 행위는 피해자 종중에 대한 관계에서 횡령죄를 구성한다고 할 것이다.

② 미등기부동산의 보관자

■ 대법원 1993. 3. 9. 선고 92도2999 판결【공정증서원본불실기재, 공정증서원본불실기재행사, 횡령】(집)

1. 원심이 확정한 사실에 의하면, 피고인은 피해자 이 협의 소유의 이 사건 미등기건물을 관리를 위임받아 거주하여 오던 중 이를 담보로 하여 돈을 차용할 것을 마음먹고, 1991. 3. 6. 마산지방법원 창원등기소에 위 건물이 피고인의 소유라는 취지를 기재한 건물소유권보존등기신청서와 채권자 김오랑, 채무자 피고인, 채권최고액 금 45,000,000원의 근저당권설정등기신청서를 각 작성, 제출하여, 그 정을 모르는 등기공무원으로 하여금 건물등기부에 같은 내용의 소유권보존등기와 근저당권설정등기를 각 마치게 함으로써 공정증서인 위 건물등기부에 각 불실의 사실을 기재하게 하고, 그 무렵 위 불실기재된 건물등기부를 위 등기소에 비치케 하여 각 이를 행사하고, 위 건물 1동을 횡령하고, 같은 해 7. 23. 위 근저당권설정등기를 말소한 다음 근저당권자 최운규, 채무자 피고인 채권최고액 금 100,000,000원의 근저당권설정등기신청서를 작성, 제출하여 그 정을 모르는 등기공무원으로 하여금 그 근저당권설정등기를 마쳐 비치하게 함으로써 공정증서원본을 불실기재하게 하여 행사하고, 또 위 건물 1동을 횡령하였다는 것이다.

2. 그러나 횡령죄는 타인의 재물을 보관하는 자가 그 재물을 횡령하는 경우에 성립하는 범죄로서, 일단 횡령을 한 이후에 그 재물을 처분하는 것은 불가벌적 사후행위에 해당하여 처벌할 수 없는 것이다(당원 1978. 11. 28. 선고 78도2175 판결 참조).

3. 부동산의 보관은 원칙으로 등기부상의 소유명의인에 대하여 인정되지만 등기부상의 명의인이 아니라도 소유자의 위임에 의거해서 실제로 타인의 부동산을 관리, 지배하면 그 부동산의 보관자라 할 수 있고, 이 사건의 경우와 같은 미등기의 건물에 대하여는 위탁관계에 의하여 현실로 부동산을 관리 지배하는 자가 보관자라고 할 수 있을 것이며, 원심이 인정한 사실에 의하더라도 피고인이 이 사건 미등기건물의 관리를 위임받아 그 곳에서 거주하고 있다는 것이므로 피고인이 이 사건 건물의 보관자의 지위에 있었음은 의문의 여지가 없다.

4. 횡령죄의 구성요건으로서의 횡령행위란 불법영득의사를 실현하는 일체의 행위를 말한다고 할 것이고, 횡령죄에 있어서의 행위자는 이미 타인의 재물을 점유하고 있으므로 그 점유를 자기를 위한 점유로 변개하는 의사를 일으키면 곧 영득의 의사가 있었다고 할 수 있지만, 단순한 내심의 의사만으로는 횡령행위가 있었다고 할 수 없고, 그 영득의 의사가 외부에 인식될 수 있는 객관적 행

위가 있을 때 횡령죄가 성립한다고 볼 것이다.

따라서, 이 사건에 있어서와 같이 미등기건물의 관리를 위임받아 보관하고 있는 피고인이 임의로 그 건물에 대하여 자신의 명의로 보존등기를 하거나 동시에 타인에게 근저당권설정등기를 마치었다면 이는 객관적으로 불법영득의 의사를 외부에 발현시키는 행위로서 횡령죄에 해당한다고 할 것이고, 이와 같이 피고인이 피해자의 승낙없이 이 사건 건물을 자신의 명의로 보존등기를 함으로써 이 때에 이미 횡령죄는 완성되었다 할 것이므로, 그 횡령행위의 완성 후에 타인에게 근저당권설정등기를 한 행위는 위 피해자에 대한 새로운 법익의 침해를 수반하지 않는 이른바 불가벌적 사후행위로서 별도의 횡령죄를 구성하지 않는다고 할 것이다.

5. 그렇다면 원심판결에는 횡령죄에 있어서의 불가벌적 사후행위에 관한 법리를 오해한 위법이 있다고 할 것이므로, 상고이유에 대한 판단을 생략하고 원심판결을 파기환송하기로 하여, 관여 법관의 일치된 의견으로 주문과 같이 판결한다.

③ 원인무효 등기명의자 ×

■ 대법원 2007. 5. 31. 선고 2007도1082 판결【횡령】(공)

1. 원심의 판단

원심은, 그 채택 증거들을 종합하면, "피고인이 피해자 공소외 1의 소유로서 공소외 2 명의로 등기되어 있던 이 사건 임야 중 1/4 지분을 피해자로부터 명의신탁받아 피고인 명의로 소유권이전등기를 경료하고 피해자를 위하여 보관하던 중, 공소외 3에게 위 임야 지분을 매도하고 위 임야 지분에 관하여 공소외 3 명의의 매매예약에 의한 가등기를 경료함으로써 이를 횡령하였다."는 이 사건 공소사실은 충분히 유죄로 인정된다고 판단하였다.

2. 이 법원의 판단

그러나 원심의 이러한 사실인정과 판단은 다음과 같은 이유로 수긍하기 어렵다.

가. 형법 제355조 제1항 소정의 횡령죄는 타인의 재물을 보관하는 자가 그 재물을 횡령하거나 반환을 거부하는 것을 내용으로 하는 범죄로서, 횡령죄의 주체는 타인의 재물을 보관하는 자이어야 하고, 여기서 보관이라 함은 위탁관계에 의하여 재물을 점유하는 것을 의미하므로, 결국 횡령죄가 성립하기 위하여는 그 재물의 보관자가 재물의 소유자(또는 기타의 본권자)와 사이에 법률상 또는 사실상의 위탁신임관계가 존재하여야 할 것이고(대법원 2005. 6. 24. 선고 2005도2413 판결, 2005. 9. 9. 선고 2003도4828 판결 등 참조), 또한 부동산의 경우 보관자의 지위는 점유를 기준으로 할 것이 아니라 그 부동산을 제3자에게 유효하게 처분할 수 있는 권능의 유무를 기준으로 결정하여야 할 것이므로, 원인무효인 소유권이전등기의 명의자는 횡령죄의 주체인 타인의 재물을 보관하는 자에 해당한다고 할 수 없다(대법원 1987. 2. 10. 선고 86도1607 판결, 1989. 2. 28. 선고 88도1368 판결 등 참조).

나. 기록에 의하여 살펴보면, 이 사건 임야는 이태원동(이태원 1동, 2동 주민들로 구성된 비법인사단)의 소유로서 1948.경 당시 이태원동의 노인회 대표이던 공소외 망인, 공소외 4에게 명의신탁되어 위 망인들의 공동 명의로 소유권이전등기가 경료되었던 것인데, 그 후 위 망인들의 자손들이 위 임야를 불법 처분한 이후 위 임야에 관하여 원인무효인 각 소유권이전등기, 지분이전등기, 소유권이전청구권가등기 등이 순차 경료되었고, 이에 이태원동이 그 등기명의자들을 상대로 그 각 원

인무효등기(공소외 2 및 피고인 명의의 각 지분이전등기를 포함)의 말소청구소송을 제기하여 승소 판결을 받고 확정된 사실을 알 수 있다.

그렇다면 피해자 공소외 1이나 등기명의자 공소외 2는 위 임야 지분의 소유자라고 할 수 없고, 피고인이 이태원동과는 전혀 무관하게 피해자로부터 위 임야 지분을 명의신탁받아 피고인 명의로 지분이전등기를 경료한 것에 의하여 소유자인 이태원동과 피고인 사이에 위 임야 지분에 관한 법률상 또는 사실상의 위탁신임관계가 성립되었다고 할 수도 없으며, 또한 어차피 원인무효인 소유권이전등기의 명의자에 불과하여 위 임야 지분을 제3자에게 유효하게 처분할 수 있는 권능을 갖지 아니한 피고인으로서는 위 임야 지분을 보관하는 자의 지위에 있다고도 할 수 없으니, 앞서 본 각 법리에 비추어 볼 때, 피고인의 공소사실과 같은 행위는 피해자 공소외 1에 대해서나 또는 소유자 이태원동에 대하여 위 임야 지분을 횡령한 것으로 된다고 할 수 없다.

④ 공유자 중 1인

■ 대법원 2004. 5. 27. 선고 2003도6988 판결【업무상횡령】(공)

부동산에 관한 횡령죄에 있어서 타인의 재물을 보관하는 자의 지위는 동산의 경우와는 달리 부동산에 대한 점유의 여부가 아니라 부동산을 제3자에게 유효하게 처분할 수 있는 권능의 유무에 따라 결정하여야 하므로, 부동산의 공유자 중 1인이 다른 공유자의 지분을 임의로 처분하거나 임대하여도 그에게는 그 처분권능이 없어 횡령죄가 성립하지 아니한다(대법원 2000. 4. 11. 선고 2000도565 판결 등 참조).

원심이 구분소유자 전원의 공유에 속하는 공용부분인 지하주차장 일부를 피고인 2가 독점 임대하였더라도 그 피고인이 그 공용부분을 다른 구분소유자들을 위하여 보관하는 지위에 있는 것은 아니므로 위 공용부분을 임대하고 수령한 임차료 역시 다른 구분소유자들을 위하여 보관하는 것은 아니라고 할 것이어서 그 돈을 임의로 소비하였어도 횡령죄가 성립하지 아니한다고 판단한 것은 위 법리에 따른 것으로서 정당하고, 거기에 상고이유의 주장과 같은 법리오해의 위법이 없다.

(3) 동 산

① 점유자

■ 대법원 2005. 6. 24. 선고 2005도2413 판결【횡령】(공)

부동산에 관한 횡령죄에 있어서 타인의 재물을 보관하는 자의 지위는 동산의 경우와는 달리 부동산에 대한 점유의 여부가 아니라 법률상 부동산을 제3자에게 처분할 수 있는 지위에 있는지 여부를 기준으로 판단하여야 할 것….

☞ (앞에서 봄)

② 동산담보권자

■ 대법원 2007. 6. 14. 선고 2005도7880 판결【횡령】(공)

금전을 대여하면서 채무자로부터 그 담보로 동산을 교부받은 담보권자는 그 담보권의 범위 내에서 담보권을 행사할 수 있을 것인데, 담보권자가 담보목적물을 보관하고 있음을 기화로 실제의 피담보채권 이외에 자신의 제3자에 대한 기존의 채권까지 변제받을 의도로, 채무자인 담보제공자와 사이의 소비대차 및 담보설정관계를 부정하고 그 담보목적물이 자신과 제3자 사이의 소비대차 및 담보설정계약에 따라 제공된 것으로서 실제의 피담보채권 외에 제3자에 대한 기존의 채권까지도 피담보채권에 포함되는 것이라고 주장하면서 그것까지 포함하여 변제가 이루어지지 아니할 경우 반환하지 않을 것임을 표명하다가 타인에게 담보목적물을 매각하거나 담보로 제공하여 피담보채무 이외의 채권까지도 변제충당한 경우에는 정당한 담보권의 행사라고 볼 수 없고, 위탁의 취지에 반하여 자기 또는 제3자의 이익을 위하여 권한 없이 그 재물을 자기의 소유인 것 같이 처분하는 것으로서 불법영득의 의사가 인정된다.

원심이 인정한 사실관계에 의하면, 피고인 1이 2002. 11. 1.경 피고인 3의 소개로 공소외 1에게 그 소유의 고려청자 태화문 주전자(이하 '이 사건 도자기'라고 한다)를 담보로 1,000만 원을 3일간 대여하였다가 변제기가 경과하자 고가의 이 사건 도자기를 보관하고 있음을 이용하여 이 사건 도자기에 의하여 담보된 공소외 1의 채무 1,000만 원뿐만 아니라 자신에 대한 피고인 3의 기존채무 2,000만 원도 함께 변제받을 의도로 2002. 12.경부터 이 사건 도자기는 피고인 3에게 1,000만 원을 빌려주고 그로부터 담보로 받은 것이라고 주장하면서 공소외 1을 배제한 채 피고인 3에게 그동안의 차용금 3,000만 원을 변제하고 이 사건 도자기를 회수해 갈 것을 독촉하였고, 피고인 3은 위와 같은 독촉을 받자 골동품 중개업자인 공소외 3을 끌어들여 피고인 1에 대한 채무를 변제하기로 하고 2003. 12. 1. 피고인 1과의 채무관계를 3,500만 원(자신의 기존채무 2,000만 원+공소외 1의 채무 1,000만 원+이자 500만 원)으로 확정하였는데, 그날 피고인 1은 피고인 3과 공소외 3으로부터 2,800만 원을 지급받고, 공소외 3으로부터 700만 원의 차용증을 교부받은 다음 이 사건 도자기를 넘겨주었으며, 그 후 이 사건 도자기는 다른 사람에게 인도되었다는 것인바, 위 법리에 비추어 살펴보면, 피고인 1의 행위는 정당한 담보권자로서의 범위를 벗어난 것으로 담보권의 행사라고 볼 수 없고, 불법영득의 의사로 이 사건 도자기를 처분하였다고 봄이 상당하다.

그런데도 원심이, 피고인 1이 이 사건 도자기가 공소외 1의 1,000만 원 채무에 관한 담보로 제공되었을 뿐 피고인 3의 기존채무를 담보하는 것이 아니라는 것을 알면서도 마치 피고인 3이 담보로 제공한 것처럼 우겨 피고인 3의 기존채무까지 함께 변제받으려고 한 것이라고 하더라도 이는 담보권을 실행하거나 담보권을 양도한 것으로 담보권자로서의 권리행사에 불과하므로, 불법영득의 의사를 인정할 수 없다고 판단하여 피고인 2, 3의 공모 여부에 관하여 심리하지 않은 채 피고인들이 공모하여 담보목적물인 이 사건 도자기를 제3자에게 매각하거나(주위적 공소사실), 담보로 제공하여(예비적 공소사실) 횡령하였다는 이 사건 공소사실을 모두 무죄로 판단한 것은 횡령죄에서의 불법영득의 의사에 관한 법리를 오해함으로써 판결에 영향을 미친 위법이 있다.

③ 금전수탁자

■ 대법원 2000. 8. 18. 선고 2000도1856 판결【특정경제범죄가중처벌등에관한법률위반(횡령)】(공)

<u>횡령죄에 있어서의 보관</u>이라 함은 재물이 <u>사실상 지배</u>하에 있는 경우뿐만 아니라 <u>법률상의 지배·처분이 가능한 상태</u>를 모두 가리키는 것으로 <u>타인의 금전을 위탁받아 보관하는 자는 보관방법으로 이를 은행 등의 금융기관에 예치한 경우에도 보관자의 지위를 갖는 것</u>인바(대법원 1983. 9. 13. 선고 82도75 판결 참조), 이 사건에 있어서 피고인이 망 이기태로부터 금전의 보관을 위탁받아 피고인 명의의 신탁예금을 개설하여 거기에 보관을 위탁받은 금전을 입금함으로써 위 금전은 피고인이 법률상 지배·처분할 수 있는 예금의 형태로 보관하고 있는 것이어서 피고인은 횡령죄

에서 가리키는 타인의 재물을 보관하는 지위에 있다고 할 것이다.

한편 금융실명거래및비밀보장에관한긴급재정경제명령(현재는 금융실명거래및비밀보장에관한법률로 대체됨)이 시행된 이후에는 금융기관으로서는 특별한 사정이 없는 한 실명확인을 한 예금명의자만을 예금주로 인정할 수밖에 없으므로(대법원 1998. 6. 12. 선고 97다18455 판결 참조), 피고인 명의의 이 사건 각 신탁예금에 입금된 금전은 피고인만이 법률상 지배·처분할 수 있을 뿐이고 위 망인의 상속인들로서는 위 예금의 예금주가 자신들이라고 주장할 수는 없으나, 그렇다고 하여 보관을 위탁받은 위 금전이 피고인 소유로 된다거나 위 망인의 상속인들이 위 금전의 반환을 구할 수 없는 것은 아니므로, 피고인이 이를 함부로 인출하여 소비하거나 또는 위 망인의 상속인들로부터 반환요구를 받았음에도 이를 영득할 의사로 반환을 거부하는 경우에는 횡령죄가 성립한다고 보아야 할 것이다.

같은 취지에서 위 이기태의 상속인들의 금전 반환요구를 거부한 피고인의 행위를 횡령죄로 의율하여 처벌한 원심의 판단은 정당하고, 거기에 횡령죄나 금융실명제에 관한 법리오해 등의 위법이 있다고 할 수 없다. 상고이유에서 내세우는 대법원 판결은 이 사건과는 사안을 달리하여 이 사건에서 원용하기에 적절하지 아니하다.

☞ (앞에서 봄)

④ 수표발행권한을 위임받은 자

■ 대법원 1983. 9. 13. 선고 82도75 판결【업무상횡령】(집)

형법 제356조, 제355조에 있어서의 보관이라 함은 재물이 사실상의 지배아래 있는 경우 뿐만 아니라 법률상의 지배, 처분이 가능한 상태를 모두 가리킨다고 할 것이고, 따라서 타인의 금전을 위탁받아 보관하는 자가 보관방법으로서 이를 은행 그 밖의 금융기관에 예금한 경우에도 그 금전보관자의 지위에 영향이 없고, 또 회사와 은행 사이의 당좌예금 계약에 기하여 회사로부터 수표를 발행하는 권한을 위임받고 있는 자는 그 수표자금으로서 예치되어 있는 금원에 대하여 이를 보관하는 지위에 있다고 보아야 할 것이며, 이와 같은 수표발행의 권한이 있는 자가 업무상의 임무에 위배하여 자기 또는 제3자의 용도에 충당하기 위하여 수표를 발행하고 그 수표를 이용하여 거래은행으로부터 회사의 예금을 인출하는 행위는 불법영득의 의사를 실현하는 행위로서 업무상횡령죄가 성립한다고 할 것이다. 또한 업무상횡령죄에 있어서 불법영득의 의사라 함은 자기 또는 제3자의 이익을 꾀할 목적으로 업무상의 임무에 위배하여 보관하는 타인의 재물을 자기의 소유인 경우와 같은 처분을 하는 의사를 말하고 사후에 이를 반환하거나 변상, 보전하는 의사가 있다 하더라도 불법영득의 의사를 인정함에 방해가 되지 아니한다고 할 것이다.

⑤ 부당보충한 자 ×

■ 대법원 1995. 1. 20. 선고 94도2760 판결【횡령】(공)

발행인으로부터 일정한 금액의 범위 내에서 액면을 보충, 할인하여 달라는 의뢰를 받고 액면 백지인 약속어음을 교부받아 보관중이던 자가 발행인과의 합의에 의하여 정해진 보충권의 한도를 넘어 보충을 한 경우에는 발행인의 서명날인 있는 기존의 약속어음 용지를 이용하여 새로운 별개의 약속어음을 발행한 것에 해당하여(당원 1989. 12. 12. 선고 89도1264 판결 참조) 이러한 보충권의 남용행위로 인하여 생겨난 새로운 약속어음에 대하여는 발행인과의 관계에서 보관자의 지위에 있다 할 수 없으므로, 설사 그 약속어음을 자신의 채무변제조로 제3자에게 교부하여 임의로 사용하였다고 하더라도, 발행인으로 하여금 제3자에 대하여 어음상의 채무를 부담하는 손해를 입게 한 데에 대한 배임죄가 성립될 수 있음은 별론으로 하고, 보관자의 지위에 있음을 전제로 횡령죄가 성립될 수는 없다 할 것이다.

⑥ **동업관계 종료 후 경영자 ×**

■ 대법원 1996. 5. 28. 선고 96도140 판결【업무상횡령】(공)

원심이 그 판시와 같은 경위로 피고인과 함께 신문사를 경영하기로 했던 김상언과 최인봉, 노승환 등이 경영의 어려움을 이유로 차례로 동업관계에서 탈퇴하고 피고인 단독으로 경영하게 된 이후에는 피고인이 고소인 김상언의 금원을 보관하는 자의 지위에 있지 아니하고, 단순히 위 김상언과의 관계에서 피고인이 그의 투자금 반환조로 금원을 일부 지급키로 한 민사상 채무자의 지위에 있음에 그칠 뿐이므로, 이 사건 공소사실이 피고인의 단독 경영 이후에 금원 소비를 문제로 하고 있는 한 피고인이 보관자의 지위에 있음을 인정할 자료가 없고, 달리 피고인이 고소인 김상언을 위하여 금원을 보관하고 있었다고 볼 증거가 없다는 이유로 무죄를 선고하였는바, 관계 증거를 기록에 의해 살펴본즉 원심의 위와 같은 사실인정과 판단은 옳고, 거기에 논지주장과 같은 채증법칙 위배나 법리오해의 위법을 발견할 수 없다.

나. 위탁관계

(1) 위탁관계의 의미

① **위탁관계에 기한 보관 ⇒ 횡령죄와 점유이탈물횡령죄의 구분**

■ 대법원 1993. 6. 22. 선고 92도797 판결【폭력행위등처벌에관한법률위반, 횡령】(공)

횡령죄는 위탁이라는 신임관계에 반하여 타인의 재물을 보관하는 자가 이를 횡령하거나 또는 반환을 거부함으로써 성립하는 것이므로 이 사건에서 피고인이 이 사건 임야에 대한 판시 보상금을 횡령하였다고 하려면 우선 이 사건 임야의 실제 소유권자가 공소외 1을 공동선조로 하는 고양종친회로서 피고인과 그 종중과의 사이에 위탁이라는 신임관계가 있어야 할 것이다.

■ 대법원 1994. 11. 25. 선고 93도2404 판결【횡령】(공)

횡령죄는 위탁이라는 신임관계에 반하여 타인의 재물을 보관하는 자가 이를 횡령하거나 또는 반환을 거부함으로써 성립하는 것이므로, 이 사건에서 피고인이 위 부동산에 관한 피해자의 지분을 횡령하였다고 하려면 우선 위 피해자가 위 부동산의 8/33 지분의 실제 소유권자로서 피고인에게 위 지분을 명의신탁함으로써 피고인과의 사이에 위탁이라는 신임관계가 있어야 할 것이다(당원 1993. 6. 22. 선고 92도797 판결 참조).

② **위탁관계 없는 경우**

■ 대법원 1986. 2. 11. 선고 85도2513 판결【폭력행위등처벌에관한법률위반, 횡령】(공)

형법 제355조 제1항의 횡령죄는 불법영득의 의득의 의사없이 목적물의 점유를 시작한 경우라야 하고, 타인을 공갈하여 재물을 교부케 한 경우에는 공갈죄를 구성하는 외에 그것을 소비하고 타에 처분하였다 하더라도 횡령죄를 구성하지는 않는다 할 것이다. 원심판결의 거시증거들을 기록에 의하여 검토하여 보면 피고인이 토지 브로커들과 공모공동하여 공소외 A에서 경기 평택읍 비전리 산 40의 2 임야 592평방미터는 공소외 B의 소유인데 A가 불법으로 등기를 경료한 것이므로 위 임야를 위 B에게 넘겨주지 않으면 형사처벌을 받게 할 것이라는 등의 협박을 가하여 그를 외포케 하여 피고인 명의로 위 임야의 일부에 관한 소유권이전등기를 넘겨받은 후 이를 타에 매도처분한 사실이 적법히 인정되며 피고인 명의의 위 임야에 관한 등기이전이 위 B나 위 A로부터의 명의신탁이나 기타 어떠한 위탁관계에 기인한 것이라고는 보여지지 아니하므로 피고인이 위 공갈행위로 인하여 취득한 위 임야를 매각하였다 하여 횡령죄를 구성한다고는 할 수 없다 할 것이다.

(2) 위탁관계의 발생원인

① **계약**

② **사무관리, 신의칙**

■ 대법원 2006. 1. 12. 선고 2005도7610 판결【횡령】(미)

가. 원심판결 이유 및 기록에 의하면, 위 회사의 주식 60%를 공소외 2가, 20%를 공소외 2의 동생인 공소외 3이, 나머지 20%를 피해자 공소외 4가 각 나누어 소유하고 있는 상황에서 피고인은 2002. 8. 28. 공소외 2·공소외 3 양인을 대리하여 피해자와 함께 위 회사의 주식 전부를 공소외 5에게 3억 2,000만 원에 양도하기로 하는 내용의 계약을 체결하였고, 그 후 피고인은 2003. 3. 19. 공소외 2를 대리하여 공소외 3과 함께 공소외 5에게 공소외 2·공소외 3 양인의 위 회사에 대한 권리 80%를 양도한다는 취지의 포기각서를 작성, 교부하면서, 공소외 5로부터 주식양도대금으로 3억 원을 지급받았음을 알 수 있다.

그런데, 피고인이 주식양도대금으로 지급받은 3억 원에 피해자 보유 주식 20%의 양도대금도 포함되어 있는지 여부에 관하여 살피건대, 공소외 5의 수사기관 이래 법정에 이르기까지의 일관된 진술에다가 피고인 스스로도 경찰 및 검찰에서 '당시 공소외 5가 돈이 없으니 주식양도대금 중 2,000만 원을 깎아 달라고 하여 3억 원만 받았다'고 진술하고 있는 점에 비추어 보면, 피고인이 지급받은 3억 원에는 피해자 보유 주식 20%의 양도대금도 포함되어 있고, 다만 공소외 5가 주식양도대금 3억 원을 지급할 당시 피해자가 자리에 없어 피해자로부터는 나중에 포기각서를 받기로 하고, 우선 공소외 2를 대리한 피고인과 공소외 3으로부터만 그들의 위 회사에 대한 권리 80%를 양도한다는 취지의 포기각서를 작성, 교부받았을 뿐이라고 봄이 상당하다.

그리고, 공소외 5는 피해자가 그 보유 주식 20%의 양도대금을 자신이나 피고인 그 누구로부터도 지급받지 못하였다는 이유로 주식의 양도를 거부하여, 위 회사를 인수한 후 이사 선임을 위한 임시주주총회를 개최하면서 그 임시주주총회록에 주식총수 30,000주, 주주총수 2명, 출석주주수 1명(공소외 5), 출석주주의 주식수 24,000주로 기재할 수밖에 없었고, 피해자에 대하여는 더 이상 주식을 양도해 달라고 요구하지 못한 것이라고 진술하고 있고, 한편 피해자는 주식양도대금을 그 누구로부터도 지급받지 못한 이상 위 회사의 주식 20%를 그대로 보유하고 있다고 주장하는 터이므로, 이러한 사정을 들어 피고인이 지급받은 3억 원이 공소외 2·공소외 3의 보유 주식 80%만에 대한 양도대금이라고 볼 수는 없는 것이다.

나. 또한, 피해자와 공소외 5의 수사기관 및 법정에서의 진술에 의하면, 2002. 8. 28.자 주식양도

계약 당시 피고인측과 피해자가 주식양도대금 3억 2,000만 원의 분배에 관하여 다툼을 벌이다가 피고인측이 피해자의 몫으로 1억 원을 인정하기로 하였음을 알 수 있고(이에 대하여 피고인은 피해자가 자신의 몫으로 1억 원을 요구하기는 하였지만 이를 승낙한 바 없다고 진술하고 있으나, 피해자는 공소외 2의 연립주택 재건축사업에 금원을 투자하는 과정에서 위 회사의 주식 20%를 취득하였다가 그 후 위 사업을 결산하는 과정에서 이익분배문제로 공소외 2와 분쟁이 있었던 상황이었으므로, 위 주식양도 계약 당시 그 양도대금 중 피해자의 몫이 확정되지 않고서는 위 계약이 정식으로 체결될 수 없었을 것으로 보여지는 점을 감안하면, 피고인의 위 진술은 믿기 어려워 받아들일 수 없다), 한편 횡령죄에 있어서 재물의 보관이라 함은 재물에 대한 사실상 또는 법률상 지배력이 있는 상태를 의미하고 그 보관이 위탁관계에 기인하여야 할 것임은 물론이나, 그것이 반드시 사용대차·임대차·위임 등의 계약에 의하여 설정되는 것임을 요하지 아니하고, 사무관리·관습·조리·신의칙 등에 의해서도 성립될 수 있으므로(대법원 2003. 9. 23. 선고 2003도3840 판결 등 참조), 위와 같은 상황에서 피고인이 공소외 5로부터 피해자의 몫도 포함된 주식양도대금 3억 원을 지급받은 것이라면, 피고인이 사무관리 내지 신의칙상의 위탁관계에 기하여 피해자의 몫인 1억 원을 보관하는 자의 지위에 있었다고 보아야 할 것이다.

③ 조리

■ 대법원 1996. 5. 14. 선고 96도410 판결【사기(인정된 죄명 횡령)】(공)

원심판결이 인용한 제1심판결이 든 증거들에 의하면, 피고인이 피해자 A에게 금 60,000,000원을 지급하겠다는 내용으로 지불각서를 써 주기로 하고, 과연 위 A가 소지하고 있는 가계수표들의 액면금이 위 A가 주장하는 채권액과 일치하는가를 확인할 목적으로 위 A로부터 이 사건 가계수표들을 건네받아, 피고인의 동생인 공소외 1은 수표번호와 액면금을 불러주고 피고인은 이를 적는 방법으로 가계수표들의 매수와 액면금 등을 확인하던 중 위 A가 건네준 가계수표들의 액면금 총액이 채권액에 미치지 못한다 하여 위 공소외 1이 위 A에게 이의를 제기하다가 갑자기 가계수표들 중 일부를 손으로 찢은 사실 이외에도, 그 직후에 위 A가 피고인에게 "어, 수표 찢었어. 법대로 해보자 이거지? 법대로 하겠어." 등으로 항의하자, 피고인은 위 A에게 "괜히 그것 때문에 잠못자고 며칠간 신경썼잖아", "보소, 보소, 아지매 내가 누군줄 알아요? 헌병수사관이요, 수사관. 참말로 웃기고 있네", "오늘 일어난 일들을 경찰서로 가든지 법무사 사무실로 가든지 가보라"고 말하고, 동석하였던 공소외 이명숙이 위 공소외 1에게 "합의를 보러 온 사람에게 이게 무슨 짓이냐?"고 항의를 하자 위 공소외 1은 "아지매, 가소, 가소. 우린 일 다 끝났으니까 가 보소"라고 말한 사실을 충분히 인정할 수 있다.

위 A는 피고인이 지불각서를 써 줄 것으로 믿고, 피고인이 그 액면금 등을 확인할 수 있도록 피고인에게 위 가계수표들을 교부한 것이었으므로, 위 A와 피고인 사이에는 만약 합의가 결렬되어 피고인이 위 A에게 지불각서를 써 주지 아니하는 경우에는 곧바로 그 가계수표들을 위 A에게 반환하기로 하는, 조리에 의한 위탁관계가 발생하였다 할 것이고(당원 1987. 10. 13. 선고 87도1778 판결 참조), 또한 위 공소외 1이 위 가계수표들 중 일부를 찢은 후 피고인은 위 공소외 1과 더불어 위 A에 대하여 위와 같은 언동을 함으로써 반환거부 의사를 명백하게 드러냈으며, 그와 같은 반환거부 행위는 반환거부의 이유 및 피고인의 주관적인 의사 등을 종합하여 볼 때에 횡령죄를 구성한다고 할 것이므로, 같은 취지로 판단한 원심의 조치는 수긍이 가고, 거기에 논하는 바와 같이 횡령죄의 구성요건에 관한 법리를 오해하거나 채증법칙에 위배하여 사실을 오인한 위법이 있다고 볼 수 없다. 논지는 이유가 없다.

④ 유사취지

■ 대법원 1987. 10. 13. 선고 87도1778 판결【횡령】(공)

원심판결이 들고 있는 증거를 기록에 비추어 검토하여 보면, 피고인이 판시와 같은 경위에 의하여 공소외 왕태영이 내놓은 금원을 차지한 행위를 보관관계로 의율한 원심의 조치는 정당한 것으로 수긍이 되고 그 사실인정과정에 채증법칙을 어긴 위법이 있다 할 수 없다.

소론은 또 피고인과 이 사건 피해자와의 사이에 이 사건 금원에 관한 보관관계가 없었다는 취지이나 횡령죄에 있어서의 재물의 보관이라 함은 재물에 대한 사실상 또는 법률상 지배력이 있는 상태를 의미하고 그 보관이 위탁관계에 기인하여야 할 것임은 물론이나 그것이 반드시 사용대차, 임대차 위임 등의 계약에 의하여 설정되는 것임을 요하지 아니하고, 사무관리, 관습, 조리, 신의칙에 의해서도 성립된다 할 것인바, 원심이 들고 있는 증거들에 의하면, 피고인이 차지한 이 사건 금원은 피고인이 소론과 같이 정당하게 변제받은 것이 아니라 피고인을 포함한 이 사건 고소인들 전원이 적이 분배하여야 할 성질의 금원임을 인정하기에 족한바, 그렇다면 이 사건 금원에 관하여 피고인과 위 공소외인들 사이에는 이른바 보관관계에 있었다고 볼 것이고, 따라서 같은 취지인 원심의 판단은 정당하며 거기에 횡령죄에 관한 법리오해의 위법이 있다고 볼 수 없다. 논지 모두 이유없다.

■ 대법원 1985. 4. 9. 선고 84도300 판결【사기, 사문서위조, 사문서위조행사, 업무방해, 횡령】(공)

피고인 소유의 공장건물을 임차하여 입주중이던 공소외 황 성연이 이사하면서 그가 소유하거나 타인으로부터 위탁받아 보관중이던 물건들을 피고인의 방해로 옮기지 못하고 위 공장에 그대로 두었다면 피고인이 사무관리 또는 조리상 당연히 위 황 성연을 위하여 위 물건들을 보관하는 지위에 있었다 할 것이고, 피고인이 위 공장의 기계등을 위 황 성연에게 염가로 양도하였다는 이유로 위 황 성연이 소유 또는 보관하던 물건들을 임의로 매각하거나 그 반환을 거부하였다면 각 횡령죄를 구성한다 할 것이며, 비록 피고인이 그 행위당시 위 물건들을 유치하는 행위가 적법하다고 잘못 믿고 있었다 할지라도 그렇게 잘못 믿는데 대하여 정당한 이유가 있다고 볼 수 없으므로 원심의 조치는 정당하다 할 것이다. 논지는 이유없다.

⑤ 다음도 위탁관계 불요의 취지라 볼 것은 아님

■ 대법원 1985. 9. 10. 선고 84도2644 판결【공갈, 횡령】(공)

횡령죄에 있어서 타인을 위하여 재물을 보관하게 된 원인은 반드시 소유자의 위탁행위에 기인한 것임을 필요로 하지 않으므로 원심판결이 적법히 확정한 바와 같이 피고인이 진양화인케미칼 회사로부터 피해자 등을 대신하여 그들의 공동지분이 있는 대리점 개설보증금을 반환받아 은행에 예금하고 있었다면 피고인은 피해자를 위하여 그 지분상당의 금원을 보관중이었다 할 것이므로 이를 임의로 인출 소비한 피고인의 소위를 횡령죄로 의율하였음은 정당하고 소론과 같이 피고인의 회사(기록에 의하면 피고인은 공소외 2 주식회사 의 대표이사이다)에는 자금의 여유가 있었다 하더라도 이로써 위 횡령금원을 확실하게 대체시킬 수 있는 상태에서 피고인이 위 금원을 일시 유용한 것이라고 볼 수는 없으므로 거기에 논지와 같은 횡령죄의 법리를 오해한 위법이 없으며 또한 원심판결은 피고인이 위 보관금원의 반환을 거부하여 횡령죄를 저질렀다는 것이 아니므로 상계주장은 지급거절에 해당하지 않는다는 논지는 원심판결을 오해한데서 오는 것으로서 받아들일 수 없다.

■ 대법원 2005. 10. 28. 선고 2005도5975 판결【횡령】(공)

원심이 유지한 제1심판결이 채용한 증거들을 기록에 의하여 살펴보면, 피고인 명의의 계좌에 2003. 3. 21. 추가로 송금된 3억 2,000만 원은 피해자측에서 착오로 송금한 것인 사실 및 피고인이 위 금액을 다른 계좌로 이체하는 등 임의로 사용한 사실을 확정하고 피고인의 행위를 횡령죄로 의율한 제1심판결을 그대로 유지한 조치는 수긍이 가고(대법원 1968. 7. 24. 선고 66도1705 판결 참조), 거기에 상고이유의 주장과 같은 심리미진 내지 채증법칙 위배로 인한 사실오인이나 횡령죄에 있어서의 영득에 관한 법리오해 등의 위법이 없다.

☞ 위탁행위에 준하는 신뢰관계조차 없다고 하여 점유이탈물횡령죄로 보아야 한다는 견해 있음(김일수).

■ 대법원 1969. 12. 9. 선고 69도1923 판결【횡령, 점유이탈물횡령】(집)

원판결이 유지한 1심판결은 검사의 피고인에게 대한 공소사실에 속하는 횡령죄는 그 증명이 없다고 판단하는 이유로서 공소외 1주식회사가 1963. 9. 9.경 경희대학교 유지재단인 재단법인 고황재단과 경희대학교 부속국민학교 신축공사의 도급계약을 체결하고 그 공사를 진행하다가 위 계약당사자간의 분쟁으로 1964. 2월경 위 공사가 중단되고 고황재단에서는 1964. 2. 28.자로 위 공사도급계약의 해지통고를 하고 1964. 4. 3.경 피고인이 대표이사로 있는 공소외 2주식회사는 고황재단으로부터 위 중단된 교사 신축공사의 도급계약을 체결하여 공사현장을 인수하고 잔여공사를 시공함에 있어서 공소외 1주식회사에서 위 공사를 하기 위하여 설치해 두었던 공소장 기재 형틀을 사용하고 공소외 1주식회사의 반환요구에 불응하였던 사실을 증거에 의하여 인정한 후 피고인 이 공소외 1주식회사로부터 위탁을 받아 위 형틀을 보관하고 있었다는 점에 관하여는 이 사건에 나타난 전 증거를 다 보아도 이를 인정할 아무런 자료를 찾아 볼 수 없다고 설명하고 있다.

그러나 원판결이 유지한 1심판결이 인정한 사실에 의하면 "피고인은 공소외 1주식회사가 1심판시 공사를 하기 위하여 설치해 두었던 공소장 기재형틀을 사실상 점유하고 있었다고 보아야 할 것이며 따라서 피고인이 공소외 1주식회사로부터 위탁을 받은 여부에 불구하고 피고인은 위 형틀을 보관하고 있었다고 볼 것이고(대법원 1967. 10. 23. 선고 67도1133 판결참조) 결국 피고인은 타인의 재산을 보관하고 있는 자로서 그 반환을 거부한 경우에 해당한다 할 것"이니 이는 형법 355조 1항 후단의 횡령죄가 구성된다고 보아야 할 것임에도 불구하고 1심이 그 판시와 같은 이유로 피고인에게는 횡령죄가 성립함에 족한 증거가 없다고 설명하여 피고인에게 무죄를 선고하고 이에 대한 검사의 항소를 이유 없다고 하여 기각한 원심의 조처는 형법 355조 1항 후단의 횡령죄에 관한 법리를 오해한 잘못이 있다 할 것이다.

☞ 요지: 「"갑"회사가 공사를 중단한 후 "병"회사가 공사현장을 인수하고 "갑"회사가 공사를 위하여 설치해 두었던 형틀을 잔여공사을 위하여 사용한 것이라면 "갑"회사로부터 위탁받은 여부에 불응하고 위 형틀을 보관하고 있었다고 볼 것이다.」

(3) 불법원인급여와 횡령

① 견해

1 횡령죄성립 긍정설(적극설)

G1 여전히 급부자가 소유권자, G2 형법의 독자성, G3 이런 행위도 사회질서를 파괴하는 위법행위, G4 위탁관계는 사실상의 관계로 족

2 횡령죄성립 부정설(소극설)(다수설)

G1 수급자가 소유권자, G2 반환청구가 불가능한 소유권은 공허, G3 형법의 보충성, 법질서의 통일, G4 법률적·경제적 재산개념이니 민법상 보호받는 재산이어야

3 절충설

- 불법원인급여(소유권이전 의사에 의한 점유이전, eg 화대)의 경우: 횡령죄 불성립
- 불법원인위탁(소유권이전 의사 없는 점유이전, 전달할 뇌물)의 경우
  a 긍정, b 부정, c 불능미수

② 불법원인급여의 사법상 효과

■ 대법원 1979. 11. 13. 선고 79다483 전원합의체 판결【토지소유권가등기말소등기】(집)

민법 제746조는 불법의 원인으로 인하여 재산을 급여한 때에는, 그 이익의 반환을 청구하지 못한다고 규정하고 있는바, 일반의 법리에 따른다면, 불법의 원인에 의한 급여는, 법률상의 원인이 없는 것이 되므로, 부당이득이 되어 그 이익의 반환을 청구할 수 있게 되는 것이나, 이러한 청구를 인정하는 것은, 법의 이념에 어긋나는 행위를 한 사람의 주장을 시인하고 이를 보호하는 것이 되어, 공평의 이념에 입각하고 있는 부당이득제도의 근본취지에 어긋날 뿐만 아니라, 법률 전체의 이념에도 어긋나게 되기 때문에, 이 규정은 선량한 풍속, 기타 사회질서에 위반한 사항을 내용으로 하는 법률행위를 무효로 하는 민법 제103조와 표리를 이루어, 사회적 타당성이 없는 행위를 한 사람을 보호할 수 없다는 법의 이념을 실현하려고 하는 것이다.

이리하여 민법 제746조는 민법 제103조와 함께 사법의 기저를 이루는 하나의 큰 이상의 표현으로서 이것이 비록 민법 채권편 부당이득의 장에 규정되어 있기는 하나, 이는 일반적으로 사회적 타당성이 없는 행위의 복구가 부당이득의 반환청구라는 형식으로 주장되는 일이 많기 때문이고, 그 근본에 있어서는 단지 부당이득제도만을 제한하는 이론으로 그치는 것이 아니라, 보다 큰 사법의 기본 이념으로 군림하여, 결국 사회적 타당성이 없는 행위를 한 사람은 그 스스로 불법한 행위를 주장하여, 복구를 그 형식 여하에 불구하고 소구할 수 없다는 이상을 표현하고 있는 것이라고 할 것이다.

따라서 급여를 한 사람은 그 원인행위가 법률상 무효라 하여 상대방에게 부당이득을 원인으로 한 반환청구를 할 수 없음은 물론, 그 원인행위가 무효이기 때문에 급여한 물건의 소유권은 여전히 자기에게 있다고 하여, 소유권에 기한 반환청구도 할 수 없는 것이고, 그리하여 그 반사적 효과로서 급여한 물건의 소유권은 급여를 받은 상대방에게 귀속하게 되는 것이라고 해석함이 타당하다고 할 것이다.

이 사건에서 보건대 원심은 제1심 판결을 인용한 그 판결이유에서, 이 사건 임야는 원래 피고의 아버지 소외인의 소유였는데, 그가 원고와 불륜의 내연관계를 맺고 그 대가로 원고에게 이를 증여하여, 소유권이전등기를 넘겨주었다는 취지의 사실을 인정한 다음, 그렇다면 원고는 민법 제746조에 의하여 그대로 그 소유권을 취득한다고 하여, 원고 앞으로 된 위 소유권이전등기가 불법원인급여를 원인으로 한 것이기 때문에 무효라는 취지의 피고의 주장을 배척하고 있는바, 원심의 위와 같은 판단은 결과적으로 위의 설시와 같은 취지로 보여지므로 정당하고, 거기에 소론과 같은 불법원

인급여의 법리를 오해한 위법이 있다고 할 수 없으므로, 논지는 이유없고, 이 법원이 종전의 다른 판결(대법원 1960. 9. 15. 선고 4293민상57 판결, 1977. 6. 28. 선고 77다728 판결 등)에서, 이와 다르게 판시한 의견은 모두 이 판결로써 변경하기로 한다.

대법원판사 양병호, 임항준 및 김윤행의 반대의견은 다음과 같다.

민법 제746조는 부당이득의 장에 규정되어 있는 부당이득의 반환청구권에 관한 조문인바, 채권적 청구권인 부당이득반환청구권을 제한하는 위 법조가 채권적 청구권과는 전연 그 근거를 달리하는 물권적 청구권까지를 제한하는 효력이 있다 함은 논리의 비약을 넘어서 법의 규정을 떠난 해석이라고 아니할 수 없다.

원래 민법 제746조의 규정을 둔 것은 자기가 불법행위를 하였다는 것을 이유로 하여 권리의 주장을 한다는 것은 우리의 정의감에 반하는 것이므로 동 규정을 두어 다만 청구자가 자기의 불법행위를 청구의 근거로 삼는 것만을 막아 보자는 것뿐이므로 동 조문이 있다 하여 법률상 이를 저지할 아무런 이유가 없는 다른 청구권까지를 모조리 봉쇄할 수 있다는 해석은 나올 도리가 없다 할 것이다.

즉 <u>물상청구권을 행사함에 있어서는 자기의 소유권만을 주장하면 족하고, 불법행위가 있었다는 것은 법률상의 청구원인으로 할 필요가 없을 것이니 이와 같이 자기에게 불법원인이 있다는 주장은 전연 없이 다만 소유권에 기하여 하는 청구가 어떠한 근거로 당사자가 주장도 하지도 않는 불법원인으로 인한 급부라 하여 이를 저지할 수 있을 것인가</u>.

다수의견은 소유권에 기한 청구권도 배척하여 수익자에게 권리가 귀속되게 하는 것이 사법의 기저를 이루는 이상의 표현이라고 설시하였으나 불법원인으로 인한 급부가 이루어지는 경우에는 대개 수익자에게도 불법원인으로 수령하는 경우가 많고 경우에 따라서는 급부자의 불법행위보다도 수령자에게 더욱 중한 불법행위가 있는 경우도 있을 것인데, 이러한 경우에 동 행위는 민법 제103조에 위배되어 수령자가 그 소유권을 취득할 수가 없는데 급부자의 반환청구 불능이라는 반사적 효과로 법에 근거없이 수령자가 권리를 취득하는 결과가 된다는 것은 공평의 이념에 맞는다고도 할 수 없고 법률의 이상의 표현이라고는 더욱 보기 어렵다 할 것이요 차라리 급부자에게 원상회복시켜 양자가 다 법률상 근거없는 이득을 취할 수 없게 하는 편이 훨씬 공평의 이념에 부합하는 결과가 된다고 아니할 수 없다.

③ 불법원인급여가 아닌 예

■ 대법원 2008. 10. 9. 선고 2007도2511 판결【업무상횡령】(미)

민법 제746조가 불법의 원인으로 인하여 재산을 급여하거나 노무를 제공한 때에는 그 이익의 반환을 청구하지 못한다고 규정한 뜻은, 급여를 한 사람은 그 원인행위가 법률상 무효임을 내세워 상대방에게 부당이득반환청구를 할 수 없고, 또 급여한 물건의 소유권이 자기에게 있다고 하여 소유권에 기한 반환청구도 할 수 없어서 결국, 급여한 물건의 소유권은 급여를 받은 상대방에게 귀속된다는 의미이고, 여기에서의 불법원인이라 함은 그 원인되는 행위가 선량한 풍속 기타 사회질서에 위반하는 경우를 말하는 것으로, 법률행위의 목적인 권리의무의 내용이 선량한 풍속 기타 사회질서에 위반되는 경우뿐만 아니라, 그 내용 자체는 반사회질서적인 것이 아니라고 하여도 법률적으로 이를 강제하거나 그 법률행위에 반사회질서적인 조건 또는 금전적 대가가 결부됨으로써 반사회질서적 성질을 띠게 되는 경우 및 표시되거나 상대방에게 알려진 법률행위의 동기가 반사회질서적인 경우에도 불법원인급여에 해당될 수 있지만(대법원 1999. 6. 11. 선고 99도275 판결, 대법원

2002. 4. 12. 선고 2002도53 판결 등 참조), 원심이 인정한 바와 같이 피고인이 병원을 대신하여 제약회사들로부터 의약품을 공급받는 대가로 그 의약품 매출액에 비례하여 기부금 명목의 금원을 제공받은 다음 병원을 위하여 보관하여 왔던 것뿐이라면, 다른 특별한 사정이 없는 한 이를 두고 선량한 풍속 기타 사회질서에 반하는 행위로서 불법원인급여에 해당한다고 보기는 어려우므로, 위 병원이 병원을 대신하여 위 제약회사들로부터 위와 같은 금원을 제공받아 보관하고 있던 피고인에 대해 그 반환을 구하지 못한다고 할 수는 없다.

④ 이른바 '급여물', '위탁물' 불문

■ 대법원 1999. 6. 11. 선고 99도275 판결【뇌물수수, 횡령, 뇌물공여】(공)

민법 제746조에 불법의 원인으로 인하여 재산을 급여하거나 노무를 제공한 때에는 그 이익의 반환을 청구하지 못한다고 규정한 뜻은 급여를 한 사람은 그 원인행위가 법률상 무효임을 내세워 상대방에게 부당이득반환청구를 할 수 없고, 또 급여한 물건의 소유권이 자기에게 있다고 하여 소유권에 기한 반환청구도 할 수 없어서 결국 급여한 물건의 소유권은 급여를 받은 상대방에게 귀속되는 것이므로(대법원 1979. 11. 13. 선고 79다483 전원합의체 판결 참조), 피고인 X가 피고인 Y로부터 공소외 A에 대한 뇌물공여 또는 배임증재의 목적으로 전달하여 달라고 교부받은 금전은 불법원인급여물에 해당하여 그 소유권은 피고인 X에게 귀속되는 것으로서 피고인 X가 위 금전을 공소외 A에게 전달하지 않고 임의로 소비하였다고 하더라도 횡령죄가 성립하지 않는다고 판단하여 무죄를 선고한 원심의 조치는 옳다고 여겨지고, 거기에 상고이유의 주장과 같은 횡령죄에 관한 법리오해의 위법이 있다고 할 수 없다.

⑤ 불법성의 현저

■ 대법원 1999. 9. 17. 선고 98도2036 판결【횡령】(공)

민법 제746조에 의하면, 불법의 원인으로 인한 급여가 있고, 그 불법원인이 급여자에게 있는 경우에는 수익자에게 불법원인이 있는지 여부, 수익자의 불법원인의 정도, 그 불법성이 급여자의 그것보다 큰지 여부를 막론하고 급여자는 불법원인급여의 반환을 구할 수 없는 것이 원칙이나, 수익자의 불법성이 급여자의 그것보다 현저히 큰 데 반하여 급여자의 불법성은 미약한 경우에도 급여자의 반환청구가 허용되지 않는다면 공평에 반하고 신의성실의 원칙에도 어긋나므로, 이러한 경우에는 민법 제746조 본문의 적용이 배제되어 급여자의 반환청구는 허용된다고 해석함이 상당하다(대법원 1997. 10. 24. 선고 95다49530, 49547 판결 등 참조).

이 사건에서와 같이 포주인 피고인이 피해자가 손님을 상대로 윤락행위를 할 수 있도록 업소를 제공하고, 윤락녀인 피해자가 윤락행위의 상대방으로부터 받은 화대를 피고인에게 보관하도록 하였다가 이를 분배하기로 한 약정은 선량한 풍속 기타 사회질서에 위반되는 것이고, 따라서 피해자가 그 약정에 기하여 피고인에게 화대를 교부한 것은 불법의 원인으로 인하여 급여를 한 경우로 보아야 하겠지만, 한편 기록에 의하면, 피고인은 다방 종업원으로 근무하고 있던 피해자를 수차 찾아가 자신의 업소에서 윤락행위를 해 줄 것을 적극적으로 권유함으로써 피해자가 피고인과 사이에 위와 같은 약정을 맺고서 윤락행위를 하게 되었고, 피고인은 전직 경찰관으로서 행정사 업무에 종사하면서도 자신의 업소에 피해자 등 5명의 윤락녀를 두고 그들이 받은 화대에서 상당한 이득을 취하는 것을 영업으로 해 왔음에 반하여, 피해자는 혼인하여 남편과 두 아들이 있음에도 남편이 알코올중독으로 생활능력이 없어 가족의 생계를 위하여 피고인의 권유에 따라 윤락행위에 이르게 되었음을 알 수 있는바, 위와 같은 피고인과 피해자의 사회적 지위, 그 약정에 이르게 된 경위에다가 앞에서 본 약정의 구체적 내용, 급여의 성격 등을 종합해 볼 때, 피고인측의 불법성이 피해자측의 그것보다 현저하게 크다고 봄이 상당하므로, 민법 제746조 본문의 적용은 배제되어 피해자가 피고인에게 보관한 화대의 소유권은 여전히 피해자에게 속하는 것이어서, 피해자는 그 전부의 반환을 청구할 수 있고, 피고인이 이를 임의로 소비한 행위는 횡령죄를 구성한다고 보지 않을 수 없다.

참고

■ 대법원 2007. 2. 15. 선고 2004다50426 전원합의체 판결【대여금반환】(공) [요지]

[2] 금전 소비대차계약과 함께 이자의 약정을 하는 경우, 양쪽 당사자 사이의 경제력의 차이로 인하여 그 이율이 당시의 경제적·사회적 여건에 비추어 사회통념상 허용되는 한도를 초과하여 현저하게 고율로 정하여졌다면, 그와 같이 허용할 수 있는 한도를 초과하는 부분의 이자 약정은 대주가 그의 우월한 지위를 이용하여 부당한 이득을 얻고 차주에게는 과도한 반대급부 또는 기타의 부당한 부담을 지우는 것이므로 선량한 풍속 기타 사회질서에 위반한 사항을 내용으로 하는 법률행위로서 무효이다.

[3] [다수의견] 선량한 풍속 기타 사회질서에 위반하여 무효인 부분의 이자 약정을 원인으로 차주가 대주에게 임의로 이자를 지급하는 것은 통상 불법의 원인으로 인한 재산 급여라고 볼 수 있을 것이나, 불법원인급여에 있어서도 그 불법원인이 수익자에게만 있는 경우이거나 수익자의 불법성이 급여자의 그것보다 현저히 커서 급여자의 반환청구를 허용하지 않는 것이 오히려 공평과 신의칙에 반하게 되는 경우에는 급여자의 반환청구가 허용되므로, 대주가 사회통념상 허용되는 한도를 초과하는 이율의 이자를 약정하여 지급받은 것은 그의 우월한 지위를 이용하여 부당한 이득을 얻고 차주에게는 과도한 반대급부 또는 기타의 부당한 부담을 지우는 것으로서 그 불법의 원인이 수익자인 대주에게만 있거나 또는 적어도 대주의 불법성이 차주의 불법성에 비하여 현저히 크다고 할 것이어서 차주는 그 이자의 반환을 청구할 수 있다.

[대법관 고현철, 김황식, 박일환, 안대희의 반대의견] 사회통념상 허용될 수 있는 한도를 초과하는 부분의 이자 약정이 일정한 요건하에 민법 제103조에 위반된 법률행위로서 무효로 평가될 수 있다 하더라도, 사회통념상 허용될 수 있는 한도란 약정 당시의 경제적·사회적 여건의 변화에 따라 유동적일 수밖에 없고 법률적인 평가나 가치판단이 개입되어야만 비로소 그 구체적인 범위를 확정할 수 있어 그 무효의 기준과 범위에 관하여 대주에게 예측가능성이 있다고 보기는 어려우며, 따라서 대주가 차주로부터 적정이율을 초과하는 이자를 지급받았다고 하더라도 대주가 명확하게 불법성을 인식했다고 평가하기는 어렵다. 적정이율을 초과하는 이자 약정이 민법 제103조에 위반되어 무효라고 보더라도 당사자 사이의 약정에 따라 이자가 지급된 이상 그 불법원인은 대주와 차주 쌍방 모두에게 있다고 볼 수밖에 없고, 일반적으로 차주가 대주보다 경제적으로 열악한 지위에 있다는 점을 감안하더라도 대주가 불법성을 명확하게 인식했다고 평가하기는 어렵다는 점에 비추어 보면, 일률적으로 대주의 불법성이 차주의 그것에 비해 현저히 크다고 단정할 수만은 없으며, 임의로 이자를 지급함으로써 이미 거래가 종료된 상황에서 다시 차주의 반환청구를 허용한다면 법적 안정성을 해칠 우려도 있으므로 결국 민법 제746조 본문에 따라 차주의 반환청구는 허용될 수 없다.

☞ 원심(서울중앙지법 2003나56006): 연 243% 약정 중 연 66%(대부업법 제한이율)를 초과하는 부분은 사회질서에 반하여 무효나 이미 지급한 부분은 반환청구 못함.

☞ 구 이자제한법[이자제한법 1998. 1. 13. 폐지, 이자제한법 제1조 제1항의 최고이자율에 관한 규정 1965. 9. 24.~1998. 2. 24]

36.5% → 36.5%(위로 명칭변경, 70. 2. 16) → 25%(72. 8. 3) → 40%(80. 1. 12.) → 25%(83. 12. 16) → 40%(97. 12. 22) → 폐지(98. 2. 24)

☞ 이자제한법[이자제한법 2007. 3. 29. 제정, 이자제한법 제2조 제1항의 최고이자율에 관한 규정 2007. 6. 28. 제정]

30%(2007. 6. 30)

■ 대법원 2009. 6. 11. 선고 2009다12399 판결【가옥명도등청구】(공)

금전 소비대차계약과 함께 이자의 약정을 하는 경우, 그 이자 약정이 대주가 그의 우월한 지위를 이용하여 부당한 이득을 얻고 차주에게는 과도한 반대급부 또는 기타의 부당한 부담을 지우는 것이어서 선량한 풍속 기타 사회질서에 위반한 사항을 내용으로 하는 법률행위로서 무효라고 보기 위해서는, 양쪽 당사자 사이의 경제력의 차이로 인하여 그 이율이 당시의 경제적·사회적 여건에 비추어 사회통념상 허용되는 한도를 초과하여 현저하게 고율로 정하여졌다는 사정이 인정되어야 한다(대법원 2007. 2. 15. 선고 2004다50426 전원합의체 판결 등 참조).

원심판결 이유에 의하면, 원심은 이 사건 금전대차 당시 이자율, 지연손해금 이율이 구 대부업법(구 대부업의 등록 및 금융이용자보호에 관한 법률(2009. 1. 21. 법률 제9344호로 개정되기 전의 것), 필자 주)상 제한초과이율인 연 66%보다도 낮은 사정 등을 고려하면 이 사건 금전대차의 이자율과 지연손해금 이율이 사회통념상 허용되는 한도를 초과하여 현저하게 고율로 정하여졌다고 보기 어렵다고 판단하였는바, 위 법리와 기록에 비추어 살펴보면 위와 같은 원심의 판단은 정당한 것으로 수긍할 수 있고, 거기에 상고이유에서 주장하는 바와 같은 민법 제103조에 관한 법리오해 등의 위법이 없다.

⑥ 불법원인급여와 사기

■ 대법원 2006. 11. 23. 선고 2006도6795 판결【사기】(미)

차용금의 편취에 의한 사기죄의 성립 여부는 차용 당시를 기준으로 판단하여야 하고, 사기죄의 주관적 구성요건인 편취의 범의의 존부는 피고인이 자백하지 아니하는 한 범행 전후의 피고인의 재력, 환경, 범행의 내용, 거래의 이행과정, 피해자와의 관계 등과 같은 객관적 사정을 종합하여 판단하여야 할 것인바, 원심이 유지한 제1심판결의 채택증거들을 기록에 비추어 살펴보면, 피고인이 편취의 범의로 이 사건 범행을 저지른 사실을 충분히 인정할 수 있으므로, 이를 유죄로 인정한 원심판결에 채증법칙 위배로 인한 사실오인의 위법이 있다고 할 수 없다.

한편, 민법 제746조의 불법원인급여에 해당하여 급여자가 수익자에 대한 반환청구권을 행사할 수 없다고 하더라도, 수익자가 기망을 통하여 급여자로 하여금 불법원인급여에 해당하는 재물을 제공하도록 하였다면 사기죄가 성립한다고 할 것인바(대법원 1995. 9. 15. 선고 95도707 판결 참조), 피고인이 피해자 공소외인으로부터 도박자금으로 사용하기 위하여 금원을 차용하였더라도 사기죄의 성립에는 영향이 없다고 한 원심의 판단은 옳은 것으로 수긍이 가고, 거기에 불법원인급여와 사기죄의 성립에 관한 법리오해의 위법이 있다고 할 수 없다.

(4) 명의신탁

(가) 서 언

① 종래 명의신탁된 부동산을 수탁자가 제3자에 처분하는 것은 횡령죄(판례)

② 부동산 실권리자명의 등기에 관한 법률(1995. 3. 30. 제정, 1995. 7. 1. 시행)

제2조 (정의)

이 법에서 사용하는 용어의 정의는 다음과 같다.

1. "명의신탁약정"이라 함은 부동산에 관한 소유권 기타 물권(이하 "부동산에 관한 물권"이라 한다)을 보유한 자 또는 사실상 취득하거나 취득하려고 하는 자(이하 "실권리자"라 한다)가 타인과의 사이에서 대내적으로는 실권리자가 부동산에 관한 물권을 보유하거나 보유하기로 하고 그에 관한 등기(가등기를 포함한다. 이하 같다)는 그 타인의 명의로 하기로 하는 약정(위임·위탁매매의 형식에 의하거나 추인에 의한 경우를 포함한다)을 말한다. 다만, 다음 각목의 경우를 제외한다.
   가. 채무의 변제를 담보하기 위하여 채권자가 부동산에 관한 물권을 이전받거나 가등기하는 경우
   나. 부동산의 위치와 면적을 특정하여 2인 이상이 구분소유하기로 하는 약정을 하고 그 구분소유자의 공유로 등기하는 경우
   다. 신탁법 또는 신탁업법에 의한 신탁재산인 사실을 등기한 경우
2. "명의신탁자"라 함은 명의신탁약정에 의하여 자신의 부동산에 관한 물권을 타인의 명의로 등기하게 하는 실권리자를 말한다.
3. "명의수탁자"라 함은 명의신탁약정에 의하여 실권리자의 부동산에 관한 물권을 자신의 명의로 등기하는 자를 말한다.
4. "실명등기"라 함은 이 법 시행전에 명의신탁약정에 의하여 명의수탁자의 명의로 등기된 부동산에 관한 물권을 이 법 시행일이후 명의신탁자의 명의로 등기하는 것을 말한다.

제4조 (명의신탁약정의 효력)

① 명의신탁약정은 무효로 한다.

② 명의신탁약정에 따라 행하여진 등기에 의한 부동산에 관한 물권변동은 무효로 한다. 다만, 부동산에 관한 물권을 취득하기 위한 계약에서 명의수탁자가 그 일방당사자가 되고 그 타방당사자는 명의신탁약정이 있다는 사실을 알지 못한 경우에는 그러하지 아니하다.

③ 제1항 및 제2항의 무효는 제3자에게 대항하지 못한다.

제8조 (종중 및 배우자에 대한 특례)

다음 각호의 1에 해당하는 경우로서 조세포탈, 강제집행의 면탈 또는 법령상 제한의 회피를 목적으로 하지 아니하는 경우에는 제4조 내지 제7조 및 제12조 제1항·제2항의 규정을 적용하지 아니한다.

1. 종중이 보유한 부동산에 관한 물권을 종중(종중과 그 대표자를 같이 표시하여 등기한 경우를 포함한다) 외의 자의 명의로 등기한 경우
2. 배우자 명의로 부동산에 관한 물권을 등기한 경우

③ 소유권을 중심으로 설명

(나) 명의신탁의 유형

① 양자간 등기명의신탁

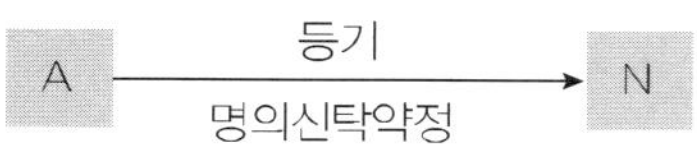

A: 명의신탁자(등기소유자, 원시취득자, 민 187조 취득자)

N: 명의수탁자(등기명의취득자)

② 3자간 등기명의신탁(중간생략등기형 명의신탁)

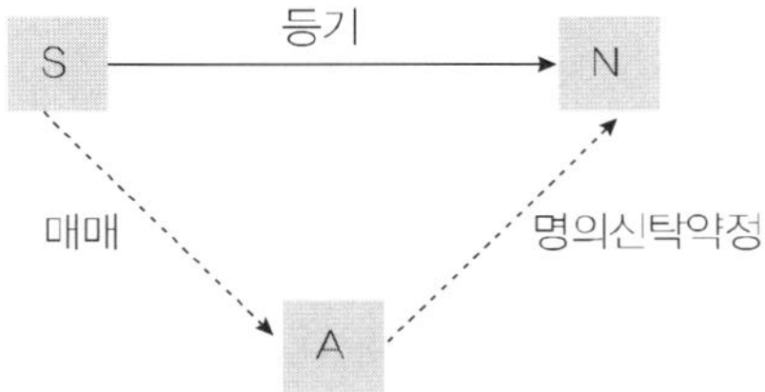

③ 계약명의신탁

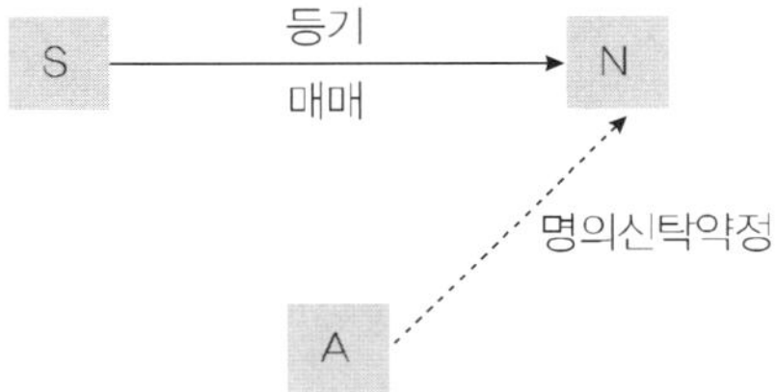

• 기업임직원

(다) 명의신탁의 사법적 효력(판례의 입장 중심)

(a) 일반론

① 약정 무효(법 4조 1항)

② 물권변동 무효(법 4조 2항 본문)

• 소유권은 신탁자 or 원소유자에게 남고 수탁자는 신탁자는 물론 제3자에 대하여도 소유권주장 불가
• 다만, 계약명의신탁의 경우 매도인이 명의신탁약정사실을 알지 못한 때에는 물권변동 유효(법 4조 2항 단서)

③ 위 각 무효는 제3자에게 대항불가(법 4조 3항)

• 수탁자가 물권자임을 기초로 그와 새로운 이해관계를 맺은 자
• 제3자의 선의·악의는 불문

(b) 유형별 고찰

① 양자간 등기명의신탁

• A→N: 명의신탁해지를 원인으로 한 소유권이전등기 or 말소등기 청구 ×
• A 소유
□ A→N: 소유권에 기한 방해배제로서 이전등기말소 or 진정명의회복을 위한 소유권이전등기 청구 ○

② 3자간 등기명의신탁

• A→N: 명의신탁해지를 원인으로 한 소유권이전등기 or 말소등기 청구 ×
• S 소유
□ S→N: 소유권에 기한 방해배제로서 이전등기말소 or 진정명의회복을 위한 소유권이전등기 청구 ○ (매매계약무효로 인한 원상회복청구가 아니므로 N은 매매대금반환의 동시이행항변 ×)
• S－A: 매매계약 유효
□ S→A: 소유권이전등기의무, A→S 대금지급의무(대금지급한 후 반환청구 ×)
• A의 등기취득방법

- ㅁ A → N: S를 대위하여 이전등기말소 or S에로 이전등기 청구 O
- ㅁ A → S: 이전등기청구 O
- ㅁ 자의로 N → A 등기한 경우 실체관계에 부합하는 등기로 유효

③ **계약명의신탁**

- 명의신탁약정 및 부동산매입의 위임약정 무효

매도인이 선의인 경우

- N 명의 등기 유효(법 4조 2항 단서) ⇒ N은 모든 사람(A 포함)에 대하여 소유권 주장 가능
- A → N: 매매대금상당의 부당이득반환청구 O
- A – S: 아무런 관계 없음

매도인이 악의인 경우

- N 명의 등기 무효(법 4조 2항 본문) ⇒ S – N 사이의 계약은 무효(∵목적달성 불가) ⇒ S 소유
- S → N: 무효로 인한 원상회복 or 소유권에 기하여 이전등기말소 or 진정명의회복 이전등기 청구 O
  N → S: 매매대금반환청구 O
- A → N: 이전등기청구 ×
  A → S: 이전등기청구 ×
- A → S: N을 대위하여 N → S 매매대금반환청구권 행사 O(무자력 要)
  (직접 부당이득반환청구는 못함(유력견해))
  A → N: 매매대금상당 금원 반환청구 O(if N이 S로부터 이미 반환받았다면)

(라) 수탁물권의 처분과 수탁자의 민사상 책임

(a) 양자간 등기명의신탁

- N의 처분행위는 A에 대해 위법행위, A는 처분당시 부동산 시가 상당 손해

(b) 3자간 등기명의신탁

- N의 처분행위는 소유자 S에 대한 위법행위
- S는 A에 대한 이전등기의무 이행불능
- S의 A에 대한 채무불이행에 기한 손해배상책임 성부
  1 S 명의신탁약정을 알았거나 알 수 있었던 경우: 손배책임지고 과실상계
  S 명의신탁약정 무과실로 모른 경우: 위험부담의 법리에 따라 수령한 대금 그대로 보유
  2 S 명의신탁약정 알았더라도 A의 편의를 위해 N에게 등기이전 해준 것이므로 귀책사유 없음
  S는 반대채무 이행구할 수 있고 이미 받았다면 반환 불요
- S의 N에 대한 손해배상청구의 가부
  1 S 명의신탁약정 알았거나 알 수 있었던 경우: S가 A에 손배책임을 짐으로써 입은 손해는 N에게 배상청구 가능
  S 명의신탁약정 무과실로 모른 경우: 배상구할 손해 없음
  2 N의 처분으로 S가 손해 입은 것 없으므로 손배청구 불가

(c) 계약명의신탁

① 매도인이 선의인 경우

- N은 적법한 소유자이므로 N의 처분행위는 위법행위 아니고, 처분대금은 N에게 귀속
- N은 A에 대하여 매매대금상당의 부당이득반환의무 부담

② 매도인이 악의인 경우

- N의 처분행위는 소유자 S에 대한 위법행위
- BUT, S → N 손해배상청구 ×

1 매매계약 무효에 따라 S가 N에게 매매대금반환의무가 있다 하더라도, 이와 동시이행관계에 있는 N의 S에 대한 소유권회복의무는 N의 처분행위가 유효하여(법 4조 3항) 불능이므로, 매매대금반환

의무가 인용될 여지가 없어, N의 처분으로 새로운 손해가 발생하였다고 하기 어렵다.

2 N의 처분으로 소유자인 S는 처분당시 시가 상당 손해를 입었으나 그 손해액에서 매매대금을 공제하면 된다(N이 상계주장).

(마) 수탁물권의 처분과 수탁자의 형사상 책임

(a) 양자간 등기명의신탁

1 횡령죄(다수설, 판례)
2 불법원인급여로서 무죄
3 불능미수

■ 대법원 2000. 2. 22. 선고 99도5227 판결【횡령】(공)

기록에 의하면, 이 사건 건물은 피해자 김정웅이 신축하여 원시 취득한 건물로서 원심공동피고인 명의로 신탁하여 소유권보존등기를 경료한 것인데, 피고인이 명의신탁사실을 알고도 원심 공동피고인의 횡령행위에 적극, 가담하여 매매계약을 체결하고 피고인의 처 공소외인 명의로 소유권이전등기를 경료한 사실이 인정되므로, 원심의 사실인정은 정당하고, 채증법칙 위반 및 심리미진의 위법이 없다.

그리고 부동산을 소유자로부터 명의수탁받은 자가 이를 임의로 처분하였다면 명의신탁자에 대한 횡령죄가 성립하며, 그 명의신탁이 부동산실권리자명의등기에관한법률 시행 전에 이루어졌고 같은 법이 정한 유예기간 이내에 실명등기를 하지 아니함으로써 그 명의신탁약정 및 이에 따라 행하여진 등기에 의한 물권변동이 무효로 된 후에 처분행위가 이루어졌다고 하여 달리 볼 것이 아니다. 원심이, 같은 취지에서 피고인의 행위가 횡령죄의 공동정범을 구성한다고 본 것은 정당하고 법리오해의 위법이 없다.

(b) 3자간 등기명의신탁

1 매도인에 대한 횡령죄
2 신탁자에 대한 횡령죄(판례) ☞ 소유권이 매도인에게 있다는 민사판례와 다른 입장인지?
3 신탁자에 대한 배임죄
4 매도인, 신탁자 모두에 대한 횡령죄

■ 대법원 2001. 11. 27. 선고 2000도3463 판결【횡령】(공)

부동산을 그 소유자로부터 매수한 자가 그의 명의로 소유권이전등기를 하지 아니하고 제3자와 맺은 명의신탁약정에 따라 매도인으로부터 바로 그 제3자에게 중간생략의 소유권이전등기를 경료한 경우, 그 제3자가 그와 같은 명의신탁 약정에 따라 그 명의로 신탁된 부동산을 임의로 처분하였다면 신탁자에 대한 횡령죄가 성립하고, 그 명의신탁이 부동산실권리자명의등기에관한법률 시행 전에 이루어졌고 같은 법이 정한 유예기간 이내에 실명등기를 하지 아니함으로써 그 명의신탁약정 및 이에 따라 행하여진 등기에 의한 물권변동이 무효로 된 후에 처분이 이루어졌다고 하여 달리 볼 것은 아니다.

원심판결 이유에 의하면 원심은, 피고인이 구민상과의 명의신탁약정에 따라 구민상이 공소외 정인호로부터 매수한 공주시 반포면 소재전 1,491㎡를 1992. 1. 6. 피고인 앞으로 막바로 소유권이전등기를 하여 보관하던 중, ① 1996년 10월 위 전의 일부인 70평에 대한 토지수용보상금 19,370,000원 중 5,370,000원을 임의로 소비하여 횡령하고, ② 1998. 3. 5. 구민상으로부터 위 전의 소유명의를 돌려달라는 요구를 받고 이를 거부하여 시가 금 1억 원 상당의 위 전을 횡령하였다는 이 사건 공소사실에 대하여, 그 채택증거를 종합하여 위와 같은 임의소비와 반환거부사실을 인정한 다음, 부동산실권리자명의등기에관한법률 소정의 유예기간 경과에 의하여 위 명의신탁약정과 그에 의한 등기가 무효로 됨으로써 이 사건 부동산은 매도인 소유로 복귀하고, 명의신탁자인 구민상은 위 매매계약에 기한 소유권이전등기청구권을 보전하기 위하여 매도인을 대위하여 피고인에게 무효인 그 명의의 등기의 말소를 구할 수 있다 할 것이므로 이 사건 부동산에 대하여 보관자의 지위에 있는 피고인이 토지보상금을 임의로 소비하거나 구민상이 매도인을 대위하여 이 사건 부동산의 반환을 요구한 데 대하여 이를 거부한 것은 횡령죄에 해당하고, 그 판시와 같은 이유로 피고인이 이 사건 부동산에 대한 반환을 거부할 정당한 이유가 있다고 보기 어렵다고 판단하여, 판시 각 공소사실을 유죄로 인정한 제1심판결을 유지하였다.

기록과 앞에서 본 법리에 비추어 살펴보면, 원심의 위와 같은 사실인정 및 판단은 정당하고 거기에 상고이유에서 주장하는 바와 같은 채증법칙 위배로 인한 사실오인이나 법리오해의 위법이 없다.

그리고 피고인이 이 사건 부동산의 일부에 관하여 수령한 수용보상금 중 일부를 소비하였다고 하여 객관적으로 위 부동산 전체에 대한 불법영득의 의사를 외부에 발현시키는 행위가 있었다고 볼 수는 없는 것이므로 위와 같은 금원 횡령죄가 성립된 이후에 수용되지 아니한 나머지 부동산 전체에 대한 반환을 거부한 것은 새로운 법익의 침해가 있는 것으로서 별개의 횡령죄가 성립하는 것이지 불가벌적 사후행위라 할 수 없는 것이고, 이 사건 공소사실 제2항도 수용된 토지를 제외한 나머지 부동산을 횡령한 것이라는 취지로 볼 것이므로, 이 점에 관한 상고이유의 주장은 모두 이유 없다.

■ 대법원 2002. 2. 22. 선고 2001도6209 판결【횡령】(공)

A와 B의 지분에 관한 한 신탁자인 2인과 수탁자인 피고인과의 명의신탁 관계는, 신탁자가 수탁자와 명의신탁 약정을 맺고 신탁자가 매매계약의 당사자가 되어 매도인과 매매계약을 체결하되 다만 등기를 매도인으로부터 수탁자 앞으로 직접 이전하는 이른바 중간생략등기형 명의신탁 또는 삼자간 등기명의신탁에 해당한다고 할 것인바, 이와 같은 명의신탁 관계에서 명의수탁자인 피고인이 명의신탁된 부동산 지분을 임의로 처분하였다면 횡령죄가 성립한다고 하여야 할 것이다(대법원 2001. 11. 27. 선고 2000도3463 판결 참조).

■ 대법원 2002. 8. 27. 선고 2002도2926 판결【횡령】(공)

부동산에 관하여 신탁자가 수탁자와 명의신탁약정을 맺고 신탁자가 매매계약의 당사자가 되어 매도인과 매매계약을 체결하되 다만 등기를 매도인으로부터 수탁자 앞으로 직접 이전하는 방법으로 명의신탁을 한 경우 명의수탁자가 그 부동산을 임의로 처분하였다면 횡령죄가 성립한다(대법원 1999. 10. 12. 선고 99도3170 판결, 2002. 2. 22. 선고 2001도6209 판결 등 참조).

■ 대법원 2007. 6. 28. 선고 2006다48632 판결【부당이득금반환】(미)

부동산을 그 소유자로부터 매수한 자가 그의 명의로 소유권이전등기를 하지 아니하고 제3자와 맺은 명의신탁약정에 따라 매도인으로부터 바로 제3자에게 중간생략의 소유권이전등기를 경료한 경우, 그 제3자가 그와 같은 명의신탁 약정에 따라 그 명의로 신탁된 부동산을 임의로 처분하였다면 신탁자에 대한 횡령죄가 성립하고(대법원 2001. 11. 27. 선고 2000도3463 판결 참조), 그 제3자가 사망함에 따라 제3자의 상속인이 된 자는 제3자의 지위를 포괄승계하여 명의신탁된 부동산을 유효하게 처분할 수 있는 보관자로서의 지위를 취득하는 것이므로, 그 제3자의 상속인이 명의신탁된 부동산을 임의로 처분한 경우에도 신탁자에 대한 횡령죄가 성립한다(대법원 1996. 1. 23. 선고 95도784 판결 등 참조).

(c) **계약명의신탁**

매도인이 선의인 경우

1 배임죄

2 무죄 (판례)

■ 대법원 2000. 3. 24. 선고 98도4347 판결【횡령, 부동산실권리자명의등기에관한법률위반】(집)

횡령죄는 타인의 재물을 보관하는 자가 그 재물을 횡령하는 경우에 성립하는 범죄인바, 부동산실권리자명의등기에관한법률 제2조 제1호 및 제4조의 규정에 의하면, 신탁자와 수탁자가 명의신탁 약정을 맺고, 이에 따라 수탁자가 당사자가 되어 명의신탁 약정이 있다는 사실을 알지 못하는 소유자와 사이에서 부동산에 관한 매매계약을 체결한 후 그 매매계약에 기하여 당해 부동산의 소유권이전등기를 수탁자 명의로 경료한 경우에는, 그 소유권이전등기에 의한 당해 부동산에 관한 물권변동은 유효하고, 한편 신탁자와 수탁자 사이의 명의신탁 약정은 무효이므로, 결국 수탁자는 전소유자인 매도인뿐만 아니라 신탁자에 대한 관계에서도 유효하게 당해 부동산의 소유권을 취득한 것으로 보아야 할 것이고, 따라서 그 수탁자는 타인의 재물을 보관하는 자라고 볼 수 없다.

원심판결 이유에 의하면, 원심은 피고인이 1996년 9월 초경 김 훈 외 9인과 함께 태백시 황지동 산 10 임야 43,737㎡ 중 7,237/43,737지분을 매수하되, 다만 편의상 피고인이 단독으로 매매계약을 체결하고, 그 등기명의도 피고인의 단독 명의로 하여 두기로 약정한 다음, 피고인이 그 소유자인 정창수와 매매대금을 3억 4,000만 원으로 정하여 이 사건 토지 지분을 매수하여 매매대금을 지급하고 1996. 10. 25. 피고인 단독 명의로 소유권이전등기를 경료한 사실, 매매계약 당시 피고인은 자신이 단독으로 이 사건 토지 지분을 매수하는 것으로 계약을 체결하였기 때문에 정창수도 피고인이 단독으로 매수하는 것으로 안 사실, 그 후 1997. 6. 19.에 이르러 피고인은 이 사건 토지 지분에 관하여 피고인을 채무자로 하여 근저당권자 주식회사 제일은행, 채권최고액 4억 6,000만 원인 근저당권을 설정한 사실 등을 인정한 다음, 이 사건 토지 지분과 관련하여 피고인은 타인의 재물을 보관하는 지위에 있지 않으므로 피고인의 근저당권 설정행위는 횡령죄를 구성하지 않는다는 이유로 피고인에 대한 이 사건 공소사실 중 횡령의 점에 대하여 무죄를 선고한 제1심판결을 유지하고 있다.

위에서 본 법리와 기록에 비추어 살펴보면, 원심의 사실인정과 판단은 정당하고, 거기에 상고이유로 주장하는 바와 같은 부동산 명의신탁상의 소유권 귀속이나 부동산실권리자명의등기에관한법률에 관한 법리오해 등의 위법이 있다고 할 수 없다.

■ 대법원 2004. 4. 27. 선고 2003도6994 판결【업무상배임】(미)

1. 원심은, "피해 회사의 총괄이사인 피고인이 그 대표이사인 공소외인의 지시에 따라 피고인 명의로 이 사건 아파트에 관한 분양권매수 계약을 체결하고 그 분양권을 취득하여 보관하던 중 피고인이 피해 회사를 퇴사하게 되었음에도 불구하고 위 분양권 관련 서류를 반환하는 등의 업무상 임

무를 이행하지 아니하고 오히려 피고인 명의로 소유권이전등기를 경료함으로써 위 분양권 매매대금 8천만 원 상당의 재산상 이익을 취득하고, 피해 회사에 동액 상당의 손해를 가하였다."라고 하는 이 사건 공소사실에 대하여, 그 채택 증거를 종합하여, 피고인과 피해 회사 사이의 약정의 내용은 이 사건 아파트에 관한 수분양자 명의뿐만 아니라 그 소유권 자체를 대상으로 한 명의신탁약정으로 보아야 할 것인데, 이 사건 아파트의 소유자이자 매도인인 분양자가 위 명의신탁약정에 관하여 알고 있었음을 인정할 아무런 증거가 없는 이상, 이는 이른바 매도인 선의의 계약명의신탁에 해당하는 것이라고 판단하였다.

기록에 의하면, 원심의 위와 같은 사실인정 및 판단은 정당하고, 거기에 사실오인 또는 법리오해의 위법은 없으므로 이 부분 상고이유의 주장은 이유 없다.

2. 신탁자와 수탁자가 명의신탁약정을 맺고, 그에 따라 수탁자가 당사자가 되어 명의신탁약정이 있다는 사실을 알지 못하는 소유자와 사이에서 부동산에 관한 매매계약을 체결한 계약명의신탁에 있어서 수탁자는 신탁자에 대한 관계에서도 신탁 부동산의 소유권을 완전히 취득하고 단지 신탁자에 대하여 명의신탁약정의 무효로 인한 부당이득반환의무만을 부담할 뿐인바, 그와 같은 부당이득반환의무는 명의신탁약정의 무효로 인하여 수탁자가 신탁자에 대하여 부담하는 통상의 채무에 불과할 뿐 아니라, 신탁자와 수탁자 간의 명의신탁약정이 무효인 이상, 특별한 사정이 없는 한 신탁자와 수탁자 간에 명의신탁약정과 함께 이루어진 부동산 매입의 위임 약정 역시 무효라고 볼 것이어서 수탁자를 신탁자와의 신임관계에 기하여 신탁자를 위하여 신탁 부동산을 관리하면서 신탁자의 허락 없이는 이를 처분하여서는 아니되는 의무를 부담하는 등으로 신탁자의 재산을 보전·관리하는 지위에 있는 자에 해당한다고 볼 수 없어 수탁자는 타인의 사무를 처리하는 자의 지위에 있지 아니하다 할 것이고(대법원 2001. 9. 25. 선고 2001도2722 판결, 대법원 2002. 4. 12. 선고 2001도2785 판결 참조), 이러한 계약명의신탁의 법리는 부동산실권리자명의등기에관한법률 제4조 제1항에 따라 무효인 명의신탁약정에 대하여 신탁자가 그 소유권이전등기의 경료 이전에 해지의 의사를 표시한 경우에도 마찬가지로 적용되는 것으로 보아야 할 것이다.

원심은 그 인정 사실을 기초로, 피고인이 이 사건 계약명의신탁의 약정에 따라 체결한 분양권매수 계약에 기하여 취득한 이 사건 아파트에 관한 수분양자로서의 지위 및 그 분양권 관련 서류에 대한 수분양자로서의 권리는 피고인 자신의 사무 또는 권리라 할 것이므로 신탁자인 피해 회사의 반환 요구를 거절하고 피고인 명의로 그 소유권이전등기를 경료하였다 하여 업무상배임죄가 성립하지 아니한다는 취지로 피고인에 대하여 무죄를 선고하였는바, 위에서 본 법리와 기록에 비추어 살펴보면 이러한 원심의 판단은 정당하다 할 것이고, 거기에 업무상배임 또는 명의신탁 등에 관한 법리를 오해한 위법은 없으므로 이 부분 상고이유의 주장도 이유 없다.

이 사건 명의신탁약정에 대하여는 부동산실권리자명의등기에관한법률이 적용되지 않는다거나 가사 적용된다 하더라도 이른바 중간생략형 명의신탁에 해당하는 것으로 보아야 한다는 상고이유의 주장은, 위 명의신탁약정이 이 사건 아파트에 관한 수분양자 명의만을 대상으로 하였음을 전제로 하는 것이어서 받아들일 수 없다.

매도인이 악의인 경우

1 매도인에 대한 횡령죄
2 신탁자에 대한 배임죄

3. 객 체

가. 타인의 재물

① 재물

재물: 관리가능한 유체물과 동력

형법 제361조 (친족간의 범행, 동력)
제328조와 제346조의 규정은 본 장의 죄에 준용한다.
형법 제346조 (동력)
본장의 죄에 있어서 관리할 수 있는 동력은 재물로 간주한다.

주권

■ 대법원 2005. 2. 18. 선고 2002도2822 판결【업무상횡령, 업무상배임, 무고】(공)

상법상 주식은 자본구성의 단위 또는 주주의 지위(주주권)를 의미하고, 주주권을 표창하는 유가증권인 주권과는 구분이 되는바, 주권은 유가증권으로서 재물에 해당되므로 횡령죄의 객체가 될 수 있으나, 자본의 구성단위 또는 주주권을 의미하는 주식은 재물이 아니므로 횡령죄의 객체가 될 수 없다.

그러므로 피고인이 1998. 5. 19.경 공소외 1 주식회사가 실질적으로 소유하는 주권을 처분한 사실이 있는지에 관하여 보건대, 제1심이 채용한 증거들에 의하면, 공소외 1 주식회사의 1998. 5. 15.자 주주총회의사록에 첨부된 주주명부확인서와 주주명부에는 피고인 소유의 주식수가 6,000주로 기재되어 있다가, 1998. 5. 19.자 주주총회의사록에 첨부된 주주명부에는 피고인 소유의 주식수가 66,000주로 기재된 사실만 인정될 뿐, 그 무렵 피고인이 실질적으로 공소외 1 주식회사가 소유하는 주권을 처분 또는 은닉하였다거나 그 반환을 거부하였다는 사정은 전혀 인정되지 않는바, 위 주주총회의사록에 첨부된 주주명부에 기재된 주식의 수는 주주총회에 참석한 주주들이 행사한 의결권의 수를 의미하는 것으로 볼 수는 있으나, 그것 자체로 주주로서의 회사에 대한 권리관계의 변동을 나타내는 것이라거나 더욱이 주권에 대한 처분행위를 의미하는 것으로는 볼 수 없으므로, 주주총회의사록에 첨부된 주주명부에 주식수를 달리 기재한 것만으로는 피고인이 보관하고 있는 주권에 대한 업무상횡령죄가 성립된다고 할 수 없다.

약속어음

■ 대법원 2006. 8. 25. 선고 2006도3631 판결【특정경제범죄가중처벌등에관한법률위반(횡령){예비적 죄명: 특정경제범죄가중처벌등에관한법률위반(배임)}, 무고】(미)

횡령죄 및 업무상횡령죄의 객체인 타인의 재물이라 함은 부동산, 동산은 물론 유가증권 등을 포함하는 개념인바, 약속어음의 발행인이 유통시킬 의사로 어음상에 발행인의 기명·날인까지 마쳐 어음으로서의 외관을 갖춘 경우 위와 같은 약속어음은 횡령죄 및 업무상횡령죄의 객체인 재물에 해당한다고 할 것이고, 한편 위와 같은 약속어음을 업무상 등의 이유로 보관하던 중 그 임무에 위배하여 제3자에게 대여하거나 할인 목적으로 사용하도록 교부하는 행위 또는 제3자가 금전을 차용하는 데 대한 담보로 제공하는 행위 등은 약속어음을 객체로 한 횡령행위에 해당될 수 있다.

원심이 같은 법리를 전제로 하여, 원심 공동피고인 3이 아래와 같은 경위로 피고인 1 등에게 주식회사 케이.티.씨 텔레콤(이하 '케이티씨텔레콤'이라고 한다) 명의의 백지어음 등 약속어음을 교부한 행위를 두고 업무상횡령행위에 해당된다고 보아 이에 관한 위 피고인의 항소이유를 배척한 판단은 정당하고, 거기에 상고이유의 주장(업무상횡령에 의한 특정경제범죄 가중처벌 등에 관한 법률 위반죄가 아니라 업무상배임에 의한 특정경제범죄 가중처벌 등에 관한 법률 위반죄로만 의율하여야 한다는 주장)과 같은 판결 결과에 영향을 미친 법리오해의 위법이 있다고 할 수 없다.

상고이유로 들고 있는 대법원 1961. 12. 14. 선고 4294형상371 판결은 이 사건과 그 공소사실로 기재된 범죄 구성요건사실 등의 사안을 달리하여 이 사건에 그대로 원용하기에 적절하지 않다.

② 타인의 소유

공유물 포함

■ 대법원 1983. 8. 23. 선고 80도1161 판결【업무상횡령, 횡령, 사기】(공)

공유물의 매각대금도 정산하기까지는 각 공유자의 공유에 귀속한다고 할 것이므로 공유자 1인이 그 매각대금을 멋대로 소비하였다면 횡령죄가 성립된다….

■ 대법원 2000. 11. 10. 선고 2000도3013 판결【횡령】(공)

1. 이 사건 공소사실의 요지

이 사건 공소사실의 요지는, 피고인은 피해자와 함께 공소외 A로부터 주택신축공사를 도급받아 위 공사에 관하여 피해자는 공사비를 투자하고 피고인은 위 공사를 시행하되 그 공사로 인한 이익금을 피고인과 피해자가 절반씩 나누어 가지는 내용의 동업계약을 체결한 후, 피해자로부터 받은 투자금 등으로 위 공사를 시행하고 건축주인 A로부터 받은 공사대금은 피해자와 정산하거나 동인의 승낙을 받아 사용하여야 함에도 불구하고 1996. 2. 22.부터 1997. 4. 10.까지 사이에 A로부터 합계 금 101,600,000원을 교부받아 위 금원 중 피해자에게 지급할 이익금 또는 투자금의 상환액 금 73,890,000원을 피해자를 위하여 보관 중 피고인이 별도로 개인적으로 도급받아 시공중인 건물 신축공사대금 등으로 임의사용하여 이를 횡령하였다는 것이다.

2. 원심의 판단

원심은 그 판결에서 채용하고 있는 증거들을 종합하여, 이 사건 건물신축공사를 동업한 피고인과 피해자는 이 사건 공사와 관련하여 피해자가 투자금 명목으로 금 98,180,000원을 피고인에게 교부하고, 피고인이 이 사건 공사의 설계비로 금 10,000,000원을 지출하였으며, 건축주인 A가 이 사건 공사대금으로 합계 금 101,600,000원을 지급하였으므로, 피고인과 피해자는 이 사건 공사로 인하여 금 6,580,000원의 손해를 보았는데, 피고인과 피해자가 부담하여야 할 손해액은 각 금 3,290,000원이고, 한편 피해자는 A로부터 금 21,000,000원을 직접 수령하였으므로, 피해자가 피고인으로부터 투자금의 회수 명목으로 지급받아야 할 금원은 금 73,890,000원(금 98,180,000원－21,000,000원－3,290,000원)인데, 달리 이 사건 공사와 관련한 투자금의 상환 또는 이익분배 명목으로 피해자에게 금원을 지급한 것을 인정할 만한 자료가 없는 점에 비추어 피고인은 위 금 73,890,000원을 임의로 소비하였다고 봄이 상당하다는 이유로, 피고인을 유죄로 인정하여 처벌하고 있다.

3. 당원의 판단

그러나 동업자 사이에 손익분배의 정산이 되지 아니하였다면 동업자의 한 사람이 임의로 동업자들의 합유에 속하는 동업재산을 처분할 권한이 없는 것이므로, 동업자의 한 사람이 동업재산을 보관 중 임의로 횡령하였다면 지분비율에 관계없이 임의로 횡령한 금액 전부에 대하여 횡령죄의 죄책을 부담하는 것이다(대법원 1982. 9. 28. 선고 81도2777 판결, 1996. 3. 22. 선고 95도2824 판결 등 참조).

원심이 인정한 바에 의하더라도, 피고인과 피해자 사이에는 손익분배에 관한 정산이 이루어지지 않았다는 것이므로, 피고인이 피해자에게 이익금 또는 투자금의 상환으로써 지급하여야 할 금원을 피해자를 위하여 보관하는 지위에 있었다고 할 수 없고, 오히려 피고인은 피해자로부터 받은 투자금과 A로부터 지급받은 이 사건 공사대금을 동업자인 피고인과 피해자의 합유에 속하는 동업재산으로 보관하는 지위에 있었다고 보아야 할 것인바, 이러한 경우 피고인이 보관하던 동업재산 중 일부를 동업체를 위하여 사용하지 아니하고 자기 또는 제3자를 위하여 임의로 소비하였다면 피해자에게 상환하여야 할 이익금 또는 투자금의 액과 관계없이 피고인이 임의소비한 금액을 바로 횡령금액으로 볼 수 있다고 할 것이다.

기록에 의하면, 피고인은 이 사건 공사를 위하여 피해자가 투자한 금원이나 이 사건 공사를 완공한 후 A로부터 받은 공사대금 중 일부를 피고인이 별도로 개인적으로 도급받아 시공중인 건물신축공사 등 개인적인 용도에 사용한 사실을 엿볼 수 있으므로, 원심으로서는 피고인의 횡령금액을 밝히기 위하여 피고인이 원심에 제출한 장부가 신빙성이 있는지 여부를 살펴보아 신빙성이 있다고 인정할 수 있는 경우에는 장부의 기재내용까지도 구체적으로 조사하고 필요한 경우에는 석명권을 행사하여 피고인이 피해자와의 합유에 속하는 동업재산을 사용한 내역을 조사하는 등의 방법으로 피고인이 피해자와의 동업재산 중 동업에 속하는 이 사건 공사 이외에 다른 용도로 임의 소비한 금액을 밝혀 이를 피고인의 횡령금액으로 산정하였어야 할 것이다.

그럼에도 불구하고, 원심은 위와 같은 방법에 의하여 피고인의 횡령금액을 산정하지 아니하고, 피해자가 이 사건 공사에 투자한 금액에서 이 사건 공사로 인하여 입은 손해액의 부담부분과 피해자가 이미 회수한 금액을 공제한 나머지인 금 73,890,000원을 피고인이 피해자에게 투자금의 상환 또는 이익분배금 명목으로 지급하여야 할 금원으로 산정하고, 피고인이 위 금원을 피해자를 위하여 보관하는 지위에 있다고 보아 피해자에게 위 금원을 지급하였다고 인정할 자료가 없는 점에 비추어 피고인이 위 금원을 임의로 소비하여 횡령하였다고 보아야 할 것이라고 판단하고 있는바, 위 금원은 동업재산에 대한 피해자의 지분이거나 피고인이 피해자에 대하여 손익분배의 정산을 통하여 동업의 잔여재산의 분배로써 피해자에게 지급하여야 할 금액에 지나지 않는다고 할 것이어서 피고인이 피해자에게 위 금원을 지급하지 아니하였다고 하여 바로 피고인이 위 금원 전부를 동업체를 위하여 사용하지 아니하고 임의로 소비하였다고 단정할 수 없으며, 더욱이 피고인이 피해자에게 지급하여야 한다는 위 금원만을 피해자를 위하여 보관하는 지위에 있었다고 할 수 없으므로, 위 금원을 피고인의 횡령금액으로 판단한 원심의 조치에는 횡령금액에 관하여 심리를 다하지 아니하였거나 채증법칙을 위배하여 사실을 오인함으로써 판결에 영향을 미친 위법이 있다고 하지 않을 수 없다. 상고이유 중 이 점을 지적하는 부분은 이유 있다.

낙찰명의자 소유

■ 대법원 2000. 9. 8. 선고 2000도258 판결【횡령】(공)

횡령죄는 타인의 재물을 보관하는 자가 그 재물을 횡령하는 것을 처벌하는 범죄이므로, 피고인을 유죄로 인정하기 위해서는 횡령의 대상이 된 재물이 타인의 소유일 것을 요한다.

그런데 부동산 입찰절차에서 수인이 대금을 분담하되, 그 중 1인 명의로 낙찰받기로 약정하여, 그에 따라 낙찰이 이루어진 경우 그 입찰절차에서 낙찰인의 지위에 서게 되는 사람은 어디까지나 그 명의인이므로, 입찰목적부동산의 소유권은 경락대금을 실질적으로 부담한 자가 누구인가와 상관없이 그 명의인이 취득한다 할 것이다(대법원 2000. 4. 7. 선고 99다15863, 15870 판결 참조).

피고인이 1997년 12월경 피해자 및 공소외 1과 사이에 3인이 공동으로 출자하여 경매물건인 이 사건 대지를 피고인 명의로 낙찰받은 다음 이를 전매하여 그 차익을 출자가액 비율로 나누기로 약정한 후, 1997. 12. 9. 입찰기일에 피고인 명의로 이 사건 대지에 관하여 211,700,000원에 매수신청한 결과 같은 달 29일 낙찰허가결정을 받고 3인이 공동으로 분담하여 1998. 1. 9. 그 대금을 완납하였는데, 피고인 앞으로의 소유권이전등기 비용을 마련하기 위하여 평소 금전거래를 해오던 공소외 송판금으로부터 돈을 차용하면서 그 차용금 및 기존채무 변제를 위하여 같은 해 3월 5일경 피해자 및 공소외 1의 동의 없이 피고인 명의로 소유권이전등기를 마침과 동시에 송판금 명의로 채권최고액 145,000,000원으로 된 근저당권설정등기를 마쳐 줌으로써 이 사건 대지 211,700,000원 상당을 횡령하였다는 이 사건 공소사실에 대하여 원심은, 피고인이 피해자 및 공소외 1과 이 사건 대지를 피고인 명의로 낙찰받은 다음 이를 제3자에게 매도하여 그 차익을 각자 분담한 경락대금비율로 나누기로 약정하였고, 그 약정을 이 사건 대지에 관한 명의신탁약정으로 본다고 하더라도 부동산실권리자명의등기에관한법률 제4조 제1항, 제2항, 제2조 제1호의 규정에 비추어 그 약정은 무효이고, 피고인 명의로 이 사건 대지에 관하여 낙찰허가결정을 받아 그 경락대금을 완납한 이상 이 사건 대지는 대외적으로는 물론 대내적으로도 피고인의 소유라 할 것이어서 횡령죄의 객체가 되는 타인의 재물이라고 볼 수 없으므로, 피고인의 근저당권설정행위는 횡령죄를 구성하지 않는다는 이유로 이 사건 공소사실에 대하여 무죄를 선고한 제1심판결을 유지하였다.

앞서 본 법리에 비추어 볼 때, 원심의 이러한 판단은 옳고, 거기에 상고이유에서 주장하는 바와 같은 법리오해의 위법이 없으며, 상고이유에서 인용하고 있는 대법원 1999. 10. 12. 선고 99도3170 판결은 이 사건과는 사안을 달리한다.

공유지분의 횡령

■ 대법원 1994. 11. 25. 선고 93도2404 판결【횡령】(공)

1. 이 사건 공소사실과 원심의 판단

이 사건 공소사실은 "피고인은 1983. 3.초순 부산 중구 광복동에 있는 어느 다방에서, 공소외 A에 대한 피고인의 채권 금 25,000,000원, 피해자(피고인의 사촌 자형)의 채권 금 8,000,000원에 대한 대물변제조로, 위 A가 매수한 부산 동래구 온천동 1428의 47 대 339㎡를 미지급 잔대금 7,000,000원 및 근저당채무 금 50,000,000원과 함께 위 채권액의 비율대로 공동 양수하되, 그 등기는 지분이 많은 피고인 명의로 마치기로 하는 명의신탁 약정을 하고, 1983. 3. 14. 피고인 앞으로 소유권이전등기를 경료하여 이를 보관하던 중, 1990. 8. 29. 부산 동래구 수안동 250의 3 소재 이재우 법무사 사무실에서 공소외 B에게 대금 385,000,000원에 임의로 매도하고 그 해 9. 25. 위 B 명의로 소유권이전등기를 넘김으로써, 위 대지에 관한 위 피해자 소유의 지분(8/33)을 횡령하였다."는 것이고, 원심은, 피고인의 제1심 법정에서의 일부 진술, 증인 C, D, 피해자, A의 제1심 법정에서의 각 진술, 검사가 D, 피해자에 대하여 작성한 각 진술조서의 기재, 사법경찰관 직무취급이 D, 피해자, A, C에 대하여 작성한 각 진술조서의 기재를 종합하여 피고인을 유죄로 인정한 제1심판결을 그대로 유지하였다. …

나. 횡령죄는 위탁이라는 신임관계에 반하여 타인의 재물을 보관하는 자가 이를 횡령하거나 또는 반환을 거부함으로써 성립하는 것이므로, 이 사건에서 피고인이 위 부동산에 관한 피해자 의 지분을 횡령하였다고 하려면 우선 위 피해자가 위 부동산의 8/33 지분의 실제 소유권자로서 피고인에게 위 지분을 명의신탁함으로써 피고인과의 사이에 위탁이라는 신임관계가 있어야 할 것이다(당원 1993. 6. 22. 선고 92도797 판결 참조). …

이에 비추어 보아도 위 부동산의 8/33 지분이 피고인에게 명의신탁된 피해자의 소유라는 위 증인들의 진술은 선뜻 납득하기 어렵다.

나. 쟁 점

(1) 대체물

(가) 특정물로서 위탁된 경우

- 횡령죄 성립

(나) 용도목적을 정하여 위탁된 불특정물

① **학설**

1 배임죄(금전은 점유이전과 동시 소유권도 이전)
2 횡령죄(이 경우 소유권이 위탁자에 유보)

② **판례**

■ 대법원 2002. 10. 11. 선고 2002도2939 판결【사기(일부 인정된 죄명: 횡령)】(공)

목적, 용도를 정하여 위탁한 금전은 정해진 목적, 용도에 사용할 때까지는 이에 대한 소유권이 위탁자에게 유보되어 있는 것으로서, 특히 그 금전의 특정성이 요구되지 않는 경우 수탁자가 위탁의 취지에 반하지 않고 필요한 시기에 다른 금전으로 대체시킬 수 있는 상태에 있는 한 이를 일시 사용하더라도 횡령죄를 구성한다고 할 수 없고, 수탁자가 그 위탁의 취지에 반하여 다른 용도에 소비할 때 비로소 횡령죄를 구성한다(대법원 1995. 10. 12. 선고 94도2076 판결, 2002. 5. 10. 선고 2001도1779 판결 등 참조)

위 법리 및 기록에 비추어 살펴보면, 판시 일시·장소에서 피해자들로부터 토지를 매입하여 주겠다는 명목으로 금원을 교부받아 보관하던 중 김태용의 금원 1억 4,400만 원을 1997. 5.경 피고인이 건축하는 자동차매매센터 건축비용 등에 임의로 소비하여 이를 횡령하고, 이원재의 금원 2억 4천만 원과 조남수의 금원 6천만 원을 1996. 12.경부터 1997. 1. 말경까지 사이에 주식매입 등에 임의로 소비하여 이를 소비하였다는 공소사실을 모두 유죄로 인정한 원심의 조치는 정당한 것으로 수긍이 가고, 거기에 채증법칙에 위배하여 위 금원의 임의소비 시점 등에 관한 사실을 오인하거나 횡령죄에 관한 법리를 오해한 위법이 있다고 할 수 없다.

■ 대법원 2008. 3. 14. 선고 2007도7568 판결【횡령】(미)

목적과 용도를 정하여 위탁한 금전은 정해진 목적과 용도에 사용할 때까지는 이에 대한 소유권이 위탁자에게 유보되어 있다고 보아야 할 것이나, 특별히 그 금전의 특정성이 요구되지 않는 경우 수탁자가 위탁의 취지에 반하지 않고 필요한 시기에 다른 금전으로 대체시킬 수 있는 상태에 있는 한 이를 일시 사용하더라도 횡령죄를 구성한다고 할 수 없고, 수탁자가 그 위탁의 취지에 반하여 다른 용도에 소비할 때 비로소 횡령죄를 구성한다(대법원 1995. 10. 12. 선고 94도2076 판결, 대법원 2002. 10. 11. 선고 2002도2939 판결 등 참조).

이 사건 공소사실의 요지는, 피고인은 골프회원권 등 매매중개업체인 공소외 1 주식회사를 운영하는 자인바, 2005. 12. 21.경 피해자 공소외 2 주식회사의 대표이사 공소외 3으로부터 서원밸리 컨트리클럽 골프회원권(이하 '이 사건 회원권'이라 한다)을 4억 원에 매입하여 달라는 위임을 받아 같은 달 27일까지 합계 4억 원을 피고인 회사 명의의 예금통장으로 입금받아 이를 피해자를 위하여 업무상 보관하던 중, 당초 피고인에게 이 사건 회원권 매도를 의뢰한 주식회사 코슨이 같은 달 30일 매도의뢰를 철회하였음에도 불구하고, 그 무렵 같은 장소에서 다른 골프회원권 매입대금 등으로 임의로 소비하여 이를 횡령하였다는 것이다.

이에 대하여 원심은, 그 적법하게 채택한 증거에 의하여 그 판시와 같은 사실을 인정한 다음, 공소외 2 주식회사의 대표이사인 공소외 3이 애초에 이 사건 회원권 중 주식회사 코슨이 보유하고 있는 회원권을 특정하여 매입하여 달라고 한 것이 아니라 그 보유자가 누구인지 여부와 상관없이 이 사건 회원권을 매입하여 달라고 의뢰한 것이므로 주식회사 코슨이 매도의사를 철회하였음에도 피고인이 즉시 매매대금을 반환하지 않았다는 것만으로 피고인의 불법영득의사를 단정할 수 없고, 피고인이 공소외 2 주식회사로부터 이 사건 회원권 매입 명목으로 받은 4억 원은 그 목적과 용도를 정하여 위탁된 금전으로서 골프회원권 매입시까지 일응 그 소유권이 위탁자인 공소외 2 주식회사에게 유보되어 있는 것이기는 하나, 피고인 회사에는 30여 명의 딜러가 각기 사업자등록을 하고 각자의 책임하에 골프회원권 매매를 중개하고 4명의 팀장과 1명의 본부장이 딜러들을 관리하며, 각 딜러들이 골프회원권 매입대금으로 받은 돈을 피고인 회사의 법인 통장에 입금하면 법인 통장에 입금된 돈을 피고인 회사가 그때 그때마다 필요한 곳에 공동으로 사용하는 방식으로 운영되고 있는 점에 비추어, 위 4억 원이 회사자금의 공동관리를 위하여 만들어진 피고인 회사의 법인통장에 입금되어 다른 회사자금과 함께 보관된 이상 그 특정성을 계속 인정하기는 어렵다고 할 것이며, 나아가 공소외 2 주식회사에게 회원권을 매입하여 주기로 한 2006. 1.말경까지 피고인 회사 법인통장에 적어도 4억 원 이상의 잔고가 있었던 이상, 비록 골프회원권의 시세 상승 등 외부적 요인으로 피고인이 약정한 기한까지 골프회원권을 매입하여 주지 못하고 그 대금도 반환하지 못하였다고 하더라도, 피고인이 그로부터 2달여 후인 2006. 4. 10.경까지는 위 매매대금을 전액 반환한 사정 등을 함께 고려한다면, 그러한 사정만으로 바로 피고인의 불법영득의사를 추단할 수는 없다는 이유로 이 사건 공소사실은 범죄의 증명이 없는 때에 해당한다 하여 피고인에게 무죄를 선고하였는바, 앞서 본 법리와 기록에 비추어 살펴보면, 원심의 위와 같은 사실인정과 판단은 정당한 것으로 수긍이 가고, 거기에 '목적과 용도를 특정하여 위탁한 금전의 특정성'에 관한 법리오해, 횡령죄의 불법영득의사 및 반환거부 행위에 관한 법리오해, 또는 채증법칙 위배 등의 위법이 없다.

(다) 용도 · 목적을 정하지 않고 위탁한 불특정물

- 횡령죄 불성립(소유권 수탁자에게 이전)

(2) 위탁사무

■ 대법원 2004. 3. 12. 선고 2004도134 판결【특정경제범죄가중처벌등에관한법률위반(횡령), 장물취득】(공)

금전의 수수를 수반하는 사무처리를 위임받은 자가 그 행위에 기하여 위임자를 위하여 제3자로부터 수령한 금전은 목적이나 용도를 한정하여 위탁된 금전과 마찬가지로 달리 특별한 사정이 없는 한 그 수령과 동시에 위임자의 소유에 속하고, 위임을 받은 자는 이를 위임자를 위하여 보관하는 관계에 있다고 보아야 할 것이고(대법원 1995. 11. 24. 선고 95도1923 판결, 2003. 6. 24. 선고 2003도1741 판결 등 참조), 횡령죄에 있어서의 불법영득의 의사는 타인의 재물을 보관하는 자가 자기 또는 제3자의 이익을 위하여 위탁의 취지에 반하여 권한 없이 그 재물을 자기의 소유인 것 같이 처분하는 의사를 말하는 것이므로, 비록 그 반환을 거부하였다고 하더라도 그 반환거부에 정당한 사유가 있을 때에는 불법영득의 의사가 있다고 할 수 없다(대법원 1987. 4. 28. 선고 86도824 판결, 1989. 9. 12. 선고 89도382 판결 등 참조).

원심은, 그 채택 증거들을 종합하여, 피고인 1은 피해자 한국불교태고종 천중사의 대표자인 A로부터 이 사건 부동산의 매도 위임을 받아 매매계약을 체결하고 계약금으로 5억 원을 교부받아 보관하던 중, 피해자에 대한 위 금원의 반환을 일방적으로 거부한 사실, 피고인들은 한편으로는 그들이 일본 나고야에 가서 피해자의 대표자인 A에게 납골당 사업실패로 인한 손해배상과 이 사건 부동산의 매매교섭에 대한 수고비 등 명목으로 5억 원을 요구하여 A의 승낙을 받았다고 진술하면서도, 다른 한편으로는 당시 피고인들이 A와 사이에서 이 사건 부동산의 매매계약금으로 받게 될 5억 원으로 피고인들 주장의 위 5억 원의 변제에 충당하기로 합의한 사실은 없고, 오히려 피고인 1이 이 사건 부동산의 계약금으로 5억 원을 받은 후 A로부터 위 5억 원을 피해자 명의의 은행계좌에 입금할 것을 요구받았으나, 피고인 1은 위 5억 원을 피해자 명의의 은행계좌에 입금할 경우 A가 5억 원을 자신에게 지급하지 않을 것을 우려하여 피고인 2에 대한 채무변제 등으로 소비하였다고 진술하고 있는 사실, 피고인 2 역시 A로부터 위와 같은 반환요구를 받았음에도 그 후 피고인 1로부터 자신의 채권 변제 명목으로 위 5억 원 중 3억 원을 교부받았다고 진술하고 있는 사실 등을 인정한 다음, 그 인정 사실에 나타난 여러 사정들에 비추어 볼 때, 피고인 1에게 불법영득의 의사가 있었음을 넉넉히 인정할 수 있고, 피고인 1이 A의 동의나 승낙 없이 위 계약금 5억 원을 자신의 피해자에 대한 채권 변제에 충당한다는 명목으로 그 반환을 거부하는 한편, 나아가 피고인 2에게 그 중 3억 원을 교부하기까지 하는 등 이를 모두 임의소비한 이상, 피고인 1의 위와 같은 행위는 횡령죄에 해당하며, 피고인 2 역시 위와 같은 사정을 잘 알면서도 피고인 1로부터 3억 원을 교부받은 이상 피고인 2의 위와 같은 행위는 장물취득죄에 해당한다고 판단하여, 피고인들에 대한 이 사건 범죄사실을 모두 유죄로 인정한 제1심판결을 그대로 유지하고 있다.

먼저, 원심판결과 원심이 유지한 제1심판결의 채택 증거들을 기록에 비추어 살펴보면, 원심이 피고인 1은 피해자의 대표자인 A의 동의나 승낙 없이 이 사건 부동산의 매매계약금 5억 원을 위 피고인 주장의 채권의 변제에 충당한다는 명목으로 그 반환을 거부하였고, 피고인 2 역시 그러한 사정을 알고 있었다고 인정한 조치는 옳고, 거기에 채증법칙을 위배하여 사실을 오인한 위법이 없다.

나아가 원심이 적법하게 확정한 사실관계 및 기록에 의하면, 피해자 소유의 이 사건 부동산의 매도를 위임받기 전에 이미 피해자의 대표자인 A와의 약정에 의하여 피해자에 대하여 5억 원의 받을 채권이 있었다고 주장하는 피고인 1이 이 사건 부동산의 매매계약금 5억 원으로 그 주장의 채권의 변제에 충당하기로 합의한 사실은 없고, 오히려 매매계약금 5억 원을 즉시 피해자 명의의 은행계좌에 입금하라는 요구를 받았을 뿐이라는 것이고, 위 매매계약금을 다른 특정한 용도나 목적에 사용하기로 하는 별도의 합의가 있었다는 것도 아니므로, 금전의 수수를 수반하는 이 사건 부동산의 매도에 관한 사무의 위임약정 중에는 이 사건 부동산의 매매대금으로 수령하게 되는 금전은 이를 피해자에게 반환하기로 하는 합의가 포함되어 있었다고 보아야 하고, 그럼에도 불구하고 피고인 1이 위와 같은 위탁의 취지에 반하여 권한 없이 이 사건 부동산의 매매계약금 5억 원의 반환을 거부하면서 자기의 소유인 것 같이 이를 처분한 이상, 피고인 1이 위 매매계약금 5억 원의 반환을 거부한 데에는 정당한 사유가 있었다고 할 수 없다.

(3) 채권양도

① 채권양도인이 양도통지 전에 채무자로부터 금전을 교부받아 소비한 경우

1 배임죄(∵ 금전은 양도인 소유)
2 횡령죄(∵ 금전은 양수인 소유)

② 판례

■ 대법원 1999. 4. 15. 선고 97도666 전원합의체 판결【횡령(예비적 죄명: 배임)】(집)

채권양도는 채권을 하나의 재화로 다루어 이를 처분하는 계약으로서, 채권 자체가 그 동일성을 잃지 아니한 채 양도인으로부터 양수인에게로 바로 이전한다. 이 경우 양수인으로서는 채권자의 지위를 확보하여 채무자로부터 유효하게 채권의 변제를 받는 것이 그 목적인바, 우리 민법은 채무자와 제3자에 대한 대항요건으로서 채무자에 대한 양도의 통지 또는 채무자의 양도에 대한 승낙을 요구하고, 채무자에 대한 통지의 권능을 양도인에게만 부여하고 있으므로, 양도인은 채무자에게 채권양도 통지를 하거나 채무자로부터 채권양도 승낙을 받음으로써 양수인으로 하여금 채무자에 대한 대항요건을 갖출 수 있도록 해 줄 의무를 부담한다. 그리고 양도인이 채권양도 통지를 하기 전에 타에 채권을 이중으로 양도하여 채무자에게 그 양도통지를 하는 등 대항요건을 갖추어 줌으로써 양수인이 채무자에게 대항할 수 없게 되면 양수인은 그 목적을 달성할 수 없게 되므로, 양도인이 이와 같은 행위를 하지 않음으로써 양수인으로 하여금 원만하게 채권을 추심할 수 있도록 하여야 할 의무도 당연히 포함된다.

양도인의 이와 같은 적극적·소극적 의무는 이미 양수인에게 귀속된 채권을 보전하기 위한 것이고, 그 채권의 보전 여부는 오로지 양도인의 의사에 매여있는 것이므로, 채권양도의 당사자 사이에서는 양도인은 양수인을 위하여 양수채권 보전에 관한 사무를 처리하는 자라고 할 수 있고, 따라서 채권양도의 당사자 사이에는 양도인의 사무처리를 통하여 양수인은 유효하게 채무자에게 채권을 추심할 수 있다는 신임관계가 전제되어 있다고 보아야 할 것이다.

나아가 이 사건에서와 같이 양도인이 채권양도 통지를 하기 전에 채무자로부터 채권을 추심하여 금전을 수령한 경우, 아직 대항요건을 갖추지 아니한 이상 채무자가 양도인에 대하여 한 변제는 유효하고, 그 결과 양수인에게 귀속되었던 채권은 소멸하지만, 이는 이미 채권을 양도하여 그 채권에 관한 한 아무런 권한도 가지지 아니하는 양도인이 양수인에게 귀속된 채권에 대한 변제로서 수령한 것이므로, 채권양도의 당연한 귀결로서 그 금전을 자신에게 귀속시키기 위하여 수령할 수는 없는 것이고, 오로지 양수인에게 전달해 주기 위하여서만 수령할 수 있을 뿐이어서, 양도인이 수령한 금전은 양도인과 양수인 사이에서 양수인의 소유에 속하고, 여기에다가 위와 같이 양도인이 양수인을 위하여 채권보전에 관한 사무를 처리하는 지위에 있다는 것을 고려하면, 양도인은 이를 양수인을 위하여 보관하는 관계에 있다고 보아야 할 것이다.

따라서 피고인이 채권양도 통지를 하기 전에 윤종연으로부터 지급받은 임차보증금 2,500만 원 중 1,150만 원은 그 양수인인 피해자의 소유에 속하고, 피고인은 피해자를 위하여 이를 보관하는 자로서 피해자에게 돌려주지 아니하고 처분한 행위는 횡령죄를 구성한다.

4. 행 위

○ 횡령, 반환거부

5. 불법영득의사

가. 일반내용

① 사후 변상할 의사가 있어도

■ 대법원 2006. 6. 2. 선고 2005도3431 판결【특정경제범죄가중처벌등에관한법률위반(횡령) 등】(공)

1. 특정경제범죄 가중처벌 등에 관한 법률 위반(횡령)죄에 관한 판단

업무상횡령죄에 있어서 불법영득의 의사라 함은 자기 또는 제3자의 이익을 꾀할 목적으로 업무상의 임무에 위배하여 보관하는 타인의 재물을 자기의 소유인 경우와 같은 처분을 하는 의사를 말하고 사후에 이를 반환하거나 변상, 보전하는 의사가 있다 하더라도 불법영득의 의사를 인정함에 지장이 없고(대법원 1983. 9. 13. 선고 82도75 판결, 2000. 12. 8. 선고 99도214 판결 등 참조), 수개의 업무상 횡령행위라 하더라도 피해법익이 단일하고, 범죄의 태양이 동일하며 단일 범의의 발현에 기인하는 일련의 행위라고 인정될 때에는 포괄하여 1개의 범죄라고 봄이 타당할 것이다(대법원 1993. 10. 12. 선고 93도1512 판결 등 참조).

위의 법리를 기록에 비추어 살펴보면, 원심이 그 채용증거와 제1심법원의 채용증거들을 인용하여, (지역명 생략) 상공회의소 회장인 피고인이 (지역명 생략) 상공회의소 전무이사인 원심 공동피고인과 경리부장에게 지시하여 약 70일 사이에 4회에 걸쳐 (지역명 생략) 상공회의소의 공금 합계 14억 원을 원심 공동피고인의 계좌로 송금하게 한 후 피고인이 개인용도로 유용하였다는 이 부분 공소사실에 대하여, 피고인이 용도가 제한되어 있는 (지역명 생략) 상공회의소의 공금을 정상적인 절차를 거치지 아니한 채 인출하도록 지시한 후 임의 사용한 사실을 인정한 다음 피고인이 불법영득의사로 공금을 유용하려는 단일하고도 계속된 범의하에 단기간 내에 반복적으로 동일한 범행방법으로 동일한 법익을 침해하였다고 판단하여 위 4회의 횡령행위를 통틀어 특정경제범죄 가중처벌 등에 관한 법률 위반(횡령)죄로 의율하여 처단한 것은 정당한 것으로 수긍이 가고(피고인이 횡령한 금원을 반환한 후 다시 횡령하는 행위를 반복하였다고 하여 포괄일죄의 성립에 지장이 있거나, 피고인이 횡령행위로 취득한 재물의 가액이 줄어드는 것이라고는 볼 수 없다), 거기에 상고이유에서 지적하는 바와 같은 불법영득의 의사나 포괄일죄, 위 법률상의 이득액에 관한 법리오해 등의 위법이 있다고 할 수 없다.

또한, 불가벌적 사후행위에 관한 법리를 오해하였다는 내용의 상고이유의 주장은 원심의 인정사실과는 달리 피고인이 처음 (지역명 생략) 상공회의소의 공금 4억 원을 횡령한 후 그 횡령금으로 공범의 계좌에 입금과 출금을 반복하였음을 전제로 하는 것으로 이는 이 부분 공소사실의 내용을 잘못 파악한 채 원심이 인정하지도 아니한 사실관계에 터잡아 원심을 비난하는 것에 불과하여 받아들일 수 없다.

이 부분 상고이유의 주장은 모두 받아들일 수 없다.

② 스스로 영득할 것 불요

■ 대법원 2006. 11. 10. 선고 2004도5167 판결【특정경제범죄가중처벌등에관한법률위반(배임)(일부 인정된 죄명: 업무상배임), 특정경제범죄가중처벌등에관한법률위반(횡령)】(미)

횡령죄에 있어서 불법영득의 의사라 함은 자기 또는 제3자의 이익을 꾀할 목적으로 임무에 위배하여 보관하는 타인의 재물을 자기의 소유인 경우와 같이 처분을 하는 의사를 말하고, 사후에 이를 반환하거나 변상, 보전하는 의사가 있다 하더라도 불법영득의 의사를 인정함에는 지장이 없는 것이다(대법원 1983. 9. 13. 선고 82도75 판결, 2005. 8. 19. 선고 2005도3045 판결 등 참조).

원심은, 그 채용증거들에 의하여 피고인이 공소외 4 회사의 관리인 공소외 10과 공모하여 법원의 허가 없이 공소외 4 회사의 자금 27억 원을 공소외 11 주식회사에 임의로 대여해 준 사실을 인정한 다음, 피고인이 위 횡령행위에 대한 공범으로서의 죄책을 면할 수 없고, 공소외 11 주식회사가 곧바로 위 돈을 변제하였다고 하더라도 피고인에게 불법영득의 의사가 없었다고 볼 수도 없다고 판단하였는바, 위 법리 및 기록에 비추어 살펴보면, 원심의 위와 같은 사실인정 및 판단은 수긍이 가고, 거기에 횡령죄에 있어 보관자의 지위나 불법영득의사에 관한 법리오해 등의 위법이 있다고 할 수 없다. …

횡령죄에 있어서 불법영득의 의사라 함은 타인의 재물을 보관하는 자가 위탁의 취지에 반하여 자기 또는 제3자의 이익을 위하여 권한 없이 그 재물을 자기의 소유인 것처럼 처분하는 의사를 의미하는 것으로서, 반드시 자기 스스로 영득하여야만 횡령죄가 성립되는 것은 아니다(대법원 1989. 9. 12. 선고 89도382 판결, 1996. 9. 6. 선고 95도2551 판결 등 참조).

기록에 의하면, 공소외 1 회사와 공소외 4 회사는 1998. 1. 14. 부도가 나기 직전 회사의 채권자들로부터 압류를 피하기 위하여 경리팀 직원들 명의의 은행계좌에 회사 돈을 빼돌려 보관하고 있었던 사실, 나산은 1998. 3. 9. 정리법원으로부터 회사재산에 대한 보전처분결정이 내려져 이후 회사재산을 임의로 처분할 수 없는 상태였고, 공소외 4 회사도 위와 같이 부도가 나 있었던 사실, 그럼에도 불구하고 피고인은 직원들 명의로 보관 중이던 위 돈을 임의로 공소외 16 주식회사에게 대여하도록 지시한 사실을 알 수 있는바, 비록 위 돈이 그 용도가 특정되어 있었던 것은 아니었다 하더라도 피고인이 위탁의 취지에 반하여 회사 자금을 마치 자신 개인의 돈인 것처럼 공소외 16 주식회사에게 임의로 대여한 것이라면 이는 횡령행위에 해당한다 할 것이고, 나아가 당시 나라종금의 영업이 재개될지 여부는 객관적으로 보아 극히 불투명한 상황이었던 점, 위와 같이 대여한 돈이 부도 직전 직원들 명의로 은닉해 두었던 자금이었던 점 등에 비추어 보면, 공소외 16 주식회사에 대한 대여가 (명칭 생략) 그룹의 회생에 도움이 된다고 보기는 어려울 뿐만 아니라, 피고인이 나라종금으로부터 지원을 받아 공소외 1 회사나 공소외 4 회사를 회생시킬 것을 기대하였다고 보기도 어려우므로, 피고인에게 불법영득의 의사가 없었다고 볼 수는 없다 할 것이다.

③ 예산전용의 경우

■ 대법원 2004. 12. 24. 선고 2003도4570 판결【특정경제범죄가중처벌등에관한법률위반(횡령)】(공)

업무상횡령죄에 있어서의 불법영득의 의사라 함은 자기 또는 제3자의 이익을 꾀할 목적으로 업무상의 임무에 위배하여 보관하고 있는 타인의 재물을 자기의 소유인 것과 같이 사실상 또는 법률상 처분하는 의사를 의미하는 것으로, 예산을 집행할 직책에 있는 자가 자기 자신의 이익을 위한 것이 아니고 경비부족을 메우기 위하여 예산을 전용한 경우, 그것이 본래 책정되거나 영달되어 있어야 할 필요경비이기 때문에 일정한 절차를 거치면 그 지출이 허용될 수 있었던 때에는 그 간격을 메우기 위한 유용이 있었다는 것만으로 바로 그 유용자에게 불법영득의 의사가 있었다고 단정할 수는 없는 것이지만, 그 예산의 항목유용 자체가 위법한 목적을 가지고 있다거나 예산의 용도가 엄격하게 제한되어 있는 경우에는 불법영득의 의사가 인정된다 할 것이다(대법원 1995. 2. 10. 선고 94도2911 판결 및 대법원 2002. 2. 5. 선고 2001도5439 판결 등 참조).

한편, 보조금의예산및관리에관한법률(이하 '보조금법'이라고만 한다)에 의하면, 보조금은 별도의 계정을 설정하고 자체의 수입 및 지출을 명백히 구분하여 계리하여 관리하여야 하며(제34조 제1항), 다른 용도에 사용하는 것이 엄격히 금지되고(제22조 제1항), 이를 위반하는 경우, 3년 이하의 징역 또는 200만 원 이하의 벌금형에 처하도록 할 뿐 아니라(제41조), 교부결정의 전부 또는 일부를 취소하고(제30조 제1항) 그 취소된 부분에 해당하는 보조금의 반환을 명하며(제31조 제1항), 반환받을 보조금에 대하여는 국세징수의 예에 따라 징수할 수 있도록(제33조 제1항) 규정되어 있는바, 이러한 제 규정의 취지에 비추어 보건대, 위 국가보조금은 그 용도가 엄격히 제한된 자금으로 봄이 상당하다.

원심의 인정 및 판단은 위와 같은 법리에 따른 것으로서 정당하고, 거기에 횡령죄의 불법영득의사 및 보조금법의 해석에 관한 법리 오해의 잘못이 없다.

3. 뿐만 아니라, 이 사건 보조금은 교비회계의 수입 중에서도 원조보조금(관)의 국내보조금(항) 중 국고보조(목)에 해당하는 것이고(사학기관재무회계규칙 별지 6. 참조), 기록에 의하면, 위와 같이 보조금을 유용하여 대금을 지급한 대상 부동산은 사립학교법시행령 제13조 제2항 제2호에서 정하고 있는 '학교교육에 직접 필요한 시설·설비'에 해당하는 것이 아니라 학교법인의 임대수익용 기본재산에 해당하는 것으로서 그 구입대금의 지급은 법인회계의 세출부에 법인회계의 재산조성비(관)의 시설비(항) 중 재산매입비(목)로 기재(사학기관재무회계규칙 별지 5. 참조)된 사정을 알 수 있는바, 사립학교의 경우, 사립학교법 제29조 및 같은 법 시행령에 의해 학교법인의 회계가 학교회계와 법인회계로 구분되고 학교회계 중 특히, 교비회계에 속하는 수입은 다른 회계에 전출하거나 대여할 수 없는 등 용도가 엄격히 제한되어 있기 때문에 교비회계자금을 다른 용도에 사용하였다면 그 자체로서 횡령죄가 성립한다(대법원 2002. 5. 10. 선고 2001도1779 판결 및 대법원 2003. 5. 30. 선고 2002도235 판결 등 참조)는 점에 비추어 보면, 피고인의 소위는 이 점에 있어서도 횡령죄의 죄책을 면할 수 없다 할 것이다.

나. 비자금

(1) 비자금과 업무상 횡령

(가) 비자금의 조성과 횡령

① 비자금 조성이 횡령죄가 되는 경우

■ **대법원 2009. 2. 12. 선고 2006도6994 판결【특정경제범죄가중처벌등에관한법률위반(횡령)】(미)**

업무상횡령죄가 성립하기 위하여는 자기 또는 제3자의 이익을 꾀할 목적으로 업무상 임무에 위배하여 자신이 보관하는 타인의 재물을 자기의 소유인 것 같이 사실상 또는 법률상 처분하는 의사를 의미하는 불법영득의 의사가 있어야 하는 것인바, 법인의 운영자 또는 관리자가 법인을 위한 목적이 아니라 법인과는 아무런 관련이 없거나 개인적인 용도로 착복할 목적으로 법인의 자금을 빼내어 별도로 비자금을 조성하였다면 그 조성행위 자체로써 불법영득의 의사가 실현된 것이고, 이때 그 행위자에게 법인의 자금을 빼내어 착복할 목적이 있었는지 여부는 그 법인의 성격과 비자금의 조성 동기, 방법, 규모, 기간, 비자금의 보관방법 및 실제 사용용도 등 제반 사정을 종합적으로 고려하여 판단하여야 한다(대법원 2006. 6. 27. 선고 2005도2626 판결, 대법원 2007. 7. 26. 선고 2007도4164 판결 참조).

원심은, 피해자 조합은 산림조합법(구 임업협동조합법)에 의하여 설립된 지역조합으로서 산림조합법 제12조가 규정하고 있는 목적을 달성하기 위한 범위 내에서 일정한 영리활동을 할 수 있고(같은 법 제46조 및 피해자 조합의 정관), 간부 직원은 뇌물죄의 적용에 있어서 공무원으로 의제되는 점(특정범죄가중처벌 등에 관한 법률 제4조 제1항 및 같은 법 시행령 제2조 제51호) 등에 비추어 보면, 피해자 조합이 영리를 주된 목적으로 하는 사기업과 같이 조합 자체의 영리활동을 유지·확장하기 위하여 비자금을 조성·관리할 필요까지는 없었던 것으로 보이는 점, 이 사건 비자금의 조성 과정에는 피해자 조합의 일부 직원들만이 관여하였고 3,200여 명에 이르는 피해자 조합의 조합원들 중 조합장인 공소외인을 제외한 다른 조합원들은 그 조성사실조차 몰랐던 점, 이 사건 비자금은 주로 피해자 조합의 금고에 수표 또는 현금으로 보관되었는데 그 금고는 피해자 조합이 신용사업을 운영하면서 사용한 금고와는 다른 것으로 보이는 점, 피고인들은 2002. 8.경부터 2005. 9.경까지 영림단 등 계약상대방에게 실제의 비용보다 부풀린 금액을 명목상 지급하는 형식을 취한 다음 그 차액을 지급하지 않거나 또는 일단 지급하였다가 다시 이를 반환받는 방법으로 합계 1,166,385,260원 상당의 이 사건 비자금을 조성하였고, 조합장과 상무 및 지도과장만이 비자금의 지출 용도와 금액을 결정하였으며, 그 결정은 아무런 기준 없이 그때그때 자의적·즉흥적으로 이루어진 것으로 보이고, 위 3인 사이에 그 사용내역을 점검하거나 확인하기 위한 장부도 작성되지 아니한 점, 이 사건 비자금의 대부분은 피고인들을 비롯한 피해자 조합의 직원들이 매년 명절이나 연말 등에 나누어 가지거나 사업과 관련된 기관의 임직원들에게 음성적으로 공여하는 등의 목적으로 사용되었고 피해자 조합을 위하여 정당한 용도로 사용된 것으로 볼 만한 금액은 미미한 점 등을 종합해 보면, 피고인들이 이 사건 비자금을 피고인 3 또는 피고인 2에게 따로 보관하도록 하는 방법으로 조성한 시점에 피고인들의 불법영득의사가 객관적으로 명백히 표현되었으므로 이 사건 비자금의 각 조성행위 자체로써 이 사건 각 업무상횡령죄가 기수에 이르렀고, 비록 피고인들이 이 사건 비자금 중의 일부를 피해자 조합의 업무와 관련된 용도로 사용하였다고 하더라도, 횡령죄의 성립에 영향을 미치지 못한다고 판단하였다.

위에서 본 법리와 기록에 비추어 살펴보면, 원심의 위와 같은 판단은 정당하고, 거기에 상고이유에서 주장하는 바와 같은 업무상횡령죄의 성립 시기 등에 관한 법리오해의 위법이 없다.

② 단순한 분식회계: 횡령 ×

■ 대법원 1999. 9. 17. 선고 99도2889 판결【특정경제범죄가중처벌등에관한법률위반(횡령), 업무상횡령(일부 인정된 죄명: 업무상배임), 배임수재】(공)

원심이 유지한 제1심판결이 채용한 증거를 기록에 비추어 살펴보니, 피고인의 판시 특정경제범죄가중처벌등에관한법률위반(횡령)의 범행을 유죄로 인정한 제1심을 유지한 원심의 조치는 정당하고, 거기에 불가벌적 사후행위에 해당하는 행위를 횡령으로 인정하였다거나 영득의사의 범위를 확대 적용한 위법은 없다.

횡령행위의 한 태양으로서의 은닉이란, 타인의 재물의 보관자가 위탁의 본지에 반해 그 재물을 발견하기 곤란한 상태에 두는 것을 말하는 것인바, 피고인 2등이 조성한 비자금이 회사의 장부상 일반자금 속에 은닉되어 있었다 하더라도 이는 당해 비자금의 소유자인 회사 이외의 제3자가 이를 발견하기 곤란하게 하기 위한 장부상의 분식에 불과하여 그것만으로 피고인의 불법영득의 의사를 인정할 수는 없으므로, 이와 반대의 견지에서, 이 사건 비자금이 회계장부상 일반자금 속에 은닉된 때 이미 횡령이 이루어졌음을 전제로 그 비자금의 임의사용 행위는 불가벌적 사후행위에 해당한다는 주장은 받아들일 수 없다.

③ 장부상의 분식, 법인자금 조달수단: 불법영득의사 ×

■ 대법원 2010. 12. 9. 선고 2010도11015 판결【특정경제범죄가중처벌등에관한법률위반(횡령)[피고인 4,5,6,7,8,9,11,13,14,15,16,17,18,19,20에 대한 예비적 죄명: 특정경제범죄가중처벌등에관한법률위반(횡령)방조] 등】(공)

업무상횡령죄가 성립하기 위하여는 자기 또는 제3자의 이익을 꾀할 목적으로 업무상 임무에 위배하여 자신이 보관하는 타인의 재물을 자기의 소유인 것 같이 사실상 또는 법률상 처분하는 의사를 의미하는 불법영득의 의사가 있어야 한다. 법인의 운영자 또는 관리자가 법인의 자금을 이용하여 비자금을 조성하였다고 하더라도 그것이 당해 비자금의 소유자인 법인 이외의 제3자가 이를 발견하기 곤란하게 하기 위한 장부상의 분식에 불과하거나 법인의 운영에 필요한 자금을 조달하는 수단으로 인정되는 경우에는 불법영득의 의사를 인정하기 어렵다(대법원 1999. 9. 17. 선고 99도2889 판결, 대법원 2008. 8. 21. 선고 2007도9318 판결 등 참조). 다만 법인의 운영자 또는 관리자가 법인을 위한 목적이 아니라 법인과는 아무런 관련이 없거나 개인적인 용도로 착복할 목적으로 법인의 자금을 빼내어 별도로 비자금을 조성하였다면 그 조성행위 자체로써 불법영득의 의사가 실현된 것으로 볼 수 있을 것인바, 이때 그 행위자에게 법인의 자금을 빼내어 착복할 목적이 있었는지 여부는 그 법인의 성격과 비자금의 조성 동기, 방법, 규모, 기간, 비자금의 보관방법 및 실제 사용용도 등 제반 사정을 종합적으로 고려하여 판단하여야 한다(대법원 2006. 6. 27. 선고 2005도2626 판결, 대법원 2009. 2. 12. 선고 2006도6994 판결 등 참조). 한편 강제집행면탈죄는 채권자의 권리보호를 그 주된 보호법익으로 하고 있는 것이므로 강제집행의 기본이 되는 채권자의 권리, 즉 채권의 존재는 강제집행면탈죄의 성립요건이라 할 것이고, 따라서 그 채권의 존재가 인정되지 않을 때에는 강제집행면탈죄가 성립하지 아니한다(대법원 1988. 4. 12. 선고 88도48 판결, 대법원 2008. 5. 8. 선고 2008도198 판결 등 참조).

원심은, 이 사건 새마을금고의 실질적 운영자인 피고인 1과 상무 혹은 전무 등으로 재직한 피고인 3, 1이 금고의 담당 직원들로 하여금 고객들이 맡긴 정기예탁금을 부외거래시스템에 입금하게 하는 행위 자체가 금고에 대한 관계에서 횡령 행위로 인정되기 위해서는, 부외거래자금이 금고와는 아무런 관련이 없거나 개인적인 용도로 착복할 목적으로 조성된 것으로서, 고객의 정기예탁금이 부외거래시스템을 통하여 금고에 입금되면 그 돈은 정상거래시스템을 통하여 입금된 고객의 돈과는 별도로 보관·관리·처분되어 금고의 공식적인 자금에서 벗어난 별도의 비자금과 같은 성격을 띠게 되는 것이어야 한다고 전제한 다음, 그 판시와 같은 부외거래시스템의 도입 경위 및 운용 실태, 부외거래자금의 흐름이나 사용처 등의 여러 사정을 종합하면 피고인 1 등이 이 사건 새마을금고의 직원들로 하여금 고객들이 맡긴 정기예탁금을 부외거래시스템에 입금하게 하는 행위는 회계처리상 부외거래시스템의 계좌 혹은 통합전산망의 차명계좌에 예금액을 기재하는 행위에 불과하고 그 자체로 금고의 공식적인 자금에서 벗어난 별도의 비자금을 조성하는 행위로 볼 수는 없다는 이유로, 피고인 1, 3, 12의 특정경제범죄 가중처벌 등에 관한 법률 위반(횡령)의 점, 피고인 5, 6, 7, 8, 13, 14, 15, 16, 17, 18의 특정경제범죄 가중처벌 등에 관한 법률 위반(횡령) 방조의 점 및 피고인 1, 3, 7에 대한 업무상횡령의 점에 관한 이 부분 공소사실에 대하여 각 무죄를 선고하였다. 나아가 원심은 같은 취지에서 부외거래시스템에 입금된 정기예탁금은 피고인 1 등의 개인재산으로 귀속되는 것이 아니라 이 사건 새마을금고에 귀속되는 것으로 보아야 한다고 전제한 다음, 피고인 1 등이 이러한 부외거래자금을 조합원들에게 대출해 주는 행위는 피고인 1 등의 계산 또는 금고 이외의 제3자의 계산으로 대출하는 것으로 볼 수 없어 특정경제범죄 가중처벌 등에 관한 법률 제8조에 규정된 사금융알선에 해당하지 아니한다고 하여, 피고인 1, 3의 특정경제범죄 가중처벌 등에 관한 법률 위반(사금융알선등) 및 피고인 5, 6, 7, 8의 특정경제범죄 가중처벌 등에 관한 법률 위반(사금융알선등) 방조의 점에 관한 이 부분 공소사실에 대하여 각 무죄를 선고하였다. 또한 원심은, 앞서 본 바와 같이 고객들이 맡긴 정기예탁금을 부외거래시스템에 입금하게 하는 행위만으로는 금고에 대한 횡령죄가 성립하지 아니하고, 검사가 제출한 증거만으로는 피고인 6이 금고의 돈을 임의로 인출하여 이를 개인적인 용도로 소비한 적이 있음을 인정하기에 부족하며 달리 이를 인정할 증거가 없다는 이유로, 피고인 6의 횡령에 따른 손해배상채권의 존재를 전제로 하는 강제집행면탈의 점에 관한 이 부분 공소사실에 대하여 무죄를 선고하였다.

관계 증거와 기록을 앞서 본 법리에 비추어 살펴보면, 원심의 위와 같은 사실인정과 판단은 정당한 것으로 수긍할 수 있고, 거기에 검사의 상고이유 주장과 같이 논리와 경험의 법칙에 위배하여 사실을 오인하거나 불법영득의사의 인정기준 등에 관한 법리를 오해하여 판결 결과에 영향을 미친 위법이 있다고 할 수 없다.

④ 차명계좌에 보관

■ 대법원 2006. 8. 24. 선고 2006도3039 판결【특정경제범죄가중처벌등에관한법률위반(횡령), 특정경제범죄가중처벌등에관한법률위반(배임), 사문서위조, 위조사문서행사, 범죄수익은닉의규제및처벌등에관한법률위반】(공)

범죄수익은닉의 규제 및 처벌 등에 관한 법률(이하 '범죄수익법'이라 한다) 제3조에 규정된 범죄수익 등의 은닉·가장죄의 객체가 되는 '범죄수익'이라 함은 범죄수익법 제2조 제2호 (가)목의 "중대범죄의 범죄행위에 의하여 생긴 재산 또는 그 범죄행위의 보수로서 얻은 재산"을 의미하는 것으로, 당해 중대범죄의 범죄행위가 기수에 이르러 '범죄행위에 의하여 생긴 재산'이라는 범죄의 객체가 특정 가능한 상태에 이르러야 비로소 위 법조 소정의 '범죄수익'이라 할 수 있을 것이므로, 특정경제범죄 가중처벌 등에 관한 법률 제3조의 중대범죄의 경우에 있어서는, 업무상 횡령죄가 기수에 이르러야만 비로소 그 횡령행위에 의하여 생긴 재산을 범죄수익이라고 할 수 있을 것이고, 아직 기수에 이르지 아니한 상태에서는 위 법조 소정의 '범죄수익'이라고 할 수 없다고 보아야 할 것이다.…

피고인들이 공소외 1 회사의 자금을 인출하여 **차명계좌**에 보관한 행위가 그 인출금을 법인의 자금으로 별도 관리하기 위한 것이 아니라 불법영득의사의 실행으로 한 것이라고 인정할 수 있을 만큼 합리적인 의심을 할 여지가 없을 정도로 입증되었다고 보기는 부족하고, 공소제기된 바와 같은 용도로 그 일부를 개인적으로 사용함으로써 불법영득의사가 명백히 표현되었다고 볼 것이어서 그 구체적인 사용시에 비로소 횡령행위가 기수에 이르렀다고 봄이 상당하다고 하겠다.

⑤ 법인 지사 감정평가사들이 접대비 용도로 법인 자금으로 비자금 조성 ○

■ 대법원 2010. 5. 13. 선고 2009도1373 판결【부동산실권리자명의등기에관한법률위반, 특정경제범죄가중처벌등에관한법률위반(횡령)(인정된 죄명: 업무상횡령)】(공)

감정평가법인 지사에서 근무하는 감정평가사들이 접대비 명목 등으로 임의로 나누어 사용할 목적으로 감정평가법인을 위하여 보관 중이던 돈의 일부를 비자금으로 조성한 사안에서, 피고인들이 위 지사를 독립채산제로 운영하기로 했다고 하더라도 그것은 지사가 처리한 감정평가업무로 인한 경제적 이익의 분배에 관하여 그와 같이 약정을 한 것에 불과한 것이므로 피고인들이 사용한 지사의 자금이 법률상으로는 위 법인의 자금이 아니라고 할 수는 없고, 당초의 비자금 조성 목적 등에 비추어 비자금 조성 당시 피고인들의 불법영득의사가 객관적으로 표시되었다고 할 것인 점 등에 비추어, 위 비자금 조성행위가 업무상횡령죄에 해당한다고 한 원심판단을 수긍한 사례.

(나) 비자금의 사용과 횡령

① 판단기준

■ 대법원 2010. 4. 15. 선고 2009도6634 판결【특정경제범죄가중처벌등에관한법률위반(횡령)(인정된 죄명: 업무상횡령), 배임증재 등】(공)

4. 피고인 2의 '특정경제범죄 가중처벌 등에 관한 법률' 위반(횡령)의 점

가. 공소외 11 주식회사의 퇴직임원에게 지급한 3억 6,500만 원에 대하여

원심은 그 판시 사정에 비추어 피고인 2가 공소외 6 주식회사의 비자금 중 3억 6,500만 원을 공소외 11 주식회사 퇴직임원인 공소외 12 등 3명에게 퇴직보상금으로 지급함에 있어 불법영득의 의사로 공소외 6 주식회사의 자금을 횡령한다는 범의를 가지고 있었다고 보기 어렵다고 판단한 제1심판결의 결론을 유지하였다.

기록 및 관련 법령에 비추어 보면, 원심의 위와 같은 사실인정 및 판단은 정당한 것으로 수긍이 가고, 거기에 상고이유 주장과 같은 법리 오해 등의 위법이 없다.

나. 피고인 1에게 지급하기 위하여 사용한 6억 5,000만 원에 대하여

횡령이 인정되기 위하여는 타인의 재물을 보관하는 자가 권한 없이 그 재물을 자기의 소유인 것 같이 처분하는 의사가 인정되어야 하고, 이는 회사의 비자금을 보관하는 자가 비자금을 사용하는 경우라고 하여 달라지는 것이 아니다. 한편 비자금 사용에 관하여는 그 비자금을 사용하게 된 시기, 경위, 결과 등을 종합적으로 고려하여 해당 비자금 사용의 주된 목적이 피고인의 개인적인 용도에 사용하기 위한 것이라고 볼 수 있는지 여부 내지 불법영득의사의 존재를 인정할 수 있는지 여부를 판단하여야 한다(대법원 2009. 2. 28. 선고 2007도4784 판결 참조).

피고인 2가 보관하고 있던 공소외 6 주식회사의 비자금 중 6억 5,000만 원을 피고인 1에게 지급한 것은 공소외 6 주식회사가 설립한 공소외 7 주식회사가 공소외 1 주식회사를 인수하는 과정에서 도움을 준 피고인 1에게 그 대가로 지급된 것임은 앞서 본 바와 같다. 따라서 비록 피고인 2가 위 돈을 피고인 1에게 지급한 것이 배임증재에 해당하여 위법하다고 하더라도, 피고인 2가 이를 개인적인 용도로 사용한 것이 아니라는 등의 사정이 있는 이상, 피고인 2에게는 불법영득의사가 없어서 이에 대하여 업무상 횡령의 죄책을 물을 수는 없다고 할 것이다.

그렇다면 위 돈이 배임증재에 사용된 것이 아니라는 점 등을 들어 피고인 2에게 불법영득의사가

없다고 판단한 제1심판결을 수긍한 원심은 그 이유 설시에 적절하지 아니한 점이 있으나 그 결론에 있어서는 정당하여 판결 결과에 영향이 없다. 결국 이 부분 상고이유의 주장은 이유 없다.

■ 대법원 2009. 2. 26. 선고 2007도4784 판결【특정경제범죄가중처벌등에관한법률위반(횡령)】(미)

가. 업무상횡령죄에 있어서의 불법영득의 의사라 함은 타인의 재물을 보관하는 자가 자기 또는 제3자의 이익을 꾀할 목적으로 업무상의 임무에 위배하여 보관하는 타인의 재물을 자기의 소유인 경우와 같이 사실상 또는 법률상 처분하는 의사를 의미하고, 반드시 자기 스스로 영득하여야만 하는 것은 아니다(대법원 2000. 12. 27. 선고 2000도4005 판결, 대법원 2008. 8. 21. 선고 2007도9318 판결 등 참조).

피고인들이 보관, 관리하고 있던 회사의 비자금이 인출, 사용되었음에도 피고인들이 그 행방이나 사용처를 제대로 설명하지 못하거나, 피고인들이 주장하는 사용처에 사용된 자금이 그 비자금과는 다른 자금으로 충당된 것으로 드러나는 등 피고인들이 주장하는 사용처에 비자금이 사용되었다는 점을 인정할 수 있는 자료가 부족하고 오히려 피고인들이 비자금을 개인적인 용도에 사용하였다는 점에 대한 신빙성 있는 자료가 많은 경우 등에는 피고인들이 그 돈을 불법영득의 의사로써 횡령한 것이라고 추단할 수 있을 것이다. 하지만, 이와 달리 피고인들이 불법영득의사의 존재를 인정하기 어려운 사유를 들어 비자금의 행방이나 사용처에 대한 설명을 하고 있고 이에 부합하는 자료도 있다면, 피고인들이 그 보관, 관리하고 있던 비자금을 일단 타 용도로 소비한 다음 그만한 돈을 별도로 입금 또는 반환한 것이라는 등의 사정이 인정되지 아니하는 한, 함부로 보관, 관리하고 있던 비자금을 불법영득의사로 인출하여 횡령하였다고 인정할 수는 없다(대법원 1994. 9. 9. 선고 94도998 판결, 대법원 2002. 7. 26. 선고 2001도5459 판결 등 참조).

또한, 이 사건과 같이 피고인들이 회사의 비자금을 사용한 사실은 인정하면서도 그 비자금을 회사를 위하여 인출, 사용하였다고 주장하면서 불법영득의사의 존재를 부인하는 경우, 피고인들이 주장하는 비자금의 사용이 회사의 운영과정에서 통상적으로 발생하는 비용에 대한 지출(부담)로서 회사가 그 비용을 부담하는 것이 상당하다고 볼 수 있는지 여부, 비자금 사용의 구체적인 시기, 대상, 범위, 금액 등에 대한 결정이 객관적, 합리적으로 적정하게 이루어졌는지 여부(다만, 일반적인 비자금의 조성과정이나 비자금의 성격 등에 비추어 볼 때, 비자금 사용에 관하여 회사 내부규정이 존재하지 않거나 이사회 결의 등을 거치지 않았다고 하더라도, 그러한 사정만으로 바로 피고인들의 불법영득의사의 존재가 인정된다고 할 것은 아니다) 등을 비롯하여 그 비자금을 사용하게 된 시기, 경위, 결과 등을 종합적으로 고려하여, 해당 비자금 사용의 주된 목적이 피고인들의 개인적인 용도에 사용하기 위한 것이라고 볼 수 있는지 여부 내지 불법영득의사의 존재를 인정할 수 있는지 여부에 대하여 판단하여야 할 것이다.

② 비자금에 대한 횡령: 불법영득의사의 증명

■ 대법원 2009. 12. 24. 선고 2008도11967 판결【횡령】(미)

횡령죄에 있어서 불법영득의 의사는 자기 또는 제3자의 이익을 꾀할 목적으로 보관하는 타인의 재물을 자기의 소유인 것 같이 사실상 또는 법률상 처분하는 의사를 의미하는바, 피고인이 위탁받은 비자금을 이용하여 친지들 명의로 부동산을 구입하여 이를 개인적으로 관리하면서도 그 부동산 구입에 관하여 납득할 만한 합리적인 설명을 하지 못하고 오히려 개인적인 목적으로 부동산을 구입하였다는 점에 대한 신빙성 있는 자료가 많은 경우에는 피고인이 위 비자금을 불법영득의 의사로 횡령한 것으로 추단할 수 있다 할 것이다.

■ 대법원 2009. 2. 26. 선고 2007도4784 판결【특정경제범죄가중처벌등에관한법률위반(횡령)】(미)

1. 피고인들의 상고이유(피고인들의 변호인과 국선변호인의 각 상고이유에 대하여 함께 본다) 및 검사의 상고이유 제1점에 대하여

가. 업무상횡령죄에 있어서의 불법영득의 의사라 함은 타인의 재물을 보관하는 자가 자기 또는 제3자의 이익을 꾀할 목적으로 업무상의 임무에 위배하여 보관하는 타인의 재물을 자기의 소유인 경우와 같이 사실상 또는 법률상 처분하는 의사를 의미하고, 반드시 자기 스스로 영득하여야만 하는 것은 아니다(대법원 2000. 12. 27. 선고 2000도4005 판결, 대법원 2008. 8. 21. 선고 2007도9318 판결 등 참조).

피고인들이 보관, 관리하고 있던 회사의 비자금이 인출, 사용되었음에도 피고인들이 그 행방이나 사용처를 제대로 설명하지 못하거나, 피고인들이 주장하는 사용처에 사용된 자금이 그 비자금과는 다른 자금으로 충당된 것으로 드러나는 등 피고인들이 주장하는 사용처에 비자금이 사용되었다는 점을 인정할 수 있는 자료가 부족하고 오히려 피고인들이 비자금을 개인적인 용도에 사용하였다는 점에 대한 신빙성 있는 자료가 많은 경우 등에는 피고인들이 그 돈을 불법영득의 의사로써 횡령한 것이라고 추단할 수 있을 것이다. 하지만, 이와 달리 피고인들이 불법영득의사의 존재를 인정하기 어려운 사유를 들어 비자금의 행방이나 사용처에 대한 설명을 하고 있고 이에 부합하는 자료도 있다면, 피고인들이 그 보관, 관리하고 있던 비자금을 일단 타 용도로 소비한 다음 그만한 돈을 별도로 입금 또는 반환한 것이라는 등의 사정이 인정되지 아니하는 한, 함부로 보관, 관리하고 있던 비자금을 불법영득의사로 인출하여 횡령하였다고 인정할 수는 없다(대법원 1994. 9. 9. 선고 94도998 판결, 대법원 2002. 7. 26. 선고 2001도5459 판결 등 참조).

또한, 이 사건과 같이 피고인들이 회사의 비자금을 사용한 사실은 인정하면서도 그 비자금을 회사를 위하여 인출, 사용하였다고 주장하면서 불법영득의사의 존재를 부인하는 경우, 피고인들이 주장하는 비자금의 사용이 회사의 운영과정에서 통상적으로 발생하는 비용에 대한 지출(부담)로서 회사가 그 비용을 부담하는 것이 상당하다고 볼 수 있는지 여부, 비자금 사용의 구체적인 시기, 대상, 범위, 금액 등에 대한 결정이 객관적, 합리적으로 적정하게 이루어졌는지 여부(다만, 일반적인 비자금의 조성과정이나 비자금의 성격 등에 비추어 볼 때, 비자금 사용에 관하여 회사 내부규정이 존재하지 않거나 이사회 결의 등을 거치지 않았다고 하더라도, 그러한 사정만으로 바로 피고인들의 불법영득의사의 존재가 인정된다고 할 것은 아니다) 등을 비롯하여 그 비자금을 사용하게 된 시기, 경위, 결과 등을 종합적으로 고려하여, 해당 비자금 사용의 주된 목적이 피고인들의 개인적인 용도에 사용하기 위한 것이라고 볼 수 있는지 여부 내지 불법영득의사의 존재를 인정할 수 있는지 여부에 대하여 판단하여야 할 것이다.

그리고 불법영득의사를 실현하는 행위로서의 횡령행위가 있었다는 점은 검사가 법관으로 하여금 합리적인 의심을 할 여지가 없을 정도의 확신을 생기게 하는 증명력을 가진 엄격한 증거에 의하여 입증하여야 하며, 이와 같은 증거가 없다면 설령 피고인들에게 유죄의 의심이 간다 하더라도 피고인들의 이익으로 판단할 수밖에 없다(대법원 1994. 9. 9. 선고 94도998 판결, 위 대법원 2008. 8. 21. 선고 2007도9318 판결 등 참조).

나. 원심은, 적법하게 채용한 증거들에 의하여 그 판시와 같은 사실들을 각 인정하고, 그 인정 사실들을 종합하면, 이 사건 공소사실 제1항 기재 각 비자금 사용행위 중, 원심 판시 별지 범죄일람표(1)(이하 '이 사건 범죄일람표'라고 한다)의 순번 제2, 5, 6, 8, 9, 11번(다만, 순번 제11번의 경우 그 중 일부인 5,900만 원) 기재 각 사용행위(사용된 비자금 액수 합계 11억 8,164만 원)에 대하여는 피고인들의 불법영득의사를 인정할 수 있고, 이 사건 범죄일람표의 순번 제1, 3, 4, 7, 10, 11, 12 내지 17번(다만, 순번 제11번의 경우 그 중 일부인 1,700만 원) 기재 각 사용행위(사용된 비자금 액수 합계 33억 1,630만 9천 원)에 대하여는 피고인들의 불법영득의사를 인정할 수 없다고 판단하였다.

그러나 다음과 같은 이유에서, 원심의 위와 같은 판단 중, 피고인들의 불법영득의사를 인정할 수 없다고 판단한 부분은 수긍할 수 있으나, 피고인들의 불법영득의사를 인정할 수 있다고 판단한 부분은 수긍하기 어렵다.

다. 원심이 인정한 사실관계 및 기록에 비추어 살펴보면 다음과 같은 사정들을 알 수 있다.

(1) 이 사건 각 비자금 사용 당시 피고인 2는 공소외 회사의 대표이사이고, 피고인 1은 공소외 회사의 관리이사 겸 감사이다.

(2) 이 사건 범죄일람표 기재 각 비자금 사용내역은 모두 그 외형상 일응 공소외 회사 운영 과정에서 통상적으로 발생하는 비용에 대한 지출(해당 비용을 선지출한 임직원에 대한 비용 보전 포함)이거나, 공소외 회사의 임직원들, 현장 관계자들 및 거래처 등에 대한 경조사 비용, 복리후생증진비용(휴가 비용 포함), 명절 선물비용 등에 대한 지출 등으로 보이는바, 그와 같은 각 비자금 사용의 주된 목적은 피고인들의 개인적인 이익을 도모하기 위한 것이라기보다는 공소외 회사의 운영자금 지출 내지 공소외 회사 경영상의 필요에 의한 지출, 즉 공소외 회사의 원활한 운영과 공소외 회사 임직원의 관리, 거래처와의 유대관계 유지 등을 도모하기 위한 것으로서, 피고인들의 불법영득의사의 존재를 인정하기 어려운 사유에 해당한다고 볼 여지가 있다.

(3) 이 사건 각 비자금 사용 당시 피고인 2는 공소외 회사 주식의 45%를 소유하고 있는 대주주였으며, 아울러 다른 주주들인 공소외 1(주식 45% 소유), 공소외 2(주식 10% 소유)로부터 사실상 의결권 행사를 포괄적으로 위임받은 상태였고, 당시 공소외 회사의 이사들도 피고인 2에게 공소외 회사 업무 집행에 관한 대부분의 사항을 위임하여, 피고인 2가 대체로 스스로의 판단과 책임하에 공소외 회사를 경영하였던 것으로 보이는바, 이러한 상황에서 피고인 2의 공소외 회사 경영권이 불안정한 상태에 있었다거나, 위 피고인이 특별히 공소외 회사 임직원들에게 현금 기타 재산상 이익을 제공하면서까지 자신의 위상을 높이거나 자신에 대한 충성심을 강화하여야 할 만한 특별한 사정은 보이지 않는다. 그리고 피고인들이 위와 같은 비자금의 사용을 통하여 부수적인 목적으로서 피고인들의 위상과 평판을 높이는 효과를 가져오고자 하였거나 결과적으로 그러한 효과를 얻게 되었다고 하더라도, 그러한 사정들만으로 위 비자금 사용에 대하여 피고인들의 불법영득의사의 존재를 선뜻 인정할 수는 없다고 할 것이다.

(4) 비록 피고인들이 이 사건 각 비자금을 사용, 지출함에 있어서, 공소외 회사의 내부규정상 그러한 지출의 근거가 존재하지 않거나, 그 지출이 공소외 회사의 내부규정에서 정하고 있는 기준과 절차를 준수하지 않았다고 하더라도, 비자금의 일반적인 성격상 그러한 사정만으로 비자금의 사용행위에 대하여 바로 피고인들의 불법영득의사의 존재를 인정하기는 곤란하다. 그리고 이 사건의 경우 피고인 2가 공소외 회사 대표이사로서의 경영판단에 근거하여 나름대로의 필요성과 기준에

의하여 이 사건 비자금 사용 여부 및 그 대상, 금액 등을 결정한 것으로 볼 여지가 있고, 그러한 결정이 통상적으로 대표이사의 경영판단으로서 용인할 수 있는 범위를 넘어서서 피고인 2의 개인적 이익을 위하여 주관적, 자의적으로 이루어졌다고 인정하기에는 입증이 부족하다.

(5) 피고인들이 주장하고 있는 이 사건 비자금을 사용한 각 사용처 중에서 검사가 공소를 제기하지 아니한 사용내역들(직원 여비교통비, 현장 작업독려수당, 직원 차량유지비, 직원 통신지원비 등)과 이 사건 범죄일람표 기재 각 사용내역들에 있어 그 주된 사용목적 내지 피고인들의 불법영득의사의 존재 여부가 서로 다르다고(전자는 공소외 회사를 위한 것이고, 후자는 피고인들 개인의 이익을 위한 것이라고) 볼 만한 뚜렷한 차이를 인정하기 어렵다.

라. 앞서 본 바와 같은 법리 및 위와 같은 사정들에 비추어 살펴보면, 피고인들의 이 사건 범죄일람표 기재 각 비자금 사용행위 전부에 대하여 피고인들의 불법영득의사의 존재를 선뜻 인정하기 어렵다고 할 것이고, 그 밖에 검사가 제출하고 있는 모든 주장과 자료들을 종합하여 보더라도, 피고인들의 이 사건 범죄일람표 기재 각 비자금의 사용행위의 주된 목적이 피고인들의 개인적인 이익을 위한 것이라는 점 내지 피고인들의 불법영득의사의 존재에 대하여 합리적인 의심을 할 여지가 없을 정도로 충분한 입증이 되었다고 인정하기 어렵다.

그렇다면 이 사건 범죄일람표의 순번 제2, 5, 6, 8, 9, 11번(다만, 순번 제11번의 경우 그 중 일부인 5,900만 원) 기재 각 비자금 사용행위에 대하여 피고인들의 불법영득의사의 존재를 인정할 수 있다고 판단한 원심판결 부분에는 업무상횡령죄에 있어서 불법영득의사에 관한 법리오해로 인하여 판결 결과에 영향을 미친 위법이 있다고 할 것이고, 이를 지적하는 피고인들의 상고이유의 주장은 이유 있다.

반면, 이 사건 범죄일람표의 순번 제1, 3, 4, 7, 10, 11, 12 내지 17번(다만, 순번 제11번의 경우 그 중 일부인 1,700만 원) 기재 각 비자금 사용행위에 대하여 피고인들의 불법영득의사의 존재를 인정할 수 없다고 판단한 원심판결 부분은 정당하여 수긍할 수 있고, 거기에 검사가 상고이유로 주장하는 바와 같은 채증법칙 위배로 인한 사실오인이나 심리미진, 또는 업무상횡령죄에 있어서 불법영득의사에 관한 법리오해 등의 위법이 있다고 할 수 없다.

(2) 비자금과 배임

■ 대법원 1988. 5. 24. 선고 88도542 판결【특정경제범죄가중처벌등에관한법률위반(택일적으로 업무상배임)】(공)

업무상배임죄가 성립하기 위하여는 주관적으로 자기의 행위가 임무에 위배되는 것이라는 인식 외에도 그로 인하여 본인에게 재산상 손해를 발생 또는 발생시킬 염려가 있다는 인식이 있어야 할 것이다(당원 1988. 2. 23. 선고 87도1436 판결, 1987. 3. 10. 선고 81도2026 판결 등 참조).

원심판결 이유에 의하면, 원심은 그 채택증거를 종합하여 피고인 1은 소속회사의 대표이사, 피고인 2는 그 상무이사, 피고인 3은 그 채권부장으로서 이들은 침체된 소속회사의 영업을 활성화함으로써 회사의 발전을 꾀하기 위하여 소위 부외자금이 필요하다고 판단하고 그 부외자금을 조달함에 있어서는 채권매매알선업에 종사하는 피고인 4와의 사이에 위 회사가 채권을 매수 또는 매도할 때 실제로는 당시 수익률에 따르되 매수할 때는 그보다 비싼 가격으로 기장하고, 매도할 때는 그보다 싼 가격으로 기장한 다음 그 차액을 다시 피고인 4로부터 돌려받기로 하는 방법에 의하여 조달하기로 하여 그와 같이 조성된 판시와 같은 부외자금을 소속회사를 위하여 전액 지출하였다는 사실을 인정하고 있는바, 원심이 취사선택한 증거관계를 기록에 비추어 검토하면 원심의 위와 같은 사실인정은 정당하고 거기에 채증법칙위배로 인한 사실오인의 위법이 있다고 할 수 없으며, 사실관계가 위와 같다면 피고인들은 위와 같은 부외자금의 조성 및 그 소비과정에서 위 회사에 재산상 손해를 발생시키거나 발생시킬 염려가 있다는 인식이 있었다고 보여지지는 않는 바이니 위와 같은 취지에서 이 사건 업무상배임죄의 부분에 관하여 피고인들에게 무죄를 선고한 원심의 조치는 정당하고, 거기에 업무상배임죄의 범의에 관한 법리오해 등의 위법이 있다고 할 수 없다.

(3) 비자금과 조세포탈

■ 대법원 2005. 1. 14. 선고 2002도5411 판결【특정범죄가중처벌등에관한법률위반(조세)(인정된 죄명: 조세범처벌법위반), 조세범처벌법위반】(공)

조세범처벌법 제9조 제1항 제3호와 그 가중처벌조항인 특정범죄가중처벌등에관한법률 제8조는 사기 기타 부정한 행위로써 법인세 등 조세를 포탈한 자를 처벌한다고 규정하고 있고, 법인세법 제14조 제1항은 법인세 과세표준 산정의 기초가 되는 "내국법인의 각 사업연도의 소득"은 그 사업연도에 속하는 익금의 총액에서 그 사업연도에 속하는 손금의 총액을 공제한 금액으로 한다라고 규정하고 있으며, 법인세법 제40조 제1항은 내국법인의 각 사업연도의 익금과 손금의 귀속사업연도는 그 익금과 손금이 확정된 날이 속하는 사업연도로 한다고 규정하고 있는바, 위 각 규정들을 종합하여 보면, 법인세는 법인의 소득에 대하여 과세하는 조세, 즉 법인소득세이고, 법인세의 과세표준이 되는 소득은 각 사업연도를 단위로 계산하는 것이므로, 사기 기타 부정한 행위로써 특정 사업연도의 법인세를 포탈하였다고 하기 위해서는 당해 사업연도의 익금을 누락 혹은 과소계상하거나 가공손금을 계상 혹은 손금을 과다계상함으로써 그 사업연도의 소득금액을 줄이는 부정한 행위를 하고 나아가 무신고 또는 과소신고한 경우여야 하는 것이다.

원심판결 이유에 의하면, 원심은 판시와 같은 사실을 인정한 다음, 피고인 1은 공소외 1 일간신문사가 1997 사업연도 이전부터 차명으로 보유하고 있던 서해리조트 주식 390,000주를 1997 사업연도에 이르러 비로소 공소외 1 일간신문사의 회계장부에 계상하면서 마치 이를 그 해에 대금 23억 4,000만 원에 새로 매수하는 것처럼 허위의 매매계약서를 작성하고 그 대금을 지급하는 것처럼 허위의 전표를 작성하는 등의 방법으로 금원을 인출하여 공소외 1 일간신문사의 비자금 관리계좌에 입금함으로써 동액 상당의 현금자산을 공소외 1 일간신문사의 회계장부 밖으로 부당하게 유출하였던 것은 사실이나, 이는 주식의 형태이던 기존의 부외자산을 회계장부 내의 투자유가증권으로 만들면서 그 매수 대금으로 지급하는 형식을 밟고 유출한 것이며, 유출한 현금도 사업연도 내내 계속 법인의 자산으로 보유·관리하였으므로, 실질과세의 원칙에 비추어 피고인 1의 위 현금유출은 이 사건 1999 사업연도 법인세의 과세표준이 되는 소득에는 아무런 영향을 미치지 않았던 것이고, 따라서 1999 사업연도 법인세를 포탈한 것에 해당하지 않는다고 판단하였다.

위의 법리와 기록에 비추어 살펴보면, 원심의 위와 같은 인정과 판단은 정당하고, 거기에 상고이유에서 주장하는 바와 같은 소득의 탈루와 법인세 포탈에 관한 법리오해 등의 위법이 있다고 할 수 없다.

☞ 조세포탈 부정.

6. 공 범

○ 적극주선과 횡령공범

■ 대법원 2005. 8. 19. 선고 2005도3045 판결【특정경제범죄가중처벌등에관한법률위반(횡령)】(공)

2. 피고인 1, 피고인 2의 고의 등에 관한 판단

주식회사는 주주와 독립된 별개의 권리주체로서 그 이해가 반드시 일치하는 것은 아니므로, 회사 소유 재산을 주주나 대표이사가 제3자의 자금 조달을 위하여 담보로 제공하는 등 사적인 용도로 임의 처분하였다면 그 처분에 관하여 주주총회나 이사회의 결의가 있었는지 여부와는 관계없이 횡령죄의 죄책을 면할 수는 없는 것이고, 횡령죄에 있어서 불법영득의 의사라 함은 자기 또는 제3자의 이익을 꾀할 목적으로 업무상의 임무에 위배하여 보관하는 타인의 재물을 자기의 소유인 경우와 같은 처분을 하는 의사를 말하고 사후에 이를 반환하거나 변상, 보전하는 의사가 있다 하더라도 불법영득의 의사를 인정함에 지장이 없다(대법원 1983. 9. 13. 선고 82도75 판결, 2005. 4. 29. 선고 2005도741 판결 등 참조). 또, 주식회사의 재산을 임의로 처분하려는 대표이사의 횡령행위를 주선하고 그 처분행위를 적극적으로 종용한 경우에는 대표이사의 횡령행위에 가담한 공동정범의 죄책을 면할 수 없다.

원심이 채용한 증거들을 기록에 비추어 살펴보면, 피고인 1이 주식회사 사이어스의 주식을 매도하는 과정에서 위 회사의 자금으로 준비한 53억 원 상당의 양도성예금증서를 매수인측이 주식매수대금을 마련하기 위하여 대출을 받는 데 담보로 제공한 것은 그 거래의 형식만 LBO(Leveraged Buyouts)방식에 의한 M&A계약의 외양을 갖추었을 뿐 실제에 있어서는 피고인 1 개인의 주식처분에 따른 매매대금을 마련하기 위한 사적인 목적을 위하여 회사의 재산을 임의로 담보제공한 것에 불과하다 할 것이므로, 원심이 주식회사 사이어스의 주주이자 대표이사인 피고인 1이 피고인 2를 대리인으로 하여 위 회사의 주식을 매도하는 과정에서 1차 중도금 50억 원 마련을 위하여 위 회사 소유의 양도성예금증서를 대출금의 담보로 제공해 달라는 매수인측의 요청을 피고인 2를 통하여 전달받은 다음 이에 응하는 방법으로 순차 공모하여, 피고인 1은 위 회사의 자금으로 양도성예금증서를 준비하고, 피고인 2는 양도성예금증서의 준비를 독촉하는 외에 머뭇거리는 피고인 1과 양도성예금증서의 교부를 반대하는 위 회사 주주이자 이사인 공소외 2에게 법적으로 책임질 것이 없다는 취지로 말하면서 강력히 권유하여, 피고인 1로 하여금 매수인측에 양도성예금증서 53억 원 상당을 교부토록 하여 매수인측이 1차 중도금 50억 원 대출 원리금의 담보로 제공케 하는 방법으로 횡령하였다는 공소사실을 유죄로 인정한 조치는 정당하고, 거기에 상고이유의 주장과 같은 채증법칙 위반으로 인한 사실오인, 횡령행위의 인식과 공동정범에 관한 법리오해, LBO방식에 의한 M&A계약에 관한 법리오해 등의 위법이 있다고 할 수 없다.

7. 죄 수

가. 일 죄

○ 강제집행면탈죄와 횡령: 횡령만 성립

■ 대법원 2000. 9. 8. 선고 2000도1447 판결【특정경제범죄가중처벌등에관한법률위반(횡령, 사기), 횡령, 하도급거래공정화에관한법률위반】(공)

원심판결 이유에 의하면, 원심은 공소외 회사가 1998. 4. 15. 1차 부도를 냈다가 동남은행의 긴급자금지원으로 최종부도를 면하였으나 같은 달 30일 동남은행으로부터 추가자금지원을 중단하겠다는 통지를 받게 되자, 피고인은 공소외 회사가 조만간 최종부도를 피할 수 없고 금융기관 등 채권자의 강제집행이 이어질 것으로 예상하여, 그 강제집행을 면탈함과 동시에 공소외 회사의 재산을 횡령할 목적으로, 경리직원 등에게 지시하여 공소외 회사의 자금 1,080,595,170원을 대표이사의 가수금반제로 변칙회계처리한 다음 공소외인 명의의 차명계좌를 개설하여 이를 입금하여 은닉함으로써 강제집행을 면탈함과 동시에 이를 횡령하였다고 인정하였다.

횡령죄의 구성요건으로서의 횡령행위란 불법영득의 의사, 즉 타인의 재물을 보관하는 자가 자기 또는 제3자의 이익을 꾀할 목적으로 위탁의 취지에 반하여 권한 없이 그 재물을 자기의 소유인 것처럼 사실상 또는 법률상 처분하려는 의사를 실현하는 행위를 말하고, 한편 강제집행면탈죄에 있어서 은닉이라 함은 강제집행을 면탈할 목적으로 강제집행을 실시하는 자로 하여금 채무자의 재산을 발견하는 것을 불능 또는 곤란하게 만드는 것을 말하는 것으로서 진의에 의하여 재산을 양도하였다면 설령 그것이 강제집행을 면탈할 목적으로 이루어진 것으로서 채권자의 불이익을 초래하는 결과가 되었다고 하더라도 강제집행면탈죄의 허위양도 또는 은닉에는 해당하지 아니한다 할 것이다.

이와 같은 양죄의 구성요건 및 강제집행면탈죄에 있어 은닉의 개념에 비추어 보면, 타인의 재물을 보관하는 자가 위 보관하고 있는 재물을 영득할 의사로 이를 은닉하였다면 이는 횡령죄를 구성하는 것이고 채권자들의 강제집행을 면탈하는 결과를 가져온다 하여 이와 별도로 강제집행면탈죄를 구성하는 것은 아니라고 할 것이다.

원심으로서는 마땅히 피고인이 위 회사자금을 차명계좌에 입금하게 한 행위가 불법영득의 의사에 기한 것인지, 단지 회사에 대한 채권자들의 강제집행을 면탈하기 위해 이루어진 것인지를 가려보았어야 했음에도 불구하고, 원심이 이에 필요한 심리를 하지 아니한 채 가벼이 위 행위가 강제집행면탈죄를 구성함과 동시에 횡령죄에도 해당한다고 판단하고 만 것은 횡령죄와 강제집행면탈죄에 있어서의 횡령행위 및 은닉에 관한 법리를 오해하여 필요한 심리를 다하지 아니하거나 이유모순의 위법을 저지른 것이라 아니할 수 없고, 이 점을 지적하는 취지의 상고이유의 주장은 이유 있다.

나. 포괄일죄

① 포괄일죄의 요건

■ 대법원 2009. 2. 12. 선고 2006도6994 판결【특정경제범죄가중처벌등에관한법률위반(횡령)】(미)

수개의 업무상 횡령행위라 하더라도 피해법익이 단일하고, 범죄의 태양이 동일하며, 단일 범의의 발현에 기인하는 일련의 행위라고 인정될 때에는 포괄하여 1개의 범죄가 성립하고(대법원 1995. 9. 5. 선고 95도1269 판결, 대법원 2004. 10. 27. 선고 2003도6738 판결, 대법원 2007. 1. 12. 선고 2004도8071 판결 참조), 또한 수개의 업무상 횡령행위 도중에 공범자의 변동이 있는 경우라 하더라도 그 수개의 행위가 위와 같은 기준을 충족하는 것이라면 별개의 죄가 되는 것이 아니라 포괄일죄가 된다(대법원 1995. 9. 5. 선고 95도1269 판결 참조).

원심이 유지한 제1심판결은, 이 사건 각 범행은 ○○군산림조합의 조합장 및 임직원으로 근무한 피고인들이 비자금을 조성한 후 이를 임의 사용한 것으로서 피해자가 모두 ○○군산림조합인 점, 피고인들은 각 영림단장과 사이에 실제 지급할 공사비보다 부풀린 금액으로 공사도급계약서를 작성한 후 각 영림단장에게는 실제 지급할 공사비만 교부하면서 그 차액은 지급하지 않거나 또는 외형상 직영방식에 의할 경우에도 실제보다 부풀린 금액을 영림단원들의 계좌에 입금하였다가 실제

지급하기로 한 금액과의 차액을 돌려받는 등의 방법으로 비자금을 조성함으로써 이 사건 각 범행의 태양이 동일하다고 볼 수 있는 점, 더욱이 피고인들 스스로 위와 같은 비자금 조성행위는 이 사건 이전부터 내려온 관행이라고 주장하고 있는데 이 사건 각 업무상 횡령은 각 행위시마다 새로이 공모하여 행하여진 것이 아니라 무육간벌사업의 경우는 연초에 각 영림단에게 실제로 지급할 단가를 결정하여 당해 연도 사업분은 미리 정해진 단가에 의하여 지급하는 등 단일한 범의하에서 이 사건 각 범행이 이루어진 점, 이 사건 각 범행 도중 공범자들의 범위에 일부 변동이 있었다고 하더라도 이는 조합 내 사무분담의 변경에 기인한 것에 불과한 점 등을 종합해 보면, 이 사건 각 범행은 피고인별로 포괄일죄에 해당된다고 판단하였다.

■ 대법원 2007. 1. 12. 선고 2004도8071 판결【특정경제범죄가중처벌등에관한법률위반(횡령)】(미)

수개의 업무상횡령 행위라 하더라도 피해법익이 단일하고, 범죄의 태양이 동일하며, 단일 범의의 발현에 기인하는 일련의 행위라고 인정될 때에는, 포괄하여 1개의 범죄라고 봄이 타당하다 할 것이다(대법원 2005. 9. 28. 선고 2005도3929 판결 등 참조).

원심이 적법하게 채용한 증거(단, 위에서 거시한 증거능력이 없는 공소외 3에 대한 제1회 진술조서는 제외함)에 의하면, 피고인의 이 사건 업무상횡령 행위는, 피해자가 공소외 1 주식회사로서 그 피해법익이 단일하고, 피고인이 공소외 1 주식회사의 대표이사로서 위 회사의 업무를 집행하면서 위 회사의 자금부장인 공소외 5를 통해 그 상사인 관리이사 공소외 3의 결재를 거쳐 가지급금 명목으로 회사자금을 인출하거나, 위 회사의 관리이사인 공소외 3을 통해 회사자금을 인출하여 이를 개인적인 용도에 임의 소비하여 횡령한 것으로서 범죄의 태양 또한 동일할 뿐만 아니라, 전체적으로 보아 단일 또는 계속된 범의의 발현에 기인하는 것으로 봄이 상당하므로 이를 포괄하여 1개의 범죄만이 성립한다고 볼 것이다.

같은 취지에서 피고인의 이 사건 업무상횡령 행위를 포괄일죄로 보고 특정경제범죄 가중처벌 등에 관한 법률 제3조 제1항 제2호를 적용하여 피고인을 처단한 원심의 조치는 정당하고, 거기에 상고이유에서 주장하는 바와 같은 포괄일죄에 관한 법리오해 등의 위법이 있다고 할 수 없다.

② 포괄일죄와 공소시효의 기산

■ 대법원 2006. 11. 9. 선고 2004도4234 판결【특정경제범죄가중처벌등에관한법률위반(사기), 특정경제범죄가중처벌등에관한법률위반(배임), 특정경제범죄가중처벌등에관한법률위반(횡령), 업무상횡령】(미)

수개의 업무상횡령행위라 하더라도 피해법익이 단일하고, 범죄의 태양이 동일하며, 단일 범의의 발현에 기인하는 일련의 행위라고 인정될 때에는 포괄하여 1개의 범죄라고 봄이 타당하고(대법원 2005. 9. 28. 선고 2005도3929 판결 참조), 포괄일죄의 공소시효는 최종의 범죄행위가 종료한 때부터 진행한다(대법원 2002. 10. 11. 선고 2002도2939 판결 참조).

기록에 의하면, 피고인은 자재가공매입, 노무비와 공사비의 과다계상, 이중계약서 작성 등 여러 가지 방법으로 수회에 걸쳐서 부외자금을 조성하여 사용하여 온 사실을 인정할 수 있으나, 위 각 부외자금이 모두 정상적인 회계절차가 아닌 비정상적 회계절차를 통하여 비정상적인 용도로 사용하기 위하여 조성된 것인 점, 위 각 부외자금의 조성·사용으로 인한 업무상횡령행위로 인한 피해자가 공소외 1 회사로 동일한 점, 위 각 부외자금이 모두 공소외 3, 10 등을 통하여 통합하여 관리되면서 피고인과 공소외 9의 통제 하에 사용된 점, 전체적으로 위 각 부외자금의 조성·사용의 시기가 연속되어 있는 점 등에 비추어 보면, 피고인의 위 각 업무상횡령행위는 피해법익이 단일하고, 범죄의 태양이 동일 또는 유사하며, 단일 범의의 발현에 기인하는 일련의 행위로서, 포괄하여 1개의 범죄가 된다고 할 것이다.

그렇다면 피고인의 위 각 업무상횡령행위는 그 횡령액의 합계가 102여억 원에 달하여 포괄하여 특정경제범죄 가중처벌 등에 관한 법률 제3조 제1항 제1호 위반죄를 구성한다고 할 것이고, 또 위 죄에 대한 공소시효 기간인 10년도 위 각 업무상횡령행위를 저지른 때부터가 아니라 그 최종범행일인 1996. 6. 11.부터 일괄하여 진행한다고 할 것이므로, 검사가 2003. 6. 16. 공소를 제기한 것이 기록상 분명한 이 사건에서, 원심이 같은 취지에서 피고인이 저지른 위 죄에 대한 공소시효가 완성되지 않았다고 판단한 것은 정당하고, 거기에 피고인의 상고이유의 주장과 같은 공소시효에 관한 법리오해 등의 위법이 없다.

다. 실체적 경합

① 사기수표할인과 금전 횡령: 실체적 경합

■ 대법원 1998. 4. 10. 선고 97도3057 판결【횡령】(공)

이 사건 공소사실의 요지는, 피고인이 1994. 3. 초순경 피해자 A로부터 공소외 B를 통하여 액면금 20,000,000원인 당좌수표 1장의 할인을 의뢰받고, 같은 달 9. 공소외 C로부터 위 수표를 선이자를 공제한 금 18,500,000원에 할인받아 그 중 금 11,000,000원을 보관하던 중 이를 임의로 소비하여 횡령하였다는 것이다.

이에 대하여 원심은 그 거시 증거에 의하여, 피고인이 위 수표의 할인과 관련하여, 1994. 3. 9. 피해자 C에게 부도가 예상되는 위 수표를 제시하면서 "틀림없이 결제될 수표이니 할인하여 달라."는 취지의 거짓말을 하여 이에 속은 위 C로부터 그 자리에서 수표할인금 명목으로 금 18,500,000원을 교부받아 이를 편취하였다는 등의 범죄사실로 약식기소되어, 1994. 8. 17. 서울형사지방법원에서 사기죄 등으로 벌금 2,000,000원의 약식명령을 고지받아 그 무렵 위 약식명령이 확정된 사실을 인정한 다음, 이 사건에서 피고인이 횡령하였다는 금 11,000,000원은 위 확정된 사기죄에서 피고인이 편취한 금 18,500,000원의 일부이고 피고인이 위 금원을 소비한 행위는 위 사기 범행의 장물을 처분한 것에 불과하여 그 불가벌적 사후행위에 해당하므로, 주된 범행인 사기죄에 대하여 이미 약식명령이 고지되어 확정된 이상 위 약식명령의 기판력은 위 사기죄의 불가벌적 사후행위인 이 사건 공소사실에도 미친다는 이유로 형사소송법 제326조 제1호에 의하여 피고인에 대하여 면소판결을 선고하였다.

그러나 금전수수를 수반하는 사무의 처리를 위임받은 자가 그 행위에 기하여 위임자를 위하여 제3자로부터 수령한 금전은 그 목적이나 용도를 한정하여 위탁된 금전과 마찬가지로 특별한 사정이 없는 한 그 수령과 동시에 위임자의 소유에 속하는 것이고, 위임을 받은 자는 이를 위임자를 위하여 보관하는 관계에 있다고 보아야 할 것이므로(대법원 1996. 6. 14. 선고 96도106 판결, 1995. 11. 24. 선고 95도1923 판결 등 참조), 공소사실과 같이 위 A가 피고인에게 위 수표의 할인을 의뢰하고 이에 따라 피고인이 위 C로부터 위 수표를 할인받았다면, 특별한 사정이 없는 한 피고인이 위 C로부터 지급받은 수표할인금은 위 A의 소유에 속하는 것으로 보아야 할 것이고, 위 A를 위하여 위 금원을 보관하는 지위에 있는 피고인이 이를 임의로 소비한 것은, 위 사기 범행의 피해자인 위 C와의 관계에 있어서는 위 사기죄의 불가벌적 사후행위라고 할지라도 제3자인 위 A에 대한 관계에 있어서는 새로운 법익을 침해한 것으로 횡령죄가 성립한다고 보아야 할 것이다.

② 수용금 횡령과 미수용토지 횡령: 실체적 경합

■ 대법원 2001. 11. 27. 선고 2000도3463 판결【횡령】(공)

원심판결 이유에 의하면 원심은, 피고인이 구민상과의 명의신탁약정에 따라 구민상이 공소외 정인호로부터 매수한 공주시 반포면 소재전 1,491㎡를 1992. 1. 6. 피고인 앞으로 막바로 소유권이전등기를 하여 보관하던 중, ① 1996년 10월 위 전의 일부인 70평에 대한 토지수용보상금 19,370,000원 중 5,370,000원을 임의로 소비하여 횡령하고, ② 1998. 3. 5. 구민상으로부터 위 전의 소유명의를 돌려달라는 요구를 받고 이를 거부하여 시가 금 1억 원 상당의 위 전을 횡령하였다는 이 사건 공소사실에 대하여, 그 채택증거를 종합하여 위와 같은 임의소비와 반환거부사실을 인정한 다음, 부동산실권리자명의등기에관한법률 소정의 유예기간 경과에 의하여 위 명의신탁약정과 그에 의한 등기가 무효로 됨으로써 이 사건 부동산은 매도인 소유로 복귀하고, 명의신탁자인 구민상은 위 매매계약에 기한 소유권이전등기청구권을 보전하기 위하여 매도인을 대위하여 피고인에게 무효인 그 명의의 등기의 말소를 구할 수 있다 할 것이므로 이 사건 부동산에 대하여 보관자의 지위에 있는 피고인이 토지보상금을 임의로 소비하거나 구민상이 매도인을 대위하여 이 사건 부동산의 반환을 요구한 데 대하여 이를 거부한 것은 횡령죄에 해당하고, 그 판시와 같은 이유로 피고인이 이 사건 부동산에 대한 반환을 거부할 정당한 이유가 있다고 보기 어렵다고 판단하여, 판시 각 공소사실을 유죄로 인정한 제1심판결을 유지하였다.

기록과 앞에서 본 법리에 비추어 살펴보면, 원심의 위와 같은 사실인정 및 판단은 정당하고 거기에 상고이유에서 주장하는 바와 같은 채증법칙 위배로 인한 사실오인이나 법리오해의 위법이 없다.

그리고 피고인이 이 사건 부동산의 일부에 관하여 수령한 수용보상금 중 일부를 소비하였다고 하여 객관적으로 위 부동산 전체에 대한 불법영득의 의사를 외부에 발현시키는 행위가 있었다고 볼 수는 없는 것이므로 위와 같은 금원 횡령죄가 성립된 이후에 수용되지 아니한 나머지 부동산 전체에 대한 반환을 거부한 것은 새로운 법익의 침해가 있는 것으로서 별개의 횡령죄가 성립하는 것이지 불가벌적 사후행위라 할 수 없는 것이고, 이 사건 공소사실 제2항도 수용된 토지를 제외한 나머지 부동산을 횡령한 것이라는 취지로 볼 것이므로, 이 점에 관한 상고이유의 주장은 모두 이유 없다.

라. 불가벌적 사후행위

(1) 불가벌적 사후행위 인정

① 횡령의 불가벌적 사후행위

■ 대법원 2000. 3. 24. 선고 2000도310 판결【횡령】(공)

원심이 적법하게 인정한 사실 및 기록에 의하면, 공소외 1, 2, 3은 피해자들로부터 이 사건 임야 중 각 3분의 1 지분을 명의수탁 받아 이를 보관하고 있는 자인바, 피고인이 공소외 1과 공모하여 1998. 12. 3. 이 사건 임야 중 공소외 1지분에 관하여 대림종합상사 주식회사의 고려화학 주식회사에 대한 채무를 담보하기 위하여 피해자들의 승낙 없이 고려화학 주식회사 명의의 채권최고액

150,000,000원의 근저당권설정등기를 경료한 후, 다시 김유숙, 박성애와 공모하여 1999. 1. 13. 그 말소등기를 신청하면서 그와 동시에 피해자들의 승낙 없이 박성기 명의의 매매를 원인으로 한 소유권이전등기를 신청하여 고려화학 주식회사 명의의 근저당권에 대한 말소등기와 박성기 명의의 소유권이전등기가 순차로 경료된 사실을 인정할 수 있다.

사실관계가 위와 같다면, 피고인 등이 이 사건 임야 중 김유숙 지분에 관하여 고려화학 주식회사 명의의 근저당권설정등기를 경료할 당시에 피고인 등으로서는 이 사건 임야 중 공소외 1 지분 전체에 대한 불법영득의 의사를 외부에 객관적으로 나타냄으로써 위 임야 지분 전체에 대한 횡령죄는 이미 완성되었고, 박성기 명의의 소유권이전등기가 경료되기 전에 동시에 신청한 고려화학 주식회사 명의의 근저당권에 대한 말소등기가 먼저 경료되었다고 하더라도 고려화학 주식회사 명의의 근저당권설정등기의 말소는 박성기 명의의 소유권이전등기의 준비행위에 불과하다 할 것이어서, 피해자들의 소유권에 대한 침해가 회복되지 아니한 상태에서 행하여진, 박성기 명의의 소유권이전등기를 경료해 준 행위는 횡령물의 처분행위로서 새로운 법익의 침해를 수반하지 않는 이른바 불가벌적 사후행위에 해당하여 별도의 횡령죄를 구성하지 아니한다 .

같은 취지의 원심판결은 옳고, 거기에 지적하는 바와 같이 횡령죄의 처분행위와 불가벌적 사후행위에 관한 법리를 오해한 잘못이 없다.

☞ 지분에 대한 횡령은 인정.

☞ 준비행위인 말소등기는 소유권에 대한 침해의 회복이 아님.

☞ 같은 취지: 대법원 1999. 11. 26. 선고 99도2651 판결.

② 소유권보존등기 – 근저당 – 근저당말소 – 근저당

■ 대법원 1993. 3. 9. 선고 92도2999 판결【공정증서원본불실기재, 공정증서원본불실기재행사, 횡령】(집)

1. 원심이 확정한 사실에 의하면, 피고인은 피해자 이 협의 소유의 이 사건 미등기건물을 관리를 위임받아 거주하여 오던 중 이를 담보로 하여 돈을 차용할 것을 마음먹고, 1991. 3. 6. 마산지방법원 창원등기소에 위 건물이 피고인의 소유라는 취지를 기재한 건물소유권보존등기신청서와 채권자 김오랑, 채무자 피고인, 채권최고액 금 45,000,000원의 근저당권설정등기신청서를 각 작성, 제출하여, 그 정을 모르는 등기공무원으로 하여금 건물등기부에 같은 내용의 소유권보존등기와 근저당권설정등기를 각 마치게 함으로써 공정증서인 위 건물등기부에 각 불실의 사실을 기재하게 하고, 그 무렵 위 불실기재된 건물등기부를 위 등기소에 비치케 하여 각 이를 행사하고, 위 건물 1동을 횡령하고, 같은 해 7. 23. 위 근저당권설정등기를 말소한 다음 근저당권자 최운규, 채무자 피고인 채권최고액 금 100,000,000원의 근저당권설정등기신청서를 작성, 제출하여 그 정을 모르는 등기공무원으로 하여금 그 근저당권설정등기를 마쳐 비치하게 함으로써 공정증서원본을 불실기재하게 하여 행사하고, 또 위 건물 1동을 횡령하였다는 것이다.

2. 그러나 횡령죄는 타인의 재물을 보관하는 자가 그 재물을 횡령하는 경우에 성립하는 범죄로서, 일단 횡령을 한 이후에 그 재물을 처분하는 것은 불가벌적 사후행위에 해당하여 처벌할 수 없는 것이다(당원 1978. 11. 28. 선고 78도2175 판결 참조).

3. 부동산의 보관은 원칙으로 등기부상의 소유명의인에 대하여 인정되지만 등기부상의 명의인이 아니라도 소유자의 위임에 의거해서 실제로 타인의 부동산을 관리, 지배하면 그 부동산의 보관자라 할 수 있고, 이 사건의 경우와 같은 미등기의 건물에 대하여는 위탁관계에 의하여 현실로 부

동산을 관리 지배하는 자가 보관자라고 할 수 있을 것이며, 원심이 인정한 사실에 의하더라도 피고인이 이 사건 미등기건물의 관리를 위임받아 그 곳에서 거주하고 있다는 것이므로 피고인이 이 사건 건물의 보관자의 지위에 있었음은 의문의 여지가 없다.

4. 횡령죄의 구성요건으로서의 횡령행위란 불법영득의사를 실현하는 일체의 행위를 말한다고 할 것이고, 횡령죄에 있어서의 행위자는 이미 타인의 재물을 점유하고 있으므로 그 점유를 자기를 위한 점유로 변개하는 의사를 일으키면 곧 영득의 의사가 있었다고 할 수 있지만, 단순한 내심의 의사만으로는 횡령행위가 있었다고 할 수 없고, 그 영득의 의사가 외부에 인식될 수 있는 객관적 행위가 있을 때 횡령죄가 성립한다고 볼 것이다.

따라서, 이 사건에 있어서와 같이 미등기건물의 관리를 위임받아 보관하고 있는 피고인이 임의로 그 건물에 대하여 자신의 명의로 보존등기를 하거나 동시에 타인에게 근저당권설정등기를 마치었다면 이는 객관적으로 불법영득의 의사를 외부에 발현시키는 행위로서 횡령죄에 해당한다고 할 것이고, 이와 같이 피고인이 피해자의 승낙없이 이 사건 건물을 자신의 명의로 보존등기를 함으로써 이 때에 이미 횡령죄는 완성되었다 할 것이므로, 그 횡령행위의 완성 후에 타인에게 근저당권설정등기를 한 행위는 위 피해자에 대한 새로운 법익의 침해를 수반하지 않는 이른바 불가벌적 사후행위로서 별도의 횡령죄를 구성하지 않는다고 할 것이다.

③ 근저당 – 근저당

■ 대법원 1996. 11. 29. 선고 96도1755 판결【횡령】(공)

횡령죄는 타인의 재물을 보관하는 자가 그 재물을 횡령하는 경우에 성립하는 범죄로서 일단 횡령을 한 이후에 그 재물을 처분하는 것은 불가벌적 사후행위에 해당하여 처벌할 수 없는 것이고, 횡령죄의 구성요건으로서의 횡령행위란 불법영득의사를 실현하는 일체의 행위를 말하는 것이어서 타인의 재물을 점유하는 자가 그 점유를 자기를 위한 점유로 변개하려는 의사를 가지고 그러한 영득의 의사가 외부에 인식될 수 있는 객관적 행위를 하였을 때에는 그 재물 전체에 대한 횡령죄가 성립되는 것이다.

원심이 적법하게 인정한 사실과 기록에 의하여 살펴보면, 피고인이 피해자 이병문으로부터 명의수탁받아 보관 중이던 이 사건 토지에 관하여 위 피해자의 승낙 없이 1991. 5. 8. 채권최고액 각 금 60,000,000원 및 15,000,000원인 근저당권설정등기를 공소외 한덕곤, 양창수에게 각 경료하여 줌으로써 객관적으로 위 토지 전체에 대한 불법영득의 의사를 외부에 발현시키는 행위가 있었다고 보아야 할 것이므로, 이 때에 피고인의 위 토지 전체에 대한 횡령죄는 이미 완성되었다고 보아야 할 것이다. 따라서 그 후 피고인이 기존의 근저당권설정등기 등을 모두 말소하여 피해자의 소유권에 대한 침해를 회복하지 아니한 상태에서, 다시 이 사건 횡령죄 공소사실 기재와 같이 1992. 12. 29. 채권최고액 금 375,000,000원의 근저당권설정등기를 공소외 김현동에게 경료해 주었다 하더라도, 이는 이 사건 토지에 대한 횡령행위의 완료 후에 행하여진 횡령물의 처분행위로서 위 횡령행위에 의하여 평가된 것으로 볼 수 있는 범위 내의 것이라고 할 것이니, 피고인의 위와 같은 소위가 별개의 횡령죄를 구성하지는 않는다고 보아야 할 것이다.

결국 같은 취지의 원심판단은 정당하고, 거기에 상고이유에서 주장하는 바와 같은 횡령죄 및 불가벌적 사후행위에 관한 법리오해의 위법이 있다고 할 수 없다.

④ 근저당 – 매도

■ 대법원 1998. 2. 24. 선고 97도3282 판결【횡령】(공)

횡령죄는 타인의 재물을 보관하는 자가 그 재물을 횡령하는 경우에 성립하는 범죄이고, 횡령죄의 구성요건으로서의 횡령행위란 불법영득의사를 실현하는 일체의 행위를 말하는 것이어서 타인의 재물을 점유하는 자가 그 점유를 자기를 위한 점유로 바꾸려고 하는 의사를 가지고 그러한 영득의 의사가 외부에 인식될 수 있는 객관적 행위를 하였을 때에는 그 재물 전체에 대한 횡령죄가 성립되고, 일단 횡령을 한 이후에 다시 그 재물을 처분하는 것은 불가벌적 사후행위에 해당하여 처벌할 수 없다. 따라서 타인으로부터 명의신탁받아 보관중이던 토지에 대하여 피해자인 명의신탁자의 승낙 없이 제3자에게 근저당권설정등기를 경료해 주면 그 때에 그 토지에 대한 횡령죄가 성립하고, 그 후 피해자의 승낙 없이 그 토지를 다른 사람에게 매도하더라도 이는 횡령물의 처분행위로서 별개의 횡령죄를 구성하지 아니한다고 볼 것이다(당원 1996. 11. 29. 선고 96도1755 판결, 1993. 3. 9. 선고 92도2999 판결 등 참조).

같은 취지의 원심판결은 정당하고, 여기에 논하는 바와 같은 횡령죄에 있어서 불가벌적 사후행위에 대한 법리를 오해한 위법이 있다고 할 수 없다. 논지는 이유가 없다.

⑤ 근저당 – 근저당 – 매도

■ 대법원 1999. 11. 26. 선고 99도2651 판결【배임(인정된 죄명: 횡령)】(공)

피고인과 피해자 A가 그들이 공동매입(지분은 각 1/2)한 이 사건 토지를 피고인의 조카사위인 공소외인에게 명의신탁한 사실이 인정되고, 명의신탁 받아 보관 중이던 토지를 명의신탁자의 승낙 없이 제3자에게 근저당권설정등기를 경료해 준 경우 위 토지 전체에 대한 횡령죄가 성립하며, 그 후 다시 피해자의 승낙 없이 다른 사람에게 이를 매도하더라도 이는 소위 불가벌적 사후행위에 해당하는 횡령물의 처분행위로서 별개의 횡령죄를 구성하지 아니한다고 보는 것이 당원의 확고한 견해이다(대법원 1998. 2. 24. 선고 97도3282 판결, 1996. 11. 29. 선고 96도1755 판결, 1993. 3. 9. 선고 92도2999 판결, 1978. 11. 28. 선고 78도2175 판결 등 참조). 그리고 횡령죄와 배임죄는 다같이 신임관계를 기본으로 하고 있는 같은 죄질의 재산범죄로서 그 형벌에 있어서도 경중의 차이가 없고 동일한 범죄사실에 대하여 단지 법률적용만을 달리하는 경우에 해당하므로 법원은 배임죄로 기소된 공소사실에 대하여 공소장변경 없이도 횡령죄를 적용하여 처벌할 수 있다고 할 것이다.

원심판결 이유에 의하면, 원심은, 피고인이 피해자의 명의신탁재산인 이 사건 토지의 1/2지분에 관하여 피해자의 승낙 없이 근저당권설정등기를 경료한 행위(검사는 위 행위를 배임죄로 기소하였다)를 횡령죄로 의율한 다음, 피고인이 그 후에 위 토지의 피해자 지분에 대하여 한 제2의 근저당권설정행위와 제3자에의 매각행위에 대하여는 이를 모두 불가벌적 사후행위에 해당한다고 보아 각 무죄를 선고하였는바, 원심의 위와 같은 조치는 위 법리에 따른 것으로서 정당하다. 이와 반대의 견해에 선 상고이유의 주장은 받아들일 수 없다.

⑥ 매각 – 매각대금으로 타 토지 취득 – 담보제공

■ 대법원 2006. 10. 13. 선고 2006도4034 판결【횡령, 사문서위조, 위조사문서행사, 무고】(미)

횡령죄는 상태범이므로 횡령행위의 완료 후에 행하여진 횡령물의 처분행위는 그것이 그 횡령행위에 의하여 평가되어 버린 것으로 볼 수 있는 범위 내의 것이라면 새로운 법익의 침해를 수반하지 않은 이른바 불가벌적 사후행위로서 별개의 범죄를 구성하지 않는다(대법원 1978. 11. 28. 선고 78도2175 판결 참조).

원심은, 그 판시와 같은 사실을 인정한 다음, 피고인이 피해자 종중으로부터 명의신탁받아 보관 중이던 판시 초곡리 토지를 임의로 매각하여 이를 횡령한 이상, 초곡리 토지의 매각대금을 이용하여 판시 용전리 토지를 취득하였다가 이를 제3자에게 담보로 제공하였다고 하더라도 이는 횡령한 물건을 처분한 대가로 취득한 물건을 이용한 것에 불과할 뿐이어서 초곡리 토지에 대한 횡령죄와 별개의 횡령죄를 구성하지 않는다는 이유로, 위 담보제공행위에 관한 판시 횡령의 공소사실에 대하여 무죄를 선고하였다.

앞서 본 법리와 기록에 비추어 살펴보면, 원심의 이러한 판단은 정당하고, 거기에 상고이유에서 주장하는 바와 같은 불가벌적 사후행위에 관한 법리오해, 심리미진 등의 위법이 있다고 할 수 없다.

⑦ 반환거부 – 근저당

■ 대법원 2010. 2. 25. 선고 2010도93 판결【횡령】(미)

원심판결 이유에 의하면, 원심은, 피고인들이 공모하여 피고인 1이 망 공소외 1의 공동상속인인 피해자 공소외 2 등과 함께 상속받은 이 사건 임야를 공소외 2 등을 위하여 보관하던 중 공소외 2 등으로부터 '임야를 처분하여 상속지분대로 분배를 하거나 상속지분 비율대로 소유권이전등기를 경료해 달라'는 요구를 받고도 그 반환을 거부하고 2007. 9. 12.경 이 사건 임야에 관하여 공소외 3 앞으로 채권최고액 8,000만 원의 근저당권설정등기를 경료해 줌으로써 이 사건 임야 중 피고인 1의 상속지분을 제외한 나머지를 횡령하였다는 이 사건 공소사실을 유죄로 판단하면서, 반환거부로 인한 횡령죄와 근저당권설정등기의 경료로 인한 횡령죄가 각각 별개로 성립한다고 전제하고, 양 죄를 실체적 경합범의 관계에 있는 것으로 보아, 범정이 더 무거운 반환거부로 인한 횡령죄에 정한 형에 경합범 가중을 하여 피고인들에 대한 형을 정하였다.

그러나 횡령죄는 타인의 재물을 보관하는 자가 그 재물을 횡령하는 경우에 성립하는 범죄이고, 횡령죄의 구성요건으로서의 횡령행위란 불법영득의사를 실현하는 일체의 행위를 말하는 것이어서 타인의 재물을 점유하는 자가 그 점유를 자기를 위한 점유로 바꾸려고 하는 의사를 가지고 그러한 영득의 의사가 외부에 인식될 수 있는 객관적 행위를 하였을 때에는 그 재물 전체에 대한 횡령죄가 성립되고, 일단 횡령을 한 이후에 다시 그 재물을 처분하는 것은 불가벌적 사후행위에 해당하여 처벌할 수 없다(대법원 1998. 2. 24. 선고 97도3282 판결 등 참조).

따라서 이 사건에 있어서와 같이, 공소외 2 등을 위하여 이 사건 임야를 보관하고 있는 피고인 1이 공소외 2 등으로부터 그 반환요구를 받고도 이를 거부하였다면 이는 객관적으로 불법영득의 의사를 외부에 발현시키는 행위로서 이때에 이미 횡령죄는 완성되었다고 할 것이므로, 그 횡령행위의 완성 후에 타인에게 근저당권설정등기를 경료해 준 행위는 공소외 2 등에 대한 새로운 법익침해를 수반하지 않는 이른바 불가벌적 사후행위로서 별도의 횡령죄를 구성하지 않는다고 할 것이다.

그런데도 피고인들에 대하여 반환거부로 인한 횡령죄와 별도로 근저당권설정등기 경료로 인한 횡령죄까지 성립한다고 판단한 원심판결에는 횡령죄에 있어서의 불가벌적 사후행위에 관한 법리를 오해한 위법이 있다고 할 것이고, 이는 판결에 영향을 미쳤음이 분명하다.

(2) 불가벌적 사후행위 부인

① 연대보증 후 회사자금으로 변제: 배임죄와 횡령죄 각 성립

■ 대법원 2011. 4. 14. 선고 2011도277 판결【특정경제범죄가중처벌등에관한법률위반(배임), 특정경제범죄가중처벌등에관한법률위반(횡령) 등】(공)

배임죄는 타인의 사무를 처리하는 자가 임무에 위배하는 행위로써 재산상의 이익을 취득하거나 제3자로 하여금 이를 취득하게 하여 본인에게 손해를 가한 때에 성립하는 범죄이고, 횡령죄는 타인의 재물을 보관하는 자가 불법영득의 의사로 그 재물을 횡령하는 경우에 성립하는 범죄로서, 횡령죄에 있어서 '불법영득의 의사'라 함은 자기 또는 제3자의 이익을 꾀할 목적으로 임무에 위배하여 자신이 보관하는 타인의 재물을 자기의 소유인 경우와 같이 사실상 또는 법률상 처분을 하는 의사를 말한다.

위와 같은 배임죄와 횡령죄의 구성요건적 차이에 비추어 보면, 회사에 대한 관계에서 타인의 사무를 처리하는 자가 임무에 위배하는 행위로써 회사로 하여금 자신의 채무에 관하여 연대보증채무를 부담하게 함으로써 배임죄가 성립한 다음, 회사의 금전을 보관하는 자의 지위에서 그 소유자인 회사의 이익을 위한 것이 아니라 자신의 채무를 변제하려는 의사를 가지고 회사의 자금을 자기의 소유인 경우와 같이 임의로 인출한 후 개인채무의 변제에 사용한 행위는 연대보증채무 부담으로 인한 배임죄와 다른 새로운 보호법익을 침해하는 행위로서 배임 범행의 불가벌적 사후행위가 되는 것이 아니라 별죄인 횡령죄를 구성한다고 보아야 하며, 횡령행위로 인출한 자금이 선행 임무위배행위로 인하여 회사가 부담하게 된 연대보증채무의 변제에 사용되었다 하더라도 달리 볼 것은 아니다.

이러한 법리에 비추어 원심판결의 이유에 나타난 다음의 사정, 즉 피고인들이 공모하여 그 임무에 위배하여 피고인들의 사채업자 공소외 3에 대한 개인채무 190억 원의 지급을 위하여 피고인 1이 대표이사로 있고 피고인 2가 실질적으로 운영하는 공소외 4 주식회사로 하여금 427억 5,000만 원 상당의 약속어음을 공동발행하게 하고 위 채무에 대하여 연대보증을 하게 함으로써 공소외 4 주식회사에 손해를 발생시킬 위험을 초래한 배임 행위를 한 후에 공소외 3이 공소외 4 주식회사를 상대로 위 약속어음금채무 및 연대보증채무의 이행을 청구한 적이 없어 공소외 4 주식회사가 현실적으로 위 채무를 이행하게 될 우려가 있다고는 전혀 보이지 아니한 점, 피고인들이 공소외 4 주식회사를 위하여 보관 중인 금원을 임의로 인출하여 사채업자인 공소외 3에게 지급한 것은 공소외 4 주식회사가 부담하는 약속어음금채무와 연대보증채무를 변제하기 위한 것이 아니라 피고인들이 공소외 3에 대하여 부담하는 개인채무를 변제하기 위한 것인 점을 종합하여 보면, 피고인들이 공소외 4 주식회사의 금전을 보관하는 자의 지위에서 그 소유자인 회사의 이익을 위한 것이 아니라 자신들의 채무를 변제하려는 의사를 가지고 회사의 자금을 자기의 소유인 경우와 같이 임의로 인출한 후 개인채무의 변제에 사용한 행위는 연대보증채무 부담으로 인한 회사에 대한 배임죄와 다른 새로운 보호법익을 침해하는 행위로서 배임 범행의 불가벌적 사후행위가 되는 것이 아니라 별죄인 횡령죄를 구성한다고 보아야 한다.

같은 취지에서 원심이 불가벌적 사후행위에 해당하여 횡령죄가 성립하지 않는다는 주장을 배척한 것은 정당하고, 거기에 상고이유 주장과 같은 불가벌적 사후행위에 관한 법리를 오해한 위법은 없다.

■ 대법원 2006. 10. 27. 선고 2004도6503 판결【특정경제범죄가중처벌등에관한법률위반(사기), 특정경제범죄가중처벌등에관한법률위반(배임){인정된 죄명: 특정경제범죄가중처벌등에관한법률위반(횡령)}, 사기】(공)

주식회사의 주주 겸 대표이사가 장차 신주발행절차에서 자신이 취득하게 될 주식을 타인에게 매도하고자 하면서 다만, 양도소득세 등의 부담을 피하기 위해 주식매수인이 회사에 대해 직접 신주를 인수하는 절차를 취한 경우 회사에 대한 관계에서 신주인수인은 대표이사가 아니라 주식매수인이라고 할 것이므로, 대표이사가 주식매수인으로부터 받은 주식매매대금은 신주인수대금이라 할 것이어서 이를 보관 중 개인적인 용도로 사용한 경우 횡령죄를 구성한다. 그리고 주식회사의 신주발행시 발행가액은 정관에 다른 정함이 없으면 이사회가 정하고(상법 제416조 제2호), 발행가액이 액면가액을 초과하는 경우 액면초과금액은 자본적립금으로 적립하여야 하는바(상법 제459조 제1항 제1호), 여기서 액면초과금액이란 주식인수인이 실제로 인수한 금액이 이사회에서 정한 발행가액을 초과하는 경우의 그 초과액도 포함하는 것이다. 한편, 주식회사의 대표이사가 타인을 기망하여 회사가 발행하는 신주를 인수하게 한 다음, 그로부터 납입받은 신주인수대금을 보관하던 중 횡령한 행위는 전혀 다른 새로운 보호법익을 침해하는 행위로서 별죄를 구성한다.

위와 같은 법리와 원심이 유지한 제1심판결의 채용 증거들을 기록에 비추어 살펴보면, 원심이 그 판시와 같은 이유로 피고인 1에 대한 판시 횡령의 범죄사실을 유죄로 인정한 것은 정당하고 거기에 상고이유로 주장하는 바와 같은 채증법칙 위반으로 인한 사실오인이나 횡령죄 성립 및 불가벌적 사후행위에 관한 법리오해, 심리미진 등의 위법이 없다.

☞ 신주발행인데도 전망 좋은 회사라고 하면서 피고인 소유주식을 액면가의 25배 내지 30배로 매도하는 것이라고 하고 피해자로부터 주식매양수대금 명목으로 돈을 받아 편취한 사안.

② 일부의 토지보상금 횡령과 전체에 대한 영득의사의 발현 ×

■ 대법원 2001. 11. 27. 선고 2000도3463 판결【횡령】(공)

부동산을 그 소유자로부터 매수한 자가 그의 명의로 소유권이전등기를 하지 아니하고 제3자와 맺은 명의신탁약정에 따라 매도인으로부터 바로 그 제3자에게 중간생략의 소유권이전등기를 경료한 경우, 그 제3자가 그와 같은 명의신탁 약정에 따라 그 명의로 신탁된 부동산을 임의로 처분하였다면 신탁자에 대한 횡령죄가 성립하고, 그 명의신탁이 부동산실권리자명의등기에관한법률 시행 전에 이루어졌고 같은 법이 정한 유예기간 이내에 실명등기를 하지 아니함으로써 그 명의신탁약정 및 이에 따라 행하여진 등기에 의한 물권변동이 무효로 된 후에 처분이 이루어졌다고 하여 달리 볼 것은 아니다.

원심판결 이유에 의하면 원심은, 피고인이 구민상과의 명의신탁약정에 따라 구민상이 공소외 정인호로부터 매수한 공주시 반포면 소재전 1,491㎡를 1992. 1. 6. 피고인 앞으로 막바로 소유권이전등기를 하여 보관하던 중, ① 1996년 10월 위 전의 일부인 70평에 대한 토지수용보상금 19,370,000원 중 5,370,000원을 임의로 소비하여 횡령하고, ② 1998. 3. 5. 구민상으로부터 위 전의 소유명의를 돌려달라는 요구를 받고 이를 거부하여 시가 금 1억 원 상당의 위 전을 횡령하였다는 이 사건 공소사실에 대하여, 그 채택증거를 종합하여 위와 같은 임의소비와 반환거부사실을 인정한 다음, 부동산실권리자명의등기에관한법률 소정의 유예기간 경과에 의하여 위 명의신탁약정과 그에 의한 등기가 무효로 됨으로써 이 사건 부동산은 매도인 소유로 복귀하고, 명의신탁자인 구민상은 위 매매계약에 기한 소유권이전등기청구권을 보전하기 위하여 매도인을 대위하여 피고인에게 무효인 그 명의의 등기의 말소를 구할 수 있다 할 것이므로 이 사건 부동산에 대하여 보관자의 지위에 있는 피고인이 토지보상금을 임의로 소비하거나 구민상이 매도인을 대위하여 이 사건 부동산의 반환을 요구한 데 대하여 이를 거부한 것은 횡령죄에 해당하고, 그 판시와 같은 이유로 피고인이 이 사건 부동산에 대한 반환을 거부할 정당한 이유가 있다고 보기 어렵다고 판단하여, 판시 각 공소사실을 유죄로 인정한 제1심판결을 유지하였다.

기록과 앞에서 본 법리에 비추어 살펴보면, 원심의 위와 같은 사실인정 및 판단은 정당하고 거기에 상고이유에서 주장하는 바와 같은 채증법칙 위배로 인한 사실오인이나 법리오해의 위법이 없다.

그리고 피고인이 이 사건 부동산의 일부에 관하여 수령한 수용보상금 중 일부를 소비하였다고 하여 객관적으로 위 부동산 전체에 대한 불법영득의 의사를 외부에 발현시키는 행위가 있었다고 볼 수는 없는 것이므로 위와 같은 금원 횡령죄가 성립된 이후에 수용되지 아니한 나머지 부동산 전체에 대한 반환을 거부한 것은 새로운 법익의 침해가 있는 것으로서 별개의 횡령죄가 성립하는 것이지 불가벌적 사후행위라 할 수 없는 것이고, 이 사건 공소사실 제2항도 수용된 토지를 제외한 나머지 부동산을 횡령한 것이라는 취지로 볼 것이므로, 이 점에 관한 상고이유의 주장은 모두 이유 없다.

그러므로 상고를 기각하기로 하여 관여 대법관의 일치된 의견으로 주문과 같이 판결한다.

8. 증 명

■ 대법원 2010. 6. 24. 선고 2008도6756 판결【업무상횡령, 허위공문서작성, 허위작성공문서행사】(미)

1. 업무상횡령죄에서 불법영득의사를 실현하는 행위로서의 횡령행위가 있다는 점은 검사가 입증하여야 하는 것으로서, 그 입증은 법관으로 하여금 합리적인 의심을 할 여지가 없을 정도의 확신을 생기게 하는 증명력을 가진 엄격한 증거에 의하여 입증하여야 하는 것이고, 이와 같은 증거가 없다면 설령 피고인에게 유죄의 의심이 간다 하더라도 피고인의 이익으로 판단할 수밖에 없다(대법원 1994. 9. 9. 선고 94도998 판결 참조). 여기에서 불법영득의 의사는 자기 또는 제3자의 이익을 꾀할 목적으로 업무상의 임무에 위배하여 보관하고 있는 타인의 재물을 자기의 소유인 것과 같이 사실상 또는 법률상 처분하는 의사를 의미하는데, 이는 내심의 의사에 속하고 피고인이 이를 부인하는 경우 이러한 주관적 요소로 되는 사실은 사물의 성질상 그와 상당한 관련성이 있는 간접사실 또는 정황사실을 증명하는 방법에 의하여 이를 입증할 수밖에 없다 할 것인바, 피고인이 위탁받아 보관하고 있던 돈이 모두 사라졌으나 그 돈의 행방이나 사용처가 밝혀지지 않고 있는 상황에서 피고인이 그 행방이나 사용처를 제대로 설명하지 못하거나 또는 피고인이 주장하는 사용처에 사용된 자금이 위 돈과는 다른 자금으로 충당된 것이 드러나는 등 피고인이 주장하는 사용처에 위 돈이 사용되었다는 점을 인정할 수 있는 자료가 부족하고 오히려 피고인이 위 돈을 개인적인 용도에 사용하였다는 점에 대한 신빙성 있는 자료가 많은 경우에는 일응 피고인이 위 돈을 불법영득의 의사로 횡령하였다고 추단할 수 있을 것이다(대법원 2000. 3. 14. 선고 99도457 판결 참조).

그러나 위에서 본 바와 같이 불법영득의 의사에 관한 입증책임은 어디까지나 검사에게 있는 것이므로, 어떤 금전의 용도가 추상적으로 정하여져 있다 하여도 그 구체적인 사용 목적이나 사용처, 사용 시기 등에 관하여 보관자에게 광범위한 재량을 가지고 이를 사용할 권한이 부여되어 있고, 지출한 후에 그에 관한 사후보고나 증빙자료의 제출도 요구되지 않는 성질의 것이라면, 그 보관자가 위 금전을 사용한 다음 그 행방이나 사용처를 제대로 설명하지 못하거나 증빙자료를 제출하지 못하고 있다고 하여 함부로 불법영득의 의사를 추단하여서는 아니되고, 그 금전이 본래의 사용 목적과는 관계없이 개인적인 이익을 위하여 지출되었다거나 합리적인 범위를 넘어 과다하게 이를 지출하였다는 등 불법영득의 의사를 인정할 수 있는 사정을 검사가 입증하여야 함은 입증책임의 법리상 당연하다 하겠다.

한편, 지방자치단체에서 업무추진비는 지방자치단체의 장 등의 업무수행에 드는 비용과 지방자치단체가 시행하는 행사, 시책추진사업, 투자사업의 원활한 추진을 위한 비용을 말하는바(지방자치단체 업무추진비 집행에 관한 규칙 제2조 제1호), 지방재정법 시행령 제144조 제2항에 따라 2008. 3. 11. 행정안전부령 제5호로 '지방자치단체 업무추진비 집행에 관한 규칙'이 제정되기 전에는 예산편성에 관한 지침 등에서 업무추진비는 기관운영이나 시책추진 등 공적 업무와 관련하여 지출하도록 포괄적으로 정하고 있었을 뿐 그 지급대상이나 범위가 명확하게 규정되어 있지 않았다. 뿐만 아니라, 업무추진비의 성질상 집행의 시기나 범위를 사전에 명확히 하기가 곤란하여 사전에 내부적인 결제절차를 취한 후 금원을 수령하여 집행하는 것이 어려운 경우가 많으며, 현금거래 등으로 인하여 이를 사용한 후에도 그 지출에 관한 영수증 등 증빙자료를 구비하는 것이 어렵다. 이러한 사정하에서는 지방자치단체장에게 업무추진비의 사용처나 규모, 공무와 관련된 것인지 여부 등에 대한 판단이 맡겨져 있었다고 할 것이고, 그 판단은 우선적으로 존중되어야 할 것이다. 따라서 그와 같은 경우에 지방자치단체의 장이 업무추진비를 불법영득의 의사로 횡령한 것으로 인정하려면 업무추진비가 기관운영이나 행정활동 등의 공무와 관련없이 개인적인 이익을 위하여 지출되었다거나 또는 공무와 관련되더라도 합리적인 범위를 넘어 지나치게 과다하게 지출되었다는 점이 증명되어야 할 것이고, 단지 업무추진비가 내부지침에 위반하여 집행되었다거나 사후적으로 그 사용에 관한 증빙자료를 제출하지 못하고 있다고 하여 함부로 불법영득의 의사로 이를 횡령하였다고 추단하여서는 아니될 것이다.

2. 이러한 법리에 따라 이 사건에 대하여 살펴본다.

가. 피고인 2의 상고이유에 대하여

원심이 그 채택 증거들에 의하여 인정되는 사정에 비추어, 피고인 2가 구례군수인 공소외인의 비서실장으로서 그 지시에 따라 2003. 9. 30.부터 2006. 4. 21.까지 자신이 식사비 지급 등을 가장하여 비정상적으로 현금화한 업무추진비를 보관·관리하던 계좌에서 위 공소외인 명의의 농협계좌로 18회에 걸쳐 합계 685만 원을 송금하여 위 공소외인이나 그 가족의 전화요금 등 개인 용도에 임의로 사용하게 함으로써 위 공소외인과 공모하여 이를 횡령하였다고 인정한 것은 앞서 본 법리에 따른 것으로서 정당하고, 달리 거기에 불법영득의 의사 및 횡령행위의 인정 방법에 관한 법리오해 등의 위법이 있다고 할 수 없다.

나. 검사의 피고인들에 대한 상고이유에 대하여

1) 먼저, 위와 같이 비정상적으로 현금화한 업무추진비에서 한화콘도 숙박대금으로 지출된 2,437,600원 부분에 관하여 보건대, 원심판결 이유를 기록에 비추어 살펴보면, 원심이 그 판시와 같은 이유로 위 콘도 이용자의 지위나 위 콘도에 투숙하게 된 경위 등에 비추어 구례군의 시책추진사업 등에 직·간접적으로 영향을 미칠 수 있는 지위에 있는 사람 또는 구례군의 시책추진사업 등에 직·간접적으로 관련이 있는 업무에 사용한 것으로 볼 여지가 있다고 하여 피고인 2가 공소외인과 공모하여 이를 불법영득의 의사로 횡령하였다고 볼 수 없다고 판단한 것은 정당하고, 거기에 불법영득의 의사 및 횡령행위의 인정 방법에 관한 법리오해 등의 위법이 있다고 할 수 없다.

2) 다음으로, 위와 같이 비정상적으로 현금화한 업무추진비에서 집행되었으나 사용처가 불분명한 486,779,300원(피고인 1에 대하여 1,884만 원, 피고인 2에 대하여 467,939,300원) 부분에 관하여 보건대, 원심판결 이유를 기록에 비추어 살펴보면, 원심이 그 판시와 같이 피고인들 및 공소외인의 지위 및 업무의 내용, 업무추진비의 성격, 당시 업무추진비의 집행 기준과 대상 및 방법, 업무와의 실질적 관련성 등에 비추어 검사가 제출한 증거만으로는, 위 공소외인의 비서실장으로 근무한 피고인들이 위 공소외인과 공모하여 이 부분 금원을 불법영득의 의사로써 횡령하였다는 공소사실이 합리적인 의심의 여지가 없을 정도로 증명되었다고 보기 어렵다고 판단한 것은 앞서 본 법리에 따른 것으로서 정당하고, 달리 거기에 불법영득의사 및 횡령행위의 인정 방법이나 거증책임에 관한 법리오해 등의 위법이 있다고 할 수 없다.

3. 그러므로 피고인 2 및 검사의 피고인들에 대한 상고를 모두 기각하기로 하여 관여 대법관의 일치된 의견으로 주문과 같이 판결한다.

제7절 배임의 죄

I. 개 설
① 위험범(판례)
② 배신설(판례)

II. 배임죄
1. 주 체
가. 개 념
○ 타인의 사무를 처리하는 자의 개념
나. 사무의 타인성
(1) 타인의 사무
① 계주 ○
② 1인 주주 ○
③ 주금납입가장: 기존주주를 위한 사무 ×
(2) 자기의 사무
① 시행자가 시공자와의 약속을 위반하고 단독 분양: 자기사무
② 신탁자의 처분
③ 골프시설 운영자의 회원에 대한 의무
④ 동업자의 정산 업무
다. 사무의 성질(재산관련성)
① 사무는 재산상의 사무에 한정되는가?
② 판례: 적극설로 이해되고 있음
라. 사무처리의 근거
① 법령, 법률행위, 관습, 사무관리, 신의칙(사실상의 신임관계 포함)
② 직접적인 법적 의무의 부존재
• 무효인 법률행위(불륜의 증여계약상 의무) ×
• 토지거래허가규제지역 내 무허가 토지거래 ×, 농지매매증명, 토지거래신고지역 ○
• 채무자의 근저당설정등기 말소 ×
마. 사무처리의 독립성
① 보조기관: 가능
② 상급기관: 가능
2. 행 위
가. 배임행위의 개념: 임무에 위배되는 행위(배임행위)
나. 배임행위 인정례
① 임무위배행위에 대하여 주주의 양해를 얻은 경우라도 배임죄
② 지급능력 없는 타인 발행 약속어음에 이서
③ LBO
④ 시가보다 낮은 가격으로 전환사채 인수
⑤ 회사기밀의 유출
⑥ 회사 전무의 경업행위
다. 배임행위 부정례
① 계약상 의무이행 ×
② 단순한 채무초과자를 위한 연대보증
③ 기존 대출의 변제충당을 위하여 신규대출로 서류상 정리
3. 재산상 이익의 취득
① 자기 또는 제3자의 재산상 이익
② 전산조작
③ 본인의 채무변제 ×
4. 재산상 손해
① 손해발생의 위험
② 총체적 재산상태에 손해: 손해와 이익의 동시 발생 ⇒ 손해 ×
5. 이득액과 피해액
가. 저당권이 설정된 부동산의 편취
○ 공제
나. 담보제공의 횡령
① 문제점
② 종래 판례: 담보제공시 목적물 전부에 대한 횡령 성립
• 명의신탁 1: 근저당-근저당
• 명의신탁 2: 근저당-매도
• 명의신탁 3: 근저당-근저당-매도
• 명의신탁 4: 근저당-말소-매도
• 명의신탁 5: 근저당-말소-근저당
③ 채권최고액 한도의 피담보채무: 이 판결이 종전 판례를 변경한 것인가?
다. 담보제공의 배임
○ 사무처리자의 담보가등기
라. 특경법과 이득액
○ 합산기준
6. 주관적 요건
가. 고 의
① 고의
② 미필적 인식으로 족함
나. 불법이득의 의사
① 재산상 이익의 의사
② 불법이득의 의사가 필요한가?
③ 고의와 불법이득의사
④ 재산상 이득의 목적은 불요(불법이득의사 불요설로 볼 것은 아님)
다. 손해를 가한다는 의사
① 손해발생 또는 위험에 대한 인식과 고의
② 손해를 가한다는 의사와 고의
③ 인식은 요하나 의사나 목적은 불요
④ 인식하의 의도적 행위
라. 경영상 판단
① 경영상 판단과 배임의 고의
② 배임 인정 사례
③ 배임 부정 사례
7. 공 범
○ 배임행위 적극가담
8. 이중매매와 이중저당
가. 부동산 이중매매
(1) 개 념
① 이중매매
② 다음은 이중매매 ×
③ 이중매매의 가능성
(2) 매도인의 죄책
(가) 계약금 수령단계
○ 계약금 수령만으로는 타인의 사무처리자 아님(통설, 판례)
(나) 중도금 또는 잔금 수령 단계
① 학설
② 계약을 해제할 수 없는 상태에 이르면 타인의 사무: 적어도 중도금
③ 계약금이 다소 과다하다는 사정: 해제권 배제 ×
④ 인수채무를 대금에서 공제하기로 한 경우: 중도금 지급 갈음 ×
⑤ 계약금 · 중도금에 갈음하여 등기서류를 교부받음: 계약금 · 중도금 이행과 같음
(다) 계약의 목적물
○ 무허가건물
(라) 계약의 효력
① 타인 부동산의 매도, 총회결의 없는 매매계약: 배임죄 될 수 있음
② 매매계약의 해제: 적법하거나 적법하다고 믿은 데 정당사유 있으면 배임 ×
• 증여계약의 해제도 같음
③ 농지매매증명 무, 토지거래 신고 무: 배임죄 성립 가능
• 참고 1
• 참고 2
(마) 실행의 착수
① 학설
② 제2매수인으로부터 중도금을 수령한 때
(바) 기 수
○ 제2매수인에 대한 등기시
(사) 실행행위
① 가등기 경료: 손해발생의 위험

② 기한 전의 가등기
- 기한 내 이행가능성 없는 경우: 배임죄 성립
- 기한 내 이행가능성 있고 믿은 경우: 배임죄 부정

③ 근저당설정

(아) 제2매수인에 대한 죄책

① 무죄

② 제2매수인으로부터 매매대금을 모두 지급받았어도 같음

③ 제2매수인에 대한 사기죄 성립할 수 있음

(3) 제2매수인의 죄책

(가) 배임죄

① 적극적 가담의 경우 배임죄

② 이중매매와 적극가담

(나) 장물취득죄

○ 장물이 아님

나. 부동산 이중저당

(1) 개 념

○ A가 B에게 저당권 설정 약정 후 C에게 저당권 설정등기하여 준 경우

(2) A의 죄책

○ C에 대해서는 무죄

○ B에 대하여 처음부터 등기의사 없었던 경우: 사기죄

○ B에 대하여 처음에는 등기의사가 있었던 경우
- 배임죄설
- 사기와 배임
- 잔존가치를 고려

다. 동산 이중매매

9. 양도담보

가. 부동산 양도담보 · 매도담보 · 가등기담보

① 양도담보설정자가 제3자에 지상권 설정: 배임죄

② 매도담보권자가 제3자에 근저당권 설정: 배임죄

③ 담보권자의 변제기일 전 처분: 배임죄
- 변제기일 연장
- 담보채권 확정 전

④ 양도담보권자의 정산의무 불이행(담보권자의 변제기일 후 처분): 무죄

⑤ 담보권자가 부당하게 염가로 처분한 경우: 배임죄 ×

⑥ 양도담보권자가 변제받고도 권리회복 의무를 이행하지 않은 경우: 배임

⑦ 가등기담보권자의 본등기 경료: 배임

나. 동산 양도담보 · 매도담보

(1) 담보와 배임죄

① 양도담보 동산을 채무자가 처분한 경우: 배임죄

② 이중 양도담보 설정: 배임죄 불성립
- 민사상 불법행위 성립

③ 양도담보설정자가 동산 처분시 2차 양도담보채권자에 대하여 배임죄 ×

(2) 담보와 횡령죄

① 우연한 점유를 기화로 채권자가 처분한 경우: 횡령죄

② 보관하고 있음을 기화로 채권자가 담보권의 범위를 벗어나 처분한 경우

10. 다른 죄와의 관계

○ 사기죄와 별도 성립
- 종래 판례

I. 개 설

제355조 (횡령, 배임)

① 타인의 재물을 보관하는 자가 그 재물을 횡령하거나 그 반환을 거부한 때에는 5년 이하의 징역 또는 1천500만 원 이하의 벌금에 처한다. 〈개정 1995. 12. 29〉

② 타인의 사무를 처리하는 자가 그 임무에 위배하는 행위로써 재산상의 이익을 취득하거나 제3자로 하여금 이를 취득하게 하여 본인에게 손해를 가한 때에도 전항의 형과 같다.

① 위험범(판례)

- 학설상 침해범설 있음.

■ 대법원 2004. 6. 24. 선고 2004도520 판결【특정경제범죄가중처벌등에관한법률위반(배임) 등】(공)

배임죄에 있어서 재산상의 손해를 가한 때라 함은 현실적인 손해를 가한 경우뿐만 아니라 재산상 실해 발생의 위험을 초래한 경우도 포함되는바(대법원 2000. 12. 8. 선고 99도3338 판결 등 참조), 주식의 실질가치가 영인 회사가 발행하는 신주를 액면가격으로 인수하는 경우에 그로 인한 손해액은 그 신주 인수대금 전액 상당으로 보아야 할 것이다.

■ 대법원 2000. 12. 8. 선고 99도3338 판결【업무상횡령(변경된 죄명: 업무상배임)】(공)

가. 배임죄에서 '임무에 위배하는 행위'라 함은 처리하는 사무의 내용, 성질 등 구체적 상황에 비추어 법률의 규정, 계약의 내용 혹은 신의칙상 당연히 할 것으로 기대되는 행위를 하지 않거나 당연히 하지 않아야 할 것으로 기대하는 행위를 함으로써 본인과 사이의 신임관계를 저버리는 일체

의 행위를 포함하며, '재산상의 손해를 가한 때'라 함은 현실적인 손해를 가한 경우뿐만 아니라 재산상 실해 발생의 위험을 초래한 경우도 포함되고 일단 손해의 위험성을 발생시킨 이상 사후에 피해가 회복되었다 하여도 배임죄의 성립에 영향을 주는 것은 아니다(대법원 1995. 2. 17. 선고 94도3297 판결, 1995. 12. 22. 선고 94도3013 판결, 2000. 3. 14. 선고 99도4923 판결 등 참조).…

다. 이러한 사실에 터잡아 판단하건대, 위 재단의 이사장 직무대리인 피고인이 위 적립금을 정관이 정하는 절차에 따라 재단의 목적 및 기부의 취지에 맞도록 위 방송사의 운영을 위하여 관리, 운용하여야 할 임무가 있음에도 자신과 친분관계가 있는 제3자인 위 A의 이익을 위하여 실무자의 반대를 무릅쓰고 임의로 위 적립금 중 대부분에 해당하는 금액을 대여한 것은 통상의 업무범위를 일탈할 배임행위라고 하지 않을 수 없다. …

나아가 위 A는 당시 그의 소유인 부동산에 거액의 근저당권이 설정되어 있는 등으로 사실상 금융기관으로부터 담보대출이나 신용대출을 받기 어려웠고, 이 사건 대출이 문제되어 대여금반환을 요구받자 한달이나 걸려 타인으로부터 빌려 이를 변제할 형편이었으므로 그에게 자금을 대여할 경우 위 재단에 손해가 발생하리라는 정을 충분히 알면서도 충분한 담보를 제공받는 등 상당하고도 합리적인 채권회수조치를 취하지 아니한 채 만연히 이 사건 금원을 대여한 것은 위 재단에 재산상 실해 발생의 위험을 초래한 것으로 보지 않을 수 없다. 그리고 이와 같이 위험을 초래한 이상 위 A가 이자금을 제때에 불입하였다거나 나중에 원금을 상환하였다는 사정은 배임죄의 성립 여부에 영향을 주지 못한다.

■ 대법원 2004. 7. 22. 선고 2002도4229 판결【특정경제범죄가중처벌등에관한법률위반(배임), 보험업법위반】(공)

현행 형법상의 배임죄가 위태범이라는 법리를 부인할 수 없다 할지라도, 문제된 경영상의 판단에 이르게 된 경위와 동기, 판단대상인 사업의 내용, 기업이 처한 경제적 상황, 손실발생의 개연성과 이익획득의 개연성 등 제반 사정에 비추어 자기 또는 제3자가 재산상 이익을 취득한다는 인식과 본인에게 손해를 가한다는 인식(미필적 인식을 포함)하의 의도적 행위임이 인정되는 경우에 한하여 배임죄의 고의를 인정하는 엄격한 해석기준은 유지되어야 할 것이고, 그러한 인식이 없는데 단순히 본인에게 손해가 발생하였다는 결과만으로 책임을 묻거나 주의의무를 소홀히 한 과실이 있다는 이유로 책임을 물을 수는 없다 할 것이다.

② **배신설(판례)**

- 학설상 권한남용설이 있음

■ 대법원 2002. 6. 14. 선고 2001도3534 판결【특정경제범죄가중처벌등에관한법률위반(배임)(일부 인정된 죄명: 배임)】(공)

배임죄의 주체로서 '타인의 사무를 처리하는 자'란 타인과의 대내관계에서 신의성실의 원칙에 비추어 그 사무를 처리할 신임관계가 존재한다고 인정되는 자를 의미하고, 반드시 제3자에 대한 대외관계에서 그 사무에 관한 대리권이 존재할 것을 요하지 않으며, 나아가 업무상 배임죄에서 업무의 근거는 법령, 계약, 관습의 어느 것에 의하건 묻지 않고, 사실상의 것도 포함한다(대법원 2000. 3. 14. 선고 99도457 판결 등 참조).

II. 배임죄

1. 주 체

가. 개 념

○ 타인의 사무를 처리하는 자의 개념

■ 대법원 2003. 1. 10. 선고 2002도758 판결【업무상배임】(공)

배임죄의 주체로서 '타인의 사무를 처리하는 자'란 타인과의 대내관계에 있어서 신의성실의 원칙에 비추어 그 사무를 처리할 신임관계가 존재한다고 인정되는 자를 의미하고, 반드시 제3자에 대한 대외관계에서 그 사무에 관한 대리권이 존재할 것을 요하지 않으며, 업무상배임죄에 있어서의 업무의 근거는 법령, 계약, 관습의 어느 것에 의하건 묻지 않고, 사실상의 것도 포함한다(위 99도457 판결 참조).

기록에 의하면 피고인 1은 대학교 총장으로 대학교 업무 전반을 총괄함과 동시에 위 학교법인의 이사로서 위 학교법인 이사회에 상당한 영향력을 행사하고 있는 자이므로, 피고인 1이 위 학교법인의 이사로서 이사회에 참석하여 명예총장에 추대하는 결의에 찬성하고, 위 이사회의 결의에 따라 대학교의 총장으로서 대학교의 교비로써 명예총장의 활동비 및 전용 운전사의 급여를 지급한 경우에 업무상배임죄의 주체가 될 수 있다.

따라서 피고인 1이 위 학교법인의 이사에 불과하여 위 학교법인의 재산에 관한 사무를 처리하는 주체가 될 수 없다는 상고이유도 받아들이지 아니한다.

■ 대법원 2002. 6. 14. 선고 2001도3534 판결【특정경제범죄가중처벌등에관한법률위반(배임)(일부 인정된 죄명: 배임)】(공)

배임죄의 주체로서 '타인의 사무를 처리하는 자'란 타인과의 대내관계에서 신의성실의 원칙에 비추어 그 사무를 처리할 신임관계가 존재한다고 인정되는 자를 의미하고, 반드시 제3자에 대한 대외관계에서 그 사무에 관한 대리권이 존재할 것을 요하지 않으며, 나아가 업무상 배임죄에서 업무의 근거는 법령, 계약, 관습의 어느 것에 의하건 묻지 않고, 사실상의 것도 포함한다(대법원 2000. 3. 14. 선고 99도457 판결 등 참조).

원심판결 이유에 의하면, 원심은, 망인이 생전에 광주 동구 수기동 3-2, 4-30 대지 109평 및 그 지상 건물(합계 3억 8,000만 원 상당)에 누나 공소외 4를 거주하도록 하였으나, 그 부동산에 대한 소유권을 이전해 달라는 공소외 4의 요청을 거절해 온 사실을 인정할 수 있으므로, 그 부동산은 망인의 소유로서 피고인과 공소외 3이 공동상속한 것이고, 피고인이 망인의 형제들과 그 부동산을 공소외 4의 소유로 하는 내용의 합의를 하였다 하여도 망인의 형제들에게 그 부동산을 처분할 권한이 있는 것이 아니라고 판단하였다.

나아가 원심은, 배임죄에서 타인의 사무를 처리하는 자라 함은 양자 간의 신임관계에 기초를 둔 타인의 재산보호 내지 관리의무가 있음을 그 본질적 내용으로 하는 것이라고 전제한 다음, 피고인이 그 부동산의 처분 당시 호적상 공소외 3의 친모로 등재되어 있었고, 상속재산 분할을 위해 서울가정법원에 특별대리인 선임신청을 하고, 그 부동산에 대하여 원심 공동피고인 명의로 소유권이전등기를 경료하는 과정에서도 공소외 3의 법정대리인인 친권자로서 화해신청사건을 변호사에게 위임하는 등 친권을 행사한 사실을 인정할 수 있으므로, 피고인과 공소외 3 사이에 법률적으로 유효한 친생자관계 및 양친자관계가 존재하지 않는다 하여도 피고인과 공소외 3 사이에서는 신의성실의 원칙에 따라 피고인이 공소외 3의 사무를 처리할 신임관계가 존재한다고 판단하였다.

기록과 앞서 본 법리에 비추어 살펴보면, 위와 같은 원심의 사실인정과 판단 또한 옳은 것으로 수긍이 가고, 거기에 채증법칙 위배나 심리미진으로 인한 사실오인 또는 배임죄에서 타인의 사무를 처리하는 자에 관한 법리를 오해한 위법이 있다고 할 수 없다.

나. 사무의 타인성

(1) 타인의 사무

① 계주 O

■ 대법원 1995. 9. 29. 선고 95도1176 판결【배임】(공)

계주가 계원들로부터 월불입금을 모두 징수하였음에도 불구하고 그 임무에 위배하여 정당한 사유 없이 이를 지정된 계원에게 지급하지 아니하였다면 다른 특별한 사정이 없는 한 그 지정된 계원에 대한 관계에 있어서 배임죄를 구성한다고 할 것이다(대법원 1994. 3. 8. 선고 93도2221 판결 참조).

원심판결 이유에 의하면 원심은, 그 채택한 증거에 의하여 피해자 박영자는 피고인이 계주가 되어 조직한 이 사건 낙찰계의 계원으로서 1회부터 14회 때까지 빠짐없이 계불입금을 성실하게 납입하여 오다가 제15회 계모임에 참석하여 낙찰을 받았고, 계주인 피고인은 계원들로부터 계금을 전부 징수하였음에도 불구하고 피해자에게 계금을 지급하지 아니한 사실을 인정한 다음, 피고인의 위 소위를 배임죄로 의율하여 처단하였는바, 이를 기록과 대조하여 살펴보면, 원심의 위와 같은 사실인정과 판단은 옳다고 여겨지고, 거기에 상고이유의 주장과 같은 채증법칙을 위배하여 사실을 오인한 위법이나 배임죄에 관한 법리오해의 위법이 있다고 할 수 없다.

② 1인 주주 O

■ 대법원 1983. 12. 13. 선고 83도2330 전원합의체 판결【업무상배임】(집)

배임의 죄는 타인의 사무를 처리하는 사람이 그 임무에 위배하는 행위로써 재산상의 이익을 취득하거나 제3자로 하여금 취득하게 하여 본인에게 손해를 가함으로써 성립하여 그 행위의 주체는 타인을 위하여 사무를 처리하는 자이며 그의 임무위반 행위로써 그 타인인 본인에게 재산상의 손해를 발생케 하였을 때 이 죄가 성립되는 것인 즉 주식회사의 주식이 사실상 1인 주주에 귀속하는 소위 1인 회사에 있어서도 행위의 주체와 그 본인은 분명히 별개의 인격이며 그 본인인 주식회사에 재산상 손해가 발생하였을 때 배임의 죄는 기수가 되는 것이므로 궁극적으로 그 손해가 주주의 손해가 된다고 하더라도(또 주식회사의 손해가 항시 주주의 손해와 일치한다고 할 수도 없다) 이미 성립한 죄에는 아무 소장이 없다고 할 것이며 한편 우리 형법은 배임죄에 있어 자기 또는 제3자의 이익을 도모하고 또 본인에게 손해를 가하려는 목적을 그 구성요건으로 규정하고 있지 않으므로 배임죄의 범의는 자기의 행위가 그 임무에 위배한다는 인식으로 족하고 본인에게 손해를 가하려는 의사는 이를 필요로 하지 않는다고 풀이할 것이다. 이와 그 견해를 달리하는 당원의 1974. 4. 23. 선고 73도2611 판결, 1976. 5. 11. 선고 75도823 판결 등의 판례는 이를 폐기하는 바이다.

3. 따라서 1인 회사의 경우 그 회사의 손해는 바로 그 1인 주주의 손해에 돌아간다는 전제아래 임무위반행위로써 회사에 손해를 가하였다고 하더라도 손해를 가하려는 의사 즉 범의가 없다고 무죄를 선고한 원심조치는 필경 행위의 주체와 본인을 혼동하였을 뿐만 아니라 법률상 권리, 의무의

주체로써의 법인격을 갖춘 주식회사와 이윤귀속 주체로써의 주주와를 동일시하고 업무상배임죄의 기수시기와 그 구성요건을 그릇 파악함으로써 업무상 배임죄의 법리를 오해한 잘못을 저질렀다고 할 것이므로 이를 비의하는 상고논지는 그 이유가 있다 할 것이다.

■ 대법원 2005. 10. 28. 선고 2005도4915 판결【특정경제범죄가중처벌등에관한법률위반(배임){일부 인정된 죄명: 특정경제범죄가중처벌등에관한법률위반(배임)방조}】(공)

배임죄는 재산상 이익을 객체로 하는 범죄이므로, 1인 회사의 주주가 자신의 개인채무를 담보하기 위하여 회사 소유의 부동산에 대하여 근저당권설정등기를 마쳐 주어 배임죄가 성립한 이후에 그 부동산에 대하여 새로운 담보권을 설정해 주는 행위는 선순위 근저당권의 담보가치를 공제한 나머지 담보가치 상당의 재산상 이익을 침해하는 행위로서 별도의 배임죄가 성립한다 할 것이다.

같은 취지에서 원심이, 피고인 1 등이 자신들의 국가에 대한 상속세 납부의무를 담보하기 위하여 이 사건 가등기에 앞서 이 사건 부동산에 대하여 국가 명의로 근저당권설정등기를 마쳐 주었다고 하더라도 이 사건 가등기를 마침으로써 그 잔존 담보가치 상당의 새로운 재산상 이익의 침해가 있게 되어 다시 배임죄를 구성한다고 판단한 것은 정당하고, 거기에 불가벌적 사후행위에 관한 법리오해의 위법이 있다고 할 수 없다. 이 점에 관한 상고이유의 주장도 받아들일 수 없다.

☞ 배임피해액에 관하여, 명의수탁 받은 부동산에 근저당권을 설정하면 그 전체에 대하여 횡령죄가 성립한다는 대법원 2000. 3. 24. 선고 2000도310 판결; 대법원 1999. 11. 26. 선고 99도2651 판결과 대조.

과거판례(폐기)

■ 대법원 1974. 4. 23. 선고 73도2611 판결【업무상배임】(집)

다음에 원심이 채택한 증거들을 기록에 의하여 종합검토하여 보면 위 회사는 피고인이 모든 자금을 출자하여 설립한 회사로서 회사설립시 발기인으로 되어있는 다른 사람들은 실제 출연은 하지 아니하고 법적요건을 구비하기 위하여 피고인에게 형식적으로 이름만 빌려준 사람들일 뿐 아니라 그 후에도 위 회사의 주식은 실제 모두 피고인이 소유하고 있어 실질적인 1인회사라고 한 원판시 인정사실을 긍인할 수 있다할 것이고 이러한 1인회사인 경우라도 다른 주주들이 주식인수의 형식을 갖춰 그 지위를 보지하고 있음이 인정되는 이 사건 회사에 있어 피고인이 위 회사의 중요한 영업재산을 양도하는 경우에도 따로 주주총회의 특별결의를 거칠 필요가 없다고 하였음은 표현상 미비점이 있기는 하나 위와 같이 실질적인 1인회사의 1인주주인 피고인으로서 회사의 손해는 바로 그 주주 한사람의 손해인 것임에 비추어 회사에 손해를 가하려는 의사 즉 범의가 없어 회사에 대한 배임죄는 성립할 수 없다할 것이므로 공소사실은 그 증명이 없는 때에 돌아간다 하여 무죄를 선고한 원판결의 결론에는 영향이 없는 것이라 할 것이므로 이에 관한 논지는 이유없음에 돌아간다.

③ 주금납입가장: 기존주주를 위한 사무 ×

■ 대법원 2004. 5. 13. 선고 2002도7340 판결【특정경제범죄가중처벌등에관한법률위반(배임)(피고인 1에 대하여 일부 및 피고인 2에 대하여 인정된 죄명: 업무상배임), 특정경제범죄가중처벌등에관한법률위반(횡령), 주식회사의외부감사에관한법률위반, 조세범처벌법위반, 뇌물공여, 근로기준법위반】(공)

신주발행은 주식회사의 자본조달을 목적으로 하는 것으로서 신주발행과 관련한 대표이사의 업무는 회사의 사무일 뿐이므로 신주발행에 있어서 대표이사가 납입된 주금을 회사를 위하여 사용하도록 관리·보관하는 업무 역시 회사에 대한 선관주의의무 내지 충실의무에 기한 것으로서 회사의 사무에 속하는 것이다. 신주발행에 있어서 대표이사가 일반 주주들에 대하여 그들의 신주인수권과 기존 주식의 가치를 보존하는 임무를 대행한다거나 주주의 재산보전 행위에 협력하는 자로서 타인의 사무를 처리하는 자의 지위에 있다고는 볼 수 없을 뿐만 아니라, 납입을 가장하는 방법에 의하여 주금이 납입된 경우 회사의 재산에 대한 지분가치로서의 기존 주식의 가치가 감소하게 될 수는 있으나, 이는 가장납입에 의하여 회사의 실질적 자본의 감소가 초래됨에 따른 것으로서 업무상배임죄에서의 재산상 손해에 해당된다고 보기도 어렵다. 따라서 신주발행에 있어서 대표이사가 납입의 이행을 가장한 경우에는 상법 제628조 제1항에 의한 가장납입죄가 성립하는 이외에 따로 기존 주주에 대한 업무상배임죄를 구성한다고 할 수 없다.

(2) 자기의 사무

① 시행자가 시공자와의 약속을 위반하고 단독 분양: 자기사무

■ 대법원 2008. 3. 13. 선고 2008도373 판결【특정경제범죄가중처벌등에관한법률위반(배임)】(공)

배임죄는 타인의 사무를 처리하는 자가 그 임무에 위배하는 행위에 의하여 재산상의 이익을 취득하거나 제3자로 하여금 이를 취득하게 하여 본인에게 손해를 가함으로써 성립하는 것으로, 여기에서 그 주체인 '타인의 사무를 처리하는 자'란 양자 간의 신임관계에 기초를 두고 타인의 재산관리에 관한 사무를 대행하거나 타인 재산의 보전행위에 협력하는 자의 경우 등을 가리키고(대법원 2003. 9. 26. 선고 2003도763 판결, 대법원 2004. 6. 17. 선고 2003도7645 전원합의체 판결 등 참조), 사무의 성질이 타인의 사무가 아니라 자기의 사무에 속하는 것이라면 그 사무를 타인을 위하여 처리하는 경우라도 타인의 사무를 처리하는 자라고 볼 수 없다(대법원 1991. 12. 10. 선고 91도2184 판결 참조).

이러한 법리와 기록에 비추어 원심판결 이유를 살펴보면, 원심이, 시행사인 공소외 1 주식회사의 대표이사인 피고인이 시공사인 쌍용건설 주식회사(이하 '쌍용건설'이라고만 한다)와의 사이에 이 사건 아파트공사 도급계약을 체결함에 있어, 분양 및 홍보관련 업무는 공소외 1 주식회사와 쌍용건설이 공동으로 협의하여 수행하되 분양성과 등의 최종 책임은 공소외 1 주식회사가 지고, 공사대금은 분양수입금으로 지급하며, 분양수입금은 공소외 1 주식회사와 쌍용건설이 공동명의로 개설한 예금계좌로만 수령하고, 위 예금계좌에 입금되지 않은 분양은 일체 인정하지 않으며, 분양수입금은 ① 공소외 1 주식회사의 사업비용, 쌍용건설의 분양경비, ② 미지급 토지대금의 지급, 프로젝트 파이낸싱 원리금의 지급, 쌍용건설이 공소외 1 주식회사에 대여한 금원의 상환, ③ 쌍용건설의 공사대금, 공소외 1 주식회사의 운영자금 ④ 기타 공소외 1 주식회사의 수익금 순으로 충당하기로 특약을 하였는데, 피고인이 위 특약에 위반하여 공소외 1 주식회사의 기존 채무에 대한 대물변제 명목으로 아파트 3채를 분양하고, 분양대금을 피고인에게 직접 지급하는 것을 조건으로 분양가를 할인하여 주는 방법으로 아파트 2채를 분양한 다음 직접 지급받은 분양대금을 위 공동 관리 예금계좌에 입금하지 않고 공소외 1 주식회사의 기존 채무의 변제 등에 사용한 사실을 인정한 다음, 위 특약은 공소외 1 주식회사의 수급인인 쌍용건설에 대한 공사대금 채무의 변제를 확보하는 방편으로 약정한 것에 불과할 뿐이고, 이 사건 아파트의 수분양자로부터 분양수입금을 수령할 권한 자체는 여전히 공소외 1 주식회사에 있으며, 그 분양수입금으로 쌍용건설에 공사대금을 지급하는 사무는 피고인 자신의 사무에 속하는 것이라 할 것이므로, 피고인이 위 특약에 위배하여 이 사건 아파트에 대한 분양수입금을 공동 관리 예금계좌에 입금하지 아니하고 이를 다른 용도에 사용한 결과 쌍용건설에 공사대금을 지급하지 못하게 되었다고 하더라도 이는 쌍용건설에 대한 단순한 민사상의 채무불이행에 불과할 뿐이지 배임죄를 구성한다고 볼 수 없다고 판단한 것은 정당한 것으로 수긍이 가고, 거기에 상고이유의 주장과 같은 채증법칙 위배 또는 배임죄에 있어서 타인의 사무를 처리하는 자에 관한 법리오해 등의 위법이 없다.

② 신탁자의 처분

■ 대법원 2009. 2. 26. 선고 2008도11722 판결【특정경제범죄가중처벌등에관한법률위반(배임) · 주택법위반 · 근로기준법위반 · 부정수표단속법위반 · 조세범처벌법위반(인정된 죄명: 지방세법위반) · 배임】(공)

2. 피해자 한국자산신탁 주식회사(이하 “한국자산신탁”이라 한다)에 대한 배임의 점에 관하여

가. 이 사건 공소사실의 요지는, 피고인은 2005. 6. 30. 서울 강남구 삼성동 9-21에 있는 주식회사 진흥상호저축은행 영동지점에서 피해자 한국자산신탁에게 제1심판결 별지 범죄일람표（Ⅰ）기재 위 아파트 27세대를 신탁하는 내용의 부동산관리처분신탁계약을 체결하고 같은 날 위 각 아파트에 대한 소유권을 위 피해자에게 이전하였으므로 위 신탁계약의 내용에 따라 피해자의 사전승낙 없이 위 아파트를 임대하는 등 권리를 설정하거나 현상을 변경하여 아파트의 가치를 저감하는 행위를 하여서는 아니될 임무가 있음에도 불구하고, 그 임무에 위배하여 피해자의 승낙을 받지 아니하고 2005. 7. 중순경 위 아파트를 공소외 2 주식회사에 매도하여 공소외 2 주식회사로 하여금 아파트를 임대하고 보증금을 받게 함으로써 합계 1,068,000,000원 상당의 재산상 이익을 취득하게 하고 피해자에게 동액 상당의 손해를 가하였다는 것이다.

나. 이에 대하여 원심은 제1심판결을 인용하여, 피고인이 피해자 한국자산신탁과 체결한 관리처분신탁계약의 제9조는 “위탁자(피고인)는 신탁부동산을 사실상 계속 점유 사용하고, 신탁부동산의 실질적 보존과 일체의 관리행위 및 이에 따른 일체의 비용을 부담한다. 위탁자는 수탁자의 사전 승낙이 없는 경우에는 신탁부동산에 대하여 임대차 등 권리의 설정 또는 그 현상을 변경하는 등의 방법으로 신탁부동산의 가치를 저감하는 행위를 하여서는 아니 된다. 위탁자는 신탁부동산의 멸실 훼손 등 사고가 발생하거나 발생이 예상되는 경우에는 즉시 이를 수탁자에게 통지하여야 한다”고 규정하고 있으므로, 피고인은 이 사건 부동산을 계속 점유하고 보존 및 관리하는 업무만을 해야 할 뿐이고 한국자산신탁의 승낙 없이 신탁부동산에 대하여 임대차 등 권리의 설정 또는 그 현상을 변경하는 등의 방법으로 신탁부동산의 가치를 저감하는 행위를 하여서는 아니될 임무가 있다고 할 것인데, 그 임무에 위배하여 공소사실 기재와 같이 피해자의 승낙을 받지 아니한 채 임의로 아파트를 공소외 2 주식회사에 매도하여 공소외 2 주식회사로 하여금 아파트를 임대하고 보증금을 받게 하여 스스로 재산상의 이익을 취득하거나 제3자로 하여금 이를 취득하게 하고 신탁부동산의 가치를 저감하고 한국자산신탁의 임대차 및 입주자 관리, 수익금 운영, 처분 등의 업무를 방해하여 손해를 가한 이상 피고인에 대하여 배임죄가 성립한다고 판단하였다.

다. 그러나 원심의 위와 같은 판단은 수긍하기 어렵다.

배임죄는 타인의 사무를 처리하는 자가 위법한 임무위배행위로 재산상 이득을 취득하여 사무의 주체인 타인에게 손해를 가함으로써 성립하는 것이므로 그 범죄의 주체는 타인의 사무를 처리하는 신분이 있어야 한다. 여기에서 “타인의 사무를 처리하는 자”라고 하려면 두 당사자의 관계의 본질

적 내용이 단순한 채권관계상의 의무를 넘어서 그들간의 신임관계에 기초하여 타인의 재산을 보호 내지 관리하는 데 있어야 하고, 그 사무가 타인의 사무가 아니고 자기의 사무라면 그 사무의 처리가 타인에게 이익이 되어 타인에 대하여 이를 처리할 의무를 부담하는 경우라도 그는 타인의 사무를 처리하는 자라고 볼 수 없다(대법원 1987. 4. 28. 선고 86도2490 판결 등 참조).

기록에 의하면, 공소외 1 주식회사는 2005. 6. 30. 피해자 한국자산신탁과 부동산관리처분신탁계약을 체결하고 신탁목적물에 대하여 위 피해자 앞으로 소유권이전등기를 경료하여 준 사실, 위 신탁계약은 담보신탁용으로서 그 계약의 목적은 위탁자(공소외 1 주식회사)가 부담하는 채무 내지 책임의 이행을 보장하기 위하여 수탁자(위 피해자)가 신탁부동산을 보전·관리하고 채무불이행시 환가정산하는 데 있는 사실(위 계약 제1조), 그런데 위 신탁계약의 제9조는 위탁자가 신탁부동산을 사실상 계속 점유·사용하고, 신탁부동산의 실질적 보존과 일체의 관리행위 및 이에 따른 일체의 비용을 부담하며, 위탁자는 수탁자의 사전 승낙이 없는 경우에는 신탁부동산에 대하여 임대차 등 권리의 설정 또는 그 현상을 변경하는 등의 방법으로 신탁부동산의 가치를 저감하는 행위를 하여서는 아니된다고 규정하고 있는 사실을 알 수 있다.

이러한 사실관계와 기록상 나타나는 공소외 1 주식회사와 위 피해자간의 위 신탁계약의 내용 및 앞서 본 법리 등을 종합하여 보면, 위 신탁계약은 부동산에 관하여 담보를 위하여 체결된 것으로서, 위 피해자에게 소유권이전등기가 경료됨으로써 공소외 1 주식회사가 이 사건 아파트를 유효하게 처분할 가능성이 없게 되어 그 목적은 그 요부에 있어서 달성되었고, 위탁자인 공소외 1 주식회사가 신탁목적물인 이 사건 아파트를 계속 점유·사용하면서 그 보존 및 관리의 비용을 부담하고 이 사건 아파트의 가치를 유지하는 것은 기본적으로 공소외 1 주식회사 자신을 위한 그의 사무라고 할 것이다. 그리고 신탁목적물의 가치를 저감하는 행위를 하여서는 안 된다는 공소외 1 주식회사의 한국자산신탁에 대한 의무는 단순히 신탁계약상의 채무에 그치며, 공소외 1 주식회사와 한국자산신탁의 관계의 본질적 내용이 신임관계에 기초하여 위 피해자의 재산을 보호하거나 관리할 공소외 1 주식회사의 의무에 있다고 보기 어렵다. 따라서 피고인이 배임죄의 주체가 되는 "타인의 사무를 처리하는 자"의 지위에 있다고 할 수 없다.

그러므로 이와 달리 피고인이 타인의 사무를 처리하는 자임을 전제로 한 원심판결은 배임죄의 성립요건인 타인의 사무에 관한 법리를 오해하여 판결에 영향을 미친 위법이 있다 할 것이다.

③ 골프시설 운영자의 회원에 대한 의무

■ 대법원 2003. 9. 26. 선고 2003도763 판결【특정경제범죄가중처벌등에관한법률위반(배임)[예비적 죄명: 배임], 강요미수, 상습도박, 도박개장】(공)

배임죄는 타인의 사무를 처리하는 자가 그 임무에 위배하는 행위에 의하여 재산상의 이익을 취득하거나 제3자로 하여금 이를 취득하게 하여 본인에게 손해를 가함으로써 성립하는 것으로, 여기에서 그 주체인 "타인의 사무를 처리하는 자"란 양자간의 신임관계에 기초를 두고 타인의 재산관리에 관한 사무를 대행하거나 타인 재산의 보전행위에 협력하는 자의 경우 등을 가리킨다(대법원 1994. 9. 9. 선고 94도902 판결 참조).

그리고 회원 가입시에 일정 금액을 예탁하였다가 탈퇴 등의 경우에 그 예탁금을 반환받는 이른바 예탁금 회원제로 운영되는 골프클럽의 운영에 관한 법률관계는 회원과 클럽을 운영하는 골프장 경영 회사 사이의 계약상 권리·의무관계이고, 따라서 그 운영에 관한 회칙은 불특정 다수의 입회

자에게 획일적으로 적용하기 위하여 골프장을 경영하는 회사가 제정한 것으로, 이를 승인하고 클럽에 가입하려는 회원과 회사와의 계약상 권리·의무의 내용을 구성한다(대법원 1999. 4. 9. 선고 98다20714 판결, 2000. 3. 10. 선고 99다70884 판결 참조).

원심은, 주식회사 관악이 관악컨트리클럽을 인수하여 리베라컨트리클럽으로 명칭을 변경하여 운영함으로써 관악컨트리클럽의 회원들은 당연히 리베라컨트리클럽의 회원으로서의 지위를 가지게 되었음에도 불구하고, 관악컨트리클럽에서 운영해오던 '회원의 날' 제도를 폐지하고, 기존회원들을 대상으로 앞서 본 바와 같은 특별회원 모집 제도를 시행하는 것으로 회칙을 변경하여, 그에 따라 총 246명의 특별회원을 모집함으로써 기존회원들의 주말예약권을 사실상 제한하거나 박탈하고, 나아가 변경된 회칙에 따른 특별회원 모집제도에 반대하는 기존회원들에 대하여는 승계등록을 거부함으로써 회원으로서의 권리를 행사할 수 없도록 하는 결과가 되었다고 하더라도, 이는 주식회사 관악이 기존회원들에 대한 회원가입계약에 따른 민사상의 채무를 불이행한 것에 불과하고, 주식회사 관악이 기존회원들의 골프회원권이라는 재산관리에 관한 사무를 대행하거나 그 재산의 보전행위에 협력하는 지위에 있다고 할 수는 없으므로 배임죄의 주체인 타인의 사무를 처리하는 자에 해당하지 아니한다는 이유로 주위적 공소사실인 특정경제범죄가중처벌등에관한법률위반(배임)의 점과 예비적 공소사실인 배임의 점에 관하여 피고인을 무죄라고 판단하였다.

원심의 위와 같은 판단은 앞서 본 법리에 따른 것으로서 정당하고, 거기에 체육시설의설치·이용에관한법률이나 배임죄에 관한 법리오해의 위법이 없다.

④ 동업자의 정산 업무

■ 대법원 1992. 4. 14. 선고 91도2390 판결【횡령, 배임】(공)

원심판결 이유에 의하면 원심은, 거시증거에 의하여 피고인이 소외 백종수로 판시 국민주택의 위생난방설비공사를 도급받아 시공하면서 같은 달 15. 피해자 임내규와의 사이에 위 임내규는 공사비를 대고 피고인은 작업을 맡아 위 공사를 완공한 다음 이익금을 반분하기로 하는 동업계약을 체결하고 위 공사를 진행하다가 자금부족으로 이를 포기하게 되어 위 백종수로 부터 판시와 같은 그 정산금의 일부로 받은 금 6,500,000원 가운데 금 5,000,000원을 위 백종수로 하여금 피고인의 채권자에게 지급하도록 한 사실 등을 인정하고, 이 사건에 있어서와 같이 동업자의 1인이 자금만 투자하고 다른 동업자가 노무와 설비를 투자하여 공사를 수급하여 시공하고 그 대금 등을 추심하는 등 일체의 거래행위를 담당하면서 그 이익을 나누어 갖기로 하는 내용의 동업계약이 체결되었다가 그 계약이 종료된 경우 위 공사시공 등 일체의 행위를 담당하였던 동업자가 자금만을 투자한 동업자에게 투자금원을 반환하고 또 이익 또는 손해를 부담시키는 내용의 정산의무나 그 정산과정에서 행하는 채권의 추심과 채무의 변제 등의 행위는 모두 공사시공 동업자 자신의 사무이지 자금을 투자한 다른 동업자를 위하여 하는 타인의 사무라고 볼 수는 없다고 보아 피고인의 위 채권양도행위를 배임죄에 있어서 타인의 사무를 처리하는 자로서의 임무위배행위라고 할 수는 없다고 판단하여 피고인에게 무죄를 선고하였다.

기록에 대조 검토하여 볼 때 원심의 위 사실인정은 옳다고 여겨지고, 또 피고인과 위 임내규가 소론이 주장하는 바와 같은 위임 또는 고용관계나 그 밖에 피고인이 동인의 재산보존행위에 협력하는 관계에 있었다고 보여지지 아니하므로 위 원심의 판단 또한 정당하며 거기에 소론이 주장하는 배임죄에 관한 법리오해의 위법이 있다 할 수 없다. 논지는 이유 없다.

다. 사무의 성질(재산관련성)

① 사무는 재산상의 사무에 한정되는가?

1 적극설: 재산상의 사무에 한정(재산상의 사무와 중요한 부분에서 연관성이 있는 사무여야함)(강구진, 김성천/김형준, 김일수/서보학, 김종원, 박상기, 배종대, 백형구, 유기천, 이정원, 이형국, 정성근/박광민, 진계호)

2 소극설: 재산상의 사무이거나 재산적 이해관계를 가진 사무에 국한할 필요 없음(염정철, 오영근, 이건호, 임웅)

3 절충설: 재산상의 사무일 필요는 없으나 재산적 이해관계를 가진 사무이면 족함(서일교, 정영석, 정영일, 황산덕)

② 판례: 적극설로 이해되고 있음

■ 대법원 1983. 2. 8. 선고 81도3137 판결【배임 등】(집)

기록에 의하여 살피건대, 본건 건물들은 위 제1심 판시에서 본 바와 같이 피고인들이 위 A와의 건축도급계약에 의하여 피고인들이 각기 자기의 비용을 투입하고 자재를 구입하여 시공하던 것으로 A가 발행 교부한 위 약속어음의 부도등 자금부족으로 건축공사가 중단되었다가 그 부지를 피고인들이 위 B로부터 매수한 후에 자기들의 비용과 책임으로 잔여공사를 실시하여 완성한 점을 수긍할 수 있고 공사도중에나 준공후 도급자인 A에게나 위 B에 건물들을 인도하였다고 볼 증거가 없는 본건에 있어서는 이 건물들은 피고인들이 각기 원시적으로 그 소유권을 취득하였다고 할 것이며(당원 1971. 7. 13. 선고 71다979,980 판결 참조) 위 B가 A로부터 공사 중인 미완성건축물을 매수한 사실이 있다하여 위의 소유권귀속에 무슨 소장이 있다고도 할 수 없다. 그럼에도 불구하고 위 원심판시가 「그 소유자가 누구인가와는 관계없이」라는 애매한 판단아래 이론을 전개하고 있음은 심리미진이 아니면 이유불비가 있다고 아니할 수 없다.

배임죄에 있어서 타인의 사무라 함은 신임관계에 기초를 둔 타인의 재산의 보호 내지 관리의무가 있을 것을 그 본질적 내용으로 하는 것으로 타인의 재산관리에 관한 사무를 대행하는 경우 예컨대 위임, 고용 등의 계약상 타인의 재산의 관리, 보전의 임무를 부담하는 때 본인을 위하여 일정한 권한을 행사하는 경우 등기협력의무와 같이 매매, 담보권설정등 자기의 거래를 완성하기 위한 자기의 사무인 동시에 상대방의 재산보전에 협력할 의무가 있는 경우 따위를 말한다고 할 것이지 본건과 같이 위 B의 대지 매도대금 수령의 확보책으로 피고인들 소유의 본건 건물의 처분은 B의 사전 승낙아래 하겠다는 특약상의 의무는 단순한 채무에 불과하고 B의 재산관리 내지 보전의 사무라고 할 수 없다고 할 것이다.

그러므로 피고인들이 본건 건물들이 완성된 후에 자기들의 자금사정을 타개하기 위하여 건물들을 공소기재와 같이 처분을 함에 있어 위 약정의 B의 사전 승낙없이 하였음은 위 특약에 위배한 채무불이행의 흠이 있다 할지라도 그는 어디까지나 자기의 소유물을 처분한 자기의 사무에 속하는 것이지 그 처분행위를 위 B를 위한 임무위반이라고 할 수 없다고 할 것이므로 거기에 배임의 문제가 개재될 리 없다 할 것이다. 그렇다면 원심이 피고인들의 위 소위를 배임죄로 단정한 조치는 배임죄에 관한 법리를 오해하였다고 아니할 수 없어 이 점을 논란하는 피고인 1, 2의 논지 이유있어 동 판결부분은 파기를 면할 수 없다.

■ 대법원 2008. 6. 26. 선고 2007도7060 판결【업무상배임】(미)

배임죄의 주체는 타인의 사무를 처리하는 신분이 있어야 할 것이고, 여기에서 '타인의 사무를 처리하는 자'라 함은 양자 간의 신임관계에 기초를 둔 타인의 재산의 보호 내지 관리의무가 있음을 그 본질적 내용으로 하는 경우라 할 것이므로, 그 사무가 타인의 사무가 아니고 자기의 사무이거나 단순히 타인에 대하여 채무를 부담함에 불과한 경우라면 본인의 사무로 인정될지언정 타인의 사무를 처리하는 자에 해당한다고 할 수는 없다(대법원 1984. 12. 26. 선고 84도2127 판결, 대법원 1987. 4. 28. 선고 86도2490 판결 등 참조).

그런데 이 사건 기록에 의하면, 이 사건에서 피고인이 무한책임사원인 합자회사 지역환경구조연구소와 알켐코리아 사이에 체결된 이 사건 시험연구용역계약은 피고인이 자신의 책임하에 연구개발계획을 수립하여 자신이 특허권을 가지고 있는 축산분뇨 처리장치[일명 타오(TAO) 시스템] 기술을 음식물쓰레기 자원화 처리에도 적용하여 연구한 결과인 보고서를 알켐코리아에 제출하는 것을 핵심 내용으로 하고 있으며, 그 결과 제출 후에도 피고인이 무한책임사원인 합자회사 지역환경구조연구소가 여전히 그 결과에 대한 특허출원권을 가지고, 오히려 알켐코리아가 이러한 연구 결과와 관련하여 취득한 피고인의 비밀을 누설하여서는 아니 되며, 피고인과 알켐코리아 경영자인 공소외 2 사이에 체결된 2001. 7. 17.자 이 사건 합의계약 내용도 피고인이 그때까지의 연구결과만을 정리한 보고서를 알켐코리아에 제출하되, 다만 알켐코리아가 이에 대한 연구개발을 계속 진행하고자 하는 경우에는 피고인이 이에 따른 기술적 지도를 하여야 하나, 이에 대한 연구개발이 완료될 경우에도 피고인은 여전히 그 결과에 대한 특허출원권을 가지고 있음을 알 수 있어, 피고인의 원심 판시와 같은 내용의 의무는 알켐코리아의 재산을 관리보전할 임무부담행위가 아닌 단순한 계약상 채무에 불과하다 할 것이다.

그렇다면 원심이 확정한 사실과 같이 피고인이 강원지역환경기술센터와 이 사건 시험연구용역계약과 동일한 계약을 체결하고 강원지역환경기술센터에 이미 알켐코리아에 제출한 시험연구용역결과를 다시 제공하였다고 하더라도 이는 타인의 사무를 처리하는 자로서 그 임무에 위반한 것이라고 볼 수 없고, 단순한 민사상의 채무불이행에 불과하여 피고인에게 업무상배임죄의 죄책을 지울 수는 없으므로, 결국 원심판결에는 배임죄의 성립요건인 타인의 사무를 처리하는 자로서의 임무위배에 관한 법리를 오해하여 판결에 영향을 미친 위법이 있다.

라. 사무처리의 근거

① 법령, 법률행위, 관습, 사무관리, 신의칙(사실상의 신임관계 포함)

■ 대법원 1999. 6. 22. 선고 99도1095 판결【업무상배임】(공)

배임죄는 타인의 사무를 처리하는 자가 그 임무에 위배하는 행위로써 재산상 이익을 취득하거나 제3자로 하여금 이를 취득하게 하여 본인에게 손해를 가함으로써 성립하는바, 배임죄의 주체로서 타인의 사무를 처리하는 자라 함은 타인과의 대내관계에 있어서 신의성실의 원칙에 비추어 그 사무를 처리할 신임관계가 존재한다고 인정되는 자를 의미하고 반드시 제3자에 대한 대외관계에서 그 사무에 관한 권한이 존재할 것을 요하지 않으며, 또 그 사무가 포괄적 위탁사무일 것을 요하는 것도 아니고, 사무처리의 근거, 즉 신임관계의 발생근거는 법령의 규정, 법률행위, 관습 또는 사무관리에 의하여도 발생할 수 있으므로, 법적인 권한이 소멸된 후에 사무를 처리하거나 그 사무처리자가 그 직에서 해임된 후 사무인계 전에 사무를 처리한 경우도 배임죄에 있어서의 사무를 처리하는 경우에 해당한다고 할 것이다.

또한 그 임무에 위배하는 행위라 함은 처리하는 사무의 내용, 성질 등 구체적 상황에 비추어 법률의 규정, 계약의 내용 혹은 신의칙상 당연히 할 것으로 기대되는 행위를 하지 않거나 당연히 하지 않아야 할 것으로 기대하는 행위를 함으로써 본인과 사이의 신임관계를 저버리는 일체의 행위를 포함하며, 재산상의 손해를 가한 때라 함은 현실적인 손해를 가한 경우뿐만 아니라 재산상 실해 발생의 위험을 초래한 경우도 포함되고, 재산상 손해의 유무에 대한 판단은 본인의 전재산 상태와의 관계에서 법률적 판단에 의하지 아니하고 경제적 관점에서 파악하여야 하며, 따라서 법률적 판단에 의하여 당해 배임행위가 무효라 하더라도 경제적 관점에서 파악하여 배임행위로 인하여 본인에게 현실적인 손해를 가하였거나 재산상 실해발생의 위험을 초래한 경우에는 재산상의 손해를 가한 때에 해당되어 배임죄를 구성하는 것이라고 볼 것이다(대법원 1995. 12. 22. 선고 94도3013 판결 등 참조).

원심판결 이유와 원심이 채택한 증거에 의하면, 피고인은 비법인사단인 공소외 주택조합 정산위원회의 정산위원장으로 활동하다가 총회의 불신임결의에 의하여 해임되고 후임 정산위원장이 선출되었는데도 그 총회결의를 인정할 수 없다고 하면서 후임자에게 업무와 직인을 인계하지 아니하고 있었는데, 그러던 중 정산위원회를 상대로 하여 공소외 정점심이 대여금청구소송을, 공소외 손봉선이 토지소유권이전등기청구소송을 각 제기하였고, 그 소장부본 및 변론기일소환장을 피고인이 자택에서 각 송달받았는바, 위 공소외인들의 청구 내용의 당부에 의문이 있었으므로 피고인으로서는 위 제소사실을 정산위원회에 알려 주어 정산위원회의 운영규정에 의하여 위원회의 의결에 따라 응소 여부를 결정하게 하거나 아니면 이에 대하여 스스로 응소하였어야 함에도 위 제소사실을 정산위원회에 알려 주지도 아니하고 스스로 응소하지도 아니함으로써 조합으로 하여금 의제자백에 의한 패소 확정판결을 받게 한 사실(판결정본도 피고인이 자택에서 수령하였다)이 인정되는바, 피고인이 정산위원장의 직에서 해임됨으로서 법적인 권한이 소멸된 후라고 할지라도 그 업무 인계 전에는 그 사무를 신의칙에 따라 처리할 사실상의 신임관계가 존속한다고 보아야 할 것이므로 피고인은 배임죄에 있어서 타인의 사무를 처리하는 자에 해당한다고 보아야 할 것이고, 피고인이 위 각 소송의 소장부본 및 변론기일소환장을 송달받고도 그 제소사실을 정산위원회에 알려주지도 아니하고 스스로 응소하지도 아니한 행위는 그 처리하는 사무의 내용, 성질 등 구체적 상황에 비추어 신의칙상 당연히 할 것으로 기대되는 행위를 하지 않음으로써 정산위원회와 사이의 신임관계를 저버린 배임행위에 해당한다고 할 것이며, 이로써 정산위원회로 하여금 의제자백에 의한 패소 확정판결을 받게 한 것은 정산위원회가 피고인의 대표권 흠결을 사유로 재심을 청구할 수 있는지에 관계없이 정산위원회에게 현실적인 재산상의 손해를 가한 것이라고 할 것이다. 따라서 위와 같은 법리에서 피고인에 대하여 업무상배임죄의 성립을 인정한 원심의 인정과 판단은 정당하고, 피고인이 정산위원장에서 해임되었으므로 그 때부터는 배임죄에 있어서의 타인의 사무를 처리하는 자에 해당하지 않는다는 등의 논지는 이유 없다.

② 직접적인 법적 의무의 부존재

무효인 법률행위(불륜의 증여계약상 의무) ×

■ 대법원 1986. 9. 9. 선고 86도1382 판결【배임】(공)

원심판결 이유에 의하면, 원심은 그 거시증거를 종합하여 피고인의 이 사건 임야에 관한 저당권

실행행위가 형법상 배임죄를 구성하기 위하여서는 피고인이 피해자(여, 52세)에게 그 이전에 위 임야를 매도하였거나 그 밖에 다른 적법한 원인으로 말미암아 피해자에 대하여 위 임야에 관한 소유권이전등기의무를 부담하고 있어 배임죄 소정의 타인의 사무를 처리하는 자에 해당하는 것이 전제가 되어야 할 것인바, 피고인은 법률상 처가 있음에도 1973년경부터 5년 연상의 여자인 피해자와 내연의 관계를 맺어 동거해 오던 중 1975. 11. 25.경에 이르러 피해자가 피고인과의 내연의 관계를 유지하는 데 대한 대가를 요구해 왔을 뿐만 아니라 피고인 또한 그녀를 도와주면서 그러한 관계를 유지할 목적으로 위 임야를 피해자에게 증여를 하기로 하고, 편의상 매매형식을 빌어 매도증서를 작성한 후 이를 공증을 한 다음, 위 임야가 원래 종중의 위토이어서 이를 처분한데 대한 친족들의 비난을 우려하여 이에 대한 소유권이전등기는 3년 뒤인 1978. 5. 28.까지 경료해 주기로 약정한 사실, 매도약정을 함에 있어 매매대금을 전혀 주고받은 사실이 없는 점 등을 미루어 보아 매매의 형식을 빌었을 뿐 실체는 증여에 지나지 아니한 바, 법률상의 처가 있는 피고인이 피해자와의 불륜의 관계를 지속하는 대가로서 제공하는 위 증여계약은 선량한 풍속과 사회의 질서에 반하는 것으로서 무효라 할 것이니, 피고인에게 위 증여로 인한 임야소유권이전등기의무가 인정되지 아니하는 이상 피고인이 타인의 사무를 처리하는 자에 해당한다고 볼 수 없어 형법상 배임죄를 구성할 수 없으므로 피고인에게 무죄를 선고한 원심의 조치는 정당하고, ….

토지거래허가규제지역 내 무허가 토지거래 ×

농지매매증명, 토지거래신고지역 ○

(구 국토이용관리법은 2003. 1. 1.부터 국토의 계획 및 이용에 관한 법률로 대체됨)

■ 대법원 1996. 8. 23. 선고 96도1514 판결【배임】(공)

국토이용관리법 제21조의2 소정의 규제구역 내에 있는 토지를 매도하였으나, 같은 법 소정의 거래허가를 받은 바가 없다면, 매도인에게 매수인에 대한 소유권이전등기에 협력할 의무가 생겼다고 볼 수 없고, 따라서 매도인이 배임죄의 주체인 타인의 사무를 처리하는 자에 해당한다고 할 수 없음은 상고이유의 주장이 지적하는 바와 같다.

그러나, 국토이용관리법 제21조의2 제1항 소정의 토지거래허가규제지역 내에 있는 토지에 관한 매매계약 체결일이 위 같은 법상의 규제지역으로 지정고시되기 전인 때에는 그 매매계약에 관하여 관할 관청의 허가를 받을 필요는 없다고 할 것인바(대법원 1993. 11. 23. 선고 92다49119 판결 참조), 기록에 의하면, 이 사건 토지는 1984. 12. 17.자로 신고지역으로 고시되었다가 1990. 5. 4.에야 비로소 건설부 공고 제53호로 토지거래허가지역으로 지정고시되었음을 알 수 있으므로, 이 사건 토지가 토지거래허가지역으로 지정고시되기 전에 이미 체결된 이 사건 매매계약에 관하여는 관할 관청의 허가를 받을 필요가 없어 피고인으로서는 위 계약 당일 매매대금을 지급받음으로써 그 때부터는 이미 배임죄의 주체인 타인의 사무를 처리하는 자의 지위에 있다고 할 것이다.

그리고, 농지개혁법이 농민이 아닌 사람의 농지의 취득을 전면적으로 금지하고 있지는 아니할 뿐만 아니라, 위 같은 법 소정의 소재지 관서의 증명은 농지매매의 성립요건이 아니므로 매매계약 체결 당시에 농지매매증명이 없다고 하여 채권계약인 매매가 무효로 되지는 않는다고 할 것이고(대법원 1993. 11. 9. 선고 93다28928 판결 참조), 국토이용관리법상의 신고구역에 관한 규정은 단속법규로서 신고의무에 위반한 거래계약의 사법상의 효력까지 부인하는 것은 아니므로(대법원 1993. 3. 9. 선고 92다56575 판결 참조), 이 사건 피해자가 농민이 아니고, 매매계약 체결 당시에 농지매매증명 또는 국토이용관리법 소정의 신고가 없었음을 이유로 이 사건 매매계약이 무효라는 상고이유의 주장은 받아들일 수가 없다.

채무자의 근저당설정등기 말소 ×

■ 대법원 2007. 8. 24. 선고 2007도3408 판결【배임 · 사기】(미)

채무자가 제3자 소유의 부동산을 채무의 담보로 제공하기로 한 약정에 따라 채권자를 위하여 그 부동산에 근저당권설정등기를 경료하여 준 경우, 이로써 채무자는 담보제공약정상의 의무를 이행한 것이 되고, 그 후 위 근저당권설정등기를 임의로 말소하여서 안 되는 것은 물권의 대세적 효력의 당연한 귀결로서 채무자를 포함한 모든 사람이 부담하는 의무이고 채무자가 그 담보제공약정에 따라 채권자의 재산의 관리보호를 위하여 특별히 부담하는 의무는 아니므로, 채무자가 등기관계 서류를 위조하여 근저당권설정등기를 말소하였다 하더라도 이는 문서에 관한 범죄를 구성할 뿐이고 달리 배임죄를 구성한다고 할 수 없다(대법원 1987. 8. 18. 선고 87도201 판결 참조).

원심은, 판시와 같이 피고인이 자신의 채무를 담보하기 위하여 제3자 소유의 부동산에 근저당권설정등기를 경료해 준 후 근저당권자의 위임장을 위조하여 위 등기를 말소하였다고 하더라도 배임죄가 성립한다고 볼 수 없고, 나아가 피고인이 위 등기의 등기필증을 소지하고 있었다고 하더라도 판시와 같은 그 보관 경위에 비추어 근저당권자의 재산의 관리보호를 위한 특별한 의무를 부담한다고 볼 수 없다는 이유로, 이 부분 공소사실은 범죄가 되지 않는 경우에 해당한다고 보아, 위 공소사실을 유죄로 인정한 제1심판결을 파기하여 무죄를 선고하였다. 앞서 본 법리와 기록에 비추어 살펴보면, 원심의 이와 같은 판단은 정당한 것으로 수긍이 가고, 거기에 상고이유에서 주장하는 바와 같은 배임죄에 관한 법리오해의 위법이 없다.

그리고 상고이유에서 드는 대법원 2004. 7. 22. 선고 2004도3306 판결, 대법원 2005. 6. 24. 선고 2005도2527 판결 등은 이 사건과 사안을 달리하여 원용하기에 적절하지 아니하다.

마. 사무처리의 독립성

① 보조기관: 가능

■ 대법원 2007. 6. 1. 선고 2005도9288 판결【업무상배임】(미)

업무상배임죄는 타인의 사무를 처리하는 자가 그 임무에 위배하는 행위로써 재산상 이익을 취득하거나 제3자로 하여금 이를 취득하게 하여 본인에게 손해를 가함으로써 성립하고, 이 경우 그 '임무에 위배하는 행위'라 함은 사무의 내용, 성질 등 구체적 상황에 비추어 법률의 규정, 계약의 내용 혹은 신의칙상 당연히 할 것으로 기대되는 행위를 하지 않거나 당연히 하지 않아야 할 것으로 기대되는 행위를 함으로써 본인과 사이의 신임관계를 저버리는 일체의 행위를 포함하며, '타인의 사무를 처리하는 자'란 고유의 권한으로서 그 처리를 하는 자에 한하지 않고 그 자의 보조기관으로서 직접 또는 간접으로 그 처리에 관한 사무를 담당하는 자도 포함한다(대법원 2004. 6. 24. 선고 2004도520 판결 등 참조).

기록에 비추어 살펴보면, 원심이 그 채택 증거를 종합하여 피고인이 밀양시 (면 이름 생략)면사무소 개발계장으로서 국가 예산으로 추진되는 밀양댐주변정리사업의 대상지 선정업무 등을 보조한 사실, 피고인에게는 위 정리사업의 대상지 선정 등에 관한 업무를 공정하게 처리함으로써 국가 예산의 부적절한 집행을 방지하여야 할 업무상 임무가 있음에도 불구하고, 이러한 임무에 위배하여 사업 대상지 선정 및 관련 공사의 타당성 등에 대하여 제대로 검토하지 않고 오히려 피고인 소유의 토지에 관한 이용 효율성을 높이기 위한 목적으로 그 진입로를 정비하고 이 사건 교량을 설치하는 공사 등이 진행될 수 있도록 자의적인 업무처리를 한 사실, 이로 인하여 정당한 정리사업에 지출되어야 할 국가 예산 중 위 공사비 상당액이 부당하게 감소함으로써 국가에게 동액 상당의 재산상 손해를 가하고 피고인이 동액 상당의 재산상 이익을 취득한 사실 등을 인정한 다음, 이 사건 공소사실을 유죄로 인정한 제1심판결을 그대로 유지한 조치는 정당한 것으로 수긍할 수 있고, 거기에 상고이유로 주장하는 바와 같은 사실오인이나 심리미진 또는 업무상 배임죄에 관한 법리오해 등의 위법이 있다고 할 수 없다.

■ 대법원 2004. 6. 24. 선고 2004도520 판결【특정경제범죄가중처벌등에관한법률위반(배임) 등】(공)

업무상배임죄에 있어서 타인의 사무를 처리하는 자란 고유의 권한으로서 그 처리를 하는 자에 한하지 않고 그 자의 보조기관으로서 직접 또는 간접으로 그 처리에 관한 사무를 담당하는 자도 포함한다(대법원 1999. 7. 23. 선고 99도1911 판결 등 참조).

원심판결 이유를 기록에 비추어 살펴보면, 원심이 피고인 3은 공소외 2 주식회사의 이사 겸 부회장이자 (상호생략)그룹의 기획조정실장으로서, 공소외 2 주식회사의 이사회에 참여할 권한이 있고, 또 일정 범위 내의 의사를 결정할 권한도 있다는 전제하에 피고인 3을 공소외 2 주식회사의 사무를 처리하는 자의 지위에 있다고 판단한 것은 위의 법리에 따른 것으로 수긍이 가고, 거기에 타인의 사무를 처리하는 자에 대한 법리오해 등의 위법이 없다.

② 상급기관: 가능

■ 대법원 2004. 7. 9. 선고 2004도810 판결【특정경제범죄가중처벌등에관한법률위반(배임)】(공)

업무상배임죄에 있어서 타인의 사무를 처리하는 자라 함은 고유의 권한으로서 그 처리를 하는 자에 한하지 않고, 직접 업무를 담당하고 있는 자가 아니더라도 그 업무 담당자의 상급기관으로서 실행행위자의 행위가 피해자인 본인에 대한 배임행위에 해당한다는 것을 알면서도 실행행위자의 배임행위를 교사하거나 또는 배임행위의 전 과정에 관여하는 등으로 배임행위에 적극 가담한 경우에는 배임죄의 주체가 된다고 할 것이다(대법원 1999. 7. 23. 선고 99도1911 판결 참조).

기록과 앞에서 인정한 사실관계에 의하면, 거평그룹은 전체가 순환출자형식을 취하고 있는데 피고인 나승렬 및 그의 특수관계인들이 주요 계열회사의 최대주주로서 거평그룹 전체의 지배권을 확보한 후 피고인 나승렬이 거평그룹의 회장으로서 거평그룹 기획조정실을 통하여 그룹 전체의 자금운용, 특히 상호지급보증이나 자금 대여, 담보물 제공 등의 대부분에 관하여 직접 결정하여 왔고, 이 사건 범행 당시에도 한남투신의 대표이사였던 최가왕이나 대한중석의 대표이사였던 최효병에게 한남투신의 이 사건 회사채 매입이나 대한중석의 자금 지원을 직접 지시하였고, 또한, 앞서 본 바와 같이 위 피고인은 단순히 한남투신이 인수한 유가증권의 발행회사의 지배자로서만 범행에 관여한 것이 아니라, 인수자인 한남투신의 지배자로서 이 사건 회사채의 인수를 지시한 것이므로 위 피고인은 이 사건 한남투신에 대한 배임행위나 이 사건 대한중석에 대한 배임행위에 대하여 구체적인 업무 담당자가 아니더라도 배임죄의 주체가 될 수 있다고 할 것인바, 같은 취지의 원심의 증거취사와 사실인정 및 판단은 정당하고, 거기에 배임죄의 범의에 관한 심리미진, 채증법칙 위반으로 인한 사실오인, 업무상배임죄의 주체에 관한 법리오해 등의 위법이 있다고 할 수 없다. 이 부분 상고논지도 이유 없다.

2. 행 위

가. 배임행위의 개념: 임무에 위배되는 행위(배임행위)

■ 대법원 2002. 7. 22. 선고 2002도1696 판결【특정경제범죄가중처벌등에관한법률위반(배임) 등】(공)

나. 제2점: 파킹료 23억 원 지급약정에 대한 배임죄의 성부에 관한 법리오해 및 사실오인의 점

(1) 원심은, 그 채용증거들을 종합하여 피고인이 한스종금(구 아세아종금)의 대외적인 신용도를 높일 목적으로, 주식매매를 통하여 거액의 매매차익을 달성한 것처럼 가장하기 위하여 2000. 6. 말경 한스종금의 BIS 비율을 조작하면서, 한스종금이 보유하고 있던 다른 회사의 주식을 매수하는 역할에 기여한 상대방 회사인 국두벤처캐피탈 주식회사(이하 '국두벤처캐피탈'이라 한다)와 엔아이씨(NIC)코리아 주식회사에 파킹료로 23억 원을 지급하기로 약정한 사실을 인정하고, 피고인이 이른바 파킹을 하고 파킹료를 지급하기로 약정하였을 때 이미 한스종금에 대한 배임죄의 기수에 이르렀다고 판단하였다.

(2) 업무상 배임죄는 타인의 사무를 처리하는 자가 그 임무에 위배하는 행위로써 재산상의 이익을 취득하거나 제3자로 하여금 이를 취득하게 하여 본인에게 손해를 가함으로써 성립하는바, 이 경우 그 임무에 위배하는 행위라 함은 처리하는 사무의 내용, 성질 등 구체적 상황에 비추어 법률의 규정, 계약의 내용 혹은 신의칙상 당연히 할 것으로 기대되는 행위를 하지 않거나 당연히 하지 않아야 할 것으로 기대하는 행위를 함으로써 본인과 사이의 신임관계를 저버리는 일체의 행위를 포함하는 것으로 그러한 행위가 법률상 유효한가 여부는 따져볼 필요가 없고(대법원 1999. 6. 22. 선고 99도1095 판결, 대법원 2000. 12. 8. 선고 99도3338 판결, 2001. 9. 28. 선고 99도2639 판결 등 참조), 행위자가 가사 본인을 위한다는 의사를 가지고 행위를 하였다고 하더라도 그 목적과 취지가 법령이나 사회상규에 위반된 위법한 행위로서 용인할 수 없는 경우에는 그 행위의 결과가 일부 본인을 위하는 측면이 있다고 하더라도 이는 본인과의 신임관계를 저버리는 행위로서 배임죄의 성립을 인정함에 영향이 없다고 할 것이다.

이 사건에서 피고인이 한스종금의 대외적 신인도를 높이기 위하여 조작된 거래로써 회사의 수익을 가장하고, 그 BIS 비율을 조작하여 회사의 자본충실 정도를 왜곡한 행위는 그 목적과 수단이 모두 위법한 것으로서 그 위법성의 정도가 매우 중하여 법령과 사회상규상 용인될 수 없는 것이고, 결과적으로도 회사의 채권자와 주주들에게 해를 가하는 행위로서 가사 피고인에게 본인인 회사를 위한다는 의사가 있었다고 하더라도 위와 같은 불법한 행위를 위하여 대가를 지급하는 행위는 회사와의 사이의 신임관계를 저버리고 회사에 손해를 끼치는 행위라고 보는 것이 타당하다고 할 것이다.

또한, 배임죄의 성립 여부에 있어, 재산상의 손해를 가한 때라 함은 현실적인 손해를 가한 경우뿐만 아니라 재산상 실해 발생의 위험을 초래한 경우도 포함되고, 재산상 손해의 유무에 대한 판단은 본인의 전재산 상태와의 관계에서 법률적 판단에 의하지 아니하고 경제적 관점에서 파악하여야 하며, 따라서 법률적 판단에 의하여 당해 배임행위가 무효라 하더라도 경제적 관점에서 파악하여 배임행위로 인하여 본인에게 현실적인 손해를 가하였거나 재산상 실해 발생의 위험을 초래한 경우에는 재산상의 손해를 가한 때에 해당한다고 할 것인데(대법원 1999. 6. 22. 선고 99도1095 판결, 2000. 12. 8. 선고 99도3338 판결 등 참조), 이 점에서 피고인이 파킹료 23억 원을 지급하기로 약

정하였을 때에 이미 재산상 실해 발생의 위험을 초래하여 배임죄가 완성되었다고 판단한 원심의 조치는 정당하다.

나. 배임행위 인정례

① 임무위배행위에 대하여 주주의 양해를 얻은 경우라도 배임죄

■ 대법원 2008. 7. 24. 선고 2008도4085 판결【사기 · 업무상배임】(미)

주식회사와 주주는 별개의 법인격을 가진 존재로서 동일인이라 할 수 없으므로 1인 주주나 대주주라 하여도 그 본인인 주식회사에 손해를 주는 임무위배행위가 있는 경우에는 배임죄가 성립하고, 회사의 임원이 그 임무에 위배되는 행위로 재산상 이익을 취득하거나 제3자로 하여금 이를 취득하게 하여 회사에 손해를 가한 때에는 이로써 배임죄가 성립하며, 위와 같은 임무위배행위에 대하여 사실상 주주의 양해를 얻었다고 하여 본인인 회사에게 손해가 없었다거나 또는 배임의 범의가 없었다고 볼 수 없다(대법원 1983. 12. 13. 선고 83도2330 전원합의체 판결, 대법원 2006. 11. 9. 선고 2004도7027 판결 등 참조).

원심은, 그 적법하게 조사하여 채택한 증거들에 의하여, 주식회사 뉴즈엘의 대표이사인 피고인이 회사의 사업과는 아무 관련이 없는 기독교 선교활동단체인 학교법인 레마학원에 주주들의 동의 등 정당한 절차를 거치지 아니하고 2,000만 원을 기부하여 위 회사에게 동액 상당의 손해를 가하였다는 공소사실을 유죄로 인정한 제1심판결이 정당하다고 판단하였다.

② 지급능력 없는 타인 발행 약속어음에 이서

■ 대법원 2000. 5. 26. 선고 99도2781 판결【특정경제범죄가중처벌등에관한법률위반(배임), 증권거래법위반】(공)

1. 업무상배임죄가 성립하기 위하여는 주관적으로 배임행위의 결과 본인에게 재산상의 손해가 발생하거나 발생할 염려가 있다는 인식과 자기 또는 제3자가 재산상의 이득을 얻는다는 인식이 있으면 족하고 본인에게 재산상의 손해를 가한다는 의사나 자기 또는 제3자에게 재산상의 이득을 얻게 하려는 목적은 요하지 아니하며(대법원 1983. 12. 13. 선고 83도2330 전원합의체 판결, 1989. 8. 8. 선고 89도25 판결 등 참조), 주식회사의 이사가 타인 발행의 약속어음에 회사 명의로 배서할 경우 그 타인이 어음금의 지급능력이 없어 그 배서로 인하여 회사에 손해가 발생하리라는 점을 알면서 이에 나아갔다면, 이러한 약속어음의 배서행위는 타인에게 이익을 얻게 하고 회사에 손해를 가하는 행위로서 회사에 대하여 배임행위가 되고, 그것이 경영상의 판단이라는 이유만으로 배임죄의 죄책을 면할 수는 없으며(대법원 1999. 6. 25. 선고 99도1141 판결 참조), 한편 주식회사와 주주는 별개의 인격으로서 동일인이라고 볼 수 없으므로, 회사의 임원이 그 임무에 위배되는 행위로 재산상 이익을 취득하거나 제3자로 하여금 이를 취득하게 하여 회사에 손해를 가한 때에는 이로써 배임죄가 성립하고, 그 임무위배행위에 대하여 사실상 대주주의 양해를 얻었다고 하여 본인인 회사에 손해가 없다거나 또는 배임의 범의가 없다고도 볼 수 없고(대법원 1985. 10. 22. 선고 85도1503 판결 참조), 주식회사의 경영을 책임지는 이사는 이사회의 결의가 있더라도 그 결의 내용이 주주 또는 회사 채권자를 해하는 불법한 목적이 있는 경우에는 이에 맹종할 것이 아니라 회사를 위하여 성실한 직무수행을 할 의무가 있으므로, 이사가 임무에 위배하여 주주 또는 회사 채권자에게 손해

가 될 행위를 하였다면, 회사 이사회의 결의가 있었다고 하여 그 배임행위가 정당화될 수 없는 것이다(대법원 1989. 10. 13. 선고 89도1012 판결 참조).

2. 원심판결 이유를 앞서 본 법리와 기록에 비추어 살펴보면, 피고인은 항도종합금융 주식회사의 경영권을 인수할 목적으로 그 회사 발행의 주식을 매집하고자 이에 소요되는 자금을 마련하는 방편으로 10억 원을 투자하여 급조한 주식회사 1 및 원심 공동피고인이 경영하던 회사로서 거래실적이나 자산이 거의 없는 주식회사 2 명의로 원심 판시와 같이 액면 합계 467억 원에 달하는 이 사건 약속어음들을 발행하게 하고, 나아가 이를 금융기관에서 할인하기 위하여 피고인 자신이 대주주이고 이사 겸 부사장으로서 경영을 사실상 책임지고 있던 회사로서 금융권에서 신용이 있는 주식회사 3의 명의로 배서를 한 것으로서 이 경우 주식회사 1 및 주식회사 2는 그 약속어음들을 결제할 자금이나 능력이 없어 결국 그 배서인인 주식회사 3이 모든 책임을 져야 하는 만큼, 피고인이 그 배서에 앞서 주식회사 3의 이사회 결의를 거치고, 또한 주식회사 3의 대주주로서 피고인의 형들인 공소외 4, 5의 승낙을 받았다고 하더라도, 이는 주식회사 3의 이사 겸 부사장으로서 실질적 경영자인 피고인이 그 지위를 이용하여 자신의 권한을 넘어 주식회사 3의 설립 목적과 사업범위를 벗어난 행위로서 주식회사 3에 대한 신임관계를 저버리는 임무위반의 행위이고, 또한 주식회사 3과 그 소수주주 또는 채권자들에게 재산상의 손해를 입힐 수 있다는 것을 충분히 인식하고 있었던 것으로 보이므로, 피고인에게 업무상배임의 범의가 없었다고 할 수 없으며, 이 사건 약속어음들에 대한 배서에 관하여 주식회사 3의 이사회 결의 및 대주주의 승낙이 있었다고 하여 본인인 주식회사 3의 승낙이 있었다고 볼 수도 없다.

③ LBO

1 반대급부 제공 여부(판례)

2 상환가능성 및 위험부담 여부: 대상회사의 향후의 현금흐름 및 외부차입금 규모와 상환일정에 비추어 LBO를 통해 조달한 외부차입금의 상환이 현실적으로 가능한 것인지, 그리고 인수자가 이러한 외부차입급의 상환에 대하여 어느 정도의 위험을 부담하고 있는지 여부

■ 대법원 2008. 2. 28. 선고 2007도5987 판결【특정경제범죄가중처벌등에관한법률위반(배임)】(공)

기업인수에 필요한 자금을 마련하기 위하여 그 인수자가 금융기관으로부터 대출을 받고 나중에 피인수회사의 자산을 담보로 제공하는 방식{이른바 LBO(Leveraged Buyout) 방식}을 사용하는 경우, 피인수회사로서는 주채무가 변제되지 아니할 경우에는 담보로 제공되는 자산을 잃게 되는 위험을 부담하게 되는 것이므로, 인수자가 피인수회사의 위와 같은 담보제공으로 인한 위험부담에 상응하는 대가를 지급하는 등 반대급부를 제공하는 경우에 한하여만 허용될 수 있다 할 것이다. 따라서 만일 인수자가 피인수회사에 아무런 반대급부를 제공하지 않고 임의로 피인수회사의 재산을 담보로 제공하게 하였다면, 인수자 또는 제3자에게 담보가치에 상응한 재산상 이익을 취득하게 하고 피인수회사에게 그 재산상 손해를 가하였다고 봄이 상당하고(대법원 2006. 11. 9. 선고 2004도7027 판결 참조), 이는 인수자가 자신이 인수한 주식, 채권 등이 임의로 처분되지 못하도록 피인수회사 또는 금융기관에 담보로 제공됨으로써 피담보채무에 대한 별도의 담보를 제공한 경우라고 하더라도 마찬가지라고 할 것이다.

(2) 그런데 원심은 위와 같은 경우 대출금이 상환될 때까지 인수자가 인수한 주식, 채권 등이 임의로 처분되지 못하도록 피인수회사 또는 금융기관에 담보로 제공된 경우에도 LBO 방식의 기업인수

가 허용될 수 있다는 전제하에서, 피고인은 서류상 회사인 공소외 2 주식회사를 설립하여 2001. 6. 7. 위 회사를 통하여 공소외 1 주식회사의 지분 66.2%를 인수한 후 공소외 1 주식회사의 대표이사로 취임한 다음, 2001. 7. 3.부터 같은 달 9.경까지 사이에 별다른 대가 없이 공소외 2 주식회사가 (상호 생략)종합금융 주식회사(이하 '공소외 3 종금'이라고 한다)에 대하여 부담하는 350억 원 상당의 채무에 대한 담보 명목으로 공소외 1 주식회사 소유의 원심판결 별지 담보부동산 목록 기재 9개 부동산(이하 '이 사건 부동산'이라고 한다)에 관하여 채권최고액 350억 원 상당의 근저당권을 설정하여 준 행위는 그 판시와 같은 이유로 공소외 2 주식회사가 담보제공자인 공소외 1 주식회사에게 이 사건 부동산을 담보로 제공함에 따른 위험부담에 상응하는 반대급부를 제공하거나 최소한 위 대출금이 상환될 때까지 공소외 2 주식회사가 인수한 주식 등이 임의로 처분되지 못하도록 공소외 3 종금에 제공된 경우라고 볼 수 없어 업무상 배임행위에 해당한다는 취지로 판단하였다.

(3) 따라서 원심이 인수자가 피인수회사에게 위험부담에 상응하는 반대급부를 제공한 경우뿐 아니라 그 피담보채무인 대출금이 상환될 때까지 인수한 주식, 채권 등이 임의로 처분되지 못하도록 피인수회사 또는 금융기관에 담보로 제공된 경우까지도 업무상 배임이 성립하지 아니한다고 판시한 것은 그 전제에서 잘못되었다고 할 것이기는 하나, 원심이 적법하게 채택하여 조사한 증거에 비추어 보면, 피고인의 위 근저당권 설정행위는 이 사건 담보부동산을 담보로 제공함에 따른 위험부담에 상응한 반대급부가 공소외 1 주식회사에게 제공된 경우가 아님이 명백하므로 업무상 배임행위에 해당한다고 한 원심의 결론 부분은 정당하고, 거기에 채증법칙을 위배한 위법을 발견할 수 없으니, 결국 원심의 앞서 본 잘못은 판결의 결과에 영향을 미치지 아니한다고 할 것이다.

(4) 피고인의 이 부분에 대한 나머지 상고이유들은 모두 LBO 방식의 기업인수 과정에서 인수자가 피인수회사 재산을 담보로 제공하는 것은 인수자가 그 피담보채무인 대출금이 상환될 때까지 인수한 주식, 채권 등이 임의로 처분되지 못하도록 피인수회사 또는 금융기관에 담보로 제공된 경우에도 허용된다는 전제하에, 인수자가 인수한 주식, 채권 등이 임의로 처분되지 못하도록 피인수회사 또는 금융기관에 담보로 제공되었는지 여부나 피담보채무에 대하여 다른 담보가 제공되어 있었는지 여부에 대한 채증법칙 위배 또는 법리오해 주장으로서, 앞서 본 바와 같은 이유로 위 전제가 받아들여질 수 없어 판결 결과에 영향을 미칠 수 없는 것이므로 더 나아가 살펴볼 필요 없이 이유 없다.

나. 상고이유 제3, 4점

(1) 파기환송을 받은 법원은 환송판결이 파기이유로 삼은 사실상 및 법률상의 판단에 기속되는 것이고, 그에 따라 판단한 판결에 대하여 다시 상고를 한 경우에 그 상고사건을 재판하는 상고법원도 앞서의 파기이유로 한 판단에 기속되므로 이를 변경하지 못하는 것이다(대법원 1987. 4. 28. 선고 87도294 판결, 대법원 2006. 1. 26. 선고 2004도517 판결 등 참조).

그런데 원심판결의 이유에 의하면, 원심판결은 환송판결에서 인정한 그 판시와 같은 사정과 동일한 사정에 기초하여 피고인에게는 업무상 배임의 고의가 있었다고 판단하고 있는바, 위와 같은 판단은 환송판결의 파기이유에 따른 조치로서 정당하고, 이에 대해서는 그 상고사건을 다시 재판하는 당원으로서도 위 파기이유와 다른 판단을 할 수 없으므로, 결국 피고인에게 업무상 배임의 고의가 없었다는 이 부분 상고이유는 이유 없다.

(2) 한편, 기업의 경영에는 원천적으로 위험이 내재하여 있어서 경영자가 아무런 개인적인 이익을 취할 의도 없이 선의에 기하여 가능한 범위 내에서 수집된 정보를 바탕으로 기업의 이익에 합치된다는 믿음을 가지고 신중하게 결정을 내렸다 하더라도 그 예측이 빗나가 기업에 손해가 발생

하는 경우가 있을 수 있으므로, 경영상의 판단과 관련하여 기업의 경영자에게 배임의 고의가 있었는지 여부를 판단함에 있어서는 기업 경영에 있어 경영상 판단의 특성이 고려되어야 할 것이나(대법원 2004. 10. 28. 선고 2002도3131 판결, 대법원 2007. 1. 26. 선고 2004도1632 판결 등 참조), 피고인의 위 근저당권설정 행위는 자신이 공소외 2 주식회사를 설립하여 공소외 1 주식회사를 인수하는 과정에서 필요한 자금을 마련하기 위한 것으로서 개인적인 이익을 취할 목적으로 이루어진 것에 지나지 아니하므로, 피고인의 이러한 행위를 두고 경영상 판단에 의한 것으로서 배임의 고의가 없는 경우에 해당한다고 할 수도 없다. …

2. 검사의 상고이유에 대하여

원심은, 앞서 본 LBO 방식의 기업인수 과정에서 담보제공에 관한 배임죄 성립 여부에 대한 원심의 전제에 기초하여, 공소외 1 주식회사의 대표이사인 피고인이 2001. 6. 12. 공소외 2 주식회사가 한미은행에 대하여 부담하는 320억 원 상당의 채무원리금에 대한 담보 명목으로 공소외 1 주식회사 소유의 320억 원 상당의 정기예금채권에 대하여 근질권을 설정해주었다고 하더라도, 당시 공소외 2 주식회사도 한미은행에 대한 위 채무를 담보하기 위하여 위 대출원리금 상당의 가치가 있는 정리채권 등에 근질권을 설정해 두고 있었으므로, 위 정기예금채권에 대한 근질권 설정행위로 인하여 공소외 1 주식회사에게 어떠한 재산상 손해 발생의 위험이 초래되었다고 볼 수 없고, 피고인에게 배임의 범의가 있었다고 볼 수도 없다는 이유로 피고인의 위 행위는 배임죄가 성립하지 아니한다고 판단하였다.

그러나 LBO 방식의 기업인수 과정에서 인수자금을 마련하기 위한 대출에 대한 담보로 피인수회사의 재산을 제공하는 행위는 비록 그 대출금이 상환될 때까지 인수자가 인수한 주식, 채권 등이 임의로 처분되지 못하도록 피인수회사 또는 금융기관에 담보로 제공되었다고 하더라도 허용될 수 없음은 앞서 본 바와 같고, 한편 배임죄에서 '재산상의 손해를 가한 때'라 함은 현실적인 손해를 가한 경우뿐만 아니라 재산상 손해 발생의 위험을 초래한 경우도 포함되며, 일단 손해의 위험을 발생시킨 이상 나중에 피해가 회복되었다고 하여도 배임죄의 성립에 영향을 주는 것은 아니고, 재산상 손해의 유무에 대한 판단은 본인의 전 재산 상태를 고려하여 경제적 관점에 따라 판단되어야 하므로(대법원 2000. 11. 24. 선고 99도822 판결, 대법원 2004. 5. 14. 선고 2001도4857 판결 등 참조), 비록 위 대출금 채무에 대하여 주채무자인 공소외 2 주식회사가 정리채권 등을 담보로 제공하고 있었다고 하더라도, 원심판결 이유와 같이 피고인이 그가 대표이사로 있는 공소외 1 주식회사로 하여금 아무런 대가 없이 공소외 1 주식회사의 재산을 제3자인 공소외 2 주식회사의 대출금 채무에 대한 담보로 제공하도록 하였다면, 공소외 1 주식회사로서는 그와 같은 담보제공으로 인하여 그 담보가치 상당의 재산상 손해를 입었다고 보지 않을 수 없고, 그러한 행위에 대하여 피고인에게 배임의 고의가 없었다고 할 수도 없다.

따라서 이에 어긋나는 원심의 앞서 본 판단은 배임죄에 관한 법리를 오해하여 판결 결과에 영향을 미친 위법이 있다고 할 것이므로, 원심판결 중 근질권 설정에 의한 업무상 배임 부분은 검사의 나머지 상고이유에 대하여 나아가 살펴볼 필요 없이 파기를 면할 수 없다고 할 것이다.

☞ 같은 취지: 대법원 2006. 11. 9. 선고 2004도7027 판결.

④ 시가보다 낮은 가격으로 전환사채 인수

■ 대법원 2001. 9. 28. 선고 2001도3191 판결【특정경제범죄가중처벌등에관한법률위반(배임), 특정경제범죄가중처벌등에관한법률위반(횡령), 뇌물공여】(공)

2. 배임죄의 성립에 관한 법리오해의 점에 관하여

원심판결에서 채용하고 있는 증거들을 기록에 비추어 살펴보면, 피고인은 공소외 회사의 대표이사로서 그 임무에 위배하여, 이 사건 전환사채 발행 당시 공소외 회사에 긴급한 자금조달의 필요성이 없었음에도 불구하고 단지 주식전환으로 인한 시세차익을 얻을 의도로 주식담당 임원인 공소외 1과 공모하여, 상법의 관련 규정에 따른 이사회의 결의와 주주총회의 특별결의도 거치지 아니한 채, 사채의 표면이율은 0%, 전환비율은 100%, 전환기간은 사채발행일로부터 1년, 전환가격은 당시 공소외 회사 주식의 적정한 시가인 1주당 금 10,000원보다 현저히 낮은 금 3,000원으로 하여 이 사건 전환사채를 발행한 후 피고인의 전처인 공소외 2의 이름을 빌어 이를 인수함으로써, 1주당 적정시가와 전환가격의 차액인 금 7,000원씩의 전환주식수 200,000주에 상당하는 합계 금 1,400,000,000원 상당의 재산상의 이익을 얻고 공소외 회사에 동액 상당의 손해를 가하였음을 알 수 있는바, 같은 취지로 원심이 피고인에 대하여 금 1,400,000,000원의 재산상의 이익을 취득한 특정경제범죄가중처벌등에관한법률위반죄(배임)를 유죄로 인정한 조치는 수긍할 수 있고, 한편 기록에 의하면, 피고인이 이 사건 전환사채의 전환권을 행사하여 인수한 200,000주의 주식 중 100,000주를 공소외 회사의 직원들에게 전환가격 상당의 돈을 받고 배분한 사실은 인정되나, 피고인이 위와 같은 임무에 위배하여 이 사건 전환사채를 발행·인수하고 그로써 공소외 회사에 손해를 가한 이상 업무상배임죄는 기수에 이른 것이므로, 위와 같은 전환사채 발행 후의 사정은 업무상배임죄의 성립에 아무런 영향이 없다 할 것이므로, 같은 취지의 원심의 판단도 정당하고, 거기에 상고이유에서 주장하는 바와 같은 배임죄의 고의 등에 관한 법리를 오해한 위법이 있다고 할 수 없다. 이 부분 상고이유도 받아들일 수 없다.

⑤ 회사기밀의 유출

부정경쟁방지 및 영업비밀보호에 관한 법률

제18조 (벌칙)

① 부정한 이익을 얻거나 기업에 손해를 입힐 목적으로 그 기업에 유용한 영업비밀을 외국에서 사용하거나 외국에서 사용될 것임을 알면서 제3자에게 누설한 자는 10년 이하의 징역 또는 그 재산상 이득액의 2배 이상 10배 이하에 상당하는 벌금에 처한다.

② 부정한 이익을 얻거나 기업에 손해를 입힐 목적으로 그 기업에 유용한 영업비밀을 취득·사용하거나 제3자에게 누설한 자는 5년 이하의 징역 또는 그 재산상 이득액의 2배 이상 10배 이하에 상당하는 벌금에 처한다.

■ 대법원 1999. 3. 12. 선고 98도4704 판결【특정경제범죄가중처벌등에관한법률위반(배임, 인정된 죄명: 업무상배임)·절도·부정경쟁방지법위반】(공)

1. 검사의 상고이유 제1점 및 피고인 1, 2, 3, 7, 8, 9, 10, 11, 12, 13, 14의 국선변호인의 상고이유에 대하여

원심은 위 피고인들 및 피고인 16에 대한 특정경제범죄가중처벌등에관한법률위반(배임)의 공소사실 중 피고인들이 취득한 이익 및 피해자가 입은 손해액의 점에 대하여, 피고인들이 피해자인 삼성전자 주식회사(이하 삼성전자라고만 한다)의 영업비밀인 반도체 관계 자료를 취득함으로써 얻은 이익은 그 자료가 가지는 재산가치 상당이고, 그 재산가치는 그 자료를 가지고 경쟁사 등 다른 업

체에서 제품을 만들 경우 그 자료로 인하여 기술개발에 소용되는 비용이 감소되는 경우의 그 감소분 상당과 나아가 그 자료를 이용하여 제품생산에까지 발전시킬 경우 제품판매이익 중 그 자료가 제공되지 않았을 경우와의 차액 상당으로서 그러한 가치를 감안하여 시장경제원리에 의하여 형성될 시장교환가격이라고 보아야 할 것인데, 이에 대한 입증이 없고, 그 자료에 대한 활용가능성과 성패 여부 역시 불확실하다는 이유로, 피고인들이 자료를 유출함으로써 얻은 재산상 이익의 정도가 불명이라는 이유로, 피고인들이 얻은 이익이 삼성전자가 투입한 기술개발비 상당인 것을 전제로 한 특정경제범죄가중처벌등에관한법률위반의 점에 대하여는 무죄로 판단하고, 형법상의 업무상배임죄로 다스렸다.

기록에 비추어 살펴보면, 원심의 이러한 인정·판단은 정당하고, 거기에 배임죄에서의 재산상 이익 내지 손해범위에 관하여 심리를 다하지 아니하거나 법리를 오해한 위법이 있다고 할 수 없다. 이 점을 지적하는 상고이유의 주장들은 어느 것도 받아들일 수 없다.…

4. 변호인 변호사 정해원의 피고인 1, 2, 3, 4, 5, 6, 7, 8, 9, 10, 11, 12, 13, 14에 대한 상고이유에 대하여

가. 제1심 판시 범죄사실 4항에 관하여

원심판결과 원심이 인용한 제1심판결의 채용 증거들을 기록에 비추어 살펴보면, 원심이 그 공소사실 중 피고인 17의 가담부분을 제외하고서, 제1심 판시 범죄사실을 수정 인용한 바와 같이, 삼성전자의 직원이었던 피고인 3을 비롯하여 피고인 6, 4, 5, 1, 2 및 공소외인이 공모하여 공소외인이 입수한 삼성전자의 영업비밀인 64M SDRAM 회로도를 KSTC 사무실 내의 워크스테이션에 입력한 후 데이터 커트리지 테이프에 저장하여 대만의 NTC 회사에 그 일부의 출력도면을 건네줌으로써 영업비밀을 누설하였다는 범죄사실을 충분히 인정할 수 있고, 거기에 심리를 제대로 하지 아니한 채 채증법칙을 위반하여 사실을 잘못 인정하거나, 부정경쟁방지법위반죄의 요건으로서 공범의 신분에 관한 법리를 오해한 위법이 있다고 할 수 없다. 이 점에 관한 상고이유의 주장은 받아들일 수 없다.

나. 제1심 판시 범죄사실 8, 13, 14항에 관하여

영업비밀이라 함은 일반적으로 알려져 있지 아니하고 독립된 경제적 가치를 가지며, 상당한 노력에 의하여 비밀로 유지·관리된 생산방법, 판매방법 기타 영업활동에 유용한 기술상 또는 경영상의 정보를 말하고, 영업비밀의 보유자인 회사가 직원들에게 비밀유지의 의무를 부과하는 등 기술정보를 엄격하게 관리하는 이상, 역설계가 가능하고 그에 의하여 기술정보의 획득이 가능하더라도, 그러한 사정만으로 그 기술정보를 영업비밀로 보는 데에 지장이 있다고 볼 수 없다(대법원 1996. 11. 26. 선고 96다31574 판결, 1996. 12. 23. 선고 96다16605 판결 등 참조).

또한 배임죄는 타인의 사무를 처리하는 자가 그 임무에 위배하는 행위로써 재산상 이익을 취득하거나 제3자로 하여금 이를 취득하게 하여 본인에게 손해를 가함으로써 성립하는바, 이 경우 그 임무에 위배하는 행위라 함은 사무의 내용, 성질 등 구체적 상황에 비추어 법률의 규정, 계약의 내용 혹은 신의칙상 당연히 할 것으로 기대되는 행위를 하지 않거나 당연히 하지 않아야 할 것으로 기대되는 행위를 함으로써 본인과 사이의 신임관계를 저버리는 일체의 행위를 포함하는 것이므로, 기업의 영업비밀을 사외로 유출하지 않을 것을 서약한 회사의 직원이 경제적인 대가를 얻기 위하여 경쟁업체에 영업비밀을 유출하는 행위는 피해자와의 신임관계를 저버리는 행위로서 업무상배임죄를 구성한다(대법원 1988. 4. 25. 선고 87도2339 판결 참조).

원심이, 피고인들이 삼성전자로부터 유출한 판시 자료들은 모두 삼성전자에서 많은 인력과 자력을 투여하여 만들어 낸 핵심공정자료들로서 삼성반도체의 특유한 생산기술에 관한 영업비밀이고,

일부 내용의 경우 제품을 분해하여 고율의 전자현미경으로부터 분석하면 그 내용을 대략적으로 알 수 있다거나, 그 제품의 생산장비를 생산하는 업체를 통하여 간접적으로 알 수 있다 하더라도 달리 볼 것이 아니라고 판단한 것은 위에서 본 법리에 따른 것으로 정당하고, 거기에 부정경쟁방지법에서 말하는 영업비밀과 배임죄의 재산상 손해에 관한 법리오해 등의 위법이 있다고 할 수 없다. 이 점에 관한 상고이유의 주장 또한 받아들일 수 없다.

⑥ 회사 전무의 경업행위

■ 대법원 1988. 4. 25. 선고 87도2339 판결【업무상횡령, 사문서위조, 사문서위조행사, 업무상배임】(공)

배임죄는 타인의 사무를 처리하는 자가 그 임무에 위배하는 행위로써 재산상 이익을 취득하거나 제3자로 하여금 이를 취득하게 하여 본인에게 손해를 가함으로써 성립하는 바, 이 경우 그 임무에 위배하는 행위라 함은 사무의 내용·성질 등 구체적 상황에 비추어 법률의 규정, 계약의 내용 혹은 신의칙상 당연히 할 것으로 기대되는 행위를 하지 않거나 당연히 하지 않아야 할 것으로 기대되는 행위를 함으로써 본인과 사이의 신임관계를 저버리는 일체의 행위를 포함한다 할 것이므로(당원 1987. 4. 28. 선고 83도1568 판결 참조) 원심판시와 같이 피고인이 피해자 ○윤경 경영의 사업체인 판시 화신산업원일와펜의 전무로 재직하면서 직원의 통솔, 거래처의 관리, 물품의 발주와 수금 등 영업 전반에 관한 업무를 관장하고 있었다면 피고인은 위 ○윤경을 위하여 성실히 근무하고 사업비밀을 유지하며, 경업을 하여서는 아니 될 업무상의 임무가 있다 할 것이고, 따라서 피고인이 그의 독자적인 계산아래 별도의 업체를 만들어 위 ○윤경의 업체와 비슷한 상호를 사용하여 같은 거래업체에다 동일한 물건을 납품한 판시 소위는 위 ○윤경과의 신임관계를 저버리는 행위로서 업무상배임죄가 성립된다 할 것이므로 같은 취지의 원심판단은 정당하고 거기에 업무상배임죄의 법리를 오해한 위법이 있다 할 수 없다. 논지는 모두 이유없다.

다. 배임행위 부정례

① 계약상 의무이행 ×

■ 대법원 2009. 2. 26. 선고 2008도11722 판결【특정경제범죄가중처벌등에관한법률위반(배임), 주택법위반,근로기준법위반, 부정수표단속법위반, 조세범처벌법위반(인정된 죄명: 지방세법위반), 배임】(공)

1. 피해자 한국석유공사외 2에 대한 각 배임의 점에 대하여

가. 이 사건 각 공소사실의 요지는, 피고인은 공소외 1 주식회사의 대표이사인바, 공소외 1 주식회사가 건축한 서산시 (지번 생략) 공소외 1 주식회사마을 아파트 중 해당 세대에 대하여 그 각 피해자에게 매도하는 계약을 체결하고 그들로부터 각 매매대금을 모두 지급받았으므로, 그들에게 법적 제한이 없는 완전한 소유권을 이전해 주어야 할 임무가 있음에도 불구하고 그 임무에 위배하여 위 아파트를 건축하면서 주식회사 우리은행(이하 "우리은행"이라 한다)으로부터 대출받은 돈(24평형 세대당 2,600만 원, 32평형 세대당 4,500만 원)에 대한 담보로 2005. 5. 20. 위 아파트에 우리은행을 근저당권자로 하는 채권최고액 20,854,600,000원의 근저당권설정등기를 경료해 주어 우리은행으로 하여금 위 근저당권에 의해 담보되는 금액 상당의 재산상 이익을 취득하게 하고 위 피해자들에게 동액 상당의 손해를 가하였다는 것이다.

나. 이에 대하여 원심은 제1심판결을 인용하여, 위 피해자들은 분양계약 체결 당시 이 사건 아파

트에 대하여 근저당을 설정하기로 하는 약정이 있음을 알았다거나 이를 양해하고 계약을 체결하였다고 볼 수 없고, 또한 이 사건은 분양계약 후 잔금까지 모두 지급받아 위 피해자들에 대하여 소유권이전등기절차를 이행하여야 하는 임무를 부담하는 피고인이 그 임무에 위배하여 제3자 앞으로 근저당권설정등기를 경료한 것이어서 배임죄가 성립한다고 판단하였다.

다. 그러나 원심의 위와 같은 판단은 수긍하기 어렵다.

부동산을 이중으로 매도한 경우에 매도인이 선매수인에게 소유권이전의무를 이행하였다고 하여 후매수인에 대한 관계에서 그가 임무를 위법하게 위배한 것이라고 할 수 없다(대법원 1992. 12. 24. 선고 92도1223 판결 등 참조).

그런데 원심은 다음과 같은 사실을 인정하였다. 공소외 1 주식회사는 2004. 6. 29. 이 사건 아파트 부지를 우리은행에 담보로 제공하여 채권최고액 20,854,600,000원의 우리은행 명의의 근저당권을 설정하고 우리은행으로부터 160억 원을 대출받으면서, 이후 이 사건 아파트 공사가 완공되어 아파트 건물에 관하여 소유권보존등기를 할 때에는 이를 이미 담보로 제공된 아파트 부지와 함께 위 피담보채무를 위한 공동담보로 제공하기로 약정하였다. 공소외 1 주식회사는 위와 같은 추가담보제공의 약정 후에 이 사건 각 공소사실 기재와 같이 위 각 피해자들에게 이 사건 아파트를 매도하고 그 매매대금을 모두 지급받은 것이고, 그 후 이 사건 아파트가 준공되자 공소외 1 주식회사는 2005. 5. 20. 그에 관한 소유권보존등기를 경료하면서 같은 날 그에 관하여 우리은행에게 공동담보로 근저당권설정등기를 경료하여 주었다는 것이다.

그렇다면 공소외 1 주식회사가 그와 같이 추가로 근저당권설정등기를 경료하여 준 것은 공소외 1 주식회사가 우리은행에 대하여 지고 있는 2004. 6. 29.자 위 추가담보제공의 약정에 기한 근저당권설정등기의무를 이행한 것에 불과하다 할 것이다. 이와 같이 공소외 1 주식회사는 위 각 피해자들의 매매계약보다 앞선 위 추가담보제공의 약정에 기하여 이 사건 근저당권설정등기를 경료한 것이므로, 이를 두고 피고인이 위 각 피해자들에 대한 관계에서 타인의 사무를 처리하는 자로서 그 임무를 위법하게 위배한 것으로서 배임죄가 성립된다고 할 수 없다.

그럼에도 불구하고 원심이 피고인의 위와 같은 근저당권설정행위에 대하여 배임죄의 성립을 인정한 것은 배임죄에 있어서의 타인의 사무에 관한 법리를 오해하여 판결 결과에 영향을 미친 위법이 있다. 이 점을 지적하는 피고인의 상고이유 주장은 이유 있다.

② 단순한 채무초과자를 위한 연대보증

■ 대법원 2004. 6. 24. 선고 2004도520 판결【특정경제범죄가중처벌등에관한법률위반(배임), 주식회사의 외부감사에관한법률위반】(공)

2. 피고인 1, 피고인 2의 정리회사 공소외 4 주식회사 관련 특경법위반(배임)의 점에 대한 판단

가. 원심의 판단

이 부분 공소사실의 요지는, 피고인 1, 피고인 2가 공모하여, 공소외 4 주식회사는 1996년도 자산이 410,830,306,985원, 부채가 579,515,629,902원, 자본총계가 마이너스 168,685,322,917원으로 자본금 16,000,000,000원을 초과한 상태이고, 1983. 10. 17.부터 법정관리중에 있어 회생 여부가 불확실한 상태에 있었으므로 공소외 2 주식회사가 공소외 4 주식회사의 채무에 대하여 지급보증을 할 경우 담보를 제공받는 등의 방법으로 공소외 2 주식회사에게 손해가 가지 않도록 하여야 할 업

무상 임무가 있음에도 이에 위배하여 아무런 담보를 제공받음이 없이 공소외 4 주식회사가 상업은행에 견질용으로 발행한 액면금 12,719,446,905원인 약속어음의 공동발행인란과 지급보증 한도액이 17,807,225,667원인 한정근보증서의 연대보증인란에 각 날인하여 연대보증을 함으로써 공소외 4 주식회사로 하여금 17,807,225,667원 상당의 재산상 이익을 취득하게 하고, 공소외 2 주식회사에게 동액 상당의 재산상 손해를 가하였다는 것인바, 원심은 이에 대하여 판시 채용 증거들에 의하여 이를 유죄로 인정한 제1심을 그대로 유지하였다.

나. 대법원의 판단

그러나 위와 같은 원심의 판단은 다음과 같은 이유에서 수긍하기 어렵다.

(1) 회사의 대표이사가 타인의 채무를 회사 이름으로 지급보증 또는 연대보증함에 있어 그 타인이 만성적인 적자로 손실액이나 채무액이 누적되어 가고 있는 등 재무구조가 상당히 불량하여 이미 채무변제능력을 상실한 관계로 그를 위하여 지급보증 또는 연대보증을 할 경우에 회사에 손해가 발생할 것이라는 점을 알면서도 이에 나아갔다면 그러한 지급보증 또는 연대보증은 회사에 대하여 배임행위가 된다고 할 것이나, 그 타인이 단순히 채무초과 상태에 있다는 이유만으로는 그러한 지급보증 또는 연대보증이 곧 회사에 대하여 배임행위가 된다고 단정할 수 없다.

(2) 원심이 인용한 제1심판결이 적법하게 인정한 사실에 의하면, 공소외 4 주식회사는 1983. 10. 17.부터 법정관리중에 있는 회사로서 1996년도 자산이 410,830,306,985원, 부채가 579,515,629,902원, 자본총계가 마이너스 168,685,322,917원으로 자본금 16,000,000,000원을 크게 초과한 상태임은 인정된다.

그러나 기록에 의하면, 공소외 4 주식회사는 1992년도 이후 꾸준하게 영업이익을 내고 있으면서(당기순이익이 1992년 말에는 5,866,155,803원, 1993년 말에는 7,854,389,803원, 1994년 말에는 5,082,252,521원, 1995년 말에는 1,250,685,110원, 1996년 말에는 2,279,721,443원이다.) 이 사건 연대보증이 있었던 1997. 2.을 기준으로 할 때 법정관리의 계속에 특별히 문제가 있었던 사정은 보이지 않는 점, 이 사건 연대보증은 이미 공소외 2 주식회사가 속해 있는 (상호생략)그룹의 계열회사인 공소외 3 주식회사가 연대보증채무를 부담하고 있던 공익채무에 대하여 추가로 보증한 것이고, 공소외 4 주식회사는 이러한 인적 담보 이외에도 물적 담보로 채권자인 상업은행에게 공소외 4 주식회사 소유의 부동산에 대하여 채권최고액을 150억 원으로 하는 근저당권설정등기를 경료하기로 하였으며, 공소외 4 주식회사 명의의 350억 원 상당의 예금 및 적금에 대하여 질권을 설정하기로 한 점 등을 인정할 수 있으므로, 이러한 사정을 참작하여 볼 때, 이 사건 보증에 이르게 된 경위, 공소외 4 주식회사가 정리계획에 따른 정리채무와 공익채무의 변제를 제대로 이행하고 있었는지 여부, 이 사건 지급보증을 할 당시인 1997. 2.경 공소외 4 주식회사에 대하여 갱생의 가능성이 없다는 이유로 회사정리절차가 폐지될 가능성이 있었는지 그리고 그러한 사정을 피고인들이 알고 있었는지 여부(공판기록 821쪽에 편철된 공소외 4 주식회사의 등기부등본에 의하면 1998. 11. 16. 서울지방법원에서 회사정리절차폐지결정이 있었고, 1999. 6. 30.에는 파산선고가 있었던 점이 인정된다.) 등에 대하여 더 심리한 다음, 원심이 판단한 것과 같이 이 사건 지급보증 당시 이미 공소외 4 주식회사가 회생의 가능성이 없는 회사였고 이를 피고인들이 알고 있었다면 그 지급보증에 이른 피고인 1, 피고인 2의 행위를 업무상배임죄로 처단할 수 있으나, 그렇지 않고 공소외 4 주식회사가 그 당시까지 채무이행을 제대로 하고 있는 등 정상적인 영업활동을 하고 있으면서 단순히 채권자의 요구에 의하여 계열회사라는 이유로 공소외 2 주식회사를 공익채무의 연대보증인으로 추가한 것에 불과하다면 위 피고인들의 위의 행위를 업무상배임죄로 처단할 수는 없을 것이다.

그럼에도 불구하고 원심이 공소외 4 주식회사는 법정관리 중인 회사로서 자본총계가 마이너스 168,685,322,917원에 이른다는 사실만으로 공소외 4 주식회사가 그 당시 이미 회생능력이 없는 회사로 단정하여 이러한 공소외 4 주식회사의 공익채무에 대하여 연대보증을 한 행위에 대하여 업무상배임죄가 성립한다고 본 것은 심리를 다하지 아니한 채 채증법칙을 위반한 사실오인으로 인하여 판결 결과에 영향을 미친 위법을 저지른 경우에 해당한다 할 것이므로, 이 점에 관한 피고인 피고인 1, 피고인 2의 상고이유의 주장은 이유 있다.

③ 기존 대출의 변제충당을 위하여 신규대출로 서류상 정리

■ 대법원 2000. 6. 27. 선고 2000도1155 판결【특정경제범죄가중처벌등에관한법률위반(배임·수재등·중재등·사기·사금융알선등·알선수재), 강제집행면탈】(공)

가. 피고인 6, 1에 대한 상고이유 및 피고인 4에 대한 배임의 점에 관한 상고이유에 대하여

업무상배임죄는 타인의 사무를 처리하는 자가 업무상의 임무에 위배하는 행위로써 재산상의 이익을 취득하거나 제3자로 하여금 이를 취득하게 하여 본인에게 손해를 가한 때에 성립하는 범죄이므로 업무상배임죄가 성립하기 위하여는 임무위배행위로 인하여 본인에게 재산상의 손해가 발생하여야 할 것인바, 금융기관이 거래처의 기존 대출금에 대한 원리금 및 연체이자에 충당하기 위하여 위 거래처가 신규대출을 받은 것처럼 서류상 정리하였더라도 금융기관이 실제로 위 거래처에게 대출금을 새로 교부한 것이 아니라면 그로 인하여 금융기관에게 어떤 새로운 손해가 발생하는 것은 아니라고 할 것이므로 따로 업무상배임죄가 성립된다고 볼 수 없다(대법원 1997. 9. 26. 선고 97도1469 판결 참조).

원심은, 대출서류상으로는 피고인 6이 1996. 12. 24.경 주식회사 9에게 30억 5,900만 원을 대출하였고, 피고인 4, 1이 1998. 1. 14. 공동 피고인 2에게 자유기업어음 매입 형식으로 50억 원을, 같은 해 4월 9일 주식회사 1에게 60억 원을 각 대출한 것으로 되어 있으나, 주식회사 9에 대한 대출금 전액과 피고인 2에 대한 대출금 중 31억 원 및 주식회사 1에 대한 대출금 중 46억 원은 기존 대출금의 원리금 정리를 위한 것일 뿐 위 은행에서 위 각 거래처에 위 각 금액이 새로 교부된 것은 아니라는 이유로 피고인 6의 위 공소사실 전부 및 피고인 4, 1의 위 각 공소사실 중 일부에 관하여 무죄라고 판단하였는바, 기록과 앞서 본 법리에 비추어 살펴보면 원심의 이러한 조치는 옳고, 거기에 채증법칙 위배로 인한 사실오인이나 대환 내지 배임죄에 관한 법리오해의 위법이 없다.

3. 재산상 이익의 취득

① 자기 또는 제3자의 재산상 이익

② 전산조작

■ 대법원 2006. 7. 27. 선고 2006도3145 판결【특정경제범죄가중처벌등에관한법률위반(사기)(인정된 죄명: 사기·사기미수)·특정경제범죄가중처벌등에관한법률위반(횡령), 사문서위조, 위조사문서행사, 업무상배임】(공)

1. 공소사실의 요지

이 사건 공소사실 중 업무상 배임의 점의 요지는, 공소외 주식회사(이하 '회사'라 한다)의 '(부서

명 생략)' 사업부 영업팀장인 피고인이 원심 공동피고인들인 공동피고인 1(회사의 전산기획팀장), 공동피고인 2(회사의 전산파트장)과 공모하여, 회사의 전산상 체인점의 '전매출고'는 해당 체인점이 다른 체인점으로 상품을 보내는 것으로 회사에서는 해당 체인점에게 그 상품대금을 지급하여야 하는 것이고, '전매입고'는 해당 체인점이 다른 체인점으로부터 상품을 받는 것으로 회사에서는 해당 체인점으로부터 그 상품대금을 회수하여야 하는 것으로, 전매출고 항목과 전매입고 항목을 정산하면 항상 '0(영)'이 되어야 하는바, 위와 같은 전매출고, 전매입고는 정상적인 상품이동을 전제로 하는 것이므로 이에 관한 전산을 조작하여 회사에 손해가 발생하지 않도록 하여야 할 업무상 임무가 있음에도 그 임무에 위배하여, 2004. 11. 17.경 피고인은 회사의 부산가야 체인점(점주 (이름 생략))이 76,652,273원 상당의 상품을 다른 체인점으로 보낸 사실이 없음에도 마치 위 금액의 상품을 보낸 것처럼 허위로 전매출고, 전매입고를 전산입력하고, 공동피고인 2는 전산상 위 다른 체인점에 대한 전매입고만을 삭제함으로써 부산가야 체인점으로 하여금 위 금액 상당의 재산상 이익을 취득하게 하고, 회사에 같은 금액 상당의 재산상 손해를 가한 것을 비롯하여, 그때부터 2004. 12. 26.경까지 사이에 제1심판결 별지 범죄일람표(5) 기재와 같이 12회에 걸쳐 같은 방법으로 전산을 조작하여 체인점들에게 합계 489,233,140원 상당의 재산상 이익을 얻게 하고 회사에 같은 금액의 재산상 손해를 가하였다는 것이다.

2. 원심의 판단

이에 대하여 원심은 회사가 체인점의 할인판매(세일)로 인한 손해액을 보전해 주는 경우 자료에 의하여 각 체인점의 판매액 등을 확정한 후 사전에 체인점과 협의한 손해액 보전비율을 적용한 금액에 관하여 본부장 이상의 결재를 받아 최종감액 금액을 결정한 후 항목상 '매출할인'으로 전산 및 회계처리 함으로써 회사의 체인점에 대한 외상매출금에서 매출할인액만큼을 줄여주어야 하는 사실, 그런데 피고인은 평소 매출할인 관련 자료를 제대로 정리하지 않았던 이유로 정상적인 매출할인으로 처리해 주기 어렵게 되자, 공동피고인 1과 사이에 전산상 전매출고, 전매입고를 조작하는 방법으로 위 문제를 해결하기로 공모한 후, 불상의 영업부 직원을 통하여 체인점주가 요구하는 매출할인 금액만큼의 상품이 해당 체인점에서 다른 체인점으로 이동된 것처럼 허위의 전매출고, 전매입고를 입력하고, 공동피고인 1의 지시를 받은 공동피고인 2는 위 다른 체인점에 대한 전매입고만을 삭제하는 방법으로 위 범죄일람표(5) 기재와 같이 12회에 걸쳐 전산을 조작함으로써 전산상 회사의 각 체인점에 대한 미수금액을 줄인 사실을 인정한 다음, 피고인이 정당한 절차에 따라 매출할인 항목으로 처리하지 않고, 별도의 항목을 이용하여 전산을 조작함으로써 회사로서는 감액금액이 정당한 것인지 확인할 수 없을 뿐 아니라 장부상 중복청구의 가능성도 남게 된 점, 피고인은 각 체인점 점주들의 요구를 그대로 받아들여 외상매출금을 감액할 목적으로 위와 같은 전산조작을 한 점, 전산조작 시점으로부터 조작 사실이 발각될 때까지 상당한 시일이 지난 점, 피해자 회사와 각 점주들과 사이에서는 전산조작 후에도 외상매출거래가 계속된 것으로 보이는 점 등에 비추어 볼 때 피고인이 전산조작을 하여 해당 체인점에 대한 조작된 전매출고 액수만큼 외상매출금 채권에서 전산상 자동 차감됨으로써 동액 상당의 회사의 외상매출금채권이 감소될 우려가 생겼다고 봄이 상당하고, 이는 배임죄에서 말하는 재산상 손해라고 볼 수밖에 없고, 그 당시 전산조작 금액만큼 또는 그 이상에 상당하는 해당 체인점주의 피해자 회사에 대한 정당한 매출할인금채권이 존재하였거나 그 후 발생되어 그 채권액과 위 전산조작금액이 상계됨으로써 위 전산조작으로 인한 손해가 전보될 가능성이 있다고 하여 배임죄에서 말하는 재산상 손해가 발생하지 않았다고 볼 수 없다고 판단하여, 위 공소사실에 대하여 무죄를 선고한 제1심판결을 취소하고 이를 유죄로 인정하였다.

3. 상고이유에 대한 판단

먼저 원심판결의 이유와 기록에 의하면, 피고인이 회사의 체인점 점주들로부터 할인판매 등에 따른 누적된 손실금액의 보전을 요청받고 체인점 점주들이 요구하는 매출할인 금액이 정당한지 여부를 확인하지도 않은 채 회사가 운영하는 전산망에 입력된 해당 체인점들의 전매출고, 전매입고 금액 중 전매입고 금액만을 일방적으로 삭제(이하 이를 '전산조작행위'라고 한다)함으로써 전산상으로 회사의 해당 체인점들에 대한 외상대금채권이 같은 금액만큼 줄어든 것으로 처리된 사실은 인정할 수 있다.

업무상 배임죄는 타인의 사무를 처리하는 자가 그 임무에 위배하는 행위로써 재산상의 이익을 취득하거나 제3자로 하여금 이를 취득하게 하여 본인에게 손해를 가하는 때에 성립하는 범죄로서, 여기에서 본인에게 "재산상의 손해를 가한 때"라 함은 현실적인 손해를 가한 경우뿐만 아니라 재산상 실해 발생의 위험을 초래한 경우도 포함된다는 점은 원심이 설시한 바와 같다. 그러나 위 전산조작행위의 경위와 결과 등에 비추어 보면, 피고인의 위와 같은 전산조작행위라는 사실행위만으로는 곧바로 회사의 해당 체인점들에 대한 외상대금채권의 소멸이라는 법적 효과가 생기는 것은 아니므로 위 전산조작행위가 회사에 현실적인 손해를 가한 경우에는 해당하지 아니하고 재산상 실해발생의 위험을 초래한 경우에 해당하는지 여부가 문제된다 할 것이다. 그런데 이와 관련하여 볼 때, 피고인의 위 전산조작행위로 인하여 회사의 외상대금채권 행사가 곤란하게 되는 상태가 조성된 것은 사실이라 할 것이나, 그렇다고 하여 곧바로 회사의 외상대금채권 행사가 사실상 불가능해지거나 현저히 곤란하게 되었다고 단정할 수는 없고, 만일 회사가 관리·운영하는 전산망 이외에 전표, 매출원장 등 회사의 체인점들에 대한 외상대금채권의 존재와 액수를 확인할 수 있는 방법들이 존재하고, 또한 삭제된 전매입고 금액을 기술적으로 용이하게 복구하는 것이 가능하다면, 위와 같은 전산조작행위로 말미암아 회사의 체인점들에 대한 외상대금채권 행사가 사실상 불가능해지거나 또는 현저히 곤란하게 된다고 할 수는 없을 것이므로 회사에게 재산상 실해발생의 위험이 생기는 것도 아니라 할 것이다. 또한, 배임죄는 본인에게 재산상의 손해를 가하는 외에 배임행위로 인하여 행위자 스스로 또는 제3자로 하여금 재산상의 이익을 취득할 것을 요건으로 하므로, 본인에게 손해를 가하였다고 할지라도 재산상 이익을 행위자 또는 제3자가 취득한 사실이 없다면 배임죄가 성립되지 않는 것인바(대법원 1982. 2. 23. 선고 81도2601 판결 참조), 피고인의 전산조작행위로 인하여 회사의 체인점들에 대한 외상대금채권 행사가 사실상 불가능해지거나 또는 현저히 곤란해진 것이 아니라면, 해당 체인점의 점주들이 그에 상응하는 재산상 이익을 취득하였다고 보기도 어려울 것이다. 따라서 원심으로서는 회사의 전산망 이외에 전표, 매출원장 등 외상대금채권의 존재와 액수를 확인할 방법이 있는지 여부, 위 전산조작행위에 따른 데이터손상의 내용과 정도, 삭제된 전매입고의 금액은 기술적으로 용이하게 복구가 가능한지, 가능하다면 이에 소요되는 시간은 어느 정도인지 등을 자세히 심리하여, 위 전산조작행위로 말미암아 회사의 외상대금채권 행사가 사실상 불가능해졌거나 또는 현저히 곤란해졌는지 여부를 확정한 다음, 그에 따라 회사에게 재산상 실해발생의 위험이 생겼는지 및 체인점들이 재산상 이익을 취득하였는지 여부를 가려서 업무상 배임죄의 기수에 이르렀는지 여부를 판단하여야 함에도, 이에 관한 별다른 심리 없이 전산상 외상대금채권이 자동 차감된다는 사정만으로 만연히 회사의 외상매출금채권이 감소될 우려가 생겼다고 판단하여 이 사건 업무상 배임의 공소사실을 유죄로 인정한 잘못이 있다고 할 것이다.

③ 본인의 채무변제 ×

■ 대법원 1999. 7. 9. 선고 99도311 판결【업무상배임】(공)

배임죄가 성립하려면 배임행위로 인하여 사무처리자가 재산상의 이익을 취득하거나 제3자로 하여금 이를 취득하게 하여 본인에게 손해를 가하였다고 인정되어야 하고 여기서 제3자라 함은 사무처리자 또는 본인을 제외한 자를 말한다고 할 것이다.

원심이 인용한 제1심 판시 증거들 중 검사 작성의 오제현에 대한, 사법경찰관 사무취급 작성의 박성만, 조규자, 모수일, 강기선, 성기희, 김양순, 채남기, 하봉선에 대한 각 진술조서(제1심 판결문에 의하면 피의자신문조서라고 기재되어 있으나 명백한 오기로 보인다.)의 각 진술기재에 의하더라도 피고인이 차용금원을 어디에 사용하였는지를 알아 볼 수 있는 내용이 없고 다만 고소인 박성만은 피고인이 개인적으로 착복하려고 불법으로 회원증을 발행한 것으로 생각한다고 진술하고 있으나(수사기록 503면) 이는 그 자체에 의하더라도 그의 추측에 불과함을 알아 볼 수 있다. 오히려 오제현의 검찰에서의 진술에 의하면 피고인이 조합운영비에 사용하겠다고 하면서 돈을 차용하였다는 것이고(수사기록 572면), 이 사건 조합의 총무인 1심 증인 김찬용의 1심법정에서의 진술, 조합원 이주용의 경찰 진술(수사기록 171면), 고소인 박성만과 이영준이 제1심법정에 제출한 고소취하서의 기재(공판기록 22면) 등에 의하면 위 차용금원을 모두 이 사건 조합의 운영비로 사용하였다는 것으로서 피고인의 변소에 부합함을 알아 볼 수 있는 데다가(원심도 항소이유 판단에서 피고인이 조합운영비 등으로 사용한 사실을 인정하고 있다.), 수사기록 272면에 편철된 차용증서의 기재에 의하면 피고인이 위 금원차용시 이 사건 조합의 조합장 자격에서 차용증서를 작성하여 오제현에게 교부한 사실을 알아 볼 수 있다.

그렇다면 오제현에 대한 차용금 채무는 피고인 개인의 채무가 아니라 이 사건 조합의 채무라고 볼 여지가 많으므로 공소사실과 같이 회원증의 매도대금으로 오제현에 대한 차용금 채무의 변제에 충당하였다고 하여 피고인이 어떠한 재산상 이익을 취득하였다고 할 수 없을 것이다. 한편 위와 같이 이 사건 조합 총회의 승인 없이 발행된 조합 회원증을 매수인들이 매수하였다고 하여 그들이 이 사건 조합의 조합원 자격을 취득한다고 할 수 없다고 할 것이고, 다만 민법 제35조 제1항에 의하여 이 사건 조합에 대하여 매수대금에 상당하는 손해배상 채권을 취득하는데 그친다고 할 것이므로, 그로 인하여 그들이 어떠한 재산상 이익을 취득하였다고 할 수 없고 그 밖에 이 사건 조합이나 조합원들 이외의 제3자가 이익을 취득하였다고 할 수도 없다고 할 것이며, 이로 인하여 공소사실과 같이 조합원들에게 어떠한 손해를 가하였다고 할 수도 없다고 할 것이다.

4. 재산상 손해

① 손해발생의 위험

■ 대법원 2006. 11. 9. 선고 2004도7027 판결【특정경제범죄가중처벌등에관한법률위반(배임)】(공)

배임죄에서 '재산상의 손해를 가한 때'라 함은 현실적인 손해를 가한 경우뿐만 아니라 재산상 손해 발생의 위험을 초래한 경우도 포함되고, 일단 손해의 위험을 발생시킨 이상 나중에 피해가 회복되었다고 하여도 배임죄의 성립에 영향을 주는 것은 아니며, 재산상 손해의 유무에 대한 판단은 본인의 전 재산 상태를 고려하여 경제적 관점에 따라 판단되어야 하므로 법률적 판단에 의하여 당해 배임 행위가 무효라 하더라도 경제적 관점에서 파악하여 본인에게 현실적인 손해를 가하였거나 재산상 실해 발생의 위험을 초래한 경우에는 재산상의 손해를 가한 때에 해당한다(대법원 2000. 11. 24. 선고 99도822 판결, 2004. 5. 14. 선고 2001도4857 판결 등 참조).…

기업인수에 필요한 자금을 마련하기 위하여 그 인수자가 금융기관으로부터 대출을 받고 나중에 피인수회사의 자산을 담보로 제공하는 방식{이른바 LBO(Leveraged Buyout) 방식}을 사용하는 경우, 피인수회사로서는 주채무가 변제되지 아니할 경우에는 담보로 제공되는 자산을 잃게 되는 위험을 부담하게 된다. 그러므로 위와 같이 인수자만을 위한 담보제공이 무제한 허용된다고 볼 수 없고, 인수자가 피인수회사의 위와 같은 담보제공으로 인한 위험 부담에 상응하는 대가를 지급하는 등의 반대급부를 제공하는 경우에 한하여 허용될 수 있다 할 것이다. 만일 인수자가 피인수회사에 아무런 반대급부를 제공하지 않고 임의로 피인수회사의 재산을 담보로 제공하게 하였다면, 인수자 또는 제3자에게 담보 가치에 상응한 재산상 이익을 취득하게 하고 피인수회사에게 그 재산상 손해를 가하였다고 봄이 상당하다. 부도로 인하여 회사정리절차(2006. 4. 1. 채무자 회생 및 파산에 관한 법률의 시행으로 회생절차로 바뀌었다.)가 진행 중인 주식회사의 경우에도 그 회사의 주주나 채권자들의 잠재적 이익은 여전히 보호되어야 할 것이므로, 피인수회사가 회사정리절차를 밟고 있는 기업이라고 하더라도 위와 같은 결론에는 아무런 영향이 없다.

■ 대법원 1995. 11. 21. 선고 94도1375 판결【특정경제범죄가중처벌등에관한법률위반(배임), 사기미수, 무고】(공)

이 사건에서 공소외 1 주식회사의 대표이사인 피고인이 공소외 2 주식회사의 대표이사인 공소외 3과 공모하여, 위 공소외 2 회사의 소유인 이 사건 아파트 부지 및 건물을 판시의 매매대금으로 위 공소외 1 회사에게 매도하고 아파트 부지에 관한 소유권이전등기를 경료한 것은, 위 매매목적물이 위 공소외 2 회사의 유일한 재산으로 그 처분시에 주주총회의 특별결의나 이사회의 승인을 거치지 아니하여 위 매매계약이나 소유권이전등기가 법률상 무효라고 하더라도, 경제적 관점에서 파악할 때 본인에게 재산상의 손해를 가한 경우에 해당한다고 보아야 할 것이므로 ….

[요지] 주식회사의 대표이사가 회사의 유일한 재산을 처분하면서 주주총회의 특별결의나 이사회의 승인을 거치지 아니하여 그 매매계약이나 소유권이전등기가 법률상 무효라고 하더라도 경제적 관점에서 파악할 때 재산상 손해를 가한 경우에 해당한다고 본 사례.

② 총체적 재산상태에 손해: 손해와 이익의 동시 발생 ⇒ 손해 ×

■ 대법원 2005. 4. 15. 선고 2004도7053 판결【특정경제범죄가중처벌등에관한법률위반(배임)(인정된 죄명: 업무상배임)】(공)

배임죄나 업무상배임죄에 있어 재산상의 손해를 가한 때라 함은 현실적인 손해를 가한 경우뿐만 아니라 재산상 실해 발생의 위험을 초래한 경우도 포함되고, 재산상 손해의 유무에 대한 판단은 법률적 판단에 의하지 아니하고 경제적 관점에서 파악하여야 하지만(대법원 1992. 5. 26. 선고 91도2963 판결, 1995. 11. 21. 선고 94도1375 판결, 2004. 4. 9. 선고 2004도771 판결 등 참조), 여기서 재산상의 손해를 가한다 함은 총체적으로 보아 본인의 재산상태에 손해를 가하는 경우, 즉 본인의 전체적 재산가치의 감소를 가져오는 것을 말하므로(대법원 1981. 6. 23. 선고 80도2934 판결 등 참조) 재산상의 손실을 야기한 임무위배행위가 동시에 그 손실을 보상할 만한 재산상의 이익을 준 경우, 예컨대 그 배임행위로 인한 급부와 반대급부가 상응하고 다른 재산상 손해(현실적인 손해 또는 재산상 실해 발생의 위험)도 없는 때에는 전체적 재산가치의 감소, 즉 재산상 손해가 있다고 할 수 없을 것이다.

이 사건에 관하여 보건대, 동조산업 주식회사(이하 '동조산업'이라고 한다)의 대표이사인 피고인 1이 위 선박을 양도함에 있어 그 선박이 동조산업의 유일한 재산이거나 적어도 회사의 존속기반이 되는 중요한 영업용 재산이어서 처분 당시 주주총회의 특별결의 등을 거치지 아니한 이유로 위 대물변제약정 및 이에 따른 소유권이전등기는 법률상 당연무효라고 하더라도 경제적 관점에서 볼 때 위 선박에 관한 소유권이전등기를 넘겨 준 이상 위 처분행위로 인하여 동조산업에게 적어도 위 선박 가액 상당의 현실적인 손해를 가하였거나 재산상 실해 발생의 위험을 초래하였다고 할 것이지만, 한편 피고인들은 그 당시 피고인 2이 동조산업에 대하여 합계 385,387,888원의 대여금(원리금 포함) 채권을 갖고 있었는데, 그 대여금 채권에 대한 대물변제 명목으로 객관적 가치가 80,000,000원 정도인 어획물 66t을 234,936,000원으로 계산하고, 근저당권까지 설정되어 있어 실제 가치가 거의 없던 위 선박을 시가 100,000,000원으로 계산하여 양도·양수하였다는 등으로 주장하고 있으므로, 원심으로서는 그와 같이 주주총회의 특별결의 등을 거치지 아니한 위 선박에 대한 대물변제와 관련하여 과연 위와 같은 급부와 반대급부가 상응하는지 여부, 나아가 위 대물변제로 동조산업에게 위 선박의 객관적 가치의 상실 외에 다른 재산상 손해를 가한 것은 없는지 등을 더 심리한 다음, 그 대물변제로 인해 동조산업의 전체적 재산가치의 감소, 즉 재산상 손해가 있었는지 여부를 판단하고, 나아가 만약 이 점이 인정될 경우 그 재산가치의 감소액을 재산상 손해액으로 인정하였어야 할 것이다.

5. 이득액과 피해액

가. 저당권이 설정된 부동산의 편취

○ 공제

■ 대법원 2007. 4. 19. 선고 2005도7288 전원합의체 판결【특정경제범죄가중처벌등에관한법률위반(사기)】(집)

상고이유를 판단한다.

1. 상고이유 제1점에 대하여

기록에 비추어 살펴보면, 원심이 그 채택 증거들을 종합하여 피고인이 그 판시와 같이 제일은행 서면지점에서 이 사건 각 대지를 담보로 대출받기로 약정한 바 없고 잔금을 지급할 능력이 없으면서도 그러한 약정이나 능력이 있는 것처럼 피해자들을 기망한 사실을 인정한 조치는 정당한 것으로 수긍이 가고, 거기에 상고이유로 주장하는 바와 같은 채증법칙위반 등의 위법이 없다.

2. 상고이유 제2점에 대하여

가. 특정경제범죄 가중처벌 등에 관한 법률(이하 '특경가법'이라 한다) 제3조 제1항은 "형법 제347조(사기)·제350조(공갈)·제351조(제347조 및 제350조의 상습범에 한한다)·제355조(횡령, 배임) 또는 제356조(업무상의 횡령과 배임)의 죄를 범한 자는 그 범죄행위로 인하여 취득하거나 제3자로 하여금 취득하게 한 재물 또는 재산상 이익의 가액(이하 '이득액'이라 한다)이 5억 원 이상인 때에는 다음의 구분에 따라 가중처벌한다."라고 규정하면서, 그 제1호에서는 "이득액이 50억 원 이상인 때에는 무기 또는 5년 이상의 징역에 처한다."고 규정하고, 제2호에서는 "이득액이 5억 원 이상 50억 원 미만인 때에는 3년 이상의 유기징역에 처한다."고 규정하는 한편, 같은 조 제2항에서는

"제1항의 경우 이득액 이하에 상당하는 벌금을 병과할 수 있다."고 규정하고 있다. 이들 규정을 단순사기죄에 관한 형법 제347조의 규정과 대비하여 보면, 형법 제347조의 사기죄는 사람을 기망하여 재물의 교부를 받거나 재산상의 이익을 취득하거나(제1항) 제3자로 하여금 재물의 교부를 받게 하거나 재산상의 이익을 취득하게 함으로써(제2항) 성립되고, 그 교부받은 재물이나 재산상 이익의 가액이 얼마인지는 문제되지 아니하는 데 비하여, 사기로 인한 특경가법 제3조 위반죄에 있어서는 편취한 재물이나 재산상 이익의 가액이 5억 원 이상 또는 50억 원 이상이라는 것이 범죄구성요건의 일부로 되어 있고 그 가액에 따라 그 죄에 대한 형벌도 매우 가중되어 있으므로, 이를 적용함에 있어서는 편취한 재물이나 재산상 이익의 가액을 엄격하고 신중하게 산정함으로써, 범죄와 형벌 사이에 적정한 균형이 이루어져야 한다는 죄형균형 원칙이나 형벌은 책임에 기초하고 그 책임에 비례하여야 한다는 책임주의 원칙이 훼손되지 않도록 유의하여야 할 것이다.

그러므로 사람을 기망하여 부동산의 소유권을 이전받거나 제3자로 하여금 이전받게 함으로써 이를 편취한 경우에 특경가법 제3조의 적용을 전제로 하여 그 부동산의 가액을 산정함에 있어서는, 그 부동산에 아무런 부담이 없는 때에는 그 부동산의 시가 상당액이 곧 그 가액이라고 볼 것이지만, 그 부동산에 근저당권설정등기가 경료되어 있거나 압류 또는 가압류 등이 이루어져 있는 때에는 특별한 사정이 없는 한 아무런 부담이 없는 상태에서의 그 부동산의 시가 상당액에서 근저당권의 채권최고액 범위 내에서의 피담보채권액, 압류에 걸린 집행채권액, 가압류에 걸린 청구금액 범위 내에서의 피보전채권액 등을 뺀 실제의 교환가치를 그 부동산의 가액으로 보아야 할 것이다.

이와는 달리, 기망에 의하여 편취한 부동산에 압류등기가 경료되어 있었더라도 그와 같은 사정이 피고인이 편취한 이득액을 그 부동산의 시가보다 감액하여 평가할 사유가 되지 못한다는 취지로 판시한 대법원 2003. 9. 5. 선고 2003도1859 판결 등의 견해는 위 법리에 저촉되는 범위 내에서 이를 변경한다.

나. 위 법리와 기록에 비추어 살펴보면, 이 사건 각 대지에 아무런 부담이 없는 상태에서의 시가는 16억 4,600만 원이고, 위 각 대지에 설정된 근저당권의 채권최고액은 10억 2,000만 원인데, 그 피담보채권액은 이를 초과하므로 원심이, 피고인이 편취한 이 사건 각 대지의 가액을 산정함에 있어 위 각 대지의 시가에서 위 근저당권의 피담보채권액이 아닌 채권최고액을 공제하여 나머지 6억 2,600만 원을 그 가액이라고 보고 특경가법 제3조 제1항 제2호를 적용한 조치는 정당하고, 거기에 상고이유로 주장하는 바와 같은 법리오해 등의 위법이 없다.

3. 결 론

그러므로 상고를 기각하기로 하여 주문과 같이 판결한다. 이 판결에는 상고이유 제2점에 대한 판단에 관하여 대법관 김용담, 대법관 김황식, 대법관 안대희의 별개의견이 있는 외에는 관여 법관들의 의견이 일치되었고, 대법관 김능환의 다수의견에 대한 보충의견이 있다.

4. 대법관 김용담, 대법관 김황식, 대법관 안대희의 별개의견은 다음과 같다.

가. 사기로 인한 특경가법 위반죄에 있어서 그 가액에 따라 그 죄에 대한 형벌도 매우 가중되어 있으므로 이를 적용함에 있어서는 편취한 재물이나 재산상 이익의 가액을 엄격하고 신중하게 산정함으로써 범죄와 형벌 사이에 적정한 균형이 이루어져야 한다는 점에 관해서는 다수의견과 견해를 같이한다.

그러나 사기로 인한 특경가법 위반죄를 적용함에 있어서 편취한 부동산의 가액은 아무런 부담이 없는 상태에서의 그 부동산의 시가 상당액에서 근저당권의 채권최고액 범위 내에서의 피담보채무액, 압류에 걸린 집행채권액, 가압류에 걸린 청구금액 범위 내에서의 피보전채권액 등을 뺀 실제의 교환가치로 보아야 한다는 견해에는 다음과 같은 이유로 찬성할 수 없다.

나. 사기로 인한 특경가법 제3조 제1항 소정의 이득액 산정에 관하여 우리 대법원은 "그 대가가 일부 지급된 경우에도 그 편취액은 피해자로부터 교부된 재물의 가치로부터 그 대가를 공제한 차액이 아니라 교부받은 재물 전부"라고 판시하고(대법원 2000. 7. 7. 선고 2000도1899 판결, 2005. 10. 28. 선고 2005도5774 판결, 2007. 1. 25. 선고 2006도7470 판결 등 참조), "특경가법 제3조 제1항 소정의 '이득액'이란 거기에 열거된 범죄행위로 인하여 취득하거나 제3자로 하여금 취득하게 한 불법영득의 대상이 된 재물이나 재산상 이익의 가액의 합계인 것이지 궁극적으로 그와 같은 이득을 실현할 것인지, 거기에 어떠한 조건이나 부담이 붙었는지 여부는 영향이 없다."고 판시한 바 있다(대법원 1990. 10. 16. 선고 90도1815 판결 참조).

이와 같은 판례의 입장에서 보면, 근저당권이 설정되거나 압류·가압류가 이루어진 부동산을 편취하면서 그 피담보채무 등을 인수하여 변제하겠다고 한 것은 그 편취한 재물의 대가지급방법에 불과하다고 보거나 근저당권이나 압류·가압류를 편취한 재물에 붙은 부담이라고 볼 수 있고, 편취한 재물의 실제 교환가치의 파악 즉 궁극적으로 그와 같은 이득을 실현할 것인지 여부는 사기로 인한 특경가법 위반죄에 있어서도 여전히 범죄의 구성요건이 아니라 양형에 관한 사항이라고 해석하여야 할 것이므로, 특경가법 제3조의 적용을 전제로 한 부동산의 가액도 통상적으로 사용되는 재물의 시장가치 즉 아무런 부담이 없는 상태에서의 그 부동산의 객관적인 시가 상당액을 뜻한다고 보는 것이 문언에 충실한 해석일 것이다. 따라서 특경가법 제3조 소정의 '이득액'을 산정함에 있어 편취한 부동산에 관하여 압류나 가등기가 경료되어 있다고 해도 이득액을 부동산의 객관적인 시가보다 감액하여 평가할 사유가 되지 못한다고 본 대법원 2003. 9. 5. 선고 2003도1859 판결은 유지되어야 한다.

다만, 특경가법 제3조 제1항이 단순히 이득액에 따라 형을 가중한 것은 입법정책상 문제가 없지는 않다고 보여지나, 그렇다고 하여 특경가법 제3조의 적용에 있어서 편취한 이득의 실현이라고 볼 수 있는 실제 교환가치를 양형에 관한 사항이 아니라 범죄의 구성요건으로 보고 있는 다수의견은 부당하다고 하지 않을 수 없다.

다. 또한, 다수의견과 같이 특경가법 제3조를 적용함에 있어서 편취한 부동산의 실제 교환가치를 산정해야 한다는 입장에 서면, 편취 당시의 근저당권 피담보채무 등이 사후에 원래 채무자의 변제 등을 통해 전부 또는 일부 소멸되는 경우 부동산의 실제 교환가치가 증가하게 되는데 이러한 편취 이후의 사정에 따라 적용법조를 달리하여야 할 것인지 문제로 되고, 공동담보가 설정되거나 하나의 압류·가압류의 대상이 된 수개의 부동산들 중 일부를 편취한 경우와 근저당권 이외의 담보물권 또는 용익물권, 대항력 있는 임차권, 가처분, 가등기 등이 있는 경우 그 공제의 범위를 어디까지 또는 어느 정도까지로 한정할 것인지에 관해서 명확한 기준을 제시하기 어려운바, 결국 다수의견은 죄형법정주의의 내용인 명확성의 원칙에 반하고 형사절차에서 혼란을 가져오는 것이어서 적절하지 않다고 할 수밖에 없다.

라. 다만 기록에 의하면, 피고인의 편취액을 이 사건 각 대지의 객관적인 시가 합계액으로 보는 전제에서 이 사건 각 대지의 가액에서 근저당권의 채권최고액 범위 내의 피담보채무액을 뺀 금액만을 이득액으로 특정한 검사의 공소장변경허가신청에 따라 이를 허가하고 그 변경된 금액을 피고인의 편취금액으로 보아 특경가법 제3조 제1항 제2호를 적용한 원심의 조치는 정당하여 상고를 기

각하여야 할 것이므로 같은 취지인 다수의견의 결론에는 찬성하나, 편취한 재물이 부동산인 경우 특경가법 제3조 소정의 이득액은 그 부동산의 객관적인 시가 상당액으로 보아야 한다는 점에서 다수의견과 견해를 달리하는 것이다.

5. 대법관 김능환의 다수의견에 대한 보충의견은 다음과 같다.

가. 다수의견이 밝히고 있는 바와 같이, 사기로 인한 특경가법 제3조 위반죄에 있어서는 형법상 사기죄로 인하여 편취한 재물 또는 재산상 이익의 가액이 5억 원 이상이거나 50억 원 이상일 것을 요건으로 하여 법정형을 달리 규정하고 있음이 그 문언상 명백하므로 형법상의 사기죄와는 그 구성요건이 다른 것으로 볼 수밖에 없다. 그럼에도 불구하고, 사기로 인한 특경가법 위반죄에 있어서도 편취한 재물의 가액이 얼마인지가 단순히 양형에 관한 사항에 지나지 아니하는 것으로 보는 별개의견의 견해는 타당하다고 할 수 없다.

편취한 재물의 가액이 얼마인지가 구성요건의 일부라면, 그 가액의 평가 내지 산정은 객관적이고도 타당한 방법으로 이루어져야 할 것이다. 그런데 거래의 실정에 비추어 근저당권 등의 부담이 있는 부동산과 그러한 부담이 없는 부동산이 가지는 객관적 교환가치가 동일할 수는 없다. 다수의견은 이러한 차이를 그대로 반영한 부동산의 객관적 교환가치를 산정하여 특경가법 제3조의 적용 여부를 가리는 것이 죄형균형 원칙이나 책임주의 원칙에 부합한다는 취지이지, 범인이 지급하였거나 지급할 대가 내지 반대급부 또는 취득하였거나 취득하게 될 실제 이득액이 얼마인가 하는 관점에서 접근하려는 취지가 아니다.

나. 별개의견이 내세우는 대법원 1990. 10. 16. 선고 90도1815 판결은 공갈로 인한 특경가법 위반죄에 관하여 "공갈 범행으로 인하여 취득한 이득액은 범죄의 기수시기를 기준으로 하여 산정하여야 할 것이고 그 후의 사정변경은 고려할 것이 아니"라고 판시하고 있는데, 이러한 법리는 사기로 인한 특경가법 위반죄에도 그대로 적용되어야 할 것이다. 따라서 근저당권 등의 부담이 있는 부동산을 편취함으로써 그 범죄가 기수에 이른 이상, 그 당시에 있어서의 객관적 교환가치가 부동산의 가액인 것이고, 이를 기준으로 하여 특경가법 제3조의 적용 여부를 가려야 할 것이지 그 근저당권 등이 사후에 변제 등으로 소멸되었는지 여부를 고려할 것은 아니다. 그러므로 다수의견에 따르면 위와 같은 사후의 사정변경이 있는 경우에 적용법조를 달리 하여야 할 것인지 여부가 문제된다는 별개의견의 우려는 다수의견의 취지를 잘못 이해한 데에서 나온 것이라고 생각된다.

다. 별개의견이 지적하는 근저당권 이외의 용익물권이나 가처분 또는 가등기의 취급과 관련하여서는, 다수의견을 관철하면 가처분이나 순위보전의 가등기는 부동산의 처분에 장애사유는 될 수 있어도 교환가치에 영향을 미치는 사유는 아니므로 부동산의 가액 산정에 있어 이를 고려할 것은 아니지만, 지상권 등의 용익물권은 경우에 따라 그 부동산의 교환가치에 영향을 미치는 요소가 될 수 있고, 담보가등기·등기된 전세권·대항력 있는 임대차 등은 특별한 사정이 없는 한 근저당권과 동일하게 취급하여도 무방하리라고 생각된다. 다수의견에 의할 경우 구체적 사안에 따라서는 편취의 대상인 부동산의 객관적 교환가치를 평가·산정하는 것이 그리 단순한 문제가 아닐 수도 있지만, 그 경우에도 부동산의 가액을 객관적으로 타당하게 파악하기 위해 노력해야 하는 것은 적절한 형사사법절차 운영의 책임을 지고 있는 법원의 당연한 책무이고, 그러한 노력에도 불구하고 그 가액을 파악할 수 없는 경우에는 입증책임의 원리에 따라 문제를 해결하여야 할 것이지 그 가액 산정이 어렵다는 이유로 죄형균형 원칙이나 책임주의 원칙이 훼손되는 결과를 용인하는 것은 온당치 못하다고 할 것이다.

편취한 재물의 가액에 따라 법정형을 달리 규정하고 있는 사기로 인한 특경가법 위반죄에 있어서 편취한 부동산의 실제 교환가치가 얼마인지를 범죄의 구성요건 요소가 아니라 단지 양형에 관한 사항에 불과한 것으로 보려는 별개의견의 견해는 죄형균형 원칙이나 책임주의 원칙에 어긋나는 과도한 형벌을 과하게 되는 결과를 낳을 우려가 있어 찬성하기 어렵다.

이상과 같이 다수의견에 대한 보충의견을 밝혀 둔다.

나. 담보제공의 횡령

① 문제점

☞ (i) 위 전합판결(2005도7288)이 횡령죄에도 적용된다고 할 것인가?
(저당권 설정된 부동산 횡령시 공제)
(ii) 위 전합판결이 담보제공의 횡령에도 적용된다고 할 것인가?
그리하여 재물전체의 가액을 횡령액으로 본 종전 판례는 폐기된 것인가?

② 종래 판례: 담보제공시 목적물 전부에 대한 횡령 성립

명의신탁 1: 근저당 – 근저당

■ 대법원 1996. 11. 29. 선고 96도1755 판결【횡령】(공)

횡령죄는 타인의 재물을 보관하는 자가 그 재물을 횡령하는 경우에 성립하는 범죄로서 일단 횡령을 한 이후에 그 재물을 처분하는 것은 불가벌적 사후행위에 해당하여 처벌할 수 없는 것이고, 횡령죄의 구성요건으로서의 횡령행위란 불법영득의사를 실현하는 일체의 행위를 말하는 것이어서 타인의 재물을 점유하는 자가 그 점유를 자기를 위한 점유로 변개하려는 의사를 가지고 그러한 영득의 의사가 외부에 인식될 수 있는 객관적 행위를 하였을 때에는 그 재물 전체에 대한 횡령죄가 성립되는 것이다.

원심이 적법하게 인정한 사실과 기록에 의하여 살펴보면, 피고인이 피해자 이병문으로부터 명의수탁받아 보관 중이던 이 사건 토지에 관하여 위 피해자의 승낙 없이 1991. 5. 8. 채권최고액 각 금 60,000,000원 및 15,000,000원인 근저당권설정등기를 공소외 한덕곤, 양창수에게 각 경료하여 줌으로써 객관적으로 위 토지 전체에 대한 불법영득의 의사를 외부에 발현시키는 행위가 있었다고 보아야 할 것이므로, 이 때에 피고인의 위 토지 전체에 대한 횡령죄는 이미 완성되었다고 보아야 할 것이다. 따라서 그 후 피고인이 기존의 근저당권설정등기 등을 모두 말소하여 피해자의 소유권에 대한 침해를 회복하지 아니한 상태에서, 다시 이 사건 횡령죄 공소사실 기재와 같이 1992. 12. 29. 채권최고액 금 375,000,000원의 근저당권설정등기를 공소외 김현동에게 경료해 주었다 하더라도, 이는 이 사건 토지에 대한 횡령행위의 완료 후에 행하여진 횡령물의 처분행위로서 위 횡령행위에 의하여 평가된 것으로 볼 수 있는 범위 내의 것이라고 할 것이니, 피고인의 위와 같은 소위가 별개의 횡령죄를 구성하지는 않는다고 보아야 할 것이다.

명의신탁 2: 근저당 – 매도

■ 대법원 1998. 2. 24. 선고 97도3282 판결【횡령】(공)

횡령죄는 타인의 재물을 보관하는 자가 그 재물을 횡령하는 경우에 성립하는 범죄이고, 횡령죄의 구성요건으로서의 횡령행위란 불법영득의사를 실현하는 일체의 행위를 말하는 것이어서 타인의 재물을 점유하는 자가 그 점유를 자기를 위한 점유로 바꾸려고 하는 의사를 가지고 그러한 영득의 의사가 외부에 인식될 수 있는 객관적 행위를 하였을 때에는 그 재물 전체에 대한 횡령죄가 성립되고, 일단 횡령을 한 이후에 다시 그 재물을 처분하는 것은 불가벌적 사후행위에 해당하여 처벌할 수 없다. 따라서 타인으로부터 명의신탁받아 보관중이던 토지에 대하여 피해자인 명의신탁자의 승낙 없이 제3자에게 근저당권설정등기를 경료해 주면 그 때에 그 토지에 대한 횡령죄가 성립하고, 그 후 피해자의 승낙 없이 그 토지를 다른 사람에게 매도하더라도 이는 횡령물의 처분행위로서 별개의 횡령죄를 구성하지 아니한다고 볼 것이다(당원 1996. 11. 29. 선고 96도1755 판결, 1993. 3. 9. 선고 92도2999 판결 등 참조).

명의신탁 3: 근저당 – 근저당 – 매도

■ 대법원 1999. 11. 26. 선고 99도2651 판결【배임(인정된 죄명: 횡령)】(공)

기록에 의하면, 피고인과 피해자 A가 그들이 공동매입(지분은 각 1/2)한 이 사건 토지를 피고인의 조카사위인 공소외 인에게 명의신탁한 사실이 인정되고, 명의신탁 받아 보관 중이던 토지를 명의신탁자의 승낙 없이 제3자에게 근저당권설정등기를 경료해 준 경우 위 토지 전체에 대한 횡령죄가 성립하며, 그 후 다시 피해자의 승낙 없이 다른 사람에게 이를 매도하더라도 이는 소위 불가벌적 사후행위에 해당하는 횡령물의 처분행위로서 별개의 횡령죄를 구성하지 아니한다고 보는 것이 당원의 확고한 견해이다(대법원 1998. 2. 24. 선고 97도3282 판결, 1996. 11. 29. 선고 96도1755 판결, 1993. 3. 9. 선고 92도2999 판결, 1978. 11. 28. 선고 78도2175 판결 등 참조). 그리고 횡령죄와 배임죄는 다같이 신임관계를 기본으로 하고 있는 같은 죄질의 재산범죄로서 그 형벌에 있어서도 경중의 차이가 없고 동일한 범죄사실에 대하여 단지 법률적용만을 달리하는 경우에 해당하므로 법원은 배임죄로 기소된 공소사실에 대하여 공소장변경 없이도 횡령죄를 적용하여 처벌할 수 있다고 할 것이다.

원심판결 이유에 의하면, 원심은, 피고인이 피해자의 명의신탁재산인 이 사건 토지의 1/2지분에 관하여 피해자의 승낙 없이 근저당권설정등기를 경료한 행위(검사는 위 행위를 배임죄로 기소하였다)를 횡령죄로 의율한 다음, 피고인이 그 후에 위 토지의 피해자 지분에 대하여 한 제2의 근저당권설정행위와 제3자에의 매각행위에 대하여는 이를 모두 불가벌적 사후행위에 해당한다고 보아 각 무죄를 선고하였는바, 원심의 위와 같은 조치는 위 법리에 따른 것으로서 정당하다. 이와 반대의 견해에 선 상고이유의 주장은 받아들일 수 없다.

명의신탁 4: 근저당 – 말소 – 매도

■ 대법원 2000. 3. 24. 선고 2000도310 판결【횡령】(공)

원심이 적법하게 인정한 사실 및 기록에 의하면, 공소외 1, 2, 3은 피해자들로부터 이 사건 임야 중 각 3분의 1 지분을 명의수탁 받아 이를 보관하고 있는 자인바, 피고인이 공소외 1과 공모하여 1998. 12. 3. 이 사건 임야 중 공소외 1지분에 관하여 대림종합상사 주식회사의 고려화학 주식회사에 대한 채무를 담보하기 위하여 피해자들의 승낙 없이 고려화학 주식회사 명의의 채권최고액 150,000,000원의 근저당권설정등기를 경료한 후, 다시 B, C와 공모하여 1999. 1. 13. 그 말소등기를 신청하면서 그와 동시에 피해자들의 승낙 없이 A 명의의 매매를 원인으로 한 소유권이전등기를 신청하여 고려화학 주식회사 명의의 근저당권에 대한 말소등기와 A 명의의 소유권이전등기가 순차로 경료된 사실을 인정할 수 있다.

사실관계가 위와 같다면, 피고인 등이 이 사건 임야 중 B 지분에 관하여 고려화학 주식회사 명의의 근저당권설정등기를 경료할 당시에 피고인 등으로서는 이 사건 임야 중 공소외 1 지분 전체에 대한 불법영득의 의사를 외부에 객관적으로 나타냄으로써 위 임야 지분 전체에 대한 횡령죄는 이미 완성되었고, A 명의의 소유권이전등기가 경료되기 전에 동시에 신청한 고려화학 주식회사 명의의 근저당권에 대한 말소등기가 먼저 경료되었다고 하더라도 고려화학 주식회사 명의의 근저당권설정등기의 말소는 A 명의의 소유권이전등기의 준비행위에 불과하다 할 것이어서, 피해자들의 소유권에 대한 침해가 회복되지 아니한 상태에서 행하여진, A 명의의 소유권이전등기를 경료해 준 행위는 횡령물의 처분행위로서 새로운 법익의 침해를 수반하지 않는 이른바 불가벌적 사후행위에 해당하여 별도의 횡령죄를 구성하지 아니한다.

명의신탁 5: 근저당 – 말소 – 근저당

■ 대법원 1999. 4. 27. 선고 99도5 판결【횡령】(공)

1. 원심은, 피고인이 피해자 주식회사 운남교역으로부터 명의신탁을 받아 보관하고 있던 이 사건 토지에 관하여 1992. 8. 25. A 앞으로 그에 대한 피고인의 채무를 담보하기 위하여 피해자의 승낙 없이 채권최고액 8,800만 원의 근저당권설정등기를 경료하였다가 1994. 5. 31. 그 말소등기를 신청하면서 그와 동시에 피해자의 승낙 없이 B 앞으로 채권채고액 1,500만 원 및 1억 8,000만 원의 각 근저당권설정등기를 신청하여 A 명의의 근저당권에 대한 말소등기와 B 명의의 각 근저당권설정등기가 순차로 경료되었다고 인정하였는바, 살펴보니 원심의 위와 같은 사실인정은 옳고, 거기에 채증법칙을 위배하여 사실을 오인한 잘못이 없다. 따라서 이 점에 관한 상고이유는 받아들이지 아니한다.

2. 사실관계가 위와 같다면, 피고인이 이 사건 토지에 관하여 1992. 8. 25. A 앞으로 근저당권설정등기를 경료할 당시에 피고인의 횡령행위는 완성되었으므로 그 후 피고인이 다시 B 앞으로 근저당권설정등기를 경료한 행위는 횡령물의 처분행위로서 새로운 법익의 침해를 수반하지 않는 이른바 불가벌적사후행위에 해당하여 별도의 횡령죄를 구성하지 아니한다. B 명의의 근저당권설정등기가 경료되기 전에 동시에 신청한 A 명의의 근저당권에 대한 말소등기가 먼저 경료되었다 하여 달리 볼 것은 아니다.

③ 채권최고액 한도의 피담보채무: 이 판결이 종전 판례를 변경한 것인가?

■ 대법원 2009. 6. 11. 선고 2009도2880 판결

형법상 횡령죄는 타인의 재물을 보관하는 자가 그 재물을 횡령하거나 반환을 거부함으로써 성립되고 그 재물의 가액이 얼마인지는 문제되지 않으나, 특정경제범죄 가중처벌 등에 관한 법률 제3조 위반죄에 있어서는 횡령행위로 인하여 취득한 재물의 가액이 5억 원 이상 또는 50억 원 이상이면 그것이 범죄구성요건의 일부로 되어 가중 처벌되게 되어 있으므로, 그와 같은 가액의 산정은 엄격하고 신중하게 하여야 한다(대법원 2007. 4. 19. 선고 2005도7288 전원합의체 판결 참조).

이와 같은 취지에서 원심이, 피고인이 대금완납시까지 피해자에게 소유권이 있는 것으로 유보키

로 하고 할부로 구입한 기계들을 그 대금완납 전에 판시와 같이 소외 은행 등에 대한 담보로 제공한 행위가 형법상 횡령죄에 해당한다고 하면서도, 나아가 그로 인한 횡령액이 위 기계제공 행위에 의하여 담보되는 피담보채무액을 초과하여 5억 원 이상에 이른다는 점에 관한 입증이 없거나 부족하다고 보아 이를 무죄로 인정한 제1심판결을 유지한 것은 위 법리와 기록에 비추어 정당한 것으로 수긍되므로, 거기에 횡령죄의 가액 산정에 관한 법리를 오해하는 등의 위법이 없다. 이와 전제를 달리 하는 상고이유의 주장은 모두 받아들일 수 없다.

■ 서울고법 2009. 3. 26. 선고 2009노86 판결: 상고 【특정경제범죄가중처벌등에관한법률위반(횡령)(인정된 죄명: 횡령), 사기】(각공) ☜ 위 2009도2880 판결의 원심판결

1. 항소이유의 요지

가. 검사{특정경제범죄 가중처벌 등에 관한 법률 위반(횡령)죄와 관련하여}

피고인의 횡령범행은 피해자 소유의 기계들을 담보로 제공하여 대출을 받으면서 이미 완성된 것으로, 피고인이 횡령한 것은 담보로 제공한 기계들이지 대출금이 아니므로 그 피해금액은 피고인이 횡령한 재물인 기계들의 가액에 따라 결정된다고 봄이 상당하며, 대출금액에 따라 그 피해규모가 달라진다고 보기는 어렵다. 비록, 피고인이 실제로 대출받은 금액은 5억 원이 되지 못한다 할지라도, 피고인이 5억 원 이상의 기계를 담보로 제공하면서 대출을 받은 이상 그 기계 전체에 대하여 불법영득의 의사를 표출했고 그 범행은 이미 기수에 이르렀다고 할 것이며 추후의 대출금액의 다소에 따라 그 이득액이 정해진다고 보기는 어려우므로 그 피해금액 및 피고인이 취득한 이득액은 기계 가액인 5억 원 이상으로 봄이 상당하다. 그럼에도 불구하고, 원심이 이 사건 횡령으로 인한 이득액을 기계들의 가액과 피담보채권 중 그 액수가 적은 금액으로 보아 특정경제범죄 가중처벌 등에 관한 법률 위반(횡령)의 점에 관하여 무죄로 판단한 것은 사실오인 또는 법리오해로 인하여 판결에 영향을 미친 위법이 있다.

나. 피고인

원심이 피고인에게 선고한 징역 1년 6월의 형은 너무 무거워 부당하다.

2. 판 단

가. 검사의 사실오인 또는 법리오해 주장에 대한 판단

(1) 이 사건 공소 사실 중 특정경제범죄 가중처벌 등에 관한 법률 위반(횡령)의 공소 사실의 요지

피고인은 2005. 6. 14.경 인천 (이하 생략)에 있는 피해자 공소외 1 주식회사 사무실에서 위 피해자 회사로부터 대금 완불시 그 소유권을 이전받는 조건으로 산업용봉재기 239대 시가 241,504,000원 상당을 할부로 구입하고, 2005. 9. 15.경 인천 (이하 생략)에 있는 피해자 공소외 2 주식회사 사무실에서 위 피해자 회사로부터 같은 조건으로 컴퓨터자동자수기계 10대 시가 536,000,000원 상당을 할부로 구입하였다.

피고인은 베트남국 푸토성 베트찌시에 있는 피고인 경영의 현지법인인 공소외 3 주식회사 공장에서 위 각 피해자 회사들을 위해 위 기계들을 보관하던 중 할부잔금이 산업용봉재기의 경우 155,474,000원, 컴퓨터자동자수기계의 경우 359,680,000원이 각 남아 있어 그 소유권이 위 각 피해자 회사들에 유보되어 있음에도 불구하고, 2005. 11. 8.경 위 베트찌시에 있는 "푸토 투자 및 개발은행"으로부터 미화 380,000불을 대출받으면서 위 산업용봉제기 186대 시가 154,800,000원 상

당과 위 컴퓨터자동자수기계 10대 시가 536,000,000원 상당을 각 담보로 제공함으로써 시가 합계 690,800,000원 상당의 기계들을 횡령하였다.

⑵ 원심의 판단

원심은, 특정경제범죄 가중처벌 등에 관한 법률 제3조에서 말하는 이득액은 단순일죄의 이득액이나 혹은 포괄일죄가 성립하는 경우의 이득액의 합산액을 의미하는 것이고, 수죄의 각 이득액을 합한 금액을 의미하는 것은 아니라 할 것인데, 이 사건 공소 사실에 의하면, 피고인은 2005. 6. 14.경 피해자 공소외 1 주식회사와 사이에, 2005. 9. 15.경 피해자 공소외 2 주식회사와 사이에 각 할부구매계약을 체결하고 그 기계들을 보관하던 중 각 피해자 회사 소유의 기계들을 횡령하였다는 것이므로, 이는 위 각 피해자 회사별로 독립하여 횡령죄가 성립하고, 다만 피고인의 이 사건 담보제공행위로 인한 위 각 피해자 회사에 대한 횡령죄는 상상적 경합의 관계에 있으며, 이 부분 공소사실은 피고인이 금융기관으로부터 금전을 차용하면서 각 피해자 회사 소유의 기계들을 담보로 제공하였다는 것이므로, 피고인의 위 각 횡령 범행으로 인한 이득액은 위 공소 사실 기재 이 사건 기계들의 가액과 위 기계들에 의하여 담보되는 피담보채권액인 미화 380,000불(위 공소 사실 기재 대출일인 2005. 11. 8.경 1달러 당 외국환매매기준율인 1050.10원으로 환산하면 399,038,000원이다) 중에서 그 액수가 적은 금액으로 보아야 할 것인바, 그 이득액이 5억 원에 이르지 못하고, 달리 이 사건 각 횡령 범행으로 인한 피고인의 이득액이 5억 원 이상이 됨을 인정할 증거가 없어 이 부분 공소 사실은 범죄의 증명이 없는 경우에 해당한다는 이유로 무죄라고 판단하였다.

⑶ 당심의 판단

이 사건과 같은 이른바 소유권유보부 매매에 있어서 매매대금의 채무자인 매수인이 매매대금을 완납할 때까지는 물건에 대한 소유권이 매도인에게 속하는 것이므로 매수인이 사용하고 있는 물건을 대금완납 전에 제3자에게 담보로 제공한 경우에는 채권자인 매도인에 대한 관계에 있어서 횡령죄가 인정된다 할 것이고, 이와 같이 타인 소유의 물건을 담보로 제공함으로써 횡령죄가 성립하는 경우 그 이득액을 담보제공한 물건의 시가로 볼 것인지 아니면 피담보채권액으로 볼 것인지가 문제된다.

살피건대, 형법 제355조 제1항의 횡령죄는 타인의 재물을 보관하는 자가 그 재물을 횡령하거나 그 반환을 거부함으로써 성립하고, 그 재물의 가액이 얼마인지는 문제되지 아니하는 데 비하여, 횡령으로 인한 특정경제범죄 가중처벌 등에 관한 법률 위반죄에 있어서는 횡령한 재물의 가액이 5억 원 이상 또는 50억 원 이상이라는 것이 범죄구성요건의 일부로 되어 있고 그 가액에 따라 그 죄에 대한 형벌도 가중되어 있으므로, 이를 적용함에 있어서는 횡령한 재물의 가액을 엄격하고 신중하게 산정함으로써, 범죄와 형벌 사이에 적정한 균형이 이루어져야 한다는 죄형균형원칙이나 형벌은 책임에 기초하고 그 책임에 비례하여야 한다는 책임주의원칙이 훼손되지 않도록 유의하여야 한다(대법원 2007. 4. 19. 선고 2005도7288 전원합의체 판결 참조). 따라서 타인의 재물을 횡령한 경우에 특정경제범죄 가중처벌 등에 관한 법률 제3조의 적용을 전제로 하여 그 재물의 가액을 산정함에 있어서는, 횡령행위의 태양에 따라 소비, 반출, 은닉, 매각, 증여, 교환 등의 경우에는 그 재물의 시가 상당액이 곧 그 가액이라고 볼 것이지만, 이 사건과 같이 담보제공으로 인한 횡령의 경우에는 담보권 자체의 가치에 중점이 있기 때문에 위 소비, 매각 등으로 인한 횡령의 경우와 다르게 취급하는 것이 마땅하다고 할 것이므로, 특별한 사정이 없는 한 담보권의 채권최고액 범위 내에서의 피담보채권액을 이득액이나 피해액으로 보는 것이 일반의 상식에도 부합한다고 할 것이다. 또한, 특정물을 담보로 제공하고 대출받은 경우 피담보채권액 상당의 재산상의 이익을 취득한 배임죄로 평가할 수 있는 점에 비추어 보면, 같은 행위를 횡령죄로 평가하는 경우에도 그 이득액을 횡령물의 가액이 아니라 피담보채권액으로 보는 것이, 배임죄와의 관계에서 보더라도 타당한 해석이라 아니할 수 없다. 나아가 이득액이 범죄구성요건의 일부로 되어 있는 특정경제범죄 가중처벌 등에 관한 법률 위반죄에 있어서는 특정물을 담보로 제공함으로써 횡령행위가 완성하는 경우에, 특정물 전부에 대하여 횡령행위가 완성하는 것이 아니라 특정물 중 일부(피담보채권액 부분)에 대하여만 횡령행위가 완성하는 것으로 해석하는 것이 타당하고, 만약 특정물 전부에 대하여 횡령행위가 완성하는 것으로 해석한다면 특정물 전부의 시가 상당액에서 피담보채권액을 빼고도 잔존가치가 있어 이를 담보로 추가 대출받는 경우 이러한 추가 대출행위는 이른바 불가벌적 사후행위에 해당한다 하여 별도의 횡령죄를 구성하지 아니한다고 보아야 할 것인데 이러한 해석이 불합리함은 다언을 요하지 않는다고 할 것이다.

그런데 이 사건에서 피해자 회사들의 기계들에 의하여 담보되는 피담보채권액은 미화 380,000불로써 그 이득액이 각각 5억 원에 이르지 못하고, 달리 이 사건 각 횡령 범행으로 인한 피고인의 이득액이 각각 5억 원 이상이 됨을 인정할 증거가 없으므로, 원심의 판단은 정당한 것으로 수긍이 가고 거기에 검사가 주장하는 바와 같은 횡령 범행으로 인한 이득액에 관한 사실오인 내지 법리오해의 위법이 없으므로 검사의 주장은 이유 없다.

나. 피고인의 양형부당 주장에 대한 판단

피고인이 이 사건 각 범행을 시인하고 잘못을 반성하고 있는 점, 피고인에게는 아무런 전과가 없는 점, 피고인이 베트남 현지 법인인 공소외 3 주식회사를 설립한 직후인 2005. 7.경 베트남 정부의 외국인 투자정책 변경으로 외국인 투자자에 대한 대출규제가 시행되면서 신용대출이 불가능하게 된 점, 이 사건 범행으로 인하여 개인적 이득을 취하였다고 보이지는 아니하는 점 등 그 정상에 참작할 만한 사정이 있으나, 피고인의 이 사건 범행들로 인한 피해액의 규모가 매우 큰 반면 피해회복이 거의 이루어지지 아니한 점, 그 밖에 이 사건 각 범행의 동기와 수단, 피고인의 나이, 성행, 직업, 전력, 범행 후의 정황 등 양형의 조건이 되는 여러 사정을 종합하여 보면, 원심이 피고인에게 선고한 형은 적정하고 그것이 너무 무거워 부당하다고 할 수 없으므로 피고인의 주장은 이유 없다.

3. 결 론

따라서 피고인과 검사의 항소는 모두 이유 없으므로 형사소송법 제364조 제4항에 의하여 이를 모두 기각하기로 하여 주문과 같이 판결한다.

☞ 횡령죄는 재물죄인데, 이익액을 분할하여 횡령 피해액으로 할 수 있을까?

다. 담보제공의 배임

○ 사무처리자의 담보가등기

■ 대법원 2005. 10. 28. 선고 2005도4915 판결【특정경제범죄가중처벌등에관한법률위반(배임){일부인정된 죄명: 특정경제범죄가중처벌등에관한법률위반(배임)방조)}】(공)

배임죄는 재산상 이익을 객체로 하는 범죄이므로, 1인 회사의 주주가 자신의 개인채무를 담보하기 위하여 회사 소유의 부동산에 대하여 근저당권설정등기를 마쳐 주어 배임죄가 성립한 이후에 그 부동산에 대하여 새로운 담보권을 설정해 주는 행위는 선순위 근저당권의 담보가치를 공제한 나머지 담보가치 상당의 재산상 이익을 침해하는 행위로서 별도의 배임죄가 성립한다 할 것이다.

같은 취지에서 원심이, 피고인 1 등이 자신들의 국가에 대한 상속세 납부의무를 담보하기 위하여 이 사건 가등기에 앞서 이 사건 부동산에 대하여 국가 명의로 근저당권설정등기를 마쳐 주었다고 하더라도 이 사건 가등기를 마침으로써 그 잔존 담보가치 상당의 새로운 재산상 이익의 침해가 있게 되어 다시 배임죄를 구성한다고 판단한 것은 정당하고, 거기에 불가벌적 사후행위에 관한 법리오해의 위법이 있다고 할 수 없다. 이 점에 관한 상고이유의 주장도 받아들일 수 없다.

☞ 배임피해액에 관하여, 명의수탁 받은 부동산에 근저당권을 설정하면 그 전체에 대하여 횡령죄가 성립한다는 대법원 2000. 3. 24. 선고 2000도310 판결, 대법원 1999. 11. 26. 선고 99도2651 판결과 대조.

■ 대법원 2011. 1. 13. 선고 2009도10541 판결【특정경제범죄가중처벌등에관한법률위반(배임)】(공)

원심은, 피고인의 이 사건 범행으로 인한 재산상 이득액은 범행 당시 이 사건 부동산의 시가 1,460,579,000원에서 제1순위 근저당권의 채권최고액 910,000,000원을 공제한 나머지 담보가치 상당인 550,579,600원이라고 인정하고 피고인에게 특정경제범죄 가중처벌 등에 관한 법률 제3조를 적용한 제1심을 유지하였다.

그러나 원심이 유지한 제1심의 재산상 이득액 산정은 아래와 같은 이유로 수긍하기 어렵다.

타인에 대하여 근저당권설정의무를 부담하는 자가 제3자에게 근저당권을 설정하여 주는 배임행위로 인하여 취득하는 재산상 이익 내지 그 타인의 손해는 그 타인에게 설정하여 주기로 한 근저당권의 담보가치 중 제3자와의 거래에 대한 담보로 이용함으로써 상실된 담보가치 상당으로서, 이를 산정하는 때에 제3자에 대한 근저당권 설정 이후에도 당해 부동산의 담보가치가 남아 있는 경우에는 그 부분을 재산상 이익 내지 손해에 포함시킬 수 없다(대법원 2009. 9. 24. 선고 2008도9213 판결 참조). 그리고 수개의 부동산이 공동담보로 제공된 경우에 그 중 한 개의 부동산에 대하여 먼저 담보권이 실행되었다면 그 매득금 중에서 선순위채권자는 담보최고액의 범위 내에서 채권전액에 대하여 우선변제를 받을 권리가 있다고 할지라도 공동담보가 된 부동산 간에 있어서는 그 가격의 비율에 따라 피담보채권을 각 부담하고 있다 할 것이므로, 공동담보가 된 부동산의 피담보채권에 대한 담보가치의 산정은 그 공동담보가 된 부동산의 가격 비율에 의하여 산정함이 타당하다(대법원 1971. 6. 22. 선고 71다513, 71다514 판결, 대법원 2006. 6. 15. 선고 2004도5102 판결 등 참조).

원심이 유지한 제1심판결의 이유와 기록에 의하면, 피고인은 이 사건 부동산에 관하여 공소외 2 은행에 1순위 근저당권을 설정하여 준 후 피해자 앞으로 2순위 근저당권을 설정해 주기로 약정한 사실, 그런데 피고인은 2005. 9. 30. 이 사건 부동산 외에 피고인 소유의 익산 소재 부동산도 공동담보로 제공하여 이 사건 부동산과 익산 소재 부동산에 관하여 공소외 2 은행 앞으로 채권최고액 910,000,000원의 1순위 근저당권을 설정하고, 같은 날 바로 이 사건 부동산과 익산 소재 부동산에 관하여 공소외 2 은행 앞으로 채권최고액 일본국법화 68,723,200엔(2005. 9. 30. 당시 매매기준환율에 의한 원화 631,593,697원 상당)의 2순위 근저당권도 설정하여 준 사실을 알 수 있다.

앞서 본 법리에 위와 같은 사실관계를 비추어 보면, 피고인의 이 사건 범행으로 인한 재산상 이득액은 피고인이 피해자에게 설정하여 주기로 한 근저당권의 채권최고액 중 피고인이 공소외 2 은행에 2순위 근저당권을 설정하여 줌으로 인하여 상실된 이 사건 부동산의 담보가치이고, 피고인의 이 사건 배임행위 이후에도 이 사건 부동산에 잔존 담보가치가 있다면 이 부분은 재산상 이득액을 산정할 때 공제하여야 한다. 그리고 이 사건 부동산의 전체 담보가치는 그 시가에서 1순위 근저당권의 채권최고액을 공동담보 부동산의 가액비율로 안분한 금액 중 이 사건 부동산의 해당액을 공제한 금액이고, 피고인의 이 사건 배임행위로 인하여 상실된 이 사건 부동산의 담보가치는 2순위 근저당권의 채권최고액을 공동담보 부동산의 가액비율에 따라 안분한 금액 중 이 사건 부동산의 해당액이 된다. 결국 이 사건 범행으로 인한 재산상 이득액은 피고인이 피해자에게 설정하여 주기로 한 근저당권의 채권최고액 7억원 중 피고인의 이 사건 범행으로 인하여 상실된 이 사건 부동산의 담보가치에서 위 부동산의 잔존 담보가치를 공제한 금액이라고 할 것이다.

따라서 원심으로서는 이 사건 부동산의 담보가치와 이 사건 범행 이후의 이 사건 부동산에 관한 잔존 담보가치 등에 관하여 더 나아가 심리하여 위와 같이 재산상 이득액을 산정한 후 그 이득액이 5억 원 이상이 되는지 여부에 따라 특정경제범죄 가중처벌 등에 관한 법률 제3조의 적용 여부를 판단하여야 하는데도, 원심은 이 사건 범행으로 인한 재산상 이득액이 이 사건 부동산의 시가에서 1순위 근저당권의 채권최고액을 공제한 금액이라고 판단하고 만연히 특정경제범죄 가중처벌 등에 관한 법률을 적용한 제1심을 유지하였으니, 원심판결에는 특정경제범죄 가중처벌 등에 관한 법률 제3조 소정의 이득액 또는 공동저당에 관한 법리를 오해한 위법이 있고, 이러한 위법은 판결 결과에 영향을 미쳤음이 분명하다.

라. 특경법과 이득액

○ 합산기준

■ 대법원 1993. 6. 22. 선고 93도743 판결【특정경제범죄가중처벌등에관한법률위반(업무상배임), 공기호부정사용, 부정수표단속법위반, 특정경제범죄가중처벌등에관한법률위반(사기)】(공)

가. 특정경제범죄가중처벌등에관한법률위반(업무상배임)의 점에 관하여

(1) 원심은 피고인 2는 공소외 1 주식회사(이하 공소외 1 회사이라 한다)의 대표이사, 피고인 3은 상무이사인바, 공소외 주식회사 예그린주택이 최초로 사업계획승인 및 건축허가를 받아 건축하던 부산 남구 감만 1동 189의 77 소재 예그린아파트 1단지 건설사업의 사업주체가 공소외 주식회사 대정주택(이하 대정주택이라 한다) 등을 거쳐 1989. 4. 10. 공소외 1 회사로 변경되었고 위 대정주택과의 약정이 있어 공소외 1 회사는 위 아파트를 주식회사 예그린주택 등으로부터 분양받았거나 분양받은 자로부터 매수하여 분양대금의 전부 또는 일부를 매수한 피해자 박삼상외 22인에 대하여 소유권이전등기절차를 이행할 의무가 있음에도 불구하고 피고인들이 공모하여 그 임무에 위배하여 1991. 5. 16. 공소외 1 회사 사무실에서 위 피해자 박삼상이 분양받은 아파트 3동 304호(원 동호수 3동 303호)를 공소외 김정철에게 대금 40,800,000원에 매도하고 같은 달 27. 소유권이전등기를 경료하여 준 것을 비롯하여 1991. 5. 27.경부터 같은 해 7. 22.까지 사이에 1심판결 별지 1 기재내용과 같이 이미 분양된 아파트 중 11세대를 동 호수를 변경하여 이중양도하여 소유권이전등기를 경료함으로써 위 각 아파트 11세대 시가 상당(세대당 40,800,000원씩 합계 금 448,800,000원)의 재산상의 이득을 취하고 기히 분양받아 입주하고 있던 1심판결 별지기재 피해자 11명에게 각 재산상 손해를 가하고, 같은 해 5.16. 공소외 유상근 등 11명에 대한 공소외 1 회사의 차용금채무에 대한 담보로 피해자 정병철이 분양받아 입주하고 있던 위 아파트 1동 503호를 1동 604호로 호수를 변경하는 등 1심판결 별지 2 기재와 같이 이미 분양된 아파트 12세대에 관하여 호수를 변경하여 임의로 채권자 유상근 등 11명, 연대채무자 공소외 1 회사, 피고인 1, 채권최고액 600,000,000원으로 한 근저당권설정등기를 경료함으로써 동액 상당의 재산상의 이익을 취하고 기히 분양받아 입주하고 있던

1심판결 별지 2 기재 피해자 12명에게 각 재산상의 손해를 가한 사실을 인정한 1심판결을 유지하였는바, 기록에 의하여 원심이 유지한 1심판결 채용증거를 살펴보면 원심의 위와 같은 판단에 수긍이 가고 거기에 소론과 같이 채증법칙위반이나 심리미진으로 사실을 오인하였거나 배임죄의 고의에 관한 법리를 오해한 위법이 없으므로 이 점에 관한 논지는 이유 없다. …

(2) 원심판결이유에 의하면 원심은 위 피고인들의 이 사건 업무상 배임 범행은 그 범의나 범행대상, 범행시기 등으로 보아 일련의 행위로서 포괄 1죄로 봄이 상당하다 하여 위 피고인들의 위 범행에 대하여 각 포괄하여 특정경제범죄가중처벌등에관한법률(이하 특경법이라 한다) 제3조 제1항 제2호를 적용하여 처단하였다.

그러나 원심이 적법하게 확정한 바와 같이 공소외 1 회사의 대표이사인 피고인 2가 피해자들에 대하여 각 별도로 이 사건 아파트에 관하여 소유권이전등기절차를 이행하여 주어야 할 업무상의 임무가 있었다면 각 피해자의 보호법익은 독립한 것이라고 할 것이므로 위 피고인들의 범의가 단일하고 제3자 앞으로 각 소유권이전등기 및 근저당권설정등기를 한 각 행위시기가 근접하여 있으며 피해자들이 모두 공소외 1 회사로부터 소유권이전등기를 받을 동일한 권리를 가진 자라고 하여도 위 피고인들의 위 범행을 포괄 1죄라고 볼 수는 없고 피해자별로 독립한 수개의 업무상 배임죄가 성립된다고 보아야 할 것이다(다만 피고인 3이 업무상 위 사무를 처리하는 지위에 있지 아니하다면 형법 제33조 단서에 의하여 형법 제355조 제2항에 따라 처단되어야 할 것이다).

또 특경법 제3조 제1항에서 말하는 이득액은 단순 1죄의 이득액이나 혹은 포괄 1죄가 성립되는 경우의 이득액의 합산액을 의미하는 것이고 경합범으로 처벌될 수죄에 있어서 그 이득액을 합한 금액을 의미하는 것은 아닌바, 원심이 적법하게 확정한 사실에 의하면 위 각 업무상 배임죄의 이득액은 각 피해자별로 산정하면 특경법 제3조 제1항 소정의 5억원 이상이 되지 못하므로 위 각 업무상 배임죄에 대하여 위 특경법 조항을 적용할 수도 없다.

그럼에도 불구하고 원심이 위 피고인들의 이 사건 업무상 배임 범행을 위와 같이 의율처단한 것은 죄수에 관한 법리를 오해하여 판결에 영향을 미친 위법을 저지른 것이므로 이 점을 지적하는 논지는 이유 있다.

6. 주관적 요건

가. 고 의

① 고의

■ 대법원 2003. 2. 11. 선고 2002도5679 판결【특정경제범죄가중처벌등에관한법률위반(배임)(피고인 1, 2, 3, 4에 대하여 일부 인정된 죄명: 업무상배임), 사기, 상호신용금고법위반, 상호저축은행법위반, 무고, 선원법위반】(공)

업무상배임죄의 고의는 업무상 타인의 사무를 처리하는 자가 본인에게 재산상의 손해를 가한다는 의사와 자기 또는 제3자의 재산상의 이득의 의사가 임무에 위배된다는 인식과 결합되어 성립되는 것이며, 이와 같은 업무상배임죄의 주관적 요소로 되는 사실(고의, 동기 등의 내심적 사실)은 피고인이 본인의 이익을 위하여 문제가 된 행위를 하였다고 주장하면서 범의를 부인하고 있는 경우에는 사물의 성질상 고의와 상당한 관련성이 있는 간접사실을 증명하는 방법에 의하여 입증할 수 밖에 없고, 무엇이 상당한 관련성이 있는 간접사실에 해당할 것인가는 정상적인 경험칙에 바탕을 두고 치밀한 관찰력이나 분석력에 의하여 사실의 연결상태를 합리적으로 판단하는 방법에 의하여야 하며, 피고인이 본인의 이익을 위한다는 의사도 가지고 있었다 하더라도 위와 같은 간접사실에 의하여 본인의 이익을 위한다는 의사는 부수적일 뿐이고 이득 또는 가해의 의사가 주된 것임이 판명되면 배임죄의 고의가 있었다고 할 것이고, 금융기관의 직원들이 대출을 함에 있어 대출채권의 회수를 확실하게 하기 위하여 충분한 담보를 제공받는 등 상당하고도 합리적인 조치를 강구함이 없이 만연히 대출을 해 주었다면 업무위배행위로 제3자로 하여금 재산상 이득을 취득하게 하고 금융기관에 손해를 가한다는 인식이 없었다고 볼 수 없다 할 것이다.

그리고 배임죄에서 '임무에 위배하는 행위'라 함은 처리하는 사무의 내용, 성질 등 구체적 상황에 비추어 법률의 규정, 계약의 내용 혹은 신의칙상 당연히 할 것으로 기대되는 행위를 하지 않거나 당연히 하지 않아야 할 것으로 기대하는 행위를 함으로써 본인과 사이의 신임관계를 저버리는 일체의 행위를 포함하며, '재산상의 손해를 가한 때'라 함은 현실적인 손해를 가한 경우뿐만 아니라 재산상 실해 발생의 위험을 초래한 경우도 포함되고 일단 손해의 위험성을 발생시킨 이상 사후에 담보를 취득하였거나 피해가 회복되었다 하여도 배임죄의 성립에 영향을 주는 것은 아니다(대법원 1983. 3. 8. 선고 82도2873 판결, 2000. 12. 8. 선고 99도3338 판결, 2002. 6. 28. 선고 2000도3716 판결 등 참조).

원심은 판시 채용 증거들에 의하여 공소외 1 주식회사(이하 '공소외 1 주식회사'라 한다)와 그 계열사들이 1997.말의 외환위기 이후 자금 사정이 급격히 악화되고 다른 금융기관으로부터의 자금 차입이 불가능하여지자, 공소외 1 주식회사의 대표이사인 피고인 1이 계열사인 공소외 2 상호신용금고(이하 '공소외 2금고'라고 한다)의 임원들인 피고인 2, 3, 4 등에게 자금지원을 부탁하고 이에 피고인 2 등이 통상의 대출절차를 거치지 아니하고 담보도 제공받지 아니한 채 고액의 신규대출을 한 사실, 위 대출의 담보로 제공되었다는 판시 임야와 공소외 1 주식회사가 소유한 공소외 2금고의 주식 670만 주 및 후순위 예금 중 위 임야는 관련대출이 이루어진 한참 후에야 담보로 제공되었고, 위 주식과 후순위 예금 또한 판시와 같은 이유로 담보로서의 가치가 없었던 사실, 한편 공소외 1 주식회사는 그 후 자금사정이 더욱 악화되어 2001. 5. 서울지방법원에 회사정리절차개시를 신청하게 되었고 결국에는 파산한 사실 등을 인정한 다음, 위 인정 사실에 기초하여 위 대출에 있어 위 피고인들의 배임의 범의 및 공소외 2금고의 재산상 손해가 있었다고 판단하여 위 피고인들에 대한 판시 특정경제범죄가중처벌등에관한법률위반(배임) 및 업무상배임죄 부분을 유죄로 인정하였는바, 위 법리 및 기록에 비추어 살펴보면 원심의 조치는 정당한 것으로 수긍이 가고, 거기에 채증법칙 또는 경험칙을 위반하여 사실을 잘못 인정하거나 업무상배임죄에 관한 법리를 오해하는 등의 위법이 있다고 할 수 없다.

② 미필적 인식으로 족함

■ 대법원 2008. 5. 29. 선고 2005도4640 판결【특정경제범죄가중처벌등에관한법률위반(배임) 등】(공)

업무상배임죄가 성립하기 위해서는 타인의 사무를 처리하는 자가 그 임무에 위배하는 행위로써 재산상 이익을 취득하거나 제3자로 하여금 이를 취득하게 하여 본인에게 손해를 가함으로써 성립하고, 이 경우 그 '임무에 위배하는 행위'라 함은 사무의 내용, 성질 등 구체적 상황에 비추어 법률의 규정, 계약의 내용 혹은 신의칙상 당연히 할 것으로 기대되는 행위를 하지 않거나 당연히 하지 않아야 할 것으로 기대되는 행위를 함으로써 본인과의 신임관계를 저버리는 일체의 행위를 포함한다(대법원 2002. 7. 22. 선고 2002도1696 판결 등 참조). 나아가 업무상배임죄가 성립하려면 주관적 요건으로서 임무위배의 인식과 그로 인하여 자기 또는 제3자가 이익을 취득하고 본인에게 손해를 가한다는 인식, 즉 배임의 고의가 있어야 하나, 이러한 인식은 미필적 인식으로도 충분하므로, 이익을 취득하는 제3자가 같은 계열회사이고, 계열그룹 전체의 회생을 위한다는 목적에서 이루어진 행위로서 그 행위의 결과가 일부 본인을 위한 측면이 있다 하더라도 본인의 이익을 위한다는 의사는 부수적일 뿐이고 이득 또는 가해의 의사가 주된 것임이 판명되면 배임죄의 고의를 부정할 수 없다(대법원 2004. 6. 24. 선고 2004도520 판결 참조). 위와 같은 법리와 앞서 본 여러 사정들에 비추어 보면, 원심이 그 판시한 사정들을 들어 피고인의 임무위배행위 및 배임의 범의를 인정한 것은 정당한 것으로 수긍이 가고, 거기에 상고이유의 주장과 같은 위법이 없다.

나. 불법이득의 의사

① 재산상 이익의 의사

■ 대법원 1983. 7. 26. 선고 83도819 판결【업무상횡령, 업무상배임】(집)

배임죄가 성립하려면 타인의 사무를 처리하는 자가 자기 또는 제3자를 위한 재산상 이득의 의사를 가지고, 그 임무에 위배한 행위로서 본인에게 손해를 가하게 됨을 요한다고 할 것인바, 원심이 유지한 제1심 판결이 적법하게 확정한 바에 의하면, 경상북도 교육위원회 교육감이 시달한 사학기관 예산편성의 세부지침과 이 사건 각 학교의 예산편성에는, 학교직원의 연금 및 의료보험부담금은 학교법인으로부터 전입된 재산수입금으로 충당 지출하게 되어 있고, 학교 교비 및 육성회비에서의 전용지출은 금지되어 있으나 학교법인 경심학원은 그 수익사업운영이 매우 어려워 그 산하 학교들은 수년간에 걸쳐 학교법인으로부터 전혀 수입금을 전입받지 못하여 위 각 부담금을 납부할 재원이 없어 피고인들은 부득이 육성회비 등의 학교 교비에서 위 부담금을 지출하였다는 것으로서 피고인들의 그와 같은 처사가 자기 또는 제3자를 위한 재산상 이득의 의사에서 나온 것이라고는 볼 수 없고 또 그로 인하여 현실적으로 위 각 학교에서 어떠한 손해를 입혔다고도 할 수 없는 것이므로 원심이 같은 취지에서 위 업무상 배임죄 공소사실에 대하여 무죄를 선고한 제1심 판결을 유지한 조치는 정당하고, 거기에 소론의 법리오해 등의 위법이 있다고는 할 수 없으며 또 기록에 의하면, 위 피고인들의 소위에 관하여는 업무상배임죄로 공소제기되었음이 명백하므로 위 소위가 사립학교법 제73조 제3호, 제29조 제3항 위반죄를 구성함을 전제로 하여 원심이 위 법조를 적용처단하지 아니한 것이 잘못이라는 취지의 논지는 그 이유없어 받아들일 수 없다.

② 불법이득의 의사가 필요한가?

1. 불요설: 이익을 취한다는 미필적 인식이 있으면 족하고 이득의 의사를 요하지는 않음(김종원, 서일교, 정성근/박광민)
2. 필요설(통설)

③ 고의와 불법이득의사

■ 대법원 2008. 5. 29. 선고 2005도4640 판결【특정경제범죄가중처벌등에관한법률위반(배임) 등】(공)

업무상배임죄가 성립하기 위해서는 타인의 사무를 처리하는 자가 그 임무에 위배하는 행위로써 재산상 이익을 취득하거나 제3자로 하여금 이를 취득하게 하여 본인에게 손해를 가함으로써 성립하고, 이 경우 그 '임무에 위배하는 행위'라 함은 사무의 내용, 성질 등 구체적 상황에 비추어 법률의 규정, 계약의 내용 혹은 신의칙상 당연히 할 것으로 기대되는 행위를 하지 않거나 당연히 하지 않아야 할 것으로 기대되는 행위를 함으로써 본인과의 신임관계를 저버리는 일체의 행위를 포함한다(대법원 2002. 7. 22. 선고 2002도1696 판결 등 참조). 나아가 업무상배임죄가 성립하려면 주관적 요건으로서 임무위배의 인식과 그로 인하여 자기 또는 제3자가 이익을 취득하고 본인에게 손해를 가한다는 인식, 즉 배임의 고의가 있어야 하나, 이러한 인식은 미필적 인식으로도 충분하므로, 이익을 취득하는 제3자가 같은 계열회사이고, 계열그룹 전체의 회생을 위한다는 목적에서 이루어진 행위로서 그 행위의 결과가 일부 본인을 위한 측면이 있다 하더라도 본인의 이익을 위한다는 의사는 부수적일 뿐이고 이득 또는 가해의 의사가 주된 것임이 판명되면 배임죄의 고의를 부정할 수 없다(대법원 2004. 6. 24. 선고 2004도520 판결 참조). 위와 같은 법리와 앞서 본 여러 사정들에 비추어 보면, 원심이 그 판시한 사정들을 들어 피고인의 임무위배행위 및 배임의 범의를 인정한 것은 정당한 것으로 수긍이 가고, 거기에 상고이유의 주장과 같은 위법이 없다.

■ 대법원 2006. 11. 9. 선고 2004도7027 판결【특정경제범죄가중처벌등에관한법률위반(배임)】(공)

업무상배임죄의 고의가 인정되려면, 업무상 타인의 사무를 처리하는 자가 본인에게 재산상의 손해를 가한다는 의사가 있어야 하고, 자기 또는 제3자에게 재산상의 이득을 주려는 의사가 있어야 할 뿐만 아니라, 그의 행위가 임무에 위배된다는 인식이 있어야 할 것인바, 피고인이 피해자 본인의 이익을 위한다는 의사도 가지고 있었다 하더라도 이는 부수적일 뿐이고 이득 또는 가해의 의사가 주된 것임이 판명되면 배임죄의 고의가 있었다고 보아야 할 것이다(대법원 2000. 11. 24. 선고 99도822 판결, 2004. 5. 14. 선고 2001도4857 판결 등 참조). 피고인이 본인의 이익을 위하여 문제가 된 행위를 하였다고 주장하면서 범의를 부인하고 있는 경우에 배임죄의 주관적 요소로 되는 사실(고의, 동기 등의 내심적 사실)은 사물의 성질상 고의와 상당한 관련성이 있는 간접사실을 증명하는 방법에 의하여 입증할 수밖에 없고, 무엇이 상당한 관련성이 있는 간접사실에 해당할 것인가는 정상적인 경험칙에 바탕을 두고 치밀한 관찰력이나 분석력에 의하여 사실의 연결상태를 합리적으로 판단하는 방법에 의하여야 한다(대법원 2003. 2. 11. 선고 2002도5679 판결, 2004. 7. 22. 선고 2002도4229 판결 등 참조).

④ 재산상 이득의 목적은 불요(불법이득의사 불요설로 볼 것은 아님)

■ 대법원 2000. 5. 26. 선고 99도2781 판결【특정경제범죄가중처벌등에관한법률위반(배임), 증권거래법위반】(공)

업무상배임죄가 성립하기 위하여는 주관적으로 배임행위의 결과 본인에게 재산상의 손해가 발생하거나 발생할 염려가 있다는 인식과 자기 또는 제3자가 재산상의 이득을 얻는다는 인식이 있으면 족하고 본인에게 재산상의 손해를 가한다는 의사나 자기 또는 제3자에게 재산상의 이득을 얻게 하려는 목적은 요하지 아니하며(대법원 1983. 12. 13. 선고 83도2330 전원합의체 판결, 1989. 8. 8. 선고 89도25 판결 등 참조), 주식회사의 이사가 타인 발행의 약속어음에 회사 명의로 배서할 경우 그 타인이 어음금의 지급능력이 없어 그 배서로 인하여 회사에 손해가 발생하리라는 점을 알면서 이에 나아갔다면, 이러한 약속어음의 배서행위는 타인에게 이익을 얻게 하고 회사에 손해를 가하는 행위로서 회사에 대하여 배임행위가 되고, 그것이 경영상의 판단이라는 이유만으로 배임죄의 죄책을 면할 수는 없으며(대법원 1999. 6. 25. 선고 99도1141 판결 참조), 한편 주식회사와 주주는 별개의 인격으로서 동일인이라고 볼 수 없으므로, 회사의 임원이 그 임무에 위배되는 행위로 재산상 이익을 취득하거나 제3자로 하여금 이를 취득하게 하여 회사에 손해를 가한 때에는 이로써 배임죄가 성립하고, 그 임무위배행위에 대하여 사실상 대주주의 양해를 얻었다고 하여 본인인 회사에 손해가 없다거나 또는 배임의 범의가 없다고도 볼 수 없고(대법원 1985. 10. 22. 선고 85도1503 판결 참조), 주식회사의 경영을 책임지는 이사는 이사회의 결의가 있더라도 그 결의 내용이 주주 또는 회사 채권자를 해하는 불법한 목적이 있는 경우에는 이에 맹종할 것이 아니라 회사를 위하여 성실한 직무수행을 할 의무가 있으므로, 이사가 임무에 위배하여 주주 또는 회사 채권자에게 손해가 될 행위를 하였다면, 회사 이사회의 결의가 있었다고 하여 그 배임행위가 정당화될 수 없는 것이다(대법원 1989. 10. 13. 선고 89도1012 판결 참조).

2. 원심판결 이유를 앞서 본 법리와 기록에 비추어 살펴보면, 피고인은 항도종합금융 주식회사의 경영권을 인수할 목적으로 그 회사 발행의 주식을 매집하고자 이에 소요되는 자금을 마련하는 방편으로 10억 원을 투자하여 급조한 주식회사 1 및 원심 공동피고인이 경영하던 회사로서 거래실적이나 자산이 거의 없는 주식회사 2 명의로 원심 판시와 같이 액면 합계 467억 원에 달하는 이 사건 약속어음들을 발행하게 하고, 나아가 이를 금융기관에서 할인하기 위하여 피고인 자신이 대주주이고 이사 겸 부사장으로서 경영을 사실상 책임지고 있던 회사로서 금융권에서 신용이 있는 주식회사 3의 명의로 배서를 한 것으로서 이 경우 주식회사 1 및 주식회사 2는 그 약속어음들을 결제할 자금이나 능력이 없어 결국 그 배서인인 주식회사 3이 모든 책임을 져야 하는 만큼, 피고인이 그 배서에 앞서 주식회사 3의 이사회 결의를 거치고, 또한 주식회사 3의 대주주로서 피고인의 형들인 공소외 4, 5의 승낙을 받았다고 하더라도, 이는 주식회사 3의 이사 겸 부사장으로서 실질적 경영자인 피고인이 그 지위를 이용하여 자신의 권한을 넘어 주식회사 3의 설립 목적과 사업범위를 벗어난 행위로서 주식회사 3에 대한 신임관계를 저버리는 임무위반의 행위이고, 또한 주식회사 3과 그 소수주주 또는 채권자들에게 재산상의 손해를 입힐 수 있다는 것을 충분히 인식하고 있었던 것으로 보이므로, 피고인에게 업무상배임의 범의가 없었다고 할 수 없으며, 이 사건 약속어음들에 대한 배서에 관하여 주식회사 3의 이사회 결의 및 대주주의 승낙이 있었다고 하여 본인인 주식회사 3의 승낙이 있었다고 볼 수도 없다.

다. 손해를 가한다는 의사

① 손해발생 또는 위험에 대한 인식과 고의

■ 대법원 2003. 4. 25. 선고 2001도4035 판결【특정경제범죄가중처벌등에관한법률위반(배임), 업무상배임】(공)

1. SDIC사 관련 업무상배임의 점에 관하여

원심판결 이유에 의하면 원심은, 그 채용증거들을 종합하여 그 판시와 같은 사실을 인정한 다음, 이사의 보고의무에 관한 상법 제412조의2가 신설되기 이전에도 이사는 이사회의 구성원으로서 대표이사의 업무집행에 대한 감독권을 가지고 있었고, 또한 이사는 회사가 그 권한을 위임한 취지에 따라 선량한 관리자의 주의로써 위임사무를 처리할 의무를 부담하고 있었다고 전제한 후, 피고인은 피해자 회사의 이사로서 대표이사인 제1심 공동피고인의 현저한 비위사실을 발견하고도 이사로서 당연히 할 것으로 기대되는 행위를 하지 않음으로써 제1심 공동피고인으로부터 횡령금을 즉시 회수하는 등의 조치를 취할 수 없게 하여 제1심 공동피고인에게 그 횡령금 상당의 재산상 이익을 취득하게 하고, 피해자 회사에 동액 상당의 손해를 가한 것이라고 판단하여 이 부분 특정경제범죄가중처벌등에관한법률위반(배임)의 범죄사실을 유죄로 인정하였다.

업무상배임죄는 타인에 대한 신뢰관계에서 일정한 임무에 따라 사무처리를 할 법적 의무가 있는 자가 당해 사정하에서 당연히 할 것이 법적으로 기대되는 행위를 하지 않는 때에 성립하는 것으로(대법원 1986. 8. 19. 선고 85도2144 판결 참조) 그 죄가 성립하기 위하여는 행위자가 주관적으로 자기의 행위가 임무에 위배되는 것이라는 인식 외에도 그로 인하여 본인에게 재산상 손해를 발생 또는 발생시킬 염려가 있다는 인식이 있어야 한다(대법원 1988. 5. 24. 선고 88도542 판결 참조).

기록에 의하면, 피고인은 제1심 공동피고인의 비위 사실을 발견하고, 동인에게 일단 그 시정을 촉구한 뒤 별다른 조치를 취하지 않은 사실을 인정할 수 있는바, 피고인이 위와 같은 제1심 공동피고인의 횡령 사실을 발견하였을 당시는 이 사건 공소사실로 기소된 금액 상당에 대하여 이미 제1심 공동피고인에 의한 횡령이 이루어진 후로서 피고인이 위와 같이 제1심 공동피고인에게 시정을 촉구한 뒤의 부작위가 새로운 범죄를 구성하기 위하여는 그 부작위로 인하여 피해자 회사가 제1심 공동피고인에 대하여 가지는 손해배상 청구권의 행사가 위태롭게 되든가 혹은 그 청구권의 집행가능성이 없어지는 등의 새로운 손해의 발생, 혹은 그 위험이 존재하여야만 할 것인데, 공소사실에 기재된 바와 같은 이사의 감사에 대한 보고의무를 규정한 상법 제412조의2는 피고인의 이 사건 행위 당시에는 아직 시행되지 아니하였고, 기록상 피해자 회사의 감사가 누구이며, 상임으로 회사에 근무하였는지, 회사의 대표이사로서 52%의 지분을 가진 제1심 공동피고인에 대하여 실질적으로 시정을 구할 수 있는 지위에 있는 감사였는지 등 객관적 기초자료가 없는 점, 피고인이 제1심 공동피고인의 횡령 사실을 인지하였을 무렵 제1심 공동피고인의 개인 재산으로는 그가 개인적으로 운영하던 남양사의 공장 등 일부 부동산이 있었던 것으로 보이나, 이후 남양사의 부도로 인한 경매과정에서 위 부동산에 대한 경락대금은 선순위 근저당권자의 채권과 근로자들의 체납임금 등에 배당되어 소진되었고, 달리 피고인의 부작위로 인하여 채권의 집행 가능성에 위험을 초래케 하였거나, 피고인이 그 당시 피해자 회사의 손해배상 청구권의 향후 집행가능성에 대한 위험을 인식하고 있었다고 볼 수 있는 자료가 없는 점 등 이 사건에 나타난 제반 사정을 종합하여 보면, 피고인에게 앞서 본 바와 같은 임무 위배의 행위와 그로 인한 손해의 발생에 대한 인식이 있었다고 보기 어렵고, 달리 피고인에게 배임의 범의를 인정할 자료가 없다.

그렇다면 원심이 제1심 공동피고인의 횡령 금액 전부에 대하여 피고인에게 배임의 범의를 인정한 사실인정과 판단은 채증법칙을 위배하여 사실을 잘못 인정하거나, 배임죄에 관한 법리를 오해한 위법이 있다고 할 것이고, 이 점을 지적하는 피고인의 상고이유의 주장은 이유 있다.

② 손해를 가한다는 의사와 고의

■ 대법원 2006. 11. 9. 선고 2004도7027 판결【특정경제범죄가중처벌등에관한법률위반(배임)】(집)

업무상배임죄의 고의가 인정되려면, 업무상 타인의 사무를 처리하는 자가 본인에게 재산상의 손해를 가한다는 의사가 있어야 하고, 자기 또는 제3자에게 재산상의 이득을 주려는 의사가 있어야 할 뿐만 아니라, 그의 행위가 임무에 위배된다는 인식이 있어야 할 것인바, 피고인이 피해자 본인의 이익을 위한다는 의사도 가지고 있었다 하더라도 이는 부수적일 뿐이고 이득 또는 가해의 의사가 주된 것임이 판명되면 배임죄의 고의가 있었다고 보아야 할 것이다(대법원 2000. 11. 24. 선고 99도822 판결, 2004. 5. 14. 선고 2001도4857 판결 등 참조). 피고인이 본인의 이익을 위하여 문제가 된 행위를 하였다고 주장하면서 범의를 부인하고 있는 경우에 배임죄의 주관적 요소로 되는 사실(고의, 동기 등의 내심적 사실)은 사물의 성질상 고의와 상당한 관련성이 있는 간접사실을 증명하는 방법에 의하여 입증할 수밖에 없고, 무엇이 상당한 관련성이 있는 간접사실에 해당할 것인가는 정상적인 경험칙에 바탕을 두고 치밀한 관찰력이나 분석력에 의하여 사실의 연결상태를 합리적으로 판단하는 방법에 의하여야 한다(대법원 2003. 2. 11. 선고 2002도5679 판결, 2004. 7. 22. 선고 2002도4229 판결 등 참조).

③ 인식은 요하나 의사나 목적은 불요

■ 대법원 2004. 7. 9. 선고 2004도810 판결【특정경제범죄가중처벌등에관한법률위반(배임), 증권투자신탁업법위반】(공)

배임죄에 있어서 임무에 위배하는 행위라 함은 처리하는 사무의 내용, 성질 등 구체적 상황에 비추어 법령의 규정, 계약의 내용 또는 신의칙상 당연히 하여야 할 것으로 기대되는 행위를 하지 않거나 당연히 하지 않아야 할 것으로 기대되는 행위를 함으로써 본인과의 신임관계를 저버리는 일체의 행위를 의미하고(대법원 2000. 3. 14. 선고 99도4923 판결 등 참조), 한편, 배임의 범의는 배임행위의 결과 본인에게 재산상의 손해가 발생하거나 발생할 염려가 있다는 인식과 자기 또는 제3자가 재산상의 이득을 얻는다는 인식이 있으면 족하고 본인에게 재산상의 손해를 가한다는 의사나 자기 또는 제3자에게 재산상의 이득을 얻게 하려는 목적은 요하지 아니하며(대법원 2000. 5. 26. 선고 99도2781 판결 등 참조), 이러한 인식은 미필적 인식으로도 족한 것인바, 이 사건처럼 피고인이 본인의 이익을 위하여 문제가 된 행위를 하였다고 주장하면서 범의를 부인하는 경우에는, 사물의 성질상 고의와 상당한 관련성이 있는 간접사실을 증명하는 방법에 의하여 입증할 수밖에 없고, 무엇이 상당한 관련성이 있는 간접사실에 해당할 것인가는 정상적인 경험칙에 바탕을 두고 치밀한 관찰력이나 분석력에 의하여 사실의 연결상태를 합리적으로 판단하는 방법에 의하여야 할 것이다(대법원 2003. 2. 11. 선고 2002도5679 판결 등).

기록에 의하면, 피고인 나승렬이 지배하던 거평그룹은 1994. 대한중석 인수 이후 외부차입금에 의존한 무리한 사업확장으로 부채와 금융비용이 급증하고, 경상이익 또한, 지속적으로 감소하였으며, 1997. 말의 외환위기 이후 자금 사정이 급격히 악화되고 다른 금융기관으로부터의 자금차입이 불가능하여진 상황이었으며, 거평그룹 전체 중 금융업을 제외한 1997. 12. 말의 경영상태는 자산 2조 6,261억 원, 부채 2조 1,384억 원, 자기자본 4,877억 원으로 부채비율이 387.7%에 이르고 당기에 476억 원의 손실이 발생하였으며 금융비용으로 12.에만 월 250억 원 가량을 지출하는 등 과중한 자금수요로 인하여 채무가 누적되어 가는 형편이어서 이미 정상적인 경영이 불가능하였던 사실, 피고인 나승렬은 거평그룹의 회장으로서 그룹에 속한 계열회사 전반의 경영과 자금 등에 관한 주요정책을 수립하고 그 집행을 지시하여 왔는데, 그룹 전체의 자금사정이 위와 같이 악화되기에 이르자, 한남투신이나 대한중석의 대표이사 등에게 지시하여 그들로 하여금 한남투신의 신탁재산으로 계열회사의 회사채를 인수하도록 하거나 대한중석의 자금 등을 계열회사에게 대여 내지 지원하도록 하고, 그 과정에서 실질적인 채권회수조치도 취하지 아니한 사실과 아울러 위 피고인의 이 사건 범행 당시에는 대한중석의 초경합금사업 부분의 양도는 단지 양해각서만이 체결된 상태로서 위 사업 부분의 양도가 확정되지 아니한 상태이었던 사실을 인정할 수 있는바, 사실관계가 이러하다면, 위 회사채 인수나 자금 대여 내지 지원은 회사채를 발행하였거나 자금을 지원받은 회사에게는 이익을 얻게 하고 한남투신이나 대한중석에게는 손해를 가하게 되어 한남투신이나 대한중석에 대하여 배임행위가 된다고 할 것이며, 그 배임의 범의도 인정된다고 할 것이고, 이와는 달리 거평그룹이 경영상 아무런 문제가 없는 견실한 그룹이었음에도 오로지 대한중석 초경합금 부분의 매각협상 결렬이라는 예상할 수 없었던 사정 때문에 부도가 난 것이라고 볼 수는 없다고 할 것이다. 같은 취지의 원심의 사실인정과 판단은 정당한 것으로 수긍이 가고, 거기에 배임행위나 배임의 범의에 관한 사실오인이나 법리오해의 위법이 있다고 할 수 없다.

④ 인식하의 의도적 행위

■ 대법원 2004. 7. 22. 선고 2002도4229 판결【특정경제범죄가중처벌등에관한법률위반(배임), 보험업법위반】(공)

일반적으로 업무상배임죄의 고의는 업무상 타인의 사무를 처리하는 자가 본인에게 재산상의 손해를 가한다는 의사와 자기 또는 제3자의 재산상의 이득의 의사가 임무에 위배된다는 인식과 결합하여 성립되는 것이며, 이와 같은 업무상배임죄의 주관적 요소로 되는 사실(고의, 동기 등의 내심적 사실)은 피고인이 본인의 이익을 위하여 문제가 된 행위를 하였다고 주장하면서 범의를 부인하고 있는 경우에는 사물의 성질상 고의와 상당한 관련성이 있는 간접사실을 증명하는 방법에 의하여 입증할 수밖에 없고, 무엇이 상당한 관련성이 있는 간접사실에 해당할 것인가는 정상적인 경험칙에 바탕을 두고 치밀한 관찰력이나 분석력에 의하여 사실의 연결상태를 합리적으로 판단하는 방법에 의하여야 한다는 점, 그리고 배임죄에 있어서 '재산상의 손해를 가한 때'라 함은 현실적인 손해를 가한 경우뿐만 아니라 재산상 실해 발생의 위험을 초래한 경우도 포함된다는 점은 당원이 일관되게 설시하여 온 바이다(대법원 2003. 2. 11. 선고 2002도5679 판결 참조).

그런데 경영상의 판단과 관련하여 기업의 경영자에게 배임의 고의가 있었는지 여부를 판단함에 있어서도 위와 마찬가지의 법리가 적용되어야 함은 물론이지만, 기업의 경영에는 원천적으로 위험이 내재하여 있어서 경영자가 아무런 개인적인 이익을 취할 의도 없이 선의에 기하여 가능한 범위 내에서 수집된 정보를 바탕으로 기업의 이익에 합치된다는 믿음을 가지고 신중하게 결정을 내렸다 하더라도 그 예측이 빗나가 기업에 손해가 발생하는 경우가 있을 수 있는바, 이러한 경우에까지 고의에 관한 해석기준을 완화하여 업무상배임죄의 형사책임을 묻고자 한다면 이는 죄형법정주의의 원칙에 위배되는 것임은 물론이고 정책적인 차원에서 볼 때에도 영업이익의 원천인 기업가 정신을 위축시키는 결과를 낳게 되어 당해 기업뿐만 아니라 사회적으로도 큰 손실이 될 것이다. 따라서 현행 형법상의 배임죄가 위태범이라는 법리를 부인할 수 없다 할지라도, 문제된 경영상의 판단에 이르게 된 경위와 동기, 판단대상인 사업의 내용, 기업이 처한 경제적 상황, 손실발생의 개연성과 이익획득의 개연성 등 제반 사정에 비추어 자기 또는 제3자가 재산상 이익을 취득한다는 인식과 본인에게 손해를 가한다는 인식(미필적 인식을 포함)하의 의도적 행위임이 인정되는 경우에 한하여 배임죄의 고의를 인정하는 엄격한 해석기준은 유지되어야 할 것이고, 그러한 인식이 없는데 단순히 본인에게 손해가 발생하였다는 결과만으로 책임을 묻거나 주의의무를 소홀히 한 과실이 있다는 이유로 책임을 물을 수는 없다 할 것이다.

라. 경영상 판단

① 경영상 판단과 배임의 고의

■ 대법원 2007. 3. 15. 선고 2004도5742 판결【특정경제범죄가중처벌등에관한법률위반(배임), 업무상배임, 상법위반】(공)

마. 다음으로, 피고인들에게 배임의 고의가 있었는지에 관하여 본다.

일반적으로 업무상배임죄의 고의는 업무상 타인의 사무를 처리하는 자가 본인에게 재산상의 손해를 가한다는 의사와 자기 또는 제3자의 재산상 이득의 의사가 임무에 위배된다는 인식과 결합하여 성립되는 것이며, 이와 같은 업무상배임죄의 주관적 요소로 되는 사실(고의, 동기 등의 내심적 사실)은 피고인이 본인의 이익을 위하여 문제가 된 행위를 하였다고 주장하면서 범의를 부인하고 있는 경우에는 사물의 성질상 고의와 상당한 관련성이 있는 간접사실을 증명하는 방법에 의하여 입증할 수밖에 없고, 피고인이 본인의 이익을 위한다는 의사도 가지고 있었다 하더라도 위와 같은 간접사실에 의하여 본인의 이익을 위한다는 의사는 부수적일 뿐이고 이득 또는 가해의 의사가 주된 것임이 판명되면 업무상배임죄의 고의가 있었다고 할 것이다(대법원 2000. 12. 8. 선고 99도3338 판결, 2004. 6. 24. 선고 2004도520 판결 등 참조).

한편, 기업의 경영에는 원천적으로 위험이 내재하여 있어서 경영자가 아무런 개인적인 이익을 취할 의도 없이 선의에 기하여 가능한 범위 내에서 수집된 정보를 바탕으로 기업의 이익에 합치된다는 믿음을 가지고 신중하게 결정을 내렸다 하더라도 그 예측이 빗나가 기업에 손해가 발생하는 경우가 있을 수 있는바, 이러한 경우에까지 고의에 관한 해석기준을 완화하여 업무상배임죄의 형사책임을 물을 수는 없다고 할 것이나(대법원 2004. 7. 22. 선고 2002도4229 판결 참조), 기업의 경영자가 문제된 행위를 함에 있어 합리적으로 가능한 범위 내에서 수집한 정보를 근거로 하여 당해 기업이 처한 경제적 상황이나 그 행위로 인한 손실발생과 이익획득의 개연성 등의 제반 사정을 신중하게 검토하지 아니한 채, 당해 기업이나 경영자 개인이 정치적인 이유 등으로 곤란함을 겪고 있는 상황에서 벗어나기 위해서는 비록 경제적인 관점에서 기업에 재산상 손해를 가하는 결과가 초래되더라도 이를 용인할 수밖에 없다는 인식하에 의도적으로 그와 같은 행위를 하였다면 업무상배임죄의 고의는 있었다고 봄이 상당하다.

원심이 인정한 사실관계를 포함하여, 제1심 및 원심이 적법하게 조사한 증거들을 종합하면 다음과 같은 사실이 인정된다. 즉, 피고인 1은 2001. 3.경 광주·전남지역의 국회의원과 지방자치단체장 및 대통령 정책기획수석비서관 등으로부터 당시 해태그룹의 도산으로 인하여 해체 위기에 처한 해태타이거스 프로야구단을 공소외 1 주식회사에서 인수해 달라는 부탁을 받고 있었는데, 야구단을 인수할 경우에 발생할 막대한 경영상의 부담 때문에 이를 수용할 수 없는 것으로 판단하였으나, 인수를 부탁한 사람들의 정치적인 영향력을 고려할 때 쉽게 거절하기도 어려워 고심하고 있었던 사실, 한편 공소외 8 주식회사는 위 회사가 주도하여 구성한 (컨소시엄 이름 생략) 컨소시엄이 2001. 1.경 체육진흥투표권 사업의 수탁사업자로 선정된 후 주거래은행으로부터 해태타이거스 야구단 인수를 제안받고, 아직 사업의 성패가 불투명한 상태에서 야구단을 인수할 경우에 필요한 자금의 조달 문제 등을 검토하고 있었던 사실, 이와 같은 공소외 1 주식회사와 공소외 8 주식회사 양측의 사정을 잘 알고 있던 공소외 14와 공소외 17의 주선으로 2001. 4. 중순경 피고인 1과 공소외 9, 공소외 14가 피고인 1의 사무실에서 만났으며, 그 자리에서 공소외 9와 공소외 14는 피고인 1에게 '공소외 1 주식회사에서 야구단 운영자금 지원을 약속해주고 공소외 8 주식회사 주식을 매입해 주면 공소외 8 주식회사의 야구단 인수와 향후 공소외 8 주식회사의 유상증자 및 해외자본 유치에 큰 도움이 될 것'이라고 하면서 공소외 8 주식회사 주식 20만 주를 주당 35,000원씩에 매입하여 줄 것을 요청한 사실, 피고인 1은 당시 공소외 8 주식회사 주식의 객관적 가치나 거래시세 등에 대하여 전혀 검토하지 않은 상태에서 '곧 주당 40,000원에 유상증자를 할 예정이며, 삼일회계법인의 기업가치평가에 따르면 장차 공소외 8 주식회사의 주식가치가 주당 20만 원 이상 될 것이라고 한다.'는 공소외 9의 말만 듣고 위와 같은 주식매입요청을 승낙한 사실(이와 같은 피고인 1의 태도에는, 공소외 1 주식회사가 미국의 철강수입규제 움직임에 대한 대응책을 마련하는 과정에서 미국의 유력인사들을 소개해 준 공소외 14가 이 사건 주식의 매입을 적극적으로 권유한 것이라는 점에 대한 고려도 없지 않았던 듯하다.), 그 후 피고인 1은 피고인 2를 불러 '골칫거리이던 해태타이거스 야구단 인수 문제가 공소외 8 주식회사 덕분에 해결될 수 있게 되었는데, 공소외 8 주식회사 측에서 주식 20만 주를 주당 35,000원에 매입해 달라고 하니, 자금 여력이 있는 자회사 또는 협력회사로 하여금 위 주식을 매입하도록 하라'고 지시한 사실(공소외 1 주식회사는 출자제한으로 인하여 다른 회사의 주식을 직접 매입할 수 없는 형편이었을 뿐만 아니라, 공소외 1 주식회사가 직접 나서서 사행성 사업을 주목적으로 하는 회사의 주식을 대량으로 매입하는 경우 기업이미지에 손상을 입을 수 있다는 점도 고려된 것으로 보인다.), 이에 따라 피고인 2 역시 공소외 8 주식회사 주식의 적정가액이나 거래시세 등을 조사·확인해 보지 않은 채 공소외 1 주식회사의 자회사 및 협력회사 중에서 자금사정이 비교적 좋은 6개의 이 사건 자회사 등(처음에는 7개 회사였으나 그 중 1개 회사가 출자한도 초과로 인하여 제외됨으로써 6개가 되었다.)을 선정하여 각 회사의 자금력에 따라 매입수량을 할당한 후, 2001. 4. 18.경부터 같은 달 21.경까지 사이에 자회사 등의 대표이사들을 만나 위 할당량을 같은 달 24.경까지 주당 35,000원씩에 매입하도록 구두로 권유한 사실, 위와 같은 요청을 받기 전까지 자회사 등은 공소외 8 주식회사 주식 매입을 전혀 검토한 적이 없었을 뿐만 아니라 자회사 등의 사업과 아무런 관련이 없는 회사의 주식을 매입하여야 할 이유도 없었지만, 공소외 1 주식회사가 100% 출자한 자회사이거나 매출의 대부분을 공소외 1 주식회사에 의존하고 있는 협력회사의 대표이사들로서는 피고인 1의 지시에 따른 것임이 분명한 피고인 2의 주식매입 권유를 거절하기 어려웠던 사실, 이러한 권유를 받은 자회사 등의 대표이사들은 각 회사의 실무담당자들에게 '공소외 8 주식회사에 대하여 알아보고 주식매입에 필요한 이사회 결의 등 매매계약의 준비를 하라'는 지시를 하였고, 이에 따라 실무담당자들이 '공소외 8 주식회사 주식이 투자가치가 있을 것으로 보인다.'는 취지의 보고서를 작성하기도 하였으나, 그 보고를 기초로 하여 자회사 등이 주식매입을 결정한 것은 아니며, 이미 매입할 주식의 수량과 가격뿐만 아니라 매입일자까지도 지정되어 있었으므로 자회사 등으로서는 사실 상 선택의 여지가 거의 없었던 사실 등이 인정된다.

위와 같은 이 사건 주식매수의 동기와 목적, 매매계약에 이르게 된 경위와 그 내용, 매매대금의 규모, 피고인들과 자회사 등과의 관계 등 제반 사정에 비추어 보면, 피고인들은 기업의 경영자로서 자회사 등이 처한 경제적 상황, 공소외 8 주식회사의 사업전망, 그 주식의 매입으로 인한 손실발생 또는 이익획득의 개연성 등을 신중하게 검토한 후 경영상의 판단에 이르게 된 것이라기보다는 공소외 1 주식회사 또는 피고인들 개인이 정치적으로 난처한 상황에서 벗어나기 위하여 자회사 등으로 하여금 주식매도인 공소외 9가 요구하는 가격과 수량 그대로 이 사건 주식을 매입하게 하였고, 이에 따라 자회사 등의 대표이사들도 공소외 8 주식회사 주식의 적정가액과 향후 전망에 대한 신중한 검토 없이 피고인들에 의하여 매입수량과 가격이 미리 지정된 이 사건 주식을 지정된 날짜에 자회사 등이 매입하게 한 것으로서, 피고인들로서는 위와 같은 자회사 등의 대표이사들의 행위가 회사재산을 보호하여야 할 업무상 임무에 위배되고 나아가 이 사건 주식의 매입으로 인하여 자회사 등에게 현실적인 재산상 손해를 가하거나 적어도 재산상 실해 발생의 위험을 초래한다는 점을 미필적으로나마 인식하고 있었다고 보는 것이 정상적인 경험칙에 부합한다 할 것이며, 설령 피고인들에게 장차 이 사건 주식의 가치가 상승하여 자회사 등이 이익을 얻게 될 수도 있다는 기대 내지 의사가 있었다고 하더라도 이는 부수적일 뿐이고 이 사건 주식매입으로 인하여 자회사 등에게 재산상 손해를 가한다는 가해의 의사가 주된 것이었다고 봄이 상당하다.

바. 그럼에도 불구하고, 원심은 앞서 본 바와 같이 이 사건 주식의 매입으로 인한 재산상 손해 및 그에 대한 피고인들의 인식이 있었던 것으로 볼 수 없다고 판단하여, 이 부분 각 공소사실을 유죄로 인정한 제1심판결을 파기하고 피고인들에게 무죄를 선고하였으니, 이 부분 원심판결에는 채증법칙에 위배하거나 업무상배임죄에 있어서 재산상 손해 및 고의의 인정에 관한 법리를 오해하여 판결에 영향을 미친 위법이 있다.

② 배임 인정 사례

- LBO 방식으로 기업을 인수하면서 아무런 반대급부 없이 인수자만을 위하여 피인수회사의 자산을 담보로 제공하는 경우(2004도7027)
- 대기업 또는 대기업의 회장 등 개인이 정치적으로 난처한 상황에서 벗어나기 위하여 자회사 및 협력회사 등으로 하여금 특정 회사의 주식을 매입수량, 가격 및 매입시기를 미리 정하여 매입하게 한 행위가 업무상 배임행위에 해당하고 그에 대한 고의도 있었다고 본 사례(2004도5472)

③ 배임 부정 사례

- 다른 회사가 발행한 사채를 지급보증하게 된 경위에 비추어 배임 부정(2002도3131)
- 상호금융자금의 이자율 인하조치 불이행이 농축협 통합반대운동에 관한 회원조합의 지지를 유도하고 축협중앙회의 자금을 소진시켜 통합농협에게 넘겨주지 않으려는 의도에서 이루어졌으므로 배임행위에 해당한다고 하는 주장 배척(2004도1632)
- 대한보증보험 대표이사인 피고인이 지급보증계약체결 시 보증금액의 상환이 확실한 경우에 한하여 보증을 인수할 임무는 없다. 적법한 절차, 개인적 이해 없고 반대자 없어 대출한 경우 배임 부정(2002도4229)

7. 공 범

○ 배임행위 적극가담

■ 대법원 2007. 2. 8. 선고 2006도483 판결【특정경제범죄가중처벌등에관한법률위반(배임)(일부 인정된 죄명: 업무상배임)】(공)

업무상배임죄의 실행으로 인하여 이익을 얻게 되는 수익자가 소극적으로 실행행위자의 배임행위에 편승하여 이익을 취득하는 데 그치지 않고 배임행위를 교사하거나 또는 배임행위의 전 과정에 관여하는 등으로 실행행위자의 배임행위에 적극 가담한 경우에는 업무상배임죄의 공동정범이 된다고 할 것이다(대법원 1999. 7. 23. 선고 99도1911 판결 등 참조).

이러한 법리에 비추어 기록을 살펴보면, 원심이 그 설시의 증거를 종합하여, 비상장회사인 공소외 2 주식회사의 발행주식을 전량 소유하고 있는 공소외 1 주식회사가 2003. 7. 1.경 피고인에게 위 주식을 매도할 당시 상속세 및 증여세법 제63조 및 구 상속세 및 증여세법 시행령 제54조, 법인세법 시행령 제35조의 규정에 따라 평가한 주식의 적정가액은 최소한 2,332,085,000원(당시의 순자산가치를 기준으로, 상속세 및 증여세법 제63조 제3항에 의하여 15% 할증하고 다시 법인세법 시행령 제35조에 의하여 30% 할인한 금액)임에도, 공소외 1 주식회사 사장인 제1심 공동피고인이 공소외 2 주식회사 회계책임자 공소외 3에게 지시하여 약 3억 원의 재고자산 감모 손실이 추가로 발생한 것인 양 회계관련서류를 허위로 기재하게 하는 등의 방법으로 공소외 2 주식회사의 자산가치를 손익가치보다 낮게 조작한 후 손익가치 평가액을 기준으로 산정한 가격인 2,159,986,400원에 매도함으로써 피고인에게 그 차액인 172,098,600원 상당의 재산상 이익을 취득하게 하고 공소외 1 주식회사에 동액 상당의 재산상 손해를 가한 사실을 인정하고, 나아가 위와 같은 매매가격 결정 과정에서 피고인이 제1심 공동피고인 및 그의 지시를 받은 공소외 3과의 사이에 공소외 2 주식회사의 자산가치를 낮추는 방식에 관하여 협의하고 공소외 3으로부터 그 결과를 보고받는 등의 방법으로 제1심 공동피고인의 배임행위에 적극 가담한 것으로 판단하여 피고인을 업무상배임죄의 공동정범으로 인정한 제1심판결을 유지한 것은 정당하고, 거기에 상고이유의 주장과 같이 채증법칙을 위배하거나 비상장주식의 거래와 관련하여 업무상배임죄와 공동정범 등에 관한 법리를 오해함으로써 판결에 영향을 미친 위법이 없다.

2. 피해자 공소외 2 주식회사에 대한 특정경제범죄 가중처벌 등에 관한 법률 위반(배임)의 점

주식회사의 임원이나 회계책임자가 당해 회사의 주식을 매수하여 대주주가 되려고 하는 자에게 미리 대주주대여금 명목으로 회사자금을 교부하여 그 돈으로 주식매수대금을 지급하게 하는 행위는 대주주가 되려는 자의 개인적인 이익을 도모하고 회사의 부실을 초래하는 것으로서, 그 대여행위가 회사의 이익을 위한 것임이 명백하고 회사 내부의 정상적인 의사결정절차를 거쳤으며 그로 인하여 회사의 자금운용에 아무런 어려움이 발생하지 않을 뿐만 아니라 대여금 회수를 위한 충분한 담보도 확보되어 있다는 등의 특별한 사정이 없는 한 업무상배임죄(경우에 따라서는 업무상횡령죄. 대법원 2005. 3. 24. 선고 2004도8963 판결 참조)에 해당한다고 할 것이고, 또 그와 같은 방법으로 회사의 대주주가 된 자가 회사 임원 등의 배임행위를 교사하거나 배임행위의 전 과정에 관여하는 등으로 적극 가담한 경우에는 업무상배임죄의 공동정범이 된다고 할 것이다.

이 부분에 관하여 원심은, 피고인이 공소외 2 주식회사의 주식을 전량 매수함에 있어 매수자금 중 13억 6,000만 원 정도가 부족하자 사실상의 차기 대주주로서 공소외 2 주식회사 대표이사 공소외 4 및 회계책임자 공소외 3에게 회사자금을 인출해 달라고 지시하였고, 이에 공소외 3은 아무런 인적·물적 담보를 확보하지 않고 변제기일도 정하지 아니한 채 대주주대여금 명목으로 피고인에게 위 금액 상당의 회사자금을 대여한 점, 당시 피고인에게 위와 같은 방법 외에 달리 주식매수자금을 마련할 방법이 없었던 것으로 보이는 점, 피고인은 위 차용금을 전혀 변제하지 않고 있다가 그로부터 불과 6개월 후 공소외 2 주식회사를 다른 회사에 처분한 점 등에 비추어 보면, 피고인은 배임의 고의를 가지고 공소외 3의 배임행위에 적극 가담한 것으로 인정된다고 판단하였는바, 이러한 원심의 사실인정과 판단은 앞서 본 법리 및 이 사건 기록에 비추어 정당한 것으로 수긍이 가고, 거기에 상고이유의 주장과 같이 판결에 영향을 미친 채증법칙 위배 또는 법리오해 등의 위법이 없다.

■ 대법원 2011. 2. 24. 선고 2010도13801 판결【특정경제범죄가중처벌등에관한법률위반(횡령) · 특정경제범죄가중처벌등에관한법률위반(수재등) · 특정경제범죄가중처벌등에관한법률위반(배임)(일부 인정된 죄명: 업무상배임) · 특정경제범죄가중처벌등에관한법률위반(증재등) · 상호저축은행법위반】(공)

업무상배임죄의 실행으로 인하여 이익을 얻게 되는 수익자 또는 그와 밀접한 관련이 있는 제3자

를 배임의 실행행위자와 공동정범으로 인정하기 위하여는 실행행위자의 행위가 피해자 본인에 대한 배임행위에 해당한다는 것을 알면서도 소극적으로 그 배임행위에 편승하여 이익을 취득한 것만으로는 부족하고, 실행행위자의 배임행위를 교사하거나 또는 배임행위의 전 과정에 관여하는 등으로 배임행위에 적극 가담할 것을 필요로 한다(대법원 2003. 10. 30. 선고 2003도4382 판결, 대법원 2007. 4. 12. 선고 2007도1033 판결 등 참조).

원심은 제1심 판시 사정을 들어 피고인 1을 나머지 피고인들의 업무상 배임행위에 적극 가담한 공동정범으로 인정하고 업무상배임의 죄책을 인정한 제1심의 판단을 그대로 유지하였다.

원심판결 이유를 앞서 본 법리 및 기록에 비추어 살펴보면, 원심의 위와 같은 사실인정 및 판단은 정당한 것으로 수긍할 수 있다.

8. 이중매매와 이중저당

가. 부동산 이중매매

(1) 개 념

① 이중매매

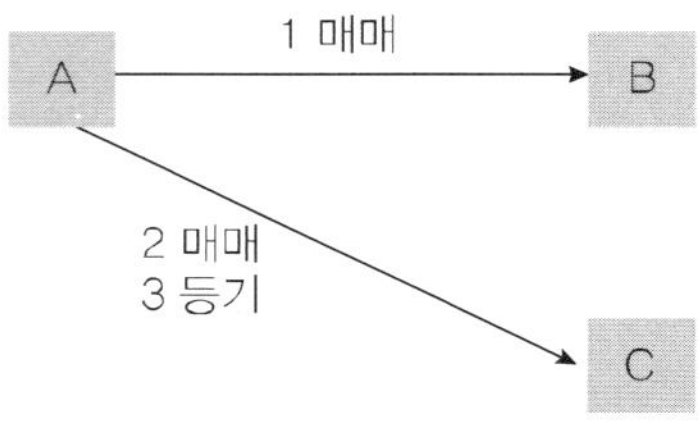

- 쟁점: B에 대한 배임죄 성부
- 처음부터 B에게 등기해줄 의사 없이 계약금 등 편취: B에 대한 사기죄

② 다음은 이중매매 ×

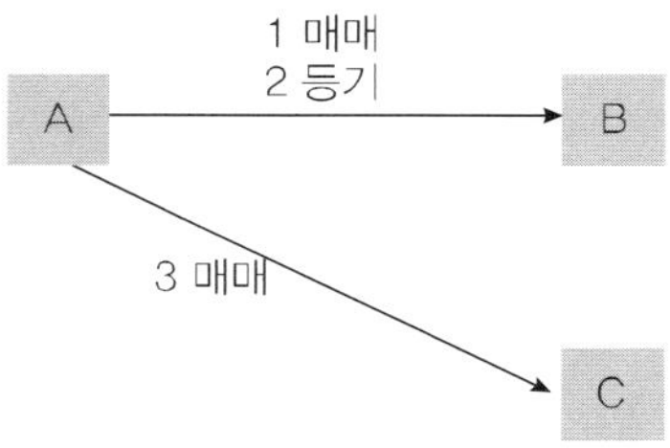

- 3매매시 편취 범의 有(대부분의 경우) ⇒ C에 대한 사기죄
- 3매매시 편취 범의 無(과실) ⇒ 무죄

③ 이중매매의 가능성

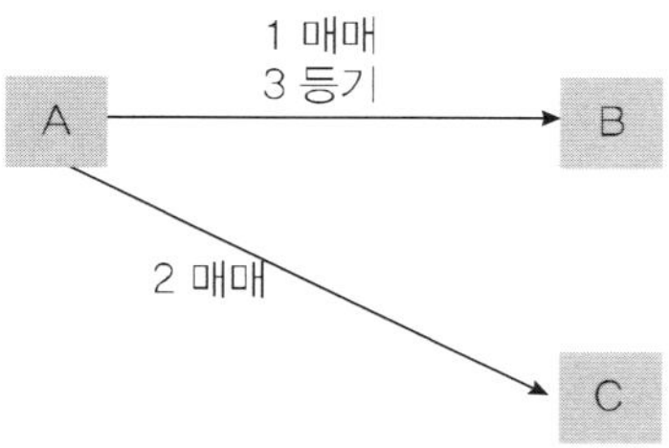

- 2매매시 편취 범의 有 ⇒ C에 대한 사기죄
- 2매매시 편취 범의 無 ⇒ C에 대한 배임죄 성립 문제

(2) 매도인의 죄책

(가) 계약금 수령단계

○ 계약금 수령만으로는 타인의 사무처리자 아님(통설, 판례)

■ 대법원 1984. 5. 15. 선고 84도315 판결【배임】(집)

원심유지의 제1심 판결이 확정한 사실에 의하면, 피고인이 A에게 매도한 토지는 그 소유이던 대구시 남구 송현동 927의 2 전 109㎡(33평)에 대한 환지예정지 162.05㎡(49평 2작)의 1/2에 해당하는 24평 6홉 7작이었는데 계약금만을 지급한 상태에 있던 매수인이 잔대금지급기일에 이르러 종전 토지의 1/2지분에 대한 소유권이전등기만을 이행하여 주겠다는 피고인의 주장과는 달리 종전토지 전부에 대한 소유권이전등기를 이행하라고 주장하면서 그 잔대금지급거절의 의사표시를 하고 돌아갔으므로 피고인은 그 토지를 다른 사람에게 처분하였다는 것이다. 기록에 의하여 그 사실인정에 거친 증거취사의 과정을 살펴보면 정당하고, 거기에 채증법칙 위반이나 심리미진으로 사실을 그릇 인정한 위법이 있다 할 수 없으며 사실관계가 위와 같다면 피고인으로서는 계약금만을 수수한 상태이었는 데다가 매수인에게 잔대금지급이행을 최고할 필요없이 판시 부동산매매계약을 해제할 수 있는 지위에 있었다 할 것이어서 타인의 사무를 처리하는 자였다고 볼 수 없고, 또한 그 처분행위에 임무위배의 범의가 있었다고 볼 수도 없으므로 같은 취지의 소론판단에 배임죄에 관한 법리오해도 없다.

(나) 중도금 또는 잔금 수령 단계

① 학설

1. 배임죄 긍정(다수설)
   중도금 지급은 계약이행의 착수, 일방적 해제 불가 → 매수인의 소유권취득에 협력하여야 할 신의칙상 신임관계(김일수/서보학, 이재상) → 타인의 사무를 처리하는 자
2. 배임죄 부정(김종원, 오영근)
   잔금까지 수령하고 등기서류를 넘겨주어 물권적 합의가 있거나 물권적 기대권이 있을 때 비로소 타인의 사무를 처리하는 자가 됨

② 계약을 해제할 수 없는 상태에 이르면 타인의 사무: 적어도 중도금

■ 대법원 1988. 12. 13. 선고 88도750 판결【배임】(공)

또 논지는 설사 위 두 토지가 동일한 토지라고 하더라도 위 망 A는 이 사건 토지의 매매대금 중 계약금과 중도금만을 지급하고 잔대금을 완납치 아니하여 위 회사에 대하여 아직 등기청구권이 없으므로 피고인이 위 토지를 타에 매도하였다고 하여도 배임죄가 성립되지 않는다고 주장하고 있다.

그러나 가사 피고인 주장대로 중도금만이 지급된 상태라고 하여도, 부동산매도인이 매수인으로부터 계약금과 중도금까지 수령한 이상 특단의 약정이 없다면 잔금수령과 동시에 매수인 명의로의 소유권이전등기에 협력할 임무가 있으므로 이를 다시 제3자에게 처분함으로써 제1차 매수인에게 잔대금수령과 상환으로 소유권이전등기절차를 이행하는 것이 불가능하게 되었다면 배임죄의 책임을 면할 수 없는 것이다(당원 1985. 1. 29. 선고 84도1814 판결 참조). 이 밖에 논지는 피고인의 범의를 인정할 증거가 없다는 것이나 기록에 의하여 1심채용 증거를 살펴보면, 피고인은 2중매매를 하기 전인 1983. 10.경 피해자 장월연이 피고인에게 찾아와 이 사건 토지에 대한 위 망 A와의 1차 매매계약서를 제시하고 계약이행을 요구한 사실을 자인하고 있고 여기에 다른 1심채용증거를 합쳐 보면 피고인의 배임범의를 인정하기에 어렵지 않다.

■ 대법원 2007. 6. 14. 선고 2007도379 판결【배임】(미)

이중매매에 있어서 매도인이 매수인의 사무를 처리하는 자로서 배임죄의 주체가 되기 위하여는 매도인이 계약금을 받은 것만으로는 부족하고 적어도 중도금을 받는 등 매도인이 더 이상 임의로 계약을 해제할 수 없는 상태에 이르러야 하는바, ….

③ 계약금이 다소 과다하다는 사정: 해제권 배제 ×

■ 대법원 2007. 6. 14. 선고 2007도379 판결【배임】(미)

이중매매에 있어서 매도인이 매수인의 사무를 처리하는 자로서 배임죄의 주체가 되기 위하여는 매도인이 계약금을 받은 것만으로는 부족하고 적어도 중도금을 받는 등 매도인이 더 이상 임의로 계약을 해제할 수 없는 상태에 이르러야 하는바, 특별한 사정이 없는 한 매매계약 당시 합의한 계약금이 매매대금 총액에 비하여 다소 과다하다는 사정만으로 매도인이 그 배액을 상환하여 매매계약을 해제할 권한을 유보하지 아니한 것으로 볼 수는 없고, 이러한 경우 매도인이 합의한 계약금 전부를 지급받지 못하고 있다면, 아직 타인의 사무를 처리하는 자의 지위에 있다고 할 수 없으므로 이중으로 제3자에게 처분한 행위에 대하여 배임죄의 책임을 물을 수 없다(대법원 1986. 7. 8. 선고 85도1873 판결 등 참조).

이와 같은 법리에 비추어 기록을 살펴보면, 피고인은 2003. 1. 24.경 공소외 1에게 (이름 생략) 아파트 401호, 402호에 관한 수분양권을 각 180,000,000원에 양도하되, 계약금은 각 8,500만 원, 중도금은 각 6,000만 원, 잔대금은 각 3,500만 원으로 정하였고, 그 후 일부 계약금조로 7,000만 원을 지급받음과 아울러 피고인의 공소외 1에 대한 2,500만 원의 기존 채무와 공소외 1의 피고인에 대한 위 계약금 중 동액 상당의 채무가 상계되어 피고인이 이를 지급받은 것으로 한 다음 2003. 1. 말경 5,000만 원을 추가로 지급받은 결과, 당초 합의한 계약금 각 8,500만 원은 그때까지 계약금 명목으로 수령한 합계 145,000,000원 중 1/2의 비율에 따른 7,250만 원씩이 지급되었을 뿐, 나머지 계약금 각 12,500,000원(85,000,000원 – 72,500,000원)은 아직 지급되지 아니한 채 남아 있는 한편, 피고인이 2003. 9. 1.경 공소외 2의 처 공소외 3에게 공사대금채무의 변제에 갈음하여 401호에 관한 수분양권을 양도하자, 공소외 3은 2003. 9. 3. 위 401호에 관하여 자신의 명의로 소유권이전등기를 마친 사실을 알 수 있는바, 비록 피고인이 이중으로 매매한 401호에 관한 수분양권의 매매대금 180,000,000원에 비하여 계약금 8,500만 원이 다소 과다하다고 할지라도, 특별한 약정 등이 없는 한 이것만으로 피고인이 계약금의 배액을 상환하여 이 사건 분양권 양도계약을 해제할 권리가 없다고 단정할 수는 없고, 사정이 이와 같다면 피고인이 계약금 8,500만 원 전부를 수령하지 아니한 이상, 아직까지 배임죄에서 말하는 타인의 사무를 처리하는 자에 해당된다고 할 수 없다.

그럼에도 불구하고, 원심은 이와 달리 그 판시와 같이 위 계약금 8,500만 원은 해제권을 보류하기 위하여 주고받은 것으로 보기 어렵다는 이유로 피고인에 대한 이 사건 공소사실을 유죄로 판단하였으니, 이러한 원심판결에는 배임죄에 관한 법리를 오해하였거나 채증법칙에 위배하여 사실을 오인함으로써 판결에 영향을 미친 위법이 있다.

④ 인수채무를 대금에서 공제하기로 한 경우: 중도금 지급 갈음 ×

■ 대법원 1986. 7. 8. 선고 85도1873 판결【배임】(공)

이른바 2중매매에 있어서 매도인이 매수인의 사무를 처리하는 자로서 배임죄의 주체가 되기 위하여는 매도인이 계약금을 받은 것만으로는 부족하고 적어도 중도금을 받는 등 매도인이 더이상 임의로 계약을 해제할 수 없는 상태에 이르렀다 할 것인바(당원 1980. 5. 27. 선고 80도290 판결, 1984. 5. 15. 선고 84도315 판결 등 참조), 이 사건에 있어서 원심이 적법하게 확정한 바와 같이 피고인들이 1984. 6. 22. 16:00경 피고인 2 소유의 연립주택을 피해자 김창영에게 대금 25,500,000원에 매도하기로 하면서 그날 계약금 1,000,000원만을 받았고 중도금에 관하여는 약정함이 없이 위 매매대금에서 위 피해자가 피고인 2의 위 연립주택 지하실 임차인에 대한 보증금 5,000,000원의 반환채무를 인수하기로 하면서 그 5,000,000원과 위 주택을 매도한 뒤 다시 피고인들이 위 피해자로부터 이를 임차하기로 하여 그 보증금으로 지급할 금 6,000,000원 및 피고인 2가 공소외 조미순으로부터 위 연립주택을 매수하면서 인수한 위 조미순의 위 피해자에 대한 채무금 8,000,000원을 합한 금 19,000,000원을 공제한 나머지 대금 5,500,000원을 그달 안으로 수령함과 동시에 피해자에게 위 연립주택에 관한 소유권이전등기를 경료해 주기로 약정하였는데 위 피해자는 같은해 7. 15경에야 같은해 6월말까지 지급하기로 약정한 잔대금 5,500,000원중 금 2,000,000원만을 제공한 관계로 피고인들이 이를 받지 아니하였던 사정이었다면 위 채권 금 8,000,000원 등을 매매대금에서 공제하기로 하였다고 하여 그것만으로 중도금에 갈음한 것이라거나 피고인들이 더이상 임의로 위 매매계약을 해제할 수 없는 상태에 이르렀다고 볼 수 없고, 따라서 피고인들이 배임죄에서 말하는 타인의 사무를 처리하는 자였다고 인정할 수 없으므로 이와 같은 취지에서 피고인들에 대하여 무죄를 선고한 원심판단은 정당하고 거기에 소론 배임죄에 관한 법리오해의 위법이 있다고 할 수 없다. 논지는 이유없다.

⑤ 계약금 · 중도금에 갈음하여 등기서류를 교부받음: 계약금 · 중도금 이행과 같음

■ 대법원 1986. 10. 28. 선고 86도936 판결【배임】(공)

부동산을 양도하기로 한 양도인의 이전등기의무는 그로써 자기의 재산처분을 완성케 하는 것이어서 본래 양도인 자신의 사무에 속하는 것이지만 등기의무자인 양도인의 등기협력 없이는 양수인 앞으로의 소유권이전을 완성할 수 없기 때문에 이와 같은 협력의무로서의 성질을 중시하여 이점에서 그 등기의무를 양수인의 소유권취득을 위해 부담하는 타인의 사무에 속한다고 보는 것이고, 양도인 이 계약금외에 중도금까지 수령한 정도의 단계에 이르른 경우라면 그 양도인의 등기협력의무는 양수인을 위하여 부담하는 타인의 사무라고 볼 것이므로 이 경우 양도부동산을 제3자에게 이중매매하고 이전등기를 마친양도인의 행위는 임무에 위배한 것으로서 배임죄를 구성한다 할 것이다.

원심 및 제1심판결이 적법하게 확정한 사실과 기록에 의하면, 피고인은 그 소유인 인천시 중구 경동 161-1 대지 80평 및 그 지상 4층 건물을 대금 213,000,000원에 공소외 ○송학에게 양도하면서 그로부터 계약금 및 중도금에 갈음하여 동인소유의 서울 용산구 원효로 2가 73의 18, 20대지 66평 및 그 지상건평46평의 부동산을 120,000,000원으로 평가하여 이전받기로 하고 양수인 앞으로의 소유권이전등기는 나머지 대금 9,300만원과 상환하여 이행하기로 하여 양수인으로부터 계약금 및 중도금의 지급에 갈음하기로 한 동인소유 부동산에 관한 소유권이전등기 서류를 모두 교부받았음에

도 불구하고 양도부동산을 제3자인 공소외 장봉순에게 이중으로 양도하고 그 앞으로 소유권이전등기를 마쳤음이 명백한바, 이 경우 비록 피고인이 계약금 및 중도금에 갈음하여 소유권을 이전받기로 한 양수인소유 부동산에 관하여 피고인 앞으로의 소유권이전등기는 아직 실행하지 않은 상태였다 하더라도 피고인이 양수인으로부터 그 소유권이전등기에 필요한 서류를 모두 교부받은 이상 피고인 앞으로의 소유권이전등기는 그 실행여부만이 남아 있는 것이고 이는 오로지 피고인의 의사와 행위에 의하여 좌우될 사항이니 그 상태는 사회통념 내지 신의칙에 비추어 피고인이 계약금 및 중도금을 이행받은 경우와 마찬가지라고 봄이 상당하고, 따라서 피고인이 판시 양도부동산을 제3자에게 이중양도하고 소유권이전등기를 마친 행위는 양수인에 대한 배임행위에 해당한다 할 것이다.

2. 또 배임죄에 있어서 손해를 가한 때라 함은 재산적인 실해를 가한 경우뿐만 아니라 실해발생의 위험성을 초래케 한 경우도 포함하는 것이며 손해액이 구체적으로 확정되지 않았다 하더라도 무방한 것이니 원심 및 제1심판결이 피고인의 이중양도 행위로 양수인이 입은 손해액을 구체적으로 확정하지 않았다하여 위법이 될 수 없고 원판시 양도계약이 매수인과 소개인의 기망에 의하여 체결되었다는 피고인의 주장을 증거가 없다하여 배척한 원심판단에도 위법이 없다.

(다) 계약의 목적물

○ 무허가건물

■ 대법원 2005. 10. 28. 선고 2005도5713 판결【배임】(공)

무허가건물대장은 무허가건물의 정비에 관한 행정상의 사무처리의 편의를 위하여 작성 비치되는 것으로써 그 대장에의 기재에 의하여 무허가건물에 관한 권리의 변동이 초래되거나 공시되는 효과가 생기는 것이 아니므로 무허가건물대장에 소유자로 등재되었다는 사정만으로는 그 무허가건물에 대한 소유권 기타의 권리를 취득하거나 권리자로 추정되는 효력이 없다 함은 원심의 판단과 같다(대법원 1992. 2. 14. 선고 91다29347 판결, 1993. 1. 26. 선고 92다36274 판결 등 참조).

그러나 무허가건물의 양도인은 특별한 사정이 없는 한 대금수령과 동시에 양수인에게 그 건물을 인도할 의무가 있다 할 것이고, 무허가건물의 양수인은 양도인으로부터 무허가건물을 인도받아 점유함으로써 소유권에 준하는 사용·수익 처분의 포괄적인 권능을 가지게 되므로(대법원 1992. 11. 10. 선고 92다32258 판결 참조), 이와 같이 양수인에게 무허가건물을 인도할 의무를 부담하는 양도인이 중도금 또는 잔금까지 수령한 상태에서 양수인의 의사에 반하여 제3자에게 그 무허가건물을 이중으로 양도하고 중도금까지 수령하였다면 이는 양수인에 대한 관계에서 임무위배행위로서 배임죄의 실행의 착수가 있었다고 할 것이고, 더 나아가 제3자로부터 잔금을 수령하고 무허가건물을 인도하였다면 이는 배임죄의 기수에 해당한다고 할 것이다(대법원 1985. 1. 29. 선고 84도1814 판결, 2003. 3. 25. 선고 2002도7134 판결 등 참조).

그런데 원심이 인정한 바에 의하면, 피고인은 자신의 처인 공소외 1이 피해자 공소외 2에 대하여 부담하던 채무금 6,000,000원에 대한 대물변제조로 이 사건 건물을 위 공소외 2에게 양도하였다는 것이고, 한편 기록에 의하면, 피고인은 위 공소외 1이 위 공소외 3에 대하여 부담하던 채무금 20,000,000원에 대한 대물변제조로 이 사건 건물을 위 공소외 3에게 다시 양도하여 준 사실을 알 수 있는바, 사정이 이와 같다면 위 법리에 비추어 볼 때, 피고인이 이 사건 건물을 위 공소외 3에게 이중으로 양도한 행위는 피해자 공소외 2에 대한 관계에서 배임죄의 실행의 착수에 해당한다 할 것이므로, 피고인이 이 사건 건물을 위 공소외 3에게 인도하였다면 배임죄의 기수에 해당한다 할 것이고, 그에 이르지 못하였다면 배임미수죄에 해당한다 할 것이다.

따라서 원심으로서는 피고인이 위 공소외 3에게 이 사건 건물을 양도한 것이 위 공소외 1의 위 공소외 3에 대한 채무금의 대물변제조로 이루어진 것인지, 피고인이 위 공소외 3에게 이 사건 건물을 인도하여 주었는지를 심리하여 본 다음, 피고인의 행위가 배임미수죄 또는 배임죄의 기수에 해당하는지 여부에 대하여 판단하였어야 할 것임에도 불구하고 그 판시와 같은 이유만을 들어 피고인의 행위가 배임죄의 실행의 착수에 해당하지 않는다고 단정하고 말았으니, 이러한 원심판결에는 배임죄에 관한 법리를 오해함으로써 판결 결과에 영향을 미친 위법이 있다 할 것이다. 이 점을 지적하는 취지의 상고논지는 이유 있다.

㈑ 계약의 효력

① 타인 부동산의 매도, 총회결의 없는 매매계약: 배임죄 될 수 있음

■ 대법원 1993. 4. 9. 선고 92도2431 판결【배임, 배임미수】(공)

검사의 상고이유를 본다.

원심판결 이유에 의하면 원심은, 피고인은 성신교회의 목사로서 서울특별시가 1986년 가을경 목동택지개발사업을 착수하면서 위 사업지구 내에 건립되어 있던 위 교회의 건물을 철거하는 대신 그 보상으로서 위 사업지구 중심지구 14블록 옆의 위치가 특정된 200평(이하 이 사건 부동산이라고 한다)에 대한 우선분양권을 부여하자, 위 교회 집사 및 장로 각 1인과 함께 이를 전매하여 그 전매차익을 교회의 재정에 보태기로 결의하고, 1987. 6. 4. 장차 분양받게 될 이 사건 부동산을 피해자 A에게 매도하고 그 대금을 전부 수령하였음에도 불구하고 1990. 5. 22.경 다시 이를 공소외 안중선에게 2중으로 매도하고 계약금 및 1차 중도금까지 받은 사실과 같은 해 6. 22. 이 사건 부동산에 관하여 위 교회 앞으로 소유권이전등기를 경료받은 후 이에 관하여 원심공동피고인 장중기 앞으로 소유권이전담보가등기를 경료해 준 사실 등을 인정한 다음, 부동산을 2중으로 매도한 매도인에게 배임죄의 죄책을 물으려면 그가 1차 매수인에 대하여 '타인의 사무를 처리하는 자'의 지위에 있어야 하는데, 피해자 A에 대한 제1차 매매계약을 함에 있어서 교회 교인들의 총회의 결의가 있거나 교인들의 동의가 있었다고 할 수 없고 교회의 정관 기타 규약에 의하여 처분행위가 유효하다고 인정되는 것이라고 볼 수 없으므로 제1차 매매계약은 무효라고 할 것이고, 따라서 피고인은 피해자 A에게 이 사건 부동산의 소유권이전등기를 하여 주어야 할 의무가 있지 아니하여 피고인은 타인의 사무를 처리하는 지위에 있지 아니하므로 배임죄로 처벌할 수 없다고 하여 무죄를 선고하였다.

부동산의 매도인은 그 매매계약이 채권적으로라도 유효하여 그 매수인에 대하여 소유권이전등기절차에 협력할 의무를 지는 경우에 한하여 배임죄의 주체 즉 타인의 사무를 처리할 자의 지위에 있는 것이어서 매도인이 부동산을 이중으로 매도하는 등의 임무위배행위를 하면 이를 배임죄로 처벌할 수 있고, 그 임무위배행위 당시 부동산의 소유명의가 매도인 아닌 제3자 앞으로 되어 있다 하더라도 그 소유권이전등기를 매수인에게 경료하여 줄 수 있는 지위 즉, 매수인을 위한 등기협력임무가 이행가능한 지위에 있으면, 배임죄의 성립에 지장이 없다(당원 1985. 11. 12. 선고 84도984 판결 참조).

그런데 원심과 같이 이 사건 제1차 매매계약을 성신교회와 피해자 A 사이에 이루어진 것으로 본다면 총유인 교회의 재산을 처분함에 있어서는 비법인사단의 정관이나 규약에 특별한 정함이 없으면 교인총회의 결의가 있어야 하는 것인데 그와 같은 결의도 없고 정관이나 규약에 특별한 정함도 없으므로 그 재산처분행위는 채권적 효력도 없어 매도인인 성신교회는 소유권이전등기절차에 협력할 의무가 없는 것이고 따라서 그 대표자도 그 의무가 없어 배임죄의 주체가 될 수 없는 것이기는 하다.

그러나, 기록에 의하여 살펴보면, 제1차 매매계약은 어디까지나 매도인이 피고인 개인으로 되어 있어 타인의 권리에 대한 매매계약의 성질을 가지고 있는 데다가, 성신교회가 서울특별시에 제1차 매수인인 피해자 A를 통하여 분양대금을 지급하였으므로 교회의 대표자인 피고인으로서는 언제든지 서울특별시로부터 성신교회 명의로 이 사건 부동산에 대한 소유권이전등기를 경료받을 수 있는 형편에 있었고, 한편 피고인은 1969. 5.경 스스로 성신교회를 개척하여 당회장으로서 교회를 대표하여 오던 자로서 교인에 대하여 지대한 영향력을 끼치고 있었음을 엿볼 수 있을 뿐만 아니라, 성신교회는 비교적 소규모의 교회이고, 교인들의 대표격인 장로 손용래, 재직회장 집사 이치수 등이 제1차 매매계약의 이행을 보증하고 있으며, 성신교회가 재정난으로 목동택지개발사업지구 내에 있던 교회건물의 철거를 당하면서 그 보상으로 서울특별시로부터 우선 분양받게 되는 종교용부지인 이 사건 부동산에 대한 매입대금을 마련할 형편에 있지 아니하고 그 매매대금으로 교회재정에 보태기로 하여 위 손용래, 이치수등과 합의하여 이를 처분하였고 그 매매로 인하여 생긴 돈으로 성신교회의 채무를 변제하는 등 교회재정에 보탰다는 것이므로 교인총회를 소집, 개최하였더라면 이 사건 부동산의 처분에 대한 결의를 얻어 냈으리라고 보이는 바, 그와 같은 지위에 있는 피고인이 제1차 매수인인 피해자 A 앞으로 소유권이전등기를 경료할 수 있도록 교인총회를 소집하여 그 처분결의가 있을 수 있도록 하는 등의 노력은 전혀 하지 아니하고 제1차 매수인으로부터 매매대금 전부를 다 지급받고서도 이중으로 매매계약을 체결하거나 담보가등기를 설정한 행위 등은 임무위배행위에 해당한다고 볼 수밖에 없다 할 것이다.

그럼에도 불구하고 원심이 그러한 사정을 살피지 아니하고 제1차 매매계약이 성신교회와 피해자 A사이에 체결된 것으로 보고 그 처분에 있어 교인총회의 결의가 없어 무효라는 이유만으로 피고인이 배임죄의 주체가 될 수 없다고 한 원심판결에는 배임죄의 주체 즉 타인의 사무를 처리하는 자에 관한법리를 오해하여 판결에 영향을 미친 위법이 있다고 할 것이므로 이 점을 지적하는 논지는 이유가 있다.

② 매매계약의 해제: 적법하거나 적법하다고 믿은 데 정당사유 있으면 배임 ×

■ 대법원 1990. 11. 13. 선고 90도153 판결【업무상배임, 배임】(공)

1. 환송후의 원심이 인용한 제1심판결 거시의 증거와 환송전 원심증인 A의 증언을 종합하면, 피고인은 피해자 A와의 사이에 이 사건 대지위에 주택을 신축하여 대지대금 1,896,000원과 건축비 2,340,000원으로 분양한다는 내용의 주택분양계약을 맺고 대지계약금 100,000원을 받은 외에도 약정된 대금지급방법에 따라 1976.12.6.까지 골재 금 2,407,000원 상당과 등기이전비용 등으로 금 65,300원을 받았으므로 피고인으로서는 위 주택이 완공된 후 피해자에게 위 대지에 관하여 소유권이전등기를 마쳐줄 임무가 있음에도 불구하고 이에 위배하여 공소외 조성락에게 이를 매도하여 피해자에게 그 시가 금 31,600,000원 상당의 손해를 입게하고 그 만큼의 재산상 이득을 얻은 사실을 인정할 수 있다.

피고인과 피해자 사이에 피해자가 입회하여야만 기초공사 이후의 건축공사를 진행하기로 약정하였다는 점에 대하여는 당원의 환송판결이 배척한 증거외에는 달리 이를 인정할 만한 증거가 없고 또 이런 사유만으로는 특별한 사정이 없는 한 위 대지의 매매계약이 해제될 수도 없다. …

2. 매도인이 부동산을 매도한 후 그 매매계약을 해제하고 이를 다시 제3자에게 매도한 경우에 그 매매계약의 해제가 해제요건을 갖추지 못하여 부적법한 것이라 하더라도 매도인이 그 해제가 적법한 것으로 믿고 그 믿음에 정당한 이유가 있다면 매도인에게 배임죄의 범의를 인정할 수 없음은 주장하는 바와 같지만 피고인이 들고 있는 계약해제사유는 앞에서 본 바와 같이 적법한 것이 아닌 터에 앞에 든 증거에 의하면 피고인이 이를 적법한 해제사유로 믿었거나 그 믿음에 정당한 사유가 있었다고 보여지지 아니하므로 피고인에게 이 사건 배임의 범의를 배제할 수 없다.

증여계약의 해제도 같음

■ 대법원 2007. 3. 29. 선고 2006도6674 판결【배임】(미)

매매계약에 있어서 매도인이 부동산을 매도한 후 그 매매계약을 해제하고 이를 다시 제3자에게 매도한 경우에 그 매매계약의 해제가 해제요건을 갖추지 못하여 부적법하더라도 매도인이 그 해제가 적법한 것으로 믿고 그 믿음에 정당한 이유가 있다면 매도인에게 배임죄의 범의를 인정할 수 없지만, 피고인이 들고 있는 계약해제사유가 적법한 것이 아닌데 피고인이 이를 적법한 해제사유로 믿고 그 믿음에 정당한 사유가 있었다고 보여지지 아니하는 경우 피고인의 배임의 범의는 인정되며(대법원 2006. 5. 12. 선고 2006도1140 판결 등 참조), 이와 같은 법리는 이 사건 기부약정과 같은 증여계약에도 마찬가지로 적용되어야 한다.

위 법리와 원심이 적법하게 인정한 사실관계에 비추어 살펴보면, 피고인이 2001년 9월 초순경 이 사건 부동산들을 제3자에게 매도하고 그 소유권이전등기를 경료할 당시는 피고인이 한국불교(종단명 생략)종의 상임이사 및 총무원장직을 유지하고 있었을 뿐 아니라 나머지 피고인측 이사 2인도 모두 그 지위를 유지하고 있었던 이상, 위 법인은 일단 이 사건 기부약정에서 정한 부담의무를 이행하였거나 그 조건이 성취된 상태에 있었다고 보아야 하며, 피고인의 위 소유권이전등기 경료 이후 한국불교 (종단명 생략)종이 피고인을 해임함으로써 피고인에게 위 약정에 대한 해제권이 발생하였다거나 조건이 불성취됨으로써 위 약정이 실효되었다고 주장하는 것은 별론으로 하고, 위 법인의 설립 이후 이 사건 부동산들의 제3자 매도 이전에 공소외 1과 피고인 사이에 분쟁이 발생하였다는 등 상고이유에서 주장하는 바와 같은 사유들만으로는 위 매도 당시 피고인에게 이 사건 기부약정을 해제할 권리가 발생하였다고 볼 수 없을 뿐만 아니라, 같은 이유로 그 당시 피고인이 이 사건 기부약정에 관하여 적법한 해제사유가 있다고 믿었고 그 믿음에 정당한 사유가 있었다고 보이지도 아니하는 이상, 피고인으로서는 이 사건 부동산들을 제3자에게 매도할 당시 여전히 이 사건 기부약정에 기하여 한국불교 (종단명 생략)종 앞으로 이 사건 부동산들에 관한 소유권이전등기절차를 이행할 의무를 부담하고 있었다.

③ 농지매매증명 무, 토지거래 신고 무: 배임죄 성립 가능

■ 대법원 1991. 7. 9. 선고 91도846 판결【배임, 부정수표단속법위반】(집)

1. 물권변동에 관하여 형식주의를 취하고 있는 현행 민법하에 있어서는 농지매매에 관하여 소재지관서의 증명이 없는 경우에는 매매에 의한 물권변동의 효과 즉 소유권이전의 효과를 발생할 수

는 없으나 농지매매 당사자 사이의 채권계약 자체의 효력이 발생하지 아니하는 것은 아니며, 농지매매에 있어 소재지관서의 증명이 없을지라도 농지매매 당사자 사이에 채권계약으로서의 매매계약은 유효히 성립할 수 있다는 것이 당원의 견해이므로(당원 1964. 10. 1. 선고 64다563 전원합의체 판결, 1967. 3. 21. 선고 64다255 판결, 1968. 6. 18. 선고 68다646 판결, 1971. 10. 23. 선고 70다1750 판결, 1972. 6. 27. 선고 72다700 판결, 1979. 8. 28. 선고 79다1077 판결, 1987. 4. 28. 선고 85다카971 판결 각 참조), 농지를 이중으로 매도한 경우에 먼저의 농지매매에 관하여 소재지관서의 증명이 없다는 이유만으로는 배임죄의 성립을 부정할 수 없다고 할 것이다.

2. 원심이 확정한 사실에 의하면, 피고인들은 공모하여 1989. 5. 29. 피고인 1 소유인 이 사건 토지 10필지(그중 9필지는 지목이 농지이고, 나머지 1필지는 잡종지이다)를 피해자 윤재경에게 매도하고 같은해 11. 27.에 이르기까지 그 매매대금 185,000,000원 및 가등기등해제 비용 금 1,700,000원 등 모두 금 186,700,000원을 받았으면서도 1990. 3. 7. 공소외 김헌우 등에게 그 중 8필지를 이중으로 매도하고 공소외 김행춘에게 소유권이전등기를 마치었다는 것이고, 원심이 채택한 증거에 의하면 피고인들은 부부간으로서 피해자 윤재경과 1988. 12. 12.과 1989. 1. 30. 두차례에 걸쳐 피고인 1은 이 사건 토지를 피해자 유재경은 현금을 각 출자하여 법인을 설립하여 국민관광휴양지에 콘도, 호텔 등에 대한 사업승인을 얻어 관광레저사업을 동업하기로 하였다가 1989. 5. 29. 이 사건 매매계약을 체결하였던 것이고(강원도보 제2952호에 의하면 이 사건 토지일대는 1989. 5. 28. 강원도공고 제91호로 문암국민관광지로 선정공고 되었음을 알 수 있다), 위 매매계약의 매수인은 피해자 윤재경 단독으로 되어 있으나 사실은 그 외의 8명이 출자하여 주식회사를 설립하여 국민관광휴양지의 관광레저사업을 동업하기로 약정하고 위 피해자를 대표로 내세워 위의 매매계약을 체결하였던 것인데 위와 같은 사업승인이 없어 등기청구권등의 보전 방법으로 가등기와 저당권설정등기를 해놓은 사실이 인정된다.(등기부등본에 의하면 피고인들이 위 피해자에게 매도하였다는 토지 중 제1심판결의 별지목록 기재 1, 2, 4, 5, 6, 7, 9 토지에 관하여는 매수인인 윤재경이나 공동출자자로 보이는 공소외 박정숙, 윤근하, 김형섭, 안기택, 조능환, 이홍기, 주정길, 이영문의 명의로 소유권이전등기가 등기가 되어 있음을 알 수 있다)

3. 한편 관광진흥법에 의하면 농지가 국민관광지로 선정 공고되었다는 사유만으로 농지개혁법의 적용이 배제된다고 할 수는 없으나, 그 제26조 제11호에 의하면 관광지 또는 관광단지 조성계획의 승인이 있으면 농지의보전및이용에관한법률에 의한 농지전용의 허가나 협의, 동의, 승인 등이 있는 것으로 본다고 규정되어 있으므로 이때에는 농지 소재지관서의 증명이 없더라도 소유권이전등기가 가능하다고 할 것이다.

4. 그렇다면 피해자 윤재경이나 피고인들은 이 사건 토지가 국민관광지로 선정 공고될 것으로 기대하거나 예상하고, 또는 알고, 그 중 농지는 장차 관광지조성계획의 승인이 있는 등의 사유로 소유권이전등기가 가능하게 되면 이전등기를 할 생각으로 동업계약에 이어서 이 사건 매매계약을 체결하고, 또 그 이행으로서 매매대금을 지급하고 장래의 소유권등기청구권을 보전하기 위하여 가등기를 해 두었다고 인정할 수 있을 것이고, 그렇게 본다면 이 사건 토지 중 농지의 매매에 관하여 소재지관서의 증명이 없다거나 당장 이를 발급받을 수 있는 형편에 있지 않다고 하더라도 위와 같은 경위로 매매계약을 체결하고 그 대금을 수령하였으며, 더욱이 가등기까지 준 매도인으로서는 장차 소유권이전등기가 가능하게 되면 이를 이행하는 데 협력하여야 할 임무가 있다고 보아야지, 농지매매증명이 없고, 매매계약의 상대방이 농가가 아니고 농지 소재지에 거주하지 아니하여 당장 농지매매증명을 발급받을 수 없었다는 이유만으로 위 피해자와 체결한 매매계약이 당연무효라거

나, 피고인들에게 이전등기에 협력할 임무가 없고 피고인들이 이를 이중으로 매도하여 소유권이전등기를 하였어도 배임죄에 해당하지 아니한다고 할 수 없고, 소론의 판례는 이 사건에 적절하지 아니한 것이다.

5. 따라서 원심판결에 농지개혁법의 법리오해나 심리미진, 이유불비 등의 위법이 있다고 할 수 없고, 반대의 입장에서 주장하는 논지는 이유가 없다.

제2점에 대하여

국토이용관리법 제21조의7 소정의 신고구역에 관한 규정은 단속법규에 속하고 신고의무에 위반한 거래계약의 사법적 효력까지 부인되는 것이 아니므로 가사 이 사건 토지가 신고구역 내의 토지이고, 피해자 윤재경과 피고인들이 당국에 신고하지 아니하고 위 매매계약을 체결한 것이라고 하여도 이를 무효라고 할 수 없고(당원 1988. 11. 22. 선고 87다카2777 판결, 1991. 2. 12. 선고 90다14218 판결 참조), 따라서 이 사건 토지가 신고구역 내의 토지인지 여부는 이 사건 결과에 영향이 없다.

한편 일건 기록상 피고인들이 이 사건 토지를 매도할 당시나 또는 이중매도 당시 이 사건 토지가 같은 법 제21조의2 소정의 규제구역으로 지정, 공고되어있었다고 볼 사정은 전혀 보이지 아니하며, 이 사건 토지를 매도한 후나 이중매도 후에 규제구역으로 지정, 공공된 바 있다고 하여도 이미 성립한 배임죄에는 영향이 없다.

■ 대법원 2006. 1. 27. 선고 2005다59871 판결【소유권이전등기등】(공)

2. 농지법 제8조 제1항 소정의 농지취득자격증명은 농지를 취득하는 자가 그 소유권에 관한 등기를 신청할 때에 첨부하여야 할 서류로서(농지법 제8조 제4항), 농지를 취득하는 자에게 농지취득의 자격이 있다는 것을 증명하는 것일 뿐 농지취득의 원인이 되는 법률행위의 효력을 발생시키는 요건은 아니라고 할 것이므로 농지에 관한 소유권이전등기청구소송에서 비록 원고가 사실심 변론종결시까지 농지취득자격증명을 발급받지 못하였다고 하더라도 피고는 자신의 소유권이전등기의무가 이행불능임을 내세워 원고의 청구를 거부할 수 없다(대법원 1998. 2. 27. 선고 97다49251 판결, 1998. 5. 8. 선고 97다53144 판결 등 참조).

참고 1

■ 대법원 1979. 3. 27. 선고 79도141 판결【횡령 · 배임】(집)

원판결이유에 의하면 원심은 본건 피고인들에 대한 공소사실 중 배임의 점에 관하여 피고인 2가 1960. 1. 5경 공소 외 민경하에게 본건 토지를 그 판시와 같이 매도하였음에도 불구하고 피고인들은 상호 공모하여 1977. 3. 15 그 판시와 같이 피고인 1 앞으로 매매를 원인으로 한 소유권이전등기를 경료한 사실을 인정할 수는 있으나 위 민경하는 위 피고인 2로부터 위 농지를 매수할 당시는 물론 위 피고인 1 앞으로의 위 소유권이전등기가 경료될 당시에도 농가가 아니었고 또 위 농지를 자경 또는 자영할 의사도 없었던 사실을 인정한 다음 그렇다면 위 민경하는 농지개혁법상 본건 농지의 소유권을 취득할 수 없어 피고인 2와의 사이에 체결된 위 농지매매계약은 무효이므로 피고인 2는 위 농지에 관하여 위 민경하에 대하여 위 매매를 원인으로 한 소유권이전등기절차를 이행할 임무가 있다 할 수 없으니 결국 피고인들에 대한 위 배임의 점은 그 범죄사실의 증명이 없음에 귀착된다는 취지로 판단하여 이에 대하여 무죄의 선고를 하고 있는 바, 원심이 위와 같은 조치를 취함에 있어 거친 증거의 취사과정을 기록에 비추어 검토하여 보아도 정당하고 거기에 채증법칙을 위반한 위법이 없으므로 논지는 이유없다.

참고 2

■ 대법원 2008. 2. 29. 선고 2007도11029 판결【횡령】(미)

구 농지개혁법(1994. 12. 22. 법률 제4817호 농지법 부칙 제2조에 의하여 1996. 1. 1.자로 폐지된 것 이하 '구 농지개혁법'이라 한다)상 농지를 매수할 수 있는 자는 농가이거나 농가가 되려는 자에 한하므로, 농지를 명의신탁하는 경우에도 수탁자가 구 농지개혁법에 의하여 그 농지를 매수할 수 없는 경우라면 그 명의신탁은 무효이지만, 수탁자가 적법하게 그 농지를 매수할 수 있는 경우에는 비록 그 명의신탁 시점에 신탁자가 농지매매증명을 발급 받을 수 없어 위 농지를 매수할 수 없었다고 하더라도, 그 후 사정변경으로 인하여 신탁자가 수탁자에 대하여 위 농지에 관한 명의신탁을 해지하고 그 반환을 구할 수 있게 된 이상, 그 시점부터는 수탁자가 신탁자를 위하여 위 농지를 보관하는 자의 지위에 서게 되고, 신탁자와 수탁자 사이에 별도의 법률행위가 없었다고 하여 달리 볼 것은 아니다(대법원 1998. 7. 28. 선고 97도3283 판결 등 참조). 한편, 농지법 제8조 제1항 소정의 농지취득 자격증명은 농지를 취득하는 자가 그 소유권에 관한 등기를 신청할 때에 첨부하여야 할 서류로서, 농지를 취득하는 자에게 농지취득의 자격이 있다는 것을 증명하는 것일 뿐 농지취득의 원인이 되는 법률행위의 효력을 발생시키는 요건은 아니므로, 농지에 관한 명의신탁자가 명의신탁을 해지하고 그 반환을 구하는 청구를 하는 경우 수탁자는 신탁자 명의의 농지취득 자격증명이 발급되지 아니하였다는 사정을 내세워서 그 청구를 거부할 수 없다(대법원 2006. 1. 27. 선고 2005다59871 판결 등 참조).

(마) 실행의 착수

① 학설

- [1] 제2매수인으로부터 중도금 수령한 때(김일수/서보학, 배종대, 백형구, 진계호)
- [2] 제2매수인에로의 등기에 착수한 때(오영근, 이재상, 임웅, 이형국)

② 제2매수인으로부터 중도금을 수령한 때

■ 대법원 2003. 3. 25. 선고 2002도7134 판결【배임미수】(공)

원심판결 이유에 의하면, 원심은 그 채용증거를 종합하여, 피고인이 1996. 7. 1.경 이 사건 부동산을 피해자에게 금 6억 5,000만 원에 매도하기로 하면서 계약금과 중도금은 피해자가 위 부동산을 담보로 대출받는 돈으로 지급받고 잔금은 소유권이전등기 서류와 상환으로 지급받기로 약정한 뒤, 같은 해 8. 1.경 피해자가 위 부동산을 담보로 대출받은 5억 7,000만 원을 계약금 및 중도금 명목으로 교부받았으므로 피해자에게 잔금 수령과 동시에 위 부동산에 관한 소유권이전등기절차를 이행하여 주어야 할 임무가 있음에도 불구하고 그 임무에 위배하여 같은 해 10. 21.경 공소외 A에게 위 부동산을 7억 원에 매도하면서 즉석에서 계약금 명목으로 2,000만 원을 수령하고 추후 중도금과 잔금을 수령한 뒤 소유권이전등기를 경료하여 주기로 하여 위 부동산 시가 7억 원 상당의 재산상 이득을 취득하고 피해자에게 동액 상당의 재산상 손해를 가하려고 하였으나 A와의 계약이 해제되는 바람에 그 뜻을 이루지 못하고 미수에 그친 것이라는 배임미수죄의 범죄사실을 유죄로 인정하였다.

그런데 기록에 의하면, 피고인은 제1차 매수인인 피해자로부터 계약금 및 중도금 명목의 금원을 교부받고 나서 제2차 매수인인 A에게 위 부동산을 매도하기로 하고 A로부터 계약금을 지급받은 뒤 더 이상의 계약 이행이 이루어지지 않은 것으로 보이는바, 부동산 이중양도에 있어서 매도인이 제2차 매수인으로부터 계약금만을 지급받고 중도금을 수령한 바 없다면 배임죄의 실행의 착수가 있었다고 볼 수 없다 할 것이므로(대법원 1983. 10. 11. 선고 83도2057 판결, 1984. 8. 21. 선고 84도691 판결 참조), 원심으로서는 과연 피고인이 피해자에 대한 배임죄 실행의 착수가 있었다고 볼 수 있는지 여부에 관하여 심리·판단하였어야 함에도, 원심은 피고인이 제2차 매수인인 A로부터 계약금을 지급받음으로써 배임죄의 실행착수에 이르렀음을 전제로 하여 피고인에 대하여 배임미수죄의 성립을 인정하고 말았으니 이러한 원심판결에는 배임죄의 실행착수에 관한 법리를 오해하여 판결에 영향을 미친 위법이 있다 할 것이다. 따라서 이 점을 지적하는 취지가 포함된 상고이유의 주장은 이유 있다.

(바) 기 수

○ 제2매수인에 대한 등기시

■ 대법원 1984. 11. 27. 선고 83도1946 판결【건축법위반, 배임, 횡령】(집)

(가) 부동산의 매도인이 매수인 앞으로의 소유권이전등기에 협력할 의무가 있음에도 불구하고 같은 부동산을 위 매수인 이외의 자에게 이중으로 매도하여 그 소유권이전등기를 마친 경우에는 1차 매수인에 대한 소유권이전등기 의무는 이행불능이 되고 이로써 1차 매수인에게 그 부동산의 소유권을 취득할수 없는 손해가 발생하는 것이므로, 부동산의 이중매매에 있어서 배임죄의 기수시기는 2차 매수인 앞으로 소유권이전등기를 마친 때라고 할 것이다.

원심판결 이유에 의하면 원심은 피고인 1이 1981. 5. 9. 피해자 박종태와 대구 동구 입석동 947의 1 및 같은 동 947의 20 지상에 연건평 2,713.9평방미터의 3층 아파트 69세대 건축공사 도급계약을 체결하고 위 피해자로 하여금 시공케 하여 그 공사금액이 1억원 이상에 이르자 기성공사금의 일부 청산조로 건축중인 아파트 중 7세대분 95,900,000원 상당을 위 피해자에게 분양매도 하였으므로 피고인으로서는 위 아파트가 완성되면 위 피해자나 그 지정인에게 소유권이전등기절차를 이행할 임무가 있음에도 불구하고, 이에 위배하여 그 정을 모르는 위 아파트 대지의 등기부상 소유명의자인 공소외 이영자, 정계현을 부추켜 같은 해 8.19 공소외 한국 토지개발공사경북지사에 위 대지 3,790평방미터를 대금 196,731,000원에 매도케 하면서 지상물인 건축중의 위 아파트를 무상으로 양도하고 그 달 21 위 한국토지개발공사 앞으로 대지에 대한 소유권이전등기절차를 마치게 하여 위 피해자로 하여금 동액 상당의 손해를 가하였다고 인정하고, 피고인을 배임죄로 의율처단하였다.

그러나 위 원심판시 취지는 위 아파트의 대지뿐만 아니라 건물에 대하여도 배임행위를 인정한 것이 분명한바, 위 건물에 대하여는 원심판시 자체에 의하더라도 2차 양수인인 위 한국토지개발공사 앞으로 아직 소유권이전등기가 마쳐지지 아니하였음이 명백함에도 불구하고 위 건물까지 포함하여 배임행위가 완성된 것으로 판단한 것은 이중매매에 의한 배임에 있어서 그 기수시기에 관한 법리를 오해한 잘못이 있고, 이점에서 원심판결은 유지되기 어렵다고 할 것이다.

(나) 이 밖에 논지는 피고인 1에게 배임의 범의가 없었고 또 피고인은 공소외 주식회사의 대표이

사였을 뿐이므로 이 사건 아파트의 이중매매에 대한 배임죄의 주체는 위 회사이지 피고인이 아니라는 취지로 주장하나, 원심거시 증거를 살펴보면 위 피고인에게 배임의 범의를 인정한 원심판단에 수긍이 가고, 또 뒤에서 판시하는 바와 같이 법인의 이중매매로 인한 배임죄의 주체는 대표이사인 자연인이라고 할 것이므로 위 논지는 이유없다.

㈅ 실행행위

① 가등기 경료: 손해발생의 위험

■ 대법원 2008. 7. 10. 선고 2008도3766 판결【특정경제범죄가중처벌등에관한법률위반(배임) · 배임미수】(미)

1. 배임죄에 있어서 재산상 손해를 가한 때라 함은 현실적인 손해를 가한 경우뿐 아니라 재산상 손해발생의 위험을 초래한 경우도 포함하는바, 부동산의 매도인으로서 매수인에 대하여 그 앞으로의 소유권이전등기절차에 협력할 의무 있는 자가 그 임무에 위배하여 같은 부동산을 매수인 이외의 제3자에게 이중으로 매도하고 제3자 앞으로 소유권이전청구권 보전을 위한 가등기를 마쳐 주었다면, 이는 매수인에게 손해발생의 위험을 초래하는 행위로서 배임죄를 구성한다(대법원 1983. 6. 14. 선고 81도2278 판결, 대법원 2006. 11. 9. 선고 2006도3626 판결 등 참조).

원심은, 피고인이 그 판시와 같이 피해자에게 이 사건 임야를 매도하고 일부 잔금까지 지급받았음에도, 다시 위 임야를 제3자에게 매도하여 계약금을 지급받고는 그 앞으로 소유권이전청구권 보전을 위한 가등기를 마쳐 줌으로써 특정경제범죄 가중처벌 등에 관한 법률 위반(배임)죄의 기수에 이르렀다고 판단하였는바, 원심의 이러한 판단은 앞서 본 법리와 기록에 비추어 정당하고, 거기에 배임죄의 실행의 착수 및 기수시기에 관한 법리오해 등의 위법이 없다.

② 기한 전의 가등기

기한 내 이행가능성 없는 경우: 배임죄 성립

■ 대법원 1983. 6. 14. 선고 81도2278 판결【배임】(집)

원심이 유지한 제1심 판결이 확정한 바와 같이 피고인이 그 소유의 대지와 지상건물을 모두 매매하고 다만 지상건물은 잔대금을 수령한 후 6개월내에 매수인을 위해 스스로 철거하여 그 멸실등기절차를 하여 주기로 약정하였음에도 잔대금을 모두 수령한 뒤에 그 지상건물에 대하여 제3자 앞으로 소유권이전등기청구권 보전을 위한 가등기를 마쳐주었다면 피고인의 소위는 매수인을 위하여 지상건물의 철거 및 멸실등기의무를 이행하여야만 될 임무에 위반됨은 물론 대지에 대한 매수인의 소유권행사에 지장을 초래케 하였다는 점에서 대지에 대한 매수인 앞으로의 소유권이전등기임무에도 위반되는 행위라 할 것이고, 한편 피고인이 건물을 철거하기로 약속한 기한까지 위와 같이 경료한 제3자 앞으로의 가등기를 말소하고 건물철거의무를 이행할 수 있었다는 사정이 없는 이상(기록상 그와 같은 특별사정이 있었다고 볼만한 자료는 없다)매수인으로서는 지상건물에 관하여 제3자 앞으로의 소유권이전등기 청구권보전을 위한 가등기가 경료됨으로써 대지에 대한 소유권행사에 있어 제한을 받을 수 밖에 없는 것이므로 피고인의 제1심 판시 소위는 건물을 철거하기로 약정한 기한 이전의 행위였다 하더라도 매수인에게 손해발생의 위험을 초래케 한 경우에 해당한다고 볼 수 있다.

기한 내 이행가능성 있고 믿은 경우: 배임죄 부정

■ 대법원 2006. 12. 21. 선고 2006도2684 판결【배임】(미)

일반적으로 배임죄의 고의는 타인의 사무를 처리하는 자가 본인에게 재산상의 손해를 가한다는 의사와 자기 또는 제3자의 재산상의 이득의 의사가 임무에 위배된다는 인식과 결합하여 성립되는 것이며, 이와 같은 배임죄의 주관적 요소로 되는 사실(고의, 동기 등의 내심적 사실)은 피고인이 본인의 이익을 위하여 문제가 된 행위를 하였다고 주장하면서 범의를 부인하고 있는 경우에는 사물의 성질상 고의와 상당한 관련성이 있는 간접사실을 증명하는 방법에 의하여 증명할 수밖에 없고, 무엇이 상당한 관련성이 있는 간접사실에 해당할 것인가는 정상적인 경험칙에 바탕을 두고 치밀한 관찰력이나 분석력에 의하여 사실의 연결상태를 합리적으로 판단하는 방법에 의하여야 한다(대법원 2004. 7. 22. 선고 2002도4229 판결 등 참조).

한편, 대지 및 지상건물의 소유자가 대지를 매도하면서 잔대금 수령 후 일정 기간 내에 매수인을 위하여 그 지상건물을 스스로 철거하고 멸실등기절차를 해주기로 약정하였음에도 매수인으로부터 잔대금을 모두 수령한 뒤에 그 지상건물에 대하여 제3자 앞으로 소유권이전청구권 보전을 위한 가등기를 마쳐주었다면, 그와 같은 매도인의 행위는 대지에 대한 매수인의 소유권행사에 지장을 초래케 하였다는 점에서 매수인 앞으로의 소유권이전등기임무에 위반되는 배임행위라고 할 것이지만(대법원 1983. 6. 14. 선고 81도2278 판결 참조), 매도인이 지상건물을 철거하기로 약속한 기한까지 위 가등기를 말소하고 건물철거의무를 이행할 수 있을 것으로 믿었고 객관적으로도 그 이행이 가능하였다는 등의 특별한 사정이 있는 경우에는 배임죄의 고의가 인정되지 않는다고 봄이 상당하다.

이러한 법리에 비추어 이 사건 기록을 살펴보면, 피고인은 피해자들에게 이 사건 토지들을 매도하는 계약을 체결하기 전에 이미 그 지상 건물에 대하여 공소외인 명의의 소유권이전청구권 보전을 위한 가등기 신청을 법무사에게 의뢰하였는데, 위 건물이 건축물대장에 등재되어 있지 않았던 까닭에 가등기 신청절차가 피해자들과의 토지매매계약 체결일 후로 늦추어지게 된 점, 공소외인은 위 가등기에 대하여 '자신이 위 건물에 대한 재산세 납세의무자로 등재되어 있었지만 건물이 등기되어 있다는 것은 몰랐는데, 피고인이 피고인 앞으로 이미 등기가 되어있다고 하면서 다른 채권자의 압류가 들어오지 않도록 가등기를 해야 한다고 해서 협조한 것'이라고 진술하고 있을 뿐만 아니라, 피고인과 공소외인 사이에서는 피고인이 피해자들로부터 지급받을 토지매매대금으로 공소외인에 대한 채무 2,000만 원을 변제하면 곧바로 가등기를 말소하고 건물을 철거하기로 하는 약정이 있었던 것으로 보이는 점, 위 토지매매계약서에 의하면 피고인은 피해자들로부터 지급받는 계약금 및 1, 2차 중도금 합계 25억 원으로 이 사건 토지들 중 일부에 대하여 진행 중인 임의경매의 신청을 취하시키고 거기에 설정된 근저당권설정등기 및 가압류등기를 말소해 주기로 하며, 3차 중도금 5억 원을 지급받은 후 잔금지급일 전에 그 지상건물을 철거하기로 약정하였는데, 위 가등기가 마쳐질 당시 피고인은 피해자들로부터 계약금 중 4,000만 원을 지급받았을 뿐 중도금을 현실적으로 지급받지 못한 상태였던 점(피해자들은 장차 경매신청채권자와의 사이에 신청취하에 관한 합의가 이루어지는 경우 채권자들에게 직접 지급하기 위하여 보관한다는 명목으로 나머지 계약금 3억 6,000만 원 및 1차 중도금 4억 원을 법무사에게 맡겨두었을 뿐이다) 등이 인정되고, 위와 같은 사정을 모두 종합해 보면 피고인에게는 위 건물에 대하여 공소외인 명의로 소유권이전청구권 보전을 위한 가등기를 마침으로써 이 사건 각 토지에 대한 피해자들 명의의 소유권이전등기에 협력할 임무를 위배한다는 인식 또는 위 가등기로 인하여 피해자들에게 재산상의 손해가 발생하거나 발생할 염려가 있고 피고인 또는 공소외인이 재산상 이득을 얻는다는 인식이 있었다고 보기 어렵다.

③ 근저당설정

■ 대법원 1990. 10. 16. 선고 90도1702 판결【배임】(공)

배임죄에 있어서 '재산상 손해를 가한 때'라 함은 현실적인 손해를 가한 경우뿐만 아니라 손해발생의 위험을 초래한 경우도 포함되는 것이므로(당원 1989. 11. 28. 선고 89도1309 판결 등 참조) 원심이 확정한 바와 같이 피고인이 피해자에게 이 사건 염전의 2분지 1지분을 매도하고 계약금과 중도금을 받고서도 잔금과 상환으로 이전등기절차를 하여 줄 임무에 위배하여 은행 앞으로 이 사건 염전에 대하여 근저당권설정등기를 하였다면 비록 피해자가 위 근저당권설정등기를 하기 전에 처분금지가처분을 해두었다 하더라도 그것만으로 피해지가 매수한 위 지분부분에 대하여 실행발생의 위험이 발생하지 않았다고 볼 수는 없다 할 것이므로 이러한 가처분은 이 사건 배임죄의 성립에 아무런 영향을 미칠 수 없다 하겠다(당원 1969. 9. 30. 선고 69도1001 판결, 1973. 1. 16. 선고 72도2494 판결 등 참조).

그런데도 원심이 이와 다른 견해에서 피해자가 이 사건 염전에 대하여 처분금지가처분을 하여 둔 뒤에 피고인이 이를 은행에 근저당설정등기를 한 것으로는 피해자에게 재산상의 손해를 입혔다고는 볼 수 없다는 이유로 피고인에게 무죄를 선고한 제1심판결을 그대로 유지한 것은 배임죄에 있어서의 재산상 손해에 관한 법리를 오해하여 판결결과에 영향을 미쳤다 할 것이다. 이 점을 지적하는 주장은 이유있다.

■ 대법원 1973. 1. 16. 선고 72도2494 판결

부동산을 이중으로 매도하여 2차 매수인 앞으로 소유권이전등기를 마친 이상 배임죄를 구성하고 1차 매수인이 한 가처분의 효력으로 위 등기가 궁극적으로 말소되었다 하더라도 배임죄의 성립에 영향이 없다.

㈀ 제2매수인에 대한 죄책

① 무죄

■ 대법원 1992. 12. 24. 선고 92도1223 판결【배임】(공)

이 사건 공소사실의 요지는, 피고인이 1991. 5. 29. 이 사건 부동산을 공소외 A에게 금 530만 원에 매도하고 그 계약금 및 중도금을 수령한 상태에서, 같은 해 6. 27. 공소외 B에게 위 부동산을 금 1,530만 원에 이중으로 매도하여 계약금을 수령한 후 같은 해 6. 29. 위 A로부터 잔금을 교부받은 사실이 발각됨으로써, 같은 해 7. 중순경 피고인, A, B 등 이해관계인이 모인 자리에서 이 문제를 논의한 결과 피고인이 7. 21.까지 위 A에게 손해배상금을 포함한 금 700만 원을 지급하고 계약을 해제한 후 이 사건 부동산은 위 B에게 소유권이전등기를 경료하여 주기로 화해가 성립되었는데, 피고인은 위 금 700만 원의 지급기일까지 위 금원을 A에게 지급하지 아니하고 7. 29. 에는 위 B로부터 잔금까지 지급받은 후, 9. 6. 위 부동산에 관하여 위 B 앞으로 소유권을 이전해 줄 임무에

위배하여 위 A 앞으로 소유권이전등기절차를 경료하여 줌으로써 위 B에게 금 1,530만원 상당의 재산상 손해를 가하고 동액 상당의 재산상 이득을 취하였다는 것이고, 이에 대하여 원심은, 피고인, A, B 사이에 체결된 합의의 내용은 피고인이 A에게 금 700만 원을 지급함을 조건으로 A가 그 매매계약상의 지위를 포기하기로 한 것으로 봄이 상당하고, 위 A는 위 합의에 따른 금원을 지급받지 못한 이상 선매수인의 지위를 그대로 유지하고 있는 것이므로, 피고인의 선매수인인 A에 대한 이전등기경료행위가 후매수인에 대한 배임죄를 해당한다고 볼 수 없다고 하여 위 공소사실에 대하여 무죄를 선고한 제1심판결을 유지하였다.

부동산을 이중으로 매도한 경우에 매도인이 선매수인에게 소유권이전의무를 이행하였다고 하여 후매수인에 대한 관계에서 그가 임무를 위법하게 위배한 것이라고 할 수 없고(당원 1977. 10. 11. 선고 77도1116 판결, 1986. 12. 9. 선고 86도1112 판결 참조), 부동산의 이중매매에 있어서 매도인의 선매수인에 대한 매매계약이 특별한 사정에 의하여 선매수인에 대하여 사기죄를 구성하는 경우에도 그 매매계약에 무효의 사유가 있거나 취소되지 않는 한 매도인의 선매수인에 대한 소유권이전의무가 존재하지 아니하거나 소멸할 리가 없는 것이다. 소론은 위와 같은 경우 매도인의 선매수인에 대한 소유권이전의무가 없음을 전제로 매도인이 선매수인에게 소유권이전등기절차를 경료한 행위가 후매수인에 대하여 배임죄를 구성한다는 것이나 채택할 수 없다. 따라서 원심판결은 정당하고 소론과 같은 배임죄의 법리오해가 있다고 할 수 없다.

② 제2매수인으로부터 매매대금을 모두 지급받았어도 같음

■ 대법원 2009. 2. 26. 선고 2008도11722 판결【특정경제범죄가중처벌등에관한법률위반(배임), … 배임】(공)

가. 이 사건 각 공소사실의 요지는, 피고인은 공소외 1 주식회사의 대표이사인바, 공소외 1 주식회사가 건축한 서산시 (지번 생략) 공소외 1 주식회사마을 아파트 중 해당 세대에 대하여 그 각 피해자에게 매도하는 계약을 체결하고 그들로부터 각 매매대금을 모두 지급받았으므로, 그들에게 법적 제한이 없는 완전한 소유권을 이전해 주어야 할 임무가 있음에도 불구하고 그 임무에 위배하여 위 아파트를 건축하면서 주식회사 우리은행(이하 "우리은행"이라 한다)으로부터 대출받은 돈(24평형 세대당 2,600만 원, 32평형 세대당 4,500만 원)에 대한 담보로 2005. 5. 20. 위 아파트에 우리은행을 근저당권자로 하는 채권최고액 20,854,600,000원의 근저당권설정등기를 경료해 주어 우리은행으로 하여금 위 근저당권에 의해 담보되는 금액 상당의 재산상 이익을 취득하게 하고 위 피해자들에게 동액 상당의 손해를 가하였다는 것이다.

나. 이에 대하여 원심은 제1심판결을 인용하여, 위 피해자들은 분양계약 체결 당시 이 사건 아파트에 대하여 근저당을 설정하기로 하는 약정이 있음을 알았다거나 이를 양해하고 계약을 체결하였다고 볼 수 없고, 또한 이 사건은 분양계약 후 잔금까지 모두 지급받아 위 피해자들에 대하여 소유권이전등기절차를 이행하여야 하는 임무를 부담하는 피고인이 그 임무에 위배하여 제3자 앞으로 근저당권설정등기를 경료한 것이어서 배임죄가 성립한다고 판단하였다.

다. 그러나 원심의 위와 같은 판단은 수긍하기 어렵다.

부동산을 이중으로 매도한 경우에 매도인이 선매수인에게 소유권이전의무를 이행하였다고 하여 후매수인에 대한 관계에서 그가 임무를 위법하게 위배한 것이라고 할 수 없다(대법원 1992. 12. 24. 선고 92도1223 판결 등 참조). …

이와 같이 공소외 1 주식회사는 위 각 피해자들의 매매계약보다 앞선 위 추가담보제공의 약정에 기하여 이 사건 근저당권설정등기를 경료한 것이므로, 이를 두고 피고인이 위 각 피해자들에 대한 관계에서 타인의 사무를 처리하는 자로서 그 임무를 위법하게 위배한 것으로서 배임죄가 성립된다고 할 수 없다.

③ **제2매수인에 대한 사기죄 성립할 수 있음**

(3) 제2매수인의 죄책

㈎ **배임죄**

① **적극적 가담의 경우 배임죄**

■ 대법원 1999. 7. 23. 선고 99도1911 판결【특정경제범죄가중처벌등에관한법률위반(사기 · 배임 · 횡령 · 증재 등 · 수재 등), 뇌물공여의사표시, 사문서위조, 위조사문서행사, 사기, 뇌물공여, 특정범죄가중처벌등에관한법률위반(뇌물), 업무상배임】(공)

업무상배임죄의 실행으로 인하여 이익을 얻게 되는 수익자 또는 그와 밀접한 관련이 있는 제3자를 배임의 실행행위자와 공동정범으로 인정하기 위해서는 실행행위자의 행위가 피해자인 본인에 대한 배임행위에 해당한다는 것을 알면서도 소극적으로 그 배임행위에 편승하여 이익을 취득한 것만으로는 부족하고, 실행행위자의 배임행위를 교사하거나 또는 배임행위의 전 과정에 관여하는 등으로 배임행위에 적극 가담할 것을 필요로 한다고 하는 점은 논지가 주장하는 바와 같다(대법원 1975. 6. 10. 선고 74도2455 판결, 1990. 6. 8. 선고 89도1417 판결 등 참조).

그런데 원심은 제1심에서 적법하게 조사·채택한 증거들을 종합하여, 피고인 2는 자신이 대표이사로 있던 공소외 1 주식회사로 하여금 피해자 한국부동산신탁 주식회사(이하 '한부신'이라 한다)와 탄현 큰마을아파트에 관한 신탁계약을 체결하고 1996. 3. 8. 탄현 아파트 개발사업의 공동시공자로 선정된 다음 한부신으로부터 선급금으로 340억 원, 선배당금으로 300억 원 등 합계 640억 원을 지급받았음에도 공소외 1 주식회사의 자금사정이 개선되지 아니하여 한부신에 계속적인 자금지원을 요구하였으나 위 탄현 아파트 건에 기하여는 더 이상의 자금지원을 받지 못하고 있던 중, 1996. 10. 2.경 전부터 친분이 있던 피고인 3이 마침 한부신의 임원으로 취임하게 되었음을 기화로 추가로 자금지원을 받아내기 위하여 위 피고인 3 등과 접촉한 끝에 새로운 개발신탁계약에 기하여 자금지원을 받기로 하고, 1996. 12. 26. 용인시 기흥읍 영덕리 소재 토지에 관하여 주식회사 풍산주택 명의로 신탁계약을 체결하게 하고 그 지상에 건설되는 아파트의 시공자로 자신이 사실상 경영하는 공소외 2 주식회사가 선정되도록 한 다음 공사계약 체결 당일 주택공제조합의 보증서나 다른 담보의 제공도 없이 공사금액의 50%에 해당하는 150억 원의 과당 선급금을 지급 받는 한편, 더 이상의 자금지원이 불가능하다고 하여 중단되었던 위 탄현 아파트 건에 기하여도 실제로는 공소외 1 주식회사의 다른 약속어음 결제대금으로 사용하는 것임에도 마치 건축자재 확보를 위한 긴급자금을 지원 받는 것처럼 가장하여 41억 원을 추가 지원을 받았으며, 나아가 국민기술금융 주식회사(이하 '국민기술금융'이라 한다)로부터 114억 원을 차입함에 있어서 단순히 질권 설정에 대한 동의를 넘어 지급보증을 받았고, 또 1998. 2. 초 위 피고인 3, 한부신의 모회사인 한국감정원 임원인 공소외 3을 차례로 찾아가 담보가치가 부족한 피고인 1 소유의 공소외 4 주식회사 주식을 담보로 제공하고 공소외 1 주식회사의 충청은행에 대한 100억 원의 채무를 인수하고 별도로 120억 원의 자금을 대여할 것을 요청하여 채무인수와 일부 자금대여를 받았는데 피고인 2로서는 그와 같은 자금지원이 관련 법령이나 업무처리규정에 위배된다는 것을 알고 있었고 일부 임원들이 자금지원에 반대한다는 사실을 알면서도 피고인 3, 4, 제1심 공동피고인 1 등에게 집요하게 자금지원을 하여 줄 것을 요구하는 한편으로 자신이 평소 알고 지내는 정치인이나 한국감정원의 간부들에게 자금지원을 청탁하고 정치인들과의 친분관계를 과시함으로써 가능하였다고 사실을 인정하였는바, 원심의 이와 같은 사실인정은 정당하고 거기에 채증법칙에 위반하여 사실을 오인한 위법이 있다고 할 수 없다.

나아가 위와 같은 사실관계에서 인정되는 피고인 2의 관여행위의 정도나 내용을 검토하여 보면, 위 피고인은 단순히 위 피고인 3, 4, 제1심 공동피고인 1 등이 한부신에 대하여 배임행위를 한다는 것을 알면서 이에 편승하여 공소외 1 주식회사나 공소외 2 주식회사로 하여금 이익을 취득하게 한 정도를 넘어 위 피고인 3, 4, 제1심 공동피고인 1 등에 대하여 배임행위를 할 것을 교사하거나 배임행위의 전 과정에 관여함으로써 적극 가담하였다고 할 것이고, 그 당시 객관적인 상황에 비추어 보아도 이미 공소외 1 주식회사나 공소외 2 주식회사로 하여금 부당한 이익을 얻게 하고 한부신에 대하여 손해를 가한다는 배임의 범의를 가지고 저지른 것이라고 볼 것이지 사후의 경제사정의 악화 등 사정변화 때문에 결과적으로 한부신에게 손해를 가한 것으로 볼 수도 없는 것인바, 위 피고인을 그 판시 업무상배임죄의 공범으로 인정한 원심판결은 정당하고 거기에 논지가 주장하는 바와 같은 업무상배임죄의 성립 또는 그 고의에 관한 법리를 오해한 위법은 찾아 볼 수 없다.

② 이중매매와 적극가담

■ 대법원 1983. 7. 12. 선고 82도180 판결【배임】(공)

피고인은 원심 공동피고인 이 1978. 3.경 공소외 홍순원에게 이건 점포를 매도하였고 위 홍순원이 다시 1978. 11.하순경 이를 공소외 이문규에게 매도하였음을 잘 알고 있으면서 위 이문규, 홍순원을 여러차례 만나 이 건 점포를 매수하려 하였으나 대금문제로 뜻을 이루지 못하자 이건 점포의 임대차계약 당시 이건 점포를 팔 때에는 임차인에게 팔기로 하였다는 특약을 구실로 대금을 일방적으로 결정하고 임차보증금 및 속초시에 납부한 불입금을 공제한 나머지 금액을 공탁한 후 원심 공동피고인과 공모하여 이 건 점포에 관하여 피고인 명의의 소유권 이전등기를 경료함으로써 원심 공동피고인의 배임행위에 적극 가담하였다고 판시하고 있는바, 원심판결 및 원심이 유지한 제1심 판결의 거시증거를 기록과 대조하여 살펴보면 피고인에 대한 판시 범죄사실을 능히 수긍할 수 있으며, 거기에 소론과 같은 배임죄의 공범에 관한 법리오해가 있거나 채증법칙 위배로 인한 사실오인의 위법이 있다 할 수 없으므로 논지는 이유없다.

(나) 장물취득죄

○ 장물이 아님

■ 대법원 1975. 12. 9. 선고 74도2804 판결【배임, 장물취득】(집)

증거의 취사판단은 사실심법관의 전권에 속하는 것으로서 일건기록을 정사하건데 원판결에 무슨 채증상의 위배있음을 인정할 수 없고 사실오인을 주장하는데 귀착되는 논지는 적법한 상고이유가 될 수 없으며 무릇 형법상 장물죄 객체인 장물이라 함은 재산권상의 침해를 가져올 위법행위로 인하여 영득한 물건으로서 피해자가 반환청구권을 가지는 것을 말한다고 할 것인바(본원 1975. 9. 23. 선고 74도1804 판결 참조)본건에 있어 원판결이 적법하게 확정한 사실에 의하면 원심공동피고인이 본건 대지에 관하여 그 매수인인 조칠용에게 소유권이전등기를 하여줄 임무가 있음에도 불구하고 그 임무에 위반하여 이를 대금 120,000원에 피고인 1에게 매도하고 소유권이전등기를 경유하여서 위 대금상당의 재산상의 이익을 얻고 위 조칠용에게 위 대지 싯가 상당의 손해를 입혔으며 피고인 2는 위 대지를 피고인 1로부터 매수취득하였다는 것으로서 위 원심공동피고인이 배임행위로 인하여 영득한 것은 재산상의 이익이고 위 배임범죄에 제공된 본건 대지는 위 범죄로 인하여 영득한 것 자체는 아니며 그 취득자 또는 전득자에게 대하여 위 배임죄의 가공여부를 논함은 별문제로 하고 장물취득죄로 처단할 수 없는 법리라 할 것이므로 피고인 2에게 대하여도 무죄를 선고한 원판결은 정당하며 논지는 채택될 수 없다.

나. 부동산 이중저당

(1) 개 념

○ A가 B에게 저당권 설정 약정 후 C에게 저당권 설정등기하여 준 경우

(2) A의 죄책

○ C에 대해서는 무죄

○ B에 대하여 처음부터 등기의사 없었던 경우: 사기죄

○ B에 대하여 처음에는 등기의사가 있었던 경우

1 사기죄설
- G C가 피기망자이고 B가 재산상 손해자인 삼각사기
- K C가 처분지위 없음

2 배임죄설
- B에 대한 배임죄

배임죄설

■ 대법원 1993. 9. 28. 선고 93도2206 판결【배임, 사기】(공)

배임죄에 있어서의 손해란 현실적인 손해가 발생한 경우뿐만 아니라, 재산상의 위험이 발생된 경우도 포함되는 바, 기록에 의하면 피고인들이 판시와 같이 피해자들에게 이 사건 주택에 대한 전세권설정계약을 맺고 전세금의 중도금까지 지급받고도 임의로 타에 근저당권설정등기를 경료해 줌으로써 전세금반환채무에 대한 담보능력 상실의 위험이 발생되었다고 보여지고 또 사정이 그러하다면 피고인들의 행위는 배임죄를 구성하기에 충분한 것이다.

사기와 배임

■ 대법원 2008. 3. 27. 선고 2007도9328 판결【사기{인정된 죄명: 특정경제범죄가중처벌등에관한법률위반(사기)}, 부정수표단속법위반】(공)

원심은, 이 사건 공소사실 중 배임의 점에 관하여, 판시 증거에 의하여 피고인이 피해자에게 금원 편취의 목적으로 부동산에 근저당권을 설정하여 주겠다고 속이고 피해자로부터 7억 원을 교부받고서도 피해자 명의의 근저당권을 설정하여 주지 아니하고, 농협중앙회로부터 2억 3천만 원을 차용하면서 농협중앙회 명의의 근저당권을 설정하여 준 사실을 인정한 다음, 이러한 경우에 피고인이 부동산에 피해자 명의의 근저당권을 설정하여 주기로 한 약정은 금원 편취의 수단에 불과하여 피고인이 피해자로부터 금원을 수수하는 순간 사기 범행은 완성되는 것이고, 그 이후에 피해자 명의의 근저당권이 설정되지 아니하였다는 등의 사정은 처음부터 사기 범행에 예정된 당연히 수반되

는 결과로 일종의 불가벌적 사후행위라고 할 것으로서 사기 범행에 대한 가벌적 평가에 포함되어 사기죄와 별도로 별죄를 구성하지 아니한다고 봄이 상당하다고 보아 배임의 점에 대하여 무죄를 선고하였다.

그러나 채무의 담보로 근저당권설정등기를 하여 줄 임무가 있음에도 불구하고 이를 이행하지 않고 임의로 제3자 명의로 근저당권설정등기를 마치는 행위는 배임죄를 구성하는 것인바(대법원 1971. 11. 15. 선고 71도1544 판결, 1993. 9. 28. 선고 93도2206 판결 등 참조), 부동산에 피해자 명의의 근저당권을 설정하여 줄 의사가 없음에도 피해자를 속이고 근저당권 설정을 약정하여 금원을 편취한 경우라 할지라도, 이러한 약정은 사기 등을 이유로 취소되지 않는 한 여전히 유효하여 피해자 명의의 근저당권설정등기를 하여 줄 임무가 발생하는 것이고, 그럼에도 불구하고 임무에 위배하여 그 부동산에 관하여 제3자 명의로 근저당권설정등기를 마친 경우, 이러한 배임행위는 금원을 편취한 사기죄와는 전혀 다른 새로운 보호법익을 침해하는 행위로서 사기 범행의 불가벌적 사후행위가 되는 것이 아니라 별죄를 구성한다고 보아야 한다.

그렇다면 위 배임죄를 무죄로 판단한 원심판결에는 사기죄의 불가벌적 사후행위에 관한 법리를 오해함으로써 판결에 영향을 미친 위법이 있다고 할 것이므로, 이 점을 지적하는 검사의 상고이유의 주장은 이유 있다.

잔존가치를 고려

■ **대법원 2009. 9. 24. 선고 2008도9213 판결【특정경제범죄가중처벌등에관한법률위반(배임)】(공)**

한편, 제3자로부터 금원을 융자받을 목적으로 타인을 기망하여 그 타인 소유의 부동산에 제3자 앞으로 근저당권을 설정케 한 자가 그로 인하여 취득하는 재산상 이익은 그 타인 소유의 부동산을 자신의 제3자와의 거래에 대한 담보로 이용할 수 있는 이익이고(대법원 2000. 4. 25. 선고 2000도137 판결 등 참조), 또한 전세권설정의무를 부담하는 자가 제3자에게 근저당권을 설정하여 준 경우 그 행위가 배임죄에 해당하는지 여부를 판단하기 위해서는 당시 그 부동산의 시가 및 선순위담보권의 피담보채권액을 계산하여 그 행위로 인하여 당해 부동산의 담보가치가 상실되었는지를 따져보아야 하는 것이므로(대법원 2006. 6. 15. 선고 2004도5102 판결 등 참조), 타인에 대하여 근저당권설정의무를 부담하는 자가 제3자에게 근저당권을 설정하여 주는 배임행위로 인하여 취득하는 재산상 이익 내지 그 타인의 손해는 그 타인에게 설정하여 주기로 한 근저당권의 담보가치 중 제3자와의 거래에 대한 담보로 이용함으로써 상실된 담보가치 상당으로서, 이를 산정함에 있어 제3자에 대한 근저당권 설정 이후에도 당해 부동산의 담보가치가 남아 있는 경우에는 그 부분을 재산상 이익 내지 손해에 포함시킬 수 없다 할 것이다.

원심판결 이유에 의하면 원심은, 피고인이 피해은행으로부터 161억 2,500만 원을 대출받으면서 향후 준공되는 아파트에 대하여 1순위 근저당권을 설정해주기로 약정하고도 그 임무에 위배하여 이후 삼성생명보험 주식회사로부터 85억 원을 대출받으면서 삼성생명보험 주식회사에 이 사건 아파트에 관한 1순위 근저당권을 설정해줌으로써 삼성생명보험 주식회사로부터의 대출금 85억 원 상당의 재산상 이익을 취득하고 피해은행에 대하여 삼성생명보험 주식회사에 대한 근저당권설정등기의 채권최고액인 108억 2,200만 원 상당의 재산상 손해를 가하였다는 이 사건 공소사실에 대하여, 부동산에 관하여 제한물권인 1순위 담보권을 설정하여 줄 의무를 부담하는 자가 제3자에게 1순위 담보권을 설정하여 준 경우에는 피해자에게 설정하여 주기로 한 담보권의 담보가치 중 당해 부동산에 관하여 제3자에게 1순위 담보권을 설정하여 줌으로써 침해하게 되는 담보가치 상당을 손해 또는 이득으로 보아야 하며, 부동산의 전체 담보가치에서 제3자에게 1순위 담보권을 설정하여 준 이후에도 잔존 담보가치가 있다면 그 부분은 손해 또는 이득액을 산정함에 있어서 공제하여야 하므로, 이러한 경우 배임행위로 인한 손해 또는 이득액은 피해자에게 설정하여 주기로 한 담보권의 담보가치(채권최고액) 중 전체 부동산의 담보가치(시가)에서 제3자에게 설정하여 준 담보권의 담보가치(채권최고액) 상당을 뺀 금액을 공제하는 방법으로 산정해야 하고, 따라서 이 사건의 손해 내지 이득액은 '피해은행에 설정하여 주기로 한 근저당권의 채권최고액 - (이 사건 아파트의 시가 - 삼성생명보험 주식회사에 설정하여 준 근저당권의 채권최고액)'의 산식에 의하여 계산할 수 있는데, 검사가 제출한 증거를 모두 종합하여 보더라도 피고인의 배임행위로 인하여 피해은행이 입은 손해 또는 피고인이 얻은 이득액이 특정경제범죄 가중처벌 등에 관한 법률 위반(배임)죄가 적용되는 50억 원 또는 5억 원 이상이라고 인정하기에 부족하며, 다만 피고인이 이 사건 아파트에 관하여 피해은행과의 당초 약정과 달리 삼성생명보험 주식회사에게 1순위 근저당권을 설정하여 줌으로써 피해은행으로 하여금 구체적으로 확정할 수 없는 손해 등을 입게 하였으므로 피고인의 행위는 형법상의 배임죄에는 해당하나 그 공소시효가 이미 완성되었다는 이유로 피고인에게 면소판결을 선고한 제1심판결을 유지하였는바, 위와 같은 법리에 비추어 원심이 적법한 증거조사를 거쳐 채택한 증거 등을 살펴보면, 이러한 원심의 판단은 정당한 것으로 수긍이 되고, 거기에 상고이유와 같은 특정경제범죄 가중처벌 등에 관한 법률 위반(배임)죄의 구성요건에 관한 법리오해 등의 위법이 없다.

다. 동산 이중매매

■ 대법원 2011. 1. 20. 선고 2008도10479 전원합의체 판결【배임】(공) [요지]

[1] [다수의견]

(가) 매매와 같이 당사자 일방이 재산권을 상대방에게 이전할 것을 약정하고 상대방이 그 대금을 지급할 것을 약정함으로써 그 효력이 생기는 계약의 경우(민법 제563조), 쌍방이 그 계약의 내용에 좇은 이행을 하여야 할 채무는 특별한 사정이 없는 한 '자기의 사무'에 해당하는 것이 원칙이다.

(나) 매매의 목적물이 동산일 경우, 매도인은 매수인에게 계약에 정한 바에 따라 그 목적물인 동산을 인도함으로써 계약의 이행을 완료하게 되고 그때 매수인은 매매목적물에 대한 권리를 취득하게 되는 것이므로, 매도인에게 자기의 사무인 동산인도채무 외에 별도로 매수인의 재산의 보호 내지 관리 행위에 협력할 의무가 있다고 할 수 없다. 동산매매계약에서의 매도인은 매수인에 대하여 그의 사무를 처리하는 지위에 있지 아니하므로, 매도인이 목적물을 매수인에게 인도하지 아니하고 이를 타에 처분하였다 하더라도 형법상 배임죄가 성립하는 것은 아니다.

[대법관 안대희, 대법관 차한성, 대법관 양창수, 대법관 신영철, 대법관 민일영의 반대의견]

(가) 매매계약의 당사자 사이에 중도금을 수수하는 등으로 계약의 이행이 진행되어 다른 특별한 사정이 없는 한 임의로 계약을 해제할 수 없는 단계에 이른 때에는 그 계약의 내용에 좇은 채무의 이행은 채무자로서의 자기 사무의 처리라는 측면과 아울러 상대방의 재산보전에 협력하는 타인 사무의 처리라는 성격을 동시에 가지게 되므로, 이러한 경우 그 채무자는 배임죄의 주체인 '타인의 사무를 처리하는 자'의 지위에 있고, 이러한 지위에 있는 자가 그 의무의 이행을 통하여 상대방으로 하여금 그 재산에 관한 완전한 권리를 취득하게 하기 전에 이를 다시 제3자에게 처분하는 등 상대방의 재산 취득 혹은 보전에 지장을 초래하는 행위는 상대방의 정당한 신뢰를 저버리는 것으로

비난가능성이 매우 높은 전형적인 임무위배행위에 해당한다.

(나) 동산매매의 경우에도 당사자 사이에 중도금이 수수되는 등으로 계약의 이행이 일정한 단계를 넘어선 때에는 매도인이 매매목적물을 타에 처분하는 행위는 배임죄로 처벌하는 것이 논리적으로 일관되고, 그와 달리 유독 동산을 다른 재산과 달리 취급할 아무런 이유를 찾아볼 수 없다. 다수의견은 본질적으로 유사한 사안을 합리적 근거 없이 달리 취급하는 것으로서 형평의 이념에 반하며, 재산권의 이중매매 또는 이중양도의 전반에 걸쳐 배임죄의 성립을 인정함으로써 거래상 신뢰관계의 보호에 기여하여 온 대법원판례의 의미를 크게 퇴색시키는 것이다.

[다수의견에 대한 대법관 김지형, 대법관 이홍훈, 대법관 김능환의 보충의견]

(가) 일반적으로 모든 계약에는 상대방의 재산상 이익의 보호를 배려할 신의칙상 의무가 포함되어 있다는 점을 감안하면, 계약의 당사자 일방이 배임죄에서 말하는 '타인의 사무를 처리하는 자'에 해당한다고 보기 위해서는, 계약의 당사자 일방이 상대방에게 위와 같은 신의칙상 의무를 부담하는 것에 그치지 않고 더 나아가 계약의 목적이 된 권리를 계약 상대방의 재산으로서 보호 내지 관리하여야 할 의무를 전형적·본질적인 내용으로 하는 신임관계가 형성되었음을 요구한다고 제한적으로 해석하여야 하고, 계약 당사자 일방의 사무 처리가 타인인 계약 상대방의 이익을 위한 것이라고 하더라도 위와 같은 의미의 타인의 사무가 아니라면 그 사무는 자기의 사무이고 그 일방 당사자는 배임죄의 주체인 '타인의 사무를 처리하는 자'에 해당하지 아니하므로 배임죄가 성립할 여지는 없다. 따라서 배임죄의 행위주체인 '타인의 사무를 처리하는 자'의 의미를 그 사무의 본질에 입각하여 제한해석하는 것에 합당한 의미를 부여하지 아니한 채, 채무의 이행이 타인의 이익을 위한다는 측면을 겸비하고 있으면 그 채무자의 배신적 행위는 배임죄를 구성할 수 있다고 확대해석하여 현행 형사법상 범죄로 되지 아니하는 채무불이행과의 구분을 모호하게 하는 것은 죄형법정주의의 관점에서도 엄격히 경계되어야 한다.

(나) 반대의견은 동산 이외에 부동산, 채권, 면허·허가권 등의 다른 유형의 재산에 대한 이중매매 혹은 양도담보로 제공된 동산의 처분행위를 배임죄로 처벌하는 기존 판례의 취지를 동산 이중매매 사안에서도 그대로 원용할 수 있다고 하나, 부동산 이외의 재산의 이중매매 등의 사안은 모두 계약의 목적이 된 권리가 계약의 상대방에게 이전·귀속된 이후의 문제를 다루고 있어 계약의 일방 당사자가 계약의 상대방에게 귀속된 재산권을 보호·관리할 의무를 타인의 사무로 상정하는 데 어려움이 없는 반면, 동산 이중매매의 경우는 아직 계약의 목적이 된 권리가 계약의 상대방에게 이전되기 전인 계약의 이행 과정에서 계약의 일방 당사자의 상대방에 대한 계약상의 권리이전의무의 이행에 관한 사항을 타인의 사무로 취급할 수 있는지의 문제를 다루는 것이어서, '타인의 사무를 처리하는 자'의 인정에 관하여 그 본질적인 구조를 달리하며, 판례가 애초 부동산 이중매매를 우리 형법상 배임죄로 의율하게 된 배경이나 이에 대한 비판적 고려의 여지가 있는 사정 등에 비추어 보면, 배임죄의 성립 여부와 관련하여 부동산과 동산의 이중매매를 단순히 평면적으로 대비하는 것은 법리적으로 적절하지 않다.

(다) 결국 매매거래 일반에 있어 매도인이 제1매수인으로부터 중도금을 수령한 이후에 매매목적물을 이중으로 매도하는 행위가 널리 배임죄를 구성한다는 것을 전제로 하여 동산 이중매매의 경우에도 배임죄가 성립한다고 인정하는 것은, 부동산 이중매매를 배임죄로 인정한 기존 판례가 안고 있는 내재적 한계를 외면하고 형법상 배임죄의 본질에 관한 법리적 오류를 동산의 경우에까지 그대로 답습하는 셈이 되므로 반대의견에는 찬성하기 어렵다.

[다수의견에 대한 대법관 전수안의 보충의견]

부동산과 동산의 거래 구조상 본질적 차이를 도외시한 채 부동산의 거래에 적용될 수 있는 논리를 동산의 거래에도 그대로 원용하려는 반대의견에는 동의할 수 없고, 오히려 부동산등기절차의 고유한 특성을 매개로 타인의 재산 보호 내지 관리를 위한 협력의무의 존재를 긍정한 기존 판례의 취지를 감안하면 그와 같은 내용의 협력의무를 상정하기 어려운 동산매매의 경우에 매도인은 매수인의 사무를 처리하는 자에 해당하지 않는다고 보는 것이 단순한 채무불이행은 배임죄를 구성하지 않는다는 기본 법리에 보다 충실한 법해석이다.

[반대의견에 대한 대법관 안대희, 대법관 양창수, 대법관 민일영의 보충의견]

(가) 다수의견에 대한 각 보충의견은 물권변동에 관한 민법상의 입법주의 전환에 지나친 의미를 부여하고 그에 따른 법구성적인 측면의 차이에 불필요하게 구애되어 행위의 실질적 불법성 내지 '비난가능성'의 측면에 충분히 주목하지 아니함으로써 종전 판례의 진정한 의미를 적절하게 이해하지 못하고 있다.

(나) 판례는 부동산매매에서 매도인의 다양한 채무불이행에 대하여 이를 일반적으로 배임죄로 의율한 바 없으며, 단지 부동산매매계약에서 중도금 지급 등으로 그 계약관계가 일정한 단계에 도달한 경우에 비로소, 그것도 매도인의 배신적 처분행위로 말미암아 매수인의 온전한 권리 취득이 아예 좌절되거나 그에 현저한 장애가 발생한 사안에 한정하여 배임죄를 긍정하여 왔을 뿐이다.

(다) 판례는 부동산을 제외한 다른 재산의 이중매매 등의 사안에서도 매도인의 배임죄를 긍정하여 왔고, 이 역시 수긍할 만한 이유에 기한다. 요컨대 채권자(양도담보의 경우) 또는 채권양수인(채권양도의 경우)이 양도의 목적물을 취득한다는 것만으로 담보권설정자 또는 채권양도인이 채권자(담보권자) 또는 채권양수인에 대하여 '거래관계상 보호되는 신임관계'에 있을 수 있고 따라서 그를 배임죄의 주체가 되는 '타인의 사무를 처리하는 자'에 해당한다고 하는 것도 긍정될 수 있지만, 단지 '계약이행을 완료하기 이전 단계에서의 동산 이중매매의 사안'에서는 이를 긍정할 여지가 없다고는 단연코 말할 수 없다. 판례가 위의 사안들에서 배임죄를 긍정하는 것은 양수인이 이미 권리를 '취득'하였다는 점에 착안한 것이 아니라 각각의 사안유형에 고유한 현저하고 중대한 위험에 대처하기 위한 것이라고 보아야 한다.

(라) 매매에 있어서 매도인의 의무의 구조는 그 목적물이 부동산이든 동산이든 전혀 다를 바 없고, 이중매매에 대하여 배임의 죄책을 인정하는 것이 그러한 의무의 위반행위 중 일정한 양태에 대한 형사법적 평가라고 한다면, 이에 관하여 부동산과 동산을 달리 취급할 이유는 없다. 동산매매에 있어서도 매도인의 의무는 부동산매매에 있어서와 그 구조를 완전히 같이하며, 다만 여기서 매도인의 인도의무는 한편으로 소유권 이전, 다른 한편으로 사용·수익 보장이라는 보다 근원적 의무의 구체적 모습으로 그와 같은 내용을 가지게 되는 것일 뿐이다. 즉, 동산매매에서 매도인의 목적물 인도는 한편으로 소유권이전의무를, 다른 한편으로 많은 경우에 용익보장의무를 이행하는 것으로서, 엄밀하게 말하면 이중의 기능을 수행하게 된다. 여기서 전자의 측면은 부동산매도인의 소유권 이전등기의무에, 후자의 측면은 그의 용익보장의무의 한 내용으로서의 인도의무에 대응한다. 따라서 동산매도인도 일정한 단계에 이르면 부동산매도인과 마찬가지로 매수인의 소유권 취득을 위하여 '그의 사무를 처리하는 자'의 지위에 있게 된다고 충분히 볼 수 있고, 또 그렇게 보아야 한다.

[2] [다수의견]

피고인이 '인쇄기'를 갑에게 양도하기로 하고 계약금 및 중도금을 수령하였음에도 이를 자신의 채권자 을에게 기존 채무 변제에 갈음하여 양도함으로써 재산상 이익을 취득하고 갑에게 동액 상당의 손해를 입혔다는 배임의 공소사실에 대하여, 피고인은 갑에 대하여 그의 사무를 처리하는 지위에 있지 않다는 이유로 무죄를 선고한 원심판단을 수긍한 사례.

[대법관 안대희, 대법관 차한성, 대법관 양창수, 대법관 신영철, 대법관 민일영의 반대의견]

위의 공소사실에 대하여, 갑에게 인쇄기를 매도하고 중도금까지 수령한 상태에서 을에게 이를 다시 매도하고 소유권까지 이전해 준 피고인의 행위가 민사상 채무의 불이행에 불과할 뿐 배임죄에 해당하지 않는다고 본 원심판단에 배임죄의 구성요건에 관한 법리오해의 위법이 있다고 한 사례.

9. 양도담보

가. 부동산 양도담보 · 매도담보 · 가등기담보

① 양도담보설정자가 제3자에 지상권 설정: 배임죄

■ 대법원 1997. 6. 24. 선고 96도1218 판결【사기, 배임】(공) [요지]

배임죄에 있어서 손해란 현실적인 손해가 발생한 경우뿐만 아니라 재산상의 위험이 발생된 경우도 포함되므로, 자신의 채권자와 부동산양도담보설정계약을 체결한 피고인(채무자)이 그 소유권이전등기 경료 전에 임의로 기존의 근저당권자인 제3자에게 지상권설정등기를 경료하여 준 경우, 그 지상권 설정이 새로운 채무부담행위에 기한 것이 아니라 기존의 저당권자가 가지는 채권을 저당권과 함께 담보하는 의미밖에 없다고 하더라도 이로써 양도담보권자의 채권에 대한 담보능력 감소의 위험이 발생한 이상 배임죄를 구성한다.

② 매도담보권자가 제3자에 근저당권 설정: 배임죄

■ 대법원 1995. 5. 12. 선고 95도283 판결【배임】(공)

채권의 담보를 목적으로 부동산의 소유권이전등기를 마친 채권자는 채무자가 변제기일까지 그 채무를 변제하면 채무자에게 그 소유명의를 환원하여 주기 위하여 그 소유권이전등기를 이행할 의무가 있으므로 그 변제기일 이전에 그 임무에 위배하여 제3자에게 근저당권을 경료하여 주었다면 변제기일까지 채무자의 채무변제가 없었다고 하더라도 배임죄는 성립된다 할 것이고, 그와 같은 법리는 채무자에게 환매권을 주는 형식을 취하였다고 하여 다를 바가 없다 할 것인바(대법원 1987. 4. 28. 선고 87도265 판결 참조), 그렇다면 이 사건에 있어 앞에서 본 바와 같이 피고인들이 위 1992. 10. 21.자 합의 당시까지 등기부상의 소유명의에 상관없이 피고인들은 담보권만을 가지고 있었다면, 공소사실과 같이 피고인들이 1991. 10. 31.과 1992. 11. 11.경 두차례에 걸쳐 피해자의 허락도 없이 제3자로부터 금원을 차용하고 그 채무를 담보하기 위하여 이 사건 부동산에 관한 근저당권설정등기를 하여 준 행위는 명백히 배임죄를 구성한다 할 것이다.

③ 담보권자의 변제기일 전 처분: 배임죄

변제기일 연장

■ 대법원 2007. 1. 25. 선고 2005도7559 판결【배임】(미)

채권의 담보를 목적으로 부동산의 소유권이전등기를 경료받은 채권자는 채무자가 변제기일까지 그 채무를 변제하면 채무자에게 그 소유명의를 환원하여 주기 위하여 그 소유권이전등기를 이행할 의무가 있으므로 그 변제기일 이전에 그 임무에 위배하여 이를 제3자에게 처분하였다면 변제기일까지 채무자의 변제가 없었다 하더라도 배임죄가 성립한다(대법원 1992. 7. 14. 선고 92도753 판결 참조). …

위에서 본 법리 및 인정 사실에 비추어보면, 이 사건 아파트에 관하여 공소외 1의 피고인에 대한 위 차용금 채무를 담보하기 위한 양도담보가 설정되었는데, 피고인이 2002. 11.경 이루어진 위 약정에 따라 이 사건 아파트에 관하여 근저당권을 설정한 후 공소외 5로부터 10,000,000원을 차용하여 사용함으로써 공소외 1의 피고인에 대한 위 차용금 채무는 2003. 1. 31.까지 변제기가 연장되었는바, 피고인이 위 변제기에 이르기 전에 임의로 이 사건 아파트를 공소외 7에게 매도한 후 공소외 8 앞으로 그 소유권이전등기를 마쳐 준 것은 형법 제355조 제2항 소정의 배임행위에 해당한다.

이와 달리 2002. 9. 이전에 작성된 위 서약서의 작성시기 및 내용을 오인하고 위 서약서가 작성된 이후 같은 해 11.경 피고인이 공소외 1과의 약정에 따라 이 사건 아파트를 담보로 공소외 5로부터 10,000,000원을 차용하여 사용하면서 변제기가 연장된 사정을 간과한 채, 공소외 1이 위 서약서에 기재된 변제기까지 피담보채무를 이행하지 못하여 피고인이 그 이후에 이 사건 아파트를 처분한 것은 담보권 실행의 의미도 포함한다는 이유 등으로 피고인의 이 사건 아파트 처분행위가 공소외 1에 대한 배임행위라고 보기 어렵다고 한 원심의 판단에는 채증법칙 위반, 배임죄의 성부에 관한 법리오해 등으로 판결에 영향을 미친 위법이 있다.

담보채권 확정 전

■ 대법원 1992. 7. 14. 선고 92도753 판결【배임】(공)

채권의 담보를 목적으로 부동산의 소유권이전등기를 경료받은 채권자는 채무자가 변제기일까지 그 채무를 변제하면 채무자에게 그 소유명의를 환원하여 주기 위하여 그 소유권이전등기를 이행할 의무가 있으므로 그 변제기일 이전에 그 임무에 위배하여 이를 제3자에게 처분하였다면 변제기일까지 채무자의 변제가 없었다 하더라도 배임죄는 성립되는 것이다(당원 1987. 4. 28. 선고 87도265 판결, 1988. 12. 13. 선고 88도184 판결 등 참조).

따라서 아직 금전거래가 종료되지 아니하여 담보채권이 확정되기도 전에 채권자가 담보부동산을 임의로 처분한 피고인의 위 행위에 대하여 배임죄의 죄책을 물어 피고인을 유죄로 처단한 원심의 조처는 정당하고 거기에 소론이 지적하는 바와 같은 법리오해의 위법이 있다 할 수 없다. 논지는 모두 이유 없다.

④ 양도담보권자의 정산의무 불이행(담보권자의 변제기일 후 처분): 무죄

■ 대법원 1985. 11. 26. 선고 85도1493 전원합의체판결【배임】(집)

1. 제1심판결이 인정한 피고인의 배임범죄사실의 요지는 서울 강남구 역삼동 72의 11 대지 94평과 그 지상건물에 관하여 공소외 B_1로부터 피고인 앞으로 경료된 1983. 10. 17.자 소유권이전등기(1983. 3. 23.자 소유권청구권 가등기의 본등기)는 피고인이 1981. 12. 18. 강원도 명주군 왕산면 대기리 소재 ○○태륜탄광을 위 B_1의 아들인 공소외 B_2에게 대금 3,500만원에 매도하고 1983. 9. 21.까지 지급받기로 한 잔대금 채권 1,700만원의 담보목적으로 경료한 것이었음에도, 피고인은 약

정기일까지 위 잔대금의 이행을 받지 못하자 위 담보부동산을 공소외 A에게 처분하여 그 대금 3,500만원을 전액 수령하고서도 채권액 1,700만원 등을 공제한 나머지 돈을 정산하여 피해자에게 반환하지 아니하였다는 내용인바, 원심판결은 그 이유에서 피고인이 정산반환하여야 할 돈의 액수만을 14,011,918원이라고 고쳐 판시하면서, 담보부동산을 처분하고 받은 대금 3,500만원 중에서 채권원리금과 담보권실행비용등에 충당한 나머지를 채무자에게 돌려 줄 의무를 부담하는 피고인은 타인의 사무를 처리하는 자라 할 것이므로 이를 돌려주지 아니한 피고인의 소위는 배임죄가 된다고 판단하여 제1심판결을 그대로 유지하였다.

그러나 양도담보가 처분정산형의 경우이건 귀속정산형의 경우이건간에, 담보권자가 변제기 경과 후에 담보권을 실행하여 그 환가대금 또는 평가액을 채권원리금과 담보권 실행비용등의 변제에 충당하고 환가대금 또는 평가액의 나머지가 있어 이를 담보제공자에게 반환할 의무는 담보계약에 따라 부담하는 자신의 정산의무이므로 그 의무를 이행하는 사무는 곧 자기의 사무처리에 속하는 것이라 할 것이고, 이를 부동산매매에 있어서의 매도인의 등기의무와 같이 타인인 채무자의 사무처리에 속하는 것이라고 볼 수는 없다. 부동산매매에 있어서 매도인의 등기의무를 매수인인 타인의 사무라고 보게 되는 이유는 매도인의 등기의무는 그로써 자기의 재산처분을 완성케 하는 것이어서 본래 매도인 자신의 사무에 속하는 것이지만 등기의무자인 매도인의 등기협력없이는 매수인 앞으로의 소유권이전을 완성할 수 없기 때문에 이와 같은 등기협력의무로서의 성질을 중시하여 이점에서 그 등기의무를 주로 매수인의 소유권취득을 위해 부담하는 타인의 사무에 속한다고 보는 것이므로 위와 같은 협력의무로서의 성질이 없는 양도담보권자의 정산의무를 부동산매도인의 등기의무와 같게 볼 수는 없을 것이기 때문이다.

그렇다면 원심 및 제1심판시와 같은 피고인의 정산의무는 양도담보권자인 피고인 자신의 사무일뿐 형법 제355조 제2항 소정의 타인의 사무에 속하지 아니하여 그 정산의무를 이행하지 아니한 피고인의 소위는 배임죄를 구성하지 않는다 할 것이니(당원 1976. 1. 13. 선고 74도2076 판결, 1976. 5. 11. 선고 75도2245 판결 참조) 당원이 1971. 3. 9. 선고 71도189 판결, 1975. 5. 13. 선고 74도3125 판결, 1983. 6. 28. 선고 82도1151 판결 등에서 판시한 이와 상반되는 견해는 이 판결로써 폐기하기로 한다.

결국 피고인의 판시소위가 배임죄를 구성한다하여 제1심판결을 유지한 원심판결에는 양도담보권자가 부담하는 정산의무의 성질과 배임죄의 구성요건인 타인의 사무를 처리하는 자에 관한 법리오해로 재판에 영향을 미친 위법이 있다 하겠으므로 이점을 지적하는 상고논지는 이유있다. 그러므로 대법관 유태흥, 동 정태균, 동 강우영을 제외한 관여법관의 일치된 의견으로 원심판결을 파기하고, 사건을 원심법원에 환송하기로 하여 주문과 같이 판결한다.

2. 대법관 유태흥, 동 정태균, 동 강우영의 반대의견

소위 양도담보로 제공된 담보목적물의 소유권이전에는 두 유형이 있으며 그 하나는 외부적 이전형이고 다른 하나는 대내외적 이전형인바, 통상 전자는 "약한 양도담보" 그리고 후자는 "강한 양도담보"로 지칭되는 일방 전자를 "정산형 양도담보"(처분정산형의 경우), 후자를 "유담보형 양도담보"(귀속정산형의 경우)로 분류되기도 한다.

그리고 유담보형 양도담보 즉 유담보의 특약을 한 경우에는 양도담보와 함께 대물변제의 예약을 한 것으로 보며 이에 대한 대법원판결은 그 특약이 민법 제607조, 제608조에 위반하지 않는 한도내에서만 유효하다고 선언하였다. 생각컨대, 실제문제로서 담보목적물의 가액이 피담보채권의 원

리금에 미치지 못하는 경우란 거의 상정하기 어렵다 할 것이므로 위 대법원판례 태도에 비추어 본다면 결국 모든 양도담보는 그것이 강한 것(대내외 이전형)이냐 또는 약한 것(외부적 이전형)이냐를 불문하고 오직 정산형으로만 유효하다는 결론이 된다고 하겠다. 정산형 양도담보의 담보목적물의 소유권이전의 법률적 본질이 신탁적 양도임에 틀림이 없는 이상 양도담보권자는 수탁자로서 양도담보 채무자의 위탁(위임)에 의하여 위임된 사무를 성실하게 처리를 할 의무와 상대방의 재산보전에 적극적, 소극적으로 협력하여야 할 의무를 지고 있으며, 그 사무의 처리는 법률행위는 물론 법률행위가 아닌 사실상 사무의 처리도 같이 포함된다고 할 것이고, 민법의 위임에 관한 규정들은 타인의 사무처리에 관한 법률관계의 통칙인바, 그와 같은 규정들이 양도담보관계에서도 의당 적용되어야 하고 이에 기초를 둔 법리해석이 되어야함은 당연한 논리의 귀결이다.

양도담보권자가 변제기 경과후에 그 담보권을 실행(법률행위 경유)하여 채권원리금과 담보권 실행비용등에 충당하고 나머지가 있어 양도담보 채무자에게 반환할 의무는 사실상의 사무처리에 속한다 할 것이며 이는 양도담보채무자의 사무를 처리하는 매듭이 된다 할 것인바, 민법 제684조 제1항은 수임인은 위임사무의 처리로 인하여 받은 금전 기타의 물건 및 그가 수취한 과실을 위임인에게 인도하여야 한다고 규정하므로서 당사자간의 신뢰관계의 절대성을 특질로 하는 위임계약에 있어서의 수임인의 의무인 취득금품인도의무를 특히 명정한 입법취의를 아울러 살펴본다면 양도담보권자(수임인)의 의무란 양도담보채무자(위임인)의 사무를 처리함에 있어 민법 일반원칙인 신의칙에 입각한 선량한 관리자로서의 주의의무는 물론 위 명문규정처럼 취득금품인도의무도 지게 되는 만큼 위임계약관계하에 있는 양도담보권자(수임인)의 정산의무의 하나인 취득금품인도의무 위배행위가 단순한 채무불이행의 선을 넘어선 배신행위로 단정하여 형사적인 고의 및 가벌성을 논의하기에 이른 것도 양도담보제도의 사회적작용 내지 관습에서 생겨난 추세였으리라고 믿어진다.

따라서 원심 및 제1심 판시와 같은 <u>피고인의 이 사건 정산의무는 양도담보권자인 피고인 자신의 사무임과 동시에 신탁자인 양도담보채무자 즉 타인의 사무에도 해당되어 결국은 형법 제355조 제2항 소정의 타인의 사무에 속한다</u> 할 것이다. 한편 민법위임계약을 위반한 수임자가 모두 언제나 배임죄를 구성하는 타인의 사무를 처리하는 자로 본다는 취지가 아님을 밝혀두는 일방 양도담보에 관한 정산의무, 부동산매매에 있어서의 매도인의 등기협력의무 등은 각 판례법(형사법에서의 법원)에 의하여 형성된 것임을 지적하지 않을 수 없다. 형법해석의 원칙적인 입장에서 살펴볼 때 위 정산의무나 등기협력의무가 단순한 채무불이행에 그친다 함은 당연한 것임에도 불구하고 이들 민사상 의무위반행위자를 형법 배임죄의 구성요건의 하나인 타인의 사무를 처리하는 자에 포함시켜 처벌대상으로 하게 된 대법원판례가 오래전부터 형성되고 그것이 유지되어온 근간적인 이유나 배경중 몇 가지를 촌탁해본다면 사회, 경제생활의 복잡화 다양화를 틈타 계약자치원칙이 탈법적으로 악용되고 그 결과 경제평등원칙이 한편으로 기울어지고 나아가 법적안정성이 침해를 받게 됨에 이르러 이를 사법자치원칙에만 의지하게 하여 방치할 수 없게 된 상황에 놓여진 독특한 사회적 여건과, 형사적 의미의 고의 내지 가벌성 검토 및 처벌필요성을 인정하기에 이른 것으로 본다.

과시 그렇다면 이제 와서 갑자기 태도를 바꾸어 위 양도담보의 정산의무를 단순한 민사상 채무불이행에 불과한 것으로 단정할 경우 일반거래계에 적지않은 악영향을 미치게 하고 대법원판례에 대한 신뢰토대를 파손케 하며 일반거래계에서의 경제적 강자의 탈법화 현상을 초래케 하고 나아가 일반거래계의 법적 안정성이 침해되리라는 예측이 가능하므로 이 시점에서 위 대법원판례 등을 폐기하기에는 적당치 못하다고 생각하여 다수의견에 따르기 어려운 입장을 피력하는 것이다.

⑤ 담보권자가 부당하게 염가로 처분한 경우: 배임죄 ×

■ 대법원 1997. 12. 23. 선고 97도2430 판결【특정경제범죄가중처벌등에관한법률위반{사기, 예비적으로 특정경제범죄가중처벌등에관한법률위반(배임)}·특정경제범죄가중처벌등에관한법률위반(배임)】(공)

담보권자가 변제기 경과 후에 담보권을 실행하기 위하여 담보목적물을 처분하는 행위는 담보계약에 따라 담보권자에게 주어진 권능이어서 자기의 사무처리에 속하는 것이지 타인인 채무자의 사무처리에 속하는 것이라고 할 수 없으므로, 담보권자가 담보권을 실행하기 위하여 담보목적물을 처분함에 있어 시가에 따른 적절한 처분을 하여야 할 의무는 담보계약상의 민사채무일 뿐 그와 같은 형법상의 의무가 있는 것은 아니므로 그에 위반한 경우 배임죄가 성립된다고 할 수 없다(대법원 1985. 11. 26. 선고 85도1493 전원합의체 판결, 1989. 10. 24. 선고 87도126 판결 참조).

같은 취지에서 흥일건설이 피고인에게 담보로 제공하고 이에 따라 그 처분권한을 위임받은 피고인이 이 사건 건물 및 대지를 소론과 같은 가격에 매도하였다고 하더라도 배임죄가 성립되지 아니한다고 판단한 원심은 정당하고 거기에 소론과 같은 위법이 있다고 할 수 없다.

⑥ 양도담보권자가 변제받고도 권리회복의무를 이행하지 않은 경우: 배임

■ 대법원 1988. 12. 13. 선고 88도184 판결【사기, 인정된 죄명: 배임】(공)

원심이 양도담보의 채무자는 채권자가 담보권의 실행을 위하여 양도담보의 목적물처분을 종료할 때까지 피담보채무를 변제하여 목적물을 도로 찾아올 수 있고 양도담보의 피담보채권이 채무자의 변제 등에 의하여 소멸하면 양도담보권자는 담보목적물의 소유자이었던 담보설정자에게 그 권리를 회복시켜줄 의무를 부담하게 되고 그 이행은 타인의 재산을 보전하는 타인의 사무라 할 것이며 한편 채권자가 아무런 이의를 보류함이 없이 채무자가 변제공탁한 금원을 수령하였다면 그 공탁의 취지에 따른 법률효과가 발생한다고 할 것인바, 일건 기록에 의하면, 피해자는 1986. 1. 31. 위 차용원리금 등의 합계를 23,990,400원으로 계산하여 변제공탁하였는데 피고인은 1986. 3. 11. 공탁원인사실 가운데 적시된 원금의 수액과 변제충당 및 이자의 계산방법 등에 대하여 이의를 유보하지 아니한 채 위 변제공탁금 전액을 수령하였으며, 한편 피고인이 양도담보권자의 지위에서 이 사건 부동산 위에 설정한 근저당권의 권리자인 주식회사 제일은행의 신청에 의하여 진행되던 이 사건 임의경매절차는 1986. 5. 29. 정원봉에게 경락허가결정이 되고 1986. 7.경 경락대금이 완납됨으로써 그 환가절차가 종료된 사실이 인정된다.

위 인정사실에 의하면, 피고인은 이 사건 부동산에 관한 환가절차가 종료되기 이전인 1986.3.11. 아무런 이의없이 변제공탁금을 수령함으로써 피해자에 대하여 가지고 있던 피담보채권이 전부 소멸되었다 할 것이고 따라서 피고인으로서는 피해자에게 단지 이 사건 부동산의 가액에서 위 대여원리금 및 비용등을 공제한 나머지 금액을 정산하여 줄 의무를 부담할 뿐인 것이 아니라 피담보채무가 소멸함에 따라 피해자에게 이 사건 부동산에 관한 소유명의를 회복시켜 주어야 할 의무를 부담하게 되었다 할 것이고 이는 피고인으로 하여금 타인의 사무를 처리하는 지위에 있게 하는 것이라고 판단하고 있는 것은 옳고 여기에 배임죄의 법리를 오해한 잘못은 없다.

⑦ 가등기담보권자의 본등기 경료: 배임

■ 대법원 1990. 8. 10. 선고 90도414 판결【횡령, 배임, 사기, 무고】(공)

담보목적으로 피고인명의로 가등기가 경료된 B2의 부 B1 소유의 부동산에 대하여 동 B2로부터 채무가 변제 공탁된 사실을 통고받고서도 피고인 앞으로 본등기를 경료함과 동시에 공소외 A 앞으로 가등기를 경료하여 줌으로써 재산상이득을 취하고 B1에게 손해를 끼쳤다고 각 인정한 원심의 조치에 소론과 같은 채증법칙위반의 잘못은 없다.

나. 동산 양도담보 · 매도담보

(1) 담보와 배임죄

① 양도담보 동산을 채무자가 처분한 경우: 배임죄

■ 대법원 1989. 7. 25. 선고 89도350 판결【횡령(예비적 죄명: 배임)】(공)

원심판결 이유에 의하면, 원심은 그 거시증거에 의하여 이 사건 자동차는 피고인들이 할부로 매수하여 그 대금을 불입한 것인데 원심설시의 구상채권을 담보하기 위하여 그 등록명의를 피해자라는 공소외 이갑수 명의로 한 것뿐이므로 이 사건 자동차의 소유자가 위 이갑수라고 할 수 없고, 달리 이를 인정할 증거가 없으므로 이 사건 자동차가 위 이 갑수의 소유임을 전제로 하는 이 사건 횡령의 공소사실은 범죄의 증명이 없는 때에 돌아간다고 판시하여 같은 취지의 제1심판결을 유지하고 있는 바, 기록에 의하여 살펴보면 원심의 인정이나 판단은 수긍이 가고 거기에 지적하는 바와 같은 채증법칙위배의 잘못이 있다 할 수 없으므로 논지는 이유없다.

2. 배임죄 법리오해의 점

금전채권을 담보하기 위하여 채무자 소유의 동산에 관하여 이른바 약한 의미의 양도담보가 설정되어 채무자가 그 동산을 점유하는 경우, 동산의 소유권은 신탁적으로 채권자에게 이전됨에 불과하여 채권자와 채무자간의 대내적 관계에서 채무자는 의연 소유권을 보유하게 되나 채권자인 양도담보권자가 담보의 목적을 달성할 수 있도록 이를 보관할 의무를 지게 되어 부당히 이를 처분하거나 멸실, 훼손 기타 담보가치를 감소케 하는 행위가 금지된다 할 것이므로 채무자인 양도담보설정자는 채권자에 대하여 채권담보의 약정에 따른 그의 사무를 처리하는 자의 지위에 있게 된다 할 것이고, 위 채무자가 양도담보된 동산을 처분하는 등 부당히 그 담보가치를 감소시키는 행위를 한 경우에는 형법상 배임죄가 성립된다 할 것이고(당원 1983. 3. 8. 선고 82도1829 판결 참조), 담보된 동산이 자동차인 경우 소유권의 득실변경은 등록을 하여야만 그 효력이 생기는 것이지만 그 사용방법에 따라 담보가치에 영향을 주는 것이므로 자동차를 양도담보로 설정하고서 점유하는 채무자가 이를 처분하는 등 부당히 그 담보가치를 감소시키는 행위를 한 경우에도 역시 배임죄의 죄책을 면할 수 없다 할 것이다. 따라서 이 점에 관한 논지의 지적은 수긍이 가는 바이나 이 사건에 관하여 보면 원심판결 및 제1심판결이 거시증거에 의하여 적법히 확정한 바와 같이 피고인들이 이 사건 자동차의 등록명의를 위 이갑수에게 담보조로 넘겨놓고서 점유중, 공소외 김종환에게 위 자동차를 매도하는 계약을 맺어 그 매도직후에 그 등록명의를 위 이갑수 스스로가 공소외인 등에게 넘겨준 것이므로, 이러한 사실관계에서는 피고인들의 행위를 가리켜 부당히 담보가치를 감소시키는 행위를 하였다고는 볼 수 없으니 배임죄에 관한 원심의 이유설시에 다소 미흡한 점이 있기는 하나 피고인들의 행위가 배임죄를 구성할 수 없다는 결론에 있어서는 당원과 취지를 같이하여 정당하니 결국 이 점에 관한 논지도 이유없음에 돌아간다.

② 이중 양도담보 설정: 배임죄 불성립

■ 대법원 1990. 2. 13. 선고 89도1931 판결【배임】(공)

원심이, 피고인이 그 소유의 이 사건 에어콘 등을 피해자 박태순에게 양도담보로 제공하고 점유개정의 방법으로 점유하고 있다가 다시 위 에어콘 등을 서동관에게 양도담보로 제공하고 역시 점유개정의 방법으로 점유를 계속하여 위 에어콘 등 가액 상당의 이익을 얻고 피해자 박태순에게 동액상당의 재산상의 손해를 가한 것이라는 공소사실에 대하여 뒤의 양도담보권자인 공소외 서동관은 처음의 담보권자인 박태순에 대하여 배타적으로 자기의 담보권을 주장할 수 없으므로 위와 같이 이중으로 양도담보제공이 된 것만으로는 처음의 양도담보권자에게 담보권의 상실이나 담보가치의 감소등 손해가 발생한 것으로 볼 수 없다 하여 무죄의 판단을 하고 있는 것은 옳고 여기에 소론과 같은 위법이 있다고 볼 수는 없으며 소론 판례는 이 사건에 적절한 것이 아니므로 논지는 이유없다.

■ 대법원 2007. 2. 22. 선고 2006도6686 판결【배임】(미)

동산을 양도담보로 제공하고 점유개정의 방법으로 점유하고 있다가 이를 다시 제3자에게 역시 점유개정의 방법으로 양도하는 경우에는, 제3자가 그 동산을 선의취득할 수가 없으므로, 최초의 양도담보권자에게 어떠한 재산상 손해의 위험이 발생한다고 할 수 없고, 따라서 배임죄가 성립하지 않는다(대법원 1990. 2. 13. 선고 89도1931 판결 참조).

원심판결 이유에 의하면 원심은, 피고인이 2002. 11. 21. 이 사건 어선(20t 이하의 동력 어선이어서 선박등기법의 적용을 받지 않아 동산에 준하여 취급된다)을 피해자에게 점유개정에 의한 방식으로 양도담보로 제공한 후 2003. 8. 13. 이 사건 어선을 동생인 공소외인에게 매도하는 매도증서를 작성하고 공소외인을 어선원부상 소유자로 변경 등록하면서도 피고인이 계속 이 사건 어선을 점유하여 사용한 사실, 피고인과 공소외인은 담보대출기간의 연장 등을 이유로 위와 같이 공부상 명의만 변경하였을 뿐 아무런 실질적 권리이전은 없는 사실을 인정한 다음, 어선원부 등은 행정상 편의를 위하여 소유자를 등록, 변경하는 공부에 불과할 뿐 사법상 권리변동과는 무관하므로, 어선원부상의 소유자명의 변경만으로는 양도담보권자인 피해자에게 사실상 담보물의 발견을 어렵게 하여 어떠한 재산상 손해를 발생시킬 위험이 없다고 하여, 이 사건 배임의 공소사실에 대하여 무죄를 선고한 제1심판결을 유지하였다.

동산으로 취급되는 이 사건 어선에 있어서 어선원부 등은 행정상 편의를 위하여 소유자를 등록하는 공부에 불과하고 그로써 사법상 권리변동이 이루어지는 것이 아닌바, 앞서의 법리와 기록에 비추어 살펴보면, 원심의 위와 같은 판단은 정당한 것으로 수긍할 수 있고, 거기에 주장과 같이 심리미진 및 법리오해의 위법이 있다고 할 수 없다. 그러므로 상고를 기각하기로 하여 관여 대법관의 일치된 의견으로 주문과 같이 판결한다.

민사상 불법행위 성립

■ 대법원 2000. 6. 23. 선고 99다65066 판결【손해배상(기)】(공)

동산에 대하여 점유개정의 방법으로 양도담보를 일단 설정한 후에는 양도담보권자나 양도담보

설정자가 그 동산에 대한 점유를 상실하였다고 하더라도 그 양도담보의 효력에는 아무런 영향이 없다 할 것이고, 양도담보권 실행을 위한 환가절차에 있어서는 환가로 인한 매득금에서 환가비용을 공제한 잔액 전부를 양도담보권자의 채권변제에 우선 충당하여야 하고 양도담보설정자의 다른 채권자들은 양도담보권자에 대한 관계에 있어서 안분배당을 요구할 수 없으며, 동산에 대하여 점유개정의 방법으로 이중양도담보를 설정한 경우 원래의 양도담보권자는 뒤의 양도담보권자에 대하여 배타적으로 자기의 담보권을 주장할 수 있으므로, 뒤의 양도담보권자가 양도담보의 목적물을 처분함으로써 원래의 양도담보권자로 하여금 양도담보권을 실행할 수 없도록 하는 행위는, 이중양도담보 설정행위가 횡령죄나 배임죄를 구성하는지 여부나 뒤의 양도담보권자가 이중양도담보 설정행위에 적극적으로 가담하였는지 여부와 관계없이, 원래의 양도담보권자의 양도담보권을 침해하는 위법한 행위라고 할 것이다.

원심판결 이유에 의하면 원심은, 판시 증거에 의하여 판시 사실을 인정한 다음, 원고가 제1심 공동피고 전국통운 주식회사(이하 '위 전국통운'이라 한다) 소유의 이 사건 컨테이너에 대한 양도담보권을 이미 취득하였다는 사실을 피고가 알았거나 적어도 조금만 주의를 기울였다면 이를 알 수 있었을 것임에도 불구하고 이를 게을리한 채 위 전국통운과 사이에 이 사건 컨테이너에 대한 이중의 양도담보약정을 체결하고 나아가 이 사건 컨테이너를 넘겨받아 제3자에게 처분까지 한 행위는 원고의 양도담보권을 침해하는 것으로서 불법행위에 해당하므로 피고는 이로 인하여 원고가 입은 손해를 배상할 의무가 있다고 판단하였는바, 원심판결 이유를 기록에 의하여 살펴보면 원심의 사실인정 및 판단은 위 법리에 따른 것으로서 옳게 수긍이 가고, 거기에 지적하는 바와 같은 점유개정의 방법에 의한 동산의 양도담보와 그 양도담보권을 침해하는 불법행위, 가압류집행의 효력 등에 관한 법리를 오해하거나 채증법칙을 위배한 사실오인 또는 이유불비의 위법은 없다.

③ 양도담보설정자가 동산 처분시 2차 양도담보채권자에 대하여 배임죄 ×

■ 대법원 2004. 6. 25. 선고 2004도1751 판결【사기 · 배임 · 강제집행면탈 · 부정수표단속법위반】(공)

3. A에 대한 배임죄의 성립 여부에 관한 법리오해의 점에 대하여

가. 원심은, 피고인에 대한 이 사건 공소사실 중 "2000. 1.경부터 경기 남양주시 화도읍 금남리(번지생략) 소재 공소외 주식회사에서 150t용, 250t용, 350t용 성형사출기 각 1대 등을 이용하여 플라스틱 화분을 제조·판매하여 오던 중, 2000. 10. 27.경 경기 구리시 수택동 424의 21 소재 중소기업은행 구리지점에서 진흥기금시설자금 명목으로 금 179,000,000원을 대출받으면서 그 담보로 위 성형사출기 3대를 위 중소기업은행에 양도담보로 제공하고 2000. 11. 16.자로 공증인가 한일합동법률사무소에서 이에 관하여 공증하는 한편, 2001. 8. 10.경 서울 중구 자양동 소재 서울지검 동부지청 앞 공증인가 법무법인 세명 사무실에서 피해자 A에게 플라스틱사출 재료대금 및 약속어음금 등 채무 금 170,000,000원에 대한 담보 명목으로 위 성형사출기 3대를 양도담보로 제공하고 이를 공증하였으므로, 양도담보설정자로서는 양도담보권자인 위 채권자들로 하여금 그 담보의 목적을 달성할 수 있도록 이를 보관할 임무가 있음에도 불구하고, 그 임무에 위배하여 2002. 3. 2.경 위 공소외 주식회사 공장에서, 위와 같이 양도담보로 제공된 성형사출기 3대를 공소외 장양욱에게 금 116,350,000원에 매각하고 동인이 운영하는 경기 광주군 초월면 신월리 292의 1 소재 민경케미컬 공장으로 옮겨가게 함으로써 위 매매대금 116,350,000원 상당의 재산상 이익을 취득하고, 피해자인 위 중소기업은행 및 A에게 동액 상당의 손해를 가하였다."라는 공소사실에 대하여 제1심이 채

택한 증거들과 원심에서의 A의 증언 등을 종합하여 이를 유죄로 인정한 제1심의 판단을 그대로 유지하였다.

나. 그러나 원심의 위와 같은 판단은 다음과 같은 이유로 수긍하기 어렵다.

금전채무를 담보하기 위하여 채무자가 그 소유의 동산을 채권자에게 양도하되 점유개정에 의하여 채무자가 이를 계속 점유하기로 한 경우 특별한 사정이 없는 한 동산의 소유권은 신탁적으로 이전됨에 불과하여 채권자와 채무자 사이의 대내적 관계에서 채무자는 의연히 소유권을 보유하나 대외적인 관계에 있어서 채무자는 동산의 소유권을 이미 채권자에게 양도한 무권리자가 되는 것이어서 다시 다른 채권자와 사이에 양도담보 설정계약을 체결하고 점유개정의 방법으로 인도를 하더라도 선의취득이 인정되지 않는 한 나중에 설정계약을 체결한 채권자는 양도담보권을 취득할 수 없는데, 현실의 인도가 아닌 점유개정으로는 선의취득이 인정되지 아니하므로, 결국 뒤의 채권자는 양도담보권을 취득할 수 없고, 따라서 이와 같이 채무자가 그 소유의 동산에 대하여 점유개정의 방식으로 채권자들에게 이중의 양도담보 설정계약을 체결한 후 양도담보 설정자가 목적물을 임의로 제3자에게 처분하였다면 양도담보권자라 할 수 없는 뒤의 채권자에 대한 관계에서는, 설정자인 채무자가 타인의 사무를 처리하는 자에 해당한다고 할 수 없어 배임죄가 성립하지 않는다고 할 것이다.

기록에 의하면, 피고인은 2000. 10. 27.경 중소기업은행에 이 사건 성형사출기 3대(이하 '이 사건 사출기'라고 한다)에 대한 양도담보를 설정한 후 다시 2001. 8. 10. A와 사이에 이중으로 양도담보계약을 체결한 사실, 그러나 피고인은 A에게 이 사건 사출기를 현실 인도함이 없이 그대로 점유 사용하던 중 2002. 3. 2. 소외 장양욱에게 이 사건 사출기를 매각하고 그 무렵 현실의 인도를 한 사실을 알 수 있으므로, 위에서 본 법리에 비추어 보면, A는 중소기업은행이 이 사건 사출기를 양도담보로 설정받은 후에 양도담보 설정계약을 체결한 자로서 그 후 이에 대한 현실의 인도를 받지 못하였으므로 양도담보권을 선의취득하였다고도 볼 수 없고, 따라서 피고인이 그 후에 이 사건 사출기를 장양욱에게 처분하였다고 하더라도 그러한 피고인의 행위는 A에 대한 관계에 있어서는 배임죄를 구성하지 아니한다 할 것이다.

그럼에도 불구하고, 피고인의 위와 같은 행위가 중소기업은행 및 A를 피해자로 하는 배임죄를 구성하고 두 죄는 상상적 경합범의 관계에 있다고 한 원심의 판단에는 동산의 이중양도담보와 배임죄의 성립에 관한 법리를 오해한 위법이 있고, 한편 상상적 경합범의 관계에 있는 수 죄 중 일부만이 유죄로 인정된 경우와 그 전부가 유죄로 인정된 경우와는 형법 제51조에 규정된 양형의 조건이 달라 선고형을 정함에 있어서 차이가 있을 수 있으므로 그와 같은 원심판결의 위법은 판결의 결과에 영향을 미친 것이라고 할 것이므로(대법원 1980. 12. 9. 선고 80도384 전원합의체 판결, 대법원 2000. 4. 25. 선고 98도4490 판결 등 참조), 원심판결 중 피고인에 대한 배임죄 부분은 파기를 면할 수 없다.

(2) 담보와 횡령죄

① 우연한 점유를 기화로 채권자가 처분한 경우: 횡령죄

■ 대법원 1989. 4. 11. 선고 88도906 판결【특수절도, 횡령, 무고】(공)

【사실관계】

공소외 1 발행의 수표가 부도나자 공소외 1의 채권자인 피고인들과 공소외 1 사이에 다른 채권자들의 압류 등을 피하기 위하여 공소외 1 경영의 상회에 진열되어 있던 포목 등 물건을 우선 다른 장소로 옮겨 놓은 다음 사후수습책을 마련하기로 합의가 되어 피고인들이 1985. 5. 7. 위 포목 등을 광명시에 있는 공소외 2의 집으로 운반하여 보관하던 중, 1985. 5. 17.경 피고인들이 공모하여 공소외 1이 아무런 의논도 없이 위 포목 등을 대구에 있는 피고인 2 경영의 삼호상회로 옮겨 그후 원심판시와 같이 타인에게 처분함.

【판결요지】

채무자가 채무이행의 담보를 위하여 동산에 관한 양도담보계약을 체결하고 점유개정의 방법으로 여전히 그 동산을 점유하는 경우 그 계약이 채무의 담보를 위하여 양도의 형식을 취하였을 뿐이고 실질은 채무의 담보와 담보권실행의 청산절차를 주된 내용으로 하는 것이라면 별단의 사정이 없는 한 그 동산의 소유권은 여전히 채무자에게 남아 있고, 채권자는 단지 양도담보물권을 취득하는 데 지나지 않으므로 그 동산을 다른 사유에 의하여 보관하게 된 채권자는 타인 소유의 물건을 보관하는 자로서 횡령죄의 주체가 될 수 있다.

② 보관하고 있음을 기화로 채권자가 담보권의 범위를 벗어나 처분한 경우

■ 대법원 2007. 6. 14. 선고 2005도7880 판결【횡령】(공)

금전을 대여하면서 채무자로부터 그 담보로 동산을 교부받은 담보권자는 그 담보권의 범위 내에서 담보권을 행사할 수 있을 것인데, 담보권자가 담보목적물을 보관하고 있음을 기화로 실제의 피담보채권 이외에 자신의 제3자에 대한 기존의 채권까지 변제받을 의도로, 채무자인 담보제공자와 사이의 소비대차 및 담보설정관계를 부정하고 그 담보목적물이 자신과 제3자 사이의 소비대차 및 담보설정계약에 따라 제공된 것으로서 실제의 피담보채권 외에 제3자에 대한 기존의 채권까지도 피담보채권에 포함되는 것이라고 주장하면서 그것까지 포함하여 변제가 이루어지지 아니할 경우 반환하지 않을 것임을 표명하다가 타인에게 담보목적물을 매각하거나 담보로 제공하여 피담보채무 이외의 채권까지도 변제충당한 경우에는 정당한 담보권의 행사라고 볼 수 없고, 위탁의 취지에 반하여 자기 또는 제3자의 이익을 위하여 권한 없이 그 재물을 자기의 소유인 것 같이 처분하는 것으로서 불법영득의 의사가 인정된다.

원심이 인정한 사실관계에 의하면, 피고인 1이 2002. 11. 1.경 피고인 3의 소개로 공소외 1에게 그 소유의 고려청자 태화문 주전자(이하 '이 사건 도자기'라고 한다)를 담보로 1,000만 원을 3일간 대여하였다가 변제기가 경과하자 고가의 이 사건 도자기를 보관하고 있음을 이용하여 이 사건 도자기에 의하여 담보된 공소외 1의 채무 1,000만 원뿐만 아니라 자신에 대한 피고인 3의 기존채무 2,000만 원도 함께 변제받을 의도로 2002. 12.경부터 이 사건 도자기는 피고인 3에게 1,000만 원을 빌려주고 그로부터 담보로 받은 것이라고 주장하면서 공소외 1을 배제한 채 피고인 3에게 그동안의 차용금 3,000만 원을 변제하고 이 사건 도자기를 회수해 갈 것을 독촉하였고, 피고인 3은 위와 같은 독촉을 받자 골동품 중개업자인 공소외 3을 끌어들여 피고인 1에 대한 채무를 변제하기로 하고 2003. 12. 1. 피고인 1과의 채무관계를 3,500만 원(자신의 기존채무 2,000만 원 + 공소외 1의 채무 1,000만 원 + 이자 500만 원)으로 확정하였는데, 그날 피고인 1은 피고인 3과 공소외 3으로부터 2,800만 원을 지급받고, 공소외 3으로부터 700만 원의 차용증을 교부받은 다음 이 사건 도자기를 넘겨주었으며, 그 후 이 사건 도자기는 다른 사람에게 인도되었다는 것인바, 위 법리에 비추어 살펴보면, 피고인 1의 행위는 정당한 담보권자로서의 범위를 벗어난 것으로 담보권의 행사라고 볼 수 없고, 불법영득의 의사로 이 사건 도자기를 처분하였다고 봄이 상당하다.

그런데도 원심이, 피고인 1이 이 사건 도자기가 공소외 1의 1,000만 원 채무에 관한 담보로 제공되었을 뿐 피고인 3의 기존채무를 담보하는 것이 아니라는 것을 알면서도 마치 피고인 3이 담보로 제공한 것처럼 우겨 피고인 3의 기존채무까지 함께 변제받으려고 한 것이라고 하더라도 이는 담보권을 실행하거나 담보권을 양도한 것으로 담보권자로서의 권리행사에 불과하므로, 불법영득의 의사를 인정할 수 없다고 판단하여 피고인 2, 3의 공모 여부에 관하여 심리하지 않은 채 피고인들이 공모하여 담보목적물인 이 사건 도자기를 제3자에게 매각하거나(주위적 공소사실), 담보로 제공하여(예비적 공소사실) 횡령하였다는 이 사건 공소사실을 모두 무죄로 판단한 것은 횡령죄에서의 불법영득의 의사에 관한 법리를 오해함으로써 판결에 영향을 미친 위법이 있다. 이 점을 지적하는 검사의 상고이유의 주장은 이유 있다.

☞ 횡령죄 부분에서 살펴본 사례.

10. 다른 죄와의 관계

○ 사기죄와 별도 성립

■ 대법원 2002. 7. 18. 선고 2002도669 전원합의체 판결【특정경제범죄가중처벌등에관한법률위반(횡령), 사문서위조, 위조사문서행사, 업무상 횡령, 업무상배임, 사기, 신용협동조합법위반, 특정경제범죄가중처벌등에관한법률위반(사기)】(집)

나. 상상적 경합범에 관한 법리오해의 점에 대하여

원심판결 이유에 의하면 원심은, 제1심 판시 제2의 라의 (3)(나) 및 (3)(라)항, 제2의 마의 (3)의 별지 범죄일람표 (3) 기재 순번 1, 9 내지 18, 20 내지 25번, 제2의 사의 (3)항의 각 업무상배임의 점에 대하여, 타인의 사무를 처리하는 자가 그 사무처리상 임무에 위배하여 본인을 기망하고 착오에 빠진 본인으로부터 재물을 교부받은 경우에는 사기죄가 성립될 뿐, 설사 배임죄의 구성요건이 충족되어도 별도로 배임죄를 구성하는 것이 아니라 할 것이므로, 신용협동조합의 전무인 피고인이 조합의 담당직원을 기망하여 예금인출금 또는 대출금 명목으로 금원을 교부받은 위 각 행위는 각 사기죄만이 성립된다고 판단하여 제1심판결을 파기·자판하면서, 위 각 사기의 점에 대하여만 유죄를 선고하고, 위 각 업무상배임의 점에 대하여는 무죄로 인정하되 위 각 사기죄와 일죄의 관계에 있는 것으로 보아 주문에서 따로 무죄의 선고를 하지 아니하였다.

그러나 상상적 경합은 1개의 행위가 실질적으로 수개의 구성요건을 충족하는 경우를 말하고 법조경합은 1개의 행위가 외관상 수개의 죄의 구성요건에 해당하는 것처럼 보이나 실질적으로 1죄만을 구성하는 경우를 말하며, 실질적으로 1죄인가 또는 수죄인가는 구성요건적 평가와 보호법익의 측면에서 고찰하여 판단하여야 한다고 할 것인바(대법원 2000. 7. 7. 선고 2000도1899 판결, 2001. 3. 27. 선고 2000도5318 판결 등 참조), 이 사건과 같이 업무상배임행위에 사기행위가 수반된 때의 죄수 관계에 관하여 보면, 사기죄는 사람을 기망하여 재물의 교부를 받거나 재산상의 이익을 취득하는 것을 구성요건으로 하는 범죄로서 임무위배를 그 구성요소로 하지 아니하고 사기죄의 관념에 임무위배 행위가 당연히 포함된다고 할 수도 없으며, 업무상배임죄는 업무상 타인의 사무를 처리하는 자가 그 업무상의 임무에 위배하는 행위로써 재산상의 이익을 취득하거나 제3자로 하여금 이를 취득하게 하여 본인에게 손해를 가하는 것을 구성요건으로 하는 범죄로서 기망적 요소를 구성요건의 일부로 하는 것이 아니어서 양 죄는 그 구성요건을 달리하는 별개의 범죄이고 형법상으로도 각각 별개의 장(章)에 규정되어 있어, 1개의 행위에 관하여 사기죄와 업무상배임죄의 각 구성요건이 모두 구비된 때에는 양 죄를 법조경합 관계로 볼 것이 아니라 상상적 경합관계로 봄이 상당하다 할 것이고, 나아가 업무상배임죄가 아닌 단순배임죄라고 하여 양 죄의 관계를 달리 보아야 할 이유도 없다.

이와 달리 위와 같은 경우 사기죄와 배임죄의 관계에서 사기죄만이 성립하고 별도로 배임죄를 구성하지 아니한다는 견해를 표명한 대법원 1983. 7. 12. 선고 82도1910 판결은 이와 저촉되는 한도 내에서 이를 변경하기로 한다.

그렇다면 위 각 사기죄와 각 업무상배임죄를 법조경합 관계로 보아 사기죄에 대하여만 유죄를 선고하고 업무상배임죄에 대하여는 무죄로 판단한 원심판결에는 상상적 경합범에 관한 법리를 오해함으로써 판결에 영향을 미친 위법이 있다고 할 것이므로, 이 점을 지적하는 상고이유의 주장은 그 이유 있다.

다. 따라서 원심판결 중 위 나항 기재 각 업무상배임 부분은 위법하여 파기되어야 할 것인바, 위 각 업무상배임죄는 원심판결 중 유죄 부분과 상상적 경합범 또는 형법 제37조 전단의 경합범 관계에 있으므로 위 유죄 부분 역시 파기되어야 할 것이다.

종래 판례

■ 대법원 1983. 7. 12. 선고 82도1910 판결【사기, 특정범죄가중처벌등에관한법률위반】(집)[폐기]

1. 기록에 의하여 원심의용의 증거를 살펴보면 피고인 1이 제1심판결 판시의 각 선박의 선장 및 조리장 등과 공모하여 원판시 내용과 같은 사기범행을 한 사실을 넉넉히 수긍할 수 있고 그 증거취사과정에 소론들과 같은 채증상의 위법이 있다고 할 수 없으며 타인의 위탁에 의하여 그 사무를 처리하는 자가 그 사무처리상 임무를 배반하여 본인에 대하여 기망행위를 하고 착오에 빠진 본인으로부터 재물을 교부받은 경우에는 사기죄가 성립되며 가사 배임죄의 구성요건이 충족되어도 별도로 배임죄를 구성하는 것이 아니라고 해석되므로 위 선장 및 조리장 등이 물품을 구입한 양 허위보고를 하여 선주로부터 그 대금을 교부받는 행위에 피고인이 공모가공한 이상 사기죄의 공동정범으로서의 죄책을 면할 수 없다고 할 것이니 이런 취지에서 한 원심의 판단은 정당하고 거기에 소론들과 같은 법리오해가 있다고 할 수 없다.

2. 원심의용의 증거들을 기록에 대조하여 검토하면 피고인 회사의 1978.사업년도의 매출총액은 금 642,608,765원이며 1979.사업년도의 것은 금 770,893,411원인데 피고인 1은 이를 1978.사업년도 금 631,038,893원 1979.사업년도 금 706,937,880원으로 신고하여 그 차액 1978.사업년도 금 11,569,872원 1979.사업년도 금 63,955,531원의 대출액을 누락신고한 점을 알 수 있는데 원심은 이 누락신고액을 1978.사업년도의 위 금 11,569,872원보다 많은 금 12,341,635원으로 단정하고 있으니 여기에는 채증법칙을 어기고 사실을 잘못 단정한 위법이 있다고 할 것이다.(원심은 1979.사업년도의 매출누락액을 금 60,560,886원이라 하나 이는 위에서 본 누락액 금 63,955,531원보다 적은 액수이므로 피고인에게 유리한 것이니 여기에서는 문제로 삼지 아니한다.)

그런데 기록에 의하면 1978.사업년도의 매출원가로 신고된 금 490,418,422원을 초과하여 매출원가가 지출되었다고 볼 자료가 없는 본건에 있어서는 이 신고된 매출원가는 동 사업년도의 총 매출액에 관한 것이라고 보아야 할 것임에도 불구하고 원심은 이를 신고된 매출총액에 대한 매출원가라고 인정하여 신고매출총액에 대한 비율을 산출하여 위 누락액에서 그 비율에 따른 매출원가를 또 공제하여 과세표준액을 산정하여 세액을 계산하였으므로 그 결과는 피고인 회사에 유리하게끔 되어 있다. 즉 당원이 계산한 바에 따르면 피고인 회사의 1978.사업년도의 과세표준액은 금 22,975,288원으로 이에 대한 법인세는 금 8,390,115원이며 방위세는 금 1,678,023원이니 포탈세액은 법인세 금 4,609,437원, 방위세 금 921,887원임에 비하여 원심인정은 포탈세액으로 법인세 금 1,100,084원, 방위세 금 220,017원이라고 인정하고 있어 위의 위법은 피고인들만이 상고한 본건에 있어서는 재판의 결과에 영향이 없다고 할 것이다.

제8절 장물의 죄

I. 총 설
① 장물죄의 본질
② 추구권 침해
③ 추구권 침해 + 위법상태 유지

II. 장물취득 · 양도 · 운반 · 보관죄, 장물알선죄
1. 주 체
① 본범의 정범(공동정범 · 합동범 포함) 제외
② 본범의 교사 · 방조범은 장물죄 주체가 될 수 있음
2. 객체 — 장물
가. 개 념
나. 요 건
(1) 재물성
① 물리적 관리가능성이 있는 물건
• 관리할 수 있는 동력이 장물이 될 수 있는가
② 재물의 동일성
• 대체장물(장물의 매각대금, 장물인 금전으로 구입한 물건)이 장물인가 ×
• 금전
(2) 본범의 요건
(가) 본범의 성질
① 재물영득죄: 배임죄(이득죄), 손괴죄(비영득범죄) 제외
• 배임죄 제외(단, 배임수증죄로 취득한 재물은 장물)
• 장물죄 포함(연쇄장물)
② 컴퓨터용사용사기죄
(나) 본범의 실현정도
① 구성요건해당 + 위법
② 본범의 기수 여부
③ 횡령죄의 공범과 장물죄
(3) 장물성의 유지
① 장물성이 상실되는 경우
② 취소할 수 있는 경우
③ 불법원인급여물
3. 행 위
① 제1항: 취득, 양도, 운반, 보관
② 제2항: 알선
③ 장물취득과 보관
④ 장물알선의 의미
4. 고 의
5. 불가벌적 사후행위
6. 친족상도례

III. 업무상과실장물취득죄
① 금은방 주인의 과실을 인정한 사례
② 전당포 영업자의 과실을 부인한 사례

I. 총 설

① 장물죄의 본질

1 추구권설
- 장물죄의 본질은 본범의 피해자가 피해재물을 사법상 추구 · 회복하는 것을 곤란하게 하는 것.
- 본범과 장물범 간의 합의 불요.

2 위법재산상태유지설
- 장물죄의 본질은 본범에 의하여 조성된 위법한 재산상태를 본범 또는 점유자와 합의하에 유지 · 존속시키는 것.
- 본범이 반드시 재산범죄에 한정하지 않음(본범이 뇌물죄, 도박죄, 통화위조죄, 문서위조죄인 경우도 장물죄 성립).

3 공범설(이익관여설, 착취설)
- 장물죄의 본질은 본범이 취득한 범죄적 이익에 참여 · 가담하는 것.

4 결합설
- 위법재산상태유지 + 피해자의 추구권 곤란.

	1	2	3	4
불법원인급여물	×	○	○	
피해자의 회복청구권이 시효소멸	×		○	
취소권, 해제권의 소멸(민 146, 상 651)	×		○	
대체장물	×		○	
제3자가 선의취득	×			
장물에 대한 절도, 강도, 사기, 공갈	절도 등과 장물 상경	절도 등만		

② 추구권 침해

■ 대법원 2004. 4. 9. 선고 2003도8219 판결【횡령】(공)

1. 절도 범인으로부터 장물보관 의뢰를 받은 자가 그 정을 알면서 이를 인도받아 보관하고 있다가 임의 처분하였다 하여도 장물보관죄가 성립하는 때에는 이미 그 소유자의 소유물 추구권을 침해하였으므로 그 후의 횡령행위는 불가벌적 사후행위에 불과하여 별도로 횡령죄가 성립하지 않는다(대법원 1976. 11. 23. 선고 76도3067 판결 참조).

2. 원심은 그 채택 증거에 의하여, 피고인이 2002. 9. 초순경 공소외인으로부터 장물인 고려청자 원앙형 향로 1점을 2억 5,000만 원에 매각하여 달라는 의뢰를 받음에 있어 위 향로가 장물인지 여부를 확인하여야 할 업무상 주의의무가 있음에도 이를 게을리한 과실로 위 향로를 넘겨받아 장물을 보관하던 중, 2002. 11. 29. 진정우로부터 금원을 차용하면서 위와 같이 보관중이던 위 향로를 담보로 제공한 사실을 인정한 후, 피고인이 업무상 과실로 장물인 위 향로를 보관하고 있다가 처분한 이 사건 행위는 업무상과실장물보관죄의 가벌적 평가에 포함되고 별도로 횡령죄를 구성하지 않는다고 판단하였는바, 위와 같은 원심의 판단은 정당하고, 거기에 장물죄의 불가벌적 사후행위에 관한 법리오해 등의 위법이 있다고 할 수 없다.

③ 추구권 침해 + 위법상태 유지

■ 대법원 1987. 10. 13. 선고 87도1633 판결【특정범죄가중처벌등에관한법률위반, 절도, 장물보관】(집)

피고인이 이 사건 수표들을 보관 중 1986. 4. 27. 10:00경 위 수표들의 발행은행에 문의하여 위 수표들이 도난당한 장물인 정을 알게 되었으면서도 계속 보관하였다는 판시 범죄사실을 넉넉히 인정할 수 있고 여기에는 소론과 같은 심리미진이나 채증법칙위배, 이유모순 등의 위법이 있다할 수 없으며, ….

장물인 정을 모르고 보관하던 중 장물인 정을 알게 되었으면서도 계속 보관함으로써 피해자의 정당한 반환청구권 행사를 어렵게 하고 위법한 재산상태를 유지시키는 때에는 장물보관죄가 성립한다 할 것이고 기록상 피고인이 장물을 반환하는 것이 불가능하였던 것이라고 인정되지 않으므로 피고인의 소위를 장물보관죄로 처단한 제1심판결을 유지한 원심판결에 아무런 법리오해가 있다할 수 없고, ….

II. 장물취득 · 양도 · 운반 · 보관죄, 장물알선죄

제362조 (장물의 취득, 알선 등)

① 장물을 취득, 양도, 운반 또는 보관한 자는 7년 이하의 징역 또는 1천500만원 이하의 벌금에 처한다. 〈개정 1995. 12. 29〉

② 전항의 행위를 알선한 자도 전항의 형과 같다.

1. 주 체

① 본범의 정범(공동정범 · 합동범 포함) 제외

■ 대법원 1986. 9. 9. 선고 86도1273 판결【강도살해, 특수강도, 특정범죄가중처벌등에관한법률위반(특수절도), 특수절도, 장물취득】(집)

장물죄는 타인(본범)이 불법하게 영득한 재물의 처분에 관여하는 범죄이므로 자기의 범죄에 의하여 영득한 물건에 대하여는 성립되지 아니하고 이는 불가벌적 사후행위에 해당한다고 할 것이지만, 여기에서 자기의 범죄라 함은 정범자(공동정범과 합동범을 포함한다)에 한정되는 것이므로, 변호인이 주장하는 바와 같이 위 피고인이 평소 본범과 공동하여 수차 상습으로 강도 및 절도행위를 자행함으로써 실질적인 범죄집단을 이루고 있었다고 하더라도, 당해 범죄행위의 정범자(공동정범이나 합동범)로 되지 아니한 이상 이를 자기의 범죄라고 할 수 없고, 따라서 그 장물의 취득을 불가벌적 사후행위라고 할 수 없으므로 논지는 이유없다.

② 본범의 교사 · 방조범은 장물죄 주체가 될 수 있음

2. 객체 — 장물

가. 개 념

■ 대법원 2004. 12. 9. 선고 2004도5904 판결【특정경제범죄가중처벌등에관한법률위반(횡령)(예비적 죄명: 장물취득)】(공)

횡령죄는 타인의 재물을 보관하는 자가 그 재물을 횡령하는 경우에 성립하는 범죄이고, 횡령죄의 구성요건으로서의 횡령행위란 불법영득의사를 실현하는 일체의 행위를 말하는 것으로서 불법영득의사가 외부에 인식될 수 있는 객관적 행위가 있을 때 횡령죄가 성립하는 것이고(대법원 1993. 3. 9. 선고 92도2999 판결, 1998. 2. 24. 선고 97도3282 판결 등 참조), 한편 장물이라 함은 재산죄인 범죄행위에 의하여 영득된 물건을 말하는 것으로서 절도, 강도, 사기, 공갈, 횡령 등 영득죄에 의하여 취득된 물건이어야 한다(대법원 1975. 9. 23. 선고 74도1804 판결 참조).

기록에 의하면, 검사는 피고인에 대한 이 사건 예비적 공소사실로 장물취득의 점을 기소함에 있어서 공소외 1, 공소외 2의 업무상 횡령행위, 즉 불법영득의사가 외부에 인식될 수 있는 객관적 행위가 이미 있었음을 전제로 그와 같은 횡령행위에 의하여 영득된 금원을 피고인이 교부받아 장물을 취득한 것으로 기소하였음이 분명하므로, 공소사실 자체로 볼 때 그 금원은 단순히 횡령행위에 제공된 물건이 아니라 횡령행위에 의하여 영득된 장물에 해당한다고 할 것이고, 나아가 설령 공소외 1, 공소외 2가 피고인에게 금원을 교부한 행위 자체가 횡령행위라고 하더라도 이러한 경우 공소외 1, 공소외 2의 업무상 횡령죄가 기수에 달하는 것과 동시에 그 금원은 장물이 되는 것이며, 한편 원심이 들고 있는 대법원 1983. 11. 8. 선고 82도2119 판결은 영득죄가 아니라 이득죄인 배임죄에 관한 것으로서 이 사건과는 사안을 달리 하여 이를 원용하기에 적절하지 않다고 할 것이다.

그럼에도 불구하고, 원심은 그 판시와 같은 이유로 공소외 1, 공소외 2가 피고인에게 교부한 금원이 장물이 아니라고 판단하여 이 사건 예비적 공소사실인 장물취득의 점에 대하여 무죄를 선고하고 말았으니, 여기에는 장물에 관한 법리를 오해하여 판결 결과에 영향을 미친 위법이 있다고 하지 않을 수 없고, 따라서 이를 지적하는 상고이유의 주장은 이유 있다.

나. 요 건

(1) 재물성

① 물리적 관리가능성이 있는 물건

■ 대법원 1971. 2. 23. 선고 70도2589 판결【업무상과실장물취득】(집)

형법 제41장의 장물에 관한 죄에 있어서의 "장물"은 이른바 "재물"을 말하는 것이고 그 "재물"은 원심이 판시한 바와 같이 물리적 관리 가능성이 있는 물건을 말하는 것이고, 설령 재산죄에 의하여 취득된 것이라 하더라도 재산상의 이익은 장물죄의 객체가 될 수 없다고 보아야 할 것이다. 원심이 같은 견해로서 전화가입권의 실체는 가입권자가 전화관서로부터 전화역무를 제공받을 하나의 채권적 권리이며, 이는 하나의 재산상의 이익은 될지언정 위에 말한 "장물"의 범주에 속하지 아니한다고 단정하여 피고인의 전화가입권매수행위를 업무상 과실 장물 취득죄로 처단할 수 없다고 판단하였음은 정당하다.

관리할 수 있는 동력이 장물이 될 수 있는가

1 부정설 G「관리할 수 있는 동력은 재물로 간주한다」는 현법 제346조를 장물죄에 준용하는 규정이 없음.

2 긍정설(다수설, 판례)

■ 대법원 1972. 6. 13. 선고 72도971 판결【장물취득】(집)

검사의 상고이유의 요지는 장물을 판돈에도 장물성이 있다는 취지의 주장이나 장물이란, 재산죄로 인하여 얻어진 재물(관리할 수 있는 동력도 포함된다)을 말하는 것으로서 영득된 재물자체를 두고 말한다.

② 재물의 동일성

대체장물(장물의 매각대금, 장물인 금전으로 구입한 물건)이 장물인가 ×

■ 대법원 2000. 3. 10. 선고 98도2579 판결【장물취득, 장물보관】(공)

장물이라 함은 재산범죄로 인하여 취득한 물건 그 자체를 말하고, 그 장물의 처분대가는 장물성을 상실하는 것이지만(대법원 1972. 6. 13. 선고 72도971 판결, 1972. 2. 22. 선고 71도2296 판결 등 참조), ….

■ 대법원 1972. 6. 13. 선고 72도971 판결【장물취득】(집)

검사의 상고이유의 요지는 장물을 판돈에도 장물성이 있다는 취지의 주장이나 장물이란, 재산죄로 인하여 얻어진 재물(관리할 수 있는 동력도 포함된다)을 말하는 것으로서 영득된 재물자체를 두고 말한다. 따라서 장물을 팔아서 얻은 돈에는 이미 장물성을 찾아 볼 수 없다 하겠다.

그러므로 원심이 공소외인들이 피고인을 대접하느라고 쓴 돈 설시 액수가 장물을 팔아서 얻은 돈인 줄 피고인이 알았다고 하더라도 장물취득죄가 되지 아니한다는 취지로 한 원판결 판단은 옳다.

금전

■ 대법원 2000. 3. 10. 선고 98도2579 판결【장물취득, 장물보관】(공)

장물이라 함은 재산범죄로 인하여 취득한 물건 그 자체를 말하고, 그 장물의 처분대가는 장물성을 상실하는 것이지만(대법원 1972. 6. 13. 선고 72도971 판결, 1972. 2. 22. 선고 71도2296 판결 등 참조), 금전은 고도의 대체성을 가지고 있어 다른 종류의 통화와 쉽게 교환할 수 있고, 그 금전 자체는 별다른 의미가 없고 금액에 의하여 표시되는 금전적 가치가 거래상 의미를 가지고 유통되고 있는 점에 비추어 볼 때, 장물인 현금을 금융기관에 예금의 형태로 보관하였다가 이를 반환받기 위하여 동일한 액수의 현금을 인출한 경우에 예금계약의 성질상 인출된 현금은 당초의 현금과 물리적인 동일성은 상실되었지만 액수에 의하여 표시되는 금전적 가치에는 아무런 변동이 없으므로 장물로서의 성질은 그대로 유지된다고 봄이 상당하고(대법원 1999. 9. 17. 선고 98도2269 판결 참조), 자기앞수표도 그 액면금을 즉시 지급받을 수 있는 등 현금에 대신하는 기능을 가지고 거래상 현금과 동일하게 취급되고 있는 점(대법원 1993. 11. 23. 선고 93도213 판결 등 참조)에서 금전의 경우와 동일하게 보아야 할 것이다.

따라서 제1심 공동피고인이 장물인 자기앞수표와 현금을 그의 명의의 예금계좌에 예치하였다가 현금으로 인출하였다고 하여 인출된 현금이 장물로서의 성질을 상실하였다고 볼 수는 없고, 피고인들이 그 정을 알고서 이를 보관 또는 취득하였다면 장물죄가 성립한다.

그럼에도 불구하고 원심은, 위에서 본 바와 같이 피고인들이 교부받은 현금이 제1심 공동피고인이 정남규로부터 교부받은 현금 그 자체라고 인정할 증거가 없다는 이유로 무죄라고 판단하였으니, 원심판결에는 장물에 관한 법리를 오해하여 판결에 영향을 미친 위법이 있고 ….

■ 대법원 2004. 3. 12. 선고 2004도134 판결【특정경제범죄가중처벌등에관한법률위반(횡령), 장물취득】(공)

장물이라 함은 재산범죄로 인하여 취득한 물건 그 자체를 말하고, 그 장물의 처분 대가는 장물성을 상실하는 것이지만, 금전은 고도의 대체성을 가지고 있어 다른 종류의 통화와 쉽게 교환할 수 있고, 그 금전 자체는 별다른 의미가 없고 금액에 의하여 표시되는 금전적 가치가 거래상 의미를 가지고 유통되고 있는 점에 비추어 볼 때, 장물인 현금을 금융기관에 예금의 형태로 보관하였다가 이를 반환받기 위하여 동일한 액수의 현금을 인출한 경우에 예금계약의 성질상 인출된 현금은 당초의 현금과 물리적인 동일성은 상실되었지만 액수에 의하여 표시되는 금전적 가치에는 아무런 변동이 없으므로 장물로서의 성질은 그대로 유지된다고 봄이 상당하고, 자기앞수표도 그 액면금을 즉시 지급받을 수 있는 등 현금에 대신하는 기능을 가지고 거래상 현금과 동일하게 취급되고 있는 점에서 금전의 경우와 동일하게 보아야 할 것이므로(대법원 2000. 3. 10. 선고 98도2579 판결 참조), 이 점에 관한 피고인 2의 상고이유의 주장도 받아들일 수 없다.

■ 대법원 2004. 4. 16. 선고 2004도353 판결【장물취득】(공)

형법 제41장의 장물에 관한 죄에 있어서의 '장물'이라 함은 재산범죄로 인하여 취득한 물건 그 자체를 말하므로, 재산범죄를 저지른 이후에 별도의 재산범죄의 구성요건에 해당하는 사후행위가 있었다면 비록 그 행위가 불가벌적 사후행위로서 처벌의 대상이 되지 않는다 할지라도 그 사후행위로 인하여 취득한 물건은 재산범죄로 인하여 취득한 물건으로서 장물이 될 수 있다.

그러나 기록에 의하면, 공소외인은 권한 없이 주식회사 신진기획의 아이디와 패스워드를 입력하여 인터넷뱅킹에 접속한 다음 위 회사의 예금계좌로부터 자신의 예금계좌로 합계 180,500,000원을 이체하는 내용의 정보를 입력하여 자신의 예금액을 증액시킴으로서 컴퓨터등사용사기죄의 범행을 저지른 다음 자신의 현금카드를 사용하여 현금자동지급기에서 현금을 인출한 사실을 인정할 수 있는바, 이와 같이 자기의 현금카드를 사용하여 현금자동지급기에서 현금을 인출한 경우에는 그것이 비록 컴퓨터등사용사기죄의 범행으로 취득한 예금채권을 인출한 것이라 할지라도 현금카드 사용권한 있는 자의 정당한 사용에 의한 것으로서 현금자동지급기 관리자의 의사에 반하거나 기망행위 및 그에 따른 처분행위도 없었으므로, 별도로 절도죄나 사기죄의 구성요건에 해당하지 않는다 할 것이고, 그 결과 그 인출된 현금은 재산범죄에 의하여 취득한 재물이 아니므로 장물이 될 수 없다고 할 것이다.

또 장물인 현금 또는 수표를 금융기관에 예금의 형태로 보관하였다가 이를 반환받기 위하여 동일한 액수의 현금 또는 수표를 인출한 경우에 예금계약의 성질상 그 인출된 현금 또는 수표는 당초의 현금 또는 수표와 물리적인 동일성은 상실되었지만 액수에 의하여 표시되는 금전적 가치에는 아무런 변동이 없으므로, 장물로서의 성질은 그대로 유지되지만(대법원 1999. 9. 17. 선고 98도2269 판결, 2000. 3. 10. 선고 98도2579 판결, 2002. 4. 12. 선고 2002도53 판결 등 참조), 공소외인이 컴퓨터등사용사기죄에 의하여 취득한 예금채권은 재물이 아니라 재산상 이익이므로, 그가 자신의 예금구좌에서 6,000만 원을 인출하였더라도 장물을 금융기관에 예치하였다가 인출한 것으로 볼 수 없다.

같은 취지에서 원심이 피고인이 공소외인으로부터 교부받은 6,000만 원은 장물이 아니라는 이유로 피고인에 대하여 무죄를 선고한 제1심판결을 그대로 유지한 원심의 판단은 정당하고, 거기에 주장과 같은 장물에 관한 법리를 오해한 위법이 없다.

(2) 본범의 요건

㈎ 본범의 성질

① 재물영득죄: 배임죄(이득죄), 손괴죄(비영득범죄) 제외

배임죄 제외(단, 배임수증죄로 취득한 재물은 장물)

■ 대법원 1983. 11. 8. 선고 82도2119 판결【절도, 장물취득】(집)

원심판결 이유에 의하면, 약품 회사대표인 공소외인은 위 회사약품의 재고약품을 피해자 A의 위 회사약품에 대한 채권확보책으로 위 A에게 양도 담보로 제공한 후 위 재고약품 중 일부를 다시 피고인 1, 같은 2, 같은 3, 4에게 양도한 사실을 확정하고 공소외인의 위 피고인들에 대한 양도행위는 배임죄에 해당하는 것이며 공소외인이 다시 양도한 재고약품 중 일부를 그의 배임행위에 제공한 물건이지 배임행위로 인하여 영득한 물건자체는 아니므로 장물이라 볼 수 없다고 판시하고 있으며, 또 원심이 유지한 제1심판결 이유에 의하면 제1심은 거시증거에 의하여 피고인 5가 처분한 판시약품은 공소외인과 A 간의 양도담보계약의 목적물에 포함되지 아니한 사실을 인정하여 피고인 5에 대한 이 사건 공소사실에 관하여 무죄를 선고하고 있는바, 기록에 의하여 살펴보면 원심 및 제1심의 위와 같은 사실인정과 판단은 정당하고 거기에 소론과 같은 채증법칙위배와 횡령 또는 배임의 법리를 오해한 위법이 있음을 발견할 수 없으며, ….

장물죄 포함(연쇄장물)

② 컴퓨터용사용사기죄

■ 대법원 2004. 4. 16. 선고 2004도353 판결

금전적 이득을 금전화

☞ 앞에서 본 판결.

(나) 본범의 실현정도

① 구성요건해당 + 위법

② 본범의 기수 여부

1 본범이 기수여야 함.
2 영득한 이상 기수 여부 불문.
3 기수여야 하지만 강도살인죄와 같은 결합범은 재물죄 쪽이 기수이면 족함.

③ 횡령죄의 공범과 장물죄

1 장물취득죄(판례)
2 횡령죄 공범과 장물취득죄의 경합범
3 횡령죄 공범

■ 대법원 2004. 12. 9. 선고 2004도5904 판결【특정경제범죄가중처벌등에관한법률위반(횡령)(예비적 죄명: 장물취득)】(공)

기록에 의하면, 검사는 피고인에 대한 이 사건 예비적 공소사실로 장물취득의 점을 기소함에 있어서 공소외 1, 공소외 2의 업무상 횡령행위, 즉 불법영득의사가 외부에 인식될 수 있는 객관적 행위가 이미 있었음을 전제로 그와 같은 횡령행위에 의하여 영득된 금원을 피고인이 교부받아 장물을 취득한 것으로 기소하였음이 분명하므로, 공소사실 자체로 볼 때 그 금원은 단순히 횡령행위에 제공된 물건이 아니라 횡령행위에 의하여 영득된 장물에 해당한다고 할 것이고, 나아가 설령 공소외 1, 공소외 2가 피고인에게 금원을 교부한 행위 자체가 횡령행위라고 하더라도 이러한 경우 공소외 1, 공소외 2의 업무상 횡령죄가 기수에 달하는 것과 동시에 그 금원은 장물이 되는 것이며, 한편 원심이 들고 있는 대법원 1983. 11. 8. 선고 82도2119 판결은 영득죄가 아니라 이득죄인 배임죄에 관한 것으로서 이 사건과는 사안을 달리 하여 이를 원용하기에 적절하지 않다고 할 것이다.

그럼에도 불구하고, 원심은 그 판시와 같은 이유로 공소외 1, 공소외 2가 피고인에게 교부한 금원이 장물이 아니라고 판단하여 이 사건 예비적 공소사실인 장물취득의 점에 대하여 무죄를 선고하고 말았으니, 여기에는 장물에 관한 법리를 오해하여 판결 결과에 영향을 미친 위법이 있다고 하지 않을 수 없고, 따라서 이를 지적하는 상고이유의 주장은 이유 있다.

☞ 앞에서 본 판결.

(3) 장물성의 유지

① 장물성이 상실되는 경우

- 선의취득(단, 도품, 유실물은 2년 동안 유지)
- 횡령한 명의신탁재산

② 취소할 수 있는 경우

1 추구권설: 취소되기 전에는 장물성 부정

2 유지설: 장물성 긍정

③ 불법원인급여물

1 추구권설: 장물성 부정

2 유지설: 장물성 긍정

3 본범의 성립 여부에 따라 결정

a 불법원인급여물에 대한 사기 · 공갈 · 횡령을 부인 → 장물죄 부인(김일수)

b 불법성이 불균형하면 불법원인급여물에 대한 재산죄의 성립을 인정하는 판례에 따르면 횡령 일부와 사기 · 공갈로 취득한 재물의 장물성 인정.

3. 행 위

① 제1항: 취득, 양도, 운반, 보관

② 제2항: 알선

③ 장물취득과 보관

■ 대법원 2003. 5. 13. 선고 2003도1366 판결【사문서위조, 위조사문서행사, 특정범죄가중처벌등에관한 법률위반(절도)(변경된 죄명: 장물취득), 사기미수】(공)

가. 장물취득죄에서 '취득'이라고 함은 점유를 이전받음으로써 그 장물에 대하여 사실상의 처분권을 획득하는 것을 의미하는 것이므로, 단순히 보수를 받고 본범을 위하여 장물을 일시 사용하거나 그와 같이 사용할 목적으로 장물을 건네받은 것만으로는 장물을 취득한 것으로 볼 수 없다.

원심이 같은 취지에서 피고인이 공소외인으로부터 보수를 받는 조건으로 공소외인이 습득하였다고 주장하는 신용카드들로 물품을 구입하여 주기로 하고 위 신용카드들을 교부받은 행위가 장물취득에 해당하지 아니한다고 판단한 것은 정당하고, 거기에 사실을 오인하거나 장물죄에 있어서 취득의 법리를 오해한 위법이 없다.

나. 다만, 법원은 공소사실의 동일성이 인정되는 범위 내에서 심리의 경과에 비추어 피고인의 방어권 행사에 실질적인 불이익을 초래할 염려가 없다고 인정되는 때에는, 공소장이 변경되지 않았더라도 직권으로 공소장에 기재된 공소사실과 다른 범죄사실을 인정할 수 있고, 이와 같은 경우 공소가 제기된 범죄사실과 대비하여 볼 때 실제로 인정되는 범죄사실의 사안이 가볍지 아니하여 공소장이 변경되지 않았다는 이유로 이를 처벌하지 않는다면 적정절차에 의한 신속한 실체적 진실의 발견이라는 형사소송의 목적에 비추어 현저히 정의와 형평에 반하는 것으로 인정되는 경우라면 법원으로서는 직권으로 그 범죄사실을 인정하여야 할 것이다(대법원 2002. 11. 22. 선고 2000도4419 판결 등 참조).

다. 그런데 기록에 의하면 피고인은 경찰 이래 원심 법정에 이르기까지 시종일관 공소외인로부터 보수를 줄 터이니 물건을 대신 구입하여 달라는 부탁과 함께 위 신용카드 2장을 교부받을 당시, 공소외인이 위 신용카드를 습득한 것으로 알고 있었다고 진술하고 있고, 이 사건 장물취득의 점에 관한 공소사실 자체도 이와 같이 되어 있음을 알 수 있는바, 공소외인은 늦어도 습득한 위 신용카드 2장으로 물건을 구입하여 줄 것을 피고인에게 부탁한 때에는 불법영득의 의사가 확정됨으로써 점유이탈물횡령죄의 기수에 이른 것이고, 점유이탈물횡령으로 인하여 영득한 재물 역시 장물로 보아야 하므로, 공소외인의 위와 같은 부탁을 받아들여 위 신용카드 2장을 교부받은 피고인의 행위는 적어도 형법 제362조 제1항 소정의 장물을 보관한 경우에 해당한다고 보아야 한다.

라. 결국, 이 사건 공소사실 중 장물취득의 점과 실제로 인정되는 장물보관의 범죄사실은 객관적

사실관계로서는 동일하고, 다만 이를 장물의 취득으로 볼 것인가 보관으로 볼 것인가 하는 법적 평가에 있어서만 차이가 있을 뿐이어서 피고인을 장물보관죄로 처단하더라도 피고인의 방어권 행사에 실질적인 불이익을 초래할 염려가 있다고는 보이지 아니하므로, 단순히 피고인이 위 신용카드들의 사실상 처분권을 취득한 것이 아니라는 이유만으로 피고인을 처벌하지 아니하는 것은 적정절차에 의한 신속한 실체적 진실의 발견이라는 형사소송의 목적에 비추어 현저히 정의와 형평에 반한다고 할 것이다.

마. 따라서 원심으로서는 따로 공소사실의 변경이 없었더라도 피고인을 장물보관죄로 처단하였어야 할 것임에도 불구하고 이에 이르지 아니한 채 만연히 피고인의 행위가 장물취득죄의 구성요건에 해당하는지의 여부만을 심리한 끝에 그 부분에 관하여 무죄를 선고하고 말았으니, 이러한 원심판결에는 공소장 변경 없이 심판할 수 있는 범위에 관한 법리를 오해함으로써 판결에 영향을 미친 위법이 있다고 아니할 수 없으므로, 이 점을 지적하는 검사의 상고이유 주장은 이유 있다.

④ 장물알선의 의미

■ 대법원 2009. 4. 23. 선고 2009도1203 판결【특정범죄가중처벌등에관한법률위반(절도){인정된 죄명: 특정범죄가중처벌등에관한법률위반(절도)방조}, 장물알선】(공)

형법 제362조 제2항에 정한 장물알선죄에서 '알선'이란 장물을 취득·양도·운반·보관하려는 당사자 사이에 서서 이를 중개하거나 편의를 도모하는 것을 의미하므로, 장물인 정을 알면서, 장물을 취득·양도·운반·보관하려는 당사자 사이에 서서 서로를 연결하여 장물의 취득·양도·운반·보관행위를 중개하거나 편의를 도모하였다면, 그 알선에 의하여 당사자 사이에 실제로 장물의 취득·양도·운반·보관에 관한 계약이 성립하지 아니하였거나 장물의 점유가 현실적으로 이전되지 아니한 경우라도 장물알선죄가 성립한다.

원심판결 및 원심이 적법하게 조사한 증거 등에 의하면, ① 피고인은 판시 일시, 장소에서 원심공동피고인 2·원심공동피고인 3으로부터 그들이 절취하여 온 합계 467만 원 상당의 귀금속을 매도하여 달라는 부탁을 받은 사실, ② 피고인은 위 귀금속이 장물이라는 정을 알면서도 위 요구를 수락하고 위 귀금속을 매수하기로 한 공소외인에게 전화하여 피고인과 위 공소외인이 판시 노래연습장에서 만나기로 약속한 사실, ③ 피고인은 위 원심공동피고인 2·원심공동피고인 3으로부터 건네받은 귀금속을 가지고 판시 일시 경 판시 노래연습장에 들어갔다가 미처 위 공소외인을 만나기도 전에 피고인을 추적중이던 경찰관에 의하여 체포된 사실을 알 수 있다.

앞서 본 법리에 비추어 보면, 위와 같이 피고인이 장물인 귀금속을 매도하려는 위 원심공동피고인 2·원심공동피고인 3과 이를 매수하려는 위 공소외인 사이를 연결하여 위 귀금속의 매매를 중개함으로써 장물알선죄는 성립하고, 위 원심공동피고인 2·원심공동피고인 3과 위 공소외인 사이에 실제로 매매계약이 성립하지 않았다거나 위 귀금속의 점유가 위 공소외인에게 현실적으로 이전되지 아니하였다 하더라도 장물알선죄의 성립은 방해받지 않는다고 할 것이다.

4. 고 의

■ 대법원 2006. 10. 13. 선고 2004도6084 판결【장물취득, 장물알선】(미)

장물죄에 있어서 장물의 인식은 확정적 인식임을 요하지 않으며 장물일지도 모른다는 의심을 가지는 정도의 미필적 인식으로서도 충분하고, 장물인 정을 알고 있었느냐의 여부는 장물 소지자의 신분, 재물의 성질, 거래의 대가 기타 상황을 참작하여 이를 인정할 수밖에 없다 할 것인바(대법원 2000. 9. 5. 선고 99도3590 판결, 2004. 12. 9. 선고 2004도5904 판결 등 참조), 위와 같은 법리와 기록에 비추어 살펴보면, 원심이 그 판시와 같은 이유로 피고인이 제1심 판시 범죄일람표 (4) 기재와 같이 공소외인로부터 보석들을 전당잡을 당시 그 보석들이 피해자들로부터 편취한 장물이라는 정을 알았다고 보기는 어렵고, 다만 피고인이 피해자들로부터 피고인의 전당포에 자신들의 보석이 없느냐는 문의를 받은 시점부터는 위 보석들이 장물일지도 모른다는 사실을 인식하고 있었다고 본 것은 정당한 것으로 수긍이 가고, 거기에 상고이유로 주장하는 바와 같은 채증법칙 위배로 인한 사실오인의 위법이 없다.

나. 장물취득죄는 취득 당시 장물인 정을 알면서 재물을 취득하여야 성립하는 것이므로 피고인이 재물을 인도받은 후에 비로소 장물이 아닌가 하는 의구심을 가졌다고 하여 그 재물수수행위가 장물취득죄를 구성한다고 할 수 없고(대법원 1971. 4. 20. 선고 71도468 판결 참조), 장물인 정을 모르고 장물을 보관하였다가 그 후에 장물인 정을 알게 된 경우 그 정을 알고서도 이를 계속하여 보관하는 행위는 장물죄를 구성하는 것이나 이 경우에도 점유할 권한이 있는 때에는 이를 계속하여 보관하더라도 장물보관죄가 성립한다고 할 수 없다(대법원 1986. 1. 21. 선고 85도2472 판결 참조).

원심은 전당포영업자가 돈을 대여하고 물건을 전당잡는 행위(질권설정행위)는 전당잡은 물건에 대하여 사실상의 처분권을 획득하는 행위로서 장물취득죄에 있어서의 취득행위에 해당하므로 장물취득죄에 있어서의 고의 유무는 이때를 기준으로 판단하여야 하는데, 이 사건과 같이 전당포영업자인 피고인이 보석들을 전당잡으면서 인도받을 당시 장물이라는 정을 알았다고 볼 증거가 없다면, 그 후 장물일지도 모른다고 의심하면서 소유권포기각서를 받은 행위가 장물취득죄에 해당한다고 볼 여지가 없고, 또한 기록에 의하면, 피고인에게는 공소외인이 대여금을 변제하면 언제든지 보석들을 반환할 의사가 있었고, 공소외인 역시 소유권포기각서를 써 주었으나 피고인에게 돈을 갚겠다고 약속하면서 담보로 맡긴 보석들을 처분하지 말 것을 부탁하였으며, 전당업주에게 귀금속 등을 담보로 제공하고 돈을 빌릴 때 소유권포기각서를 작성하는 경우도 있음을 알 수 있어, 피고인이 공소외인으로부터 소유권포기각서를 받은 행위는 피고인이 공소외인과 사이에 금전관계를 정산하고 전당물에 대한 소유권을 완전히 취득하기 위한 것이라기보다는 담보를 확실히 하기 위한 것으로 보이므로, 이러한 행위를 별개의 취득행위라고 볼 여지도 없으며, 한편 이 사건과 같이 전당포영업자인 피고인이 대여금채권의 담보로 보석들을 전당잡은 경우에는 이를 점유할 권한이 있는 때에 해당하여 장물보관죄가 성립할 여지 역시 없다고 판단하여 이 부분 공소사실을 유죄로 인정한 제1심판결을 파기하고 무죄를 선고하였는바, 앞서 본 법리와 기록에 비추어 살펴보면, 원심의 위와 같은 조치는 정당한 것으로 수긍이 가고, 거기에 상고이유로 주장하는 바와 같은 장물취득죄의 고의에 대한 심리미진이나 장물취득의 개념에 관한 법리오해 등의 위법이 없다.

5. 불가벌적 사후행위

■ 대법원 2004. 4. 9. 선고 2003도8219 판결【횡령】(공)

1. 절도 범인으로부터 장물보관 의뢰를 받은 자가 그 정을 알면서 이를 인도받아 보관하고 있다가 임의 처분하였다 하여도 장물보관죄가 성립하는 때에는 이미 그 소유자의 소유물 추구권을 침해하였으므로 그 후의 횡령행위는 불가벌적 사후행위에 불과하여 별도로 횡령죄가 성립하지 않는

다(대법원 1976. 11. 23. 선고 76도3067 판결 참조).

2. 원심은 그 채택 증거에 의하여, 피고인이 2002. 9. 초순경 공소외인으로부터 장물인 고려청자 원앙형 향로 1점을 2억 5,000만 원에 매각하여 달라는 의뢰를 받음에 있어 위 향로가 장물인지 여부를 확인하여야 할 업무상 주의의무가 있음에도 이를 게을리한 과실로 위 향로를 넘겨받아 장물을 보관하던 중, 2002. 11. 29. 진정우로부터 금원을 차용하면서 위와 같이 보관중이던 위 향로를 담보로 제공한 사실을 인정한 후, 피고인이 업무상 과실로 장물인 위 향로를 보관하고 있다가 처분한 이 사건 행위는 업무상과실장물보관죄의 가벌적 평가에 포함되고 별도로 횡령죄를 구성하지 않는다고 판단하였는바, 위와 같은 원심의 판단은 정당하고, 거기에 장물죄의 불가벌적 사후행위에 관한 법리오해 등의 위법이 있다고 할 수 없다.

■ 대법원 1993. 11. 23. 선고 93도213 판결【사기】(공)

금융기관 발행의 자기앞수표는 그 액면금을 즉시 지급받을 수 있는 점에서 현금에 대신하는 기능을 가지고 있어서 장물인 자기앞수표를 취득한 후 이를 현금 대신 교부한 행위는 장물취득에 대한 가벌적 평가에 당연히 포함되는 불가벌적 사후행위로서 별도의 범죄를 구성하지 아니한다고 봄이 상당하다 할 것이므로(당원 1987. 1. 20. 선고 86도1728 판결) 원심이 같은 견해 아래 절도범인으로부터 그 정을 알면서 자기앞수표를 교부받아 이를 음식대금으로 지급하고 거스름돈을 환불받은 피고인의 소위를 사기죄가 되지 아니한다고 판단한 조처는 정당하고 거기에 논지가 지적하는 바와 같은 심리미진이나 불가벌적 사후행위 및 사기죄에 관한 법리오해의 위법이 없다. 논지는 이유 없다.

6. 친족상도례

제365조 (친족간의 범행)

① 전3조의 죄를 범한 자와 피해자간에 제328조 제1항, 제2항의 신분관계가 있는 때에는 동조의 규정을 준용한다.

② 전3조의 죄를 범한 자와 본범간에 제328조 제1항의 신분관계가 있는 때에는 그 형을 감경 또는 면제한다. 단, 신분관계가 없는 공범에 대하여는 예외로 한다.

III. 업무상과실장물취득죄

① 금은방 주인의 과실을 인정한 사례

■ 대법원 2003. 4. 25. 선고 2003도348 판결【업무상과실장물취득】(공)

그러나 금은방을 운영하는 자가 귀금속류를 매수함에 있어 매도자의 신원확인절차를 거쳤다고 하여도 장물인지의 여부를 의심할 만한 특별한 사정이 있거나, 매수물품의 성질과 종류 및 매도자의 신원 등에 좀 더 세심한 주의를 기울였다면 그 물건이 장물임을 알 수 있었음에도 불구하고 이를 게을리하여 장물인 정을 모르고 매수하여 취득한 경우에는 업무상과실장물취득죄가 성립한다고 할 것이고(대법원 1984. 11. 27. 선고 84도1413 판결, 1985. 2. 26. 선고 84도2732, 84감도429 판결, 1987. 6. 9. 선고 87도915 판결 등 참조), 물건이 장물인지의 여부를 의심할 만한 특별한 사정이 있는지 여부나 그 물건이 장물임을 알 수 있었는지 여부는 매도자의 인적사항과 신분, 물건의 성질과 종류 및 가격, 매도자와 그 물건의 객관적 관련성, 매도자의 언동 등 일체의 사정을 참작하여 판단하여야 할 것이다.

원심이 확정한 사실 및 제1심이 적법하게 조사하여 채택한 증거에 의하면, 피고인이 매수한 반지는 종류가 다른 18K 큐빅반지 2개(여자용 및 남녀공용 각 1개)로서, 그 큐빅과 가공비를 제외한 금값만의 시세는 17만 원 정도이나 신품의 판매가격은 54만 원 정도인 사실, 공소외인은 2001. 11. 말경에도 14K 커플링반지를 가지고 피고인 운영의 금은방에 와서 피고인이 이를 매수한 적이 있는데, 공소외인이 그로부터 불과 1주일여만에 다시 이 사건 반지를 팔러 온 사실, 공소외인은 이 사건 반지를 팔러 왔을 때 그 중량이나 가격을 알지 못하고, 오히려 피고인에게 몇 돈이 나가느냐고 물은 사실, 피고인은 1993. 8. 30. 업무상과실장물취득죄로 벌금 30만 원의 처벌을 받은 전력이 있는 사실, 피고인은 이 사건 반지를 매수함에 있어 공소외인이 두 번째 찾아온 사실을 알았으면서도 주민등록증을 제시받아 신원을 확인하였을 뿐 이 사건 반지의 소유관계 등에 대하여는 물어보지 아니한 사실 등을 알 수 있는바, 이와 같이 14K 커플링반지를 매도한 19세의 공소외인이 얼마 지나지 아니하여 다시 판매가격이 54만 원이나 하는 반지 두 개를 가지고 와서 매수를 요청하면서 그 중량이나 가격조차 알지 못하였다면 비록 이 사건 반지의 매수시세가 17만 원 정도로 그다지 고가가 아니라고 하더라도 동일한 전과까지 있는 피고인으로서는 이 사건 반지가 장물인 점을 알 수 있었거나 장물인지의 여부를 의심할 만한 특별한 사정이 있는 경우에 해당한다고 보아야 할 것이므로, 금은방을 운영하는 피고인으로서는 공소외인의 신원확인을 하는 것을 넘어 이 사건 반지의 출처 및 소지경위 등에 대하여도 확인할 업무상 주의의무가 있다고 할 것임에도, 원심이 그러한 업무상 주의의무가 없다고 보아 무죄를 선고한 제1심을 유지한 것은 채증법칙을 위배하여 사실을 오인하고 업무상과실장물취득죄에 있어 과실에 관한 법리를 오해한 잘못이 있다 할 것이고, 이는 판결결과에 영향을 미쳤음이 명백하다.

② 전당포 영업자의 과실을 부인한 사례

■ 대법원 1987. 2. 24. 선고 86도2077 판결【업무상과실, 장물취득】(공)

원심판결이 적법히 확정한 사실에 의하면, 전당포를 경영하는 피고인이 과거 5-6년간 한 동네에서 살았고, 2회 가량 자기 소유의 비디오를 전당잡혀 그 기간내에 전당물을 찾아간 바 있던 공소외인으로부터 이 사건 장물인 싯가 720,000원 상당의 비디오를 입질받음에 있어 그 소유관계를 물으니 자기 소유라고 대답하여 주민등록증을 제시받아 전당물대장에 주소, 성명, 직업, 주민등록번호, 연령등을 기재하고 금 150,000원을 공소외인에게 대여하였다는 것인바, 사실이 이러하다면 특별한 사정이 없는 한 피고인으로서는 전당포 경영자로서의 주의의무를 다한 것이고, 더 나아가 위 비디오가 실제로 공소외인의 소유인지의 여부, 또는 위 비디오의 출처, 전당잡히려는 동기등을 확인하여야 할 주의의무까지는 없다고 할 것이므로(당원 1985. 2. 26. 선고 83도1215 판결, 1984. 9. 25. 선고 84도1488 판결등 참조) 원심이 같은 취지의 판단아래 피고인에게 무죄를 선고한 것은 정당하고, 거기에 소론과 같은 업무상 과실, 장물취득죄의 법리를 오해한 위법이 있다고 할 수 없으므로(논지가 들고 있는 판례는 장물인지의 여부를 의심할만한 특별한 사정이 있는 경우에 대한 것으로서 본건과는 사안을 달리하여 적절한 선례로 볼 수 없다). 논지는 이유없다.

제9절 손괴의 죄

○ 구성요건 체계
• 형법
• 폭력행위 등 처벌에 관한 법률
• 도로교통법
○ 공용물에 대한 손괴
○ 경계침범

○ 구성요건 체계

형법

구분	죄명	조문	법정형
기본적 구성요건	(재물, 문서, 전자기록 등)(손괴, 은닉)	366	3↓, 700만↓
불법가중	공익건조물파괴	367	10↓, 2000만↓
	특수(재물, 문서, 전자기록 등)(손괴, 은닉)	369 ①	5↓, 1000만↓
	특수공익건조물파괴	369 ②	1↑, 2000만↓
결과적 가중	중손괴	368 ①	1-10
	(366, 367)(치상, 치사)	368 ②	1↑(치상), 3↑(치사)
독립된 구성요건	경계침범	370	3↓, 500만↓
미수	(366, 367, 369)미수	371	
동력		346	

폭력행위 등 처벌에 관한 법률

도로교통법

제151조 (벌칙)
차의 운전자가 업무상 필요한 주의를 게을리하거나 중대한 과실로 다른 사람의 건조물이나 그 밖의 재물을 손괴한 때에는 2년 이하의 금고나 500만 원 이하의 벌금에 처한다.

■ 대법원 1982. 12. 28. 선고 82도1807 판결【위증, 재물손괴】(공)

원판시 확인서가 그 소유자인 윤혁중의 의사에 반하여 피고인에 의하여 손괴된 것이라면 그 확인서가 피고인 명의로 작성된 것이고 또 그것이 진실에 반하는 허위내용을 기재한 것이라 하더라도 피고인은 그 문서손괴의 죄책을 면할 수 없다 할 것이니 같은 취지의 원심판결은 정당하고 거기에 소론과 같은 문서손괴죄에 관한 법리오해의 위법이 없으므로 논지는 이유없다.

○ 공용물에 대한 손괴

제140조 (공무상비밀표시무효)

① 공무원이 그 직무에 관하여 실시한 봉인 또는 압류 기타 강제처분의 표시를 손상 또는 은닉하거나 기타 방법으로 그 효용을 해한 자는 5년 이하의 징역 또는 700만 원 이하의 벌금에 처한다. 〈개정 1995. 12. 29〉
② 공무원이 그 직무에 관하여 봉함 기타 비밀장치한 문서 또는 도화를 개봉한 자도 제1항의 형과 같다. 〈개정 1995. 12. 29〉
③ 공무원이 그 직무에 관하여 봉함 기타 비밀장치한 문서, 도화 또는 전자기록등 특수매체기록을 기술적 수단을 이용하여 그 내용을 알아낸 자도 제1항의 형과 같다. 〈신설 1995. 12. 29〉

제140조의2 (부동산강제집행효용침해)

강제집행으로 명도 또는 인도된 부동산에 침입하거나 기타 방법으로 강제집행의 효용을 해한 자는 5년 이하의 징역 또는 700만 원 이하의 벌금에 처한다. [본조신설 1995. 12. 29]

제141조 (공용서류등의 무효, 공용물의 파괴)

① 공무소에서 사용하는 서류 기타 물건 또는 전자기록등 특수매체기록을 손상 또는 은닉하거나 기타 방법으로 그 효용을 해한 자는 7년 이하의 징역 또는 1천만원 이하의 벌금에 처한다. 〈개정 1995. 12. 29〉

② 공무소에서 사용하는 건조물, 선박, 기차 또는 항공기를 파괴한 자는 1년 이상 10년 이하의 징역에 처한다.

제142조 (공무상보관물의 무효)

공무소로부터 보관명령을 받거나 공무소의 명령으로 타인이 관리하는 자기의 물건을 손상 또는 은닉하거나 기타 방법으로 그 효용을 해한 자는 5년 이하의 징역 또는 700만 원 이하의 벌금에 처한다. 〈개정 1995. 12. 29〉

○ 경계침범

■ 대법원 1999. 4. 9. 선고 99도480 판결【업무방해(인정된 죄명: 경계침범)】(공)

형법 제370조에서 말하는 경계는 반드시 법률상의 정당한 경계를 말하는 것이 아니고 비록 법률상의 정당한 경계에 부합되지 아니하는 경계라고 하더라도 이해관계인들의 명시적 또는 묵시적 합의에 의하여 정하여진 것이면 이는 이 법조에서 말하는 경계라고 할 것이고(대법원 1992. 12. 8. 선고 92도1682 판결 참조), 또 그 경계표는 그것이 어느 정도 객관적으로 통용되는 사실상의 경계를 표시하는 것이라면 영속적인 것이 아니고 일시적인 것이라도 이 죄의 객체에 해당한다고 할 것이다.

원심판결 이유에 의하면 원심은, 판시 증거들을 종합하여 그 판시와 같은 사실을 인정한 다음, 그 인정 사실에 의하면 피고인이 제거한 판시 말뚝과 철조망은 위 법조 소정의 경계표에 해당한다고 판단하여 피고인을 경계침범죄로 처벌한 제1심판결을 유지하였는바, 이를 기록과 위에 밝힌 법리에 비추어 살펴본즉 원심의 그 사실인정과 판단은 옳다고 여겨지고, 거기에 상고이유로 주장하는 법리오해나 사실오인의 위법이 있다고 할 수 없다.

■ 대법원 2007. 12. 28. 선고 2007도9181 판결【경계침범】(미)

1. 형법 제370조의 경계침범죄에서 말하는 '경계'는 반드시 법률상의 정당한 경계를 가리키는 것은 아니고, 비록 법률상의 정당한 경계에 부합되지 않는 경계라 하더라도 그것이 종래부터 일반적으로 승인되어 왔거나 이해관계인들의 명시적 또는 묵시적 합의에 의하여 정해진 것으로서 객관적으로 경계로 통용되어 왔다면 이는 본조에서 말하는 경계라 할 것이고(대법원 1976. 5. 25. 선고 75도2564 판결, 대법원 1986. 12. 9. 선고 86도1492 판결 등 참조), 따라서 그와 같이 종래 통용되어 오던 사실상의 경계가 법률상의 정당한 경계인지 여부에 대하여 다툼이 있다고 하더라도, 그 사실상의 경계가 법률상 정당한 경계가 아니라는 점이 이미 판결로 확정되었다는 등 경계로서의 객관성을 상실하는 것으로 볼 만한 특단의 사정이 없는 한, 여전히 본조에서 말하는 경계에 해당되는 것이라고 보아야 할 것이다(대법원 1992. 12. 8. 선고 92도1682 판결 등 참조). 그리고 이러한 경계를 표시하는 경계표는 반드시 담장 등과 같이 인위적으로 설치된 구조물만을 의미하는 것으로 볼 것은 아니고, 수목이나 유수 등과 같이 종래부터 자연적으로 존재하던 것이라도 경계표지로 승인된 것이면 여기의 경계표에 해당한다고 할 것이다.

위 법리와 기록에 의하여 살펴보면, 원심이 그 채택 증거에 의하여 피고인이 그 판시와 같이 피고인 소유의 경기 가평군 청평면 상천리 362-1 토지와 피해자 소유의 같은 리 363-1 토지의 경계에 관하여 다툼이 있던 중에 그 경계선 부근에 심어져 있던 조형소나무 등을 뽑아내고 그 부근을 굴착함으로써 그 경계를 불분명하게 하였다는 이 사건 범죄사실을 유죄로 인정한 조치는 정당한 것으로 수긍이 가고, 거기에 상고이유의 주장과 같은 채증법칙 위반이나 법리오해 등의 위법이 있다고 할 수 없다.

제10절 권리행사를 방해하는 죄

○ 구성요건 체계
○ 타인의 점유
○ 행위태양
○ 강제집행면탈죄
• 상황
• 재산의 은닉
• 위험범

○ 구성요건 체계

구분	죄명	조문	법정형
기본적 구성요건	권리행사방해	323	5↓, 700만↓
불법가중	점유강취	325 ①	7↓, 10↓자
	준점유강취	325 ②	〃
결과적 가중	중권리행사방해	326	10↓
독립된 구성요건	강제집행면탈	370	3↓, 1000만↓
미수	(325 ①②)미수	371	
친족상도례		328	

○ 타인의 점유

■ 대법원 1960. 9. 14. 선고 4293형상448 판결【권리행사방해】(집)

형법 제323조 소정의 권리행사 방해죄에 있어서의 타인의 점유라 함은 권원으로 인한 점유 즉 적당한 원인에 기하여 그 물건을 점유하는 권리있는 자의 점유를 의미하는 것이나 일단 적법한 원인에 기하여 그 물건을 점유한 이상 가사 그 소유권자가 점유를 생하게 한 계약을 해제하고 그 물건의 반환을 청구하였다 할지라도 점유자가 그 해제에 이의가 있어 임의로 그 점유물을 반환하지 않고 단속 이를 점유하고 있는 한 그 물건의 점유자는 의연히 동조 소정의 타인의 물건을 점유하고 있는 자라 할 것이며 따라서 그 점유를 강제로 취거하여서 동인의 권리행사를 방해하였을 때에는 동법 소정의 권리행사 방해죄를 구성한다 할 것이다.

■ 대법원 1994. 11. 11. 선고 94도343 판결【무고, 절도】(공)

권리행사방해죄에 있어서의 타인의 점유라 함은 권원으로 인한 점유 즉 정당한 원인에 기하여 그 물건을 점유하는 권리 있는 자의 점유를 의미하는 것(1960. 9. 14. 선고 4293형상448 판결 참조)으로서 본권을 갖지 아니하는 절도범인의 점유는 여기에 해당하지 않는다 할 것인바, 이 사건에 있어서 피고인이 자신의 집 마당에 보관하고 있는 이 사건 솥을 피고소인들이 피고인의 허락 없이 함께 운반하여 가져갔다 하더라도 그 솥이 피고소인 이애자의 소유이고 피고인이 이를 절취하여 점유보관하고 있던 것인 이상 피고소인들의 소위는 권리행사방해죄를 구성하지는 않는다고 할 것이니 피고소인들의 소위가 권리행사방해죄에 해당함을 전제로 하는 논지도 이유 없다 할 것이고, 논지가 원용하는 판례는 사안이 달라 이 사건에 적절하지 아니하므로 받아들일 수 없다.

■ 대법원 2006. 3. 23. 선고 2005도4455 판결【권리행사방해】(공)

1. 권리행사방해죄에서의 보호대상인 타인의 점유는 반드시 점유할 권원에 기한 점유만을 의미하는 것은 아니고, 일단 적법한 권원에 기하여 점유를 개시하였으나 사후에 점유 권원을 상실한 경우의 점유, 점유 권원의 존부가 외관상 명백하지 아니하여 법정절차를 통하여 권원의 존부가 밝혀질 때까지의 점유, 권원에 기하여 점유를 개시한 것은 아니나 동시이행항변권 등으로 대항할 수 있는 점유 등과 같이(대법원 1960. 9. 14. 선고 4293형상448 판결, 1977. 9. 13. 선고 77도1672 판결, 1989. 7. 25. 선고 88도410 판결, 1995. 5. 26. 선고 95도607 판결, 2003. 11. 28. 선고 2003도4257 판결 등 참조) 법정절차를 통한 분쟁 해결시까지 잠정적으로 보호할 가치 있는 점유는 모두 포함된다고 볼 것이고, 다만 절도범인의 점유와 같이 점유할 권리 없는 자의 점유임이 외관상 명백한 경우는 포함되지 아니한다 할 것이다.

그런데 이 사건 기록에 의하여 인정되는 사실은 다음과 같다. 즉, (회사명 생략) 렌트카(주)의 공동대표이사 중 1인인 공소외인은 피해자에 대한 개인적인 채무의 담보 명목으로 위 회사가 보유중이던 이 사건 승용차를 피해자에게 넘겨주었다. 피해자는 위 승용차를 약 4개월 동안 위 회사에서 수시로 연락 가능한 피해자의 사무실 등지에서 운행해 오면서 위 회사 직원의 승용차 반환요구를 공소외인에 대한 채권 및 위 담보제공 약정을 이유로 거절해 왔다. 그러자 위 회사 공동대표이사 중 1인인 피고인은 피해자의 공소외인에 대한 채권의 존부 및 위 담보제공 약정의 효력에 관하여 피해자와 직접 접촉하여 관련 사실 및 증빙자료를 확인하는 등의 절차를 밟지 않은 채 피해자 사무실 부근에 주차되어 있는 이 사건 승용차를 몰래 회수하도록 하였다는 것이다.

이러한 사실관계를 앞서 본 법리에 비추어 살펴본다면, 피해자의 이 사건 승용차에 대한 점유는 법정절차를 통하여 점유 권원의 존부가 밝혀짐으로써 분쟁이 해결될 때까지 잠정적으로 보호할 가치 있는 점유에 포함된다고 봄이 상당하다.

한편, 피해자가 위와 같은 경위로 채권 및 담보제공 약정을 이유로 승용차의 반환을 거절하고 있는 경우이든, 이 사건 승용차를 단순히 임차하였다가 그 반환을 거부하고 있는 경우이든 두 경우 모두 권리행사방해죄에서의 보호대상인 점유에 해당하는 것이므로, 피고인이 피해자가 이 사건 승용차를 단순히 임차하였다가 그 반환을 거절하고 있는 것으로 잘못 알고 있었다는 사정만으로는 피고인에게 권리행사방해의 고의가 없었다고 볼 수 없다.

원심은, 이 사건 승용차의 임차인인 피해자가 승용차를 반환하지 않고 있는 것으로만 알고 있었을 뿐 피해자가 위와 같은 담보제공 약정을 이유로 승용차 반환을 거부하고 있는 줄 알면서도 승용차 회수를 지시한 사실이 없다는 피고인의 주장을 받아들여, 피고인에게 권리행사방해의 고의가 있었다고 볼 증거가 부족하다는 이유로 권리행사방해죄가 성립되지 않는다고 판단하였다. 그러나 앞서 본 법리에 의하면, 원심이 위와 같은 이유로 권리행사방해죄의 성립을 부정한 것은 적절하다 할 수 없다.

○ 행위태양

■ 대법원 1972. 6. 27. 선고 71도1072 판결【권리행사방해(예비적 청구, 배임)】(미)

기록에 의하면, 검사의 피고인에 대한 공소장기재의 범죄사실은 피고인이 본건에서 문제로 된 토지를 피고인의 A에 대한 채무의 담보에 제공키 위하여 위 A 명의로 이에 관한 등기를 하기로 합의하였음에도 불구하고, 피고인은 그후 이를 B에게 매도하여 그 사람명의로 그 소유권이전등기를 필하게 함으로써, 피고인은 위 토지에 대한 A의 권리행사를 방해한 것이라고 함에 있는바, 원판결 이유에 의하면, 원심은, 형법 제323조의 권리행사방해죄는 타인의 권리의 목적이 된 자기의 물건을 취거, 은닉 또는 손괴함으로써 성립하는 것인데, 피고인이 A의 권리의 목적이 된 피고인 소유의 토지를 타에 매도하여 그 소유권 이전등기를 하여준 행위는 위에서 본 취거, 은닉 또는 손괴행위의 어느것에도 해당될 수 없다고 판시하고, 따라서 권리행사방해죄가 되지 아니한다고 판단하고, 같은 판단 밑에 피고인에 대하여 무죄로 선고한 제1심판결을 유지하고 있는바, 원판결에 위와 같은 판단은 정당하고, 거기에 어떤 법리오해의 위법이 있다고 할 수 없으니 이점에 관한 논지주장은 이유없다. 그런데 기록에 의하면, 검사는 항소심인 원심에 이르러, 항소이유서 제출에 이어 공소장 변경신청서를 제출하여 위에서 본 피고인의 행위는 배임죄를 구성한다 하여 공소사실 및 적용법조를 예비적으로 추가하고, 이에 대한 원심법원의 허가를 구하였음을 알 수 있는바, 현행법상 형사항소심의 구조가 순전히 사후심적 성격만을 가지고 있는 것이 아니며(대법원 1966. 5. 17. 선고 66도125 사건 판결 참조) 또한 항소심에서도 공소장의 변경이 가능한 것이니만치(1969. 7. 22. 선고 67도1117 사건 판결 참조) 위에서 본 예비적 추가 공소사실이 이 사건의 원시적 공소장에 기재된 공소사실의 동일성을 해하지 아니하는 것이라고 보여지는 본건에 있어서는 원심으로서는 위 검사의 공소장 변경신청을 받아들여 이를 허가한 후 심리의 대상으로 삼음이 상당하다고 할 것인바, 원심은 이에 나오지 아니한채, 형사소송법 제364조 제5항에 의하여 이미 본 바와 같이 권리행사방해의 공소사실에 대하여만 심리 판단하였으니, 원심판결에는 결국 공소장 변경의 법리를 오해한 위법이 있거나 심리미진의 잘못이 있다고 하지 않을 수 없어, 이 점을 논란하는 논지 주장은 이유있다고 하지 않을 수 없다.

○ 강제집행면탈죄

상황

■ 대법원 1970. 5. 12. 선고, 70도643 판결【공정증서원본불실기재, 강제집행면탈】(집)

원심판결 이유에 의하면 원심은 피고인 1, 2간에 1969. 1. 15. 이 사건 부동산에 관하여 매매계약을 체결하고 가등기의 경료는 권리자인 피고인 2와 의무자인 피고인 1 사이의 합의에 의하여 이루어진 사실을 인정하였으므로 공정증서원본불실기재가 되지 않는다는 원심판시 이유는 정당하며(설사 가장된 매매계약에 의하여 이루어진 가등기라 할지라도 가등기 자체에 서로 합의가 이루어지면 공정증서원본불실기재가 되지 않는다는 것이 본원 판례이나(대법원 1967. 12. 18. 선고 67도1166 판결참조) 강제집행면탈죄에 있어서 강제집행은 민사소송법에 의한 강제집행 또는 같은 법을 준용하는 강제집행 즉 가압류, 가처분의 집행 등을 자칭하는 것으로서 면탈죄가 되려면 채권자 등이 가처분, 가압류를 한 사실이 있거나 최소한 민사소송을 제기한 일이 있어서 구체적으로 강제집행을 받을 우려가 있는 상태에서 강제집행을 면탈할 목적이 있어야 된다고 할 것인바, 원심은 구체적으로 강제집행을 받을 우려가 있는 상태에 있지 않았다고 판시한 이상 강제집행면탈죄가 성립할 여지가 없다고 할 것이므로(가등기 자체만으로서는 강제집행을 불능케 하는 사유에 해당하지도 않는다) 이와 같은 취지의 원심판결이유는 정당하다.

■ 대법원 1979. 9. 11. 선고 79도436 판결【강제집행면탈】(공)

강제집행면탈죄가 성립되려면 행위자의 주관적인 강제집행을 면탈하려는 의도가 객관적으로 강제집행을 당할 급박한 상태하에서 나타나야 한다고 풀이해야 할 것이며 이는 당원이 지켜오는 판결례의 견해이다.

원판결은 피고인이 그 형에게 빚진 것 같이 꾸미고 그 때문에 자기소유 부동산을 그에게 넘긴 것으로 꾸며 가등기하여 줄 때에는 피고인이 발행한 약속어음들의 지급기일이 되기 전이었으며 어음의 부도도 있기 전이었으며 피고인이 어음소지인등으로부터 어음금의 지급요구를 받는 등 채무변제의 독촉을 받았다거나 채권자들이 피고인을 상대로 법적 절차를 취하기 위한 준비를 하고 있었다는 사실을 인정한 바도 있으니 피고인이 그 재산을 형에게 빼돌린 일이 그가 강제집행을 당할 급박한 객관적 상태하에서 한 것으로 아니 본 원심이 공소범행 사실이 그 증명이 없다고 한 판단을 한 것은 옳고, 거기에 채증상의 위법도 법리오해도 없다.

이와 반대로 강제집행을 당할 위험이 현존한 것으로 인정되어야 한다는 논지는 원판결에 부합되지 아니하는 주장이어서 채용할 길이 없다.

재산의 은닉

■ 대법원 2005. 10. 13. 선고 2005도4522 판결【강제집행면탈】(미)

1. 형법 제327조에 규정된 강제집행면탈죄에 있어서의 재산의 은닉이라 함은 강제집행을 실시하는 자에 대하여 재산의 발견을 불능 또는 곤란케 하는 것을 말하는 것으로서, 재산의 소재를 불명케 하는 경우는 물론 그 소유관계를 불명하게 하는 경우도 포함한다(대법원 2003. 10. 9. 선고 2003도3387 판결 등 참조).

원심은, 그 채택 증거를 종합하여 인정한 판시의 사실에 터잡아, 피고인은 이 사건 회사의 어음채권자들이 회사의 예금계좌에 가압류 등의 채권보전조치를 취하는 것을 피하기 위하여 회사의 예금계좌에 입금된 회사 자금을 인출하여 제3자 명의의 다른 계좌로 송금한 것이라고 봄이 상당하므로, 이러한 피고인의 행위는 강제집행면탈죄의 구성요건에 해당한다고 판단하였는바, 원심판결 이유를 위에서 본 법리 및 기록에 비추어 살펴보면 원심의 사실인정과 판단은 정당한 것으로 수긍이 가고, 거기에 상고이유에서 주장하는 바와 같은 사실오인이나 재산의 은닉에 관한 법리오해 등의 위법이 있다고 할 수 없다.

2. 형법 제20조 소정의 정당행위가 인정되려면, 첫째 그 행위의 동기나 목적의 정당성, 둘째 행위의 수단이나 방법의 상당성, 셋째 보호이익과 침해이익의 법익 균형성, 넷째 긴급성, 다섯째 그 행위 이외의 다른 수단이나 방법이 없다는 보충성 등의 요건을 갖추어야 한다(대법원 2005. 4. 29. 선고 2005도381 판결 등 참조).

위와 같은 법리에 비추어 볼 때, 피고인이 회사의 어음 채권자들의 가압류 등을 피하기 위하여 회사의 예금계좌에 입금된 회사 자금을 인출하여 제3자 명의의 다른 계좌로 송금한 이상, 설령 상고이유의 주장과 같이 피고인이 부도처분 방지 차원에서 회사의 어음 채권자들과의 합의하에 채권금액 중 일부만 변제하고 나머지에 대하여는 새로운 어음을 발행하는 등 이른바 어음 되막기 용도의 자금 조성을 위하여 위와 같은 행위를 하였다고 하더라도, 이러한 사정만으로는 피고인의 강제집행면탈 행위가 정당행위에 해당한다고 볼 수 없다.

위험범

■ 대법원 2007. 6. 1. 선고 2006도1813 판결【특정경제범죄가중처벌등에관한법률위반(사기), 강제집행면탈 등】(공)

형법 제327조 강제집행면탈죄는 강제집행을 실시하려는 자에 대하여 재산의 발견을 불능 또는 곤란케 하는 은닉 등의 행위를 통하여 채권자를 해할 위험상태에 이름으로써 성립하는 위태범이다(대법원 1989. 5. 23. 선고 88도343 판결 등 참조).

원심이 적법하게 채택한 증거들에 의하면, 피고인 1은 자신 소유인 자금과 (그룹명 생략) 그룹 계열사들 소유 금원 중 일부를 임의로 빼돌린 자금 등을 구분함이 없이 거주지 안방 옷장 속 서랍 또는 금고 안에 보관해 오다가 이를 이용하여 제3자 명의로 부동산을 취득하였음을 알 수 있는바, 피고인 1이 자신 소유인 자금을 금융기관 등에 예치하지 않고 단순히 거주지 안방 옷장 속에 위와 같이 보관해 왔다는 것만으로는, 피고인 1의 평소 자금 관리 방법이나 위와 같이 개인 자금을 보관하게 된 구체적인 동기나 경위 등을 고려하지 않은 채, 획일적으로 강제집행면탈죄에서의 은닉행위에 해당한다거나 그로 인하여 피고인 1의 채권자를 해할 위험상태에 이르렀다고 보기 어렵다. 또, 피고인 1이 (그룹명 생략) 그룹 계열사들 소유 금원 중 일부를 임의로 빼돌려 위와 같은 보관한 행위는 (그룹명 생략) 그룹 계열사들에 대한 횡령행위의 일부를 구성하는 것일 뿐 이를 피고인 1의 채권자들에 대한 강제집행면탈행위로서의 은닉행위로 평가할 수는 없다(대법원 2000. 9. 8. 선고 2000도1447 판결 참조).

따라서 피고인 1이 거주지 안방 옷장 속에 자금을 보관해 온 행위가 은닉으로 인한 강제집행면탈죄에 해당함을 전제로 위 자금을 이용하여 제3자 명의로 부동산을 취득한 행위는 불가벌적 사후행위에 해당한다는 취지의 상고이유는 받아들일 수 없다. 원심이 논거는 다소 달리하나 불가벌적 사후행위에 해당한다는 주장을 배척한 것은 결론에 있어 정당하고, 거기에 불가벌적 사후행위의 성립범위에 관한 법리오해 등의 위법은 없다.

제 3 편

사회적 법익에 대한 죄

제1장 공공의 안전과 평온에 관한 죄

제2장 공중의 건강에 관한 죄

제3장 사회윤리에 관한 죄

제4장 공공의 신용에 관한 죄

제3편 사회적 법익에 대한 죄

제1장 공공의 안전과 평온에 관한 죄

제1절 공안을 해하는 죄
○ 구성요건(형법 제2편 제5장)

제2절 폭발물에 관한 죄
○ 구성요건(형법 제2편 제6장)

제3절 방화와 실화의 죄
○ 구성요건(형법 제2편 제13장)
• 방화죄
• 준방화죄
• 실화죄
○ 방화죄의 보호법익
○ 타인의 소유에 속하는 일반물건 실화
○ 방화죄의 기수시기

제4절 일수와 수리에 관한 죄
○ 구성요건(형법 제2편 제14장)

제5절 교통방해의 죄
○ 구성요건(형법 제2편 제15장)

제2장 공중의 건강에 관한 죄

제1절 음용수에 관한 죄
○ 구성요건(형법 제2편 제16장)

제2절 아편에 관한 죄
○ 구성요건(형법 제2편 제17장)
○ 필수적 몰수, 추징

제3장 사회윤리에 관한 죄

제1절 성풍속에 관한 죄
① 구성요건(형법 제2편 제22장)
② 간통의 죄수
③ 간통의 종용
④ 간통의 유서

제2절 도박과 복표에 관한 죄
○ 구성요건(형법 제2편 제23장)

제3절 신앙에 관한 죄
○ 구성요건(형법 제2편 제12장)

제4장 공공의 신용에 관한 죄

제1절 통화에 관한 죄
○ 구성요건(형법 제2편 제18장)

제2절 유가증권, 우표와 인지에 관한 죄
○ 구성요건(형법 제2편 제19장)

제3절 문서에 관한 죄
I. 총 설
1. 기본개념
① 진정문서, 부진정문서, 허위문서
② 형식주의, 실질주의
③ 유형위조, 무형위조
• 현행법은 공문서와 진단서의 무형위조를 처벌
④ 물체설, 정신설
2. 문서의 개념
가. 개념정의
나. 개념요소
(1) 유지기능(계속기능)
(가) 의사 · 관념의 표시
① 의사나 관념의 표시
② 표시의 방법
③ 생략문서 ○
④ 날인이 없는 문서 △
⑤ 원본이 원칙
• 판례의 변경
• 법률의 개정
⑥ 특수매체기록
• 컴퓨터 모니터 화면 ×
• 별도의 구성요건
(나) 문서의 계속성
① 물체상에 표시
② 계속성
(2) 증명기능
① 법적으로 중요한 사실
② 증명의사
• 목적문서, 우연문서
• 증명의사는 확정적이어야 하는가
③ 증명능력(증명적합성)
• 증명능력은 진정문서만을 전제하는가
(3) 보증기능
① 명의인
② 명의인의 특정
③ 명의인의 확정
④ 명의자의 실재(死者, 허무인 명의 문서)
⑤ 대리문서
⑥ 지배인의 작성은 위조 ×
3. 구성요건 체계

II. 중요 쟁점
1. 사문서위조 · 변조죄
① 객체
② 행위
③ 문서내용에 관하여 기망하여 서명날인을 받은 경우
④ 작성권한자의 변개행위
⑤ 위조죄의 죄수
⑥ 공소사실의 특정
⑦ 음주운전자적발보고서
2. 허위공문서작성죄의 간접정범
○ 허위공문서작성죄는 작성권한 있는 공무원만이 범할 수 있는 진정신분범
가. 작성권자가 타인 이용
○ 작성권한 있는 공무원 → 작성권 없는 자 이용: 간접정범
나. 비공무원이 작성권자 이용
○ 간접정범 ×, 단 228조(공정증서원본 불실기재 등)
○ 공범 ○
다. 공문서 작성의 보조자가 작성권자를 이용
① 학설
② 판례 ○
③ 보조자가 결재 없이 작성한 경우는 위조
라. 감독권자가 작성권자 이용
3. 공정증서원본불실기재죄
○ 자동차운전면허대장은 공정증서원본 ×

제4절 인장에 관한 죄
○ 구성요건(형법 제2편 제21장)

제1장 공공의 안전과 평온에 관한 죄

제1절 공안을 해하는 죄

○ **구성요건(형법 제2편 제5장)**

- 범죄단체조직, 소요, 다중불해산, 전시공수계약불이행, 공무원자격사칭.

제2절 폭발물에 관한 죄

○ **구성요건(형법 제2편 제6장)**

- 폭발물사용, 전시폭발물제조등.

제3절 방화와 실화의 죄

○ **구성요건(형법 제2편 제13장)**

방화죄

구분	죄명	조문	법정형	위험범종류
기본구성요건	일반물건방화	167①	7↓, 1000만↓	구체적
불법감경	자기소유일반물건방화	167②	3↓, 700만↓	구체적
불법가중	일반(건조물)방화	166①	2↑	추상적
불법감경	자기소유(건조물)방화	166②	7↓, 1000만↓	구체적
불법가중	(현주)(건조물)방화	164①	3↑	추상적
결과적 가중	위 치상 치사	164②	무, 5↑ 사, 무, 7↑	
불법가중	(공용)(건조물)방화	165	무, 3↑	추상적
결과적 가중	연소	168	1-10 5↓	

준방화죄

구분	죄명	조문	법정형	위험범종류
기본구성요건	진화방해	169	10↓	추상적
기본구성요건	폭발성물건파열	172①	1↑	구체적
결과적 가중	폭발성물건파열치상 폭발성물건파열치사	172②	무, 3↑ 무, 5↑	
기본구성요건	(가스..)(방출..)	172-2①	1-10	구체적
결과적 가중	위 치상 위 치사	172-2②	무, 3↑ 무, 5↑	

기본구성요건	(가스..)(공급..)방해	173①	1-10	구체적
	(가스..)(공급..)방해	173②	〃	추상적
결과적 가중	위 치상 위 치사	173③	2↑ 무, 3↑	

실화죄

구분	죄명	조문	법정형	위험범 종류
기본구성요건	실화	170	1500만↓	① 추상적 ② 구체적
불법가중	업무상실화, 중실화	171	3↓금, 2000만↓	
기본구성요건	과실폭발성물건파열 등	173-2①	5↓금, 1500만↓	
불법가중	(업무상, 중)과실 위 죄	173-2②	7↓금, 2000만↓	

○ 방화죄의 보호법익

1 공공의 안전

2 공공의 안전 + 개인의 재산권

■ 대법원 2009. 10. 15. 선고 2009도7421 판결【폭력행위등처벌에관한법률위반(집단 · 흉기등협박) · 일반자동차방화미수(인정된 죄명: 일반물건방화) · 재물손괴 · 일반물건방화】(공)

1. 일반물건방화죄의 법리오해 등을 주장하는 상고이유에 대하여

형법 제167조 제2항은 방화의 객체인 물건이 자기의 소유에 속한 때에는 같은 조 제1항보다 감경하여 처벌하는 것으로 규정하고 있는바, 방화죄는 공공의 안전을 제1차적인 보호법익으로 하지만 제2차적으로는 개인의 재산권을 보호하는 것이라고 볼 수 있는 점, 현재 소유자가 없는 물건인 무주물에 방화하는 경우에 타인의 재산권을 침해하지 않는 점은 자기의 소유에 속한 물건을 방화하는 경우와 마찬가지인 점, 무주의 동산을 소유의 의사로 점유하는 경우에 소유권을 취득하는 것에 비추어(민법 제252조) 무주물에 방화하는 행위는 그 무주물을 소유의 의사로 점유하는 것이라고 볼 여지가 있는 점 등을 종합하여 보면, 불을 놓아 무주물을 소훼하여 공공의 위험을 발생하게 한 경우에는 '무주물'을 '자기 소유의 물건'에 준하는 것으로 보아 형법 제167조 제2항을 적용하여 처벌하여야 한다.

원심판결 이유에 의하면, 원심은 피고인이 노상에서 전봇대 주변에 놓인 재활용품과 쓰레기 등을 발견하고 소지하고 있던 라이터를 이용하여 불을 붙인 다음 불상의 가연물을 집어넣어 화염을 키움으로써 공공의 위험을 발생하게 하였다는 이 사건 공소사실에 대하여, 위 '재활용품과 쓰레기 등'은 무주물로서 형법 제167조 제2항에 정한 자기 소유의 물건에 준하는 것으로 보아야 한다고 전제한 다음, 그 판시와 같은 기상 조건, 주변 상황과 화염의 높이 등에 비추어 보면 피고인이 불을 붙인 다음 불상의 가연물을 집어넣어 그 화염을 키움으로써 전선을 비롯한 주변의 가연물에 손상을 입히거나 바람에 의하여 다른 곳으로 불이 옮아붙을 수 있는 공공의 위험을 발생하게 하였다고 판단하여 형법 제167조 제2항에 정한 일반물건방화죄의 성립을 인정하였다.

앞서 본 법리와 기록에 비추어 살펴보면, 원심의 위와 같은 사실인정과 판단은 정당하고 거기에 일반물건방화죄의 성립에 관한 법리오해 등의 위법이 없다.

○ 타인의 소유에 속하는 일반물건 실화

형법 제164조 (현주건조물 등에의 방화)

형법 제165조 (공용건조물 등에의 방화)

형법 제166조 (일반건조물 등에의 방화)

형법 제167조 (일반물건에의 방화)

형법 제170조 (실화)

① 과실로 인하여 제164조 또는 제165조에 기재한 물건 또는 타인의 소유에 속하는 제166조에 기재한 물건을 소훼한 자는 1천500만 원 이하의 벌금에 처한다.

② 과실로 인하여 자기의 소유에 속하는 제166조 또는 제167조에 기재한 물건을 소훼하여 공공의 위험을 발생하게 한 자도 전항의 형과 같다.

■ 대법원 1994. 12. 20. 자 94모32 전원합의체 결정 【공소기각결정에대한재항고】(집)

1. 기록에 의하면, 검사는 피고인이 1993. 3. 23. 16:00경 대전 대덕구 송촌동 129의 1 피해자 민병숙 등 소유의 사과나무 밭에서 바람이 세게 불어 그냥 담뱃불을 붙이기가 어렵자 마른 풀을 모아 놓고 성냥불을 켜 담배불을 붙인 뒤, 그 불이 완전히 소화되었는지 여부를 확인하지 아니한 채 자리를 이탈한 과실로, 남은 불씨가 주변에 있는 마른 풀과 잔디에 옮겨 붙고, 계속하여 피해자들 소유의 사과나무에 옮겨 붙어 사과나무 217주 등 시가 671만원 상당을 소훼하였다는 것을 공소사실로, 형법 제170조 제2항, 제167조를 적용법조로 하여 공소를 제기하였는바, 이에 대하여 제1심 법원은 형법 제170조 제2항은 타인의 소유에 속하는 제167조에 기재한 물건(일반물건)을 소훼한 경우에는 적용될 수 없고, 형법상 그러한 물건을 과실로 소훼한 경우에 처벌하도록 하고 있는 규정이 없으므로 결국 공소장에 기재된 사실이 진실하다고 하더라도 범죄가 될 만한 사실이 포함되어 있지 아니한 때에 해당한다는 이유로 공소기각의 결정을 하였고, 위 결정에 대하여 검사가 즉시항고하자, 원심법원은 형법 제170조 제2항의 '자기의 소유에 속하는 제166조 또는 제167조에 기재한 물건'을 '자기의 소유에 속하는 제166조에 기재한 물건 또는 자기나 타인의 소유에 속하는 제167조에 개재한 물건'으로 해석하는 것은 죄형법정주의의 원칙, 특히 유추해석금지 또는 확장해석금지의 원칙에 반한다는 이유로 즉시항고를 기각하여 제1심결정을 유지하고 있다.

2. 그러나 형법 제170조 제2항의 '자기의 소유에 속하는 제166조 또는 제167조에 기재한 물건을 소훼하여 공공의 위험을 발생하게 한 자'를 '자기의 소유에 속하는 제166조에 기재한 물건 또는 자기의 소유에 속하는 제167조에 기재한 물건을 소훼하여 공공의 위험을 발생하게 한 자'로 해석하여 '타인의 소유에 속하는 제167조에 기재한 물건을 소훼하여 공공의 위험을 발생하게 한 자'를 제외함으로써 타인의 물건을 과실로 소훼하여 공공의 위험을 발생하게 한 경우에는 처벌하지 아니한다면, 우리 형법이 제166조에서 타인의 소유에 속하는 일반건조물 등을 방화한 경우(이 경우 공공의 위험을 발생하게 함을 요건으로 하고 있다)보다 더 무겁게 처벌하고 있고, 제167조에서 타인의 소유에 속하는 일반물건을 소훼하여 공공의 위험을 발생하게 한 경우를 자기의 소유에 속하는 물건에 대한 경우보다 더 무겁게 처벌하고 있으며, 제170조에서 과실로 인하여 타인의 소유에 속하는 제166조에 기재한 물건(일반건조물 등)을 소훼한 경우에는 공공의 위험발생을 그 요건으로 하지 아니하고 있음에 반하여 자기의 소유에 속하는 제166조에 기재한 물건을 소훼한 경우에는 공공의 위험발생을 그 요건으로 하고 있음에 비추어, 명백히 불합리하다고 하지 아니할 수 없다.

따라서, 형법 제170조 제2항에서 말하는 '자기의 소유에 속하는 제166조 또는 제167조에 기재한 물건'이라 함은 '자기의 소유에 속하는 제166조에 기재한 물건 또는 자기의 소유에 속하든, 타인의 소유에 속하든 불문하고 제167조에 기재한 물건'을 의미하는 것이라고 해석하여야 할 것이며, 제170조 제1항과 제2항의 관계로 보아서도 제166조에 기재한 물건(일반건조물 등) 중 타인의 소유에 속하는 것에 관하여는 제1항에서 이미 규정하고 있기 때문에 제2항에서는 그중 자기의 소유에 속하는 것에 관하여 규정하고, 제167조에 기재한 물건에 관하여는 소유의 귀속을 불문하고 그 대상으로 삼아 규정하고 있는 것이라고 봄이 관련조문을 전체적, 종합적으로 해석하는 방법일 것이다. 이렇게 해석한다고 하더라도 그것이 법규정의 가능한 의미를 벗어나 법형성이나 법창조 행위에 이른 것이라고는 할 수 없어 죄형법정주의의 원칙상 금지되는 유추해석이나 확장해석에 해당한다고 볼 수는 없을 것이다. 따라서 이 점을 지적하는 논지는 이유 있다.

3. 그러므로 재항고를 받아들여 원심결정과 제1심 결정을 모두 취소하고, 사건을 제1심법원인 대전지방법원에 환송하기로 하여(다만, 이 사건 공소사실만을 보면, 마치, 피고인이 과실로 인하여 피해자의 사과나무를 소훼한 사실에 대하여 공소를 제기한 것처럼 보이나, 공소장에 그 적용법조로 형법 제170조 제2항, 제167조가 기재되어 있으므로, 사실심으로서는 먼저 위 법조에 맞게 공소사실을 정리하여야 할 것이다), 대법관 천경송, 대법관 정귀호, 대법관 박준서, 대법관 김형선을 제외한 관여 대법관의 일치된 의견으로 주문과 같이 결정한다.

대법관 천경송, 대법관 정귀호, 대법관 박준서, 대법관 김형선의 반대의견은 다음과 같다.

다수의견은 형법 제170조 제2항의 '자기의 소유에 속하는 제166조 또는 제167조에 기재한 물건'이라는 표현을, 먼저, '자기의 소유에 속하는 제166조에 기재한 물건 또는 제167조에 기재한 물건'을 축약한 것으로 보고, 나아가 이를 '자기의 소유에 속하는 제166조에 기재한 물건, 또는, 자기의 소유에 속하는이라는 수식어가 걸리지 아니하는, 다시 말하여, 자기나 타인의 소유에 속하는 제167조에 기재한 물건'으로 해석하여야 한다는 것이다.

그러나, 형벌법규의 해석은 문언해석으로부터 출발하여야 하고, 문언상 해석 가능한 의미의 범위를 넘어서는 것은 법창조 내지 새로운 입법행위 바로 그것이라고 하지 아니할 수 없으며, 이는 죄형법정주의의 중요한 내용인 유추해석의 금지원칙상 쉽게 허용되어서는 안 될 것이다.

형법 제170조 제2항은 명백히 '자기의 소유에 속하는 제166조 또는 제167조에 기재한 물건'이라고 되어 있을 뿐 '자기의 소유에 속하는 제166조에 기재한 물건 또는 제167조에 기재한 물건'이라고는 되어 있지 아니하므로, 우리말의 보통의 표현방법으로는 '자기의 소유에 속하는'이라는 말은 '제166조 또는 제167조에 기재한 물건'을 한꺼번에 수식하는 것으로 볼 수밖에 없고, 위 규정이 '자기의 소유에 속하는 제166조에 기재한 물건 또는, 아무런 제한이 따르지 않는 단순한, 제167조에 기재한 물건'을 뜻하는 것으로 볼 수는 없다고 하지 아니할 수 없다.

과실로 인하여 타인의 소유에 속하는 일반물건을 소훼하여 공공의 위험을 발생하게 한 경우 그 처벌의 필요성이 있다는 점에는 의견을 같이 할 수 있으나, 그 처벌의 필요성은 법의 개정을 통하여 이를 충족시켜야 할 것이고 법의 개정에 의하지 아니한 채 형법의 처벌규정을 우리말의 보통의 표현방법으로는 도저히 해석할 수 없는 다른 의미로 해석하는 것에 의하여 그 목적을 달성하려고 한다면 그것은 죄형법정주의의 정신을 훼손할 염려가 크다고 아니할 수 없다.

이러한 이유로 다수의견에는 찬동할 수가 없는 것이다.

☞ **다수의견(9/13)** – "자기의 소유에 속하는"은 제166조만 수식한다고 봄이 전체적·종합적 해석방법.

☞ **반대의견(4/13), 원심** – 제167조도 수식함.

○ **방화죄의 기수시기**

1. 독립연소설(판례)
2. 효용상실설
3. 중요부분연소개시설
4. 일부손괴설
5. 이분설: 추상적 위험범에서는 독립연소, 구체적 위험범에서는 중요부분연소개시

■ 대법원 1983. 1. 18. 선고 82도2341 판결【살인, 현주건조물등에의방화, 군무이탈】(집)

피고인이 불을 놓은 집에서 빠져 나오려는 위 피해자 4, 5를 방문에서 가로 막아 동녀들을 탈출 못하게 함으로써 불에 타 숨지게 하였다는 공소사실에 관하여 직권으로 살피건대, 형법 제164조 전단의 현주건조물에의 방화죄는 공중의 생명, 신체, 재산 등에 대한 위험을 예방하기 위하여 공공의 안정을 그 제1차적인 보호법익으로 하고 제2차적으로는 개인의 재산권을 보호하는 것이라고 할 것이나, 여기서 공공에 대한 위험은 구체적으로 그 결과가 발생됨을 요하지 아니하는 것이고 이미 현주건조물에의 점화가 독립연소의 정도에 이르면 동 죄는 기수에 이르러 완료되는 것인 한편 살인죄는 일신전속적인 개인적 법익을 보호하는 범죄이므로, 이 사건에서와 같이 설사 사람이 현존하는 건조물에 그 사람을 살해하기 위하여 방화한 경우라 할지라도 그것은 1개의 행위가 수개의 죄명에 해당하는 경우라고 볼 수 없고, 위 방화행위와 살인행위는 법률상 별개의 범의에 의해 별개의 법익을 해하는 별개의 행위라고 하지 않을 수 없는바, 그렇다면 불에 타고 있는 집에서 빠져 나오려는 이 사건 피해자들을 막아 소사케 한 행위는 별개의 행위로서 살인죄를 구성한다고 할 것임에도 이를 위 방화죄와 상상적 경합범으로 처단한 제1심 판단을 지지한 원심판결에는 필경 살인죄, 현주건조물 등에의 방화죄 및 죄수의 법리를 오해한 잘못이 있다고 볼 수 있으나 이 사건에서 피고인을 현주건조물 등에의 방화죄와 살인죄(피해자 4, 5에 대한)의 실체적 경합범(관계)으로 의율처단한다면 상상적 경합범(관계)으로 의율처단한 원심보다 피고인에게 불리함이 분명하므로 결국 피고인의 불이익에 귀결되는 법리로서 위 직권판단한 이유를 들어 원심판결을 파기할 수는 없다는 결론에 이른다.

제4절 일수와 수리에 관한 죄

○ **구성요건(형법 제2편 제14장)**

- 현조건조물등에의 일수, 공용건조물등에의 일수, 일반건조물등에의 일수, 방수방해, 과실일수, 수리방해.

제5절 교통방해의 죄

○ **구성요건(형법 제2편 제15장)**

- 일반교통방해, 기차 · 선박등의 교통방해, 기차등의 전복등, 교통방해치사상, 과실범.

제2장 공중의 건강에 관한 죄

제1절 음용수에 관한 죄

○ **구성요건(형법 제2편 제16장)**

- 음용수의 사용방해, 수도음용수의 사용방해, 음용수혼독치사상, 수도불통.

제2절 아편에 관한 죄

○ **구성요건(형법 제2편 제17장)**

- 아편 등의 제조 등, 아편흡식기의 제조 등, 세관공무원의 아편 등의 수입, 아편 등의 소지.

○ **필수적 몰수, 추징**

제3장 사회윤리에 관한 죄

제1절 성풍속에 관한 죄

① 구성요건(형법 제2편 제22장)

- 간통, 음행매개, 음화반포 등, 음화제조 등, 공연음란.

② 간통의 죄수

■ 대법원 1982. 12. 14. 선고 82도2448 판결【간통】(공)

형법 제241조의 간통죄는 각 성교행위마다 1개의 간통죄가 성립된다 할 것이고(당원 1969. 10. 14. 선고 69도1339 판결 참조) 형사소송법 제254조 제4항에 의하면 "공소사실의 기재는 범죄의 시일, 장소와 방법을 명시하여 사실을 특정하여야 한다"고 규정하고 있으므로 구체적인 범죄사실의 기재가 없는 공소장은 그 효력이 없다 할 것인바 원심이 이 사건 공소장 기재사실 중 피고인이 1980. 10. 초순경 군산시 문화동 번지미상 공소외 1의 집에서 동인과 1회 성교하였다는 부분에 대하여만 유죄로 인정하고, 이와 경합범으로 기소된 위 일자부터 1981. 6. 25.까지는 동 장소에서, 그리고 그 익일부터 1982. 1. 30.경까지는 전주시 전묵동 834의 42, 공소외 이춘엽의 집 2층에서 공소외 1과 수회 간음하여 상간하였다는 점에 대하여는 간통회수가 구체적으로 특정되지 아니하였다 하여 같은 법 제327조 제2호를 적용하여 공소 기각의 판결을 선고하고 있는바, 위 사실에 의하면 위 공소장기재 부분은 추상적 범죄구성요건의 문귀만이 적시되고 개개의 간통행위의 내용을 이루는 구체적 범죄사실의 기재는 없어 그 심판대상이 특정되어 있다고 할 수 없으므로 원심의 그와 같은 조치는 정당하고 여기에 소론과 같은 공소사실의 특정에 관한 법리를 오해한 위법이 있다 할 수 없다.

③ 간통의 종용

■ 대법원 2008. 12. 11. 선고 2008도3656 판결【폭력행위등처벌에관한법률위반(흉기등협박), 상해, 폭행, 간통】(공)

혼인 당사자가 더 이상 혼인관계를 지속할 의사가 없고 이혼의사의 합치가 있는 경우에는 비록 법률적으로 혼인관계가 존속한다고 하더라도, 간통에 대한 사전 동의인 종용에 해당하는 의사표시가 그 합의 속에 포함되어 있는 것으로 보아야 할 것이나, 그러한 합의가 없는 경우에는 비록 잠정적·임시적·조건적으로 이혼의사가 쌍방으로부터 표출되어 있다고 하더라도 간통 종용의 경우에 해당하지 않는다고 할 것이다(대법원 2000. 7. 7. 선고 2000도868 판결 등 참조).

원심은 그 채택 증거들을 종합하여, 피고인이 2005. 7. 14. 피해자를 상대로 서울가정법원에 이혼청구의 소를 제기하였고, 이에 피해자가 2005. 9. 30. 피고인을 상대로 같은 법원에 이혼 및 재산분할청구의 반소를 제기한 사실, 피해자가 2006. 2. 21. 서울가정법원에서 위 사건과 관련하여 조사를 명받은 가사조사관에게 이혼할 의사가 있다는 취지의 진술을 한 사실, 피고인은 2004. 9. 28. 경 집을 나가 2005. 10. 25.경 집에 들어왔으나, 이후에도 각방을 쓰고 있을 뿐만 아니라, 부부관계를 가진 일도 전혀 없는 사실이 인정되나, 다른 한편 피해자는 피고인이 제기한 이혼소송의 소장을 송달받았으나 피고인과 이혼하고 싶은 생각이 없어 피해자의 동생을 통하여 음식 장사라도 하면서 피고인을 기다리겠다면서 피고인을 설득하였는데 피고인이 응하지 아니하였고, 이에 피해자의 동생은 피고인의 뜻이 확고하다면 이혼을 하더라도 살 집이라도 마련해 달라고 부탁하였으나, 피고인이 이마저 거절하면서 재산을 처분하겠다고 하여, 재산에 대한 처분금지가처분 등을 하기 위하여 부득이하게 이혼 및 재산분할을 구하는 반소를 하였고, 이후에도 피고인에게 다시 살 것을 종용하기도 한 사실을 인정한 다음, 앞서 본 사정만으로 피해자가 피고인이 다른 이성과 정교관계를 갖더라도 이를 묵인하겠다는 진실한 의사를 갖고 있었고 이를 명백하고 믿을 수 있는 방법으로 표현하였다고 보기는 어렵다고 판단하였는바, 앞서 본 법리와 기록에 비추어 살펴보면, 위와 같은 원심의 판단은 옳은 것으로 수긍이 가고, 거기에 상고이유의 주장과 같은 간통죄에 있어서 종용에 관한 법리오해의 위법 등이 있다고 할 수 없다.

④ 간통의 유서

■ 대법원 1999. 5. 14. 선고 99도826 판결【간통】[공 1999. 6. 15. (84),1224])

간통의 유서는 명시적으로 할 수 있음은 물론 묵시적으로도 할 수 있는 것이어서 그 방식에 제한이 있는 것은 아니지만, 감정을 표현하는 어떤 행동이나 의사의 표시가 간통의 유서로 인정되기 위하여는 배우자의 간통사실을 확실하게 알면서 그와 같은 간통사실에도 불구하고 혼인관계를 지속시키려는 진실한 의사가 명백하고 믿을 수 있는 방법으로 표현되어야만 하고(대법원 1991. 11. 26. 선고 91도2409 판결 참조), 피고소인들이 수년간 동거하면서 간통하고 있음을 고소인이 알면서 특별한 의사표시나 행동을 하지 않은 경우에 그러한 사정만으로는 고소인이 위 간통을 묵시적으로 유서하였다고 볼 수 없다(대법원 1971. 2. 23. 선고 71므1 판결 참조).

제2절 도박과 복표에 관한 죄

○ 구성요건(형법 제2편 제23장)

- 도박, 상습도박, 도박개장, 복표의 발매 등.

제3절 신앙에 관한 죄

○ 구성요건(형법 제2편 제12장)

- 장례식 등의 방해, 사체 등의 오욕, 분묘의 발굴, 사체 등의 영득, 변사체검시방해.

제4장 공공의 신용에 관한 죄

제1절 통화에 관한 죄

○ 구성요건(형법 제2편 제18장)

- 통화의 위조등, 위조통화의 취득, 위조통화취득후의 지정행사, 통화유사물의 제조 등.

제2절 유가증권, 우표와 인지에 관한 죄

○ 구성요건(형법 제2편 제19장)

- 유가증권의 위조 등, 자격모용에 의한 유가증권의 작성, 허위유가증권의 작성 등, 위조유가증권 등의 행사 등, 인지 · 우표의 위조 등, 위조인지 · 우표 등의 취득, 소인말소, 인지 · 우표유사물의 제조 등.

제3절 문서에 관한 죄

I. 총 설

1. 기본개념

① 진정문서, 부진정문서, 허위문서

② 형식주의, 실질주의

③ 유형위조, 무형위조

현행법은 공문서와 진단서의 무형위조를 처벌

■ 대법원 1985. 10. 22. 선고 85도1732 판결【사기, 배임, 사문서위조, 사문서위조행사】(공)

위 사람들이 명시적 또는 묵시적이라도 회사의 대표이사의 선임 또는 신주의 발행등에 필요한 절차로서 이사회를 개최하는 경우 그 참석 및 의결권의 행사에 관한 권한을 피고인에게 위임한 취지가 포함되어 있었다면, 위 사람들이 실제로 그 이사회에 참석하지도 않았는데 마치 참석하여 의결권을 행사한 것처럼 이사회회의록에 기재되어 있더라도 이는 이른바 사문서의 무형위조에 해당할 따름이어서 현행 형법 아래에서는 처벌대상이 아니 된다고 할 것이다(당원 1984. 4. 24. 선고 83도2645 판결 및 1983. 4. 12. 선고 83도328 판결 참조).

④ 물체설, 정신설

2. 문서의 개념

가. 개념정의

■ 대법원 2006. 1. 26. 선고 2004도788 판결【사문서변조, 변조사문서행사】(공)

형법상 문서에 관한 죄에 있어서 문서라 함은, 문자 또는 이에 대신할 수 있는 가독적 부호로 계속적으로 물체 상에 기재된 의사 또는 관념의 표시인 원본 또는 이와 사회적 기능, 신용성 등을 동시할 수 있는 기계적 방법에 의한 복사본으로서 그 내용이 법률상, 사회생활상 주요 사항에 관한 증거로 될 수 있는 것을 말하고, 문서변조죄에 있어서 행사할 목적이란 변조된 문서를 진정한 문서인 것처럼 사용할 목적을 말하는 것으로 적극적 의욕이나 확정적 인식을 요하지 아니하고 미필적 인식이 있으면 족한 것이다.

나. 개념요소

(1) 유지기능(계속기능)

㈎ 의사 · 관념의 표시

① 의사나 관념의 표시

- 물건의 형상이나 현존 자체가 증명의 대상인 검증의 목적물(eg 지문, 족적, 혈흔) ×
- 증거표시물(eg 신발표) ×
- 기계적 기록(eg 자동차 주행기록) ×

② 표시의 방법

- 문자 또는 이에 대신할 수 있는 가독적 부호

③ 생략문서 O

■ 대법원 1995. 9. 5. 선고 95도1269 판결【특정경제범죄가중처벌등에관한법률위반, 허위공문서작성, 허위작성공문서행사, 사문서위조, 위조사문서행사…】(집)

형법상 문서에 관한 죄에 있어서 문서라 함은 문자 또는 이에 대신할 수 있는 가독적 부호로 계속적으로 물체 상에 기재된 의사 또는 관념의 표시인 원본 또는 이와 사회적 기능, 신용성 등을 동시할 수 있는 기계적 방법에 의한 복사본으로서 그 내용이 법률상, 사회 생활상 주요 사항에 관한 증거로 될 수 있는 것을 말하는 것으로(당원 1985. 6. 25. 선고 85도758 판결, 1989. 9. 12. 선고 87도506 전원합의체 판결 참조), 사람의 동일성을 표시하기 위하여 사용되는 일정한 상형인 인장이나, 사람의 인격상의 동일성 이외의 사항에 대해서 그 동일성을 증명하기 위한 부호인 기호와는 구분되며, 이른바 생략문서라는 것도 그것이 사람 등의 동일성을 나타내는 데에 그치지 않고 그 이외의 사항도 증명, 표시하는 한 이는 인장이나 기호가 아니라 문서로서 취급하여야 할 것이다.

기록에 의하여 살펴 보면, 영수필 통지서의 하단에 찍는 소인은, 원형의 고무인이 3단으로 나뉘어 상단에는 “소인”, 하단에는 “피고인 1”이라고 새겨져 있고, 가운데에는 일자란이 있어 그때그때 일자를 바꾸어 가면서 사용할 수 있도록 만들어진 것임을 알 수 있는바, 앞서 살펴 본 북구청 세무과에서의 사무처리과정이나 피고인 1 등의 범행경위 등에 비추어 볼 때, 위와 같은 소인을 영수필 통지서에 날인하는 의미는, 은행 등 수납기관으로부터 그 수납기관에 세금이 정상적으로 입금되었다는 취지의 영수필 통지서가 송부되어 와서 이에 기하여 수납부 정리까지 마쳤으므로 이제 그 영수필 통지서는 보관하면 된다는 점을 확인함에 있다 할 것으로서, 이러한 의미는 “소인”이라고 새겨진 부분에 함축되어 있다고 볼 것이다.

소인이 가지는 의미가 위와 같은 것이라면 이는 하나의 문서로 보아야 할 것이고, 이를 가리켜 소론과 같이 단순한 표시 내지 기호에 불과하다 할 수는 없으며, 이 사건 영수필 통지서는 수납기관에서 정상적으로 송부되어 온 것이 아니라 피고인 1 자신이 위조한 것이어서 이에 기하여 수납부를 정리할 수 없는데도 거기에 직접 또는 그 정을 모르는 직원을 통하여 소인을 함으로써 마치

수납기관에서 정상적으로 송부되어 온 영수필 통지서에 기하여 수납부 정리를 마친 것처럼 나타낸 것은 그 표시된 내용과 진실이 부합하지 아니하여 허위라 할 것이므로, 결국 세무1계장으로서 수납부 정리 및 소인을 담당하여 온 피고인 1이 위와 같이 영수필 통지서에 소인을 한 다음 집계가 마감된 세무과 보관의 영수증철에 편철하여 둔 것은 공무원이 그 직무에 관한 허위의 문서를 작성하여 행사한 것에 다름 없다 할 것이다.

같은 취지에서 피고인 1, 2, 3 등의 위 소인과 관련된 행위를 허위공문서작성 및 동행사죄로 의율처단한 원심의 조처는 정당하고, 거기에 소론과 같이 심리를 다하지 아니하고 채증법칙에 위배하여 사실을 오인하거나 허위공문서작성죄에 관한 법리를 오해한 위법이 있다 할 수 없다. 논지는 이유 없다.

④ 날인이 없는 문서 △

■ 대법원 2000. 2. 11. 선고 99도4819 판결【사기, 사문서위조, 위조사문서행사】(공)

사실증명에 관한 사문서에는 법률상 또는 사회생활상의 사실의 증명에 관한 문서가 포함된다고 할 것이므로 채권계약서의 입회인으로 타인의 명의를 함부로 써서 작성한 이 사건에서 그 문서를 사문서로 본 원심의 판단은 수긍된다.

그리고 사문서의 작성명의자의 인장이 찍히지 아니하였더라도 그 사람의 상호와 성명이 기재되어 그 명의자의 문서로 믿을 만한 형식과 외관을 갖춘 이 사건의 경우 사문서위조라고 볼 수 있어(대법원 1989. 8. 8. 선고 88도2209 판결 참조), 같은 취지의 원심 판단도 옳고, 그 판단에 사문서위조 관련법리를 오해한 위법사유도 없다.

■ 대법원 2010. 7. 29. 선고 2010도2705 판결【사문서위조, 위조사문서행사, 관세법위반】(공)

가. 형법상 문서에 관한 죄로써 보호하고자 하는 것은 구체적인 문서 그 자체가 아니라, 문서에 화체된 사람의 의사 표현에 관한 안전성과 신용이다. 그리고 그 객체인 '문서 또는 도화'(이하 '문서 등'이라고 한다)라고 함은 문자나 이에 준하는 가독적 부호 또는 상형적 부호로써 어느 정도 계속적으로 물체 위에 고착된 어떤 사람의 의사 또는 관념의 표현으로서, 그 내용이 법률상 또는 사회생활상 의미 있는 사항에 관한 증거가 될 수 있는 것을 말한다(대법원 2006. 1. 26. 선고 2004도788 판결, 대법원 2008. 11. 27. 선고 2008도7018 판결 참조). 또한 그 문서 등에 작성명의인의 날인 등이 없다고 하여도 그 명의자의 문서 등이라고 믿을 만한 형식과 외관을 갖춘 경우에는 그 죄의 객체가 될 수 있다(대법원 2000. 2. 11. 선고 99도4819 판결 참조).

한편 담뱃갑의 표면에 그 담배의 제조회사와 담배의 종류를 구별·확인할 수 있는 특유의 도안이 표시되어 있는 경우에는 일반적으로 그 담뱃갑의 도안을 기초로 특정 제조회사가 제조한 특정한 종류의 담배인지 여부를 판단하게 된다는 점에 비추어서도 그 담뱃갑은 적어도 그 담뱃갑 안에 들어 있는 담배가 특정 제조회사가 제조한 특정한 종류의 담배라는 사실을 증명하는 기능을 하고 있으므로, 그러한 담뱃갑은 문서 등 위조의 대상인 도화에 해당한다고 할 것이다.

나. 원심판결 및 원심이 유지한 제1심이 적법하게 조사한 증거 등에 의하면, 피고인 1이 밀수입한 중국산 담배는 '길림연초공업유한책임공사'가 제조하는 '장백산' 담배의 정품 담뱃갑에 표시된 'CHANGBAISHAN' 'JILIN TOBACCO INDUSTRY CO. LTD.' 등의 문자 및 성문의 문양 등과

같은 모양의 도안이 표시된 담뱃갑 및 '북경시연초질량감독검측참'이 제조하는 '중남해' 담배의 정품 담뱃갑에 표시된 '중남해', 'BEIJING CIGARETTE FACTORY' 등의 문자 및 홀로그램 문양 등과 같은 모양의 도안이 표시된 담뱃갑에 들어 있는 사실을 알 수 있다.

위 사실관계를 앞서 본 법리에 비추어 보면, 피고인 1이 밀수입한 중국산 담배가 들어 있던 각 담뱃갑은 그 안에 있는 담배가 '길림연초공업유한책임공사'가 제조하는 '장백산' 담배 또는 '북경시연초질량감독검측참'이 제조하는 '중남해' 담배라는 사실을 증명하는 것으로서 각 사문서 등 위조의 대상이 되는 도화라고 할 것이다.

한편 기록에 의하면 이 사건 사문서 등 위조 및 행사의 점에 관한 공소사실은 위와 같이 밀수입된 담배가 들어 있는 각 담뱃갑의 위조 및 행사에 관한 것임을 알 수 있다. 그런데 원심은 그 판시와 같은 이유를 들어 일반 포장용지는 문서 등 위조의 대상이 아니라고 판단하면서 그러한 판단을 담뱃갑에 관한 이 사건에까지 적용함으로써, 이 사건 사문서 등 위조 및 행사의 점에 관한 공소사실에 대하여 무죄를 선고한 제1심판결을 유지하였다. 그렇다면 원심의 위와 같은 판단에는 사문서 등 위조죄의 대상인 도화에 관한 법리를 오해하여 판결 결과에 영향을 미친 위법이 있다고 할 것이다. 이 점을 지적하는 상고논지는 이유 있다.

2. 피고인 2의 상고이유에 대하여

원심판결 이유를 원심이 유지한 제1심이 적법하게 채택한 증거들에 비추어 살펴보면, 원심이 그 판시와 같은 이유를 들어 제1심 판시 제1항의 공소사실이 인정된다고 판단한 것은 정당하다. 거기에 상고이유의 주장과 같이 논리와 경험의 법칙에 위배하고 자유심증주의의 한계를 벗어나 사실을 인정한 위법이 있다고 할 수 없다.

또한 관세법 제282조 제2항, 제3항, 제274조 제1항 제1호, 제269조에 의하면, 밀수품을 몰수할 수 없는 때에는 공동범칙자에 대하여 그 몰수할 수 없는 물품의 범칙 당시의 국내도매가격에 상당한 금액을 추징하도록 하고 있다. 따라서 원심이 위 피고인이 운반한 밀수담배 중 몰수할 수 없는 부분의 가액 46,032,720원을 위 피고인 및 위 밀수담배의 취득자인 원심 공동피고인 1로부터 각자 추징하도록 한 제1심판결을 유지한 것은 정당한 것으로 수긍할 수 있다. 거기에 추징에 관한 법리를 오해하여 판결 결과에 영향을 미친 위법이 있다는 상고이유의 주장은 받아들일 수 없다.

그리고 형사소송법 제383조 제4호에 의하면 사형, 무기 또는 10년 이상의 징역이나 금고가 선고된 사건에서만 양형부당을 사유로 한 상고가 허용되는 것이므로, 위 피고인에 대하여 그보다 가벼운 형이 선고된 이 사건에서 형의 양정이 부당하다는 주장은 적법한 상고이유가 되지 못한다.

⑤ 원본이 원칙

판례의 변경

■ 대법원 1989. 9. 12. 선고 87도506 전원합의체판결【위조사문서행사】(집)

이 사건 공소사실 중 위조사문서행사죄의 요지는 피고인들은 공모하여 행사할 목적으로 1983. 3. 25. 공소외 김우곤이 제1심판시 골프장시설공사 도급권을 피고인 2에게 위임하는 내용의 사실증명에 관한 김우곤 명의의 위임장 1매를 위조한 다음 이를 전자복사하여 그 사본을 진정하게 성립된 것처럼 피해자 서대원에게 제시하여 행사하였다는 것이다.

원심판결 이유에 의하면, 원심은 형법에 규정된 위조문서행사죄에 있어서의 문서라 함은 작성명의인의 의사가 표시된 물체 그 자체를 의미한다 할 것이므로 원본을 기계적인 방법에 의하여 사진복사한 경우에 그 사본 또는 등본은, 사본 또는 등본의 인증이 없는 한 위 죄의 행위객체인 문서에 해당되지 아니한다고 판시하여 같은 이유로 피고인들에게 무죄를 선고한 제1심판결을 그대로 유지하고 있다.

그러나 문서위조 및 동행사죄의 보호법익은 문서자체의 가치가 아니고 문서에 대한 공공의 신용이므로 문서위조죄의 객체가 되는 문서는 반드시 원본에 한한다고 보아야 할 근거는 없고 문서의 사본이라 하더라도 원본과 동일한 의식내용을 보유하고 증명수단으로서 원본과 같은 사회적 기능과 신용을 가지는 것으로 인정된다면 이를 위 문서의 개념에 포함시키는 것이 상당하다 할 것이다.

그러므로 문서의 사본 중에서도 사진기나 복사기등을 사용하여 기계적인 방법에 의하여 원본을 복사한 문서 이른바 복사문서는 사본이라 하더라도 필기의 방법 등에 의한 단순한 사본과는 달리 복사자의 의식이 개재할 여지가 없고, 그 내용에서부터 모양, 형태에 이르기까지 원본을 실제 그대로 재현하여 보여주므로 관계자로 하여금 그와 동일한 원본이 존재하고 있는 것으로 믿게 할 뿐만 아니라 그 내용에 있어서도 원본 그 자체를 대하는 것과 같은 감각적 인식을 가지게 하는 것이고, 나아가 오늘날 일상거래에서 복사문서가 원본에 대신하는 증명수단으로서의 기능이 증대되고 있는 실정에 비추어 볼 때 이에 대한 사회적 신용을 보호할 필요가 있다 할 것이므로 위와 같이 사진복사한 문서의 사본은 문서위조 및 동행사죄의 객체인 문서에 해당한다고 보아야 할 것이다. 형법에 규정된 문서위조 및 동행사죄에 있어서 문서의 개념에 관하여 이와 상대되는 견해를 표시한 종전의 본원 판례(1969. 11. 26.자 69모85 결정; 1978. 4. 11. 선고 77도4068 판결, 1981. 12. 22. 선고 81도2715 판결, 1982. 5. 25. 선고 82도715 판결, 1983. 9. 13. 선고 83도1829 판결, 1983. 11. 8. 선고 83도1948 판결, 1985. 11. 26. 선고 85도2138 판결, 1988. 4. 12. 선고 87도2709 판결 및 1988. 10. 24. 선고 88도1680 판결 등)는 이를 폐기하기로 한다. 따라서 이 사건에서 위조된 위임장을 사진복사한 문서의 사본을 제시 행사한 피고인들의 행위는 형법 제234조 소정의 위조사문서행사죄에 해당한다 할 것임에도 불구하고 원심이 위와 같이 판단한 것은 문서의 개념에 관한 법리를 오해하여 법령적용을 잘못한 위법을 저지른 것이라 할 것이므로 이 점을 지적하는 상고논지는 이유있다.

그러므로 원심판결 중 위조사문서행사에 관한 부분 및 이와 형법 제37조 전단의 경합범 관계에 있는 사문서위조, 사기에 관한 유죄부분을 모두 파기하고 사건을 원심인 부산지방법원 합의부에 환송하기로 하여 대법관 이재성의 반대의견과 대법관 이회창의 별개 의견을 제외한 관여 법관의 일치된 의견으로 주문과 같이 판결한다.

대법관 이재성의 반대의견은 아래와 같다.

다수의견이 설시하는 바와 같이 사진기나 복사기등을 사용하여 기계적인 방법에 의하여 원본을 복사한 문서, 이른바 복사문서가 그 문서의 내용에서부터 모양, 형태에 이르기까지 원본을 실제 그대로 재현하여 보여줌으로써 관계자로 하여금 그와 동일한 원본이 존재하고 있는 것으로 믿게 할 염려가 있고 일상거래에서 복사문서가 원본에 대신하는 증명 수단으로서의 기능이 증대되고 있는 실정이어서 진정문서에 대한 사회적 신용을 보호할 필요가 있다고 하는 점은 수긍할 수 있다.

그러므로 이 사건의 경우와 같이 위임사실이 없음에도 불구하고 위임이 있었던 것처럼 위임장을 위조하고 그 위조위임장을 전자복사기로 복사한 후 그 복사본을 진정한 위임장의 복사본인 것처럼 제시행사한 경우 그 행위가 위법하고 심히 부도덕한 것임은 말할 나위가 없다.

그러나 행위자의 어떤 행위가 위법하고 심히 부도덕하다는 사실만으로는 그 행위자를 처벌할 수 없다.

즉 법률에 명시된 처벌규정에 해당하지 아니하면 아무리 위법성이 중대하고 심히 부도덕한 행위라 할지라도 처벌할 수 없는 것이다(헌법 제11조).

이 죄형법정주의의 원칙은 입법자에게는 처벌법규를 제정함에 있어서 그 범죄의 구성요건과 법적 효과(처벌내용)를 일반국민이 잘 이해할 수 있도록 일의적으로 명확하게 규정할 것을 요구하고 법관에게는 처벌법규를 해석하는데 있어서 가능한 한 엄격한 해석을 할 것을 요구하고 있는 것이다.

그리하여 법조문에 분명하게 표시되지 아니한 사실에 대하여 다른 유사한 사실에 관한 법규정을 유추적용하는 것을 금지하는 것이다. 즉 처벌법규의 해석에 있어서는 유추해석이나 확장해석은 할 수 없는 것이다.

그런데 다수의견은 위조된 위임장을 전자복사한 행위를 형법 제231조 소정의 사문서위조죄로 처단하고 그 복사본의 제시행위를 형법 제34조 소정의 위조사문서행사죄로 처단하여야 한다는 것이다.

우리 형법 제231조는 「행사할 목적으로 권리의무 또는 사실증명에 관한 타인의 문서 또는 도화를 위조 또는 변조한 자는 5년 이하의 징역에 처한다」고 규정하였다. 위 조문에서 「문서를 위조한 자」라는 뜻이 무엇인가 하는 점이 문제가 되는데 그것은 첫째로 「문서」라고 하는 것이 무엇을 말하느냐 하는 점을 해석하고 그 다음에 「위조」라고 하는 것이 어떠한 행위를 가르키는 것이냐를 해석함으로써 문제를 해결할 수 있다고 할 것이다.

그런데 지금까지는 일반적으로 문서는 문서작성명의인의 의사표시가 문자 등으로 지편 등 물체위에 영속되는 상태로 표현(기재)되어 있는 것을 말하고 그것은 문서의 원본을 의미하는 것이고 그 원본을 사진을 찍어 내거나 전자복사한 복사본 따위는 문서의 개념에 포함되지 아니하는 것으로 여겨왔었다. 그리고 「위조」라는 행위의 개념도 「정당한 작성권한 없는 자가 타인의 명의로 문서를 작성하는 것」으로 풀이하여 왔다. 그러므로 위조한 위임장을 전자복사기로 복사본을 만들어 낸 경우에 그 복사본을 형법 제231조에 규정한 문서라고 보기도 어렵거니와 그 복사본을 만들어 낸 행위를 「타인명의로 문서를 작성하였다」고 할 수도 없을 것이다. 즉 그와 같은 행위는 복사본을 만들어 낸 행위가 형법 제231조 소정의 문서위조행위에 해당한다고 보기 어렵고 만들어낸 복사본도 그 법조가 정한 문서에 해당한다고 보기는 어렵다고 생각한다.

그러함에도 불구하고 그러한 경우 문서위조와 성립을 인정하는 것은 죄형법정주의의 원칙에 의하여 금지된 유추확장해석을 하는 것이 된다고 믿는다.

전자복사본에 의한 부정서류의 범람으로부터 진정문서에 대한 사회적 신용을 보호할 필요가 있다고 하여도 그러한 행위를 처벌할 수 있는 명확한 규정이 없는 이상 법원으로서는 무죄를 선고하여야 하고 필요성을 강조하여 처벌법규를 적용하는 것은 부당하다. 그러한 사태에 대한 대책은 입법으로 하여야 하고 법원이 형벌법규의 유추확장해석으로 대처할 일이 아니라고 믿는다. 또 다수의견은 복사문서가 필기의 방법 등에 의한 단순한 사본과는 달리 복사자의 의식이 개제할 여지가 없다 하여 필사본을 만들어 그러한 원본이 존재한다고 속인 경우와 전자복사본을 제시하고 그러한 원본이 있다고 속인 경우를 구별하려고 하나 형법 제231조가 규정한 문서의 개념속에 전자복사본은 포함되고 필사본은 포함되지 않는다고 해석한다면 그 규정은 다의적으로 해석하는 것이 되어 형법법규의 명확성에 반하는 결과가 될 것이다.

이상과 같은 소견으로 당원 1978. 4. 11. 선고 77도4068호 판결은 유지되어야 하고 이 사건 검사의 상고는 기각하여야 한다고 믿는다.

대법관 이회창의 별개의견은 다음과 같다.

(1) 다수의견은 위조문서를 전자복사나 사진복사등 기계적 방법에 의하여 복사한 사본은 원본과 동일한 의식내용을 보유하고 증명수단으로서 원본과 같은 사회적 기능과 신용을 갖는 것이므로 문서위조 및 동행사의 객체인 문서에 해당하고 따라서 그 사본의 작성과 행사는 문서위조죄 및 동행사죄를 구성한다고 주장하나, 이러한 견해는 형법상 범죄구성요건의 기본적 요소는 행위이고 형벌의 기초는 행위책임의 추구에 있음에도 불구하고 위조행위의 실체를 살펴봄이 없이 오직 객체인 문서의 개념에만 집착하여 위조문서의 사본이 문서개념에 합치되는 이상 그 사본 작성행위의 실체가 어떻든 간에 당연히 문서의 위조가 된다는 논리여서 수긍하기 어렵다.

문서위조죄의 객체인 문서란 문자 또는 문자에 갈음하는 부호에 의하여 구체적인 의식내용과 작성명의를 표시한 서면 기타 물체를 말하며 문서위조죄의 보호법익은 이러한 문서가 갖는 증명수단으로서의 사회적 기능과 신용성을 보호하려는 데에 있는바, 이러한 문서의 개념에 비추어 본다면 전자복사나 사진복사등 기계적 방법에 의하여 원본을 복사한 사본도 원본과 동일한 의식내용과 작성명의를 표시한 문서로서 정도의 차이는 있을지언정 증명문서로서의 사회적 기능과 신용성을 인정받아 통용되고 있으므로 그 문서성을 부인할 수는 없을 것이다.

그러나 이러한 사본을 작성하는 행위 즉 위조문서의 원본을 복사하는 행위자체는 이미 위조가 완성되어 작성명의의 진정이 침해된 문서의 표시내용을 사본으로 재현하는 것에 불과하고 복사로서 새롭게 그 문서의 작성명의의 진정을 침해하는 것은 아니므로 이러한 사본의 작성행위를 가리켜 문서의 위조라고 볼 여지가 없는 것이다(다만 진정한 문서를 복사한 사본의 기재일부를 변개하거나 보충기입을 하는 등 조작을 가한 후 이를 다시 기계적 방법으로 복사하여 원본과 다른 의식내용을 표현한 사본을 작성한 경우에는 그 사본의 작성행위 자체가 문서의 작성명의자의 작성권한을 침해한 것이므로 문서위조에 해당한다).

(2) 위와 같이 위조문서를 복사하는 행위는 문서위조에 해당하지 않으므로 그 사본을 위조문서라고 볼 수는 없으나, 다만 그 사본을 타인에게 제시하여 행사하는 행위는 복사방법을 통하여 위조문서원본을 행사한는 것과 같이 볼 수 있으므로 위조문서행사죄를 구성한다고 보아야 한다.

위조문서의 행사는 위조문서를 진정한 문서인 것처럼 타인에게 제시하거나 열람할 수 있게 비치하는 등 타인이 인식할 수 있는 상태에 두는 것을 말하는 것인바, 여기에서 제시라 함은 문서자체의 외관과 의식내용을 상대방이 지각작용에 의하여 인식할 수 있도록 내 보여주는 것으로서 그 제시방법은 직접적인 경우뿐만 아니라 간접적으로 문서의 외관과 의식내용을 원본 그대로 전달하는 중개수단을 통하여 제시하는 경우도 포함한다. 간접적인 경우의 예로는 위조문서를 타인에게 환등기로 영사하여 제시하거나 팩시밀리로 전송하여 제시하는 경우를 들 수 있고 이러한 경우에는 영사나 전송 등 중개수단을 통하여 간접적으로 위조문서원본을 제시한 것으로 볼 것이다.

그런데 위조문서를 전자복사나 사진복사 등의 기계적 방법에 의하여 복사한 사본은 문서원본의 외관과 의식내용을 원본 그대로 재현한 것으로서 복사과정에서 의도적인 조작을 가하지 않는 한 그 문서 원본의 외관과 의식내용을 그대로 타인에게 전달하는 기능을 가지고 있으므로, 이러한 사본의 제시는 기계적 복사라는 중개수단을 통하여 문서원본의 외관과 의식내용을 상대방이 인식할 수 있게끔 제시하는 것으로서 환등기의 영사방법이나 팩시밀리의 전송방법과 같이 간접적인 방법으로 문서원본을 제시하는 것이라고 할 수 있다.

그러므로 위조문서의 복사행위는 문서위조행위가 아니어서 그 사본 자체를 위조문서로 볼 수는 없다고 하더라도 그 사본을 제시하는 행위는 위조문서원본을 복사라는 중개수단을 통하여 제시하는 것으로서 위조문서행사죄를 구성한다고 보아야 할 것이다(문서원본의 복사과정에서 조작을 가하여 원본과 다른 복사본을 작성한 경우에는 그 복사본 자체가 위조문서가 되므로 이를 행사하는 것은 당연히 위조문서의 행사에 해당함은 더 말할 나위도 없다).

(3) 결국 위조문서를 전자복사나 사진복사등 기계적 방법에 의하여 복사하는 행위는 문서위조가 되지 않으므로 그 사본을 위조문서라고 볼 수 없음에도 불구하고, 다수의견이 위조문서의 복사도 문서위조가 된다고 보고 그 사본 자체를 위조문서로 보아 그 행사를 위조문서행사에 해당한다고 주장하는 것은 위조행위의 실체를 외면한 이론이어서 찬성할 수 없으나, 다만 그 사본 자체는 위조문서가 아니라고 하여도 이를 제시하여 행사하는 행위는 위조문서원본의 행사로서 위조문서행사죄를 구성한다고 볼 것이므로 이 점에서 원심판결은 유지될 수 없는 것이어서 원심판결을 파기하는 결론에 동조하는 바이다.

법률의 개정

제237조의2 (복사문서등)

이 장의 죄에 있어서 전자복사기, 모사전송기 기타 이와 유사한 기기를 사용하여 복사한 문서 또는 도화의 사본도 문서 또는 도화로 본다. [본조신설 1995. 12. 29]

⑥ 특수매체기록

컴퓨터 모니터 화면 ×

■ 대법원 2008. 4. 10. 선고 2008도1013 판결【사기, 공문서위조, 위조공문서행사】(미)

형법상 문서에 관한 죄에 있어서 문서라 함은, 문자 또는 이에 대신할 수 있는 가독적 부호로 계속적으로 물체상에 기재된 의사 또는 관념의 표시인 원본 또는 이와 사회적 기능, 신용성 등을 동일시할 수 있는 기계적 방법에 의한 복사본으로서 그 내용이 법률상, 사회생활상 주요 사항에 관한 증거로 될 수 있는 것을 말하고(대법원 2006. 1. 26. 선고 2004도788 판결 등 참조), 컴퓨터 모니터 화면에 나타나는 이미지는 이미지 파일을 보기 위한 프로그램을 실행할 경우에 그때마다 전자적 반응을 일으켜 화면에 나타나는 것에 지나지 않아서 계속적으로 화면에 고정된 것으로는 볼 수 없으므로, 형법상 문서에 관한 죄에 있어서의 '문서'에는 해당되지 않는다고 할 것이다(대법원 2007. 11. 29. 선고 2007도7480 판결 참조).

원심판결 이유에 의하면, 원심은, 이 사건에서 피고인이 컴퓨터 스캔 작업을 통하여 만들어낸 공인중개사 자격증의 이미지 파일은 전자기록으로서 전자기록 장치에 전자적 형태로서 고정되어 계속성이 있다고 볼 수는 있으나, 그러한 형태는 그 자체로서 시각적 방법에 의해 이해할 수 있는 것이 아니어서 이를 형법상 문서에 관한 죄에 있어서의 '문서'로 보기 어렵다고 판단하였는바, 원심이 인정한 사실관계를 앞서 본 법리에 비추어 살펴보면, 원심의 위와 같은 판단은 정당하고, 거기에 상고이유에서 주장하는 바와 같은 형법상 문서에 관한 법리오해 등의 위법이 없다.

별도의 구성요건

제227조의2 (공전자기록위작 · 변작)

사무처리를 그르치게 할 목적으로 공무원 또는 공무소의 전자기록등 특수매체기록을 위작 또는 변작한 자는 10년 이하의 징역에 처한다. [본조신설 1995. 12. 29]

제232조의2 (사전자기록위작 · 변작)

사무처리를 그르치게 할 목적으로 권리·의무 또는 사실증명에 관한 타인의 전자기록등 특수매체기록을 위작 또는 변작한 자는 5년 이하의 징역 또는 1천만원 이하의 벌금에 처한다. [본조신설 1995. 12. 29]

(나) 문서의 계속성

① 물체상에 표시

- 종이, 布, 피혁, 모석, 금속, 플라스틱, 살이 있는 동물의 표피….

② 계속성

- 관념 · 의사를 물체에 화체시켜 그 물체가 지속하는 한 관념 · 의사의 표시도 지속.

(2) 증명기능

① 법적으로 중요한 사실

■ 대법원 2009. 4. 23. 선고 2008도8527 판결【사문서위조 · 위조사문서행사】(미)

1. 사문서위조, 동 행사죄의 객체인 사문서는 권리·의무 또는 사실증명에 관한 타인의 문서 또는 도화를 가리키고, 권리·의무에 관한 문서라 함은 권리의무의 발생·변경·소멸에 관한 사항이 기재된 것을 말하며, 사실증명에 관한 문서는 권리·의무에 관한 문서 이외의 문서로서 거래상 중요한 사실을 증명하는 문서를 의미한다(대법원 2002. 12. 10. 선고 2002도5533 판결 참조).

그리고 거래상 중요한 사실을 증명하는 문서는, 법률관계의 발생·존속·변경·소멸의 전후과정을 증명하는 것이 주된 취지인 문서뿐만 아니라 직접적인 법률관계에 단지 간접적으로만 연관된 의사표시 내지 권리·의무의 변동에 사실상으로만 영향을 줄 수 있는 의사표시를 내용으로 하는 문서도 포함될 수 있다고 할 것인데, 이에 해당하는지 여부는 문서의 제목만을 고려할 것이 아니라 문서의 내용과 더불어 문서 작성자의 의도, 그 문서가 작성된 개관적인 상황, 문서에 적시된 사항과 그 행사가 예정된 상대방과의 관계 등을 종합적으로 고려하여 판단하여야 한다.

원심판결 및 원심이 적법하게 조사한 증거 등에 의하면, 피고인이 공소외 1의 명의를 도용하여, '한국○○작가협회 이사장에 당선된 공소외 2의 선거참모들이 자신들에 대하여 선거결과에 따른 적절한 인사상의 조치를 취해 줄 것을 요구하고 이에 응하지 않을 경우 이사장에게 불리한 모종의 행동에 나서겠다'는 취지의 건의문을 작성하여 공소외 2에게 행사하고, '공소외 3의 구체적인 잘못을 적시하면서 공소외 3을 교육원장에 임명한 것은 잘못이므로 교육원장 임명문제를 공론을 거쳐 재검토하도록 요구하고, 임시총회 소집, 인사청문회, 회원의 의사를 묻는 표결의 방법, 공모 등의 방법을 제시하며, 이런 건의가 묵살되고 말 경우,…시위와 결사행동을 할 것이며, 본 협회 지휘기관과 대중언론에 호소하고 나아가 회원서명 투쟁을 지속적으로 해나갈 것을 엄숙히 천명한다'는 등의 내용을 담은 호소문을 작성하여 협회 회원 1,700여 명에게 우편으로 송달한 사실을 알 수 있다.

앞서 본 법리에 비추어 보면, 위 각 문서의 내용은 단순한 정치적 구호나 호소에 그친 것이 아니라 구체적인 요구사항을 적시하고 이를 이행하지 않으면 법적·행정적 책임을 묻겠다는 의사표시를 밝힌 것으로, 중요한 사실을 증명하는 사실증명에 관한 문서에 해당한다고 할 것이다.

같은 취지의 원심의 판단은 정당한 것으로 수긍이 가고, 거기에 상고이유의 주장과 같은 사실증명에 관한 문서에 관한 법리오해 등의 위법이 없다.

② 증명의사

- 목적문서, 우연문서
- 증명의사는 확정적이어야 하는가

  [1] 확정의사여야 함(G 초안 · 초고는 문서가 아님).
  [2] 확정의사 불요(G 초안 · 초고가 문서가 아닌 것은 의사표시가 미확정이기 때문).

③ 증명능력(증명적합성)

- 증명능력은 진정문서만을 전제하는가

  [1] 부진정문서는 위조 · 변조의 객체가 될 수 없다.
  [2] 부진정문서도 위조 · 변조의 객체가 될 수 있다.
  [3] 부진정문서는 위조의 객체만 될 수 있다.

■ 대법원 1986. 11. 11. 선고 86도1984 판결【업무상군용물횡령, 허위공문서작성, 허위공문서작성행사, 공문서변조, 공문서변조행사, 공문서변조교사, 문서손괴, 허위공문서작성교사】(집)

원심판결 이유에 의하면, 원심은 공문서변조라 함은 권한없이 이미 진정하게 성립된 공무원 또는 공무소명의 문서내용에 대하여 그 동일성을 해하지 아니할 정도로 변경을 가하는 것을 말한다 할 것인바, 본건에서의 폐품반납증은 이미 허위로 작성된 공문서이므로 형법 제225조 소정의 공문서변조죄의 객체가 되지 아니한다 할 것이고 따라서 피고인 2의 공문서변조 및 동행사죄와 이를 교사한 피고인 1의 공문서교사죄는 각 해당 범죄를 구성하지 아니한다고 판시하고 있는바, 원심의 위와 같은 판단은 정당하고 거기에 논지가 주장하는 것과 같은 공문서변조죄에 관한 법리를 오해한 위법이 있다고 할 수 없으므로 논지는 이유없다.

■ 대법원 2006. 1. 26. 선고 2005도4764 판결【사기, 유가증권위조(변경된 죄명: 유가증권변조), 위조유가증권행사(변경된 죄명: 변조유가증권행사)】(공)

유가증권변조죄에 있어서 변조라 함은 진정으로 성립된 유가증권의 내용에 권한 없는 자가 그 유가증권의 동일성을 해하지 않는 한도에서 변경을 가하는 것을 말하므로(대법원 1984. 11. 27. 선고 84도1862 판결, 2003. 1. 10. 선고 2001도6553 판결 등 참조), 이미 타인에 의하여 위조된 약속어음의 기재사항을 권한 없이 변경하였다고 하더라도 유가증권변조죄는 성립하지 아니한다고 할 것이다.

그리고 약속어음의 액면금액을 권한 없이 변경하는 것은 유가증권변조에 해당할 뿐 유가증권위조는 아니므로, 약속어음의 액면금액을 권한 없이 변경하는 행위가 당초의 위조와는 별개의 새로운 유가증권위조로 된다고 할 수도 없다.

상고이유에서 드는 대법원 1982. 6. 22. 선고 82도677 판결은 액면란이 백지인 위조 약속어음의 액면란에 권한 없이 금액을 기입하여 그 위조어음을 완성하는 행위가 당초의 위조행위와는 별개의 유가증권위조죄를 구성한다고 판시한 것으로서, 이 사건과는 사안을 달리하여 적절한 선례가 될 수 없다.

같은 취지에서 위조된 약속어음의 금액란을 임의로 변경한 피고인 1의 행위를 무죄로 본 원심의 판단은 정당하고, 반대의 견해에서 위조 약속어음의 액면금액 변경이 새로운 유가증권위조에 해당함을 전제로 하는 검사의 상고는 받아들일 수 없다.

(3) 보증기능

① 명의인

② 명의인의 특정

■ 대법원 1992. 5. 26. 선고 92도353 판결【사문서위조, 동행사】(공)

사문서위조죄는 작성권한이 없는 자가 타인의 명의를 모용하여 권리의무 또는 사실증명에 관한 타인의 문서를 위조한 경우에 성립되는 것으로서, 문서에 작성명의인이 명시되어 있지는 아니하더라도, 문서의 내용·형식·체제 등에 비추어 그 문서 자체에 의하여 그 작성명의인을 판별할 수 있어야만 사문서위조죄의 객체가 되는 문서로 볼 수 있는 것인바(당원 1973. 9. 29. 선고 73도1765 판결 참조), 원심이 판시한 바와 같이 피고인이 작성한 위 피선거권자 명단에는 작성명의인이 표시되어 있지 않음은 물론, 그 내용·형식·체제 등에 비추어 보더라도 그 서류 자체에 의하여 그 작성명의인을 판별할 수 없을 뿐만 아니라, 관계증거와 기록에 의하면, 위 피선거권자 명단은 피고인이 위 금고의 이사장의 결재를 받아 작성한 것이 아니라 피고인이 위 금고의 총무부장으로서 직책상 대의원선거가 원활하게 진행되게 하기 위하여 선거구별로 1통씩 작성한 것임을 엿볼 수 있어, 피고인이 위 피선거권자 명단을 작성함에 있어서 타인의 명의를 모용하였다고 볼 수 없으므로, 이 점에 관한 원심의 위와 같은 인정판단은 정당한 것으로 수긍이 되고, 원심판결에 소론과 같이 이 점에 관하여 채증법칙을 위반하거나 사문서위조죄에 관한 법리를 오해한 위법이 있다고 볼 수 없다.

③ 명의인의 확정

■ 대법원 1997. 6. 27. 선고 95도1964 판결【특정경제범죄가중처벌등에관한법률위반(수재등), 금융실명거래및비밀보장에관한긴급재정경제명령위반, 사문서위조, 위조사문서행사】(집)

사문서위조의 객체가 되는 문서의 진정한 작성명의자가 누구인지 여부는 문서의 표제나 명칭만으로 이를 판단하여서는 아니되고, 문서의 형식과 외관은 물론 문서의 종류, 내용, 일반 거래에 있어서 그 문서가 가지는 기능 등 제반 사정을 종합적으로 참작하여 판단하여야 할 것인바(대법원 1996. 2. 9. 선고 94도1858 판결 참조), 이 사건 각 위조문서인 "월별 적금현황표"와 "적금불입 및 어음할인 내역표"를 살펴보면, 그 문면상에 나타나 있는 명의자에 관련된 것으로는 "조흥은행 양정동지점"이라는 문자가 우측 상단에 기재되어 있고, "주식회사 조흥은행 부산본부"라고 표시된 인영이 위 "조흥은행 양정동지점"이라는 문자 뒤에 날인되어 있을 뿐이며, 한편 "주식회사 조흥은행 부산본부"라는 인영은 일견하여 그 글자의 내용을 알아보기가 쉽지 않은데다가 인영 자체도 거꾸로 찍혀 있고, "월별 적금현황표"에서는 인영의 내용을 식별할 수 없도록 되어 있으며, 그 내용을 보더라도 모두 조흥은행 양정동지점과 관련된 것임을 알 수 있으므로, 위 각 위조문서의 명의자는 "조흥은행 양정동지점장"이라고 봄이 상당하다 할 것이다.

그렇다면 이 사건 각 위조문서의 작성 명의인이 "주식회사 조흥은행 양정동지점 김인철 대리"라고 한 원심의 판시는 잘못이라고 할 것이나, 위 각 위조문서의 작성 명의인을 "조흥은행 양정동지점장"으로 본다고 하더라도 피고인 4의 행위를 같은 사문서위조죄로 처벌할 수 있음에는 아무런 지장이 없으므로 원심의 위와 같은 잘못은 판결 결과에 영향이 없다고 할 것이다.

④ 명의자의 실재(死者, 허무인 명의 문서)

■ 대법원 2005. 2. 24. 선고 2002도18 전원합의체 판결【사문서위조, 위조사문서행사】(공)

1. 원심은 그 채택 증거들을 종합하여, 피고인이 중국 중의사 및 침구사 시험에 응시할 사람을 모집한 후 그들을 중국에 데려가 응시원서의 제출을 대행하면서 응시생의 임상경력증명서가 필요하게 되자, 임상경력증명서 양식에 응시생의 이름과 생년월일 및 학습기간 등을 기재한 다음 의원 직인란에 강남한의원이라고 기재하고 그 옆에 임의로 새긴 강남한의원의 직인을 날인하여 강남한의원 명의의 임상경력증명서를 위조한 것을 비롯하여, 동일한의원과 일심한의원 명의의 임상경력증명서를 같은 방법으로 각 위조하여 행사한 사실을 인정하였는바, 기록에 의하여 살펴보면, 이와 같은 원심의 사실인정은 옳고, 거기에 채증법칙을 위배하여 사실을 오인한 위법이 없다.

2. 문서위조죄는 문서의 진정에 대한 공공의 신용을 그 보호법익으로 하는 것이므로 행사할 목적으로 작성된 문서가 일반인으로 하여금 당해 명의인의 권한 내에서 작성된 문서라고 믿게 할 수 있는 정도의 형식과 외관을 갖추고 있으면 문서위조죄가 성립하는 것이고(대법원 1968. 9. 17. 선고 68도981 판결, 1971. 7. 27. 선고 71도905 판결, 2003. 9. 26. 선고 2003도3729 판결 등 참조), 위와 같은 요건을 구비한 이상 그 명의인이 실재하지 않는 허무인이거나 또는 문서의 작성일자 전에 이미 사망하였다고 하더라도 그러한 문서 역시 공공의 신용을 해할 위험성이 있으므로 문서위조죄가 성립한다고 봄이 상당하며, 이는 공문서뿐만 아니라 사문서의 경우에도 마찬가지라고 보아야 할 것이다.

이와 달리, 타인 명의의 문서를 위조하여 행사하였다고 하더라도 그 명의인이 실재하지 않는 허무인이거나 또는 문서의 작성일자 전에 이미 사망한 경우에는 사문서위조죄 및 동행사죄가 성립하지 않는다고 판시한 대법원 1997. 7. 25. 선고 97도605 판결, 1994. 9. 30. 선고 94도1787 판결, 1991. 1. 29. 선고 90도2542 판결, 1980. 3. 25. 선고 79도799 판결, 1977. 2. 22. 선고 72도2265 판결, 1970. 11. 30. 선고 70도2231 판결, 1969. 10. 14. 선고 69도1480 판결, 1966. 11. 22. 선고 66도1341 판결, 1960. 8. 10. 선고 4292형상658 판결, 1959. 3. 20. 선고 4291형상591 판결, 1957. 8. 30. 선고 4290형상214 판결 등은 이를 모두 변경하기로 한다.

나아가 기록에 의하여 살펴보면, 피고인이 중국 현지에서 교부받은 임상경력증명서의 양식에 응시생의 이름과 생년월일 및 학습기간 등을 기재한 다음 의원 상급자(원장) 및 한의원 이름을 생각나는 대로 임의로 기재하고 당해 한의원 명의의 직인을 임의로 새겨 날인함으로써 원심 판시 각 임상경력증명서를 위조하여 행사한 이 사건에 있어서, 위 각 임상경력증명서의 명의인인 한의원이 실재하지 않는다고 하더라도, 위 각 임상경력증명서들은 일반인으로 하여금 당해 명의인의 권한 내에서 작성된 문서라고 믿게 할 수 있는 정도의 형식과 외관을 갖추고 있다고 보기에 충분하므로, 원심이 피고인에 대한 이 사건 각 사문서위조 및 동행사죄의 범죄사실을 모두 유죄로 인정한 조치는 옳고, 거기에 사문서위조죄 및 동행사죄의 성립에 관한 법리를 오해한 위법이 없다.

■ 대법원 2005. 3. 25. 선고 2003도4943 판결【사문서위조, 위조사문서행사】(미)

문서위조죄는 문서의 진정에 대한 공공의 신용을 그 보호법익으로 하는 것이므로 행사할 목적으로 작성된 문서가 일반인으로 하여금 당해 명의인의 권한 내에서 작성된 문서라고 믿게 할 수 있는 정도의 형식과 외관을 갖추고 있으면 문서위조죄가 성립하는 것이고, 위와 같은 요건을 구비한 이상 그 명의인이 실재하지 않는 허무인이거나 또는 문서의 작성일자 전에 이미 사망하였다고 하더라도 그러한 문서 역시 공공의 신용을 해할 위험성이 있으므로 공문서와 사문서를 가리지 아니하고 문서위조죄가 성립한다고 봄이 상당하며(대법원 2005. 2. 24. 선고 2002도18 전원합의체 판결 참조) 이러한 법리는 법률적, 사회적으로 자연인과 같이 활동하는 법인 또는 단체에도 그대로 적용된다고 할 것이다.

기록에 의하여 살펴보면, 피고인이 위조행사한 삼성종합건설 명의의 아파트공급계약서와 입금표가 비록 삼성종합건설이 이미 해산등기를 마쳐 그 법인격이 소멸한 이후에 작성되었거나 그 법인격이 소멸한 이후의 일자로 작성되었다고 하더라도, 일반인으로 하여금 그 명의인인 삼성종합건설의 권한 내에서 작성된 문서라고 믿게 할 수 있는 정도의 형식과 외관을 갖추고 있다고 보기에 충분하므로 피고인의 판시 행위는 사문서위조 및 동 행사죄에 해당된다고 할 것이다. 따라서 이와 달리, 원심이 사문서위조죄가 성립함에 있어서는 문서의 작성명의인이 실재할 것을 요한다고 전제한 뒤, 피고인의 이 사건 행위는 실재하지 아니하는 법인 명의의 문서를 위조, 행사한 것으로서 죄가 되지 않는다고 한 판단에는 사문서위조죄 및 동 행사죄의 객체가 되는 문서에 관한 법리를 오해한 위법이 있고, 이는 판결 결과에 영향을 미쳤다고 할 것이다.

⑤ 대리문서

제226조 (자격모용에 의한 공문서등의 작성)

행사할 목적으로 공무원 또는 공무소의 자격을 모용하여 문서 또는 도화를 작성한 자는 10년 이하의 징역에 처한다. 〈개정 1995. 12. 29〉

제232조 (자격모용에 의한 사문서의 작성)

행사할 목적으로 타인의 자격을 모용하여 권리·의무 또는 사실증명에 관한 문서 또는 도화를 작성한 자는 5년 이하의 징역 또는 1천만원 이하의 벌금에 처한다. 〈개정 1995. 12. 29〉

⑥ 지배인의 작성은 위조 ×

■ 대법원 2010. 5. 13. 선고 2010도1040 판결【사문서위조, 위조사문서행사】(공)

원래 주식회사의 지배인은 회사의 영업에 관하여 재판상 또는 재판 외의 모든 행위를 할 권한이 있으므로, 지배인이 직접 주식회사 명의 문서를 작성하는 행위는 위조나 자격모용사문서작성에 해당하지 않는 것이 원칙이고, 이는 그 문서의 내용이 진실에 반하는 허위이거나 대표권을 남용하여 자기 또는 제3자의 이익을 도모할 목적으로 작성된 경우에도 마찬가지이다(대법원 1983. 4. 12. 선고 83도332 판결, 대법원 2007. 10. 11. 선고 2007도5838 판결 등 참조).

원심판결 이유에 의하면, 피고인 1은 2006. 11. 20.자 차용증이 작성된 2008. 1.경 공소외 1 주식회사의 아산지점 지배인이었지만, 자신을 공소외 1 주식회사의 대표이사로 표시하여 공소외 1 주식회사가 공소외 2 주식회사의 1억 원 차용금 채무에 대하여 연대보증한다는 취지의 위 차용증을 작성·교부하였고, 위와 같은 연대보증행위에 관하여 공소외 1 주식회사의 구체적 위임이 없었다는 것인바, 위 사실을 앞서 본 법리에 비추어 살펴보면, 위 연대보증행위가 공소외 1 주식회사 아산지점의 영업 범위에 포함되지 않는다고 볼 자료가 없는 이 사건에서 공소외 1 주식회사의 적법한 지배인인 피고인 1이 공소외 1 주식회사 명의 문서를 작성하는 행위가 사문서위조에 해당할 수는 없는 것이고, 이는 문서의 내용이 진실에 반하는 허위인지, 대표권을 남용하여 자기 또는 제3자의 이익을 도모할 목적으로 문서를 작성한 것인지에 따라 달라지는 것도 아니기 때문에, 가사 피고인 1이 자신을 공소외 1 주식회사의 대표이사로 표시하는 등 일부 허위 내용이 포함되거나 위 연대보증

행위가 공소외 1 주식회사의 이익에 반하는 것이라 하더라도 같은 결론에 이르는 것이라 할 것이다.

그렇다면 피고인 1, 4가 공모하여 위 차용증을 작성·교부한 행위가 사문서위조죄 및 위조사문서행사죄에 해당한다고 본 원심판결에는 사문서위조에 관한 법리를 오해하여 판결에 영향을 미친 위법이 있다 할 것이므로, 그대로 유지될 수 없다.

3. 구성요건 체계

구분	구성요건 체계	조문	죄명	법정형
유형위조	기본적 구성요건	231	사문서(사도화)(위조, 변조)	5↓, 1000만↓
		232	자격모용(사문서, 사도화)작성	5↓, 1000만↓
		232-2	사전자기록등(위작, 변작)	5↓, 1000만↓
	가중적 구성요건	225	공문서(공도화)(위조, 변조)	10↓
		226	자격모용(공문서, 공도화)작성	10↓
		227-2	공전자기록등(위작, 변작)	10↓
무형위조	기본적 구성요건	233	허위(진단서…)작성	3↓징금, 7↓자, 3000만↓
	가중적 구성요건	228②	(면허증…)불실기재	3↓, 700만↓
		228①	(공정증서원본…)불실기재	5↓, 1000만↓
		227	허위(공문서…)(작성, 변개)	7↓, 2000만↓
행사	기본적 구성요건	234	(위조, 변조)(사문서…)행사…	그 각 죄
	가중적 구성요건	229	(위조, 변조)(공문서…)행사…	그 각 죄
부정행사	기본적 구성요건	236	(사문서, 사도화)부정행사	1↓징금, 300만↓
	가중적 구성요건	230	(공문서, 공도화)부정행사	2↓징금, 500만↓
미수범			(225-234)미수	

II. 중요 쟁점

1. 사문서위조·변조죄

① 객체

- 권리의무 또는 사실증명에 관한 타인의 문서 또는 도화.

② 행위

- 위조: 최광의, 광의(행사제외), 협의(유형위조), 최협의(변조 제외)
- 변조: 동일성을 해하지 않는 범위에서 변경

③ 문서내용에 관하여 기망하여 서명날인을 받은 경우

■ 대법원 2000. 6. 13. 선고 2000도778 판결【사문서위조, 위조사문서행사, 공정증서원본불실기재, 불실기재공정증서원본행사, 업무상횡령(인정된 죄명: 사기)】(공)

원심은, 피고인이 이 사건 정기문중총회 회의록을 임의로 작성하고는 종중원들을 찾아다니면서 서명, 날인을 받았는데, 이 때 종중원들에게 이 사건 임야의 등기, 매도권한을 피고인에게 일임하고 매도금액 3분의 1을 문중에 반납하고 나머지를 피고인에게 소송대행비용으로 준다는 위 회의록의 내용 등에 관하여 제대로 알려 주지 아니한 채, 단지 이 사건 임야에 관하여 문중 명의로 소유권이전등기를 하는 데 필요하다는 정도로만 얘기하면서 서명, 날인을 받은 사실을 인정한 다음, 문서명의자인 문중원들이 자신의 의사로 직접 서명, 날인을 한 이상 피고인의 묵비나 기망으로 인하여 종중원들이 총회록의 내용을 오해하였다고 하여 위조가 되는 것은 아니며, 피고인이 문중원들을 생명있는 도구로 이용하여 범행을 한 것이라고 볼 수도 없다는 이유로, 피고인에 대한 이 사건 공소사실 중 사문서위조 및 동행사의 점에 대하여 무죄를 선고한 제1심판결을 그대로 유지하고 있다.

그러나 원심의 위와 같은 판단은 수긍하기 어렵다. 왜냐하면, 명의인을 기망하여 문서를 작성케 하는 경우는 서명, 날인이 정당히 성립된 경우에도 기망자는 명의인을 이용하여 서명 날인자의 의사에 반하는 문서를 작성케 하는 것이므로 사문서위조죄가 성립한다고 할 것이므로(대법원 1976. 7. 13. 선고 74도2035 판결, 1992. 3. 31. 선고 91도2815 판결 등 참조), 사실관계가 원심이 인정한 바와 같다면, 피고인의 이 사건 사문서위조 및 동행사의 점에 관한 공소사실은 유죄라고 보아야 할 것이기 때문이다.

④ 작성권한자의 변개행위

■ 대법원 1986. 8.19. 선고 86도544 판결【사문서변조】(공)

피고인은 이건 매매계약의 매도인인 A의 위임을 받아 A 소유의 충남 천원군 풍세면 기풍리 43, 전 380평과 A의 아들 B 소유의 같은리 임야 2,144평을 매도함에 있어서(위 A가 위 B의 임야 2,144평을 처분함에 있어서 사전에 위 B의 승낙을 받았음) 위 A를 대리하여 공소외 C와 매매계약을 체결하였으며 그 후 위 매매계약의 이행문제로 분쟁이 생기자 위 C가 피고인에게 위 매매계약서를 매도인 A의 이름위에 위 B의 대리인이라는 표시를 하여 달라고 요구하자 피고인은 이건 공소사실과 같이 위 매매계약서 중 B 대라는 문구를 삽입하였다고 함에 있는바, 피고인이 매매계약서 중 B 대라고 삽입 기재한 것은 그 부동산의 처분권한을 위임받았으며 따라서 매매계약서 작성권한 있는 자가 한 변경행위이며 매매계약서가 작성권한있는 자에 의하여 작성된 이상 그후 계약관계가 분쟁이 있다 하더라도 매매계약서 작성자는 그 위임취지의 범위내에서 변경 내지 수정할 수 있는 권한이 있다 할 것이고, 이때 명의인의 승낙을 받지 아니하였다고 하여 사문서변조죄가 성립되는 것이 아님은 법리상 명백하다.

⑤ 위조죄의 죄수

■ 대법원 1987. 7. 21. 선고 87도564 판결【사문서위조】(집)

문서에 2인 이상의 작성명의인이 있을 때에는 각 명의자마다 1개의 문서가 성립되므로(당원 1977. 7. 12. 선고 77도1736 판결, 1956. 3. 2. 선고 4288형상343 판결 참조) 2인 이상의 연명으로 된 문서를 위조한 때에는 작성명의인의 수대로 수개의 문서위조죄가 성립하고 그 연명문서를 위조하는 행위는 자연적 관찰이나 사회통념상 하나의 행위라 할 것이므로 위 수개의 문서위조죄는 형법 제40조가 규정하는 상상적경합범에 해당한다고 볼 것이다.

따라서 원심이 이와 같은 견해에서 피고인이 유죄의 확정판결을 받은 원심판시 동의서 가운데 공소외 B 명의부분을 위조한 죄와 이 사건 공소사실인 같은 동의서의 공소외 A 명의 부분을 위조한 죄를 상상적경합범이라고 보고, 위 박승하 명의부분에 관하여 유죄의 확정판결을 받은 이상 그 판결의 효력은 이와 상상적경합관계에 있는 이 사건 소사실에도 미친다는 전제아래 피고인에 대하여 면소의 판결을 한 것은 정당하고 거기에 주장하는 바와 같은 문서위조죄의 죄수에 관한 법리오해의 위법이 없다.

⑥ 공소사실의 특정

■ 대법원 2009. 1. 30. 선고 2008도6950 판결【뇌물수수 · 제3자뇌물수수 · 직권남용권리행사방해 · 업무방해 · 사문서위조 · 위조사문서행사 · 업무상횡령 · 횡령 · 개인채무자회생법위반 · 특정범죄가중처벌등에관한법률위반(알선수재)】(공)

1. 사문서위조 및 위조사문서행사의 점에 관한 피고인 신정아 및 검사의 법리오해 주장에 대한 판단

가. (1) 공소사실의 기재는 범죄의 일시, 장소와 방법을 명시하여 사실을 특정할 수 있도록 하여야 하는바(형사소송법 제254조 제4항), 이와 같이 공소사실의 특정을 요구하는 법의 취지는 피고인의 방어권 행사를 쉽게 해주기 위한 데에 있으므로, 공소사실은 이러한 요소를 종합하여 구성요건 해당사실을 다른 사실과 식별할 수 있는 정도로 기재하면 족하고, 공소장에 범죄의 일시, 장소 등이 구체적으로 적시되지 않았더라도 위의 정도에 반하지 아니하고 공소범죄의 성격에 비추어 그 개괄적 표시가 부득이하며 그에 대한 피고인의 방어권 행사에 지장이 없다면 그 공소내용이 특정되지 않았다고 볼 수 없다(대법원 2006. 6. 2. 선고 2006도48 판결 참조). 문서의 위조 여부가 문제되는 사건에서 그 위조된 문서가 압수되어 현존하고 있는 이상, 그 범죄 일시와 장소, 방법 등은 범죄의 동일성 인정과 이중기소의 방지, 시효저촉 여부 등을 가름할 수 있는 범위에서 사문서의 위조사실을 뒷받침할 수 있는 정도로만 기재되어 있으면 충분하다(대법원 2008. 3. 27. 선고 2007도11000 판결 참조). 또한, 피고인의 방어권 행사에 실질적인 불이익을 초래할 염려가 없는 경우에는 공소장변경의 절차를 거치지 아니하고 공소사실과 기본적 사실의 동일성 범위 내에서 범죄사실의 구체적 경위를 인정하더라도 불고불리의 원칙에 어긋난다고 할 수 없다.

같은 취지에서 이 사건 각 캔사스대학교 졸업증명서 사본, 예일대학교 박사과정입학허가서 사본, 예일대학교 박사학위증명확인서 사본 위조의 점에 관한 공소사실이 특정되었다고 본 원심의 판단은 정당하고, 원심이 심리결과 인정된 위조 방법을 구체적으로 설시하였지만 이는 개괄적인 위조 방법의 범위 내 사실로서 피고인의 방어권 행사에 실질적 불이익을 초래한 것이라고 볼 수 없어 원심판결에 공소사실의 특정이나 불고불리의 원칙에 관한 법리오해의 잘못이 있다는 피고인의 상고이유 주장은 받아들일 수 없다.

(2) 원심은, 이 사건 공소사실 중 "피고인 신정아는 2007. 4.경 불상의 장소에서 행사할 목적으로 권한 없이 '신정아가 2005. 5. 23. 예일대학교 예술철학사 박사학위를 수여하였다'는 취지와 예일대학교 총장 하워드 알 라마(Howard R. Lamar) 서명이 기재된 '예일대학교 박사학위기' 1매를 작성하여 사실증명에 관한 사문서를 위조하고, 2007. 5. 20. 동국대학교에서 동국대학교 교직원으로부터 박사학위기 원본 제출을 요구받아 위조한 문서를 제출하여 행사하고, 2007. 7. 4. 광주비엔날레 사무실에서 광주비엔날레 직원 공소외 1에게 송부하여 행사하였다"는 사문서위조 및 위조사문서행사의 점에 관하여 피고인이 위조 · 행사하였다고 하는 위 '박사학위기'는 '원본'으로 보아야 하는바, 피고인 신정아는 2007. 5. 20.경 박사학위기 사본을 제출하였을 뿐, 같은 날 박사학위기 원본을 제출하였다는 사실을 인정할 아무런 증거가 없을 뿐 아니라 박사학위기 '원본'은 현출되어 있지 아니하여 이 부분 공소사실은 존재하지 않는 문서에 대한 것으로서 범죄의 일시, 장소, 방법, 위조내용을 전혀 알 수 없어 공소사실이 특정되지 아니한 때에 해당한다는 이유로 박사학위기위조 부분에 대한 공소를 기각한 제1심판결을 그대로 유지하고, 위조박사학위기행사 부분에 대하여도 역시 공소사실이 특정되지 아니하였다는 이유로 이에 대한 공소를 기각하였다.

그러나 앞서 본 공소사실의 특정에 관한 법리에 비추어 볼 때 이 사건 공소사실 중 박사학위기

위조 부분은 피고인이 위조하였다는 문서의 내용 및 그 명의자가 특정되었을 뿐 아니라 위조 일시, 방법이 개괄적으로 기재되어 있으며, 각 위조박사학위기행사 부분은 위조문서의 내용, 행사 일시, 장소, 행사 방법 등이 특정되어 기재되어 있고, 기록상 위조되었다는 예일대학교 박사학위기와 동일하다고 하는 박사학위기 사본이 현출되어 있으므로 이로써 공소사실은 특정되었다고 볼 것이고, 다만 피고인 신정아가 2007. 4.경 위조하였다는 예일대학교 박사학위기가 현출된 박사학위기 사본과 동일한 것으로 인정할 수 있는지 여부는 유·무죄의 실체 판단을 함에 있어서 고려하여야 할 요소라고 할 것이다.

따라서 이 사건 박사학위기위조 및 각 위조박사학위기행사의 점에 관하여는 공소사실이 특정되었다고 보아야 할 것임에도 불구하고, 원심이 구체적인 범죄사실의 기재가 없다고 하여 공소를 기각하였음은 공소사실 특정에 관한 법리를 오해하여 판결에 영향을 미친 위법을 저질렀다고 할 것이므로, 이 점을 지적하는 검사의 상고이유는 그 이유 있다.

나. 형사재판에서 공소제기된 범죄사실은 그것이 주관적 요건이든 객관적 요건이든 그 입증책임은 검사에게 있는 것이다. 그리고 피고인이 범의를 부인하는 경우에는 이러한 주관적 요소로 되는 사실은 사물의 성질상 범의와 상당한 관련성이 있는 간접사실 또는 정황사실을 증명하는 방법에 의하여 이를 입증할 수밖에 없으며, 이때 무엇이 상당한 관련성이 있는 간접사실에 해당할 것인가는 정상적인 경험칙에 바탕을 두고 치밀한 관찰력이나 분석력에 의하여 사실의 연결상태를 합리적으로 판단하는 방법에 의하여야 한다(대법원 2006. 2. 23. 선고 2005도8645 판결 등 참조).

원심이 판시한 여러 사정을 들어 피고인의 문서위조 범의를 인정한 것은 정당하고 상고이유에서 지적하는 원심 판시 부분은 적절치 아니하나 피고인의 주장을 배척하는 취지일 뿐 범의의 부존재에 대한 입증책임이 피고인에게 있다는 취지는 아니므로, 원심판결에 상고이유의 주장과 같은 입증책임에 관한 법리오해의 위법은 없다.

■ 대법원 2009. 6. 11. 선고 2008도11042 판결【공직선거법위반, 공문서위조, 위조공문서행사, 사문서위조, 위조사문서행사】(공)

형사소송법 제254조 제4항에 의하면 "공소사실의 기재는 범죄의 일시, 장소와 방법을 명시하여 사실을 특정할 수 있도록 하여야 한다"고 되어 있는바, 이와 같이 공소사실의 특정을 요구하는 법의 취지는 피고인의 방어권 행사를 쉽게 해주기 위한 데에 있으므로, 공소사실은 이러한 요소를 종합하여 구성요건 해당사실을 다른 사실과 식별할 수 있는 정도로 기재하면 족하고, 공소장에 범죄의 일시, 장소 등이 구체적으로 적시되지 않았더라도 위의 정도에 반하지 아니하고 공소범죄의 성격에 비추어 그 개괄적 표시가 부득이하며 그에 대한 피고인의 방어권 행사에 지장이 없다면 그 공소내용이 특정되지 않았다고 볼 수 없다. 문서의 위조 여부가 문제되는 사건에서 그 위조된 문서가 압수되어 현존하고 있는 이상, 그 범죄 일시와 장소, 방법 등은 범죄의 동일성 인정과 이중기소의 방지, 시효저촉 여부 등을 가름할 수 있는 범위에서 사문서의 위조사실을 뒷받침할 수 있는 정도로만 기재되어 있으면 충분하다(대법원 2009. 1. 30. 선고 2008도6950 판결 등 참조).

같은 취지에서 판시 제1의 나.죄인 피고인 1의 이 사건 연변대학 성인교육학원 졸업증명서와 학습증명서 위조의 점에 관한 공소사실이 특정되었다고 본 원심의 판단은 정당하므로, 원심판결에 공소사실의 특정에 관한 법리오해의 잘못이 있다는 위 피고인의 상고이유 주장은 받아들일 수 없다.

⑦ **음주운전자적발보고서**

■ 대법원 2004. 12. 23. 선고 2004도6483 판결【사문서위조, 위조사문서행사, 도로교통법위반(음주운전)】(미)

기록에 의하면, 피고인은 제1심판결에 대하여 양형부당만을 항소이유로 내세워 항소하였다가 항소가 기각되었는바, 이러한 경우 피고인은 원심판결에 대하여 법리오해의 위법이 있다는 것을 상고이유로 삼을 수는 없고(대법원 2003. 2. 11. 선고 2002도7115 판결 참조), 나아가 제1심판결이 들고 있는 증거들을 기록에 비추어 살펴보면, 이 사건 주취운전자 적발보고서 및 주취운전자 정황진술보고서의 각 운전자란에 타인의 서명을 한 다음 이를 경찰관에게 제출한 것은 사문서위조 및 동행사죄에 해당하므로, 같은 취지에서 이 사건 공소사실에 대하여 유죄를 선고한 제1심판결을 유지한 원심의 조치는 정당한 것으로 수긍이 가고, 거기에 사문서위조 및 동행사죄에 대한 법리오해의 위법이 없다.

☞ 거창지원 2004. 5. 20. 선고 2004고단55 판결은 무죄의 취지(여기에 서류의 내용이 잘 정리되어 있음)(항소).
☞ 광주지법 1999. 3. 26. 선고 98노2397 판결은 유죄의 취지.

2. 허위공문서작성죄의 간접정범

○ **허위공문서작성죄는 작성권한 있는 공무원만이 범할 수 있는 진정신분범**

가. 작성권자가 타인 이용

○ **작성권한 있는 공무원 → 작성권 없는 자 이용: 간접정범**

나. 비공무원이 작성권자 이용

○ **간접정범 ×, 단 228조(공정증서원본불실기재 등)**

■ 대법원 1970. 7. 28. 선고, 70도1044 판결【공문서위조, 공문서위조행사, 간접정법에의한허위공문서작성】(집)

형법은 소위 무형위조에 관하여서는 공문서에 관하여서만 이를 처벌할 뿐 일반 사문서의 무형위조를 인정하지 아니할 뿐 아니라(다만 형법 제233조의 경우는 예외) 공문서의 무형위조에 관하여서도 동법 제227조의 허위공문서작성의 경우 이외에 특히 공무원에 대하여 허위의 신고를 하고, 공정증서원본 면허장, 감찰, 또는 여권에 사실 아닌 기재를 하게 한 때에 한하여 동법 제228조의 경우의 처벌규정을 만들고 더구나 위 제227조의 경우의 형벌보다 현저히 가볍게 벌하고 있음에 지나지 아니하는 점으로 보아 공무원 아닌 자가 허위 공문서 작성의 간접정범인 때에는 동법 제228조의 경우 이외에는 이를 처벌하지 아니하는 취지로 해석함이 상당하다 함은 본원의 견해(대법원 1961. 12. 14. 선고 4292형상제645 판결, 1962. 1. 11. 선고, 4294형상제593 판결 참조)인바 기록에 의하면 본건에 있어서 피고인은 상피고인 2와 공모하여 1964. 9. 1. 대구지방법원 등기과에서 당시 등기과에는 사무량의 폭주로 인하여 등기부등본 교부신청자가 사법서사 또는 그 보조원인 경우에는 동인들이 등기부를 차람하여 등기부등본용지에 옮겨 기재한 후 제출하는 경우에 등기공무원은 단순히 서명날인만 하여 발부하는 실정임을 미끼로 행사의 목적으로 등기부등본 용지에 등기부에는 저당권 설정등기가 기재되어 있는데도 불구하고 위 저당권 설정등기가 말소된 내용의 허위기재를 한 후 위 등기과에 제출하여서 그 정을 모르는 등기과 등기 공무원인 A로 하여금 착오로 서명날인하게 하여 등기부등본 1통을 발급받았다는 것으로서, 등기부등본은 형법 제228조에서 말하는 공정증서원본, 면허장, 감찰 여권 등 문서에도 해당하지 아니하고 또 본건 등기부등본의 작성과 교부는 부동산 등기법과 동법 시행규칙에 의하여 당사자의 신청에 의하여 등기공무원이 발급하는 것이고 등기공무원인 A는 앞에서 본 바와 같은 기재사항을 인식하고 동 등본을 작성할 의사로서 이에 서명날인과 법원청인을 찍어 인증한 것임을 알 수 있고, 따라서 위 서명날인이 피고인의 허위 기재에 인하여 착오의 결과, 그 기재 사항이 진실에 반하는 것을 알지 못하는데 기인한 것이라 하더라도 위 등본의 성립은 진정한 것이며, 하등 작성명의를 위조한 것이 아님을 알 수 있으므로 이는 공문서 무형위조의 간접정범이라 볼 수 있고, 위와 같은 간접정범에 의한 공문서 무형위조의 소위는 죄가 되지 아니하는 것으로 보아야 할 것인데, 원심은 피고인의 위 행위는 형법 제225조, 제30조, 제34조 제1항, 제31조 제1항에 의하여 간접정범에 의한 공문서위조죄를 구성한다하여 동 피고인에게 유죄를 선고하였음은 간접정범에 의한 공문서 위조죄에 관한 법리를 오해한 잘못을 저질렀다 할 것이고, 이는 판결에 영향을 미친 법률 위반이 있는 경우에 해당하므로 원판결 중 동 피고인에 대한 판단부분은 파기를 면치 못할 것이고 논지는 이유있다.

■ 대법원 2001. 3. 9. 선고 2000도938 판결【공문서위조, 위조공문서행사, 변조공문서행사】(공)

어느 문서의 작성권한을 갖는 공무원이 그 문서의 기재 사항을 인식하고 그 문서를 작성할 의사로써 이에 서명날인하였다면, 설령 그 서명날인이 타인의 기망으로 착오에 빠진 결과 그 문서의 기재사항이 진실에 반함을 알지 못한 데 기인한다고 하여도, 그 문서의 성립은 진정하며 여기에 하등 작성명의를 모용한 사실이 있다고 할 수는 없으므로(대법원 1970. 7. 28. 선고 70도1044 판결 참조), 공무원 아닌 자가 관공서에 허위 내용의 증명원을 제출하여 그 내용이 허위인 정을 모르는 담당공무원으로부터 그 증명원 내용과 같은 증명서를 발급받은 경우 공문서위조죄의 간접정범으로 의율할 수는 없다 할 것이다.

원심판결 이유에 의하면 원심은, '피고인 1, 2는 각기 공소외 1 주식회사와 공소외 2 주식회사의 대표이사인바, 1998. 6. 25. 제1시 종합건설본부에서 발주하는 연구단지 진입도로 확장공사에 위 각 회사가 공동으로 입찰하여 적격심사 1순위자로 선정되었으나, 위 건설본부에서 요구하는 공사실적이 부족하여 최종 낙찰에 탈락될 위기에 처하자, 관공서 등에서 발급하는 공사실적증명서를 위조하여 위 건설본부에 제출하기로 마음먹고, 공모하여, 행사할 목적으로 1998. 6. 30. 제2시 구청에서, 공소외 2 주식회사가 위 구에서 발주한 공원내 지하주차장 공사의 기본 및 실시 설계 용역만을 수주하였음에도 불구하고 마치 보수공사 전체를 수주한 것처럼 실적증명서의 사업명을 '공원내 지하주차장 보수공사'라고 허위기재한 다음, 그 정을 모르는 위 구청의 담당직원에게 제출하여 동인으로부터 위의 사실을 증명한다는 취지로 위 구청장의 직인을 날인받아 위 구청장 명의의 공사실적증명서 1장을 위조한 것을 비롯하여, 제1심판결문 별지 범죄일람표 4. 기재와 같이 총 12회에 걸쳐 공문서인 공사실적증명서 18장을 각 위조하고, 1998. 7. 초순 일자 미상경 제1시 종합건설본부에서, 그 정을 모르는 담당직원에게 위와 같이 위조한 공사실적증명서 18장을 일괄 제출하여 이를 행사하였다'는 공소사실에 대하여, 피고인들이 각 관할관청에 사업마다 약 10부씩의 공사실적증명원을 제출하면서 그 가운데 1부씩의 증명원에는 사실과 다른 허위의 내용을 기재하였고, 각 관할관청의 담당공무원들은 제출된 약 10부의 증명원 전부가 사실에 맞게 기재된 것으로 생각하고(즉 그 중 1부가 사실과 다르게 허위로 기재된 사실을 모른 채) 증명원 기재와 같은 사실을 증명한다는 취지로 각 관할관청의 직인을 찍어 공사실적증명서를 작성한 사실은 인정되나, 이 사건 허위공사실적증명서는 공무원 아닌 자가 공무원에게 허위사실을 기재한 증명원을 제출하여 그것을 알지 못한 공무원으로부터 증명서를 받아낸 경우로서, 그 내용이 허위이기는 하지만 그 작성행위는 작성권한이 있는 공무원에 의하여 이루어진 것이므로 공문서위조죄가 성립하지 아니하며, 이를 행사하더라도 위조공문서임을 전제로 하는 위조공문서행사죄는 성립하지 아니한다는 이유로, 각 무죄를 선고하였는바, 앞서 본 법리에 비추어 살펴보면 원심의 이 같은 판단은 정당하고, 거기에 상고이유에서 주장하는 바와 같은 간접정범에 의한 공문서위조에 관한 법리오해의 위법이 없다.

○ 공범 ○

■ 대법원 1983. 12. 13. 선고 83도1458 판결【사문서위조, 사문서위조행사, 사문서변조, 사문서변조행사, 사기, 허위공문서작성교사, 건축법위반】(공)

원심판결 이유에 의하면, 원심은 피고인이 그 판시와 같이 광주시 동구청세무1과 평가계에서 건축물조사 및 가옥대장 정리업무를 담당하는 지방행정서기 공소외 1을 교사하여 무허가 건축물인 광주시 동구 동명 2동 248의6 소재 건물 2층 부분건평 28.2평을 허가받은 건축물인 것처럼 가옥대장등에 등재케 하여 허위공문서를 작성케 한 사실을 인정하고 피고인을 허위공문서작성죄의 교사범으로 의율 처단하고 있는바, 기록에 의하여 원심이 채용한 증거관계를 살펴보면, 위 원심인정에 수긍이 가고 피고인을 허위공문서작성교사죄로 의율한 조치도 정당하여 소론과 같은 채증법칙 위반이나 교사범의 법리를 오해한 위법이 없으니, 논지는 적법한 원심의 사실확정과 법률적용을 탓하는 것에 불과하여 이유없다.

다. 공문서 작성의 보조자가 작성권자를 이용

① 학설

1 긍정설 G 실질적 작성권한

2 부정설 G 비신분자가 정범 될 수 없음

② 판례 ○

■ 대법원 1992. 1. 17. 선고 91도2837 판결【허위공문서작성, 동행사】(공)

원심판결 이유에 의하면, 원심은 피고인이 1990. 4. 7.자 향토예비군훈련을 받은 사실이 없음에도 불구하고 소속 예비군동대 방위병인 공소외 A에게 위 날짜에 예비군훈련을 받았다는 내용의 확인서를 발급하여 달라고 부탁하자, 동인은 작성권자인 예비군 동대장 전유득에게 그 사실을 보고하여 그로부터 피고인이 예비군훈련에 참가한 여부를 확인한 후 확인서를 발급하도록 지시를 받고서는 미리 예비군 동대장의 직인을 찍어 보관하고 있던 예비군훈련확인서용지에 피고인의 성명등 인적사항과 위 부탁받은 훈련일자 등을 기재하여 피고인에게 교부한 사실을 인정하면서도, 허위 공문서작성죄의 주체는 그 문서작성권한이 있는 공무원이나 그 문서의 전결권을 위임받은 자로 제한되는 것이고 예외적으로 그 문서작성권한이 있는 공무원을 보조하는 지위에 있는 공무원이 허위의 신고나 보고를 하여 작성권한이 있는 공무원으로 하여금 허위의 문서를 작성하게 한 경우에는 허위공문서작성죄의 간접정범이 성립될 수 있으나 공무원이 아니면서 이와 공모한 자에 대하여는 허위공문서작성죄의 본질 및 그 구성요건의 정형성에 비추어 그에 대한 공범은 성립되지 아니한다 하여 위 A의 행위가 허위공문서작성죄의 간접정범에 해당하는지 여부에 관계없이 공무원이 아닌 피고인에 대하여는 위 죄의 공범으로서의 죄책을 물을 수 없다고 판시함으로써, 피고인에 대한 공소사실 중 허위공문서작성 및 동행사 부분에 대하여 무죄를 선고한 제1심 판결을 그대로 유지하였다.

그러나 공문서의 작성권한이 있는 공무원의 직무를 보좌하는 자가 그 직위를 이용하여 행사할 목적으로 허위의 내용이 기재된 문서초안을 그 정을 모르는 상사에게 제출하여 결제하도록 하는 등의 방법으로 작성권한이 있는 공무원으로 하여금 허위의 공문서를 작성하게 한 경우에는 간접정범이 성립되고 이와 공모한 자 역시 그 간접정범의 공범으로서의 죄책을 면할 수 없는 것이고(당원 1977. 12. 13. 선고 74도1990 판결, 1986. 8. 19. 선고 85도2728 판결 각 참조), 여기서 말하는 공범은 반드시 공무원의 신분이 있는 자로 한정되는 것은 아니라고 할 것이다.

원심이 인정한 바에 의하면 방위병인 A는 공문서작성권한이 있는 공무원을 보좌하는 자신의 직위를 이용하여 정을 모르는 그 작성권자로 하여금 허위의 공문서를 작성하게 함으로써 허위공문서 작성죄의 간접정범인 죄책을 지게 되었다 할 것이니 그와 공모한 피고인으로서도 신분이 공무원인지 여부에 관계없이 그 공범으로서의 죄책을 면할 수 없는 것이다.

필경 원심은 허위공문서작성죄의 간접정범의 공범에 관한 법리를 오해함으로써 판결에 영향을 미친 위법을 저지른 것이라 할 것이므로 이를 지적하는 논지는 이유 있다.

■ 대법원 1977. 12. 13. 선고 74도1900 판결【허위공문서작성】(공)

원심판결 이유에 의하면 원심 및 1심판결 거시증거에 의하여 본건문제의 증명서가 허위의 공문서인 사실 및 피고인들(상피고인은 상고취하)이 본건 범행당시 위 증명서가 허위의 공문서임을 인식하였던 사실을 인정하기에 넉넉하다 하여 피고인에 대한 이 사건 범죄사실을 인정하고 있는바 원심 및 제1심 거시증거를 기록에 대조하여 살펴보면 본건문제의 공문서인 증명서 기재내용이 허위로서 피고인에 대한 허위공문서 작성죄의 죄책이 시인된다 할 것이므로 같은 취지에서 한 원심의 판단조치는 공인된다 할 것이고, 거기에 소론과 같은 채증위배가 있다고 할 수 없고, 소론 주장 증거는 증거채택이 취소조치된 것으로 기록상 못볼 바 아니라 할 것이며 그 증거채택취소된 증거로서도 판결결과에 영향을 미칠 바 못된다 할 것이니 그에 대한 심리가 없었다 하여 심리미진이 있다고도 할 수 없고, 원심판단과정에 소론주장과 같은 이유불비가 있다고도 할 수 없다. 또 작성권한 있는 공무원의 직무를 보좌하는 자가 그 직위를 이용, 행사할 목적으로 그 초안한 문서에 허위내용을 기입하고 그 정을 모르는 상사에게 제출결재케 함으로써 허위공문서를 작성케 하는 경우에는 허위공문서 작성죄의 간접정범이 성립되고 이와 공모한 자 역시 위 죄책을 면할 수 없다 할 것인바(대법원 1963. 6. 20. 선고 63도138 판결 참조) 이와 같은 취지에서 원심이 피고인에게 본건 예비적 공소사실인 허위공문서 작성죄의 간접정범의 공범사실을 인정한 조치는 정당하다 할 것이니 거기에 소론과 같은 허위공문서작성죄의 간접정범의 법리를 오해한 잘못이 있다 할 수 없고 또한 사실오인이나 양형과중에 귀착되는 소론 사유는 본 건에 있어서는 형사소송법 제383조 제4호의 규정에 비추어서 적법한 상고이유로 삼을 수 없다 할 것이다.

③ 보조자가 결재 없이 작성한 경우는 위조

■ 대법원 1990. 10. 12. 선고 90도1790 판결【허위공문서작성, 허위공문서작성행사】(공)

원심판결 이유에 의하면, 원심은 피고인이 강원도 횡성군 제1면사무소 호적계장으로 있으면서 1988. 1. 2.경에 호적정정사유 없음을 알면서 행사할 목적으로 피고인이 관리하고 있던 공소외 1의 호적부편제중 그의 딸 공소외 2의 호적기재 출생란의 1972.를 삭선을 그어 지우고 그 상단에 1970.이라 써넣고 주민등록번호란도 701205-(이하생략)이라고 고쳐쓰고 이어 사유란에 서기 1987년 12월 2일 춘천지방법원 원주지원의 허가에 의하여 서기 1988년 1월 2일 출생년 '서기 1972년'

을 '서기 1970년'으로 정정이라 기재하고 그 옆에 피고인이 소지하고 있던 면장 A의 실인을 찍은 후에 그 호적부가 정당하게 작성된 것처럼 그곳에 비치하였다는 사실을 인정하고 그 소위가 형법 제227조, 제229조에 해당한다고 판시하였다. 그러나 형법 제227조가 규정한 허위공문서작성죄는 그 문서를 작성할 권한이 있는 공무원이 허위내용의 공문서를 작성한 경우에 성립하는 것이고 그 공무원을 보조하는 직무에 종사하는 공무원이 작성권한을 가진 공무원의 결재도 받지 아니하고 임의로 허위내용의 공문서를 작성권한자 명의로 작성한 때에는 공문조서위조죄(형법 제225조)가 성립된다고 할 것이다(당원 1981. 7. 28. 선고 81도898호 참조).

이 사건을 보건대, 피고인이 그 허위내용의 호적정정기재를 함에 있어 면장의 결재를 받았는지의 여부에 관하여 원심은 분명한 판시를 한 바 없으나 일건기록을 정사하면, 피고인이 그 호적정정 기재를 함에 있어 면장의 결재를 받지 아니하고 면장 모르게 하였다는 자료가 보일 뿐 면장의 결재를 받아서 그와 같이 하였다고 볼 만한 증거는 보이지 않는다. 그렇다면 이 사건 피고인의 소위는 공문서위조 동행사죄를 구성하는 것은 별론으로 하고 형법 제227조가 규정한 허위공문서작성죄에 해당할 수는 없다.

라. 감독권자가 작성권자 이용

■ 대법원 1996. 10. 11. 선고 95도1706 판결【공용서류손상, 허위공문서작성, 동행사, 직무유기】(공)

원심판결 이유에 의하면 원심은, 제1심이 명시한 증거에 의하여, 경찰서 보안과장으로서 음주운전자 적발업무 등을 담당하던 피고인이 1991. 6. 12. 21:00경 그 경찰서 소속 이순영 경장이 공소외 1에 대한 음주운전 사실을 적발하여 음주운전자 적발보고서 91-0146942호에 이를 기재한 사실, 피고인은 위 공소외 1의 음주운전을 눈감아주기 위하여 그에 대한 위 음주운전자 적발보고서를 찢어버리고, 일련번호가 위 음주운전자 적발보고서와 동일하게 91-0146942호로 된 가짜 음주운전 적발보고서를 위 공소외 1이 구해 오자, 피고인은 이를 공소외 정재명 순경에게 교부하여 그로 하여금 공소외 2에 대한 음주운전 사실을 적발하게 하고, 위 가짜 음주운전자 적발보고서에 위 공소외 2에 대한 음주운전 사실을 기재하도록 한 사실 , 같은 해 7. 5. 위 경찰서 교통계사무실에서 주취운전자 음주측정처리부의 작성권자인 공소외 강용주는 그 정을 모른 채 위 가짜 음주운전자 적발보고서를 근거로 이 사건 주취운전자 음주측정처리부의 일련번호 91-0146942호란에 위 공소외 1의 음주운전 사실이 아닌 위 공소외 2의 음주운전 사실을 기재한 후 날인을 하고, 같은 달 6. 동 경찰서 사무실에 위 음주측정처리부를 비치한 사실 등을 확정한 다음, 음주운전자 적발보고서에 고유번호를 부여한 의미가 피고인의 이 사건 행위와 같은 비리를 사전에 막고자 하는 의도에서 부여된 것이라는 점을 고려하여 볼 때, 피고인이 그 정을 모르는 위 강용주로 하여금 이 사건 주취운전자 음주측정처리부의 91-0146942호란에 위 공소외 1의 음주운전 사실이 아닌 위 공소외 2의 음주운전 사실을 기재하도록 한 이상, 위 공소외 2가 음주운전으로 인하여 처벌을 받았는지 여부와는 관계없이, 피고인은 허위공문서작성 및 동 행사죄의 간접정범으로서의 죄책을 면할 수 없다고 판단하였는바, 이를 기록과 대조하여 살펴보면, 원심의 위와 같은 사실인정과 판단은 옳다고 여겨지고, 거기에 상고이유의 주장과 같은 심리미진 내지는 채증법칙을 위배하여 사실을 오인한 위법이나, 허위공문서작성 및 동 행사죄 또는 위 죄의 간접정범에 관한 법리오해의 위법이 있다고 할 수 없다.

그리고 원심이 피고인의 위 소위를 허위공문서작성죄의 간접정범으로 인정하고서도 법령의 적용에 있어서는 형법 제34조의 기재를 누락하였다고 하더라도, 이는 판결에 영향을 미친 위법이라고 할 수는 없으니, 이 점을 지적하는 상고이유의 주장도 결국 이유 없음에 귀착된다고 할 것이다.

3. 공정증서원본불실기재죄

○ **자동차운전면허대장은 공정증서원본 ×**

■ 대법원 2010. 6. 10. 선고 2010도1125 판결【공정증서원본불실기재 · 불실기재공정증서원본행사】(공)

형법 제228조 제1항에서 말하는 공정증서란 권리의무에 관한 공정증서만을 가리키는 것이고 사실증명에 관한 것은 이에 포함되지 아니한다(대법원 2005. 5. 13. 선고 2004도7137 판결 참조).

원심판결 이유에 의하면, 원심은 '피고인이 자동차운전면허증 재교부신청서의 사진란에 피고인 본인의 사진이 아닌 다른 사람의 사진을 붙여 제출함으로써 담당공무원으로 하여금 공정증서원본인 자동차운전면허대장에 불실의 사실을 기재하게 하고, 위와 같이 불실의 사실이 기재된 자동차운전면허대장을 비치하게 하여 이를 행사하였다'는 공소사실을 모두 유죄로 인정한 제1심판결을 그대로 유지하였다.

그러나 원심의 이와 같은 조치는 앞서 본 법리에 비추어 볼 때 이를 그대로 수긍하기 어렵다. 먼저 도로교통법 시행령 제94조와 같은 법 시행규칙 제38조, 제77조, 제78조, 제80조, 제98조 등의 규정 취지를 종합하여 보면, 자동차운전면허대장은 운전면허 행정사무집행의 편의를 위하여 범칙자, 교통사고유발자의 인적사항 · 면허번호 등을 기재하거나 운전면허증의 교부 및 재교부 등에 관한 사항을 기재하는 것에 불과하며, 그에 대한 기재를 통해 당해 운전면허 취득자에게 어떠한 권리의무를 부여하거나 변동 또는 상실시키는 효력을 발생하게 하는 것으로 볼 수는 없다. 이러한 사정을 앞서 본 법리에 비추어 살펴보면, 자동차운전면허대장은 사실증명에 관한 것에 불과하므로 형법 제228조 제1항에서 말하는 공정증서원본이라고 볼 수 없다 할 것이고, 다만 운전면허증에 불실의 사실을 기재하게 한 경우에 한하여 형법 제228조 제2항에 따라 처벌할 수 있는 것이라 할 것임에도 불구하고, 원심은 자동차운전면허대장이 공정증서원본임을 전제로 피고인에 대한 공소사실을 모두 유죄로 인정한 제1심의 조치를 그대로 유지하고 말았으니, 이러한 원심판결에는 형법 제228조 제1항 소정의 '공정증서원본'의 범위에 관한 법리를 오해하여 판결에 영향을 미친 위법이 있다.

제4절 인장에 관한 죄

○ **구성요건(형법 제2편 제21장)**

- 공인 등의 위조 · 부정사용, 사인 등의 위조 · 부정사용.

제 4 편

국가적 법익에 대한 죄

제1장 국가의 존립과 권위에 관한 죄

제2장 국가의 기능에 관한 죄

제4편

국가적 법익에 대한 죄

제1장 국가의 존립과 권위에 관한 죄

제1절 내란의 죄
○ 구성요건(형법 제2편 제1장)

제2절 외환의 죄
○ 구성요건(형법 제2편 제2장)

제3절 국기에 관한 죄
○ 구성요건(형법 제2편 제3장)

제4절 국교에 관한 죄
○ 구성요건(형법 제2편 제4장)

제2장 국가의 기능에 관한 죄

제1절 공무원의 직무에 관한 죄
○ 구성요건(형법 제2편 제7장)
○ 직권남용 권리행사방해
○ 몰수, 추징
○ 공무원의 직무상 범죄에 대한 형의 가중
○ 뇌물죄와 공갈죄
○ 뇌물죄와 사기죄
○ 특별법
• 특정범죄 가중처벌 등에 관한 법률
• 특정경제범죄 가중처벌 등에 관한 법률
• 변호사법
• 몰수특례

제2절 공무방해에 관한 죄
○ 구성요건(형법 제2편 제8장)
○ 노역장유치의 집행에 형집행장 제시 필요
○ 다른 죄와의 관계

제3절 도주와 범인은닉의 죄
○ 구성요건(형법 제2편 제9장)
○ 범인은닉과 친족간의 특례
○ 공범에 관한 허위진술은 범인도피죄 아님

제4절 위증과 증거인멸의 죄
○ 구성요건(형법 제2편 제10장)
○ 차회기일에서의 진술철회는 위증
○ 증언거부권 고지 없더라도 위증죄 성립하는 경우
○ 자백, 자수
○ 증거인멸등과 친족간의 특례

제5절 무고의 죄
○ 구성요건(형법 제2편 제11장)
○ 자백 · 자수

제1장 국가의 존립과 권위에 관한 죄

제1절 내란의 죄

○ 구성요건(형법 제2편 제1장)

- 내란, 내란목적살인
- 예비, 음모, 선전, 선동

제2절 외환의 죄

○ 구성요건(형법 제2편 제2장)

- 외환유치, 여적, 모병이적, 시설제공이적, 시설파괴이적, 물건제공이적, 간첩, 일반이적, 전시군수계약불이행.

제3절　국기에 관한 죄

○ **구성요건(형법 제2편 제3장)**

- 국기 · 국장의 모독, 국기 · 국장의 비방.

제4절　국교에 관한 죄

○ **구성요건(형법 제2편 제4장)**

- 외국원수에 대한 폭행 등, 외국사절에 대한 폭행 등, 외국의 국기 · 국장의 모독, 외국에 대한 사전, 중립명령위반, 외교상기밀누설.

제2장 국가의 기능에 관한 죄

제1절 공무원의 직무에 관한 죄

○ **구성요건(형법 제2편 제7장)**

- 직무유기, 직권남용, 불법체포 · 불법감금, 폭행 · 가혹행위, 피의사실공표, 공무상비밀의 누설, 선거방해, 수뢰 · 사전수뢰, 제3자뇌물제공, 수뢰후부정처사 · 사후수뢰, 알선수뢰, 뇌물공여등.

○ **직권남용 권리행사방해**

■ 대법원 2010. 1. 28. 선고 2008도7312 판결【직권남용권리행사방해】(공)

상급 경찰관이 직권을 남용하여 부하 경찰관들의 수사를 중단시키거나 사건을 다른 경찰관서로 이첩하게 한 경우, 일단 '부하 경찰관들의 수사권 행사를 방해한 것'에 해당함과 아울러 '부하 경찰관들로 하여금 수사를 중단하거나 사건을 다른 경찰관서로 이첩할 의무가 없음에도 불구하고 수사를 중단하게 하거나 사건을 이첩하게 한 것'에도 해당된다고 볼 여지가 있다. 그러나 이는 어디까지나 하나의 사실을 각기 다른 측면에서 해석한 것에 불과한 것으로서, 권리행사를 방해함으로 인한 직권남용권리행사방해죄와 의무 없는 일을 하게 함으로 인한 직권남용권리행사방해죄가 별개로 성립하는 것이라고 할 수는 없다. 따라서 위 두 가지 행위 태양에 모두 해당하는 것으로 기소된 경우, 권리행사를 방해함으로 인한 직권남용권리행사방해죄만 성립하고 의무 없는 일을 하게 함으로 인한 직권남용권리행사방해죄는 따로 성립하지 아니하는 것으로 봄이 상당하다(다만 공소제기권자인 검사는 위와 같은 사안에 있어 재량에 따라 의무 없는 일을 하게 함으로 인한 직권남용권리행사방해죄로 공소를 제기할 수도 있는 것이므로, 그 경우 법원이 그 공소범위 내에서 직권남용권리행사방해죄로 인정하여 처벌하는 것은 가능하다. 대법원 2008. 2. 14. 선고 2005도4202 판결 참조).

원심이 이 사건 공소사실 중 '권리행사를 방해하였다'는 부분은 유죄로 인정하고, '의무 없는 일을 하게 하였다'는 부분은 무죄라고 판단한 것은 위와 같은 법리에 따른 것으로서 정당하고, 거기에 상고이유로 주장하는 바와 같은 법리오해의 잘못이 없다.

○ **몰수, 추징**

■ 대법원 2008. 10. 9. 선고 2008도6944 판결【변호사법위반】(공)

몰수는 범죄에 의한 이득을 박탈하는 데 그 취지가 있고, 추징도 이러한 몰수의 취지를 관철하기 위한 것인 점 등에 비추어 볼 때, 몰수할 수 없는 때에 추징하여야 할 가액은 범인이 그 물건을 보유하고 있다가 몰수의 선고를 받았더라면 잃었을 이득상당액을 의미한다고 보아야 하므로, 다른 특별한 사정이 없는 한 그 가액산정은 재판선고시의 가격을 기준으로 하여야 한다(대법원 1991. 5. 28. 선고 91도352 판결, 대법원 2007. 3. 15. 선고 2006도9314 판결 등 참조). 한편, 변호사법 위반의 범행으로 금품을 취득한 경우 그 범행과정에서 지출한 비용이 있더라도 이는 그 금품을 취득하기 위하여 지출한 부수적 비용에 불과하고, 몰수되어야 할 것은 변호사법 위반의 범행으로 취득한 금품 그 자체이므로, 취득한 금품이 이미 처분되어 추징할 금원을 산정함에 있어서 그 금품의 가액에서 위 지출 비용을 공제할 수는 없다(대법원 1999. 10. 8. 선고 99도1638 판결, 대법원 2005. 7. 15. 선고 2003도4293 판결 등 참조).

○ 공무원의 직무상 범죄에 대한 형의 가중

○ 뇌물죄와 공갈죄

■ 대법원 1994. 12. 22. 선고 94도2528 판결【특정범죄가중처벌등에관한법률위반(뇌물), 뇌물공여】(공)

공무원이 직무집행의 의사없이 또는 직무처리와 대가적 관계없이 타인을 공갈하여 재물을 교부하게 한 경우에는 공갈죄만이 성립하고, 이러한 경우 재물의 교부자가 공무원의 해악의 고지로 인하여 외포의 결과 금품을 제공한 것이라면 그는 공갈죄의 피해자가 될 것이고 뇌물공여죄는 성립될 수 없다고 하여야 할 것이나, 원심이 확정한 사실에 의하면 세무공무원인 피고인 1 등에게 세무조사라는 직무집행의 의사가 있었고, 과다계상된 손금항목에 대한 조사를 하지 않고 이를 묵인하는 조건으로, 다시 말하면 그 직무처리에 대한 대가관계로서 금품을 제공받았으며, 피고인 6은 공무원의 직무행위를 매수하려는 의사에서 금품을 제공하였음을 알 수 있고, 한편 기록에 의하면 피고인 1 등은 세무조사 당시 위 태양종합건설주식회사 명의의 세금계산서가 위장거래에 의하여 계상된 허위의 계산서라고 판단하고 이를 바로잡아 탈루된 세금을 추징할 경우 추징할 세금이 모두 50억원에 이를 것이라고 알려 주었음이 명백하므로 위 문제된 세금계산서가 진정한 거래에 기하여 제출된 것인지, 피고인 1 등의 묵인행위로 인하여 공소외 1 주식회사에게 추징된 세금액수가 실제적으로 줄어든 것이 있는지 여부에 관계없이 피고인들의 행위가 뇌물죄를 구성한다는 원심의 판단은 정당하고 거기에 뇌물죄에 관한 법리를 오해한 위법이 있다고 할 수 없다. 논지는 모두 이유 없다.

○ 뇌물죄와 사기죄

■ 대법원 1977. 6. 7. 선고 77도1069 판결【허위보고, 군용물절도, 뇌물공여, 증거인멸, 사기】(집)

원심이 그 판결(원심이 인용한 1심판결 부분을 포함한다 이하 같다)에서 피고인 2에 대하여 인정한 사실은 피고인 2는 소속대 병기과 전임하사직에 있는 자인데 1976. 1월경 동 중대 인사계인 상사 공소외 4로부터 부족된 총기문제 해결방법을 모색해 달라는 취지의 부탁을 받았으나 이를 거절하고 있던 중 위 총기부족은 행정착오로서 그 총기는 같은 1중대에 있다는 것을 알고 있음에도 불구하고 그 총기가 분실된 것으로만 알고 있는 피고인 정창길이가 분실된 총기 문제를 해결해주면 돈을 얼마든지 주겠다고 제의하자 위 행정착오인 사실을 감추고 막연히 다른 곳에서 같은 총기 1정을 구입 보충해서 해결해줄 것 같은 태도를 취하여 동인으로 하여금 그 취지를 오신케 하여서 2차례에 걸쳐 돈 6만원을 교부받아 편취하였다는 것이고 위 인정은 원심판결에서 인용한 증거관계에 비추어 능히 시인될 수 있으며 동 사실에 의하면 피고인 2는 공소외 4의 착오상태를 위법하게 이용하고 거짓태도를 취하여서 돈을 교부받은 것이니 그에 대하여 형법 제347조 제1항 제30조를 적용처단한 원심의 의율은 정당하고 원래 1개의 행위가 뇌물죄와 사기죄의 각 구성요건에 해당될 수 있는 바이므로 이런 경우에는 형법 40조에 의하여 상상적 경합으로 처단하여야 할 것이나 이 경우에 있어서 본건에서와 같이 주위적으로 사기죄가 기소되고 뇌물수수는 예비적으로 기소한 경우에는 사기죄만으로 처단하는 것은 하등 위법이라고 할 수 없으며 이 경우에 뇌물을 공여한 자를 뇌물전달죄로 처단하는 것은 하등 뇌물죄의 필요적 공범의 원리에 배치되는 것이라고는 할 수 없으므로 논지는 받아들일 수 없다.

■ 대법원 1985. 2. 8. 선고 84도2625 판결【특정범죄가중처벌등에관한법률위반·뇌물수수】(공)

원심이 인용한 제1심판결이 채택한 증거들에 의하면, 그 판시와 같이 피고인 1이 국고보관금 수표 1매 액면금 61,060,237원을 사취한 사기의 범죄사실과 피고인들이 서로 피고인 1의 직무에 관하여 도합 금 7,500만원의 뇌물을 수수 공여한 뇌물수수, 뇌물공여의 범죄사실들이 모두 적법히 인정되고, 그 거친 채증의 과정에 소론과 같은 채증법칙 위배로 인한 사실오인의 위법이 있다 할 수 없다.

그리고 피고인 1이 위 사취한 금원을 뒤에 반환할 의사가 있었다 하여 불법영득의 의사가 없다고는 할 수 없으며, 또한 가사, 피고인 1이 그 뇌물을 수수함에 있어서 상피고인 2를 기망한 점이 있다 하여도 피고인들에 대한 뇌물수수, 뇌물공여죄의 성립에는 아무런 소장이 없으므로(당원 1977. 6. 7. 선고 77도1069 판결 참조) 원심판결에는 소론과 같은 위법이 있다고도 할 수 없다. 논지는 모두 이유없다.

○ **특별법**

- **특정범죄 가중처벌 등에 관한 법률**
  - 수뢰액 3천만 – 5천만: 5↑
  - 수뢰액 5천만 – 1억: 7↑
  - 수뢰액 1억 이상: 무, 10↑
- **특정경제범죄 가중처벌 등에 관한 법률**
  - 금융기관 임직원의 수재, 증재, 알선수재
- **변호사법**
- **몰수특례**
  - 공무원범죄에 관한 몰수 특례법
  - 마약류 불법거래 방지에 관한 특례법
  - 범죄수익 은닉의 규제 및 처벌 등에 관한 법률

제2절 공무방해에 관한 죄

○ **구성요건(형법 제2편 제8장)**

- 공무집행방해, 위계에 의한 공무집행방해, 법정 또는 국회회의장모욕, 인권옹호직무방해, 공무상비밀표시무효, 부동산강제집행효용침해, 공용서류등의 무효, 공용물의 파괴, 공무상보관물의 무효, 특수공무방해.

○ **위력에 의한 공무집행방해**

■ 대법원 2009. 11. 19. 선고 2009도4166 전원합의체 판결【업무방해】(공)

1. 형법상 업무방해죄는 허위의 사실을 유포하거나 기타 위계 또는 위력으로써 사람의 업무를 방해하거나(제314조 제1항), 컴퓨터 등 정보처리장치 또는 전자기록 등 특수매체기록을 손괴하거나 정보처리장치에 허위의 정보 또는 부정한 명령을 입력하거나 기타 방법으로 정보처리에 장애를 발생하게 하여 사람의 업무를 방해한 때에(제314조 제2항) 성립하는 범죄이다. 업무방해죄의 보호

법익은 업무를 통한 사람의 사회적·경제적 활동을 보호하려는 데 있으므로, 그 보호대상이 되는 '업무'라 함은 직업 또는 계속적으로 종사하는 사무나 사업을 말하고, 여기서 '사무' 또는 '사업'은 단순히 경제적 활동만을 의미하는 것이 아니라 널리 사람이 그 사회생활상의 지위에서 계속적으로 행하는 일체의 사회적 활동을 의미한다고 보아야 한다.

그런데 형법은 업무방해죄와는 별도로 '공무방해에 관한 죄'(제2편 제8장)의 하나로서 폭행, 협박 또는 위계로써 공무원의 직무집행을 방해하는 행위를 공무집행방해죄로 규정하고 있다(제136조 제1항, 제137조). 공무집행방해죄에서의 '직무의 집행'이란 널리 공무원이 직무상 취급할 수 있는 사무를 행하는 것을 의미하는데, 이 죄의 보호법익이 공무원에 의하여 구체적으로 행하여지는 국가 또는 공공기관의 기능을 보호하고자 하는 데 있는 점을 감안할 때, 공무원의 직무집행이 적법한 경우에 한하여 공무집행방해죄가 성립하고, 여기에서 적법한 공무집행이라고 함은 그 행위가 공무원의 추상적 권한에 속할 뿐 아니라 구체적 직무집행에 관한 법률상 요건과 방식을 갖춘 경우를 가리키는 것으로 보아야 한다(대법원 2008. 11. 13. 선고 2007도9794 판결 등 참조).

이와 같이 업무방해죄와 공무집행방해죄는 그 보호법익과 보호대상이 상이할 뿐만 아니라 업무방해죄의 행위유형에 비하여 공무집행방해죄의 행위유형은 보다 제한되어 있다. 즉 공무집행방해죄는 폭행, 협박에 이른 경우를 구성요건으로 삼고 있을 뿐 이에 이르지 아니하는 위력 등에 의한 경우는 그 구성요건의 대상으로 삼고 있지 않다. 또한 형법은 공무집행방해죄 외에도 직무강요죄(제136조 제2항), 법정 또는 국회회의장모욕죄(제138조), 인권옹호직무방해죄(제139조), 공무상 비밀표시무효죄(제140조), 부동산강제집행효용침해죄(제140조의2), 공용서류등 무효죄(제141조 제1항), 공용물파괴죄(제141조 제2항), 공무상 보관물무효죄(제142조) 및 특수공무방해죄(제144조) 등과 같이 여러 가지 유형의 공무방해행위를 처벌하는 규정을 개별적·구체적으로 마련하여 두고 있으므로, 이러한 처벌조항 이외에 공무의 집행을 업무방해죄에 의하여 보호받도록 하여야 할 현실적 필요가 적다는 측면도 있다.

그러므로 형법이 업무방해죄와는 별도로 공무집행방해죄를 규정하고 있는 것은 사적 업무와 공무를 구별하여 공무에 관해서는 공무원에 대한 폭행, 협박 또는 위계의 방법으로 그 집행을 방해하는 경우에 한하여 처벌하겠다는 취지라고 보아야 할 것이고, 따라서 공무원이 직무상 수행하는 공무를 방해하는 행위에 대해서는 업무방해죄로 의율할 수는 없다고 해석함이 상당하다.

이와 달리 대법원 1996. 1. 26. 선고 95도1959 판결, 대법원 2003. 3. 14. 선고 2002도5883 판결 등에서 위력을 행사하여 공무원들의 정상적인 업무수행을 방해하거나 업무방해의 결과를 초래한 경우에는 업무방해죄가 성립한다고 판시한 의견은 이 판결로써 변경하기로 한다.

2. 원심은 그 판시 증거들을 종합하여, 피고인들이 충남지방경찰청 1층 민원실에서 자신들이 진정한 사건의 처리와 관련하여 지방경찰청장의 면담 등을 요구하면서 이를 제지하는 경찰관들에게 큰소리로 욕설을 하고 행패를 부린 행위가 경찰관들의 수사관련 업무를 방해한 것이라는 이유로 업무방해죄를 인정하였는바, 위에서 살펴본 법리에 비추어 볼 때 원심의 판단은 업무방해죄의 성립범위에 관한 법리를 오해한 위법이 있다. …

4. 대법관 양승태, 대법관 안대희, 대법관 차한성의 반대의견

업무방해죄에 있어서 '업무'에는 공무원이 직무상 수행하는 공무도 당연히 포함되는 것으로서 직무를 집행하는 공무원에게 폭행 또는 협박의 정도에 이르지 않는 위력을 가하여 그의 공무 수행을 방해한 경우에는 업무방해죄가 성립한다고 보아야 한다.

업무방해죄에서의 '업무'는 직업 또는 사회생활상의 지위에 기하여 계속적으로 종사하는 사무나 사업의 일체를 의미하고, 그 업무가 주된 것이든 부수적인 것이든 가리지 아니하는 것임은 대법원이 그간 확고하게 유지하여 온 견해이다(대법원 2005. 4. 15. 선고 2004도8701 판결 등 참조). 그런데 공무원이 직무상 수행하는 공무 역시 공무원이라는 사회생활상의 지위에서 계속적으로 종사하는 사무이므로 위와 같은 업무방해죄의 '업무'의 개념에 당연히 포섭된다고 할 것이고, 업무방해죄의 업무에 공무를 제외한다는 명문의 규정이 없는 이상 공무도 업무방해죄의 업무에 포함된다고 할 것이다. 뿐만 아니라 업무방해죄는 일반적으로 사람의 사회적·경제적 활동의 자유를 보호법익으로 하는 것인데, 공무원 개인은 그가 수행하는 공무를 통하여 자신의 사회적 활동을 하는 것이고 그 공무원 개인에 대하여도 자신의 업무인 공무수행을 통한 인격발현 및 활동의 자유는 보호되어야 하므로 단순히 공무원이 영위하는 사무가 공무라는 이유만으로 업무방해죄의 업무에서 배제되어서는 아니 된다.

형법이 공무집행방해죄의 행위 유형을 폭행, 협박 또는 위계로 제한한 것은 공무 집행에 있어서 적법하게 강제력을 동원할 수 있는 경우에는 그 집행을 방해하기 위한 위력 등에 의한 저항에 대하여 강제력을 행사하여 그 저항행위를 배제하고 공무를 집행할 수 있다는 사고가 전제되어 있는 것이다. 그러나 민주주의의 발달로 인하여 국민의 권리의식이 향상되었을 뿐 아니라 국가가 국민의 복리후생의 향상을 도모하는 오늘날에는 국가 또는 공공기관이 국민에 대하여 강제력을 행사하기 위한 적법 요건을 갖추었다고 하더라도 강제력의 행사를 되도록 자제할 뿐만 아니라 국민에게 강제력의 행사가 아닌 복리 후생적인 급부를 제공하거나 사회생활에 있어서 필요한 편의를 제공하는 공무의 범위를 확대시키고 있다. 그런데 이렇게 공무의 성질상 그 집행을 방해하는 자를 배제할 수 있는 강제력을 가지지 않은 공무원에 대하여 폭행, 협박에 이르지 않는 위력 등에 의한 저항 행위가 있는 경우에는 그 공무원이 강제력을 동원하여 그 저항 행위를 배제하여 공무를 현실적으로 집행할 수 없을 것이므로 그러한 저항 행위로 인한 공무방해행위는 일반 개인에 대한 업무방해행위와 아무런 차이가 없다. 이러한 공무에 대해서는 그 방해 행위가 폭행, 협박에 이르지 않아 공무집행방해죄의 보호를 받지 못한다고 하더라도 위력에 해당할 경우에는 업무방해죄로 처벌되어야 할 것이다.

전자정보기술의 발달로 인하여 컴퓨터 등 정보처리장치에 의한 사무처리가 현저히 확대됨에 따라 이러한 컴퓨터 등 정보처리장치를 파괴하거나 기타 불법적인 방법으로 정보처리에 장애를 발생시키는 등의 방법으로 업무를 방해하는 행위를 처벌하기 위하여 1995년 형법 개정시 컴퓨터 등 정보처리장치에 대한 손괴나 데이터 부정 조작의 방법에 의한 업무방해죄가 형법 제314조 제2항으로 신설되었는데, 이에 대응하는 공무집행방해죄는 공무소에서 사용하는 전자기록 등 특수매체기록을 무효로 하는 행위(형법 제141조 제1항)만 처벌대상에 추가하였을 뿐 달리 처벌 조항을 신설하지 않았다. 위 개정시 정보처리장치 또는 특수매체기록을 대상으로 하는 범죄에 대응하기 위하여 몇몇 처벌조항이 신설 또는 보완되기는 하였지만, 그러한 처벌조항은 각 특수한 구성요건적 행위만을 대상으로 삼고 있을 뿐이어서 형법 제314조 제2항이 처벌대상으로 삼고 있는 다양한 유형의 행위 전부에 대하여 적절히 대처하고 있지 못하다. 형법이 이러한 내용의 공무집행방해죄를 따로 규정하지 않은 것은 컴퓨터 등 정보처리장치에 대한 손괴나 데이터의 부정조작의 방법에 의하여 공무를 방해한 경우를 처벌하지 않겠다는 취지가 아니라 공무가 업무방해죄의 업무에 당연히 포함되기 때문에 신설된 컴퓨터 등 정보처리장치에 대한 손괴나 데이터의 부정조작의 방법에 의한 업무방해죄의 규정에 의하여 이러한 방법에 의한 공무방해행위를 처벌할 수 있으므로 따로 이와 같은 유형의 공무방해에 관한 규정을 두지 않은 것이라고 보아야 한다.

다수의견은 공무가 업무방해죄의 '업무'에 해당하지 않는다는 논거로 공무집행방해죄의 경우에는 보호의 대상이 되는 공무가 적법할 것을 요구한다는 점을 들고 있다. 업무방해죄의 경우에는 보호대상이 되는 '업무'가 타인의 위법한 행위에 의한 침해로부터 보호할 가치가 있는 것이면 되고, 그 업무의 기초가 된 계약 또는 행정행위 등이 반드시 적법하여야 하는 것이 아니므로(대법원 1991. 6. 28. 선고 91도944 판결 등 참조) 공무의 적법성을 요구하는 공무집행방해죄와 구별이 된다. 그러나 업무방해죄에 의하여 보호되는 '업무'도 형법적으로 보호할 필요성이 있는 경우에 한하는 것이고, 이러한 형법상 보호의 필요성 유무는 업무의 성격과 내용에 따라 개별적으로 판단되어야 하는 것이다. 따라서 업무방해죄의 보호대상이 되기 위하여 업무가 갖추어야 할 적법성의 정도는 그 업무의 성격과 내용에 따라 달라질 수 있는 것이고 업무방해죄의 업무에 포함되는 공무에 대하여는 개인의 사적 업무와 다른 적법성이 요구될 수 있는 것이다. 그러므로 공무집행방해죄에서는 공무의 적법성이 요구된다는 점이 공무가 업무방해죄의 업무에 포함되지 아니한다는 논거로 될 수 없으므로 다수의견은 이 점에 있어서 적절하다고 볼 수 없다.

무엇보다도 다수의견처럼 공무에 대하여는 업무방해죄가 성립하지 아니한다고 보게 되면 납득하기 어려운 형벌의 불균형이 생기게 된다. 다수의견에 의하면 공공기관에서는 위력에 해당하는 소란을 피우는 행위를 하더라도 일반 영업장소에서와는 달리 업무방해죄가 성립하지 아니하게 된다. 또한 사립대학교 교직원에게 위력을 행사하여 교직원의 업무를 방해하면 업무방해죄로 처벌되는데 비하여 국립대학교 교직원에게 위력을 행사하여 교직원의 업무를 방해하면 처벌할 수 없게 된다. 일반 영업장소의 업무가 공무보다도 더 보호받아야 한다거나, 국립대학의 업무가 사립대학의 업무보다 덜 보호받아야 한다고 일반인들이 쉽게 생각하지 못할 뿐만 아니라 형법의 입법자들이 그렇게 예상했다고도 보기 어렵다. 그 동안의 판례도 그러한 것을 감안하여 공무에 대한 업무방해죄의 성립을 인정해 왔는데 이제 다수의견처럼 이를 부인한다면 입법자가 예상하지 아니한 형벌의 불균형을 초래하고 현실적으로 공공기관에서 많은 민원인들의 감정적인 소란행위를 조장하는 결과를 초래하게 될 위험이 있다. 즉, 다수의견에 의하면 일반 영업장소 등에서의 소란행위에 대하여는 현행범의 체포나 긴급체포 등 적법한 대응조치를 할 수 있지만 공공기관의 민원실에서 발생한 같은 행위에 대하여는 이러한 대응방법이 불가능하여 그대로 방치될 수밖에 없는 결과를 초래하게 될 것이다.

이상과 같은 이유로, 공무원이 직무상 수행하는 공무를 위력으로 방해하는 행위에 대하여는 업무방해죄로 의율할 수 없다는 다수의견에 반대한다. 그러므로 공무원들에게 위력을 행사함으로써 정상적인 업무수행이 방해되거나 업무방해의 결과를 초래할 위험이 야기되었다고 보아 업무방해죄의 성립을 인정한 대법원 1996. 1. 26. 선고 95도1959 판결과 이와 같은 취지의 대법원 판결들은 유지되어야 하고, 이러한 대법원 판결의 취지에 따라 직무를 집행하는 공무원에 대하여 큰소리를 치고 소란을 피워 위력을 행사한 피고인들에게 업무방해죄의 유죄를 인정한 원심의 판단 역시 유지되어야 한다.

5. 대법관 박시환의 보충의견

1995. 12. 29. 형법 개정(법률 제5057호) 때에 다양한 유형의 컴퓨터 등 관련 범죄에 대한 대대적인 보완 입법이 이루어졌다. 즉, 공무상 비밀표시무효죄(제140조 제3항), 공용서류등 무효죄(제141조 제1항), 공전자기록 위작·변작죄(제227조의2), 공정증서원본 등의 부실기재죄(제228조 제1

항), 사전자기록 위작·변작죄(제232조의2), 업무방해죄(제314조 제2항), 비밀침해죄(제316조 제2항), 권리행사방해죄(제323조), 컴퓨터등 사용사기죄(제347조의2), 재물손괴등죄(제366조) 등을 신설 또는 개정·보완하여 컴퓨터 등 정보처리장치나 전자기록 등 특수매체기록을 대상으로 삼거나 이를 이용한 범죄를 새롭게 처벌대상에 포함하였다. 이는, 정보처리장치나 특수매체기록의 기능과 역할이 날로 그 비중을 더 해 가는데 비하여 종래의 전통적인 처벌 조항만으로는 이와 관련된 새롭고 다양한 유형의 범죄에 적절히 대응하기 어렵다는 각계의 지적을 반영한 것이었다. 따라서 위 법률 개정은, 정보처리장치 또는 특수매체기록을 대상으로 하는 형법 제314조 제2항의 업무방해 행위로써 공무를 방해한 경우에도 위 조항에 의하여 처벌할 수 있다는 의견을 뒷받침할 만한 근거가 되지 못한다.

나아가, 위 법률 개정으로 신설된 정보처리장치 또는 특수매체기록을 대상으로 하는 형법 제314조 제2항의 업무방해 행위가, 공무원 또는 공무소의 정보처리장치 또는 특수매체기록을 대상으로 이루어지는 경우 그 행위는 대부분 공용서류등 무효죄(제141조 제1항), 공전자기록 위작·변작죄(제227조의2), 공정증서원본 등의 부실기재죄(제228조 제1항) 또는 정보통신망 이용촉진 및 정보보호 등에 관한 법률 제48조 제2항, 제3항, 제71조 제9호, 제10호에 저촉되어 이들 조항에 의한 처벌이 가능하므로 처벌의 공백이 문제되는 것도 아니다.

결국 형법 제314조 제2항의 신설은 위력이나 형법 제314조 제2항이 정한 방법으로 공무원이 직무상 수행하는 공무를 방해하는 경우에도 업무방해죄로 처벌할 수 있다는 의견의 근거가 될 수 없고, 위 조항이 신설되었다고 하여 위와 같은 해석론을 취하여야 할 현실적인 필요성이 생기는 것도 아니므로, 이를 지적해 둔다.

○ **노역장유치의 집행에 형집행장 제시 필요**

■ 대법원 2010. 10. 14. 선고 2010도8591 판결【공무집행방해】(공)

1. 이 사건은 다음과 같은 사실관계에 대한 것이다.

울산남부경찰서 무거지구대 소속 경찰관 공소외 1과 공소외 2는 피고인에 대한 벌금형에 따르는 노역장 유치를 위한 형 집행을 위하여 형집행장 없이 피고인의 주거지인 울산 남구 무거동 소재(이하 생략)를 찾아갔다. 공소외 1은 공소외 2를 순찰차에 남겨둔 채 혼자 위 아파트에 가서 피고인에게 벌금을 납부하지 아니하여 지명수배가 된 사실을 고지하고 동행을 요구하였다. 피고인은 공소외 1과 동행하여 위 아파트 1층으로 내려온 다음 태도를 바꿔 동행을 거부하고 다른 곳으로 가려고 하였다. 이에 공소외 1이 피고인을 제지하면서 형집행을 위하여 구속을 한다는 취지로 말하고 피고인을 체포하려고 하였고, 피고인은 이를 거부하면서 그 장소를 이탈하려고 하다가 공소외 1이 계속 제지하자 주먹으로 공소외 1의 가슴 등을 때렸다. 그러자 공소외 1은 피고인의 도주를 막기 위하여 피고인의 허리를 잡은 채 무전으로 공소외 2에게 연락하였고 위 연락에 따라 도착한 공소외 2가 피고인에게 동행을 요구하였는데, 피고인이 이를 거부하면서 형집행장의 제시를 요구하고 공소외 1을 밀쳤다. 이에 위 경찰관들이 피고인을 공무집행방해의 현행범으로 체포하였다는 것이다.

2. 벌금형에 따르는 노역장 유치는 실질적으로 자유형과 동일하므로, 그 집행에 대하여는 자유형의 집행에 관한 규정이 준용된다(형사소송법 제492조). 따라서 구금되지 아니한 당사자에 대하여 형의 집행기관인 검사는 그 형의 집행을 위하여 이를 소환할 수 있으나, 당사자가 소환에 응하

지 아니한 때에는 형집행장을 발부하여 이를 구인할 수 있는데(같은 법 제473조), 이 경우의 형집행장의 집행에 관하여는 형사소송법 제1편 제9장(제68조 이하)에서 정하는 피고인의 구속에 관한 규정이 준용된다(같은 법 제475조). 그리하여 사법경찰관리가 벌금형을 받은 이를 그에 따르는 노역장 유치의 집행을 위하여 구인하려면, 검사로부터 발부받은 형집행장을 그 상대방에게 제시하여야 할 것이다(같은 법 제85조 제1항).

그런데 이 사건에서 경찰관 공소외 1 등이 형집행장을 소지하지도 아니한 채 피고인을 구인할 목적으로 피고인의 주거지를 방문하여 임의동행의 형식으로 피고인을 데리고 가다가 피고인이 이 사건 아파트 1층에서 임의동행을 거부하면서 다른 곳으로 가려는 것을 제지하면서 체포·구인하려고 한 것은 노역장 유치의 집행에 관한 법규정에 반하는 것으로서 적법한 공무집행행위라고 할 수 없다.

또한 그 경우에 형집행장의 제시 없이 구인할 수 있는 "급속을 요하는 경우"(같은 법 제85조 제3항)라고 함은 애초 사법경찰관리가 적법하게 발부된 형집행장을 소지할 여유가 없이 형 집행의 상대방에 조우한 경우 등을 가리키는 것이고, 위와 같이 피고인의 주거로 찾아가 그를 만난 사법경찰관리가 임의동행을 요구하였다가 피고인이 이를 거부하고 그 장소를 이탈하려고 한 것을 두고 위의 "급속을 요하는 경우"에 해당한다고 할 수 없다. 이는 피고인이 벌금미납자로 지명수배되었다고 하더라도 달리 볼 것이 아니다.

따라서 원심은 그 이유의 설시에 부적절한 점이 없지 아니하나 적법한 공무를 집행하는 공무원에 대한 폭행 등을 요건으로 하는 이 사건 공무집행방해의 죄에 대하여 피고인에게 무죄를 선고한 것은 결론에 있어서 정당한 것으로 수긍할 수 있고, 거기에 상고이유의 주장과 같이 자유심증주의의 한계를 벗어나 사실을 인정한 위법이나 노역장 유치의 집행이나 공무집행방해죄 등에 관한 법리를 오해한 위법이 있다고 할 수 없다.

☞ 같은 취지: 대법원 2010. 2. 25. 선고 2008도9049 판결; 대법원 2010.6. 10. 선고 2010도935 판결.

☞ 형법 제137조에 위력을 포함시키는 내용의 법률안이 국회에 제출되어 있음(박선영의원 등 2011. 4. 8. 발의).

○ 다른 죄와의 관계

■ 서울고법 1986. 1. 15. 선고 85노2427 제2형사부판결: 확정【부당이득금청구사건】(하집)

피고인이 절도범행후에 체포를 면탈키 위해 출동한 경찰관을 소지하고 있던 흉기로 내려쳐 상해를 가함과 동시에 동인의 직무집행을 방해하였다는 공소사실에 대하여 절취사실이 인정된다면 그 나머지 강도상해나 특수공무집행방해치상부분에 관하여 증거가 없어 무죄를 선고할 경우라도 이는 유죄로 인정된 절도범행후의 행위로서 동 전후의 행위를 1개의 행위로 보아 상상적 경합범으로 기소된 것이므로 특기 주문에서 무죄선고를 할 필요가 없다.

■ 대법원 1992. 7. 28. 선고 92도917 판결【강도상해, 특수강도[인정된 죄명: 특정범죄가중처벌등에관한법률위반(강도)], 공무집행방해, 폭력행위등처벌에관한법률위반, 강도, 특정범죄가중처벌등에관한법률위반(강도, 특수강도강간)】(공)

절도범인이 체포를 면탈할 목적으로 경찰관에게 폭행·협박을 가한 때에는 준강도죄와 공무집행방해죄를 구성하고 양 죄는 상상적 경합관계에 있으나, 강도범인이 체포를 면탈할 목적으로 경찰관에게 폭행을 가한 때에는 강도죄와 공무집행방해죄는 실체적 경합관계에 있고 상상적 경합관계에 있는 것이 아니다.

제3절 도주와 범인은닉의 죄

○ **구성요건(형법 제2편 제9장)**

- 도주 · 집합명령위반, 특수도주, 도주원조, 간수자의 도주원조, 범인은닉.

○ **범인은닉과 친족간의 특례**

○ **공범에 관한 허위진술은 범인도피죄 아님**

■ 대법원 2008. 12. 24. 선고 2007도11137 판결【사행행위등규제및처벌특례법위반 · 게임산업진흥에관한 법률위반 · 범인도피교사 · 범인도피】(공)

형법 제151조 소정의 범인도피죄에서 '도피하게 하는 행위'는 은닉 이외의 방법으로 범인에 대한 수사, 재판 및 형의 집행 등 형사사법의 작용을 곤란 또는 불가능하게 하는 일체의 행위를 말하는 것으로서 그 수단과 방법에는 어떠한 제한이 없고, 또한 위 죄는 위험범으로서 현실적으로 형사사법의 작용을 방해하는 결과가 초래될 것이 요구되지 아니하지만, 같은 조에 함께 규정되어 있는 은닉행위에 비견될 정도로 수사기관의 발견 · 체포를 곤란하게 하는 행위 즉, 직접 범인을 도피시키는 행위 또는 도피를 직접적으로 용이하게 하는 행위에 한정된다고 해석함이 상당하고, 그 자체로는 도피시키는 것을 직접적인 목적으로 하였다고 보기 어려운 어떤 행위의 결과 간접적으로 범인이 안심하고 도피할 수 있게 한 경우까지 포함되는 것은 아니다. 그리고 원래 수사기관은 범죄사건을 수사함에 있어서 피의자나 참고인의 진술 여하에 불구하고, 피의자를 확정하고 그 피의사실을 인정할 만한 객관적인 제반 증거를 수집 · 조사하여야 할 권리와 의무가 있으므로, 참고인이 수사기관에서 범인에 관하여 조사를 받으면서 그가 알고 있는 사실을 묵비하거나 허위로 진술하였다고 하더라도, 그것이 적극적으로 수사기관을 기만하여 착오에 빠지게 함으로써 범인의 발견 또는 체포를 곤란 내지 불가능하게 할 정도가 아닌 한 범인도피죄를 구성하지 않는다(대법원 2003. 2. 14. 선고 2002도5374 판결 등 참조). 이러한 법리는 피의자가 수사기관에서 공범에 관하여 묵비하거나 허위로 진술한 경우에도 그대로 적용된다.

원심판결 이유에 의하면, 원심은 그 채용 증거들을 종합하여 판시 사실들을 인정한 다음, 이 사건 오락실은 피고인 1이 주로 운영하였으나 피고인 2도 등록명의만을 빌려준 것이 아니라 피고인 1과 공동으로 이를 운영하였다고 봄이 상당한 점 등에 비추어 볼 때, 피고인 2가 수사기관에서 '이 사건 오락실의 실제 업주로서 이를 단독으로 운영하였다'는 취지로 허위진술하여 공범인 피고인 1의 존재를 숨겼다 하더라도, 그러한 허위진술이 적극적으로 수사기관을 기만하여 착오에 빠지게 함으로써 범인의 발견 또는 체포를 곤란 내지 불가능하게 한 경우에 해당한다고 볼 수 없다는 취지의 이유로, 피고인 2에 대한 범인도피 및 피고인 1에 대한 범인도피교사의 각 공소사실을 모두 무죄로 인정하였는바, 위 법리 및 기록에 의하여 살펴보면, 원심의 위 인정 및 판단은 정당하고, 상고이유의 주장과 같은 심리미진, 채증법칙 위반, 범인도피죄에 관한 법리오해 등의 위법이 없다.

제4절 위증과 증거인멸의 죄

○ **구성요건(형법 제2편 제10장)**

- 위증 · 모해위증, 허위의 감정 · 통역 · 번역, 증거인멸.

○ 차회기일에서의 진술철회는 위증

■ 대법원 2010. 9. 30. 선고 2010도7525 판결【특정범죄가중처벌등에관한법률위반(보복범죄등)·위증교사】(공)

나. 위증교사의 점에 관한 주장에 대하여

증인의 증언은 그 전부를 일체로 관찰·판단하는 것이므로 선서한 증인이 일단 기억에 반하는 허위의 진술을 하였더라도 그 신문이 끝나기 전에 그 진술을 철회·시정한 경우 위증이 되지 아니한다고 할 것이나(법원 2008. 4. 24. 선고 2008도1053 판결 등 참조), 증인이 1회 또는 수회의 기일에 걸쳐 이루어진 1개의 증인신문절차에서 허위의 진술을 하고 그 진술이 철회·시정된 바 없이 그대로 증인신문절차가 종료된 경우 그로써 위증죄는 기수에 달하고, 그 후 별도의 증인 신청 및 채택 절차를 거쳐 그 증인이 다시 신문을 받는 과정에서 종전 신문절차에서의 진술을 철회·시정한다 하더라도 그러한 사정은 형법 제153조가 정한 형의 감면사유에 해당할 수 있을 뿐, 이미 종결한 종전 증인신문절차에서 행한 위증죄의 성립에 어떤 영향을 주는 것은 아니다. 위와 같은 법리는 증인이 별도의 증인신문절차에서 새로이 선서를 한 경우뿐만 아니라 종전 증인신문절차에서 한 선서의 효력이 유지됨을 고지받고 진술한 경우에도 마찬가지로 적용된다 .

원심판결 이유와 기록에 의하면, 피고인으로부터 위증의 교사를 받은 공소외 3이 2009. 10. 12. 전주지방법원 정읍지원 2009고합53 등 사건(이하 '관련사건'이라고 한다)의 제9회 공판기일에 증인으로 출석하여 공소사실 기재와 같은 허위의 진술을 하고 그와 같은 허위 진술이 철회·시정된 바 없이 공소외 3에 대한 증인신문절차가 같은 날 그대로 종료된 사실, 그 후 증인으로 다시 신청·채택된 공소외 3이 2009. 12. 16. 관련사건의 제21회 공판기일에 다시 출석하여 재판장으로부터 종전 선서의 효력이 유지됨을 고지받고 증언을 하면서 종전 기일에 한 공소사실 기재 진술이 허위 진술임을 시인하고 이를 철회하는 취지의 진술을 한 사실을 알 수 있다. 위 인정 사실과 앞서 본 법리에 의할 때, 공소외 3이 관련사건 제9회 공판기일에 증인으로 출석하여 허위의 진술을 하고 그 신문절차가 그대로 종료됨으로써 공소외 3의 위증죄는 이미 기수에 이른 것으로 보아야 하고, 그 후 공소외 3이 다시 증인으로 신청·채택되어 제21회 공판기일에 출석하여 종전 신문절차에서 한 허위 진술을 철회하였다 하더라도 이미 성립한 위증죄에 영향을 미친다고 볼 수는 없다. 그럼에도 원심이, 공소외 3이 증인으로 선서한 후 일단 기억에 반하는 허위의 진술을 하였다가 관련사건의 재판절차가 끝나기 전에 이를 철회·시정한 이상 공소외 3에 대해서는 위증죄가 성립하지 않고, 정범인 공소외 3에 대하여 위증죄가 성립하지 않는 이상 교사범인 피고인에 대한 위증교사죄 역시 성립할 여지가 없다고 판단하여, 피고인에 대한 위증교사의 공소사실에 대하여 무죄를 선고한 제1심판결을 그대로 유지한 데에는, 위증죄의 기수시기 등에 관한 법리를 오해하여 판결에 영향을 미친 위법이 있다. 이 점을 지적하는 상고이유의 주장은 이유 있다.

○ 증언거부권 고지 없더라도 위증죄 성립하는 경우

■ 대법원 2010. 2. 25. 선고 2007도6273 판결【위증】(공)

원심은, 피고인이 서울북부지방법원 2006고정305 공소외인에 대한 도로교통법 위반(음주운전) 사건의 증인으로 소환을 받아 선서한 다음 증언함에 있어, 피고인이 공소외인의 전처로서 형사소송법 제148조 제1호 소정의 친족관계가 있었던 자에 해당함에도 불구하고 재판장이 피고인에게 증언거부권을 고지함이 없이 증인신문을 한 사실이 인정된다고 한 다음, 증언거부권의 고지는 증언거부권에 대한 절차적 보장을 의미하므로 이를 고지하지 아니한 채 선서를 하게 하고 증인신문을 한 경우에는 위 선서는 적정절차에 위배되므로 법률에 의한 유효한 선서가 있다고 볼 수 없다는 이유로 피고인에 대하여 무죄를 선고한 제1심판결을 그대로 유지하였다.

위증죄는 선서를 한 증인이 허위의 진술을 함으로써 성립하는 죄이며, 선서에 의하여 담보된 증인 진술의 정확성을 확보함으로써 법원 또는 심판기관의 진실 발견을 위한 심리를 해하여 정당한 판단이 위태롭게 되는 것을 방지하는 기능을 수행한다. 한편 형사소송법상 증언거부권의 고지 제도는 증인에게 그러한 권리의 존재를 확인시켜 침묵할 것인지 아니면 진술할 것인지에 관하여 심사숙고할 기회를 충분히 부여함으로써 침묵할 수 있는 권리를 보장하기 위한 것임을 감안할 때, 재판장이 신문 전에 증인에게 증언거부권을 고지하지 않은 경우에도 당해 사건에서 증언 당시 증인이 처한 구체적인 상황, 증언거부사유의 내용, 증인이 증언거부사유 또는 증언거부권의 존재를 이미 알고 있었는지 여부, 증언거부권을 고지받았더라도 허위 진술을 하였을 것이라고 볼 만한 정황이 있는지 등을 전체적·종합적으로 고려하여 증인이 침묵하지 아니하고 진술한 것이 자신의 진정한 의사에 의한 것인지 여부를 기준으로 위증죄의 성립 여부를 판단하여야 한다(대법원 2010. 1. 21. 선고 2008도942 전원합의체 판결 참조).

이 사건의 경우, 원심이 적법하게 채택하여 조사한 증거와 기록에 의하면, 피고인은 위 공소외인에 대한 도로교통법 위반(음주운전) 사건에서 자신은 음주운전한 사실이 없고 그의 처였던 피고인이 운전하던 차에 타고 있었을 뿐이라고 공소사실을 적극적으로 부인하던 공소외인의 증인으로 법정에 출석하여 증언을 하기에 이르렀던 사실, 당시 피고인은 공소외인의 변호인의 신문에 대하여 술에 만취한 공소외인을 집으로 돌려보내기 위해 피고인 자신이 공소외인을 차에 태우고 운전하였다고 공소외인의 변명에 부합하는 내용을 적극적으로 진술하였던 사실, 피고인은 이 사건 제1심 제8회 공판기일에 재판장이 증언을 하지 않을 수 있다는 사실을 알았다면 증언을 거부했을 것이냐는 신문에 대하여 그렇다 하더라도 증언을 하였을 것이라는 취지로 답변을 하였던 사실 등을 알 수 있는바, 피고인이 위 형사사건의 증인으로 출석하여 증언을 한 경위와 그 증언 내용, 피고인의 이 사건 제1심 제8회 공판기일에서의 진술 내용 등을 전체적·종합적으로 고려하여 보면 피고인이 선서 전에 재판장으로부터 증언거부권을 고지받지 아니하였다 하더라도 이로 인하여 피고인의 증언거부권이 사실상 침해당한 것으로 평가할 수는 없다 할 것이다.

그럼에도 불구하고 원심은 증언거부권의 침해 여부에 관한 여러 사정을 살피지 아니한 채 재판장이 피고인에 대하여 증언거부권을 고지하지 아니하였다는 사유만으로 위증죄의 성립을 부정한 제1심판결을 유지하였으니, 원심의 판단은 위증죄의 성립에 관한 법리를 오해한 위법이 있고, 이는 판결 결과에 영향을 미쳤음이 분명하다. 이 점을 지적하는 상고이유 주장은 이유 있다.

- **자백, 자수**
- **증거인멸등과 친족간의 특례**

제5절 무고의 죄

- **구성요건(형법 제2편 제11장)**
  - 무고
- **자백 · 자수**

저자 약력

이 상 원

서울대학교 법과대학 (법학사)
서울대학교 대학원 (법학석사)
미국 UC Berkeley School of Law (LL.M.)
서울대학교 대학원 (법학박사)

판사 (전)
헌법재판소 헌법연구관 (전)
대법원 재판연구관 (전)
서울대학교 법과대학·법학전문대학원 부교수

[저서]
로스쿨 형법총론 (공저)
로스쿨 형법각론 (공저)
로스쿨 형사소송법 (공저)
주요 국가의 변호사 윤리규범 (공저)

sangwon@snu.ac.kr

법률가의 맥
형법각론

2011년 10월 5일 초판인쇄
2011년 10월 15일 초판발행

저 자 이 상 원
발행인 안 종 만
발행처 (주)박영사
서울 특별시 종로구 평동 13-31번지
전화 (733)6771 FAX (736)4818
등록 1959. 3. 11. 제300-1959-1호(倫)

저자와 협의하여 인지를 생략합니다

www.pakyoungsa.co.kr e-mail: pys@pakyoungsa.co.kr

정 가 38,000원 ISBN 978-89-6454-753-3